KABALA BİLİMİ

"Herkes İçin Manevi İlim Kitabı

Michael LAITMAN

ISBN: 978-1-77228-076-0

© Laitman Kabbalah Publishers

YAZAR: Michael LAITMAN

www.kabala.info.tr

KAPAK: Laitman Kabbalah Publishers

BASIM TARİHİ: 2023

İÇİNDEKİLER

Giriş	6
Hayat Ağacı – Bir Şiir	8
Manevi Edinim Zamanı	**12**
Hareket Zamanı	13
Bir Kısım İfşa İki Kısım Gizlilik	15
Kabala İlminin Özü	19
Kabala Öğretisi ve Özü	27
Dinin Özü ve Amacı	43
Beden ve Ruh	50
Sürgün ve Kurtuluş	55
Zohar'ın Tamamlanması İçin Bir Konuşma	58
Dünya'da Barış	69
Kabala İlmi ve Felsefe	83
Zohar Kitabı'na Giriş	91
Hizmetçi Hanımın Varisidir	122
Mesih'in Borazanı	127
Kabalistlerin Kabala İlmi Üzerine Yazdıkları	130
Duaya Gelebilmek İçin Dua	152
Manevi Edinim	**156**
Sürgünde Kutsallık	157
Çalışmanın Ağırlığının Nedeni	161
O'nun İçin Yukarıdan Uyandırılıştır	163
Maneviyatta Destek	167
Alışkanlık İkinci Doğa Olur	171
Kutsiliğin Gölgesi İle Sitra Ahra'nın (Kötü Eğilim) Gölgesi Arasındaki Fark	172
Kişinin Çalışmasının Özü	174
Lişma	174
Yükseliş Zamanı	176
Tanrıyı Sevenleriniz Kötülükten Nefret Eder	177
Bakanlar Arasından Köleyi Yükseltmek	178
PARDES – Meyve Bahçesi	181
Otur ve Hiçbir Şey Yapma – Daha İyi	185

Ben Kendim İçin Değilsem, Kim Benim İçin	186
Gerçeğin Yolunda Yürümek	188
Kişi Düşündüğü Yerdedir	191
Zengin Adamın Mahzendeki Oğluyla İlgili Hikâye	192
Kral Senin Gölgendir	194
Çaba En Önemli Şeydir	195
Merhametin Yargı İle Birleşmesi	196
Maneviyatı Edinmede Toplum Koşulu	**198**
Matan Tora (Maneviyatın Edinimi	199
Karşılıklı Sorumluluk – Bağ	207
Barış	215
Matan Tora'nın Mesajı	229
Dostların Birliği	232
Dost Sevgisi	233
Çevrenin Kişi Üzerindeki Etkisi	234
Toplumun Rolü	237
Dost Sevgisi Hakkında	239
Her Biri Dostuna Yardım Etti	240
Toplumun Rolü	241
"Dostunu Kendin Gibi Sev" Bize Ne Verir	243
Dost Sevgisi	243
"Dostunu Sev" Konusundaki Açıklamaya göre	244
Hangi Manevi Çalışma ve Eylemler Kalbi Arındırır	247
Kişi Hangi Dereceye Ulaşmalı	248
Kişinin Doğduğu İlk Derece	249
Toplumun Önemi Hakkında	251
Toplantı Gündemi	252
Edinimin Safhaları	**258**
On Sefirot'un Çalışmasına Giriş	259
Özgürlük	308
Yaradan'ın Yüzünün İfşası ve Gizliliği	329
Zohar Kitabı'na Önsöz	332

EKİLER

Panim Meirot u Masbirot Kitabına Giriş	352
Kabala İlminde Madde Ve Form	383
Bu Hud (Yuda) İçin	384
İşleyen Akıl	387
Bir Bilgenin Ağzından Adlı Kitaba Giriş	388
Kabala İlmine Önsöze Giriş	396
Dünyaların Evrimi	**402**
Kabala İlmine Girişe Önsöz	403
Kabala İlmine Giriş	457
Hailan – Ağaç	525
Kabala İlmine Giriş Makalesinin Açıklaması	542
Sulam Tefsiri'ne Önsöz	557
Talmud Eser Sefirot, Bölüm 1, Histaklut Pnimit	590
Genel Önsöz	610
Ek A: Kabala Sözlüğü	634
Ek B: Kısaltmalar	673
Ek C: Manevi Dünyaların Şemaları	677
Bnei Baruh Hakkında	

ÖNSÖZ

Neden buradayız? Gelecekte bizi neler bekliyor? Acı çekmekten kurtulup nasıl kendimizi huzurlu ve güvende hissederiz? Bunlar hepimizin cevaplamak isteyeceği sorular. Kabala ilmi bu ve daha pek çok soruya cevap verir. Kabala, bizim her soruyu sormamıza ve en derin soruları en kapsamlı biçimde cevaplamanın getirdiği özel ve derin memnuniyeti yaşamamıza olanak sağlar. İşte bu yüzden "gizli bilgelik" olarak anılır.

Kabala hepimizin zevk almak istediğini öğretir. Kabalistler bunu "haz ve keyif alma arzusu" ya da basitçe "alma arzusu" olarak adlandırır. Bu arzu hayattaki bütün eylemlerimize, düşüncelerimize ve duygularımıza yön verir ve Kabala isteklerimizi nasıl fark edebileceğimizi ve düşlerimizi nasıl gerçekleştirebileceğimizi gösterir.

Kabala ilmi genelde teknik ya da soyutmuş gibi görünse de, bunun son derece pratik bir bilim olduğunu akılda tutmak önemlidir. Bu ilim üzerine uzmanlaşanlar ve bunu yazanlar tıpkı sizin benim gibi insanlar. Hepimizin cevaplamak istediği aynı sorulara çözümler arıyorlardı: "Neden doğduk?", "Biz öldükten sonra ne olacak?", "Neden ızdıraplar var?", "Kalıcı haz hissedebilir miyim ve eğer öyleyse, nasıl?" Ve bu sorulara cevapları bulduklarında ve bunları kendi yaşamlarına uyguladıklarında bu derlemedeki metinleri yazdılar ki bizler de onları öğrenebilelim.

Bu derlemede o olağanüstü sınırlandırılmamış haz hissi ve yaşamınızın tam kontrolünü nasıl gerçekleştirebileceğinize dair kesin açıklamalar bulacaksınız.

Kabala hayattan burada ve şimdi nasıl zevk alacağınızı öğretir. "Sonraki dünya", "ruhlar", "yeniden bedenlenme (reenkarnasyon)", "yaşam ve ölüm" gibi kavramları açıklar.

Yeni başlayan bizler böyle algıları nasıl deneyimleyebiliriz? Realitenin gerçek resmini nasıl keşfedebiliriz?

KABALA BİLİMİ

Her birimiz hayatımızda kendi önceliklerimizi belirleriz? Bazı konular bizim için daha önemli bazıları daha az önemlidir ve bazılarını ertelemeyi tercih ederiz. Ancak önem seviyesine bakmaksızın önceliklerimizi tek bir ölçüye göre sınıflandırırız: hayattaki amacımız.

Bazı insanlar yorulmaksızın aşk için çabalar, bazıları paraya can atar ve diğerleri saygınlık ya da bilgiyi arzular. Ancak çoğu insan tek bir arzuyu gerçekleştirmeye odaklanarak tüm yumurtaları aynı sepete koymayı tercih etmez. Her şeyden biraza razı olur ve içlerinde ortaya çıkan ve çok fazla ilgilerini talep eden herhangi bir güçlü arzuyu bastırırlar.

Burada okuyacağınız makaleleri yazan Kabalistler ilk, anlaşılmaz türden insanlardı. Önlerine çok açık bir amaç koydular: insanoğluna – haz ve sınırsız, gerçekleştirilmiş duygularla dolu – ebedi yaşamın nasıl gerçekleştirileceğini göstermek. Bunu başarmak için her birimizin içinde var olan haz ve zevk alma arzusunu çalıştılar.

Bizim zamanımızda yaşan büyük Kabalistler aynı zamanda Kabala ilminin kurallarını en açık ve basit haliyle açıklayanlardı. Bu kitapta yazıları geçen iki önemli Kabalist, Zohar Kitabı'nın Sulam (Merdiven) tefsiri ile Baal HaSulam (Merdivenin Sahibi) olarak bilinen Kabalist Yehuda Aşlag ve onun, babasının açıklamalarını genişleten ve yorumlayan oğlu, Kabalist Baruh Aşlag'tır. Baruh Aşlag'ın en iyi öğrencisi ve kişisel asistanı olan Kabalist Michael Laitman makaleleri doğru şekilde nasıl yorumlayacağımızı ve yaratılış amacımızı gerçekleştirmek için bunları nasıl kullanacağımızı öğretiyor.

Biz, Bnei Baruch, size çalışmanızda neşe ve mutluluk ve hızlı manevi gelişim diliyoruz.

HAYAT AĞACI – BİR ŞİİR

Görün ki, bütün oluşacaklar oluşmadan ve yaratılanlar yaratılmadan önce
Üst Işık tüm var oluşu doldurmuştu.
Ve, boş bir atmosfer, çukur, ya da kuyu gibi hiçbir bir boşluk yoktu,
Ancak hepsi basit ve sınırsız bir ışıkla doldurulmuştu.
Baş ya da kuyruk gibi bir kısım yoktu,
Ancak her şey, basit, yumuşak ışıktı,
Pürüzsüz ve eşit bir şekilde dengeli,
Ve onun adı Sonsuz Işık'tı.
Ve O'nun iradesine sadece dünyayı yaratma ve
Oluşanların oluşması arzusu geldiğinde,
Dünyaların yaratılış sebebi,
O'nun eylemlerinin, isimlerinin ve unvanlarının mükemmelliğini
Aydınlığa çıkarmaktı,
Ondan sonra O, Kendini ortada,
Tam olarak merkezde sınırladı,
Işığı sınırladı,
Ve Işık, o orta noktanın etrafından
En uzak kenarlara çekildi.
Ve orada boş bir alan kaldı,

Orta noktada dönen bir boşluk.
Ve boş noktanın etrafında
Sınırlama öyle tekleşti ki
Boşluk onun etrafında
Pürüzsüz bir daire çizdi
Orada, sınırlamadan sonra,
Bir boşluk ve alan oluşturduktan sonra
Sonsuz Işık'ın tam olarak ortasında
Bir yer oluşturuldu,
Oluşanların ve yaratılanların yaşayabileceği bir yer.
Sonra, Sonsuz Işık'tan bir çizgi aşağı sallandı,
O alanın içine, aşağı indirildi.
Ve bu çizgi aracılığıyla O, oluşturdu, yarattı, şekil verdi,
Ve tüm dünyaları yarattı.
Bu dört dünya var olmadan önce
Akıl almaz gizli teklikte bir sonsuzluk, bir isim vardı.
Ve hatta O'na en yakın olan açılarda,
Sonsuzlukta hiç bir güç ve edinim yoktur
Çünkü O'nu algılayabilecek akıl yoktur,
Zira O'nun yeri, sınırı, ismi yoktur.

ARİ, Hayat Ağacı, Bölüm Bir, Kapı Bir

Mesih Kudüs'ün kapısında oturur ve kurtuluşu hak etmiş kişileri bekler. O zincirlenmiştir ve zincirlerini çözmeleri için tüm insanlara ihtiyacı vardır. Gerektiğinden fazla göstermelik yandaşları vardı; şimdi hevesle gerçeğin insanlarını arıyor.

Kotzk'lu Kabalist'inin deyişlerinden, Kırık Kalp Gibi Bütün
Bir Şey Yoktur, sayfa 115

MANEVİ EDİNİM ZAMANI

HAREKET ZAMANI

Uzun zamandır vicdanım; dışarı çıkmak ve maneviyatın özü ve Kabala ilmiyle ilgili derin bir derleme oluşturma, sonra da bunu insanoğluna anlatma talebiyle bana sorumluluk yükledi. Bu sayede, insanlar bu yüce konuları gerçek anlamlarında tümüyle anlayıp öğrenebilecekler.

Daha önceleri, matbaa endüstrisinin gelişiminden önce, ortalıkta maneviyatın özüyle ilgili hiçbir safsata kitap bulunmuyordu. Bu tıpkı, sözlerinin arkasında duramayan neredeyse hiçbir yazarın var olamaması gibidir. Ki bunun basit sonucu da, çoğu durumda sorumsuz bir kişinin ünlü olamamasıdır.

Dolayısıyla, eğer şans eseri birisi böyle bir derleme yazmaya cesaret etse, hiçbir yazman bunu kopyalamazdı, zira işçiliği için kendisine ödeme yapılamazdı ki. Zira bu, çoğu zaman hatırı sayılır bir meblağ idi. Bu yüzden böyle bir derleme daha başından kaybolmaya mahkûmdu.

O günlerde, bilgili kişiler de bu tür kitaplar yazmaya ilgi duymadılar, zira halkın bu bilgiye ihtiyacı yoktu. Tam tersine, onlar bunu gizli odalarda saklamak istediler nedeni ise şu sözlerdi: "Bir şeyi gizlemek, Yaradan'ın yüceliğidir." Manevi çalışmanın özünü; ona ihtiyacı olmayan ya da layık olmayanlardan gizlememiz ve böbürlenenlerin ihtiraslı gözleri için, vitrinlerde sergileyerek değerini düşürmememiz emredildi, çünkü Yaradan'ın yüceliği böyle emreder.

Ancak, kitap basmak yaygınlaştıktan ve yazarların artık yazmanlara ihtiyacı kalmadığından kitap fiyatları düştü. Bu, sorumsuz yazarların ne var ne yoksa yazmalarına sebep oldu; para için veya şöhret için. Ancak, onlar kendi hareketlerini dikkate almıyor ve çalışmalarının sonuçlarını araştırmıyorlar.

O zamandan beri, yukarıda bahsettiğimiz tür yayınlar; hiçbir öğreti ya da nitelikli bir Kabalistin ağızdan ağıza alma olmaksızın ve hatta bu konuyu anlatan daha evvelki kitapların bilgisi bile olmaksızın, hatırı sayılır derecede arttı. Böyle yazarlar halkın

MANEVİ EDİNİM ZAMANI

özü ve onun muazzam hazinesini tanımlamak için, kendi boş kabuklarının teorilerini uyduruyorlar ve kendi sözlerini en yüce konularla ilişkilendiriyorlar. Akılsız insanlar gibi, ne nasıl dürüst ve titiz olunacağını ne de bunu öğrenmenin bir yolunun olduğunu biliyorlar. Nesillere yanlış görüşler aşılayıp, küçük hırslarından dolayı günah işliyor ve tüm insanoğlunun da gelecek nesiller boyunca günah işlemelerine neden oluyorlar.

Son zamanlarda, bunların kötü kokuları yükselmeye başladı, çünkü bu ilmin günümüze kadar gizlendiğini ve binlerce kapı arkasına kilitlendiğini umursamadan, bırakın bir kelimeyle sonrakinin bağlantısını anlamayı, kimsenin ilmin bir kelimesinin gerçek anlamını anlayamayacağını umursamadan tırnaklarını manevi ilime batırdılar.

Bunun nedeni, bugüne kadar yazılan tüm otantik kitaplarda, bilgili bir öğrencinin, irfan sahibi, nitelikli bir bilgenin ağzından duyduğu kelimelerin gerçek anlamlarını zar zor anlayabileceği, yetersiz ipuçları olmasıdır. Ve orada da "ok yılanı yuvasını yapar ve yumurtlar ve kuluçkaya yatar ve gölgesi altında düşünceye dalar." Bugünlerde, onları gözlemleyenleri iğrendiren, ancak, kendilerinin zevk aldığı bu tarz komplocular çoğalıyor.

Hatta bazıları haddini bilmeyip, neslin liderlerinin yerlerini üstlenecek kadar ileri gidiyorlar. Onlar, otantik kitaplardan farklı bildiklerini iddia ediyor ve hangisinin okunmaya değer veya yanlışlarla dolu olup nefret ve öfke uyandırdığını, hangisinin okunmaya değmez olduğunu söylüyorlar. Bugüne dek, detaylı çalışma işi bir nesilde on liderden biri ile sınırlıydı, şimdi ise cahiller bunu kötüye kullanıyorlar.

Dolayısıyla, bu konuların halk tarafından algılanması büyük ölçüde yozlaştırıldı. Buna ilaveten, bir ciddiyetsizlik havası var ve insanlar kişinin boş vaktinde şöyle bir bakmasının, böyle yüce konuları çalışmak için yeterli olduğunu zannediyor. İlim okyanusuna, o melek gibi, bir bakışta, üstünkörü göz gezdiriyor ve kendi ruh durumlarına göre sonuçlara varıyorlar.

Yolumdan dönmeme ve "Yaradan rızası için" vaktinin geldiğine ve kurtarılabilecek olanın kurtarılmasına karar vermeme neden olan sebepler bunlar. Böylece, konuyla ilgili gerçek özün bir kısmını ifşa etmeyi ve insanoğluna anlatmayı üstlendim.

KABALA BİLİMİ

BİR KISIM İFŞA, İKİ KISIM GİZLİLİK

Derin bir konuyu açıklamaya geldiklerinde büyük bilgeler arasında bir deyim vardır:

Sözlerine "Bir kısım açıklıyorum ve iki kısım gizliyorum" ile başlarlar. Bilgelerimiz kelimeleri gereksizce sarf etmemeye çok dikkat ettiler, şöyle tavsiye ettiler, "Söz bir kayadır; sessizlik iki kayadır."

Bunun anlamı şudur; eğer değeri bir kaya olan paha biçilmez bir sözünüz varsa bilin ki onu söylememek, iki kaya değerindedir. Bu, geçerli bir doyum almadan gereksiz sözler sarf edenler veya etrafındakilerin gözünde latife etmiş olmak için kullananlardan bahsetmektedir. Bu kişilerin sözlerini çalışanlar tarafından da bilindiği gibi, bilgelerimizin gözünde, bu kesinlikle yasaklanmıştı. Dolayısıyla, onların bu bilinen deyimlerini anlamaya dikkat etmeliyiz.

İlmin Üç Tür Gizliliği

Manevi çalışmanın sırları üç kısma ayrılır. Her kısmın gizlilik için kendi nedenleri vardır. Bunlara şu isimler verilir:

1. Gereksiz
2. İmkânsız
3. Yaradan'ın düşüncesi O'ndan korkanlarladır

Bu ilimde, bu üç kısmın incelenmesinin uygulanmadığı küçücük bir bölüm bile yoktur ve bunları teker teker açıklayacağım.

1. Gereksiz

Bu, açıklanması bir fayda sağlamayacak anlamına gelir. Elbette, bu öyle büyük bir kayıp değildir çünkü burada "ne olmuş yani" olarak tanımlanan hareketlere karşı uyarmak için, sadece aklın arılığı söz konusudur, yani bunu yaptıysam ne olmuş bunda bir kötülük yok ki anlamında.

Ancak şunu bilmelisiniz ki, bilgelerimizin gözünde "ne olmuş yani" en kötü yozlaştırıcı olarak nitelendirilir. Bunun nedeni, dünyadaki tüm yıkıcı insanların, geçmişteki ve gelecektekilerin, "ne olmuş yani" türünden insanlar olmasıdır. Bu, kendilerini ve başkalarını gereksiz şeylerle meşgul ettikleri anlamına gelir. Dolayısıyla, bilgeler, gereksiz şeyleri ifşa etmemesi için yol yordamında dikkatli olduğuna emin olmadıkları hiçbir öğrenciyi kabul etmezlerdi.

2. İmkânsız

Bu, onların yücelik ve maneviyatlıklarından dolayı, dilin onları niteliklerine dair herhangi bir şeyi söylemeye mecbur edemeyeceği anlamına gelir. Dolayısıyla, bunları kelimelerle giydirme teşebbüsü maneviyat çalışanları sadece yanlış yönlendirebilir ve hatalı bir yöne çevirebilir ki bu günahların en büyüğü sayılır. Bu nedenle, bu konularda herhangi bir şeyi ifşa etmek için Yukarıdan izin gerekir. Kabala ilminin gizliliğinin ikinci kısmı budur. Ancak, bu izin de açıklama gerektirir.

Yukarıdan İzin

Bu, Raşbi'nin Sözlerine Kapı kitabında ve Ari'nin Zohar, Paraşat Mişpatim'in 100. sayfasında açıklanmaktadır. Şöyle yazar: "Bilin ki erdemlilerin ruhlarının bazıları, Saran Işık türündendir ve bazıları da İçsel Işık türündendir. Ruhları, saran Işık türünden olanlar, manevi çalışmanın sırlarından, gizleyerek ve üstü kapalı anlatma yoluyla bahsetme gücüne sahiptirler. Böylece, onların sözleri sadece bunları anlamaya layık kişiler tarafından anlaşılır.

Kabalist Şimon Bar-Yohai'nin (Raşbi) ruhu Saran Işık türündendi. Dolayısıyla, sözcükleri kıyafetlendirme ve onları pek çok kişiye anlatsa bile, sadece anlamaya layık olanların anlayacağı şekilde öğretme gücüne sahipti. Bu nedenle, ona Zohar Kitabı'nı yazma "izni" verilmişti.

"Bu ilimde bir kitap yazma izni, ilimde kesinlikle ondan daha usta olmalarına rağmen, onun öğretmenlerine veya onlardan önce gelenlere 'bahşedilmemişti.' Bunun nedeni onların Kabalist Şimon Bar-Yohai (Raşbi) gibi konuları kıyafetlendirme güçleri olmamasıydı. 'Yohai'nin oğlu yolunu nasıl koruyacağını biliyordu' sözlerinin anlamı budur. Şimdi Raşbi'nin, her aklın onun sözlerini anlayamayacağını yazdığı gibi, Zohar Kitabı'ndaki büyük gizliliği de anlayabilirsiniz."

Özünde onun sözleri: Gerçeğin ilmindeki konuları açıklamak Kabalist bilgenin yüceliğine veya küçüklüğüne bağlı değildir. Tersine, kendisini buna adamış bir ruhun aydınlanmasıyla ilgilidir; bu ruhun aydınlanması Yukarıdan Yüce İlmi ifşa etmek için "izin verilme" olarak kabul edilir. Dolayısıyla, bizler bu izin ile ödüllendirilmemiş kişilerin, bu ilimde açıklamalar yapmaması gerektiğini öğreniyoruz, zira kişi, bu zor konuları öğrencileri başarısızlığa uğratmayacak şekilde, uygun kelimelerle kıyafetlendiremez.

Bu nedenle, gerçeğin ilminde Raşbi'nin Zohar Kitabı'ndan önce gelen bir tek kitap bile bulamadık, zira ilmin ondan önceki tüm kitapları, ilmin yorumlaması olarak sınıflandırılmaz. Bunun yerine, bunlar sadece onun sözlerini anlamaktan uzak, bilgi arayanlar tarafından da bilindiği gibi, herhangi bir sebep sonuç sırası olmayan imalardır.

Şunu da eklemeliyim; kitaplardan ve yazarlardan anladığım kadarıyla Raşbi ve onun öğrencilerinin, Zohar'ın yazarlarının zamanından Ari'nin dönemine kadar, Zohar ve Tikunim (ıslahlar) kelimelerini Ari gibi anlayan bir tek yazar bile yoktu. Bu ilimde, onun döneminden önceki bilge Ramak'ın (Kabalist Musa Kordovero) kitapları da dâhil tüm derlemeler basit ipuçlarıydı.

Raşbi'yle ilgili söylenenler, Ari'nin kendisiyle ilgili de söylenmeli – yani ilmin yorumlarını açıklamak için ondan önce gelenlere Yukarıdan izin verilmemişti ve ona verilmişti. Ayrıca bu, herhangi bir yücelik veya küçüklük ayrımı yapmaz, zira ondan öncekilerin erdemliliklerinin Ari'den daha yüce olması mümkün, ancak onlara bunun için izin verilmemişti. Bu nedenle, gerçek ilme ilişkin açıklamalar yazmaktan kaçındılar, sadece birbiriyle hiçbir bağlantısı olmayan kısa ipuçlarına razı oldular.

Bu yüzden, Ari'nin kitapları dünyada ortaya çıkmaya başladığından beri Kabala çalışan herkes, bu ilimle ilgilenenler arasında da bilindiği gibi, Ramak'ın ve Ari'den önce gelen tüm ilk ve yüce kişilerin kitaplarından ellerini çektiler. Bu kişiler manevi yaşamlarını tamamen Ari'nin yazılarına bağladılar, öyle ki ilmin doğru yorumları kabul edilen gerekli kitaplar, sadece Zohar Kitabı, Tikunim ve bunlardan sonra gelen Ari'nin kitaplarıdır.

3. Yaradan'ın Düşüncesi O'ndan Korkanlarladır

Bunun anlamı, manevi çalışmanın sırlarının sadece O'nun İsmi'nden korkanlara, O'nun Şanı'nı kalpleri ve ruhlarıyla tutanlara ve asla küfür etmeyenlere ifşa edildiği anlamına gelir. İlmin gizliliğinin üçüncü kısmı budur.

Gizliliğin bu kısmı en katı olandır zira, ifşanın bu türü pek çoğunu başarısızlığa uğratmıştır. Bunların arasından, kendileri ve diğerleri için bedensel faydalar sağlamak isteyen, değersiz öğrencilerin elinden çıkmış, bozulmuş ilim kullanan, kurnazlıkları ve gizemleriyle ruh avlayan tüm baştan çıkarıcı, dedikoducu ve "nesnel" Kabalistler çıkar. Dünya bundan fazlaca acı çekti ve hâlâ da çekmekte.

Gizliliğin kökünün, sadece bu kısım olduğunu bilmelisiniz. Buradan itibaren bilgeler öğrencileri sınamak için haddinden fazla katı oldular, şöyle dedikleri gibi (Hagiga 13); "bölümlerin başı sadece baş hâkime verilir ve kalbi endişeli olana," ve "Maase Bereşit çiftler arasında keşfedilmeyecek, Merkava da yalnız keşfedilemeyecek." Bunun gibi pek çok örnek var ve bu korkunun tümü yukarıdaki neden yüzündendir.

Bu nedenle, bu ilimle ödüllendirilen az kişi vardır ve tüm test ve sınavlardan geçenler bile, o üç kısımdan herhangi bir şey ifşa etmeyeceklerine dair en büyük yeminleri verirler.

Sözlerimi yanlış anlamayın, burada ilmin gizliliğini üç kısma ayırdım. Gerçeğin ilminin üçe ayrıldığını demek istemiyorum. Tersine, bu üç kısmın ilmin her bir detayından kaynaklandığını anlatmaya çalışıyorum, zira bunlar her zaman bu ilme uygulanmış araştırmanın üç yaklaşımıdır.

Bununla beraber, burada şunu da sormamız lazım; "Eğer ilmin gizliliğinin değişmezliği bu kadar sıkı ise, bu ilimdeki binlerce derleme nereden alındı?" Cevap şu ki, ilk iki kısım ile son kısım arasında bir fark vardır. Yukarıda açıklanan nedenden dolayı, öncelikli sorumluluk, sadece yukarıdaki üçüncü kısımda yatar.

Ancak, ilk iki kısım sürekli kısıtlama altında değildir. Bunun nedeni, bazen "gereksiz" olan bir konunun tersine çevrilmesidir, bir sebepten gereksiz olmaktan çıkar ve gerekli hâle gelir. Ayrıca, "imkânsız" kısmı bazen imkânlı hale gelir. Bu, iki sebepten dolayı böyledir: Ya neslin gelişiminden dolayı ya da Raşbi ve Ari'ye ve küçük ölçüde onlardan önce gelenlere de olduğu gibi, Yukarıdan izin verildiği için. Bu ilimde yazılmış olan tüm gerçek kitaplar, bu izlenimlerden ortaya çıkar.

"Bir kısım ifşa ediyorum ve iki kısım gizliyorum" sözleriyle bunu demek isterler. Bu söyledikleri, kendilerinden önce gelenler tarafından keşfedilmemiş, yeni bir şey ifşa ettikleri anlamına geliyor. Bu nedenle sadece bir kısım ifşa ettiklerini, yani üç kısım gizliliğin ilk kısmını ifşa ettiklerini ve iki kısmını gizli bıraktıklarını ima ediyorlar.

Bu, o ifşaya neden olan bir şeyin olduğunu gösteriyor: Ya "gereksiz", "gerekli" formunu aldı, ya da "Yukarıdan izin" bahşedildi, yukarıda açıkladığım gibi. "Bir kısım gizliyorum" deyiminin anlamı budur.

Bu makaleleri okuyanlar benimkinden önceki herhangi bir kitapta katıksız içeriğiyle böyle arı bir şekilde sunulmamışsa, bunların yeni icatlar olduğunu bilmeliler. Bunları, bu konuda kendisine yetki verilmiş olan öğretmenimden ağızdan ağza aldım, yani o da kendi öğretmenlerinden ağızdan ağza aldı.

Ve bunları tüm gizlilik ve ihtiyatlı koşullar altında almama rağmen, "Hareket Zamanı" makalemde sunduğum gerekliliktan dolayı, "gereksiz" kısım benim için değişmiş oldu ve "gerekli" hale geldi. Bu yüzden, yukarıda açıkladığım gibi bu kısmı, tam izinle ifşa ettim. Ancak, diğer iki kısmı emredildiğim şekilde tutacağım.

KABALA BİLİMİ

KABALA İLMİNİN ÖZÜ

Pek çok kişi Kabala ilminin tarihi hakkında konuşur. Ancak, bununla ilgili açıklama yapmaya başlamadan önce, pek az kişinin bildiğine inandığım, bu ilmin özünün detaylı açıklamasıyla başlamayı gerekli görüyorum. Ve doğal olarak, bir şeyin kendisini bilmeden, tarihinden bahsetmek de mümkün değildir.

Bu bilgi, okyanuslardan daha geniş ve derin olmasına rağmen herhangi bir ruhun doğru sonuca varması için yeterli, gerçekten oldukları gibi, hataya yer bırakmaksızın tüm açılardan açıklamaya ve ışık tutmaya, bu alanda edindiğim tüm bilgi ve güçle elimden gelen çabayı göstereceğim.

Bu İlim Neyin Etrafında Dönüyor?

Bu soru her mantıklı insanın aklına gelir. Doğru dürüst cevap verebilmek için güvenilir ve kalıcı bir tanım sunacağım. Bu ilim; sebep ve sonuç ilişkisi yoluyla, sabit ve belirlenmiş kanunları kullanarak, yukarıdan aşağı sarkan ve "Yaradan'ın Tanrısallığının, O'nun bu dünyadaki varlıklarına ifşası" olarak tanımlanan tek ve yüce bir amaçta, birbirinin içine girmiş bir kökler silsilesinden ne daha fazlası ne de azıdır.

Ve burada özel (tek) ve genelin işleyişi vardır:

Genel – insanoğlunun tümü, sonunda bu muazzam evrime gelmekle yükümlüdür, şöyle yazıldığı gibi; "Yeryüzü Yaradan'ın bilgisiyle dolacak, suların denizi örttüğü gibi" (İsaiah 11, 9). "Ve artık Yaradan'ı bilin diyerek, her insanın komşusu olduğunu ve her insanın kardeşi olduğunu öğretmeyecekler: Zira hepsi Beni bilecekler, en küçüğünden en yücesine kadar" (Jeremiah 31, 33). "Ancak Öğretmenin artık Kendisini gizlemeyecek, sadece gözleriniz Öğretmeninizi görecek" (İsaiah 30, 20).

Özel – tüm insanlığın mükemmelliğe gelmesinden önce bile bu kanun her nesilde seçilmiş birkaç bireye uygulanır. Bu kişiler, her nesilde O'nun belirli derecelerinin ifşası ile bahşedilenlerdir. Ve bunlar peygamberler ve Yaradan'ın adamlarıdır.

Ve bilgelerimizin dediği gibi, "İbrahim ve Yakup gibi olanların olmadığı bir nesil yoktur." Böylece görüyorsunuz ki güvenilir bulduğumuz bilgelerimizin beyan ettiği gibi O'nun Tanrısallığının ifşası her nesilde uygulanmaktadır.

MANEVİ EDİNİM ZAMANI

Partsufim, Sefirot ve Dünyaların Çeşitliliği

Bununla beraber, yukarıda yazılanlardan, bir soru çıkar – bu ilmin; tek, özel ve açık bir rolü olduğuna göre, Kabala kitaplarında bu kadar çok geçen Partsufim, Sefirot ve birbiriyle değiştirilebilen bağlantıların çeşitliliği konusu neden var?

Gerçekten de, tek görevi, bu dünyada baba olmaya yeterli bir süre içinde türünü devam ettirmek için kendisini beslemek olan küçük bir hayvanı ele alırsanız, onda fizyolog ve anatomistlerin keşfettiği gibi milyonlarca lif ve bağdan oluşan karmaşık bir yapı görürsünüz. Ve henüz, insanların o küçük hayvanda bulmadığı pek çok şey var. Bunlardan yola çıkarak, bahsedilen o yüce amacı gerçekleştirmek ve ifşa etmek için, son derece geniş konu ve kanalların birbirine bağlanması gerektiği sonucuna varabilirsiniz.

İki İşleyiş – Yukarıdan Aşağıya ve Aşağıdan Yukarıya

Bu ilim genellikle, iki paralel ve birbiriyle aynı, işleyişe ayrılmıştır, tıpkı bir havuzdaki iki damla gibi. Aralarındaki tek fark şudur; ilk işleyiş Yukarıdan aşağıya doğru, bu dünyaya uzanır. İkinci işleyiş ise; Yukarıdan aşağıya doğru ortaya çıktıklarında kökte meydana gelen aynı yol ve oluşumlarla tam olarak aynı şekilde, aşağıdan Yukarıya doğru çıkmaktır.

İlk işleyiş; ister kalıcı ister geçici olsun ortaya çıkışların tümünde, "dünyaların aşağıya iniş sırası; Partsufim; ve Sefirot" olarak adlandırılır. İkinci işleyişe, "edinimler veya peygamberlik ve Kutsal Ruh dereceleri" denir. Bununla ödüllendirilen bir kişi, aynı yollar ve girişleri izlemek ve her detay ve her dereceyi tam olarak Yukarıdan aşağıya doğru ortaya çıkışlarında olduğu gibi, onların içine yerleştirilmiş olan kurallarla, yavaş yavaş edinmek zorundadır.

Tanrısallığın ifşası tek seferde değil, ancak, yavaş yavaş, bir süre zarfında, edinimin arındırıcılığına bağlı olarak, kişi Yukarıdan aşağıya tüm dereceleri keşfedene dek ortaya çıkar. Edinim; tıpkı bir merdivenin basamakları gibi sırayla, biri diğerinden sonra ve biri diğerinin üstünde geldiğinden, "dereceler" (basamaklar) olarak adlandırılır.

Soyut İsimler

Pek çok kişi, Kabala ilminde tüm dünyalar ve isimlerin bir tür soyut isimler olduğuna inanır. Bunun nedeni ilmin hayal gücümüzün bile tutunacak yeri olmayan zaman ve yerin üstünde Yaradan'ın nitelikleri ve maneviyatla ilgili olmasıdır. Bu nedenle, pek çok kişi bu konuların sadece soyut isimlerden veya soyut isimlerden daha olağanüstü ve yüce isimlerden bahsettiğine inanır. Aslında, ilmin konuları, tümüyle ve baştan sona, her türlü hayal unsurundan yoksundurlar.

Ancak, konu bu değil. Tersine, Kabala sadece somut ve gerçek isimler ve adlandırmalar kullanır. Tüm Kabalistler için bükülmez bir kural vardır, "Edinmediğimiz hiçbir şeyi bir isim veya sözcük ile tanımlamayız."

Burada, "edinmek" kelimesi anlayışın en üst derecesini ifade eder ve "elinin uzanacağı şey" deyişinden gelir. Bu, bir şey tıpkı bir kişinin elleriyle tutulmuş gibi tümüyle açık seçik hale gelmeden, Kabalistler tarafından edinilmiş kabul edilmediği, ancak anlaşıldığı, kavranıldığı vs. anlamına gelir.

Kabala İlminin Gerçekliği

Gerçek şeyler, onların özüyle ilgili ne algımız ne de hayalimiz olmadığı halde, gözümüzün önündeki fiziksel realitede de bulunur. Bunlar, elektrik ve mıknatıs gibi "akışkan" şeylerdir.

Bununla beraber, canlı ve tatmin edici şekilde, etkilerini bildiğimiz bu isimlerin gerçek olmadığını kim söyleyebilir ki? Elektrik olarak adlandırılan şeyin, özünün algısına sahip olmadığımız gerçeğine de bundan daha fazla kayıtsız olamazdık.

Bu isim bize somut ve sanki duyularımızla tamamen algılanıyormuş kadar yakın. Küçük çocuklar bile "elektrik" kelimesini biliyorlar, tıpkı ekmek, şeker ve benzer kelimeleri bildikleri gibi.

Dahası, eğer araştırma araçlarınızı biraz test etmek isterseniz size bütün olarak, Yaradan'ın hiçbir algısı olmadığından, O'nun varlıklarının herhangi birinin özünü edinmenin de imkânsız olduğunu söyleyeceğim, ellerimizle hissettiğimiz somut nesnelerin bile.

Dolayısıyla, önümüzdeki aksiyon dünyasındaki arkadaşlarımız ve akrabalarımızla ilgili tüm bildiğimiz "onların hareketlerine aşina" olmaktan başka bir şey değildir. Bunlar, onların bizim duyularımızla karşılaşmalarıyla harekete geçer ve doğarlar ki, konunun özünün herhangi bir algısına sahip olmasak da bizi tam olarak tatmin ederler.

Dahası, kendi özünüzün bile hiçbir algı ve edinimine sahip değilsiniz. Kendi özünüzle ilgili bildiğiniz her şey özünüzden uzanan bir seri aksiyonlardan başka bir şey değildir.

Konuyla ilgili en ufak bir edinimimiz olmamasına rağmen, Kabala kitaplarında ortaya çıkan tüm isim ve adlandırmaların aslında özbeöz ve gerçek olduğu sonucuna artık varabilirsiniz. Böyle olmasının nedeni, bu ilmi çalışanların, kendi algıları dâhilinde, ilmin nihai bütünlüğüyle ilgili, tümüyle tatmin olmalarıdır, yani Üst Işık ve onu algılayanlarla ilişkiden harekete geçip, doğan aksiyonların basit algısıyla.

Bununla beraber, bu son derece yeterlidir, zira kural şudur: "O'nun İlahi Takdir'inden, Yaratılışın doğasına idrak ettirmek için ölçülüp çıkarılan her şey tamamen memnun edicidir." Benzer şekilde kişi altıncı bir parmak istemez çünkü beş parmak gayet yeterlidir.

MANEVİ EDİNİM ZAMANI

Kabala Kitaplarındaki Fiziksel Terimler ve Fiziksel İsimler

Yaradan'ın nitelikleri şöyle dursun manevi konularla ilgilenildiğinde her mantıklı kişinin anlayacağı gibi düşünüp taşınabileceğimiz kelimeler ya da harfler yoktur. Bunun nedeni tüm kelime hazinemizin duyularımız ve hayal gücümüzün kombinasyonları olmasıdır. Ancak, hayal gücü ya da duyuların olmadığı bir yerde bunların nasıl yardımı olabilir ki?

Böyle konularda kullanılabilen en zekice kelimeyi yani "Üst Işık" kelimesini bile alsak, ya da hatta "Basit Işık" kelimesini, yine de hayali ve güneşin ışığından ya da mum ışığından ya da bir tür büyük şüpheyi çözmenin üzerine kişinin hissettiği mutluluk ışığından ödünç alınmıştır. Fakat bunları nasıl manevi konular ve Yaradan'ın yöntemleriyle ilgili kullanabiliriz? Bunlar çalışan kişiye sahtelik ve aldatma sunar.

Bu, özellikle ilmin araştırılmasındaki alışılagelmiş konuşmalarda kişinin bu sözlerde biraz mantık bulması gerektiği yerlerde böyledir. Burada öğretmen inceleme yapanlar için dikkatli bir şekilde kesin tanımlar bulmalıdır.

Ve öğretmen bir başarısız kelime ile yetersiz kalsa okuyucuların kafasını karıştırıp onları yanlış yönlendirebilir. İlim kitapları inceleyen herhangi biri tarafından da bilindiği gibi, okuyucular orada, öncesinde, sonrasında ve o kelimeyle bağlantılı her şeyde öğretmenin ne dediğini anlamayacaklar.

Dolayısıyla, kişi Kabalistlerin bu ilimdeki bağlantıları açıklamak için yanlış kelimeler kullanmalarının nasıl mümkün olduğunu merak etmeli. Ayrıca, yanlış bir isimden tanım yapılamadığı bilinmektedir, zira yalanın ne bacakları ne de duruşu vardır.

Gerçekten de, burada dünyaların birbirlerine ilişkilendiği Kök ve Dal Yasası'nın önceden bilgisine sahip olmanız gerekiyor.

Dünyaların Birbirine İlişkilendiği Kök ve Dal Yasası

Kabalistler, Atzilut denilen ilk, en üst dünyayla başlayan ve Asiya denilen bu fiziksel, somut dünyayla biten Atzilut, Beria, Yetzira ve Asiya olarak adlandırılan dört dünyanın formunun her madde ve olayda tamamen aynı olduğunu buldular. Bu, ilk dünyada meydana gelen ve sonuçlanan her şeyin bir sonraki, altındaki dünyada da değişmemiş olarak bulunduğu anlamına gelir. Bu somut dünyaya kadar onu takip eden tüm dünyalarda benzer şekildedir.

Aralarında fark yoktur, sadece her dünyadaki realitenin elementlerinin maddesinde algılanan farklı bir derece vardır. İlk, En Üst dünyadaki realitenin elementlerinin maddesi altındakilerin tümünden daha arıdır. Ve ikinci dünyadaki realitenin elementlerinin maddesi ilk dünyanınkinden daha bayağı ancak alt derecedekilerin tümünden daha arıdır.

Bu, realitedeki elementlerinin maddesi kendisinden önce gelen tüm dünyalardan daha bayağı ve karanlık olan önümüzdeki dünyaya kadar benzer şekilde devam eder.

KABALA BİLİMİ

Bununla beraber, realitenin şekil ve elementleri ve bunların tüm oluşları değişmemiş gelirler ve her dünyada eşittirler, hem miktar olarak hem de nitelik olarak.

Bilgelerimiz bunu bir mühür ve onun damgasına benzettiler: mühürdeki tüm şekiller her detay ve incelikle damgalanan nesneye mükemmel şekilde aktarılır. Her bir alt dünyanın Yukarısındaki dünyanın damgası olduğu dünyalarla da bu şekildedir. Dolayısıyla, Üst Dünyadaki tüm formlar hem miktar hem de nitelikte titizlikle alt dünyaya kopyalanır.

Dolayısıyla, realitede hiçbir unsur ya da alt bir dünyada realitenin ortaya çıkışı yoktur ki Yukarısındaki dünyada benzerliğini bulmasın, tıpkı bir göldeki iki damla gibi. Ve bunlara "Kök ve Dal" denir. Bu, alt dünyadaki maddenin, alt maddenin kökü olan Üst Dünyadaki modelinin bir dalı olduğu addedilir, zira alt dünyadaki maddenin etkilendiği ve tasarlandığı yer burasıdır (Üst Dünya).

Bilgelerimiz şöyle dediği zaman demek istedikleri buydu, "Aşağıda, geleceği olmayan ve yukarıdan onu etkileyen ve ona "Büyü!" diyen bir rehberi olmayan hiç bir çimen tanesi yoktur." Bu demektir ki "gelecek" denilen kök, çimeni büyümeye ve miktar ve nitelik olarak özelliklerini edinmeye zorlar, mühür ve damgada olduğu gibi. Yukarısındaki dünya ile bağlantılı olarak her bir dünyadaki her detay ve realitedeki her meydana gelişin uygulandığı Kök ve Dal yasası budur.

Kabalistlerin Dili Dalların Dilidir

Bu, Üst Dünyada onların kökü olarak mutlaka var olan dalların köklerine işaret ettiği anlamına gelir. Bunun nedeni alt dünyanın realitesinde onun Üst dünyasından kaynaklanmayan hiçbir şey yoktur. Mühür ve damgada olduğu gibi Üst Dünyadaki kök alt dünyadaki dalını formunun ve özelliklerinin tümünü ortaya çıkarmaya zorlar, bilgelerimizin dediği gibi, altındaki çimen tanesiyle bağlantılı Yukarıdaki gelecek onu etkiler ve büyümesini tamamlamaya zorlar. Bundan dolayı, bu dünyadaki her bir dal Üst Dünyada konulanmış yaratılışını iyi tanımlar.

Dolayısıyla, Kabalistler, kusursuz bir konuşma dili yaratmaya yeterli bir dizi açıklayıcı kelimeler bulmuşlardır. Bu, onların kendi aralarında Üst Dünyalardaki Manevi Köklerdeki bağlantılarla ilgili, fiziksel duyularımızca gayet iyi tanımlanmış somut dalı sadece söyleyerek konuşmalarını sağlamıştır.

Dinleyiciler, bu fiziksel dalın işaret ettiği Üst Kökü anlarlar çünkü damgası olduğundan onunla ilişkilidir. Bu nedenle, Üst Manevi Köklere işaret eden somut yaratılışın tüm varlıkları ve onların tüm durumları Kabalistlere iyi tanımlanmış kelimeler ve isimler haline gelmiştir. Bunların manevi yerlerini anlatacak sözel bir ifade olmamasına rağmen, zira bu hayal gücünün ötesindedir, bu somut dünyada duyularımızın önünde düzenlenerek dalları vasıtasıyla sözel olarak ifade edilme hakkını kazandılar.

MANEVİ EDİNİM ZAMANI

Kabalistlerin, manevi edinimlerini kişiden kişiye ve nesilden nesle hem sözlü olarak hem de yazılı olarak aktardıkları, aralarındaki konuşma dilinin doğası budur. Onlar, ilmin araştırmasında fikir birliğine varmak için gerekli olan tüm doğruluk ve kişinin hata yapamayacağı kesin tanımlarla, birbirlerini tamamen anlarlar. Bunun böyle olmasının nedeni her dalın kendi doğal, eşsiz tanımı olmasıdır ve mutlak tanım onun Üst Dünyadaki köküne işaret eder.

Şunu aklınızda tutun ki, Kabala ilminin bu Dalların Dili ilmin terimlerini açıklamak için tüm diğer dillerden daha uygundur. Dillerin halkın ağzında bozulduğu nominalizm (adcılık) teorisinden bilinmektedir. Bir başka deyişle, diller fazla sözcük kullanımından dolayı kesin içeriğinden mahrum kaldıklarından sözlü ya da yazılı olarak birinden diğerine kesin çıkarımlar aktarmakta büyük zorluklar ile sonuçlanmıştır.

Kabalistlerin dalların dili ile durum böyle değildir: dalların dili, gözlerimizin önünde düzenlenen yaratılışların ve meydana gelişlerin isimlerinden ortaya çıkmıştır ve doğanın değişmez yasalarıyla tanımlanmıştır. Okuyucu ve dinleyiciler kendilerine sunulan kelimelerle asla yanlış anlamaya yönlendirilmezler, zira doğal tanımlar kesinlikle değişmez ve ihlâl edilemez.

Bilge Bir Kabalistten Anlayışlı Bir Alıcıya Aktarım

Bu yüzden, RAMBAN Musa Peygamber'in yazılarına tefsirinin girişinde şöyle yazdı: "Bu kitabı inceleyen herkese gerçek sözleşme getiriyorum, yani Işığın sırlarında yazdığım tüm ipuçlarıyla ilgili olarak kararlıkla belirtiyorum ki sözlerim bilge bir Kabalistin ağzından anlayışlı bir dinleyicinin kulağına hariç herhangi bir akıl ya da zekâ ile kavranamaz." Bunun gibi Kabalist Haim Vital'in, Hayat Ağacı'na girişte yazdığı ve ayrıca bilgelerimizin sözlerindeki gibi (Hagiga, 11): "Eğer bilge değil ise ve kendi aklı ile anlamıyorsa kişi Kabala'yı kendi başına çalışmaz."

Kişinin bilge bir Kabalistten alması gerektiğini söylediklerinde onların sözleri tümüyle anlaşılıyor. Ancak, öğrencinin öncelikle akıllı ve kendi aklıyla anlayan olması gerekliliği neden? Dahası, eğer öyle değilse dünyadaki en erdemli kişi bile olsa ona öğretilmemeli de. İlaveten, kişi zaten akıllı ise ve kendi aklı ile anlıyorsa başkalarından öğrenmeye ne ihtiyacı var ki?

Önceki söylenilenlerden, bilgelerin sözleri tüm basitliğiyle anlaşılıyor: gördük ki dudaklarımızın söylediği tüm kelimeler ve ifadeler manevi, kutsi konulardan, hayali zaman ve yerin üzerinde tek bir kelime bile aktarmamıza yardımcı olmaz. Bunun yerine, bu konular için özel bir dil vardır, onların Üst Köklere ilişkilerini gösteren Dalların Dili.

Bununla beraber, bu ilmin araştırmasına dalma işi için diğer dillerden fazlasıyla daha uygun olan bu dil sadece dinleyici kendisi başlı başına akıllı ise yani dalların köklerine ilişkisini bilip anlıyorsa böyledir. Bunun nedeni bu ilişkilerin aşağıdan yukarıya bakarken hiç de açık olmamasıdır. Bir başka deyişle, alt dalları inceleyerek Üst Köklerde herhangi bir çıkarım veya benzerlik bulmak mümkün değildir.

Tam tersine, alt Üstten çalışılır. Dolayısıyla, kişi önce, maneviyatta oldukları gibi, Üst Kökleri edinmelidir, hayalin üstünde, sadece saf edinim ile. Ve kişi kendi aklıyla Üst Kökleri tümüyle edinir edinmez bu dünyadaki somut dalları inceleyebilir ve her dalın Üst Dünyadaki köküne tüm sırasıyla, miktar ve nitelikte nasıl ilişkilendiğini öğrenebilir.

Kişi tüm bunları öğrenip derinlemesine anladığında kendisi ve öğretmeni yani Dalların Dili ile arasında ortak bir lisan vardır. Bunu kullanarak Kabalist bilge Üst, Manevi Dünyalarda yürütülen bu ilimdeki öğretileri, hem öğretmeninden öğrendiklerini hem de ilimde kendi keşfettiği açılımları aktarabilir. Bunun nedeni artık ortak bir dile sahip olmaları ve birbirlerini anlamalarıdır.

Ancak, öğrenci akıllı değilse ve dili kendi başına anlıyorsa, yani dalların köklerine nasıl işaret ettiklerini, doğal olarak, ilmin incelenmesinde anlaşmak bir kenara dursun, öğretmen öğrenciye bu manevi ilmin bir kelimesini bile aktaramaz. Bu böyledir çünkü kullanabilecekleri ortak bir dilleri yoktur ve dilsiz gibi olurlar. Dolayısıyla, öğrenci akıllı değilse ve kendi aklı ile anlamıyorsa Kabala ilminin öğretilmemesi gerekir.

Daha ötesini sormalıyız: O zaman, öğrenci Üst Kökleri izleyerek dal ve kökün ilişkisini öğrenecek şekilde nasıl akıllanabilir? Cevap şu ki, burada kişinin çabası boşadır; ihtiyacımız olan şey Yaradan'ın yardımıdır. O, ilimle, anlayışla ve yüce edinimleri edinmek için bilgi ile O'nun sevgisini kazananları doldurur. Burada herhangi bir et ya da kan ile desteklenmek mümkün değildir!

Aslında, O bir kişiyi sevdiğinde ve onu yüce edinimle ödüllendirdiğinde kişi gelip bilge bir Kabalist'den Kabala ilminin sonsuzluğunu almaya hazırdır, zira sadece şimdi ortak bir dilleri vardır.

İnsan Ruhuna Yabancı Adlandırmalar

Yukarıda söylenenlerin tümüyle, Kabala kitaplarında neden bazı adlandırmaları ve terimleri insan ruhuna çok yabancı bulduğumuzu anlayacaksınız. Bunlar, Zohar, Tikunim ve Ari'nin kitapları olan önemli Kabala kitaplarında bir hayli var. Bu bilgelerin böyle yüce, kutsal kavramlar için neden böyle düşük adlandırmalar kullandığı gerçekten şaşırtıcıdır.

Ancak bunu yukarıdaki konseptleri edindiğinizde tümüyle anlayacaksınız. Bunun nedeni, bu ilmi açıklamak için sadece bu amaca yönelik tasarlanmış, Üst Kökleriyle ilişkili Dalların Dili denilen bir dil hariç dünyada hiçbir dil olmadığı artık açıktır.

Dolayısıyla, açıkçası ne bir dal ya da dalın oluşumu alt derecesinden dolayı ihmal edilmeli ne de ilmin bağlantılarındaki arzulanan konseptleri ifade etmek için kullanılmamalıdır, zira dünyamızda onun yerini alacak başka bir dal yoktur.

Aynı gözenekten iki saç teli çıkmadığı gibi tek bir köke bağlı iki dala da sahip değiliz. Bu nedenle, bir durumu kullanmayarak ona Üst Kökte tekabül eden manevi konsepti kaybediyoruz, zira onun yerine koyacak ve o köke işaret edecek başka tek bir kelime yoktur. İlaveten, böyle bir durum tüm ilme bütünüyle zarar verir, zira şimdi o konsepte bağlı ilim zincirinde kayıp bir bağlantı vardır.

Bu, tüm ilmi bozar, çünkü dünyada konuların bu kadar kaynaştığı ve neden sonuç yoluyla birbirine geçtiği, başı ve sonucu olan, Kabala ilminde olduğu gibi uzun bir zincir gibi baştan aşağı bağlı olan bir ilim daha yoktur. Dolayısıyla, küçük bir farkındalığın geçici kaybı üzerine tüm ilim gözlerimizin önünde kararır, çünkü tüm konuları birbirine hayli sıkıca bağlıdır, kelimenin tam anlamıyla birbirine geçmiştir.

Şimdi, ara sıra kullanılan yabancı kelimelere şaşırmayacaksınız. Onların kötüleri iyiyle iyileri kötüyle değiştirmek için adlandırmalarla seçimleri yoktur. Her zaman dalı ya da durumu tam olarak Üst Köküne işaret edecek şekilde gerektiği ölçüsünde kullanmalılar. Dahası, konular onların (ilmi) çalışan dostlarının gözünde kesin bir tanım sağlayacak şekilde açıklanmalıdır.

KABALA BİLİMİ

KABALA ÖĞRETİSİ VE ÖZÜ

Kabala ilmi nedir? Bütün olarak, Kabala ilmi kendi yolunda tüm açılarıyla düzenlenmiş – dünyalarda ortaya çıkan ve ifşa olması tasarlanmış ve zamanın sonuna dek dünyalarda ortaya çıkabilecek tüm suretlerde – Tanrısallığın ifşasıyla ilgilidir.

Yaratılışın Amacı

Amaçsız hareket olmayacağından Yaradan'ın önümüzde düzenlenmiş olan Yaratılışta bir amacı olduğu kesin. Bu çeşit çeşit realitenin tümünde en önemli şey hayvanlara verilen algıdır – yani her biri kendi varlığını hisseder. Ancak sadece insana verilmiş olan en önemli algı, aklî faaliyetle ilgili algıdır ki bununla kişi aynı zamanda diğerindeki acıları ve huzuru da hisseder. Dolayısıyla, eğer Yaradan'ın bu Yaratılışta bir amacı varsa bunun konusu insandır. İnsanla ilgili olarak şöyle denilmiştir, "Yaradan'ın tüm işi onun içindir."

Ancak, yine de Yaradan'ın bu türü yaratmasının amacını anlamamız lazım. Aslında bu, insanı Daha yukarı ve daha önemli bir dereceye yükseltmek, Yaradan'ını, ona zaten verilmiş olan insan algısıyla hissetmek içindir. Ve kişi dostunu bildiği ve hissettiği gibi Yaradan'ın sözlerini de öğrenecektir, Musa'yla (Musa Peygamber) ilgili şöyle yazıldığı gibi, "Ve Yaradan Musa'yla yüz yüze konuştu, insanın dostuyla konuştuğu gibi."

Herkes Musa gibi olabilir. Şüphesiz, önümüzdeki Yaratılışı inceleyen herkes, işleyişi, kişinin dostuyla konuştuğu gibi Yaradan'ı ile sohbet edip anlaşabileceği muazzam algıyı edinene dek gelişen, O'nun büyük hazzını görüp anlayacaktır.

Yukarıdan Aşağıya Doğru

Hareketin sonunun ilk düşüncede olduğu bilinmektedir. Kişi bir ev inşa etmeye başlamadan önce amacı olan daireyi düşünür. Sonuç olarak, projenin bu iş için uygun olup olmadığını inceler.

MANEVİ EDİNİM ZAMANI

Bizim maddemizle de böyledir. Amacı öğrendikten sonra Yaratılışın tüm işleyişi, her köşede, girişte ve çıkışta, kişinin dostunu hissettiği gibi Tanrısallığı hissedene dek niteliklerini geliştirmek, insan türünü orta yerinden yetiştirmek için tamamen önceden düzenlenmiştir.

Bu yükselişler, ta ki amacını tamamlayıp gerçekleştirene dek derece derece düzenlenmiş merdivenin basamakları gibidir. Ve bu basamakların nitelik ve miktarının iki realitede düzenlendiğini bilmelisiniz: 1) fiziksel madde, ve 2) manevi olguların varlığı.

Kabala dilinde bunlara "Yukarıdan aşağıya" ve "aşağıdan Yukarıya" denir. Bu, fiziksel maddelerin, Yaradan'ın Işığının Yukarıdan aşağıya – ilk kaynaktan, O'nun Özü'nden, Işığın bir ölçüsünün kesildiği ve Tsimtsum'dan Tsimtsum'a (kısıtlamadan kısıtlamaya) fiziksel dünya yani en altta fiziksel varlıklar ile oluşana dek – ifşasının bir silsilesi olduğu anlamına geliyor.

Aşağıdan Yukarıya Doğru

Sonrasında aşağıdan Yukarıya bir düzen başlar. Bunlar, insan neslinin geliştiği ve yaratılışın amacına tırmandığı merdivenin basamaklarıdır. Bu iki realite Kabala ilminde her detayıyla açıklanmaktadır.

Kabala Çalışmanın Gerekliliği

Karşı çıkan biri şöyle diyebilir, "Dolayısıyla, bu ilim Yaradan'ın ifşasında belli bir ölçü de ödüllendirilmiş kişiler içindir. Ancak, insanların çoğunluğunun bu yüce ilmi bilme gerekliliği ne olabilir ki?"

Aslında, dini vecibelerin öncelikli amacının sadece davranışları arılaştırma olduğu yaygın fikri vardır, yani arzulanan her şey fiziksel dini vecibelerle, hiçbir ekleme yapmadan veya bundan hiçbir sonuç gerekmeden, incelemekle ilgilidir. Eğer böyle olsaydı, sadece ifşa olanı ve uygulamalı eylemleri çalışmak yeterlidir diyenler haklı olurdu.

Ancak durum böyle değildir. Bilgelerimiz zaten söylemişti, "Yaradan, kişinin boğazdan mı enseden mi kurban kestiğini neden önemsesin? Sonuçta, sevaplar sadece insanları arındırmak için verilmiştir." Dolayısıyla, hareketlerin incelenmesinin ötesinde bir amaç vardır ve hareketler sadece bu amacın hazırlıklarıdır. Bu nedenle, açıkçası, eğer hareketler arzulanan bu amaç için düzenlememişse sanki hiçbir şey mevcut değil gibidir. Ayrıca, Zohar'da şöyle yazılmaktadır: "Amaçsız bir sevap, tıpkı ruhsuz bir beden gibidir." Dolayısıyla, amaç da harekete eşlik etmelidir.

Bir diğer yandan hedef, eylem yapmaya değer, gerçek bir hedef olmalıdır, bilgelerimiz bununla ilgili şöyle dediler: "'Seni insanlardan ayıracağım ki Benim olasın,' böylece onlardan ayrılığın Benim Adıma olacak. Kimsenin, 'domuz eti yemesi imkânsızdır' demesine izin verme. Tersine, kişi şöyle demeli 'mümkün ama ne yapabilirim ki Cennetteki Babam beni mahkûm etti.'"

Dolayısıyla, eğer kişi iğrendiğinden ya da başka bedensel zarardan dolayı domuz etinden kaçınırsa, dini vecibelere göre yasaklı olan tek ve düzgün niyeti olmadığı sürece, domuz eti yememesi sevap olarak kabul edilmez. Her bir sevap ile böyledir ve sadece o zaman kişinin bedeni zaman içinde sevabı çalışarak arınır ki arzulanan amaç budur.

Dolayısıyla, fiziksel eylemlerin çalışılması yeterli değildir; Işık ve Işığı Veren'deki her şeyi, yani bir Yargı ve Yargıç bulunduğunu inançla incelemek için arzu edilir niyeti doğuran şeyleri çalışmamız lazım.

Bu yüce şeyi sağlayacak gücü olanın ödül ve cezaya inancın doğru kitaplarla birlikte çok çaba gerektirdiğini anlamayacak kadar kim aptal olabilir? Bu nedenle, aksiyondan önce bile Yaradan'a, O'nun Yasasına ve O'nun İlahi Takdir'ine inanca alışmak için bedeni arındıracak bir çalışma gerekmektedir. Bilgelerimiz bununla ilgili şöyle dediler, "Kötü eğilimi yarattım; Işığı da buna iksir olarak yarattım," zira "garantörünüzün kendisinin bir kefile ihtiyacı vardır," çünkü kötü eğilim olan kendi zevkiniz için alma arzularınız kişinin dini vecibeleriyle ıslahı yapabilmesine izin vermeyecektir.

İksir (Şifa) Olarak Işık

Kötü eğilimi hükümsüz kılmak ve hizaya getirmek için tek iksir Işık'tır, bilgelerimizin dediği gibi, "Onun içindeki Işık onları değiştirdi."

Kitapların İçindeki Kelimelerin Çoğu Çalışma İçindir

Bu, yazıların neden pratik uygulamadan uzun uzadıya değil de sadece çalışmadan, yani Yaratılış eylemine girişten bahsettiğini açıklıyor. Bunlar, Yaratılış, İsimler, Emirler'in çoğu ve söylemeye gerek yok, efsaneler ve tefsirlerin tümüdür. Bununla beraber, bunlar Işığın barındığı yerler olduğundan, kişinin bedeni arınacak, kötü eğilimi azalacak ve kişi Işığa ve ödül ve cezaya inanca gelecektir. Manevi çalışmanın incelenmesindeki ilk derece budur.

Emir Mumdur ve Öğreti Işıktır

Şöyle yazılmıştır, "Zira emir mumdur ve Öğreti Işıktır." Kişinin mumları olup da onları yakacak ışığı olmadığında karanlıkta oturduğu gibi, ıslaha eğilimi vardır ama kaynakları olmayan da karanlıkta oturur. Bunun nedeni, yazıların Işık olmasıdır ki bununla bedendeki karanlık aydınlanır ve yanar.

Tüm Yazılar Eşit Işık Değildir

Manevi kaynakların yukarıda bahsedilen gücüne göre, yani içindeki Işığın ölçüsünü dikkate alırsak; Işık, kişinin maneviyatı çalışarak alacağı Işığın ölçüsüne göre, derecelere ayrılmalıdır. Açıkçası, kişi kaynakların Yaradan'ın bilgelerimize ifşasına ilişkin sözlerini ölçüp, tartıp düşündüğü zaman bunlar kişiye pratik uygulama konularını ele almaktan daha çok Işık getirir.

Manevi çalışma ne kadar fiziksel dini vecibelerden ne kadar önemliyse, Yaradan'ın bilgelerimize ifşası Işığa kıyasla daha önemlidir. Maneviyatın Işığını almayı arzulamış, dürüst bir kalbe sahip herkes bunu kabul edecektir.

İlmin Yayılmasının Ortaya Çıkması ve Bunun Gerekliliği

Kabala ilminin tümü Yaradan'ın ifşasından bahsettiğinden, doğal olarak, bu görevi öğretecek daha başarılı bir şey de yoktur. Kabalistler bunu hedeflediler – yani ilmi, çalışmaya uygun şekilde düzenlemeyi.

Ve böylece Kabalayı gizlilik zamanına kadar çalıştılar (bunu belirli nedenden dolayı gizlemeye karar verdiler.) Ancak bu, sonsuza kadar değil sadece belirli bir süre içindi, Zohar'da şöyle yazıldığı gibi, "Bu ilmin günlerin sonunda ifşa edilmesi planlanmıştır ve hatta çocuklara bile."

Buna göre, yukarıda bahsedilen ilim hiçbir şekilde Kabala ilmiyle sınırlı değildir, zira Kabala ilminin özü Yaradan'ın Özü'nden ortaya çıkan manevi Işıktır. Şöyle yazıldığı gibi, "Dışarı doğru ışıklar gönderebilir misin ki bunlar gidip sana yukarıda bahsedilen iki yolla – Yukarıdan aşağıya ve aşağıdan Yukarıya – ilgili olarak: 'Biz buradayız' diyebilsinler'"

Bu konular ve dereceler, insanlar için uygun olan bir dille yayılırlar, çünkü bunlar gerçekten de bu dünyadaki tüm varlıklar ve bu dünyada onların dalları olan işleyişler içindir. Böyle olmasının nedeni şudur, "Hiçbir çimen tanesi yoktur ki yukarıdaki meleği ona etkileyip 'Büyü!' demesin." Dolayısıyla, dünyalar birbirinden meydana gelir ve mühür ve damga gibidirler. Ve birinde olan her şey, son dalları olan fiziksel dünyaya kadar diğerinde de vardır, ancak her biri Yukarısındaki dünyayı mührün damgası gibi içerir.

Bu yüzden, Üst dünyalardan veya onların işleyişlerinden, sadece onlardan veya işleyişlerinden uzanan fiziksel, alt dalları aracılığıyla bahsederiz ki bu da kutsal kitaplar veya laik öğretiler veya Kabalistlerin dili olan insanlar vasıtasıyla veya hemfikir olunan isimlere göre yapılır. Zohar'ın gizliliğinden bu yana Geonim'in (589-1038 dönemi) Kabalası'ndaki işleyiş buydu.

Böylece, Yaradan'ın ifşasının tek seferlik bir ifşa olmadığı, ancak Yukarıdan aşağıya ve aşağıdan Yukarıya ortaya çıkan yüce derecelerin tümünün ifşası için gereken bir süre içinde devam eden bir konu olduğu açıklanmış oldu. Bunların üzerinde ve sonunda Yaradan ortaya çıkar.

Bu tıpkı, son kişi ve son ülkeyi incelemeyi tamamlamadan önce tüm dünyanın kendisine ifşa olduğunu söyleyen, tüm ülkeler ve dünyadaki insanlar üzerine uzman bir kişiye benzer. Kişi bunu gerçekleştirene dek tüm dünyayı edinmemiştir.

Benzer şekilde, Yaradan'ın edinimi önceden belirlenmiş yollarla ortaya çıkar. Yaradan'ı edinme arayışında olan kimse, Yukarıda ve aşağıda bu yolları edinmelidir. Açıkçası, burada önemli olan Üst Dünyalardır, ancak alt ve Üst dünyalar birlikte edinilir çünkü şekillerinde değil sadece maddelerinde fark vardır. Üst bir Dünyanın maddesi daha arıdır, ancak şekiller birbirinden damgalanmıştır ve Üst Dünyada var olan altındaki tüm dünyalarda da zorunlu olarak vardır zira alttaki dünya Üstündeki dünya tarafından damgalanmıştır. Yaradan'ı arayan kişinin edindiği bu realiteler ve bunların işleyişleri "dereceler" olarak adlandırılır, zira bunların edinimleri biri diğerinin üzerinde olacak şekilde düzenlenmiştir, tıpkı merdivenin basamakları gibi.

Manevi İfadeler

Manevi bir şeyin görüntüsü yoktur, dolayısıyla üzerinde düşünecek harfleri de yoktur. Genel olarak maneviyatı, kişinin kıyafetlendirdiği ve Yaradan'ın ifşası için gereken miktar kadar edindiği Basit Işık olarak ifade etsek de, bu bile ödünç alınmış bir ifadedir. Bu böyledir çünkü manevi dünyada "Işık" olarak adlandırılan her şey güneş ya da mum ışığı gibi bir şey değildir.

Manevi dünyada Işık olarak bahsettiğimiz şey, doğası gereği, insan aklından alınmıştır çünkü kişinin aklında bir şüphe çözümlendiğinde bedeninde baştan aşağı bir tür ışık bolluğu ve haz keşfeder. Bu nedenle bazen öyle olmadığı halde "aklın ışığı" deriz. Çözüme kavuşmuş incelemeler için uygun olmayan bedenin maddesinin o kısımlarında parlayan ışık elbette akıldan daha aşağı bir şeydir. Dolayısıyla, bu alt, niteliksiz organlar da ışığı alıp edinebilirler.

Bununla beraber, aklı bir takım isimle adlandırabilmek için ona "aklın ışığı" deriz. Benzer şekilde, Üst Dünyaların realitesinin unsurlarını "Işıklar" olarak adlandırırız, zira bunları edinene bedeni boyunca, baştan aşağı, ışık ve haz bolluğu getirirler. Bu nedenle, "kıyafetlenmeyi" edinmiş birini adlandırabiliriz, çünkü Işığı kıyafetlendirmiştir.

Şöyle sorabiliriz, "Onları çalışmada kullanılan gözlem ve edinimi gibi, isimlerle adlandırmamız, ya da zihinsel akıl fenomenini vurgulayan ifadelerle kişinin kendisini ifade etmesi daha doğru olmaz mıydı?" Mesele şu ki; bu, anlama fenomeninin işleyişine benzer bir şey değildir, zira akıl, realitenin tüm unsurları arasından belli bir daldır. Dolayısıyla, kendine özgü dışavurumları vardır.

Bu, derecelerde böyle değildir, zira dereceler bir dünyada var olan tüm unsurları içeren tam bir bütündürler. Her unsurun kendi özel yolu vardır. Çoğunlukla, derecelerdeki konuların algısı hayvansal bedenin algısına benzer: kişi biraz öz edindiğinde onun tümünü baştan aşağı edinir.

Zihinsel aklın yasalarıyla ölçecek olursak, kişinin o özde edinebileceği her şeyi edindiğini söyleyebiliriz ve eğer bunu bin yıl daha düşünse edindiğine küçücük bir şey bile ekleyemez. Bununla beraber, başlangıçta şöyledir......yani her şeyi görür ancak gördüğü hiçbir şeyi anlamaz. Ancak, zaman geçtikçe İbur (Gebe kalma), Yenika (emzirme), Mohin (yetişkinlik) ve ikinci bir İbur gibi ek konular edinmek zorunda kalacaktır. Aynı zamanda, edinimlerini istediği gibi hissetmeye ve arzuladığı gibi kullanmaya başlayacaktır.

Bununla beraber, kişi gerçekte, başlangıçta gerçekleştirdiği edinimlere bir şey bile eklemedi. Bu olgunlaşma gibidir: daha önce olgun değildi, dolayısıyla anlayamıyordu ve şimdi olgunlaşma tamamlandı.

Böylece, edinimlerin akıl fenomeninin işleyişinden büyük farkı olduğunu görüyorsunuz. Bu nedenle, kullanmaya alışık olduğumuz tanımlar bizim için akıl fenomeniyle yeterli olmayacaktır. Biz, sadece fiziksel konulara uygulanan işleyişleri kullanmaya zorlanıyoruz, zira bunların maddeleri bütünüyle ayrı olmalarına rağmen şekilleri tamamen birbirine benzerdir.

Gerçeğin İlminde Dört Dil Kullanılır
Gerçeğin ilminde dört dil kullanılır:

1. Kabalistik kitapların dili, bunların isim ve adlandırmaları.

2. Yasaların dili. Bu dil dini kitapların diline çok yakındır.

3. Kutsal kitaplardan çok uzak olan efsanelerin dili, zira bu dil, realiteyi dikkate almaz. Bu dile tuhaf isimler ve adlandırmalar atfedilir, ayrıca, konuları kök ve dal yoluyla ilişkilendirmez.

4. Sefirot ve Partsufim'in dili. Genel olarak, bilgelerin bu dili cahillerden gizlemek için güçlü bir eğilimleri vardı, zira ilim ve geleneklerin el ele yürüdüğüne inanıyorlardı. Bu yüzden, ilk bilgeler ilmi çizgiler, noktalar, üst kenarlar ve alt kenarlar kullanarak yazıda gizlediler. Önümüzdeki alfabe yirmi iki harfiyle bu şekilde oluştu.

Kutsi Kaynakların Dili

Kutsi kaynakların dili, bu işe mükemmel uygun, temel, gelişmemiş bir dildir, çünkü çoğu kısımlarda kök ve dal ilişkisini kapsar. Bu anlaşılması en kolay dildir. Bu dil ayrıca en eski dildir; Adam HaRişon'a atfedilmiş Kutsi Dildir.

Bu dilin iki avantajı bir dezavantajı vardır. İlk avantajı anlaşılmasının kolay olmasıdır ve edinimde yeni olanlar bile ihtiyaçları olan anında anlarlar. İkinci avantajı ise konuları, tüm diğer dillerden daha çok, geniş çaplı ve derinlemesine açıklamasıdır.

Dezavantajı ise belli konuları ve sebep sonuç bağlantılarını ele almak için kullanılamamasıdır. Böyle olmasının nedeni, her konunun bütünüyle açıklığa kavuşturulması gerekliliğidir, çünkü tüm konuyu sunmadıkça hangi unsura değindiğini açıkça anlamak mümkün değildir. Bu nedenle, bu dil küçük detayları ve sebep sonuç bağlantılarını göstermekte uygun değildir.

Ayrıca, dualar ve geleneksel vecibelerin dili bu kitaplardan alınmıştır.

Yasaların Dili

Yasaların dili, realitenin değil realitenin varoluşunun dilidir. Bu dil, orada sunulan yasaların köküne göre tümüyle otantik peygamber yazılarının dilinden alınmıştır. Ancak, kutsal kitaba göre bir avantajı vardır: her konuya tüm ayrıntılarıyla iner ve dolayısıyla, Üst Köklere daha doğru olarak dikkat çeker.

Bununla beraber, en büyük dezavantajı, anlaşılmasının zor olmasıdır. Bu dil, tüm dillerin en zorudur ve sadece "zarar vermeden giren ve çıkan" olarak nitelendirilen tam bir bilge bunu edinebilir. Elbette, Kutsal Kitaptan alındığı için ilk dezavantajı da kapsıyor.

Efsanelerin Dili

Efsanelerin dili, arzulanan anlama en mükemmel şekilde uyan alegoriler olduğundan anlaşılması kolaydır. Basit olarak incelerken, anlaşılması Kutsi Kitaplara göre daha kolay görünüyor. Ancak, tam olarak anlaması zor bir dildir, zira kendisini kök ve dal silsilesinden bahsetmekle sınırlamaz. Sadece alegoriler ve olağanüstü nüktedanlık vardır. Bununla beraber, Kutsi Kitaplar ve yasaların diliyle açıklanamayan ve derecenin özüyle ilgili anlaşılması zor, sıra dışı konseptleri çözmekte son derece zengindir.

Kabalistlerin Dili

Kabalistlerin dili, kelimenin tam anlamıyla bir dildir: hem kök hem dalla ilgili olarak hem de sebep sonuçla ilgili olarak çok kesindir. Bu dil, somut detayları ifade edebilme marifetine sahiptir. Ayrıca, bu dil aracılığıyla arzulanan konuya öncesi ve sonrasında gelen konu ile bağlantı kurma gerekliliği olmadan doğrudan yaklaşmak mümkündür.

Bununla beraber, bu dilin içinde gördüğünüz tüm somut yeteneklere rağmen çok büyük bir eksikliği de vardır: bu dili kendi aklı ile anlayan usta bir Kabalist bilge haricinde edinmek çok zor, neredeyse imkânsızdır. Bu diğer dereceleri aşağıdan Yukarıya ve Yukarıdan aşağıya kendi aklıyla anlayan biri bile bu dilde hâlâ bir şey anlamayacaktır ta ki bu dili öğretmeninden yüz yüze almış bir bilgeden alana dek.

Kabala'nın Dili Her Şeyde Dâhildir

İsimler, adlandırmalar ve Gimatria tümüyle Kabala ilmine aittir. Bunların diğer dillerde bulunmalarının nedeni de tüm dillerin Kabala ilmine dâhil olmasıdır. Bunun nedeni, isimler, adlandırmalar ve Gimatria'nın diğer dillerin tümüyle destekleyicisi olmaları gereken özel konular olmasıdır.

Ancak, kişi gerçeğin ilminin ifşasının açıklamaya hizmet eden bu dört dilin zaman içinde teker teker geliştiğini düşünmemeli. Gerçek şu ki bunların dördü de bilgelerin önünde aynı anda ortaya çıktı.

MANEVİ EDİNİM ZAMANI

Aslında, her biri tüm diğerlerinden oluşur. Kabala dili Kutsi Kitaplarda mevcuttur, Tsur'un (Kaya) üstünde durmak, ıslahın metodunda on üç erdemlilik niteliği gibi ve bir bakıma her bir cümlede hissedilir. Yazılarda yapılar da vardır ve bunların tümünün üstünde Şarkıların Şarkısı vardır ki, bunların tümü Kabala'nın dilidir. Yasalar ve efsanelerde de benzer şekildedir ve tüm dillerde aynı anlamı taşıyan silinemeyen isimler konusunda daha da çok böyledir.

Dillerin Evriminin Sırası

Her şeyin içinde aşamalı bir gelişim vardır ve kullanılabilecek en kolay dil diğerlerinden önce gelişimini tamamlamış olan dildir. Dolayısıyla, ilk ürünler Kutsal Kitabın dilindeydi, zira bu en uygun dildi ve o dönemde yaygındı.

Bunu müteakip yasaların dili geldi, zira bu, Kutsal Kitabın diline tümüyle dalmıştır, bunun yanı sıra yasaların nasıl uygulanacağının halka gösterilmesi gerekiyordu.

Üçüncüsü ise efsanelerin diliydi. Bu da Kutsal Kitap'ta pek çok yerde bulunmasına rağmen sadece yardımcı bir dildi çünkü konuların algılanmasını aceleye getirir. Bununla beraber, temel bir dil olarak kullanılamaz zira kök ve onun dalının kesinliğinden yoksundur. Bu yüzden, ender kullanıldı ve dolayısıyla gelişmedi.

Ve efsaneler döneminde bilgelerimizin sözlerini açmak için geniş çaplı kullanılmalarına rağmen bu sadece Kutsi Kitap'ın dili ile birlikteydi. Gerçekte, bilgelerimizin bu dili geniş çaplı kullanmaları Kabala dilinin gizlenmesinden sonra, Yohanan Ben Zakai'nin döneminde ve kısa süre öncesinde, yani Tapınağın yıkılmasından yetmiş yıl önce başladı.

En son gelişen Kabala'nın dili oldu. Bunun nedeni bu dili anlamanın zorluğuydu: edinime ilaveten, kişinin kelimelerin anlamını anlaması gerekmektedir. Dolayısıyla, bu dili anlayanlar bile kullanamadılar, zira çoğunlukla nesillerinde yalnız idiler ve birlikte çalışacak kimseleri yoktu. Bilgelerimiz bu dili, Maase Merkava olarak adlandırdılar, zira bu dil kişinin diğer hiçbir dille yapamayacağı, derecelerin Herkev'inin (Düzenleme) birbiri içindeki detaylarını ayrıntılarıyla açıklayabileceği özel bir dildir.

Kabala Dili Herhangi Bir Konuşma Dili Gibidir ve Ayrıcalığı Tek Bir Kelimenin İçerdiği Anlamdadır!

İlk bakışta, Kabala dili yukarıda bahsedilen üç dilin karışımı gibi görünür. Bununla beraber, bu dili kullanmayı anlayan biri kendi içinde baştan sona eşsiz bir dil olduğunu görür. Bunun kelimelerle değil kelimelerin anlamlarıyla ilgisi vardır. Diller arasındaki tüm fark budur.

İlk üç dilde neredeyse bir kelimenin bile tam anlamı yoktur, kelimenin neye işaret ettiği okuyucuya bırakılmıştır. Sadece birkaç kelimeyi veya bazen konuyu birleştirerek içerik ve anlamları anlaşılabilir. Kabala dilindeki avantaj içindeki her kelimenin içeriği ve anlamını herhangi bir dilden daha az olmamak kaydıyla okuyucuya tam bir kesinlikle açık etmesidir: her kelime kendi kesin tanımını taşır ve başka bir kelimeyle yer değiştiremez.

KABALA BİLİMİ

İlmi Unutmak

Zohar'ın gizliliğinden bu yana bu önemli dil yavaş yavaş unutuldu çünkü giderek daha az kişi tarafından kullanıldı. Ayrıca, alıcı bir bilgenin bu dili anlayan alıcı birine aktarmasında bir nesil ara vardı. O günden bu yana muazzam bir eksiklik oldu.

Bu dile sahip son kişi olan Kabalist Musa de Leon'un bu dilin bir kelimesini bile anlamadığını açıkça görebilirsiniz ki, bu dil dünyada onun vasıtasıyla ortaya çıkmıştır. Bunun nedeni, Zohar Kitabı'nın parçalarını sunduğu o kitaplarda kelimeleri kesinlikle anlamadığı çok açıktır çünkü Zohar Kitabı'nı Kutsal Kitap'a göre yorumladı. Derlemelerinden de anlaşılacağı gibi kendisi muazzam bir edinime sahip olmasına rağmen anlayışı tamamen karıştırmıştı.

Nesiller boyunca böyleydi: bütün Kabalistler tüm yaşamlarını Zohar'ın dilini anlamaya adadı ancak ellerini kollarını bulamadılar, çünkü Zohar'ın üzerine Kutsal Kitap'ın dilini zorladılar. Bu nedenle, bu kitap Kabalist Musa de Leon'un kendisine olduğu gibi onlara da mühürlenmişti.

Ari'nin Kabala'sı

Bu durum, eşi benzeri olmayan Kabalist Ari'nin gelişine kadar böyleydi. Onun edinimi herhangi bir sınırın ötesinde ve üstündeydi ve o bizlere Zohar'ın dilini açtı ve bu dilin içindeki zemini hazırladı. Bu kadar genç ölmeseydi, Zohar'dan çekilecek Işığın miktarını hayal bile edemeyiz. Bize bahşedilen az miktar yolu ve içeriği ve nesiller boyunca Zohar'ı tümüyle anlamaya ulaşmanın gerçek ümidini hazırladı.

Bununla beraber, neden Ari'yi izleyen büyük bilgelerin bu ilimde derlenmiş tüm kitapları ve Zohar'ın tefsirlerini bırakıp, hatta kendilerini neredeyse görünmekten bile men edip, yaşamlarını Ari'nin sözlerine adadıklarını anlamalısınız. Bu nedeni, Ari'den önce gelen bilgelerin kutsallıklarına inanmamaları değildi; Allah korusun böyle düşünmememiz lazım. O büyük bilgelerin gerçeğin ilmindeki edinimlerinin muazzam olduğunu gözleri olan herkes görebilir. Sadece cahil bir aptal onlardan şüphe edebilir. Ancak, onların ilimdeki mantıkları ilk üç dili izledi.

Her bir dil doğru olmasına ve kendi yerini bulmasına rağmen, bu sıraları kullanarak Zohar'da kapsanan Kabala ilmini anlamakta oldukça yanlış yönlendirici ve tümüyle uygunsuzdurlar. Böyle olmasının nedeni, unutulduğundan dolayı Zohar'ın tümüyle farklı bir dil olmasıdır. Bu nedenle, onların açıklamalarını kullanmıyoruz; ne Kabalist Musa de Leon'un, ne de ondan sonra gelenlerin, zira onların Zohar'ı yorumlayan sözleri doğru değildir ve bugüne kadar sadece bir tefsirimiz var – Ari'nin tefsiri.

Yukarıda yazılanların ışığında, Kabala ilminin içselliği Kutsi kitaplardan ve efsanelerden farklı değildir. Aralarındaki tek fark açıklamalarındadır.

Bu bir ilmin dört dile çevrilmesi gibidir. Doğal olarak, ilmin özü dilin değişmesi ile değişmemiştir. Düşünmemiz gereken tek şey ilmi öğrenciye aktarmak için hangi çevirinin daha uygun olduğudur.

MANEVİ EDİNİM ZAMANI

Konu bu şekilde önümüzde: Gerçeğin ilmi, yani Yaradan'ın Yolu'ndaki varlıklara Yaradan'ın niteliklerinin ifşasının ilmi, dünyevi bilimler gibi nesilden nesle aktarılmalıdır. Her nesil öncekine bir bağlantı ekler ve ilim böylece gelişir. Dahası, halka açmaya daha uygun hale gelir.

Dolayısıyla, her bilge öğrencilerine ve takip eden nesillere kendisine bahşedilen ilavelerle birlikte önceki nesillerden miras aldığı her şeyi aktarmalıdır. Açıkçası, edinenlerin edindiği gibi manevi edinim, bir başkasına aktarılamaz ve bir kitapta da yazılamaz. Böyle olmasının nedeni, manevi nesnelerin hiçbir şekilde hayal gücünün harflerinde belirememeleridir (ve şöyle yazılmasına rağmen, "…..peygamberlerin rehberliği vasıtasıyla benzerlikler kullandım," kelime anlamıyla böyle değildir.)

İlmi Aktarmanın Sırası

Bu durumda, edinen bir kişi edinimlerini nesilden nesle ve öğrencilere nasıl aktarabilir? Bunun için bir yol olduğunu bilmelisiniz: kökler ve dalların yolu. Tüm dünyalar ve onları dolduran her şey, her detayında, Bir, Eşsiz ve Bütün Düşüncedeki Yaradan'dan ortaya çıktı. Düşünce, tek başına basamaklandı ve tüm dünyaları, yaratılışları ve onların işleyişlerini yarattı, Hayat Ağacı'nda ve Tikuney Zohar'da yazıldığı gibi.

Bu yüzden, hepsi birbirine eşittir, tıpkı ilk mührün bunların tümünde damgalandığı mühür ve damgası gibi. Sonuç olarak, amaçla ilgili Düşünceye yakın olan dünyaları "kökler" olarak ve amaçtan daha uzak dünyaları "dallar" olarak adlandırıyoruz. Bunun böyle olmasının nedeni, aksiyonun sonunun ilk düşüncede olmasıdır.

Şimdi bilgelerimizin efsanelerdeki yaygın deyişini anlayabiliriz: "ve onu dünyanın sonundan sonuna kadar seyreder." "…..dünyanın başından sonuna kadar" demeleri gerekmez miydi? Ancak iki son vardır: 1) Amaçtan uzaklığına göre bir son, yani bu dünyadaki son dallar anlamında ve 2) "Nihai amaç" denilen bir son, zira amaç olayın sonunda ifşa olur.

Ancak açıkladığımız gibi, "Aksiyonun sonu ilk düşüncededir." Dolayısıyla, amacı dünyaların başında görüyoruz. Bu, bizim "ilk dünya" veya "ilk mühür" olarak addettiğimiz şeydir. Tüm diğer dünyalar bundan kaynaklanır ve tüm yaratılışların (varlıkların) – cansız, bitkisel, hayvansal ve konuşan – tüm durumlarında, formlarının bütünüyle tam olarak ilk dünyada mevcutturlar. Orada mevcut olmayan hiçbir şey dünyada ortaya çıkamaz, çünkü kimse sahip olmadığı şeyi veremez.

Dünyalarda Kök ve Dal

Artık dünyalardaki kök ve dal konusunu anlamak daha kolay. Bu dünyadaki cansız, bitkisel, hayvansal ve konuşan seviyelerin her biri formlarında değil sadece maddelerinde farklı olarak bir Yukarısındaki dünyada kendisine tekabül eden parçasına sahiptir. Dolayısıyla, bu dünyadaki bir hayvan veya kaya fiziksel bir maddedir ve Üst Dünyada ona tekabül eden hayvan ve kaya zaman ve yer kaplamayan manevi bir maddedir. Bununla beraber, bunların nitelikleri aynıdır.

Ve burada şüphesiz ki, doğal olarak formun niteliği koşuluna bağlı olan madde ve form arasındaki ilişki konusunu eklememiz lazım. Benzer şekilde, Üst Dünyadaki cansız, bitkisel, hayvansal ve konuşan seviyelerin çoğunluğuyla Üst Dünyanın Yukarısındaki dünya ile arasında benzerlikler bulacaksınız. Bu, tüm unsurların tamamlandığı ilk dünyaya kadar devam eder, şöyle yazıldığı gibi "Ve Yaradan yarattığı her şeyi gördü ve baktı ki çok güzeldi."

Kabalistler bu yüzden, yukarıya, yani aksiyonun sonunun ilk dünya, yani amaç olduğuna işaret etmek için dünyanın her şeyin merkezinde olduğunu yazdılar. Ayrıca, amaçtan uzaklık amaçtan en uzak olan bu fiziksel dünyaya "Dünyaların, Kaynağından düşmesi" olarak adlandırılır.

Bununla beraber, tüm fiziksel unsurların sonu zaman içinde gelişmek ve Yaradan'ın onlar için planladığı amacı yani ilk dünyayı gerçekleştirmektir. İçinde olduğumuz bu dünyayla karşılaştırıldığında ilk dünya son dünyadır, yani maddenin sonudur. Bu nedenle, amacın dünyası en son dünya gibi görünür ve bu dünyanın insanları bizler bu dünyaların arasındayız.

Gerçeğin İlminin Özü

Şimdi, bu dünyada yaşayan türlerin ortaya çıkışı ve onların hayatlarının işleyişinin muazzam bir ilim olduğu gayet açık olduğuna göre, dünyadaki İlahi Bolluğun ortaya çıkışı, dereceler ve bunların işleyişleri birleşerek fizik biliminin çok daha ötesinde muazzam bir ilim yaratıyor. Bunun böyle olmasının nedeni, fiziğin sadece belli bir türün belli bir dünyada varoluşunun düzenlenmesinin bilgisi olmasıdır. Konuya özeldir ve başka bir ilim ona dâhil değildir.

Gerçeğin ilminde böyle değildir zira Kabala ilmi; cansız, bitkisel, hayvansal ve konuşan derecelerin tümünün tüm koşul ve işleyişleriyle, Yaradan'ın Düşüncesinde, yani amaçta dâhil olduklarının bilgisidir. Bu nedenle, en küçüğünden en yücesine kadar dünyadaki tüm öğretiler bu ilme dâhildir çünkü bu ilim, doğunun batıdan olduğu gibi birbirinden en farklı ve uzak olan tüm farklı öğretileri eşitler. Onları eşit kılar, yani her öğretinin yöntemi bu ilmin yoluna çıkmak zorunda bırakılır.

Örneğin, fizik bilimi tam olarak dünyaların ve Sefirot'un sırasına göre düzenlenmiştir. Benzer şekilde, astronomi de aynı sırayla düzenlenmiştir ve müzik bilimi de vb. Bu yüzden, Kabala ilminde görüyoruz ki tüm öğretiler öyle bir şekilde düzenlenmişlerdir ki tek bir bağlantı ve tek bir ilişkiyi izlerler ve bir çocuğun önceki nesline ilişkisi gibidirler. Bu nedenle, dünyanın tüm öğretilerinde derin bilgiye sahip olmayan hiçbir gerçek Kabalist görmeyiz, zira onlar bunları gerçeğin ilminden edinirler çünkü tüm öğretiler gerçeğin ilmine dâhildirler.

MANEVİ EDİNİM ZAMANI

Birlik

Kabala ilmiyle ilgili en şaşırtıcı şey içindeki bütünselliktir: bu muazzam realitenin tüm unsurları, hepsi birlikte, tek bir şeye – Her Şeye Gücü Yeten'e – gelene dek bu ilimde birleşmiştir.

Başlangıçta, tüm öğretilerin bu ilimde yansıdığını görüyorsunuz. Bunlar tam olarak kendi sırasıyla düzenlenmiştir. Sonuç olarak, tüm dünyalar ve tahmin edilemeyecek boyutta olan, gerçeğin ilminin kendisinin emirleri, "On Sefirot" denilen sadece on realite altında birleşirler.

Sonrasında, bu on Sefirot, dört harfli bir İsim olan dört şekilde düzenlenmiştir. Ondan sonra, bu dört şekil Eyn Sof'u (Sonsuzluk) ima eden Yod'un ucuna dâhil edilmiştir.

Bu şekilde, bu ilme başlayan kişi Yud'un ucuyla başlamalıdır ve buradan "Adam Kadmon'un dünyası denilen" ilk dünyadaki on Sefirot'a geçmelidir. Buradan kişi Adam Kadmon dünyasındaki sayısız detayın muhakkak neden ve sonuç ilişkisiyle, astronomi ve fizikte gördüğümüz aynı yasalarla, yani sabit bozulmaz, muhakkak birbirinden çıkan, birbirinden basamaklanan yasalarla, Yud'un ucundan Adam Kadmon dünyasındaki tüm unsurlara kadar yayıldığını görür.

Şöyle sorabiliriz, "Eğer materyal bilinmiyorsa, onu nasıl çalışıp inceleyebiliriz?" aslında, bunu tüm öğretilerde görürsünüz. Örneğin, anatomi çalışırken – çeşitli organlar ve bunların birbirlerini nasıl etkiledikleri – bu organların bütün olan genel konuya, yaşayan insan bedenine, benzerliği yoktur. Ancak, zaman içinde, bu ilmi derinlemesine öğrendiğinizde bedenin dayandığı tüm detayların genel bir ilişkisini oluşturabilirsiniz.

Burada da böyledir: genel konu Yaradan'ın niteliğinin, O'nun varlıklarına ifşasıdır; şöyle yazıldığı gibi "....yeryüzü Yaradan'ın bilgisiyle dolacaktır." Bununla beraber, yeni başlayan biri tüm diğerleri tarafından etkilenen genel konunun bilgisine sahip olmayacaktır. Bu nedenle, kişi tüm ilmi tamamlayana kadar tüm detayları ve neden ve sonuç yoluyla nedenlerini olduğu kadar, bunların birbirlerini nasıl etkilediklerini de edinmelidir. Kişi her şeyi derinlemesine bildiğinde, eğer arınmış bir ruhu varsa sonunda genel konu ile ödüllendirilecektir.

Ödüllendirilmese bile, bu muazzam ilmin herhangi bir algısını edinmek bile çok büyük bir ödüldür çünkü tüm diğer öğretiler üzerindeki üstünlüğü bu ilmin her bir konusunun değeri gibidir ve Yaradan'ın O'nun varlıkları üzerindeki üstünlüğü gibi değer verilir. Benzer şekilde, konusu Yaradan olan bu ilim, konusu O'nun varlıkları olan bir ilimden daha değerlidir.

Bu, algılanamadığından dünya bunu düşünmekten kaçınmıyor. Sonuçta, bir gök bilimci de yıldızları ve gezegenleri değil sadece onların muazzam İlahi Takdir'de önceden belirlenmiş olan mükemmel ilim ile gerçekleştirdikleri hareketlerini algılayabilir. Benzer şekilde, gerçeğin ilminin bilgisi de bundan daha gizli değildir, tıpkı yeni başlayanların bile hareketleri her yönüyle anladıkları gibi. Tersine, tüm engelleme Kabalistlerin bu ilmi akıllı bir şekilde dünyadan gizlemeleri yüzündendi.

İzin Verme

Gerçeğin ilminin ifşasına izin verilen böyle bir nesilde doğduğum için çok memnunum. Ve şöyle sormalısınız, "İzin verildiğini nereden bileyim?" Şu cevabı veririm, ifşa etmek için izin verildim. Şimdiye kadar, halka açık olarak iştigal etmenin ve her kelimeyi bütünüyle açıklamanın yolları hiç bir bilgeye ifşa olmamıştır. Ve ben de ifşa etmemeye öğretmenimin yanında yemin ettim, benden önceki tüm öğrencilerin yaptığı gibi. Bununla beraber, bu yemin ve yasaklama sadece peygamberlere ve onlardan öncesine uzanan nesilden nesle sözle aktarılan durumlarda geçerlidir. Eğer bu yöntemler halka ifşa edilseydi onlar bu ilme, sadece bizler tarafından bilinen sebeplerden dolayı, büyük zarar verirlerdi.

Bununla beraber, kitaplarımda çalıştığım yöntem izin verilen bir yoldur. Dahası, öğretmenim tarafından bu ilmi yayabildiğim kadar yayma talimatı verildim. Bunu "konuları kıyafetlendirme yöntemi" olarak adlandırıyoruz. Yazılarında Raşbi'nin bu yolu "izin verme" olarak adlandırdığını göreceksiniz ve Yaradan'ın bana sonuna kadar verdiği şey budur. Bunun öğreticinin yüceliğine değil, neslin koşuluna bağlı olduğunu kabul ediyoruz, bilgelerimizin dediği gibi; "Küçük Şamuel değerliydi, ancak nesli değersizdi." Bu nedenle, ilmi ifşa etme hareketiyle ilgili ödüllendirilmemin neslimden dolayı olduğunu söyledim.

Soyut İsimler

Kabala'nın soyut isimler kullandığını düşünmek çok ciddi bir yanlıştır. Tersine, sadece gerçeğe değinmektedir. Aslında, bizler algılamasak da dünyada gerçek olan şeyler var örneğin, mıknatıs ve elektrik gibi. Ancak, kim bunların soyut isimler olduğunu söyleyecek kadar aptal olabilir ki? Neticede, bunların etkilerini tüm detayıyla biliyoruz ve bunların özünü bilmediğimiz de umurumuzda değil. Sonuçta, bunların etkilerinden dolayı bunları kesin nesneler olarak addediyoruz. Ve bu gerçek bir isimdir. Yeni konuşmaya başlayan bir çocuk bile bunların etkilerini sadece hissetse bile onları adlandırabiliyor. Kuralımız şudur: Edinmediğimiz hiçbir şeyi adlandırmayız.

Öz Maddesel Şeylerde Algılanmaz

Dahası, taşlar ağaçlar gibi özünü edindiğimizi sandığımız şeylerle bile, dürüst bir incelemeden sonra görüyoruz ki onların özünden sıfır edinimle kalıyoruz, zira bizler sadece bunların bizim duyularımızla etkileşimlerinden kaynaklanan etkilerini ediniyoruz.

MANEVİ EDİNİM ZAMANI

Ruh

Örneğin, Kabala üç güç olduğunu belirttiğinde; 1) Beden, 2) Hayvansal Ruh ve 3) Kutsal Ruh; bu, ruhun özünden bahsetmemektedir. Ruhun özü değişkendir; ruhun özü, psikologların "benlik" ve materyalistlerin de "elektrik" olarak addettiği şeydir.

Ruhun özünden bahsetmek zaman kaybıdır, zira tüm fiziksel nesnelerde olduğu gibi duyularımıza etki etme yoluyla düzenlenmemiştir. Bununla beraber, manevi dünyalardaki üç tür aksiyonun bu değişkenin özünü inceleyerek, onları Üst Dünyalardaki asıl işleyişlerine göre, farklı isimlerle derinlemesine ayırt edebiliriz. Bu yüzden, burada soyut isimler değil sadece, kelimenin tam anlamıyla somut isimler vardır.

Benim Tefsirimim Önceki Tefsire Üstünlüğü

Kabala ilminde konuları yorumlamak için laik öğretiler kullanabiliriz, zira Kabala ilmi her şeyin köküdür ve onların tümü bu ilme dâhildir. Bazıları anatomiden yardım almıştır, şöyle denildiği gibi, "o zaman Yaradan'ı bedenim olmaksızın göreceğim" ve bazıları da felsefeden yardım almıştır. Son zamanlarda, psikoloji ilminin geniş çaplı kullanımı mevcuttur. Ancak, bunların hiç biri gerçek tefsirler olarak kabul edilmemektedir, zira bunlar Kabala ilminin kendisinde hiçbir şey yorumlamamaktadır, bunlar sadece bize tüm diğer öğretilerin Kabala ilmine nasıl dâhil olduğunu göstermektedir. Bu nedenle, öğrenciler başka bir yerde başka bir şeyden yardım alamazlar..... Yaradan'a hizmet etme ilmi tüm dış öğretilerin yanında Kabala ilmine en yakın olan ilim olsa bile.

Ve söylemeye gerek yok ki, anatomi bilimi veya felsefeye göre yorumlarla yardım almak mümkün değildir. Bu nedenle, kök ve dal ve neden ve sonuç vasıtasıyla yorumlayan ilk kişi olduğumu söyledim. Dolayısıyla, kişi benim tefsirim vasıtasıyla bazı konuları anlayacak ise, bunun bu konunun Zohar'da ve Tikunim'de ortaya çıktığı her yerde kendisine faydası olacaktır, tıpkı tek bir yerde tüm diğer şeyler için yardım alabileceğiniz kelimesi kelimesine tefsirlerde olduğu gibi.

Dışsal öğretilere (dünyevi bilimler) göre çeviri yapma tarzı zaman kaybıdır çünkü birinin diğerine göre gerçekliğini kanıtlamaktan başka bir şey değildir. Dışsal bir öğretinin kanıta ihtiyacı yoktur, zira İlahi Takdir buna tanıklık etmesi için beş duyuyu hazırlamıştır ve kişi Kabala'da, (bütün bunlara rağmen) konuya kanıt getirmeden önce konuyu anlamalıdır.

Dışsal Öğretilere Göre Yorumlama Tarzı

Bu, Kabalist Şem Tov'un yanlışının kaynağıdır: Kabala ilmine göre Aklı Karışık Olanlar İçin Rehber'i yorumladı. Tıp biliminin veya herhangi bir bilimin, felsefe ilminden hiç de geri kalmaksızın Kabala ilmine göre yorumlanabileceğini bilmiyordu veya bilmezliğe geldi. Böyle olmasının nedeni tüm ilimlerin Kabala ilmine dâhil olması ve mührüyle damgalanmasıdır.

Elbette, Aklı Karışık Olanlar İçin Rehber, Kabalist Şem Tov'un yorumladığı şeyden hiç bahsetmedi ve o da ……..Yaratılış Kitabı'nda nasıl olduğunu hiç görmedi, o Kabala'yı felsefeye göre yorumladı. Bu tarz bir tefsirin zaman kaybı olduğunu zaten ispatladım, zira dış öğretilerin kanıtlanma gerçeği yok ve kelimeleri anlamadan Kabala ilminin gerçekliğine kanıt getirmenin anlamı yoktur.

Bu tıpkı bir savcının savını açıklamadan sözlerini doğrulamak için şahitler getirmesi gibidir (manevi çalışmayla ilgili kitaplar hariç, zira Yaradan'a hizmet etmenin ilmi gerçekten bu ilmin doğruluğuna ve başarısına tanıklar ister ve bizler bunun için gerçeğin ilminden yardım almalıyız.)

Bununla beraber, bu yaklaşımın tüm derlemeleri ve yolları hiçbir şekilde zaman kaybı değildir. İlmi derinlemesine anladığımızda, bunları nasıl arayacağımızın yollarıyla birlikte bu öğretilerin ilmin içine nasıl dâhil olduğuyla ilgili de karşılaştırmalardan fazlaca yardım alabileceğiz.

İlmi Edinmek
İlmin gerçeğinde üç sıra vardır:

1. İlimdeki özgünlük. Bu ilmin insan yardımına ihtiyacı yoktur, zira tümüyle Yaradan'ın hediyesidir ve hiçbir yabancı bu ilme müdahale edemez.

2. Kişinin yukarıdan edindiği kaynakları anlaması. Bu tıpkı tüm dünyanın gözleri önüne serilmiş olduğunu gören bir kimseye benzer ve yine de bu dünyayı anlamak için çabalayıp çalışmalıdır. Kişi her şeyi kendi gözleriyle görmesine rağmen, aptallar ve akıllılar vardır. Bu anlayışa "gerçeğin ilmi" denir ve Adam HaRişon, bu bilgiyle gözleriyle gördüğü ve edindiği her şeyi tam anlamıyla maksimum seviyede anlayabileceği yeterli bilgi silsilesini alan ilk kişidir.

Bu bilginin sırası sadece ağızdan ağza verilir. Bunların içinde kişinin dostuna ekleyebileceği veya geri çekilebileceği evrimin bir sırası da vardır (hâlbuki bu dünyanın realitesini anlarken, ilk izlenimde herkes ekleyip çıkarmadan eşitçe alır, Âdem gibi. Baktığımız zaman herkes eşittir ancak anlayışta böyle değildir – nesiller boyunca bazıları gelişir, bazıları geri çekilir.) Ve bunun aktarımının sırası bazen "Özel İsim'i (Yaradan'ın Adı) aktarmak" olarak adlandırılır ve bu pek çok koşul altında verilmiştir, ancak sadece sözel olarak yazılı değil.

3. Bu yazılı bir emirdir. Tamamen yeni bir şeydir, zira kişinin edinimlerinin yayılımını sonraki nesillere aktardığı, ilmin gelişimi için bir hayli yer olmasının yanında bunda başka muazzam bir güç vardır: Bu ilimle iştigal eden herkes, içinde yazılanları hâlâ anlamasalar da yine de bu ilim tarafından arındırılırlar ve Üst Işıklar onlara yaklaşır. Yukarıda da açıkladığımız gibi, bu sıra dört dil içerir ve Kabala ilminin dili bunların hepsini geçer.

MANEVİ EDİNİM ZAMANI

İlmi Aktarmanın Sırası

İlmi öğrenmek isteyen kişi için en başarılı yol, gerçek bir Kabalist aramak ve kişi kendi aklıyla bu ilmi anlama ile ödüllendirilene, yani ilk izlenime dek onun tüm yönlendirmelerini izlemektir. Sonrasında, kişi ikinci izlenim olan ilmi ağızdan ağza aktarma ile ve bundan sonra üçüncü izlenim olan yazılı olanı anlamakla ödüllendirilir. Sonra, kişi öğretmeninden ilmin tümünü ve onun araçlarını kolaylıkla devralmış olur ve artık kişinin gelişmesi ve yayılması için zamanı vardır.

Bununla beraber, gerçekte ikinci bir yol vardır: kişinin muazzam arzusu vasıtasıyla, Cennetleri görme gücünün ona açılmasıdır. Bu durumda, kişi tüm kaynakları kendi başına edinir. Bu ilk izlenimdir. Ancak sonrasında, kişi hâlâ çalışmalı ve kapsamlı bir şekilde çabalamalıdır ta ki kişi önünde eğilip itaat edebileceği ve ilmi yüz yüze aktarımla alabileceği Kabalist bir bilge bulana dek, bu ikinci izlenimdir ve sonra üçüncü izlenim gelir.

Kişi, başından itibaren Kabalist bir bilgeye bağlı olmadığından edinimler büyük çaba ile gelir ve çok zaman alır ve kişiye gelişimi için az bir zaman bırakır. Ayrıca, bazen bilgi gerçekten sonra gelir, şöyle yazıldığı gibi "ve onlar ilimsiz ölecekler." Bunlar yüzde doksan dokuzdur, bizim "giren ancak çıkmayan" dediklerimiz. Onlar önlerine serilen dünyayı gören ancak ağızlarındaki ekmek dışında hiçbir şeyini anlamayan, cahil ve aptallar gibidirler.

Aslında, ilk yolda bile herkes başarılı olmaz. Edinenlerin çoğunluğu kanaatkâr olur ve kendilerini öğretmenlerine yeterince boyun eğmekten alıkoyarlar, çünkü onlar ilmin aktarılmasına layık değillerdir. Bu durumda, bilge onlardan ilmin özünü gizlemelidir ve "onlar ilim olmaksızın ölecekler", "giren ancak çıkmayan."

Bunun nedeni, gerekli sebeplerden dolayı ilmin aktarımında zorlu ve katı kurallar olmasıdır. Dolayısıyla, çok az kişi öğretmenleri tarafından buna yeterince değerli görülür ve ödüllendirilenler ise mutludur.

DİNİN ÖZÜ VE AMACI

Bu makalede üç konuyu çözmek istiyorum:
A. Dinin özü nedir?

B. Dinin özü bu dünyada mı sonraki dünyada mı edinilir?

C. Dinin amacının Yaradan'a mı varlıklara mı faydası vardır?

İlk bakışta, okuyucu sözlerime şaşırabilir ve bu makalenin konusu olarak önüme koyduğum bu üç soruyu anlamayacaktır. Zira dinin ne olduğunu ve özellikle de sonraki yaşamda öncelikli olarak gelmesi planlanan ödül ve cezalarını bilmeyen bu kişi de kimdir? Ve üçüncü konudan bahsetmeye gerek yok çünkü herkes dinin varlıklara faydası olacağını ve onlara haz ve mutluluk için rehberlik edeceğini bilir ve buna başka bir şey eklemeye ne gerek var ki?

Aslında ekleyecek başka bir şeyim yok. Ancak, insanlar bu üç konsepte çocukluklarından beri o kadar alışıklar ki hayatları boyunca bunlara bir şey eklemez ve daha fazla incelemezler. Bu, onların bu yüce konularda bilgi eksikliğini gösteriyor ki bunlar dinin tüm yapısının zorunlu olarak temel oluşturduğu gerçek dayanaktır.

Dolayısıyla, on iki on üç yaşındaki bir çocuğun bu incelikli mefhumları nasıl derinlemesine kavrayabileceğini ve bunu öyle yeterli yapabilecek ki hayatı boyunca bu konulara daha fazla kavram ya da bilgi eklemeye nasıl gerek duymayacağını bana söyler misiniz?

Aslında problem burada yatıyor! Çünkü bu düşüncesiz varsayım bizim neslimizde dünyamıza gelen tüm pervasızlık ve çılgın hükümleri getirdi! Bu durum bizi ikinci neslin neredeyse elimizden kayıp gideceği bir koşula getirdi.

Mutlak İyilik

Okuyucuları uzun konuşmalarla yormaktan kaçınmak için önceki makalelerde yazdıklarıma güvendim, özellikle "Matan Tora"ya (Yaradan'ın/ Işığın İfşası, Maneviyatın Edinimi), ki bunların tümü önümüzdeki yüce konunun önsözü gibidirler. Herkes için anlaşılır kılmak için basit ve öz konuşacağım.

Öncelikle, Yaradan'ı anlamalıyız – O Mutlak İyiliktir. Bu demektir ki O'nun herhangi bir kişiye ızdırap vermesi tümüyle imkânsızdır. Bu anlamamız gereken ilk konsepttir çünkü sağduyumuz bize dünyadaki herhangi bir kötü eylemin sadece alma arzusundan kaynaklandığını açıkça gösterir.

MANEVİ EDİNİM ZAMANI

Bu, haz alma arzusundan dolayı kendimize fayda sağlama hevesinin arkadaşlarımıza zarar vermemize neden olduğu anlamına geliyor. Dolayısıyla, eğer kimse kendisine yarar sağlamaktan haz almasaydı, kimse başkasına zarar vermezdi. Ve eğer hiçbir haz alma arzusu olmadan başkasına zarar veren bir varlık görürsek bu sadece artık yeni bir sebep bulma ihtiyacından kurtulan ve alma arzusundan kaynaklanan eski bir alışkanlıktır.

Yaradan'ın, Kendi içinde tümüyle bütün olduğunu ve kimsenin O'nu tamamlamasına ihtiyacı olmadığını anladığımız için, çünkü O her şeyin önünde gitmektedir, O'nun hiçbir alma arzusu olmadığı açıktır. Yaradan alma arzusuna sahip olmadığından da esasen, herhangi birine zarar verme arzusundan yoksundur; bu kadar basit.

Dahası, O'nun başkalarına yani varlıklarına iyilik yapma arzusuna sahip olduğu, birinci konsept kadar tümüyle aklımıza yatkındır. Bu, O'nun yarattığı ve gözlerimizin önüne serdiği muazzam Yaratılış ile açıkça gösterilmiştir. Zira bu dünyada zoraki olarak iyi veya kötü hissiyat deneyimleyen varlıklar vardır ve bu hissiyat mutlaka Yaradan'dan gelir. Yaradan'ın doğasında zarar verme amacının olmadığı bir kez tümüyle net olduğunda, varlıkların O'ndan sadece iyilik almaları bir zorunluluk olur, zira Yaradan, varlıkları sadece onlara ihsan etmek için yarattı.

Böylece öğreniyoruz ki O sadece iyilik ihsan etme arzusuna sahiptir ve O'nun tasarrufunda O'ndan çıkabilecek herhangi bir kötülüğün olması mümkün değildir. Böylece, Yaradan'ı "Mutlak İyilik" olarak tanımladık. Bunu öğrendikten sonra O'nun tarafından rehberlik edilen asıl realiteye ve bu realiteye nasıl sadece iyilik yaptığına bir bakalım.

O'nun Rehberliği Amaçlı Rehberliktir

Doğanın sistemlerini gözlemleyerek dört türe – cansız, bitkisel, hayvansal ve konuşan – ait herhangi bir varlık bütün veya özel olarak amaçlı rehberlik yani neden ve sonuç yoluyla yavaş ve aşamalı gelişim altındadırlar, tıpkı iyi niyetli rehberlik sonucunda tatlı ve güzel hale gelmiş ağaçtaki bir meyve gibi.

Gidip bir botanikçiye sorun, görünmeye başladıktan tümüyle olgunlaşana dek bir meyve kaç evreden geçer. Önceki evrelerinde hiçbir tatlılık ve son güzel görünümün izi olmamasının yanında sanki bir de hayretler içine düşürmek için nihai sonucun tam tersini gösterirler.

Sonunda meyve ne kadar tatlıysa gelişiminin önceki aşamalarında o kadar acı ve berbat görünümlüdür. Hayvansal ve konuşan seviyelerde de böyledir: sonunda aklı küçük olan hayvan gelişirken fazla eksik değildir. Ancak sonunda aklı büyük olacak olan insan gelişirken son derece eksiktir. "Bir günlük buzağıya öküz denir"; yani kendi bacakları üzerinde durma ve yürümeye gücü ve yolunda da tehlikelerden kaçınmaya zekâsı vardır.

Fakat bir günlük bir bebek görünürde bilinçsizce yatar. Ve bu dünyanın işleyişine yabancı olan bir kişi bu iki yeni doğanı incelese, duygusu ve aklı olmayan bebekle kıyaslandığında buzağının aklına göre yargılasa bile kesinlikle insan yavrusundan hiçbir şey çıkmayacağı ve buzağının büyük bir kahraman olacağı sonucuna varırdı.

Dolayısıyla, O'nun yarattığı realite üzerindeki rehberliğinin, gelişim safhalarının sırasını dikkate almadan, amaçlı bir rehberlik formunda olduğu gayet barizdir, zira bunlar bizi yanıltır ve onların nihai şekillerine her zaman zıt olan amaçlarını anlamamızı engeller.

Böyle konular için şöyle deriz, "Deneyimliden erdemlisi yoktur." Sadece deneyimi olan bir kişi gelişiminin tüm safhalarında ve bütünleşene dek Yaratılışı inceleyebilir ve gelişim sırasında Yaratılışın geçirdiği bozuk görüntülerden korkmamak için koşulları yatıştırabilir ve hoş arı sonuna inanabilir.

Böylece, sadece amaçlı bir Rehberlik olan O'nun İlahi Takdirinin dünyamızdaki işleyişini derinlemesine göstermiş olduk. Yaratılış bütünlüğe, nihai olgunluğuna gelene dek iyilik niteliği hiçbir şekilde bariz değildir. Tersine, izleyicilerinin gözünde her zaman bozukluk formunu alır. Dolayısıyla, görüyorsunuz ki Yaradan varlıklarına sadece iyilik ihsan eder, ancak bu iyilik bir amaca yönelik Rehberlik yoluyla gelir.

İki Yol: Izdırabın Yolu ve Manevi Yol

Yaradan'ın Mutlak İyilik olduğunu ve en ufak bir kötülük olmadan tümüyle iyilik ve amaçlı rehberlik içinde bizi gözettiğini göstermiş olduk. Bu, O'nun rehberliğinin biz arzulanan iyiliği almaya yeterli hale gelene dek neden sonuç yoluyla, önce gelen ve sonra sonuçlanan, bir dizi safhalardan geçmeye zorlandığımız anlamına gelir. Sonrasında bizler amacımıza olgun ve hoş görünümlü bir meyve olarak varacağız. Anlıyoruz ki, bu amaç hepimiz için garanti edilmiştir, aksi takdirde amacı için yetersiz olduğunu söyleyerek O'nun İlahi Takdirine kusur bulmuş olursunuz.

Bilgelerimiz şöyle dedi, "Kutsallık alt derecelerde – büyük bir ihtiyaçtır." Bu, O'nun rehberliğinin amaçlı olduğundan ve sonunda Kutsallığın içimize yerleşmesi için bizi O'na tutunmaya getirmeyi amaçlar ve bu büyük bir ihtiyaç olarak kabul edilir. Yani eğer biz buna gelmezsek, O'nun İlahi Takdirine göre kendimizi eksik göreceğiz.

Bu, yaşlılık zamanında oğlu olan büyük bir krala benzer ve kral oğluna çok düşkündür. Bu yüzden, doğduğu günden beri onun için sadece iyi şeyler düşündü. Krallıktaki en iyi, bilge ve değerli kitapları toplattı ve ona bir okul inşa etti. En iyi inşaatçıları getirtti ve eğlence sarayları inşa etti. Tüm müzisyen ve şarkıcıları topladı ve onun için konser salonları inşa etti ve en iyi fırıncı ve aşçıları çağırdı ve onun için dünyanın tüm lezzetlerini bir araya getirdi.

Ancak maalesef oğul hiç eğitim arzusu olmayan bir aptal oldu. Ayrıca, kördü ve binaların güzelliğini görüp hissedemiyordu. Sağırdı, şiirleri ve müziği duyamıyordu. Hastaydı, sadece öğrenme ve öfkeye neden olan işlenmemiş un yemesine izin veriliyordu.

MANEVİ EDİNİM ZAMANI

Bununla beraber, böyle bir şey sadece et ve kandan yaratılmış bir krala olabilir, ancak hiçbir yalan ve dolanın mevcut olamayacağı Yaradan için bunu söylemek imkânsızdır. Bu nedenle, Yaradan bizim için iki gelişim yolu hazırladı.

İlki ızdırabın yoludur ki bu, Yaratılışın kendi içinde gelişiminin işleyişidir. Yaratılış kendi doğası gereği yavaş yavaş bizi geliştiren, değişken ve birbirini izleyen sebep ve sonuç yolunu izlemeye zorlanmaktadır, ta ki bizler iyiyi seçme ve kötüyü reddetme ayrım gücüne gelene ve O'nun arzuladığı amaca yönelik yeterlik kazanana dek.

Ve bu yol gerçekten de uzun ve acı doludur. Dolayısıyla, Yaradan bizim için hoş ve tatlı bir yol hazırlamıştır ki bu, amacımız için bizi ızdırapsız ve hızla yeterli hale getirebilen Işık ve Islahın yoludur.

Sonuç olarak görülüyor ki, bizim nihai hedefimiz O'nunla bağlanmak – O'nun bizim içimizde yaşamasıdır. Bu amaç kesindir ve bundan sapmanın yolu yoktur, zira O'nun rehberliği bizi iki yolda da gözetir ki, bunlar Işığın yolu ve ıstırabın yoludur. Ancak gerçek realiteye baktığımızda O'nun rehberliğinin iki yolda da eşzamanlı geldiğini görüyoruz, bilgelerimiz buna "toprağın yolu" ve "Işığın yolu" derler.

Dinin Özü Kötülüğün Farkına Varma Hissini İçimizde Geliştirmektir

Bilgelerimiz şöyle dedi, "Yaradan neden insanın kurban kestiği hayvanı boğazdan mı enseden mi katlettiğine baksın? Sonuçta ıslah sadece insanları arındırmak için verilmiştir." Bu arındırma süreci Yaradan'ın İfşası makalesinde (Madde 2) derinlemesine açıklanmıştır, ancak burada Manevi Çalışma ve Islah vasıtasıyla edinilen gelişimin özünü açıklığa kavuşturmak istiyorum.

Bunun içimizdeki kötülüğün farkına varılması olduğunu aklınızda tutun. Islah olmayı çalışmak onun içine dalanları yavaş yavaş ve aşamalı olarak arındırır. Arınmanın derecelerini ölçtüğümüz tartı, içimizdeki kötülüğün farkına varılmasının ölçüsüdür.

İnsan doğal olarak içinden her kötülüğü kovmaya, söküp atmaya hazırdır. Bunda, tüm insanlar aynıdır. Ancak bir kişi ile diğeri arasındaki fark sadece kötülüğün farkındalığındadır. Daha gelişmiş bir kişi kendisinde çok daha fazla kötülüğün farkına varır ve bu yüzden kötülüğü içinden daha büyük bir derecede reddeder ve ayırır. Gelişmemiş kişi ise içinde sadece çok küçük miktar kötülük hisseder ve bu yüzden sadece küçük miktar kötülüğü reddeder. Sonuç olarak, kişi tüm kirliliği içinde bırakır çünkü bunu kirlilik olarak görmez.

Okuyucuyu yormaktan kaçınmak için, iyi ve kötünün genel anlamını Yaradan'ın İfşası (Madde 12) açıklandığı gibi açıklamaya çalışacağız. Genel olarak kötülük, egoizm olarak adlandırılan kişisel sevgiden başka bir şey değildir, zira Kendisi için hiç alma arzusu olmayan sadece ihsan etmek isteyen Yaradan'ın formuna zıttır.

"Yaradan'ın İfşası"nda (Madde 9,11) açıkladığımız gibi haz ve yücelik Yaradan'a form eşitliğinin boyutuyla ölçülür. Ve ızdırap ve tahammülsüzlük Yaradan'dan form eşitsizliğinin boyutuyla ölçülür. Dolayısıyla, egoizm tiksindiricidir ve bize acı verir zira formu Yaradan'ın formuna zıttır.

Ancak bu kötülük tüm ruhlar arasında eşit dağıtılmamıştır, değişen ölçülerde verilmiştir. Kaba ve gelişmemiş insan, egoizmi kötü bir nitelik olarak değerlendirmez ve bunu utanç ve sınırlama olmaksızın açıkça kullanır. Gün ışığında nerede mümkün görse çalar ve öldürür. Biraz daha gelişmiş olanlar egoizmlerini bir ölçüye kadar kötü hissederler ve en azından halk arasında açıkça kullanmaktan, çalmaktan ve öldürmekten utanırlar. Ancak, gizlilik içinde yine de suçlarını işlerler.

Daha da gelişmiş olanlar egoizmin gerçekten de iğrenç olduğunu hissederler, ta ki içlerinde tahammül edemeyene ve keşfedebildikleri kadarıyla onu tümüyle reddedene dek, ta ki başkalarının kendisine hizmetinden haz alamayana ve almak istemeyene dek. Sonrasında onların içinde "özgecilik" denilen, başkaları için kıvılcımlar ortaya çıkmaya başlar ki bu, iyiliğin genel niteliğidir.

Bu da zaman içinde gelişir. Önce, kişinin ailesini ve yakınlarını sevme ve onlara ihsan etme arzusu gelişir, şöyle yazıldığı gibi, "kendini kendi kanından saklayamazsın." Daha da geliştikçe kişinin ihsan etme niteliği onun şehri veya ulusu olan çevresindeki tüm insanlara yayılır. Kişi bu şekilde kendisine ekler ta ki tüm insanlığa karşı sevgiyi geliştirene dek.

Bilinçli Gelişim ve Bilinçsiz Gelişim

Şunu bilin ki, iki güç, bizler gökyüzünde onun tepesine ulaşana dek daha önce bahsedilen merdivenin basamaklarından bizi yukarı doğru iterler ki bu, amaca yönelik nokta olan, Yaradan'la form eşitliğidir. Bu iki güç arasındaki fark "ızdırabın yolu" veya "yeryüzünün yolu" olarak tanımladığımız, ilkinin bizi arkadan itmesidir.

Bu yoldan "ahlâki değerler" olarak adlandırılan ve egoizmin çekirdek yapı taşlarından kaynaklanan, gözle görülür zararlarının birikiminin özü olan pratik aklın incelenmesiyle, gözlemsel bilgiye dayanan ahlâki değerler felsefesi çıkar.

Bu deneyler bize şans eseri gelirler, bilinçli seçimimizle değil, ancak bizi amacına yönelteceklerin kesindir çünkü kötülüğün görüntüsü duyularımıza gitgide daha açık gelir. Kötülüğün zararlarının farkına vardığımız ölçüde kendimizi bundan ayırırız ve merdivende bir üst basamağa çıkarız.

İkinci güç bizi bilinçli iter, yani kendi seçimimizle. Bu güç bizi önden çeker ve bu "Işık ve Islahın yolu" olarak tanımladığımız şeydir. Zira Yaradan'ımıza mutluluk getirmek için Manevi Çalışma ve Islah sürecinde kötülüğün hızla farkına varılmasını geliştirir, "Yaradan'ın İfşası" (Madde 13) gösterdiğimiz gibi.

Burada iki kez fayda sağlarız:

A. Dürtmesi şiddetli acı ve yıkımın ölçüsüyle tartılan, hayatın ızdıraplarının bizi arkadan itmesini beklemek zorunda değiliz. Tam tersine, Yaradan'ı mutlu etmek için açık yüreklilikle O'na doğru çalışırken hissettiğimiz o hoş yumuşaklık vasıtasıyla içimizdeki bu kişisel sevgi kıvılcımlarının alçaklığının göreceli farkına varışı gelişir – yani Yaradan'a ihsan etmenin lezzetini alma yolunda bunların engel oldukları fark edilir. Böylece, kötülüğün fark edilmesi hissi; Yaradan'a hizmet ederken iyiliğin alınması sonucu, Yaradan'la form eşitliğinden dolayı bize ulaşan memnuniyetlik ve suhuletle, haz ve huzur zamanlarında içimizde gelişir.

B. Zaman kazanırız çünkü Yaradan bizi "aydınlatmak" için yönetir, böylece çalışmamıza ve zamanı arzu ettiğimiz gibi hızlandırmamıza olanak sağlar.

Din İnsanların İyiliği İçin Değildir, Sadece Çalışanın İyiliği İçindir

Pek çok kişi hata yapmakta ve manevi çalışmamızı geleneklerle karşılaştırmaktadırlar. Ancak, bunun onlara gelmesinin nedeni daha önce hayatlarında din kavramını hiç tatmamış olmalarıdır. Onlara sesleniyorum: "Tadın ve görün ki Yaradan iyidir." Geleneklerin ve dinin tek bir şeye odaklandığı doğrudur – insanı dar, kişisel sevginin üzerine çıkarmak ve başkalarını sevme yüceliğine getirmek.

Ancak yine de, Yaradan'ın Düşüncesi insanların düşüncesinden ne kadar uzak ise onlar da birbirlerinden o kadar uzaktırlar. Zira din Yaradan'ın Düşüncesinden uzanır ve gelenekler insanlığın düşüncesinden ve onların yaşam deneyimlerinden gelmektedir. Dolayısıyla, aralarında çok bariz bir fark vardır, hem uygulama açısından hem de nihai amaç olarak. Zira içimizde gelenekler vasıtasıyla kullandıkça gelişen iyi ve kötünün farkındalığı toplumun başarısına kıyasladır.

Hâlbuki dinde, kullandıkça içimizde gelişen iyi ve kötünün farkındalığı sadece Yaradan'a kıyasladır, yani Yaradan'dan form eşitsizliğinden, O'nunla Dvekut denilen form eşitliğine göredir, "Yaradan'ın İfşası"nda (Madde 9-11) açıklandığı gibi.

Ayrıca, bunlar amaç doğrultusunda da birbirlerinden tamamen ayrıdırlar, zira geleneklerin amacı hayat tecrübelerinden türemiştir ve pratik akıl açısından toplumun iyiliği içindir. Ancak, bu amaç sonuç olarak dini izleyenlere doğanın sınırlarının üstünde herhangi bir yükseliş sözü vermez. Dolayısıyla, bu amaç hâlâ eleştirilmektedir, zira kim insana bunun faydasının ölçüsünü ispat edebilir ki kişi azıcık bile olsa kendisini toplumun yararı için indirgeyebilsin?

Bununla beraber, dini amaç, onu izleyen kişiye iyilik vaat eder, tıpkı daha önce gösterdiğimiz gibi, kişi başkalarını sevmeye ulaştığında Yaradan ile form eşitliği olan doğrudan Dvekut'tadır ve kişi bununla acı ve engellerle dolu bu dar dünyadan Tanrıya ve insanlara ihsan etmenin ebedi dünyasına geçer.

Destekle ilgili olarak da belirgin bir fark görürsünüz, çünkü gelenekleri izlemek insanlar tarafından desteklenir ki, bu sanki sonunda borcu kapatılan kira gibidir. İnsan bu çalışmaya alıştığında geleneklerin derecelerinde yükselemez çünkü artık iyiliğinin karşılığı ödenen, toplum tarafından ödüllendirilen bu tip bir çalışmaya alışmış olur.

Bununla beraber, kişi, hiçbir ödül olmaksızın sadece Yaradan'ı mutlu etmek için, maneviyat ve Islahı çalışarak maneviyatın merdivenlerinden onları izlediği ölçüde çıkar, zira bu yolda ödeme yoktur. Her kuruş büyük bir hesapta birikir. Sonunda kişi ikinci bir doğa edinir ki bu; hayatın gereklilikleri hariç hiçbir kişisel sevgi olmadan başkalarına ihsan etmektir.

Artık kişi, Yaratılışın hapsedişlerinden gerçekten özgür kalmıştır. Zira kişi, kendisi için almaktan nefret ettiğinde ve ruhu küçük fiziksel hazlardan ve saygıdan kaçındığında, kendisini Yaradan'ın dünyasında özgürce dolaşırken bulur. Kişiye hiçbir zarar ve talihsizliğin gelmeyeceği garantisi verilir, zira kişiye gelen tüm yıkımlar sadece onun içine yerleştirilmiş olan, kendisi için almaktan gelir.

Dolayısıyla, dinin amacının sadece bununla ilgilenen kişi için olduğunu ve kişinin tüm aksiyonları insanlara fayda sağlamanın etrafında dönse ve kişi bunlarla ölçülse bile, hiçbir şekilde sıradan insanların amacına veya yararına olmadığını derinlemesine göstermiş olduk. Ancak bu, Yaradan ile form eşitliği olan yüce amaçla ilgili bir geçiştir. Şimdi dinin amacının bu dünyada yaşarken derlenmiş olduğunu anlayabiliriz. Bütünün ve bireyin amacıyla ilgili olarak "Yaradan'ın İfşası"nı inceleyin.

MANEVİ EDİNİM ZAMANI

BEDEN VE RUH

Bu yüce konuyu açıklamadan önce, tüm okuyucular böyle bir konuyu bu tip araştırmalarda genelde olduğu gibi, soyut, felsefi kavramlara dayandırmadan, insan aklına yakınlaştırmanın ve açıklamanın mümkün olmadığını düşünseler de bunu belirtmek benim için önemli, zira Kabala ilmini keşfedip kendimi buna adadığım günden beri soyut felsefe ve bunun tüm dallarından doğuyla batı gibi kendimi uzaklaştırdım. Buradan itibaren yazacağım her şey tamamen bilimsel açıdan, mutlak kesinlik içinde ve kullanışlı, pratik şeylerin basit ifadesi yoluyla olacak.

Aşağıda bunlardan bahsedecek olmama rağmen, bu sadece insan aklının ne hayal edebileceği ile pratik temeller üzerine kurulmuş manevi çalışmanın kavramlarını kullanarak, ne anlaşılabileceği arasındaki farkı göstermek içindir ("Kabala İlminin Özü"nde göstermiş olduğum gibi.)

"Beden" ve "ruh" kelimelerini gerçekte oldukları gibi derinlemesine açıklamak istiyorum zira gerçek ve sağlam kafa bir ve aynı şeylerdir. Bunun nedeni, sadece manevi çalışmanın doğası vasıtasıyla ve halk arasında kök salmış yanlış kavramların tümünden arındırmak yoluyla, gerçeğin herkese açık olmasıdır. Yanlış kavramlar, manevi çalışmanın ruhundan tümüyle arındırılmış olan soyut yöntemlerden alınmıştır.

Beden ve Ruh Kavramlarındaki Üç Yöntem

Genel olarak, dünyada beden ve ruh kavramlarını ilgilendiren metotların üç yöntemde birleştiğini görüyoruz:

1. İnanç Yöntemi

İnanç yöntemi, var olan her şeyin ruh olduğunu savunur, yani manevi nesnelerin birbirinden nitelikleri ile ayrıldığına inanır. Bunlara "insanların ruhları" denir ve insan bedenine bürünmeden önce bağımsız olarak mevcutturlar. Sonrasında, beden öldüğünde bunun ruha etkisi yoktur, zira manevi nesne basit bir nesnedir. Bu yönteme inananların görüşüne göre, ölüm nesneyi oluşturan unsurların ayrılmasıdır.

Bu, birkaç elementin oluşturduğu ve ölümün parçaladığı fiziksel nesneler için mümkündür. Ancak, herhangi bir karmaşıklıktan yoksun, tümüyle basit bir nesne olan manevi ruh hiçbir şekilde ayrılamaz, çünkü bu ayrılık onun varoluşunu ortadan kaldırır. Dolayısıyla, ruh ebedidir ve sonsuza kadar vardır.

Onların anladığı şekliyle beden, bu manevi nesnenin kıyafetlenmesi gibidir. Manevi ruh bedenle kıyafetlenir ve onu güçlerini ortaya çıkarmak için kullanır: iyi nitelikler ve her türlü kavramlar. Ayrıca, bedene hayat ve hareket verir ve onu zarar görmekten korur. Dolayısıyla, bedenin kendisi yaşamsız ve hareketsizdir ve ölü maddeden başka bir şey içermez, zira gördüğümüz gibi ruh ayrılır ayrılmaz yani beden öldüğünde, insan bedenlerinde gördüğümüz tüm yaşam belirtileri ruhun güçlerinin göstergelerinden başka bir şey değildir.

2. Dualiteye İnananların Yöntemi

Dualiteye inananlar bedeni değişmez, yaşayan ve besleyen ve gerekli olan her yerde varlığını koruyan bütün bir yaratılış olarak düşünüyorlar. Bedenin hiçbir manevi nesneden yardıma ihtiyacı yoktur.

Bununla beraber, beden insanın özü kabul edilmez. İlk yöntemin destekleyicilerine göre insanın başlıca özü, manevi bir nesne olan, algılayan ruhtur.

Bu iki yöntemin arasındaki fark sadece beden konseptindedir. Fizyoloji ve psikolojideki kapsamlı gelişmelerin ardından İlahi Takdir'in, bedenin kendi mekanizması içinde yaşamın tüm ihtiyaçlarını karşıladığını buldular. Onların görüşüne göre bu, ruhun bedendeki işlevselliğinin rolünü sadece manevi türden özellikler ve kavramlarla sınırlar. Dolayısıyla, her iki yöntemde de dualiteye inansalar bile, bedenin nedeninin ruh olduğunu söylerler, yani beden ruhtan uzanan bir sonuçtur.

3. Kabul Etmeyenlerin Yöntemi

Sadece fizikselliği kabul eden, maneviyatı reddedenlerin yöntemidir. Bu yöntemi destekleyenler, bedende herhangi manevi nesnenin varlığını inkâr ederler. Bunlar insan aklının da bedenin bir ürünü olduğunu açıkça ortaya koyarlar ve bedeni, kabloları bedenden beyne uzanan ve dışsal şeylerle etkileşmeleri üzerine işleyen elektrikli bir makine olarak tanımlarlar.

Ayrıca, acı ve haz hislerini beyne gönderirler ve beyin organa ne yapacağını emreder. Her şey bu iş için oluşturulmuş kablo ve kordonlarla işler. Organı acının kaynağından hazzın kaynağına doğru hareket ettirirler. Böylece, insanın yaşamın olaylarından çıkardığı tüm sonuçları açıklarlar.

Bunun dışında, aklımızla kavramlar ve akla uygunluklar olarak hissettiğimiz şeyler fiziksel olayların bedenin içindeki görüntüleridir. İnsanın tüm hayvanlara üstünlüğü aklımızın, kavram ve akılsallık olarak deneyimlediğimiz bedenin tüm olaylarını beynimizde görüntüler olarak tanımlayacak şekilde gelişmiş olmasıdır.

Dolayısıyla, akıl ve onun tüm çıkarımları bedenin olaylarından uzanan ürünlerden başka bir şey değildir. İlaveten, bu yöntemle tamamen hem fikir olan ancak ona "beden makinesinin içinde kıyafetlenen ruh" denilen manevi, ebedi nesneyi ekleyen ikinci yöntemin savunucuları vardır. Bu ruh, insanın özüdür ve beden makinesi onun sadece kıyafetidir. Böylece, "beden" ve "ruh" kavramlarının içinde bulunmuş tüm insan bilimini genel hatlarıyla sunmuş oldum.

MANEVİ EDİNİM ZAMANI

Manevi Çalışmaya Göre Beden ve Ruhun Bilimsel Anlamı

Şimdi bu engin konuyu bilgelerimizin bizlere açıkladığı gibi manevi çalışmaya göre açıklayacağım. Zaten birkaç yerde yazdım, Kabala ilmi ve bilgelerimizin hiçbir sözü teorik temellere dayanmaz. Böyle olmasının nedeni, insanın doğal olarak şüpheci olması ve insan aklının kesin kabul ettiği her sonucun bir süre sonra tereddütlü kabul edilmesidir. Dolayısıyla, kişi çalışmasının çabasını iki katına çıkarır ve başka bir sonuç türetir ve bunu kesin olarak ilan eder.

Ancak kişi gerçek bir öğrenci ise, tüm hayatı boyunca bu eksende yürür, zira dünün kesinliği bugünün belirsizliği ve bugünün kesinliği yarının belirsizliği olmuştur. Bu nedenle, her türlü kesin sonucu bir günden fazlası için tayin etmek mümkün değildir.

İfşa Olan ve Gizlenen

Bugünün bilimi realitede mutlak kesinlik olmadığını yeterince anlamıştır. Ancak, bilgelerimiz bu sonuca birkaç bin yıl önce vardılar. Bu nedenle, bilgelikleriyle bu konularla ilgili olarak bizlere rehberlik etmişler ve sadece teoriye dayalı sonuçlar çıkarmayı değil, böyle teorilerle görüşmeler yoluyla bile desteklenmemizi yasaklamışlardır.

Bilgelerimiz, manevi ilmi iki içeriğe bölmüştür: ifşa olan ve gizlenen. İfşa olan kısım, hiçbir araştırma olmaksızın uygulamalı deneyimler üzerine inşa edilmiş kavramlarla birlikte doğrudan bilincimizle bildiğimiz her şeyi kapsar, bilgelerimizin dediği gibi, "yargıç, sadece gözlerinin gördüğüne sahiptir."

Gizli kısım, güvenilir kişilerden duyduğumuz ve bunların genel anlayış ve algısı vasıtasıyla edindiğimiz tüm kavramları kapsar. Ancak gizli kısma, sağlıklı bir akıl ve doğru kavrayışla ele almak için yeteri kadar yaklaşamayız. Bu, olayları "basit inanç" ile kabullenmemizin tavsiye edildiği gibi "gizlenen" olarak addedilir. Halk için oluşturulan inanç geleneği ile ilgili olarak da bunları inceleme ve çalışma konusunda bizi harekete geçirecek konulara göz gezdirmemiz bile yasaklanmıştır.

Bununla beraber, bu isimler yani "ifşa olan" ve "gizlenen", eğitimsizlerin düşündüğü gibi belli bir bilgiye uygulanan kalıcı isimler değildir. Tersine, bunlar sadece insan bilincine uygulanabilir. Böylece, kişi sadece önceden keşfettiği gerçek deneyim vasıtasıyla öğrendiği tüm konuları "ifşa olan" olarak ve henüz bu şekilde tanımlanmamış konuları da "gizlenen" olarak addeder.

Dolayısıyla, nesiller boyunca tüm insanlar bu iki ayrıma sahipler. İfşa olan kısmın çalışılması ve araştırılmasına izin verilecek, zira gerçek temellere dayanır ve gizli kısmın en ufak incelemesi bile yasaklanmıştır çünkü burada kişinin gerçek bir temeli yoktur.

İnsan Bilimini Kullanmada İzin Verilen ve Yasaklanan

Bu nedenle, bilgelerimizin ayak izlerini takip eden bizlerin, gerçek deneyimlerle ispat edilmiş bilgi ve biri hariç diğerinden şüphe etmediğimizi, insan bilimini kullanmasına izin verilmemiştir. Dolayısıyla, yukarıdaki üç yöntemden herhangi birini kesin olarak kabul edemeyiz. Bu, dinin konusu ve temel kavramları olan beden ve ruh kavramlarıyla ilgili olarak daha da büyük bir dereceye kadar böyledir. Bizler sadece hiçbir kimsenin şüphe duyamayacağı deneyimlerden alınmış yaşam bilimlerinin kavramlarını kabul edebiliriz.

Açıkçası, böyle bir ispat hiçbir manevi konuda bulunamaz, sadece duyularla algılanabilecek fiziksel konularda bulunabilir. Dolayısıyla, üçüncü yöntemi kullanmamıza bir ölçüye kadar izin verilmiştir. Üçüncü yöntem sadece beden konusuyla, hiç kimsenin şüphe etmediği ve deneylerle ispatlanmış tüm sonuçlarla ilgilenir. Onların yöntemlerinin nedeni ile diğer yöntemleri birleştiren kavramların geri kalan kısmı bizler için yasaklanmıştır. Bunları kullanan bir kişi "Putlara dönmeyin" sözünü çiğnemiş olur.

Ancak bu üçüncü yöntem insan ruhuna yabancı ve iğrenç gelir. Bunu kabul edebilecek gerçekten eğitimli neredeyse hiç bir insan yoktur. Bu böyledir çünkü onlara göre kişinin insan formu silinmiş ve yok olmuştur. İnsan başka güçler tarafından yürütülen ve çalışan bir makine olarak yapılmıştır. Onlara göre, insanın hiçbir şekilde özgür seçimi yoktur, tersine doğanın güçleriyle itilmektedir ve tüm aksiyonları mecburidir. Bu nedenle, insan ödül veya cezaya sahip değildir, zira hiçbir yargı, ceza veya ödül özgür seçimi olmayan birine uygulanamaz.

Böyle bir şey kesinlikle akla hayale sığmaz ve sadece ödül ve cezaya inanan dinciler için değil, zira O'nun İlahi Takdirine, yani doğanın tüm güçlerinin O'nun tarafından yönetildiğine inanmak onlara her şeyin iyi ve arzulanan bir sebebi olduğunu garanti eder. Bununla beraber, bu yöntem herkesin kör, akılsız ve amaçsız bir doğanın ellerine bırakıldığına inanan, dinci olmayan kişilerin gözünde daha da yabancıdır. Bu zeki insanlar doğanın elinde oyuncak gibidirler, yoldan çıkmış gibi yönetilmektedirler ve kim bilir nereye doğru? Dolayısıyla, bu yöntem dünyada küçümsenmiş ve kabul görmemiştir.

Ancak şunu bilmelisiniz ki, dualiteyi kabul edenlerin yöntemi sadece yukarıda bahsedilen yanlışı düzeltmek için geldi. Bu nedenle, üçüncü yönteme göre sadece bir makine olan bedenin hiçbir şekilde gerçek insan olmadığına karar verdiler. İnsanın gerçek özü tamamen farklı, gözle görünmez ve duyularla algılanamayan bir şeydir. O, kıyafetlenmiş ve beden içine gizlenmiş manevi bir varlıktır. Bu, insanın "kendisi", "ben"idir. Beden ve onun içindeki her şey o ebedi ve manevi Ben'in sahip oldukları olarak kabul edilir, yazmış oldukları gibi.

Bununla beraber, onların söylediklerine göre bu yöntem eksiktir, zira ruh veya beden kişinin kendisi olan manevi bir varlığın nasıl bedeni hareket ettirdiğini ve onunla ilgili herhangi bir şeye nasıl karar verebildiğini açıklayamıyor. Bunun böyle olmasının nedeni, felsefi doğruluğun kendini müteakip, manevi varlığın fiziksel ile hiçbir şekilde ilişkisi (teması) yoktur. Kendileri de yazdığı gibi manevi varlığın beden üzerinde hiçbir etkisi yoktur.

MANEVİ EDİNİM ZAMANI

Rambam'a (Maimonides) Karşı Suçlamalar

Ancak, bu soru olmaksızın bile onların yöntemi halk arasında yasaklanmıştır, yukarıda açıkladığımız gibi. Bilgelerinin Rambam'a yönelik tüm suçlamaları ve onun kitaplarını yakmak için acımasız yargıları, onun kendisinin erdemliğinden veya Yaradan'a olan bağlılığından şüphe ettikleri için değildi. Tersine, sadece onun kitaplarına yardımcı olarak, o dönemde en üst noktada olan felsefe ve metafizik kullanmasından dolayıdır. Rambam, onları bundan kurtarmak istedi ancak bilgeler onunla hem fikir değillerdi.

Söylemeye gerek yok ki, bugün bizim neslimiz zaten metafiziksel felsefenin kişinin zamanını harcamaya değer hiçbir içeriğinin olmadığını kabul ediyor. Dolayısıyla, onların sözlerinden herhangi bir şey almak herkes için kesinlikle yasaklanmıştır.

SÜRGÜN VE KURTULUŞ

Maneviyat ve gelişim yasası arasındaki ahenk veya alın yazısı.
"Halklar arasında dinlenmeyeceksiniz."

"Ve aklınıza gelen şey kesinlikle ülkelerin milletleri gibi, aileleri gibi olacağız demediğiniz şeyler olacak."

Yaradan bize sürgünde var olamayacağımızı ve milletlere karışıp huzur bulan ve onların arasında kendilerinden bir iz bile kalmadan, özümsenen milletlerin geri kalanı gibi huzur bulmayacağını apaçık gösterecek. Bizler böyle değiliz. Bu halk "Ve oradan Kralınız, Yaradan'ınızı bulacaksınız, zira O'nu tüm kalbinizle ve tüm ruhunuzla talep edeceksiniz" sözlerini gerçekleştirmeden kitleler arasında huzur bulmayacak.

Bunu, İlahi Takdiri ve bizimle ilgili olarak "Manevi çalışma gerçektir ve onun tüm sözleri gerçektir ve onun doğruluğundan şüphe ettiğimiz sürece vay halimize" sözlerini çalışarak inceleyebiliriz. Bize olan tüm sıkıntılarla ilgili olarak bunun tesadüf veya alın yazısı olduğunu söylüyoruz. Bunun bir tek çaresi vardır; sorunları öyle bir dereceye kadar üstümüze getirmek ki bunların bizim için, manevi çalışmada planlanan tesadüfî değil, değişmez İlahi Takdir olduğunu görelim.

Bu konuyu gelişim yasasının kendisi ile açıklayacağız: Manevi çalışma vasıtasıyla edindiğimiz değişmez Rehberliğin doğası, İlahi Takdirdeki manevi çalışmanın yolunda olduğu gibi, diğer milletlerin bize geldiğinden çok daha hızlı bir gelişimdir. Ulusun üyeleri bu şekilde geliştiğinden her zaman ileriye gitme ve manevi çalışmanın arılığı ile son derece titiz olma zorunluluğu vardı. Ancak bunu yapmadıkları ve kendi dar egoistliklerini yani O'nun için değil için koşulunu, dâhil etmek istedikleri için bu, ilk manevi yıkımını harekete geçirdi, zira diğer halklar gibi zenginlik ve gücü hakkaniyetin üstüne çıkarmak istediler.

Ancak, manevi ıslah bunu yasakladığından, hocalarımızın yazdıklarını ve kehanetleri inkâr ettiler ve komşularının davranışlarını benimsediler, böylece hayattan egoizmlerinin onlardan talep ettiği kadar zevk alabilirlerdi. Ve bunu yaptıklarından dolayı ulusun gücü dağıldı: Bazıları kralları ve egoist makam sahiplerini izledi ve bazıları da peygamberleri. Ve ayrılık yıkıma kadar sürdü.

İkinci yıkımda durum daha da çarpıcıydı, zira ayrılığın başlangıcı Tsadok ve Bitos tarafından başı çekilen erdemsiz taraftarlarca açıkça sergilenmişti. Onların bilgelerimize karşı ayaklanması öncelikle Lişma zorunluluğundan kaynaklanıyordu. Bilgelerimizin dediği gibi, "Akıllı adamlar, sözlerinize dikkat edin." Bencillikten vazgeçmek istemedikleri için bu yozlaşmış türden toplumları yarattılar ve manevi yoldan farklı olarak bencil arzuların peşinden koşan zenginler ve makam sahiplerinden oluşan "Tsidokim" denilen çok büyük bir cemaat oldular. Ve bunlar Pruşim'e karşı savaştılar ve Roma İmparatorluğu'nun saltanatını getirdiler. Bunlar bilgelerimizin manevi yolda tavsiye ettikleri gibi mecburi barışı yapmadılar, ta ki tapınak yıkılıp maneviyatın görkemi sürgün edilene dek.

Dünyevi Bir Amaç İle Manevi Bir Amaç Arasındaki Fark

Dünyevi bir amaç insancıllıktan kaynaklanır ve kendisini insancıllığın üzerine çıkaramaz. Ancak, Yaradan'dan kaynaklanan manevi bir değer kendini insanlığın üzerine çıkartabilir. Bunun nedeni, manevi idealleri olmayan bir hayatın temelinde insanların eşitliği ve insanı yüceltmenin olmasıdır. Bu durumda kişi diğerlerinin gözünde kendisini daha büyükmüş gibi gösterir ve kişisel övüncü içerisindedir. Ve kişi bazen çağdaşlarının gözünden düşse de yine de başka nesillere güvenir ve bu onun için hâlâ değerli bir şeydir, tıpkı kimsenin bilmediği ve ona değer vermediği halde değerli bir taşın sahibini çabaya getirmesi gibidir.

Bununla beraber, manevi değerler Yaradan'ın gözünde övgüye dayanır. Dolayısıyla, içselliği değer olarak izleyen kişi kendisini insan olmanın üzerine çıkarabilir.

Ve bizim dünyevi arzuların içerisinde olduğumuz sürgünümüzde böyledir. Bir şekilde manevi öğreti yolunu izlediğimiz ve güvende kaldığımız sürece tüm milletler oldukça gelişmiş olduğumuzu bilir ve işbirliği yapmamızı isterler. Onların her biri kendi bencil arzularına göre bizi kötüye kullandılar. Ancak, biz yine de milletler arasında oldukça güçlüydük, zira tüm kötüye kullanmadan sonra bile bizler için yine de iyi bir parça kaldı, ülkenin sivilleri için olandan daha büyük.

Ancak, insanlar bencil girişimlerini gerçekleştirmek arzuları içinde manevi öğretiye karşı ayaklandığından hayatın amacını, yani manevi çalışmayı unuttular. Ve yüce amaç hayatın hazları olan bencil amaçlarla yer değiştirdiğinden, zenginlik edinen herkes şöhret ve güzellikle kendi amacını yükseltti. Ve dindar insanın parasal fazlalığını hayır kurumları, iyilik yapma, papaz okulları inşa etme ve başka ortak ihtiyaçlara dağıttığı yerde egoistler de kendi parasal fazlalıklarını hayatın zevklerine dağıttılar: Yiyecek ve içecek, giyim ve mücevher ve her ulustan tanınmış kişilerle birliktelik sağladılar.

Bu sözlerle, sadece manevi ilmin ve gelişimin doğal yasasının muazzam bir birlik içinde hatta kör inançla bile, el ele gittiğini göstermeyi düşündüm. Bu yüzden, sürgündeki kötü olayların hepsi maneviyatı amacı dışında kullandığımızdandır ki kendi sürgün dönemimizden bununla ilgili söyleyecek çok şey var. Ve eğer gerçekten manevi değerleri tutmuş olsaydık bize hiçbir zarar gelmezdi.

Maneviyat ve Kör İnanç Arasındaki Uyum ve Birlik ve İnsanın Analizinin Gelişimi

Dolayısıyla, bu vesileyle artık halka sorunlarımıza "Yeter!" demeyi teklif ediyorum ve en azından bu serüvenlerin, burada ülkemizde bile, bize tekrar tekrar çektirdikleriyle ilgili insani bir hesaplama yapın. Kendi ilkelerimizi oluşturmak istiyoruz, zira bir halk olarak toprağa tutunma ümidimiz olmadığından, kendimiz için değil çalışmanın son koşulu O'nun için çalışmaya kadar, hiçbir bencillik kırıntısı olmadan, "Yaradan'ın İfşası"nda da ortaya koyduğum gibi ciddi bir şekilde manevi çalışmaya tutunmalıyız.

Eğer kendimizi buna göre oluşturmazsak, o zaman aramızda sınıflar olur ve hiç şüphesiz diğer milletler gibi hatta daha da fazla sağa sola itiliriz. Bunun nedeni gelişmişin doğasının dizginlenememesidir, çünkü önyargılı birinden gelen herhangi önemli bir nosyon hiçbir şeyin önünde başını eğmeyecek ve anlaşmaya varmayacaktır. Bu nedenle bilgelerimiz, "Kalbi Yaradan'a doğru olanlar insanların en acımasızıdır" demişlerdir, zira aklı daha geniş olan, en dik kafalı olandır.

Bu psikolojik bir yasadır. Ve eğer beni anlamıyorsanız gidip bu dersi ulusun en çağdaşları arasında çalışın: Daha henüz çalışmaya başlamamıza rağmen, zaman çoktan bizim aklımızın şiddetini ve kararlılığını ifşa etti. Ve birinin inşa ettiğini diğeri bozar.

....Bu herkes tarafından bilinir, ancak sözlerimde sadece bir yeni şey var: Onlar sonunda diğer tarafın tehlikeyi anlayacağına ve başını eğip onların görüşünü kabul edeceğine inanıyorlar. Ancak biliyorum ki onları bir sepetin içinde bağlasak bile kişi diğerine azıcık bile teslim olmayacaktır ve hiçbir tehlike kişinin hırsını yerine getirmesini yarıda kesemeyecektir.

Tek kelimeyle ifade etmek gerekirse; amacımızı fiziksel hayatın üzerine yükseltmediğimiz sürece, fiziksel dirilişe sahip olmayacağız çünkü içimizdeki maneviyat ve fizikselllik aynı sepette yaşayamaz, zira bizler bu fikrin çocuklarıyız. Ve materyalizmin kırk dokuz kapısına dalmış olsak bile bu fikirden vazgeçmeyeceğiz. Bu yüzden, ihtiyacımız olan şey Yaradan'ın adına olan kutsal amaçtır.

MANEVİ EDİNİM ZAMANI

ZOHAR'IN TAMAMLANMASI İÇİN BİR KONUŞMA

Maneviyat ve Sevapları çalışmanın arzulanan amacının Yaradan'a tutunmak olduğu biliniyor, şöyle yazıldığı gibi "ve O'na tutunmak için." Yaradan'la bütünleşmek ne olduğunu anlamamız lazım. Sonuçta, düşünce herhangi bir şekilde O'nun algısına sahip değil. Aslında "ve O'na tutunmak için" sözleriyle ilgili olarak bilgelerimiz bu soruyu benden önce ele aldılar: "Kişi nasıl O'na tutunabilir? Sonuçta, O yutan bir ateş."

Ve şöyle cevap verdiler, "O'nun niteliklerine tutunun: Zira O merhametli olduğundan siz merhametlisiniz; O şefkatli olduğundan siz şefkatlisiniz." Bu, kafa karıştırıcıdır; bilgelerimiz yazılı metinden nasıl saptılar? Sonuçta, açıkça yazılmış "ve O'na tutunmak için." Eğer anlamı O'nun niteliklerine tutunmak olsaydı, "O'nun yollarına tutunun" şeklinde yazardı. Öyleyse, neden "ve O'na tutunmak için" yazıyor?

Mesele şu ki, yer işgal eden fizikselllikte Dvekut'u bir yerin yakınlığı olarak anlıyoruz ve ayrılığı bir yerin uzaklığı olarak anlıyoruz. Ancak, herhangi bir yer kaplamayan maneviyatta Dvekut ve ayrılık bir yerin yakınlığı ya da uzaklığı anlamına gelmez. Tersine, Dvekut'u iki manevi nesne arasındaki form eşitliği olarak anlıyoruz ve ayrılığı iki manevi nesne arasındaki form eşitsizliği olarak anlıyoruz.

Bir baltanın fiziksel bir nesneyi kesip ikiye ayırması gibi, parçaları birbirinden ayırmakla form eşitsizliği manevi nesneyi ayırır ve ikiye böler. Eğer aralarındaki form eşitsizliği küçük ise birbirlerinden az uzak olduklarını söyleriz. Ve eğer form eşitsizliği büyük ise birbirlerinden çok uzak olduklarını söyleriz. Ve eğer zıt formda iseler birbirlerinden en uzak noktada olduklarını söyleriz.

Mesela, iki insan birbirinden nefret ettiğinde onlarla ilgili olarak birbirlerinden Doğu ile Batı kadar uzaklar denir. Ve eğer birbirlerini severlerse onlarla ilgili olarak birbirlerine tek beden gibi bağlılar denir.

Ve bu, bir yerin yakınlığı ya da uzaklığını ilgilendirmez. Aksine, bu form eşitliği ya da form eşitsizliğiyle ilgilidir. Bu böyledir çünkü insanlar birbirlerini sevdiklerinde bu, aralarında form eşitliği olduğundandır. Zira kişi dostunun sevdiği her şeyi sever ve dostunun nefret ettiği her şeyden nefret eder, onlar birbirlerine bağlıdır ve birbirlerini severler.

Bununla beraber, eğer aralarında form eşitsizliği varsa ve kişi dostu bir şeyden nefret ettiği halde onu seviyorsa onlar birbirlerinden nefret ediyordur ve form eşitsizliğinin derecesine göre birbirlerinden uzaktırlar. Ve eğer birinin sevdiğinden diğeri nefret edecek kadar zıtlarsa onların Doğu ile Batı kadar birbirlerinden uzak ve ayrı oldukları söylenir.

KABALA BİLİMİ

Ve görüyorsunuz ki maneviyatta form eşitsizliği fizisellikte ayıran balta gibi etkiler. Benzer şekilde, bir yerin uzaklığının ölçüsü ve ayrılığının ölçüsü onların form eşitsizliğinin ölçüsüne bağlıdır. Ayrıca, aralarındaki Dvekut'un ölçüsü de aralarındaki form eşitliğinin ölçüsüne bağlıdır.

Şimdi, bilgelerimizin "ve O'na tutunmak için" sözlerini yorumlamakta ne kadar doğru olduklarını anlıyoruz, O'nun niteliklerine tutunmakta olduğu gibi; O merhametli olduğundan siz merhametlisiniz; O şefkatli olduğundan siz şefkatlisiniz. Metni kelime anlamından saptırmadılar. Tam tersine, metni kesin olarak kelime anlamına göre yorumladılar, zira manevi Dvekut sadece form eşitliği olarak tanımlanabilir. Bu nedenle, kendi formumuzu O'nun niteliklerinin formuyla eşitleyerek O'na tutunmuş oluruz.

Bu yüzden "O merhametli olduğundan" dediler. Bir başka deyişle, O'nun tüm aksiyonları ihsan etmek ve başkalarına fayda sağlamaktır ve kesinlikle Kendisi için değildir, zira O'nun tamamlanması gereken eksiklikleri yoktur. Ve ayrıca, O'nun bir şey alabileceği kimse yoktur. Benzer şekilde, sizin de tüm aksiyonlarınız ihsan etmek ve başkalarına fayda sağlamak için olacak. Böylece, formunuzu Yaradan'ın niteliklerinin formuyla eşitleyeceksiniz. Bu, manevi Dvekut'dur.

Yukarıda bahsedilen form eşitliğinde "akıl" ayrımı ve "kalp" ayrımı vardır. Kişinin Yaradan'ına mutluluk ihsan etmek için maneviyat ve ıslahı çalışması akılda form eşitliğidir. Bunun nedeni Yaradan'ın Kendisini, O mevcut mu, Varlıklarını gözetiyor mu ve benzer şüpheleri düşünmemesidir. Benzer şekilde, Yaradan'ın bunları düşünmediği açık iken form eşitliğini gerçekleştirmek isteyen kişi de bu şeyleri düşünmemelidir, zira bundan daha büyük form eşitsizliği yoktur. Dolayısıyla, bunları düşünen kişi elbette ki O'ndan ayrıdır ve asla form eşitliğini gerçekleştiremeyecektir.

Bilgelerimizin söylediği budur, "Tüm hareketlerinizin Yaradan için olmasına izin verin", yani Yaradan'la birleşmek için. Birleşmenin amacını yüceltmeyen hiçbir şey yapmayın. Bunun anlamı, tüm hareketlerinizin ihsan etmek ve dostunuza faydalı olması demektir. O zaman, Yaradan'la form eşitliğini gerçekleştirirsiniz; zira O'nun tüm aksiyonları ihsan etmek ve başkalarına fayda sağlamak içindir, öyleyse sizin, tüm hareketleriniz sadece ihsan etmek ve başkalarına yarar sağlamak için olacaktır. Bu, tam bir bütünleşmedir.

Ve bununla ilgili olarak şöyle sorabiliriz, "Kişinin tüm hareketleri nasıl başkalarına fayda sağlamak için olabilir? Sonuçta, kişi kendisi ve ailesini ayakta tutmak için çalışmalıdır." Bunun cevabı şudur, kişinin gereklilikten dolayı yaptığı tüm işler, kişinin yaşamını sürdürmek için basit ihtiyaçlarını almak, o gereklilik ne övülür ne de ayıplanır. Bu, hiçbir şekilde kişinin kendisi için bir şey yapması olarak kabul edilmez.

Bu çalışmanın kalbine dalan herkes kesinlikle kişinin nasıl tam form eşitliğini gerçekleştirdiğine şaşıracaktır, öyle ki insanın tam olarak özü sadece kendisi için almak iken kişinin tüm hareketleri başkalarına vermek için olur. Doğamız gereği, başkalarına faydası olacak küçücük bir şey bile yapamayız. Tersine, başkalarına verdiğimizde sonunda buna değer bir ödül alacağız beklentisine zorlanırız. Kişi ödülden ne kadar

MANEVİ EDİNİM ZAMANI

şüphe ederse hareket etmekten o kadar kaçınır. Dolayısıyla, kişinin her hareketi hiçbir şekilde kendisi için değil de nasıl sadece başkalarına ihsan etmek olabilir?

Aslında, bunun çok zor bir şey olduğunu itiraf ediyorum. Bir uçtan diğerine doğasını ters yüz etmek şöyle dursun, kişi sadece kendisi için almak olan kendi yaratılışının doğasını değiştiremez; yani kendisi için hiçbir şey almamak, tam tersine sadece ihsan etmek için hareket etmek.

Bununla beraber, Yaradan bize bu yüzden sadece Yaradan'a mutluluk vermek amacıyla yapmamız emredilen Manevi Çalışma ve Islahlar verdi. Manevi çalışma ve Islahı O'nun adına yapmak, kendimize fayda sağlamak için değil, Yaradan'a mutluluk vermek için çalışmak olmasaydı dünyada doğamızı değiştirmeye yardım edecek hiçbir yöntem olmazdı.

Artık Manevi Çalışma ve Islahlar'ı O'nun rızası için çalışmanın katılığını anlayabilirsiniz. Eğer Maneviyat ve Islahlardaki niyeti Yaradan'ın lehine değil de kendisi için ise kişinin sadece alma arzusunun doğası değişmemekle kalmaz tersine içindeki alma arzusu ona yaratılış tarafından verilenden daha da çok olur.

Peki, Yaradan'la Dvekut ile ödüllendirilen bir kişinin nitelikleri nelerdir? Onlar üstü kapalı anlatımlar hariç hiçbir yerde belirtilmemişlerdir. Bununla beraber, metnimdeki konulara açıklık kazandırmak için gerektiği kadarıyla biraz açıklamam lazım.

Konuları bir alegoriyle açıklayacağım. Beden organlarıyla birlikte birdir. Bedenin tümü her bir organıyla ilgili düşünceler ve hisler değiş tokuş eder. Örneğin, eğer tüm beden belli bir organın ona hizmet etmesi ve onu memnun etmesi gerektiğini düşünürse o organ anında bu düşünceyi bilir ve düşünülen hazzı sağlar. Ayrıca, bir organ içinde bulunduğu yerin dar olduğunu düşünüp hissediyorsa bedenin geri kalan kısmı bu düşünce ve hissi anında bilir ve onu rahat bir yere taşır.

Bununla beraber, eğer bir organ bedenden kesilirse iki ayrı organ olurlar; bedenin geri kalanı ayrılmış olan organın ihtiyaçlarını artık bilemez ve organ da bedenin yararına olan düşünceleri bilip ona hizmet edemez. Ancak, bir doktor gelip organı bedene önceki gibi tekrar birleştirirse organ yeniden bedenin geri kalanının düşüncelerini ve ihtiyaçlarını bilir ve bedenin geri kalanı da bir kez daha organın ihtiyaçlarını bilir.

Bu benzetmeye göre, Yaradan'la Dvekut ile ödüllendirilmiş bir kişinin niteliklerini anlayabiliriz. Ruhun O'nun Özü'nden uzanan bir aydınlanma (ışık) olduğunu "Zohar Kitabı'na Giriş" Madde 9'da daha önce göstermiştim. Bu aydınlık Yaradan'dan Yaradan'ın onu alma arzusu ile kıyafetlendirmesiyle ayrılmıştır. Bunun böyle olmasının nedeni Yaratılış Düşüncesinin, O'nun varlıklarına iyilik yapmasının, her ruhta haz alma arzusu yaratmasıdır. Böylece, alma arzusunun bu formu o ışığı O'nun Özü'nden ayırdı ve onu O'ndan ayrı bir parçaya dönüştürdü.

Bundan her ruhun yaratılışından önce O'nun Özü'ne dâhil olduğu sonucu çıkar. Ancak yaratılışla, yani içine yerleştirilmiş olan alma arzusu ile ruh form eşitsizliği edindi ve tek arzusu ihsan etmek olan Yaradan'dan ayrıldı. Bu böyledir çünkü yukarıda da açıkladığımız gibi fizisellikte baltanın ayırdığı gibi maneviyatta da form eşitsizliği ayırır.

Böylece, artık ruh, bedenden kesilip ayrılmış organla ilgili alegoriye tamamen benzemektedir. Ayrılıktan önce organ ve beden bir olmalarına ve birbirleriyle düşünce ve hislerini değiş tokuş etmelerine rağmen, organ bedenden kesildikten sonra iki organ haline geldiler. Şimdi biri diğerinin düşünce ve hislerini bilmemektedir. Bu, ruh bu dünyanın bir bedenine büründükten sonra daha da fazla böyledir: ruhun O'nun Özü'nden ayrılmasından önceki tüm bağları kesildi ve artık iki farklı beden gibiler.

Şimdi, O'na tutunmakla ödüllendirilen bir kişinin niteliğini bir kez daha kolaylıkla anlayabiliriz. Bu, kişinin içine yerleştirilmiş olan alma arzusunu Maneviyat ve Islah eylemlerinin gücü sayesinde dönüştürdüğü ve Yaradan'la form eşitliği ile ödüllendirildiği anlamına geliyor. Bu, tam olarak kişiyi O'nun Özü'nden ayıran şeydi ve kişi onu ihsan etme arzusuna dönüştürdü. Ve kişi formunu Yaratıcısına eşitlediğinden kişinin tüm aksiyonları sadece ihsan etmek ve başkalarına fayda sağlamak içindir. Bundan kişinin bir zamanlar bedenden kesilmiş bir organ gibi olduğu ve bedenle yeniden birleştiği sonucu çıkar: Bedenin geri kalan kısmının düşüncelerini yeniden bilir tıpkı bedenden ayrılmadan önce yaptığı gibi.

Ruh da bunun gibidir: O'nunla eşitliği edindikten sonra O'nun Düşüncelerini bir kez daha bilir, tıpkı alma arzusunun form eşitsizliğinden dolayı O'ndan ayrılmadan önce olduğu gibi. Sonra, "babanın Yaradan'ını bil" sözleri kişinin içinde yaşar, zira artık kişi Tanrısal bilgi olan tam bilgi ile ödüllendirilmiştir. Ayrıca, kişi manevi dünyaların tüm sırları ile ödüllendirilir, zira O'nun Düşünceleri Işığın sırlarıdır.

Kabalist Meir şöyle demiştir: "Maneviyatı O'nun rızası için çalışanlar pek çok şeyle ödüllendirilirler. Maneviyatın sırları onların önünde ifşa olur ve her daim akan bir kaynak gibi olurlar." Söylediğimiz gibi maneviyatla O'na çalışmak, yani kişinin kendi menfaati için değil de Yaradan'ına mutluluk verme amacıyla maneviyatı çalışması kişiye Yaradan'a tutunmayı garantiler. Bu, kişinin form eşitliğini gerçekleştireceği ve tüm aksiyonlarının asla kendisi için değil başkalarına fayda sağlamak için olacağı anlamına gelir.

Bununla, kişi Yaradan'la bütünleşmeye geri döner, tıpkı ruhun yaratılışından önceki hali gibi. Dolayısıyla, kişiye pek çok şey bahşedilir ve kişi Işığın tatları ve sırları ile ödüllendirilir ve her daim akan bir kaynak gibi olur. Bunun böyle olmasının nedeni kişiyi Yaradan'dan ayıran parçaların ortadan kaldırılmasıdır, böylece kişi O'nunla tekrar bir olmuştur, yaratılışından önceki gibi.

Gerçekten de, ifşa olan ve gizlenen, ilmin tümü hiçbir fark olmaksızın Yaradan'ın Düşünceleridir. Ancak, bu tıpkı onu kurtarmak için arkadaşının bir halat fırlattığı, ırmakta boğulan bir insan gibidir. Eğer boğulan kişi halatı yakın yerinden yakalayabilirse arkadaşı onu kurtarabilir ve ırmaktan çekebilir.

Manevi ilim de bunun gibidir. Tümüyle Yaradan'ın Düşünceleri olan maneviyat, Yaradan'ın insanları kurtarmak ve onları Kötü Eğilimlerinin dışına çekmek için attığı

MANEVİ EDİNİM ZAMANI

bir halat gibidir. Halatın tüm insanlara yakın olan ucu ifşa olmuş manevi ilimdir ki bu niyet ve düşünce gerektirmez. Dahası, iyi bir şey yaparken yanlış (eksik) bir düşünce olsa bile Yaradan tarafından yine de kabul edilir, şöyle yazıldığı gibi, "Kişi manevi çalışma ve eylemleri her zaman kendi için yapmalıdır, zira kişi kendi için çalışmadan Yaradan için çalışmaya gelir."

Dolayısıyla, manevi çalışma halatın sonudur ve dünyada onu yakalayamayacak kimse yoktur. Eğer kişi onu sıkıca yakalarsa, yani kişi kendisi için değil Yaradan'ına memnunluk vermek için manevi çalışmayı gerçekleştirirse manevi çalışması kişiyi Yaradan'la form eşitliğine götürür, "ve O'na tutunmak için" sözlerinin anlamı budur.

O zaman, kişi halatın geri kalanı olan ve "Maneviyatın sırları" ve "Maneviyatın tatları" denilen Yaradan'ın tüm Düşüncelerini edinmekle ödüllendirilir. Bununla beraber, kişi ancak tam bütünlüğü gerçekleştirdikten sonra bununla bahşedilir.

Yaradan'ın Düşüncelerini, yani Işığın sırlarını ve tatlarını, bir halatla karşılaştırmamızın nedeni Yaradan'la form eşitliğinde pek çok derecenin olmasıdır. Bu yüzden halatta, maneviyatın sırlarını edinmekte pek çok derece vardır. Kişinin manevi sırları edinmesinin, O'nun Düşüncelerini bilmesinin ölçüsü Yaradan'la form eşitliğinin ölçüsü gibidir.

Toplamda beş derece vardır: Nefeş, Ruah, Neşama, Haya, Yehida ve her biri tümünden oluşmuştur. Ayrıca, her biri beş derece içerir ve onların her biri de en az yirmi beş derece içerir.

Bunlar aynı zamanda "dünyalar" olarak adlandırılır, bilgelerimizin dediği gibi, "Yaradan, her erdemliye 310 dünya bahşetmeyi planlamıştır." Ve O'nu edinmenin derecelerinin "dünyalar" olarak adlandırılmasının nedeni Olam (Dünya) isminin iki anlamı olmasıdır:

1. O dünyaya girenlerin hepsi aynı hisse sahiptir; birinin gördüğünü, duyduğunu ve hissettiğini, o dünyada olan herkes de görebilir, duyabilir ve hissedebilir.

2. O "gizli" dünyada olan herkes başka bir dünyada herhangi bir şey bilemez ve edinemez. Ve ayrıca, bu iki derece edinimdedir:

1. Belli bir dereceyle ödüllendirilmiş kişi, geçmişte ve gelecekteki tüm nesillerde o dereceyi edinmiş kişilerin edindiği her şeyi bilir ve edinir. Ve kişi, sanki aynı dünyadaymış gibi onlarla birlikte ortak edinime sahip olur.

2. O dereceye gelen herkes başka bir derecede var olan şeyi bilip edinemez. Bu dünyadaki gibidir: insanlar gerçeğin dünyasında neyin var olduğunu bilemezler. Bu nedenle dereceler "dünyalar" olarak adlandırılmıştır.

Dolayısıyla, edinimi olan kişiler kitaplar derleyebilir ve edinimlerini benzetme ve alegorilerle yazabilirler. Bunlar, kitapların tarif ettiği derecelerle ödüllendirilen herkes tarafından anlaşılır olacaktır ve onlarla ortak edinime sahip olacaklardır. Ancak, yazarlarla aynı derecenin tam ölçüsü ile ödüllendirilmemiş kişiler onların benzetmelerini anlamayacaktır. Bu, herhangi bir edinim ile ödüllendirilmemiş kişiler için daha da fazla bu şekildedir, onlar bunlarla ilgili hiçbir şey anlamayacaklardır zira hiçbir ortak edinimleri yoktur.

Tam Dvekut ve tam edinimin tamamında 125 dereceye bölündüğünü daha önce söylemiştik. Buna göre, Mesih'in zamanından önce tüm 125 derece ile bahşedilmek mümkün değildir. Ve Mesih'in nesli ile tüm diğer nesiller arasında iki fark vardır:

1. Sadece Mesih'in neslinde 125 derecenin tümünü edinmek mümkündür ve başka hiçbir nesilde değil.

2. Nesiller boyunca, yükselen ve Dvekut ile ödüllendirilenlerin sayısı azdı, bilgelerimizin "Bin kişi içinden bir kişi buldum; odaya bin kişi girer ve öğretmek için bir kişi çıkar" sözlerinde yazdığı gibi, yani Dvekut ve edinime. Onların, "zira yeryüzü Yaradan'ın bilgisiyle dolacaktır" sözlerinde olduğu gibi. "Ve artık herkes komşusuna ve kardeşine 'Yaradan'ı bilin' diyerek öğretmeyecek; zira onların hepsi Beni bilecekler, en küçüğünden en yücesine kadar."

Bir istisna Raşbi ve onun neslidir; Mesih'in zamanından önce olmasına rağmen bütünlük içinde 125 derecenin tümüyle bahşedilen Zohar'ın yazarları. O ve onun nesliyle ilgili şöyle denilmişti: "Bir bilge, bir peygambere tercih edilir." Bu nedenle, Zohar'da sık sık Mesih'in nesline kadar Raşbi'nin nesli gibi başka bir nesil olmayacağı yazar. Bu yüzden Raşbi'nin derlemesi dünyada böyle bir etki yaratmıştır, zira Zohar'ın içindeki manevi sırlar tüm 125 dereceyi içerir.

Dolayısıyla, Zohar'da Zohar Kitabı'nın sadece Günlerin Sonunda, Mesih'in zamanında ifşa olacağı yazar. Bunun böyle olmasının nedeni daha önce de belirttiğimiz gibi eğer öğrencilerin dereceleri yazarın derecesinin tam ölçüsü (karşılığı) değilse onun üstü kapalı anlatımlarını anlamayacaklar, zira ortak edinimleri yoktur.

Ve Zohar'ın yazarlarının dereceleri 125 derecenin tam seviyesinde olduğundan Mesih'in zamanından önce edinilemezler. Bundan Mesih'in zamanından önceki nesillerde Zohar'ın yazarlarıyla ortak edinim olmayacağı sonucu çıkar. Bu yüzden; Zohar, Mesih'in neslinden önceki nesillerde ifşa edilmedi.

Ve bu, bizim neslimizin Mesih'in günlerine geldiğinin açık kanıtıdır. Zohar Kitabı'nın bizden önceki tüm yorumlarının Zohar'daki zor yerlerin yüzde onu kadarını bile açıklığa kavuşturmadığını görüyoruz. Ve açıkladıkları çok az yerde de kelimeleri Zohar'ın kendisindeki kadar anlaşılması zor.

Fakat bizim neslimizde bizler Sulam (Merdiven) tefsiri ile ödüllendirildik ki bu Zohar'ın tüm kelimelerinin tam açıklamasıdır. Dahası, Sulam tefsiri Zohar'da sadece açıklanmamış bir konu bırakmamakla birlikte açıklamalar da orta derecedeki herhangi bir öğrencinin anlayabileceği dolambaçsız bir analiz üzerine oturtulmuştur. Ve Zohar neslimizde ortaya çıktığından dolayı bu bizim Mesih'in günlerinde, hakkında "zira yeryüzü Yaradan'ın bilgisiyle dolacaktır" sözleri söylenen neslin başında olduğumuzun kanıtıdır.

MANEVİ EDİNİM ZAMANI

Vermek ve almanın bir olduğu manevi konuların fiziksel konular gibi olmadığını bilmeliyiz. Maneviyatta verme zamanı ve alma zamanı ayrıdır. Bunun nedeni önce Yaradan'ın alıcıya vermiş olmasıdır; ve bu verişte O kişiye sadece alma fırsatı verir. Bununla beraber, kişi tam anlamıyla arınıp kutsallaşmadan henüz hiçbir şey almamıştır. Ve sonra kişi alma ile ödüllendirilir. Bu yüzden, verme zamanı ile alma zamanı arasında uzun zaman geçebilir.

Buna göre, bu neslin "zira yeryüzü Yaradan'ın bilgisiyle dolacaktır" sözlerine gelmiş olması sadece verme ile ilgilidir. Ancak, bizler henüz alma koşuluna gelmedik. Arındığımızda, kutsandığımızda ve çalışıp arzulanan miktarda çaba gösterdiğimizde alma zamanı gelecek ve "zira yeryüzü Yaradan'ın bilgisiyle dolacaktır" sözleri içimizde gerçek olacak.

Ayrıca, kurtuluş ve tam edinim birbirine sarılıdır. Bunun kanıtı Yaradan'ın sırlarına çekim duyan kişinin aynı zamanda Yaradan'a doğru bir arzuyla O'na çekim duymasıdır. Bu nedenle, "zira yeryüzü Yaradan'ın bilgisiyle dolacaktır" sözleri bize sadece Günlerin Sonunda, kurtuluş zamanında vaat edilmiştir.

Dolayısıyla, henüz tam edinimde alma zamanı ile ödüllendirilmedik, ancak sadece tam edinimi gerçekleştirme şansının verildiği verme zamanı ile ödüllendirildik ki kurtuluş ile birlikte olsun. Bizler bununla sadece verme formunda ödüllendirildik. Konunun aslı şu ki Yaradan bizim kutsal topraklarımızı yabancılardan kurtardı ve bize geri verdi, ancak toprakları kendi otoritemize almadık, zira tam edinimle ilgili olarak alma zamanı henüz gelmedi.

Bu yüzden, O verdi ancak biz almadık. Sonuçta, ekonomik bağımsızlığımız yok ve ekonomik bağımsızlık olmadan politik bağımsızlık olmaz. Dahası, ruhun kurtuluşu olmadan bedenin kurtuluşu olmaz. Ve insanların çoğunluğu milletlerin yabancı kültürlerinde tutsak ve halk manevi kültüründen yoksun olduğu sürece bedenler de yabancı güçler altında tutsak olacak. Bu bağlamda, topraklar hâlâ yabancıların elindedir.

Bunun kanıtı iki bin yıl sonra olması gerektiği gibi hiç kimsenin kurtuluşla ilgili olarak heyecanlı olmamasıdır. Diasporadakilerin bize gelme ve kurtuluştan haz alma eğilimleri olmadığı gibi kurtarılanların çoğunluğu da zaten aramızda yaşıyor ve bu rehinden kurtulmayı ve geldikleri Diasporaya geri dönmeyi iple çekiyorlar.

Bu yüzden, Yaradan ülkeyi ulusların ellerinden kurtarmasına ve bize vermesine rağmen bizler onu henüz almadık. Bundan zevk almıyoruz. Ancak, Yaradan bunu vererek bize kurtuluş, arınma, kutsilik ve manevi çalışmayı Yaradan için çalışmanın O'nun rızası için bu işi üstlenmek diye bir fırsat verdi. O zaman, kişi içinde bir Tapınak inşa edilecek ve tüm hayatını kendi otoritesine alacaktır. Ve sonra, kurtuluşu deneyimleyecek ve ondan haz alacağız.

Ancak, buna ulaşmadan hiçbir şey değişmeyecek. Ülkenin yasalar, ekonomi ve manevi çalışmasında hâlihazırdaki koşulları ile yabancıların ellerinde olduğundaki hâli ile bir fark yok. Bu yüzden, sahip olduğumuz tüm şey kurtuluş için bir fırsat.

KABALA BİLİMİ

Bundan, bizim neslimizin Mesih'in günlerinin nesli olduğu sonucu çıkar. Bu nedenle kutsal topraklarımızın yabancıların elinden kurtarılması ile bahşedildik. Aynı zamanda Zohar Kitabı'nın ifşası ile ödüllendirildik ki bu, "zira yeryüzü Yaradan'ın bilgisiyle dolacaktır" sözlerinin gerçekleştirilmesinin başlangıcıdır. "Ve onlar daha fazla öğretmeyecekler…zira onların hepsi Beni bilecekler, en küçüğünden en yücesine kadar."

Bununla beraber, bu ikisi ile sadece Yaradan'dan veriliş ile ödüllendirilmiş olduk, ancak kendi ellerimize henüz bir şey almadık. Bunun yerine, manevi çalışmayı O'nun adına çalışmaya başlamak için bize bir fırsat verilmiş oldu. Sonrasında, bizden önceki hiçbir neslin bilmediği, Mesih'in nesline vaat edilmiş olan büyük başarı ile bahşedileceğiz. Ve sonra hem tam edinimin hem de tam kurtuluşun alma zamanı ile ödüllendirileceğiz.

Böylece, bilgelerimizin "O'na tutunmak nasıl mümkün olabilir ki onlar 'O'nun niteliklerine tutunun' dediler?" sorusuna cevaplarını açıklamış olduk. Bu iki nedenden dolayı doğrudur:

1. Manevi Bütünleşme yerin yakınlığında değil form eşitliğindedir.

2. Ruh, sadece Yaradan'ın onun içine yerleştirdiği alma arzusundan dolayı O'nun Özü'nden ayrıldığından, O alma arzusunu ruhtan ayırır ayırmaz ruh da doğal olarak O'nun Özü ile önceki Bütünlüğe geri döndü.

Bununla beraber, bunun tümü teoridir. Aslında, Yaratılışın içine yerleştirilmiş olan alma arzusunu ayırma ve doğasının tersi olan ihsan etme arzusuna varma anlamına gelen, O'nun niteliklerine tutunma açıklamasıyla hiçbir cevap vermediler.

Ve açıkladığımız şey; yani ırmakta boğulan birinin halata sıkı sıkıya tutunması ve kişi manevi çalışmayı O'nun rızası için koşulunda yanlışa geri dönmeyecek şekilde çalışmadan önce bu, halata sıkı sıkıya tutunmak kabul edilmez, soru geri gelir: Kişi, sadece Yaradan'ına mutluluk vermek için tüm kalbiyle kullanacağı motivasyonu nereden bulacak? Sonuçta, kişi kendisine hiç faydası olmayan küçücük bir hareket bile yapamaz, tıpkı bir makinenin yakıtsız çalışamayacağı gibi. Ve eğer kişisel mutluluk yok ve sadece kişinin Yaradan'ına mutluluk vermesi var ise kişinin çalışabileceği yakıtı olmaz.

Bunun cevabı şudur, O'nun yüceliğini yeterli düzeyde edinen kişinin O'na ihsan ettiği armağan almaya dönüştürülür, Masehet Kiduşin'de (sayfa 7) yazdığı gibi: Bir kadın önemli bir kişiye para verdiğinde bu kadın için alma olarak kabul edilir ve o kutsanır.

Bu Yaradan ile de böyledir: Eğer kişi O'nun yüceliğini gerçekleştirirse kişinin Yaradan'ına verdiği mutluluktan daha büyük bir alma yoktur. Bu, çalışma ve O'na mutluluk getirmek adına çabalamak için yeterli bir yakıttır. Ancak açıkçası, kişi O'nun yüceliğini yeterli düzeyde edinmediği sürece Yaradan'a memnuniyetlik vermeyi, kişinin kalbini ve ruhunu Yaradan'a vermek için yeterli alma olarak görmeyecektir.

MANEVİ EDİNİM ZAMANI

Dolayısıyla, kişi gerçekten kendisine değil Yaradan'ına mutluluk getirmeyi amaçladığında çalışma gücünü anında kaybedecektir, böylece yakıtsız bir makine gibi olacaktır, zira kişi kendisine fayda sağlamadan bir organını bile hareket ettiremez. Şöyle yazıldığı gibi, kişinin kalbini ve ruhunu vermesi gibi büyük bir çaba ile bu daha da böyledir. Hiç şüphesiz, kişi kendisi için bir miktar haz almadan bunu yapamaz.

Aslında, O'nun yüceliğini ihsan etmenin alma haline geldiği bir ölçüde edinmek, önemli bir kişiyle ilgili bahsedildiği gibi, hiç de zor değildir. Herkes, başı ve sonu olmayan ve her şeyi Yaradan ve tüketen, yüceliği sonsuz olan Yaradan'ın büyüklüğünü bilir.

Ancak, bundaki zorluk yüceliğin ölçüsünün bireye değil çevreye bağlı olmasındadır. Örneğin, kişi erdemlerle dolu olsa ve çevre böyle bir kişiyi takdir etmese, kişinin ruh hali düşük olur ve erdemlerinin doğru olduğunu bilmesine rağmen onlarla gurur duyamaz. Ve tersine, çevrenin erdemliymiş gibi saygı duyduğu hiç niteliği olmayan bir kişi gururla dolar, zira önemin ve yüceliğin ölçüsü tümüyle çevreye verilir.

Ve kişi çevresinin O'nun manevi çalışmasını nasıl küçümsediğini gördüğünde O'nun yüceliğine yeteri kadar değer veremez, kişi çevrenin üstesinden gelemez. Bu yüzden de kişi O'nun yüceliğini edinemez ve çalışmasını geçiştirir, onların yaptığı gibi.

Ve kişi O'nun yüceliğini edinmenin temeline sahip olmadığından açıkçası kendisine değil Yaradan'ına mutluluk ihsan etmek için çalışamaz. Bu böyledir çünkü kişinin çabalayacak motivasyonu yoktur ve "eğer kişi çabalayıp bulmadıysa, inanma." Ve kişinin tek seçeneği, ya kendisi için çalışmaktır ya da hiç çalışmamaktır, zira kişi için Yaradan'ına ihsan etmek almaya eşit olmayacaktır.

Şimdi, "kralın ihtişamı halkın kalabalığı arasındadır," sözlerini anlayabilirsiniz, zira yüceliğin ölçüsü iki koşulda çevreden gelir:

1. Çevrenin değerbilirliğinin ölçüsü.

2. Çevrenin boyutu. Bu yüzden, "kralın ihtişamı halkın kalabalığı arasındadır," denir.

Ve konunun zorluğunun büyüklüğünden dolayı bilgelerimiz bize şöyle tavsiye verir: "Kendine bir Kabalist yap ve bir dost satın al." Bu, kişinin Yaradan'ına mutluluk vermek amacıyla manevi çalışmaya gelebileceği, kendisi için önemli ve bilinen bir kişiyi Kabalist olarak seçmesi anlamına gelir. Bu böyledir çünkü kişinin Kabalist'ine iki faydası vardır:

1. Kabalist önemli bir kişi olduğundan, öğrenci öğretmeninin kendi gözündeki yüceliğine göre memnuniyet verebilir, zira onun için ihsan etmek almak gibi olur. Bu doğal bir yakıttır, bu yüzden kişi her zaman ihsan etme hareketlerini arttırabilir. Ve kişi, Kabalist'e ihsan etmeyi çalışmaya alıştıkça bunu manevi çalışmayı O'nun rızası için koşulunda Yaradan'a doğru da kullanabilir, zira alışkanlık ikinci doğa haline gelir.

2. Yaradan'la form eşitliği eğer sonsuza dek değilse bir faydası olmaz, yani "Her kim tüm sırları bilirse ancak, tekrar kötülük yapmamaya söz verebilir." Bu kişinin Kabalist'iyle form eşitliğindeki gibi değildir. Zira, Kabalist bu dünyadadır, zamanın

içinde, onunla form eşitliği geçici bile olsa ve kişi daha sonra eski haline dönse bile faydalı olur.

Bu yüzden, Kabalist'iyle her form eşitliğine geldiğinde kişi ona tutunur. Böylece, kişi bütünleşmenin ölçüsüne göre Kabalist'in düşünce ve bilgisini edinir, bedenden kesilen ve tekrar birleştirilen organın örneğinde açıkladığımız gibi.

Bu nedenle, öğrenci ihsan etmeyi almaya ve kalbine ve ruhuna verecek yeterli yakıta dönüştüren Kabalist'inin Yaradan'ın yüceliğini edinimini kullanabilir. O zaman, öğrenci de bütün kalbi ve ruhu ile Yaradan'la ebedi bütünlük sağlayan şifayı, maneviyatı O'nun için çalışabilir.

Artık bilgelerimizin dediklerini anlayabilirsiniz: "Maneviyata hizmet etmek onu çalışmaktan daha yücedir, şöyle denildiği gibi, 'İlyas'ın ellerine su döken Şapat'ın oğlu İlyas buradadır.' Çalışıldı değil döküldü dedi." Bu biraz karışıktır; basit hareketler bu ilmi ve bilgiyi çalışmaktan nasıl daha önemli olabilir?

Ancak yukarıda yazılanlara göre, kişinin öğretmenine memnuniyetlik getirmek için bedeni ve ruhuyla hizmet etmesi kişiyi öğretmeniyle bütünlüğe, yani form eşitliğine getirir. Böylece, kişi "ağızdan ağza" yoluyla Kabalist'in düşünce ve bilgisini alır ki bu ruhun ruhla bütünleşmesidir. Bununla, kişi Yaradan'la bütünlük ile ödüllendirilene dek ihsan etmeyi almaya çevirmek ve adanmaya yeterli yakıt olmak için O'nun yüceliği ile ödüllendirilir.

Bu, kişinin Kabalist ile maneviyatı çalışmasında böyle değildir zira bu, kişinin kendi menfaati için olmalıdır ve bütünlük sağlamaz. Bu, "ağızdan kulağa" olarak değerlendirilir. Bu yüzden hizmet etmek öğrenciye Kabalist'in düşüncelerini, çalışmak da sadece Kabalist'in sözlerini getirir. Ayrıca, hizmet etmenin ödülü çalışmanın ödülünden çok daha büyüktür, Kabalist'in düşüncelerinin sözlerine ve "ağızdan ağza"nın "ağızdan kulağa"ya önemi gibi.

Bununla beraber, bunların hepsi hizmet, O'na mutluluk ihsan etmek amacıyla ise doğrudur. Ancak, hizmet kişinin kendi menfaati içinse böyle bir hizmet kişiye öğretmeniyle bütünleşmeye getiremez ve elbette Kabalist'le çalışmak ona hizmet etmekten daha önemlidir.

Ancak, Yaradan'ın yüceliğini edinmekle ilgili söylediğimiz gibi, O'na doğru dürüst değer vermeyen bir çevre kişiyi zayıflatır ve O'nun yüceliğini edinmesini önler. Ve bu elbette kişinin rehberi olan Kabalist'i için de doğrudur. Kabalist'e doğru dürüst değer vermeyen bir çevre, öğrenciyi rehberinin yüceliğini doğru bir şekilde edinmekten alıkoyar.

Dolayısıyla, bilgelerimiz şöyle dedi, "Kendine bir Kabalist yap ve bir dost satın al." Bu, kişinin kendisi için yeni bir çevre yaratabileceği anlamına gelir. Bu çevre Kabalist'e değer veren dostların sevgisi vasıtasıyla kişinin Kabalist'inin yüceliğini edinmesine yardım eder. Dostların, Kabalist'in yüceliğinden bahsetmesi onların her birine

MANEVİ EDİNİM ZAMANI

Kabalist'in hissiyatını verir. Böylece kişinin Kabalist'ine ihsanı alma ve kişiyi manevi çalışmayı O'na çalışmaya getirecek yeterli motivasyon ölçüsü haline gelir.

Bununla ilgili şöyle denilmiştir, "Maneviyat, kırk sekiz erdemle edinilir, dostlara hizmet etmekle ve dostların titizliliğiyle." Bu böyledir çünkü Kabalist'e hizmet etmenin yanında kişinin dostlarının titizliğine, dostların etkisine de ihtiyacı vardır, böylece kişiyi Kabalist'in yüceliğini edinmede etkileyebilirler. Bunun böyle olmasının nedeni yüceliği edinmenin tamamen çevreye bağlı olmasıdır ve birey bununla ilgili hiçbir şey yapamaz.

Ancak, yüceliği edinmenin iki koşulu vardır:

1. Yüceliğinin ölçüsüne göre çevrenin değerbilirliğini edin ve dinle.

2. Çevre yüce olmalı, şöyle yazıldığı gibi, "Kralın ihtişamı halkın kalabalığı arasındadır."

İlk koşulu almak için her öğrenci tüm dostları arasında en küçük hissetmelidir. Bu koşulda, kişi herkesten yüceliğin değerini alabilir, zira yüce olan sözlerinden etkilenmek şöyle dursun, küçük birinden alamaz. Tersine, sadece küçük olan yücenin değerbilirliğiyle etkilenebilir.

Ve ikinci koşulda, her öğrenci her bir dostunun erdemlerini yüceltmeli ve ona sanki neslinin en yücesiymiş gibi değer vermelidir. Sonra, çevre kişiyi yeterli yüce bir çevre olarak etkiler, zira nitelik miktardan daha önemlidir.

DÜNYA'DA BARIŞ

"Merhamet ve gerçek birbiriyle karşılaştılar; erdemlilik ve barış birbirini öptüler. Gerçek yeryüzünden ortaya çıktı ve erdemlilik cennetten aşağı baktı. Evet, Yaradan iyi olanı verecek ve topraklarımız ürün verecek."

Hz. Davut'un İlahileri 85

Her Şey Belli Bir Zamandaki Görüntüsüne Göre Değil, Gelişim Ölçüsüne Göre Değerlendirilir.

İyi veya kötü, realitedeki her şeyin ve dünyadaki en zararlı şeyin bile, var olmaya hakkı vardır ve dünyadan sökülüp atılmamalı, yok edilmemelidir. Bizler sadece iyileştirmeli ve yenilemeliyiz; çünkü yaratılışın işleyişini herhangi bir şekilde gözlemlediğimizde, bu bize onun işlemcisinin ve Yaradan'ın yüceliğini ve mükemmelliğini öğretmeye yeterlidir. Dolayısıyla, lüzumsuz ve yersiz diyerek yaratılışın herhangi bir unsurunda hata ararken çok dikkatli olmalıyız, çünkü bu o unsuru "yöneteni" kötülemek olur.

Yaradan'ın; yaratılışı yarattığında, onu tamamlamadığı bilinen bir şeydir. Realitenin her köşesinde, genelde ve özelde, onun yoktan büyümenin tamamlanmasına kadar yavaş gelişim yasaları içinde devam ettiğini görebiliyoruz. Bu nedenle; büyümenin başlangıcında meyve acı tat verdiğinde bu meyvenin bir eksikliği olarak kabul edilmez, zira hepimiz nedeni biliyoruz: Meyve henüz gelişimini tamamlamamıştır.

Realitenin her elementinde böyledir: Herhangi bir element bize kötü veya zararlı olarak göründüğünde bu, sadece o elementin kendini ifadesidir yani hâlâ geçiş sürecindedir, gelişim sürecindedir. Bu yüzden, onun kötü olduğuna karar veremeyiz ve onda bir eksiklik bulmak bizim için akıllıca değildir.

"Dünya Yenilikçilerinin" Zayıflığı

Nesiller boyunca, dünya yenilikçilerinin zayıflığını anlamanın anahtarı budur. Onlar; insanı düzgün işlemeyen ve tamire ihtiyacı olan bir makine gibi, yani bozuk parçalarını çıkarmak ve onları iyi parçalarla değiştirmek olarak gördüler ve tüm dünya yenilikçilerinin eğilimi budur; insan türündeki her türlü zararlı ve kötü şeyin kökünü kazımak. Eğer Yaradan onlara karşı durmasaydı onlar şimdiye kadar kesinlikle insanı tümüyle yok edip sadece iyi ve faydalı olan şeyleri yaşarlardı.

Sadece Yaradan; kimsenin, O'nun hâkimiyetindeki tek bir şeyi yok etmesine izin vermeden, sadece hâkimiyetindekileri yenileyip, faydalı ve iyi hale getirdiği ve yaratılışındaki tüm unsurları titizlikle gözettiği için, yukarıda bahsedilen tüm yenilikçiler yeryüzünden yok olacaklar; ancak kötü eğilimler yok olmayacak. Onlar yaşamaya devam eder ve olgunlaşana dek dönüştürmeleri gereken dereceleri sayarlar.

MANEVİ EDİNİM ZAMANI

O zaman kötü nitelikler, iyi ve faydalı olanlara dönüşürler; tıpkı Yaradan'ın onları ilk başta hissettiği gibi. Ağaçta duran ve bekleyen, günleri ve ayları sayan bir meyve gibi... Olgunluğunun tamamlanmasına kadar beklemeye devam etmeli; o zaman meyvenin tadı ve tatlılığı herkese bariz olacak.

Ödüllendirileni Hızlandıracağım, Ödüllendirilmeyen Kendi Zamanında...

Yukarıda bahsettiğimiz ve tüm realiteye yayılmış olan gelişim yasasının yukarıdaki cennetin yönetiminin gücü vasıtasıyla, yani dünyada yaşayan insanların iznini sormadan, tüm kötülüğün iyi ve faydalı eylemlere geri döndürüleceği garanti edilmiştir. Bununla beraber; Yaradan insanın eline bilgi ve yetkiyi bıraktı ve insanın, yukarıda bahsedilen gelişim yasasını kendi otorite ve yönetimi altında kabul etmesine izin verdi. İnsana, gelişim sürecini arzuladığı gibi, özgürce ve zaman sınırlarından tümüyle bağımsız olarak hızlandırma yeteneği sundu.

Buradan, yukarıda bahsedilen gelişim sürecinin işleyişinde hareket eden iki otorite olduğu sonucu çıkıyor: Biri, zararlı ve kötü olan her şeyi iyi ve faydalı hale çeviren cennetin otoritesidir ki bu ancak bu zaman içinde, kendi yolunda bocalayarak ve uzun süre sonunda olacak. Bir de dünyanın otoritesi vardır. "Evrimleşen nesne" yaşayan bir varlık olduğunda, "gelişim baskısı" altındayken yolunu acımasızca oyan, korkunç ıstıraplardan geçer.

Bununla beraber, "dünyanın otoritesi", yukarıda bahsedilen gelişim yasasını kendi yönetimleri altına almış olan ve kendilerini zamanın zincirlerinden tümüyle özgür bırakabilen ve zamanı, olgunluğun tamamlanmasını ve gelişimin sonu olan, nesnenin ıslahını hızlandırabilen insanlardan oluşmaktadır.

Bunlar bilgelerimizin halkın tam kurtuluş ve tam ıslahıyla ilgili sözleridir; "Ben, Yaradan'ınız; onu kendi zamanında hızlandıracağım." Ödüllendirileni hızlandıracağım, ödüllendirilmeyen kendi zamanında...

Bu yüzden; eğer halk ödüllendirilir ve kötü özelliklerin iyi olanlara dönüşmesi için geçmeleri gereken gelişim yasasını kabul ederse bunu kendi yönetimlerine almış olur. Bir başka deyişle; onlar, içlerindeki tüm kötü nitelikleri düzeltmeye ve onları iyi olanlara çevirmek için akıllarını ve kalplerini ortaya koyarlar. Sonra, "Ben hızlandıracağım." yani, onlar zamanın prangalarından tamamen özgür kalacaklar. Şimdiden sonra, bu nokta onların arzusuna bağlıdır, yani onlar için sadece hareketin yüceliği ve farkındalığın vasıtası gerekir. Bu nedenle, onlar zamanı hızlandırır.

Ancak, onlar kötü eğilimlerini kendi otoriteleri altında geliştirmekle ödüllendirilmemişler ve bunu sadece cennetin otoritesine bırakıyorlarsa onların da kurtuluşlarının ve ıslahlarının sonunu edinecekleri kesindir. Bunun nedeni, zaman içinde gelişim yasasıyla derece derece işleyen cennetin yönetiminde tam kesinlik olmasıdır, ta ki tüm kötülük ve zararlı şeyler iyi ve faydalı şeylere dönüştürülene dek tıpkı bir ağaçtaki meyve gibi. Son garanti edilmiştir, ancak zamanında, yani tamamen bağlı ve zamana dayalıdır.

Zaman içinde gelişim yasasına göre kişi; yoğun ve son derece yavaş ve uzun uzadıya sürme eğilimde olan ve kişi sonuna gelene dek çok uzun zamana yayılan pek çok dereceden geçmelidir. Bahsettiğimiz nesneler; gelişen, hisseden, yaşayan varlıklar olduğundan onlar da o gelişim safhalarında büyük ıstırap ve acılardan geçmek zorundalar. Zira insanı bir alt dereceden daha üst dereceye yükseltmek için o derecelerde var olan zorlayıcı güç, alt derecede birikmiş acı ve ızdırabın itici gücüdür. Bundan dolayı, o dereceden ayrılıp bir üst dereceye yükselmeliyiz. Bilgelerimizin dediği gibi, "Yaradan başlarına gaddar bir kral getirir ki tövbe edip ıslah olsunlar."

Dolayısıyla, yukarıda bahsedilen aşamalı gelişim yasası vasıtasıyla sonun Yaradan'a doğru ilerleyenlere gelmesi kesindir ve bu "zamanında" olarak adlandırılır, yani zamanın zincirlerine bağlı anlamına gelir. Yaradan'a doğru olanların, garanti edilmiş olan sonu, onların niteliklerinin gelişimlerini kendi otoritelerine almakla "Ben hızlandıracağım." yani zamandan tümüyle bağımsız olarak adlandırılır.

İyi ve Kötü, Bireyin Topluma Karşı Hareketleriyle Değerlendirilir.

İnsanoğlundaki kötülüğün ıslahını incelemeden önce, ilk olarak bu "iyi" ve "kötü" soyut kavramların değerini belirlememiz lazım. Bir hareket veya niteliği iyi ya da kötü olarak tanımladığımızda, o nitelik ya da hareketin kime faydası olduğunu açıklığa kavuşturmamız gerekir.

Bunu anlamak için; birey ile kolektif arasındaki, birey ile maddi ve manevi anlamda içinde var olduğu ve onu besleyen kolektif arasındaki oransal değeri derinlemesine bilmemiz lazım.

Realite; bir başına kalmış bir bireyin, çevresinde ona hizmet edecek ve ihtiyaçlarını sağlamaya yardımcı olacak yeterli sayıda insan olmadan var olma hakkı olmadığını bize gösteriyor. Dolayısıyla, kişi öncelikle sosyal bir hayat sürmek için doğmuştur. Toplumdaki her birey bir makineye yerleştirilmiş birkaç başka çarka bağlı bir çark gibidir. Bu tek çarkın, kendisi dışında hareket etme özgürlüğü yoktur; ancak makineye, genel görevini gerçekleştirmesinde yeterlilik kazandırmak için belli bir yönde ve diğer çarkların ile harekete devam eder.

Eğer çarkta bir kırılma olursa kırılma; çarkın kendisine değil, hizmeti ve makinenin tümüne ilişkin rolüne göre değerlendirilir.

Bizim konumuzda, bütünü içinde her bir kişinin faydası; kendi iyiliğine göre değil, kişinin topluma hizmetine göre değerlendirilir. Bunun tersi de doğrudur; bizler her bireyin toplumun genelini uğrattığı zarara göre kötü niteliğin ölçeriz, kişinin bireysel değerine göre değil.

Tüm bunlar; içlerindeki hakikat ve iyilik açısından apaçık ortadadır. Bunun nedeni; kolektifte bulunan şeyin, sadece bireyde bulunan şey olmasıdır. Kolektifin yararına olan, her bireyin yararına olandır: Kolektife zarar veren kimse, bu zarardan payını alır ve kolektife faydası olan kimse, bu faydadan payını alır. Zira bireyler bütünün parçasıdır ve bütünün değeri hiçbir şekilde bireylerin toplamından başka bir şey değildir.

Bundan kolektifin ve bireyin, bir ve aynı olduğu sonucu çıkar. Birey, kolektife köle olmaktan zarar görmez; zira kolektifin özgürlüğü de bireyin özgürlüğü de bir ve aynı şeylerdir. Onlar, iyiyi paylaştıkları gibi özgürlüğü de paylaşırlar.

Bu yüzden; iyi nitelikler ve kötü nitelikler ile iyi işler ve kötü işler, sadece halka olan faydalarına göre değerlendirilirler.

Yukarıda bahsedilenler; elbette eğer tüm bireyler topluma karşı rollerini en iyi şekilde yapar ve hak ettiklerinden fazlasını almaz ve dostlarının payına göz dikmez iseler söz konusudur. Ancak, kolektifin bir kısmı buna göre davranmaz ise sadece kolektife zarar vermekle kalmaz, bundan kendileri de zarar görür.

Hepimizin bildiği bir şeyden, daha fazla söz etmeye gerek yok ve söylediklerimiz sadece eksikliği, düzeltilmesi gereken yeri göstermek içindir. Bu her bireyin; kendi menfaatinin ve kolektifin menfaatinin bir ve aynı şey olduğunu anlamasıdır. Dünya bununla tam ıslahına gelecektir.

Bireyde ve Kolektifte Dört Nitelik; Merhamet, Doğruluk, Adalet ve Barış

Arzulanan iyilik niteliğini tümüyle anlarsak bu haz ve mutluluğu hızlandırmak için bize sunulan şeyleri ve araçları inceleyebiliriz.

Bu amaç için dört özellik sağlanmıştır; merhamet, doğruluk, adalet ve barış. Bu nitelikler şimdiye kadar tüm dünya yenilikçileri tarafından kullanılmıştır. İnsanın gelişiminin, insan türünün şu anki mevcut koşuluna gelene dek, cennetin yönetimi vasıtasıyla aşamalı bir yolda bu dört niteliği ile ilerlediğini söylemek daha doğrudur.

Daha önce söylediğimiz gibi; gelişim yasasını kendi elimize ve yönetimimize almamız bizim için daha iyi olur, zira o zaman bugünden itibaren gelişimsel tarihin bizler için gizlediği ıstıraplardan kendimizi kurtarırız. Bu yüzden; bu dört niteliği, şimdiye kadar bizlere neler verildiğini ve bunlardan gelecekte nasıl faydalanmamız gerektiğini derinlemesine anlamak için incelemeli ve araştırmalıyız.

Gerçeği Belirlemede Karşılaşılan Zorluklar

İyi nitelikleri teorik olarak ele aldığımızda elbette ki doğruluk niteliğinden daha iyi bir nitelik yoktur. Bunun nedeni; yukarıda tanımladığımız birey ve kolektif arasındaki tüm iyiliklerin bireyin kolektife karşı kendi rolünü tümüyle oynadığı ve üstüne düşeni gerçekleştirdiği ve ayrıca kendi payını da kolektiften adilce ve dürüstçe aldığı zaman olmasıdır. Bunların tümü doğruluktan başka bir şey değildir; ancak asıl sakınca, kolektifin bu niteliği asla kabul etmemesidir. Bu yüzden; yukarıda bahsedilen doğruda karşılaşılan zorluk, yine kendisi ile ispat edilir: Bu durumu kolektif tarafından kabul edilemez yapan bazı sakıncalar ve bir sebep vardır. Biz bu sakıncanın ne olduğunu incelemeliyiz.

Yukarıda bahsedilen doğruyu, pratikte uygulanabilirliği bakımından incelediğimizde; bu durumu ister istemez, bulanık ve anlaşılması zor bulacaksınız ve aslında insanoğlunun bunu incelemesi mümkün değildir. Hakikat, kolektifteki tüm bireyleri eşitlememizi gerektirir ki emeklerinin karşılığını adilce alabilsinler, ne eksik ne de fazla… Bu şüphe edilmez tek gerçek temeldir; zira dostunun çalışmasından zevk almak isteyen birinin yaklaşımı, yukarıda bahsedilen neden ve açık gerçeğe zıttır.

Peki, bu hakikati kolektif tarafından kabul edilebilir bir şekilde inceleyebileceğimizi nasıl düşünebiliriz? Örneğin; eğer bir şeyi açıkça görünen işçiliğe göre değerlendirirsek, yani çalışma saatlerine göre ve her bir kişiyi eşit saatte çalışmaya zorlarsak hâlâ doğruluk niteliğini hiçbir şekilde keşfetmemiş oluruz.

Dahası, burada iki nedenden dolayı bariz bir yalan vardır: İlki çalışanın fiziksel tarafı ve ikincisi de zihinsel tarafıdır.

Bunun nedeni ise her bireyin doğası gereği çalışma gücünün farklı olmasında yatar. Bir kişi; arkadaşının zayıf bünyesinden dolayı iki üç saatte yaptığı işi, bir saatte yapabilir.

Ayrıca burada psikolojik bir konu da vardır; zira doğası gereği tembel olan bir kişi, kendisini, bir saatte arkadaşının iki üç saatte yorduğundan daha fazla yorabilir. Son derece açık bir gerçeklik algısı ile baktığımızda; yaşamdaki ihtiyaçlarının karşılanması için, toplumun bir kısmını diğer kısmından daha fazla çalışmaya zorlamamalıyız. Aslında, toplumda doğal olarak güçlü ve uyanık olanlar, başkalarının ter dökmesinden faydalanırlar ve onları doğruluk niteliğine karşı kötü niyetle kullanırlar; çünkü onlar, toplumdaki zayıf ve tembellere kıyasla çok daha az çalışırlar.

Aslında, "Çoğunluğa Uymak" gibi doğal yasayı da dikkate aldığımızda açıkça görünen şudur ki çalışma saatlerinin sayısını temel alan böyle bir doğru, tümüyle gerçekleştirilemez. Zira zayıf ve tembel olanlar, her zaman toplumda büyük çoğunluğu oluşturur ve bu kişiler, kendilerinin açıkgöz ve güçlü olanlar tarafından güçlerinin ve alın terlerinin kötüye kullanılmasına izin vermeyecektir. Bu yüzden, açıkça görüyorsunuz ki yukarıda bahsedilen temeli gerçekleştirmek tümüyle olanaksızdır. Zira bu hiçbir şekilde araştırılıp değerlendirilemez.

Dolayısı ile doğruluk niteliğinin; bireyin yolunu ve toplumun yolunu, mutlak ve tatmin edici bir şekilde organize etmesinin pratik geçerliliği yoktur. Ayrıca bu; dünyanın ıslahının sonunda, yaşamı organize etmek için de tümüyle yetersizdir.

Dahası, burada daha da büyük zorluklar vardır; çünkü doğadan daha açık bir gerçek yoktur. Ayrıca her bireyin, kendisini Yaradan'ın dünyasındaki tek yönetici olarak görmesi de doğaldır. Başka bir deyişle; kişinin kendisi dışındaki herkes, karşılığında hiçbir şey verme zorunluluğu olmadan sadece kişinin hayatını kolaylaştırmak ve iyileştirmek için yaratılmıştı.

MANEVİ EDİNİM ZAMANI

Daha basit bir şekilde söylemek gerekirse her insan, doğası gereği, kendi menfaati için dünyadaki tüm diğer insanların hayatlarını kötüye kullanır. Başkalarına verdiği her şey, sadece gerekliliktir ve o zaman bile bu davranışın altında hâlâ başkalarını kötüye kullanmak yatar; ancak bu kurnazca yapılır öyle ki kişinin dostu bunu anlamayacak ve isteyerek kabul edecektir.

Bunun nedeni, her dalın doğasının köküne yakın olmasıdır. İnsanın ruhu, tek ve eşsiz olan Yaradan'a uzandığından ve her şey O'nun olduğundan, O'ndan uzanan insan da dünyadaki tüm insanların kişisel çıkarları için kendi boyunduruğu altında olması gerektiğini hisseder. Bu, değiştirilemez bir yasadır. Tek fark insanların tercihlerindedir: Biri düşük arzuları edinerek insanları kötüye kullanır, bir diğeri yönetimi edinerek, bir üçüncüsü saygı edinerek... Dahası, eğer kişi fazla çaba sarf etmeksizin yapabilseydi dünyayı zenginlik, yönetim ve saygı üçü birlikte kötüye kullanmaya hem fikir olurdu. Ancak kişi mümkün olanlar ve yeteneklerine göre seçim yapmaya zorlanır.

Bu yasa "İnsanın Kalbindeki Eşsizlik Yasası" olarak adlandırılır. Hiç kimse bundan kaçamaz ve herkes bu yasadan payını alır: Büyük olan kendi ölçüsüne göre ve küçük olan da kendi ölçüsüne göre...

Bu yüzden, yukarıda bahsedildiği gibi bir kişinin doğasında olan Eşsizlik Yasası ne yargılanır ne de övülür; zira bu doğal bir realitedir ve realitenin tüm parçaları gibi var olma hakkı vardır. Bunu dünyadan söküp atma veya bunun formunu biraz belirsizleştirme ümidi de yoktur, tıpkı yeryüzünden tüm insan türünü silme ümidi olmadığı gibi. Dolayısıyla, bu yasanın mutlak bir gerçek olduğunu söylersek yalan söylemiş olmayız.

Hiç şüphesiz bu böyle olduğundan, kişiye kolektifteki tüm insanlarla eşitlik sözü vererek, kişinin aklını rahat ettirmeyi nasıl deneyebiliriz ki? Zira kişinin yegâne eğilimi, tüm kolektifin hızla yukarısına yükselmek olduğundan, insanın doğasına daha uzak başka bir şey yoktur.

Böylece, doğruluk niteliğini izleyerek bireyin ve kolektifin yaşamına, her bireyin aklına yatacak şekilde -öyle ki kişi bununla ıslahın sonunda olması gerektiği gibi tümüyle hem fikir olsun- iyi ve mutlu faaliyetler getirmenin mümkünatı bulunmadığını derinlemesine açıklamış olduk.

Doğruluk Niteliğini Gerçekleştirme Yetisinin Eksikliğinde Yüce Nitelikleri Gerçekleştirmeyi Denediler

Şimdi geriye kalan üç niteliğe dönelim; merhamet, adalet ve barış. Öyle görünüyor ki başlangıçta bunlar sadece dünyamızdaki zayıf doğruluk niteliğine destek olarak kullanılmak için yaratılmıştı. Burada gelişimsel tarih, kolektifin yaşamlarını organize etme sürecinde yavaş ve başıboş derecelerini tırmanmaya başladı.

Teoride, herkes doğruluktan herhangi bir şekilde sapmamaya gönülden anlaştı ve bunu kendilerine vazife edindi. Ancak gerçekte, kendilerini doğrudan tümüyle zıt bir yöne yönelttiler. O zamandan beri, doğruluğun kaderi asla zayıf ve erdemlilerin elinde değil, her zaman en düzenbazların elinde olmuştur. Böylece bunlar bir şekilde doğruluk niteliğinden yardım bile gördüler.

Kolektifin yaşamında doğruluk niteliğini yerleştiremeyince, toplumda kötüye kullanılanlar ve zayıf olanlar arttı ve buradan merhamet ve adalet nitelikleri doğdu. Bu nitelikler toplumun işleyişinde insanların hareketlerine hükmetti; çünkü tüm toplumun varlığı, toplumun geneline zarar vermemek için aralarındaki başarılı olanları zayıfları desteklemeye zorladı. Dolayısıyla, onlara karşı anlayışla, yani merhamet ve iyilikle yaklaştılar.

Ancak böyle koşullar altında, zayıflar ve kötüye kullanılanlar çoğaldı ta ki başarılı olanlara karşı protesto edecek, tartışmalar ve kavgalar başlatacak yeterli sayı olana dek. İşte bu süreçten sonra dünyada "barış" niteliği ortaya çıktı. Bu yüzden, tüm o nitelikler -merhamet, iyilik ve barış- doğruluğun zayıflığından doğdu ve ortaya çıktı.

Toplumun kısımlara ayrılmasının nedeni budur. Bazıları kendi sahip olduklarını başkalarına vererek merhamet ve iyilik niteliğini edindi ve bazıları da doğruluk niteliğini edindi. Bir başka deyişle: "Benim olan benimdir, senin olan senindir."

Daha basitçe söylemek gerekirse bu iki kısmı "inşa edenler" ve "yok edenler" olarak ayırabiliriz. İnşa edenler; kolektifin yararını isteyenlerdir ki bunlar, genelde başkaları için kendi sahip olduklarını vermeye razıdırlar. Ancak doğal olarak yok etmeye ve ahlâksızlığa meyilli olanlar, doğruluk niteliğine tutunarak daha rahat ederler; yani kendi menfaatleri için "Benim olan benimdir, senin olan senindir." derler ve kendilerinin olan herhangi bir şeyi kolektifin iyiliğini tehlikeye atmayı dikkate almadan asla başkalarına vermek istemezler çünkü onlar yaratılıştan yok edenlerdir.

Barış Ümitleri

Bu koşullar; topluma büyük çaplı anlaşmazlık getirdiğinde ve toplumun iyiliğini riske attığında, toplumda "barış sağlayıcılar" (uzlaştırıcı, arabulucu) ortaya çıktı. Onlar, toplumun barışçıl varlığını sürdürmek için kontrol ve gücü üslendiler ve doğru kabul ettikleri yeni koşullar üzerine kurulan sosyal yaşamı yenilediler.

Ancak, her anlaşmazlıktan sonra ortaya çıkan bu barış sağlayıcılar, doğal olarak yok edicilerin, yani "Benim olan benimdir, senin olan senindir." yoluyla doğruyu arayanlar arasından gelir. Bunun nedeni; bu kişilerin toplumun içinde güçlü ve cesaretli olan "kahramanlar" olarak adlandırılmalarıdır. Zira onlar eğer kolektif onların görüşleriyle hemfikir olmazsa her zaman kendi hayatlarından ve kolektifin hayatlarından vazgeçmeye razıdırlar.

Ancak, toplumdaki kendi hayatlarını ve kolektifin hayatlarını düşünen merhamet ve iyilik insanları olan inşa ediciler, kendi fikirlerini kolektife zorla kabul ettirmek için kendilerini ve halkı tehlikeye atmayı reddederler. Dolayısıyla, onlar her zaman "cesaretsiz" ve "korkak" olarak adlandırılan toplumun zayıf tarafındadır.

Bu yüzden cesur ahlâksızların elinin her zaman üstte olacağı gayet açıktır ve barış sağlayıcılar, doğal olarak inşa edicilerin arasından değil yok edicilerin arasından gelecektir.

Böylece neslimizin bu kadar özlem duyduğu barış ümidinin hem özne (vatandaş) açısından hem de dayanak açısından nasıl faydasız olduğunu görüyorsunuz.

Zira zamanımızın ve herhangi bir neslin barış sağlayıcıları olan vatandaşlar, yani dünyada barış yapma gücü olanlar, şimdiye kadar bizim "yok ediciler" olarak adlandırdığımız insan maddesinden yapılmıştır; çünkü onlar gerçeği arayanlardır. Bir başka deyişle; dünyayı "Benim olan benimdir ve senin olan senindir" niteliği üzerine kurmak isteyenlerdir.

Bu insanların görüşlerini, kendi yaşamlarını ve tüm kolektifin yaşamlarını riske atma noktasına kadar sıkı sıkıya savunmaları doğaldır. Onlara dünyayı kurtarmak amacıyla, başkalarının iyiliği için kendilerininkinden vazgeçen, merhamet ve iyiliğin arayıcıları, "inşa edenler" olarak adlandırılan ve insan unsuru üzerinde her zaman egemenlik sürme gücü veren şey budur; çünkü inşa ediciler, cesaretsiz ve korkaklardır.

Bundan, doğruyu arama ve dünyanın yıkımının bir ve aynı şeyler olduğu sonucu çıkar ve merhamet arzusu ile dünyanın inşası da bir ve aynı şeylerdir. Dolayısıyla, yok edicilerden barışı oluşturacaklarını ümit etmemeliyiz.

Dayanaklar ile yani barışın kendi koşullarıyla barış beklentisi ümitsiz bir durumdur. Bu böyledir; çünkü barış sağlayıcıların bu kadar arzuladığı doğruluk ölçüsüne göre, bireyin iyiliği ve kolektifin iyiliği için düzgün koşullar henüz oluşmamıştır. Toplumda onlara sunulan koşullarla tatmin olmamış büyük bir azınlık olmak zorundadır, doğruluğun zayıflığını yukarıda gösterdiğimiz gibi... Dolayısıyla, azınlık her zaman takip edilecek olan yeni, kavgacı insanlar ve yeni barış sağlayıcılar için sürekli hazır ve arzulayan yakıt olarak kalacaktır.

Belli Bir Kolektifin İyiliği ve Tüm Dünyanın İyiliği

Belli bir kolektifin iyiliği ile tüm dünyanın iyiliğini karıştırırsam şaşırmayın; çünkü gerçekten de öyle bir dereceye geldik ki tüm dünya tek kolektif ve bir toplum kabul edilmektedir. Yani, dünyadaki her birey yaşamının özünü ve geçimini dünyadaki tüm insanlardan sağladığından; tüm dünyaya hizmet etmeye ve tüm dünyanın iyiliğini düşünmeye mecbur edilir.

Yukarıda bireyin kolektife bağlılığının tümüyle bir makinedeki küçük bir çark gibi olduğunu açıkladık. Kişi, hayatını ve mutluluğunu kolektiften sağlar; dolayısıyla kolektifin iyiliği ile kişinin kendi iyiliği, bir ve aynı şeylerdir ve bunun tersi de geçerlidir. Bu yüzden, kişi kendisine esir olduğu ölçüde zorunlu olarak kolektife esir olmuş olur.

Peki, bu kolektifin ölçüsü nedir? Bu, bireyin onlardan sağladığının ölçüsü ile belirlenir. Örneğin; tarihsel zamanlarda ölçü bir ailenin ölçüsüydü yani bireyin sadece kendi aile bireylerinden yardıma ihtiyacı vardı. O dönemde kişi, sadece ailesine bağlı olmak zorundaydı.

Daha sonraki zamanlarda, aileler kasabalara ve şehirlere toplandı ve birey kasabasına esir oldu. Sonra, kasabalar ve şehirler eyaletler olarak birleştiğinde birey yaşamının mutluluğu için hemşehrileri tarafından desteklendi. Böylece, kişi ülkesindeki tüm insanlara esir oldu. Dolayısıyla; bizim neslimizde birey mutluluğu için dünyadaki tüm ülkeler tarafından desteklendiğinde, aynı ölçüde bireyin de tüm dünyaya esir olması bir gerekliliktir, tıpkı makinede işleyen bir çark gibi…

Dolayısıyla; bir bölgede iyi, mutlu ve barışçıl işler yapma imkânı dünyadaki tüm diğer ülkelerde böyle değilse hayal edilemez ve bu durumun tersi de söz konusudur. Bizim zamanımızda, ülkeler yaşamsal ihtiyaçların sağlanması için birbirlerine bağlıdırlar, daha erken dönemlerde bireylerin ailelere bağlı oldukları gibi… Bu yüzden, artık sadece bir ülke veya bir ulusun iyiliğini garanti edecek işlerden bahsedip, bunlarla ilgilenmek yeterli değildir; ancak tüm dünyanın iyiliği ile ilgilenebiliriz. Çünkü dünyadaki her bireyin menfaati veya zarar görmesi, dünyadaki tüm insanların menfaatine bağlıdır ve bununla ölçülür.

Aslında bu; bilinip hissedilmesine rağmen dünyadaki insanlar bunu hâlâ doğru dürüst kavramış değiller. Peki neden? Çünkü doğadaki gelişimin işleyişi bu şekildedir, yani hareket anlayıştan önce gelir ve sadece hareketler insanlığa gösterecek ve ileri doğru itecek.

Pratik Yaşamda Dört Nitelik Birbiriyle Çelişir

Biz, çaresiz insanların; bizleri yolumuzda rahatsız eden ve yukarıda bahsedilen uygulanabilir zorluklara ek olarak daha da fazla kafa karışıklığı ve psikolojik eğilimlerimiz var. Her birimiz bireysel olarak içimizde eşsiz ve birbiriyle çelişen niteliklere sahibiz. İster gelişim ister yetiştirme yoluyla olsun, insanların doğasında bölünmüş olarak yer alan yukarıdaki dört nitelik -merhamet, doğruluk, adalet ve barış- kendi içlerinde birbirleriyle çelişkilidir. Örneğin; merhamet niteliğini soyut formunda ele aldığımızda, bunun yönetiminin tüm diğer niteliklerle çeliştiğini görürüz. Merhametin hükmünün yasaları ile dünyamızdaki diğer niteliklerin ortaya çıkacağı hiçbir yer yoktur.

Merhamet niteliği nedir? Bilgelerimiz şöyle açıklıyorlar, "Benim olan senindir ve senin olan da senindir." -Merhamet . Eğer dünyadaki tüm insanlar bu merhamet niteliğiyle davranışlarını şekillendirseydi bu, doğruluk ve adalet niteliğinin tüm mükemmelliğini iptal ederdi; çünkü her birey doğal olarak sahip olduğu her şeyi başkalarına vermeyi ve onlardan hiçbir şey almamayı arzuladığında birbirine yalan söylemeye olan tüm ilgi ortadan kalkardı. Ayrıca, doğruluk niteliğini tartışmak da yersiz olurdu, zira doğruluk ve yalancılık birbiriyle görecelidir. Eğer dünyada sahtecilik olmasaydı doğruluk kavramı da olmazdı. Fazla söze gerek yok; doğruluk niteliğini sadece zayıflığından dolayı güçlendirmek için gelen tüm diğer nitelikler iptal olurdu.

MANEVİ EDİNİM ZAMANI

Doğruluk şu sözlerle tanımlanır: "Benim olan benimdir ve senin olan senindir." Bu, merhamet niteliğiyle çelişir ve hiçbir şekilde bu niteliğe müsamaha edemez, zira gerçekte bir başkası için çalışmak ve kendini zorlamak âdil değildir; çünkü bu, dostu başarısızlığa uğratmakla birlikte onu başkalarını kötüye kullanmaya da alıştırır. Doğru, her insanın ihtiyaç süresi boyunca kendi varlıklarına değer vermesini gerektirir ki kişi, dostuna yük olmak zorunda kalmasın.

Dahası, aslında dostlarından daha önce gelmesi gereken akrabaları ve varisleri olmayan tek kişi bile yoktur; çünkü doğa öyle emretmiştir ki varlığını başkalarına veren kişi akrabalarına ve varislerine hiçbir şey bırakmayarak onlara yalan söyler.

Barış, aynı zamanda adalet ile de çatışır; çünkü toplumda barış yapmak için enerji ve bilgilerine yatırım yapan uyanık ve zeki olanlara içeriği ile zengin olma ve saf ve ihmalkârlara da fakir olma sözü veren koşullar olması gerekir. Bu yüzden; daha enerjik olan, kendi payını ve ihmalkâr olan dostunun payını alır ve öyle iyi bir yaşam sürer ki ihmalkâr ve saf olanlara, sadece zorunlu yaşamlarını sağlamak için bile yeterli şey kalmaz. Bu nedenle, onlar tümüyle çıplak ve pek çok yönden mahrum kalırlar.

Elbette ihmalkâr ve saf olanları hiçbir kötülük için bu kadar sert cezalandırmak âdil değil; zira onların günahı nedir, o biçare insanların suçu nedir, eğer İlahi Takdir onlara beceri ve zekâ vermediyse ölümden daha beter ıstıraplarla cezalandırılmaları mı gerekir?

Dolayısıyla, barış koşullarında adalet gibi bir şey yoktur. Barış adaletle çelişir ve adalet barışla çelişir. Çünkü eğer mal, mülkün âdil paylaşımını emredersek, yani ihmalkâr ve saf olanlara açıkgöz ve enerjik olanların sahip olduklarının önemli bir kısmı verirsek o zaman bu güçlü ve girişimci insanlar elbette büyük olanları, enerjik olanları köle yapan hükümeti devirmeden rahat etmeyeceklerdir. Bu yüzden, kolektifin barışı için ümit yoktur. Dolayısıyla, adalet barış ile çelişir.

Egoizmdeki Bireysellik Yıkım ve Yok Oluşa Neden Olur

Böylece niteliklerimizin nasıl çarpıştığını ve birbiriyle savaştığını görüyorsunuz; ancak her kişinin içinde bu dört nitelik, kişiye aynı anda veya teker teker egemen olur ve kişinin içinde savaşır ta ki sağduyu artık bu nitelikleri organize edemez ve hiçbir şekilde tümüyle yola getiremez hale gelene kadar...

Gerçek şu ki içimizdeki tüm bu düzensizliğin kökü her birimizin içinde daha az ya da daha çok var olan bireysellik niteliğinden başka bir şey değildir.

Bireyselliğin yüce bir nedenden geldiğini, bu niteliğin bize doğrudan dünyada tek ve tüm yaratılışın Kökü olan Yaradan'dan geldiğini açıklığa kavuşturmamıza rağmen; yine de dar egoizmimizin içine oturan bu bireysellik hissiyatı yıkım ve yok oluşu etkiler, ta ki geçmişte ve gelecekte dünyadaki tüm yıkımların kaynağı olana dek...

Gerçekten de dünyada bu bireysellik hissiyatından özgür tek bir kişi yoktur ve tüm farklılıklar sadece bunun kullanım şeklindedir -kalbin arzuları için, yönetmek için, ya da saygı için- ve insanları birbirinden ayıran şey de budur.

Ancak dünyadaki tüm insanların eşit tarafı, her birimizin kendi kişisel menfaatlerimiz için mümkün olan her yol ile tüm insanları istismar etmeye ve kötüye kullanmaya hazır olduğumuzdur; üstelik kişinin kendisini dostunun yıkımı üzerine inşa ettiğini hiç dikkate almadan. Kişinin seçtiği doğrultuya göre her birimizin, kendimize ne kadar müsaade ettiğinin bir önemi yoktur; zira arzu aklın köküdür, akıl arzunun değil. Aslında, insan ne kadar daha yüce ve mükemmel ise bireysellik niteliği de tam olarak o kadar yüce ve mükemmeldir.

Bireyselliğin Doğasını, Kolektifte ve Bireyde Evrimin Konusu Olarak Kullanmak

Şimdi, dünya barışının ortaya çıkışı zamanında insanlık tarafından sonunda kabul edilecek olan doğrudan koşulları anlamaya çalışacağız ve bu koşulların bireye ve kolektife mutlu bir yaşam sağlama konusunda nasıl faydalı olduğunu ve insanoğlunun bu özel koşulların sonunda kendilerine yüklenme arzusunu öğreneceğiz.

Her insanın kalbinde bulunan ve tüm dünyayı kendi hazzı için yutmak isteyen bireysellik konusuna geri dönelim. Bunun kökü doğrudan Yaradan'dan insanlara uzanır, bunlar O'nun dallarıdır. Burada cevaplandırılması gereken bir soru vardır: "Nasıl olur da böyle bozuk bir form, dünyadaki tüm yıkım ve zararın babası olacak şekilde içimizde ortaya çıkacak? Nasıl olur da her inşanın kaynağından her yok oluşun kaynağı çıkmış olabilir?" Böyle bir soruyu cevapsız bırakamayız.

Aslında, yukarıda bahsedilen bireysellikte madalyonun iki yüzü vardır. Eğer madalyonun üst tarafından, eşsiz olan ile form eşitliği tarafından incelersek sadece başkalarına ihsan etme formunda çalışır. Zira Yaradan tümüyle ihsan edendir ve alma formundan hiçbir şeye sahip değildir; çünkü O'nun hiçbir eksikliği yoktur ve yaratmış olduğu varlıklardan hiçbir şey almaya gereksinimi yoktur. Bu yüzden, O'ndan bize uzanan bireysellik de kendimiz için hiçbir şey almadan sadece başkalarına ihsan etme formunda hareket etmelidir.

Madalyonun diğer tarafında, yani bireyselliğin içimizde fiilen nasıl çalıştığıyla ilgili olarak tümüyle zıt yönde işlediğini görüyoruz; çünkü sadece kişinin kendisi için alma formlarında işliyor. Örneğin; dünyadaki en önemli ve zengin adam olma arzusu gibi… Bu yüzden yukarıdaki madalyonun iki yüzü birbirinden doğu ile batı gibi ayrıdır.

Bu bize sorumuzun cevabını verir: "Dünyada eşsiz olan O'ndan kaynaklanan ve bize gelen, her yapının kaynağı olanın; aynı bireyselliğin içinde, içimizde her yıkımın kaynağı olarak işlev görmesi nasıl mümkün olur?" Bunun bize gelme sebebi, kendimiz için almak olan o değerli aracı ters yönde kullanmamızdandır. İçimizdeki bireyselliğin asla ihsan etme formunda hareket etmeyeceğini söylemiyorum; çünkü aramızda bireyselliği başkalarına ihsan etme formunda işleyen insanlar olduğunu da inkâr edemezsiniz, mesela ortak iyilik için tüm parasını kullananlar ve tüm çabalarını ortak iyiliğe adayanlar gibi...

Ancak, detaylarını verdiğim madalyonun o iki yüzü hiçlikte başlayan ve gelişim derecelerini, önceden belirlenmiş mükemmellik ölçüsü olan zirveye ulaşana dek bir dereceden bir sonraki üst dereceye ve oradan da yine bir sonraki üst dereceye zaman içinde tırmanan ve her şeyi bütünlüğe getiren yaratılışın gelişiminin sadece iki noktasından bahsetmektedir ve orada sonsuza dek kalacaktır.

Bu iki noktanın gelişim sırası şöyledir: 1) Başlangıç noktası; tümüyle hiçliğe yakın olan en alt derece... Bu, madalyonun ikinci yüzü olarak tarif edilir. 2) Kaldığı ve sonsuza dek var olduğu zirve... Bu da madalyonun ilk yüzünde tarif edilir.

Ancak içinde bulunduğumuz dönem; zaten büyük ölçüde gelişti ve zaten pek çok sayıda dereceye yükseldi. Hali hazırda yukarıda bahsedilen ikinci yüz olan en alt safhasının üzerine yükselmiş ve önemli ölçüde ilk yüze yakınlaşmıştır.

Dolayısıyla, aramızda bireyselliğini başkalarına ihsan etme formunda kullanan insanlar zaten var. Ancak bunların sayıları azdır; çünkü hâlâ gelişim yolunun ortalarındayız. Derecelerin en üst noktasına geldiğimizde hepimiz bireyselliğimizi başkalarına ihsan etme formunda kullanıyor olacağız ve hiç kimsenin bireyselliğini kişisel alma formunda kullanacağı bir durum asla olmayacak.

Bu sözlerle, son nesildeki yaşamın koşullarını -tüm insanlığın ilk yüzün seviyesini gerçekleştirdiği ve bireyselliğini hiçbir şekilde kişisel alma formunda değil, sadece başkalarına ihsan etme formunda kullandığı- dünya barışı dönemini inceleme fırsatını buluyoruz. Burada, yukarıda bahsedilen yaşam formunu kopyalamak iyi olur. Böylece bize bir ders olarak ve yaşamlarımızın dalga seli altında akıllarımızı yatıştırmakta bir rol modeli olarak hizmet eder. Belki de bunu yapmaya değer ve üst yaşam formuna benzemeyi denemek bizim neslimizde mümkün olur.

Son Nesildeki Yaşam Koşulu

Öncelikle, herkes ülkenin refahı ve dünyanın refahı olan toplumun refahının tümüyle birbirine bağlı olduğunu derinlemesine anlamalı ve çevresine açıklamalıdır. Toplumun yasaları ülkedeki her birey için tatminkâr olmadığı ve ülkenin hükümetinden hoşnutsuz bir azınlık bıraktığı sürece, bu azınlık ülkenin hükümetine karşı birlik olur ve onu devirmeye çalışır.

Eğer azınlığın gücü ülkenin hükümeti ile yüz yüze mücadele etmeye yeterli değilse onu dolaylı yoldan indirmek isteyecektir. Mesela, ülkeleri birbirine karşı kışkırtarak savaşa getirmek gibi... Çünkü savaş zamanında hoşnut olmayan çok daha fazla insan olur ki bunlarla ülkenin hükümetini indirecek kritik kitleyi gerçekleştirme ve kendileri için uygun yeni yönetimi oluşturma ümitleri olur. Bu yüzden, bireyin barışı ülkenin barışı için doğrudan bir nedendir.

Dahası, ülkenin her zaman sahip olduğu, savaş konusunda uzmanlaşmış ve bu konuda bilgi ve mühimmat sağlayan kısmı; sosyal nitelik bakımından ele alındığında her zaman çok küçük bir azınlıktır. Üstüne bir de bu azınlığı mevcut kurallardan memnun olmayan azınlığa eklersek her an savaş ve kan dökmeyi arzulayan çok büyük bir insan kitlesi olur.

Dolayısıyla, dünyanın barışı ve ülkenin barışı birbirine bağlıdır. Bu yüzden, ülkenin o akıllı ve açıkgöz, hâlen hayatından hoşnut kesiminin bile onları yerlerinden indirmeye çalışanların yarattığı gerginlikten dolayı hayatlarının güvenliğiyle ilgili endişe edecek çok şeyleri var. Eğer, barışın değerini anlasalardı son neslin yaşamının işleyişini benimsemekten mutlu olurlardı. Zira şöyle söylenir: "İnsan sahip olduğu her şeyi hayatı için verecek."

Kendin İçin Almada Izdırap Hazza Karşıdır

Bu yüzden, yukarıdaki planı inceleyip derinlemesine kavradığımızda yaşadığımız tüm zorluğun doğamızı, kendimiz için alma arzusundan başkalarına ihsan etme arzusuna dönüştürmekte yattığını görürüz; zira bu iki şey birbirini inkâr eder. İlk bakışta, bahsettiğimiz plan hayali ve insan doğasının üstünde bir şey gibi görünür. Ancak buna derinlemesine eğilirsek kişinin kendisi için almak ile başkalarına ihsan etmenin zıtlığı, psikolojik bir konudan başka bir şey değildir; çünkü aslında kendi menfaatimize olmadan başkalarına ihsan ediyoruz. Bunun böyle olmasının nedeni kendin için almanın, içimizde birkaç şekilde ortaya çıkmasıdır. Mesela, mal mülk, kalbin, gözün hazzı için dünya malı vs. gibi... Bunların tümü tek bir isimle tanımlanır; haz. Bu nedenle, bir kişinin kendisi için almasının tam olarak özü, haz arzusundan başka bir şey değildir.

Bir düşünün; eğer kişinin hayatının yetmiş yılı boyunca tüm hazlarını toplayıp bir kenara ve kişinin hissettiği tüm ızdırap ve üzüntüyü toplayıp diğer bir tarafa koyacak olsaydık, eğer sonucu görebilseydik hiç doğmamış olmayı tercih ederdik. Eğer durum böyle ise o zaman kişinin yaşamı boyunca elde ettiği nedir? Eğer kişinin yaşamı boyunca yüzde yirmi haz ve yüzde seksen ızdırap elde ettiğini varsayarsak, sonra bunları birbirinin karşısına koyarsak yüzde altmış ızdırap hâlâ ödüllendirilmemiş olarak kalır.

Ancak bunun tümü kişisel bir hesaptır, tıpkı kişinin kendisi için çalıştığında yaptığı gibi... Ancak, dünya çapında bir hesaplama yapacak olursak birey kendi arzu ve sürekliliği için gerekli olandan daha fazlasını üretir. Dolayısıyla; eğer yön, kişinin kendi için almaktan ihsan etmeye dönecek olursa kişi fazla ızdırap hissetmeden ürettiği üründen haz alacaktır.

MANEVİ EDİNİM ZAMANI

KABALA İLMİ ve FELSEFE

Maneviyat Nedir?

Felsefe; maneviyatın, fizikselliğin ürünü olduğunu ve ruhun, bedeni yarattığını kanıtlamak için çok uğraştı. Onların sözleri hâlâ hiçbir şekilde kalp tarafından kabul edilemez. İlk hataları, maneviyatı yalan yanlış algılamalarıdır: Onlar maneviyatın fizikselliği yarattığına karar verdiler ki bu elbette uydurmadır.

Her ebeveyn bir şekilde kendi nesline benzer. Bu ilişki, ebeveynin devamının uzandığı yol ve rotadır. İlaveten; her işlemci (eylemi yapan), eylemi ile irtibata geçeceği bir ilişki noktasına sahip olmalıdır. Zira söylediğinize göre; maneviyat herhangi bir fiziksel olaydan reddedilmektedir, o zaman böyle bir yol ya da manevi kişinin ilişki kurabileceği ve bir şekilde harekete geçirebileceği bir ilişki mevcut değildir.

Bununla beraber, "maneviyat" kelimesinin anlamını kavramanın felsefeyle bir ilgisi yoktur. Bunun nedeni şudur; maneviyatı çalışanlar asla görmedikleri ya da hissetmedikleri bir şeyi nasıl tartışabilirler ki? İlkeleri neye dayanmaktadır?

Eğer maneviyatı fizikselliten ayırabilen herhangi bir tanım varsa bu, sadece manevi bir şeyi edinmiş ya da hissetmiş kişilere aittir. Bunlar gerçek Kabalistlerdir; bu yüzden ihtiyacımız olan şey Kabala ilmidir.

"O'nun Özü"ne İlişkin Felsefe

Felsefe; kendisini O'nun Özü ile ilişkilendirmeye ve hangi kuralların O'na uymadığını ispatlamaya bayılır. Ancak, Kabala'nın bunlarla bir ilgisi yoktur; çünkü edinilemeyen ve algılanamayan bir şey nasıl tanımlanabilir ki? Aslında negatif bir tanım, pozitif bir tanım kadar geçerlidir. Zira bir nesneyi uzaktan gördüğünüzde ve onun negatifliklerini, yani onun olmadığı şeyleri de tanıdığınızda, bu durum da görme ve bir dereceye kadar tanıma olarak kabul edilir. Eğer bir nesne gerçekten gözden uzak ise onun negatif özellikleri de belirgin değildir.

Örneğin; uzaktan siyah bir görüntü algılar, ancak insan mı kuş mu olduğunu yine de belirleyemezsek bu görüntü olarak kabul edilir. Eğer daha da uzak ise onun bir insan olmadığını da belirleyemezdik.

Onların şaşkınlığının ve geçersizliğinin başlangıcı budur. Felsefe; "O'nun Özü"yle ilgili tüm negatiflikleri anlamakla gurur duyar. Ancak Kabala bilgeleri bu noktada bir şey söylemez ve O'na basit bir isim bile vermezler, zira edinmediğimiz şeyi bir isim ya da sözcük ile tanımlamayız. Bunun nedeni bir sözcüğün bir takım dereceleri belirtmesindendir. Bununla beraber, Kabalistler O'nun realitedeki yansımasından bir hayli bahsederler ki bu da somut edinimler kadar geçerli olan ve gerçekten edindikleri yansımalardır.

Maneviyat Bedensiz Bir Güçtür

Bu, Kabalistlerin "maneviyat" olarak tanımladıkları ve bahsettikleri şeydir. Resmi, yeri, zamanı ya da her hangi bir fiziksel değeri yoktur. (Bana göre felsefe genellikle kendisine ait olmayan bir giysi giymiştir, zira Kabala ilminden tanımlar çalmış ve insan aklıyla ayrıntılar yaratmıştır. Böyle olmasaydı asla bu tarz bir kavrayış üretmeyi düşünemezlerdi.) Ancak bu sadece potansiyel bir güçtür; yani sıradan, dünyevi bir bedene bürünmüş bir güç değil, bedensiz bir güçtür.

Manevi Bir Kap "Güç" Olarak Adlandırılır

Maneviyatın bahsettiği gücün, manevi Işık'ın kendisi olmadığına dikkat çekmenin yeri burasıdır. O manevi Işık doğrudan O'nun özünden uzanır ve dolayısıyla O'nun özü ile aynıdır. Bu, bizim manevi Işık'ta hiçbir algımız ya da edinimimiz olmadığı anlamına gelir. "Işık" ismi bile ödünç alınmıştır ve gerçek değildir. Bu yüzden, bedensiz "Güç" isminin özellikle "manevi kap"tan bahsettiğini bilmemiz lazım.

Işıklar ve Kaplar

Dolayısıyla, iç görüleriyle tüm ilmi dolduran Kabala bilgelerinin çeşitli Işıklar arasında nasıl ayrım yaptıklarını araştırmamalıyız. Bunun nedeni, bu gözlemler Işıkların kendilerine göre değil, Işıkla karşılaşmak yoluyla etkilenen yukarıda bahsetmiş olduğumuz güç olan kabın izlenimlerine göredir.

Işıklar ve Kaplar (kelimelerin anlamları)

Hediye ile onun yarattığı sevginin arasındaki çizginin çizilmesi gerektiği yer burasıdır. Işıklar, yani edinilebilen, kaplar üzerindeki izlenimler "form ve madde birlikte" olarak adlandırılır. İzlenim formdur ve yukarıdaki güç ise maddedir.

Ancak yaratılan sevgi "maddesi olmayan form" olarak kabul edilir. Bu, sanki hiçbir hediyeyi örtmemiş gibi sevgiyi hediyenin kendisinden ayırırsak ancak sadece "Yaradan sevgisi" soyut isminde, o zaman form olarak kabul edildiği anlamına gelir. Bu durumda bunu uygulamak "Pratik Kabala" olarak görülür. Ancak, yine de Pratik Felsefe'ye hiçbir benzerlik olmaksızın gerçek olarak görülür, zira bu sevginin ruhu hediyeden tümüyle ayrılmış, Işığın kendisi olarak edinimde kalır.

Kabala'da Madde ve Form

Bunun nedeni şudur; bu sevgi sadece hediyenin bir sonucu olmasına rağmen yine de hediyenin kendisinden çok daha önemlidir. Bu; sanki büyük bir kralın birine önemsiz bir hediye vermesi gibidir. Hediye değersiz olmasına rağmen, sevgi ve kralın ilgisi onu paha biçilmez ve değerli kılar. Bu yüzden Işık ve hediye, maddeden tümüyle ayrıdır; bir bakıma hediyenin kalpten görünürde unutulmuş olsa da çaba ve ayrımın edinimde sadece sevgi ile oyulmuş olarak kalması gibi. Dolayısıyla, ilmin bu tarafı "Kabala'nın Pratik İlmi" olarak adlandırılır. Aslında bu kısım, ilmin en önemli kısmıdır.

ABYA

Bu sevgi aşağı yukarı insan sevgisine benzeyen dört kısımdan oluşur: hediyeyi ilk aldığımızda, hâlâ hediyeyi verene bizi seven olarak bakmıyoruz; hele ki bu durum hediyeyi veren önemli ve alan da ona eşit değilse daha da barizdir.

Bununla beraber, tekrarlanan verme ve ısrar en önemli insanı bile gerçek, eşit sevgili gibi gösterir. Bunun nedeni, sevgi yasasının büyük ve küçük arasında geçerli olmamasıdır; zira iki gerçek sevgili eşit hissetmelidir.

Bu yüzden, burada sevginin dört derecesini ölçebilirsiniz. Bu duruma Asiya denir, hediyelerin verilmesinin tekrarına Yetzira ve sevginin kendisinin ortaya çıkışına Beria denir.

Kabala'nın Pratik İlmi'nin çalışılmasının başladığı yer burasıdır; zira sevgi bu derecede hediyelerden ayrılır. "…ve karanlığı yarat." sözlerinin anlamı budur, yani Işık Yetzira'dan ayrılmıştır ve sevgi ve Işık olmaksızın, hediyesiz kalır.

Sonra Atzilut gelir. Formu maddeden tümüyle ayırıp tattığında, "…ve karanlığı yarat." sözlerinde olduğu gibi, formun maddeyi bir kez daha kıyafetlendirdiği, yani Işık ve sevgi birlikte, Atzilut derecesine yükselmeye layık olur.

Ruhun Kökeni

Manevi her şey bedenden ayrı bir güç gibi algılanır; çünkü fiziksel bir görüntüsü yoktur. Tam olarak da bu yüzden fizksellikten münferit ve tümüyle ayrı kalır. Böyle bir koşulda, fizksellik ile temas kurabileceği bir ilişkisi yok iken, fiziksel bir şeyi yaratmak bir yana fiziksel herhangi bir şeyi nasıl harekete geçirebilir?

Asidik Unsur

Ancak gerçek şu ki gücün kendisi de gerçek bir madde kabul edilir; tıpkı somut dünyadaki her hangi bir fiziksel madde gibi ve insan duyularının algılayabileceği bir görüntü olmaması gerçeği "güç" olan maddenin değerini düşürmez.

MANEVİ EDİNİM ZAMANI

Bir miktar havayı örnek alın: İçerisinde pek çok maddeyi barındırır. Ancak başka hiçbir madde ile karıştırılmamış, saf oksijen dolu bir şişe alırsanız şişeyi sanki tümüyle boşmuş gibi görürsünüz. Oksijenle ilgili hiçbir şey fark edemezsiniz; tamamen hava gibi soyut ve gözle görülmez olacaktır.

Eğer kapağı açar ve koklarsak koku keşfedemeyeceğiz; tadına bakarsak tat bulamayacağız ve eğer tattığımızda ise boş bir şişeden fazlası olmayacak. Aynı şey tatsız ve kokusuz olan hidrojen için de geçerlidir.

Bununla beraber, bu iki elementi bir araya getirdiğimizde anında sıvıya – tadı ve ağırlığı olan suyuna dönüşeceklerdir. Eğer suyu çimento ile karıştırırsak anında çimento ile tepkimeye girer ve birlikte katı bir form alırlar.

Bu yüzden, içinde somut algı olmayan oksijen ve hidrojen elementleri katı bir form alırlar. Dolayısıyla sırf duyularımız onları algılayacak şekilde düzenlenmediler diye doğal güçlerin fiziksel bir madde olmadıklarına nasıl karar verebiliriz? Dahası, dünyamızdaki somut maddelerin çoğunun öncelikle insan duyularının algılayıp hissedemediği oksijen elementinden oluştuğunu biliyoruz!

Dahası, somut realitede bile somut dünyamızda canlı biçimde algıladığımız katı ve sıvı belli bir derecede hava ve dumana dönüşebilir. Benzer şekilde buhar da sıcaklık düştüğünde katıya dönüşebilir; yani çevremizdeki her madde, uygun koşullarda fiziksel ve kimyasal bir dönüşüm içerisinde.

Bu durumda şunu merak etmeliyiz, kişi sahip olmadığı şeyi nasıl verebilir? Açıkça görüyoruz ki tüm somut görüntüler başlı başına soyut elementlerden gelirler ve kendi başlarına madde olarak var olmazlar. Benzer şekilde, maddeleri tanımlamak için bildiğimiz ve kullandığımız tüm imajlar tutarsız ve kendi başlarına var olmamaktadırlar. Tersine, bunlar formları sadece artan ya da düşen sıcaklık gibi koşulların etkisi altında kıyafetlendiriyor ya da soyuyor.

Maddenin öncelikli parçası onun içindeki "güç"tür ki henüz onları moleküllerde yaptığımız gibi parçalarına ayıramıyoruz. Belki gelecekte, bunların da arı formların keşfedilirler, tıpkı elementleri yakın zamanda keşfettiğimiz gibi.

Maneviyatta ve Fizisellikte Eşit Güç

Tek kelimeyle: maddelere atfettiğimiz tüm isimler tamamıyla uydurmadır, yani beş duyumuzdaki somut algımızdan kaynaklanmaktadır. Kendi başlarına mevcut değillerdir. Diğer taraftan, güce onu maddeden ayıran herhangi bir tanım atfettiğimizde bu da uydurmadır. Bilim en üst gelişimine ulaştığında bile yine de sadece somut realiteyi dikkate almalıyız. Bu, "Herhangi bir maddesel işlemde işlemin kendisi gibi, kendisi de madde olan işlemcisini görüp hissetmeliyiz." anlamına gelir. Yani eylemin kendisi ve eylemi yapan arasında bir ilişki vardır; aksi takdirde eylem gerçekleşmezdi.

İşlemciyi işlemden ayırma hatasının, manevi aksiyonun fiziksel işlemi etkilediğini ispatlamakta ısrar eden Pratik Felsefe'den geldiğini bilmemiz lazım. Bu, yukarıdaki gibi gerçekten sapmış çıkarımlarda bulunmayla sonuçlandı ki Kabala'nın buna ihtiyacı yoktur.

Üst Derecelerde Beden ve Ruh

Bu konuda Kabala'nın görüşü her türlü felsefi karışımı dışarıda bırakacak şekilde son derece açıktır. Bunun nedeni Kabalistlerin aklında, felsefenin her hangi bir fizikselliğe sahip olduğunu inkâr ettiği ve aslında manevi, daha yüce ve soyut olmalarına rağmen tümüyle kavramsal unsurlar olarak sergilediği manevi, ayrık, kavramsal varlıklar bile tıpkı fiziksel insan gibi beden ve ruhtan oluşmuştur.

Dolayısıyla, ikisinin ödülü nasıl kazanacağını merak etmenize ve bunların çok karışık olduğunu söylemenize gerek yok. Dahası, felsefe karmaşık olan her şeyin sonunda parçalanacağına ve yok olacağına yani öleceğine inanır. Bu yüzden, kişi bunların karmaşık ve ebedi olduğunu nasıl iddia edebilir?

Işıklar ve Kaplar

Aslında, onların düşünceleri bizim düşüncelerimiz değildir. Zira Kabala bilgelerinin yolu; edinimin akılla düşünerek hükümsüz kılmayı imkânsız yapan, asıl ispatı bulmaktır. Ancak, bu konuları herkesin anlaması için açık hale getirmeme izin verin.

Öncelikle, Işıklar ve kaplar arasındaki farkın Eyn Sof'dan (Sonu olmayan) doğan ilk varlıkta anında yaratıldığını bilmelisiniz. Doğal olarak, ilk varlık da en bütün ve ondan sonra gelen her şeyden en arı olandır. Bu varlığın hoşluğunu ve bütünlüğünü ona her memnuniyetliği ve hazzı bahşetmek isteyen, O'nun özünden aldığı kesindir.

Hazzın ölçüsünün aslında alma arzusu olduğu biliniyor. Bunun nedeni en çok almak istediğimiz şeyin en çok haz veren olarak hissedilmesidir. Bu sebeple bu ilk varlıkta iki gözlemin farkına varmalıyız: Öz'ü alan "alma arzusu" ve alınan Öz'ün kendisi.

Ayrıca şunu da bilmeliyiz ki, alma arzusu varlığın "bedeni" olarak algıladığımız şeydir; yani O'nun iyiliğini alma kabı olan alma arzusunun başlangıçtaki özü. İkincisi ise O'nun Işığı olan, alınan iyiliğin özüdür ki bu yaratılan varlığa ebediyen uzanır.

Bundan, kalbin idrak edebileceği en yüce manevi varlıkta bile birbirini kıyafetlendiren iki izlenimin ayrımına varmak zorunda olduğumuz sonucu çıkar. Bu, ayrı varlıkların karmaşık unsurlar olmadığını uyduran felsefenin görüşüne terstir. Yaratılan varlıkta zorunlu olarak var olan "alma arzusunun" (ki bu olmasa haz yerine zorlama olurdu ve haz hissi olmazdı) O'nun Özü'nde bulunmaması gerekir. "Yaratılan varlık" isminin nedeni budur, zira artık O'nun özü değildir, zira O kimden alabilir ki?

Bununla beraber, yaratılan varlığın aldığı bolluk ister istemez O'nun özünün bir parçasıdır; çünkü burada her hangi bir yeniliğe gerek yoktur. Bu yüzden, meydana getirilmiş beden ile O'nun özü kabul edilen, alınan bolluk arasında büyük fark görüyoruz.

MANEVİ EDİNİM ZAMANI

Manevi Bir Varlık Nasıl Fiziksel Bir Varlık Yaratabilir?

Manevi varlığın her hangi bir fiziksel şeyi nasıl yaratabileceğini anlamak görünüşte zordur. Bu soru çok eski zamanlardan beri çözüme ulaştırma girişimleri fazlaca mürekkep tüketmiş felsefi bir sorudur.

Gerçek şu ki bu soru sadece kişi onların öğretilerini izlerse zor bir sorudur. Bunun nedeni, onların maneviyatın formunu fiziksel hiçbir şeyle bağı olmaksızın göstermeleridir. Bu, zor bir soruyu türetir: Manevi bir şey nasıl fiziksel bir şeyi yaratabilir ya da neden olabilir?

Ancak Kabala bilgelerinin görüşü bunun hiç de zor olmadığıdır, çünkü onların ifadeleri filozoflarınkine tamamen terstir. Kabala bilgeleri her hangi bir manevi niteliğin fiziksel nitelik ile göldeki iki damla gibi eşitlendiğini savunurlar. Bu nedenle, ilişkiler son derece benzemektedir ve aralarında madde hariç ayrılık yoktur: Manevi varlık, manevi maddeden oluşmuştur ve fiziksel varlık fiziksel maddeden oluşmuştur.

Bununla beraber, manevi maddelerdeki tüm nitelikler fiziksel maddelerde de bulunmaktadır, "Kabala İlminin Özü" makalesinde açıklandığı gibi.

Eski felsefe benim açıklamamın önünde üç görüş sunar: İlki onların insan zekâsının gücünün ebedi ruh, insanın özü olduğu kararıdır. İkincisi, bedenin ruhun neticesi olduğu varsayımlarıdır. Üçüncüsü, manevi varlıkların karmaşık değil basit nesneler olduğu deyişleridir.

Materyalist Psikoloji

Onların uydurma varsayımları hakkında tartışmanın yeri burası değildir. Kaldı ki bu tarz görüşlerin destekleyicilerinin dönemi geçti ve onların otoritesi hükümsüz kılındı. Bizler bunun için; kaidesini öncekilerin yıkımı üzerine inşa ederek halkın sempatisini kazanan materyalist psikoloji uzmanlarına da teşekkür etmeliyiz. Şimdi herkes felsefenin geçersizliğini itiraf ediyor, çünkü felsefe somut temeller üzerine oturmamıştır.

Bu eski kuram Kabala bilgelerine atılan bir taş ve ölümcül bir diken haline geldi; çünkü Kabala bilgelerinin önünde boyun eğmeleri ve bilgeler onların gözü önünde maneviyattan küçücük bir şey bile ifşa etmeden önce kaçınma, tedbirlilik, kutsallık ve arınmayı üslenmeleri gereken yerde, onlar pratik felsefeden almak istediklerini kolaylıkla aldılar. Onlar; bir bedel ödemeden, bilgelik kaynağından beslendiler ve bu ilim halkın arasında neredeyse unutulana dek Kabala ilmine dalmaktan kaçındırdılar. Bu nedenle, materyalist felsefeye buna ölümcül bir darbe verdikleri için memnunuz.

Ben Süleyman'ım

Yukarıda yazılanlar bilgelerimizin anlattığı bir hikâyeye benzer: Asmodeus (şeytan) Kral Süleyman'ı (Hz. Süleyman) Kudüs'ten dört yüz parsa (uzunluk birimi; 1 parsa yaklaşık 6,5 km'ye eşittir.) uzağa götürdü ve onu parasız ve yiyeceksiz bıraktı. Sonra, Süleyman kapılarda dilenirken o Hz. Süleyman'ın tahtına oturdu. Her gittiği yerde "Ben Hatip'im!" dedi ancak ona kimse inanmadı ve böylece kasaba kasaba dolaştı ve "Ben Süleyman'ım!" diye iddia etti. Ancak manevi öğretinin bilgeleri geldiğinde onlar şöyle dediler: "Bir aptal 'Bir zamanlar kraldım.' diyerek her zaman aynı yalanı söylemez."

Sanki isim değil de ismin sahibi kişinin özü gibi görünüyor. Dolayısıyla, Süleyman gibi akıllı bir adam gerçekten ismin sahibi ise nasıl tanınmaz? Dahası, ismi yücelten sahibidir ve kişi ilmini gözler önüne sermelidir!

Üç Engel
Bir ismin sahibini tanımamızı engelleyen üç neden vardır:

1. Doğruluğundan dolayı ilim sadece tüm detayları birlikte ifşa olduğunda berrak hale gelir. Bu yüzden, kişi tüm ilmi bilmeden onun bir parçasını görmesi bile mümkün değildir. Dolayısıyla, büyük çaba gösterecek yeterli ön inanca sahip olmak için ilmin doğruluğunun aleniyetine (açıkça görmeye) ihtiyacımız var.

2. Tıpkı şeytan Asmodeus'un Hz. Süleyman'ın kıyafetlerini giymesi ve tahtını devralması gibi felsefe de Kabala'nın tahtına algılaması kolay kavramlarla oturdu; çünkü yalan çabucak kabul edilir. Dolayısıyla, burada iki kat sorun var: ilki, gerçeğin ilmi derindir ve çaba gerektirir, felsefe ise yanlış ve kolayca kavranabilir ve ikincisi, ilim gereksizdir çünkü felsefe gayet doyurucudur.

3. Şeytan'ın Hz. Süleyman'ın deli olduğunu iddia ettiği gibi felsefe de Kabala ile dalga geçer ve reddeder.

Bununla beraber, ilim yüce olduğu sürece halktan yükseltilir ve ayrılır. En akıllı insan olduğundan herkesten de üstündü. Bu yüzden, günler ve yıllar boyunca her gün bu ilmi öğrettiği arkadaşları yani Sanhedrin hariç en iyi bilim insanları onu anlayamadılar. Hz. Süleyman'ı anlayanlar onlardı ve tüm dünyada onun ismini duyurdular.

Bunun nedeni önemsiz bir ilmin beş dakikada algılanabilmesi ve bu yüzden herkes tarafından edinilebilir ve kolaylıkla duyurulabilir olmasıdır. Ancak, ağır bir kavram birkaç saatten önce anlaşılamaz. Hatta bu zekâya bağlı olarak günler ve yıllar sürebilir. Benzer şekilde büyük bilim insanları, nesildeki seçilmiş birkaç kişi tarafından anlaşılır; çünkü derin kavramlar oldukça fazla ön bilgiye dayanır.

Dolayısıyla, insanlar onun isminin sahibi olduğuna inanmadan önce tanınmadığı bir yere sürgün edilen tüm insanların en akıllısının, ilmini tanıtamaması ya da hatta ilminin küçük bir ipucunu gösterememesi hiç şaşırtıcı değildir.

Günümüzde Kabala ilmi için de böyledir; üzerimize gelen sorunlar ve sürgün bizi onu unutmaya getirdi ve eğer ilmi uygulayan insanlar var ise bu, ilmin yararına değil tersine ilme zarar vermektedir, çünkü onu Kabalist bir bilgeden almamışlardır. Dolayısıyla, bu nesilde Hz. Süleyman sürgünde ve "İlim benim ve dinlerin tüm tatları ve Işık benim içimdedir" diyor gibidir.

MANEVİ EDİNİM ZAMANI

Ancak bu kafa karıştırıcıdır; çünkü eğer gerçek bir ilimse tüm diğer ilimler gibi kendisini tanıtamaz mı? Yapamaz. Kral Süleyman'ın kendisini sürgünde bulunduğu yerde bilim insanlarına gösterememesi ve Kudüs'e, çalışan ve Hz. Süleyman'ı bilen ve onun ilminin derinliğine tanıklık eden erdemlilerin yerine gelmesi gerektiği gibi Kabala için de aynı şey söz konusudur: Kabala; çalışmak için yirmi, otuz sene kalplerini sorgulayan büyük bilgeler gerektirir. Sadece o zaman Kabala'ya tanıklık edebilirler.

Hz. Süleyman'ın, Kudüs'e varana dek oymuş gibi davranan Asmodeus'un tahtına oturmasını engelleyemediği gibi Kabala bilgeleri de felsefi teolojiyi gözlemleyip, Plato ve onun Yunan öncülerinin, peygamberlerin öğrencileriyle çalışırken edindikleri ilmin üst kabuğunu çalmalarından şikâyette bulunurlar. Onlar manevi ilimden temel unsurları çalmış ve kendilerinin olmayan bir kıyafet giymişlerdir. Bu güne dek felsefi tanrıbilim hanımına varis olan Kabala'nın tahtında oturmaktadır.

Ve başkaları onların tahtında otururken Kabala bilgelerine kim inanır ki? Bu tıpkı sürgündeyken Hz. Süleyman'a inanılmaması gibidir; çünkü tahtında zebani Asmodeus otururken Hz. Süleyman hâlâ tahtında sanılır ve Hz. Süleyman'la ise gerçeğin ortaya çıkması ümitsizdir çünkü ilim derindir ve kendilerini kalp ve ruhlarıyla adayan inançlılar hariç tanıklık ve deneylerle ifşa edilemez.

Erdemlilerin, Asmodeus'un yalancılığı ortaya çıkmadığı sürece Hz. Süleyman'ı tanımayacağı gibi Kabala da doğası ve gerçekliğini ispatlayamaz ve onun tahtına oturan teolojik felsefenin gereksizliği ve yanlışlığı açık hale gelmeden dünyanın bunu bilmesinde hiçbir ifşa yeterli olmayacaktır.

Dolayısıyla materyalist psikoloji ortaya çıkıp teolojik felsefenin kafasına ölümcül bir darbe indirdiğinde, halk için böyle bir kurtuluş söz konusu değildi. Şimdi Yaradan'ı arayan her kişi Kabala'yı tahtına geri getirmeli ve geçmiş şanını yeniden canlandırmalıdır.

KABALA BİLİMİ

ZOHAR KİTABI'NA GİRİŞ

1. Bu girişte basit görünen konulara açıklık getirmek istiyorum: Herkesin el yordamıyla anlamaya çalıştığı ve açıklığa kavuşturma çabasında bir hayli mürekkep tüketilen konular... Ancak bunlarla ilgili somut ve yeterli bir bilgiye de ulaşamadık. İşte sorular:

    1. Özümüz nedir?

    2. Sadece küçük bağlantıları olduğumuz bu uzun gerçeklik zincirindeki yerimiz nedir?

    3. Kendimizi incelediğimizde olabildiğimiz kadar aşağı ve bozuk olduğumuzu görüyoruz ve bizi Yaradan'ı incelediğimizde en üst seviyede olmaya zorlanıyoruz; zira O'ndan daha övülmeye değer bir şey yok. Çünkü sadece mükemmel işler mükemmel bir ustadan çıkar.

    4. Aklımız O'nun, kıyaslamanın ötesinde, tamamen iyiliksever olduğunu zorunlu kılar. Peki, öyleyse nasıl oldu da tüm yaşamları boyunca bu kadar acı çekip mücadele eden birçok varlık yarattı? İyiliğin işi iyilik yapmak veya en azından zarar vermemek değil mi?

    5. Ebedi, başı ve sonu olmayanın, fâni, ölümlü ve geçici varlıklar üretmesi nasıl mümkün olabilir?

2. Tüm bunları açıklığa kavuşturmak için bazı ön araştırmalar yapmamız lazım. Ve Allah korusun, Yaradan'ın özü, bize yasak olan, hiçbir düşünce ve algımızın bulunmadığı ve dolayısıyla O'nun hiçbir söz ya da düşüncesine sahip olmadığımız konularda değil, araştırmamız sadece ıslah (sevap), O'nun yaptıklarının incelemesi olacak. Kabalistlerin bize yazdıklarındaki gibi; "Yaradan'ı baban gibi bil ve O'na hizmet et." ve birlik şiirinde de yer aldığı gibi; "Sizi yaptıklarınızla biliyoruz."

    Araştırma 1: Yeni bir varlığı nasıl hayal edebiliriz, yaratılmadan önce O'nda var olmayan; çünkü her gözlemciye açık olduğu üzere O'na dâhil olmayan hiçbir şey yoktur? Mantık şöyle söyler, kişi sahip olmadığı şeyi nasıl verebilir?

    Araştırma 2: O'nun yüceliği açısından baktığımızda elbette yokluktan varlık yaratabilir, O'nda olmayan bir şeyi, o zaman şöyle bir soru çıkıyor – O'nda hiçbir şekilde yeri olmadığı belirlenen ancak tamamen yeni olan bu realite nedir?

MANEVİ EDİNİM ZAMANI

Araştırma 3: Bu, Kabalistlerin söyledikleriyle ilgilidir, yani kişinin ruhu yukarıdaki Yaradan'ın bir parçasıdır, öyle ki O ve ruh arasında bir fark yoktur, sadece O "bütün"dür ve ruh "parça"dır ve bunu dağdan kesilmiş bir kayaya benzettiler. Kaya ve dağ arasında bir fark yoktur, sadece dağ "bütün"dür ve kaya "parça"dır. Dolayısıyla şunu sormamız lazım: Kayanın, "parça"nın "bütün"den ayrılığı ile sonuçlanan, bu amaç için yapılmış bir balta tarafından dağdan ayrılmış olması bir şey; fakat bunu yani O'nun özünün bir parçasını, sadece O'nun özünün bir parçası olarak algılanacağı noktaya kadar Yaradan için nasıl hayal edebilirsiniz ki? Kendisinden tamamen ayrı, yani ruh olacak şekilde ayırmasını nasıl hayal edebilirsiniz?

3. Araştırma 4: Sitra Ahra'nın (diğer taraf/ kötü eğilim) at arabası ve Klipot (kabuklar/ egoizm) çok uzakta, O'nun yüceliğinin diğer ucunda, uzaklığın tasavvur edilemeyecek kadar olduğu yerde, O'nun yüceliğinin devamlılığını sağlamak şöyle dursun, O'nun yüceliğinden nasıl çıkartılır ve yapılır?

Araştırma 5: Ölülerin yükselmesi konusu: Beden son derece alçak olduğundan, daha doğumda yok olmaya ve gömülmeye mahkûmdur. Dahası, Zohar şöyle der; "Beden tamamen çürümeden, hala kalıntıları mevcutken, ruh Cennet Bahçesi'ndeki yerine yükselmez." Dolayısıyla ölülerin canlanmasında neden geri dönmeli ve yükselmeli ki? Yaradan, bu olmadan ruhları memnun edemez miydi?

Daha da şaşırtıcı olan bilgelerimizin söyledikleridir; "Ölüler hatalarıyla yükselmeye mahkûmdurlar ki bir diğeriyle karıştırılmasınlar ve ondan sonra Yaradan onların hatalarını iyileştirir." Onların birbirleriyle karıştırılmamaları gerektiğinin Yaradan için neden önemli olduğunu ve bunun için de onların hatalarını neden yeniden yarattığını ve sonra iyileştirdiğini anlamamız lazım.

Araştırma 6: Bilgelerimizin söyledikleriyle ilgili olarak; insan realitenin merkezidir, üst dünyalar ve bu fiziksel dünya ve bu dünyaların içlerindeki her şey sadece insan için yaratılmıştır (Zohar, Tazria, 40), ve insanı dünyanın onun için yaratıldığına inanmaya zorlamıştır. Görünüşte değerleri belli belirsiz olan bu önemsiz insanın; yüksekliği ve yüceliği ölçülemez olan tüm üst dünyalar şöyle dursun, bu dünyanın realitesini anlaması bile çok zordur. Ayrıca insanın tüm bunlara neden ihtiyacı var ki?

4. Bu soruları ve araştırmaları anlamanın tek yolu hareketin sonunu incelemektir, yani yaratılışın amacını. Zira sürecin ortasındayken hiç bir şey anlaşılamaz, sadece sonunda olur. Ayrıca amaçsız bir hareket olmadığı gayet açıktır, zira sadece deli olanlar amaçsız hareket ederler.

Manevi çalışma ve ıslah olmanın yükünü sırtlarından atıp, Yaradan'ın tüm realiteyi yaratıp sonra da bıraktığını, yaratılanların değersizlikleri yüzünden yüce Yaradan'ın onların değersiz uğraşlarını gözetmeye uygun olmadığını söyleyenler olduğunu biliyorum. Gerçekten de bilgisizce konuşmuşlar, çünkü tüm bu bozuk ve iğrenç doğayla bizim kendimizi yarattığımıza karar vermeden aşağılık ve alçaklığımız üzerine yorum yapmak mümkün değildir.

Ancak, tamamen mükemmel olan Yaradan'ın tüm takdire şayan ve aşağılık özelliklerimizle bizi Yaradan ve bedenimizi tasarlayan tek olduğuna karar verirken bilmeliyiz. Elbette ki mükemmel işçinin elinden kusurlu bir hareket asla çıkamaz, zira her hareket onu uygulayanın delilidir. Eğer iyi olmayan bir terzinin elinden çıkmışsa kötü giysinin suçu ne?

Hocalarımızın şu satırlarında gördüğümüz gibi: Çok çirkin bir adamla karşılaşan Kabalist Elazar'ın hikâyesi. Ona şöyle dedi: "Şu adam ne kadar çirkin." Adam cevap verdi: "Git beni yapan zanaatkâra de ki 'Yaptığınız alet ne kadar çirkin.'" Dolayısıyla, aşağılık ve hiçliğimizden dolayı Yaradan'ın bizi gözetmediğini ve bu yüzden bizi bıraktığını iddia edenler cahilliklerini sergilemekten başka hiç bir şey yapmıyorlar.

Tıpkı bizler gibi, tüm hayatı boyunca tamamen ızdırap çekip uğraşsın diye; hatta sadece bu da değil onları sırtından atıp onlarla ilgilenmek ve birazcık da olsa yardım etmek bile istemediği varlıklar Yaradan bir adamla karşılaştığınızı hayal etmeye çalışın. Onu nasıl da aşağılık ve rezil olarak görürdünüz! Yaradan hakkında böyle düşünülebilir mi?

5. Dolayısıyla sağduyu yüzeyde görünenin tersini, gerçekten asil ve değerli, ölçülemeyecek kadar önemli, aslında bizi yapan işçiye layık varlıklar olduğumuzu anlamaya zorlar. Zira bedenlerimizde düşünmek istediğiniz her hata, kendinize sunduğunuz tüm bahanelerin arkasında, bizi ve içimizdeki doğayı Yaradan, çünkü bizi kendimizin değil, O'nun yarattığı gayet açıktır; sadece Yaradan vardır.

Ayrıca Yaradan içimizde yarattığı kötü doğadan ve özelliklerden kaynaklanan her şeyi bilir. Tıpkı söylediğimiz gibi, hareketin sonunu düşünmeliyiz; ancak o zaman her şeyi anlayabiliriz. Şöyle denildiği gibi: "Bir aptala yarım yapılmış bir iş gösterme."

6. Bilgelerimizin dediği gibi, Yaradan dünyayı yarattıklarına haz vermekten başka bir şey için yaratmadı. Aklımızı ve tüm düşüncelerimizi koyacağımız yer burası, zira dünyanın yaratılması hareketinin nihai amacı budur. Aklımızda tutmamız gereken şey; yaratılış düşüncesi yaratılanlara ihsan etmek olduğuna göre, ruhlarda onlara vermeyi düşündüğünü alacak çok büyük bir arzu yaratmak zorundaydı. Zira her bir arzu ve zevkin ölçüsü alma arzusunun ölçüsüne bağlıdır. Alma arzusu ne kadar büyükse haz da o kadar büyüktür ve arzu ne kadar az ise almaktan alınan haz da o kadar azdır.

Dolayısıyla yaratılışın düşüncesinin kendisi; ruhlarda o her şeye gücü yetenin ruhlara ihsan etmeyi düşündüğü hudutsuz hazza uygun, aşırı alma arzusunun yaratılmasını ister istemez zorunlu kılar. Zira büyük haz ve büyük alma arzusu el ele gider.

7. Bunu öğrenir öğrenmez ikinci araştırmayı tüm açıklığı ile anlayabiliriz. Çünkü O'nun özünün olmadığı ve realitenin söyleyebildiğimiz ve açıkça tanımlanabildiği kadar ile yokluktan varoluş, yeni bir yaratılış olduğunu öğrendik. Şimdi kesinlikle biliyoruz ki

yaratılışın düşüncesi, O'nun yarattıklarına haz vermesi, ister istemez Yaradan'ın onlar için planladığı, O'ndan tüm iyiliği ve hazzı alabilecek bir ölçüde alma arzusu yarattı ki bu alma arzusu, onu, ruhların içinde yaratmadan önce Yaradan'ın özünde kesinlikle yoktu; çünkü kimden alabilirdi ki? Anlaşılıyor ki O'nda olmayan yeni bir şey yarattı.

Bununla beraber, yaratılışın düşüncesine göre anlıyoruz ki alma arzusundan başka bir şey yaratmaya gerek yoktu. Bunun nedeni, bu yeni yaratılışın Yaradan'ın bize ihsan etmeyi düşündüğü tüm yaratılışın düşüncesini tamamlamaya yeterli olmasıdır. Ancak yaratılışın düşüncesindeki tüm dolgu maddesi, bize vermeyi planladığı tüm iyilikler, O'nun özünden kaynaklanır ve Yaradan'ın bunları yeniden yaratmasına gerek yoktur; çünkü zaten ruhlardaki büyük alma arzusuna varlıktan varlık olarak hulasa edildiler. Böylece; açıkça görüyoruz ki meydana getirilen yaratılıştaki tüm madde, başından sonuna dek, sadece "alma arzusu" dur.

8. Şimdi Kabalistlerin üçüncü araştırmadaki sözlerini anlamaya başladık. Ruhların, dağdan koparılmış bir kaya gibi, aralarında birinin "parça" ve diğerinin "bütün" olması dışında hiçbir fark olmadan, yukarıdaki Yaradan'ın bir parçası olduğunu söylemenin nasıl mümkün olduğunu merak ediyorduk ve yine düşündük: Bu amaç için yapılmış bir balta tarafından taşın dağdan ayrı parçaya bölünmesi bir yana, Yaradan'ın özü için bunu nasıl söyleyebiliriz? Ayrıca ruhları O'nun özünden ayıran ve onları yaratılan varlıklar olarak O'ndan ayrı kılan neydi?

Yukarıdan açıkça anladığımıza göre balta fiziksel bir nesneyi ikiye kesip böldükçe onların aralarındaki form eşitsizliği manevi olanı ikiye ayırır. Örneğin; iki kişi birbirini sevdiğinde birbirlerine bir beden gibi bağlı olduklarını söylenir ve birbirlerinden nefret ettiklerinde doğu ve batı gibi birbirlerinden uzak olduklarını söylenir. Ancak burada mekânın yakınlığı ya da uzaklığı sorusu yoktur. Tersine, form eşitliğinden bahseder. Form eşitliğine sahip olduklarında ve birinin sevdiğini diğeri de sevdiğinde ve nefret ettiğinden diğeri de nefret ettiğinde, birbirlerini severler ve birbirlerine çekim duyarlar.

Eğer aralarında biraz form eşitsizliği varsa, birinin nefret ettiğini diğeri severse, o zaman form farklılıkları kadar birbirlerinden uzaklaşır ve birbirilerinden nefret ederler Mesela zıt formlara sahipseler ve birinin sevdiği her şeyden diğeri nefret ediyorsa ve diğerinin nefret ettiği her şey ilki tarafından seviliyorsa, doğu ve batı gibi, bir uçtan ötekine uzak sayılırlar.

9. Maneviyatta keşfediyorsunuz ki form eşitsizliği fiziksel dünyadaki balta gibi hareket ediyor ve aralarındaki mesafe form zıtlığıyla orantılı. Bundan, Yaradan'ın hazzını alma arzusunun her ruha dâhil edildiğinden –ki bu formun Yaradan'da olmadığını da gösterdik, zira kimden alabilir?- ruhların edindiği form eşitsizliğinin onları Yaradan'dan, baltanın taşı dağdan ayırdığı gibi ayırmakta olduğunu öğrendik. Bu form eşitsizliğinden dolayı ruhlar; Yaradan'dan ayrılarak, yaratılan varlıklar oldular. Bununla beraber, ruhların O'nun ışığından edindikleri her şey yine O'nun özünden gelmektedir; varoluştan varoluş.

KABALA BİLİMİ

Öyleyse ortaya şu çıkıyor, yaratılan varlıkların Kli'lerine (kap) aldıkları -ki bu alma arzusudur- Yaradan'ın ışığı ile O'nun özü arasında hiçbir fark yoktur. Bunun sebebi O'nun özünden doğrudan varoluştan varoluşu almalarıdır. Ruhlar ve O'nun özü arasındaki tek fark, ruhların O'nun özünün parçası olmalarıdır.

Bu demektir ki yaratılan varlıkların Kli'lerine aldıkları alma arzusu olan ışığın miktarı, alma arzusunun form eşitsizliğine dayandığı için zaten Yaradan'dan ayrılmıştır ve bu form eşitsizliği "bütün"den ayrılarak "parça" olmasıyla bir parça haline geldi. Dolayısıyla aralarındaki tek fark; birinin "bütün" diğerinin ise dağdan koparılmış bir kaya parçası gibi "parça" olmasıdır. Bunu titizlikle inceleyin; çünkü bunu böyle yüce bir yerden daha ileri götürmek mümkün değildir.

10. Şimdi dördüncü araştırmayı anlamaya başlayabiliriz: Arı olmayanın (katışık olanın) merhametinin ve Klipot'un O'nun kutsallığından çıkması nasıl mümkün olabilir, zira bunlar O'nun kutsallığının diğer ucundadır? Ayrıca, O bunu nasıl destekler ve devamlılığını sağlar? Aslında önce katışık olmanın ve Klipot'un varoluşunun anlamını anlamamız lazım.

Bu büyük alma arzusu, tanımladığımız gibi -yaratılışın düşüncesindeki her şeyi almaya uygun olarak- yaratılıştan ruhların özüydü; ancak alma arzusu ruhların içinde bu formda kalmaz. Eğer öyle olsaydı form eşitsizliği, onları Yaradan'dan ayıracağından sonsuza dek O'ndan ayrı kalmak zorunda kalırlardı.

Ruhların Kli'sinde yatan bu ayrılığı onarmak için Yaradan tüm dünyaları yarattı ve onları iki sisteme böldü; şu mısradaki gibi: "…Yaradan onları birbirine karşı yarattı." ki bunlar dört arı (saf) ABYA dünyaları ve onların karşısında dört katışık (arı olmayan) ABYA dünyalarıdır. O, arı ABYA dünyaları sistemine ihsan etme arzusunu yerleştirdi, kendisi için alma arzusunu oradan çıkarttı ve arı olmayan ABYA dünyaları sisteminin içine yerleştirdi. Bu sebepten dolayı da Yaradan'dan ve tüm kutsal dünyalardan ayrı hale geldiler.

Bu yüzden Klipot'a "ölü" denir, şöyle yazıldığı gibi: "Ölülerin feda ettikleri…". Onları izleyen günahkârlar da tıpkı bilgelerimizin dediği gibidir: "Günahkârlara, yaşamlarında 'ölü' denir, zira Yaradan'ın kutsallığına zıt formda olarak onların içine yerleştirilmiş olan alma arzusu onları yaşayanların yaşamlarından ayırır ve onlar Yaradan'dan bir uçtan diğerine uzaktırlar." Bu böyledir; çünkü Yaradan almakla ilgili değil, sadece ihsan etmekle ilgilidir, Klipot'un ise ihsan etmekle ilgisi yoktur, sadece kendi zevki için almak ister ve bundan daha büyük bir zıtlık olamaz. Zaten biliyorsunuz ki manevi uzaklık bir miktar form eşitsizliği ile başlar ve son derecede mümkün olabilen en uzak mesafede form zıtlığı ile biter.

11. Dünyalar bir beden ve ruhun, bir bozulma sürecinin ve bir ıslah sürecinin bulunduğu bu fiziksel dünyanın realitesinin üzerine basamaklandılar. Zira kendisi için alma arzusu olan beden, katışık (arı olmayan) dünyalar sisteminden geçerek kökünden yaratılışın düşüncesinden uzanır; tıpkı şöyle yazıldığı gibi: "İnsan vahşi eşeğin sıpası olarak doğar.". Bozulma süreci olan ilk on üç yıl bu sistemin otoritesi altında kalır.

MANEVİ EDİNİM ZAMANI

On üç yaşından itibaren yaratıcısını memnun etmek için ıslah olmaya tutunursa kendisine yerleştirilmiş olan, kendisi için alma arzusunu ıslah etmeye başlar ve yavaş yavaş ihsan etmeye çevirir. Bu şekilde yaratılışın düşüncesindeki kutsal bir ruhu kökünden uzatır. O arı dünyalar sisteminden geçerek bedene bürünür. Bu ıslah sürecidir.

Böylece kişi Eyn Sof (Ebediyet) dünyasındaki yaratılışın düşüncesinden kutsallık dereceleri edinir, ta ki bu dereceler kendisi için alma arzusunu, hiçbir durumda kendisi için olmayacak şekilde, Yaradan'ına memnuniyet ihsan etmek için alma formuna tümüyle değiştirene kadar yardım ederler. Bununla kişi Yaradan'ı ile form eşitliği sağlar; çünkü ihsan etmek için almak, saf ihsan olarak kabul edilir.

Kadının önemli bir adama hediye vermesi (ihsan eder) – ve ona "Bununla kutsallaştın." der. Çünkü adam kadını, yani vereni, memnun etmek için aldığında bu tamamen ihsan etme ve verme olarak addedilir. Dolayısıyla, kişi tamamıyla Yaradan'a tutunur; zira manevi tutunma form eşitliğidir, tıpkı bilgelerimizin dediği gibi: "O'na tutunmak nasıl mümkün olabilir? Tersine O'nun özelliklerine tutunun." Bununla kişi, tüm hazzı ve zevki ve yaratılışın düşüncesindeki tüm yumuşaklığı almaya layık olur.

12. Böylece, yaratılışın düşüncesi tarafından ruhlara yerleştirilmiş olan alma arzusunun ıslahını açıkça anlatmış oluyoruz. Zira Yaradan; biri diğerinin zıddı olan, ruhların içinden geçerek iki idrake ayrılan ve beden ve ruh olarak birbirine bürünen iki sistem hazırlamıştır.

Manevi çalışma ve ıslah vasıtasıyla sonunda alma arzusu formunu, ihsan etme arzusu formuna çevirirler. Ondan sonra yaratılışın düşüncesindeki tüm iyiliği alabilirler. Bununla birlikte Yaradan'a sağlam bir tutunuş ile de ödüllendirilirler; çünkü manevi çalışma ve ıslahlarını çalışarak yaratıcılarıyla form eşitliği ile ödüllendirilmişlerdir. Bu ıslahın sonu olarak addedilir.

Ondan sonra, artık kötü Sitra Ahra'ya ihtiyaç olmayacağı için, artık dünyadan yok olur ve ölüm sonsuza dek biter. Varoluş yılları olan 6000 yıl boyunca dünyaya ve yetmiş yıllık yaşamı boyunca her bir kişiye verilmiş olan maneviyat ve ıslah için yapılan tüm çalışma onları yukarıda bahsedilen form eşitliğine, ıslahın sonuna getirmek içindir.

Klipot ve Yaradan'ın kutsallığının katışıklığı (arı olmayan) sisteminin formasyonu ve uzaması konusu artık baştan aşağı açıklanmıştır: Daha sonra manevi çalışma ve ıslah aracılığıyla ıslah olacak bedenlerin yaratılışını mümkün kılabilmek için bu olmak zorundaydı. Eğer bedenlerimiz bu katışık (arı olmayan) sistem vasıtasıyla sürdürülmemiş olsaydı kendimizi asla ıslah edemezdik; zira kişi içinde olmayanı ıslah edemez.

13. Gerçekten de bu kadar bozuk ve hatalı olan kendi için alma arzusunun, bütünlüğü sözler ve tariflere sığmayan yaratılış düşüncesinden nasıl çıkabildiğini ve onun içinde nasıl olduğunu anlamaya hala gereksinimimiz var. İşin aslı; tam olarak ruhları yaratma düşüncesi ile Yaradan'ın düşüncesi, her şeyi tamamladı. Zira bizimki gibi hareketlere ihtiyacı yoktur. Anında, tüm ruhlar ve tüm dünyalar bir gayeyle yaratıldılar, Yaradan'ın onlar için planladığı bütün haz ve zevklerle ve yumuşaklıkla dolu olarak, ruhların içindeki alma arzusu tamamen ıslah olup saf ihsana dönmüş şekilde, ışığı

yayan ile tam form eşitliğinde, ıslahın sonunda almaları planlanan son mükemmellikte hâsıl oldular.

Bunun böyle olmasının sebebi ise şudur ki O'nun ebediyetinde geçmiş, şimdi ve gelecek birdir. Gelecek, şimdi gibidir ve O'nda zaman diye bir şey yoktur. Dolayısıyla Eyn Sof'daki ayrılmış durumunda asla bozuk alma arzusu konusu yoktu.

Tersine ıslahın sonunda ifşa olması planlanan bu form eşitliği, sonsuzlukta anında ortaya çıktı. Bilgelerimiz bununla ilgili şöyle dedi: "Dünya yaratılmadan önce O ve O'nun adı Bir'di," zira alma arzusundaki ayrı form yaratılışın düşüncesinde ortaya çıkan ruhların realitesinde ifşa olmamıştı. Tersine onlar "O ve O'nun adı Bir'dir" yoluyla form eşitliğinde Yaradan'a tutunmuşlardı.

14. Dolayısıyla, ister istemez her şeyi düşünecek olursak, ruhun 3 hâlini (koşulunu) keşfederiz:

İlk koşul (hâl); ruhların Eyn Sof'daki, yaratılışın düşüncesindeki, hali hazırda gelecek ıslahın sonunun formundaki mevcudiyetleridir.

İkinci koşul (hâl); yukarıdaki iki sistem tarafından ruh ve bedene ayrılan altı bin yıldaki mevcudiyetleridir. Burada onlara alma arzularını tersine çevirmek ve kendilerine değil, tamamen yaratıcılarına memnuniyet verme arzusuna dönüştürmek amacıyla manevi ilim ve ıslah çalışmaları verildi.

Bu koşulun süresi boyunca bedenlere değil, sadece ruhlara ıslah gelecektir. Bunun anlamı, beden olarak kabul edilen kendi için almanın her türlü formundan sıyrılmak ve sadece ruhlardaki arzunun formu olan ihsan etme arzusu ile kalmaktır. Erdemlilerin bile ruhları, öldükten sonra Cennet Bahçesi'nden haz alamayacak, sadece bedenleri toprakta çürüdüğünde olacak.

Üçüncü koşul (hâl); ölülerin canlanmasından sonra ruhların ıslahlarının sonudur. O zaman bedenlere de tam ıslah gelecek zira bedenin formu olan kendileri için almayı saf ihsan etme formuna değiştirecekler. Yaratılışın düşüncesinde tüm haz ve zevki ve memnuniyeti almaya layık olacaklar.

Tüm bunlarla, form eşitliğinin gücüyle Yaradan'a kuvvetli bir şekilde tutunacaklar (bağlanacaklar). Zira bütün bunları alma arzularından dolayı değil, Yaradan'a memnuniyet sağlama arzularından dolayı alacaklar; çünkü Yaradan, onlar kendisinden aldıklarında haz alır. Kısaltma için bundan böyle bu hâllerin isimlerini kullanacağım; "birinci hâl", "ikinci hâl" ve "üçüncü hâl". Burada açıklananları her hâl (koşul) için hatırlamalısınız.

15. Yukarıdaki üç hâli incelediğinizde birinin diğerini gerektirdiğini göreceksiniz, yani biri geçersiz kılınırsa diğerleri de geçersiz kılınır.

Eğer, örneğin üçüncü hâl -alma formunun ihsan etme formuna dönüşmesi- gerçekleşmemiş olsaydı Eyn Sof'daki ilk hâl asla ortaya çıkamazdı.

Çünkü mükemmelliğin gerçekleşmesinin sebebi, gelecek hâlin şimdi gibi zaten orada olmasındandır. Orada o hâlde resmedilen tüm mükemmellik, gelecekten

MANEVİ EDİNİM ZAMANI

şimdiye bir yansıma gibidir. Fakat eğer gelecek geçersiz kılınabilseydi şimdi hiç olmazdı. Dolayısıyla üçüncü hâl ilk hâlin varlığını gerektirir.

Aynısı herhangi bir şey ikinci hâlde geçersizleştiği zaman da söz konusu olur; mesela eğer bir şey ikinci hâlde, yani üçüncü hâlde tamamlanacak tüm çalışmanın, bozulma ve ıslah çalışmasının ve ruhların derecelerinin sürdürülmesinde geçersiz kılındığı bu durumda, üçüncü hâl nasıl gerçekleşecek? Dolayısıyla ikinci hâl üçüncü hâlin varlığını gerektiriyor.

Böylece, üçüncü hâlin mükemmelliği Eyn Sof'daki birinci hâlin varlığında yatar. Bu tamamen uyarlanmayı (adapte edilmeyi) gerektirir; yani ikinci ve üçüncü hâller tam mükemmellik içinde görünürler, hiçbir şekilde ne az ne çok.

Dolayısıyla katışıklık (saf olmayan) sistemi tarafından bozulmuş bir alma arzusunun bir bedende varlığına izin vermek için ilk hâlin kendisi, ikinci hâlde karşılığı olan iki sistemin uzantısını gerektirir ki biz ıslah edebilelim. Eğer katışık dünyalar sistemi olmasaydı alma arzumuz olmazdı ve onu ıslah edemezdik ve üçüncü hâle ulaşamazdık zira "Kişi içinde olmayanı ıslah edemez." Bu yüzden, katışık sistemin ilk hâlden nasıl çıktığını sormamıza gerek yok; çünkü ikinci hâlin formundaki varlığını gerekli kılan ilk hâldir.

16. Bu yüzden, kişi seçimin kendisinden nasıl alındığına şaşırmamalı; çünkü tamamlanmalı ve üçüncü koşula gelmelidir ki zaten üçüncü koşul zaten birinci koşulda mevcuttur. Burada, üçüncü hâle gelmemiz için Yaradan'ın ikinci hâlde önümüze koyduğu iki yol vardır:

1. Manevi ilim ve ıslahın yolunu izlemeliyiz.

2. Izdırap yolunu izlemeliyiz. Zira ızdırap, bedeni ıslah eder ve sonunda bizi alma arzumuzu ihsan etme formuna dönüştürüp O'na tutunmaya zorlar. Bilgelerimizin söylediği gibi: "Tövbe edersen iyi ve eğer etmezsen başına Haman gibi (vicdansız/zalim) bir kral koyarım ve o seni tövbe etmeye zorlar." Bilgelerimiz bu dizeyle ilgili şöyle dediler: "Zamanı içinde hızlandırırım. Eğer onlar ödüllendirilmişlerse hızlandırırım ve eğer değilse zaman içinde."

Eğer birinci yol vasıtasıyla manevi ilim ve ıslaha tutunmak bize bahşedilmişse o zaman ıslahımızı hızlandırırız ve zorlu ve derin ızdıraplara ve onları deneyimleyeceğimiz (yaşayacağımız) ve bizi değişime zorlayacak uzun sürece ihtiyacımız olmadığı anlamına gelir. Eğer böyle olmazsa "...zamanı içinde", yani sadece ızdırap ıslahımızı tamamladığında ve ıslah süreci bizi zorlandığında ıslahın gerçekleştiği anlamına gelir. Her şeyi hesaba katarsak, ızdırap yolu aynı zamanda ruhların Cehennem'deki cezalarıdır.

Her halükarda, ıslahın sonu -üçüncü koşul (hal)- ilk koşuldan (hâl) dolayı bir zorunluluktur. Bizim seçimimiz sadece ızdırap yolu ile manevi çalışmadaki ıslah yolu arasındadır.

KABALA BİLİMİ

Böylece, ruhun üç hâlinin nasıl birbirine bağlı olduğunu ve birbirini gerektirdiğini eksiksiz olarak açıklığa kavuşturduk.

17. Yukarıdakilerden üçüncü araştırmayı tamamen anlıyoruz, yani kendimizi incelediğimizde ne kadar bozuk ve aşağılık olduğumuzu keşfediyoruz. Ancak bizi Yaradan işlemciyi incelediğimizde gururlanmalıyız; zira bizi Yaradan olduğundan O'nun kadar övgüye değer bir şey yoktur; çünkü mükemmel işlemcinin doğası mükemmel işlemler icra etmektir.

Şimdi, tüm o değersiz hadiseleri ve servetiyle bedenlerimizin hiç de gerçek bedenlerimiz olmadığını anlayabiliriz. Gerçek, sonsuz ve tam bedenlerimiz Eyn Sof'da ilk koşulda gelecek üçüncü hâlinde, yani ihsan etmek için almak formunda, Eyn Sof ile form eşitliğinde zaten mevcut.

İlk koşulumuz, ikinci koşulda sadece kendi için almak olan bozuk ve aşağılık formunda bedenlerimizin Klipa'sını (kabuk) almamızı gerektirir ki ıslah edip üçüncü hâldeki (koşuldaki) ebedi bedenlerimize uygulamada sahip olmamızı sağlamak amacıyla kendi için almanın gücü bizi Eyn Sof'dan ayırıyorsa ona karşı koymanın anlamı yok. Çalışmamız sadece bu geçici ve harap bedenlerimizde yapılabilir; zira "Kişi kendinde olmayanı ıslah edemez."

Dolayısıyla, mevcut ikinci koşulumuzda zaten bizi Yaradan mükemmel işlemciye layık ve uygun o mükemmellik ölçüsündeyiz; zira bu beden süresi dolacağı ve öleceği ve sadece iptal edilmesini gerektiren süre için burada olup, ebedi formu edineceğinden bize her hangi bir şekilde eksiklik getirmez.

18. Bu beşinci araştırmamızı halleder: Nasıl olur da geçici, boş hareketler ebediyetten çıkabilir? Gerçekten de Yaradan'ın ebediliğine uygun olarak zaten ebedi ve mükemmel varlıklar olarak uzatılmış (Yukarıdan) durumdayız. Ve ebediliğimiz bize çalışmamız için verilen bedenin Klipa'sının geçici ve boş olmasını gerektiriyor. Zira eğer ebediyette kalsaydı sonsuza dek canlıların yaşamından ayrı kalırdık.

Daha önce de söylediğimiz gibi (Madde 13) sadece kendimiz için almak olan bedenimizin formu yaratılış düşüncesinde hiç yoktur; çünkü orada üçüncü koşul formundayız. Ancak ikinci koşulda (beden) ıslah edebilmemiz için zorunludur.

İnsandan başka varlıkların durumlarını düşünmemeliyiz; zira insan yaratılışın merkezidir tıpkı aşağıda yazılacağı gibi (Madde 19). Diğer tüm varlıkların tek başlarına bir değerleri yoktur, sadece insana mükemmelliğini gerçekleştirmedeki yardım derecesine göre vardırlar. Dolayısıyla, onlar kendilerinin bir önemi olmadan insanla birlikte yükselir ve alçalırlar.

19. Bununla dördüncü araştırmamızı da halletmiş oluyoruz. İyi olanın doğası iyilik yapmak ise Yaradan tüm yaşamları boyunca ızdırap ve eziyet çeken varlıkları nasıl yarattı? Söylediğimiz gibi, tüm bu ızdırap üçüncü koşuldan gelen tam ebediliğimizin bizi ya ıslah ya da ızdırap yolunu seçtirip üçüncü koşuldaki (Madde 15) ebedi halimize ulaşmaya zorlayan ilk koşulumuzdan kaynaklanıyor.

MANEVİ EDİNİM ZAMANI

Tüm bu ızdırap, sadece yok olup gömülmek için yaratılan bedenimizin Klipa'sı tarafından hissedilir. Bu; bize kendi için almak arzusunun ihsan etme arzusuna çevrilmesi için sadece kökünden sökülüp atılmak, dünyada yok edilmek için yaratıldığını öğretiyor. Yaşadığımız acılar, onun (kendi için alma arzusunun) hiçliğinin ve içindeki zararın keşiflerinden başka bir şey değildir. Gerçekten de tüm insanlar kendileri için alma arzularını kökünden söküp atarak yok etmeye karar verseler ve dostlarına ihsan etmekten başka bir arzuları olmasa dünyadaki tüm endişelerin ve tehlikelerin varlığı sona erer. Hepimiz için bütün ve sağlıklı bir yaşam garanti olur; çünkü her birimiz bizi düşünen ve ihtiyaçlarımızı karşılamaya hazır tüm bir dünyaya sahip oluruz.

Her birimiz sadece kendimiz için alma arzusuna sahip olmakla beraber kaçamadığımız tüm endişelerin, ıstırabın, savaşların ve katliamların kaynağı budur. Tüm bunlar; bedenlerimizi her türlü yaralar ve kötülüklerle zayıflatır ve görürsünüz ki dünyadaki tüm acılar bedenin Klipa'sındaki kötülüğü hükümsüz kılmayı desteklemek ve ihsan etmenin tam formunu kazanmak için gözlerimiz önüne serilen alametlerden başka bir şey değildir. Söylediğimiz gibi, ızdırap yolu bizi arzulanan forma getirebilir. İnsan ve insan arasındaki iyiliğin, insan ve Yaradan arasındaki iyilikten önce geldiğini aklınızda tutun; çünkü kişinin dostuna ihsan etmesi onu Yaradan'ına ihsan etmeye getirir.

20. Tüm söylediklerimizden sonra ilk araştırmanın çözümüne geliyoruz: Özümüz nedir? Özümüz, realitedeki tüm detayların özü gibidir ki bu alma arzusundan ne fazladır ne de az (Madde 7'de yazıldığı gibi). Ancak şimdi ikinci koşulda sadece kendi için almak olarak değil, ilk koşulda Yaradan'ına memnuniyet vermek için almak olarak, Eyn Sof'da ebedi formunda olduğu gibidir (Madde 13'de yazıldığı gibi).

Gerçekte üçüncü koşula henüz ulaşmamış olmamıza ve zamanımız olmamasına rağmen bu bizim özümüzü hiçbir şekilde bozmaz; zira üçüncü koşulumuz ilk koşulun gereğidir. Dolayısıyla, "Almam gereken her şey alınmış kabul ederim." Zaman yoksunluğu, sadece kişinin tamamlaması gerekeni zamanında tamamlayacağına şüphe duymasında eksiklik olarak addedilir.

Buna şüphemiz olmadığına göre, çoktan üçüncü koşula gelmiş gibiyiz. Bedenimiz de bize mevcut bozuk haliyle verilmesine rağmen özümüzü bozmaz, zira o (beden) ve sahip olduğu her şey kaynağı olan katışıklık sistemi ile birlikte tamamen sökülüp atılacak ve yanmaya mecbur olan mutlaka yanacaktır ve asla var olmamış gibi addedilir.

Ancak özü de sırf arzu, ihsan etme arzusu olan ve bize dört kutsal ABYA dünyaları sisteminden uzayan (Madde 11) o bedene bürünmüş ruh sonsuza dek var olur. Bunun sebebi ihsan etme arzusunun bu halinin canlıların yaşamının formu ile eşitlik içinde ve hiçbir şekilde değiştirilemez olmasıdır. Bu konu aşağıda Madde 32'den itibaren tamamlanacaktır.

21. Ruhun özü, entelektüel bir maddedir ve sadece öğrendiği kavramlar aracılığıyla var olur ve büyür ve "Bunlar onun özüdür." diyen filozoflar sizi yoldan çıkarmasın. Bedenin ayrılığından sonra ruhun devamlılığı sorusu, tamamıyla edindiği olguların

boyutuna bağlıdır ta ki bunların eksikliğinde devamı sağlayacak hiçbir şey kalmayana dek. Bu manevi ilim görüşü değildir. Ayrıca kalp tarafından da kabul edilemez ve bilgiyi edinmeye çalışan herkes aklın mal sahibi değil, sadece mal olduğunu bilir ve hisseder.

Ancak söylediğimiz gibi; yaratılışın tüm maddesi, hem manevi nesnelerin maddesi hem de fiziksel maddelerin nesnesi, yani alma arzusundan başka bir şey değildir. Ruhun tümüyle ihsan etme arzusu olduğunu söylememize rağmen, bu sadece Üst Dünyalar'dan bize gelen Yansıyan Işık'ın düzeltmesi ile olur.

Bununla beraber, ruhun tam özü ayrıca alma arzusudur. İki nesne arasındaki farkı sadece arzusunu ayırt ederek söyleyebiliriz; çünkü herhangi bir öz içindeki arzu ihtiyaç yaratır ve ihtiyaçlar alma arzusunun talep ettiği bu ihtiyaçları edinmek için düşünceler ve olgular yaratır.

İnsanların arzuları nasıl birbirinden ayrılıyorsa onların ihtiyaçları, düşünceleri ve fikirleri de ayrılır. Örneğin, alma arzusu hayvanca arzularla sınırlı olanların ihtiyaçları, düşünceleri ve fikirleri tüm hayvanlığı ile o alma arzusunu tatmin etmeye adanmıştır. İnsanlar gibi akıl ve mantığı kullanmalarına rağmen bu yine de kölenin efendisi gibi olmasına yeterlidir. O hayvanca akıl gibidir, zira akıl hayvanca arzunun kölesi olmuştur ve ona hizmet eder.

Alma arzusu daha çok insanca arzularda güçlü olanların -saygı ve başkalarını yönetmek gibi ki bunlar hayvanda yoktur- ihtiyaçlarının, düşüncelerinin ve fikirlerinin büyük çoğunluğu yapabildikleri kadarıyla tamamen o arzuyu tatmin etme etrafında dönüp durur. Alma arzuları daha ziyade bilgi edinmeye yoğunlaşmışsa ihtiyaçlarının, düşüncelerinin ve fikirlerinin büyük bir bölümü bunu tatmin etmek içindir.

22. Bu üç arzu neredeyse her insanda mevcuttur; ancak farklı oranlarda birbirlerine karışırlar. Böylece her bir kişi birbirinden ayrılır. Fiziksel özelliklerinden, onların manevi değerlerine ilişkin manevi nesneleriyle ilgili sonuç çıkartabiliriz.

23. Dolayısıyla manevi olan insan ruhları da geldikleri üst dünyalardan alınan Yansıyan Işık'a bürünerek sadece Yaradan'ına memnuniyet verme arzusuna sahiptir. O arzu onların özü ve ruhun çekirdeğidir. Bundan da bir kez insan bedenine büründü mü arzusunun ölçüsüne göre Yaradan'ına memnuniyet verme anlamına gelen sonuna dek ihsan etme arzusunu tatmin etmek için ihtiyaçlar, arzular ve fikirler ürettiği ortaya çıkar.

24. Bedenin özü; kendisi için alma arzusundan başka bir şey değildir ve tüm göstergeleri ve nitelikleri ta başında ıslahın sonundaki üçüncü koşulu gerçekleştirmek amacıyla dünyadan sökülüp atılmak için yaratılan o bozuk alma arzusunun yerine getirilmesidir. Bu nedenle tüm nitelikleri ile ölümlü, geçici ve alçaktır tıpkı kaybolan bir gölge gibi.

Ruhun özü; ihsan etmekten başka bir şey olmadığına ve tüm göstergeleri ve nitelikleri zaten ebedi ilk koşulda olduğu gibi üçüncü koşulda da var olan, bu ihsan etme arzusunun gerçekleştirilmesi olduğuna göre, (bu arzu) ölümsüz ve yeri

MANEVİ EDİNİM ZAMANI

doldurulamazdır. Tersine bu arzu ve tüm nitelikleri ebedidir ve sonsuza dek var olur. Yokluk hiçbir şekilde bedenin ayrılığından etkilenmez. Bilakis bozuk beden formunun yokluğu, arzuyu güçlendirerek Cennet Bahçesi'ne yükselmesini sağlar.

Böylece ruhun devamlılığının, filozofların iddia ettiği gibi hiçbir şekilde edindiği olgulara bağlı olmadığını göstermiş olduk. Tersine onun sonsuzluğu tam özündedir, özü olan ihsan etme arzusundadır. Edindiği olgular da onun ödülüdür, özü değil.

25. Buradan da beşinci araştırmanın tam sonucu ortaya çıkar: Beden; bu kadar bozuk olduğundan, toprakta çürümeden ruh tamamen arınamıyor ise neden ölülerin canlanmasında geri dönüyor? Ayrıca bilgelerimizin sözleriyle de ilgili bir soru: "Ölüler hatalarıyla canlanacaklar böylece 'o başka bir ruh' denilmeyecek." (Zohar, Amor, 17)

Bu konuyu yaratılışın düşüncesinin kendisinden, ilk koşuldan açıkça anlayacaksınız. Düşünce O'nun varlıklarına haz vermek olduğundan o bolluğu alabilmek için Yaradan çok kuvvetli abartılı bir arzu vermek zorundaydı ki bu yaratılışın düşüncesinin içindedir; zira "Büyük haz ve büyük alma arzusu yan yana giderler." (Madde 6-7) Bu abartılı alma arzusunun Yaradan'ın yarattığı tek madde olduğunu belirttik; zira yaratılışın düşüncesini gerçekleştirmek için bundan başka bir şeye ihtiyacı yoktur. Mükemmel işlemcinin doğası lüzumsuz işler gerçekleştirmek değildir, Birlik Şiiri'nde yazıldığı gibi: "Tüm çalışmanda ne bir şey unuttun ne çıkardın ne de ekledin."

Orada ayrıca bu abartılı alma arzusunun arı sistemden tamamen çıkarıldığını ve bu dünyadaki bedenlerin, onların ihtiyaçlarının ve sahip olduklarının bütünüyle arı olmayan dünyaların sistemine verildiğini söyledik. Kişi on üç yaşına geldiğinde manevi ilim ile iştigal etmek vasıtasıyla kutsal bir ruh edinir. O zaman edindiği ruhun arılığının ölçüsüne göre arı dünyaların sistemi tarafından beslenir.

Yukarıda, ayrıca, bize manevi ilim ve ıslahı çalışmak için verilen altı bin yıl boyunca bedene -onun abartılmış alma arzusuna- ıslah gelmediğini söylemiştik. Çalışmamız boyunca bize gelen tüm ıslah sadece ruhla ilgilidir ki böylece kutsallık ve arılık derecelerine çıkar. Bu ruhla genişleyen ihsan etme arzusunun çoğalması anlamına gelir.

Bu nedenle beden; sonunda ölecek, gömülecek ve çürüyecektir. Çünkü hiçbir ıslahtan geçmemiştir. Ancak bu şekilde kalamaz. Zira abartılmış alma arzusu bu dünyadan yok olursa yaratılışın düşüncesi gerçekleşemez. Başka bir deyişle O'nun varlıklarına ihsan etmeyi düşündüğü büyük hazların alınması gerçekleşemez; çünkü "Büyük haz ve büyük alma arzusu yan yana giderler." denir ve bunu alma arzusunun azaldığı ölçüde almanın, haz ve zevki de azalır.

26. İlk koşulda, tek bir şeyi bile çıkarmadan yaratılışın düşüncesinde olduğu gibi tam olarak gerçekleşmesi için ilk koşulun üçüncü koşulu gerektirdiğini zaten söylemiştik (Madde 15'e bakın). Dolayısıyla ilk koşul ölülerin canlanmasını gerektirir. Bu, ikinci koşulda zaten yok olmuş ve çürümüş olan aşırı alma arzusunun şimdi abartılmış ölçüsünde hiçbir kısıtlama olmadan, yani tüm geçmiş eksiklikleriyle yeniden canlanması gerektiği anlamına gelir.

Sonra aşırı alma arzusunu sadece ihsan etmeye çevirmek için çalışma yeniden başlar ve ondan sonra edinimimiz iki katına çıkar:

1. Yaratılışın düşüncesindeki tüm haz ve zevk ve güzelliği almak için yerimiz olur; zira zaten bu hazlarla yan yana giden büyük alma arzusuyla birlikte bedene sahip olurduk.

2. Bu şekilde almamız sadece Yaradan'ımıza mutluluk vermek amacıyla olacağından, bu alma katıksız ihsan etmek olarak değerlendirilir (Madde 11'e bakın). Bu bizi Dvekut (tutunma) olan form eşitliğine getirir ki bu bizim üçüncü koşuldaki formumuzdur. Dolayısıyla ilk koşul kesinlikle ölülerin canlanmasını gerektirir.

27. Gerçekten de sadece ıslahın sonuna, ikinci koşulun sonuna doğru ölülerin canlanması olabilir. Zira aşırı alma arzumuzun geri çevrilmesiyle ödüllendirildiğimizde ve bize sadece ihsan etmek bahşedildiğinde ve bu alma arzusunu hükümsüz kılma çabamız vasıtasıyla Nefeş, Ruah, Neşama, Haya, Yehida denilen ruhun muhteşem dereceleriyle donatılmış olduğumuzda beden tüm aşırı alma arzusuyla birlikte yeniden canlanana dek en yüce mükemmelliğe geliriz ve artık Dvekut'umuzdan ayrı olmakla onun tarafından zarar görmeyiz.

Tersine, onun üzerine çıkar ve ona ihsan etme formunu veririz. Gerçekten de bu bedenden ayırmak istediğimiz her bozuk nitelik için yapılır. Öncelikle, bu nitelikten hiçbir şey kalmayana dek onu ortadan kaldırmalıyız. Sonrasında, onu tekrar alabilir ve orta yolda yönlendirebiliriz. Ancak, tamamıyla ortadan kaldırmadan bu bozuk niteliği arzulanan orta yolda yönetmek mümkün değildir.

28. Bilgelerimiz şöyle dedi: "Ölülerin kaderi eksiklikleriyle yeniden canlanmak ve sonra iyileşmektir." Bu, başlangıçta aşırı alma arzusu olan aynı bedenin hiçbir kısıtlama olmaksızın yeniden canlanması anlamına gelir tıpkı manevi ilim ve ıslah onu her hangi bir şekilde arındırmadan önce arı olmayan dünyaların altında beslendiği gibi. "Tüm eksiklikleriyle" sözlerinin anlamı budur.

Sonra tüm o aşırı alma arzusunu ihsan etme formuna sokmak için yeni bir çalışma şekline girişiriz. Artık o iyileşir; çünkü artık form eşitliğini edinmiştir. Bilgelerimiz bunun nedeni "Böylelikle 'başka bir şey' olduğu söylenemez." derler, yani yaratılışın düşüncesinde sahip olduğu formdan farklı bir form olduğu söylenemez. Böyle olmasının nedeni; o aşırı alma arzusunun yaratılışın düşüncesindeki tüm bolluğu almayı hedefleyerek orada olmasıdır.

Sadece bu arada arınmak için Klipot'a verilmiştir. Ancak sonunda farklı bir beden olmamalıdır; zira her hangi bir şekilde yok olsaydı tamamen farklı olurdu. Böylelikle ilk koşulda olduğu gibi, yaratılışın düşüncesindeki tüm bolluğu almaya layık olmazdı.

29. Artık yukarıdaki ikinci bahsi çözebiliriz: hayatımızın kısa süresi boyunca sadece küçük bağlantıları olduğumuz uzun realite zincirindeki rolümüz nedir? Yaşamımızın yetmiş yılı boyunca çalışmamızın dörde ayrıldığını biliniz:

MANEVİ EDİNİM ZAMANI

İlk bölüm aşırı alma arzusunu hiç kısıtlama olmadan tüm bozuk ölçüsüyle dört arı olmayan ABYA dünyalarının elinden almaktır. Eğer bu bozuk alma arzusuna sahip değilsek onu ıslah edemeyiz; zira "Kişi içinde olmayanı ıslah edemez."

Dolayısıyla, doğuştan bedene nakşedilmiş olan alma arzusu yetersizdir. Aksine arı olmayan Klipot için de on üç yıldan az olmamak kaydıyla araç olmalıdır. Bu Klipot'un ona hâkim olması ve ona ışıklarını vermesi anlamına gelir; çünkü Klipot'un ışıkları onun alma arzusunu arttırır. Bunun nedeni Klipot'un alma arzusuna sağladığı memnuniyetlerin sadece çoğalması ve alma arzusunun taleplerini geliştirmesidir.

Örneğin, doğumda, kişi sadece yüz alma arzusuna sahiptir, daha fazla değil. Ancak, Sitra Ahra yüzü sağladığında alma arzusu anında büyür ve iki yüz ister. Sonra, Sitra Ahra iki yüzü sağladığında arzu anında genişleyerek dört yüz ister. Eğer kişi maneviyat ve ıslah aracılığıyla bunun üzerine çıkmaz ve alma arzusunu ihsan etmeye arındırmazsa kişinin alma arzusu hayatı boyunca genişler ve sonunda arzuladıklarının yarısını edinemeden ölür. Bu, kişiyi çalışacağı ve ıslah edeceği her türlü materyali sağlamak için rolü kişinin alma arzusunu genişletmek ve büyütmek ve her şekilde onu abartmak ve kontrolsüz kılmak olan Sitra Ahra'nın ve Klipot'un altında olmak olarak görülür.

30. İkinci bölüm on üç yaşından itibaren sonrasıdır. Bu noktada kutsallığın arkası olan kalpteki noktaya güç verilir. Doğum anında kişinin alma arzusu olarak kıyafetlenmiş olsa da sadece on üç yıl sonra uyanmaya başlar ve sonra kişi manevi çalışma ve ıslahı yerine getirdiği ölçüye göre arı dünyalar sistemine girmeye başlar.

Bu sürecin başlıca amacı manevi alma arzusunu edinmek ve yoğunlaştırmaktır; çünkü doğumda kişinin sadece fizikselik için alma arzusu vardır. Dolayısıyla kişi on üçüne girmeden haddinden fazla alma arzusu edinmiş olsa da yine de alma arzusunun gelişiminin tamamlanmış hali değildir; zira alma arzusunun başlıca yoğunluğu sadece maneviyatadır.

Bunun nedeni ise örneğin, on üçüne girmeden önce kişinin alma arzusu bu fiziksel dünyadaki tüm zenginliği ve saygınlığı silip süpürmek istemesidir. Bunun ebedi bir dünya olmadığı hepimiz için uçup giden bir gölge olduğu açıktır. Ancak kişi, aşırı manevi alma arzusu edindiğinde daimi sahip olma olan bir sonraki ebedi dünyadaki tüm zenginlik ve hazları kendi zevki için yalayıp yutmak ister. Böylece aşırı alma arzusunun çoğunluğu sadece maneviyatı alma arzusu ile tamamlanmış olur.

31. Yeni Islah yazılarında (97b) şöyle yazılmıştır (Atasözleri 30, 15), "At sülüğünün iki kızı vardır: 'Ver, ver'": "Sülük Cehennem anlamına gelir. O Cehennem'de yakalanmış köpekler gibi 'Hav, hav (Ver, Ver)' diye bağırırlar, yani 'bize bu dünyanın zenginliğini ver, bize sonraki dünyanın zenginliğini ver.'"

Ancak bu ilkinden daha önemli bir derecedir; zira alma arzusunun tüm ölçüsünü edinmenin yanında kişiye çalışması için tüm materyali verir ki bu kişiyi O'nun için çalışmaya (O'nun Adına) getiren derecedir. Bilgelerimizin söylediği gibi: "Kişi manevi çalışma ve ıslah ile her zaman Kendi için (O'nun adına değil) iştigal etmelidir; zira kişi Kendi için çalışmaktan O'nun için çalışmaya gelir."

Dolayısıyla, on üç yaşından sonra gelen bu derece kutsallık olarak addedilir. Bu, hanımına hizmet eden Kutsal Ruh (Kutsallık) olan kutsal hizmetçi olarak kabul edilir. Bunun nedeni hizmetçinin kişiyi O'nun için çalışmaya getirmesidir ve kişi kutsallığın ilhamı ile ödüllendirilir. Ancak kişi kendisini O'nun için çalışmaya getirmek için her yolu denemelidir; zira kişi kendisini bunun için zorlamaz ve O'nun için koşulunu başaramazsa arı olmayan hizmetçinin çukuruna düşer ki bu kişiyi Lo Lişma'nın O'nun için çalışmaya getirmeyeceğiyle ilgili kişinin kafasını karıştıran kutsal hizmetçinin tersidir. Onunla ilgili şöyle denir: "Hanımına varis olan hizmetçi" (Atasözü 30, 23), zira kimseyi kutsal ilahilik olan hanımının yanına yaklaştırmayacaktır.

Bu bölümde son derece Yaradan'a tutkuyla âşık olmasıdır, tıpkı kişinin, tutkunun nesnesi gece gündüz kişinin gözlerinin önünde kalana dek fiziksel aşka düşmesi gibi şair şöyle der: "O'nu hatırladığımda, gözlerime uyku girmez." Sonra şöyle denir: "Ancak doyurulan arzu hayat ağacıdır." (Atasözü 13, 12) Bunun nedeni ruhun beş derecesinin beş yüz yıla uzanan Hayat Ağacı olmasıdır. Her derece yüz yıl sürer yani kişiyi üçüncü kısımda açıklığa kavuşan tüm beş Behinot NRNHY'i (Nefeş, Ruah, Neşama, Haya Yehida- okunuş: NaReNHaY) (izlenim) almaya getirir.

32. Üçüncü bölüm ihsan etmek ve almamak üzere manevi ilim ve ıslahta Lişma'nın çalışmasıdır. Bu çalışma kişinin kendisi için alma arzusunu arındırır ve onun yerine ihsan etme arzusu ile değiştirir. Kişi alma arzusunu arındırdığı dereceye kadar ruhun NRNHY (Madde 42) denilen beş parçasını almaya layık olur. Bunun nedeni; bunların ihsan etme arzusunda bulunmaları ve -zıt ya da hatta form bakımından ruhtan farklı olan- alma arzusu tarafından kontrol edildikleri müddetçe kişinin bedenini kıyafetlendirememeleridir.

Bunun nedeni; kıyafetlenme ve form eşitliği konusunun el ele yürümesidir (bakınız Madde 11). Kişi kendisi için değil de tamamen ihsan etmek ile ödüllendirildiğinde arı ABYA'dan geçerek, kişinin ilk koşulda Eyn Sof'daki başlangıcından uzanan üst NRNHY'si ile form eşitliğini edinmekle ödüllendirilecek ve anında genişleyerek yavaş bir şekilde kişiyi kıyafetlendirecektir.

Dördüncü bölüm ölülerin canlanmasından sonra yürütülen çalışmadır. Bu ölüm ve gömme boyunca tamamen eksik olmuş olan alma arzusunun şimdi fazlasıyla en kötü alma arzusuyla canlanmış olması anlamına gelir, bilgelerimizin dediği gibi: "Ölüler eksiklikleri (hataları) ile yeniden canlanacaklardır." (Madde 28) Sonra ihsan etme formunda almaya dönüşür. Ancak, bu çalışmanın bu dünyada yaşarken verildiği seçilmiş birkaç kişi bulunmaktadır.

33. Şimdi altıncı talebin açıklanması kaldı ki bu bilgelerimizin dediği gibi, üst ve alt tüm dünyalar sadece insan için yaratılmıştır. Üst, manevi dünyalar şöyle dursun bu dünyadaki realiteyle karşılaştırıldığında bile belli belirsiz bir değeri olan insan için Yaradan'ın bu kadar zahmete girmesi oldukça tuhaf görünüyor ve daha da acayibi insanın tüm bu muazzam manevi dünyalara neden ihtiyacı olduğudur?

MANEVİ EDİNİM ZAMANI

Yaradan'ın varlıklarına ihsan etmekten aldığı mutluluk, varlıkların O'nu hissettikleri dereceye kadardır, yani veren ve onları mutlu eden O'dur. Zira ondan sonra Yaradan onlardan büyük haz alır; tıpkı oğlunun, babasının büyüklüğünü ve yüceliğini hissedip, farkına varma derecesine kadar çok sevdiği oğluyla oynayan bir baba gibi ve baba oğluna hazırlamış olduğu tüm hazineleri gösterir. Şöyle yazıldığı gibi: "Sevgili oğlum, anne ve babasının mutluluk kaynağı değil mi? Zira ne zaman ondan bahsetsem onu hâlâ ısrarla hatırlıyorum. Bu yüzden kalbim ona özlem duyuyor, elbette ki ona merhamet duyacağım, der Yaradan".

Bu kelimeleri iyi inceleyin ki O'nu hissetmek ve onlar için hazırlamış olduklarında O'nun yüceliğini tanımakla bahşedilen bütün kişilerle birlikte Yaradan'ın büyük hazlarını öğrenebilirsiniz ta ki baba ve ebeveynlerinin mutluluğu, onun sevgili oğlu olana dek. Buna devam etmemize gerek yok zira bütün olanlarla mutluluk ve haz için O'nun tüm dünyaları (Üst ve Alt Dünyalar) yaratmasına değer.

34. Varlıklarının daha önce bahsettiğimiz yüce dereceye ulaşmalarını sağlamak için Yaradan bunu "cansız", "bitkisel", "hayvansal" ve "konuşan" denilen birbirinden gelişen dört sıralı derece ile sağlamak istedi. Bunlar aslında üst dünyaların bölünmüş olduğu alma arzusunun dört safhasıdır. Arzunun büyük kısmı dördüncü safhada olmasına rağmen, dördüncü safhanın tek seferde ortaya çıkması mümkün değildir; ancak önceki üç safhanın içinde ve bunlardan geçerek zaman içinde gelişir ve ortaya çıkar ta ki dördüncü safhanın formunda tamamen tamamlanana dek.

35. Alma arzusunun "cansız" denilen ve bu fiziksel dünyadaki başlangıcının göstergesi olan birinci safha kategorisinin tamamı için genel hareket ettirici bir güç vardır. Ancak bu belirli öğelerin içinde açıkça hareket yoktur. Bunun nedeni alma arzusunun ihtiyaçları meydana getirmesi ve ihtiyaçların, ihtiyacı sağlayacak gerekli hareketi ortaya çıkarmasıdır. Sadece küçük bir alma arzusu olduğundan tüm kategoriye sadece tek seferde yön verir, ancak belli öğeler üzerindeki gücü ayırt edilemez.

36. Alma arzusunun ikinci safhası olan bitkisel seviye buna eklenmiştir. Ölçüsü cansız seviyeden daha büyüktür ve alma arzusu öğelerinin her bir maddesine yön verir çünkü her bir maddenin uzunluk ve eni ile genişleyerek güneşe doğru yükselen kendi hareketi vardır. Ayrıca yeme içme ve artık madde çıkarma mevzusu her birinde belirgindir. Ancak bunlarda özgürlük hissi ve bireysellik hâlâ eksiktir.

37. Bunun üzerinde alma arzusunun üçüncü safhası olan hayvansal seviye vardır. Bunun ölçüsünün büyük kısmı zaten tamamlanmıştır zira bu alma arzusu her öğede zaten bir özgürlük ve bireysellik hissi meydana getirmektedir ki bu her öğeye bağımsız olarak özgü yaşamdır. Ancak yine de başkalarının hissiyatından yoksundurlar, yani başkalarının acıları ve mutluluklarına vs. ortak olmak için hazırlıkları yoktur.

38. Hepsinin üzerinde alma arzusunun dördüncü safhası olan insan türü gelir. Bu tamamlanmış son ölçüdür ve alma arzusu başkalarını hissetmeyi de kapsar. Alma arzusunun üçüncü safhası olan hayvansal seviye ile insandaki dördüncü safha arasındaki

kesin farkı bilmek isterseniz size bunun tüm realiteye kıyasla tek bir varlığın değeri kadar olduğunu söyleyeceğim.

Bunun nedeni; başkalarını hissetmekten yoksun olan hayvansal seviyedeki alma arzusunun, sadece tek başına o varlığa yerleştirildiği ölçüye kadar ihtiyaç ve arzuları ortaya çıkarabilmesidir. Ancak başkalarını da hissedebilen insan; başkalarının sahip olduğu her şeye de ihtiyaç duyar ve bu nedenle başkalarının sahip olduğu her şeyi edinmek için kıskançlıkla dolar. Yüze sahip olduğunda iki yüz ister ve böylece ihtiyaçları tüm dünyadaki her şeyi bir çırpıda silip süpürmeyi isteyecek kadar sonsuza dek çoğalır.

39. Artık Yaradan'ın yaratmış olduğu yaratılış için arzuladığı amacın O'nun varlıklarına ihsan etmesi olduğunu göstermiş olduk, böylece varlıklar O'nun doğruluğunu ve yüceliğini ve onlar için hazırlamış olduğu tüm haz ve mutluluğu şu sözlerdeki ölçüye dek alacaklar: "Sevgili oğlum, anne ve babasının mutluluk kaynağı değil mi?" Böylece görüyorsunuz ki bu amaç cansız ve ne kadar parlak olurlarsa olsunlar dünya, ay ya da güneş gibi gezegenlere uygulanmaz ve bitkisel ve hayvansal seviyelere de çünkü bunlar kendi türlerinin arasından bile başkalarını hissedemezler. Dolayısıyla tanrısallığın hissi ve O'nun ihsanı bunlara nasıl uygulanabilir?

Aynı türden kendilerine benzeyenlerin hisleriyle hazırlanmış olan insan türü manevi çalışma ve ıslaha girdikten sonra alma arzularını ihsan etmeye çevirdiklerinde ve Yaradan'ı ile form eşitliğine geldiklerinde NRNHY denilen üst dünyalarda kendileri için hazırlanmış olan tüm dereceleri edinirler. Sonuçta, tüm dünyaların yaratılış nedeni sadece insan içindir.

40. Bunun bazı filozoflar tarafından tamamıyla kabul edilemez olduğunu biliyorum. Düşük ve değersiz olduğunu düşündükleri insanın muhteşem yaratılışın merkezi olduğunu kabul edemiyorlar. Ancak onlar bir turpun içinde doğan kurt gibiler. Kurt orada yaşar ve Yaradan'ın dünyasının içinde doğmuş olduğu turp gibi karanlık ve küçük olduğunu düşünür. Ancak turpun kabuğunu kırıp dışarı çıktığında şaşkınlıkla şöyle söyler: "Tüm dünyayı içinde doğduğum turpun büyüklüğü kadar sanıyordum ve şimdi önümde kocaman, çok güzel ve şaşırtıcı bir dünya görüyorum!"

Birlikte doğmuş oldukları alma arzusunun Klipa'sının (Klipot'un çoğulu) içine dalmış bu sert Klipa'yı kıracak olan uygulamalı manevi çalışma ve ıslah olan eşsiz iksiri almaya çalışmayıp, Yaradan'a mutluluk verme arzusuna dönüştürmeyenler de böyledir. Gerçekte olduğu gibi değersizlik ve boşluklarını tespit etmek zorunda oldukları ve bu muazzam realitenin sadece kendileri için yaratıldığını anlayamadıkları kesindir.

Aslında, gerekli olan tüm arılıkla Yaradan'ına mutluluk vermek için manevi çalışma ve ıslah içine dalsalar ve içinde doğmuş oldukları alma arzusunun Klipa'sını kırmaya çalışıp, ihsan etme arzusunu üslenseler gözleri anında açılıp onlar için manevi dünyalarda hazırlanmış olan tüm bilgelik, zekâ ve açık akıl derecelerini edinirler. O zaman bilgelerimizin söylediklerini kendileri söylerler: "İyi bir misafir ne der? 'Ev sahibinin yapmış olduğu her şey sadece benim içindi.'"

MANEVİ EDİNİM ZAMANI

41. Ancak yine de Yaradan'ın neden insan için tüm üst dünyaları yarattığını açıklamak gerekir. Bunların insana faydası ne? Tüm dünyaların realitesinin genellikle a) Adam Kadmon, b) Atzilut, c) Beria, d) Yetzira, ve e) Asiya denilen beş dünyaya bölündüğünü aklınızda tutun. Her birinde beş Sefirot KHBTM (Keter, Hohma, Bina, Tiferet ve Malhut- okunuş: KaHaBTuM) olan sayısız detay vardır. AK (Adam Kadmon) dünyası Keter; Atzilut dünyası Hohma; Beria dünyası Bina; Yetzira dünyası Tiferet; ve Asiya dünyası Malhut'dur.

Bu beş dünyada kıyafetlenmiş olan ışıklar YHNRN olarak adlandırılır. Yehida Işığı Adam Kadmon dünyasında; Haya Işığı Atzilut dünyasında; Neşama Işığı Beria dünyasında; Ruah Işığı Yetzira dünyasında; ve Nefeş Işığı Asiya dünyasında ışır.

Tüm bu dünyalar ve bunlara dâhil olan her şey kutsal isim Yud-Hey-Vav-Hey ve Yud'un ucuna dâhil olmuştur. İlk dünya AK'da hiç algımız yoktur. Dolayısıyla, bu sadece ismin Yud'unun ucunda ifade edilmektedir. Bu nedenle bundan bahsetmeyiz ve sadece dört ABYA dünyasını dile getiririz. Yud Atzilut dünyasıdır, Hey – Beria dünyası, Vav – Yetzira dünyası ve alt Hey Asiya dünyasıdır.

42. Artık Eyn Sof'dan bu dünyaya uzanan ve tüm manevi realiteyi kapsayan beş dünyayı açıklamış olduk. Ancak bu dünyalar bir diğerine dâhildir ve her bir dünyada bu beş dünya ve beş dünyaya tekabül eden içinde beş NRNHY Işıkları'nın kıyafetlendiği beş Sefirot KHBTM bulunur.

Her bir dünyadaki beş Sefirot'un dışında dört manevi kategori olan cansız, bitkisel, hayvansal ve konuşan da bulunmaktadır. İnsanın ruhu konuşan kategori olarak kabul edilir, hayvansal kategori o dünyadaki melekler, bitkisel kategori "kıyafetler" ve cansız kategori holler (salonlar/ odalar) olarak adlandırılır. Her biri birbirini kıyafetlendirir: insanların ruhu olan konuşan kategori, o dünyadaki tanrısallık olan beş Sefirot KHBTM'yi kıyafetlendirir. Melekler olan hayvansal kategori, ruhları kıyafetlendirir; kıyafetler olan bitkisel kategori, melekleri kıyafetlendirir; ve holler olan cansız kategori tümünün etrafında döner.

Kıyafetlenme; bu dünyadaki fiziksel cansız, bitkisel, hayvansal ve konuşan kategoride açıklamış olduğumuz gibi (Madde 35-38) birbirine hizmet eder ve birbirinden gelişir: üç kategori -cansız, bitkisel ve hayvansal- kendileri için değil insan olan dördüncü kategorinin gelişip onlarla yükselmesi için genişlediler. Dolayısıyla, bunların rolü sadece insana hizmet etmek ve onlara faydalı olmaktır.

Tüm manevi dünyalarda böyledir. Üç kategori -cansız, bitkisel, hayvansal- orada sadece insanın ruhu olan konuşan kategoriye hizmet etmek ve faydalı olmak için ortaya çıktı. Dolayısıyla bunların tümü insanın ruhunu kıyafetlendirirler, yani ona hizmet ederler.

43. İnsan doğduğunda anında Kutsiliğin Nefeş'ine sahip olur. Bu gerçek bir Nefeş değil, sadece arkada kalan son izlenimdir ki buna küçüklüğünden dolayı "nokta" denir. Alma arzusu olan insanın kalbinde kıyafetlenir ve bu insanın kalbinde bulunur

Şu kuralı bilin; realitenin tümünü etkileyen her şey, her bir dünyaya ve hatta o dünyada bulunabilen en küçük parçaya bile uygulanır. Dolayısıyla, realitenin tümünde beş Sefirot KHBTM olan beş dünya olduğundan her dünyada beş Sefirot KHBTM bulunmaktadır ve o dünyadaki her küçük maddede beş Sefirot vardır.

Bu dünyanın dört Sefirot HBTM'ye tekabül eden cansız, bitkisel, hayvansal ve konuşan (CBHK) kategorilerine bölündüğünü söylemiştik. Cansız Malhut'a, bitkisel Tiferet'e, hayvansal Bina'ya ve konuşan Hohma'ya tekabül eder. Bunların hepsinin kökü Keter'e tekabül eder. Ancak söylediğimiz gibi CBHK'daki her türdeki en küçük maddede bile CBHK'nın dört izlenimi vardır. Dolayısıyla, konuşan kategorinin tek bir maddesinde yani tek bir kişide bile CBHK vardır ki bunlar Kutsiliğin noktasının kıyafetlendiği yer olan kişinin alma arzusunun dört parçasıdır.

44. On üç yaştan önce kişinin kalbinde noktanın ortaya çıkması mümkün değildir. Ancak on üçüncü yaştan sonra kişi manevi çalışma ve kişisel ıslahı ile iştigal etmeye başladığında, hiçbir niyeti olmadan yani hiçbir sevgi ve korku olmadan, krala hizmete uygun olduğu gibi, Kendi için bile kişinin kalbindeki nokta büyümeye ve aksiyonunu ifşa etmeye başlar.

Böyle olmasının nedeni ıslahın bir amaca ihtiyacı olmamasıdır. Amaçsız aksiyonlar bile kişinin alma arzusunu ıslah edebilir; ancak sadece "cansız" denilen ilk derecede. Kişi; alma arzusunun cansız kısmını ıslah ettiği dereceye kadar, kalpteki noktanın altı yüz on üç organını inşa eder ki bu hâlâ Kutsiliğin Nefeş'idir.

Kişi; Kutsiliğin Nefeş'inin cansız kategorisi olan tüm altı yüz on üç ıslahı aksiyonda tamamladığında, kalpteki noktadaki altı yüz on üç organı tamamlamış olur ki bunun iki yüz kırk sekiz manevi organı, iki yüz kırk sekiz pozitif (aktif/ yap) sevabı uygulayarak inşa edilir ve üç yüz atmış beş manevi tendonu da üç yüz atmış beş negatif (pasif/ yapma) sevabı gözlemleyerek inşa edilir ta ki Kutsiliğin Nefeş'inin tam bir Partzuf'u (manevi yüz) olana dek sürer. Sonra Nefeş yükselir ve manevi Asiya dünyasında Malhut'un Sefira'sını (Sefirot'un tekili) kıyafetlendirir.

O dünyadaki Asiya'nın Malhut'unun o Sefira'sına tekabül eden cansız, bitkisel, hayvansal ve konuşan seviyenin manevi elementleri; oraya yükselmiş olan Nefeş'in Partzuf'una, ruhun algıladığı kadarıyla hizmet ve yardım eder. Bu mefhumlar büyümesi ve çoğalması için ona güç vererek, onun manevi gıdası olurlar ta ki Asiya'nın Malhut'unun Sefira'sının Işığı'nı, insanın bedenini aydınlatmak için arzulanan mükemmellikte genişletebilene dek. Bu tamamlanmış ışık kişiye manevi çalışma ve ıslahına çabasını arttırması ve kalan dereceleri alması için yardım eder.

Kişinin bedeni doğar doğmaz Nefeş Işığı'nın bir noktasının doğup onu kıyafetlendirdiğini söylemiştik. Burada şöyledir: Kişinin Kutsiliğinin Partzuf Nefeş'i doğduğunda yanındaki daha yüksek dereceden bir nokta da onunla birlikte doğar – Asiya'nın Ruah Işığı'nın son derecesi – ve Nefeş'in Partzuf'unun içinde kıyafetlenir.

Tüm derecelerde böyledir. Doğan her derece ile derecenin üzerindeki son izlenim onun içinde anında ortaya çıkar. Bunun nedeni derecelerin en üstüne kadar üst ve alt arasındaki tüm bağlantının bu olmasıdır. Böylece üst dereceden dolayı içinde var olan bu noktadan geçerek bir sonraki üst dereceye yükselebilir olur.

45. Bu Nefeş Işığı'na "Asiya dünyasındaki kutsal cansızın ışığı" denir. Bunun nedeni, insanın bedenindeki alma arzusunun cansız kısmının arılığına tekabül etmesidir. Bu maneviyatta parçaları bireysel değil, tüm maddelere eşit bir şekilde müşterek toplu bir hareketi olan fizikselliktki cansız sınıf gibi ışır (Madde 35'e bakın). Bu Asiya'nın Partzuf Nefeş'inin Işığı ile de böyledir: İçinde bolluğu almanın altı yüz on üç formu olan altı yüz on üç organ olmasına rağmen bu değişimler belirgin değildir, sadece aksiyonu detayların ayrımı olmadan tümünü eşit bir şekilde saran genel bir ışık vardır.

46. Sefirot tanrısallık olmasına ve içlerinde AK dünyasındaki Keter'in başından farklı olmamalarına rağmen; Asiya dünyasında Malhut'un Sefira'sının sonuna kadar alıcılar bakımından hâlâ büyük bir fark vardır. Böyle olmasının nedeni Sefirot'un Işıklar ve Kelim (kaplar) kabul edilmesidir ve Sefirot'taki ışık saf tanrısallıktır. Ancak her bir alt dünyadaki Beria, Yetzira, Asiya, KHBTM denilen Kelim tanrısallık olarak kabul edilmez; sadece içlerindeki Eyn Sof Işığı'nı gizleyen örtülerdir ve alıcılara ışığın belli bir kısmını verirler. Her biri sadece arılığının seviyesine göre alır.

Bu bağlamda, ışığın kendisi bir olmasına rağmen Sefirot NRNHY'deki ışıkları adlandırırız; çünkü ışık, Kelim'in niteliklerine göre bölünür. Malhut Eyn Sof Işığı'nı gizleyen en kaba örtüdür. İnsanın cansız bedeninin arınmasına ilişkin olarak O'ndan alıcılara ilettiği ışık çok küçük bir miktardır. Bu nedenle Nefeş olarak adlandırılır.

Tiferet'in Kli'si Malhut'un Kli'sinden daha arıdır. Bunun Eyn Sof'dan geçirdiği ışık insan bedeninin bitkisel parçasının arınmasıyla ilişkilidir; çünkü bunun içinde Nefeş Işığı'ndan daha fazla tesir eder. Bu "Ruah Işığı" olarak adlandırılır.

Bina'nın Kli'si Tiferet'den de arıdır ve bunun Eyn Sof'dan geçirdiği ışık insan bedeninin hayvansal parçasının arınmasıyla ilişkilidir ve "Neşama Işığı" olarak adlandırılır.

En arı olan Hohma'nın Kli'sidir. Bunun Eyn Sof'dan geçirdiği ışık insan bedeninin konuşan parçasının arınmasıyla ilişkilidir. Bu "Haya Işığı" olarak adlandırılır ve tesiri ölçülemez.

47. Kişinin niyeti olmaksızın manevi ilim ve ıslahla iştigal ederek edindiği Partzuf Nefeş'de Ruah Işığı'ndan kıyafetlenmiş bir nokta zaten vardır. Kişi arzulanan amaçla güçlenip maneviyatı ve ıslahını yerine getirdiğinde, alma arzusunun bitkisel parçasını arındırır ve bu derece kadarıyla Ruah noktasını Partzuf haline inşa eder. Böylelikle 248 pozitif sevabı niyetle uygulayarak nokta 248 manevi organı vasıtasıyla genişler ve 365 negatif sevabı gözlemleyerek nokta 365 tendonu vasıtasıyla genişler.

Tüm 613 organla tamamlandığında yükselir ve manevi Asiya dünyasında Tiferet'in Sefira'sını kıyafetlendirir ki bu ona Eyn Sof'dan insanın bedeninin bitkisel parçasının arınmasına tekabül eden ve "Ruah Işığı" denilen daha büyük bir ışık uzatır. Asiya dünyasındaki Tiferet seviyesiyle ilgili tüm cansız, bitkisel ve hayvansal seviyelerin maddeleri tüm bütünlüğüyle Tiferet Sefira'sından ışıkları alması için kişinin Ruah Partzuf'una yardımcı olur tıpkı yukarıda Nefeş Işığı'yla açıklandığı gibi. Bundan dolayı "kutsal bitkisel" olarak adlandırılır.

Bunun ışığı fiziksel bitkisel gibidir: Elementlerinin her birinin harekette belirgin farklılıkları vardır, dolayısıyla bitkisel seviyenin manevi ışığında Partzuf Ruah'daki 613 organın her birine eşsiz şekilde yansıması için fazlaca güç vardır. Her biri, o organla ilgili aksiyon-güç ortaya koyar. Ayrıca Partzuf Ruah'ın genişlemesiyle yukarısındaki bir sonraki derecenin noktası ondan kendi içselliğine kıyafetlenen Neşama Işığı'nın bir noktasını genişletir.

48. Manevi ilmin sırları ve sevabın tatlarıyla iştigal ederek kişi, alma arzusunun hayvansal kısmını arındırır ve o ölçüde 248 organ ve 365 bağı ile (tendonu) kişinin içinde kıyafetlenmiş olan ruhun noktasını inşa eder. İnşaat tamamlanıp bir Partzuf olduğunda yükselir ve Asiya dünyasında Bina'nın Sefira'sını kıyafetlendirir. Bu Kli ilk Kelim, TM'den (Tiferet ve Malhut) daha arıdır. Dolayısıyla, Eyn Sof'dan "Neşama Işığı" denilen büyük bir ışık uzatır.

Asiya dünyasında Bina dünyasıyla ilgili tüm cansız, bitkisel ve hayvansal maddeler Bina'nın Sefira'sından bütün ışıkları almakta kişinin Partzuf Neşama'sına yardım ve hizmet eder. Ayrıca bu "kutsal hayvansal seviye" olarak da bilinir çünkü insanın bedenini hayvansal kısmının arınmasına tekabül eder. Onun ışığının doğası da Partzuf'un her 613 organına bireysellik hissi veren -yani her biri Partzuf'un geri kalan kısmına herhangi bir şekilde bağımlı olmaksızın canlı ve özgürdür- fiziksel hayvansal seviyede (Madde 37) gördüğümüz gibidir.

En sonunda, 613 organının 613 Partzufim'i (Partzuf'un çoğulu) her birinin kendisine göre ışıklarında eşsiz olduğu fark edilir ve maneviyatta bu ışığın Ruah Işığı'na göre üstünlüğü fizikselllikte hayvansal seviyenin bitkisel ve cansız seviyeye göre üstünlüğü gibidir. Ayrıca Partzuf Neşama'nın ortaya çıkışıyla birlikte Hohma Sefira'sının ışığı olan Kutsiliğin Haya Işığı'ndan da bir nokta uzanır ve içselliğinde kıyafetlenir.

49. Kişi "Neşama Işığı" denilen yüce ışıkla ödüllendirildiğinde o Partzuf Işığı'ndaki 613 organın her biri bağımsız bir Partzuf gibi kendi eşsiz yöntemiyle bütünüyle ışır. Sonra kişinin önüne kendi gerçek amacına göre her bir sevap ile iştigal etme fırsatı çıkar; zira Partzuf Neşama'daki her bir organ o organla ilgili sevabın yolunu aydınlatır.

O ışıkların yüce gücüyle kişi, alma arzusunun konuşan kısmını arındırır ve bunu ihsan etme arzusuna çevirir. Buna göre kişinin içinde kıyafetlenmiş olan Haya Işığı'nın noktası 248 manevi organ ve 365 tendonunda inşa edilir.

Bu bütün bir Partzuf olarak tamamlandığında yükselir ve Asiya dünyasında sonsuz arı bir Kli olan Hohma Sefira'sını kıyafetlendirir. Dolayısıyla, ona Eyn Sof'dan "Haya Işığı" ya da "Neşama'dan Neşama'ya" denilen muazzam bir ışık uzatır ve Asiya dünyasındaki Hohma'nın Sefira'sıyla ilgili tüm cansız, bitkisel ve hayvansal elementler kişiye Sefira Hohma'nın Işığı'nı sonuna kadar almakta yardım eder.

MANEVİ EDİNİM ZAMANI

Bu ayrıca "kutsal konuşan" olarak adlandırılır, zira insan bedeninin konuşan kısmının arınmasına tekabül eder. Bu ışığın tanrısallıktaki değeri, fiziksel CBHK'daki (cansız, bitkisel, hayvansal, konuşan) konuşan seviyenin değeri gibidir. Bu; kişinin başkalarını hissetmeyi o ışığın manevi cansız, bitkisel ve hayvansal seviyelerin ölçüsünün üzerindeki ölçüsünün fiziksel cansız, bitkisel ve hayvansal seviyelerin üzerindeki üstünlüğü gibi edindiği anlamına gelir. Bu Partzuf'da kıyafetlenen Eyn Sof Işığı "Yehida Işığı" olarak adlandırılır.

50. Gerçekten de Asiya dünyasından alınan bu beş NRNHY Işığı'nın, Nefeş Işığı'nın NRNHY'sinden başka bir şey olmadığını ve Ruah Işığı'ndan hiçbir şey bulundurmadıklarını bilmelisiniz. Bunun nedeni Ruah Işığı'nın sadece Yetzira dünyasında, Neşama Işığı'nın sadece Beria dünyasında, Haya Işığı'nın sadece Atzilut dünyasında ve Yehida Işığı'nın sadece AK dünyasında bulunmasıdır.

Ancak bütünde var olan her şey mümkün olabilen en küçük parçaya kadar tüm parçalarda da vardır. Dolayısıyla tüm beş izlenim, NRNHY, sadece Nefeş'in NRNHY'si olmasına rağmen Asiya dünyasında da mevcuttur. Benzer şekilde Ruah'ın beş parçası olan tüm beş izlenim, NRNHY, Yetzira dünyasında da mevcuttur. Ayrıca Beria dünyasında da Neşama'nın beş parçası olan tüm beş izlenim, NRNHY, vardır. Atzilut dünyasında da aynıdır ki bunlar Haya Işığı'nın beş parçasıdır ve Yehida Işığı'nın beş parçası olarak AK dünyasında da aynıdır. Dünyalar arasındaki fark daha önce Asiya'nın her bir NRNHY'sindeki izlenimlerde açıkladığımız gibidir.

51. Pişmanlık ve arınmanın tamamen kalıcı olmadan kabul edilemeyeceğini ve kişi cehalete dönmediğinde olacağını bilin, şöyle yazıldığı gibi: "Ne zaman Teşuva (pişmanlık) var? Kişi tüm sırları öğrenip cehalete dönmeyeceğine dair tanıklık ettiğinde." Dolayısıyla söylediğimiz gibi, eğer kişi alma arzusunun cansız kısmını arındırırsa Asiya'nın Nefeş Partzuf'u ile ödüllendirilir ve yükselerek Asiya'nın Malhut'unun Sefira'sını kıyafetlendirir.

Bu, kişinin cehalete dönmeyecek şekilde cansız parçanın daimi arınışı ile ödüllendirileceği anlamına gelir. Sonra kişi manevi Asiya dünyasına yükselebilir zira o dünyada kesin arılığa ve form eşitliğine sahip olacaktır.

Ancak Asiya'nın Ruah, Neşama, Haya ve Yehida'sı olduğunu söylediğimiz derecelerin geri kalanıyla ilgili olarak kişi alma arzusunun bunlara tekabül eden bitkisel, hayvansal ve konuşan kısımlarını da arındırmalıdır ki böylece kıyafetlenip o ışıkları alabilsinler. Bununla beraber arınmanın daimi olması gerekmiyor; "ta ki tüm sırları bilen kişi cehalete dönmeyeceğine dair tanıklık edene dek."

Böyle olmasının nedeni Asiya dünyasının tümünün, bütün beş Sefirot KHBTM'si ile aslında sadece cansız seviyenin arınmasıyla ilgi olan Malhut olmasıdır.

Dolayısıyla kişi çoktan alma arzusunun cansız kısmının arınmasıyla ödüllendirilmiş olduğundan, zaten Asiya dünyasının tümüyle form eşitliğine sahiptir. Ancak Asiya dünyasındaki her bir Sefira yukarısındaki dünyalardaki tekabül eden izlenimlerinden aldığından, Asiya'nın Tiferet'inin Sefira'sı hepsi Tiferet ve Ruah Işığı olan Yetzira dünyasından alır. Asiya'nın Bina'sının Sefira'sı hepsi Neşama olan Beria dünyasından alır. Asiya'nın Hohma'sının Sefira'sı hepsi Hohma ve Haya Işığı olan Atzilut dünyasından alır.

Dolayısıyla kişi daimi olarak sadece cansız kısmı arındırmış olup alma arzusunun kalan üç kısmını daimi olarak arındırmamış olsa da kalıcı olarak olmasa bile Asiya'nın Tiferet, Bina ve Hohma'sından Ruah, Neşama ve Haya'yı alabilir. Bunun nedeni kişinin alma arzusunun üç parçasından biri uyandığında bu ışıkları anında kaybetmesidir.

52. Kişi alma arzusunun bitkisel seviyesini arındırdıktan sonra kalıcı olarak Ruah seviyesini edindiği Yetzira dünyasına yükselir. Kişi ayrıca Asiya dünyasında gördüğümüz gibi hayvansal ve konuşan seviyelerin daimi olarak arınmasıyla ödüllendirilmeden önce bile orada bulunan Sefirot Bina ve Hohma'dan Ruah'ın Neşama ve Haya'sı kabul edilen Neşama ve Haya Işıkları'nı da edinebilir. Ancak bu kalıcı değildir; zira kişi alma arzusunun bitkisel seviyesini kalıcı olarak arındırdıktan sonra zaten Asiya dünyası için yazıldığı gibi Yetzira dünyasının tüm formu ile en üst derecesine kadar form eşitliğindedir.

53. Kişi alma arzusunun hayvansal seviyesini arındırdıktan ve onu ihsan etme arzusuna çevirdikten sonra, "ta ki tüm sırları bilen kişi cehalete dönmeyeceğine dair tanıklık edene dek", zaten Beria dünyası ile form eşitliği içindedir. Oraya yükselir ve daimi Neşama Işığı'nı alır. Kişi bedeninin konuşan kısmının arındırmakla her ne kadar henüz daimi olarak arındırmamışsa da Yetzira ve Asiya'da olduğu gibi Hohma Sefira'sına yükselip oradaki Haya Işığı'nı alabilir. Ancak ışık da kişi için daimi olarak ışımaz.

54. Kişi alma arzusundaki konuşan kısmın kalıcı olarak arınmasıyla ödüllendirildiğinde ona Atzilut dünyasının form eşitliği verilir ve kişi oraya yükselir ve Haya Işığı'nı daimi olarak alır. Kişi daha da ödüllendirildiğinde Eyn Sof Işığı'nı alır ve Yehida Işığı, Haya Işığı ile kıyafetlenir ve burada eklenecek başka bir şey daha yoktur.

55. Böylece sorduğumuz şeyi, "İnsanın neden Yaradan'ın onun için yarattığı tüm üst dünyalara ihtiyacı vardır? İnsanın bunlardan edineceği nedir?" sorularını açıklamış olduk. Artık kişinin tüm bu dünyaların yardımı olmadan Yaradan'ına mutluluk getiremeyeceğini görüyorsunuz. Bunun nedeni kişinin ışıkları ve NRNHY denilen ruhun derecelerini alma arzusunun arılığının ölçüsüne göre edinmesidir.

Böylece kişi yaratılış düşüncesindeki (Madde 33) nihai amacın zevklerini gerçekleştirene dek derecelerde yükselir. Zohar'da (Noah, Madde 63), "Arınmaya gelen kişiye yardım edilir." şeklinde yazılmıştır. Şöyle sorar: "Ne ile yardım edilir?" Kişiye kutsal ruh ile yardım edildiği söylenir. Zira yaratılış düşüncesi için arzulanan arınmayı ruhun tüm NRNHY derecelerinin yardımı olmadan gerçekleştirmek mümkün değildir.

56. Bilmelisiniz ki şimdiye kadar konuştuğumuz tüm NRNHY realitenin tamamını bölen beş parçadır. Gerçekten de bütünün içindeki her şey realitedeki en küçük elementte de mevcuttur. Örneğin, sadece manevi Asiya'nın cansız kısmında bile

MANEVİ EDİNİM ZAMANI

NRNHY'nin edinilecek beş izlenimi vardır ki bunlar NRNHY'nin beş genel izlenimiyle ilişkilidir.

Dolayısıyla Asiya'nın cansız seviyesinin ışığını edinmek bile çalışmanın dört kısmından geçmeden mümkün değildir. Bu nedenle, kalbi uyanıp da Yaradan'a doğru giden bir kişi bile yoktur ki, mertebesine göre, kendisini bunların tamamıyla iştigal etmekten muaf tutabilsin. Kişi mertebesinin Ruah seviyesini edinmek için manevi ilmi ve ruhunun ıslahın niyeti ile iştigal etmelidir. Kişi mertebesine göre Neşama seviyesini edinmek için ışığın sırlarıyla mertebesine göre iştigal etmelidir. Aynı durum sevabın tatları (Taamim) için de geçerlidir; zira Kutsilikte (kutsallık) en küçük ışığı tamamlamak bile bunlar olmadan mümkün değildir.

57. Şimdi bu nesilde daha önce hiç görmediğimiz gibi başımıza gelen yavanlığı anlayabilirsiniz. Nedeni Yaradan'a ibadet edenlerin bile manevi ilmin sırlarıyla iştigal etmeyi bırakmış olmalarıdır.

Rambam bununla ilgili şöyle demiştir: "Bin kör kişi yolda yürüyor ve aralarından en azından görebilen bir kişi varsa doğru yolu seçecekleri ve çukur ve engellere düşmeyecekleri kesindir; zira onlara yön veren gözleri, kişiyi izliyorlar. Ancak o kişi yoksa yollarındaki her engele takılıp, çukura düşecekleri kesindir."

Önümüzdeki konu budur. Eğer Yaradan'a dua edenler en azından öğretinin içselliği ile iştigal etmiş ve Eyn Sof'dan tam bir ışık uzatmış olsalardı tüm nesil onları izlerdi. Herkes onların yönteminden emin olurdu ve düşmezlerdi. Ancak Yaradan'a hizmet edenler bile kendilerini bu ilimden uzaklaştırmışsalar tüm neslin onların yüzünden başarısız olmalarına şaşırmamak lazım. Üzüntümün büyüklüğünden dolayı bunun üzerine ayrıntıya giremiyorum!

58. Gerçekten de nedenini biliyorum: Bu esas olarak inancın, özellikle de kutsal insanlardaki, tüm nesillerdeki akıllı insanların inancının genel olarak azalmasından kaynaklanır. Kabala kitapları ve Zohar fiziksel hikâyelerle doludur. Dolayısıyla insanlar kazanacaklarından daha fazlasını kaybedecekler diye korkuyorlar; zira gerçekleştirmede kolaylıkla başarısız olabilirler. Beni Ari'nin yazılarına ve şimdi de kutsal Zohar'a yeterli kalitede bir tefsiri bir araya getirmek için harekete geçiren bu oldu. O endişeyi tamamen uzaklaştırdım çünkü tüm Yaradan'a kalbini yönlendirenlerin Zohar'ı çalışması ve kutsal ışığı ile ısınması için her şeyin manevi anlamını yani soyut ve fiziksel imgeden yoksun olarak, okuyucuların da göreceği gibi zaman ve yerin ötesinde, kanıtlarıyla açıklayıp ispat ettim.

Bu tefsiri, tefsirimin amacının her hangi bir merdivenin görevi gibi olduğunu göstermek için Sulam (Merdiven) olarak adlandırdım: Eğer fazlasıyla doldurulmuş bir tavan aranız varsa ona ulaşmak için tüm ihtiyacınız olan bir merdivendir. Sonra, dünyadaki tüm bolluk sizin ellerinizde olacaktır. Ancak merdivenin kendisi bir amaç değildir, zira merdivenin basamaklarında duraklayıp tavan arasına girmezseniz amacınız gerçekleştirilemez.

Zohar'ın tefsiriyle ilgili olarak da böyledir; çünkü bu çok derin sözleri tamamıyla açıklamanın, tamamen açıklamanın yolu henüz yaratılmadı. Ancak yine de tefsirimde her hangi bir kişinin de Zohar Kitabı'nın kendisine dalıp, inceleyip, yükselebileceği bir yol ve giriş inşa ettim; zira sadece o zaman bu tefsirle ilgili hedefim tamamlanmış olacak.

59. Zohar Kitabı'nın giriş ve çıkışlarını bilenlerin tümü, yani içinde yazılmış olanları anlayanlar hep birlikte Zohar Kitabı'nın bilge Kabalist Şimon Bar Yohai tarafından yazıldığında hemfikirler. Sadece bu ilimden uzak olan bazıları bu nesilden şüphe edip, bu ilme karşı olanların uydurma hikâyelerine güvenerek, kitabın yazarının Kabalist Musa De Leon ya da çağdaşlarından başkaları olduğunu söyleme eğilimi gösteriyorlar.

60. Bana kalırsa, bu kutsal kitaba bir bakışla Yaradan'ın ışığı bana bahşedildiği günden beri onun çıkış yerini sorgulamak aklımdan bile geçmedi, tek sebebiyse kitabın içeriğinin kalbime tüm diğer bilgelerden daha çok Tanna Raşbi'nin (Kabalist Şimon Bar Yohai) Erdemliliğini getirmesidir. Eğer kitabın yazarının Kabalist Musa De Leon gibi başka bir isim olduğunu açıkça görseydim o zaman Kabalist Musa De Leon'un Erdemliliğini Raşbi de dâhil tüm diğer bilgelerden daha çok överdim.

Aslında kitaptaki ilmin derinliğine göre muhakeme edersek eğer kitabın yazarının kırk sekiz peygamberden biri olduğunu açıkça görsem "Bilgelerden biriyle ilişkilendirmekten daha kabul edilebilir." kanaatinde olurdum. Dahası, eğer kitabı Hz. Musa'nın Sina Dağı'nda Yaradan'dan edindiğini bilsem o zaman kafam gerçekten de rahat olurdu, zira böyle bir derleme ona lâyık. Dolayısıyla her inceleyenin kitapta yazılı olanlardan oldukça çok anlayış edinebileceği yeterli bir yorum derlemekle bağışlandığımdan dolayı bu sorgulamayla daha fazla uğraşmaktan tamamen muaf olduğumu düşünüyorum, zira Zohar'la ilgili bilgisi olan herkes Raşbi'den daha düşüğüne razı olmayacaktır.

61. Benzer şekilde şöyle bir soru çıkar: "Zohar neden erdemliği şüphesiz sonrakilere göre daha yüce ve değerli olan önceki nesillere ifşa edilmemiştir?" Şöyle de sormamız lazım: "Zohar Kitabı'nın tefsiri neden Ari'nin döneminden önce ve ondan önce gelen Kabalistlere ifşa edilmemiştir?" En şaşırtıcı soru şudur: "Ari'nin sözlerinin ve Zohar'da yazılanların tefsirleri, Ari'nin döneminden bizim neslimize kadar neden ifşa edilmemiştir?"

Cevap şudur ki var oluşunun altı bin yılı boyunca dünya üçe bölünmüş bir Partzuf gibidir: Roş (baş), Toh (gövde), Sof (son), yani HBD (Hohma, Bina, Daat- okunuş: HaBaD), HGT (Hesed, Gevura, Tiferet- okunuş: HaGaT), NHY (Netzah, Hod, Yesod- okunuş: NeHiY). Bilgelerimiz şöyle yazdılar, "İki bin yıl Tohu (kaos), iki bin yıl maneviyat ve iki bin yıl Mesih'in zamanı."

Roş ve HBD olarak kabul edilen ilk iki bin yılda ışıklar çok küçüktü. Bunlar sadece Nefeş Işığı'na sahip Guf'u (beden) olmayan Roş olarak kabul ediliyordu. Bunun nedeni ışıklar ve kaplar arasında zıt bir ilişki olmasındandır: Kelim (kaplar) ile kural

MANEVİ EDİNİM ZAMANI

her Partzuf'da ilk olarak Kelim'in önce büyümesidir ve ışıklarla bunun tersidir – küçük Işıklar Partzuf'da önce kıyafetlenirler.

Dolayısıyla sadece üst parçalar Kelim'de, Kelim HBD, oldukları sürece sadece en küçük ışıklar olan Nefeş Işıkları orada kıyafetlenir. İlk iki bin yılın Tohu kabul edilişi bu sebepledir. HGT'nin Kelim'i olan dünyanın ikinci iki bin yılında Ruah Işığı iner ve dünyada kıyafetlenir ki bu manevi ilim kabul edilir. Bu nedenle iki orta bin yılın ilim olduğu söylenmiştir. Son iki bin yıl NHYM'nin (Netzah, Hod, Yesod, Malhut- okunuş NeHiYM) Kelim'idir. Dolayısıyla, o dönemde dünyada daha büyük olan Neşama Işığı kıyafetlenir bu nedenle bu dönem Mesih'in zamanıdır.

Her bir Partzuf'daki işleyiş de böyledir. Hazeh'inden (göğüs) geçerek HBD, HGT kaplarında ışıklar örtünürler ve Hasadim üzerinde ışımaya başlamazlar ki bunun anlamı yüce Hohma Işığı'nın görüntüsünün sadece Hazeh'den aşağıya, NHYM'sinde ortaya çıkmasıdır. Bu nedenle NHYM'nin Kelim'i sonuncu iki bin yıl olan dünyanın Partzuf'unda kendini göstermeye başlamadan önce bilhassa Zohar'ın ilmi ve genel olarak Kabala ilmi dünyadan gizlenmişti.

Ancak, Ari döneminde Hazeh'in altında Kelim'in tamamlanma zamanı yaklaştığında yüce Hohma Işığı o muazzam ışığı almaya hazır olan Kabalist İsak Luria'nın (Ari) ruhu vasıtasıyla dünyada ifşa edilmiştir. Dolayısıyla Ari Zohar Kitabı'ndaki ana hatları ve Kabala ilmini kendisinden öncekilere gölge düşürene dek ifşa etti.

Bununla beraber, bu Kelim tamamlanmadığından dolayı (zira Ari 1572'de öldü) dünya henüz onun sözlerini keşfedecek değerde değildi ve onun kutsal sözleri sadece seçilmiş birkaç kişi tarafından biliniyordu ki onların da bunları dünyaya anlatmaları yasaklanmıştı.

Şimdi bizim neslimizde, son iki bin yılın sonuna yaklaştığımızdan dolayı bizlere onun sözlerini ve Zohar'da yazılanları dünyanın her tarafına büyük ölçüde ifşa etmemiz için izin verildi, öyle ki bizim neslimizden itibaren Zohar'ın sözleri dünyada giderek ifşa olacak, ta ki Yaradan'ın arzuladığı gibi tamamı ifşa olana dek.

62. Şimdi son nesle göre ilk neslin faziletlerinin gerçekten de sonu olmadığını anlayabilirsiniz, zira dünyaların ve ruhların tüm Partzufim'inde (Partzuf'un çoğulu) kural budur, yani daha arı olan Partzuf'a önce seçilir. Dolayısıyla dünyada ve ruhlarda daha arı Kelim, HBD, önce seçilmişti.

Bu nedenle ilk iki bin yıldaki ruhlar daha yüksekteler. Ancak dünyadaki ve kendi aralarındaki alt parçaların eksikliğinden dolayı HGT NHYM olan ışığın tamamını alamıyorlardı.

Sonrasında, iki orta bin yılda, HGT'nin Kelim'i dünyaya ve ruhlarda seçildiğinde ruhlar kendi aralarında gerçekten de çok arı idiler. Bunun nedeni HGT'nin Kelim'inin faziletinin HBD'ninkine yakın olmasıdır. Ancak Hazeh'den aşağıda Kelim'in eksikliğinden dolayı ışıklar dünyada ve ruhlarda hâlâ gizlenmişlerdi.

KABALA BİLİMİ

Dolayısıyla bizim neslimizde ruhların özü en kötü olmasına rağmen -ki zaten bu yüzden şimdiye kadar Kutsallık için seçilemediler- dünyanın Partzuf'unu ve Kelim'e göre ruhların Partzuf'unu tamamlayan onlardır ve çalışma sadece onlar aracılığıyla tamamlanır.

Bunun nedeni artık, NHY'nin Kelim'i tamamlandığında ve tüm Kelim, Roş, Tof, Sof, Partzuf'dayken Roş, Toh, Sof'daki ışığın tamamının şimdi tüm layık olanlara yani tam NRN'ye uzanmasıdır. Dolayısıyla sadece bu rütbece aşağıdaki ruhların tamamlanmasından sonra en üst ışıklar ortaya çıkabilir, daha önce değil.

63. Aslında şu soruyu bilgelerimiz bile sordu. Kabalist Bapa, Abayei'ye sordu: "İlkler nasıl farklıydılar ki onlara bir mucize oldu ve bizler nasıl farklıyız ki bize bir mucize olmuyor? Çalışmadan dolayı mı? Kabalist Yehuda zamanında, tüm çalışma Nezikin'di, bizler ise altı cildi öğreniyoruz ve Kabalist Yehuda, Okatzin'e daldığında şöyle dedi, 'Burada Kabalist'i ve Şumuel'i gördüm.', hâlbuki biz Okatzin'de on üç Yeşivot (toplantı) öğreniyoruz. Ve Kabalist Yehuda ayakkabısının birini çıkardığında yağmur yağdı, hâlbuki bizler ruhlarımıza ızdırap çektirip, yakarıyoruz ve kimse farkımıza varmıyor." Şöyle cevap aldı: "İlkler ruhlarını Yaradan'ın kutsallığına verdiler.'"

Dolayısıyla soran için de cevaplayan için de ışık ve ilim bakımından ilklerin kendilerinden daha önemli olduğu apaçık olmasına rağmen, Kabalist Bapa ve Abayei ilklerden daha önemliydi. Bu yüzden, ilk nesiller ruhlarının özünde sonraki nesillerden daha önemli olmalarına rağmen, içsellik açısından arınmış olanlar dünyaya önce gelmek için seçildiklerinden, sonraki nesillerde artarak ifşa olmuştur. Böyle olması bahsettiğimiz nedenden ötürüdür, yani tüm (genel) ölçü özellikle sonrakiler tarafından tamamlanmıştır. Bu nedenle kendi özleri çok daha kötü olmalarına rağmen onlara daha tam ışıklar uzatılmıştır.

64. Dolayısıyla şöyle sorabiliriz, "O zaman neden ifşa olmuş yazılarda ilklerle hem fikir olmamak yasaklanmıştır?" Çünkü sevabın uygulamalı yanı söz konusu olduğunda bunun tersidir, ilkler sondakilerden daha tamdılar. Bunun nedeni eylemin Sefirot'un kutsal Kelim'inden genişlemesi ve ışığın sırları ve sevabın tatları Sefirot'daki ışıklardan genişlemesidir.

Işıklar ve Kelim arasında zıt ilişki olduğunu zaten biliyorsunuz: Kelim'de üst dereceler önce büyür (Madde 62'ye bakın), bu nedenledir ki uygulamalı kısımda ilkler sondakilerden daha bütündüler. Ancak alt derecelerdekinin ilk girdikleri yerdeki ışıklarda, sondakiler ilklerden daha tamamlanmıştır.

65. Her şeyde içsellik ve dışsallık olduğunu aklınızda tutun. Genelde dünyada, Yaradan'a doğru -İbrahim, İsak ve Yakup'un nesilleri- dünyanın içselliği olarak kabul edilir ve yetmiş millet ise dünyanın dışsallığı olarak kabul edilir. Ayrıca bu halkın kendi içinde de içsellik vardır ki bunlar Yaradan'ın gayretli çalışanlarıdır ve dışsallık vardır -Yaradan için çalışmaya kendilerini adamayanlar. Diğer halklar arasında da içsellik vardır ki bunlar "Dünya Uluslarının Erdemlileri"dir ve dışsallık vardır ki bunlar onların arasında seviyesiz ve zararlı olanlardır.

MANEVİ EDİNİM ZAMANI

İlaveten, Yaradan'ın, kendilerini Yaradan'a yönlendirenler arasındaki hizmetkârları arasında da içsellik vardır, bunlar maneviyatın içselliğinin ruhunu ve onun sırlarını anlamak ile ödüllendirilirler ve dışsallık ise sadece eylem olarak uygulamalı kısmını izleyenlerdir.

Ayrıca halkın her bireyinin içinde içsellik vardır; içteki Yaradan'a doğru olan o parça ki bu kalpteki noktadır ve dışsallık da "Dünyanın İç Ulusları"dır, bedenin kendisidir. Ancak kişinin içindeki dünyanın iç ulusları" bile yön değiştirmiş sayılır; zira içselliğe tutunarak, dünya ulusları arasından yön değiştirenler gibi olurlar ve gelip Yaradan'a yönelmiş olanlara tutunurlar.

66. Kalbini Yaradan'a yönelten bir kişi, içindeki kalpteki nokta olan içselliğini, içindeki dünya ulusları olan dışsallığın üzerine yükseltip, yücelttiği zaman tüm halkın dünyanın içselliğinde ve dışsallığında da yukarı doğru hızla yükselmesini sağlar. Yani kişi, ruhuna faydası olsun diye çabasının büyük kısmını içselliğini geliştirmeye ve yüceltmeye adarsa ve içindeki dünya uluslarını yani bedensel ihtiyaçlarını devam ettirmek için sadece gerektiği kadar, en az çabayı harcarsa, dışsallık olan dünya ulusları, Yaradan'a doğru yönelenlerin değerini fark ederler ve onu tanırlar. Atalar 1'de şöyle yazılmıştır, "Maneviyatınızı kalıcı, çabanızı geçici kılın."

Allah korusun, eğer bunun tersi olursa ve kalpteki noktası olan bir kişi, dışsallığına yani içindeki dünya uluslarına, içindeki Yaradan'a doğru olan eğilime kıyasla daha çok değer verip yüceltirse, "içindeki yabancı", yani o kişinin içindeki dışsallık yükselir de hızla tırmanırsa ve sen kendin, içselliğin, içindeki kalpteki nokta dibe inerse ne olur? Bu hareketlerle, kişi genel olarak dünyanın dışsallığının -dünya uluslarının- hiç olmadığı kadar yükselerek içselliği alt etmesine, onların seviyesini yere indirmesine ve Yaradan'a doğru dünyanın içselliğinin çok derinlere inmesine neden olur.

67. Bir kişinin hareketlerinin tüm dünyayı yükseltmesine veya alçaltmasına şaşırmayın; çünkü genel ve özelin (bütünün parçası), bezelye kabuğundaki iki bezelye tanesi gibi eşit oldukları değişmez bir kanundur ve genele atfedilen her şey özele de atfedilir. Dahası, parçalar bütünde bulunanı oluştururlar ve ancak parçaların miktarına ve kalitesine bağlı olarak, parçalar ortaya çıktıktan sonra genel olan da ortaya çıkabilir. Sonuç olarak, bir parçanın hareketinin değeri, bütünün tamamını yükseltir veya düşürür.

Bu, Zohar'da yazılanları size açıkça gösterecektir; onlar, Zohar Kitabı ve gerçeğin ilmiyle iştigal ederek, sürgünden (Tikkunim (Islahlar), Tikun'un (Islahın) sonu Sayı 6) tamamen kurtuluş ile ödüllendirilecekler. Şöyle sorabiliriz: Zohar çalışmanın ruhu bencil arzulardan arındırmaklala ne alakası var?

68. Yukarıda yazılanlardan, manviyatın da tüm dünya gibi içsellik ve dışsallık içerdiğini açıkça anlayabilirsiniz. Dolayısıyla manevi ilmi çalışan kişi de bu iki dereceye sahiptir. Kişi, maneviyatın sırlarının içselliğindeki çabasını artırdığı ölçüde, kalpteki nokta olan dünyanın içselliğine dair erdemin, dünya ulusları olan dünyanın dışsallığının yukarısına hızla yükselmesini sağlar ve tüm uluslar, Yaradan'a yönelenlerin

onların üstündeki değerini bilecek ve tanıyacaktır, ta ki şu sözler gerçekleşene dek: "…ve insanlar onları alacaklar ve yerlerine getirecekler ve Yaradan'ın evi onlara Yaradan'ın topraklarında sahip olacak." "Böylece Yaradan der ki: "Bakın, elimi uluslar için kaldıracağım ve halklar için standardımı oluşturacağım ve onlar kollarında senin oğullarını getirecekler ve senin kızların onların omuzlarında taşınacak."

Ancak, Allah korusun, eğer Yaradan'a doğru olanlardan bir kişi, sadece eylem kısımıyla ilgilenen dışsallığının avantajlarına bakarak, ruhlarımızın ve derecelerinin yönlendirilmesiyle ve sevabın algısı ve tatlarıyla ilgilenen içselliğine ve sırlarına dair erdemliği alçaltırsa bunun tersi olur. Ayrıca eğer kişi, zaman zaman ilmin içselliğiyle iştigal eder ve sanki gereksiz bir şeymiş gibi gece ya da gündüz zamanının az bir kısmını buna adarsa bunu yaparak dünyanın içselliğini alçaltmak ve küçümsemekle kalmaz, dünyanın dışsallığını içselliğin üzerinde yükseltmiş olur. Allah korusun, dışsallığa bağlı olanlar, içselliğe bağlı olanları küçültür, aşağılar ve sanki dünyanın maneviyata ihtiyacı yokmuş gibi onları gereksiz görür.

Dahası, bununla, dünya uluslarının dışsallığı bile kendi içselliği üzerinde hâkimiyet kurar; zira dünya uluslarının içindeki en kötüler, zarar verenler ve dünyayı tahrip edenler, dünya uluslarının erdemlileri olan içselliklerinin üzerine çıkarlar. Sonrasında ise neslimizin tanık olduğu tüm yıkım ve çirkin kıyımları yaparlar, bu andan sonra Yaradan bizi korusun.

Dolayısıyla görüyorsunuz ki, Yaradan'a doğru olanların kurtuluşu ve yükselişi, Zohar'ı ve ilmin içselliğini çalışmaya bağlıdır ve tersi olarak, halkın tüm yıkımı ve düşüşü, ilmin içselliğini bırakmalarından dolayıdır. Manevi ilmin içselliğinin Erdemliliğini küçültmüş ve onu görünüşte gereksiz kılmışlardır.

69. Zohar'ın Tikkunim'inde (ıslahlar) (Tikun 30) bu yazar: "Uyanın ve Yaradan için yükselin, zira o içinizde olmasına rağmen onu bilmenin ve edinmenin anlayışının bulunmadığı, boş bir kalbe sahipsiniz." Bunun anlamı şöyle yazılmıştır, Yaradan'a yönelen her bir kişisinin kalbinde, yakarmak ve Yaradan'ın katına yükseltmek adına dua etmek için bir ses küt küt atar ki bu halktaki tüm ruhlarının bir araya gelmesidir. Ancak kutsallık şöyle der: "Kendimi yerden kaldıracak gücüm yok, zira 'hayat saman gibidir', onlar sanki saman ve ot yiyen hayvanlar gibidir." Bu, onların sevabı akılsızca, hayvanlar gibi uyguladıkları anlamına gelir."…ve bu nedenle tüm fazilet topraktaki çiçek gibidir, yaptıkları tüm iyi işler kendileri içindir."

Bu, sevabı uygularken, bunu Yaradan'ına mutluluk verme niyetiyle yapmadıkları anlamına gelir. Tersine, sevabı sadece kendilerine fayda sağlamak amacıyla uygularlar ve aralarından tüm zamanlarını kaynaklarla iştigal etmeye adayan en iyileri bile, bunu arzulanan amaçtan -Yaradan'a mutluluk vermekten- yoksun olarak, sadece kendi bedenlerinin iyiliği için yaparlar.

O dönemin nesliyle ilgili şöyle denir: "Ruh ayrılır ve dünyaya dönmeyecektir.", yani "…zira yeryüzü Yaradan'dan haberdar olacaktır." sözlerini yerine getirmek

MANEVİ EDİNİM ZAMANI

için, tam ıslaha dek halkı tüm sorunlarından koruması gereken Mesih'in ruhundan bahsetmektedir. O ruh gitti ve dünyayı aydınlatmıyor.

Mesih'in ruhunun bu dünyadan ayrılmasına ve dönememesine neden olanlar için üzülün. Onlar, hiçbir anlayış ve mantık damlası olmaksızın manevi ilmi kurutanlardır. Onlar, kendilerini fiziksel eylemlere hapsetmişlerdir ve Kabala ilmini anlamayı, yazıların sırlarını ve sevabın tadını öğrenmeyi ve anlamayı denemeyi arzulamazlar. Onlar adına üzülün, zira bu aksiyonlarla onlar dünyaya yoksulluk, yıkım, hırsızlık, öldürme ve kaosun varlığını getiriyorlar.

70. Daha önce açıkladığımız gibi, onların sözlerinin nedeni şudur: Dini vecibelerle iştigal edenler, kendi içselliklerini ve ilmin içselliğini küçülterek sanki dünyada gereksiz bir şeymiş gibi bırakırlarsa ve duvarı arayan kör gibi sadece ne gece ne gündüz olan, az bir zaman ayırırlarsa bu şekilde kendi dışsallıklarını, kendi bedenlerinin iyiliğini güçlendirirler. Ayrıca dışsallığını içselliğinden daha yukarıda sayarlar ve bu aksiyonlarla her biri, kendi özüne göre, dünyadaki tüm dışsallık formlarının, dünyanın tüm içsel kısımlarına üstün gelmesine neden olurlar.

Böyle olmasının nedeni, halkın tümündeki dışsallığın, yani içlerindeki dünya uluslarının, halkın tümündeki içselliği, yani iyiliği yok etmesi ve hükümsüz kılmasıdır. Ayrıca dünya uluslarındaki dışsallık -aralarındaki bozguncular- güçlenerek, dünya uluslarının erdemlileri olan içselliği aralarında yok ederler.

Böyle bir nesilde, dünya uluslarının aralarındaki tüm bozguncular kafalarını yükseltip, öncelikle Yaradan'a doğru olanları yok etmek ve öldürmek isterler. Şöyle yazıldığı gibi: "Tüm felaket dünyaya sadece Yaradan'a yönelenler için gelir." Bu, yukarıdaki ıslahlarda yazıldığı gibi, onların tüm dünyada yoksulluk, yıkım, hırsızlık, cinayet ve kargaşaya neden olduğu anlamına gelir.

Pek çok yanlıştan geçerek, yukarıda Tikunim'de bahsedilen her şeye tanıklık ettik ve dahası, bu yargı en iyilerimizi vurdu, bilgelerimizin dediği gibi (Baba Kama 60), "...ve önce erdemlilerle başlar." Kabalistlerin Polonya ve Litvanya ülkelerindeki görkeminden geriye sadece kalıntı hatıralar kalmıştır. Şimdi bu korkunç yanlışı düzeltmek bize, bu kalıntı hatıralara bağlıdır. Kalanlarımızın her biri, kendisi, kalbi ve ruhu ile bundan böyle manevi ilmi güçlendirmeyi ve onu dışsallığı üzerindeki üstünlüğüne göre doğru yerine koymayı üstlenmelidir.

Sonrasında, her birimiz kendi içselliğimizi, yani kalbimizdeki o noktayı, ruhun ihtiyaçlarını kendi dışsallığımızın üzerinde, yani bizimle olan dünya uluslarının, bedenin ihtiyaçlarının üzerinde güçlendirmekle ödüllendirileceğiz. Bu güç tüm halka gelecek, ta ki içimizdeki tüm dışsallık, manevi ilmin yüce bilgelerinin Erdemliliğini tanıyıp, kabullenip, onları dinleyene dek.

Ayrıca, dünya uluslarının içselliği, dünya uluslarının erdemlileri, bozguncular olan dışsallıklarını yenecek ve onlara galip gelecek ve kalpteki noktalar olan dünyanın içselliği de uluslar olan dünyanın dışsallığı üzerinde tüm değer ve erdemliğiyle yükselecek. Sonra, dünyanın tüm ulusları ruhun üzerlerindeki yüceliğini tanıyıp kabul edecek.

KABALA BİLİMİ

Sonra şu sözleri izleyecekler: "...ve insanlar onları alacaklar ve yerlerine getirecekler ve Yaradan'a doğru olanlar onlara Yaradan'ın topraklarında sahip olacak." Ayrıca yazılmıştır: "...ve onlar kollarında senin oğullarını getirecekler ve senin kızların onların omuzlarında taşınacak." Zohar'da (Nasoh, sayfa 124b) yazılan budur; "Bu derleme vasıtasıyla...", ki bu Zohar Kitabı'dır, "...sürgünden merhametle kurtarılacaklar." (Egoist alma arzularından kurtarılacaklar). Böyle olması için dua edelim.

MANEVİ EDİNİM ZAMANI

HİZMETÇİ HANIMININ VARİSİDİR

Bu derinlemesine açıklama gerektiriyor. Konuya herkes için açıklık getirmek adına, bize görünen ve bu dünyanın işleyişinde bize uzanan ile yorumlayacağım.

Dışsallığın İçselliği

Kökler ve dalların açıklamasında yazdığı gibi, konu şu ki üst kökler dalları bu dünyada görünene dek güçlerini uzatırlar. Bir bütün olarak, dünyalar içsel ve dışsal olarak kabul edilir. Bu, kimsenin kaldıramadığı ve bir yerden diğerine taşıyamadığı ağır bir yüke benzer. Bu nedenle, yükü küçük parçalara bölmek ve teker teker taşımak önerilir.

Bizim konumuza benzer; zira kişinin ruhu gibi küçücük bir kıvılcım ediniminde yardımcı meleklerden daha üste yükselebildiğinden yaratılışın amacı paha biçilmezdir; bilgelerimizin "Şimdi halk ve Yakup'a: 'Yaradan neyi biçimlendirdi!' denilecek." sözüyle ilgili söyledikleri gibidir. Bunu üst meleklerin O'na yönelenler için "Yaradan neyi biçimlendirdi?" sorusunu soracakları şeklinde yorumladılar.

Kalpteki Nokta'nın Birer Birer Evrimi

Bu armağan bize teker teker gelişerek gelecek. Yukarıdaki benzetmede olduğu gibi; ancak parçalara bölüp teker teker kaldırırsak en ağır yük taşınabilir. Sadece genel amaç bu şekilde gelmez bize, genel amaç için hazırlık olan fiziksel amaç da zaman içinde ve yavaş gelişimle gelir.

Bu nedenle, dünyalar içsel ve dışsal olarak bölünmüştür ve her bir dünya yavaş gelişim içinde işleyecek aydınlanmalar içerir. Bunlara "dünyanın içselliği" denir.

Dünyevi Arzuların (Dışsallık) Eşzamanlı Evrimi

Bunların tersinde sadece eşzamanlı hareket edebilen aydınlanmalar vardır. Bu nedenle dünyevi dallarında ortaya çıktıklarında ve kontrol verildiklerinde ıslah olmadıkları gibi yıkarlar da.

Bilgelerimiz buna "olgunlaşmamış" derler; Bilgi Ağacı ve Adam HaRişon'la ilgili "Olgunlaşmamış meyveyi yediler." denildiği gibi. Bu, onun hala büyüdüğü ve geliştiği için şimdi değil, ama gelecekte insana haz vermesi planlanmış, çok nefis bir tat olduğu anlamına gelir. Bu nedenle onu olmamış bir meyveye benzettiler; zira en tatlı, lezzetli meyve olan incir de ham yenilirse kişinin midesine dokunur ve kişi ölür.

Aslında sormamız lazım, "Böyle bir edimi dünyaya getiren kimdir?" Sonuçta bir üst kökün uzantısı olmadan dünyamızda hiçbir hareketin olmadığı biliniyor. Buna "dışsallığın hâkimiyeti" dediğimizi bilin, "Yaradan birini, diğeri gibi yarattı." sözlerinde olduğu gibi. Bu, kışkırtan ve içselliğin hâkimiyetinin ifşasına doğru hızla akan bir güç içerir; bilgelerimizin dediği gibi, "Onların başına Haman gibi bir kral koydum ve o, onların pişmanlık duymasını sağlayacak."

İçsellik Kalpteki Noktası Olanlardır

Üst kökleri açıklığa kavuşturduktan sonra bu dünyadaki dalları açıklayacağız. İçsellikten uzanan bir dalın, genel amaç ve ıslahın uygulayıcısı olarak seçilmiş bir halkı olduğunu bilin. Bu dal, ortak amacı gerçekleştirmek için dünya uluslarını harekete geçirene dek büyümek ve gelişmek için hazırlığa sahiptir.

Dışsallık Dünyevi Arzulardır

Dışsallıktan uzanan dal dünya uluslarıdır. Amacın gelişimini teker teker almaya değer nitelikler onlara verilmedi. Tersine onlar; üst köke göre, ıslahı tek seferinde ve tam olarak olmaya uygunlar. Dolayısıyla köklerinden hâkimiyet aldıklarında, içselliğin erdemlerini yok ediyorlar ve dünyada ıstıraba neden oluyorlar.

Köle ve Hizmetçi

Yukarıda açıkladığımız üzere "dışsallık" denilen üst kökler genelde "hizmetçi" ve "köle " olarak adlandırılır. Yüzeysel gözlemde görünebileceği gibi, bu hiçbir şekilde zarar verme niyetleri olmadığını göstermeyi amaçlar. Tersine bunlar içselliğe hizmet ederler, tıpkı efendilerine hizmet eden hizmetçi ve köle gibi.

Kalpteki Noktası Olanların Manevi Çalışmalarında Derinlik Talep Etmediği Zamanki Dışsal Yasa

Yukarıda bahsedilen dışsallık yasasına "kitleler arasında Yaradan'a doğru olanların sürgünü" denir. Bu yasa vasıtasıyla Yaradan'a doğru olması gerekenler üzerine pek çok ızdırap, aşağılanma ve yıkım formu yüklerler. Ancak kısaca söylemek gerekirse, biz sadece genel amaç olan genel gözlem aracılığıyla ifşa olanı açıklayacağız. Bu faydasız tapınma ve batıl inançtır, şöyle yazıldığı gibi: "Fakat kitleler ile birbirlerine karıştılar ve onların çalışmasını öğrendiler." Bu, Yaradan'a yönelenlerin ruhlarını yok eden en tehlikeli ve korkunç zehirdir; zira onların kibirlerini insan aklına yakın kılar. Bir başka deyişle, anlamak ve böylece çalışmalarının temellerini maneviyata aday olanların kalplerine yerleştirmek için fazla derinliğe gerek duymazlar ve kalpteki noktası olan bir insan onların saçmalıklarını anlamaya uygun olmasa da sonunda yaygaracıları kurallara aykırı olarak puta tapma ve kirliliğe ikna ederler, ta ki kişi "Tüm yüzler eşittir." diyene dek.

Kabala'nın Gizlenmesinin Nedeni

Şimdi bilgelerimizin dedikleriyle birlikte gizli ilmin dışarıdaki gözlerden gizliliği konusunu anlayabilirsiniz: "Bir putpereste manevi ilim öğretilmemeli." Bu ve Tanah Debei Eliyahu'nun (Milattan sonraki yıllarda büyük bir bilge) "Bir putperest, bir köle ve bir hizmetçi bile oturup maneviyatı çalıştığında, Kutsallık onların arasındadır." sözleri arasında bir tezat görünüyor. Öyleyse neden bilgeler putperestlere manevi ilmin öğretilmesini yasakladılar?

Putperestlere Manevi İlmi Öğretmek

Aslında Tanah Debei Eliyahu; dine dönmüş bir putperestten ya da en azından putperestlikten, batıl inançtan vazgeçmiş bir putperestten bahsediyor. Bilgelerimiz ise, tersine, putperestlikten vazgeçmemiş kendi tapınmalarını güçlendirmek ve desteklemek amacıyla manevi ilmin prensiplerini bilmek isteyen bir putperestten bahsediyor. Şöyle diyebilirsiniz: "Bizim manevi çalışmamızdan dolayı kendi putperestliğine daha düşkün olmuş bir putperest ile neden ilgilenelim? Eğer bir faydası yoksa ne zararı olabilir ki?"

Raşbi'nin Göz Yaşları

Aslında gizli ilmin önemli bir sırrını açıklamadan önce Raşbi bunun için ağladı, şöyle yazıldığı gibi: "Kabalist Şimon ağladı 'Söylesem de üzülün, söylemesem de üzülün. Eğer söylersem günahkârlar putlarına nasıl hizmet edeceklerini bilecekler ve eğer söylemezsem dostlar bu sözü kaçıracaklar.'"

Raşbi sırrın putperestlerin ellerine geçmesinden ve onların bu kutsal aklın gücü ile putperestliklerini ifa etmelerinden korkuyordu. Bizim sürgünümüzü uzatan ve üzerimize tüm ızdırap ve yıkımları getiren şey budur; zira şimdi önümüzde görüyoruz ki dünya uluslarının bilgeleri Kabalistlerin tüm kitaplarını çalıştılar ve "ilahiyat" olarak adlandırılan ilimlerini inançlarını güçlendirecek hazlara dönüştürdüler.

Manevi İlmi Kitlelere İfşa Etmenin İki Zararı
İki zarar verdiler:

1. Tüm ilmin kendi kutsal ruhlarından edinilmiş olduğunu söyleyerek bizim giysilerimizle örtünmenin dışında, bu taklitçilik bizim sırtımızdan saygınlık kazandı. Böylece yanlış öğretilerini güçlendirdiler ve bizim kutsal manevi çalışmamızı yalanlamak için güç kazandılar.

2. Fakat bize daha büyük bir zarar geldi: Onların tanrı bilimlerini gözlemleyen kişi manevi çalışmayla ilgili bizim ilmimizden daha doğru ve gerçek görünen kavramlar keşfettiler.

Bunun böyle olmasının iki nedeni var:

İlki sayıca çok olmaları ve aralarında işlerini - eğitimsiz kişilere konuların nasıl kabul ettirileceğini - bilen büyük profesyonel dil bilimciler var. Dil bilimi dışsal öğretilerden gelir ve elbette sekiz milyarlık bir insan topluluğu bizim bir avuç topluluğumuza göre çok olduğundan sayıca daha çok ve daha büyük dil bilimciler çıkartabilir. Dolayısıyla onların kitaplarını inceleyen bir kişi doğru oldukları konusunda kararsız kalabilir, hatta daha da kötüsü elbette.

İkinci ve en önemli neden; Kabalist bilgeleri her yolla ilmi büyük kitlelerden kapalı kapılar ardına gizliyorlar. Her neslin bilgeleri kitlelere basit açıklamalar sunuyorlar ve onların gizli ilme yaklaşma ve dokunma arzularını her türlü oyunla reddediyorlar.

Söylersem Üzülün

Bunu konuların putperestlerin eline düşmesi korkusundan yapıyorlar, Raşbi'nin yazdığı gibi: "Eğer söylersem günahkârlar putlarına nasıl hizmet edeceklerini bilecekler." Sonuçta tüm dikkatli korumadan geçerek onlara sızan, bizlerin kaplarından çaldıklarının yüzünden küçük şeyler için bile çok acı çekiyoruz.

Kabala'nın Gizliliğinin Nedeni

Bu durum, bilgelerimiz gizli ilmi ifşa etselerdi nelerin ortaya çıkacağını açıklığa kavuşturuyor. Gizlediğimizden dolayı, sıradan bir kişi manevi çalışmanın sırlarının verilmesi için uygun olmadığı sürece ilmin bilgisine hiçbir şekilde sahip değildir. Dolayısıyla böyle bir kişi; özü bizim gizli, ilave edilmiş mükemmel yazılarımızdan çalınmış kavramlar karışımı olan teoloji üzerine lüzumsuz ilim ve açıklamalardan belli ki ilham alacak ve mutlu olacak. Kişi, bunu gördüğünde bizim pratik kurallarımızı reddediyor ve tamamen aykırı düşüncelere dalıyor.

Hizmetçi Hanımının Varisidir

Buna "Hizmetçi, hanımının varisidir." denir; zira hanımın gücü – içselliğin hâkimiyeti – bizim ilmimizin ve bilgimizin gücü iledir. Şöyle yazıldığı gibi: "Bizler seçilmişiz, ben ve sizin halkınız, yeryüzündeki insanların tümünün arasından." Şimdi hizmetçi öne çıktı ve ilmin varisi olduğu için halk arasında gururlanıyor ve onların bu gücünün sürgünde onların hâkimiyeti altındaki kalbi uyananların ayaklarındaki kelepçeler olduğunu bilin.

MANEVİ EDİNİM ZAMANI

Sürgünün Kelepçeleri

Bu nedenle sürgün kelepçelerinin özü ve bunun gücü; tüm dikkatli korumalarımızdan geçerek, onların çalmayı başardıkları ve kendi kaplarına yerleştirdikleri manevi çalışma ve onun sırlarından gelir. Bununla manevi çalışmayı miras aldıklarını söyleyerek kitleleri yanlış yönlendirdiler ve kalbi uyananların ruhların üzerine kararsızlık ve yanlış düşünceler de atfettiler.

MESİH'İN BORAZANI

Ruhun Arınması Sadece Manevi İlimle

Bunun; tıpkı Zohar'da yazıldığı gibi, kalbini Yaradan'a doğru çevirenlerin yalnızca gizli ilim büyük oranda ifşa olduktan sonra günahlardan kurtarılacağı, yani ruhun arınacağı anlamına geldiğini bilmelisiniz "Bu bileşenle Yaradan'a yönelenler sürgünden kurtarılır." Bunun nedeni; o dönemde arınma için umut olmasıydı. Raşbi zamanında başlayıp Bar-Kokheva zamanında ortaya çıkan Zohar'da yazdığı gibi… Raşbi'nin öğretmeni olan Kabalist Akiva onunla ilgili şöyle dedi: "Yakup'tan bir yıldız çıkacak." Dolayısıyla Beitar yıkımından sonra büyük umut vardı.

Zohar'ı Yazmak ve Onu Gizlemek

Bundan dolayı Raşbi kendisine izin verdi ve gizli ilimi Zohar ve Tikunim kitaplarında ifşa etmesine rağmen, son derece dikkatliydi. Zira günahkârların üstatlarına nasıl hizmet edeceklerini bilmelerinden korktuğundan sadece halkın erdemli bilgeleri anlayabilsin diye. sadece üstü kapalı ifşa edebilen Kabalist Aba'ya izin verdi. Bu sebeple halkın kurtuluşu için vaktin çok erken olduğunu görür görmez, onu gizlediler. Bu, önceki Kabalistlerin zamanındaydı; çünkü önceki Kabalistlerin, konuları Zohar'da yazdığını görüyoruz.

Manevi İlimin İfşası Yaradan'ın Arzusudur

Gerçekten de Kabala'nın ortaya çıkması Yaradan'ın arzusuydu. Bu nedenle Kabalist Moşe de Leon'un dul eşine dolaşıp geldi. El yazmaları, ona eşinden kaldı ve Moşe de Leon da muhtemelen ifşanın yasak olduğundan hiç bahsetmedi ve dul eş de şans eseri satılığa çıkardı.

Halkın Sorunları Kabala'nın İfşasından Kaynaklanıyor

Gerçekten de Kabala'nın ifşası yukarıdaki nedenlerden dolayı bugüne dek halk içinde pek çok yıkıma neden oldu.

Kabala'nın İfşasının Faydası

İyi olmadan kötü olmaz. Bu nedenle yaratılışın sırlarını çalarak ulusların elde ettiği hükümdarlık kutsallığın gelişimi için büyük bir hamle oldu. Benim değerlendirmeme göre; bizler, arınmanın tam eşiğinde duran bir nesiliz ve keşke gizli bilgeliği kitlelere nasıl ulaştırabileceğimizi bilebilsek.

MANEVİ EDİNİM ZAMANI

İlk Fayda

"Zenginlikleri yuttu ve onları kusacak." gibi basit bir nedenin dışında, bu oğlum ve kayınpederim arasındaki ve öz ile dünyadaki tüm ulusların bütün bilgelerinin soyulduğu üst Klipa (kabuk) arasındaki farkı açığa çıkaracak. Çünkü halkın manevi ilmi inkâr eden tüm tarafları, Yaradan'a ve O'nun manevi çalışmasına kesinlikle geri dönecektir.

İkinci Fayda

Bir başka fayda daha var: Arınma için bir önkoşul olduğunu kabul ettik; yani dünyadaki tüm halklar yaratılışın kanunlarını bilecekler; tıpkı şöyle yazıldığı gibi: "...ve topraklar bilgi ile dolacak." Firavun'un da gerçek Yaradan ve O'nun yasalarını tanıyacağı ve onların ayrılmasına izin vereceği bir ön koşulun olduğu Mısır'dan sürgün örneğindeki gibi…

Manevi İlmi İnsanlara Anlatarak Kurtarılma

Bu nedenle her halkın bir erdemliye tutunacağı ve onun kutsal topraklara götüreceği yazılmıştır. Kendilerinin ayrılması yeterli değildi. Tüm insanların nereden böyle bir arzu ve fikir ile geldiğini anlamalısınız. Bunun gerçek ilmin dağıtımı vasıtasıyla olduğunu bilin; öyle ki onlar gerçeği ve gerçeklerini kesinlikle görecekler.

Kabala İlminin Tüm İnsanlara Anlatımı

Dağıtımın kitlelere yapılmasına "Şofar" denir. Tıpkı sesi büyük mesafe kat eden Şofar gibi, ilmin yankısı tüm dünyaya yayılacak; öyle ki insanlar duyacak ve erdemli bir halkta, kutsi bir ilim olduğunu kabul edecekler.

Kabala İlminin Tüm İnsanlara İfşası Hz. İlyas'ın (Eliyahu) İfşasıdır

Bu görev, peygamber Hz. İlyas'la ilgili söylenmişti; zira Yaradan'ın sırlarının ifşası her zaman "İlyas'ın ifşası" olarak addedilir. Şöyle söyledikleri gibi: "İlyas gelene dek dinlensin." ve "Tişbi (Hz. İlyas'ın doğduğu yer) sorunları ve problemleri cevaplayacak." Bu nedenle Mesih'in gelmesinden üç gün önce (bilinen bir şey) İlyas dağın tepesine çıkacak ve büyük bir şofar üfleyecek vs.

Manevi İlmi Tüm Uluslara İfşa Etmek Tam Kurtuluş İçin Önkoşuldur

Şu üstü örtülü ifadeleri anlamalısınız: Şofar konusu, sadece gizli ilmin kitlelere ifşa olmasıdır ki bu tam kurtarılıştan önce bir önkoşuldur.

Bu ilimde benim aracılığımla ifşa olunan kitaplar bunu kanıtlayacaktır; yani bu muazzam önemli konular herkesin görmesi gereken bir elbise gibi yayıldı. Bu, kurtarılışın eşiğinde olduğumuzun gerçek kanıtıdır ve şofarın sesi uzakta olmasa da çoktan duyuldu; zira hala çok yumuşak duyuluyor.

Gerçekten de her yücelik önce küçüklük gerektirir ve öncesinde küçük bir ses yoksa büyük bir ses de yoktur. Şofar için de durum böyledir; ses, giderek büyür ve bırakın adamakıllı anlamayı, bir elçi ve böyle sırları ifşa edecek bir yazar olmaya layık olmadığımı benden daha iyi kim bilebilir ki? Ayrıca neden Yaradan beni böyle yaptı? Tek neden, neslin buna layık olmasıdır; zira bu tam kurtarılışın eşiğinde duran son nesildir. Bu nedenden dolayı nesil, Mesih'in şofarını duymaya başlamaya layıktır ki bu, açıklandığı gibi, sırların ifşasıdır.

MANEVİ EDİNİM ZAMANI

KABALİSTLERİN KABALA İLMİ ÜZERİNE YAZDIKLARI

Manevi edinimde, korkuda ve ilimde yüce olup da ifşa olan ışığın hazineleriyle ruhlarını meşgul edecek pek çok şeye sahip olduklarından ve seviyelerinin yüceliğinden dolayı manevi çalışmaya ilgi duymayan insanlar görsek de bunun, sırların yoluna özlem adına içsel hissiyatı ve ruhunun baskısı olanların kalplerinin cesaret kaybetmesine izin vermeyin. Zira bu özlemin kişinin ifşa olan konulara yeteneğinin eksikliğinden geldiğine karar versek de ne olmuş yani? Sonuçta kişinin payına düşen budur; zira Yaradan kendisine dürüst ve gerçek çağrıda bulunan herkese yakındır.

Kabalist Raiah Kook, Orot HaTora (Manevi İlmin Işıkları), Bölüm 10, Madde 4

PARDES'de aylak dolaşmama kuralıyla ilgili olarak, kişi karnını et ve şarapla doldurmadığı sürece, sadece Manevi çalışmanın yasasının emrettiklerini yapmaya gelenlere söylenmeli. Ancak, içsel şeyleri öğrenmeye arzu ve özlem duyan kişi "kişi maneviyatı her zaman kalbinin istediği yerde öğrenmelidir" kuralı altındadır. Ve kişi yolunda güçlü olmalı ve öğrenip başarılı olacağını…ve ruhunun arzusunun O'nun Adını daimi olarak bilmeye bağlanacağını bilmelidir. Ve kişi öğrencilerin çoğunluğunun böyle olmadığını görse bile bunun onlar için doğru olduğunu bilmelidir ki dereceler boyunca yürüyene dek kutsallığı yok etmesinler. Bunun böbürlenme ve gururlanmayla ilgisi yoktur, sadece ruhun asaletinin bölünmeleridir.

Kabalist Raiah Kook, Orot HaTora (Manevi İlmin Işıkları), Bölüm 9, Madde 12

Çekingenlerin "Ben kuru bir ağacım ve ben kimim ki manevi ilmin kitaplarında yazan içsel kutsallığa yaklaşayım?" demesine izin vermeyin. Bunun nedeni, tüm erdemlilerin zaten bunun zamanımızda eğilimin tavsiyesi ve bir yalan olduğuna hemfikir olmalarıdır ve kişi hâlâ her şeyi anlamasa da Zohar'ın sözlerinin ruh için gücü vardır ve büyük, küçük Yaradan'a yönelen her insanın ruhu için, kişinin anlayış ve ruhunun köküne göre yaklaşılabilirdir.

Bakşvitz'li Kabalist Tzvi Hirş Horovitz, Hanhagot Yeşarot (Üst Rehberlik), Madde 5

Bu nesildeki insanlar sözlerimi dinleselerdi Zohar Kitabı'nı ve Tikunim'i (Islahlar) çalışırlardı ve dokuz yaşındaki çocuklarla bunlar üzerine düşünürlerdi.

Komarno'lu Kabalist İsak Yehudah Yehiel, Notzer Hesed (Merhameti Korumak), Bölüm 4, Öğreti 4

KABALA BİLİMİ

Zohar'ı çalışmada kısıtlama yoktur; çünkü çoğunlukla yorumlardır. Hafetz Haim; her Cumartesi, herkesi, hatta bekâr erkekleri bile, o Paraşa'nın (Maneviyatta haftalık bölümün çalışması) Zohar'ını çalışmaya davet ederdi.

Pojin'li Kabalist Yusuf Ben Şlomo, Hosafot Binian Yusuf (Yusuf'un Binaya Katkıları)

Manevi ilmi bilmeden kişi hayvan gibidir, zira kişi sevabı sadece hareketlerden geçerek, tat almadan izliyordur. Bu saman yiyen hayvanlara benzer, insanların yiyeceklerinin tadı olmadan. Ve kişi, pek çok anlaşmayla meşgul önemli bir iş adamı bile olsa bu ilimle iştigal etmekten muaf edilmemiştir.

Ziditşov'lu Kabalist, Sur MeRa VeAseh Tov (Kötülükten Uzaklaşın, ve İyilik Yapın)

Manevi ilim sadece bir araçtır. Onunla iştigal etmek bir arzuyla olmalı, Yaradan'la derin Dvekut (bütünleşme) arzusuyla... Yaradan'ın mekânında başka hiçbir niyete izin verilmemiştir. Açıkçası, manevi ilmin öğrencileri eğer kalplerinde yanan Yaradan sevgisiyle ve O'na tutunma arzusuyla çalışırlarsa tüm varlıklarını dolduruyor olurlar, öğretinin içselliğiyle ilgili tek polemik olmaz. Hepsi Kralın mekânına koşar ve günlerinin büyük kısmını, hatta zamanlarının çoğunu manevi ilim ve Zohar'ı çalışarak geçirirlerdi.

PARDESS'in Yolu, cilt 11, Paraşat VaYişlah, Kasım 1996, Sayı 515/3

Manevi ilim Yaradan'ın bilgisini kazanmakla ilgilenir ki bu O'nun eşsizliğidir... Çünkü ilim iştigal etmek ve onu gerçekleştirmenin dışında kişi, Ad'ı bilir ve yaratılışın sırlarını ve iyiliklerin tatlarını edinir ki bunlar kendi içlerinde ruhu canlandırır. Böyle olmasının nedeni şudur; bunlar vasıtasıyla ruh güçlenir ve yaratıcısına bağlanır. Ayrıca bu çalışmadan sevapların doğru bir şekilde yerine getirilmesi çıkar, zira bunu bilenlerin kalplerini onu bütünüyle yapmak için heyecanlandırır.

Avodat HaKodeş (Kutsal Çalışma), "Amaç", Bölüm 70

Mesih zamanında kötülükler artar ve küstahlık ve ahlaksızlık karışık çoğunluk tarafından yönetilir. Ondan sonra Gizli Işık – Zohar Kitabı – Cennet'ten görünecek ve Ari'nin yazıları onu izleyecek ve bu öğreti onun ruhundaki kötülüğü kökünden sökecek. Üst ışığa tutunmayla ödüllendirilecek ve dünyadaki tüm erdemlerle ödüllendirilecek. Bu nedenle bu ışık ortaya çıktı.

Öğretinin içselliğindeki çalışmanızın özü çalışma esnasında ve tüm gün boyunca aydınlanmayı ve ruhunuzdaki tanrısal canlılığı edinmek olacaktır. Ari şöyle dedi: "O zaman sırlar ifşa olacak ve ilmin sırlarını öğrenmek ve O'na yönelenlerden herkese sırları ifşa etmek Yaradan'a haz verir."

Heihal HaBrahah (Kutsanma Mekânı), Devarim (On Emir Kitaplarının Beşincisi) 208

MANEVİ EDİNİM ZAMANI

Zohar Kitabı'nı çalışmak tüm öğretilerin üzerindedir ve ruh için büyük bir ıslahtır; zira manevi ilmin tamamı Yaradan'ın isimleridir. Buna rağmen hikâyelere bürünmüştür ve hikayeleri okuyanlar kelime anlamlarını düşünürler. Ancak Zohar Kitabı'nda sırların kendileri ifşa edilmiştir ve her ne kadar edinimin küçüklüğü ve edinilenin derinliğinden dolayı anlaşılmasa da okuyucu bunları öğretinin sırları olduğunu bilir.

Parmakla Göstermek, Madde 44

O zaman, neden Kabalistler her bir kişiyi Kabala ilmini çalışmaya mecbur ettiler? Aslında kendi içinde halka dağıtılmaya değer, büyük bir şey; çünkü Kabala ilmiyle ilgilenenler için paha biçilmez, muazzam bir şifa vardır. İnsanlar ne öğrendiklerini anlamasalar da neyi öğrendiklerini anlamak için özlem ve büyük bir arzu sayesinde ruhlarını saran ışıkları kendileri üzerine çekerler.

Bu; O'na doğru olan halkından herkesin sonunda Yaradan'ın yaratılış düşüncesinde her varlığa haz vermeyi hesapladığı tüm muhteşem edinimleri edinmeleri anlamına geliyor. Bu yaşamında ödüllendirilmeyen kişi bir sonraki yaşamında ödüllendirilecek ya da sonrakinde ta ki kişi kendi yaratılış düşüncesini tamamlayana dek.

Kabalist Yehuda Aşlag (Baal HaSulam), "On Sefirot'un İncelenmesine Giriş" Madde 155

Zohar Kitabı'nda Yaşayan Yaradan'ın sözleri üzerine düşünme erdemi ve bununla gelen her şey ve gerçeğin ilminin sözleri sınırsız ve paha biçilmezdir. Özellikle Ari'nin açık sözleriyle böyledir.

Eğer kişi derinlemesine inceleme yoluyla konunun kalbini anlamaya gelmemişse bile aralıksız çalışarak ışığın ve ilmin kapıları bütünlük içinde Yaradan yolunda yürüyen, ruhları Kralın mekânına yaklaşmayı arzulayanlara görünecektir. Dolayısıyla her gün bir iki saat bu ilimle uğraşmaya gönüllü olanlar kutsanacaktır. Yaradan iyi bir düşünceye bir hareket ekler ve bu maneviyatın sırlarında her zaman ve her gün Yaradan'ın saltanatı ve O'nun mekânında durma olarak kabul edilir.

Sadece öğretinin örtüleriyle ilgilenenler büyük hatadadırlar, Yaradan yardımcıları olsun ve Yaradan'ın talebi bırakıldığında ve hocaların çoğunluğu bunu bilmiyorsa ve tamamen kutsal ve değerli olmasına rağmen öğretiyi amacıyla birlikte sadece yasalara eklenmiş güzel sözler olarak değerlendiriyorlarsa bunlar ruhlarımızı aydınlatmayacaktır.

Kabalist Raiah Kook, Igrot (Mektuplar), Cilt 2, 8

Sadece bilgelerin öğrencilerinin kalplerini öğretinin içselliği ve Zohar öğretisini, diğer otantik kaynaklarda olduğu gibi, sıkı çalışmaya uyandırmak için yazıyorum. Ancak ruhlarının doğası gereği hepsi buna hazır değiller. Dolayısıyla yapamayan fakat kalbi hevesli olan kişi kesinlikle diğer kaynaklardaki güzel sözleri devam ettirmelidir.

KABALA BİLİMİ

Ancak Kabala ilmine girmeye muktedir kişi çalışmalarının çoğunluğunu Yaratıcısına adamalıdır.

Kabalist Raiah Kook, Igrot (Mektuplar), Cilt 1, 41-42

Gençler ya da kendilerini beceriksiz ve içsel ışık için az arzulu bulanlar en azından her gün bir iki saatlerini gerçeğin ilmine adamayı kural haline getirmeliler. Zaman içinde akılları genişler ve öğretinin özünü çalışmada büyük başarı da ortaya çıkar ve araştırmalarındaki güç birikir ve arı fikirler ve aklın genişlemesi büyür.

Kabalist Raiah Kook, Igrot (Mektuplar), Cilt 1, 82

Dincilik "Hayır! Sadece dini kaynaklar; efsane yok, değerler yok, içsellik yok ve araştırma yok." dediği sürece kendisinin önemini yavaş yavaş kaybeder. Hayatın gerçek iksirini almadan, yazıların içindeki ışığı açık ve karmaşık olanın -manevi çalışma ve ıslahının ifşasına- ötesine götürmeden, kendisini korumak için kullandığı tüm araçlar tüm nesillerde eğer büyüyen manevi köklerle desteklenmezse onu amacına götürmekte tamamen yetersizdir ve özellikle bizim neslimizde.

Kabalist Raiah Kook, Igrot (Mektuplar), Cilt 2, 232-233

Eğer Kabala ilmiyle sürekli sulamazsak dini vecibelerin çalışma nehrinin tek başına kuruyacağını haykıran gerçek peygamberlerin, tüm nesillerin en iyi bilgelerinin, erdemlilerin ve sonradan dinci olan Baal Şemtov'un öğrencileri, değer kurallarının bilgelerinin ve manevi çalışma ve sırların bilgelerinin seslerine önem vermezler.

Kabalist Raiah Kook, Orot (Işıklar), 101

Kurtuluş, sadece öğrenmeye çalışarak gelecek ve kurtuluş, öncelikle Kabala çalışmaktadır.

Vilna Gaon, Eşit Şilemah (Mükemmel ve Adil Ağırlık), Bölüm 11, Madde 3

Bu tertipte iştigal ederken, kişi kalpteki kıvılcımın gücüyle ruhların gücünü ve erdemlilerin gücünü uyandırır. Böyle olmasının nedeni bununla iştigal ederken ortaya çıkan ışığı -ki bu Işık bu tertibin oluşumu sırasında yaratılmıştır- yenilemeleridir. Kutsallık parlar ve o ışıktan aydınlatır, tıpkı ilk yaratıldığındaki gibi ve bununla iştigal eden herkes, Raşbi ve onun dostlarının tertibi meydana getirirken ifşa ettiği aynı faydayı ve o ilk ışığı tekrar uyandırır.

Or Yakar (Kıymetli Işık), Kapı 1, Madde 5

MANEVİ EDİNİM ZAMANI

Kutsal Zohar'ı çalışmak bedeni ve ruhu arındırır ve yakında bizim zamanımızda kurtuluşu getirmeye muktedirdir.

Kabalist Efraim İbraihmoğlu Ardot, Mateh Efraim (Efraim'in Değneği), Değneğin Ucu, Madde 23

Bu kutsal çalışmanın gücüyle sürgünden çıkacağız; başka bir şey değil, sadece bu çalışma ile. Bu çalışmanın ödülü öğrenmek ve tüm dini vecibelerin tamamından daha büyüktür. Eğer kişi ruhu bedeninden ayrıldıktan sonra bu ilimle iştigal ediyorsa kişi, tüm yargılamalardan muaftır. Sırlara göre ilmin sırlarını ve iyiliğin tatlarını öğrenmek için Kabala ilmiyle iştigal eden kişiye "Yaradan'ın oğlu" denir.

Sefer HaBrit (Akit Kitabı), Kısım 2, Makale 12, Bölüm 5

İlmi çalışmayan kişiler yabancı bir ülkede yaşıyordur. Bu; başka Tanrısı olmayan, arzusu büyüyen ve eğilimi yön değiştirip inanca şüphe getiren kişiye benzer. Ancak cesur olan ve Kabala ilmiyle iştigal eden kişinin Yaradan'ın yöntemine şüphesi olmayacaktır.

Ziditşov'lu Kutsal Kabalist, Sur MeRa (Kötülükten Uzaklaş), 69

Ve dönüp bir erdemli, Yaradan'nın hizmetkarı ile O'na hizmet etmeyeni ayırabileceksiniz: Yaradan'ın hizmetkarı öğreti ve Zohar'la iştigal edendir. O'na hizmet etmeyen sadece dini vecibelerle iştigal eder ve Zohar'la etmez.

Maayan Ganim (Bahçelerin Çeşmesi), Bölüm 1, Madde 2

Manevi çalışma korkusunun kalbinize gelmesine izin vermeyin, zira manevi çalışma ile 248 organ ve 365 bağ kutsallaşır ve günahtan arınır. Her bir organı kutsallaştırıp arındırabileceksiniz, kutsilik bir at arabası olacak sürgünün sonunu hızlandıracaksınız.

Heihal HaBraha (Kutsanma Mekanı), Bereşeet, sayfa 32

Zohar çalışmanın muktedir olduğu bilinmektedir. Zohar çalışmanın arzu yarattığını ve Zohar'ın kutsal sözlerinin Yaradan'nın manevi çalışmasını güçlü bir şekilde uyandırdığını bilin.

Breslev'li Kabalist Nahman, Kabalist Nahman'ın Konuşmaları, 108

Tüm Kabala çalışması sadece Yüksek Arzu'nun rehberliğini öğrenmektir; O'nun neden tüm varlıkları yarattığını, onlardan ne istediğini, dünyanın tüm evrelerinin sonunun ne olacağını ve bu kadar yabancı olan dünyanın tüm evrelerinin nasıl yorumlandığını... Bunun nedeni mutlak bütünlükte biten Yüksek Arzu'nun zaten

KABALA BİLİMİ

bu rehberliği hesaplamış olmasıdır ve bu ölçüler bizim Sefirot ve dünyalar olarak yorumladığımız şeylerdir.

Kabalist Musa Haim Luzzato (Ramhal), Daat Tvunot, sayfa 21

Kabala'yı sizden daha yüce olmayan biriyle çalışmak istemeyeceğinizi biliyorum ve Zohar Kitabı'nı çalışma dışında bunu bulamayacaksınız. Ancak her çalışma öncesi bunu alışkanlık olarak değil, Yaradan adına yapmaya içinizde karar verin. Unutmayınız ki her zaman aynı değildir: Eğer arı bir düşünceyle dua etmekle ödüllendirildiyseniz ve bazen küçük bir düşünceyle... Ancak hepsi Yaradan'a fayda sağlama düşüncesiyle bazı zamanlarda Yaradan için heveslen çalışabileceksiniz.

Kabalist Meşulam Feibuş, Yosehr Divrey Emet (İçtenlik, Gerçeğin Sözleri), sayfa 25

Eğer kişi dürüstçe ve günah işlemek korkusuyla çalışıyorsa çalıştıkça daha çok teslim olacaktır ve kendisini gerçekten daha da uzak bulacaktır ve kişinin günahtan korkuya gelmesi kesindir. Ancak kişi etkili sözler söyleyen, yargılama ve eğitmekte kuralları bilen, okumuş biri olmak için çalıştığında ne kadar çok çıkarımda bulunup, fikirler eklerse o kadar acı çeker ve kalbi ağırlaşır. Aslında bu nedenle; aptallar karanlıkta yürür, her türlü ihtira ve yalanların içinde ve istekli bir kalple yıllarını harcar.

Kabalist Meşulam Feibuş, Yosehr Divrey Emet (İçtenlik, Gerçeğin Sözleri), sayfa 39

O'na doğru olanların en küçük bilgesinin Yetzira'da bildiğini, ülkelerin hiçbir bilgesi bilmiyor ve öğretilerin geri kalanının faydası Yaradan'ı tanıma ilminin bir merdiveni olmaktadır.

Kabalist Musa Ben Nahman, Rambam'ın Yazıları, Torat H'Temima Makalesi (Yaradan'ın İlmi Mükemmeldir), sayfa 155

Kişi ışıkların ve ruhunun kaplarının isimlerinden bahsederek bu ilimle iştigal ettiğinde, bunlar belli bir dereceye kadar kişiyi anında aydınlatır. Ancak kişinin ruhunun içini örtmeden aydınlatırlar; zira onları alacak kaplar eksiktir. Bununla beraber kişi; bu çalışma sırasında, kişiye mükemmelliği daha yakınlaştıran kutsallık ve arınma katarak, her seferinde aldığı aydınlanma ile kendisine yukarıdan ihsan çeker.

Kabalist Yehuda Aşlag (Baal HaSulam), "On Sefirot'un İncelenmesi'ne Giriş", Madde 155

Bunu, kişinin deneyimlediği tüm reddedilmelerinin Yaradan'dan gelmesi izler. Hepsi kişiyi maneviyatta gelişmesi için teşvik eder ki durumuna razı olmasın. Bu reddedilmeler engelleri aşamadığı için yaptığı kötü işler için cezalandırmalar değildir. Tersine Yaradan; yakınlaştırmak istediklerine bu reddedilişleri kullanarak, kendisi yardım gönderir. Bu yardım, sadece bu dünyanın üzerine çıkmak için gerçek arzusu

MANEVİ EDİNİM ZAMANI

olanlara gönderilir. Böyle bir kişi; sürekli yanlışta olduğu, maneviyatta ilerlemediği gösterilerek yukarıdan yardım alır ve Yaradan'ın aksiyonlarının eşsizliğinin karşıtı düşünce ve görüşler gönderilir.

Kabalist Yehuda Aşlag (Baal HaSulam), Şamati (Duydum), Makale 1, "O'ndan Başkası Yok"

Kişi; asla Yaradan'la insan arasındaki bağın öneminin gerçek ölçüsünü bilemeyecek, çünkü bunun gerçek değerini anlayamaz. Tersine kişi, bunu takdir ettikçe önemini ve değerini edinir. Bunda güç vardır, zira bu aydınlanma kişiye daimi olarak verilebilir.

Kabalist Yehuda Aşlag (Baal HaSulam), Şamati (Duydum), Makale 4, "Ağırlığın Nedeni"

Kişisel zevklerden arınmaya gerek yok ve dışsallığı ıslah etmeye de... Dışsallığınızı değil, sadece içselliğinizi ıslah edin; zira sadece içselliğiniz ıslah olacak. İçselliğin bozuk olmasının en önemli nedeni gurur ve benmerkezciliktir. Eğer günahlarınızdan arınmak istiyorsanız dünyadaki en düşük ve en kötü insan olduğunuzu hissetmek için kişisel zevklerinizden ziyade benmerkezciliğinizi sıfırlamayla uğraşmalısınız. Ancak kişi; dikkat etmeli ve kendisini sadece bizim toplumumuz önünde, uygun kişilerin önünde alçaltmalıdır, yabancıların değil.

Kabalist Yehuda Aşlag (Baal HaSulam), Pri Haham (Bir Bilgenin Meyvesi), sayfa 75

Bir Kabala kitabı çalışın ve anlamasanız da Zohar'ın sözlerini söyleyin; zira onlar ruhunuzu arındırabilirler.

Kabalist Yakup Kabil Dua Kitabı, Bölüm "Çalışmadaki Niyet"

Öğretinin içselliği bedenin içselliğine hayattır ki bu ruhtur ve dışsallığı da bedenin dışsallığınadır. Üstü kapalı öğretiler ve sırlarla iştigal edenleri kötü eğilim kışkırtamaz.

Vilna Gaon (GRA), Eşit Şılemah (Mükemmel ve Adil Ağırlık), Bölüm 8, Madde 27

Çok çalışan kişi çoğunlukla Zohar çalışır anlamasa bile... Sonuçta anlamadığıyla neden ilgilensin ki? O her halükarda bir şifa.

Eski Admor'un Kısa Makaleleri, sayfa 571

Anlama ile ödüllendirilmeyen kişi, yine de sözleri okuyacak; zira kelimeler, ruhu arındırabilir ve muhteşem bir ışıkla aydınlatabilir.

Kabalist Haim HaKohen, İyi Rehberlik, Madde 145

Yaradan'ın hoşluğunun farkına varmak ve O'nun mekânını ziyaret etmek için gerçeği özleyen ve arayan, kalbin manevi çalışmasını arayan kardeşlerim ve dostlarım

KABALA BİLİMİ

beni duyun: Ruhum eğilecek ve Zohar Kitabı'na tutunacak; çünkü kutsal kitapla iştigal etmenin gücü kadim bilgelerimiz tarafından bilinmektedir.

Ziditşov'lu Kabalist, Sur MeRa (Kötülükten Uzaklaş), sayfa 4

Hiçbir şey bilmeyen kişi için bile Zohar'ın ruhu arındırdığını kabul ettiğimiz doğrudur.

Kabalist Tzvi Elimeleh Şapira (MAHARTZA), MAHARTZA Eklemeleri, Madde 9

Her dakika yeni bir ışık yenilenir, ta ki Zohar ve hocamız Ari vasıtasıyla yeni bir varlık olana dek.

Heihal HaBraha (Kutsanma Mekânı), Devarim (On Emir Kitaplarının Beşincisi), sayfa 11

Zohar Kitabı'ndaki her bir harf ve büyük hocamız Kabalist Haim Vital'ın yazıları… Tüm nesilleri ıslah etmede ruh için muazzam ıslahtır.

Komarno'lu Kabalist İsak Yehudah Yehiel, Notzer Hesed (Merhameti Korumak), Bölüm 4, Öğreti 20

Şöyle dedi: "Mesih gelmeden önce dünyada aykırı düşünceler ve zevk ve sefaya düşkünlük artacak." Bunun için tavsiye Zohar'ı her gün okumaktır; kişi ne olduğunu anlamasa da Zohar kalbi arındırır.

Doğrunun Işığı, Şeffaf Myrrh

Bir yıllık yazılı çalışmanın yapamayacağını bir saat Zohar çalışmak yukarıda ıslah eder.

Kabalist Selamet Musaoğlu Buzzaglo, Kralın Tahtı, Tikun 43, Madde 60

Yaradan dünyasında mutluluk hissetmez, bu ilimle iştigal etmek hariç. Dahası insan sadece Kabala ilmini çalışmak için yaratıldı.

Kabalist Haim Vital, Girişlerin Kapısına Önsöz

Eğer "Bu ıslahların ne faydası var?" derseniz bilin ki çok büyük fayda var. İlki; artık kaybolmuyorlar, zamanın sonuna dek saklanıyorlar. İkincisi; bu büyük aksiyonlar içte ortaya çıktığında, aksiyonlar dışarı çıkmasa da genel kurtuluşta büyük ıslahlar sağlamak için onlardan bir aydınlanma dışarı çıkar. Ancak bu küçük aydınlanmayı dışarı çıkarmak için tüm bu aksiyonlar gereklidir, zira onlar içte kapalıdır.

Kabalist Musa Haim Luzzato (Ramhal), Adir BaMarom (Zirvedeki Yüce Olan), sayfa 17

MANEVİ EDİNİM ZAMANI

Yazılan tüm sevaplar ya da bilgelerin oluşturduğu kabul edilen yazılar, çoğunluğu eylemsel ya da sözler olsa da hepsi kalbi ıslah etmek içindir. "Zira Yaradan tüm kalpleri araştırır ve düşüncelerin tüm eğilimlerini anlar."

Kabalist İbrahim Eben Ezra, Yesod Morah, sayfa 8b

Eğer kişi bilmek ister ve bağı anlamak içi Yaradan'a sorarsa buna "dua" denir. Bu çok büyük ve önemli bir şeydir, zira kişinin Yaradan'la bağı vardır ve O'ndan bir şey ister.

Kabalist Baruh Aşlag, Dargot HaSulam (Merdivenin Basamakları), Cilt 2, Madde sayısı 561, "Dua"

Duaya "kalbin çalışması" denir, zira kalp Malhut'tur ve kalp tüm organları yönetir.

Kabalist Musa Haim Luzzato (Ramhal), Adir BaMarom (Zirvedeki Yüce Olan), sayfa 234

Dolayısıyla öğretinin içselliği ve onun sırlarıyla iştigal etmek için kalbi uyanan herkesin mutlak gerekliliğini görebilirsiniz. Bu olmadan insanda yaratılışın niyeti tamamlanmayacak. Enkarne olmamızın nedeni budur. Yaratılışın sırlarını önceki nesillerde edinmediklerinden, yaratılışın niyetinin tamamlanmadığı ruhların geri kalanları nesiller boyunca, bizim neslimizden geçerek, enkarne olurlar.

Kabalist Yehuda Aşlag, "Bir Bilgenin Ağzından, Kitabı'na Giriş"

Kişinin Yaradan tarafından tercih edilmesi, kişinin kendisine bağlı değildir. Tersine her şey Yaradan'a bağlıdır ve manevi aklı olmayan bir kişi; Yaradan'ın neden şimdi kendisini tercih ettiğini, onu yakınlaştırdığını ve akabinde bıraktığını anlayamaz. Zira kişi bunu sadece maneviyatın girişinden geçtikten sonra anlar.

Kabalist Yehuda Aşlag (Baal HaSulam), Şamati (Duydum), Makale 1, "O'ndan Başkası Yok"

Maneviyatta gerçek bir yere realitenin yeri denir, zira oraya gelen her kişi diğeriyle aynı formu görür. Ancak hayal edilen bir şeye gerçek bir yer denilmez, zira hayal ürünüdür ve herkes farklı hayal eder.

Kabalist Yehuda Aşlag (Baal HaSulam), Şamati (Duydum), Makale 98, "Maneviyat Asla Kaybolmayan Şeye Denir."

Melekler öğretinin sırlarını bilmezler. Ayrıca yaratıcılarını da ruhların edindiği gibi edinmezler. Işığı talep ederek ve onun vasıtasıyla Yaradan'ı, yaratıcılarının yüceliğini edinerek yükselmezler. İlmin tamamı Yaradan'ın varlığından, O'nun Sefirot'taki faziletinden ve onlardaki işleyişten başka bir şeyden bahsetmez. Kişi onun sırlarını ne kadar çalışırsa o kadar iyidir, zira kişi O'nun faziletini dile getirir ve Sefirot'ta harikalar yaratır.

Kabalist Musa Kordovero (RAMAK), Atanızın Tanrısını Bilin, 40

Yaradan'ı dünyadan ve dünya vasıtasıyla bilmiyoruz; ruhumuzdan, O'nun tanrısal niteliğinden biliyoruz.

Kabalist Raiah Kook, Igrot (Mektuplar), Cilt 1, 45

Sırrın ilmi bir kişiye verilmedi, zira manevi çalışmada herkesin bir yeri vardır; çünkü amaç sadece Yaradan'ı bilmektir. Ayrıca dünyadaki herkes yapmasa da bir kişinin tüm ilmi edinmesi mümkün değildir. Aslında "Kocası Şe'arim'de (kapılar) bilinir." denir. Şi'urim'de (ölçüler), kişinin Yaradan'ı bilmek için manevi edinimde herkes bir Şi'ur'a (ölçü) sahiptir.

Kabalist Musa Kordovero (RAMAK), Atanızın Yaradan'ını Bilin, 93

Sadece kitapların kelimelerini ve kelime anlamlarını araştıranlar vardır. Bir Sonraki Dünya'da bunlara yazık! Zira burada kelime anlamlarıyla ilgili konular yoktur; sırlar vardır ki kişi diğer erdemliler ve ilmin sırlarının öğrencileriyle anlaşabilsin. Aksi takdirde onlardan uzaklaşır ve kelime anlamını çalışan öğrencilere gider.

Sırlara girenlerin ise Bina'da bir parçaları vardır ki parlasınlar ve oradan, öğretinin içselliğinin sırrından aydınlansınlar ve gök kubbenin parlaklığı gibi bir seviyeye çıksınlar. İlmin öğrencileri için Yaradan'ı mutlu etmek ve sırlarını bilmekten başka bir ödül yoktur.

Kabalist Musa Cordevero (RAMAK), Atanızın Yaradan'ını Bilin, 148

Tanrılarının ilmini bilmek için öğreti ile iştigal edenlerden daha mutlusu yoktur. Daha üst sırları bilir ve gözlemlerler. Pişman olan kişi bu dünyadan ayrıldığında ve sadece ölümün karşılığını ödediği günahlarla kaldığında, yani ölüm vasıtasıyla, dünyadaki tüm yargılar ondan ayrılır. Dahası, onun önünde Yüce İlim'in bağlı olduğu Arı Cennet Elması'nın sırlarından on üç kapı açılır.

Zohar Kitabı (Sulam tefsiri ile), Şarkıların Şarkısı, sayfa 148

Onların arzularına göre onların arı, saf, men edilmiş, izin verilmiş, temiz ve yasaklı belirlemiş olması nedensiz değildir. Aksine gizli ilmi bilenlerin bildiği gibi öğretinin içselliğine göre yargıladılar.

Kabalist Haim Vital, Ari'nin Yazıları, Hayat Ağacı, Kısım 1, "Kabalist Haim Vital'e Giriş" 3

MANEVİ EDİNİM ZAMANI

Kabala ilminin Işığını görmeyen kişi ışıkları hiç görmemiştir. Bunun nedeni kişinin o zaman O'nun eşsizliğinin ve O'nun rehberliğinin sırrını anlayıp öğrenmesidir ve Kabala ilminden vazgeçenler içsel, manevi yaşamdan vazgeçerler.
Kabalist Isaiah Horovitz (Kutsal Şlah), "İlk Makale", sayfa 30

Zohar Kitabı'nın ışığını görmemiş kişi ışığı hiç görmemiştir.
Ziditşov'lu Kabalist Tzvi Hirş, Ateret Tzvi (İhtişamın Tacı) Paraşat BeHaalotha

Bilinmesi lazım; çünkü emredildik: "Bugünü bilin ve Kral'ın tanrınız olduğunu kalbinize koyun." Bu nedenle; bilmeliyiz ve sadece inanmak değil, konular da anlam ifade etmeli.
Kabalist Musa Haim Luzzato (Ramhal), Musa'nın Savaşı, "Kurallar", sayfa 349

İçinizde yabancı bir tanrı olmayacak – Yaradan içinizde size yabancı olmayacak.
Kırık Bir Kalpten Daha Bütün Bir Şey Yoktur, (Kotzk Kabalist'inin Söylemleri) sayfa 42

Ruh bedenin parçalarına dağılmıştır ve kalpte tek bütün içinde dâhil edilmiştir anlayışla. "Kalp anlar." (Berahot 61) sözlerinin anlamı budur; zira kalbin anlayışı gerçek görmedir; çünkü gözler görür. Ruhun anlayışı da aynıdır ki sadece gözlemler.
Kabalist Musa Haim Luzzato (Ramhal), Adir BaMarom (Zirvedeki Yüce Olan) sayfa 274

Her kişi bireysel edinir; kişinin kendi derecesine ve zamana göre.
Kabalist Musa Haim Luzzato (Ramhal), Adir BaMarom (Zirvedeki Yüce Olan) sayfa 279

Gerçekte, doğru bilgiyi gerçekleştiren üç şeyi görebilir: Gerçek, gizli rehberlik, rehberliğin suni görüntüsü, ki bu görüntünün kaynaklandığı yer ve asıl rehberliğe nasıl bağlı olduğu gerçek değildir.
Kabalist Musa Haim Luzzato (Ramhal), Adir BaMarom (Zirvedeki Yüce Olan)
sayfa 459

Baal Şem Tov, insanlara duadan önce Zohar'ın sözlerini çalışmayı emretti.
Kabalist İsak Bar Yişaiah Atia, Doreş Tov (İyiyi Aramak), "Zohar'la İlgili"

Hayatı sadece Zohar çalışarak gerçekleştirebilirsiniz…Ve bu nesilde Üst Şehina'yı (Kutsallık) çekmek Zohar ve Kabalist Haim Vital'in yazıları haricinde mümkün değildir.
Heihal HaBraha (Kutsanma Mekânı), Devarim (On Emir Kitaplarının Beşincisi),58

KABALA BİLİMİ

O günde, sırların, iyi ışığın aydınlanmasından olan kutsal kitap (Zohar) yazıldığında bizim için sürgünde parlar ta ki onun faziletiyle Mesih ortaya çıkana dek.

Kabalist Tzvi Elimeleh Şapira (MAHARTZA), Bnei Isaşar (Isaşar'ın Çocukları), "Iyar Ayı Makaleleri" Makale sayısı 3, Madde 4

Kitaplardan ve yazılanlardan biliniyor ki kalbi uyanan herkesin Kabala ilmini çalışması bir zorunluluktur. Kişi; tüm dini kitapları öğrenmiş ve ahlak ve gelenekleri ezberlemiş olsa bile ve çağdaşlarına kıyasla erdemler ve iyi işler ile dolu ise ve Kabala ilmini öğrenmemişse bu dünyaya maneviyatın sırlarını ve gerçeğin ilmini öğrenmek için enkarne olacaktır.

Kabalist Yehuda Aşlag, "Bir Bilgenin Ağzından, Kitabı'na Giriş"

Gerçeğin ilminin halka duyurulmasına izin verilen bir nesilde doğduğum için memnunum. Sorarsanız, "İzin verildiğini nereden bileyim?" diye sorarsanız "ifşa etmem içi izin verildi." cevabını veririm. Bu, şimdiye kadar halka açık olarak iştigal etme yollarının mümkün olmasıdır. Her ulus ve her mezhep önünde ve her kelimeyi bütünüyle ve doğru olarak açıklamak hiçbir bilgeye ifşa olmadı.

Ben de hocama ifşa etmeyeceğime yemin ettim, benden önceki tüm öğrencilerin yaptığı gibi… Ancak bu yemin ve bu kısıtlama sadece nesilden nesle ta peygamberlere ve öncesine kadar sözle aktarılan yöntemlere uygulanır. Bu yöntemler halka ifşa edilseydi sadece bizce bilinen sebeplerden dolayı, çok zarara yol açardı.

Ancak benim kitaplarımda iştigal etme şeklime izin veriliyor. Dahası, hocam tarafından bana yapabildiğim kadar genişletmem emredildi. Biz buna "konuları örtme yolu" diyoruz. Bu bilgenin kendisinin zekâsına değil, neslin durumuna bağlıdır. Bilgelerimizin dediği gibi, "Küçük Samuel'e değerdi, vs, ancak onun nesline değmezdi." Bu nedenle benim ilmi ifşa etme yoluyla ödüllendirilmemin neslimden dolayı olduğunu söyledim.

Kabalist Yehuda Aşlag, Pri Haham (Bir Bilgenin Meyvesi), Makaleler, "Kabala Öğretisi ve Özü", sayfa 165

Ulus genelinde ilmin dağıtımını hızlandırmak için seminerler düzenlemeli kitaplar yazmalıyız. Bu, değersiz öğrencilerin karıştırması korkusundan dolayı daha önce böyle değildi ve pek çok günahlarımızdan ötürü sürgünün bu güne kadar uzamasının öncelikli sebebi bu oldu. ….Pek çok kişi gelecektir ve bilgi değerli olanlar arasında büyüyecektir. Bununla, kısa sürede Mesih'in gelmesiyle ve bizim zamanımızda ruhlarımızın kurtuluşu ile ödüllendirileceğiz, Âmin.

Kabalist Yehuda Aşlag, Girişler Kitabı, "Hayat Ağacı, Kitabı'na Giriş" Madde 5 sayfa 205

MANEVİ EDİNİM ZAMANI

Tanrısallık kavramı; tanrısal konuların manevi çalışılmasının çok amaçlı engellerinden ve aklı ve kalpte arınmış çalışma eksikliğinden dolayı karartıcıdır. Bu tanrısal ilim, O'na yönelenler ve tüm dünyada yorulduğunda, Mesih'in zamanının aykırı düşüncesidir.

Kabalist Raiah Kook, Orot (Işıklar), sayfa 126

Kalpleri döndürmek ve kaynağı maneviyatın sırları olan asil düşüncelerle akılları meşgul etmek, son nesilde tamamen bir gereklilik olmuştur.

Kabalist Raiah Kook, Saflığın Buğusu, sayfa 65

Aslında hiçbir zaman kopmamızın, düşmemize neden olduğu genel, kapsamlı şifayı görmezlikten gelemeyeceğiz. Benim, bedbahtlık ve memnuniyetsizliğimin içinde seslendiğim şey buydu... Tam olarak da tehlike ve kargaşa zamanında, tüm öğretinin içindeki en iyi şifaları, bütün manevi yorumlarıyla birlikte almalıyız...Böyle bir zamanda eksikliklerin en büyüğüne itiraz etmeliyiz.

Kabalist Raiah Kook, Igrot (Mektuplar), Cilt 2 sayfa 123, 125

Maneviyatın sırlarını reddettiğimiz ve onlarla iştigal etmediğimiz sürece tüm büyük Kabalistler hep bir ağızdan turnalar gibi çığlık atıyor, dünyayı mahvediyoruz.

Kabalist Raiah Kook, Igrot (Mektuplar), Cilt 2, sayfa 231

Son derece değersiz ve itaatsiz olan, özellikle bu neslin gerçek kurtuluşun ışığına en uygun olduğunu birkaç ortamda söylemiştim.

Kabalist Raiah Kook, Igrot (Mektuplar), Cilt 2, sayfa 34

Sürgün devam ettikçe, erdemli olanlarda bilgi kalmadığında ve tanrısal uygulamalar gittiğinde ve unutulduğunda pek çokları materyalizmin çukuruna düşecek ve yeri ve görüntüsü olan bir tanrı yapacaklar. Bunun nedeni manevi ilmin sırlarının onlardan gizlenecek olmasıdır ve pek az kişi erdemli olup sırları bilecek; bir şehirden bir kişi ve pek çokları hata çukurunda olacaklar.

Kabalist Musa Kordovero (RAMAK), Atanızın Tanrısını Bilin, 139-140

Bu zamanda Kutsal Zohar'ı çalışmak bizi tüm kötülüklerden koruması ve kurtarması için gereklidir; zira şimdi şimdiye kadar Cennetteki Babamıza yürekten tutunmak için kalkan olan ilmin ifşası yanlış nesillerde. Önceki nesiller aksiyon insanlarıydı ve dini bütündüler ve iyi işleri, onları itham edenlerden korudu. Şimdi Üst Kök'ten uzaktayız, tıpkı fıçıdaki köpük gibi. Eğer bu ilmi çalışmak bizi korumayacaksa ne koruyacak?

Hayat Ağacı'na Giriş'inde bilge Yakup Tzemah

KABALA BİLİMİ

Kişi maneviyatın sırlarını ve ıslahın tatlarını öğrenecektir…Çünkü ruh, onlar tarafından güçlendirilir ve yaratıcısı ile bütünleşir…Kişi; içine daldığı ve içinde bilgelik kazandığı gizli iyiliğin, sonraki dünyanın tatlarını bu dünyada da tadar…İştigal edenlerin faziletiyle uyanış gelecek zira o zaman dünya bilgiyle dolu olacak ve bu O'nun gelişinin nedeni olacak.

Kabalist Isaiah Horovitz (Kutsal Şlah), "İlk Makale", sayfa 30

O'nunla ödüllendirilen herkes, kurtuluşla ödüllendirilecek. Bunun nedeni, zamanımızdaki az çalışmanın tapınağın varolduğu zamandaki Nebatilerin tüm koçlarından daha önemli olmasıdır.

Kalisk'li Kabalist İbrahim Katz, İbrahim'e Merhamet, "İlk Çeşme", 24

Gerçeğin ilminde açıkça çalışmaktan sakınmak için yukarıdan yasağın sadece sınırlı bir süre için, 1490'ın sonuna dek, olduğunun yazıldığını görmüştüm. Ancak o zamandan beri yasak kaldırıldı ve Zohar ile iştigal etme izni verildi ve 1540 yılından beri yaşlı, genç kitlelerin çalışması büyük bir Islah (emir, iyi iş) oldu. Mesih'in de başka bir nedenden değil, bu yüzden geleceğinden kayıtsız olmamalıyız.

İbrahim Ben Mordehai Azulai, Or HaHama (Erdemliliğin Işığı), Giriş

Halkın manevi ilmin sırlarıyla iştigali ile Mesih kısa sürede bizim zamanımızda gelecek, Âmin.

Yakup'un Gurubu, Başlık Kelime Sır

Kurtuluş sadece Kabala çalışarak gelecek.

Vilna Gaon (GRA), Eşit Şlemah (Mükemmel ve Adil Ağırlık), Bölüm 11 Madde 3

Kutsal Zohar Kitabı'nı çocuklar hâlâ küçükken, 9-10 yaşındayken, öğretsinler; büyük bir Kabalist tarafından yazıldığı gibi…ve kurtuluş kesinlikle yakın zamanda gelir, Mesih'in hiç çalışma ıstırabı olmadan. Kabalist Şem Tov'un İnançlar Kitabı'nda da yazdığı gibi; Yakup ve halk sadece Kabala ilmi vasıtasıyla sonsuza dek kurtulacaklar. Zira sadece bu tanrısal bir ilimdir ve günler yıllar önce kalbi uyanan erdemlilere verilmiştir ve bunun faydası ile Yaradan'ın ihtişamı ve O'nun kutsal yasası ifşa olacak.

Kabalist Şabtai Ben Yakup İsak Lifşitz, Segulot (Erdemliliğin Şifası), Set no. 7, Madde 5

Tavsiyemi dinleyin ve Yaradan sizinle olacak: Korkudan dolayı bu ilimle ilgilenmeyin. Sonuçta, dünyadaki yaşamınızın ruhu nedir ki? Yaradan korusun, eğer içinizde ilim ve bilgi yoksa yaşamınız yaşam değildir. Şöyle yazıyor: "Görün, önünüze bu gün yaşamını koydum; dolayısıyla yaşamınızı seçin." Birinin size gelip yaşamdan men ettiğini hayal

MANEVİ EDİNİM ZAMANI

edin; ona savaş açar mıydınız ya da onu hükmünüz altına alır mıydınız ya da tersi mi olurdu? "İnsan sahip olduğu her şeyi yaşamı için verir mi?" ve denizi geçip Cennete yükselmek için dünyadaki tüm aksiyonları ve gerekçelendirmeleri önemsemeyecektir ta ki kendisine karşı duran ve yaşamdan onu çalmak isteyene teslim olana dek. Bu, "yaşam" denilen ebedi yaşamla daha da böyledir.

Ziditşov'lu Kutsal Kabalist, Sur MeRa (Kötülükten Uzaklaş), 8

Keşke nesillerin en yücesi kutsal ilmi çalışmayı kolaylaştırmasalardı diyorum ve keşke öğrencilerine bu ilimle iştigal etmenin bir yolunu öğretselerdi. O zaman dışsal öğretilerde övünç olmazdı ve tüm öğretiler onun tarafından reddedilirdi, karanlığın ışık tarafından itilmesi gibi. Ancak günahlarımız neslin pek çoğunun yenilerden önce bu ilmin kapılarını kapatmasına ve onlar bir dereceye ve kutsallık ruhuna ulaşmadan öğretmeyeceklerini söylemelerine neden oldu. Bu nedenle kutsal ilimden yoksun kaldık ve pek çok günahımız aracıyla dışsal öğretilerin karanlığı büyüdü. Aptal karanlıkta yürür ve yakında, bizim zamanımızda Yaradan "Bırakın Işık olsun." diyecek ve bizler aydınlanacağız.

Kabalist Tzvi Elimeleh Şapira (MAHARTZA), Maayan Ganim (Bahçelerin Çeşmesi), Bölüm 1, Madde 5

Klipot'un (kabuklar), sapıklık, küstahlık ve bu nesildeki kutsal olmayan karışımların kuvvetlenmesinden dolayı, ruhları tanrısallık ışığının yaşamına bağlamak, gerçekten O'na tutunmak için ilmin ışığının ifşa edilmesine yukarıdan izin verildi... Bunun nedeni, bu ilmin bu nesilde sadece günahlardan kurtulmak, arınmak ve kötülükleri uzaklaştırmak için ifşa olmasıdır.

Heihal HaBraha (Kutsanma Mekânı), Devarim (On Emir Kitaplarının Beşincisi), sayfa 27

Yaradan'a doğru olanların kutsal Zohar Kitabı olan Hayat Ağacı'ndan tatması kaderinde var olduğundan, bunun vasıtasıyla sürgünden kurtulacaklar.

Zohar Kitabı, Naso, Madde 90

Tövbe edip bu ilimle sevgiyle iştigal edersek, kalbi Yaradan'a doğru olanlar bizim zamanımızda sürgünden kurtulacaktır. Âmin.

Kabalist Haim Vital, "Girişlerin Kapısına Önsöz"

Kurtuluş Kabala çalışmaya bağlıdır.

Vilna Gaon (GRA), Eşit Şılemah (Mükemmel ve Adil Ağırlık), Bölüm 11, Madde 3

KABALA BİLİMİ

Bir çalışma yeri olan Prag şehriyle ilgili haberlerim var: Yaradan'a yakınlaşmak orada azalıyor, gün be gün çekiliyor. Aslında konu şu ki önceden ifşa olan metot yeterli olmuştu. Ancak şimdi, Mesih'in günlerinde gizli olan ışığa da gereksinim vardır. Önceden kötü eğilim o kadar güçlü değildi ve dini gelenekler kötü eğilime şifa olarak yeterliydi. Ancak şimdi, kurtuluştan önce, kötü eğilim yoğunlaşıyor ve gizli olan ışık vasıtasıyla güçlenmeye de gerek duyuyor.

Pşişa'lı Kabalist Simha Bonim, Haz Tora'sı, sayfa 57

Önceki nesillerin ve beşinci bin yılın erken günlerinin bu nesiller ve bu günler gibi olmadığını bilin. O günlerde, ilmin kapıları kapalı ve kilitliydi. Dolayısıyla Kabalistler sayıca azdı. Bu şimdiki altıncı binyılda, ışıkların kapıları, merhamet kapıları açıldığında böyle değil, zira zamanın sonu yaklaştı. Şimdi Yaradan'ın gözlerinde O'nun Ebedi Krallığının ihtişamını bilinir kılmak iyilik yapmak olarak bilinir ve his olarak büyük mutluluk içerir, özellikle Ari Luria'nın yazılarının basıldığı bu dönemde. Bu bizim için kapalı ve kilitli olan ışığın kapılarını açtı. Şimdi ne engel ne tehlike var, ifşa olanla da aynı.

Sefer Habrit (Akit Kitabı), Kısım 2, Makale 12, Bölüm 5

Sadece Kabala ilminin kitlelere yayılmasıyla tam kurtuluşu edinebiliriz... Hem birey hem de ulus öğretinin içsel kısmını ve sırlarını edinmeden yaratılış nedenlerini tamamlamayacaklar. Bu nedenle, Mesih'imizden faydalanma ödülünü almaya hak kazanmak için ilk ihtiyacımız olan ulus içinde ilmin büyük çapta yayılmasıdır. Bu yüzden ilmin dağıtımını hızlandırmak için seminerler vermeli, kitaplar yazmalıyız.

Kabalist Yehuda Aşlag, Girişler Kitabı, "Hayat Ağacı, Kitabına Giriş" Madde 5, sayfa 204-205

Artık zaman öğretinin içselliğinde pek çok şey edinmeyi emrediyor. Zohar Kitabı yeni yollar açıyor, sokaklar tayin ediyor, çölde otobanlar yaratıyor ve o ve tüm ürünler kurtuluşun kapılarını açmaya hazırlıyor.

Kabalist Raiah Kook, Orot (Işıklar), 57

Pek çokları fiziksel uygulamalar, yasaklananlar, izin verilenler, inançlara uygun olan olmayan, halktan unutulacak diye sırlara fazla girmenin iyi olmadığını düşünüyordu. Eğer hepimiz öğretinin sırlarına dalsaydık yazılanlardan ne çıkardı? Ancak manevi ilmi küçümseyenler, hiçbir şekilde Yaradan'ın hizmetkârları değildir.

Kabalist Musa Kordovero (RAMAK), Atanızın Tanrısını Bilin, 132

Ancak, halktan bir kişi sadece uygulamalı kısmı anlatan dışsallığa kıyasla ilmin içselliğinin faziletini ve sırlarının değerini alçaltırsa dünyanın içselliğinin düşmesine ve değerini yitirmesine neden olur ki bunlar kalpteki noktası olanlardır ve dünyanın dışsallığının (Dünya Uluslarının) hükmünü onların üzerlerinde yoğunlaştırır. Onlar Yaradan'a doğru yönelenleri aşağılar ve alçaltırlar... Sonra tüm yıkımı ve çirkin kıyımı yaparlar ve halkın tüm düşüşü öğretilerin içselliğini bırakmaları, onun faziletini düşürmeleri ve lüzumsuz görünmesine neden olmalarıdır.

Kabalist Yehuda Aşlag, Girişler Kitabı, "Zohar Kitabı'na Giriş", Madde 69, sayfa 91

Mesih ruhunun dünyadan ayrılıp gitmesine ve dünyaya dönememesine neden olanlara acıyın. Maneviyatı, anlayış ve bilginin nemi olmadan, kuru yapanlar, onlardır zira onlar kendilerini dini vecibelerin uygulamalı kısmına hapsederler ve Kabala ilmini anlamaya çalışmayı, bilmeyi ve Erdemliliğin sırlarını ve ıslahın tatlarını öğrenmeyi arzulamazlar. Onlara acıyın; çünkü bu hareketlerle yoksulluk, yıkım, hırsızlık, cinayete neden olurlar ve dünyada felaket var olur.

Kabalist Yehuda Aşlag, Girişler Kitabı, "Zohar Kitabı'na Giriş" Madde 70, sayfa 91

Halk halkı üç kısma ayrılır:

1. Yaradan'ın amacına hizmet eden halk kitlesi; Beni bilmeyenler. Bunlar dünyaya kaosu geri getirenlerdir, bedenlerini devam ettirip ruhlarını yok edenler.

2. Yazılı öğreti ile uğraşan akıllı öğrenciler; yazılı olanların bilgeleri. Gerçeğin ilmiyle iştigal etmeyi küçümserler ve öğretide olan her şey sadece yazılı olanlardır derler. Bunlar zarar vermekte bilmişlerdir ve nasıl iyilik yapılacağını bilmezler. Onlardan pek çok gerileme gelir; onların yaptıklarında Işık yoktur.

3. Gerçeğin ilmine sahip olanlar. Bunlara "Oğullar" denir.

Kabalist Haim Vital, Ari'nin Yazıları, Hayat Ağacı, Bölüm 1, "Kabalist Haim Vital'in Girişi", 9-10

Sadece Babil Talmud'uyla iştigal edenler, manevi ilmin giysilerinin içinde duvarı kazımaya çalışan körler gibidirler. Onların öğretilenlerin içinde gizli sırları görecek gözleri yoktur.

Kabalist Haim Vital, Ari'nin Yazıları, Hayat Ağacı, Bölüm 1, "Kabalist Haim Vital'in Girişi", 9-10

Maneviyatı küçük gören insanlar için üzülün. Zira hiç şüphesiz, onlar sadece içindeki yazılı olanlar ve hikâyelerle iştigal ettiklerinde o dul kadının giysilerini giyer ve çantayla örter ve tüm uluslar O'na yönelenlere "Sizin sevgilinizin başka sevgiliden ne farkı var? Neden sizin kurallarınızda bizimkinden daha fazlası var? Sonuçta sizin kurallarınız da günlük hikâyelerden ibaret." derler. Manevi ilmi küçük düşüren bundan daha büyük bir şey yoktur.

Bu nedenle, içselliği küçük gören insanlar için üzülün. Onlar Yaradan'ı onurlandıran Kabala ilmiyle ilgilenmezler; çünkü onlar sürgünü ve dünyaya gelmek üzere olan tüm ızdırapları uzatıyorlar… Peki, zamanımızın aptalları ne yapacak? Çünkü ellerindekilerle mutlular, çalışmalarının tadını çıkarıyorlar... Korktuklarından dolayı girmek istemediklerini bilmiyorlar.

Dolayısıyla bu yığınlar yozlaşmışlar; onların kalbi ağaç uru ve acı pelin taşıyan bir köktür ve gerçeğin ilmini reddetmeleri için üzerlerine ekin pası gelmiştir. Onlar verilen öğretide sadece yazılı olanlar ve bunların giysileri vardır derler… Hiç şüphesiz, bunların bir sonraki dünyada hiç yerleri yoktur… Onlarla ilgili şöyle söylenir: "Hizmetkârlarım yiyecek ama sizler aç kalacaksınız."

Kabalist Haim Vital, Ari'nin Yazıları, Hayat Ağacı, Bölüm 1, "Kabalist Haim Vital'in Girişi", 11-12

Bütün bir adamın tüm var olanlar üzerinde kaç tane erdemi olduğunu öğrendik. Bunun tersi açık olacak; zira insan günah işlediğinde yaratılışındaki niyeti çoktan çiğnemiştir. Sadece bütün olarak nitelendirilmemekle kalmaz tüm varlıkların en düşüğüdür, hatta hayvanlardan ve yırtıcılardan bile. Rambam'ın da yazdığı gibi: "Tam insan formunu gerçekleştirmeyen bir kişi, insan sayılmaz; insan formunda bir hayvandır." Bunun nedeni, böyle bir kişide başka hayvanlarda olmayan zarar ve kötülük yaratma yetisinin olmasıdır; zira mükemmelliği edinmek için hazırlanmış olan akıl ve düşünce zarara neden olacak her türlü oyunlar için kullanılacaktır. Bu nedenle bu kişi hayvandan daha alt seviyededir.

Kabalist Şimon Lavi, Ketem Paz'ın (Som Altın) yazarı, "İnsan – Yaratılışın Nihai Amacı"

Faydasız bilgileri ile çokbilmiş aptallara verilecek cevap budur. Bunlar Kabala ilmiyle iştigal edenlere karşı konuşurlar ve onlarla ilgili kelimelerin sesini duyduklarını; ama resmi görmediklerini söylerler. Onlar için ve aptallıkları ve amaçsızlıkları için üzülün; zira bundan fayda sağlamayacaklar. Onlar sadece insanları O'nun Kutsal Dağı'na yükselmekten uzaklaştırırlar, zira Yukarıdaki melekler bile yorulmuşlardır ve gerçek görkemi edinemezler.

Tüm özlemlerinden dolayı seviyelerinin üstüne çıkmaya çabalarlar ve yol boyunca "Onun aşkıyla her zaman mutlu olun." diye bağırırlar ve bu onlar için bir hata sayılmaz. Temelleri toz olan toprak evlerde yaşayanlar için bile ihtirasları hata değil; sadece övgü, ihtişam ve yücelik kabul edilir. Çünkü Kralın evini aramaya çabalayanlar ve O'nun nerede olduğunu öğrenmek için geri dönenler için bu erdemlilik kabul edilir ve kişi geçtiği ızdıraplardan dolayı Kral tarafından ödüllendirilir.

Gerçek budur, şüpheye yer bırakmaksızın ve Kabala kitaplarıyla iştigal edenler hakkında aşağılayıcı ve gurur yaparak konuşanların bedeli ödemesi kesindir: "Onların dudakları bunda ve bir sonrakinde mühürlenecektir." Zira insan yapımı tanrılar üzerine somut kanıtlarla kendilerini öven yalancıların ağızları, onların kör gözlerine göründüğü gibi, Yaradan'ın manevi çalışmasına göz koymadan, kapanacaklar. Bunun

MANEVİ EDİNİM ZAMANI

böyle olmasının nedeni O'nun algılayana bir ruh olmasıdır ve onların akılsızca davranışları ruhları için yeterince cezadır.

Kabalist Şimon Lavi, Ketem Paz'ın (Som Altın) yazarı, "İyi ve Kötü İnsanın İçindedir."

Manevi ilmin tacı Kabala ilmidir ki dünyanın çoğunluğu izin verileni gözlemlemelisin gizli olanla işiniz yok diyerek bundan vazgeçer. Siz, eğer bu öğreti için uygunsanız, elinizi uzatın, tutun ve ondan ayrılmayın. Çünkü bu ilmin tadını almayan kişi yaşamında ışıkları hiç görmemiştir ve karanlıkta yürüyordur ve bu ilmi küçük görenler için üzülün.

Kabala ilmini çalışmak isteyenleri yanlış argümanları ile engellemeye çalışanların yanlışlarının ölçüsünü açıklamak için… sallanan bu blok sadece kitlelerin elinde değil. Tersine, yardımcıların ve çokbilmişlerin eli sessizlik içinde ve güveni kötüye kullanarak entrikalar çevirirler. Tanrısallığın bilgisini sadece istememekle kalmaz; bu ilmi küçümser ve mahkûm da ederler. Onlar karanlıkta yürürler ve onların isimleri ağızları açık seyrettikleri ve "Elimiz ifşa olandan yüksek. Bu ilme neden ihtiyacımız var? Fiziksel öğreti bizim için yeterli." dedikleri için karanlık ile örtülecek.

Sefer HaBrit (Akit Kitabı), Kısım 2, Makale 12, Bölüm 5

Gerçeğin ilmiyle iştigal etmeyen, ruhu Cennet Bahçesi'nde yükselmek istediğinde bu ilmi öğrenmek istemeyen oradan gözden düşerek reddedilir…ve bu ilimle iştigal etmeyen ifşa olan ilmin büyüklerinin yolunu izlemeyin, zira Zohar'daki bilgelerimizin sözleri bu neslin en büyüklerinkinden daha gerçektir.

Sefer HaBrit (Akit Kitabı), Kısım 2, Makale 12, Bölüm 5

Kabala çalışmaktan kaçınan herkes erdemlilerin arasından reddedilir ve dünyasını kaybeder ve yaşam'da Kral'ın yüzünün ışığını görmekle ödüllendirilmez.

Kabalist Yair Hayim Baharah, Hawot Yair (Yair'in Köyleri)

Pek çok akılsız yaşamımız olan Ari'nin sırları ve Zohar Kitabı'nı çalışmaktan kaçar. Eğer insanlar kötülük ve sapık düşüncelerin arttığı Mesih zamanında bana kulak verseler Zohar Kitabı, Tikunim ve Ari'nin yazılarına dalarak tüm zamanlarını geçirirlerdi. Tüm acımasız sözlerini geri alırlar bolluğu ve ışığı büyütürlerdi….. Yaradan'a doğru yönelen insanının hayatı Zohar Kitabı'na ve Ari'nin yazılarına bağlıdır, her biri edinim ve kutsallığına göre korku ve sevgi ile kutsallık, haz ve mutlulukla, çalışmak için ve tüm halk kutsaldır.

Komarno'lu Kabalist İsak Yehudah Yehiel, Notzer Hesed (Merhameti Korumak), Bölüm 4, Öğreti 20

KABALA BİLİMİ

O derinlik ve hissiyatı olmadan çok gürültücü Hassidim'le (sonradan dinci olan Baal Şemtov'un öğrencileri) ilgili şöyle derdi: "Onlar bacaları olmayan evler; ateş olmadan duman çıkarıyorlar."

Kırık Bir Kalpten Daha Bütün Bir Şey Yoktur,(Kotzk Kabalistinin Söylemleri) sayfa 38

Bu her derde devadır ve onu bırakmak düşmemize neden oldu. Ruhumun eksikliği ve sertliğiyle, yüzlerce binlerce kez söylemeye alıştığım şey budur. Öğretinin içselliğini bıraktık. Küçük ve dar görüşlü insanlar gelip bizi her türlü soğuk ilaçla iyileştiriyorlar; ancak hayatın en önemli yaşam iksirini kenara atıyorlar.

Kabalist Raiah Kook, Igrot (Mektuplar), Cilt 2, 123

Manevi ilmi kuru yapanlar onlardır; çünkü Kabala ilmine dalmak istemiyorlar. Onlar için üzülün; zira dünyada sefalet, yıkım, yağmacılık, öldürme ve yok oluşa neden oluyorlar.

Zohar Kitabı, Tikuney Zohar (Zohar'ın Islahları), Tikun sayı 30

Anne rahminde öğretileni herkes edinebilir ve öğretinin sırlarını edinebilen ancak bunu denemeyen kişi merhametsizce yargılanır, Yaradan korusun.

Vilna Gaon (GRA), Eşit Şlemah (Mükemmel ve Adil Ağırlık), Bölüm 24

Şimdi, bizim neslimizde daha önce hiç görmediğimiz kadar başımıza gelen bu yavanlık ve karanlığı anlayabilirsiniz. Bunun nedeni Yaradan'ın işçilerinin bile maneviyatın sırlarını çalışmayı bırakmış olmalarıdır.

Kabalist Yehuda Aşlag, Girişler Kitabı, "Zohar Kitabı'na Giriş", Madde 57, sayfa 88

Kalplerinde ortaya çıkan bu dünyanın sefillik zehrini izleyen akılsızların ilme arzusu yoktur. Maneviyata ve onun gizli sırlarına dalmayı az çalışır; zira bu bir şeyi diğerinden ayırmak için "akıl" ister ve akılsızların anlamaya çalışmaya arzusu yoktur; sadece kalplerinde görüneni, yani edinmek için hiç çaba gerektirmeyen herkes tarafından görünen şeyleri anlamaya vardır. Küçük kafasında onları anlayacağını düşünür, gerçekte bunu bile edinememesine rağmen.

Kabalistlerin Yazılanlara Yorumları, Kısım 2, sayfa 459, RAMAK, Kısılmış Işık, Bölüm 1

Gerçekten de ilim gözle görülür hale geldiğinde, anlayış olmadan anlamı gizli kelimelerden bir başka kötülük doğar: Büyük bilgeler bunu bir kenara bırakırlar; zira erdemlilerin doğası ciddi anlamlar aramak ve konuların derinliğini bilmektir, sadece kelimelere onay vermek değil. Onlar da kelimelerde arzularını dolduracak hiçbir

MANEVİ EDİNİM ZAMANI

şey olmadığını gördüklerinde şöyle dediler: "Edinilemeyen ile neden zamanımızı harcayalım?"

Başkaları daha da zarar verdiler: Onlar sadece kaçınmakla kalmadılar ilmin adına leke de sürdüler; bunu insanları kolaylıkla aldatılabilen, yakışıksız ve kabul edilemez şeylerle karşı karşıya kaldıkları bir şey addettiler. Dahası, ilmin özünü de inkâr ettiler ve Raşbi (Kabalist Şimon Bar-Yohai) ve arkadaşları tarafından yazılan Kutsal Zohar'ı hükümsüz kıldılar ve bunların hepsi bilgelerin sözlerinin onların gözünde yabancı olmasındandı ta ki Taanim'i, toprakların temelini, dikkate almaya değmez kabul edene dek.

Kabalist Musa Haim Luzzato (Ramhal), Şaarey Ramhal (Ramhal'ın Kapıları), "Münazara" Makalesine Giriş, sayfa 37

Ancak insanları doğanın içine daldırmak için onların gözlerini karartan bir karanlık vardır. O zaman, artık her şeyi hareket ettiren Yaradan'ın üst lider olduğunu bilmezler; her şeyi şansa bağlarlar. "Şans için bir masa hazırlayan" sözlerinin anlamı budur. Buna rağmen onlar, tüm düşüncelerini ve kararlarını doğaya göre oluştururlar.

Ayrıca bu doğayı izleyen birkaç dışsal öğreti vardır ve onların hepsi dünya insanlarını da bu nosyonların içine daldırırlar. Bu onları içsel rehberliği bilmekten uzaklaştırır.

Son nesillerde maneviyat halkımızda da unutulmaya kadar geldi ve hiç kimse rehberliği gerçekten anlamıyor, sadece hepsi açgözlülüğün peşinden gidiyor. Gerçek günah işlemeseler de yüklerini taşıyan hayvanlar gibi olduklarını söylemek istiyorum ve bu kural rehberliğin kökünün nerede olduğunu görmeye izin vermeyen karanlıktır.

Kabalist Musa Haim Luzzato (Ramhal), Adir BaMarom (Zirvedeki Yüce Olan), sayfa 459

Kabalist Şimon Bar-Yohai'nin bunun üzerine bu kadar yakarmasının ve dini vecibeleriyle ilgilenenlerin uykuda olduklarını söylemesinin nedeni budur; zira onlar sevgiyi, Yaradan'ın onları sevdiğini görmek için gözlerini açmıyorlar, Allah korusun, sanki O'na nankörlük eder gibi. Dahası, kutsallığın yolunu ve O'nunla Dvekut'u (tutunma) da hiç görmüyor ve bilmiyorlar.

Ancak öğreti şöyle der ve emreder, "O'na tutunun." (On Emir Kitaplarının Beşincisi 10:20). Bunu kişinin erdemli bir öğrenciye tutunması olarak yorumlasalar da sonuçta makale bunun yazılan anlamını genişletmiyor.

Gerçekte kalbi uyananlar, O'nun kutsallığına göre O'nun spesifik yöntemlerini bilmek ve onların içinde yürümek için tam Dvekut ile tutunmalıdır. Bu nedenle şöyle dediler: "Şarkıların Şarkısı, Kutsallıkların Kutsalı" (Şarkıların Şarkısı). Bunun nedeni tutunmanın tam olarak bu temel üzerine oturmasıdır ve Yaradan'a doğru olanlar gerçekten tutunmak için O'na özlem duyarken, bu sevgiyi ve Yaradan'ın kendi kutsallığı ile o insanlara tutunma çabalarını yorumluyor.

KABALA BİLİMİ

Bu, maalesef sürgünün ürünüdür. Halk bu yolu unutmuştur ve uykuya dalmış buna tamamen kayıtsız, uykuda kalmaktadır. Ancak manevi ilim halkın kötü durumunun yasına bürünmüştür ve bizler ölüler gibi karanlıktayız, adeta duvarı kazıyan kör gibi. Övgü, bu yolda yürüyen adil kişi için uygun değildir. Tersine buna rağmen, kör gözleri açmak ve Yaradan sevgisini görmek ve kutsallık ve bunun yollarını öğrenmek ve gerçekten bunun içinde kutsanmak içindir.

Kabalist Musa Haim Luzzato (Ramhal), Şaarey Ramhal (Ramhal'ın Kapıları)
"Münazara", sayfa 97

MANEVİ EDİNİM ZAMANI

DUAYA GELEBİLMEK İÇİN DUA

Kalplerimizi hazırlamak, düşüncelerimizi oluşturmak ve ağızlarımızda dualarımızı göndermek için taleplerin haykırışlarını duyan ve halkının yalvarışlarını merhametle dinleyen Seni, Efendimiz, atalarımızın Tanrısını memnun etsin. Sana haykırarak ve kırık bir ruhla dua eden Hizmetkârlarının dualarının sesine kulak ver.

Sen, merhametli Tanrımız, Senin muazzam lütfun ve merhametin ile bağışla, affet ve Senin önünde işlediğimiz tüm günahlar, sapkınlıklar, hükümler ve ihlâl ettiğimiz kuralları bize ve halkının tümüne, telafi et.

Sana ve Senin Yasa ve Emirlerine karşı gelmemizin hiçbir şekilde isyan ve kötüye kullanma olmadığı Senin tarafından biliniyor. Tersine, bizi bu alt dünyanın ihtiraslarına ve boş işlerine getiren içimizdeki daimî, vazgeçmeyen, yanan eğilim. Senin önünde dua edip ruhlarımız için yalvarmak istediğimizde bile sürekli aklımızı saptırıyor. Tekrar tekrar düşüncelerimizi dalavereleriyle kafamızı karıştırıyor. Ve buna hâkim olamıyoruz, çünkü aklımız ve mantığımız o kadar zayıfladı ki sorunlar, zorluklar ve zamanın uzunluğuna dayanma gücümüz kayboldu.

Bu nedenle, Sen, Merhametli ve Bağışlayan Tanrımız, güvendiğin kişi aracılığıyla bize söz verdiğin gibi yap: "Ve bağışlayıcı olacağıma bağışlayıcı olacağım ve merhamet göstereceğime merhamet göstereceğim." Bilgelerimiz dediler ki, "Kişi uygun ve değerli olmamasına rağmen" ki bu Senin yolun: kötüye de iyiye de iyi olmak. Sana gerçekten tutunabilmek için iç geçirmelerimiz, üzüntümüz ve kendimizi Senin çalışmalarına yakınlaştıramama söylemlerimizin hepsi Senin tarafından biliniyor. Ruhlarımıza acı; gerçekten, bizlere acı.

Cennetteki Babamız, büyük ve bağışlayıcı merhametini üzerimize uyandır, içimizdeki kötü eğilimi kökünden çıkar ve uzaklaştır ve onu azarla ki bizden ayrılsın ve bizleri Senin Çalışmandan alıkoymasın. Uyanıkken ve gece rüya görürken de kalplerimizde hiçbir kötü düşüncenin doğmasına izin verme ve özellikle Senin önünde duaya durduğumuzda ya da Senin kanunlarını çalıştığımızda. Senin Emirlerinle iştigal ettiğimizde düşüncelerimizin gerçekten berrak, sağduyulu, doğru ve Senin bizim için iyi arzun kadar güçlü olmasına izin ver.

Senin Krallığını memnun edecek şekilde, Seninle içten samimiyet içinde ve sevgiyle birleşmeleri, Sana yürekten hizmet etmeleri için kalplerimizi ve tüm halkın kalplerini, Senin insanlarını, uyandır. Ve Senin İnancını kalplerimizde ebediyen sabitle ve Senin İnancının kalplerimize hiç düşmeyecek bir kazık gibi bağlanmasına izin ver, ve bizleri ve Seni ayıran tüm perdeleri kaldır.

KABALA BİLİMİ

Cennetteki Babamız, bizleri tüm başarısızlıklar ve hatalardan koru; bizleri bırakma, bizlerden vazgeçme ve bizleri utandırtma. Konuştuğumuzda ağızlarımızla ol, çalıştığımızda ellerimizle ve düşündüğümüzde kalplerimizle. Cennetteki Babamız, Merhametli Tanrımız, kalplerimizi, düşüncelerimizi, sözlerimizi ve yaptıklarımızı, tüm hareketlerimizi ve hislerimizi, bize bilinen ya da bilinmeyen, sadece Sana ifşa olan ya da gizlenen, dürüstçe, hiçbir kötü düşünce olmaksızın adamakla bahşet.

Kalplerimizi arındır ve bizleri kutsa; üzerimize arı su dök ve bizleri Senin sevgin ve şefkatinle arındır ve Senin sevgini ve korkuyu kalplerimize ebediyen yerleştir, sonu olmayan halde ve her yerde: yürüdüğümüzde, yattığımızda ve kalktığımızda. Ve Senin Kutsallığının ruhunun içimizde her zaman yanmasına izin ver.

Senin Kudretli ve Büyük Adın ile birleşmek için her zaman Sana, Senin yüceliğine, Senin sevgine, Senden korkmaya ve yazılı ya da sözsel, ifşa olmuş ya da gizli, Senin kanunlarına ve Senin Emirlerine güveniyoruz. Ve bizleri önyargıdan, gururdan, öfkeden ve bilgiçlikten, üzüntüden, dedikodudan ve diğer kötülüklerden ve bu kadar önem verdiğimiz Senin Kutsallığını ve Arı Çalışmanı azaltacak her şeyden koru.

Senin Kutsallığının ruhunu bizlere ver ki Sana tutunabilelim ve Sana her zaman daha da fazla özlem duyabilelim. Ve bizleri dereceden dereceye yükselt ki kutsal atalarımız İbrahim, İsak ve Yakup'un Erdemliliğine gelebilelim. Onların erdemliği bizlere yardımcı olsun ve Sen bizim dualarımızın sesini duyacaksın ki bizler ne zaman Sana kendimiz için ya da Senin halkından her hangi biri, Sana kalbini yönlendiren, bir ya da pek çok için dua etsek cevap alacağız.

Sevin ve bizimle gurur duy ve bizler Yukarıda meyve aşağıda kök vereceğiz. Ve günahlarımızı, özellikle gençlik günahlarımızı hatırlama, Kral Davut'un söylediği gibi, "Ne gençliğimin günahlarını hatırla ne de kurallarını çiğnememi." Günahlarımızı ve ihlallerimizi erdemlere dönüştür ve Senin Kutsal ve Arı İsimlerinde karaladığımız şeyleri düzeltmek için bize her zaman pişmanlıklar dünyasından Sana döndüreceğimiz içtenlikli düşünceler vcr.

Bizleri birbirimizi kıskanmaktan koru ve ne başkalarının kıskançlıklarının kalplerimize gelmesine izin ver ne de bizim başkalarını kıskanmamızın. Tersine, kalplerimizin dostlarımızın erdemlerini görmesine izin ver, hatalarını değil. Yaradan korusun, birbirimize Senin gözünde uygun ve değerli bir şekilde konuşmamıza izin ver ve birbirimize karşı nefret uyanmasına izin verme.

Sana karşı sevgi bağlarımızı güçlendir, Senin de bildiğin gibi, bunların hepsi Sana mutluluk vermek için olacak. Bu bizim en önemli amacımız. Ve kalplerimizi Sana hedefleyecek aklımız yoksa Sen bize öğreteceksin ki Senin iyi arzunun amacını gerçekten bilelim.

Ve tüm bunlar için, Merhametli ve Bağışlayan Tanrım, dualarımızı merhamet ve iyi niyetle kabul etmen için Senin önünde dua ediyoruz. Âmin ki böyle olsun.

MANEVİ EDİNİM

SÜRGÜNDE KUTSALLIK

"O'ndan başkası yok" diye yazılmıştır. Bunun anlamı dünyada O'na karşı bir şey yapabilecek başka hiçbir gücün olmamasıdır. Ve kişinin dünyada gördüğü Zirvedeki Mekânı inkâr eden şeylerdir, nedeni ise bunun O'nun arzusu olmasıdır.

Ve bu ıslah olarak addedilir, buna "sol reddeder ve sağ yaklaştırır" denir, yani solun reddettiği şey ıslah kabul edilir. Bu, başlangıçta insanı doğru yoldan başka yöne çekmeyi amaçlayan şeyler olduğu anlamına gelir ve kişi bunlar vasıtasıyla Kutsallıktan reddedilir.

Ve bu reddedilmelerin faydası bunlar yoluyla kişinin bir ihtiyaç ve kendisine yardım etmesi için Yaradan'a karşı tam arzu çekmesidir, zira aksi takdirde kaybolduğunu görür. Kişi sadece çalışmasında ilerlemez, ayrıca gerilediğini de görür, yani Kendi için (O'nun adına değil) bile manevi çalışma ve ıslaha devam etme gücünden yoksundur. Yani kişi tüm engelleri gerçekten mantık üstü aşarak manevi çalışma ve eylemlere devam edebilir. Ancak kişinin her zaman mantık üstü aşacak gücü yoktur; aksi takdirde, Allah korusun, kendisi için bile Yaradan'ın yolundan sapabilir.

Ve her zaman kırılmışın bütünden daha büyük olduğunu yani çıkışlardan çok daha fazla düşüş olduğunu ve bu koşulların bir sonu olmadığını hisseden kişi, sonsuza dek kutsallığın dışında kalır, zira mantık üstü çıkmadıkça bir nokta kadar küçük bir şey bile gözlemlemesinin zor olduğunu görür. Ancak her zaman üstüne çıkamaz ve kişiye ne olur?

O zaman sadece Yaradan'ın Kendisinin ona yardım edebileceği kararına varır. Bu kişinin Yaradan'a gözlerini ve kalbini açması ve Yaradan'a ebedi tutunmaya gerçekten yakınlaştırması için kalpten hissedilen bir talep yapmasına neden olur. Böylece kişinin yaşadığı tüm reddedilişlerin Yaradan'dan geldiği sonucu çıkar.

Bu kişinin aşamamasının ve o reddedilişlerin olmasının kendi hatası olmadığı anlamına gelir. Tersine, az ile yetinmeyerek bilinçsiz çocuklar gibi kalmamak için Yaradan'a gerçekten yakınlaşmak isteyenlere Yukarıdan yardım edilir ki kişi "Allah'a şükür yaptığım vecibeler ve iyilikler var ve başka neye ihtiyacım var ki?" demesin.

MANEVİ EDİNİM

Ve sadece kişi gerçek arzuya sahipse Yukarıdan yardım alır. Ve ona sürekli mevcut durumunda yanlışta olduğu gösterilir. Şöyle ki, kişiye manevi çalışmaya karşı düşünceler ve görüşler gönderilir. Bu kişinin Yaradan'la bir olmadığını görmesi içindir. Ve kişi bunları aştıkça her zaman Yaradan'la bir olduklarını hisseden başkalarından daha çok kutsallıktan uzak olduğunu görür.

Ancak, diğer taraftan kişinin her zaman şikâyet ve talepleri vardır ve Yaradan'ın hareketlerine ve kendisine nasıl davrandığına hak veremez. Bu kişiye acı verir. Neden kişi Yaradan'la bir değildir? Sonunda, kişi kutsallıkta hiçbir şekilde yeri olmadığını hissetmeye başlar.

Kişi Yukarıdan zaman zaman kendisini anlık olarak canlandıran bir uyandırılma alsa da hemen ardından aşağılık bir yere düşer. Ancak, bu kişiyi sadece Yaradan'ın yardım edebileceği ve onu gerçekten yakınlaştırabileceğini anlama noktasına getirir.

Kişi her zaman O'na tutunma yoluna gitmelidir, yani tüm düşünceleri O'nunla ilgili olmalıdır. Şöyle ki, kişi daha büyük bir düşüşün olmayacağı en kötü durumda bile O'nun hükmünden ayrılmamalıdır, yani onun kutsallığa girmesini engelleyen ve fayda ve zarar getirebilecek başka bir otorite olduğunu düşünmemelidir.

Yani, kişi insanın iyi işler yapmasına ve Yaradan'ın yolunu izlemesine izin vermeyen Kötü Eğilim (Diğer Taraf) gücünün olduğunu düşünmemelidir. Tersine, kişi her şeyin Yaradan tarafından yapıldığını düşünmelidir.

Baal Şem Tov'un söylediği gibi, dünyada Kötülük (kabuklar) adı verilen başka bir gücün olduğunu söyleyen kişi "başka tanrılara hizmet etme" koşulundadır. Günah sadece farklı düşüncelerdekilerin söyledikleri değildir, eğer kişi Yaradan'dan başka bir otorite ve güç olduğunu düşünüyorsa günah işliyordur.

Dahası, kişi kendi otoritesi olduğunu söylüyorsa, yani kişi dün kendisi Yaradan'ın yolunu izlemek istemediğini söylüyorsa bu da farklı düşüncelerdekilerin günahını işlemek olarak kabul edilir, yani kişi dünyanın liderinin sadece Yaradan olduğuna inanmıyordur.

Ancak, kişi günah işlediğinde kesinlikle pişman olmalı ve günahı işlediğinden dolayı üzülmelidir. Fakat burada da acı ve ıstırabı doğru düzenlemeliyiz: kişi günahın nedenini nereye yerleştiriyor? Çünkü pişman olunacak nokta budur.

O zaman, kişi vicdan azabı çekmeli ve "O günahı işledim çünkü Yaradan beni kutsallıktan pisliğin içine, pislik çukuruna attı" demelidir. Bu, şu demektir, Yaradan kişiye bir arzu ve kendisini eğlendirmesi ve kötü kokulu bir yerde nefes alması için özlem verdi.

(Ve kitaplarda yazılanları göstererek, kişinin bazen bir domuz olarak enkarne ettiğini ve önceden çöp olarak belirlediği şeylerde hayat bulmak için bir arzu ve özlem aldığını söyleyebilirsiniz. Ancak şimdi yine onlarla beslenmek istemektedir.)

Ayrıca, yükselişte olduğunu hissettiğinde ve manevi çalışmadan bir miktar tat aldığını hissettiğinde de "Şimdi Yaradan'a ibadet etmeye değer olduğunu anladığım bir koşuldayım" dememelidir. Tersine, kişi şimdi Yaradan tarafından lütfedildiğini bu yüzden Yaradan'ın onu yakınlaştırdığını ve bu nedenle manevi çalışmadan tat aldığını bilmelidir. Ve kişi kutsallığın hükmünden asla ayrılmamaya ve Yaradan dışında başka bir şeyin işlediğini söylememeye dikkat etmelidir.

(Ancak bu Yaradan tarafından lütfedilme konusu ya da tersi kişinin kendisine değil, sadece Yaradan'a bağlıdır. Ve insan, dışsal aklıyla Yaradan'ın neden şimdi ona lütfettiğini ve daha sonra bunu yapmadığını anlayamaz.)

Benzer şekilde, kişi Yaradan'ın kendisini yakınlaştırmadığına üzüldüğünde Yaradan'dan uzak olmanın ıstırabının kendisini endişelendirmemesine dikkat etmelidir. Çünkü bununla kendisine fayda sağlayan bir alıcı haline gelir ve alan Yaradan'dan uzaktır. Tersine, kişi Şehina'dan (Kutsallık) sürgününe yani Kutsallığa üzüntüye sebep olduğuna üzülmelidir.

Kişi küçük bir organı ağrıyormuş gibi düşünmelidir. Yine de, acı ince akılda ve kalpte hissedilir. Kalp ve akıl insanın bütünüdür. Ve kesinlikle, kişinin tek bir organın hissi acının büyük bir kısmının hissedildiği tüm bedenine benzemez.

Kişinin Yaradan'dan uzakken hissettiği acı da buna benzer. Bunun nedeni insanın Kutsal Şehina'nın tek bir organı olmasıdır, zira Kutsal Şehina halkın ortak ruhudur. Bu yüzden, bireysel acı hissi kolektif acı hissine benzemez. Bu, organlar ondan ayrı olduğunda Şehina'da ızdırap olduğu ve onun organlarını besleyemediği anlamına gelir.

(Ve belki de "Kişi üzüldüğünde, Şehina ne der? 'Benim yolumda değilsen Ben'den uzaksın'") Kişi uzaklaştırılmanın acısıyla bağlantı kurmayarak kutsallıktan ayrılma kabul edilen kendisi için alma arzusunun tuzağına düşmekten kurtulur.

Aynı şey kişi kutsallığa biraz yakınlık hissettiğinde, Yaradan tarafından lütfedildiğinde haz hissettiğinde de geçerlidir. O zaman da kişi bu hazzın öncelikle şimdi Kutsal Şehina'da, Yukarıda haz olmasından kaynaklandığını söylemelidir, çünkü kutsallık özel organını kendisine yaklaştırabildi ve o özel organını uzaklaştırmak zorunda kalmadı.

Ve kişi Şehina'yı mutlu etmekle ödüllendirildiği için mutluluk elde eder. Bu yukarıdaki hesaplamayla uyumludur, yani bir kısım için mutluluk varsa bu bütünün mutluluğunun sadece bir kısmıdır. Bu hesaplamalar vasıtasıyla kişi bireyselliğini kaybeder ve kişinin kendisi için alma arzusu olan Sitra Ahra ağının tuzağına düşmekten kaçınmış olur.

Alma arzusu gerekli olmasına rağmen, çünkü insanın bütünü budur, zira alma arzusunun dışında var olan hiçbir şey bu varlığa ait değildir, bizler haz alma arzusunun ihsan etmek amacıyla ıslah olmasını Yaradan'a dayandırıyoruz.

Şöyle ki, yaratılan varlıklar mutlu olduğunda alma arzusunun aldığı haz ve neşe Yukarıya mutluluk verme niyetiyle olmalıdır, çünkü Yaratılışın amacı buydu – O'nun varlıklarına fayda sağlamak. Ve bu Yukarıdaki Şehina'nın mutluluğu olarak adlandırılır.

Bu nedenle, kişi Yukarıya nasıl mutluluk vereceğiyle ilgili tavsiye aramalıdır. Ve elbette, kişi haz alırsa Yukarıda mutluluk hissedilecektir. Dolayısıyla, kişi her zaman Kralın sarayında olmaya ve Kralın hazineleriyle oynayabilme yetisine sahip olmaya özlem duyar. Ve bu kesinlikle Yukarıya mutluluk verecektir. Bundan kişinin özleminin sadece Yaradan için olması gerektiği sonucu çıkar.

ÇALIŞMANIN AĞIRLIĞININ NEDENİ

Kişinin "kendisini" Yaradan'ın önünde indirgemek için manevi çalışma yapmayı arzuladığında hissettiği ağırlığın nedenini bilmemiz lazım. Kişi sanki tüm dünya hareketsiz duruyormuş ve kendisi bu dünyada görünüşte yokmuş gibi bir koşula gelir ve Yaradan'ın önünde indirgenme uğruna ailesini ve dostlarını bırakır.

Bunun "inanç eksikliği" olarak adlandırılan çok basit bir nedeni vardır. Bu, kişinin kimin karşısında kendisini indirgediğini görmediği anlamına gelir, yani kişi Yaradan'ın varlığını hissetmez ve bu onda ağırlığa neden olur.

Bununla beraber, kişi Yaradan'ın varlığını hissettiğinde ruhu anında, hiçbir akıl ve nedensiz, bir fenerin içindeki ışık gibi kapsanmak için, geçersiz kılınmaya ve köküne bağlanmaya özlem duyar. Ancak, bu kişiye doğal olarak gelir, tıpkı bir mumun fener karşısında hükümsüz kalması gibi.

Dolayısıyla, bundan kişinin manevi çalışmasının özünün sadece Yaradan'ın varlığının hissiyatına gelmek, Yaradan'ın varlığını hissetmek, yani "tüm dünyanın O'nun ihtişamı ile dolu" olduğu sonucu çıkar.

Kişi başka bir şey edinmek zorunluluğuyla yanıltılmamalıdır. Tersine, kişinin sadece bir tek şeye ihtiyacı vardır, Yaradan'a inanca. Kişi başka bir şey düşünmemelidir, yani kişi manevi çalışmasından istediği tek şey sadece Yaradan'a inançla ödüllendirilmek olmalıdır.

Kişinin edindiği küçük bir aydınlanma ile büyük bir aydınlanma arasında fark olmadığını bilmeliyiz. Bunun nedeni Işıkta değişimin olmamasıdır. Tersine, tüm değişimler bolluğu alan kaplardadır, şöyle yazıldığı gibi, "Ben, Tanrınız, değişmem." Dolayısıyla, kişi kabını büyütebilir, büyüttüğü kadarıyla da ışıltısını genişletir.

Yine de soru şu ki, "Kişi ne ile kabını büyütebilir?" Cevap şudur, "Yaradan'ı yücelttiği ve kendisini O'na yakınlaştırdığı için Yaradan'a şükrettiği kadarıyla, öyle ki, kişi Yaradan'ı biraz hisseder ve bunun önemini düşünür, yani Yaradan'la bir miktar bağ kurmakla ödüllendirildiğini."

Kişinin kendisi için hayal ettiği önemin ölçüsü içinde büyüyen ışıltının ölçüsü kadardır. Kişi insan ve Yaradan arasındaki bağın öneminin gerçek ölçüsünü asla bilemeyecektir, çünkü kişi bunun gerçek değerini değerlendiremez. Bunun yerine, kişi bunu takdir ettikçe faydasını ve önemini edinir. Bunda bir güç vardır, zira bu şekilde bu aydınlanma ile daimi olarak ödüllendirilir.

MANEVİ EDİNİM

O'NUN İÇİN YUKARIDAN UYANDIRILIŞTIR

O'nun adına nasıl ödüllendirileceğini anlamak kişinin elinde değildir. Bunun nedeni insan aklının bu dünyada nasıl böyle bir şey olacağını anlayamamasıdır. Çünkü kişi sadece eğer manevi çalışma ile iştigal ederse bir şey edineceğini kavramaya izin verilmiştir. Burada kendi arzularının esiri olmak zorundadır zira aksi takdirde kişi hiçbir şey yapamaz.

Tersine, O'nun için (O'na) Yukarıdan gelen bir aydınlanmadır ve sadece onu tadan bilip anlayabilir. Bununla ilgili şöyle yazılmıştır: "Yaradan'ın iyi olduğunu tadın ve görün."

Bu nedenle, O'nun için niyetin nasıl gerçekleştirileceğiyle ilgili kişinin tavsiye ve danışman araması gerektiğini anlamamız lazım. Sonuçta, hiçbir tavsiyenin faydası olmayacaktır ve eğer Yaradan kişiye "İhsan etme Arzusu" denilen diğer doğayı vermezse hiçbir çalışma kişinin O'nun için mevzusunu edinmesini sağlamayacaktır.

Bilgelerimizin dediği gibi (Atalar, 2:21) cevap şudur: "Manevi çalışmayı tamamlamak size bağlı değil ve bundan uzaklaşmaya da özgür değilsiniz." Bu, kişinin aşağıdan uyanış vermesi gerektiği anlamına gelir, zira bu bir dua olarak kabul edilir.

Dua bir eksiklik olarak kabul edilir ve bir eksiklik olmadan tamamlama da olmaz. Dolayısıyla, kişinin O'nun için niyetine ihtiyacı olduğunda tamamlama Yukarıdan gelir ve duaya cevap da Yukarıdan gelir, yani kişinin ihtiyacı yerine getirilir. Bundan, kişinin Yaradan'dan O'nun rızası için alabilmek için sadece bir eksiklik ve arzu (kap) formunda manevi çalışmaya ihtiyacı vardır sonucu çıkar. Yine de kişi tek başına asla tamamlamayı edinemez; bu daha ziyade Yaradan'dan bir hediyedir.

Bununla beraber, dua bütün bir dua olmalıdır, kalbin derinliklerinden. Bu, dünyada kişinin kendisine Yaradan'ın Kendisinden başka hiç kimsenin yardım edemeyeceğini bilmesi anlamına gelir.

Ancak, kişi kendisine yardım edecek Yaradan'ın Kendisinden başka hiç kimse olmadığını nasıl bilir? Kişi bu farkındalığı tam olarak elindeki tüm gücü O'nun rızası için niyetini edinmek için kullandığında ve bunun bir faydası olmadığında edinir. Dolayısıyla, kişi dünyada mümkün olan her şeyi "Yaradan için" ile ödüllendirilmek için yapmak zorundadır. O zaman kişi kalbinin derinliklerinden dua edebilir ve o zaman Yaradan onun duasını duyar.

Bununla beraber, kişi O'nun için edinmek adına çaba gösterirken bunu tamamen ihsan etmek için istemeyi üslenmelidir, tamamıyla, yani sadece ihsan etmek ve hiçbir şey almamak. Sadece o zaman kişi organlarının aynı fikirde olmadığını görür.

Kişi bundan açık bir farkındalığa gelebilir, yani kişinin tüm şikâyetini Yaradan'ın önüne dökmekten başka hiçbir yolu yoktur ki böylece beden koşulsuzca Yaradan'a hizmet etmeye hemfikir olsun, zira kişi bedenini tamamen indirgenmeye ikna edemediğini görür. Bundan kişinin, bedeninin kendi başına Yaradan için çalışmaya hemfikir olmasını ümit edecek bir neden olmadığını gördüğünde, duasının kalbinin derinliklerinden olabileceği sonucu çıkar ve o zaman kişinin duası kabul edilir.

O'nun için niyetini edinerek kişinin kötü eğilimi öldürdüğünü bilmemiz gerekiyor. Kötü eğilim alma arzusudur ve ihsan etme arzusunu edinmek alma arzusunun her hangi bir şey yapabilme yeteneğini etkisiz hale getirir. Bu onu öldürmek olarak kabul edilir, zira onu mevkiinden eder ve kimse onu kullanmadığından yapacak bir şeyi yoktur. Ve kötü eğilimin işlevini yerine getirmesi ortadan kaldırıldığında bu kişinin onu öldürmesi olarak kabul edilir.

Ve kişi "İnsanın güneşin altındaki tüm bu çalışmadan kârı ne?" diye düşündüğü zaman, iki nedenle O'nun adına hizmet etmenin o kadar da zor olmadığını görür.

1. Her halükarda, istese de istemese de, kişi bu dünyada çabalamak zorundadır ve kişinin tüm çabalardan sonra eline kalan nedir?

2. Bununla beraber, kişi O'nun adına çalışırsa çalışma esnasında haz da alır.

Bunu, Dubna'lı Bilgenin, "Bana çağrıda bulunmadın, Yakup, ne de halk Benimle ilgili endişelendiniz" atasözü izler. Bilge, trenden küçük bir çantayla inen zengin bir adamın hikâyesine benzetir. Adam çantasını bütün tüccarların bagajlarını koyduğu yere koydu, hamal bagajları alır ve tüccarların kaldığı otele getirir. Hamal elbette ki zengin adamın küçük çantayı kendisinin alacağını düşünür, bunun için bir hamala gerek yoktur, bu yüzden büyük bir bavulu otele götürür.

Zengin tüccar hamala küçük bir ücret ödemek istedi, küçük çantası için her zaman yaptığı gibi. Ancak hamal bahşişi almak istemedi ve şöyle dedi: "Otelin emanetine büyük bir çanta bıraktım; onu zar zor taşıdım ve beni yordu ve sen bunun için bana bu kadar küçük bir bahşiş mi ödemek istiyorsun?"

Buradan çıkarılacak ders şu ki, kişi gelip manevi çalışmayı gerçekleştirmekte bu kadar çaba sarf ettim derse Yaradan ona şöyle der: "Yakup, Bana çağrıda bulunmadın." Bir başka deyişle, aldığın benim bavulum değildi, bu çanta bir başkasına ait. Eğer

MANEVİ EDİNİM

maneviyatta büyük çaba harcadığını söylüyorsan başka bir mal sahibi için çalışıyor olmalısın, bu yüzden git ödemeni o yapsın.

"Ne de halk Benimle ilgili yoruldu" sözlerinin anlamı budur. Bir başka deyişle, Yaradan için çalışan kişi işçilik yapmamıştır, tersine hazza ve coşkulu bir ruha sahiptir.

Ancak, başka amaçlar için çalışan kişi Yaradan'ın kendisine çalışmada canlılık vermediğinden şikâyette bulunamaz, zira Yaradan için, Yaradan'ın ona ödeme yapması için çalışmamıştır. Bunun yerine, kişi kimler için çalıştıysa onlardan haz ve canlılık sağlamaları şikâyetinde bulunabilir.

Ve O'nun için değil ise, pek çok amaç olduğundan kişi hangi amaç için çalıştıysa ondan ödül yani haz ve canlılık istemelidir. Onlarla ilgili şöyle denir: "Onları yapanlar onlar gibi olurlar, onlara güvenen herkes."

Bununla beraber, bu biraz kafa karıştırıcıdır. Sonuçta, kişi başka hiçbir niyeti olmadan Cennet Krallığının yükünü üstlense de kişinin bu canlılığının kendisini Cennet Krallığının yükünü üslenmeye zorlayacağını söyleyecek kadar canlılık hissetmediğini görüyoruz. Ve kişinin bu yükü üslenmesinin tek nedeni mantık ötesi inançtır.

Bir başka deyişle, kişi istemeden, mecburi olarak üstesinden gelerek yapar. Bu nedenle, şöyle sorabiliriz, "Kişi bedeni sürekli bu çalışmadan kurtulmak için uğraşırken neden bu çalışmaya çaba harcamayı hisseder, zira kişi bu çalışmada canlılık hissetmez?" Ve kişi gizlilik içinde çalıştığında ve sadece ihsan etme amacı olduğunda Yaradan neden ona çalışmasında tat ve canlılık vermez?

Cevap şu ki, bunun büyük bir ıslah olduğunu bilmemiz lazım. Eğer böyle olmasaydı, eğer Işık ve canlılık kişi Cennet Krallığının yükünü üslenir üslenmez aydınlatsaydı anında kişinin çalışmasında hayatiyet olurdu. Bir başka deyişle, alma arzusu da bu çalışmayı onaylardı.

Ve neden hemfikir olurdu? Elbette ki, özlemini tatmin etmek için, yani kendi menfaati için çalışırdı. Böyle olsaydı O'nun için gerçekleştirmek asla mümkün olmazdı, zira kişi kendi menfaati için çalışmaya zorlanırdı, zira fiziksel arzular yerine Yaradan için çalışmaktan daha büyük haz alırdı. Bu nedenle, kişi kendi için denilen koşulda kalmak zorunda kalırdı çünkü o zaman çalışmasıyla tatmin olurdu. Bundan kendi için çalışmaktan doyum alan kişinin o koşulda kalacağı sonucu çıkar.

Bu şuna benziyor, insanlar hırsız yakalamak için kovaladıklarında hırsız da koşar ve "Hırsızı yakalayın" diye bağırır. O zaman kimin gerçek hırsız olduğunu söylemek, onu yakalamak ve çalınanı geri almak imkânsız olur.

Ancak, hırsız, alma arzusu, Cennet Krallığının yükünü üslenmekten hiç tat ya da canlılık hissetmezse, eğer o koşulda kişi mantık ötesi inançla çalışırsa, zorlayarak ve beden kişinin alma arzusuna karşı çalışmaya alışırsa, o zaman kişi kendisini Yaradan'ına mutluluk getirmek amacıyla çalışma yapmaya götürecek bir araca sahiptir.

KABALA BİLİMİ

Bunun böyle olmasının sebebi kişinin öncelikli gerekliliğinin manevi çalışması vasıtasıyla Yaradan'la bütünleşmeyi gerçekleştirmesidir ki bu kişinin tüm aksiyonlarının ihsan etme üzerine olduğu form eşitliği olarak fark edilir.

"O zaman Yaradan'dan zevk alacaksınız" sözlerinde dediği gibi. "O zaman"ın anlamı "önce"dir, yani kişinin çalışmasının başında haz yoktu. Tersine, kişinin çalışması zoraki idi.

Bununla beraber, sonrasında, kişi kendisini ihsan etme amacıyla çalışmaya alıştırdığında ve kendisini incelemediğinde – eğer manevi çalışmadan tat alıyorsa – çalışmasıyla Yaradan'a mutluluk getirdiği için çalıştığına inanır. Ve kişi Yaradan'ın alttakilerin emekleri nasıl ve çalışmaları ne miktarda olursa olsun kabul ettiğine inanmalıdır. Her şeyde, Yaradan sadece niyeti inceler ve bu Yaradan'a mutluluk getirir. O zaman kişi "Yaradan'dan zevk alacaksınız" ile ödüllendirilir.

Yaradan için çalışması sırasında bile kişi haz ve mutluluk bulacaktır, çünkü şimdi kişi gerçekten Yaradan için çalışıyordur, zira zoraki çalışma sırasında gösterdiği çaba kişiyi gerçekten Yaradan için çalışmaya nitelikli kılar. O zaman görürsünüz ki, kişinin aldığı haz da Yaradan'la ilgilidir, yani özellikle Yaradan'la.

MANEVİ EDİNİM

MANEVİYATTA DESTEK

Kişi manevi çalışmada ve tüm yaptıklarının ihsan etmek için olmasını istediğinde her zaman çalışmada destek bulmaya çalışmalıdır. Destek beslenme olarak kabul edilir ki bunlar sevgi, korku, coşku ve diriliktir. Ve kişi bunların tümünü yaptığı çalışmadan çıkarmalıdır. Bir başka deyişle, manevi çalışması kişiye bu sonuçları vermelidir.

Bununla beraber, kişi maneviyatı çalıştığında ve bu sonuçlara sahip olmadığında bu maneviyat kabul edilmez. Bunun nedeni manevi çalışmanın, Işığı şal gibi örttüğünü kastetmesidir, bilgelerimizin dediği gibi, "Kötü eğilimi yarattım, Işığı şifa olarak yarattım." Bu manevi çalışma içindeki Işığı ima etmektedir, zira çalışmadaki Işık ıslah eder.

Ayrıca manevi ilmin iki ayrı idrake ayrıldığını bilmeliyiz: 1. Işık, 2. Islah (ihsan etme/ iyilik yapma). Aslında, "Yaradan'ın tavsiyesi O'ndan korkanlarla" vasıtasıyla kişi Yaradan'ın yolunda yürümekle ödüllendirilmediyse bu iki ayrımı anlamak mümkün değildir. Böyle olmasının nedeni kişi Yaradan'ın Sarayına girmek için hazırlık koşulundayken Gerçeğin Yolunu anlamanın mümkün olmamasıdır.

Yine de hazırlık dönemindeki bir kişinin bile anlayabileceği bir örnek vermek mümkün. Şöyle yazılmıştır: "Kabalist Yusuf dedi ki, 'Bir ıslah uygulandığında korur ve kurtarır, vs. manevi prensipler uygulandığında da uygulanmadığında da her ikisini de hem korur hem kurtarır.'"

"Uygulandığında", kişinin biraz Işığa sahip olması anlamına gelir. Kişi edindiği bu Işığı sadece Işık hâlâ içindeyken kullanabilir, şimdi olduğu gibi kişi mutluluk içindedir, zira Işık onun için parlar. Bu ıslah olarak ayrılır, yani kişi henüz Işık (edinim) ile ödüllendirilmemiştir, ancak sadece Işıktan bir kutsallık canlılığı edinmektedir.

Maneviyatta böyle değildir: kişi manevi çalışmada biraz yol aldığında edindiği yolu çalışmadığı zamanda da kullanabilir, yani onunla iştigal etmediğinde de, bu kişi Işığa sahip değilken de onu kullanabileceği anlamına gelir. Bunun nedeni sadece aydınlanmanın kişiden ayrılmasıdır, oysaki kişi çalışmada edindiği yolu aydınlık ondan ayrıldığı zaman da kullanabilir.

Yine de, kişi uygulanma esnasında ıslahın, uygulamadan daha yüce olduğunu bilmelidir. "Uygulanma esnasında" kişinin şimdi Işığı aldığı anlamına gelir, kişi onun içindeki Işığı aldığında buna "uygulanma" denir.

Dolayısıyla, kişi Işığa sahipken bir ıslah, kişinin Işığa sahip olmadığı zaman, manen canlılığı yokken, uygulamadan daha önemlidir. Diğer taraftan, Işık önemlidir çünkü kişi Işık'tan edindiği yolu kullanabilir. Ancak, "Işık" olarak adlandırılan canlılıktan yoksundur. Ve bir ıslahla iştigal ederken kişi "Işık" olarak adlandırılan yaşamsallığa sahiptir. Bu bağlamda bir ıslah Işık'tan daha önemlidir.

Bu yüzden, kişi desteksiz olduğunda "kötü" kabul edilir. Bunun nedeni, kişinin artık Yaradan'ın dünyayı "İyi, İyilik yapar" işleyişi ile yönettiğini söyleyememesidir. Kişinin kötü olduğu söylenir çünkü Yaradan'ını suçlu bulmaktadır, kişi şimdi olduğu gibi canlılığa sahip olmadığını hisseder ve mutlu olacak bir şeyi yoktur, böylece ona haz ve mutluluk verdiği için artık Yaradan'a müteşekkir olduğunu söyleyemez.

Kişi Yaradan'ın İlahi Takdirini iyiliksever bir şekilde idare ettiğine inandığını söyleyemez, zira maneviyatın yolunu organlarda bir his olarak anlıyoruz. Eğer kişi haz ve mutluluğu hissetmiyorsa bir başka kişinin haz ve mutluluk hissetmesi kişiye ne verir ki?

Eğer kişi gerçekten İlahi Takdirin dostuna iyilik olarak ifşa olduğuna inansaydı, o inancın kişiye Yaradan'ın dünyayı haz ve mutluluk rehberliğinde yönettiğine inanmasından dolayı haz ve mutluluk getirmesi gerekirdi. Ve eğer bu kişiye canlılık ve neşe getirmiyorsa, Yaradan'ın kişinin dostunu iyilik rehberliğinde gözettiğini söylemenin ne faydası var ki?

En önemli şey kişinin kendi bedeninde ne hissettiğidir – iyi ya da kötü? Kişi sadece dostunun iyiliğinden mutlu oluyorsa dostunun hazzından tat alır. Bir başka deyişle, bizler sadece bedenin hisleri ile öğreniriz, nedenler ne olursa olsun. Önemli olan sadece kişinin iyi hissetmesidir.

Bu koşulda, kişi Yaradan için "İyi ve İyilik yapar" diyebilir. Eğer kişi kötü hissediyorsa Yaradan'ın kendisine iyi iyilik yapar şeklinde davrandığını söyleyemez. Bu yüzden, kişi dostunun mutluluğundan açık bir şekilde haz alıyorsa ve bundan büyük canlılık ve mutluluk alıyorsa, o zaman Yaradan'ın iyi bir lider olduğunu söyleyebilir. Eğer kişide mutluluk yoksa kötü hisseder. Dolayısıyla, Yaradan'ın iyiliksever olduğunu nasıl söyleyebilir ki?

Bu nedenle, her şey kişinin koşulunu izler. Eğer kişide canlılık ve mutluluk yoksa Yaradan'ına karşı sevgisizlik, Yaradan'ına hak verememe ve yüce ve önemli bir krala hizmet eden kişiye yakışacağı gibi hoşnutluk hissedememe koşulundadır.

Ve Üst Işığın tamamen durağan bir koşulda olduğunu bilmemiz lazım. Ve kutsal İsimlerin her hangi bir uzantısı alttakiler nezdinde ortaya çıkar. Bir başka deyişle, Üst

MANEVİ EDİNİM

Işığın sahip olduğu tüm isimler alttakilerin edinimlerinden gelir. Bu, Üst Işığın onların edinimlerine göre adlandırıldığı anlamına gelir. Farklı bir şekilde anlatırsak, kişi Işığı edindiği yola, kişinin hissine göre adlandırır.

Eğer kişi Yaradan'ın kendisine her hangi bir şey vermediğini hissediyorsa, eğer O'ndan bir şey almıyorsa Yaradan'a ne isim verebilir ki? Tersine, kişi Yaradan'a inandığında hissettiği her bir koşulun kendisine Yaradan'dan geldiğini söyler. Ve kişi hissiyatına göre Yaradan'ı adlandırır.

Dolayısıyla, eğer kişi içinde bulunduğu koşulda iyi hissediyorsa Yaradan'ın "İyiliksever" olarak adlandırıldığını söyler, zira hissettiği şey budur – O'ndan iyilik aldığı. Bu koşulda kişiye Haktan Yana (erdemli) denir, zira Yaradan'ı haklı görür (hak verir).

Ve eğer kişi içinde bulunduğu koşulda kötü hissediyorsa Yaradan'ın kendisine iyilik gönderdiğini söyleyemez. Dolayısıyla, kişi bu koşulda Kötü olarak adlandırılır zira Yaradan'ı yargılamaktadır yapar.

Bununla beraber, kişi hem iyi hem de kötü hissediyorum dediğinde bunların ortasında bir şey yoktur. Tersine kişi ya mutludur ya da mutsuzdur.

Bilgelerimiz şöyle der: "Dünya, ya tamamen günahkârlar ya da tamamen erdemliler için yaratıldı." Böyle olmasının nedeni, aynı anda iyi ve kötü hissetme gibi bir şeyin olmamasıdır.

Bilgelerimiz ortasında bir şey vardır dediklerinde, zamanı ayırt edebilen varlıklardan bahsederler, iki zaman için "ortasında-arasında" diyebilirsiniz, biri diğerinin ardından, zira öğrendiğimiz gibi yükselişler ve düşüşler konusu vardır. Bunlar iki zamandır: kişi birinde günahkârdır ve diğerinde erdemlidir. Ancak tek bir anda eşzamanlı olarak kişinin iyi ve kötü hissetmesi, böyle bir şey yoktur.

Bundan, Işık ıslahtan daha önemlidir dedikleri zaman kişinin kesinlikle bununla iştigal etmediği, canlılığının olmadığı bir zamandan bahsettikleri sonucu çıkar. O zaman Işık, canlılığı olmayan sevaptan daha önemlidir.

Bunun nedeni, kişinin canlılığı olmayan bir iyilikten bir şey alamamasıdır. Ancak, maneviyat ile, kişi iştigal ettiği sırada almış olduğu manevi çalışmanın yol yordamına hâlâ sahiptir. Canlılığın ayrılmış olmasına rağmen yol içindedir ve kişi onu kullanabilir. Ve iyiliğin (ıslah/ sevap) manevi çalışmadan daha önemli olduğu bir zaman vardır: Sevap'ta canlılık olup manevi çalışmada olmadığında.

Bu yüzden, çalışılmadığı zaman, kişi manevi çalışmada canlılık ve mutluluğa sahip olmadığında, duadan başka tavsiye edilecek bir şeyi yoktur. Bununla beraber, dua sırasında kişi kötü olduğunu bilmelidir, çünkü Yaradan'ın sadece iyilik verdiğine inanabileceğini hesaplamasına rağmen dünyada var olan haz ve mutluluğu hissetmemektedir.

Yine de, kişinin manevi çalışma yolundaki tüm düşünceleri gerçek değildir. Manevi çalışmada, eğer düşünce aksiyona götürüyorsa, organlar bundan canlılık ve mutluluk almalılar, yani organlarda Yaradan'ın iyiliksever olduğunun hissedildiği bir his olması lazım. Ve eğer kişide canlılık yoksa, eğer şimdi onlara bolluk verdiği için organlar Yaradan'ı sevmiyorsa, tüm hesaplamaların ne faydası var?

Bu nedenle, kişi manevi çalışmada canlılık ya da mutluluğa sahip değilse bu onun mutsuz olduğu için günahkâr olduğunun işaretidir. Eğer bir aksiyon sağlamıyorsa, kişi varlıklarına haz ve mutluluk verdiği için Yaradan'ı sevdiğini organlarında hissetmiyorsa tüm hesaplamalar gerçek dışıdır.

MANEVİ EDİNİM

ALIŞKANLIK İKİNCİ DOĞA OLUR

Kendisini bir şeye alıştırma yoluyla o şey kişinin ikinci doğası haline gelir. Dolayısıyla, bu dünyada kişinin varlığını hissedemeyeceği hiçbir şey yoktur. Bu, kişi o şeyi hissetmese de, ona karşı alışkanlık edinerek yine de onu hissetmeye başlayabilir anlamına geliyor.

Hislerle ilgili olarak Yaradan ve varlıklar arasında bir fark olduğunu bilmemiz lazım. Varlıklar için, hisseden ve hissedilen vardır, edinen ve edinilen. Bu, bir takım realiteye bağlı hisseden bir şeyimiz olduğu anlamına geliyor.

Ancak, hisseden bir şeyi olmayan realite sadece Yaradan'ın Kendisidir. O'nda "düşünce ve algı her neyse yoktur." İnsanda bu şekilde değildir: kişinin tüm varlığı sadece realitenin hissiyatı sayesindedir ve realitenin değeri bile sadece realiteyi hisseden kişiye göredir.

Bir başka deyişle, hissedenin tattığı şey onun gerçek diye değerlendirdiği şeydir. Eğer kişi realitede acı bir şey tadıyorsa, yani içinde bulunduğu koşulda kötü hissediyorsa ve bu koşuldan ötürü acı çekiyorsa, o kişi manevi çalışmada günahkâr kabul edilir. Bunun nedeni Yaradan'ı suçlamasıdır, zira Yaradan "İyilik yapan İyi" olarak adlandırılır, çünkü dünyaya sadece iyilik ihsan eder. Ancak, o kişinin hislerine göre kişi Yaradan'dan bunun tersini almıştır, yani kişinin içinde bulunduğu koşul kötüdür.

Bu yüzden yazılanı (Berahot 61) anlamalıyız, "Dünya sadece tamamen günahkârlar ya da tamamen erdemliler için yaratılmıştır." Bunun anlamı şudur: kişi dünyada ya iyi bir tat alır ve hisseder ve o zaman Yaradan'a hak verir ve Yaradan dünyaya sadece iyilik verir der, ya da kişi dünyadan acı bir tat alır ve hisseder, o zaman kişi günahkârdır, zira Yaradan'ı suçlamaktadır.

Buradan her şeyin kişinin kendi hissiyatına göre ölçüldüğü ortaya çıkıyor. Ancak, tüm bu hislerin Yaradan'la ilgisi yoktur, Birlik Şiiri'nde şöyle yazıldığı gibi, "Sen de her zaman onun gibi olacaksın, içinde ne eksiklik ne fazlalık olacak." Dolayısıyla, tüm dünyalar ve tüm değişimler sadece alıcılara göredir, edinen bireye göre.

KABALA BİLİMİ

KUTSALLIĞIN GÖLGESİ İLE SİTRA AHRA'NIN GÖLGESİ ARASINDAKİ FARK

Şöyle yazılmıştır (Şarkıların Şarkısı, 2), "Gün nefes alıp gölgeler uçana dek." Çalışmada gölgeleri ve "iki gölge" nedir anlamamız lazım. Mesele şu ki, kişi O'nun İlahi Takdiri'ni, yani Yaradan'ın dünyayı "İyilik yapan İyi" şeklinde yönettiğini hissetmediğinde bu, güneşi gizleyen bir gölge olarak kabul edilir.

Bir başka deyişle, güneşi gizleyen fiziksel gölge güneşi hiçbir şekilde değiştirmediği ve güneşin tüm gücüyle parladığı gibi, Yaradan'ın İlahi Takdiri'ni hissetmeyen kişi de Yukarıda her hangi bir değişime neden olmaz, şöyle yazıldığı gibi, "Ben, Tanrınız değişmem."

Bunun yerine tüm değişimler alıcılardadır. Bu gölgede, bu gizlilikte iki ayrımı gözlemlemeliyiz:

1. Kişi hissettiği karanlık ve gizlilikleri hâlâ aşabildiğinde, Yaradan'a hak verebildiğinde ve Yaradan'a Yaradan'dan gelen ve hissettiği tüm gizlilikleri görmesi için, yani Yaradan'ın tüm bunları kişiye duasını ifşa etmesi ve Yaradan'a tutunmaya özlem duyması için, yaptığına gözlerini açması adına dua edebildiğinde.

Bu böyledir çünkü kişi sadece O'ndan aldığı ızdırap vasıtasıyla, sorunlarından özgür kalmak ve işkencesinden kaçmak istediğinde, o zaman, kişi her şeyi yapabilir. Dolayısıyla, kişi gizlilikleri ve ızdırapları aldığında bilinen şifayı yapacağı kesindir: kendisine yardım etmesi ve içinde bulunduğu koşuldan çıkarması için Yaradan'a fazlasıyla dua etmek. Bu koşulda kişi hâlâ O'nun İlahi Takdiri'ne inanıyordur.

2. Kişi üstüne çıkamadığı bir koşula gelip hissettiği tüm ızdırap ve acının kişinin derecesinde yükselmeye nedeni olsun diye Yaradan tarafından gönderildiğini söyleyemediğinde. O zaman kişi aykırı düşünce koşuluna gelir zira O'nun İlahi Takdiri'ne inanamaz ve o zaman doğal olarak dua edemez.

Bundan, iki tür gölge olduğu sonucu çıkar. Ve "gölgeler uçtular" sözlerinin anlamı budur, yani gölgeler dünyadan uçacaklar anlamındadır.

Klipa'nın (kabuk) gölgesine "Başka bir tanrı verimsizdir ve meyve vermez" denilir. Bununla beraber, Kutsiliğin (kutsallık) gölgesine "Onun gölgesinde oturmaktan zevk aldım ve meyvesi damağıma tatlı geldi" denilir. Bir başka deyişle, kişi hissettiği tüm gizliliklerin ve ızdırapların mantık üstü çalışmaya yer sağlamak için Yaradan'ın bu koşulları göndermesinden olduğunu söyler.

Ve kişinin bunu söyleyecek gücü olduğunda, yani Yaradan'ın tüm bunlara neden olduğunu, bu kişinin faydasınadır. Bu, kişinin bunun vasıtasıyla kendisi için değil ihsan etmek için çalışmaya gelebileceği anlamına gelir. O zaman, kişi farkına varır, bunun anlamı Yaradan'ın özellikle tamamen mantık üstü üzerine inşa edilmiş bu çalışmadan hoşlanmasıdır.

Bundan kişinin Yaradan'a gölgelerin bu dünyadan uçması için dua etmemesi sonucu çıkar. Tersine, kişi "Yaradan'ın benim O'na bu şekilde hizmet etmemi istediğini görüyorum, tamamen mantık üstü" der. Bu nedenle, kişi her yaptığında "Yaradan kesinlikle bu çalışmadan hoşlanıyor, öyleyse neden yüzün gizliliği koşulunda çalıştığımla ilgileneyim? Sonuçta, ihsan etmek için çalışmak istiyorum, Yaradan bundan hoşlanacak. Bu nedenle, bu çalışmayla küçük düşmem, yani Yüzün gizliliği koşulunda olma hissinden, Yaradan bundan hoşlanmayacak" der. Tersine, kişi Yaradan'ın liderliğini kabul eder ve tüm kalbiyle Yaradan'ın çalışma sırasında kişinin Yaradan'ın varlığını her nasıl hissetmesini istediğiyle hemfikir olur. Bu böyledir çünkü kişi ne haz alacağıyla değil sadece Yaradan'ın nasıl mutlu olacağıyla ilgilenir. Böylece, bu gölge kişiye hayat getirir.

Buna "Gölgesinden haz aldım" denir, yani kişi biraz mantık üstü yapabildiği koşulu şiddetle arzular. Bu nedenle, eğer kişi gizlilik koşulunda, Yaradan'ın onu yaklaştırması için hâlâ yer varken çabalamazsa, bunda kayıtsızsa, o zaman kişiye içinde dua bile edemediği ikinci gizlilik koşulu gönderilir. Böyle olması günahtan dolayıdır – yani kişi tüm varlığıyla Yaradan'a dua etmek için çaba harcamamıştır. Bu nedenle, kişi böyle düşük bir seviyeye gelir.

Ancak kişi bu koşula geldiğinde ona Yukarıdan acınır ve kişiye Yukarıdan bir kez daha uyanış verilir. Ve aynı düzen yeniden başlar, ta ki sonunda kişi duada güçlenene ve Yaradan onu duyup, yakınlaştırıp ıslah edene dek.

KİŞİNİN ÇALIŞMASININ ÖZÜ

Kişinin çalışmasının özü Yaradan'ına mutluluk ihsan etme hissine nasıl geleceği olmalıdır, zira kişinin kendisi için yaptığı her şey form eşitsizliğinden dolayı kişiyi Yaradan'dan uzaklaştırır. Ancak, kişi Yaradan için bir aksiyonda bulunursa, en küçücük eylem bile, bu yine de bir sevap (emir-iyilik-ıslah) olarak kabul edilir.

Dolayısıyla, kişinin öncelikli çabası, ihsan etmekte tat hissedecek bir güç edinmek olmalıdır, ki bu kendine almakta tat hisseden gücü azaltmakla olur. Bu koşulda, kişi yavaş yavaş ihsan etmekte tat edinir.

LİŞMA

Kişinin O'nun için koşulunu (O'nun adına) edinmesi için, Yukarıdan uyandırılışa ihtiyacı vardır, çünkü bu Yukarıdan bir aydınlatılmadır ve insan aklı ile algılanamaz. Ancak, onu tadan bilir. Bununla ilgili "Yaradan'ın iyi olduğunu tadın ve görün" denilmiştir.

Bundan dolayı, Cennet Krallığının yükünü üslenmenin üzerine kişinin bunun tam olmasına ihtiyacı vardır, yani hiçbir şekilde almak için değil sadece ihsan etmek için. Ve eğer kişi organların bu görüşle hemfikir olmadığını görürse duadan – bedenini Yaradan'a hizmet etmeye razı olması için yardımdan ve Yaradan'a kalbini dökmekten başka çaresi yoktur.

Ve kişi eğer Lişma Yukarıdan bir hediye ise, eğer Yaradan'a bağlı ise o zaman çalışmasını güçlendirmesinin ve O'nun için çalışmaya gelmek için kişinin gerçekleştirdiği tüm şifalar ve ıslahların faydası ne dememelidir. Bilgelerimiz bununla ilgili şöyle dediler: "Bundan kurtulmaya özgür değilsiniz." tersine, kişi uyanışı aşağıdan sunmalıdır ve bu "dua" olarak kabul edilir. Ancak, eğer kişi O'nun için koşulunu edinmenin dua olmadan mümkün olmadığını önceden bilmezse gerçek bir dua olamaz.

Dolayısıyla, kişinin O'nun için koşulunu edinmek için uyguladığı aksiyonlar ve şifalar içinde O'nun için koşulunu almak isteyen ıslah olmuş kaplar yaratır. Ve tüm aksiyon ve şifalardan sonra, o zaman kişi dürüst bir dua gerçekleştirebilir, zira tüm aksiyonlarının ona bir fayda getirmediğini görmüştür. Sadece o zaman kişi kalbinin derinliklerinden dürüstçe bir dua gerçekleştirebilir ve o zaman Yaradan kişinin duasını duyar ve ona Lişma hediyesini verir.

Ayrıca O'nun için koşulunu edinmekle kişinin kötü eğilimi ölüme yolladığını da bilmeliyiz. Bunun nedeni kötü eğilimin "kişinin kendi menfaati için alması" olarak adlandırılmasıdır. Ve ihsan etme amacını edinerek kişi kendi arzularının esiri olmayı geçersiz kılar. Ve ölüm kişinin alma kaplarını artık kendi için kullanmadığı anlamına gelir. Ve kişi kötü eğilimin rolünü geçersiz kıldığından o artık ölü kabul edilir.

Eğer kişi dünyada manevi çalışması için ne aldığını dikkate alırsa görür ki kendisini Yaradan'ın hükmü altına sokmak o kadar da zor değil; iki nedenden dolayı:

1. Kişi istese de istemese de her halükarda bu dünyada çabalamak zorundadır.
2. Manevi çalışma sırasında bile, kişi eğer O'nun için koşulunda çalışıyorsa çalışmanın kendisinden haz alır.

Dubna'lı Bilgenin dediği gibi, "Bana çağrıda bulunmadın, Yakup, ne de halk Benimle ilgili endişelendi." Bu, Yaradan için çalışan kişinin çabası olmadığı anlamına gelir. Tersine, kişi haz ve coşkuya sahiptir.

Ancak, Yaradan için değil başka hedefler için çalışanlar kişiye manevi çalışmada canlılık vermediği için Yaradan'a şikâyette bulunamazlar, zira kişi başka bir amaç için çalışıyordur. Kişi sadece kimin için çalışıyorsa ona şikayet edebilir ve çalışmasında canlılık ve haz verilmeyi talep edebilir. Bu kişiyle ilgili şöyle denir: "Onlara güvenen kişi onları Yaradanlar gibi olacaktır."

Kişi Cennet Krallığının yükünü üslendiğinde, Yaradan'a ihsan etmek amacıyla çalışmak istediğinde hâlâ hiç canlılık hissetmezse ve bu canlılık onu Cennet Krallığının yükünü üslenmeye zorlamazsa şaşırmayın. Tersine, kişi Cennet Krallığının yükünü zoraki kabullenmelidir, kendisine hiç faydası olmayacağını hissederek. Yani, beden bu çalışmaya, Yaradan'ın neden kişiye canlılık ve haz yağdırmadığına hemfikir değildir.

Sebebi, bunun büyük bir ıslah olmasıdır. Eğer böyle olmasaydı alma arzusu bu çalışmayı yapmaya razı olurdu ve kişi asla O'nun için koşulunu gerçekleştiremezdi. Tersine, kişi her zaman kendi menfaati için çalışırdı, kendi arzularını tatmin etmek için. Tıpkı insanların söylediği gibi, hırsız kendisi de koşar ve "Hırsızı yakalayın!" diye bağırır. Ve o zaman hırsızı yakalayıp çalınanı almak için gerçek hırsızın kim olduğunu söyleyemezsiniz.

Ancak, hırsız, yani alma arzusu, Cennet Krallığının yükünü kabul etme çalışmasını zevkli bulmadığında, zira beden kendi arzusuna karşın çalışmaya alışmıştır, kişi sadece Yaradan'ına mutluluk getirmek amacıyla çalışmaya ulaşacak araca sahiptir, zira kişinin tek niyeti sadece Yaradan için olmalıdır, şöyle yazıldığı gibi "O zaman Yaradan'dan zevk alacaksınız." Kişi daha önce Yaradan için çalışırken çalışmasından haz almıyordu. Tersine, kişinin manevi çalışması zoraki yapılıyordu.

Ancak şimdi, kişi kendisini ihsan etme amacıyla çalışmaya alıştırdığından Yaradan'dan zevk alma ile ödüllendirilir ve çalışmanın kendisi kişiye haz ve canlılık verir. Ve bu hazzın da özel olarak Yaradan için olduğu kabul edilir.

YÜKSELİŞ ZAMANI

Kişi kendisini yükseliş koşulunda yani canlı hissettiğinde, maneviyattan başka arzusu olmadığını hissettiğinde, o zaman içselliğini edinmek için manevi ilmin sırlarına dalmak iyidir. Kişi her şeyi anlamak için çaba sarf etmesine rağmen hâlâ bir şey bilmediğini gördüğünde, maneviyatın sırlarına dalmaya yine de değer, bir tek şeye yüz kere olsa bile, hiçbir şey anlamadığı için ümitsizliğe kapılmadan yani faydasız demeden.

Böyle yapmanın iki nedeni vardır:

A. Kişi bir takım şeyleri inceleyip onu anlamaya özlem duyduğunda bu özleme "dua" denir. Bunun nedeni duanın bir eksiklik olmasıdır, yani kişi eksik olduğu bir şeyi çok arzular ve Yaradan bu onun eksikliğini doldurur.

Duanın büyüklüğü arzuyla ölçülür, zira büyük arzu kişinin en çok ihtiyacı olan şey içindir. Özlemin ölçüsü, ihtiyacın ölçüsüne göredir.

Bir kural vardır, kişinin en çok çaba sarf ettiği şeyde, çaba arzuyu arttırır ve kişi eksikliği için doyum almak ister. Ayrıca, eksikliğe "dua" denir, ya da "kalbin çalışması", zira "Merhametli Olan kalpleri ister."

O zaman kişi gerçek bir dua sunabilir. Ve kişi manevi ilmin anlattıklarını çalıştığında, kalp diğer arzulardan özgür kılınmalı ve akılla düşünebilme ve irdeleyebilme gücü vermelidir. Eğer kalpte arzu yoksa, akıl irdeleyemez, şöyle yazıldığı gibi, "Kişi her zaman kalbinin arzuladığı yerde öğrenmelidir."

Kişinin duasının kabul edilebilmesi için tam bir dua olmalıdır. Dolayısıyla, tam bir ölçüde irdelerken, kişi bundan bütün bir dua ortaya çıkartır ve o zaman kişinin duası kabul edilebilir çünkü Yaradan duayı duyar. Ancak bir koşul vardır: dua tam bir dua olmalıdır ve duanın içine başka şeyler karışmamalıdır.

B. İkinci neden ise, kişi fizisellikten ayrıldığından ve bir şekilde ihsan etme niteliğine daha yakın olduğundan, Yaradan'la form eşitliğine sahip olanlara görünenin içselliğiyle bağlantı kurmak için daha iyi bir zamandır. Bunun nedeni Işık, Yaradan ve halkın bir olmasıdır. Bununla beraber, kişi kendine alma koşulundayken içselliğe değil dışsallığa aittir.

MANEVİ EDİNİM

TANRIYI SEVENLERİNİZ KÖTÜLÜKTEN NEFRET EDER

"Yaradan'ı sevenleriniz, kötülükten nefret eder; O, Kendisini izleyenlerin ruhlarını korur; O onları günahkârların ellerinden uzaklaştırır" sözleri Yaradan'ı sevmek ve Yaradan'a tutunma ile bahşedilmenin yeterli olmadığı şeklinde yorumlanır. Kişi kötülükten de nefret etmelidir.

Kötülüğü karşı nefret, "alma arzusu" denilen kötülükten nefret etmek olarak ifade edilir. Ve kişi bundan kurtulacak hiçbir yönteme sahip olmadığı ve aynı zamanda bu durumu kabul etmek istemediğini görür. Ve kişi kötülüğün kendisine neden olduğu kayıpları hisseder ve kötülüğü kendi başına geçersiz kılamadığını görür, zira bu insana alma arzusunu monte eden Yaradan tarafından doğal bir güçtür.

O koşulda, yukarıdaki sözler bize kişinin ne yapabileceğini söyler, yani kötülükten nefret etmek. Ve bununla Yaradan kişiyi kötülükten uzak tutar, şöyle yazıldığı gibi, "O, Kendisini izleyenlerin ruhlarını korur." Bu koşulda kişi zaten başarılı bir insandır, zira Yaradan'la bir miktar bağı vardır, en minicik bir bağ bile olsa.

Aslında, kötülük konusu Partzuf'un Ahorayim'i (arkası-sırtı) olarak hizmet eder. Ancak, bu sadece kişinin ıslahıyla olur: kötülükten yürekten nefret etme yoluyla Ahorayim formuna ıslah olur. Nefret gelir çünkü eğer kişi Yaradan'a tutunmak istiyorsa o zaman dostlar arasında bir işleyiş vardır: eğer iki kişi dostunun nefret ettiği şey ve kişiden nefret ediyorsa ve dostunun sevdiği şey ve kimseyi seviyorsa, o zaman daimi bağ kurarlar, hiç devrilmeyecek bir direk gibi.

Yaradan ihsan etmeyi sevdiğinden, alt seviyedekiler de sadece ihsan etmeyi istemeye adapte olmalılar. Ve Yaradan alıcı olmaktan nefret ettiğinden, zira O tamamen bütündür ve hiçbir şeye ihtiyacı yoktur, insan da kendisi için alma konusundan nefret etmelidir.

Bundan, kişinin kendisi için alma arzusundan nefret etmesi gerektiği sonucu çıkar, zira dünyadaki tüm yıkımlar sadece alma arzusundan gelir. Ve nefret vasıtasıyla kişi alma arzusunu ıslah eder ve Kutsallık'a (kutsallık) girer.

KABALA BİLİMİ

BAKANLAR ARASINDAN KÖLEYİ YÜKSELTMEK

Şöyle yazılmıştır: "Yüksekten daha yukarıda olan izler ve onlardan yukarıda olanlar vardır" Sert bir cevap gerektiğinden, herkes Kişisel İlahi Takdir'e (kişisel kader) inanır ancak hiçbir şekilde ona tutunmaz şeklinde cevaplayacağım sizi.

Sebebi, kötü ve yanlış bir düşüncenin, "İyilik yapan İyi"nin ta kendisi olan Yaradan'a atfedilememesidir. Ancak, Kişisel İlahi Takdir (kişisel kader) bilgisi sadece Yaradan'ın gerçek hizmetkârlarına açılır – O'nun bundan önce gelen tüm nedenlere sebep olduğu, hem iyi hem de kötü. O zaman onlar Kişisel İlahi Takdir ile birbirlerine bağlıdırlar, zira arı olana bağlı olan herkes arıdır.

Rehber, rehberlik ettikleriyle bütün olduğundan iyi ve kötü arasında açık bir ayrılık yoktur. Hepsi sevilir ve hepsi açıktır, zira hepsi O'nun eşsizliğinin ifşasını yüceltmeye hazır olan Yaradan'ın kaplarının taşıyıcılarıdır. Bu hissedilerek bilinir ve bu ölçüde, sonunda iyi ve kötü tüm aksiyonların ve düşüncelerin Yaradan'ın kaplarının taşıyıcıları olduğu bilgisine sahiptirler. O, onlar için hazırlamıştır, O'nun ağzından gelmişlerdir ve bu ıslahın sonunda herkes tarafından bilinecektir.

Ancak, bunun arasında uzun ve tehditkâr bir sürgün vardır. En büyük sorun kişi bazı yanlışlar gördüğünde olur, kişi seviyesinden düşer, o meşhur yalana tutunur ve oduncunun elindeki balta gibi olduğunu unutur. Tersine, kişi kendisini bu aksiyonun sahibi sanır ve her şeyin geldiği tüm sonuçların nedenlerini ve bu dünyada O'ndan başka Yönetici olmadığını unutur.

Öğreti budur. Kişi bunu başta bilmesine rağmen, yine de bir ihtiyaç zamanında kişi bu farkındalığı, her şeyi erdemlik seviyesine bağlayan bir nedenle bağdaştırmayı kontrol etmez. Bu mektubun tüm cevabı budur.

Sizlere daha önce birinin diğerini aydınlattığı, bu iki konseptle ilgili gerçek bir benzetme yapmıştım. Ancak, gizliliğin gücü hüküm sürer ve aralarında kontrolü sağlar.

Hizmetkârını tüm bakanlarının üzerine çıkartacak kadar seven bir kralla ilgili bir benzetme vardır, zira onun kalbindeki gerçek ve değişmez sevgiyi görmüştür.

Bununla beraber, açık bir neden olmadan birini bir anda en üst seviyeye çıkarmak krala yakışır bir tavır değildir. Tersine, krala yakışan tavır nedenleri büyük bir bilgelikle herkese ifşa etmektir.

Kral ne yaptı? Hizmetkârını şehrin kapılarına bekçi yaptı ve akıllı, şakacı bir bakana krallığa karşıymış gibi direnmesini ve bekçi hazırlıksızken sarayı zapt etmek için savaşmasını söyledi.

MANEVİ EDİNİM

Bakan kralın emrettiği gibi yaptı ve büyük bir bilgelik ve ustalıkla kralın sarayına karşı savaşıyormuş gibi yaptı. Kapıdaki hizmetkâr bakana karşı cesurca ve bağlılıkla hayatını riske attı ve kralı kurtardı, ta ki krala karşı büyük sevgisi herkese aşikâr olana dek.

O zaman bakan giysilerini çıkardı ve ortada büyük bir kahkaha vardı, zira hizmetkâr şiddetle ve cesurca savaşmıştı ve şimdi hepsinin gerçek değil oyun olduğunu anlamıştı. En çok da bakan acımasızlık hayallerinin derinliğini ve gözünde canlandırdığı korkudan bahsedince güldüler. Ve bu korkunç savaştaki her nokta bir kahkaha ve büyük neşeye dönüştü.

Ancak, o yine de bir hizmetkârdı, okullu değil. Ve tüm bakanların ve kralın hizmetkârlarının üzerine nasıl çıkartılabilirdi?

O zaman kral düşündü ve o bakana kendisini bir hırsız ve katil olarak gizlemesini ve kendisine karşı şiddetli bir savaş yapmasını söyledi. Kral ikinci savaşta hizmetkârın muhteşem bir bilgelik keşfedeceğini ve tüm bakanların üstünde durmaya layık olacağını biliyordu.

Böylece, hizmetkârını kralın hazinesini korumakla görevlendirdi ve şimdi bakan zalim bir katil gibi giyinmiş olarak kralın hazinelerini yağmalamaya geldi.

İşe tayin edilmiş zavallı kap dolana dek korkusuzca ve bağlılıkla savaştı. O zaman bakan giysilerini çıkardı ve kralın sarayında büyük neşe ve kahkaha oldu, hatta öncekinden daha çok.

Bakanın oyununun detayları büyük kahkahaya neden oldu, zira şimdi bakan öncekinden daha akıllı olmak zorundaydı çünkü kralın hükümranlığında kimsenin acımasız olmadığı açıkça biliniyordu ve acımasız olanların hepsi şakacı kimselerdi. Bu nedenle, bakan kötülük giysilerini edinmek için büyük bir ustalık kullandı.

Ancak, bu arada hizmetkâr bilgi sonrası bilgelik ve bilgi öncesi sevgi edindi ve o zaman ebediliğe yükseltildi.

Gerçekte, o sürgündeki tüm savaşlar muhteşem bir görüntüdür ve herkes onların lütufkâr içeriğinde sadece iyilik getiren bir tür akıl ve neşe olduğunu bilir. Yine de, savaşın yük ve tehdidini azaltacak bir yöntem yoktur.

Bununla ilgili sizlerle yüz yüze uzun uzadıya konuştum ve artık bu benzetmenin bir ucuyla ilgili bilginiz var ve Yaradan'ın yardımıyla diğer tarafını da anlayacaksınız.

Ve benden en çok duymak istediğiniz şeye hiçbir cevap veremem. Size bununla ilgili yüz yüze bir benzetme de yaptım, zira "yeryüzünün krallığı gök kubbenin krallığı gibidir" ve gerçek rehberlik bakanlara verilir.

Bununla beraber, her şey kralın tavsiye ve imzasıyla yapılır. Kral bakanların düzenlediği planı imzalamaktan başka bir şey yapmaz. Eğer planda bir hata görürse onu düzeltmez sadece bakanı değiştirir ve ilki görevinden istifa eder.

İnsan da bu şekilde, içine montelenmiş harflere göre hareket eden küçük bir dünyadır, zira krallar onun içindeki yetmiş milleti yönetir. Sefer Yetzira'da (Yaratılış Kitabı) yazılanların anlamı budur: "O belli bir harfi taçlandırdı." Her bir harf değerlendirmeler yapan kendi zamanının bakanıdır ve dünyanın Kralı onları imzalar. Harf bir takım planlarda hata yaparsa hemen görevinden istifa eder ve O onun yerine başka bir harfi ödüllendirir.

"Her nesil ve onun yargıçları" sözlerinin anlamı budur. Islahın sonunda Mesih denilen o harf hükmedecek ve Yaradan'ın kontrolünde tüm nesilleri ihtişamlı bir taçla tamamlayıp bağlayacak.

Şimdi koşulunuza nasıl müdahale edebildiğimi anlayabilirsiniz ve her biriniz neyi ortaya çıkarmanız gerekiyorsa onu açığa çıkaracak ve her şey enkarnasyonlar boyunca açıklığa kavuşacak.

MANEVİ EDİNİM

PARDES - MEYVE BAHÇESİ

"Dördü bir PARDES' e girdi", vs. dünya yaratılmadan önce O Birdir ve O'nun Adı Birdir vardı çünkü ruhlar ruh kabul edilmiyordu, zira ismin tüm konusu kişinin yüzünü O'ndan çevirmesiyle ilgilidir, O kişiyi yüzünü geri çevirmesi için çağırır.

Ve Yaratılıştan önce ruhlar O'na tamamen bağlıydı ve onlar talep etmeden bile, O onların üstüne taçlar ve çelenkler, ihtişam, yücelik ve saltanat yerleştirdi, zira O onlarına arzularını Kendiliğinden bilir ve onlara bahşeder. Dolayısıyla, aşağıdan bir yerden uyanışla ilgili bir isim belirtmek elbette ki mevzu dışı. Bu nedenle, Basit Işık olarak addedilir, zira her şey tamamen basitlik içindedir ve bu Işık her bir kişi tarafından anlaşıldı, hiç ilim görmemişler tarafından bile.

Bilgelerin ve erdemlilerin buna Pışat (yazılı olan) demelerinin nedeni budur, zira Pışat her şeyin köküdür. Yazarlar ve kitaplar bunu tartışmazlar çünkü tek, basit ve meşhur bir konsepttir. Ve alt dünyalarda iki ayrım bu Basit Işığın Reşimo'sunda algılansa bile bu kendi kalplerinde "ve ben düzgün bir insanım" vasıtasıyladır. Ancak, yukarıda bahsedilen yerde yapacağınız hiçbir tarifte değişim yoktur.

Bu, kralın sevdiği oğlunu alıp muhteşem, ihtişamlı meyve bahçesine koyması gibidir. Ve oğul gözlerini açtığında meyve bahçesindeki fevkalade ışıktan dolayı durduğu yere bakmadı, doğunun batıdan uzaklığı gibi, gözleri çok uzaklara gitti. Ve gözlerini sadece batısındaki uzak binalara ve saraylara dikti ve gözlerinin batıda gördüğü ihtişamlık ve güzelliği merak ederek günlerce ve aylarca yürüdü, başı boş dolaştı.

Birkaç aydan sonra, heyecanı dindi ve arzusu tamamlanmıştı ve batıya bakmaktan bıktı. "Döndüğüm yolda ne bulunabilir?" diye düşündü ve yeniden muhakeme etti. Yüzünü doğuya, giriş yaptığı tarafa doğru çevirdi ve şaşırdı. Tüm ihtişam ve güzellik yanı başındaydı. Kendisini anlayamadı, nasıl bu kadar süre fark edemediğini ve batıya doğru olan Işığa tutundu. O zamandan sonra sadece doğuya doğru parlayan Işığa tutundu ve giriş kapısına gelene dek doğuya doğru yürüdü.

Şimdi, giriş ve çıkış günleri arasındaki farkı düşünün ve bana söyleyin, zira son aylarda gördüklerini ilk aylarda da görmüştü. Ancak başında etkilenmemişti, zira gözlerini ve kalbini batıya doğru parlayan Işık almıştı. Ve sonrasında bıktı, yüzünü doğuya çevirdi ve doğuya doğru parlayan Işığı gördü. Ancak bu nasıl değişti?

Bununla beraber, girişe yakın olarak ikinci yaklaşımı ifşa etmek için yer var, ki bilgelerimiz buna Remez (imâ) derler, "Gözlerin neyi imâ ediyor?"da olduğu gibi. Bu tıpkı kralın sevgili oğluna üstü kapalı söylemesi ve bir göz kırpışı ile onu korkutması gibi. Ve oğul hiç anlamasa ve bu imadaki gizli korkuyu görmese de, yine de babasına bağlılığından dolayı oradan başka bir tarafa gecikmeden atlar.

Bu Remez denilen ikinci tutumun anlamıdır, zira iki yaklaşım, Pışat ve Remez, alttakilerde tek kök olarak kayıtlıdır, bilgelerin yazdığı gibi tek bir kelime yoktur ki "kelimenin kaynağı" denilen iki harfli bir kökü olmasın. Böyle olmasının nedeni tek bir harften bir anlam çıkarılamayacağıdır, dolayısıyla, Pışat ve Remez'in kısaltması PR'dir (par şeklinde okunur), ve bu PaR Ben Bakar'ın (genç boğa) bu dünyadaki köküdür. Ve Pria ve Revia (çoğalma) da bu kökten gelir.

Şimdi bilgelerimizin Druş (yorumlar) dedikleri üçüncü tutum gelir. Bu nedenle hiçbir şey için Drişa (talep) yoktu, "O Birdir ve O'nun Adı Birdir"de olduğu gibi. Ancak bu yaklaşımda çıkarma, ekleme, yorum (çalışma) ve bulma var, açıkça bildiğiniz "Çabaladım ve buldum"da olduğu gibi. Bu nedenle bu yer aşağıdakilere atfedilmiştir, zira buradan doğunun yüzünün Yukarıya uyanması gibi olmayan bir uyanış vardır, ki bu "Onlar çağırmadan Ben cevaplayacağım" vasıtasıyla idi. Tersine, burada güçlü bir çağrı ve çaba ve özlem bile vardı ve "ihtiras mezarları"nın anlamı budur.

Sonra bilgelerimizin Sod (sır) dedikleri dördüncü yaklaşım gelir. Aslında, bu Remez'e benzer ancak Remez'de algı diye bir şey yoktu, tersine insanı izleyen bir gölge gibiydi ve gitgide üçüncü yaklaşım, Druş zaten onu gizlemişti.

Ancak, burada sanki bir fısıltı gibi, hamile bir kadın gibi…kulağına bugünün Yom Kipur (Kefaret Günü- Eylül-Ekim aylarında kutlanılan bayram) olduğunu fısıldıyorsunuz, böylece fetüs sarsılıp düşmeyecek. Ve şöyle diyebiliriz, "Dahası, bu yüzün gizliliğidir, yüz değil!" Zira, "O'ndan korkanlar için Yaradan'ın tavsiyesi onlarladır; ve bilmeleri için O'nun sözü de" sözlerinin anlamı budur. Bu nedenle dolaşıp durdu, ta ki bir ses ona fısıldayana kadar: "O'ndan korkanlara yiyecek verdi" ve o askerin küçümsediği gibi, yemeye uygun olmayan bir şey değil.

Bu cevabı kendi başınıza anladınız ve bana mektubunuzda çekimser de olsanız yazdınız ve bekâr olduğunuzdan doğal olarak nazikçe.

Bu sözler önünüze geldiğine göre açıklayacağım çünkü şairin sorusu da bu, "O'ndan korkanlar için Yaradan'ın tavsiyesi onlarladır." Peki, neden böyle söyledi? Yazının arı bir dille söylemek için on iki harfi (sekiz) boşa harcadığını gördüğümüz yerde bilgelerimizin sorusu gibi, şöyle yazılmıştı, "ve arı olmayan hayvanların" vs.

Ancak cevabınız şaire yeterli gelmiyor, zira O ruhlara bolluk verebilirdi ve arı bir dille, Lavan'ın Yakup'a dediği gibi, "Gizlice nerelere uçtun ve beni alt ettin; ve bana söylemedin ki seni sevinçle şarkılarla, dümbelek ve arpla yollayabilirdim." Şairin buna cevabı şuydu, "ve bilmeleri için O'nun sözü de."

Kesme, çıkarma ve kandamlasının anlamı budur, yani on üç akdin her biri. Sır bu şekilde olmasaydı, başka bir dille olsaydı Dikna'nın on üç ıslahından dördü eksik olurdu ve ZA'de Dikna'nın sadece dokuz ıslahı kalırdı. Dolayısıyla, ZA, Yaradan'ın sırrını bilenlerin bildiği gibi AA'yı gizlemiyor olurdu. "Ve bilmeleri için O'nun sözü de" sözlerinin anlamı budur ve "atalardan kalma fazilet sona erdi, ama atalardan kalma akit sona ermedi."

PR (Par okunur), PRD (Pered okunur) ve PRDS (Pardes okunur) konumuza geri dönelim. Yukarıdan aşağıya sırası ve birleşimi budur. Şimdi Pardes'e giren dört bilgeyi anlayacaksınız, yani Sod (sır) denilen dördüncü yaklaşım, zira alttaki ondan önce gelen Üstte Olanları ihtiva eder. Dolayısıyla, dört yaklaşımın hepsi dördüncü yaklaşımın içine dâhildir ve sağa, sola, öne ve arkaya doğrudurlar.

İlk iki yaklaşım sağa ve soladır, yani PR (Tapınak Dağı'nın basamağındaki sözlerinin anlamı budur: "Manevi ilmin tüm bilgeleri benim gözümde değersizdir") Bunlar Ben Azai ve Ben Zuma'dır, zira bu ruhlar iki yaklaşımla, PR, ilgilenmediler. Ve son iki yaklaşım Panim (ön) ve Ahor'dur (arka) ki bu huzurla giren ve huzurla çıkan Kabalist Akiva'dır. Doğru bir şekilde şöyle söylediler, "bu, her deve dikeninin dağlarca yasa öğrenebileceğinin belirtisidir."

Ahor, kötü yola sapan (günahkâr oldu) Elişa Ben Avoia'dır. Bilgelerimiz bununla ilgili şöyle dedi: "Kişi evinde kötü bir köpek beslemez," çünkü bu yoldan sapmaktır. Onlarla ilgili söylenen her şey – "gizlice baktı ve öldü", "gizlice baktı ve incindi", "yoldan çıktı" – birlikte yakından toplandıklarında o nesille ilgili söylendi, ancak hepsi ıslah olmuştu, teker teker, reenkarnasyonun sırrını bilenlerin bildiği gibi.

Ancak, Hutzpit'in dilini gördükten sonra çevirmen şöyle dedi: "Dönün, yolundan ayrılan çocuklar," diğeri hariç ve Kabalist Akiva'nın öğrencisi Kabalist Meir onun yerini aldı. Gemarah'ın da bunu zor bulduğu doğrudur: Kabalist Meir maneviyatı bir başkasından nasıl öğrendi? Ve şöyle dediler: "O bir nar buldu ve içindekini yedi ve kabuğunu attı." Ve bazıları onun Kabuğu (kötü eğilim) da ıslah ettiğini söyler, mezarının üzerinden duman yükselmesinde olduğu gibi.

Şimdi Elişa Ben Avoia'nın sözlerini anlayabilirsiniz: "Bir çocuğa öğreten nasıldır? Yeni bir kâğıda yazılmış mürekkep gibi," Kabalist Akiva'nın ruhunu kastediyor. Kendisine şöyle dedi: "Ve yaşlı bir adama öğreten nasıldır? Kullanılmış kâğıda yazılmış mürekkep gibi." Kabalist Meir'e uyarısının anlamı budur, "Şabat bölgesi bu kadar," zira atının adımlarını tahmin etti ve anladı, çünkü atından hiç inmemişti.

"Halkın günahkârlarının anlamı budur, cehennem ateşi onları yönetmez ve bir nar gibi iyiliklerle (sevaplar) doludurlar" sözlerinin anlamı budur. Sadece altın para kadar kalın olan adak taşıyla da böyle olduğunu söyler. Birkaç yıl kaldı ve ışık onu yönetmedi vs., "aranızdaki değersizler bir nar gibi iyiliklerle doludurlar, gittikçe böyle olur" dediği gibi Kötü Eğilim'de ıslah olur.

Büyük Kabalist Eliezar ve Kabalist Yehoşa'nın da PR'nin ruhlarından olduğunu bilin, tıpkı Ben Azai ve Ben Zuma gibi. Ancak, Ben Azai ve Ben Zuma Kabalist Akiva'nın neslindendi ve onun 24.000 öğrencisinin arasındaydılar. Ancak Kabalist Eliezar ve Kabalist Yehoşa onun öğretmenleriydiler.

KABALA BİLİMİ

Bu nedenle Kabalist Eliezar yerine onların Ahnai'nin fırını üzerindeki arınmaları (Pışat) ayırdıkları söylenir, zira dilimlediler (on sekiz dilim) ve her iki dilim arasına kum koydular. Bir başka deyişle, üçüncü yaklaşım, kum, ikinci yaklaşım olan ilk dilime ve dördüncü yaklaşım olan ikinci dilime katılır. Ve doğal olarak, kız kardeş ve farkındalık bir olarak birleştirilmiş olur. Ve Kabalist Tarfon ve Kabalist Yehoşa, büyük Kabalist Eliezer'in öğrencileri olarak birler. Bunun nedeni ilk iyi güne kıyasla ikinci iyi gün bilgelerin gözünde iş günü gibidir, zira Druş Remez'le kıyaslandığında öğle saatinde bir mum gibidir.

Ancak onun neslindeki bilgeler tüm o arınmaları bozdular ve onları yaktılar ve büyük Kabalist Eliezar, Kabalist Yehoşa'nın büyük bir bilge olduğunu suyu yükselen su kemeri ile kanıtladı, ve Tapınağın duvarları ispatlayacak. Ve duvarlar Kabalist Eliezar'ın ihtişamının önünde düşmeye başladılar ve Kabalist Yehoşa'nın yüceliği önünde düşmediler. Bu onun arınmış olduğuna hiç şüphe olmadığının kanıtıdır.

Ancak bilgeler Kabalist Yehoşa'yı olduğu gibi kabul ettiler ve onun hocası Kabalist Eliezar gibi geçerli görmek istemediler, ta ki Kabalist Yehoşa'nın gerçekten bir öğrenci olduğunu söyleyen bir ses gelene dek. Fakat Kabalist Yehoşa yeriyle bağlantı kurmadı ve sese kulak vermeyin dedi: "Cennette değil," vs. O zaman bilgeler onu kutsadılar çünkü Kulak (merhamet) Işığı onlardan vazgeçti, zira yüce Kabalist Eliezar'in kurallarına uymadılar. Ve onun en sevdiği öğrencisi, Kabalist Akiva, Kabalist Eliezar'in 24.000 öğrencisinin sayım sırasında öldüğünü söyledi ve dünya hastalanmıştı, üçte biri zeytinden, vs.

Elişa Ben Avoia ve Kabalist Tarfon aynı kökten geldiler. Fakat Elişa Ben Avoia Ahorayim'in (arka-sırt) kendisidir ve Kabalist Tarfon, Ahorayim'in Panim'idir (sırtın yüzü). Bu neye benzetilir? Bir evde hiçbir işe yaramayan acı zeytinler vardır; ve diğer evde hiçbir işe yaramayan zeytin presi kirişi durmaktadır. Ve bir adam gelir ve ikisini birleştirir. Kirişi zeytinin üzerine koyar ve dünya nimeti yağı üretir.

Bundan iyi yağın Panim olarak ortaya çıktığı sonucu doğar ve kiriş Ahorayim'dir. Ve tahta araçlar işleri bittikten sonra atılırlar.

Bu geleneğin köklerin kendisinden daha alçak dünyadaki dallara uzanması olduğunu anlayın. Ancak köklerinde ikisi de aynı anda ortaya çıkar, tıpkı yağ presine aniden giren ve kirişi ve altındaki bir yığın zeytin ve onlardan bolca akan yağı gören bir insan gibi. Bu böyledir çünkü kökte hepsi aynı anda görülür. Bu nedenle kişiye "başkası" denir ve başkasına da "Tarfon" denir. Biri "bir kiriştir" ve diğeri de ondan anında akan "yağdır".

Bu ayrıca yoldan sapmanın da anlamıdır. Kabalist Tarfon'un ruhu olan arzu ortaya çıktıktan sonra, "başkasının" ruhu kişinin evinde "kötü davranışlar" olarak kaldı. Sod (sır) kelimesinin harf kombinasyonunun anlamı budur: Sameh, Sod kelimesinin başıdır, "başkasının" ruhu; Dalet, Druş kelimesinin başıdır, Kabalist Akiva'nın ruhu, çünkü etkileşirler ve ortadaki Vav Kabalist Tarfon'dur.

MANEVİ EDİNİM

OTUR VE HİÇBİR ŞEY YAPMA DAHA İYİ

...Aramızda duranlarla daha fazla kendimi engelleyemeyeceğim, bu yüzden gerçek, açık nasihati deneyeceğim, zira bir kelimenin dünyamızdaki gerçek değerini bilmem lazım. Bu, her zaman benim yolum oldu; Yaratılışın tüm aksiyonlarının içine derinlemesine dalmak, onların değerini kesin olarak bilmek, iyi de olsa kötü de.

Atalarım beni sadece bu sınırla bıraktılar ve zaten bu ölümlü faydasız görüntülerde hazineler buldum, zira tüm bunların gözlerim önüne serilmesinde bir neden var. Sadece ilmin kombinasyonları için yaratılmış olan bunlar her ilmi ve her bilgiyi ifade etmek için müthiş harflerdir.

Öncelikle, bu dünyadaki uyuşukluk özelliğini muhakeme edelim. Genellikle, hiç de kötü ve aşağılanacak bir özellik değildir. Bunun kanıtı bilgelerimizin dediği gibidir, "Otur ve hiçbir şey yapma daha iyi." Ve mantık ve bazı yazılar bunu reddetmesine rağmen, bunun doğru bir şekilde kesinliğini göstermek için "her ikisi de yaşayan Yaradan'ın sözleridir" kelimelerini sizlere göstereceğim ve her şey yerli yerine oturacak.

Dünyada O'nun etkisi dışında eylem olmadığı elbette açıktır. Ve tüm diğer eylemler, O'nunkinin dışında, eğer kişinin kendisiyle ilgiliyse hiç yaratılmamış olması daha iyi olur. Bunun nedeni, bunun işleri tersine çevirmesidir, zira kişi almaktan ihsan etmeye dönüşmemiştir. Bu bozulmaz bir kuraldır, "ve kişi orada olsaydı, bedel ödetilmemiş olurdu."

Bu yüzden, yapanı alma formunda olan bir işletimci ya da işlemi tartışmamıza gerek yok, zira bu tamamen boş bir şey ve oturup hiçbir şey yapmamasının daha iyi olduğuna şüphe yok, kişi ya kendisine zarar verir ya da başkalarına. Yukarıda da söylediğimiz gibi bu hiçbir fayda getirmez.

248 organınızdan bazıları bununla ilgili rahatsızlık duyuyorsa ve sözlerime karşı açık protesto bile beni ilgilendirmiyor, zira gerçeğin her kelimesinin doğası budur: Yüce ya da değil herhangi bir kadının onayını gerektirmiyor. Ve Yaradan'ın bilgisiyle ödüllendirilmiş her kim ise en ısrarcı olur.

KABALA BİLİMİ

BEN KENDİM İÇİN DEĞİLSEM, KİM BENİM İÇİN

Bir Islah (Sevap) yapmadan önce kişi Kişisel İlâhi Takdir'i (kader) hiçbir şekilde dikkate almamalıdır. Tersine kişi, "Ben kendim için değilsem, kim benim için?" demelidir. Ancak bu olgudan sonra, kişi bu Sevabı yapmak "benim gücümle ve elimin yüceliğiyle değil", sadece benim için bunu önceden planlayan Yaradan'ın gücüyledir ve bu yüzden ben bunu yapmaya zorlandım şeklinde tekrar düşünmeli ve inanmalıdır.

Dünyevi konuların sırası da bu şekildedir, zira maneviyat ve fiziksellik eşittir. Dolayısıyla, kişi günlük kazancını elde etmek için, işe gitmeden önce Kişisel İlâhi Takdir'den düşüncelerini çıkarmalı ve şöyle demelidir, "Ben kendim için değilsem, kim benim için" ve herkes gibi fizisellikte yaşamını kazanmak için her şeyi yapmalıdır.

Ancak akşam kişi kazancıyla eve döndüğünde kendi becerikliliği ona bu kazancı getirdi diye asla düşünmemelidir. Tersine, tüm gün boyunca bodrumda yatmış olsa bile yine de kazancını elde ederdi, zira Yaradan'ın onun için önceden planladığı buydu ve bu şekilde olmalı.

Ve bu yüzeysel akla ters ve kabul edilmez görünse de kişi yine de bu şekilde inanmalıdır, zira kitaplardan ve yazarlardan anladığımıza göre Yaradan, kanunlarında kişi için bunu yazmıştır.

Yaradan'ın isimlerinin anlamı budur. Yaradan'ın her şeyi yaptığı Kişisel İlâhi Takdir'dir (kader) ve O'nun çamur evlerde yaşayanların yardımına ihtiyacı yoktur. Yaradan aynı zamanda yazılardaki Numerolojik değerde "doğadır". Ve O'nun fiziksel cennet ve yeryüzü sistemlerinde montelemiş olduğu doğaya göre hareket eden ve diğer fiziksel varlıklar gibi yasalarına uyan ve aynı zamanda Kişisel İlâhi Takdir'e (kader) inanan kişi bunları birleştirir ve onlar kişinin elinde bir olurlar. Bu nedenle, kişi Yaradan'ından fazlaca doyum alır ve tüm dünyalara Işık getirir.

Üç ayrımın anlamı budur: Islah (sevap), günah ve izin.

* Islah kutsallık yeridir.

* Günah Öteki Taraf (Kötü Eğilim) yeridir.

* İzin ne Islah ne de günah olduğundadır. Bu kutsallık ve Kötü Eğilimin mücadele ettiği savaş alanıdır.

MANEVİ EDİNİM

Kişi izin verileni yaptığında eğer bunu Yaradan'ın otoritesi ile birleştirmezse tüm o yer kötü eğilimin hâkimiyetine düşer. Ve kişi gelip izin verilen yerde mümkün olduğunca fazla birleşme gerçekleştirdiğinde Kutsallığın hâkimiyetine izni geri getirir.

Böylece bilgelerimizin dediklerini açıkladım, "İyileştiriciye iyileştirme izni verilmiştir." Bu, iyileştirme hiç şüphesiz Yaradan'ın elinde olmasına ve insanın oyunları O'nu O'nun yerinden oynatamamasına rağmen yine de erdemli olanlar şöyle der "ve onun iyice iyileşmesini sağlayacak", bunun Islah ve günah arasındaki savaş alanı, izin, olduğunu bilmenizi sağlıyor.

Dolayısıyla, bu "izni" bizler kendimiz fethetmeli ve Tanrısallık (İhsan etme niteliği) altına yerleştirmeliyiz. Ve nasıl fethedilir? Kişi uzman bir doktora gittiğinde doktor ona binlerce kez denenmiş bir ilaç verir. Ve kişi iyileştiğinde doktor olmadan da Yaradan'ın onu iyileştireceğine inanmalıdır, zira kişinin yaşam süreci önceden belirlenmiştir. Ve kişi, insan doktora övgüler yağdıracağına Yaradan'a teşekkür eder ve över ve böylece izni fetheder ve onu İhsan etme niteliğinin hâkimiyetine yerleştirir.

Başka "izin" konularında da benzer şekildedir. Kişi, böylece, Kutsallığın sınırlarını genişletir ve İhsan etme niteliğini büyütür. Ve birden, kişi kendisini tamamen Kutsal Yer'de dururken bulur, zira Kutsallığın sınırları öyle büyümüştür ki kendi yerine ulaşmıştır.

Bunların hepsini size birkaç kez açıkladım, zira bu konu İlâhi Takdir (kader) konusunda açık bir algıya sahip olmayan pek çok kişiye ayak bağıdır. "Bir köle sorumluluğu olmadan rahattır" ve çalışmak yerine en güvenli olanı ister ve hatta daha da fazlası, inancından soruları kaldırmak ve doğaüstü inkâr edilemez kanıt edinmek ister. Onlar bu nedenle cezalandırılırlar ve kanları kendi kafalarının üstündedir, zira açıklamış olduğum gibi Hz. Âdem'in günahından sonra Yaradan bu günah için bir ıslah planladı.

Ve "yüzünde ter ile ekmeğini yiyeceksin" sözlerinin anlamı budur. Kişi büyük çaba sonrasında başardığında bunun Yaradan'ın hediyesi olduğunu söylemek zordur, bu insan doğasıdır. Bu nedenle kişinin Kişisel İlahi Takdir'e (kader) tam inançla çaba gösterecek ve her şeyi çalışmadan da edineceğine karar vermek için çalışacak alanı vardır. Böylece kişi bu günahı ıslah eder.

KABALA BİLİMİ

GERÇEĞİN YOLUNDA YÜRÜMEK

Sizlere Yaradan'ın çalışmasında orta çizgiyle ilgili yazayım ki sağ ve sol arasında her zaman hedefiniz olsun. Bunun nedeni yürüyenin tembelce oturandan daha kötü olmasıdır. Bu kişi yoldan sapar, zira kişinin Kralın sarayına gelene dek yürüdüğü gerçeğin yolu çok ince bir yoldur.

Ve çizginin başında yürümeye başlayan kişi ne sağa ne de sola bir saç teli kalındığında bile sapmamaya çok dikkat etmelidir. Bunun böyle olmasının nedeni başlangıçta bir saç teli kadar bile sapma olsa ve kişi tamamen düz devam etse de Kralın sarayına varamayacağı kesindir, zira gerçek çizgide adım atmıyordur ve bu gerçek bir benzetmedir.

Size, "Işık, Yaradan ve halk birdir" sözlerinin anlamı olan orta çizgiyi açıklayayım. Bedene geldiğinde ruhun amacı halen bedenle örtülmüşken köküne dönmekle ve O'na tutunmakla ödüllendirilmektir, şöyle yazıldığı gibi, "Tanrınız Kralı sevmek ve O'nun tüm yollarında yürümek ve O'nun emirlerini tutmak ve O'na tutunmak." Konunun "O'na tutunmak" ile bittiğini görüyorsunuz, zira bu bedene bürünmeden önceydi.

Bununla beraber, çok büyük hazırlık gerekmektedir – ki bu O'nun tüm yollarında yürümek içindir. Ancak, Yaradan'ın tüm yollarını kim biliyor ki? Aslında, bu "613 yolu olan Işığın" anlamıdır. Bu yollarla yürüyen kişi sonunda bedeni kendisi ve Yaradan'ı ile arasında demir bir duvar olmayana dek arınacaktır, şöyle yazıldığı gibi: "Ve Ben bedeninizden taştan kalbi çıkartacağım." O zaman kişi ruhu bedene bürünmeden önce olduğu gibi Yaradan'ına tutunacaktır.

Bundan üç ayrım olduğu çıkar:

1. Yaşar El, (Yaradan'a doğru) köküne dönmek için gayret gösteren kişidir veya bir topluluk, halk.

2. Yaradan kişinin özlem duyduğu köktür.

3. Kişinin ruhunu ve bedenini arındırdığı Işık (manevi çalışma) 613 yolu şifadır, şöyle yazıldığı gibi, "Kötü eğilimi yarattım, Işığı buna şifa olarak yarattım."

Bununla beraber, bu üçü aslında tek ve aynı şeydir. Sonunda, Yaradan'ın her hizmetkârı bunları tek, bütün ve birleşmiş bir izlenim olarak edinir. Bunların kişiye üçe ayrılmış gibi görünmesinin nedeni kişinin Yaradan'ın çalışmasındaki eksikliğidir.

Buna biraz açıklık getireyim: tamamını değil ucunu göreceksiniz, O sizi götürmezse. Ruhun Yukarıdaki Yaradan'ın bir parçası olduğu bilinir. Ruh bedene gelmeden önce

MANEVİ EDİNİM

köküne tutunmuş bir dal gibidir. Hayat Ağacı'nın başına bakın, Yaradan dünyaları yarattı çünkü Kendisinin Kutsal İsimlerini, "Merhametli" ve "Yardımsever", göstermek istedi ve hiç varlık olmasaydı merhamet edecek kimse olmazdı.

Bununla beraber, kalemin izin verdiği kadarıyla, dedikleri gibi, "Manevi ilmin tamamı Yaradan'ın isimleridir." Edinimin anlamı şudur ki, "edinmediğimizi adlandıramayız." Kitaplarda tüm bu isimlerin bedene gelmeye zorlanmış ruhun ödülleri olduğu yazar, zira Yaradan'ın isimlerini tamamen beden vasıtasıyla edinebilir ve ruhun yüceliği edinimine göredir.

Bir kural vardır: Her hangi bir manevi şeyin yaşaması onu bilmenin meziyetine göredir. Fiziksel bir hayvan kendisini hisseder çünkü bir aklı ve maddesi vardır.

Dolayısıyla, manevi bir his kesin bir izlenimdir ve manevi hal, erdemlik miktarına göre ölçülür, şöyle yazıldığı gibi, "Kişi aklına göre övgü alır." Ancak, hayvan bilir; hiçbir şekilde hissetmez.

Ruhların ödülünü anlayın: Bir ruh bedene gelmeden önce, bir dalın ağaca tutunduğu gibi köküne tutunmuş küçücük bir noktadan başka bir şey değildir. Ruh bir beden içinde bu dünyaya gelmeseydi sadece kendi dünyasına sahip olurdu, yani kökün kendi hissesine düşen kısmına.

Ancak, ruh Yaradan'ın yolunda yürüdükçe, ki bunlar Yaradan'ın asıl İsimlerine dönüş olan Manevi İlmin 613 yoludur, edindiği isimlerin seviyelerine göre o kadar büyür.

"Yaradan her bir erdemli Şay dünyaları verir (Numerolojide 310)" sözlerinin anlamı budur. Yorum: Ruh iki erdemliden oluşur: Üst erdemli ve Alt Erdemli, bedenin göbek üstü ve göbek altına bölündüğü gibi. Dolayısıyla, hem yazılı ilmi hem de sözlü ilmi edinir, ki bunlar TaRaH (Numerolojide 620) olarak iki çarpı Şay'dır. Bunlar ruhun 613 ıslahı ve yedi büyük ıslahtır.

Hayat Ağacı'nda şöyle yazılmıştır: "Dünyalar sadece Yaradan'ın isimlerini ifşa etmek için yaratılmıştır." Bu yüzden, görüyorsunuz ki ruh bu kirli maddeye bürünmek için geldiğinden önceki gibi köküne, kendi dünyasına daha fazla tutunamadı ve bu dünyaya geldi. Daha doğrusu, ruh koşulunu daha önce kökünde olduğundan 620 kez büyütmelidir. Tüm mükemmelliğin, Yehida'ya kadar tüm NRNHY'nin (Nefeş, Ruah, Neşama, Haya, Yehida – yaratılandaki beş ışık) anlamı budur. Bu nedenle Yehida, Keter (taç) olarak adlandırılır, 620 rakamını ima etmektedir.

Böylece görüyorsunuz ki ruhun 613 ıslahı ve 7 büyük Kabalistlerin ıslahı olan 620 ismin anlamı aslında ruhun beş özelliği yani NRNHY'dir. Bunun nedeni NRNHY'nin kaplarının yukarıdaki 613 Islahtan olmalarıdır ve NRNHY'nin Işıkları aslında manevi çalışmanın her bir sevaptaki Işığıdır. Bundan Işık (manevi çalışma) ve ruhun bir oldukları sonucu çıkar.

Ancak, Yaradan yukarıdaki 613 Sevap'ta bulunan manevi çalışmanın Işığına bürünmüş Sonsuz Işığıdır, bilgelerimizin dediği gibi "Maneviyatın tümü Yaradan'ın isimleridir." Bu Yaradan'ın bütün olduğu ve 620 ismin parçalar ve maddeler olduğu anlamına gelir. Bu maddeler ruhun, Işığını hemen almadığı ancak yavaş yavaş, teker teker aldığı derecelerine ve adımlarına göredir.

Yukarıdakilerin tümünden, ruhun 620 Kutsal İsimi, gelmeden öncekinden 620 fazla olan tüm koşulunu edinmek için planlandığını görebilirsiniz. Ruhun koşulu, Yaradan'ın Işığının örtündüğü 620 Islah'ta ortaya çıkar ve Yaradan manevi ilmin tüm Işığındadır. Böylece görüyorsunuz ki "Manevi çalışma, Yaradan ve O'na yönelenler birdir."

Yaradan'ın çalışmasının tamamlanmasından önce Işık, Yaradan ve O'na yönelen/(ler)'in üç izlenim olarak görünmesi konusuna geri dönelim. Bazı zamanlarda kişi ruhunu tamamlamak ve "O'na Doğru" olarak kabul edilen köküne dönmeyi arzular. Ve bazen kişi Yaradan'ın yöntemlerini ve maneviyatın sırlarını anlamak ister, "zira kişi Üst derecenin emirlerini bilmezse O'na nasıl hizmet edebilir?" Bu, Manevi İlim (Kabala) olarak bilinir.

Ve bazen, kişi Yaradan'ı edinmeyi, O'na tam idrak ile tutunmayı arzular ve sadece bundan üzüntü duyar ve maneviyatın sırlarını edinmek üzerine ızdırap çekmez, aynen bedene bürünmeden önce olduğu gibi.

Bu nedenle, Yaradan'ın çalışmasına hazırlık için gerçek çizgide yürüyen kişi her zaman kendisini test etmelidir: Kişi yukarıdaki üç izlenime de özlem duyuyor mu? Çünkü aksiyonun sonu başına eşittir. Eğer kişi bir izlenime ikinci ya da üçüncü izlenimden daha çok özlem duyuyorsa o zaman o kişi gerçeğin yolundan sapar.

Dolayısıyla, Üst derecenin emirlerine özlem duyma amacına tutunsanız iyi olur, zira "Üst derecenin yöntemlerini ve Üst derecenin emirlerini ki bunlar manevi ilmin sırlarıdır, bilmeyen kişi O'na nasıl hizmet edebilir?" Üçünün içinde orta çizgiyi en çok bu garantiler.

"Benim için iğne ucu kadar bir tövbe deliği açın ve Ben size faytonların, arabaların geçeceği kapılar açacağım" sözlerinin anlamı budur. Yorum: iğne ucu deliği girmek ya da çıkmak için değildir, dikmek ve çalışmak için ipliği iğneye geçirmek içindir.

Benzer şekilde, çalışmak için Üst derecenin emirlerini arzulamalısınız. Ve o zaman Ben size salona giriş olarak kapı açacağım. "Yaşadığım salondaki gibi ve tüm yeryüzü Kralın ihtişamı ile dolacak" sözlerindeki Açık Anlamıyla İma Edilen İsmi'nin anlamı budur.

MANEVİ EDİNİM

KİŞİ DÜŞÜNDÜĞÜ YERDEDİR

İnsanın darbesinin zamansız ızdırabından uzak durun, zira "kişi düşündüğü yerdedir." Bu nedenle, kişinin hiç eksiği olmayacağı kesindir, insan çabasını ilmin anlattıklarına odaklayabilir çünkü "kutsanmış olan kutsanmışa tutunur."

Ancak güven eksikliği ile kişi çabalamak zorundadır ve her çaba Kötü Eğilim'dendir, "ve lanetlenmiş olan kutsanmışa tutunmaz", zira tüm çabasını manevi ilmin sözlerine adayamayacaktır. Ancak, kişi başka denizlerde dolaşmak istiyorsa bu sözleri hiç dikkate almamalıdır, sadece mümkün olduğu kadar hızla rutinine dönmelidir, tıpkı şeytani bir zorlama gibi, ki kıvılcımlarını henüz doğru bir şekilde birleşmemiş zaman ve yerlere dağıtmasın.

Ve şimdiki gibi izin verilen zaman ve yer dışında alttakilere hiç kusur atfedilmemiş olduğunu bilin. Eğer kişi içinde bulunduğu ânı çalar, pişman olur ya da ümitsizliğe düşerse dünyadaki tüm zamanları ve yerleri boşa harcadığını söylemek istiyorum. "Bir ânın kızgınlığı, bunun değeri nedir? Bir an." Sözlerinin anlamı budur.

Dolayısıyla, kişi tüm şimdiki ve gelecekteki anları hizaya sokmaz ve onları O'nun Yüce Adına adamazsa o kişi için ıslah olamaz. Ve mevcut ânı akılsızlığını herkese göstermek zor olduğu için reddederse – yani tüm dünyalar ve tüm zamanlar onun için değilse zira insanın çalışması bunlar tarafından zorunlu olarak değiştirilmiş olsa bile yüzünün ışığı değişen zamanlarla örtünmemiştir. Bu nedenle, kişinin zor zamanlarda çaba harcamadan kullandığı mantık üstü inanç ve güven bizim için resul atalarımız tarafından hazırlanmıştır.

KABALA BİLİMİ

ZENGİN ADAMIN MAHZENDEKİ OĞLUYLA İLGİLİ HİKÂYE

Kişinin pişmanlık (dönüş) kelimesiyle kesin olması gerekiyor gibi düşünülebilirdi; bu "bütünlük" olarak adlandırılmalıydı – yani her şey önceden belirlenmiş ve her ruh zaten en büyük Işığının, iyiliğinin ve ebediyetinin içinde.

Ruhun karanlık bedene bürünene kadar kısıtlamalar boyunca ortaya çıkması sadece utanç ekmeğinden dolayıydı ve sadece bunun vasıtasıyla kısıtlamadan önceki köküne döner. Ayrıca, geçirmiş olduğu korkunç hareketin ödülü gerçek Bütünleşmek gerçek ödül olmasıdır. Bu, ruhun utanç ekmeğinden kurtulduğu anlamına gelir, zira alma kapları ihsan etme kaplarına dönüşmüştür ve formu Yaradan'ına eşittir.

Şimdi, eğer düşüş yükseliş amacıyla ise düşüş değil yükseliş olarak kabul edildiğini anlayabilirsiniz. Ve gerçekten de düşüşün kendisi bir yükseliştir, zira duanın harflerinin kendileri bollukla doludur, buna rağmen kısa bir dua ile ödenek de kısadır çünkü harfler eksiktir. Ayrıca bilgelerimiz şöyle dediler: "Eğer Halk günah işlemeseydi onlara sadece Hz. Musa'nın beş kitabı ve Yeşua'nın (Yusa İbn Nun) kitabı verilirdi."

Bu neye benzer? Bu tıpkı genç bir oğlu olan zengin adama benzer. Bir gün, adam yıllarca süren uzak bir yere seyahat etmek zorunda kaldı. Zengin adam oğlunun varlıklarını akılsızca dağıtabileceğinden korktu, bu nedenle bir plan yaptı ve varlıklarını değerli taşlar, mücevher ve altınla değiştirdi. Adam ayrıca derin bir mahzen inşa etti ve tüm altın ve değerli taşlarını oğluyla birlikte oraya kilitledi.

Ondan sonra sadık hizmetkârlarını çağırdı ve onlara oğlunu korumalarını ve yirmi yaşına gelene dek mahzenden çıkarmamalarını emretti. Her gün oğula yemeğini ve içeceğini getirecekler ancak hiçbir koşulda ateş ya da mum getirmeyeceklerdi. Ayrıca hiçbir şekilde güneş ışığı girmemesi için de duvarları kontrol edeceklerdi. Ve sağlığı için oğulu her gün bir saat mahzenden dışarı çıkaracaklar ve sokaklarda onunla yürüyeceklerdi, ancak kaçmaması için dikkat edeceklerdi. Ve yirmi yaşına geldiğinde ona mumlar verecekler ve bir pencere açıp dışarı çıkmasına izin vereceklerdi.

Doğal olarak oğulun acısı ölçülemeyecek kadar büyüktü, özellikle dışarıda yürüyüp kendisinin birkaç ışıklı dakika dışında hapsedilmişken gençlerin gardiyansız, zaman sınırı olmaksızın yiyip içtiklerini ve sokaklarda eğlendiklerini gördükçe. Eğer kaçmaya çalışsa merhametsizce dövülürdü. Ve en çok da bu acıyı ona babasının yaşattığını duyduğunda üzüldü ve çöktü, zira onlar babasının hizmetkârlarıydı ve babasının emrini yerine getiriyorlardı. Açıkçası, babasının tüm zamanların en acımasız adamı olduğunu düşünüyordu, zira kim daha önce böyle bir şey duymuştu ki?

Yirminci doğum gününde hizmetkârlar aşağı bir mum sarkıttılar, tıpkı babasının emrettiği gibi. Oğul mumu aldı ve etrafını incelemeye başladı. Ve ne gördü? Altın ve kraliyetin varlıklarıyla dolu çuvallar.

MANEVİ EDİNİM

Sadece o zaman babasını anladı – gerçekten minnettardı – tüm yaptıkları oğulun iyiliği içindi. Ve hemen hizmetkârların kendisini mahzenden serbest ve gitmesi için özgür bırakacağını anladı. Ve oğul öyle de yaptı ve gardiyan yoktu, acımasız hizmetkârlar yoktu ve ülkenin tüm zenginlerinin en büyüğüydü.

Aslında, burada zerre kadar yenilik yok, çünkü zaten başından beri büyük zenginliği olduğu aşikâr oluyor, tüm zaman boyunca sadece fakir ve muhtaç hissetmişti ve tamamen zavallı. Ve şimdi, tek bir anda, ona muazzam bir varlık verilmişti ve o en alt çukurdan en üst zirveye çıktı.

Fakat, kim bu benzetmeyi anlayabilir ki? "Günahların", derin mahzen ve oğlun kaçmaması için dikkatli gardiyan olduğunu anlayan kimse. Bu yüzden, besbelli ki, mahzen ve dikkatli koruma "ödüller" ve babanın oğlu üzerindeki merhameti. Onlar olmadan oğulun babası kadar zengin olması mümkün olamazdı.

Ancak, "günahlar" "gerçek günahlar", "hatalar" değil ve kişi zorlanmamalı. Tersine kişi zenginliğine dönmeden önce, daha önce bahsedilen duygu en üst seviyesine kadar hâkimdir. Ancak kişi kendi zenginliğine döndüğünde tüm bunların babanın merhameti olduğunu, zerre kadar acımasızlık olmadığını görür.

Baba ve tek oğlunun arasındaki tüm sevgi bağının oğlun babasının kendisi için merhametini, mahzen, karanlık ve dikkatli koruma konusuyla ilgili, farkına varmasına bağlı olduğunu anlamamız lazım. Bunun nedeni oğulun babasının bu ödüllerinde büyük çaba ve derin bilgelik olduğunu keşfetmesidir.

Kutsal Zohar da bundan bahseder, tövbe ile ödüllendirilen kişi için Kutsal İlahiliğin çocuğunu günlerce görmemiş seveceni bir anne gibi göründüğünü söyler. Ve birbirlerini görmek için büyük çaba harcadılar ve sonuçta pek çok tehlikeden geçtiler.

Sonunda, uzun beklenen özgürlük onlara geldi ve karşılaşmayla ödüllendirildiler. Ve o zaman anne çocuğa eğildi ve onu öptü ve tüm gün ve gece onunla yumuşakça konuşarak rahatlattı. Anne çocuğuna özleminden ve yolu boyunca karşılaştığı tehlikelerden bahsetti ve her zaman nasıl onunla olduğundan ve İlahilik hareket etmedi ama tüm yerlerde çocukla birlikte ızdırap çekti, sadece o görememişti.

Bunlar Zohar'ın sözleri: Anne çocuğuna şöyle der: "Burada uyuduk; burada haydutlar bize saldırdı ve kurtarıldık ve burada derin bir deliğe saklandık." Ve hangi akılsız bu rahatlatan hikâyelerden taşan sevgi, memnuniyetlik ve hazzı anlamaz ki?

Gerçekte, yüz yüze karşılaşmadan önce sanki ölümden beter ızdırap gibiydi. Fakat bir Nega (hastalık-acı) ile Ayin (İbranice kelimenin son harfi) kelimenin sonundadır. Ancak rahatlatıcı sözler söylerken Ayin kelimenin başındadır, ki bu elbette Oneg'dir (haz).

Ancak bunlar aynı dünyada var olduklarında parlayan iki noktadır. Ve birbirlerini günlerce ve yıllarca endişeyle bekleyen bir baba ve oğlunu hayal edin. Sonunda buluştular, ama oğul sağır ve dilsizdi ve birbirleriyle oynayamadılar. Bu nedenle, sevginin özü asil hazlardadır.

KRAL SENİN GÖLGENDİR

Baal Şem Tov Yaradan'ın kişiyle ne kadar oynadığını bilmenin açık bir işaretini verdi – kişinin kendi kalbini incelemesi ve Yaradan'la ne kadar oynadığını görmesi. Tüm konular böyledir, "Kral senin gölgendir" yolu ile.

Dolayısıyla, "bilmek" ve "değer vermek" arasında hâlâ bir ayrım hisseden kişinin kalbi bütünleştirmesine ihtiyacı vardır. Bu böyledir çünkü Yaradan'ın bakış açısından onlar bir ve aynıdır ve Yaradan halktan herkesin kalbine içtenlikle dalar. O'nun bakış açısından böyledir. Bu nedenle kişinin ihtiyacı var mıdır? Sadece bilmeye. Farkındalık değişir ve farkındalık tamamlar ve "Kral senin gölgendir" sözlerinin anlamı budur.

ÇABA EN ÖNEMLİ ŞEYDİR

Sevgili oğlum, Baruh Şalom,

Mektubunu aldım ve seni edindiğin Semiha (hocalık izni) için kutlarım. İleriye yürümen için yolunu tıkayan ilk duvar buydu. Umarım bu günden itibaren başarılı olmaya ve güçten güce gitmeye devam edeceksin, ta ki Kralın Sarayına girene dek.

Senin bir Semiha daha edinmeni isterim, acele et ve bugünden itibaren zamanının çoğunu bedenini güç ve cesaret toplamaya hazırlamak için kullan, "öküzün ağır işe ve eşeğin yüke olduğu gibi", ki bir tek an bile kaybetmemek için.

Ve soracak olursan "Bu hazırlık nerede?", sana tüm yedi dünyevi öğretiyi edinmenin ve Yaradan'ı edinmek öncesi korkunç ızdıraplardan geçmenin geçmişte gerekli olduğunu söylerim. Ancak pek çoğu Yaradan'ın lütfuyla ödüllendirilmediler. Fakat bizler Ari'nin öğretileriyle ve Baal Şem Tov'un çalışmalarıyla ödüllendirilmiş olduğumuzdan bu hazırlık gerçekten herkesin erişiminde ve daha fazla hazırlığa gerek yok.

Ayakların bu ikisine takılırsa ve Yaradan'ın merhameti benim üzerimdeyse, O'nun tarafından lütfedildim ve her ikisini de ellerimle aldım ve aklım sana bir babanın oğluna olduğu kadar yakın. Onları ağızdan ağza almak için uygun olduğunda mutlaka onları sana devredeceğim.

MANEVİ EDİNİM

Ancak en önemli şey emektir, O'nun çalışmasına emek harcamayı arzulamak. Bunun nedeni sıradan çalışmanın hiç hesaba katılmaması, sadece "emek" denilen sıradan olanın ötesindeki kısımların hesap edilmesidir. Bu tıpkı bir insanın doymak için bir libre ekmeğe ihtiyacı olması gibidir – kişinin tam yemeği doyuran bir yemek kabul edilmez, librenin son lokması hariç. O lokma tüm küçüklüğüne rağmen yemeği doyurucu kılar. Benzer şekilde, Yaradan her çalışmadan sıradan olanın ötesindeki artık kısmı alır ve bunlar Otiot (harfler) ve O'nun yüzünün Işığını almak için Kelim (kaplar) olurlar.

MERHAMETİN YARGI İLE BİRLEŞMESİ

Çalışmanın özü seçimdir, yani "bu nedenle yaşamı seçin", ki bu Bütünleşme (tutunma) ve O'nun adına demektir. Böylece, kişi hayatın özüyle bütünleşmek ile ödüllendirilir.

Ancak açık İlahi Takdir varken seçim için yer yoktur. Bu nedenle, Üstteki Malhut'u yükseltti, ki bu yargının niteliği, gözlere yükseltmektir. Bu bir gizlilik yarattı, yani Üsttekinde bir eksiklik olduğu alttakine açık hale geldi, yani Üst derecedekinde yücelik yok. Bu koşulda, Üst derecedekinin nitelikleri alt derecedekinin nitelikleriyle yerleştirildi, yani onlar eksikler.

Bundan bu Kelim'in (kapların) alt derecedekine eşit olduğu sonucu çıkar: alt derecedekine süreklilik yoksa Üst niteliklere de süreklilik yoktur. Bunun anlamı maneviyatta ve ıslahta tat yoktur, bunlar cansızdırlar.

Bu koşulda, seçim için yer yoktur, yani alttaki kişi hissettiği tüm bu gizliliğin Üst derecenin Kendisini alt derecenin lehine kısıtlaması olduğunu söylemelidir. Buna "Halk sürgündeyken Kutsallık onlarladır" denir. Böylece, kişi ne tat alırsa alsın canlılığı tatmamasının kendi hatası olmadığını söyler, sadece onun görüşüne göre Üst derecede hayat yoktur.

Ve eğer kişi daha güçlenir ve bu gıdalarda bulduğu acı tadın sadece bolluğu alacak uygun kapları bulunmadığından olduğunu söylerse, çünkü kapları ihsan etmek için değil almak içindir ve Üst derecenin Kendisini gizlemesinden üzüntü duyarsa ki bu alt derecenin kötülemesine imkan verir, bu, alt derecenin yükselttiği dua olarak kabul edilir. Bunun vasıtasıyla Üst derece AHaP'ını yükseltir ve yükseliş Üst derecenin alt dereceye AHaP'ın kaplarında övgü ve hazzı gösterebileceği, Üst derecenin ifşa olabileceği anlamına gelir. Böylece, alt dereceyle ilgili olarak, alt derecenin Üst derecenin lütfunu görmesi ile Üst derece alt derecenin GE'sini (Galgalta ve Eynayim – Kafatası ve Gözler) yükseltir. Bundan alt derecenin Üst derecenin AHaP'ı ile birlikte yükseldiği sonucu çıkar.

Dolayısıyla, alt derece Üst derecenin yüceliğini gördüğünde, bunun vasıtasıyla, alt derecenin kendisi büyür. Ancak başında alt derecenin sadece Katnut'u (küçüklük) almaya değerdir. Ve Üst derecede Gadlut (yücelik) ortaya çıktığında, sağ ve sol arasında bölünme vardır, inanmak ile bilmek arasında.

Ancak Üst derece de sonra alt derece tarafından küçültülmüştür, bu Masah de Hirih (Hirih Perdesi) olarak kabul edilir. Bir başka deyişle de, alt derecenin Üst dereceleri alması için, sadece inanç ölçüsüyle bilmeyi almak ve daha ötesi değil, alt derecenin Üst derecenin sol çizgisini kısıtlaması olarak kabul edilir. Yani, alt derece nedendir. Ve sonra, alt derece hem bilmek hem de inanmaktan oluştuğu için var olabilir. Bu "üç çizgi" olarak adlandırılır ve alt derecenin mükemmelliği alması tam olarak bu biçimdedir.

MANEVİYATI EDİNMEDE TOPLUM KOŞULU

İLMİN VERİLİŞİ (IŞIĞIN İFŞASI)

"DOSTUNU KENDİN GİBİ SEV"
Kabalist Akiva "Bu, maneviyatta büyük bir kuraldır" der.

Bilgelerimizin bu ifadesi açıklama gerektirir. Kural kelimesi bir araya getirilen birçok detayın toplamını belirtir. Dolayısıyla, ıslahtan bahsederken "dostunu kendin gibi sev" dediğinde bu, maneviyatın büyük bir kuraldır. Manevi çalışmanın diğer 612 ıslahı (emir-sevap) da tüm anlamlarıyla, bu tek emirden, "dostunu kendin gibi sev" ifadesine yerleştirilmiş toplam detaydan ne az ne de çok olduğunu anlamalıyız.

1. Bu oldukça kafa karıştırıcı çünkü iki kişi arasındaki sevapla ilgili olarak bunu söyleyebiliriz, ancak yasaların özü ve çoğunluğu olan bu tek sevap insan ve Yaradan arasındaki tüm sevapları nasıl içerebilir?

2. Yine de bu kelimeleri bağdaştırmaya çalışsak da Hilal ile karşılaşan maneviyatı öğrenmeye gelmiş ve "Bana tüm manevi ilmin tamamını tek ayak üstünde dururken öğret" diyen biriyle ilgili daha dikkat çekici ikinci bir söz çıkıyor karşımıza. Ve Hilal cevap verdi: "Kendine yapılmasını istemediğini başkasına yapma" ("dostunu kendin gibi sev"in çevirisi) ve geri kalan da tefsirdir, git ve çalış.

Burada, karşımızda çok açık bir yasa var ki tüm 612 sevapta ve tüm manevi ilmin yazılarında "dostunu kendin gibi sev" sevabına tercih edilen bir tane yoktur. Bunun sebebi diğerlerinin sadece başkalarını doğru dürüst sevebilme sevabını açıklamak ve yerine getirebilmemizi sağlamak amacında olmasıdır, zira dediği gibi "gerisi yorum, git ve çalış." Bu, manevi ilmin geri kalanının bu tek sevabın açıklaması olduğu anlamına geliyor ve "dostunu kendin gibi sev" sevabını onlar olmadan tamamlanamaz.

3. Konunun özüne inmeden önce sevabı dikkatlice incelemeliyiz zira bize "dostunu kendin gibi sev" emredildi. "Kendin" kelimesi "dostunu kendini sevebildiğin ölçüde sev, bir nebze altında değil" der. Bir başka deyişle, sürekli olarak ve dikkatlice halktaki herkesin ihtiyaçlarını karşılamalısın, kendi ihtiyaçlarını karşılamak konusunda her zaman ne kadar dikkatliysen o şekilde.

Bu tamamıyla imkânsız, zira pek çok kişi günlük çalışmalarıyla kendi ihtiyaçlarını karşılayamazken onlara tüm ulusun ihtiyacını karşılamalarını nasıl söylersiniz? Ve elbette yazıların aşırıya kaçtığını söyleyemeyiz çünkü bu kelimelerin ve yasaların mutlak kesinlik ile verildiğini belirterek bizi eklememek ve çıkartmamak konusunda uyarıyor.

MANEVİ EDİNİMDE TOPLUM KOŞULU

4. Ve bu da sizin için yeterli değilse, dostunu kendin gibi sev sevabının basit açıklamasının daha da acı olduğunu söylerim zira dostlarımızın ihtiyaçlarını kendimizinkinden önde tutmalıyız. Bilgelerimizin İbrani köle ile ilgili olarak "çünkü seninle mutlu" diye yazdığı gibi, "bazen sadece bir yastığı vardır, eğer ona kendi yatarsa ve kölesine vermezse "çünkü seninle mutlu" sözünü anlamaz çünkü o yastıkta yatıyor ve kölesi yerde. Ve eğer ona yatmaz ve kölesine de vermezse o zaman Sodomite kuralı işler." Sonuçta, arzusuna karşın yastığı kölesine vermeli ve kendisi yerde yatmalıdır.

Aynı kuralı dostunu sevmenin ölçüsünde de görüyoruz çünkü metin burada da dostun ihtiyaçlarının tatmin edilmesini kişinin kendi ihtiyaçlarının tatmin edilmesiyle kıyaslıyor tıpkı köle hikâyesinde olduğu gibi. Dolayısıyla, burada da kişinin sandalyesi varsa ve dostunun yoksa ve onu dostuna vermeyip kendi oturursa "dostunu kendin gibi sev" emrini çiğniyor zira dostunun ihtiyaçlarını kendi ihtiyaçları gibi karşılamıyor.

Ve eğer dostuna vermez de o sandalyeye kendisi oturursa bu, Sodom kuralı kadar kötü. Bu nedenle, sandalyesini dostuna vermeli ve kendisi ya yerde oturmalı ya da ayakta durmalı. Açıkçası, bu kişinin ihtiyacı olan ve dostunda eksik olan her şeyle ilgilidir. Ve şimdi gidip bu sevabın her hangi bir şekilde uygulanabilir olup olmadığını görün.

5. Öncelikle bu manevi ilmin neden özellikle Yaradan'a yönelen bir grup insana verildiğini ve eşit olarak tüm dünyadaki insanlara verilmediğini anlamalıyız. Allah korusun, burada ayrımcılık mı var? Elbette sadece çılgın biri böyle düşünebilir. Aslında, bilgelerimiz bu soruyu incelemişler ve şu sözlerle ifade etmişler: "Yaradan tüm insanlara ve dillere verdi ancak onlar almadılar."

Ancak, onları şaşırtan şey neden bir grup insanın seçilmiş kişiler olarak adlandırıldığı, şöyle yazılmıştır: "Hükümdarınız Yaradan sizi seçmiştir", zira onu isteyen başka bir grup insan bulunmamaktaydı. Dahası, bu konunun içinde derin bir soru vardır: Yaradan Yasasını eline almış ve barbar insanlarla anlaşmaya gelmiş olabilir mi? Böyle bir şey hiç duyulmamış ve hiçbir şekilde kabul edilemez.

6. Ancak bize verilen İlim ve Emirler'in özünü tüm yönleriyle anladığımızda, ki bu yüce Yaratılışın gözlerimizin önüne serilen nedenidir, o zaman her şeyi anlayacağız. Zira ilk konsept nedensiz bir hareketin olmadığıdır. Ve en düşük insan seviyesi ve çocuklar hariç bu kuralda istisna yoktur. Dolayısıyla, yüceliği algılamanın ötesinde olan Yaradan, eylem küçük ya da büyük olsun, nedensiz hareket etmez.

Bilgelerimiz şöyle der: dünya Manevi İlmi ve Emirler'i yerine getirebilmek için yaratıldı, yani bilgelerimizin dediği gibi, Yaratılışı yarattığı andan itibaren Yaradan'ın amacı Yüceliğini diğerlerine ifşa etmektir. Bunun nedeni, Yaradan'ın Yüceliğinin ifşasının yaratılışa istenilen ölçüye varana dek sürekli büyüyen hoş bir armağan gibi ulaşmasıdır.

Ve bununla, aşağıda olanlar gerçek kabullenme ile yükselirler ve son tamamlanmaya ulaşana dek O'na tutunurlar: "Hiçbir göz senden öte bir Yaradan görmemiştir" (Isaiah

64:3) Ve bu mükemmelliğin yüceliği ve ihtişamından dolayı ve kehanetler de burada abartıya kaçan tek bir kelimeden bile kaçınmışlardır, bilgelerimizin dediği gibi (Berahot 34), "Tüm peygamberler söylemlerini Mesih'in günleri için yapmışlardır, ancak sonraki dünya için, hiçbir göz senden öte bir Yaradan görmemiştir."

Bu mükemmellik manevi ilmin ve peygamberlerin sözlerinde ve bilgelerimizin basit bir kelime olan Bütünleşmek sözünde ifade bulmuştur. Ancak kitlelerin bu kelimeyi yaygın olarak kullanmasıyla neredeyse anlamını yitirmiştir. Fakat bu kelime üzerine bir an bile düşünürseniz muazzamlığından kendinizden geçersiniz, zira Yaradan'ın yüceliği ve yaratılmış olanın düşüklüğü gözünüzde canlanır. O zaman, kişinin diğeriyle olan Bütünleşmesinin değerini algılarsınız ve tüm Yaratılışın amacına neden bu kelimeyi atfettiğimizi anlarsınız.

Tüm Yaratılışın amacının alçak seviyedeki yaratılanların manevi çalışmayla yücelmelerini gerçekleştirerek, sürekli gelişip yukarı doğru yükselerek Yaradan'la bütünleşmekle ödüllendirilmeleri olduğu sonucu ortaya çıkar.

7. Ancak burada Kabalistler şunu sorarlar, neden en baştan bu yüksek tutunma seviyesinde yaratılmadık? Yaradan'ın bize Yaratılış yükünü ve manevi çalışma ve sevapları (arınmaları) yüklemesinin nedeni neydi? Ve cevap verdiler: "Kendisinin olmayanı yiyen onun yüzüne bakmaya korkar." Bunun anlamı şudur, dostunun emeğini yiyen ve zevk alan onun yüzüne bakmaya korkar çünkü bunu yaparak tüm insanlığını kaybetme noktasına gelene dek utanır. Ve Yaradan'ın bütünlüğünden uzananda eksiklik olamayacağından, Yaradan maneviyat ve ıslahı çalışarak yüceliğimizi kazanmak için bize fırsat verdi.

Bu sözler son derece derindir ve bunları kitaplarım Yüzün Nuru ve Hayat Ağacı'nın Açıklaması, 1. Dal bölümünde ve On Sefirot'un Çalışması, İç Yansıma, 1. Bölüm'de açıkladım.

8. Bu durum, bir adamı pazardan alıp yediren, ona her gün altın, gümüş ve tüm arzuladıklarını veren zengin bir adamın durumuna benziyor. Zengin adam onu her gün bir öncekinden daha çok hediyeye boğar ve sonunda sorar, "Söyle bana, tüm arzuların yerine geldi mi?" Ve adam cevap verir, "Tüm arzularım yerine gelmedi, zira tüm sahip olduklarım ve bu değerli şeyler keşke sana olduğu gibi bana da kendi çalışmam ile gelseydi, o zaman senden yardım alıyor olmazdım." O zaman zengin adam: "Bu durumda, senin arzularını yerine getirebilecek bir insan asla doğmamış oluyor."

Bu doğal bir şey, zira bir taraftan zengin adam hediyeler yağdırdıkça diğeri daha da çok haz alıyor, ancak diğer taraftan zenginin ona aşırı iyilik yapmasının utancına katlanmak da zor. Bunun nedeni doğal bir yasanın olmasıdır, zira alan kişi verenin merhamet ve acımadan dolayı verdiği hediyelerden utanç ve tahammülsüzlük hisseder.

Buradan ikinci bir yasa uzanır, kişi dostunun ihtiyaçlarını tümüyle karşılayamaz, nihayetinde ona kendi-edinme formunu ve doğasını veremez, zira sadece bununla arzulanan mükemmellik edinilebilir.

MANEVİ EDİNİMDE TOPLUM KOŞULU

Ancak bu sadece yaratılanlarla bağlantılıdır, Yaradan'la ilişkilendirildiğinde bu imkânsız ve kabul edilemez bir durumdur. Ve Yaradan'ın bizim için tüm bu maneviyat ve ıslah olma çalışmasını ve yükünü hazırlamasının nedeni budur, yüceliği kendimizin yaratması çünkü o zaman bize O'ndan gelen haz ve zevk, yani O'nunla Bütünleşmek ile ilgili her şey anlamına geliyor, bize kendi çabamızdan dolayı gelen bir edinim olacak. O zaman kendimizi gerçek sahipler olarak hissedeceğiz ki bütünlük hissi bunsuz olmaz.

9. Gerçekten de, bu yasanın kalbini ve kaynağını ve bir başkasından sadaka almanın utanç ve tahammülsüzlüğünü kimin yüklediğini incelemeliyiz. Bilim adamları tarafından bilinen bir yasa her bir dalın kökü ile aynı doğaya sahip olması ve aynı zamanda dalın da arzulaması, araması, istemesi ve kökün tüm hareketlerinden faydalanmasıdır. Diğer taraftan, kökte olmayan her şeyin dal tarafından uzaklaştırılması ve ona tahammül edememesi ve onun tarafından zarara uğratılması söz konusudur. Bu yasa her bir kök ve dal arasında mevcuttur ve bozulamaz.

Şimdi, bize dünyadaki tüm hazları ve acıları anlamamız için bir kapı açılıyor. Yaradan Yaratılanlarının kökü olduğundan, O'nun içindeki ve O'ndan bize haz ve zevk olarak doğrudan uzanan her şeyi hissediyoruz çünkü doğamız kökümüze yakın. Ve O'nda olmayan ve O'ndan bize doğrudan uzanmayan ancak Yaratılışa zıt olan her şey doğamıza zıttır ve tahammül edilemez. Bu nedenle, hareket etmektense dinlenmeyi tercih ederiz, yani sonunda dinlenmeyeceksek bir tek hareket yapmayız. Çünkü kökümüz hareketsizdir, ve O'nda hiçbir devinim yoktur. Bu nedenle doğamıza zıttır ve bize kötü gelir.

Aynı şekilde, bilgelik, güç ve zenginliği vs. severiz çünkü bunların hepsi kökümüz olan O'nda mevcuttur. Dolayısıyla, bunların tersinden, aptallık, zayıflık ve yoksulluktan nefret ederiz zira bunlar kökümüzde yoktur. Bunlar bize nefret ve kötü hissettirir ve bize sonsuz acı verir.

10. Başkalarından sadaka şeklinde aldığımızda bize o iğrenç utanç ve sabırsızlık hissini veren şey budur, çünkü Yaradan'da yardım şeklinde almak diye bir şey yoktur, zira kimden alabilir ki? Ve bu unsur kökümüzde olmadığından bunu itici ve nefret uyandırıcı hissederiz. Diğer taraftan, ne zaman başkalarına ihsan etsek haz ve zevk hissederiz zira herkese verme özelliği kökümüzde mevcuttur.

11. Şimdi Yaratılışın amacını incelemek için bir yol bulduk, bu da gerçek anlamıyla O'na tutunmaktır. Maneviyatı çalışarak bize gelmesi garantilenmiş bu yüceltilmişlik ve Bütünlük, kökler ve dalların eşitliğinden başka bir şey değildir. Yukarıda da bahsettiğimiz gibi tüm yumuşaklık ve haz ve yücelik bize doğal bir uzantı olarak gelir, haz onun Yaratıcısıyla form eşitliği olan tek şeydir. Ve kökümüzde olan her hareket ile eşitlendiğimizde haz hissederiz.

Ayrıca, kökümüzde olmayan her şeyle karşılaştığımızda bu bize tahammül edilemez, iğrenç ya da o kavramın gerektirdiği gibi inanılmaz derecede ızdıraplı gelir. Ve bizler doğal olarak umudumuzun kökümüzle form eşitliğinin derecesine bağlı olduğunu fark ederiz.

12. Bunlar şu soruyu sorduklarında bilgelerimizin sözleriydi, "Hayvanın boynundan mı ya da ensesinden mi kesilmesi neden Yaradan'ın umurunda olsun?" Sonuçta, ıslahla sadece insanları arındırmak için verildi ve arındırma karmaşık bedenin temizlenmesi anlamına geliyor ki bu manevi çalışmanın incelenmesinden ortaya çıkan, amaçtır.

"Hoyrat bir eşek insana dönecektir" diye yazar, çünkü kişi yaratılışın rahminden çıktığında son derece kirli ve aşağılık bir durumdadır, yani her hareketi başkalarına küçücük bir iyilik içermeden kendi etrafında dönüp duran ona monte edilmiş kişisel-sevgi bolluğunun içindedir.

Dolayısıyla, kişi kökünden en uzak mesafededir, diğer taraftan, kök bir nebze alma unsuru olmadan ihsan etmek olduğundan yeni doğan da bir nebze verme unsuru olmadan tamamen kendi için alma halindedir. Bu nedenle, kişinin durumu dünyamızda en düşük ve iğrenç noktada olmak olarak değerlendirilir.

Kişi büyüdükçe çevresinin değerleri ve gelişimine göre "başkalarına ihsan etme" payından daha fazla almaya başlar. Ve sonra kişi kendi için olarak adlandırılan, bu dünyada ve ötekinde ödül almak için maneviyatı kişisel-sevgi amacıyla uygulamaya başlar, zira kişi hiçbir şekilde başka türlüsüne alışık değildir.

Kişi büyüdükçe ona tamamen Yaratıcısına mutluluk verme amacıyla maneviyat ve iyiliği nasıl O'nun adına olarak yerine getireceği söylenir. RAMBAM'ın dedi gibi, "Kadınlar ve çocuklara maneviyatı O'nun için yerine getirmeleri söylenmemeli çünkü buna dayanamazlar. Ancak büyüdüklerinde ve bilgi edindiklerinde ve bilgi ve bilgelik edindiklerinde O'nun için çalışmaları öğretilir. Bilgelerimizin dediği gibi, "Kişi kendi için olmaktan O'nun için koşuluna gelir", ki bu kişisel-sevgi için değil kişinin Yaratıcısına mutluluk verme amacı olarak tanımlanır.

Maneviyata O'nun için bağlanmanın doğal şifası için, bilgelerimiz şöyle yazmıştır "Yaradan şöyle der: 'Kötü eğilimi Ben yarattım, Işığımı da ona deva olarak yarattım.'" Dolayısıyla, kişinin tüm ihtiyaçlarını alması bile ihsan edebilmek için alma noktasına gelene kadar, tüm kişisel-sevgi kalıntılarından kurtulana, vücudundaki tüm Islahlar yükselene ve tüm hareketlerini sadece ihsan etmek için gerçekleştirene dek yaratılan yukarıda bahsedilen yüceliğe gelişerek ve derecelerle yükselir. Bu nedenle bilgelerimiz demiştir ki, "Vecibeler sadece insanların arınmalarını sağlayabilmek için verilmiştir."

13. Maneviyatta iki bölüm vardır: 1) İnsan ve Yaradan arasındaki sevaplar ve 2) İnsan ve insan arasındaki sevaplar. Ve her ikisi de aynı amaca yöneliktir – yaratılanı nihai amaç olan Yaradan'la bütünleşmeye getirmek.

Dahası, ikisinin de pratik yönü tek ve aynı şeydir, çünkü kişi içinde kişisel-sevgi olmayan yani kendisi için fayda sağlamayan, başkası için bir hareket gerçekleştirdiğinde dostunu ya da Yaradan'ı sevmeye çalışması arasında hiçbir fark hissetmez.

MANEVİ EDİNİMDE TOPLUM KOŞULU

Bunun sebebi doğanın bir kanunudur, yani kişinin kendi bedeni dışındaki her şey gerçek dışı ve boş olarak görülür. Ve kişinin başkasını sevmek için yaptığı her hareket ve kendisine yarayacak ve sonunda ona dönecek ödül Yansıyan Işık tarafından gerçekleştirilir. Bu nedenle böyle bir hareket "başkasını sevmek" olarak adlandırılamaz çünkü sonu düşünülerek değerlendirilmiştir. Bu tıpkı sonunda kira borcunun kapatılması gibi bir şeydir. Ancak, kiralama aksiyonu başkasını sevme olarak değerlendirilmez.

Ancak, sonunda kişisel çıkar ümidi olmadan, Yansıyan Işık kıvılcımı hiç olmadan, sadece başkalarını sevme sonucu yapılan her hangi bir hareket yaradılış olarak hiçbir şekilde mümkün değildir. Zohar'ın Islahlarında bununla ilgili dünyevi insanlara atfen şöyle yazar: "Yaptıkları her iyiliği kendileri için yaparlar."

Bu, dostlarına ya da Yaradan'a karşı olsun onların yaptıkları tüm iyi hareketlerin başkalarına sevgiden değil kendilerini sevmelerinden kaynaklandığı anlamına gelir. Ve bunun nedeni (eylemin) tamamen doğadışı olmasından kaynaklanır.

Dolayısıyla, sadece manevi çalışma ile ıslahını yerine getirenler buna yeterlik kazanırlar, çünkü Yaradanlarına mutluluk vermek için manevi çalışmayı ve ruhlarının ıslahını yerine getirmeyi alışkanlık haline getirenler zaman içinde doğal yaratılışın bağrından koparak ikinci bir doğa edinirler, yukarıda bahsedilen "başkalarını sevmek" doğası.

Zohar'ın bilgelerinin "Yaptıkları her iyiliği kendileri için yaparlar" sözüyle dünyevi hayatın içindekilerin dostlarını sevmediğini ifade etmesinin nedeni budur, zira O'nun için manevi çalışmayı yerine getirmekle ilgileri yoktur ve onların Tanrılarına hizmet etmelerinin tek sebebi bu dünyada ve ötekinde ödül ve kurtuluştur içindir. Bu yüzden, Tanrılarına tapmalarının nedeni de kişisel-sevgidir ve asla kendilerini basit doğalarının üzerine birazcık bile çıkaracak, bedenlerinin sınırının ötesinde bir hareket gerçekleştirmezler.

14. Böylece, manevi çalışmayı O'nun için yerine getirenler için çalışmanın iki kısmı arasında pratik açıdan bile bir fark yoktur. Bunun nedeni kişinin bunu gerçekleştirmeden önce bir kişiye ya da Yaradan'a karşı herhangi bir ihsan etme aksiyonunu algı ötesi boşluk olarak hissetmeye zorlanmasıdır. Ancak, büyük çabalar sonunda kişi yavaş yavaş yükselir ve ikinci bir doğa edinir ve sonra O'nunla bütünleşmek olan nihai amacı edinir.

Durum böyle olunca, maneviyatın iki kısmından biri olan, insanın dostuyla ilişkisi kişiyi arzulanan amaca getirmekte daha muktedirdir. Çünkü, iyilikteki insan ve Yaradan arasındaki çalışma sabit ve özeldir ve çaba istemez, kişi kolaylıkla buna alışabilir ve alışkanlık haline gelen bir şeyin artık faydası yoktur. Ancak, insan ve insan arasındaki iyilikler değişken ve düzensizdir ve kişi nereye dönse talep onu sarar. Dolayısıyla da çözüm daha kesin ve amaç daha yakındır.

15. Şimdi Hilal Hanası'nın manevi değişime gelmiş kişiye söylediği sözleri anlayabiliriz, maneviyatın özü "Dostunu kendin gibi sev"dir ve geriye kalan 612

emir sadece bu sözün yorumlanmasıdır. İnsan ve Yaradan arasındaki sevaplar bile bu sevabın bir niteliği olarak görülür. Bilgelerimizin de dediği gibi bu manevi ilim ve emirlerden ortaya çıkan nihai amaçtır, "Manevi İlim ve sevaplar sadece Yaradan'a kendisini yönlendirenler için verilmiştir". Bu, kişinin "başkalarını sevme" olarak tanımlanan ikinci bir doğayı edinene kadar bedeninin arınmasıdır, yani manevi çalışmanın nihai amacı olan ve ardından kişinin anında Yaradan'la bütünlük edindiği, o tek "Dostunu kendin gibi sev" sevabıdır.

Ancak kişi bunun neden şu sözlerle tanımlanmadığına şaşırmamalı: "Ve Hükümdarı Yaradan'ın gibi seveceksin, tüm kalbinle ve tüm ruhunla ve tüm yüceliğinle". Bunun sebebi gerçekten de hâlâ Yaratılışın doğası içinde olan kişiye tüm saygıyla söylemek gerekirse, Yaradan sevgisi ile dost sevgisi arasında bir fark yoktur.

Çünkü, kişinin içinde olmayan şey ona gerçek gelmez. Bu nedenle manevi değişime gelen kişi Hilal Hanasi'ye maneviyatın arzulanan sonucunu sormuştur ki uzun yol gitmeden amacı yakın olsun, "Bana maneviyatın tamamını tek ayak üstünde dururken öğret", böylece Hanasi bunu dostunu sevmek olarak tanımlamıştır çünkü amaç daha yakındır ve daha hızlı ifşa olur (Madde 14), zira bu (dostunu sevmek) hata götürmez ve emek isteyen bir iştir.

16. Yukarıdaki sözlerde, "Dostunu kendin gibi sev" kuralının içeriğiyle ilgili kavramı (Madde 3 ve 4) anlayacak bir yol buluyoruz, manevi gelişim gerekliliğinin bizi nasıl yapılamayacak bir şeye zorladığını.

Gerçekten de bunu şu sebepten dolayı bilin, manevi ilim bize yüce bilgelerimize – İbrahim, İsak ve Yakup – sürgüne çıkıp yirmi yaş ve üzeri altı yüz bin adamlık bir topluluk olup egoizmlerinden kurtulmak için kaçışa kadar verilmemişti. Çünkü o zaman topluluğun her bir üyesine bu yüce çalışmayı kabul edip etmedikleri sorulmuştu. Ve topluluğun her bir üyesi kalplerinde ve ruhlarında hemfikir olduktan ve "Yapacağız ve duyacağız" dedikten sonra maneviyatın tamamını yerine getirmek mümkün oldu, yani daha önce mümkün olmayan mümkün hale geldi.

Çünkü, altı yüz bin adam kendi ihtiyaçları için uğraşmayı bırakır ve dostlarının hiçbir eksiği olmaması dışında bir şeye endişelenmezse, dahası bunu büyük bir sevgi, tüm kalp ve ruhları ile yaparlarsa, yani "Dostunu kendin gibi sev" sevabının gerçek anlamıyla, o zaman hiç şüphesiz o ulusun hiçbir üyesi kendi iyiliğini düşünmek zorunda kalmayacaktır.

Bundan dolayı, kendisinin hayatta kalmasını güvence altına almaktan tamamen özgürleşmiş olur ve kolaylıkla Madde 3 ve 4'de verilen koşulları sağlayarak "Dostunu kendin gibi sev" sevabını yerine getirebilir. Sonuçta yanında altı yüz bin kişi hiçbir ihtiyacının eksik kalmaması için yanında yer alırken kişi neden kendi varlığını sürdürebilmek üzerine endişelensin ki.

Dolayısıyla, ulusun tüm üyeleri hemfikir olur olmaz Işık ve manevi ilim onlara anında verildi, çünkü artık onu yerine getirebilirlerdi. Ancak bütün bir ulus haline gelene kadar, ve elbette ülkede emsalsiz olan atalarımızın zamanında, maneviyatı

MANEVİ EDİNİMDE TOPLUM KOŞULU

arzulanan formunda yerine getirme niteliğine sahip değillerdi. Bunun nedeni Madde 3 ve 4'de açıkladığımız gibi, az sayıda kişi ile insan ve insan arasındaki sevabı "Dostunu kendin gibi sev" derecesinde yerine getirmeye başlamak bile mümkün değildir. Bu nedenle de ilmin metodu onlara verilmemişti.

17. Yukarıdakilerin tümünden, bilgelerimizin en kafa karıştırıcı sözlerinden birini anlayabiliriz: "Tüm halk birbirinden sorumludur." Bu tamamen adaletsiz görünüyor, çünkü bir kişi Yaratıcısını üzecek bir günah işlerse ve onu tanımıyor olsan da Yaradan borcunu senden tahsil edecek? Şöyle yazılmıştır: "Babaları çocukları için ölüme mahkum olmayacak…her bir kişi kendi günahından dolayı ölüme mahkûm edilecektir", öyleyse nasıl hiç tanımadığın ve nerede olduğunu bilmediğin sana tamamen yabancı birinin günahlarından sorumlu olabileceğini söyleyebilirler.

Ve bu da sizin için yeterli değilse: "Kabalist Şimon'un oğlu Kabalist Elazar şöyle der: 'Dünya çoğunluğu ile ölçüldüğünden ve birey içinde bulunduğu çoğunluğuna göre değerlendirildiğinden, bir iyiliği yerine getirdiyse ve mutlu ise tüm dünyaya iyilik yapmıştır. Ve eğer bir günah işlerse, ona yazıklar olsun çünkü kendisini ve tüm dünyayı günaha sokmuştur, şöyle söylenir, 'bir günahkâr pek çok iyiliği yok eder.'"

Ve Kabalist Şimon'un oğlu Kabalist Elazar dünyadaki tüm insanların birbirinden sorumlu olduğunu düşündüğünden beni tüm dünyadan sorumlu tuttu, her bir kişi hareketleriyle tüm dünyaya iyilik ya da günah getirir. Bu iki misli daha kafa karıştırıcıdır.

Ancak yukarıda anlatılanlara göre onların sözlerini çok basitçe anlayabiliriz, maneviyatın 613 ıslahın her biri tek ıslah etrafında döner: "Dostunu kendin gibi sev." Ve böyle bir koşul sadece tüm bir ulusun her bir üyesinin bununla hemfikir olmasıyla var olabilir.

KARŞILIKLI SORUMLULUK - BAĞ

("İlmin Verilişi" makalesinin devamı)
Tüm halk birbirinden sorumludur.

Bağ'dan (karşılıklı sorumluluk/garanti) tüm halk birbirinden sorumlu olduğunda bahsedilir. Zira ilmin ifşasından önce her birine tek tek "dostunu kendin gibi sev" kuralı olan başkalarını tam anlamıyla sevmeyi üzerlerine alıp almayacakları sorulmuştu (Madde 2 ve 3'de açıklandığı gibi burada detaylı inceleyin). Bunun anlamı şudur, halkın parçası olan her bir kişi ulusun her bir üyesine hizmet etmek ve onun için çalışmayı ve tüm ihtiyaçlarını karşılamayı en az kendi ihtiyaçlarını karşıladığı ölçüde üzerine yüklenir.

Tüm halk oybirliğiyle hemfikir olup "Yapacağız ve duyacağız" dedikten sonra halkın her bir üyesi, her bir diğer üyesinin hiç bir eksiği olmamasından sorumlu oldu. Sadece o zaman manevi edinime hak kazandılar, öncesinde değil.

Bu kolektif sorumluluk ile her bir üye kendi bedeninin ihtiyaçlarını karşılama endişesinden özgür kaldı ve "Dostunu kendin gibi sev" manevi kanunu yerine getirebilir ve sahip olduğu her şeyi ihtiyacı olan kişiye tam anlamıyla verebilir hale geldi, zira artık kendi bedeninin ihtiyaçlarını düşünmek zorunda değildi çünkü etrafında onun ihtiyaçlarını karşılayacak altı yüz bin sadık dostunun olduğunu biliyordu.

Bu nedenden dolayı İlmin Metodunu İbrahim, İsak ve Yakup döneminde almaya hazır değillerdi ve sadece Mısır'dan çıkıp tam bir ulus olabildiklerinde onu aldılar. Sadece o zaman kendi dışındakilerin ihtiyaçlarını karşılama garantisi imkânı vardı.

Bununla beraber, Mısırlılar ile beraberlerken ihtiyaçlarının bir kısmı zorunlu olarak kişisel-sevgi ile dolu zalimlerin eline verilmişti. Bu yüzden, yabancıların eline bırakılmış bu kısım halktan olan kişiler için güvencede değildi çünkü dostları bu ihtiyaçları karşılayamayacaktı zira bunlara sahip değildiler. Sonuç olarak, kişi kendi ihtiyaçları konusunda endişede olduğu sürece "Dostunu kendin gibi sev" sevabını yerine getirmeye uygun değildir.

Ve ilmin edinimi onlar Mısır'dan çıkıp, başkalarına bağımlı olmadan tüm ihtiyaçlarını kendilerinin karşılayacağı kendi başlarına bir ulus olana dek geciktirilmesini açıkça görebilirsiniz. Bu onları yukarıdaki Bağ'ı edinmeyi nitelikli hâle getirdi ve ondan sonra manevi yol onlara ifşa oldu. Maneviyatın ifşasından sonra bile eğer halktan birkaç kişi ihanet eder ve dostlarını düşünmeden kişisel-sevgi bataklığına düşerse o az sayıdaki kişinin eline bırakılmış aynı miktardaki ihtiyaç halka kendi ihtiyaçlarını karşılama yükünü getirir.

MANEVİ EDİNİMDE TOPLUM KOŞULU

Bunun nedeni o kişilerin artık diğerlerine merhamet etmemesi ve dolayısıyla da dostunu sevme sevabının tüm halktan yoksun bırakılmasıdır. Böylece, isyankârlar manevi prensipleri muhafaza edenlerinde kişisel-sevgi bataklığında kalmasına neden olur çünkü onlar da "Dostunu kendin gibi sev" kuralıyla ilgilenemezler ve başkalarına karşı sevgiyi yardımsız yerine getiremezler.

Sonuç olarak, tüm halk birbirinden sorumludur, hem olumlu hem de olumsuz yönden. Olumlu taraftan, eğer her biri Bağı dostunun ihtiyaçlarıyla ilgilenip karşılayana dek korursa Manevi Çalışma ve Islahı tam anlamıyla yerine getirebilirler, yani Yaradan'a mutluluk getirebilirler (Madde 13). Olumsuz taraftan da, eğer ulusun bir kısmı Bağı korumak istemezse ve kişisel-sevgiden zevk almayı seçerse ulusun geri kalan kısmının da içinden hiç çıkamayacakları bataklık ve alçak seviyede kalmalarına neden olurlar.

18. Bu nedenle, Bağ birinin delik açtığı kayıktaki iki kişi olarak tanımlar. Arkadaşı sorar, "Neden delik açıyorsun?", diğeri yanıt verir "Sana ne, ben kendi altıma delik açıyorum senin altına değil." Ve öteki şöyle yanıtlar, "Aptal! İkimiz birlikte boğulacağız!".

Bundan kişisel-sevgiye düşen isyankârların bu davranışları ile manevi prensipleri yerine getirenlerin etrafında, Yaradan'la bütünleşmeye basamak olan Manevi İlim ve Kuralı "Dostunu kendin gibi sev" ölçüsünde yerine getirmeye başlamalarını bile engelleyecek, demirden bir duvar inşa ettiklerini öğreniyoruz. Ve atasözünün kelimeleri ne kadar da doğru, "Aptal! İkimiz birlikte boğulacağız!"

19. Kabalis Raşbi'nin (Şimon Bar-Yohai) oğlu Bağ kavramına daha da açıklık getiriyor. Tüm halkın birbirinden sorumlu olması yetmez, tüm dünya Bağ'a dâhil olmalı. Gerçekten de burada, tüm dünyanın ıslahı için manevi prensiplerin yerine getirilmesine başlangıçta bir topluluk ile başlanmasının yeterli olacağını herkes itiraf ediyor. Tüm uluslarla aynı anda başlamak mümkün değildi, bilgelerimizin söylediği gibi Yaradan Işığı ile tüm ulus ve dillere gitti ve onlar almak istemediler. Bir başka deyişle, onlar o günlerde boğazlarına kadar kişisel-sevgi bataklığına gömülmüşlerdi, bazıları zina, bazıları hırsızlık ve bazıları cinayet gibi, o nedenle, kişisel-sevgiden uzaklaşmaya hemfikir olup olmadıklarını sormak bile mümkün değildi.

Dolayısıyla, Yaradan, atalarından gelen erdemlikleri üzerlerine yansıyan İbrahim, İsak ve Yakup'un çocuklarından başka manevi yolu yürümeye nitelikli bir ulus ve dil bulamadı. Bilgelerimiz şöyle der: "Atalarımız maneviyatın tümünü ilmin ifşasından önce uyguluyorlardı." Bu, onların ruhlarının yüceliğinden dolayı Yaradan'ın tüm yönlerini ilmin prensiplerine göre edinebildiler anlamına geliyor ki bu onların Bütünlüğünden kaynaklanır, Matan Tora Madde 16'da yazıldığı gibi daha önce yerine getirme imkânı hiç bulamadıkları ilmin uygulanabilir kısmının basamaklarına ihtiyaç duymadan gerçekleştirdiler.

Hiç şüphesiz ki, atalarımızın hem fiziksel arınmışlıkları hem de zihinsel yücelikleri onların çocuklarını ve torunlarını büyük ölçüde etkiledi ve onların erdemlikleri bu yüce çalışmayı üstlenen o nesle yansıdı. Ve her biri şöyle dedi: "Yapacağız ve duyacağız." Bu nedenden dolayı seçildik, zorunluluk karşısında tüm insanlar arasından seçilmiş bir topluluk olduk. Böylece, sadece Yaradan'a kalplerini yönlendiren bir topluluk gerekli olan karşılıklı sorumluluğu kabul edilmişti. Diğer tüm dünya ulusları yer almadıkları için kabul edilmediler. Ve basit gerçek budur, Kabalist Elizar buna nasıl karşı çıkabilir ki?

> 20. Ancak, dünyanın ıslahının sonu tüm insanları Yaradan'ın amacına getirmekle olacak, şöyle yazılmıştır: "Ve hükümdar tüm yeryüzünün Kralı olacak, o günde Hükümdar Bir ve O'nun adı Bir olacak". Metinler de şöyle belirtilir "o günde" ve öncesinde değil. Ve birkaç beyit daha vardır, "zira dünya Yaradan bilgisiyle dolacaktır…" (Isaiah, 11:9) "…ve tüm insanlar O'na akacaklar."

Ancak, manevi bir halkın, tüm insanoğluna karşı rolü Yüce Atalarımızın halka karşı rolüne benzer: nasıl manevi edinimin hak edilişine dek atalarımızın erdemliği bizim gelişimimize ve arınmamıza yardım ettiyse, bizlerin manevi edinimi öncesi, uygulayan atalarımız olmasaydı kesinlikle diğer insanlardan hiçbir farkımız olmazdı (Madde 12).

Ayrıca, Manevi İlmin çalışılması ve Islahlar vasıtasıyla kendisini ve tüm insanları Yaradan'la bütünleşmek olarak adlandırılan ve Yaratılışın amacı olan basamakları başkalarını sevme koşulunu edinene dek geliştirmek Yaradan'a kalbine yönlendiren insanların sorumluluğudur.

Dolayısıyla, manevi yolda ilerleyen bir toplulukta her bir kişinin kendi arzularının esiri olmadan, Yaratıcılarına mutluluk getirmek amacıyla tek tek her sevabı gerçekleştirmesi bir dereceye kadar tüm insanların gelişimine yardım eder. Bunun sebebi tüm insanları arzulanan arınmaya bir anda değil yavaş ve zaman içinde getirmesidir. Ve bilgelerimiz buna "dengeyi erdemliğe getirme" yani yeterli arınmaya ulaşmak derler.

> 21. Bunlar, dünya çoğunluğu ile ölçülür diyen Kabalist Şimon'un oğlu olan Kabalist Elazar'ın sözleridir. Kabalist Elazar burada halkın manevi edinim (Maneviyatın İfşası) zamanından daha az olmamak koşuluyla, Yaradan'ın amacını gerçekleştirmeyi hak edene dek dünyayı belli bir arınma seviyesine getirme rolünden bahsediyor. Bilgelerimizin dediği gibi bu, kişisel-sevgi günahını aşana dek gereken erdemliği edinmek olarak değerlendirilir.

Elbette, onlar da başkalarını sevme ayrıcalığı olan erdemlik ölçüsü kötü günahı değiştirdiğinde tıpkı geçmişte edinenler gibi "Yapacağız ve duyacağız" deme kararını vermeye nitelikli hale gelirler. Ancak bundan önce, yani yeterli erdemliği kazanmadan önce kişisel sevgi elbette ki hükmünü sürer ve O'nun sorumluluğunu üstlenmeyi reddeder.

Dolayısıyla, görüyorsunuz ki Kabalist Şimon'un oğlu Kabalist Elazar bilgelerimizin tüm ulus birbirinden sorumludur sözlerine ters düşmüyor. Tersine, bilgelerimiz sadece manevi bir ulusunun maneviyatı edindiği (Maneviyatı edinmek) zamandan bahsederken Kabalist Elazar ıslahın sonuna gelindiği zamandaki tüm dünyanın ıslahından bahsediyor.

MANEVİ EDİNİMDE TOPLUM KOŞULU

22. Kabalist Elazar'ın "Bir günahkâr pek çok iyiyi yok eder" deyişinden anlatmak istediği budur. (Madde 20)'de zaten açıklandığı gibi kişinin insan ve Yaradan arasındaki Islahı (İhsan etme eylemini/ Sevabı) üslendiğinde edindiği izlenim insan ve insan arasındaki Islahı (İhsan etme eylemini/ Sevabı) gerçekleştirdiği andaki izlenim ile tamamen aynıdır. Kişi tüm Islahını hiçbir kişisel-sevgi kırıntısı olmadan Lişma olarak (O'nun adına) gerçekleştirmekle yükümlüdür, yani kişiye emeklerinden dolayı ödül ya da onur şeklinde hiçbir geri dönüş olmamalıdır. Burada, bu yüce noktada Yaradan sevgisi ile dost sevgisi bütünleşerek bir olurlar. (Madde 15'e bakın).

Böylece, kişi sevgi merdiveninde tüm dünya insanları adına belli bir seviyeyi etkiler. Bunun nedeni küçük ya da büyük olsun kişinin aksiyonlarının neden olduğu seviyenin dünyayı belli bir dereceye getirmede gelecekle birleşmesidir, kişinin katkısı değişime eklenmiştir (Madde 20'de susam taneleriyle ilgili benzetmede olduğu gibi).

Ve bir günah işleyen kişi, yani aşırı kişisel-sevginin üzerine çıkamayıp onu zapt edemeyen dolayısıyla çalan ya da benzer bir şey yapan kişi kendisini ve tüm dünyayı günah seviyesine mahkûm eder. Bunun sebebi aşağılık kişisel-sevginin açığa çıkmasının Yaratılışın düşük doğasını güçlendirmesidir. Böylece, nihai erdemlik seviyesinden belli miktar hükmü çıkarmış olur. Bu aynen kişinin dostunun eklediği bir susam tanesini tartıdan almasına benzer.

Dolayısıyla, o derecede günah ölçüsünü yükseltmiş olur. Yani kişi tüm dünyayı geriletir, şöyle dedikleri gibi "Bir günahkâr pek çok iyiyi yok eder." Kişi aşağılık arzularının üstünden gelemediği için tüm dünyanın maneviyatını geri çekmiş olur.

23. Bu sözlerden manevi ilmin özellikle bir topluluğa verilmesiyle ilgili yukarıdaki Madde 5'de söylediğimizi anlıyoruz, çünkü Yaradan'ın amacının belirgin bir fark olmaksızın tüm dünya ırklarının, siyah, beyaz ya da sarı, omzunda yattığı kesin ve açıktır.

Fakat insan doğasının kişisel-sevgi olan ve tüm insanlığı sınırlama olmaksızın yöneten en düşük seviyeye düşmesinden dolayı sadece boş bir söz olarak onlarla anlaşmanın ve küçük dünyalarından çıkıp başkalarını sevme deryasına dalmayı üslenmeye ikna olmalarının bile hiçbir yolu yoktu. Ancak kalpleri uyanmış olan bir topluluk istisnaydı, çünkü dört yüz yıl boyunca acımasız Mısır krallığında dehşet verici işkenceye maruz kalarak köle edilmişlerdi.

Bilgelerimiz şöyle derler: "Tuzun eti yumuşattığı gibi ızdırap da insanı yumuşatır." Bu onların bedene muazzam arınma getirdiği anlamına gelir. Ve ek olarak, Yüce Atalarının arınmaları onlara yardım etti (Madde 16'ya bakın) ki bu yazılanlardaki bazı deyişlerin doğruladığı gibi çok önemlidir.

Onlar bu önsözlerden dolayı yeterlik kazandılar. Ve bu nedenden dolayı yazılar onlardan tekil olarak bahseder, bilgelerimiz "ve orada, halk dağın önünde kamp kurdu," sözünü "tek kalpte tek insan" olarak yorumlamışlardır.

KABALA BİLİMİ

Zira, "Dostunu kendin gibi sev" Sevabı ilgili olarak Madde 16'da gösterdiğimiz gibi, ulusun her bir kişisi kendisini kişisel-sevgiden ayırmış ve sadece dostuna fayda sağlamak istemiştir. Sonuç olarak ulusun tüm bireyleri bir araya geldiler ve tek kalp tek adam oldular zira sadece o zaman Manevi Edinimi hak ettiler.

24. Dolayısıyla, yukarıdaki gereklilikten dolayı Manevi Edinim özellikle Yaradan'a yönelen bir halka, İbrahim, İsak ve Yakup'un yolunda gidenlere verildi, zira konuya yabancı birisinin bunda yer alması mümkün olmazdı. Bundan dolayı, bir ulus arınma kıvılcımlarının tüm dünyadaki insanları aydınlatabileceği bir giriş kapısı olarak kuruldu.

Ve bu kıvılcımlar her gün çoğalıyor, tıpkı kişinin yeterince dolana dek hazineye ekleme yapması gibi, bu başkalarını sevmenin özünde bulunan haz ve huzuru anlayacak seviyeye gelişene dek anlamına geliyor. Zira o zaman dengeyi nasıl sağa doğru kaydıracaklarını bilecekler ve kendilerini Yaradan'ın verdiği sorumluluk altına sokacaklar ve günah kefesi dünyadan yok olacak.

25. Şimdi yukarıda Madde 16'da dediğimiz gibi, bir birey tarafından değil de sadece tüm ulusun onayıyla gerçekleştirilebilecek olan maneviyatın açıklanma ve yorumlamasının atalarımıza neden verilmediğini tamamlamamız kalıyor, zira "Dostunu kendin gibi sev" prensibi, maneviyatın tüm kurallarının etrafında döndüğü eksenidir.

Bu nedenden dolayı onlar Mısır'dan çıkıp bunu gerçekleştirmeye hak kazanıncaya kadar sürdü. Ve ondan sonra onlara bu ıslahı üslenmeye hemfikir olup olmadıkları soruldu. Ve hemfikir olur olmaz manevi ilim onlara verildi. Bununla beraber, halka Maneviyatı üstlenmeden (ilmin metodunu almadan) önce nerede soruldukları ve hepsinin hemfikir olduğunu açıklamamız gerekiyor.

26. Şunu aklınızda tutun, bunların hepsi ilmin ve Işığın alınmasından önce Yaradan'ın Hz. Musa aracılığıyla insanlara gönderdiği davette her eğitimli kişiye gayet açıktır. Yazıldığı gibi, "'Dolayısıyla şimdi Sesime kulak verirscniz ve Sözümü tutarsanız, o zaman benim hazinem olursunuz, zira tüm yeryüzü benimdir ve sizler Bana ibadet edenler yüce bir halk olacaksınız. Bunlar halkınızın çocuklarına anlatacağınız sözlerdir.' Ve Musa geldi ve ulusun yaşlılarını çağırdı ve onlara Hükümdarın sözlerini iletti. Ve tüm halk birlikte cevap verdi: 'Yaradan'ın tüm sözlerini yerine getireceğiz.' Ve Musa halkın sözlerini Yaradan'a iletti."

Bu sözler amaca hizmet ediyor gibi görünmüyor çünkü mantık kişinin arkadaşına bir iş yapmasını teklif edip onun da kabul etmesini istediğinde ona çalışmanın doğası ve ödülüyle ilgili bir örnek vermeli. Sadece o zaman kişi inceleyebilir ve kabul ya da ret eder.

Ancak burada, bu iki deyişte ne işin ne de ödülün örneğini göremiyoruz çünkü şöyle diyor, "Sesime kulak verirseniz ve Sözümü tutarsanız," fakat ne sesini ne de sözünü ve neye uygulanacağını açıklamıyor. Ve şöyle diyor, "O zaman tüm insanlar içinden benim hazinem olursunuz, zira tüm yeryüzü Benimdir."

MANEVİ EDİNİMDE TOPLUM KOŞULU

Tüm insanlar içinden hazine olabilmek için çalışmamızı mı emrettiği yoksa bunun bize vaat edilen bir söz mü olduğu açık değil.

"Zira tüm yeryüzü Benimdir" sözlerine bağlantıyı da anlamamız lazım. Tüm yorumcuların üçü de, Unkalus, Yonatan Ben Uziel ve Yeruşalmi ve Raşi, Rambam gibi diğer tüm yorumcular, bu sözlerin gerçek anlamını düzeltmeye çalışıyorlar. Ezra bile Kabalist Marinos'un "zira" kelimesinin "bile olsa" anlamına geldiğini söylediğini ifade ediyor ve şöyle yorumluyor, "o zaman tüm insanlar içinden Benim hazinem olursunuz, tüm yeryüzü Benim olsa bile." Ezra bile bununla aynı fikirde olmaya meyilli, ancak bu yorum "zira" kelimesine "ikisi de", "diye", "hâlbuki" ve "ki" anlamı veren bilgelerimizle uyuşmuyor.

Hatta Ezra beşinci bir anlam da ekliyor: "bile olsa." Ve sonra yazı bitiyor, "ve sizler Bana ibadet edenler yüce ulusum olacaksınız." Ancak burada da bunun bir sevap olup olmadığı açık değil ve kişi ya onun içine ya da bir menfaat sözüne dalmalı. Ayrıca, "ibadet edenler krallığı" tekrarlanmamış ve Kutsal Kitaplar'da da açıklanmamış.

Buradaki önemli nokta "ibadet edenler krallığı" ile "yüce ulus" arasındaki farkı belirlemektir. Zira, ibadet edenin normal anlamı kutsallığı içerir ve herkesin dua ettiği bir krallık zaten yüce bir ulus olmalı, dolayısıyla, "yüce ulus" kelimeleri gereksiz görünüyor.

27. Ancak, makalenin başından şimdiye kadar açıkladığımız ile kelimelerin anlamlarını olması gerektiği gibi gerçek anlamıyla öğreniyoruz – bir teklif ve kabul anlaşmasına benzemesi için. Bunun anlamı bu kelimelerle Manevi İlmi ve Islahları çalışmasının tüm içerik ve bütünlüğünün sunuluyor olması ki bu ödüle değer.

Maneviyat ve Islahlar çalışması "ve siz Benim için bir ibadet edenler krallığı olacaksınız" kelimelerinde ifade bulur. İbadet edenler krallığı küçükten büyüğe herkesin dua eden olması anlamına geliyor. Tıpkı dua edenlerin bir ülkesi ya da fiziksel bir varlığı olmadığı gibi, zira Yaradan her şeyin sahibidir, tüm ulus da öyle bir şekilde oluşacak ki tüm yeryüzü ve içindeki her şey sadece Yaradan'a adanacak. Ve oradaki hiç kimse dostunun ihtiyaçlarını karşılamaktan başka hiçbir şeyle uğraşmayacak. Böylece onun hiçbir eksiği olmayacak ve hiç kimse kendi için endişelenmek zorunda kalmayacak.

Bu şekilde, hasat kaldırma ve ekim gibi sıkıcı işler bile kutsal mekânlarda erdemli insanların yerine getirdikleri vecibelerle aynı değerlendirilirler. Pozitif bir Islah olan Yaradan'a karşı fedakârlık yapma sevabını yerine getirmekle "Dostunu kendin gibi sev" sevabını yerine getirmek arasındaki fark nedir? Sonuç olarak dostunu beslemek için hasat kaldıran kişi ile Yaradan'a fedakârlık yapan kişi aynıdır. Dahası, "Dostunu kendin gibi sev" kuralı Madde 14-15'de gösterdiğimiz gibi fedakârlığı yapan kişiden daha önemlidir.

Gerçekten de bu henüz sonu değil, çünkü Manevi İlim ve Islahın tümü sadece kalbini arındırmak isteyen, yani arzularının (Madde 12) arınması için verilmişti ki bundan sonra gerçek ödül olan Yaradan'la Bütünleşmek yani Yaratılışın amacı gerçekleşecek. Ve bu ödül "yüce bir ulus" sözleriyle ifade edilir. Yaradan'la Bütünleşmek aracılığıyla kutsanmış olmaktır, şöyle yazar, "Kutsal olacaksınız, zira Yaradan'ınız olan Hükümdarınız Ben Kutsalım."

Ve gördüğünüz gibi "ibadet edenler krallığı" kelimeleri "Dostunu kendin gibi sev" eksenindeki tam çalışma formunu ifade ediyor, yani sahibi Yaradan olan ve kişisel dünyevi mülkiyetin bulunmadığı ve hepsi ibadet edenlerden oluşan bir krallık anlamına geliyor. Ve itiraf etmeliyiz ki "ibadet edenler krallığı" kelimelerini anlayabileceğimiz tek tanım budur. Zira bu sözleri mihrapta yapılan fedakârlıklarla yorumlayamazsınız çünkü bu tüm ulus için söylenemez zira fedakârlığı yapan kim olacak ki?

Ayrıca, ibadet edenlerin hediyelerini almaktan söz ederken, bunları veren kim olacak ki? Ve ibadet edenlerin yüceliğini yorumlarken zaten "yüce bir ulus" denilmişti. Dolayısıyla, bu kesinlikle sadece Yaradan'ın onların sahibi olduğu anlamına gelmeli, yani kendileri için en ufak bir maddeye sahip değiller, kelimenin tam anlamıyla tüm maneviyatı içine alan "Dostunu kendin gibi sev" anlamına geliyor. Ve "yüce bir ulus" ise bütünleşmek olan ödülün tam formunu ifade ediyor.

28. Şimdi daha önceki sözleri daha iyi anlıyoruz zira şöyle diyor, "Dolayısıyla şimdi, Sesime kulak verirseniz ve Sözümü tutarsanız," yani, size burada söylediğime söz verin, tüm insanlar içinde Benim hazinem olacağınıza. Bu Benim hazinem olacaksınız ve bedenin arınma ve temizlenme kıvılcımları sizden tüm insanlara ve tüm dünya uluslarına geçecek zira dünya ulusları henüz buna hazır değiller. Her halükârda, şimdi bir ulusla başlamam gerekiyor ki tüm uluslara çare olsun. Ve bu yüzden şöyle bitiriyor, "zira tüm yeryüzü Benimdir," yani, yeryüzünün tüm insanları bana aittir, sizin gibi ve bana tutunmak kaderlerinde vardır.

Ancak şimdi, hâlâ bu görevi yerine getiremezken, erdemli insanlara ihtiyacım var. Ve eğer tüm uluslara çare olmaya karar verirseniz size "bana ibadet edenler krallığı olun"u emrediyorum. Bu, başkalarını sevmenin son formu olan Manevi Çalışma ve Islahların ekseni "Dostunu kendin gibi sev"dir. Ve "yüce bir ulus" edinilebilecek tüm ödülleri kapsayan son formundaki O'na tutunmadır.

Bunlar bilgelerimizin son sözleri açıklayan sözleridir, "Bunlar sizin halka söyleyeceğiniz sözlerdir." Kesinlik kazandırdılar, "Sözler bunlardır," ne daha fazla ne daha az. Bu kafa karıştırıcıdır: Musa'nın Yaradan'ın sözlerine, ki O'nun bu konuda uyarabileceği kadar, ekleyebileceğini ya da çıkarabileceğini nasıl söylersiniz? Ve bununla ilgili yazılanlarda hiçbir şey bulamıyoruz. Tersine Hz. Musa'nın yazılarında onunla ilgili şöyle der: "zira tüm evimde güvenebileceğim odur" (Sayılar 12:7).

29. Şimdi, son tanım olan "Dostunu kendin gibi sev"i "Bilgelerin krallığı" sözleriyle açıklandığı gibi bütünüyle anlayabiliriz. "Bilgelerin krallığı" sözleriyle emredildiği gibi halk tüm fiziksel varlıklardan vazgeçip bütün hazinelerini ve varlıklarını Yaradan'a vermek istemeyebilecekleri korkusuyla Musa'nın tüm içeriği açığa vurmaktan kaçınması ve kendini dizginlemesi gerçekten anlaşılamazdı.

MANEVİ EDİNİMDE TOPLUM KOŞULU

RAMBAM'ın yazdığı gibi, ödül verilmemek için kadınlar ve çocuklara çalışmanın özünden bahsedilmemeli. Onlar büyüyene, akıllanana ve uygulayabilecek cesareti bulana dek beklenilmeli. Dolayısıyla, Yaradan Musa'yı uyardı, "ne de azı" ve onlara "ibadet edenler krallığı" sözleriyle ifade edilen tüm yüceliğiyle çalışmanın gerçek doğasını verdi.

Ve tıpkı keşişlerin yaptığı gibi onları tüm dünyevi varlıklardan tamamen vazgeçmeyi kabul etmeye ikna etmek için Musa'nın "yüce bir ulus" sözleriyle tanımlanan ödülle ilgili olarak Yaradan'la Dvekut ile gelen memnuniyetlik ve yüce zekâyı yorumlama ve süsleme üzerine düşünmesi mümkündü. Bu yüzden de uyarılmıştı, "ne çok," ancak "yüce bir ulus" sözleriyle ifade edilen ödül konusu belirsizdi.

Bunun sebebi şuydu, eğer ödülün özündeki harika şeylerden bahsetseydi, muhtemelen Yaradan'ın çalışmasını o muhteşem ödülü kendileri için almak adına yaparlardı. Bu kendileri için çalışmak kişisel-sevgi olarak değerlendirilirdi. Bu da tüm amacı saptırırdı (Madde 13).

Bu nedenle, "ibadet edenler krallığı" sözleriyle ifade edilen çalışma formuyla ilgili olarak "ne de azı" denilmişti. Ve "yüce bir ulus" sözleriyle ifade edilen ödülün açık olmayan ölçüsüyle ilgili olarak da "ne çok" denilmişti.

BARIŞ

Manevi çalışmayla ilgili gözleme dayalı bilimsel bir araştırma

"Kurt kuzuyla yaşayacak ve leopar çocukla yatacak; buzağı ve besi hayvanları genç aslanla uzanacak; ve küçük çocuk onlara yol gösterecek. Ve o gün Kral yine halkından geri kalanları rahatlatacak, Asur'dan ve Mısır'dan, Patros'dan ve Kuş'dan ve Elam'dan ve Shin'ar ve Hamat'dan ve denizin adalarından" (Isaiah 11).

"Kabalist Şimon Ben Halafta şöyle dedi: "Yaradan halkın iyiliği için sadece barışı buldu, dediği gibi, şöyle yazar: 'Yaradan halka güç verdi; Kral halkını barış ile kutsadı'" (Masehet Okatzin).

Önceki makalelerde gösterildiği gibi, Yaradan'ın işinin özünü başkalarını sevmek ve pratikte "başkalarına ihsan etmek" olarak, yani başkalarını sevmenin aslen onlara iyilik yapmanın göstergesi olarak genel hatlarıyla belirledikten sonra, başkalarını sevmek, içeriğine en uygun olarak, amacın unutulmadığına emin olmak için onlara ihsan etmek olarak belirlenmelidir.

Şimdi, manevi çalışmanın amacını bildiğimize göre, bu çalışmanın bizim tarafımızdan sadece inanç ile bilimsel, gözleme dayalı bir temel, ya da kendi gözlemimiz olmadan kabul edilebilir olup olmadığını araştırmamız lazım. Bu makalede bunu göstermek istiyorum. Ancak, önce konunun kendisini yani bizim çalışmamızı kabul edenin kim olduğunu tüm yönleriyle göstermem lazım.

Fakat ben teorik temelli çalışmaları sevmediğimden şekilci felsefe meraklısı birisi değilim ve pek çok çağdaşımın benimle hemfikir olduğu biliniyor zira böyle çürük temellere alışığız, temel sallanırsa tüm bina yıkılır.

Dolayısıyla, kimsenin çelişmediği gözleme dayalı mantık ile analitik olarak kanıtlamak suretiyle (konunun bazı elementlerini ayırarak) en baştaki konuyu açıklığa kavuşturmak için buradayım. Ve manevi çalışma pratik açıdan basitçe nasıl doğrulanıp teyit ediliyor sentetik biçimde (sonuç çıkarma ve diğer bakımdan konular arasındaki bağlantı ve bütünlük) test edilecek.

MANEVİ EDİNİMDE TOPLUM KOŞULU

İLAHİ TAKDİRDEKİ ÇELİŞKİLER

Önümüzdeki realiteyi inceleyen her mantıklı kişi tamamen iki zıtlık bulur. Yaratılışı incelerken, realitesi ve işleyişini, hem realitenin yaratılması ve genel olarak varlığının sürdürülmesiyle ilgili olarak, muazzam akıl ve yetenekle yönetildiğini görüyoruz.

Mesela insanın yaratılışını ele alalım: ataların sevgi ve hazzı ilk nedendir, zira bu onların görevlerini yerine getirmelerini garantiler. Ve gerekli damla babanın beyninden çıktığında İlahi Takdir onun için son derece akıllı bir şekilde onu kabul etmeye nitelikli, güvenli bir yer garantilemiştir. Ayrıca, İlahi Takdir ona her gün doğru miktarda gıdayı sağlar ve ona hiçbir yabancının zarar veremeyeceği annenin rahminde muhteşem bir temel hazırlar.

Tıpkı eğitimli bir dadı gibi onu bir dakikalığına bile unutmadan her ihtiyacını karşılar, ta ki dünyaya gelebilecek gücü kazanana dek. O anda, İlahi Takdir ona etrafını saran duvarları kırması için yeterli gücü verir ve tıpkı eğitimli ve donanımlı bir savaşçı gibi o bir delik açar ve bu dünyaya çıkar.

Sonra da, İlahi Takdir onu bırakmaz. Sevgi dolu bir anne gibi onu büyüyene ve kendi yaşamını sağlayabilene dek zayıf günleri süresince yardımcı olmak için "Anne" ve "Baba" adı verilen güvenebileceği sevgi dolu, sadık insanlar getirir. Tıpkı insanlar gibi tüm hayvanlar, bitkiler ve nesneler varlıklarını ve türlerinin devamını garantilemek için akıl ve sevecenlikle bakılırlar.

Ancak realiteyi hüküm ve varoluşun devamlılığı açısından inceleyenler sanki hiçbir lider ya da rehberlik yokmuş gibi büyük düzensizlik ve karışıklığı açıkça görebilirler. Kendine göre herkes bunu doğru bulur, başkalarının yıkımları üzerine kendisini inşa etmesi, kötülüğün çoğalması ve erdemlilerin ayaklar altına alınması.

Ta eski zamanlarda bile bu zıtlığın her duyarlı ve eğitimli kişinin gözleri önüne serildiğini unutmayın. Ve aynı dünyada bulunan İlahi Takdir'deki bu net iki zıtlığı açıklamanın pek çok yolu vardır.

İLK YÖNTEM: DOĞA

Bu yöntem eski zamanlardan kalmadır. Bu iki dikkat çeken zıtlığı açıklayacak bir yol ve çıkış bulamadıklarından tüm bunları Yaradan ve hiç biri bozulmasın diye dikkatlice gözleyen Yaradan'ın akılsız ve duygusuz olduğunu varsaydılar.

Dolayısıyla, realitenin varlığını akıl almaz bilgelikle gözlemesine rağmen O'nun kendisi akılsız ve tüm bunları şuursuzca yapıyor. Eğer O'nda biraz mantık ve duygu olsaydı kesinlikle ızdırap çekenlere içinde acıma ve merhamet olmayan bir realite bırakmazdı. Bu nedenden dolayı O'na "Doğa" dediler, yani mantıksız, kalpsiz bir denetçi. Bu yüzden de kızacak, dua edecek, ya da kendilerini haklı çıkaracak birinin olmadığına inandılar.

İKİNCİ YÖNTEM: İKİ OTORİTE

Diğerleri biraz daha akıllıydılar. Doğa'nın yönetimi varsayımını kabul etmekte zorlandılar, zira realitenin varlığını sürdürmesi üzerindeki yönetimin en üst seviyedeki insanınkinden bile daha derin bir akıl olduğunu gördüler. Tüm bunları yöneten birinin kendisinin akılsız olabileceğini kabul etmediler, zira kim sahip olmadığı bir şeyi verebilir ki? Ve kendisi aptal bir kişi arkadaşına bir şey öğretebilir mi?

Önümüzde bu kadar zeki ve akıllı işler gerçekleştiren Biri için nasıl ne yaptığını bilmiyor ve tesadüfen yapıyor diyebilirsiniz? Tesadüfün, sonsuz varlığını garantilemek şöyle dursun akıl ile tasarlanmış düzenli bir hareketi tertipleyemeyeceği gayet açıktır.

Sonuç olarak, iki yönetim olduğu kararına vardılar: biri iyiyi yaratıp devamlılığını sağlıyor ve diğeri kötüyü yaratıp devamlılığını sağlıyor. Ve bu yöntemi tüm yol boyunca kanıtlarla güzelce süslediler.

ÜÇÜNCÜ YÖNTEM: ÇOK TANRICILIK

Bu yöntem iki otorite yönteminin bağrından çıkmıştır. Bunun nedeni her genel aksiyonu kendi içinde ayırmalarıdır, yani güç, zenginlik, hâkimiyet, güzellik, kıtlık, ölüm, düzensizlik vs. Her birine kendi yöneticisini tayin ettiler ve sistemi istedikleri gibi büyüttüler.

DÖRDÜNCÜ YÖNTEM: MÜDAHALEYİ BIRAKTI

Yakın zamanlarda, bilgi arttıkça ve Yaratılışın tüm parçaları arasındaki bağlantıyı gördükçe birden çok tanrının tamamen imkânsız olduğunu gördüler. Böylece, Yaratılışta hissedilen zıtlık sorusu tekrar uyandı.

Bu onları yeni bir varsayıma getirdi: realitenin Yöneticisi gerçekten bilge ve ilgili. Ancak, O'nun algı ötesi olan yüceliğinden dolayı bizim dünyamız onun gözünde bir kum tanesi kadar bir şey olmaya mahkûm. Bizim önemsiz işlerimizle uğraşmanın O'nun için bir değeri yok ve bu nedenle bizim varlığımız bu kadar düzensiz ve herkes kendi doğru bulduğunu yapıyor.

Bu yöntemlerin yanı sıra Tanrısal birliğin dinsel yöntemleri de bulunuyordu. Ancak burası onları incelemenin yeri değil, çünkü sadece farklı zaman ve yerleri hükmü altına alan ve gelişen yanlış yöntemlerin çıkış noktalarını incelemek istedim.

MANEVİ EDİNİMDE TOPLUM KOŞULU

Görüyoruz ki yukarıdaki tüm yöntemler dünyamızda algılanabilen iki tür İlahi Takdir arasındaki çelişkiden doğarak ortaya çıkıyor ve bu yöntemlerin hepsi bu büyük yarığı tamir etmek için doğdu.

Ancak, güneşin altında yeni olan hiçbir şey yoktur. Bu büyük yarık tamir edilemediği gibi tersine gözlerimizin önünde içinden çıkmayı ümit edemeyeceğimiz korkunç bir boşluğa doğru büyüyüp genişliyor. Ve insanlığın binlerce yıldır boşuna çabalarını gördükçe acaba bu büyük yarığı Yöneticinin gözünden bakarak onarmaya çalışmak değil de tersine bu muazzam ıslahın kendi elimizde olduğunu mu kabul etmeliyiz diyorum.

DOĞANIN KANUNLARINI DİKKATLİ UYGULAMA GEREKLİLİĞİ

Hepimiz insan neslinin sosyal bir yaşam sürdürmesi gerektiğini açıkça görebiliyoruz, yani başkalarının yardımı olmaksızın var olamaz ve kendisine bakamaz. Dolayısıyla, kişinin toplumdan ayrı, ıssız bir yere çekildiğini, ihtiyaçlarını karşılayamadığından dolayı büyük acı ve ızdırap dolu bir yaşam sürdüğünü hayal edelim. Bu kişinin İlahi Takdir ya da kaderden şikâyet etme hakkı olamaz. Ve eğer bu kişi bunu yaparsa, yani şikâyet eder ve kötü kaderine lanet ederse sadece kendi aptallığını gösterir.

Zira, İlahi Takdir ona toplumda rahat ve arzulanan bir yer hazırlamışken ıssız bir yere çekilme hakkı yoktur. Böyle bir kişiye acınmaz, çünkü Yaratılışın tersine gidiyor. Ve İlahi Takdir'in emrettiği gibi yaşama seçeneği olduğundan bu kişiye merhamet edilmemeli. Bu cümleyle tüm insanlık hiç çelişkisiz hemfikir olmuştur.

Ve bunu dinin temellerine de oturtabilirim: İlahi Takdir Eylemlerinde hiç şüphesiz bir neden olan Yaradan'dan geldiğine göre, zira nedensiz hiçbir aksiyon yoktur, O'nun bize işlemiş olduğu doğa kanunlarından birini kıran kişi nedeni olan amacı yolundan saptırır.

Amaç şüphesiz bir şekilde hiç biri atlanmadan, tüm doğa kanunlarının üzerine inşa edildiğinden, tıpkı çalışkan bir işçinin hedefine ulaşmak için gerekli hareketlerden bir saç teli büyüklüğünde bir hareketi bile ekleyip çıkarmayacağından, bir tek kanunu bile çiğneyen Yaradan'ın koyduğu maksatlı amaca zarar verir ve tehlikeye atar ve dolayısıyla doğa tarafından cezalandırılacaktır. Bu yüzden, Yaradan'ın yaratılanları bizler bile o kişiye acımamalıyız çünkü o doğanın kanunlarını bozuyor ve Yaradan'ın amacına saygısızlık ediyor. Cümlenin formunun bu olduğuna inanıyorum.

KABALA BİLİMİ

Ve herhangi birinin bu forma karşı çıkmasının iyi bir fikir olmadığına inanıyorum çünkü cümlenin kelimeleri bütün. Yoksa, yöneticiye "doğa" demekle yani, akılsız ve amaçsız, ya da yönetici akıllı, bilen ve hisseden ve hareketlerinde bir amaç olan demek arasındaki fark nedir?

Sonunda hepimiz İlahi Takdir'in emirlerini yerine getirmek zorunda olduğumuzla hemfikiriz ve bunu itiraf ediyoruz. Ve hepimiz İlahi Takdir'in emirlerini yani doğa kanunlarını yerine getirmeyenlerin doğa tarafından cezalandırılması ve kimse tarafından merhamet edilmemesi gerektiğini itiraf ediyoruz. Dolayısıyla, cümlenin doğası aynıdır, tek fark nedendedir: onlar nedenin gerekli olduğunu ve ben de amaçlı olduğunu savunuyorum.

Bundan sonra iki dil - doğa ve yönetici - kullanmaktan kaçınmak için, ki yasaları yerine getirmekle ilgili olarak ikisi arasında hiçbir fark olmadığını gösterdim, bizim için en iyisi yarı yolda buluşup Kabalistlerin dediğini kabul etmek yani, HaTeva (doğa) kelimesi İbranice'de Elokim (Yaradan) kelimesiyle aynı sayısal değere sahiptir – seksen altı. Daha sonra, Yaradan'ın yasalarına "doğanın Kanunları (emirler/sevaplar/ıslahlar)" diyebileceğim ve tersini de, çünkü onlar bir ve aynılar ve bunu daha fazla tartışmaya gerek yok.

Şimdi, bizi acımasızca cezalandırmasın diye doğanın Kanunlarını incelememiz ve bizden ne istediğini bilmemiz gerekiyor. Doğanın insanoğlunu sosyal bir yaşam sürmeye mecbur ettiğini söylemiştik ve bu basit. Ancak, doğanın bizi bu anlamda yani toplumsal yaşamla ilgili olarak, nasıl mecbur bıraktığı Islahını incelememiz lazım.

Genel olarak incelediğimizde toplumda gerçekleştirmemiz gereken sadece iki ıslah bulunuyor. Bunlara "almak" ve "ihsan etmek" denilebilir. Bunun anlamı doğaya göre toplumun her bir üyesi toplumdan ihtiyaçlarını karşılamalı ve çalışması vasıtasıyla topluma faydalı olmalıdır. Ve eğer bir kişi bu iki kuraldan birini bozarsa, acımasızca cezalandırılır.

Almanın ıslahını çok fazla incelememize gerek yok zira ceza anında gelir ki bu da her hangi bir ihmali önler. Ancak, topluma ihsan etmekle ilgili olan diğer ıslahta ceza hemen gelmediği gibi bir de kişiye dolaylı olarak verilir. Bu nedenle de bu eylem (sevap) doğru bir şekilde gözlemlenemez.

Dolayısıyla, insanlık kötü bir kargaşa, mücadele, kıtlık içinde pişmekte ve bunların sonuçları henüz sona ermedi. Ve şaşırtıcı olan da doğanın bizi tıpkı usta bir hâkim gibi gelişimimize göre cezalandırması. Zira, insanoğlunun geliştiği seviyeye göre, yaşamımızı ve varlığımızı saran acı ve ızdırap da çoğalıyor.

Böylece, O'nun İlahi Takdir'inin bize emrettiği başkalarına tüm gücümüzle ve bütün kesinliğiyle ihsan etme sevabının bilimsel ve gözleme dayalı bir temeline sahipsiniz, şöyle ki içimizden, toplumun hiçbir üyesi yine toplumun mutluluğu ve başarısını güvenceye alacak miktardan daha az çalışmayacaktır. Ve bunu bütünüyle yerine getiremeyecek kadar başıboş kalırsak doğa bizi cezalandırmaktan vazgeçmeyecek ve intikamını alacaktır.

Ve bugün çektiğimiz darbelerin dışında ayrıca, gelecek için çekilen kılıcı da dikkate almalıyız. Doğru sonucu çıkarmak gerekiyor – doğa bizi sonunda yener ve hepimizi onun kanunlarını tam anlamıyla izlemek adına ellerimizi birleştirmek zorunda bırakır.

MANEVİ ÇALIŞMANIN DENEYİMLE İSPATI

Ancak sözlerimi eleştirmek isteyenler yine de sorabilirler, "Kişinin insanlara fayda sağlamak için çalışması gerektiğini ispatlamış olmama rağmen, bunun Yaradan için yapılmasının kanıtı nerede?"

Gerçekten de, tarih bizim lehimize sıkıntılar yarattı ve tam bir anlayış ve tartışmasız sonuç için yeterli olan belirli bir gerçeği hazırladı: Rusya gibi herkesin sadece toplumun iyiliğini düşündüğü, yüzlerce milyonluk nüfusa sahip, yüzölçümü olarak Avrupa'dan büyük, hammadde varlığı büyük ikinci ülke ve zaten komün yaşam sürmeye mutabık olmuş büyük bir toplum, insan aklının alabildiği ölçüde, başkalarına ihsan etme erdemliğini görünüşte tam anlamıyla edinmiştir.

Ancak onlara gidin bakın ne oldular: Yükselip kapitalist ülkelerin başarılarını geçeceklerine daha da dibe battılar. Şimdi, çalışanların yaşamlarına kapitalist ülkelerinkinden biraz daha fazla fayda sağlamayı bırakın günlük yiyecek ve giyecek ihtiyaçlarını karşılayamıyorlar. Gerçekten de bu gerçek bizi şaşırtıyor çünkü ülkeyi zenginliği ve yüksek nüfusu ile değerlendirirsek bu sonuca gelmeleri mantıksız görünüyor.

Ancak bu ülke Yaradan'ın affetmeyeceği bir günah işledi: Gerçekleştirmeye başladıkları başkalarına ihsan etmek olan tüm bu değerli ve yüce çalışma insanlık için değil Yaradan için olmalı. Doğanın gözünden baktığınızda işlerini Yaradan adına yapmadıklarından var olma hakları yok.

Bu toplumdaki her bireyin Yaradan'ın Kanunlarını kelimenin tam anlamıyla gerçekleştirmeye hevesli olduklarını hayal etmeye çalışın: "Ve Hükümdarınız olan Tanrıyı tüm kalbinizle ve tüm ruhunuzla ve tüm gücünüzle seveceksiniz," ve her biri kişi içine yerleştirilmiş olan kendi arzularını yerine getirme ölçüsünde, "Dostunu kendin gibi sev" de yazılmış olduğu gibi dostunun ihtiyaç ve arzularını gerçekleştirme çabasında olsaydı.

Eğer topluma fayda sağlamak için çalışırken her çalışanın amacı Yaradan'ın Kendisi olsaydı, yani kişi toplum için çalışmasının, tüm iyiliklerin ve gerçeğin ve her mutluluk ve yumuşaklığın kaynağı olan Yaradan'la Dvekut ile ödüllendirilmesini bekleseydi şüphesiz birkaç yıl içinde tüm dünya ülkelerinin zenginliğinden daha çok varlığa sahip olurlardı. Çünkü o zaman zengin topraklarındaki tüm ham maddeyi kullanabilir, bütün ülkelere gerçek bir örnek teşkil eder ve Yaradan tarafından kutsanmış olarak kabul edilirlerdi.

Ancak başkalarına ihsan etmek adına yapılan tüm çalışma tamamen topluma fayda sağlamak üzerine temellenince bu çürük bir temel oluyor, zira kim ve ne bireyi toplum için çalışmaya mecbur edebilir ki? Kuru, ruhsuz bir prensip içinde gelişmemiş insanları bırakın gelişmiş insanlar bile motivasyon bulamazlar. Böylece şu soru ortaya çıkar: "İşçi ya da çiftçi çalışmak için yeterli motivasyonu nereden bulacak?"

Zira günlük ekmeği çabasıyla artmayacak ve azalmayacak ve önünde amaç ya da ödül de yok. Doğa araştırmacıları gayet iyi bilirler ki kişi bir şekilde kendisine fayda sağlamayan en ufak hareketi bile motivasyon olmaksızın yapamaz.

Örneğin kişi elini sandalyeden masaya koyduğu zaman bile bu şekilde daha rahat edeceği için yapar. Eğer böyle düşünmeseydi elini hayatı boyunca hiç kıpırdatmadan sandalyenin üzerinde bırakırdı. Daha başka işler için de böyledir.

Ve bana şöyle bir çözüm olduğunu – onların denetlenmelerini ve tembellik edenlerin maaşlarından olacağını – söylerseniz şunu sorarım: "Denetleyenlerin motivasyonu nereden alacaklarını söyleyin bana?" Çünkü bir yerde durup insanları çalışmaları için motive etmek de büyük çaba ister, belki de işin kendisinden daha çok çaba gerektirir. Dolayısıyla, bu, makineye yakıt koymadan çalıştırmayı istemeye benzer.

Bu nedenle, doğa tarafından cezalandırıldılar, zira tüm bu başkalarına ihsan etme aksiyonlarını Yaradan'la Dvekut olan Yaratılışın amacını gerçekleştirmek için doğa yasalarına uygulamaya adapte olmuyorlar. "Matan Tora" makalesi Madde 6'da açıklandığı gibi, bu Dvekut kişiye Yaradan'ın haz ve mutluluk ölçüsü içinde gelir ki O'nun hakikatini bilme arzusunun ölçüsünde artar, ta ki kişi, "Hiç bir göz Senin dışında Yaradan görmemiştir" sözleriyle ifade edildiği gibi sürekli gelişerek sınırsızlıkla ödüllendirilene kadar.

Ve, çiftçinin ve işçinin toplumun yararına çalışırken önlerindeki bu amacı hissettiklerini bir hayal edin, hiç denetçiye ihtiyaçları olmazdı zira toplumu nihai mutluluğa yükseltmek için gösterecekleri büyük çaba için yeterli motivasyonları olurdu.

Aslında, bunu bu şekilde anlamak büyük ihtimam ve kanıtlanmış hareketler gerektirir. Ancak herkes inatçı, taviz vermeyen doğanın bakış açısından bakıldığında, bu olmaksızın var olma hakkının olmadığını görebilir, burada kanıtlamak istediğim buydu.

Böylece, gözümüzün önünde gelişen tarih deneyimi ile kanıtlayarak deneysel neden bakış açısını ispatlamış oldum, yani insanlık için İlahi Takdir'in emirlerini kabul etmekten başka çare yok: iki deyişin anlattığı ölçüde, Yaradan'a mutluluk vermek için başkalarına ihsan etmek.

İlki, "Dostunu kendin gibi sev"dir ki bu manevi çalışmanın özelliğidir. Bu, içimize monte edilmiş olan kendi ihtiyaçlarını karşılayabildiğinden daha az olmamak kaydıyla toplumun mutluluğu için başkalarına ihsan etme ölçüsü anlamına gelir. Dahası kişi "Matan Tora" makalesi Madde 4'de yazıldığı gibi dostlarının ihtiyaçlarını kendisininkinin önünde tutmalıdır.

Diğer bir deyiş ise, "Ve Hükümdarınız olan Tanrıyı tüm kalbinizle ve tüm ruhunuzla ve tüm gücünüzle seveceksiniz." Kişi dostunun ihtiyaçlarını karşılarken gözlerinin önündeki amaç bu olmalı. Bu, kişinin sadece Yaradan tarafından sevilmek için çalışıp didinmesi anlamına gelir, Yaradan söyledi ve onlar O'nun arzusunu yerine getiriyorlar.

Ve eğer dinlerseniz topraklarınızın meyveleriyle beslenecek siniz, yoksulluk, ızdırap ve bozukluk topraklarınızda olmayacak ve herkesin mutluluğu ölçülemeyecek derecede daha da artacak. Ancak, Yaradan için çalışmayı tam anlamıyla üslenmeyi reddederseniz doğa ve kanunları intikam almak için hazır olacaklar. Ve gösterdiğimiz gibi, bizi mağlup etmeden ve biz emrettiği her şeyde onun otoritesini kabul etmeden gitmeyecek.

Şimdi size bütün insanların Yaradan'ın manevi çalışmasını tüm kalpleri, ruhları ve güçleriyle üslenmeleri gerekliliğiyle ilgili eleştirel, gözlemsel mantık ile pratik ve bilimsel bir araştırma sundum.

MİŞNA'DAKİ DEYİŞİN AÇIKLANMASI: HER ŞEY ÖNCEDEN EMANET EDİLMİŞTİR VE HAYATI HER TARAFTAN SURLAR SARAR

Yukarıdakilerin hepsini öğrendiğimize göre Masehet Avot'daki (Bölüm 3, Madde 16) açık olmayan sözleri anlayabiliriz. Şöyle diyor: "Kabalist Akiva şöyle derdi, 'Her şey önceden emanet edilmiştir ve hayatı her taraftan surlar sarar.' Dükkân açık, dükkân sahibi taksitli satış yapıyor; defter açık ve el yazıyor. Ve ödünç almak isteyen herkes gelip alabilir ve tahsildarlar düzenli olarak gelirler, gün be gün, bilerek ya da bilmeyerek kişiden tahsil ederler. Ve güvenceleri var ve yargı doğru, ziyafet için her şey hazır.'"

Bu benzetmenin anlamının bir ipucu olmaksızın bile anlaşılamaması sebepsiz değildir. Bize burada dalmamız gereken büyük derinlik olduğunu söylüyor; aslında şimdiye kadar edindiğimiz bilgi gerçekten de iyi açıklıyor.

FORMUN DEĞİŞİM EVRELERİ

Öncelikle, bilgelerimizin dünyanın nesillerini gözler önüne sermekle ilgili fikirlerini açıklayayım: Nesilden nesle bedenlerin değiştiğini görsek de bu sadece bedenlerle ilgili bir durum. Ancak, bedenin kendisinin özü olan ruhlar yerine yenileri konulmak suretiyle ile yok olmazlar, sadece nesilden nesle bedenden bedene geçerler. Tufan zamanındaki ruhlar Bâbil zamanında ve Mısır'dan sürgünde de ve Mısır'dan göçte vs.'de de geldiler, bu nesle kadar ve ıslahın sonuna kadar da gelecekler.

Dolayısıyla, dünyamızda bedenlerin yenilendiği gibi yeni ruhlar yok, sadece belli sayıda ruh formun değişim evrelerinde yeniden bedenleniyorlar (re-enkarne oluyorlar), çünkü her seferinde yeni bir beden ve yeni bir nesil giyiniyorlar.

Bu nedenle, ruhlar, Yaratılışın başından ıslahın sonuna dek yaşamı birkaç bin yıla yayılmış, olması gerektiği gibi gelişerek ıslah olacak tek nesildir. Ve bu arada da her birinin birkaç bin kez beden değiştirmesi tamamen alakasız bir konu, çünkü "ruh" denilen bedenin özü tüm bu değişimlerden hiçbir şekilde acı çekmedi.

Bununla ilgili pek çok kanıt ve "ruhların yeniden bedenlenmesinin sırrı" denilen çok büyük bir bilgelik bulunuyor. Bunu açıklamanın yeri burası olmamakla birlikte bilgisi olmayanlar için yeniden bedenlenmenin fiziksel realitenin tüm nesnelerinde meydana geldiğini ve her birinin kendi içinde sonsuz bir yaşam sürdüğüne dikkat çekmekte fayda var.

Hislerimiz bize her şeyin geçici olduğunu söylese de her şey gördüğümüz gibidir. Aslında, sadece burada yeniden bedenlenme var - hiç bir madde cansız değil ve bir anlığına bile durmaz, sadece formun değişim evrelerinde yeniden bedenlenirler, fizikçilerin gösterdiği gibi tüm yol boyunca özünden hiçbir şey kaybetmeden.

Şimdi sıra "Her şey önceden emanet edilmiştir" sözünü açıklamaya geldi. Bu, kişinin kâra ortak etmek için arkadaşına borç vermesine benzetilebilir. Parayı kaybetmeyeceğinden emin olmak için arkadaşına teminat olarak verir ve böylece her hangi bir belirsizlikten uzak olur. Aynı şey, "Matan Tora" Madde 6'da açıklandığı gibi, nihayetinde Yaradan'la Dvekut yüce amacını edinmeleri amacıyla Yaradan'ın insanların iştigal etmeleri için hazırladığı dünyanın yaratılışı ve varoluşu için de geçerlidir. Öyleyse insan merak ediyor, sonunda bu yüce sona gelene dek kim insanlığı manevi çalışmaya zorlayabilir ki?

Kabalist Akiva "Her şey önceden emanet edilmiştir" ile ilgili olarak şöyle söylüyor. Bunun anlamı şudur, Yaradan'ın yaratılışa yerleştirdiği ve insanlara verdiği hiçbir şey bol keseden değildir, O Kendisini karşılıkla güvenceye aldı. Ve O'na karşılık olarak ne verildiğini merak ediyorsunuzdur?

Buna şöyle cevap verir: "Ve hayatı her taraftan surlar sarar." Bu, kimsenin kaçmaması için Yaradan'ın akıllı bir şekilde muazzam surlar inşa ettiği anlamına geliyor.

MANEVİ EDİNİMDE TOPLUM KOŞULU

Tüm canlılar surlara yakalanmalı ve yüce amaçlarını edinene dek Yaradan'ın manevi çalışmasını zorunlu olarak kabul etmeliler. Yaradan, Yaratılış eylemine zarar gelmemesini bu şekilde garanti etti.

Daha sonra, detayları açıklar ve şöyle der: "Dükkân açık." Bunun anlamı bu dünyayı sahibi olmayan açık bir dükkan gibi görmemiz anlamına geliyor ve oradan geçen herkes bedavadan, sınırsızca, istediği kadar alabilir. Ancak, Kabalist Akiva bizi dükkân sahibinin taksitli satış yaptığı konusunda uyarıyor. Bir başka deyişle, dükkan sahibini görmemenize rağmen onun orada olduğunu bilin ve onun herhangi bir ödeme istememesinin nedeni taksitli satış yapmasıdır.

Ve eğer, "Ne kadar borcum olduğunu nereden biliyor?" derseniz, şöyle cevap verir, "Kitap açık ve el yazar." Yani, hiçbir hareketin kaçırılmadığı, her bir eylemin yazıldığı genel bir kitap vardır. Ve amaç, bizi sonsuza dek ileriye götüren ve insanlığın içine işlenmiş olan gelişim yasasını sarar.

İnsanlığın şartlarındaki kötü davranışlar tam olarak da iyi koşulların ortaya çıkmasını sağlayanlardır. Ve her bir iyi koşul kendisinden önce gelen kötü koşulun meyvesinden başka bir şey değildir. Aslında, bu iyi ve kötü değerler koşulun kendisinin değeriyle ilgili değillerdir, sadece genel amaca hizmet ederler: İnsanlığı amaca yakınlaştıran her koşul iyi, uzaklaştıran her koşul da kötü olarak değerlendirilir.

"Gelişim yasası" sadece bu standarda göre inşa edilmiştir – bir koşulda görülen bozukluk ve kötülük iyi koşulun ortaya çıkmasının nedeni olarak değerlendirilir, öyle ki her koşul halkın artık tahammül edemeyeceği dereceye gelene dek içindeki kötülüğü büyütecek kadar sürer. O noktada, halk o koşula karşı birleşmeli, onu yok etmeli ve o neslin ıslahı için daha iyi bir koşulda organize olmalıdır.

Ve bu yeni koşul da, içindeki kötülük kıvılcımları olgunlaşıp, daha fazla tahammül edilemeyip yok edildiği ve yerine daha rahat bir koşulun inşa edildiği seviyeye ulaşır. Ve bu şekilde her koşul birer birer, derece derece içinde hiç kötülüğün kalmadığı ıslah edilmiş duruma gelir.

Böylece görüyorsunuz ki, içinden iyi koşulların doğduğu tüm tohumlar sadece bozuk eylemlerin kendisidir, yani nesildeki bozuk kişilerin ellerinden açığa çıkan tüm kötülükler birleşir ve büyük bir doruğa ulaşır, ta ki o kadar ağırlaşırlar ki toplum artık onlara daha fazla katlanamaz. O zaman, kalkar ve onu yok ederler ve daha arzu edilen bir koşul yaratırlar. Böylece görüyorsunuz ki her kötülük iyi durumu geliştiren itici bir güç koşulu oluşturur.

Bunlar Kabalist Akiva'nın "Kitap açık ve el yazar" sözleridir. Neslin içinde bulunduğu her koşul bir kitap gibidir ve tüm kötülük yapanlar yazan eller gibidirler çünkü her kötülük toplumun tahammül edemeyeceği bir miktara gelene dek yontulur ve yazılır. O noktada, o kötülüğü yok eder ve daha arzulanan bir koşulda yeniden düzenlerler. Böylece, her aksiyon hesap edilir ve deftere yani o koşula yazılır.

KABALA BİLİMİ

Ve Kabalist Akiva şöyle der: "Ödünç almak isteyen herkes gelip alabilir." Bunun anlamı şudur; dünya sahibi olmayan bir dükkân değildir, orada bir sahip vardır, her müşteriden dükkândan aldığının doğru karşılığını talep eden, yani dükkân tarafından beslenirken karşılığında O'nun istediği gibi kişiyi yaratılışın amacına getirmesi kesin olacak şekilde manevi çalışma yapılması demektir.

Böyle bir kişi ödünç almak isteyen olarak görülür. Böylece, elini uzatıp bu dünya olan dükkândan almadan önce ücreti ödemek için kredi alır. Bir başka deyişle, dükkândan beslendiği sürece arzulanan hedefi, Yaradan'ın amacını gerçekleştirerek borcunu ödeme sözünü üslenir. Dolayısıyla, ödünç almak isteyen, yani borcu geri ödemeye söz veren bir kişi olarak addedilir.

Kabalist Akiva iki tip insan tanımlar: İlk tür, dünyaya sahibi olmayan açık bir dükkân muamelesi yapan "açık dükkân" tipidir. Kabalist Akiva onlarla ilgili şöyle der: "Kitap açıktır ve el yazar", yani onlar bir hesaplarının olduğunu görmedikleri halde, yukarıda açıklandığı gibi, tüm hareketleri her halükârda deftere yazılır. Bu, insanlığın arzusuna karşın, iyi hareketleri zorunlu olarak kışkırtan kötülerin hareketlerinin bulunduğu, Yaratılışın içine işlenmiştir, tıpkı yukarıda gösterdiğimiz gibi.

İkinci tür insanlara "ödünç almak isteyenler" denir. Dükkân sahibini dikkate alırlar ve dükkândan bir şey aldıklarında bunu kredi olarak alırlar. Dükkân sahibine ücreti ödemeye, yani amacı edinmeye söz verirler. Ve Kabalist Akiva onlarla ilgili olarak şöyle der: "Ödünç almak isteyen herkes gelip alabilir."

Ve eğer derseniz ki, "Amaca gelişim yasası ile gelenler ile kendi manevi çalışmaları ile gelenler arasındaki fark nedir? Amacı edinmede eşit değiller mi?"

Bu konuda Kabalist Akiva şöyle devam eder, "tahsildarlar düzenli olarak gelirler, gün be gün, ve kişiden bilsin ya da bilmesin tahsilat yaparlar." Bu durumda, aslında her ikisi de günlük borçlarını ödüyorlar.

Ve tıpkı manevi çalışmada ortaya çıkan güçlerin tamamen ödenene dek her gün borcu kısım kısım tahsil eden sadık tahsildarlar olması gibi, gelişim yasasına nakşedilmiş yüce güçler de tüm borç ödenene dek her gün borcun günlük kısmını tahsil eden sadık tahsildarlar olarak addedilirler. "Ve tahsildarlar gün be gün geri gelir ve kişiden tahsilat yaparlar" sözünün anlamı budur.

Bununla beraber, "bilsin ya da bilmesin"de büyük bir fark ve mesafe vardır. Borcu gelişimciler tarafından tahsil edilen ilk tür borcunu bilmeden (farkında olmadan) öder, onlara güçlü dalgalar gelir, gelişim fırtınası onları ileri bir adım atmaya zorlamak için arkadan iter.

Böylece, borçları onların rızalarına karşın tahsil edilir, onları arkadan iten kötü güçlerin ortaya çıkardığı büyük acılarla. Ancak, ikinci tür, amacı edinmek olan borçlarını kendi istekleriyle, kötülüğün fark edilmesini sağlayan hislerin gelişimini hızlandıran hareketleri tekrarlayarak, bilerek öderler.

MANEVİ EDİNİMDE TOPLUM KOŞULU

İlk getiri O'nun işi (manevi çalışma) sonucu ortaya çıkan güçlerin onları çeken mıknatıs gücü olmasıdır. Kendi özgür iradeleriyle, sevgi halinde onu izlerler. Söylemeye gerek yok, onlar ilk tip gibi acı çekmezler ve her hangi bir ızdıraptan yoksundurlar.

İkinci kazanç ise arzulanan amacı hızlandırırlar, çünkü onlar her nesilde amacı edinen erdemliler ve peygamberlerdir, "Kabala İlminin Özü" makalesinin 'İlim Neyin Etrafında Döner?' bölümünde açıklandığı gibi.

Her şey önceden emanet edilmiştir ve hayatı her taraftan surlar sarar. Dükkân açık ve dükkân sahibi taksitli satış yapıyor, kitap açık ve el yazıyor. Ve ödünç almak isteyen herkes gelip alabilir ve tahsildarlar düzenli olarak, gün be gün gelirler ve bilsin ya da bilmesin kişiden tahsilat yaparlar. Ve güvenecekleri şeye sahipler, değerlendirme doğru ve şölen için her şey hazır.

Böylece görüyorsunuz ki haz ve zevk ışığının acı ve ızdırap karanlığı üzerindeki üstünlüğü gibi, bilerek ve bilmeyerek ödeme yapanlar arasında büyük bir mesafe vardır. Dahası Kabalist Akiva şöyle diyor: "Güvenecekleri şeye sahipler, değerlendirme doğru." Bir başka deyişle onlara bilerek ve isteyerek ödeyenlerin "güvenecekleri şeye sahipler" sözünü veriyor, yani onları yüce amaca getirmek için manevi çalışmada büyük bir güç vardır ve O'nun yükünün altına girmeye değer.

Ve bilmeden ödeme yapanlar için şunu söyler, "değerlendirme doğrudur." Benzer şekilde, kişi İlahi Takdir'in neden insanlığın içinde kavrulduğu dünyada bozuklukların ve ızdırapların ortaya çıkmasına izin verdiğini merak ediyor.

Bununla ilgili olarak şöyle diyor, "değerlendirme doğrudur", çünkü gerçek amaç için, "şölen için her şey hazırdır". Ve, zaman içinde başımıza gelen tüm sorunlar ve emek ve manevi ızdıraplar Yaradan'ın Yaratılıştaki amacının açığa çıkmasıyla ortaya çıkacağı bilinen yüce haz, ev sahibinin büyük şölene davet edilen misafirlere hazırlık yapmak için girdiği zahmet gibi görünecektir. Ve Kabalist Akiva beklenen amacı, misafirlerinin büyük zevkle katılacağı şölene benzetiyor.

İnsanın yaratılışıyla ilgili olarak Bereşit Rabba Bölüm 6'da bulacağınız gibi melekler Yaradan'a sorarlar: "İnsan nedir ki bu kadar önem veriyorsun? Ve, ziyaret edeceğin insanın oğlu? Neden bu kadar zahmete giriyorsun?"

Ve Yaradan onlara şöyle dedi: "Peki, Tzona ve Alafim neden yaratıldılar? Zenginlikle dolu kulesi olup hiç misafiri olmayan kralla ilgili bir benzetme vardır. Kral dolu kulesinden nasıl bir haz alır? Yaradan'a şöyle dediler: "Dünyanın Kralı, bizim efendimiz Kralımız, adın tüm topraklarda ne kadar yüce. Seni mutlu edeni yap."

Anlamı: İnsanlığın içinden geçtiği tüm ızdırap ve acıyı gören melekler "Neden bu kadar zahmete giriyorsun?" dediler. Ve Yaradan onlara cevap verdi, gerçekten de insanlığı bekleyen ızdırap ve acıya karşılık misafirleri bekleyen, dolu bir kulesi vardı.

Ve melekler ızdırap karşılığında insanları bekleyen iyiliği gördüklerinde insanın yaratılmasında hem fikir oldular. Kabalist Akiva'nın dediği gibi, "değerlendirme doğrudur ve şölen için her şey hazır." Yaratılışın başından beri, tüm insanların rezervasyonu vardır ve Yaradan'ın Düşüncesi bilerek ya da bilmeyerek onları şölene gelmeye zorunlu kılar.

Ve şimdi herkes barış kerametindeki gerçeği görebilir (Isaiah 11): "Kurt kuzuyla yaşayacak, ve leopar çocukla yatacak." Ve şöyle bir açıklama yaptı: "Sular denizi doldurdukça yeryüzü Kral'dan haberdar olacak" (Isaiah 11:9).

Böylece, bilge, yukarıda bahsettiğimiz gibi, tüm dünyada barışı tüm dünyanın Yaradan'ın bilgisini edinmesi koşuluna bağlıyor, yani uluslararası ilişkilerin bozulmasıyla beraber insanlar arasındaki sert egoist direnç, bunların tümü, dünyadan hiçbir insan fikri ya da taktiğiyle ya da her ne olursa olsun silinmeyecek.

Gözlerimiz zavallı hastaların nasıl berbat ve dayanılmaz acılar içinde kıvrandığını ve insanlığın kendisini Almanya gibi aşırı sağa ya da Rusya gibi aşırı sola attığını görebiliyor. Ancak, onlar kendileri için durumu kolaylaştırmadığı gibi dert ve acıyı kötüleştirdiler ve hepimizin bildiği gibi sesleri gökyüzüne kadar çıkıyor.

Dolayısıyla, Yaradan'ın bilgisi ile O'nun verdiği yükü kabul etmekten başka çareleri yok, yani Yaratılıştan önce onlar için planlandığı gibi hareketlerini Yaradan'ın arzusu ve O'nun amacına yönelteceler. Ve bunu yaptıklarında, yukarıda gösterdiğim gibi, manevi çalışma ile tüm kıskançlık ve nefret insanlıktan yok olacak. Çünkü o zaman insanlığın tüm üyeleri Kral'ın bilgisiyle dolu olarak, tek beden ve tek kalpte birleşecekler. Dolayısıyla, dünyada barış ve Tanrıyı bilmek bir ve aynı şeylerdir.

Hemen ardından bilge şöyle der: "Ve o gün tekrar gelecek, Yaradan elini ikinci kez halkının kalıntılarını toparlamak için işe koyacak... ve Juda'nın dağılanlarını dünyanın dört köşesinden toplayacak" (Isaiah 11:12). Böylece dünya barışının Diaspora'nın toplanmasından önce geleceğini öğreniyoruz.

Şimdi bilgelerimizin Masehet Okatzin'in sonundaki sözlerini anlayabilirsiniz: "Yaradan halkın iyiliği için barıştan başka bir şey bulamadı", şöyle der: "Kral Halkına güç verecektir, Kral Halkını barış ile kutsayacaktır" (Ayetler 29:11). Aynı şekilde, insan "Halk için iyiliği tutacak bir mekân" benzetmesini merak ediyor. Ve ayrıca, insan bu sözlerden nasıl bunu çıkartabilir?

Ancak bu sözler onlara bilgelerimizin yazıları gibi açık olur, yani dünyada barış dağılmış olan halkın bir araya gelmesinden önce gelir. Bu nedenle mısralar şöyle der: "Kral Halkına güç verecektir", yani gelecekte, Yaradan Halkına güç yani ebedi diriliş, verdiğinde, o zaman "Kral Halkını barış ile kutsayacaktır." Bu, Yaradan'ın Halkını, O'na yönelenleri, önce kutsayacağı ve sonra da "Kral Halkının acısını ikinci kez iyileştirecek"tir.

Bilgelerimiz bu sözleri şöyle açıkladılar: Dolayısıyla, dünyanın barış ile kutsanması güçten, yani kurtuluştan önce gelir, çünkü "Yaradan halkın iyiliği için barıştan başka bir koşul bulamadı." Böylece, manevi yolda olanlar dâhil tüm insanoğlu kişisel-sevgi ve egoizm var olduğu sürece Yaradan'a ihsan saflıkla ihsan edemezler, "Karşılıklı Sorumluluk – Bağ" makalesindeki şu sözlerin açıklamasında anlatıldığı gibi "Ve sizler benim için ibadet edenler krallığı olacaksınız. Ve bunu tecrübeyle görüyoruz, zira halk olarak bir araya gelip aramızda kutsallığı inşa edemedik ve atalarımız Yaradan'ın söz verdiği kutsiliği alamadılar.

Bu nedenle şöyle derler, "Yaradan iyiliği tutacak bir kap bulamadı", yani insanlar henüz atalarının duasını tutacak bir kaba sahip değil. Dolayısıyla, tüm sonsuzluk için miras alabileceğimiz toprakların sözü yerine getirilmedi ve dünya barışı atalarımızın duasını almamızı sağlayabilecek tek araçtır.

MATAN TORA'DAKİ MESAJ (Manevi Edinimin Mesajı)

Bu üç makalede, "Matan Tora" (Manevi İlmin Edinimi/ Verilişi), "Bağ" (Karşılıklı Sorumluluk) ve "Barış", Baal HaSulam bize büyük bir toplumun Yaratılışın amacını gerçekleştirme gerekliliğini öğretir. Dünyadaki diğer insanlar olmadan tek bir kişinin amaçlarına ulaşmayacağını ve sadece toplumsal birlik ve manevi çalışmanın bizi barış, bolluk ve insani potansiyelimizin gerçekleştirilmesi ile ödüllendireceğini gösteriyor.

Baal HaSulam, "Maneviyatın İfşası" Madde 14'deki bölümde bizi arzulanan amaca getirebilecek en önemli şeyin insan ve insanı ilgilendiren kısım olduğunu yazıyor. Makalenin sonunda, "Maneviyatın 613 kuralı "Dostunu kendin gibi sev" kuralının etrafında döner" diyerek karşılıklı sorumluluğu tüm ulusa yaymanın anlamını daha da derinleştiriyor. Ayrıca, bu noktanın ulusun her bireyinin bunu yapmaya arzulu ve hazır olduğunda olanaklı olabileceğini söylüyor.

"Bağ" (Karşılıklı Sorumluluk) makalesi Madde 20'de Baal HaSulam dünyanın ıslahının sonunun dünyadaki herkes manevi çalışmada birleştiğinde olacağını açıklıyor. Ancak, ilk olarak manevi çalışmaya girerek dünyaya yol gösterecek olanlar kalpleri uyananlardır. "Yaradan'a kalbini yönlendirenlerin dünyadaki rolü atalarımızın bize olan rolüne benzer. Aynı zamanda, kalbini arındırmak isteyen bir topluluk, kendisi ve dünyanın diğer halklarının yüce bir çalışma olan dostunu sevmeyi üslenene dek gelişiminden sorumludur ki bu Yaratılışın amacının basamaklarıdır... Böylece, yaratıcısına mutluluk getirmek amacıyla topluluk hiçbir ödül ve kişisel sevgi olmadan yerine getirdiği her bir iyilikle, bir dereceye kadar dünyadaki diğer insanların gelişimine yardım eder.

Makalenin ilerleyen bölümlerinde Madde 28'de manevi bir topluluğun rolünü, bedenin saflık ve temizlik kıvılcımları vasıtasıyla tüm dünya uluslarına geçecek çare olarak tanımlıyor. Bunun nedeni diğer dünya uluslarının henüz buna hazır olmamaları ve Yaradan'ın tüm uluslar arasından seçilmiş buna başlayacak en az bir topluluğa ihtiyacı var.

Dünyanın tüm ulusları Bana (Yaradan'a) aittir, sizin olduğunuz gibi ve sonunda Bana tutunacaklar. Ancak henüz bu görevi gerçekleştiremeyeceklerinden erdemli bir halka ihtiyacım var. Eğer seçilmiş halk olmayı kabul ederseniz, o zaman sizin benim için İbadet edenler krallığı olmanızı emredeceğim, ki bu başkalarını sevmenin nihai formudur: "dostunu kendin gibi sev."

"Barış" makalesinde, Baal HaSulam genel olarak insanların acı çekmesinin gerçek nedenini öğretiyor. Ulusun üyeleri arasında gerginliğe neden olan başkalarına karşı acımasız, egoist direncin her hangi bir insani taktikle durdurulamayacağını yazıyor. İnsanlığın kendisini Almanya ile uç sağa ve Rusya ile uç sola atmış olmasıyla, bir taraftan öbür tarafa dönen sınırsız ızdırap içindeki hasta bir insan gibi olduğumuzu açıkça görebiliyoruz. Durumu rahatlatmak bir yana acıyı azdırdılar ve hepimizin bildiği gibi haykırışları göklere çıkıyor.

Baal HaSulam buradan kaçınılmaz sonuca gidiyor, yani insanların Yaratılışın öncesinde planlanmış olduğu gibi, Yaradan'ın yüklediği yükü kabul etmekten, Yaradan'ı bilmekten ve hareketlerini Yaradan'ın mutluluğuna ve amacın gerçekleştirilmesine yöneltmekten başka çareleri yok. Ve O'na hizmet ederken bunu yaptıklarında insanlığın içindeki tüm kıskançlık ve nefret yok olacak, zira o zaman insanlığın tüm üyeleri Yaradan bilgisiyle dolu olarak, tek bir bedende tek bir kalpte birleşecek. Dolayısıyla, dünya barışı ve Yaradan bilgisi tek ve aynı şeydir.

Baal HaSulam'ın bu üç makaledeki sözlerini özetlemek için birkaç belirgin mesaja dikkat çekebiliriz:

- Tüm Yaratılışın amacı bütün yaratılanların Yaratıcılarına tutunmasıdır. Böylece, kendi çabaları vasıtasıyla ebedi haz ve bütünlük ile ödüllendirilecekler.

- Bu amacı gerçekleştirmek sadece "Dostunu kendin gibi sev" yasasını gerçekleştirmekle mümkündür.

- Bu kural, birkaç kişinin birleşmesi ve zaman içinde bir ulus olana dek büyümesi sonucu yavaş yavaş gerçekleştirilecek ki sonunda tüm dünya uluslarının manevi çalışma ve insan sevgisine gelmesini sağlayacak.

- Bu fikri gerçekleştirme rolünü uygulayacak olan ilk insanlar, Yaradan'a kendini yönlendirenlerdir.

- İhsan etmeye yönelen bir topluluk, tüm uluslara örnek olarak belirlenmiştir ve onları aynı anlayışa götürecektir.

- Kendisini bu amaca adamayı reddeden her ayrı grup ya da ulus üzerlerine korkunç işkence çekecekler ki bu onları islahın sonuna yönelik doğru yola yönlendirecektir.

- Kendisini bu amaca adayan her kişi, grup ya da ulus tüm süreci etkileyip hızlandıracağı için arzulanan bütünlük ile ödüllendirilecektir.

MANEVİ EDİNİMDE TOPLUM KOŞULU

Aşağıdakiler Bnei Baruh Kabalistlerini yönlendiren prensiplerdir.

Bu grubun üyeleri, büyük Kabalistlerin yazılarını öğrenerek ve bu prensipleri uygulayarak günlük bazda paylaşım ve birlik hayatı yaşar, öğretileri tüm insanoğluna, tüm dünyaya öğretirler. Bu, tüm yıl boyunca aktif pek çok çalışma grubu, Kabalistlerin kitaplarının dağıtımı ve internet ve TV üzerinden canlı ve arşivlenmiş Kabala dersleri aracılığıyla gerçekleştirilir. İnternet sitesi, www.kabbalah.info 32 dilde içeriğe sahip internet ağı üzerindeki en önde gelen Kabala sitesidir. Ayrıca, her ay sekiz dilde basılan Kabala gazete ve dergileri de bulunmaktadır.

Bnei Baruh'un temel hedefi kompleks Kabalistik malzemeyi mümkün olduğunca basit terimlerle sunabilmektir ki hayatın amacını arayan herkes bunlarla bağlantı kurabilsin. Ek olarak, Baal HaSulam'ın öğretilerini izleyen Bnei Baruh ellerinde bulunan her türlü araçla tüm insanoğluna yaratılışın amacını öğretmeye çalışıyor.

Yani, acı, ızdırap ve savaşı önleyebilecek tek mesajı öğretmeye çalışıyorlar: "O'ndan başkası yok."

Politik, ekonomik ve global koşulların sadece bu basit mesajı öğretmekte yattığı Bnei Baruh üyeleri için gayet açıktır. Dünyadaki ıstırabın tek nedeni insanları geliştirmek ve onlara Yaradan'a dönerek O'nunla bağ kurmalarını öğretmektir. Bu sonuca doğru dünyaya yardım etme görevini ihmal etme girişimleri tüm halka muazzam acı getirir.

İnsanlığın gelişimi kaçınılmaz ve durdurulamaz. Tüm yapabileceğimiz mesajı anlamak ve gerçekleşmesini hızlandırmaktır. Maalesef insanoğlunun kanlı tarihi bize bu görevi gerçekleştirmeyi inatla reddetmenin sonucunu gösteriyor.

Aklımızda tutmamız gereken tek şey, realitenin tümünün tek bir nedeni vardır. Bu neden bize içimizde ve dışımızda farklı şekillerde görünür. Hislerimiz, düşüncelerimiz, arzularımız ve hareketlerimiz vasıtasıyla bizimle bağlantı kurar ve dünyadaki tüm insanlara aynı şekilde görünür. Şunu hatırlamakta fayda var, sadece bunun yardımıyla "Dostunu kendin gibi sev" kuralını gerçekleştirebiliriz. Bunların tümü basit bir şekilde realiteye yaklaşımımızı değiştirerek gerçekleştirilebilir, dışsal değişiklikler yapmaya gerek yok.

Eğer yapabildiğimiz kadar çok kişiye hayata bu şekilde bakmayı öğretebilirsek kendimizi kısa sürede daha sakin ve huzurlu bir dünyada buluruz. Yaradan'la kurulan derin bağ her birimize hayatımızın anlamını, ruhlarımızın kökenini ve sonsuz hazzı nasıl edinebileceğimizi anlamakta yardım eder. Bunu gerçekleştirerek, Yaratılışın amacını gerçekleştiririz ve her birimiz için hazırlanmış olan tüm haz ve hoşluğu alırız.

KABALA BİLİMİ

DOSTLARIN BİRLİĞİ

Yapabileceğinizi yapın ve Kralın kurtuluşu bir göz kırpışındadır. Bugün karşınızda duran önemli şey dostların birliğidir. Bunun için daha çok çalışın zira tüm hataları kapatabilir.

Şöyle yazılmıştır: "Sürgüne düşmüş bir öğrencinin öğretmeni (Kabalist) de onunla birlikte sürgündedir." Bilgelerimiz şaşkınlardı: Nasıl olur da bir öğrencinin şikâyetleri manevi çalışmasını yönetebilir onu Yaradan'ın etkisinde olmaktan geri atabilir, özellikle de gerçek bir öğretmene bağlıyken?

Ve şöyle açıkladılar, öğrenci düşüşteyken öğretmeni de onunla birlikte düşmüş gibi görünür. Ve böyle göründüğü için gerçekten de böyledir. Yani, öğrenci öğretmeninden sadece kalbinde kabul ettiği kadar fayda sağlar. Dolayısıyla, öğrenci değerlendirebildiği dereceye göre düşük ve alt seviyede bir öğretmene sahiptir. Ve bu yüzden öğretmeni de kendisiyle birlikte sürgündedir.

Mısır'da sürgün ve köleliğin başlangıcı "Şimdi Mısır'da Yusuf'u tanımayan bir kral yükseldi" sözleriyle başlar. Bu, herkesin zihninde yeni bir hükümranlığın, yeni yükselen bir hükümranlığın, ortaya çıkması anlamına gelir zira önceki seviyelerinden düşmüşlerdir ki Şöyle yazılmıştır: "Sürgündeki bir öğrencinin öğretmeni de onunla birlikte sürgündedir." Bu yüzden Yusuf'u bilmiyorlardı, yani onu sadece kalplerinde kabul ettikleri dereceye kadar edindiler.

Bu nedenle, Yusuf'un görüntüsünü kendilerine benzettiler ve bu yüzden Yusuf'u bilmiyorlardı ve kölelik başladı. Aksi takdirde, erdemli olanlar onu korurdu ve onlar için kölelik ve sürgün olmazdı.

MANEVİ EDİNİMDE TOPLUM KOŞULU

DOST SEVGİSİ

Yazdıklarınızla beni sürgünden haberdar ettiniz, daha fazla araştırmaya ihtiyacınız olup olmadığını merak ediyorum. "Ve haykırdılar ve haykırışları bağlılıktan dolayı Yaradan'a kadar yükseldi." Sonra, "ve Yaradan biliyordu." Sürgündeyken Yaradan'ı bilmeden kurtuluş mümkün değildir. Dahası, sürgünün kendisini bilmek kurtuluşun nedenidir. Dolayısıyla, kurtuluş zamanından beni haberdar etmeyi nasıl isteyebilirsiniz ki?

Gerçek kendisini gösterir ve acı çeken ıstırabını dile getirir ve bunu ne bastırabilir ne gizleyebilir. Gerçekten de, hepinizi hissediyorum, bugün yarınla yer değiştirmiş ve "şimdi" yerine "daha sonra" diyorsunuz. Bunun için hatayı anlamak ve sapmaktan başka çare yoktur – çünkü sadece bugün kurtuluşa ihtiyacı olanlar Yaradan tarafından kurtarılır. Ve yarını bekleyenler, Yaradan korusun, aklı yıllar sonra edinirler.

Ve bunun size gelmesinin nedeni dost sevgisini uygulamanız talebime kayıtsız kalmanızdır, zira her günkü eksikliğinizi tamamlamanın çaresinin bu olduğunu size olabilecek her yönüyle açıkladım. Ve eğer cennete yükselemezseniz size yeryüzündeki yolu gösterdim, peki neden bu çalışmaya hiç katkıda bulunmadınız?

Ve bunun içinde gizli muazzam gücün dışında, guruptaki her kişinin içinde pek çok kutsallık kıvılcımı vardır. Ve tüm kutsallığı sevgi ve dostlukla kardeş olarak bir yere toplarsanız kesinlikle çok yüksek bir kutsallık derecesi elde edersiniz…

KABALA BİLİMİ

ÇEVRENİN KİŞİ ÜZERİNDEKİ ETKİSİ

...Tüm dünyada geçerli hepimizin bildiği bir gelenek vardır, çok yetenekli bir profesyonelin maharetli işçiler arasında olup onların hareketlerinden öğrenmesi iyi bir şey değildir. Örneğin, bir acemi tecrübesiz çaylaklar arasına düştüğünde ona iyi bir ayakkabı yapmaya değmeyeceğini ve nasıl çıkarsa öyle yapmasını, iyi ve güzel bir ayakkabı yapmanın emeğe değmeyeceğini öğretirler.

Ya da bir terzi eğer yetenekliyse, kumaşı intizamlı, düzgün ve sahibine yakışacak şekilde yapmak için sıkıntıya girmeye değmeyeceğini anlamasını sağlarlar. Dolayısıyla, kişi onlarlayken ihtiyatlı olmalı.

Ancak bir inşaat ustası terzilerin arasındaysa onların kötü davranışlarından öğrenemez çünkü aralarında bağlantı yoktur. Ancak, aynı işte olan herkes kendisine dikkat etmeli ve sadece saf kalpli kişilerle ilişki kurmalı.

Yukarıda söylenenlere göre, Yaradan'a hizmet ettiğini düşündüğünüz her kula karşı tetikte olmalı ve yetenekli bir profesyonel olup olmadığını görmelisiniz, yani manevi çalışması saf ve temiz ve O'nun adına mı yapılıyor. En azından, iyi bir işçi olmadığını bilmeli ve sadece ödül için çalışan bir işçi olmaktansa nasıl yetenekli bir işçi olunacağını ruhuna sormalı.

Hâlbuki, maharetli bir işçi ödülle ilgilenmez sadece yaptığı işten zevk alır. Örneğin, yetenekli bir terzi giysinin sahibine her noktada uyduğunu bilirse alacağı paradan daha fazla manevi bir haz alır.

Dolayısıyla, sizin işinizden olmayan insanların arasında olmanızın bir önemi yok, zira siz inşa ediyorsunuz onlar boyuyor. Ancak manevi çalışmayla ilgilenen ancak giysinin sahibine tam uymasıyla ilgilenmeyen kişiler sadece manevi çalışmanın özüne ters bir akla sahiptirler. Ve bu noktada her zaman dikkatli olmalısınız... Ve o kişilerin menzilinden bir hayli uzak durmalısınız. Ancak bu normal insanlarla böyle değildir.

1. Geleneksel halk ile ilişkide olmadığınızdan o kadar dikkatli olmanıza gerek yok.

MANEVİ EDİNİMDE TOPLUM KOŞULU

- Ancak dinci halkından uzak durmalısınız.
- Ve tarikatlara yönelik daha da ihtiyatlı olmanız gerekiyor.
- Ve babam Baal HaSulam'a geçmişte yakın kişilerle ise çok iyi gözlemci olmanız gerekiyor.

Bunun nedeni şudur: Nekudim dünyasında, Meleh ha Daat, ilk Meleh (kral) olan Keter seviyesi, kırılma esnasında tüm Melahim'lerden (krallar) daha aşağıya düştü. Bu böyledir çünkü Masah'a (Perde'ye) sahip olduğunda bayağı olan aynı zamanda daha yukarıdadır ve Masah'ı kaybettiğinde en kötü olandır. Bu nedenle tüm Melahim'lerden daha aşağı düştü.

Bu sözleri şöyle anlayabiliriz, Yaradan'ın yolunda ilerlediklerinde alma arzuları iki kez daha fazladır: hem fizisellikte hem maneviyatta. Dolayısıyla, Baal HaSulam'a yakın olanlar eğilim gösterirlerken hem Masah'ları hem de Aviut'ları (bayağılık) vardı. Ancak, şimdi teslim olmadıklarından ve Masah'a sahip olmayla ilgilenmediklerinden bütün çabaları "büyük insanlar" ya da "Cemaat Liderleri" olma üzerineydi.

Bu Masah'sız Aviut'tur ve doğal olarak yaptıkları işi bırakırlar. Bana kalırsa, ben onlara güvenmiyorum ve onları tutacak kimse de yok. Kısaca geçiyorum çünkü onları düşüncelerimde tutmak istemiyorum zira kuralı biliyorsunuz: "Kişi düşünceleri neredeyse oradadır."

Konuyu daha iyi anlamanız için bir örnek vereceğim: her iki derece arasında iki idrakin birlikte var olduğu bir orta vardır.

- Cansız ve bitkisel arasında "mercanlar" denilen bir orta vardır.
- Bitkisel ile hayvansal arasında tarla köpeği vardır ki göbekten toprağa bağlıdır ve buradan beslenir.
- Ve hayvansal ile konuşan arasında maymun vardır.

Bu durumda, "Gerçek ve yanlış arasındaki orta nedir? Her iki idrakten oluşan nokta nedir?" sorusu ortaya çıkar.

Açıklamadan önce bir kural daha ekleyeceğim: Küçük bir nesneyi görmek mümkün değildir, ancak büyük bir nesneyi görmek daha kolaydır. Dolayısıyla, kişi birkaç yalan söylediğinde gerçeği göremez – yanlış yolda yürüyordur. Ama, doğru yolda yürüdüğünü söyler. Ancak bundan daha büyük bir yalan yoktur ve bunun sebebi kendi gerçek koşulunu görecek kadar yalanı olmamasıdır.

Ancak kişi pek çok yalan edindiğinde, yalanlar öyle bir seviyeye gelir ki kişi isterse onları görebilir. Böylece artık yalanlarını – yanlış yolda yürüdüğünü – gördüğünde gerçek koşulunu görür. Bir başka deyişle, ruhundaki gerçeği ve doğru yola nasıl döneceğini görür.

Bunu da gerçeğin yolunun – yani yanlış yolda yürüdüğü gerçeğinin – doğru ve yanlış arasındaki orta olduğu sonucu çıkar.

Böylece, Lişma (O'nun adına) ile ödüllendirilmek için önce en büyük Lo Lişma (O'nun adına değil) için hazırlanmamız gerekir, ondan sonra O'nun için koşulunu başarabiliriz. Ve benzer şekilde O'nun için değil için çalışmaya "yalan" ve O'nun için çalışmaya "gerçek" denir. Yalan küçük olduğunda ve Islah ve iyilikler az olduğunda küçük bir doğru niyete O'nun için sahiptir ve dolayısıyla gerçeği göremez. Bundan dolayı o koşulda iyi ve gerçek yolda yürüdüğünü yani Lişma çalıştığını söyler.

Ancak tüm gün boyunca manevi çalışma ve tüm gece Lo Lişma yaparsa, o zaman gerçeği görebilir zira yalanların birikmesiyle kişinin yalanı büyür ve gerçekten yanlış yolda yürüdüğünü görür.

Ve sonra hareketlerini düzeltmeye başlar. Bir başka deyişle, yaptığı her şeyin sadece Lo Lişma olduğunu görür. Kişi bu noktadan gerçeğin yolu O'nun için çalışmaya gelir. Sadece burada, bu noktada "kişi Kendi için çalışmaktan O'nun için çalışmaya gelir" sonucu başlar. Ancak bundan önce Lişma çalıştığından koşulunu ve yöntemini değiştiremeyeceğini tartışır.

Dolayısıyla, kişi yaptığı işte tembelse gerçeği göremez ve yanlışa batmıştır. Yaratıcısına mutluluk ihsan etmek için manevi çalışmasını arttırırsa kişi o zaman gerçeği görebilir, yani Lo Lişma denilen yanlış yolda yürüdüğünü. Ve doğru ve yanlış arasındaki orta nokta budur. Dolayısıyla, yolumuzda güçlü ve kendimize güvenir olmalıyız ki her gün bize yeni gelsin çünkü her zaman temelimizi yenilemeliyiz ondan sonra ileri yürüyebiliriz.

MANEVİ EDİNİMDE TOPLUM KOŞULU

TOPLUMUN ROLÜ

Burada hayvansal seviyede kalmayıp insan seviyelerini doğru çıkma yolu olan Baal HaSulam'ın yol ve yöntemini izlemek isteyenler olarak bir toplum oluşturmak için bulunuyoruz, bilgelerimizin dediği gibi (Yevamot, 61a), "Sizler benim koyunlarımsınız, benim otlaklığımdaki koyunlar insandır." Ve Raşbi şöyle dedi, "Sizlere 'insan' denir, ama tembel tapınanlara 'insan' denilmez."

İnsanın faziletini anlamak için bilgelerimizden bir söz (Berahot, 6b) getireceğiz, "Her şeyi duyduktan sonra konunun sonu, Yaradan'dan korkun ve emirlerini yerine getirin; zira bütün insan budur" (Ahitler, 12:13). Ve Gimara kitabında sorar, "'Bütün insan' denilen şey nedir? der Kabalist Elazar, 'Yaradan dedi ki, 'Tüm dünya sadece bunun için yaratıldı.' Bu tüm dünya Yaradan'dan korksun diye yaratıldı anlamına gelir.'"

Ancak, Yaradan korkusu ne demek anlamamız lazım, tüm dünya bu nedenden yaratıldığına göre. Bilgelerimizden tüm sözlerinden anlıyoruz ki Yaratılışın amacı Yaratılanlarına iyilik yapmaktı. Bu, Yaradan'ın dünyada mutlu olmaları için yaratılanlarına haz vermeyi istediği anlamına geliyor. Ve bilgelerimiz "zira bütün insan budur" sözüyle ilgili olarak Yaratılışın nedeninin Yaradan korkusu olduğunu söylediler.

Bununla birlikte, "Matan Tora" makalesinde açıklandığı gibi şöyle yazar; Yaratılışın nedeni olmasına rağmen yaratılanların neden haz ve zevk almadıklarının nedeni Yaradan ve yaratılanlar arasındaki form eşitsizliğidir. Yaradan veren yaratılanlar ise alandır. Ancak bir kural vardır, dallar doğdukları köklere benzerler.

Ve kökümüzde alma olmadığından, zira Yaradan'da hiçbir eksiklik yoktur ve arzularının karşılanması için hiçbir şey almaya ihtiyacı yoktur, insan alma ihtiyacı içinde olduğunda rahatsızlık hisseder. Bu nedenle herkes utanç ekmeğini yemekten utanır.

Ve bunu düzeltmek için dünyanın yaratılması gerekti. Olam (dünya), He'lem (gizlilik) anlamına gelir, yani haz ve zevk gizlenmelidir. Peki, neden böyle? Cevabı, korkudur. Bir başka deyişle, insanın "kişisel-sevgi" denilen alma kabını kullanmaktan korkmasıdır. Bunun anlamı, kişi çok istediği için kendisini haz almaktan alıkoymalıdır ve arzusuna neden olan nesneye özleminin üzerine hakimiyet kurma gücünü göstermelidir.

Tersine, kişi Yaradan'a mutluluk getiren hazları almalıdır. Bunun anlamı yaratılanın Yaradan'a ihsan etmeyi istemesi, Yaradan'dan ve kendisi için almaktan korkması anlamına gelir, zira haz alma – kişi kendisi için aldığında – onu Yaradan'a tutunmaktan uzaklaştırır.

Dolayısıyla, Yaradan'ın sevaplarından birini yerine getirdiğinde kişi bu sevabı uygulayarak bunun kendisine Yaradan'a ihsan edebileceği saf düşünceler getirmesini amaçlamalıdır. Bilgelerimizin söylediği gibi, "Kabalist Hanania Ben Akaşia şöyle der: 'Yaradan halkı arındırmak istedi; bu yüzden onlara bolca Işığı alabilecekleri ve ıslah olabilecekleri bir çalışma verdi."

Ve bizim burada toplanma nedenimiz de bu – hepimizin Yaradan'a ihsan etme halinin ardına düşebileceğimiz bir topluluk oluşturmak. Ve Yaradan'a ihsan etmeyi gerçekleştirmek için insana ihsan etmekle başlamalıyız, buna "başkalarını sevmek" denir.

Ve, başkalarını sevmek sadece insanın kendisini hükümsüz kılmasıyla olabilir. Bu yüzden kişi bir taraftan düşük hissetmeli ve diğer taraftan da İlahiliğin aramızda olması amacına sahip her birimizin bu topluluğun içinde olma şansı verildiğimiz için gurur duymalı.

Ve henüz bu amacı gerçekleştirememiş olmamıza rağmen, gerçekleştirme arzumuz var. Ve bu da bizim tarafımızdan takdir edilmeli, çünkü yolun başında olmamıza rağmen bu yüce amacı gerçekleştirmeyi umuyoruz.

DOST SEVGİSİ HAKKINDA

1. Dost sevgisine ihtiyaç.
2. Neden özellikle bu dostları seçtim ve bu dostlar neden beni seçtiler?
3. Her bir dost topluluğa duyduğu sevgiyi dışa vurmalı mı, yoksa kişinin sevgiyi içinde hissetmesi ve dost sevgisini gizlilik içinde uygulaması yeterli mi, ki böylece kalbindekini açıkça gösterme ihtiyacına gerek olmaz?

Alçak gönüllü olmanın çok büyük bir şey olduğu bilinir. Ancak tersini de söyleyebiliriz – yani kişi dostlarına sevgisini göstermeli, zira bunu açığa vurmakla dostlarının kalplerini de dostlarına karşı harekete geçirir ve böylece onlar da dostlarının dost sevgisini uyguladıklarını hissederler. Bunun faydası şöyledir, kişi dost sevgisini daha güçlü uygulamak için güç kazanır çünkü her bir kişinin sevgi gücü birbirinin içine dâhildir.

Bundan şu sonuç çıkar, grup on kişiden oluşuyorsa ve kişi dost sevgisini gerçekleştirmek için bir ölçü güce sahipse, o zaman bu ihtiyacı karşılamak için dost sevgisiyle çalışma gerekliliğini anlayan on güçle bütünleşir. Bununla beraber, eğer her biri dost sevgisini çalıştığını topluluğa göstermezse, o zaman kişi grubun gücünden yoksun kalır.

Bunun böyle olmasının nedeni kişinin dostunun erdemliğini ölçmesinin çok zor olmasıdır. Her biri diğerinin erdemli olduğunu ve sadece onun dost sevgisine bağlandığını düşünür. Bu durumda kişinin başkalarını sevmeyi uygulama gücü çok azdır. Dolayısıyla, özellikle bu çalışmanın gizli değil açık olması gerekir.

Ancak kişi kendisine her zaman toplumun amacını hatırlatmalı. Aksi takdirde, beden amacı bulandırır, zira beden her zaman kendi iyiliğini düşünür. Toplumun sadece dost sevgisini gerçekleştirme temeli üzerine kurulduğunu ve bunun Yaradan sevgisi için bir sıçrama tahtası olduğunu hatırlamalıyız.

Bu özellikle, kişinin ödül beklemeden dostuna verebilmesi için bir topluma ihtiyacı olduğunu söylemesiyle gerçekleştirilir. Bir diğer deyişle, toplum yardım ve hediyeler vererek bedenin alma kabını tatmin etsin diye kişinin topluma ihtiyacı yoktur. Böyle bir toplum kişisel-sevgi üzerine kurulmuştur ve sadece kişinin alma kaplarının gelişimini teşvik eder, şimdi bu durumu kişi dostunun fiziksel varlıklar edinmeye yardım etmesi ile daha fazla varlık edinmek için bir fırsat olarak görür.

Bunun yerine, toplumun başkalarını sevme temeli üzerine kurulduğunu her zaman hatırlamalıyız, böylece kişi guruptan dost sevgisini ve kişisel nefreti alır. Ve dostunun kendisini indirgemek ve başkalarını sevmek için çabasını görmek herkesin dostlarının niyetlerine dahil olmasına neden olur.

Dolayısıyla, toplum örneğin on kişiden oluşuyorsa, her biri kişisel-indirgeme ve başkalarını sevmeyi uygulayan on güce sahiptir. Aksi takdirde kişi dost sevgisi için sadece bir güçle kalır, zira dostları başkalarını sevmeyi gizlilik içinde yaptığından onların uygulamalarını görmez. Dahası, dostları kişinin başkalarını sevme yolundaki arzusunun gücünü kaybetmesine de neden olabilir. Bu durumda onların davranışlarından öğrenir ve kişisel-sevgi egemenliğine düşer.

4. Herkes, her bir dost için, dostunun ihtiyaçlarını bilmeli mi, böylece onları nasıl giderebileceğini bilir, ya da genel olarak dost sevgisini uygulamak yeterli midir?

MANEVİ EDİNİMDE TOPLUM KOŞULU

HER BİRİ DOSTUNA YARDIM ETTİ

Kişinin dostuna nasıl yardım edebileceğini anlamalıyız. Bu, zengin ve fakirlerin, akıllı ve aptalların, zayıf ve güçlülerin olduğu bir yer mi? Peki, herkes zengin, akıllı ya da güçlü vs. ise kişi başkasına nasıl yardım edebilir?

Herkesin ortak bir tek noktası olduğunu biliyoruz – ruh hali. Şöyle denir: "Kişi kalbindeki endişeyi başkalarıyla konuşmalı." Bunun nedeni, neşeli hissetmeyle ilgili olarak ne zenginlik ne de bilgeliğin yardım edebilmesidir.

Daha ziyade, kişi dostunun düşüşte olduğunu görerek ona yardım edebilir. Şöyle yazılmıştır: "Kişi kendisini hapisten kurtaramaz." Tersine, kişinin ruh halini dostu yükseltebilir.

Bu, kişinin dostunu mevcut durumundan canlılık durumuna yükseltebileceği anlamına gelir. O zaman kişi tekrar yaşam ve varlık gücü kazanmaya başlar ve sanki amacı kendisine daha yakınmış gibi başlar.

Sonuç olarak, her bir kişi dostunun ruh halini nasıl yükseltebileceği konusunda dikkatli olmalıdır, çünkü ruh hali konusunda herkes dostunda ihtiyacı olan doldurulabilecek bir yer bulabilir.

TOPLUMUN ROLÜ

Kişi, kişisel çıkar görmediği bir olayda ufacık bir hareket etme motivasyonunun bulunmadığı, kişisel-sevgi denilen bir Kli (kap) ile yaratılmıştır. Ve kişisel-sevgiyi indirgemeden Yaradan'la Dvekut'u (tutunma-bağlanma) yani form eşitliğini gerçekleştirmek mümkün değildir.

Ve "kötülük" denilen alma arzusunu indirgemekte birlikte çalışmak üzere büyük bir güç oluşturabilmek için bir topluluğa ihtiyacımız var, zira bu (form eşitliği) doğamıza zıttır ve insanın yaratılış amacını engeller.

Bu nedenle, toplum bunu (Yaradan'la Dvekut'u) gerçekleştirmeye hemfikir olmuş bireylerden oluşmalı. O zaman, tüm bireyler kendisine karşı savaşabilen tek bir büyük güç oluşturur, çünkü herkes diğer herkesin içinde dahildir. Böylece, her bir kişi amacı gerçekleştirmek için büyük bir arzu üzerine kurulmuş olur.

Birbirine dahil olmak için, her kişi kendisini diğerleri önünde indirgemelidir. Bu, her bireyin dostlarının hatalarını değil erdemlerini görmesiyle yapılabilir. Ancak, kendisini dostlarından birazcık dahi yukarıda gören kişi onlarla bütünleşemez.

Ayrıca, toplanma esnasında ciddi olmak niyeti kaybetmemek için önemlidir, zira toplanma nedenleri bu amaçtır. Tevazu ile yürümek ise büyük bir şeydir, kişi ciddi değilmiş gibi yürümeye alışık olmalı, ancak gerçekte onların kalplerinde bir ateş yanar.

Ve yalnızca kendi çıkarlarını düşünen insanlara karşı, kişi toplantı esnasında onların amaca yönelik olmayan söz ve davranışlarına karşı dikkatli olmalı ki Yaradan'la Dvekut'u gerçekleştirebilsinler. Dvekut'la ilgili olarak "Matan Tora" makalesine bakın.

Bununla beraber, kişi dostlarıyla birlikte değilken kalbindeki niyeti hiç belli etmemeli ve herkes gibi görünmeli. "Kralın senin Tanrınken tevazu ile yürü" sözünün anlamı budur. Bununla ilgili daha ileri yorumlar bulunmakla beraber bu basit açıklama da gayet büyük bir şey.

MANEVİ EDİNİMDE TOPLUM KOŞULU

Dolayısıyla, birbirleriyle bütünleşen dostlar arasında eşitlik olması iyidir, böylece kişi diğerinin önünde kendisini indirgeyebilir. Ve toplum içinde ciddiyetsizliğe izin vermemek için iyi gözlem olmalı, çünkü ciddiyetsizlik her şeyi mahveder. Ama, yukarıda söylediğimiz gibi, bu içsel bir konudur.

Bununla beraber, toplumdan olmayan bir kişinin yanında ciddiyetsizlik gösterilmemeli, sadece yeni gelen kişiyle eşitlenilmeli. Bir başka deyişle, ciddi konular konuşmaktan kaçının ve sadece "davetsiz misafir" denilen bu yeni gelmiş kişiye uygun şeylerden bahsedin.

"DOSTUNU KENDİN GİBİ SEV" BİZE NE VERİR?

"Dostunu kendin gibi sev" yasası (Klal) bize ne verir? Bu yasa vasıtasıyla Yaradan'ı sevmeye ulaşabiliriz. Eğer öyleyse, 612 Islahı yerine getirmek bize ne verir?

Öncelikle, bir yasanın ne olduğunu bilmemiz lazım. Kolektifin pek çok bireyden oluştuğu biliniyor. Bireyler olmadan kolektif olmaz. Örneğin, "kutsal bir izleyici kitlesi" olarak bir topluluktan bahsederken toplanarak bir araya gelip bir birlik oluşturmuş bireylerden bahsediyoruz. Daha sonra bu gruba bir başkan atanır vs. ve buna grup (on kişi) denir. En az on kişi olmalıdır, o zaman Kutsal vazifede denilebilir.

Zohar Kitabı bununla ilgili şöyle der: "On kişinin olduğu yerde, Kutsallık yaşar." Bu, on kişinin olduğu yerde Kutsallığın yaşaması için bir yer var anlamına geliyor.

Bu nedenle, "Dostunu kendin gibi sev" yasasının 612 Kuralı üzerine inşa edildiği sonucu çıkar. Bir başka deyişle, eğer 612 Kuralı yerine getirirsek "Dostunu kendin gibi sev" yasasını gerçekleştirebiliriz. Buradan, belli elementlerin kolektifi gerçekleştirmemizi sağlayacağı sonucu çıkar ve kolektife sahip olduğumuzda Yaradan sevgisini gerçekleştirebileceğiz, şöyle yazıldığı gibi "Ruhum Kralı özlüyor."

Ancak, kişi 612 sevabı yalnız yerine getiremez. Örnek olarak ilk-doğan çocuğun kurtuluşunu alın mesela. Eğer kişinin ilk çocuğu kız ise, ilk-doğan çocuk için kurtuluş sevabını yerine getiremez. Ayrıca, kadınlar da zamana bağlı sevapları yerine getirmekten muaftır. Ancak, herkes aracılığıyla "tüm halk birbirinden sorumludur" olduğundan tümü yerine getirilir. Sanki herkes tüm prensipleri birlikte uyguluyorlar. Dolayısıyla, 612 sevap vasıtasıyla "Dostunu kendin gibi sev" kuralını yerine getirebiliriz.

DOST SEVGİSİ

"Ve bir adam onu buldu ve baktı, tarlada geziniyordu. Ve adam ona sordu: 'Ne arıyorsun? Ve o şöyle dedi: 'Kardeşlerimi arıyorum. Sana yalvarırım bana sürüyü nerede otladıklarını söyle'" (Yaratılış 37).

"Tarlada gezinen" bir adam, dünyayı besleyecek ekinin kaynağının olduğu yer anlamına geliyor. Ve tarladaki çalışma, sürme, ekme ve biçmeden ibarettir. Bununla ilgili şöyle denir: "'Gözyaşlarıyla ekenler neşeyle biçecekler' ve buna 'Kralın kutsadığı toprak' denir."

Baal HaTurim, tarlada gezinen bir kişinin akıl yolundan sapmış, ulaşması gereken yere götürecek gerçek yolu bilmeyen "tarlada gezinen eşek" gibi değerlendirildiğini belirtir. Ve kişi gerçekleştirmesi gereken amacı asla gerçekleştiremeyeceğini düşündüğü bir konuma gelir.

"Ve adam ona sordu: 'Ne arıyorsun?', 'Sana nasıl yardım edebilirim?' anlamına geliyor. "Ve o şöyle dedi: 'Kardeşlerimi arıyorum'"; kardeşlerimle birlikte, yani dost sevgisinin olduğu bir grupta olarak Yaradan'ın evine giden yolu çıkabilirim.

Yola, "ihsan etme yolu" denir ve bu davranış tarzı doğamıza aykırıdır. Bunu gerçekleştirmek için herkesin dostuna yardım edebileceği "dostunu kendin gibi sev"den başka yol yoktur.

"Ve adam şöyle dedi: 'Buradan ayrıldılar.'" Ve Raşi bunu, onlar kendilerini kardeşlikten ayırdılar olarak yorumladı, yani seninle bağ kurmak istemiyorlar. Bu sonunda halkın kişisel sevgiye esir edilmesine neden oldu. Ve egoizmden kurtulmak için dost sevgisinde olmak isteyen bir guruba girmeyi istemeliyiz ve bununla kişisel sevgi denilen egoizmden kurtularak Işığın ifşasıyla ödüllendirileceğiz.

"DOSTUNU SEV" KONUSUNDAKİ AÇIKLAMAYA GÖRE

"Dostunu kendin gibi sev" konusundaki açıklamaya göre 612 Kanunun tüm detayları bu kuralın içindedir. Bilgelerimizin dediği gibi, "Gerisi yorumlarındadır, gidip çalışın." Bunun anlamı 612 Islahı yerine getirerek "Dostunu sev" kuralı ve ardından Yaradan sevgisi ile ödüllendirileceğizdir.

Öyleyse, dost sevgisi bize ne verir? Şöyle yazılmıştır; birkaç dost bir araya toplanarak (zira her biri çok küçük bir miktarda başkalarını sevme gücüne sahiptir, yani her biri sadece potansiyel olarak başkalarını sevmeyi gerçekleştirebilir), uyguladıklarında başkalarını sevme uğruna kişisel-sevgiden feragat etmeye karar verdiklerini hatırlarlar. Ama aslında, başkası için alma arzusu hazzından vazgeçemediğini görür, azıcık bile.

MANEVİ EDİNİMDE TOPLUM KOŞULU

Bununla beraber, başkalarını sevmeyi gerçekleştirmek zorunda olmaya hemfikir olmuş birkaç kişinin bir araya toplanması ile kendilerini indirgediklerinde hepsi birbirine karışırlar. Böylece, topluluğun büyüklüğüne göre her kişinin içinde büyük bir güç birikir. Ve o zaman başkalarını sevmeyi gerçek anlamda yerine getirebilirler.

Dolayısıyla, kuralı yerine getirmek için gerekli 612 Kuralın detayları bize ne ekler, zira kural dost sevgisinden geçer? Ve gerçekte dost sevgisinin laikler arasında da olduğunu görüyoruz. Onlar da dost sevgisine sahip olmak için belli ortamlarda toplanıyorlar. O zaman, inançlı kişiler ile laikler arasındaki fark nedir?

Şöyle bir söz vardır (Psalm 1), "ne de küçümseyen bir konumdaydı." "Küçümseme" üzerine getirilen yasağı anlamamız lazım. Bunlar kötülemek ya da alakasız konulardan bahsetmek mi? Öyleyse, yasak "küçümseyen biri" yüzünden değildir. Peki, "küçümseyen biri" ne zaman bize katkı sağlar?

Bunun anlamı şudur: dost sevgisi amacıyla, her biri dostunun fiziksel koşullarını iyileştirmeye yardım etme niyetinde, birkaç kişi bir araya geldiğinde, her biri daha fazla bir araya gelerek toplumdan daha çok fayda sağlayacaklarının ve fiziksel koşullarını iyileştireceklerinin beklentisi içinde olurlar.

Ancak, tüm toplantılardan sonra, herkes kişisel-sevgi için toplumdan ne kadar aldığını hesap eder ve görür, alma arzusunun ne kazandığına bakar, zira topluma faydalı olabilmek için zaman ve çaba harcamıştır, peki bunu yaparak ne kazanmıştır? Kişi muhtemelen kendisine fayda sağlamakla uğraşsaydı daha çok kazanırdı, en azından kendi çabasıyla. Fakat, "Topluluğa katıldım çünkü onun aracılığıyla tek başıma kazanabileceğimden daha çok kazanabileceğimi düşündüm. Ama şimdi görüyorum ki hiçbir şey kazanmamışım."

O zaman pişman olur ve şöyle der: "Zamanımı topluma harcamaktansa kendi küçük gücümü kullanmak benim için daha iyi olurdu. Gel gör ki, toplumun yardımıyla daha çok kazanmak için topluma zaman harcadım. Sonunda anladım ki toplumdan bir şey kazanmamakla beraber, tek başıma kazanabileceğimi de kaybettim."

Birisi çıkıp herkes başkalarına fayda sağlamak için, ihsan etmek amacıyla dost sevgisini çalışmalı demek istediğinde, herkes gülüp dalga geçiyor. Bu onlara bir tür şaka gibi geliyor, ve bu laiklerin koltuğudur. Bununla ilgili Şöyle denir: "fakat günah herkes için utanç vericidir ve yaptıkları her iyilik kendileri içindir." Böyle bir toplum kişiyi kutsallıktan ayırır ve taklit dünyasına atar ve bu alaycıların koltuğunun yasak olmasıdır.

Böyle toplumlar hakkında bilgelerimiz şöyle der: "Kötülerden kaçın; onlar için de daha iyi, dünya için de daha iyi." Bir başka deyişle, var olmamaları daha iyi. Ancak, erdemliler için tersi söz konusudur: "Erdemlilerle toplanın; onlar için de iyi, dünya için de iyi."

"Erdemli"nin anlamı nedir? Onlar, "Dostunu kendin gibi sev" kuralını yerine getirmek isteyenler, tek niyetleri kişisel-sevgiden çıkmak ve başkalarına sevgi olan farklı bir doğa edinmek olanlardır. Ve bu yerine getirilmesi gereken bir kural olmasına rağmen kişi bunu yapmak için kendisini zorlayabilir, sevgi her şeye rağmen kalbe verilen bir şeydir ve kalp doğası gereği buna karşıdır. O zaman kişi başkalarına karşı sevginin kalbine dokunabilmesi için ne yapmalıdır?

Bu nedenle bize 612 eylem verildi: çünkü kalpte bir hissi tetikleme güçleri vardır. Ancak, bu his doğaya zıt olduğundan dost sevgisini bilfiil yerine getiremeyecek kadar küçüktür, bunun için bir ihtiyacı olsa bile. Dolayısıyla, kişinin bunu nasıl uygulayacağı konusunda tavsiyeye ihtiyacı vardır.

Kişinin "Dostunu sev" kuralındaki gücünü arttırabilmesini mümkün kılacak tavsiye dost sevgisidir. Eğer herkes arkadaşı önünde kendisini indirger ve onunla karışırsa, başkalarını sevmeyi isteyen tüm küçük parçalar tek bir kolektif güç olarak pek çok parçadan oluşan bir kitle olurlar. Ve kişi büyük güce sahip olduğunda başkalarını sevmeyi yerine getirebilir.

Ve o zaman Yaradan sevgisini gerçekleştirebilir. Ancak koşul herkesin diğeri karşısında kendisini indirgemesidir. Ancak, kişi dostundan ayrıldığında, ondan alması gereken payı alamaz.

Bu yüzden herkes dostuyla karşılaştırıldığında bir hiç olduğu söylemeli. Bu, sayılar yazmaya benzer: Önce "1" ve sonra "0" yazarsanız bu on kez daha fazladır. Ve "00" yazarsanız bu yüz kez daha fazladır. Bir başka deyişle, eğer dostu "1" ise ve sıfır (kendisi) bunu izlerse, o zaman dostundan on kez fazla aldığı anlamına gelir. Ve eğer dostuna kıyasla kendisi çift sıfırsa dostundan 100 kez fazla alır.

Ancak, eğer tersi söz konusu ise ve dostu sıfır ve kendisi bir ise, o zaman dostundan on kez daha düşüktür 0.1. Ve eğer, kendisinin bir olduğunu ve her ikisi de sıfır olan iki dostunun olduğunu söylerse o zaman onlardan yüz kez daha düşüktür, yani 0.0.1. Böylece dostlarından aldığı sıfırlara göre kişinin derecesi düşer.

Ancak, kişi bu gücü elde edip başkalarını sevmeyi gerçekten yerine getirebilse ve kendisine haz veren şeyleri kötü olarak hissetse bile, yine de kendisine güvenmemeli. Çalışma sırasında kişisel sevgiye düşme korkusu olmalıdır. Bir başka deyişle, alışık olduğundan daha fazla haz verilirse, yani ihsan edebilmek için küçük hazlarla çalışabilmesine ve bunlardan feragat etmeye razı olmasına rağmen, büyük hazlardan korkar vaziyette yaşar.

Buna "korku" denir ve bu "Kutsallığın Keşfi" denilen inanç Işığını almanın yoludur, Sulam tefsirinde yazıldığı gibi: "korkunun ölçüsü inancın ölçüsüdür."

Dolayısıyla, "Dostunu kendin gibi sev" konusunun kural olduğu için yerine getirilmesi gerektiğini aklımızda tutmalıyız, zira Yaradan dost sevgisini çalışmayı emretmiştir. Ve Kabalist Akiva, Yaradan'ın emrinden dolayı ve kişisel-mutluluk için tüm kuralların yerine getirildiği bir kural olarak sadece Yaradan'ın emrettiği bu kuralı yorumlamayı hedefledi.

Bir başka deyişle, kuralların alma arzumuzu büyütmesi, yani kuralları yerine getirerek bol bol ödüllendirileceğimiz anlamında değil. Tam tersine, kuralı yerine getirerek kişisel-sevgimizi indirgeyebilme ve başkalarını sevmeyi gerçekleştirme ödülüne ulaşacağız ve sonunda da Yaradan sevgisine.

Şimdi bilgelerimizin "onları yerine koy" sözlerinden ne demek istediklerini anlayabiliriz. Bu, "iksir" kelimesinden geliyor. "Eğer verilirse yaşam iksiri; eğer verilmezse ölüm iksiridir." Verilmemesi demek kişinin manevi çalışma ve prensiplerine tutunmaması ve kişisel-sevgisinin çoğalması böylece de çalışması karşılığında bedenin bir şeylere sahip olması anlamına geliyor. Eğer verilirse kişinin kişisel-sevgisi iptal olur (geçerliğini kaybeder) ve kişi başkalarını sevmenin gücü ödülünü almayı hedefler ki bununla tek isteği Yaradan'a mutluluk vermek olarak Yaradan sevgisine ulaşmaktır.

HANGİ MANEVİ ÇALIŞMA VE EYLEMLER KALBİ ARINDIRIR

Soru: Ödül almak için manevi çalışma ve eylemi yerine getirmek de kalbi arındırır mı? Bilgelerimiz şöyle dedi: "Kötü eğilimi yarattım, Işığımı da şifa olarak yarattım." Bu kalbi arındırdığı anlamına gelir. Peki, bu özellikle kişi ödülü hedeflemediğinde mi olur, yoksa ödül almak için yaptığında da kalbi arındırır mı?

Cevap: "Zohar Kitabına Giriş" de (Madde 44) yazıldığı gibi: "Kişi manevi çalışma ve eylemleri çalışmaya başladığında, niyeti yani sevgi ve korku olmadan olsa dahi ki Kral'a hizmet etmenin uygun yolu budur, kendi için bile, kalpteki nokta büyümeye ve işlemeye başlar. Bunun nedeni yapılanların niyet gerektirmemesidir ve niyetsiz olan aksiyonlar bile kişinin alma arzusunu arındırabilir, ancak 'cansız' denilen seviyede. Ve kişi alma arzusunun cansız kısmını arındırdığı seviyede kalpteki noktanın 613 organını inşa eder. Bu maneviyatın Nefeş'i, cansız kısmıdır." Böylece, görüyoruz ki maneviyatı ve eylemleri uygulamak kendim için bile olsa kalbi arındırır.

Soru: Maneviyat ve Eylemler ödül almadan yerine getirmek sadece seçilmiş birkaç kişiye mi özgürdür, yoksa herhangi biri de ödül olmaksızın bu yolda her şeyi uygulayarak yürüyüp Yaradan'la bütünleşmek ile ödüllendirilebilir mi?

Cevap: Kendi için alma arzusu Yaratılış Düşüncesi ile ortaya çıkıp var olmasına rağmen ruhların ihsan etmeye çevireceği bir ıslah, yani maneviyat ve ıslahları çalışmak, alma arzumuzu ihsan etmeye değiştirecektir. Bu herkese verilmiştir, herkes için bu ilaç verildi, özellikle seçilmiş birkaç kişiye değil.

Ancak, bu bir seçim konusu olduğundan bazıları daha hızlı bazıları daha yavaş ilerler. Fakat, "Zohar Kitabı'na Giriş"te (Madde 13, 14) yazıldığı gibi sonunda herkes tam mükemmeliyeti gerçekleştirecektir. Şöyle yazıldığı gibi: "Sürgüne gönderilen ondan ayrı kalmasın."

Yine de manevi çalışma ve ıslahları yerine getirmeye başladığında kişi kendisi için çalışmaya başlar. Bunun nedeni insanın alma arzusuyla yaratılmış olmasıdır, dolayısıyla, kişisel-çıkar olmayan hiçbir şeyi anlamaz ve asla manevi çalışma ve eylemleri gerçekleştirmek istemeyecektir.

Rambam'ın (Hilhot Teşuva, Bölüm 10)'da yazdığı gibi, "Bilgelerimiz şöyle der: 'kişi her zaman manevi çalışma içinde olmalı, kendisi için olsa bile, çünkü kendisi içinden O'nun adına gelir.' Bu nedenle, çocuklara, kadınlara ve halka öğretirken sadece korkudan ve ödül almak için öğretilir. Ve bilgi kazanıp bilgelik edindiklerinde sır onlara yavaş yavaş ifşa olunur. Onlar Yaradan'ı edinene ve O'na sevgiyle hizmet edene dek sakinlikle alıştırılırlar." Böylece, Rambam'ın sözlerinden herkesin O'nun için koşuluna ulaşacağını ancak farkın zamanlamada olduğunu görüyoruz.

Soru: Kişi O'nun adına giden yolda olduğunu görüp hissediyorsa başkalarını da bu yolda ilerlemeleri için etkilemeye çalışmalı mı çalışmamalı mı?

Cevap: Bu genel bir soru. Sanki dinci bir kişinin laik bir kişiyi incelemesi gibi. Onu düzeltebileceğini düşünüyorsa, "Elbette komşunu eleştireceksin" kuralına göre elbette bunu yapmalı. Benzer şekilde, şöyle denilebilir, arkadaşına gidebileceği daha iyi bir yol gösterebilirsin, niyetin sadece ıslah olduğu sürece. Ancak, pek çok kez kişi "komşunu eleştireceksin" amacıyla değil hükmetmek amacıyla başkasını eleştirir.

Ve yukarıda yazılanlardan öğreniyoruz ki herkesin başkalarının doğru yolda gitme arzusu dinciler ve laikler ve dincilerin kendi içinde anlaşmazlıklara neden olmuştur. Bunun sebebi herkesin kendisinin doğru olduğunu düşünmesidir ve herkes birbirini doğru yolda yürümeye ikna etmeye çalışıyor.

KİŞİ HANGİ DERECEYE ULAŞMALI?

Soru: Reenkarnasyon geçirmemek için kişi hangi dereceye ulaşmalı?

Reenkarnasyonların Kapısı kitabında şöyle yazar, "Tüm NaReNHaY ile tamamlanana dek tüm halk reenkarne olmalılar. Ancak, insanların çoğu NaReNHaY denilen beş kısma değil sadece Asiya'dan olan Nefeş'e sahiptir."

MANEVİ EDİNİMDE TOPLUM KOŞULU

Bunun anlamı her bir kişinin sadece kendi parçasını ve kendi ruhunun kökünü ıslah etmesi demektir daha fazlası değil ve bu, kişinin ıslah etmesi gerekeni tamamlar.

Bilmemiz gereken şey tüm ruhların İlk İnsan'ın ruhundan geldiğidir. Bilgi Ağacı günahından sonra Âdem'in ruhu 600.000 parçaya bölündü. Bu, Zohar kitabının "Zeira İlaa" (Üst Işık) olarak adlandırdığı ve İlk İnsan'ın Cennet Bahçesi'nde sahip olduğu tek Işığın pek çok parçaya bölünmesi anlamına gelir.

Panim Masbirot (sayfa 56) kitabında Baal HaSulam şöyle yazar, "İyi ile kötü karıştığında (günahtan sonra), Kutsallığa tutunma gücü olan büyük bir Kötü Eğilim yapısı oluştu." Onlardan korunmak için de Yaratılışın yedi gününün Işığı çok küçük parçalara bölündü ki bunlar Kötü Eğilimin içine alamayabileceği kadar küçüktü.

Bunu denizin ötesinde yaşayan oğluna yüklü miktarda para taşımak isteyen bir krala benzetilebilir. Ne yazık ki, kralın ülkesindeki herkes işbirlikçi hırsızlardı ve kral bir tek sadık elçi bulamadı. Peki, ne yaptı? Parayı kuruşlara böldü ve pek çok elçi ile yolladı. Böylece, hırsızlar kraliyete alçaklık yapmaya değecek kadar hırsızlıktan haz alamayacaklarını gördüler.

Bu şekilde, zaman içinde ve pek çok ruhta, aydınlık günler boyunca, Bilgi Ağacı'nın Kötü Eğilimler tarafından çalınan tüm kutsal kıvılcımları ayırması mümkündü.

"Pek çok ruh" İçsel Işıkların bölünmeleri ve pek çok gün de pek çok dışsal Işığa bölünme anlamına geliyor. Ve küçük parçalar İlk İnsan'ın içinde günah işlediği büyük Işığı oluşturuyor ve bu daha sonra ıslahın sonunu getirecek.

Bu, herkesin İlk İnsan'ın ruhunun küçük bir parçası ile doğduğu sonucunu çıkarıyor. Kişi bu parçayı ıslah ettiğinde bir daha reenkarne olmak zorunda değil. Bu nedenle kişi sadece kendi payına düşeni ıslah edebilir.

Ari'nin Hayat Ağacı'nda bununla ilgili şöyle yazar, "Bir gün diğer bir güne, bir an diğer bir ana ne de bir insan diğerine benzemez". Ve her biri kendi parçasını ıslah etmeli."

Ancak, bilmeliyiz ki herkesin bir şansı vardır, zira kişi erdemli doğmamıştır. Bilgelerimiz şöyle dedi (Nida 16b), "Kabalist Hanina Bar Papa dedi ki, 'Gebelikle görevlendirilen meleğin ismi Leyla'dır (Gece). Bir damla alır ve Yaradan'ın önüne koyar ve sorar, 'Sevgili Kralım, bu damladan ne olacak – bir kahraman mı, zayıf bir kimse mi?' Ancak şöyle sormaz, 'erdemli mi, alçak mı.'"

Bu insanın erdemli doğmadığı anlamına gelir, zira "Ancak şöyle sormaz, 'erdemli mi, alçak mı.'" Bu bizim seçimimize kalmıştır, her birimizin manevi çalışma ve ıslahına. Bu doğrultuda, kişi kalbini arındırmakla ödüllendirilir, ruhunun köküne göre ıslah olmalı ve o zaman ıslahı gerçekleştirmiş olur.

KABALA BİLİMİ

KİŞİNİN DOĞDUĞU İLK DERECE

Zohar, Mişpatim'de (Sulam tefsiri sayfa 4, Madde 11) şöyle yazar, "Gel ve gör, kişi doğduğunda hayvanın yanından, arılığın yanından, 'Kutsal Melekler' denilenlerin yanından yani Asiya dünyasından Nefeş verilir. Eğer daha fazla ödüllendirildiyse 'Kutsal Hayvanlar'ın yanından yani Yetzira'nın yanından Ruah verilir. Ve daha ödüllendirildiyse ona Taht'ın yanından yani Beria dünyasından verilir. Daha da ödüllendirildiyse Atzilut'dan Nefeş verilir. Daha ödüllendirildiyse, orta direğin yanından Ruah de Atzilut verilir ve Yaradan'ın oğlu olarak anılır, Şöyle yazılmıştır: "Kralınız olan Yaradan'ın çocuklarısınız." Eğer kişi daha fazla ödüllendirildiyse Bina olan Aba ve İma'nın yanından Neşama verilerek ödüllendirilir, ki bunlarla ilgili şöyle yazılmıştır 'Tüm ruhun Kralı övmesine izin verin' ve onlarla HaVaYah tamamlanmıştır."

Dolayısıyla, mükemmellik BYA'dan NRN'ye ve Atzilut'dan NRN'ye sahip olmaktır. Bu İlk İnsan'ın günahtan önce sahip olduğu mükemmelliktir. Sadece günahtan sonra bulunduğu dereceden düşmüş ve ruhu 600.000 ruha bölünmüştür.

İnsanın maneviyatının Neşama (ruh) olarak adlandırılmasının nedeni budur, kişi sadece Nefeş de Nefeş'e sahip olmasına rağmen zira şöyle bir kural vardır, bir şeyden bahsederken onun en üst seviyesine değiniriz. Ve insanın en üst derecesi Neşama olduğundan insanın maneviyatından Neşama olarak bahsedilir.

Ve her birey en küçük dereceyle doğmasına rağmen (Reenkarnasyonların Kapısı, sayfa 11b), "hareketlerini arındırmak istiyorsa her kişi Musa peygamber olabilir" derler. Bunun böyle olmasının sebebi kişinin Beria'dan olduğu gibi Yetzira derecesinden de bir başka üst seviye, Neşama edinebilmesidir.

Şimdi bilgelerimizin diğer sözlerini de anlayabilirsiniz: "Erdemlilerin maneviyatı ya da ruhları gelir ve kişiye Yaradan'ın işinde yardım etmek için İbur'da (doyurma-aşılama) aşılar."

MANEVİ EDİNİMDE TOPLUM KOŞULU

Aynı zamanda Sulam'da (Zohar Kitabı'na giriş, sayfa 93) da açıklanmıştır: "Konu şu ki, yardımcı faktör erdemlilerin ruhlarına onları bir seviyeden diğerine yükseltmek için Yukarıdan gönderilen destektir. Yaradan'ın erdemlilere gönderdiği bu yardım olmasaydı bulundukları dereceden çıkıp Daha Üste yükselemezlerdi. Dolayısıyla, Yaradan her erdemliye erdem ve değerine göre Yukarıdan yolunda yardım edecek Üst bir ruh yollar. Buna "erdemli birinin ruhunun gebe kalması" ve "erdemlinin ruhunun ortaya çıkması" denir.

Bundan şu sonuç çıkar ki, İbrahim, İsak ve Yakup gibilerinin olmadığı bir nesil yoktur, yani onlar bu şekilde doğmuştur ve bununla ilgili bir seçimleri yoktur. Tersine, bunlar gerçeğin yolunda yürümeye çalışan ve gerekli çabayı gösteren insanlar. Bu insanlar Yukarıdan erdemlilerin ruhlarının gebe kalması yoluyla her zaman destek ve Üst derecelere yükselmek için güç alırlar.

Bundan şu sonuç çıkar, Yukarıdan verilen her şey yardım olarak değerlendirilir, ancak hiç çaba ve seçim olmadan değil. Ve dünyanın süregelmesi Yukarıdan zenginlik eli uzatan bu erdemliler sayesindedir, yani Yukarıda süreklilik vardır.

TOPLUMUN ÖNEMİ HAKKINDA

İnsan her zaman gerçeğin yolundaki çalışmayla ilgisi olmayan kişiler arasında olduğundan ve hatta bu kişiler gerçeğin yolunda yürüyenlere direndiklerinden ve kişinin de düşünceleri karıştığından gerçeğin yoluna karşı olanların düşünceleri gerçeğin yolunda yürümeyi arzulayanlarınkine işler.

Bu nedenle, gerçeğin yolunda yürümeyi arzulayanların kendilerine çerçeve olması bakımından ayrı bir toplum oluşturmaktan başka bir tavsiye olamaz, yani görüşleri o toplumdan farklı olanların karışmayacağı ayrı bir topluluk. Ve kendi aralarında sürekli o toplumun amacını uyandırmalılar ki çoğunluğu izlemesinler, zira çoğunluğu izlemek doğamızdır.

Eğer bu topluluk kendisini diğer insanlardan ayırırsa, eğer diğer insanlarla manevi konularla ilgili bir bağlantıları olmazsa ve onlarla sadece fiziksel konularda bağlantı kurarlarsa, onların görüşleriyle iç içe karışmazlar çünkü manevi konularda bağlantıları yoktur.

Fakat, kişi dinci kişilerin arasındaysa ve onlarla konuşmaya ve tartışmaya başlarsa anında onların görüşleriyle iç içe karışabilir. Onların görüşleri kişinin bilinçaltının sınırından içeri öyle bir sızar ki kişi bunların kendi görüşleri olmadığını diğer bağlantıda olduğu insanlardan aldığını ayırt edemez.

Dolayısıyla, gerçeğin yolundaki çalışmalarla ilgili konularda kişi kendisini diğer insanlardan ayırmalıdır. Çünkü gerçeğin yolu sürekli güçlendirilmek ister, zira dünyanın görüşüne karşıdır. Dünyanın görüşü bilmek ve almaktır, manevi çalışmanın görüşü ise inanç ve ihsan etmektir. Kişi bu yoldan saparsa gerçeğin yolunun tüm çalışmasını unutur ve kişisel-sevgi dünyasına düşer. Topluluğun içindeki her kişi sadece "Herkes dostuna yardım etti" formundaki bir toplumdan dünyanın görüşüne karşı savaşabilecek gücü alır.

Ayrıca, Zohar'ın (Pinehas, sayfa 31, Madde 91, ve Sulam'da) şu sözleri görüyoruz: "Kişi kötü insanların yaşadığı bir şehirde yaşarsa ve manevi çalışmanın sevaplarını yerine getiremezse ve manevi çalışmada başarılı olamazsa, oradan köklerini söktü ve kendisini manevi çalışma ve ıslahları ile, iyi insanların olduğu, başka bir yere, yerleştirir. Bunun nedeni manevi çalışma "Ağaç" denilmesidir, Şöyle yazılmıştır: "'O, onları üzerinde tutan bir hayat ağacıdır." Adam da bir ağaçtır, söyle yazdığı gibi, "tarladaki ağaç adamdır."

Ve manevi çalışmadaki ıslahlar meyvelere benzer. Peki, ne der? "Sadece, senin bildiğin ağaçlar yemek için değildir, keser ve bu dünyadan yok edersen bir sonraki dünyadan da yok edersin."

Bu nedenle, kişi kendisini kötülerin olduğu yerden ayırmalı, çünkü manevi çalışma ve ıslahlarda başarılı olamaz. Kendisini manevi çalışma ve ıslahta başarılı olacağı erdemlilerin arasına yerleştirmeli.

Ve Zohar'ın tarladaki ağaca benzettiği gibi, insan da kötü komşulardan acı çeker. Bir diğer deyişle, her zaman etrafımızda bizi etkileyen kötü otları kesmeli ve manevi çalışmayı onaylamayan kötü çevrelerden uzak durmalıyız. Onların yolunu izlemeye çekilmemek için dikkatli olmalıyız.

Kişi, kişisel-sevgi olan "genel otorite" değil de "ihsan etmek" olarak adlandırılan "tek otorite" düşüncesine sahip olduğunda buna "izolasyon" denir. Bu "iki otorite" olarak adlandırılır – Yaradan'ın otoritesi ve kişinin kendi otoritesi.

Şimdi bilgelerimizin dediğini anlayabiliriz (Sanhedrin, sayfa 38), "Kabalist Yehuda şöyle dedi, 'Hocam dedi ki, 'İlk İnsan günahkârdı,' şöyle yazıldığı gibi: 'Ve Kralım Yaradan Âdem'i çağırdı ve ona şöyle dedi: 'Neredesin? Kalbin nereye gitti?'"

Raşi'nin yorumunda, "günahkâr" putlara tapma eğilimiyle ilgilidir. Ve Yusuf'un Ağacı tefsirinde Şöyle yazılmıştır: "'Nereye, kalbin nereye gitti?' yazıldığında bu 'kendi kalbinin peşinden gitme' de yazılana aykırıdır ve bu da kalbi diğer tarafa yaslandığında aykırıdır."

Fakat tüm bunlar kafa karıştırıcı: İlk İnsan'ın putlara tapmaya meyilli olduğu nasıl söylenebilir? Ya da Yusuf'un Ağacı tefsirine göre, "kendi kalbinin peşinden gitme" formunda olması, bu aykırı mı? Manevi çalışmayla ilgili öğrendiklerimize göre, bu tamamen ihsan etme amacıyla ilgili, eğer kişi almak için çalışıyorsa, bu çalışma bize yabancı zira sadece ihsan etmek için çalışmalıyız ve o her şeyi almak için aldı.

Bu, "kendi kalbinin peşinden gitme" de başarısız oldu anlamındadır. Başka deyişle, Bilgi Ağacı'ndan yemeyi ihsan etmek için alamadı, Bilgi Ağacı'ndan yemeyi almak için aldı. Buna "kalp" denir, yani kalp sadece kişisel-mutluluk için almak ister. Ve Bilgi Ağacı günahı buydu.

Bu konuyu anlamak için Panim Masbirot kitabına girişe bakın. Ve bundan toplumun faydasını anlayabiliriz – bizi farklı bir atmosferle tanıştırabilir – ihsan etmek için çalışmak.

TOPLANTI GÜNDEMİ

Toplantının başında bir gündem olmalı. Herkes mümkün olduğunca toplumun kendisine sağlayacağı kazancı ve tek başına yapamayacağı ancak toplumun ona getireceğini ümit ettiği önemli şeyleri ve bundan dolayı topluma nasıl değer verdiğini tanımlamalı ve toplumun öneminden bahsetmelidir.

Bilgelerimizin yazdığı gibi, "Kabalist Şamlay şöyle dedi, 'Kişi her zaman Yaradan'ı övmeli ve sonra dua etmelidir' Bunu nereden aldık? Musa'dan, Şöyle yazılmıştır: 'Ve ben o dönemde Krala yalvardım.' Ayrıca Şöyle yazılmıştır: 'Kralım Yaradan'ım, Başladın,' 'Sana yalvarırım gideyim ve iyi toprakları göreyim.'"

Ve Yaradan'a övgüyle başlamamız gerektiğinin nedeni kişinin bir diğerinden bir şey isterken iki koşulun varlığının doğal olmasıdır:

1. Onun, zenginlik ve güç gibi istediğim şeye sahip olması ve varlık ve zenginlik içinde olduğuna dair ününün olması.

2. Onun iyi kalpli olması, yani başkalarına iyilik yapma arzusunun olması.

Böyle bir kişiden iyilik isteyebilirsiniz. Bu nedenle bilgelerimiz şöyle dediler, "Kişi her zaman Yaradan'ı övmeli ve sonra dua etmelidir." Bunun anlamı şudur, kişi Yaradan'ın yüceliğine, yaratılanlara verebileceği her türlü hazza sahip olduğuna ve iyilik yapmak istediğine inandıktan sonra Yaradan'a dua ettiğini söylemek uygundur, zira Yaradan ihsan etmek istediğinden mutlaka kişiye yardım edecektir. Ve ondan sonra Yaradan kişiye istediklerini verebilir. Ayrıca o zaman, dua Yaradan'ın vereceğine güvenerek olur.

KABALA BİLİMİ

Benzer şekilde, dost sevgisiyle ilgili olarak, toplantının tam başında, toplanılırken, dostlarımızı ve her bir dostun önemini övmeliyiz. Kişi toplumun yüceliğini kabul ettiği dereceye göre ona önem verebilir.

"Ve ondan sonra dua et", yani herkes kendisini ve topluma ne kadar verdiğini incelemelidir. Sonra, toplum için bir şey yapmaya gücün olmadığını gördüklerinde dost sevgisini çalışma arzusu ve gücünü vermesi için Yaradan'a dua etmek için yer olur.

Ve daha sonra, herkes "On sekiz Dua"nın son üçünde olduğu gibi davranmalıdır. Bir başka deyişle, Yaradan'a yalvardıktan sonra, Kutsal Zohar "On sekiz Dua"nın son üçünde şöyle der: kişi Yaradan çoktan isteğini yerine getirmiş ve ayrılmış olarak düşünmelidir.

Dost sevgisinde de aynı şekilde davranmalıyız: Kendimizi inceledikten ve bilinen dua tavsiyesini uyguladıktan sonra duamız kabul olmuş gibi düşünmeli ve dostlarımızla sanki tüm dostlar tek bir bedenmiş gibi kutlamalıyız.

Böylece, tüm hesaplardan sonra haz ve dost sevgisi zamanı gelir. Bu zamanda, sanki kendisine çok para kazandıracak çok iyi bir anlaşma yapmış gibi herkes mutlu hissetmeli. Ve böyle bir anda kişinin dostlarına içecek vermesi gelenektir.

Benzer şekilde, burada herkesin dostlarının içmesine ve pasta vs. yemesine ihtiyacı vardır, çünkü şimdi kişi mutludur ve dostlarının da mutlu hissetmesini ister. Dolayısıyla, toplantıdan ayrılma haz ve mutluluk içinde olmalı.

Bu "manevi çalışma zamanı" ve "dua zamanı"nı izler. "Manevi çalışma zamanı" eksikliklerin olmadığı bütünlük demektir. Buna "sağ" denir, şöyle yazıldığı gibi "O'nun sağ elinde ateşten bir yasa vardı."

Fakat, "dua zamanı"na "sol" denir, zira eksikliğin olduğu yer ıslaha ihtiyacı olan yerdir. Buna "Kelim'in (kaplar) ıslahı" denir. Ancak, "sağ" denilen manevi çalışma koşulunda ıslah için yer yoktur ve bu nedenle manevi çalışmaya "hediye" denir.

Sevdiğiniz bir kişiye hediye vermek gelenektir. Ve eksikliği olan bir kişiyi sevmemek de gelenektir. Dolayısıyla, "manevi çalışma" zamanında ıslah düşüncesine yer yoktur. Bu nedenle, toplantıdan ayrılırken "On sekiz Dua"nın son üçündeki gibi olmalıdır. Bu nedenle, herkes bütünlüğü hissedecektir.

EDİNİMİN SAFHALARI

KABALA BİLİMİ

ON SEFİROT'UN ÇALIŞILMASINA GİRİŞ

1. Sözlerimin başında, Kutsiliğin yıkılışından neslimize kadar bizleri Kabala ilminden ayıran demir duvarı yıkma gereği duyuyorum. Ağır bir şekilde üstümüzde duruyor ve insanlardan unutulma korkusu uyandırıyor.

Ancak, bu çalışmayla ilgili kime bahsetsem ilk soru şöyle geliyor: "Gökyüzünde kaç tane melek olduğunu ve isimlerini neden öğreneyim ki? Manevi çalışmayı bu bilgi olmadan gerçekleştiremez miyim?

İkinci soru şöyle gelir, "Bilgelerimiz zaten kişinin karnını önce Mişna ve Gimara ile doldurması gerektiğini saptamışlar. Dolayısıyla, kişi ifşa olmuş tüm ilmi tamamladığı ve sadece gizli ilmin eksik olduğu konusunda kendisini nasıl kandırabilir?"

Üçüncüsü, kişi bu çalışmadan ötürü hayatının kararacağından korkar. Bunun nedeni Kabala'yla uğraşmaktan dolayı her zaman manevi çalışmadan sapmalar olmasıdır. Dolayısıyla, "Tüm bunlara ne gerek var? Kim hiç sebepsiz kendisini tehlikeye atacak kadar aptal olabilir?"

Dördüncüsü, bu çalışmaya sıcak bakanlar bile sadece Yaradan'ın kutsal hizmetkârlarına izin veriyorlar, herkes gelip Kralı alamaz.

Beşinci ve en önemlisi, içimizde bir kural vardır, şüpheye düştüğünüzde şunu yapın: "İnsanların yaptığı gibi yapın" ve benim neslimde manevi çalışma yapan herkesin tek akılda olduğunu ve gizli ilmi çalışmaktan kaçındıklarını görüyorum. Dahası soranlara manevi çalışma yapmaktansa şüphesiz Gimara'dan bir sayfa çalışmanın daha tercih edilir olduğunu söylüyorlar.

2. Aslında, çok meşhur bir soruyu cevaplamak için kalbinizle yola çıkarsanız eminim ki tüm sorular ve şüpheler ufuktan yok olacak ve geri baktığınızda onları yerlerinde bulamayacaksınız. Bu infial uyandıran soru tüm dünyanın sorduğu bir soru, aslına bakarsanız, "Hayatımın anlamı ne?" bir başka deyişle, bize çok pahalıya mâl olan hayatımızın sayılı yılları ve sayısız acı ve bunlardan çektiğimiz ızdırap, bunları sonuna kadar tamamlamaktan kim zevk alır? Daha da net olmak gerekirse, kime haz veriyorum?

Tarihçilerin, özellikle bizim neslimizde, bu soruyla yüzleşmekten yorulduğları çok doğru? Kimse bununla ilgilenmek istemiyor. Ancak soru eskisinden daha fazla acı ve hararetle karşımızda duruyor. Bazen bizi davetsiz yakalar, zihnimizi gagalar ve kendimizi her zamanki akılsızca dalavereleriyle hayatın içinde akarken bulmadan önce bizi yerin dibine kadar sokar.

3. Gerçekten de bu büyük bulmacayı çözmek için şöyle bir söz vardır, "Tadın ve Kralın iyi olduğunu görün." Manevi çalışma ve Islahları doğru uygulayanlar hayatın tadını tadanlardır. Onlar Kralın iyi olduğunu görüp tanıklık edenlerdir, bilgelerimiz söyle der, Yaradan yaratılanlarına iyilik yapmak için dünyaları yarattı, zira İyinin yönetimi iyidir.

Ancak, manevi çalışma ve Islahları yerine getirerek henüz tadına bakmayanlar Kralın iyi olduğunu hissedip anlayamazlar, bilgelerimiz şöyle der: Yaradan bizi yarattığında tek amacı bize iyilik yapmaktı. Dolayısıyla, bizim manevi çalışma ve Islahları doğru bir şekilde yerine getirmekten başka gayemiz yoktur.

Hz. Musa'nın yazılarında (Paraşat Nitzavim) şöyle yazılmıştır: "Görün ki, yaşamı ve iyiyi ve ölümü ve kötüyü önünüze serdim." Bunun anlamı şudur, Manevi edinimden önce önümüzde sadece ölüm ve kötülük vardı, bilgelerimizin dediği gibi, "Yaşamlarında kötü olanlara 'ölü' denir." Bunun nedeni ölümlerinin yaşamlarından daha iyi olmasıdır, zira devamlılıklarını sürdürmek için katlandıkları acı ve ızdırap bu yaşamda hissettikleri azıcık hazdan kat kat daha çoktur.

Ancak şimdi bizlere Maneviyat ve Islahlar verildi ve bu çalışmayı yerine getirerek sahibine haz ve neşe getiren gerçek yaşamla ödüllendirildik, şöyle yazıldığı gibi "Tadın ve Kralın iyi olduğunu görün." Böylece yazılar şunu der, "Görün ki, yaşamı ve iyiyi önünüze serdim," ki Manevi edinimden önce hiçbir surette buna sahip değildiniz.

Ve yazı şu şekilde biter, "dolayısıyla, yaşamı seçin ki siz ve çocuklarınız yaşayabilsin." Görünüşe bakılırsa burada benzer bir söz var: "yaşamı seçin ki yaşayabilesiniz." Yine, gerçek yaşam olduğunda, Maneviyat ve Islahları yerine getirmek yaşamı kastediyor. Bununla beraber, Maneviyat ve Islahların olmadığı bir yaşam ölümden daha zordur. Bilgelerimizin "Yaşamlarında kötü olanlara 'ölü' denir" sözlerinin anlamı budur.

Yazılar şöyle der: "siz ve çocuklarınız yaşayabilsin. " Bu maneviyatsız bir yaşam ne kişinin kendisine mutluluk verir, ne de kişi başkalarına haz verebilir anlamına geliyor. Kişi kendi çocuklarında bile mutluluk bulamaz, zira onların yaşamları bile ölümden daha zordur. Öyleyse, kişi onlara nasıl bir hediye bırakabilir?

Bununla beraber, Maneviyat ve Islahlarla yaşayan kişi kendisi yaşamdan zevk almakla kalmaz, çocuklarına iyi bir hayat miras bırakmaktan da mutlu olur. "Siz ve çocuklarınız yaşayabilsin "in anlamı budur, zira kişi sebebi olduğu çocuklarının yaşamından ek haz duyar.

4. Şimdi bilgelerimizin "öyleyse yaşamı seçin" sözlerini anlayabilirsiniz. Şöyle der: kişinin oğluna "'Kendine topraklarımda iyi bir yer seç' dediği gibi sana yaşamı seçmeni emrediyorum. Oğlunu iyi topraklara yerleştirir ve 'Bunu kendin için seç' der." Bununla ilgili Şöyle yazılmıştır: "Kralım, benim mirasım ve kâsemin parçası senin koruman altında. 'Bu senin için' demek için elimi iyi kaderin üzerine koydun.'"

Göründüğü kadarıyla bu sözler kafa karıştırıcı. Şöyle geçer, "öyleyse yaşamı seç." Bunun anlamı seçimi kişinin kendisinin yaptığıdır. Ancak, O'nun kişiyi iyi tarafa yerleştirdiğini söylüyorlar. O zaman burada seçim yok mu? Dahası, Yaradan'ın kişinin elini iyi kadere yerleştirdiğini söylüyorlar. Bu gerçekten kafa karıştırıcı, çünkü eğer öyleyse kişinin seçimi nerede?

Şimdi bilgelerimizin sözlerinin gerçek anlamını görebilirsiniz. Gerçekten de Yaradan'ın, hoşnutluktan uzak acı ve ızdırapla dolu fiziksel yaşamın içinde keyifli ve mutlu bir yaşam vererek kişinin elini iyi kaderin üzerine koyması doğrudur. Bu çatlakların arasında sadece görünürde olmasına rağmen kişi huzurlu bir yer gördüğünde bunlardan uzaklaşır ve kaçar. Orada bu yaşamdan kaçar ki bu ölümden daha zordur. Aslında, Yaradan tarafından kişinin elinin koyulabileceği bundan daha yüce bir yer yoktur.

Ve kişinin seçimi sadece bunu güçlendirmek anlamındadır. Bunun nedeni gerçekten de kişinin kendi memnuniyeti için değil Lişma (O'nun adına) denilen sadece Yaratıcısına mutluluk vermek için bedenini arındırıp doğru bir şekilde Maneviyat ve Islahı yerine getirebilmesi çok büyük çaba ve zahmet gerektirir. Sadece bu koşulda Maneviyatı yerine getirmekle kişiye keyifli ve mutlu bir yaşam bahşedilir.

Ancak, kişi bu arınmaya gelene dek iyi yolda güçlenmesi için her tür araç ve taktik seçimi bulunmaktadır. Ayrıca, görevini orta yerde bırakmadan arınma işini tamamlayabilmek için kişi elinde bulabildiği her gücü kullanmalıdır.

5. Yukarıdakilere göre bilgelerimizin Masehet Avot'taki sözlerini anlayabilirsiniz: "Böylece manevi çalışmanın yolunu anlayabilirsiniz: Ekmeği tuzlu yiyin, az su için, yerde yatın, ızdıraplı bir hayat sürün ve maneviyatı çalışın. Eğer böyle yaparsanız mutlu olursunuz, bu dünyada ve bir sonraki dünyada."

EDİNİMİN SAFHALARI

Onların sözlerini sorgulamalıyız: Manevi ilmin bilgeliği, nefsinin isteklerini kırarak ve acı dolu bir yaşam sürmeyi gerektirmeyen sadece iştigal etmenin o öğretileri edinmeye yeterli olduğu dünyadaki diğer öğretilerden nasıl farklıdır? Kapsamlı olarak çalışmamıza rağmen yine de tuzlu ekmek yiyip acı dolu bir hayat sürmenin dışında ilmin erdemliğini edinmek için yeterli değil.

Sözlerinin sonu daha da şaşırtıcı, şöyle diyorlar, "Eğer böyle yaparsanız mutlu olursunuz, bu dünyada ve bir sonraki dünyada." Bunun nedeni bir sonraki dünyada mutlu olmanın mümkün olmasıdır. Ancak bu dünyada, yiyip içerek, uyuyarak ve ızdıraplı bir hayat sürerek kendime acı çektirmeme "bu dünyada mutlu olmak" denir mi?

6. Bununla beraber, yukarıda açıklandığı gibi Maneviyat ve Islahları harfiyen doğru çalışmak kişisel-mutluluk için değil kişinin Yaratıcısına mutluluk vermesi içindir. Ve bunu gerçekleştirmek için bedeni arındırmak büyük çaba ve zahmetten geçmenin dışında mümkün değildir.

İlk taktik kişinin kendi hazzı için bir şey almamaya alışmasıdır, hatta bedenin varlığı için gerekli yemek, içmek, uyumak ve diğer izin verilen ve gerekli şeyleri bile. Böylece, kişi kendisini ona gelen hazlardan ayırır, varlığını sürdürmekte gerekli olan şeylerden bile, ta ki gerçek anlamında ızdıraplı bir hayat yaşayana dek.

Ve kişi buna alıştıktan sonra ve bedeni kendisi için haz alma arzusu duymadığında Maneviyat ve Islahları kendisi haz almak için değil de Yaratıcısına haz vermek amacıyla yerine getirmek mümkün olur.

Kişi bunu edindiğinde acı kırıntısının bulunmadığı iyilik ve memnuniyetle dolu mutlu bir yaşamı tatmakla ödüllendirilir ki bu Maneviyat ve Islahları Lişma olarak gerçekleştirmekle ortaya çıkar. Kabalist Meir'in (Avot 86) söylediği gibi, "Manevi çalışmayla O'nun rızası için ilgilenen birisine pek çok şey bahşedilir. Dahası, tüm dünya onu ödüllendirir, manevi dünyaların sırları ifşa olur ve kişi akan bir pınar olur."

"Tat ve Kralın iyi olduğunu gör" bununla ilgili olarak söylenmiştir. Maneviyat ve Islahları Lişma olarak gerçekleştirmenin tadına varan kişi yaratılanlarına sadece iyilik yapmak olan Yaradan'ın niyetini kendisi görebilir, zira İyi olanın amacı iyilik yapmaktır. O zaman kişi Yaradan'ın kendisine bahşettiği yıllardan haz ve mutluluk alır ve tüm dünya kişiyi ödüllendirir.

7. Şimdi Maneviyat ve Islahlarla iştigal etmekte madalyonun iki tarafını da görebilirsiniz: bir tarafında Işığın yolu vardır, yani gerçek anlamda Maneviyat ve Islahları yerine getirebilmekle ödüllendirilmek için kişinin bedenini arındırmak için kapsamlı hazırlık yapması anlamındadır.

Bu durumda, kişi mecburen Maneviyat ve Islahlarla Lo Lişma (O'nun adına değil) durumunda kişisel-mutlulukla karışık olarak iştigal eder. Bunun nedeni kişinin bedenini henüz bu dünyanın boş şeylerinden haz alma arzusundan arındırmamış ve temizlememiş olmasıdır. Mişna'da yazıldığı gibi bu süreçte kişi ızdıraplı bir hayat sürmeli ve maneviyatı çalışmalıdır.

Ancak, kişi maneviyatın yolunu tamamladıktan ve bedenini arındırdıktan sonra artık Yaratıcısını mutlu etmek için Maneviyat ve Islahları O'nun için gerçekleştirmeye hazırdır ve bu madalyonun diğer tarafıdır. Bu, Yaratılışın niyeti olan – "Yaratılanlarına iyilik yapmak"a – atfedilen haz dolu ve muazzam huzurlu bir yaşam, yani bu dünyada ve bir sonraki dünyada en mutlu yaşamdır.

8. Bu, manevi dünyaların bilgeliği ile dünyadaki diğer öğretiler arasındaki büyük farkı açıklıyor: Dünyadaki diğer öğretileri edinmenin bu dünyadaki yaşama hiçbir faydası yoktur. Bunun nedeni diğer öğretilerin kişinin bu dünyada çektiği acı ve ıstıraba karşılık olarak sadece mutluluk bile vermemesidir. Dolayısıyla, kişinin bedenini ıslah etmesine gerek yoktur, ve kişinin bunların karşılığında gösterdiği çaba gayet yeterlidir, tıpkı diğer fiziksel varlıkları çaba ve çalışma karşılığında edindiği gibi.

Ancak, Maneviyat ve Islahlarla iştigal etmenin tek amacı kişiyi Yaratılışın niyetindeki tüm iyiliği almaya hak etme noktasına getirmektir, "yaratılanlarına iyilik yapmak." Dolayısıyla, kişinin bu Tanrısal iyiliğe layık olmak için bedenini arındırması gerekmektedir.

9. Bu aynı zamanda Mişna'nın sözlerine de derinlemesine açıklık getiriyor: "Eğer böyle yaparsanız bu dünyada mutlu olursunuz." Bu kesinliği özellikle yaptılar, bu dünyada mutlu bir yaşamın sadece manevi yolu tamamlayanlara bahşedileceğini belirtmek için. Dolayısıyla, burada bahsedilen yemek, içmek, uyumak ve ızdıraplı bir yaşamın çilesi sadece maneviyatın yolundayken uygulanıyor. Bu nedenle titizlikle "Bu Işığın yoludur" dediler.

Ve kişi Kendi İçin yolunu ızdıraplı bir yaşam ve çile içinde tamamlarsa Mişna sona eriyor, "…bu dünyada mutlu olursunuz." Bunun sebebi Yaratılışın niyeti olan mutluluk ve iyilikle bahşedilecek olmanız ve tüm dünya sizi ödüllendirecek, bir sonraki dünyayla birlikte bu dünyada bile.

10. "Ve tanrı dedi ki, 'Işık olsun ve ışık oldu," sözleriyle ilgili Zohar'da (Bereşeet sayfa 31b) şunu yazar, bu dünya için ve bir sonraki dünya için Işık vardı. Bu, yaratılış eyleminin tam anlam ve formunda yani tüm görkem ve mükemmelliğiyle yaratıldığı anlamına geliyor. Buna göre ilk gün yaratılan ve bu dünyanın yaşamını içeren Işık tüm mükemmelliği içinde mutlak haz ve güzellikle yaratıldı, şöyle denildiği gibi, "Işık olsun."

Bununla beraber, bilgelerimizin dediği gibi, çaba ve çalışmaya yer açmak için Yaradan durdu ve günlerin sonu geldiğinde Kendisini erdemliler için gizledi. Bu nedenle, basitçe şöyle dediler, "Bu dünya için Işık olsun." Ancak bu şekilde kalmadı ve "sonraki dünya için Işık olsun."

EDİNİMİN SAFHALARI

Bir başka deyişle, Maneviyat ve Islahları O'na olarak uygulayanlar, manevi çalışma yolunda bedenlerinin arınmasından sonra, günlerin sonunda, o günlerde, ödüllendirilirler. O zaman, bu dünyada da o yüce Işık'la ödüllendirilirler, bilgelerimizin dediği gibi, "Dünyanızı yaşamınızda göreceksiniz."

11. Bununla beraber, Talmud'u yazan bilgelerimizin sözlerinde Manevi Çalışmanın yolunu bizim için Mişna'ın bilgelerinden daha kolaylaştırdıklarını görüyoruz. Bunun nedenini şu sözlerdir, "Kişi Kendi İçin bile olsa Maneviyat ve Islahları uygulamalıdır, Kendi İçin olmaktan O'nun İçin olmaya gelecektir, çünkü onun içindeki Işık kişiyi değiştirir."

Böylece, yukarıda Mişna, Avot'ta (Atalar) bahsedilen "Maneviyattaki Işık" kefareti yerine bize yeni bir yol sağladılar. Bu kişiyi değiştirecek ve Maneviyat ve Islahları uygulayacak yeterli güce sahiptir.

Burada kefaretten bahsetmediler, sadece Maneviyat ve Islahlarla iştigal etmek kişiye ıslah eden Işığı sağlar ki kişi kendi hazzı için değil Yaratıcısına mutluluk getirmek için Maneviyat ve Islahlarla iştigal edebilir. Ve buna Lişma denir.

12. Ancak bilgelerimizin sözlerini sorgulamamız lazım gibi görünüyor. Neticede, maneviyatı uygulayan ancak içindeki Işık vasıtasıyla O'nun İçin koşuluna ulaşmayan birkaç öğrenci vardı. Gerçekten de, Maneviyat ve Islahları Kendi İçin koşulunda uygulamak kişinin Yaradan'a, maneviyatta ödül ve cezaya inandığı anlamına gelir. Ve maneviyatla iştigal eder çünkü Yaradan bunu emretmiştir, ancak kendi hazzını Yaratıcısına mutluluk getirmekle bağdaştırır.

Eğer kişi Maneviyat ve Islahları uygularken tüm çabasının sonunda hiçbir haz ve kişisel-çıkarın kendisine gelmediği öğrenirse bütün gösterdiği çabadan pişmanlık duyacaktır. Bunun nedeni ta en başından bu çabadan kendisinin de zevk alacağını düşünerek kendisine eziyet etmesidir. Buna Kendi İçin denir.

Her şeye rağmen, bilgelerimiz Maneviyat ve Islahları uygulamanın başında O'nun için değil için çalışmaya da izin verdiler, çünkü kişi Kendi için çalışmaktan O'nun için çalışmaya gelir. Ancak, öğrenci Yaradan'a ve O'nun yasasına inançla ödüllendirilmediyse bilgelerimiz "Kendi için çalışmaktan O'nun için çalışmaya gelir" sözünü onun için söylememişlerdir. "Manevi çalışmadaki Işık ıslah eder" sözünü bilgelerimiz bu kişi için söylememiştir.

Bunun nedeni maneviyattaki Işığın sadece inançlı kişileri aydınlatmasıdır. Dahası, Işığın ölçüsü kişinin inancının ölçüsü gibidir. Bununla beraber, inancı olmayan kişilere karşı bunun tersidir, zira onlar maneviyattan karanlığı alırlar ve gözleri kararır.

13. Hocalarımız "Yaradan'ın gününü arzulayana yazıklar olsun! Neden onlar için Yaradan'ın günü, onlar için o gün ışık değil karanlık" (Amos 5) cümlesini güzel bir hikâye ile anlatıyorlar. Işığı bekleyen bir horoz ve yarasa hakkından hikâye vardır. Horoz yarasaya der ki: "Işığı bekliyorum çünkü Işık benim. Peki, senin neden Işığa ihtiyacın var ki?" (Sanhedrin 98b)

KABALA BİLİMİ

Açıkçası, inanç eksikliğinden dolayı Kendi İçin'den O'nun İçin koşuluna geçemeyen öğrenciler Yaradan'ın Işığını alamadılar. Dolayısıyla, karanlıkta yürüyorlar ve ilimi edinemeden ölecekler.

Diğer taraftan, tam inanç verilenler bilgelerimizin sözleriyle garantiye alınırlar çünkü Kendi İçin bile olsa maneviyatla iştigal etmekle Işık onları ıslah eder. Onlara bu dünyada ve bir sonraki dünyada mutlu ve iyi bir yaşam getiren O'nun İçin koşulu verilir, hatta öncesinde dert ve ızdırap dolu bir yaşam olmadan. Onlarla ilgili şöyle bir beyit vardır, "O zaman kendinize Kraldan haz aldıracaksınız ve sizi dünyanın üst noktalarında dolaştıracağım."

14. Yukarıdaki konuyla ilgili olarak, daha önce bilgelerimizin şu sözlerini yorumladım, "Manevi çalışma kişinin zanaatıdır." Kişinin inancının ölçüsü maneviyatı uygulamasında açıktır, zira Umanuto (zanaat) kelimesindeki harfler Emunato (inanç) kelimesindekilerle aynıdır.

Tıpkı arkadaşına güvenip borç veren bir insan gibidir. Bir lira isterse ona güvenebilir ancak arkadaşı iki lira isterse ona borç vermeyi reddedecektir. Yüz lirayla da ona güvenebilir, ama daha fazlası değil. Ayrıca, ona mal varlığının yarısıyla güvenebilir ama hepsiyle değil. Sonunda, ona hiç korkusu olmadan tüm mal varlığıyla güvenebilir. Bu son inanca "tam inanç" denir ve önceki formlar "eksik inanç" olarak değerlendirilir. Aksine, az ya da çok olsa da kısmi inançtır.

Benzer şekilde, günde manevi çalışmaya bir saat ayırır ve Yaradan'a inancı kadar çalışır. Bir başkası Yaradan'a inancının ölçüsüne göre iki saat ayırır. Üçüncüsü boş vaktinin bir dakikasını bile maneviyat ile iştigal edip çalışmadan geçirmez. Dolayısıyla, sadece sonuncusunun inancı tamdır, zira Yaradan'a tüm malvarlığıyla güvenir. Öncekilerin ise inançları eksiktir.

15. Bu nedenle, O'nun için değil için koşulundayken Maneviyat ve Islahlarla iştigal eden kişinin kalbinde Yaradan'a ve O'nun maneviyatına uygun şekilde inanç verilmediğini bilmesi dışında O'nun İçin koşuluna gelemeyceği derinlemesine açıklığa kavuşturulmuştur. Bunun nedeni ancak o zaman manevi ilmin içindeki Işığın kişiyi ıslah edecek olması ve kişinin "Kralın günü"nü edinecek olmasıdır ki bu tam Işık'tır.

Ancak, inancı olmayanlar yarasalar gibidir. Günün Işığına bakamazlar çünkü gündüz onlara gecenin karanlığından daha korkunç bir karanlığa dönüşmüştür, zira sadece gecenin karanlığında beslenirler.

Bu bağlamda, inancı olmayanların gözü Yaradan'ın Işığına kör edilmiştir, dolayısıyla, Işık onlara karanlık olur. Onlar için hayat iksiri ölüm iksirine dönmüştür. Onlarla ilgili Şöyle yazılmıştır: "Yaradan'ın gününü arzulayana yazıklar olsun! Neden onlar için Yaradan'ın günü, onlar için o gün ışık değil karanlıktır." Bu nedenle, kişi önce inancını tam yapmalıdır.

EDİNİMİN SAFHALARI

16. Bu Tosfot'da (Taanit sayfa 7) bir başka soruya da cevap verir: "Maneviyatı O'nun rızası için yerine getiren için Işık ona hayat iksiri olur. Ve Maneviyatı Kendi İçin yerine getiren için Işık ölüm iksiri olur." Şöyle sordular, "Ancak dediler ki 'Kişi her zaman maneviyatı uygulamalı, hatta Kendi İçin bile ve Kendi İçin'den O'nun İçin'e gelir.'"

Yukarıda açıklananlara göre, basitçe bölmeliyiz: Manevi ilim olan ıslahın metodunu çalışmanın sevabı için iştigal edenler ve ödül ve cezaya inananlar, ancak bunu Yaradan'a mutluluk getirme niyetiyle uygularsa ve kişisel-haz ve menfaat ile ilişkilendirmezlerse Yaradan'ın ıslah eden Işığı tarafından ıslah edilecek ve Yaradan adına denilen seviyeye gelecekler. Ve Manevi İlmi çalışmanın İyiliği için çalışmayanlar, çünkü bu anlamda ödül ve cezaya inanmıyordur ve bu konuda çabasını sadece kendi menfaati için gösterenler için Manevi İlim ölüm iksiri olur, zira o kişi için İlmin içindeki Işık karanlığa dönmüştür.

17. Dolayısıyla, öğrenci çalışmadan önce Yaradan'a ve O'nun ödül ve cezadaki rehberliğine inancını güçlendirmek için söz verir. Bilgelerimizin dediği gibi, "Ev sahibin çalışman için seni ödüllendirmeye yetkilidir." Kişi çalışmasını Maneviyatın Sevapları için olmaya hedeflemelidir ve bu şekilde ondaki Işığın hazzı ile ödüllendirilir. Kişinin inancı güçlenir ve bu Işığın devası ile büyür, şöyle yazıldığı gibi: "Göbeğine sağlık ve kemiklerine ilik olur" (Atasözleri 3:8).

O zaman Kendi İçin'den Yaradan İçin koşuluna geleceği için kişinin kalbi rahatlar. Dolayısıyla, kendisinin inanç ile ödüllendirilmediğini bilen bir kişinin bile maneviyatı çalışarak ümidi vardır.

Zira, Manevi çalışmayla kişi kalbini ve aklını Yaradan'a inancı edinmeye koyarsa bundan daha yüce sevap yoktur, bilgelerimizin dediği gibi, "Habakkuk geldi ve önemle belirtti: 'Erdemliler inançlarıyla yaşayacaklardır'" (Makkot 24).

Dahası, bundan başka tavsiye yoktur, şöyle yazıldığı gibi (Masehet Baba Batra sayfa 16a), "Kabalist şöyle dedi: 'Eyüp dünyayı yargıdan kurtarmak istedi. O'nun önünde şöyle dedi: 'Tanrım, Sen haktan yana olanları yarattın; Sen kötüleri yarattın; Sana kim engel oluyor?'"

Ve Raşi orada yorumluyor: "Erdemlileri iyi eğilim aracılığıyla yarattın. Günahkârları kötü eğilim aracılığıyla yarattın. Dolayısıyla, elinden kimse kurtulmadı, kim Sana boyun eğdirebilir ki? Kabul etmekte zorlananlar günahkârlardır." Ve Eyüp'ün dostları ne cevap verdiler? (Job 15:4) "Evet, korkudan kaçanlar ve Yaradan önünde bağlılığı azalanlara Yaradan kötü eğilimi yarattı ve manevi çalışmayı ona ilaç olarak yarattı."

Raşi şöyle yorumluyor: "Işığı yarattı, bu "kötü düşünceleri" ortadan kaldıran bir şifadır," şöyle yazdığı gibi (Kiduşin p30), "Eğer bu kötüyle karşılaşırsanız, onu dergâha getirin. Eğer sert ise orada yumuşar. Ancak ona baskı yapılmaz, çünkü kendi kendilerini kurtarabilirler."

18. Açıkçası, eğer şifayı aldıklarını söylüyorlarsa ve hâlâ günah düşünceleri varsa, yani hâlâ şüphedeler ise ve kötü eğilim henüz erimemişse kendilerini

yargılamaktan kurtulamazlar. Bunun nedeni onu Yaradan ve kötü eğilime gücünü veren Yaradan belli ki kötü eğilimi yavaş yavaş azaltacak ve top yekûn yok edecek ilacını ve devasını yaratmayı da biliyordu.

Ve eğer kişi maneviyatı çalışıyor ve kendisinden kötü eğilimi uzaklaştıramıyorsa, ya gereken çalışmada ve manevi çalışmayı uygulamasına çaba göstermekte ihmalkâr davranmıştır, şöyle yazıldığı gibi "Çalıştım ve bulamadım, inanmam," ya da belki kişi yeterli miktarda çaba göstermiş ancak nitelikte ihmalkâr olmuştur.

Bu onların maneviyatı çalışırken akıl ve kalplerini kişinin kalbine inanç getiren maneviyatın Işığını çekmeye koymadıkları anlamına gelir. Tersine maneviyatın temel koşulu olan ve inanç getiren Işığı unuttular. Ve ilk başta bunu hedeflemelerine rağmen çalışma sırasında akılları başka yöne kaydı.

Her iki şekilde de kişi zorlamayı öne sürerek haklılığından kurtulamaz, bilgelerimiz kesin bir biçimde "Kötü eğilimi yarattım; karşılığında manevi çalışmayı ilaç olarak yarattım" derler. Eğer bunda her hangi bir istisna olsaydı o zaman Eyüp'ün sorusu geçerli olurdu.

19. Şimdiye kadar açıklananlar ile Ari tarafından yorumlanan Kabalist Haim Vital'in Shaar HaHakdamot'a (Girişlerin Kapısı) girişindeki ve Hayat Ağacı'na girişteki büyük rahatsızlığını ortadan kaldırdım. Şöyle yazar, "Gerçekten de kişi diğer ilimleri çalışmadan önce gidip Kabala ilmini çalışacağım dememeli.' Çünkü bilgelerimiz şöyle demiştir, 'Kişi karnını şarap ve etle doldurmadan PARDESS'e girmemelidir.'"

Bu bedensiz bir ruh gibidir: 613 Islahla Maneviyatın Islahlarında bütün olarak bir bedenle bağlantısı olmadan ödül ya da aksiyon ya da düşüncesi yoktur.

Tersine, kişi ilimleri ve kanunları bilmek ile iştigal ettiğinde ve maneviyatın sırlarına ve gizemlerine katılmadan ve onunla birlikte aydınlanan bir ruhu, Yaradan'ın ışığı olmadan tıpkı karanlıkta oturan bir beden gibidir. Dolayısıyla, beden kurudur ve yaşam kaynağını çekmez.

Bu nedenle, maneviyatı O'nun İçin uygulayan bir öğrenci aklının müsamaha ettiği kadarıyla önce diğer ilimleri çalışmalıdır. Daha sonra, gerçeğin ilminde Yaratıcısını öğrenmeyi araştıracaktır.

Tıpkı Kral Hz. Davut'un oğlu Hz. Süleyman'ın emrettiği gibi: "babanın Yaradan'ını öğren ve O'na hizmet et." Ve eğer kişi eski kaynakları çalışmayı zor ve ağır bulursa bu kitaplarda şansını denedikten sonra bırakmalı ve gerçeğin ilmiyle iştigal etmelidir.

Şöyle yazılmıştır: "Beş yıl içinde çalışmasında iyi bir şey görmeyen öğrenci daha da göremeyecektir" (Hullin sayfa 24). Dolayısıyla, çalışmanın kolay geldiği her kişi her gün çalışmasının bir iki saatini kuralları çalışmaya ayırmalıdır ve kanunların aslındaki soruları açıklayıp yorumlamalıdır.

20. Bu sözler çok kafa karıştırıcı gelebilir: şöyle diyor, kişi aslını çalışmada başarılı olmadan önce gerçeğin ilmiyle ilgilenmelidir. Bu onun daha önceki manevi ilmin

aslı olmadan Kabala ilminin hareketi, düşüncesi ya da ödülü olmayan bedensiz bir ruh gibi olduğu sözleriyle ters düşüyor.

İyi bir işaret görmemiş öğrenciyle ilgili ifadesi daha da kafa karıştırıcı, zira bilgelerimiz bu durumda kişinin çalışmayı bırakmasını söylediler. Ancak, elbette ki bu kişinin kendisini incelemesi ya da başka bir Kabalist ya da başka bir bölümü denemesiyle ilgili uyarıdır. Ancak şüphesiz manevi çalışmayı bırakmamalıdır, hatta ilmin aslını da.

21. Kabalist Haim Vital ve Gimara'nın sözlerinden bunu anlamak daha da zordur. Onların sözlerinde kişinin manevi ilmi edinmek için bazı özel hazırlıklar ya da erdeme ihtiyacı olduğu ima ediliyor. Bununla beraber bilgelerimiz (Midraş Raba, Bölüm "Ve Kutsama Budur") da şöyle dediler: "Yaradan halka şöyle dedi: 'Dinleyin, tüm bilgelik ve tüm manevi çalışma kolaydır: tüm bilgelik ve tüm maneviyat Benden korkan ve yazılanları yerine getiren kişinin kalbindedir.'"

Bu nedenle burada önceden bir erdeme ihtiyacımız yoktur ve sadece Yaradan korkusu erdemiyle ve Islahları yerine getirmekle kişiye Manevi dünyaların tüm bilgeliği bahşedilir.

22. Gerçekten de, eğer Kabalist Haim Vital'in sözlerini incelersek önümüzde ilahi yıldızlar gibi açıklığa kavuşacaktır. "Bu ilimde şansını denedikten sonra bırakması daha iyidir" sözleri akıl ve bilgelikteki şanstan bahsetmiyor. Tersine, yukarıda açıklamasını yaptığımız gibi "Kötü eğilimi yarattım; karşılığında maneviyatı ilaç olarak yarattım" da olduğu gibidir. Bunun anlamı kişi araştırmasına ve ifşa edilen yazılı vecibeleri yerine getirmeye çaba sarf etmesine rağmen kötü eğilim hâlâ güçlü ve hiçbir şekilde erimemiştir. Bunun nedeni Raşi'nin yukarıda "karşılığında maneviyatı ilaç olarak yarattım" sözleriyle açıkladığı gibi "kişinin günah düşüncelerinden hâlâ kurtulamamış olmasıdır.

Dolayısıyla, kişinin geleneksel kuralların dışsallığı üzerine çalışmayı bırakmasını ve gerçeğin ilmiyle iştigal etmesini tavsiye ediyor, zira yazılı geleneksel kurallarla uğraşmaktansa gerçeğin ilmine çaba sarf ederek ve uygulayarak manevi ilmin Işığını çekmek daha kolay. Sebep çok basit: yazılı kurallar dışsallıkla, hırsızlık, haksızlık, soygunculuk vs. gibi fiziksel giysilerle örtülmüştür. Bu nedenle kişinin bu kuralları Işığı çekmek için çalışırken aklını ve kalbini Yaradan'a yönlendirmesi zor ve ağırdır.

Hatta geleneksel kuralların dışsallığı üzerinde çalışılması bu kişi için daha ağır ve meşakkatlidir. Çalışırken Yaradan'ı nasıl aklında tutabilir, zira çalışma fiziksel konularla ilgili ve kişiye Yaradan'ı niyet edinmekle aynı anda gelemez.

Dolayısıyla, Kabala ilmini çalışmayı tavsiye eder, çünkü bu ilim tamamen Yaradan'ın isimleriyle örtülüdür. O zaman kişi en yavaş öğrenci bile olsa ders esnasında kolaylıkla aklını ve kalbini Yaradan'a yönlendirebilir. Bunun nedeni bu ilmin konusunun ve Yaradan'ın aynı ve tek şeyler olmasıdır ve bu gayet basit.

23. Dolayısıyla, Gimara'nın sözleriyle bunu kanıtlıyor: "Beş yıl içinde çalışmasında iyi bir şey görmeyen öğrenci daha da göremeyecektir." Kişi neden çalışmasında iyi

bir işaret görmez? Elbette ki, yeteneksizliğinden değil sadece kalbindeki niyetin eksikliğindendir, zira manevi ilim yetenek gerektirmez.

Tersine yukarıda yazıldığı gibidir: "'Dinleyin, tüm bilgelik ve manevi öğreti kolaydır: tüm bilgelik ve tüm maneviyat Benden korkan ve ilmin sözlerini yerine getiren kişinin kalbindedir."

Elbette, kişi kendisini ahlaki değerlerin sevabına alıştırmalıdır ancak ne kadar alıştırabileceğini bilmiyorum. Kişi tüm yıllarını bekleyerek geçirebilir. Bu nedenle Braita bizi beş yıldan fazla beklememek üzere uyarır (Hulin 24).

Dahası, Kabalist Yossi, Manevi İlmin edinimi bahşedilmesi için üç yılın yeterli olduğunu söylüyor. Eğer kişi bu süre içinde iyi bir işaret görmezse, kendisini yanlış ümitlerle kandırmamalı ve aldatmamalı, ancak bilmelidir ki asla iyi bir işaret göremeyecektir.

Dolayısıyla, kişi kendisine O'nun için'i gerçekleştirmekte başarılı olmak ve ilmin Işığıyla bahşedilmek için vakit kaybetmeden iyi bir taktik bulmalıdır. Braita taktiği belirtmez ancak aynı koşulda kalarak daha fazla beklememek konusunda uyarır.

Kabalist'in sözlerinin anlamı budur, en emin ve en başarılı taktik Kabala ilmini çalışmaktır. Kişi elini tamamen dışsallıkla ilgili kuralları çalışmaktan çekmelidir, çünkü zaten bunda şansını denemiş ve başaramamıştır. Ve zamanının tamamını başarısının kesin olduğu Kabala ilmine adamalıdır.

24. Bu çok basittir çünkü bu sözlerin gerçeğin ilmini çalışmakla, kişinin bilfiil çalışması gereken her hangi bir şeyle ilgisi yoktur, zira "cahiller değildir dini bütün olan ve yanlış bir öğreti kötülük yapar ve bir günah pek çok sevabı yok eder." Bu nedenle, çalışmasında başarısızlığa uğramamak için kişinin bunları tekrarlaması gerekliliktir.

Ancak, burada sadece yasaların yorumlarından ortaya çıkan soruları açıklamak ve irdelemekte Kabalist Haim Vital'in ifşa olan manevi yazıların çalışılmasından kendi çıkardığı sonuçlardan bahsediyor. Geleneksel ahlaki ve dini vecibeler ve kurallardan bahsetmiyor.

Aslında, burada müsamahakâr olup orijinalden değil özetlerden çalışma mümkün. Ancak, bu da derin bir öğrenme gerektiriyor, zira orijinali öğrenmek kısaltmaların olduğu özetten öğrenmek gibi değil. Bunda hata yapmamak için Kabalist Haim Vital sözlerinin başında ruhun bedene sadece 613 Islahlarda, Manevi Eylemlerinde ıslah olduğunda bağlandığını söylüyor.

25. Şimdi girişin başında sunduğumuz tüm soruların tamamen akılsızca olduğunu görüyorsunuz. Bunlar masum ruhları avlamak, yoksun bırakılıp kötüye kullanılarak dünyadan azletmek için kötü eğilimin engelleridir.

Dünyevi davranışları, Kabala ilminin bilgeliği olmadan uygulayabileceklerini hayal ettikleri ilk soruyu inceleyin. Onlara şöyle diyorum: Aslında, Maneviyat ve Islahları incelemeyi O'nun için koşulunda gerçekleştirebiliyorsanız, yani Yaradan'a mutluluk vermek için, o zaman gerçekten de Kabala çalışmanıza gerek yok. Bunun nedeni o zaman sizinle ilgili olarak "Kişiye ruhu öğretecektir" denilir. Çünkü o zaman maneviyatın tüm sırları önünüzde bereketli kaynaklar gibi görünecektir, Kabalist Meir'in Mişna'daki sözleri gibi, kitaplardan yardıma ihtiyacınız kalmayacak.

Ancak, hâlâ Kendin için öğreniyorsanız fakat bunun vasıtasıyla O'nun rızası için koşulunu hak etmeyi umuyorsanız o zaman size sorarım: "Kaç senedir bunu yapıyorsunuz?", Tana Kama'nın dediği gibi beş yılın içindeyseniz, ya da Kabalist Yossi'nin dediği gibi üç yılın içindeyseniz o zaman bekleyip ümit edebilirsiniz.

Ancak, geleneksel vecibeleri üç yıldan fazladır Kendin için uyguluyorsanız Kabalist Yossi, ve beş yıl ise Tana Kama, Braita şöyle diyor yürüdüğünüz yolda iyi bir işaret görmeyeceğinizle ilgili uyarıyor! Kabala ilmi çalışmak gibi bu kadar yakın ve emin taktikler varken neden ruhlarınızı yanlış umutlarla aldatıyorsunuz, nedenini yukarıda gösterdiğim gibi bu ilmin konularını çalışmak ve Yaradan'ın Kendisi birdir?

26. Kişinin karnını geleneksel ahlak ve vecibelerin öğretildiği kaynaklarla doldurması sorusunu da hep birlikte inceleyelim. Herkes bununla hem fikir. Ancak, bunların hepsi eğer O'nun rızası için ya da hatta Kendin için öğrenmek size bahşedildiyse, eğer hâlâ üç ya da beş yıl içindeyseniz doğrudur. Ancak bu süreden sonra Braita asla iyi bir işaret görmeyeceğiniz konusunda uyarıyor, dolayısıyla başarınızı Kabala çalışarak denemelisiniz.

27. Gerçeğin ilminin iki kısmı olduğunu bilmemiz lazım: "İlmin (Işığın) sırları" denilen ilki bilge bir Kabalist'ten kendi aklıyla anlayan bir öğrenciye dolaylı olmanın dışında sunulmamalıdır. Maase Merkava ve Maase Bereşeet de bu kısma aittir. Zohar'ın bilgeleri bu kısımdan "ilk üç Sefirot, Keter, Hohma, Bina" olarak bahsederler ve buna ayrıca "Partzuf'un (ruh/yüz) Roş'u (baş)" da denir.

İkinci kısma "Maneviyatın tatları" denir. Bunları açıklamaya izin verilmiştir ve gerçekten de bunu yapmak yüce bir Sevaptır. Zohar bundan "Partzuf'un yedi alt Sefirot'u" olarak bahseder ve ayrıca Partzuf'un Guf'u (beden) olarak adlandırılır.

Her bir Partzuf de Kutsallık (Kutsi Partzuf'u / Ruh) on Sefirot'tan oluşur. Bunlara Keter, Hohma, Bina, Hesed, Gevura, Tiferet, Netzah, Hod, Yesod, Malhut denir. İlk üç Sefirot, "Partzuf'un Roş'u" ve yedi alt Sefirot "Partzuf'un Guf'u" olarak adlandırılır. Alt seviyedeki bir kişinin ruhu bile yukarıda adlandırıldığı gibi on Sefirot'u içerir, ayrıca hem üst hem de alt seviyelerdeki tüm izlenimlerde de vardır.

Partzuf'un Guf'u olan on alt Sefirot'un "Işığın tatları" olarak adlandırılmasının nedeni "ve damak yiyeceği tadar" sözüdür. Roş denilen ilk üç Sefirot altındaki isimlere Taamim (lezzetler) ve Malhut de Roş'a (Baş'ın Malhut'u) Heh (damak) denir.

Bu nedenle bunlara Işığın'ın Taamim'i denir. Bu Malhut de Roş olup tüm Taamim'in kaynağı olan Roş'un damağında ortaya çıktıkları anlamına gelir. Bundan aşağısını ifşa etmek yasak değildir. Tersine, bunları ifşa edenin ödülü ölçülemez ve sınırsızdır.

Ayrıca, İlk üç Sefirot ve bu yedi alt Sefirot bölünebilen hem genel hem de en özel parçalarda bulunurlar. Bu nedenle, Asiya dünyasının sonundaki Malhut'un İlk üç Sefirot'u bile ifşa edilmeyecek olan "Işığın sırları" kısmına aittirler. Ve Atzilut'daki Roş'un Keter'indeki yedi alt Sefirot "Işığın'ın Taamim" i kısmına aittir ki bunların ifşa edilmesine izin verilmiştir ve bunlar Kabala kitaplarında yazar.

28. Bu sözlerin kaynağını Mişna Pesahim'de (sayfa 119) yazıldığı gibi (Isaiah 23) "Ve elde ettiği şey verebilmektir, Yaradan için kutsal olan, kişinin hazine olması ve özel olması değil, kişinin kazancı Yaradan'ın huzurunda olabilmek, bundan doyum almak ve bu görkemli kutsallıkla kıyafetlenmektir" bulacaksınız. "Görkemli kutsallıkla kıyafetlenmek" ne demektir? Bunlar Atik Yomin'in kıyafetlendirdiği şeydir. Peki, bunlar nelerdir? Işığın sırlarıdır. Başkaları bunların Atik Yomin'in ifşa ettiği şeyler olduğunu söylerler. Peki, bunlar nelerdir? Işığın tatlarıdır."

RASHBAM şöyle yorumluyor, "Atik Yomin Yaradan'dır", "ve Atik Yomin oturur" dediği gibi. Işığın sırları Maase Merkava ve Maase Bereşeet'dir. "İsim" in anlamı şöyle yazıldığı gibidir, "Bu sonsuzs dek Benim İsmim." Kıyafetlenmek, O'nun bunları herkese vermediği sadece kalpleri hevesli olanlara verdiği anlamına gelir. "Atik Yomin'in kıyafetlendirdiği şeyleri ifşa eden şey budur", baştan örtülü olan Işığın sırlarını örtmek ve Atik Yomin'in onları ifşa ettiği ve ifşa edilmesine izin verdiği anlamına geliyor. Ve bunları ifşa eden kişiye bu beyitte söylediği şey bahşedilir.

29. Şimdi Işığın sırlarının arasındaki büyük farkı, onları gizlemekle ve ifşa etmemekle edindikleri bu büyük ödülü görebilirsiniz. Ve bu edinenlerin başkalarına ifşa etmekten dolayı büyük ödülü aldıkları Işığın Taamim'ine terstir.

İlk görüşle uyuşmazlık yoktur bu sadece farklı anlamlarının incelenmesidir. Lişma Kama sonunu "kutsal giysi" diyerek belirtiyor. Zira büyük ödülü edinmeyi Işığın sırlarını örtmek olarak yorumluyorlar.

Başkaları, bunun başlangıç olduğunu söylüyorlar, şöyle yazıldığı gibi "doyana kadar yiyin", yani Işığın Taamim'ini kastediyorlar, yine "ve damak yiyeceğini tadar" şeklinde yazıldığı gibi. Bunun nedeni Taamim'in Işıklarının "yemek" anlamına gelmesidir, dolayısıyla, makalede bahsedildiği gibi Işığın Taamim'ini ifşa eden kişiyi büyük ödülü edinmiş olarak yorumlamalarıdır. (Aralarında uyuşmazlık yok, ancak biri Işığın sırlarından diğeri ise Işığın Taamim'inden bahsediyor.) Bununla beraber, her ikisi de Işığın sırlarının örtülü kalması ve Işığın Taamim'inin ifşa edilmesi gerektiğini düşünüyor.

30. Böylece, girişteki dördüncü ve beşinci sorularla ilgili açık bir cevabınız var. Bilgelerin ve kutsal kitapların sözlerinde bulduğunuz ise İlk üç Sefirot ve Roş'la ilgili "Işığın sırlarını" içeren kısmın sadece hevesli bir kalbe verilmesidir, yani gizleyenlere ve sadece belli koşullarda verilmesidir, tüm Kabala kitaplarında bile bunlarla ilgili yazılı her hangi bir işaret bulamazsınız, çünkü bunlar Atik Yomin'in gizledikleridir.

EDİNİMİN SAFHALARI

Dahası, tüm kutsal ve meşhur erdemlileri düşünmek ya da hayal etmek mümkün mü söyleyin, ki bunlar RAMBAM'dan Baal HaTurim ve Baal Shulhan Aruh'a, Vilna Gaon'dan (GRA) Ladi Gaon'a kadar Sefer Yetzira (Yaratılış Kitabı), Zohar Kitabı , Kabalist İşmael'in Braita'sı, Kabalist Hai Gaon, Kabalist Hamai Gaon, Garmiza'lı Kabalist Elazar ve Rişonim'in (ilkler) diğerleri, gibi ulusun en yüceleri ve en iyileridir.

Onlardan Yaradan tarafından lütuflandırılmak için hangi fiziksel vecibeleri yapmamız gerektiğini açıkça ifşa edilen tüm kısımlarından aldık ve onların sözleriyle yaşıyoruz. Hepsi Kabala İlmi'yle ilgili kitaplar yazdılar ve bastılar. Ve yazarının kitabı kimin okuduğunu bilmediği bir kitap yazmaktan daha büyük bir ifşa yoktur. En kötülerin kitabı irdelemeleri gayet mümkün. Dolayısıyla, Işığın sırlarını ifşa etmenin bundan daha büyük bir yolu yok.

Ve Masehet Hagigah'da ifşa edilmesi yasak olarak yazıldığı gibi kutsal ve saf olanların sözlerinden şüphe etmemeliyiz.

Tersine, tüm yazılan ve basılan kitaplar Atik Yomin'in önce gizlediği ve sonra ifşa ettiği Işığın Taamim'i olarak görülür, "ve damak yemeği tadar" şeklinde yazıldığı gibi. Bu sırları ifşa etmek yasak olduğu gibi, tersine onları ifşa etmek de çok büyük bir sevap.

Nasıl ifşa edileceğini bilen ve ifşa eden kişinin ödülü büyüktür. Bunun nedeni bu Işıkları insanlara ve özellikle kitlelere ifşa etmek Mesih'in bizim zamanımızda, önümüzdeki günlerde gelmesine bağlıdır.

31. Zohar'da ve tüm Kabala kitaplarında sıkça bahsedildiği gibi Mesih'in gelişinin neden büyük halk kitleleri tarafından Kabala çalışılmasına bağlı olduğunu çok iyi anlamamız lazım. Halk bunu çoktan anlamsızca tartıştı ve artık dayanılmaz hale geldi.

Bu konunun açıklaması Zohar'ın (Tikun 30) Tikkunim'inde (ıslahlar) ifade edilmiştir. Sadeleştirilmiş çeviri: Kutsilik sürgüne gittiği zaman maneviyatla ilgilenenlere onun ruhu eser. Hepsi saman yiyen hayvanlar gibiler, her yaptıkları lütfu kendileri için yaparlar. Fiziksel vecibeleri çalışanlar bile, her yaptıkları lütfu kendileri için yaparlar. O zaman ruh terk eder ve dünyaya dönmez. Bu Mesih'in ruhudur.

Mesih'in ruhunun ayrılıp dünyaya gelmemesine neden olanların başına kötü şeyler gelir. Maneviyatı kuruturlar ve Kabala İlmi'ne girmek istemezler. Bu kişiler ilmin farklılaşmasına neden olurlar ki bu HaVaYaH ismindeki Yud'un ayrılmasına neden olur.

Mesih'in ruhu terk eder, kutsallığın ruhu, bilgelik ve anlayışın ruhu, akıl ve yüceliğin ruhu, bilginin ruhu ve Yaradan korkusu. "Ve Yaradan dedi ki: 'Işık olsun.'" Bu, sevginin Işığı'dır, Merhametin Işığıdır, şöyle yazıldığı gibi: "Sizi ebedi aşkla sevdim."

Bununla ilgili şöyle yazar, "eğer gözlerin açılır ve eğer sevgiyi arzulayana dek uyandırırsan…" o zaman bu sevgi ödül almak için değildir. Bunun nedeni korku ve sevgi ödül almak için olursa bir hizmetçidir… "Hanımının varisi olan bir hizmetçi."

32. Zohar'ın Tikkunim'ini baştan sona açıklamaya başlayacağız. Şöyle diyor, ödül almak için Maneviyat ve Islahları çalışanların sahip olduğu korku ve sevgi, yani burada vecibeleri çalışmada bir çıkar elde etme umudu vardır, bir hizmetçi kabul edilir. Bununla ilgili şöyle yazar, "Hanımının varisi olan bir hizmetçi."

Bu görünüşte biraz kafa karıştırıcıdır zira şöyle yazılmıştır: "Kişi Kendi için bile olsa her zaman Maneviyat ve Islahları çalışacaktır" ve neden "yeryüzü titrer?" Ek olarak Kendi için çalışmanın hizmetçiyle bağlantısını ve hanımının varisi olduğu benzetmesini anlamamız lazım. Burada ne gibi bir miras vardır?

33. Konuyu yukarıda giriş bölümünde açıklanan her şeyle anlayacaksınız, Kendi için çalışmaya izin vermediler, Kendi için çalışmaya sadece Kendi için çalışmaktan O'nun için çalışmaya gelindiği için izin verdiler, zira içindeki Işık ıslah eder. Dolayısıyla, Kendi için çalışmak, hanımına, Kutsallığa, yardım eden, onu destekleyen ve küçük işlerini yerine getiren bir hizmetçi olarak değerlendirilir.

Bunun nedeni kişinin sonunda O'nun için çalışmaya gelecek olması ve Kutsallığın ilhamının ona verilecek olmasıdır. O zaman, Kendi için çalışan hizmetçi de kutsal bir hizmetçi addedilir, zira Kutsallığın Asiya dünyası olarak addedilse de kutsallığı desteklemekte ve hazırlamaktadır.

Ancak, kişinin inancı tam değilse ve maneviyatla ilgilenmiyorsa ya da sadece Yaradan emrettiği için çalışmıyorsa yukarıda da gördüğümüz gibi böyle bir çalışmada Işık yoktur. Bunun nedeni kişinin gözlerinin bozulmasıdır, tıpkı yarasa gibi Işığı karanlığa çevirir.

Böyle bir çalışma Kutsiliğin hizmetçisi olarak değerlendirilmez çünkü kişi bununla O'nun için koşulunu edinemez. Bu nedenle, ilmi ve çalışmayı miras alan ancak onları kendisi için çalan Klipa'nın (kötü eğilim/ kabuk) hizmetçisinin boyunduruğuna girer.

Dolayısıyla, "yeryüzü titrer", yani "yeryüzü" olarak adlandırılan Kutsallık. Böyle olmasının nedeni Kutsallığın varlıkları olarak kişiye gelmesi gereken manevi ilim ve çalışma kötü hizmetçi tarafından çalınarak Klipot'un (kötü eğilimler/ kabukların) varlığı yapılır. Böylece, hizmetçi hanımının varisi olur.

34. "Eğer gözlerin açılır ve eğer sevgiyi arzulayana dek uyandırırsan..." yeminini Zohar'ın Tikkunim'i yorumlar. Kesin olan Yaradan'a yönelenlerin "Merhamet Sevgisi" olarak adlandırılan Üst Hesed (Merhamet) Işığını çekecek olmasıdır, zira arzulanan da budur. Bu özellikle ödül almamak niyetiyle manevi çalışma ve arınma ile ilgilenmektedir. Bunun nedeni Üst Bilgeliğin Işığı'nın halka bu Merhamet Işığı vasıtasıyla ulaşmasıdır, ortaya çıkan ve örten bu Merhamet Işığı ile insanlar gelişir.

Ve bu Bilgelik Işığı "Ve Kralın ruhu onun üzerinde olur, ilim ve anlayışın ruhu, akıl ve yüceliğin ruhu, bilgelik ve Kral'dan korkmanın ruhu". Kral Mesih ile ilgili şöyle denir: "Ve O uluslar için bir alamet hazırlayacak ve dağılan halkı toplayacak ve yeryüzünün dört köşesine dağılmış parçalarını bir araya getirecek." Bunun nedeni şudur, Merhamet Işığı vasıtasıyla halk Bilgelik Işığı'nı büyüttükten sonra Mesih ortaya çıkar ve dağılmış halkı bir araya getirir.

EDİNİMİN SAFHALARI

Dolayısıyla, her şey maneviyatı uygulamak ve O'nun için koşulunda çalışmaya bağlıdır ki Bilgelik Işığı'nın bürünerek uzandığı Merhamet Işığı büyüyebilsin. "Eğer gözlerin açılır ve eğer sevgiyi arzulayana dek uyandırırsan..." yemininin anlamı budur. Bu böyledir çünkü günahlardan tam kurtuluş ve sürgünleri bir araya getirmek bu olmadan mümkün değildir, çünkü kutsallığın kanalları bu şekilde düzenlenmiştir.

35. Ayrıca, "ve Yaradan'ın ruhu suların yüzeyi üzerinde gezindi" sözlerini de yorumladılar. "Yaradan'ın ruhu" nedir? Sürgünde halk manevi vecibeleriyle hâlâ kendi menfaatleri için uğraşırken, çünkü eğer bu durumdalar ise Yaradan için değil (O'nun için değil için koşulundan) koşulundan Yaradan için (O'nun için çalışmaya) koşuluna gelinir, o zaman sürgünde olsalar bile zira O'nun için çalışmaya gelmemişlerdir, Kutsallık aralarında olur.

Kutsallık gizli olduğunda makalenin anlamı budur. Bununla beraber, Kutsallığın ifşasını edinmek zorundalar ve ondan sonra Kral Mesih'in ruhu çalışmanın üzerinde kalır ve onları, şöyle yazıldığı gibi "içindeki Işık onları ıslah eder" O'nun için çalışmaya getirir. O, hanımı olan Kutsallık ilhamı için yardım eder ve hazırlar.

Fakat, bu O'nun için değil koşulundaki öğreti onları O'nun için çalışmaya getirmek için uygun değilse, Kutsallık pişman olur ve şöyle der: insanın yukarı doğru yükselen ruhu maneviyatı çalışanlar arasında bulunmamaktadır. Tersine, ruhları Maneviyat ve Islahlar çalışmayı sadece kendi menfaat ve hazları için yapan, aşağı inen hayvansal ruhu için yeterlidir.

Maneviyatı çalışmak onları O'nun için çalışmaya getiremez zira Mesih'in ruhu onların üzerinde gezinmez, onları bırakır ve dönmez çünkü saf olmayan hizmetçi onların maneviyatını çalar ve hanımından miras alır, zira Kendi için çalışmaktan O'nun için çalışmaya gelme yolunda değillerdir.

Ahlaki ve dini vecibeleri çalışarak başarılı olamasalar da, zira içinde Işık yoktur ve zihinlerinin küçüklüğünden dolayı kurudur, yine de Kabala çalışarak başarabilirler. Bunun nedeni içindeki Işığın Yaradan'ın – Kutsal İsimlerin ve Sefirot'un – kıyafetlerine bürünmüş olmasıdır. Onlar kolaylıkla kendilerini O'nun için çalışmaya getirecek forma gelebilirler ve o zaman Yaradan'ın ruhu onların üzerinde olur, "içindeki Işık ıslah eder" denildiği gibi.

Ancak onların Kabala çalışma arzuları hiç yoktur. Ve bu nedenle dünyada yoksulluk, çapulculuk, yıkım, ölüm ve felakete neden olurlar zira Mesih'in ruhu, kutsallığın ruhu, ilim ve anlayışın ruhu terk eder.

36. Zohar'ın Tikunim'inin (Islahlar'ın) sözlerinden anladığımız kadarıyla insan ödül alma niyeti olmadan sadece Yaratıcısına mutluluk ihsan etmek için manevi çalışmada olmadığı sürece Merhamet Işığı ve sevginin dünyada uyanmayacağına dair bir kanun vardır.

"Size yalvarıyorum selametin çocukları" sözünün anlamı budur.

KABALA BİLİMİ

Dolayısıyla, çektiğimiz sürgün ve ıstırabın süresi bize bağlıdır ve Maneviyat ve Islahları O'nun için koşulunda uygulamayı hak etmemizi bekler. Ve sadece bunu edinirsek büyüme gücü olan bu Sevgi ve Merhamet Işığı anında uyanır, şöyle yazıldığı gibi: "Ve bilgelik ve anlayış ruhu kişinin üzerinde olur." O zaman bize tam kurtuluş bahşedilir.

O yüce arılığa halkın tamamı için en uygun ve en kolay yol olan Gerçeğin İlmini çalışmadan ulaşmanın mümkün olmadığı da açıkça belirtilmiştir.

Bununla beraber, insanların çoğunluğu için sadece seçilmiş birkaç kişi ve büyük çaba haricinde ifşa olan manevi ilmi çalışırken bunun vasıtasıyla ödüllendirilmek de mümkün değildir (Madde 24'de açıklanan nedenden dolayı). Bu girişteki dördüncü ve beşinci soruların alakasızlığını bütünüyle açıklıyor.

37. Kişinin ters dönmesi korkusu olan üçüncü soruyla ilgili olarak da, burada hiç korku diye bir şey yok. Çünkü daha önce Yaradan'ın yolundan sapma iki nedenle ortaya çıktı: Onlar ya bilgelerimizin ifşa etmelerinin yasak olduğu sözünden çıktılar, ya da Manevi İlmin sözlerini suni anlamlarıyla, fiziksel talimatlar olarak algılayarak "Kendinize putlar yapmayacaksınız" sözüne karşı geldiler.

Bu nedenle, bu güne kadar bu ilmin etrafında güçlü bir duvar olmuştur. Pek çok kişi çalışmaya başlamayı denedi ancak sadece fiziksel adlandırmalardan ve anlayış eksikliğinden devam edebildi. Bu nedenle Ari'nin büyük Hayat Ağacı kitabını yorumlayabilmek, fiziksel formları soyut yapabilmek ve onları zaman ve yerin ötesinde manevi yasalar olarak oluşturabilmek için Panim Meirot ve Panim Masbirot'u yorumlamaya çalıştım. Böylece yeni gelen bir kişi bile konuları, nedenlerini ve açıklamaları açık bir akıl ve çok basitlikle anlayabilir, kişinin Raşi'nin yorumlarıyla Gimara'yı anlaması gibi.

38. Maneviyat ve Islahları O'nun için koşulunda uygulama üzerinde biraz daha duralım. "O'nun için koşulunda Tora" adını anlamamız lazım. Neden arzu edilen ve çalışmanın tamamı Lişma adıyla anılırken arzu edilmeyen çalışma Lo Lişma olarak anılıyor?

Asıl anlamı kalbini kendisine değil Yaratıcısına mutluluk verme amacıyla Maneviyat ve Islahlar çalışmaya yönlendiren kişi anlamına geliyor ve buna O'nun adına maneviyatı çalışmak ve diğerine de Kendi için maneviyatı çalışmak yani Yaradan adına değil olarak bahsedilir. O zaman manevi ilmin çalışılmasında O'nun rızası için ya da kişinin Kendi rızası için çalışma tanımları yapılıyor.

Elbette burada daha önce bahsedilenden daha fazlasını anlamak gerekiyor, zira Yaratıcısına memnuniyetlik vermek kişinin Kendisi için çalışmasında, kişinin çalışmasının hâlâ yetersiz olduğunu kanıtlıyor. Tersine çalışma O'nun rızası için olmalı. Bu konu açıklama gerektiriyor.

39. Konu şu ki manevi ilim ismi "Hayatın ilmi/ ışığı" olarak bilinir, şöyle yazılmıştır; "Onları bulanlar için yaşam olurlar" (Atasözü, 4:22); "Zira sizin için boş bir şey

değildir çünkü hayatınızdır" (Deuteronomy 32:47). Dolayısıyla, O'nun için koşulunda Işığın anlamı Maneviyat ve Islahları çalışmanın kişiye yaşam ve uzun günler getirmesidir ve o zaman adı Hayat gibidir.

Ve daha önce bahsedilene kalbini ve aklını yönlendirmeyen kişi için Maneviyat ve Islahlar çalışmak hayatın zıddını ve uzun günler getirir, yani tamamen Kendi için olma anlamına gelir, zira adı "Hayatın Işığı"dır. Bu sözler bilgelerimizin (Taanit 7a) sözlerinde açıklık kazanır, "Maneviyatı Kendi için çalışan kişi için maneviyat ölüm iksiri olur ve ilmi O'nun için koşulunda çalışan kişi için çalışması yaşam iksiri olur."

Ancak, bu kutsal çalışmanın nasıl ve ne şekilde kişi için ölüm iksiri olduğunu anlamak için bu sözler açıklama gerektiriyor. Kişinin çalışması ve çabası boş olduğu gibi bu çalışma ve uğraştan bir fayda da sağlamaz, hatta Tora ve çalışmanın kendisi kişi için bir ölüm iksiri haline gelir. Bu gerçekten de kafa karıştırıcı.

40. Öncelikle, bilgelerimizin sözlerini (Megillah 6b) anlamamız lazım, onlar şöyle dediler "Çaba harcadım ve buldum – inanın. Çaba harcamadım ve buldum – inanmayın."

"Çaba harcadım ve buldum" sözlerini sorgulamalıyız; birbirlerine tezat gibiler, zira çabalamak kişinin sahip olmayı arzuladığı şey için çalışması ve gayretiyle ilgilidir. Önemli bir şeye sahip olmak için kişi büyük çaba sarf eder, daha az bir şeye sahip olmak için az çaba harcar.

Bulgu bunun tersidir. Dolayısıyla davranışlar kişiye kayıtsızca ve çalışma, emek ve ödentiye hazırlıksız gelmelidir. Öyleyse, nasıl "çaba harcadım ve buldum" dersiniz? Ve eğer burada çaba varsa "çaba harcadım ve satın aldım" ya da "çaba harcadım ve edindim" vs. demeli, "çaba harcadım ve buldum" değil.

41. Zohar'da bununla ilgili şöyle yazıyor, "Beni arayanlar Beni bulacaklar" ve sorar "Kişi Yaradan'ı nerede bulur?" Yaradan'ın sadece manevi ilimde bulunduğunu söylediler. Bir de "Aslında Kendisini gizleyen bir Yaradan'ımız var" sözleriyle ilgili olarak Yaradan Kendisini Kutsallıkta gizlemiştir denir.

Bu sözleri iyice anlamamız lazım. Yaradan maneviyatın dışında olan sadece fiziksel şeylerde ve hareketlerde ve bu dünyanın tüm anlamsız şeylerinde gizlenmiş gibi görünüyor. Öyleyse bunun tersini yani Kendisini manevi çalışmada gizlediğini nasıl söylersiniz?

Bir de genel bir anlam vardır, Yaradan Kendisini aranıp bulunacağı şekilde gizlemiştir; peki O'nun bu gizliliğe neden ihtiyacı var? Ve ayrıca "O'nu arayan herkes O'nu bulacaktır," deniliyor, bunu da "Beni arayanlar Beni bulacaklar" sözlerinden anlıyoruz. Bu arama ve bulma işini derinlemesine anlamalıyız, ne olduklarını ve neden olduklarını.

42. Gerçekten de Yaradan'a olan muazzam mesafemiz ve O'nun arzusunu çiğnemeye bu kadar meyilli olmamızın tek sebebi var ki bu tüm ızdırap ve çektiğimiz acıların ve sınıfta kaldığımız günahların ve hataların kaynağıdır.

Açıkçası, bu nedeni ortadan kaldırarak tüm ızdırap ve acıdan anında kurtuluruz ve derhal kalpte, ruhta ve yücelikte O'na tutunma ile bahşediliriz. Ve size şunu söylemeliyim ki ilk neden "O'nun Yaratılanları üzerindeki İlahi Takdirini anlama eksikliği"nden başka bir şey değildir, yani O'nu tam olarak anlamıyoruz.

43. Mesela, Yaradan Yaratılanlarına karşı açık İlahi Takdir oluştursaydı, örneğin yasak bir şeyi yiyen kişi anında boğulsaydı ve her hangi bir iyiliği yerine getiren kişi bundaki muhteşem hazları keşfetseydi tıpkı bu fiziksel dünyadaki en güzel hazlar gibi, o zaman karşılığında hayatını kaybedeceğini bilerek, hangi akılsız kişi yasak bir şeyi tatmayı bile düşünebilir ki, bu tıpkı kişinin ateşe atlamayı düşünmeyeceği gibi.

Ayrıca, hangi akılsız herhangi bir iyiliği olabildiğince hızlı uygulamaktan vazgeçer ki, tıpkı kişinin avuçlarına gelen büyük bir fiziksel hazzı en hızlı şekilde almaktan vazgeçmeyeceği gibi. Dolayısıyla, eğer İlahi Takdir bize açık olsaydı dünyadaki tüm insanlar tam olarak erdemli olurdu.

44. Böylece görüyorsunuz ki dünyada ihtiyacımız olan tek şey açık İlahi Takdir. Eğer açık İlahi Takdir olsaydı dünyadaki insanların tümü tamamen erdemli olurdu. İnsanlar O'na mutlak sevgi ile tutunurlardı, çünkü O'nunla dost olmak ve O'nu sevmek ve kalbimizle ve ruhumuzla O'na tutunmak şüphesiz hepimiz için büyük bir şeref olurdu.

Ancak, durum böyle olmadığından ve Sevap ödüllendirilmediğinden ve O'na meydan okuyanlar gözümüzün önünde cezalandırılmadıklarından, çünkü Yaradan onlara karşı sabırlıdır ve dahası yazıldığı gibi bazen tersini düşünürler, "Bakın, onlar günahkardırlar, her zaman rahatta olanlar varlıklarını artırırlar." Dolayısıyla, gelip Kralı almak isteyen herkes bunu yapamaz. Tersine yolun her adımında tökezliyoruz, ta ki bilgelerimizin yazdığı gibi, "Bin kişi içinden birini buldum, yani odaya bin kişi girer ve öğretmek için sadece bir kişi çıkar."

Bu nedenle, O'nun İlahi Takdirini anlamak her iyiliğin nedenidir ve her kötülüğün nedeni anlayış eksikliğidir. Bundan şu sonuç çıkıyor, dünyadaki tüm insanların daha iyi ya da kötü için etrafında döndüğü eksen budur.

45. İnsanların hissetmeye başladıkları İlahi Takdiri edinmeyi yakından incelersek burada dört şey buluruz. Her biri Yaradan'dan belli bir İlahi Takdir alır, burada İlahi Takdiri edinmede dört izlenim varmış gibi. Aslında iki tane vardır: yüzün gizliliği ve yüzün ifşası, ancak dörde bölünmüşlerdir.

İlahi Takdir'in yüzünün gizliliğinde "tek gizlilik" ve "gizlilik içinde gizlilik" olan iki izlenim, ve İlahi Takdir'in yüzünün ifşasında da "ödül ve ceza" ve "ebedi İlahi Takdir" olan iki izlenim vardır.

46. Şöyle bir söz vardır (Deuteronomy 31:17), "Sonra, o gün onlara karşı Kızgınlığım canlanacak ve onları terk edeceğim ve onlardan yüzümü gizleyeceğim ve onlar yok olacaklar ve onlara pek çok kötülük ve sorun gelecek ve onlar diyecekler

ki: Tüm bu kötülükler Tanrımız aramızda olmadığı için gelmiyor mu? Ve o gün başka tanrılara dönerek kötülük yaptıkları için kesinlikle Yüzümü gizleyeceğim."

Bu sözlere baktığınızda başında "Sonra, onlara karşı Kızgınlığım canlanacak....ve Yüzümü gizleyeceğim" demek tek gizliliktir. Sonra, "onlara pek çok kötülük ve sorun gelecek....Ve kesinlikle Yüzümü gizleyeceğim" çift gizlilik demektir. Bu, "çift gizliliğin" ne olduğunu anlamamız lazım.

47. Önce "Yüzümü gizleyeceğim"deki "Yaradan'ın yüzü"nün anlamını anlamalıyız. Yüzünü gördüğünde arkadaşını anında tanıyan bir kişi gibi düşünebiliriz. Ancak, arkadan gördüğünde kişinin kim olduğundan emin olamaz. Şüphe edebilir, "belki de arkadaşı değil başkasıdır?"

Konu bu şekilde önümüzde: Herkes Yaradan'ın iyi olduğunu ve iyinin hareketinin iyi olduğunu biliyor ve hissediyor. Dolayısıyla, Yaradan Yaratılanlarına cömertçe ihsan ettiğinde bundan Yüzünün Yaratılanlarına ifşa olduğu anlaşılır. Çünkü, yukarıda açık İlahi Takdir'de gördüğümüz gibi O Adına uygun davranır, o zaman herkes O'nu bilir ve hisseder.

48. Ancak, O Yaratılanlarına yukarıda bahsedilenin zıttı davranırsa, yani Yaratılanları O'nun dünyasında ızdırap ve çile çekerlerse, bu Yaradan'ın sırtı olarak bilinir. Bunun nedeni O'nun yüzünün, yani iyilik özelliğinin tümünün onlardan gizlenmesidir, zira bu O'nun adına yakışan bir hareket değildir. Bu, kişinin arkadaşını arkadan görüp "belki başkasıdır" diye düşünmesi gibidir.

Şöyle yazar, "O zaman Kızgınlığım canlanır....ve Yüzümü gizlerim." Kızgınlık döneminde insanlar problemler ve acılar yaşadığında bu Yaradan'ın mutlak iyilik olan Yüzünü gizlemesi ve sadece sırtının görülmesi anlamına gelir. Bu koşulda, O'na inancın çok güçlendirilmesi, günah düşüncelerinin farkında olunması gerekir, zira O'nu arkasından tanımak zordur. Buna "Tek Gizlilik" denir.

49. Bununla beraber, ızdırap ve sorunlar muazzam bir birikime gelince kitaplarda "gizlilik içinde gizlilik" olarak yazdığı gibi çift gizliliğe neden olur. Bu, O'nun sırtının bile görülmediği anlamına gelir, yani Yaradan'ın onlara kızgın olduğuna ve onları cezalandırdığına inanmıyorlar, sadece doğaya ya da şansa yoruyorlar ve O'nun ödül ve cezadaki İlahi Takdiri'ni inkâr ediyorlar anlamına gelir. "Ve başka tanrılara dönerek kötülük yaptıkları için kesinlikle Yüzümü gizleyeceğim" sözünün anlamı budur, yani onlar tanrıtanımaz olmuş ve putperestliğe dönmüşlerdir.

50. Ancak, bundan önce yazılar tek gizliliğin tarafından baktığında makale şöyle bitiyor "o gün onlar diyecekler: Tüm bu kötülükler Tanrımız aramızda olmadığı için gelmiyor mu?" Bu, onların hâlâ İlahi Takdir'in ödül ve cezasına inandıkları ve Yaradan'a tutunmadıkları için acı ve ıstırabın onlara geldiğini söyledikleri anlamına geliyor, şöyle yazıldığı gibi "Tüm bu kötülükler Tanrımız aramızda olmadığı için gelmiyor mu?" Bu onların Yaradan'ı sadece sırtından gördükleri anlamına gelir. Bu nedenle "Tek Gizlilik" denir, sadece yüzün gizliliği.

51. Artık, insanların hissettiği "tek gizlilik" ve "gizlilik içinde gizlilik" olan gizli İlahi Takdir'in algılanmasının iki izlenimini açıklamış olduk. Tek gizlilik sırt ifşa olurken sadece yüzün gizliliğiyle ilgilidir. Bu Yaradan'ın ıstırabı onlara ceza olarak verdiği anlamına gelir. Ve onların günah işlemelerine neden olan Yaradan'ı her zaman sırtından tanımak zor olduğundan o zaman bile "tamamlanmamış günahkâr" sayılırlar. Bir başka deyişle, bu günahlar hatalar gibidir, çünkü onlara ıstırabın birikiminin sonucu olarak gelirler, zira genelde ödül ve cezaya inanırlar.

52. Gizlilik içinde gizlilik Yaradan'ın sırtının bile onlardan gizlendiği anlamına gelir, çünkü ödül ve cezaya inanmıyorlardır. Onların bu ihlalleri günah olarak kabul edilir. Onlar "tamamen kötü" olarak addedilirler çünkü başkaldırıp Yaradan'ın Yaratılanları hiç kollamadığını söylerler ve putperestliğe dönerler, şöyle yazıldığı gibi "başka tanrılara dönerler."

53. Maneviyat ve Islahları çalışmayı sürdürmekteki tüm meselenin öncelikle seçim yoluyla, daha önce bahsedilen gizli İlahi Takdir'in iki izlenimiyle ilgili olduğunu bilmeliyiz. Ben Ha Ha o dönemle ilgili şöyle der (Avot, Bölüm 5): "Ödül cezaya göredir."

Yaradan'ın Rehberliği ifşa olmadığından O'nu yüzün gizliliği dışında görmek mümkün değildir, tıpkı kişinin arkadaşını arkadan görmesi ve şüphe edip başkası olduğunu düşünmesi gibi. Bu durumda kişi her zaman manevi çalışmaya devam etmekle vazgeçmek arasında seçim yapmak durumunda kalır. Bunun nedeni acı ve ıstırabın kişinin Yaratılanlara Rehberlik gerçeğinden şüphe duymasına neden olmasıdır, ilkindeki gibi hatalar ya da ikincisi gibi günahlar şeklinde.

Her türlü durumda kişi yine de büyük ızdırap ve sancı içinde. Yazılar bu dönemle ilgili şöyle der: "Gücünle yaparak elde edebileceğin her ne varsa onu yap" (Ahitler 9). Bu böyledir çünkü kişi gücü dâhilinde tüm çabayı göstermeden Yaradan'ın iyiliğinin tam ölçüsü olan yüzün ifşası ile bahşedilmeyecektir ve ödül ıstıraba göredir.

54. Yaradan, kişinin çaba ölçüsünü tamamladığını ve Yaradan'a inancı seçimini güçlendirmek için her şeyi yaptığını gördüğünde ona yardım eder. O zaman kişi açık İlahi Takdir'i yani yüzün ifşasını edinir. O zaman kişi tam tövbe ile ödüllendirilir, yani Yaradan'a bir kez daha kalbi, ruhu ve yüceliğiyle tutunur, sanki açık İlahi Takdir'in edinimiyle doğal olarak çekilmiş gibi.

55. Yukarıda bahsettiğimiz bu edinim ve tövbe kişiye iki derecede gelir: İlki mutlak ödül ve ceza İlahi Takdir'inin edinimidir. Her bir Sevabın bir üst dünyadaki ödülünü tüm açılığıyla edinmenin yanı sıra kişi Sevabın bu dünyadaki anında gözleminin muazzam hazzının edinimi ile de ödüllendirilir.

Ek olarak, kişinin ölümünden sonra her günahtan kaynaklanan acı cezayı edinmenin yanı sıra kişi hayattayken de her günahın acı tadının hissiyatı ile de ödüllendirilir.

Doğal olarak, bu açık İlahi Takdir'in verildiği kişinin bir daha günah işlemeyeceği kesindir, zira kişi bedenini keserek kendisine korkunç acı vermez. İlaveten, kişinin eline geldiği anda bir Sevabı uygulamayı da göz ardı edemeyeceği de kesindir, tıpkı her hangi bir dünyevi hazzı ya da büyük kazancı göz ardı etmeyeceğinin kesin olduğu gibi.

56. Şimdi bilgelerimizin sözlerini anlayabilirsiniz, "Tövbe nasıl bir şeydir? Ne zaman ki Yaradan tüm sırların kişinin yanlışa dönmeyeceğine tanıklık ettiğini bildiğinde." Bunlar görünüşte kafa karıştırıcı sözlerdir, zira kim Yaradan'ın şahitliğini duymak için cennete yükselebilir ki? Ayrıca, Yaradan kimin önünde tanıklık edecek? Kişinin tövbe ettiğini ve bir daha günah işlemeyeceğini Yaradan'ın Kendisinin bilmesi yeter değil mi?

Bu açıklamadan konu oldukça açıklığa kavuşuyor: Gerçekte, kişi yüzün ifşası anlamına gelen ödül ve cezanın edinimiyle ödüllendirilmeden önce bir daha günah işlemeyeceğinden tamamen emin değildir. Ve Yaradan'ın kurtarışı açısından yüzün ifşası "şahitlik" olarak adlandırılır, zira bu ödül ve ceza edinimine Yaradan'ın kurtarışı kendi içinde kişinin bir daha günah işlemeyeceğinin garantisidir.

Bu nedenle Yaradan kişiye tanıklık ediyor olarak addedilir. Şöyle yazılmıştır: "Tövbe nasıl bir şeydir?" Bir başka deyişle, kişi tam tövbe ile bahşedildiğinden ne zaman emin olacaktır? Bunun için kişiye açık bir işaret verilir: "Ne zaman ki Yaradan tüm sırların kişinin yanlışa dönmeyeceğine tanıklık ettiğini bildiğinde." Bu, kişinin kendi kurtuluşu yanlış davranışa dönmeyeceğine tanıklık ettiğinde yüzün ifşasını edineceği anlamına gelir.

57. Yukarıda bahsedilen bu tövbeye "korkudan tövbe" denir. Bunun nedeni kişi kalbiyle ve ruhuyla Yaradan'a geri dönmüş olsa da Yaradan tüm sırların kişinin yanlışa dönmeyeceğine tanıklık ettiğini bilene dek, kişinin ediniminden ve günahlardan kaynaklanan korkunç ceza ve ızdırap hissinden dolayı tekrar günah işlemeyeceğinin kesin olmasıdır. Bundan dolayı, kişi günah işlemeyeceğine emindir, tıpkı kendisine korkunç ızdırap çektirmeyeceği gibi.

Bununla beraber, sonuçta bu tövbeler ve eminlik günahlardan kaynaklanan cezalandırılma korkusundandır. Kişinin tövbesinin cezadan korku olduğu ortaya çıkar. Bundan dolayı "korkudan tövbe" denilir.

58. Bununla bilgelerimizin sözlerini anlıyoruz: korkudan tövbe eden günahlarının hatalara dönüşmesiyle ödüllendirilir. Bunun nasıl olduğunu anlamalıyız. Yukarıda bahsedilenlere göre (Madde 52), kişinin işlediği günahlar gizlilik içinde gizlilik denilen, İlahi Takdir'in çift gizliliğinin alınmasından kaynaklanır. Bu kişinin İlahi Takdir'in ödül ve cezasına inanmaması anlamına gelir.

Tek gizlilik kişinin İlahi Takdir'in ödül ve cezasına inanması demektir. Buna rağmen ıstırabın birikiminden dolayı kişiye bazen günah düşünceleri gelir. Bunun nedeni kişi ıstırabın ceza olarak geldiğini bilse de yine de dostunun sırtını görmesi ve şüphe ederek başkasıyla karıştırması gibidir. Ve bu günahlar sadece hatalardır zira bütünde İlahi Takdir'in ödül ve cezasına inanır.

59. Dolayısıyla, kişiye korkudan pişmanlık bahşedildiğinde, yani bir daha günah işlemeyeceğinden emin olana dek ödül ve cezayı açıkça edindiğinde içindeki gizlilik içinde gizlilik tamamen ıslah olmuş olur. Bunun nedeni artık İlahi Takdir'in ödül ve cezasını apaçık görmesidir. Kişi şimdiye dek hissettiği tüm ıstırabın işlemiş olduğu günahlar için İlahi Takdir'in cezası olduğunu açıkça görür. Geçmişe baktığında ciddi bir hata yapmıştır dolayısıyla bu günahları kökünden kazır.

Ancak bu tamamen böyle değildir. Bunlar günah haline gelirler. Bir başka deyişle, kişinin aklını başından alan acıların çokluğundan dolayı kafa karışıklığı yaşayıp başarısız olduğunda tek gizlilikte günah işlemiş gibidir. Bunlar sadece hatalar olarak görülür.

60. Bununla beraber, bu pişmanlık içerisinde kişi daha önce sahip olduğu yüzün ilk gizliliğini hiç ıslah etmemiştir, ancak şimdi yüzün ifşasından sonra ıslah eder. Ancak, geçmişte pişmanlığı edindiğinde yüzün gizliliği ve tüm hataları hiç bir değişim ya da ıslah olmadan kalmıştır. Böyle olmasının nedeni o zaman da tüm acı ve ıstırabın ona ceza olarak geldiğine inanmasıdır, şöyle yazıldığı gibi "o gün şöyle diyecekler: Tüm bu kötülükler Tanrımız aramızda olmadığı için gelmiyor mu?"

61. Dolayısıyla, kişi hâlâ tamamen erdemli sayılmaz çünkü Yaradan'ın ismine yakıştığı gibi O'nun tüm iyiliği olarak adlandırılan yüzün ifşası ile ödüllendirilen kişiye "erdemli" denilir (Madde 55). Bunun nedeni kişinin İlahi Takdir'i olduğu gibi, yani Yaradan'ın yaratılanlarına mutlakıyetle iyi olduğunu, yani iyiye de kötüye de iyi olduğunu haklı çıkarmasıdır.

Bu nedenle, yüzün ifşası bahşedildiğinden itibaren kişi "erdemli" ismini hak eder. Ancak, henüz ıslahı tamamlamadığından sadece gizlilik içinde gizliliği tamamladığından ve ilk gizliliği ıslah etmediğinden, sadece bundan sonra edeceğinden, pişmanlık ile ödüllendirilmeden önce hâlâ "erdemli" ismini hak etmez. Bunun nedeni o dönemde, daha önceki gibi, yüzün gizliliği ile kalmasıydı. Bu nedenle "tamamlanmamış erdemli" olarak adlandırılır yani kişinin hâlâ geçmişini ıslah etmesi gerekmektedir.

62. Kişiye ayrıca "ortada" denilir, zira korkudan dolayı tövbekâr olduktan sonra sevgiden dolayı da tövbekâr olmak için manevi çalışmayı ve ıslahları tamamlayarak vasıflı hale gelmiştir. O zaman kişi "tam erdemli" olmayı edinir. Ancak, bundan önce kişi kendisini sevgiden dolayı pişmanlığa hazırlamak için bile tam nitelikli değildir.

63. Bu yüzün ifşasının ilk derecesini, İlahi Takdir'in ödül ve cezası hissini ve edinmeyi Yaradan'ın bildiği gibi tüm sırların kişinin tekrar hataya düşmeyeceğine şahitlik etmesini, detaylı olarak açıklamaktadır. Kişinin günahları hatalar kabul edildiğinde, buna "korkudan tövbe" denilir. Bu ayrıca "tamamlanmamış erdemli" ve "ortada" olarak da adlandırılır.

64. Şimdi yüzün ifşasının ikinci derecesini, tam, gerçek ve ebedi İlahi Takdir'i açıklayacağız. Bu, Yaradan'ın Yaratılanlarını "İyiye de kötüye de iyilik yapan İyi" formunda gözettiği anlamına gelir. Artık kişi günahlarını erdemlere dönüştürme

ile bahşedildiğinde "tamamen erdemli" ve "sevgiden dolayı tövbekâr" olarak addedilir.

Bu, yaratılanlara uygulanan İlahi Takdir'in algısının dört izlenimini açıklar. İlk üç izlenim, çift gizlilik, tek gizlilik ve İlahi Takdir'in ödül ve cezasının edinimi kişinin dördüncü izlenim olan gerçek, ebedi İlahi Takdir'in ediniminin hazırlığıdır.

65. Ancak, hâlâ İlahi Takdir'in ödül ve cezası olarak adlandırılan üçüncü izlenimin kişi için neden yeterli olmadığını anlamamız gerekiyor. Kişinin zaten Yaradan'ın kişinin tekrar günah işlemeyeceğine dair tüm sırlara tanıklık etmesi ile ödüllendirildiğini söylemiştik. Dolayısıyla, kişi hâlâ neden "ortada" ya da "tamamlanmamış (eksik) erdemli" yani çalışması Yaradan'ın gözünde hâlâ arzu edilen şekilde olmayan ve manevi çalışmasında hâlâ noksan ve hatalı olarak adlandırılmaktadır?

66. Önce, yorumcuların Yaradan'ı sevmenin Sevabıyla ilgili sorduklarını inceleyelim. Kutsi Manevi İlim hiç yerine getiremeyeceğimiz bir Sevaba bizi nasıl zorunlu kıldı? Kişi kendisini her hangi bir şeye zorlayabilir ya da kölelik edebilir, ancak dünyadaki hiçbir zorlama ve köleliğin sevgiye faydası yoktur.

Şöyle açıklıyorlar, 612 Islahları doğru bir şekilde yerine getirmekle Yaradan sevgisi kişiye kendiliğinden gelir. Bu nedenle, gerçekleştirilebilmesi mümkün olarak addedilir zira kişi kendisini 612 Islahı uygulamaya zorlayabilir ve buna kölelik edebilir ve o zaman kişi Yaradan sevgisini de edinir.

67. Gerçekten de bilgelerimizin sözleri ince açıklama gerektiriyor. Sonuçta, Yaradan sevgisi bize İyilik olarak gelmeli zira bizim tarafımızdan bir hareket ya da kölelik yoktur. Daha ziyade, biz 612 Sevabı tamamladıktan sonra gelir. Bu nedenle, 612 Sevabın nedeni bu sevgi Sevabı için yazıldığı bizim için yeterlidir.

68. Bunu anlamak için Yaradan sevgisinin doğasının anlamını gerçek anlamını edinmemiz lazım. Kişinin dostuna hizmet edebilmesi için ona yerleştirilen tüm eğilimlerin, yatkınlıkların ve doğal özelliklerin manevi çalışma için gerekli olduğunu bilmemiz gerekiyor.

Bunlar sadece nihai rollerinden yani insanın mutlak amacından dolayı yaratılmış ve kişiye yerleştirilmişlerdir, şöyle yazıldığı gibi "her kim sürgüne bile gönderilmiş olsa, ondan uzak kalmasın." Kişinin bolluğu alma yolunda kendisini tamamlayabilmek ve Yaradan'ın arzusunu yerine getirmeyi tamamlayabilmek için bunlara ihtiyacı vardır.

"İsmimle anılan ve Benim mutluluğum için yarattığım herkes" (Isaiah 43:7), ve de "Kral tüm her şeyi Kendi amacı için yaratmıştır"ın (Atasözleri 16:4) anlamı budur. Ancak, bu arada amaçlarına uyum sağlayabilmeleri adına insana insanlarla ilişki kurdurularak geliştirmesi ve tüm bu eğilimleri ve özellikleri tamamlaması için bütün bir dünya verilmiştir.

Şöyle yazılmıştır: "Kişi şöyle demeli, 'Dünya benim için yaratıldı'", çünkü dünyadaki tüm insanlar kişi için gereklidir zira onlar manevi çalışmaya yaraşır hale gelebilmesi için her bireyi geliştirir ve onun özelliklerine ve eğilimlerine yeterlik kazandırırlar.

69. Böylece, kişinin başkalarıyla ilişkilerindeki sevgi niteliklerinden Yaradan sevgisinin özünü anlamalıyız. Yaradan sevgisi ister istemez bu nitelikler aracılığıyla verilir, zira bunlar zaten başlangıçta Yaradan'ın adına insana yerleştirilmişlerdi. Ve insanla insan arasındaki sevgi özelliğini incelediğimizde sevginin dört ölçüsünü, biri diğerinin üzerinde yani dört olan ikisini görüyoruz.

70. İlki "koşullu sevgi". Muazzam güzellik, haz ve kişinin dostundan sağladığı menfaatten dolayı kişinin ruhu dostuna şaşırtıcı bir sevgiyle bağlanır.

Bunun iki ölçüsü vardır: birbirleriyle tanışmadan ve birbirlerini sevmeden önce birbirlerine zarar verdiler. Ancak şimdi bunu hatırlamak istemiyorlar, çünkü "sevgi tüm günahları örter." İkinci ölçü ise birbirlerine her zaman iyilik yapıp yardım ettiler ve aralarında hiçbir kötülük ya da hasar yoktur.

72. İkincisi "koşulsuz sevgi"dir. Yani, kişi dostunun erdemini yüce olarak, hayal edilebilecek bir ölçünün ötesinde görür. Bundan dolayı ruhu dostuna sonsuz sevgiyle tutunur.

Burada da iki ölçü vardır: ilki kişi dostunun başkalarına karşı her hareketini ve iyiliğini bilmeden öncedir. Bu durumda bu sevgiye "mutlak sevgiden az" denir.

Bunun nedeni kişinin başkalarıyla alışverişi olmasıdır ve yüzeyde başkalarına farkında olmadan zarar veriyor gibi görünür. Bu şekilde, eğer seven kişi onları görürse dostunun erdemi tamamen kusurlu olur ve aralarındaki sevgi bozulur. Ancak, bu alışverişi görmediğinden sevgisi hâlâ bütün, büyük ve gerçekten muazzam olur.

73. Koşulsuz sevginin ikinci özelliği sevginin genel olarak dördüncü özelliğidir. Ancak, ek olarak artık kişi hiç eksiksiz dostunun başkalarıyla tüm alışverişini ve hareketlerini biliyordur. İncelemiş ve görmüştür ki onlarda kusurun izi bile yoktur, tersine dostunun iyiliği hayal edilebilenin ötesindedir. Şimdi bu "ebedi ve tam sevgi"dir.

74. İnsan ve insan arasındaki sevginin dört özelliğinin insan ve Yaradan arasında da geçerli olduğuna dikkat edin. Dahası, Yaradan sevgisinde bunlar neden sonuç yoluyla derecelere dönüşüyor.

Bunların hiç birini edinmek önce koşullu sevgiyi edinmeden mümkün değildir. Ve tamamen edinildiğinde, o ilk özellik kişinin ikinci özelliği edinmesini sağlar. Ve kişi ikinci özelliği tamamen edindiğinde bu üçüncü özelliği edinmeyi sağlar. Sonunda üçüncü özellik dördüncü özelliğin, ebedi aşkın edinimini sağlar.

75. Böylece bir soru ortaya çıkıyor: "Kişi Yaradan sevgisinin ilk derecesini, koşullu sevginin ilk derecesini, nasıl edinebilir? Ki bu, bu dünyada Sevap için bir ödül olmadığında kişinin sevdiğinden aldığı iyiliğin çokluğu vasıtasıyla gelen sevgidir."

EDİNİMİN SAFHALARI

Dahası, yukarıda bahsedilenlere göre, kişi yüzün gizliliği vasıtasıyla İlahi Takdir'in ilk iki formundan geçmelidir. Bir başka deyişle, O'nun yüzü, yani O'nun iyiliğinin ölçüsü – iyinin işi iyilik yapmaktır – o dönemde gizlidir (Madde 47). Dolayısıyla, o zaman kişi acı ve ızdırap hisseder.

Bununla beraber, tüm Işık ve manevi çalışma öncelikle yüzün gizliliği sürecinde seçimle gerçekleştirilir. Eğer böyleyse, kişi koşullu sevgi özelliği ile nasıl ödüllendirilebilir, sevdiği her zaman sadece pek çok harika iyilik yapmışken ve ona hiç zarar vermemişken, hatta daha da fazlası üçüncü ve dördüncü dereceleri edindiğinde de olduğu gibi?

76. Burada gerçekten de derin sulara dalıyoruz. En azından bundan iyi bir mücevher yakalamalıyız. Bu sebeple bilgelerimizin sözlerini inceleyelim (Berahot 17), "Dünyanızı hayatınızda göreceksiniz ve sonunuzu sonraki dünyanın yaşamında."

Neden "Dünyanızı hayatınızda alacaksınız" değil de sadece "göreceksiniz" dediklerini anlamamız lazım. Eğer kutsamak isteselerdi tamamını kutsamaları gerekirdi, yani kişinin dünyayı yaşamında alması ve edinmesi anlamında. Neden kişinin sonraki dünyayı bu yaşantısında görmesi gerektiğini de anlamamız lazım. En azından kişinin sonu sonraki dünyanın yaşamı olacak. Dahası, neden önce bu kutsamayı koydular?

77. Önce kişinin sonraki dünyayı yaşantısında görmesinin nasıl olduğunu anlamamız lazım. Elbette ki, fiziksel gözlerimizle manevi bir şey göremeyiz. Ayrıca doğanın kanunlarını değiştirmek de Yaradan'ın işi değil. Bunun nedeni Yaradan'ın olayları başlangıçta bu şekilde düzenlemiş olmasıdır, çünkü bunlar amaçları için en başarılı olanlardır. Bunlar aracılığıyla kişi Yaradan'a tutunmaya gelir, şöyle yazıldığı gibi "Kral tüm her şeyi Kendi amacı için yarattı." Dolayısıyla, kişinin dünyasını yaşamında nasıl gördüğünü anlamamız gerekiyor.

78. Bu görüşün kişiye manevi çalışmayla gözleri açması vasıtasıyla geldiğini söyleyeceğim, şöyle yazıldığı gibi: "Benim gözlerimi aç ki Senin yasalarının muhteşem şeylerini göreyim." Bu, ruhun bedene gelmeden önce ebedi olduğuyla ilgilidir (Nida sayfa 30) ve "Tüm dünya sana erdemli olduğunu söylese de kendi gözlerinde günahkâr ol" özellikle kendi gözlerinde.

Bir başka deyişle, manevi çalışma ile "gözlerin açılmasını" edinmediğin sürece kendini günahkâr olarak gör. Kendini tüm dünyada erdemli namınla kandırma.

Şimdi neden "Dünyanızı yaşamınızda göreceksiniz" sözünü tüm kutsamaların başına koyduklarını da anlayabilirsiniz. Çünkü bundan önce kişi "tamamlanmamış (eksik) erdemli" özelliği ile ödüllendirilmemiştir.

79. Eğer kişi kendi içinde zaten tüm manevi prensipleri uygulamışsa ve tüm dünya aynı fikirdeyse, neden bunun kişi için yeterli olmadığını da anlamalıyız. Tersine, kişi kendisini günahkâr olarak görmeye devam etmeye yeminlidir. Bunun nedeni manevi çalışmadaki gözlerin açılmasının eksik olması mıdır ki kişiyi bir günahkârla karşılaştırıyorsunuz?

80. Aslında, insanların O'nun İlahi Takdir'ini edinmedeki dört ölçüsü zaten açıklanmıştı. İkisi yüzün gizliliğinde ve ikisi de yüzün ifşasında.

Ayrıca, insanlardan yüzün gizliliğinin nedeni de açıklandı: kişiye çabalaması ve kendi seçimiyle Maneviyat ve Islahlar çalışması için alan açmak adına özellikle yapılmıştır. Bunun nedeni insanların Maneviyat ve Islahlar çalışmasının O'nun seçimleri olmayan ve işleri mecburi olan yukarıdaki meleklerinden daha çok Yaradan'ın mutluluğunu arttırmasıdır.

81. Yukarıda yüzün gizliliğine övgüye rağmen bu hâlâ bütünlük olarak addedilmez, sadece "geçiş" sayılır. Özlenen bütünlüğün edinildiği yer burasıdır.

Bu, bir Sevabın kişi için hazırlanan her hangi bir ödülünün sadece "seçimi" ile kişinin yüzün gizliliği sırasındaki manevi çalışma ve iyi işleri vasıtasıyla edinildiği anlamına gelir. Bu böyledir çünkü o zaman kişi O'na inancının güçlenmesinden, O'nun arzusunu yerine getirmekten ızdırap duyar. Ve kişinin tüm ödülü Manevi Çalışma ve Islahı yerine getirmekten çektiği ıstıraba göre ölçülür, tıpkı şöyle yazıldığı gibi "Ödül ıstıraba göredir."

82. Bu nedenle, herkes yüzün gizliliği geçiş dönemini deneyimlemelidir. Kişi bunu tamamladığında açık İlahi Takdir ile ödüllendirilir, yani yüzün ifşası ile.

Ve yüzün ifşası ile ödüllendirilmeden önce ve sırtı görmesine rağmen, günah işlemekten hiç kaçınamaz. Kişi 613 Islahı tutamadığı gibi, sevgi zorlama ve baskıyla gelmediğinden 612 Islahla bile tam değildir, zira korkusu bile olması gerektiği gibi değildir.

Gimatria'da Tora'ın (Işık/ Manevi İlim) 611 olmasının anlamı budur, yani kişi 612 Islahı bile doğru bir şekilde gözlemleyemez. "Kişi yarışa her zaman devam edemez" in anlamı budur. Sonunda, kişi yüzün ifşası ile ödüllendirilir.

83. Yüzün ifşasının ilk derecesinin edinimi İlahi Takdir'in ödül ve cezasını tüm açıklığıyla edinmektir. Bu kişiye sadece O'nun kurtarışı ile gelir, kişi manevi çalışmada gözlerin açılmasının muhteşem edinimi ile ödüllendirilip "akan bir kaynak" olduğunda (Avot 86). Kişi kendi seçimiyle manevi çalışmadaki bir Sevabı tuttuğunda bir sonraki dünyada kendisi için planlanmış o Sevaptaki ödül ve ayrıca günahın kayboluşu ile bahşedilir.

84. Ve ödül henüz kişinin elinde olmamasına rağmen, zira Sevabın ödülü bu dünyada değildir, bundan sonrası için açık bir edinim, Sevabı uygularken hissettiği muazzam haz onun için yeterlidir. Bu böyledir çünkü "Alınacak olan alınmış addedilir."

Örneğin, bir tüccarın kârı uzun süre sonra gelecek olmasına rağmen anlaşma yaparak büyük miktar para aldığını düşünün. Eğer tüccar kârın zaman içinde geleceğine hiç şüpheye yer vermeyecek şekilde eminse para ona anında gelmiş gibi mutlu olur.

85. Doğal olarak böyle bir İlahi Takdir bundan sonra kişinin Maneviyat ve Islahlar'a kalbi, ruhu ve yüceliğiyle tutunacağını ve sanki ateşten kaçar gibi günahlarından

vazgeçeceğini kanıtlar. Ve kişi henüz tamamen erdemli olmamasına rağmen, zira sevgiden pişmanlık duymamıştır, Manevi Çalışma ve Islahlara sürekli tutunması ona yavaş yavaş sevgiden pişmanlığın yani yüzün ifşasının ikinci derecesinin bahşedilmesine yardım eder. O zaman kişi 613 Islahı tam olarak yerine getirebilir ve tamamen erdemli olabilir.

86. Şimdi, ruhun bu dünyaya gelmeden önce yeminli olması kanunuyla ilgili sorumuzu iyice anlayabiliriz. "Tüm dünya senin erdemli olduğunu söylese bile kendi gözünde günahkâr ol." Şöyle sorduk, "Tüm dünya kişinin erdemli olduğunda hem fikir olsa bile neden kişi kendisini hâlâ günahkâr addetmelidir? Tüm dünyaya güvenmiyor mu?"

Bu söz ile ilgili olarak şunu da eklememiz lazım, "Tüm dünya dese bile." Bu ve tüm dünyanın ifadesi arasındaki bağlantı nedir, zira kişi kendisini tüm dünyadan daha iyi tanımıyor mu? Şöyle yemin edilmiş olmalıydı, "Kendin erdemli olduğunu bilsen bile."

Ancak, en kafa karıştırıcı olan Gimara'nın (Berahot 61) açıkça kişinin ruhunun erdemli olup olmadığını bilmesi gerektiğini belirtmesidir. Bu nedenle, gerçekten tamamen erdemli olmak için bir zorunluluk ve ihtimal vardır.

Dahası, kişi bu gerçeğin içinde girip bilmelidir. Eğer böyleyse, bilgelerimiz tersini söylemişken ruh nasıl her zaman kendi gözünde günahkâr olmaya ve asıl gerçeği asla bilmemeye yeminli olabilir?

87. Aslında bu sözler gayet net. Kişi, ödül ve cezanın açıkça edinimi onun için yeterli olan manevi çalışmada gözlerin açılmasının muhteşem edinimi ile ödüllendirilmediği sürece kendisini kandırıp erdemli olarak görmez. Bunun nedeni ister istemez kişinin sevgi ve korku olarak adlandırılan Maneviyattaki en kapsamlı iki Islahın eksikliğini hissetmesidir.

Cezalandırılmaktan ve günahlardan kurtulamamaktan duyduğu büyük korkudan ötürü "Kim ki tüm sırları bilir tekrar hataya düşmeyeceğine tanıklık eder" şeklinde tam anlamıyla korkuyu edinmek bile kişi İlahi Takdir'in tam, açık ve mutlak ödül ve cezasının edinimi ile ödüllendirilmeden önce hayal bile edilemez.

Bu, kişiye manevi çalışmada gözlerinin açılmasıyla gelen yüzün ifşasının ilk derecesinin edinimi ile ilgilidir. Tamamen kişinin yeteneğinin ötesinde olan sevgiyle de aynıdır, zira kalbin anlayışına bağlıdır ve burada hiçbir çalışma ve mecburiyetin faydası olmayacaktır.

88. Kanunun belirttiği gibi, "Tüm dünya erdemli olduğunu söylese bile." Böyle olmasının sebebi bu iki Islahın, sevgi ve korkunun sadece kişiye verilmesidir, dünyada başka hiç kimse onları ayırt edemez ve bilemez.

Dolayısıyla, 611 Islahta tam olduğunu görürler ve hemen muhtemelen sevgi ve korku Islahına da sahiptir derler. Ve insan doğası kişiyi tüm dünyayı inandırmaya zorladığından kişi çok ciddi hataya düşebilir.

Bu nedenden dolayı, ruh buna bu dünyaya gelmeden önce yeminlidir ve bize yardım edebilir. Bununla beraber, elbette kişinin kendisi sorgulamalı ve kalbinde tamamen erdemli olup olmadığını bilmelidir.

89. "Bu dünyada (yaşamda) Sevap için her hangi bir ödül yoksa sevginin ilk derecesi bile nasıl edinilebilir ki?" sorumuzu da anlayabiliriz. Artık, kişinin Sevap için bu dünyada ödül almasına aslında gerek olmadığı açıktır, bu nedenle Sevap için ödülün bu dünyada olmadığını, bir sonraki dünyada olduğunu belirten "Dünyanızı yaşamınızda göreceksiniz ve bir sonraki dünyanın yaşamındaki sonunuzu" kesinliği vardır.

Bununla beraber, Sevabın bir sonraki dünyada gelecek ödülünü bilmek, görmek ve hissetmek için kişinin bunu manevi çalışmadaki muazzam edinim vasıtasıyla bu dünyada tüm kesinliği ve açıklığıyla bilmesi gerekiyor. Bunun nedeni kişinin yine de yüzün gizliliğinden çıkışın ve yüzün ifşasına girişin ilk derecesi olan koşullu sevgiyi edinmesidir ki kişi buna "Tüm sırları bilen kişi günaha geri dönmeyeceğini tanıklık eder" şeklinde Maneviyat ve Islahları doğru bir şekilde uygulayabilmek için sahip olmalıdır.

90. Ve koşullu sevgi formunda Maneviyat ve Islahları uygulamaya çalışmakla, ki bu "alınacak olan alınmış sayılır" da olduğu gibi kişiye sonraki dünyadaki ödülü bilmekten gelir, kişi yüzün ifşasının ikinci derecesini edinir – O'nun ebediyet ve doğruluğundan gelen bu dünya üzerindeki Rehberliğini, yani O iyidir ve iyilere ve kötülere iyilik eder.

Bu durumda, kişi koşulsuz sevgiyi edinir ve günahlar ona erdemler gibi gelir. Ve bundan sonra, kişiye "tamamen erdemli" denir, zira manevi çalışmayı sevgi ve korku ile yapabilir. Ve kişiye "tamamen" denir çünkü tüm 613 Islaha bütünüyle sahiptir.

91. Bu sorduğumuz soruyu cevaplıyor: "Tüm sırları bilen O zaten kişinin günaha dönmeyeceğine tanıklık ettiğinde, ödül ve cezanın İlahi Takdir'i denilen, İlahi Takdir'in üçüncü derecesini edinen kişi, hâlâ "tamamlanmamış-eksik erdemli" olarak addedilir. Şimdi net bir şekilde anlıyoruz kişi hâlâ bir Sevapta, sevgi Sevabında eksiktir. Elbette kişi tamamlanmamıştır, zira illa ki mükemmelliğin kapısındaki ilk adım olan 613 Sevabı muhakkak tamamlamalıdır.

92. Yukarıdaki tüm söylenilenlerden ne sorduklarını anlayabiliriz, "Manevi çalışma bizi nasıl sevgi Sevabına mecbur kılar, bu Sevapla çalışmak ya da hatta ona dokunmak bile elimizde değilken?" Şimdi bilgelerimizin bizi bununla ilgili olarak uyardıklarını görebilir ve anlayabilirsiniz, "Çalıştım bulamadım, inanmam" ve ayrıca "Bırakın kişi Maneviyat ve Islahları Kendi için çalışsın çünkü kişi Kendi için çalışmaktan O'nun için çalışmaya gelir" (Pesahim 50). Ve "Beni arayanlar Beni bulacaklar" (Atasözü 8) bunu doğruluyor.

93. Bunlar bilgelerimizin sözleridir (Megillah sayfa 6): "Kabalist Yitzhak şöyle dedi, 'Eğer bir kişi 'Çabaladım bulamadım' derse inanmayın; 'Çabalamadım ve buldum' inanmayın; 'Çabaladım ve buldum' inanın.'" Ve "Çabaladım ve buldum,

inanın" sözlerini sorguluyoruz, zira çaba sahip olmayla ilişkilidir ve bulunan bir şey hiç çabasız gelir, bilinçsizce. Şöyle demeliydi, "Çabaladım ve satın aldım."

Bununla beraber, burada bahsedilen "bulmak" kelimesi "Beni arayanlar, Beni bulacaklar" sözüyle ilgilidir. Yaradan'ın yüzünü bulmaktan bahseder, Zohar'da yazıldığı gibi O sadece manevi çalışmada bulunur, yani kişi maneviyat çalışarak Yaradan'ın yüzünü bulmakla ödüllendirilir. Dolayısıyla, bilgelerimiz sözlerinde netlerdi ve "Çalıştım ve buldum, inanın" dediler, çünkü çaba manevi çalışmadadır ve bulma O'nun İlahi Takdiri'nin yüzünün ifşasında.

Özellikle "Çabaladım ve kazandım, inanın" ya da "Çabaladım ve satın aldım" demediler. Çünkü o zaman bu konuda hataya yer olurdu, zira kazanmak ya da sahip olmak sadece Işığa sahip olmakla ilgilidir. Bu nedenle, O'nun İlahi Takdiri'nin yüzünün ifşası olarak adlandırılan ve Işığa sahip olmaktan başka bir şey olduğunu belirterek "buldum" kelimesini netleştirdiler.

94. Bu "Çabalamadım ve bulmadım, inanmayın" sözlerini açıklıyor. Şaşırtıcı görünüyor çünkü kim çabalamadan maneviyatı edinmenin mümkün olduğunu düşünebilir ki? Ancak bu sözler "Beni arayanlar, Beni bulacaklar" (Atasözleri 8:17) sözüyle ilgili olduğundan sıradan ya da yüce kim O'nu ararsa O'nu anında bulacaktır anlamına geliyor. "Bulmak" kelimesi bunu ima ediyor.

Kişi bunun için fazla çabaya gerek olmadığını düşünebilir, hatta çok sıradan, fazla emek harcamak istemeyen biri bile O'nu bulabilir. Bilgelerimiz bu konuda böyle bir açıklamaya inanmamız konusunda uyarıyorlar. Tersine, "Çabaladım ve buldum, inanmayın" değil burada emek gerekli.

95. Şimdi neden manevi çalışmaya "Hayat" denildiğini görüyorsunuz, şöyle yazıldığı gibi "Görün ki bugün önünüze hayat ve iyiyi koydum" (Deuteronomy 30:15) ve ayrıca, "dolayısıyla hayatı seçin" ve "Çünkü onlar bulanlara hayattır" (Atasözleri 4:22). Bu, "Kralın çehresinin ışığında hayat vardır" (Atasözleri 16) sözünden geliyor zira Yaradan tüm yaşamın ve her iyiliğin kaynağıdır.

Dolayısıyla, yaşam, kaynağına tutunan dallara uzanır. Bu, çabalayarak manevi çalışmada O'nun yüzünün Işığı'nı bulanlarla, manevi çalışmadaki müthiş edinimle gözleri açılanlarla ilgilidir, ta ki O'nun "İyi" adına ve İyi'nin işi iyilik yapmaktır sözüne yakıştığı gibi yüzün ifşası, gerçek İlahi Takdir'i edinmek onlara verilene dek.

96. Ve kazananlar artık Sevabı doğru bir şekilde yerine getirmekten vazgeçemezler, tıpkı kişinin ellerine gelen büyük hazdan vazgeçemeyeceği gibi. Bu nedenle onlar günahtan kişinin ateşten kaçması gibi kaçarlar.

Onlarla ilgili şöyle denir: "Yaradan'ınız olan Krala tutunanların her biri bugün hayattalar," çünkü O'nun sevgisi onlara Yaratılışın doğası tarafından kişi için hazırlanmış doğal kanallar vasıtasıyla, doğal sevgiyle bolca gelir. Bu böyledir çünkü artık dal köküne doğru bir şekilde tutunmuştur ve yaşam kişiye fazlasıyla ve sürekli bir şekilde kökünden akmaktadır. Bu nedenle Işık- maneviyat "Yaşam" olarak adlandırılır.

97. Bu nedenden dolayı bilgelerimiz manevi çalışmada gerekli koşullarla ilgili pek çok yerde bizleri uyarmışlardır. Kişinin yaşamla ödüllendirildiği yer özellikle Lişma vasıtasıyla olacak, zira bu hayatın Işığıdır ve bu nedenle bize verilmişti, şöyle yazıldığı gibi "bu nedenle yaşamı seçin."

Dolayısıyla, manevi çalışmayı yaparken her birey çaba göstermelidir ve kalbini ve aklını "Kralın çehresinin Işığı"nı, yani açık İlahi Takdir'in edinimini bulmaya adamalıdır. Ve herkes bunu yapmaya muktedirdir, şöyle yazıldığı gibi "Beni arayanlar beni bulacaklar" ve ayrıca şöyle yazıldığı gibi "Çabaladım ve bulamadım, inanmadım."

Dolayısıyla, bu konuda kişinin yalnızca çabasından başka bir şeye ihtiyacı yoktur. Şöyle yazılmıştır: "Manevi çalışmayı O'nun için koşulunda uygulayan kişi için Işık hayat iksiri olur" (Taanit 7a). Bu, O'nun rızası için anlamı olan, kişinin aklını ve kalbini yaşamı edinmeye adaması anlamına geliyor.

98. Yorumcuların sevgi Sevabıyla, bu Sevabın elimizde olmadığıyla ilgili, zira sevgi zorlama ve mecburiyetle gelmez, sorduğu sorunun hiç de soru olmadığını görebilirsiniz. Çünkü bu tamamen bizim elimizdedir. Her birey manevi çalışmaya emek verebilir, ta ki O'nun açık İlahi Takdiri'ni edinene dek, şöyle yazıldığı gibi "Çabaladım ve buldum, inanın."

Kişi açık İlahi Takdir'i edindiğinde sevgi ona doğal kanallardan kendiliğinden akar. Ve her ne sebeple olursa olsun bunu çabasıyla edinemeyeceğine inanan kişi muhakkak ki bilgelerimizin sözlerine inanmıyordur. Tersine bu kişi çabanın kişi için yeterli olmadığını düşünür ki bu "Çabaladım, bulamadım, inanmayın" sözlerine terstir. Ayrıca, "Beni görenler Beni bulacaklar" sözlerine de terstir, özellikle "arayanlar" sıradan ya da yüce, kim olurlarsa olsunlar. Ancak, kişinin kesinlikle çaba harcaması gerekiyor.

99. Yukarıdakilere göre "Her kim manevi çalışmayı Kendi için yaparsa Işık onun için ölüm iksiri olur" (Taanit 7a) ve "Doğrusu Kendisini gizleyen bir Tanrınız var", yani Yaradan Kendisini maneviyatta gizliyor sözlerinin anlamını anlayabilirsiniz.

Şöyle sorduk, "Yaradan'ın bu dünyada, manevi edinimin içinde değil ama dışında gizli olması mantıklı görünüyor, yani ifşa yeri sadece orası. Ve daha fazlasını sorduk: "Yaradan'ın Kendisini sakladığı bu gizlilik aranıp bulunacak, neden bunu yapmalıyım ki?"

100. Yukarıda açıklananlardan net biçimde anlayabilirsiniz ki Yaradan'ın aranmak için Kendisini gizlediği bu gizlilik yüzün gizliliğidir ki bunu Yaratılanlarıyla iki şekilde yürütür: tek gizlilik ve gizlilik içinde gizlilik.

Zohar bize Yaradan'ın Yaratılanlarından yüzün gizliliğinde kalmak istediği kanaatinde hiç olmamamız gerektiğini söyler. Tersine, bu tıpkı arkadaşı arayıp bulsun diye kişinin kendisini saklaması gibidir.

Benzer şekilde Yaradan Yaratılanlarına karşı yüzün gizliliğinde hareket eder, yaratılanları O'nun yüzünün ifşasını arasın ve bulsun diye. Başka deyişle, eğer O öncelikle yüzün gizliliğinde hareket etmeseydi insanların Kral'ın görüntüsünün Işığını edinmek için hiçbir yolu olmazdı.

101. Yaradan'ın Kendisini manevi çalışmada gizlediği yazılmıştır. Yüzün ifşası sırasında çekilen acı ve ızdırapla ilgili olarak da, az günahı olan ve manevi çalışma ve Islahları az yerine getirmiş bir kişi ile yoğun bir şekilde manevi çalışma ve iyi işler yapmış bir kişi aynı değildir. Bunun nedeni, ilkinin Yaradan'ını iyilik derecelerinde yükseltmekte, ıstırabın kendisinin günahlarından ve manevi çalışma yoksunluğundan geldiğini düşünmekte ehil olmasıdır.

Diğeri için ise, Yaradan'ını iyilik derecelerinde yükseltmek daha zordur. Bunun nedeni kendi kafasında bu kadar acımasız cezalandırılmayı hak etmemesidir. Dahası, kendisinden daha kötü arkadaşlarının acı çekmediğini görür, şöyle yazıldığı gibi: "günahkâr ve rahatta olanların varlıkları artar" ve ayrıca "boşuna kalbimi arındırdım."

Dolayısıyla, kişi yüzün ifşasının ilahi Takdiri'ni edinmediği sürece manevi çalışma ve Islahları fazlasıyla yerine getirmiş olması onun için yüzün gizliliğini daha ağırlaştırır. "Yaradan Kendisini manevi çalışmada gizlemiştir"in anlamı budur.

Gerçekten de, kişinin manevi çalışmada hissettiği tüm ağırlık Kutsal Işığın onu çağırmasının, hızlanması için uyandırmasının ve Yaradan'ın arzuladığı gibi, yüzün ifşasının bahşedilmesi için tez vakit yeterli çalışmayı göstermesi gerektiğinin ifadesidir.

102. Bu nedenle maneviyatı Kendi için öğrenenler için Işık ölüm zehri olur yazılmıştır. Onlar yüzün gizliliğinden yüzün ifşasına gelmedikleri gibi, zira akıllarını çaba sarf etmeye ve bunu edinmeye koymadılar, edindikleri manevi çalışma yüzün gizliliğini büyük ölçüde arttırır. Sonunda, gizlilik içinde gizliliğe düşerler, ki bu ölüm, kökünden tamamen kopmuş olarak değerlendirilir. Bu nedenle onların manevi çalışması ölüm iksiri olur.

103. Bu Işığın (manevi çalışma) "ifşa" ve "gizlilik" olarak adlandırılan iki ismini açıklar. Maneviyatın gizliliğine neden ihtiyacımız olduğunu ve neden tüm Işığın ifşa edilmediğini anlamamız lazım.

Aslında burada çok derin bir niyet var. Işığın gizliliği Yaradan'ın Kendisini manevi çalışmada gizlediğini ima eder, bu nedenle "saklı olanın ilmi" olarak adlandırılır. Diğer taraftan, "ifşa olan" olarak adlandırılır çünkü Yaradan manevi çalışma vasıtasıyla ifşa olur.

Dolayısıyla, Kabalistler şöyle der: ve biz de bunu Vilna Gaon (GRA) dua kitabında buluyoruz, Işığı edinmek gizlilikle başlar ifşa ile sona erer. Bunun anlamı doğru çalışma ile kişi önce Işığın gizliliğine dalar, böylece Işığın ifşası, hakikat bahşedilir. Bu nedenle kişi Sod (sır) denilen gizlilik ile başlar ve ödüllendirildiğinde hakikatte son bulur.

104. Koşullu sevgi olan sevginin ilk derecesini edinmenin nasıl mümkün olduğu derinlemesine açıklığa kavuşturuldu. Bir Sevap için bu dünyada ödül olmamasına rağmen yine de o Sevabı edinmenin ödülü bu dünyada mevcut. Bu kişiye manevi

çalışmada gözlerinin açılmasıyla gelir. Ve bu açık edinim tamamen Sevap için anında ödül olmaya benzer.

Bu nedenle kişi Yaratılış düşüncesindeki muhteşem iyiliği hisseder, ki bu Yaratılanlarına dolu, iyi ve cömert eliyle haz vermektir. Kişinin edindiği iyiliğin bolluğundan dolayı Yaradan ve kişi arasında muhteşem bir sevgi ortaya çıkar. Bu kişiye doğal aşkın ortaya çıktığı aynı yollar ve kanallarla ardı arkası kesilmeden akar.

105. Bununla beraber, tüm bunlar kişinin ediniminden itibaren gelir. Ancak, kişi yüzün ifşasını edinmeden önce yüzün gizliliğinin İlahi Takdiri tarafından neden olunan ızdırapları hatırlamak istemez, zira "sevgi tüm günahları örter." Bununla beraber, O'nun İlahi Takdiri'nin gerçekliği bir yana, insanlar arasındaki sevgide bile büyük bir eksiklik olarak görülür, zira O iyidir ve iyilere de kötülere de iyilik yapar.

Dolayısıyla, kişinin O'nun sevgisini nasıl edineceği anlamamız lazım, öyle ki kişi Yaradan'ın kendisine doğduğundan itibaren her zaman çok büyük iyilik yaptığını, O'nun asla bir dirhem bile zarar vermeyeceğini hissetmeli ve bilmelidir ki bu sevginin diğer suretidir.

106. Bunu anlamak için bilgelerimizin sözlerine ihtiyacımız var. Şöyle dediler, "sevgi seviyesine gelen kişinin günahları fazilete dönüşür." Bu, sadece Yaradan'ın kişinin günahlarını affettiği anlamına gelmez aynı zamanda kişinin yaptığı her hata ve günahın Yaradan tarafından Sevaba çevrilmesi anlamına da gelir.

107. Dolayısıyla, kişi yüzün aydınlanmasını öyle bir derecede edindikten sonra işlemiş olduğu her günah, kasıtlı olanlar bile, kişinin yüzün gizliliğinin iki izlenimine yerleştirildiği andan beri çektiği tüm ızdırap ve felaketler onun için Sevaba çevrilir. Çünkü kişiye tüm günahları getirenler şimdi iyilik yapan O'nun yüzünün aydınlanmasıyla Sevaplara dönmüş olan ızdıraplar ve felaketlerdir.

Ve kişinin aklını başından alan ve ilk gizlilikteki gibi hata yaptıran ya da çift gizlilikteki gibi günah işleten tüm acılar ve sorunlar artık bir Sevabı yerine getirmek ve bunun ebedi ve muhteşem ödülünü almak için bir hazırlık ve nedendir. Bu nedenle, kişi için her acı zevke ve her kötülük iyiliğe dönmüştür.

108. Bu bir ev sahibi için hizmetçilik yapan kişinin hikâyesine benziyor. Ev sahibi hizmetçisini çok seviyordu. Bir gün ev sahibi bir yere gitti ve işlerini hizmetçiyi pek sevmeyen kâhyasına bıraktı.

O ne yaptı? Hizmetçiyi aldı ve onu herkesin önünde iyice aşağılamak için beş kez kırbaçladı.

Ev sahibi döndüğünde hizmetçi kendisine olanları anlattı. Ev sahibinin kızgınlığı alevlenmişti, vekilini çağırdı ve hizmetçiye derhal her kırbaç için bin akçe vermesini emretti.

Hizmetçi akçeleri alarak eve gitti. Karısı hizmetçiyi ağlarken buldu ve merakla "Ev sahibinle ilgili neler oldu sana?" diye sordu. O da anlattı. Karısı, "Öyleyse neden ağlıyorsun?" diye sordu. Hizmetçi şöyle cevap verdi, "Ağlıyorum çünkü bana sadece beş kırbaç attı. Keşke bana en az on kez vursaydı, zira o zaman on bin akçem olurdu."

109. Şimdi kişinin günahlarından pişmanlık ile ödüllendirilmesinden sonra, öyle ki günahlar erdeme dönüşür, kişi o zaman sevenin sevgilisine hiçbir kötülük ya da kötülüğün gölgesini bile yapmadığı Yaradan'ın sevgisinin ikinci derecesini gerçekleştirmekle ödüllendirilir. Tersine, Yaradan müthiş ve fazlasıyla iyilik yapar, her zaman ve sonsuza dek, öyle ki sevgi seviyesine gelmek ve günahların erdemlere dönüşmesi aynı anda olur.

110. Şimdiye kadar koşullu sevginin sadece iki derecesini inceledik. Ancak, yine de kişinin Yaradan'ı ile koşulsuz sevgiye gelmesinin iki yöntemiyle nasıl ödüllendirildiğini anlamalıyız.

Bunun için, ne yazıldığını (Kiduşin sayfa 40) çok iyi anlamalıyız, "Kişi kendisini her zaman yarı değersiz yarı değerli görmelidir. Eğer bir Sevabı gerçekleştiriyorsa mutludur, çünkü kendisini bir iyilik derecesine getirmiştir. Eğer kişi bir günah işlerse, onun için üzüntü duyun çünkü kendisini bir günah seviyesine getirmiştir.

Kabalist Şimon'un oğlu Kabalist Elazar şöyle diyor, "Dünya çoğunluğa göre karar verdiğinden ve kişi çoğunluk tarafından değerlendirildiğinden eğer kişi bir Sevap gerçekleştirirse mutludur çünkü kendisini ve tüm dünyayı bir iyilik derecesine getirmiştir. Eğer bir günah işlerse onun için üzüntü duyun zira kendisini ve tüm dünyayı bir günah seviyesine getirmiştir." Kişinin işlediği bu tek günah için kendisi ve tüm dünya pek çok iyiliği kaybetmiştir.

111. Bu sözler baştan sona şaşırtıcı görünüyor. Kabalist Elazar, kişi bir Sevap gerçekleştirirse anında bir iyilik seviyesine gelir diyor çünkü çoğunluk tarafından değerlendirilmiştir. Ancak, bu sadece yarı değerli ve değersizler için geçerlidir. Kabalist Şimon'un oğlu Kabalist Elazar bunlar hakkında hiç konuşmaz. Dolayısıyla, öz hâlâ eksik.

Raşi bu sözleri "Kişi kendisini her zaman yarı değersiz yarı değerli görmelidir" şeklinde yorumladı. Kabalist Şimon'un oğlu Kabalist Elazar kişinin tüm dünyayı sanki yarı değersiz ve yarı değerliymiş gibi görmesi gerektiğini de ekliyor. Ancak, yine de öz eksik ve eğer anlam aynıysa neden sözleri değiştirdi?

112. Bu öznenin kendisi için daha zordur, yani kişinin kendisini yarı değerli görmesi. Bu biraz şaşırtıcı: eğer kişi pek çok günahını biliyorsa kendisine bunun yarısıyım şunun yarısıyım diye haksızlık eder mi?

Maneviyat, "kendini yanlış bir konudan uzak tut!" der. Dahası, şöyle yazılmıştır "bir günahkâr pek çok iyiliği yok eder." Bunun nedeni tek günahın kişiyi ve tüm dünyayı günah seviyesine getirmesidir. Dolayısıyla, bu kişinin kendisini ve dünyayı resmettiği yanlış bir hayal değil gerçekte olanla ilgilidir.

113. Kafa karıştırıcı başka bir şey daha vardır: acaba her bir nesilde bir Sevap bile gerçekleştirmeyen pek çok kişi olabilir mi? Bu, durumun hiç değişmediği

anlamına gelebilir mi? Ve dünyada yeni hiçbir şey yok. Gerçekten de burada çok derinlik gerekiyor zira yazılanlar yüzeysel olarak anlaşılamıyor.

Bununla beraber, bu çok günahı olduğunu bilen bir kişiyi ilgilendirmez, ona yarı şöyle yarı böylesin aldatmacasını öğretmek ya da sadece bir Sevabının eksik olduğunu ima etmek. Bu hiçbir şekilde bilgelerin işi değildir. Tersine, bu kendisini tamamen ve mutlak bir şekilde erdemli hisseden ve bütünüyle tam gören bir kişiyle ilgilidir. Bu böyledir çünkü manevi çalışmada gözlerinin açılmasıyla sevginin ilk derecesi ile zaten ödüllendirilmiştir ve tüm sırları bilen O kişinin tekrar günaha dönmeyeceğine tanıklık eder.

Kişiye göre, yazılar yolu gösterir ve sadece yarı değerli ile yarı değersiz arasında henüz erdemli olmadığını kanıtlar. Bunun nedeni kişinin hâlâ sevgi Sevabı denilen Manevi İlmin 613 Sevaptan birinde eksik olmasıdır.

Tüm sırları bildiğinden kişinin tekrar günah işlemeyeceğini bilen O'nun bütün ispatı kişinin günahlarının yok olmasını ediniminin bariz olmasındandır. Bu, cezalandırılma korkusu olarak addedilir ve dolayısıyla "korkudan pişmanlık" olarak adlandırılır.

114. Yukarıda da öğrendiğimiz gibi bu korkudan pişmanlık derecesi kişiyi ıslah etmez, ıslah sadece pişmanlık anından itibarendir. Ancak, kişi yüzün ifşası ile ödüllendirilmeden önce çektiği tüm acı ve ızdıraplar oldukları gibi ıslah olmamış halleriyle kalır. İlaveten, kişinin günahları tamamen ıslah olmaz ancak yanlışlar olarak kalırlar.

115. Bu nedenle o tek Sevabı olan kişinin kendisini hâlâ yarı değersiz yarı değerli gördüğü söylenir. Yani, pişmanlık bahşedildiğinde kişi hayatının ortasında olduğunu düşünmelidir. Böylece, kişi hâlâ yarı değersizdir, yani hayatının yarısı pişmanlık duymadan geçmiştir. Bu durumda kişi elbette değersizdir zira korkudan pişmanlık ıslah etmez.

Ayrıca şöyle devam eder, kişi aynı zamanda da yarı değerlidir, yaşamının yarısından itibaren pişmanlıkla ödüllendirilmiştir. O durumda kişi elbette değerlidir çünkü bir daha günah işlemeyeceğine emindir. Böylece, yaşamının ilk yarısında değersiz ve ikinci yarısında değerlidir.

116. Kişiye 613 rakamı içinden o eksik olan tek Sevabı gerçekleştirirse mutlu olacağı söylenir çünkü kendisini iyilik derecesine getirmiştir. Bunun böyle olmasının nedeni kişi sevgi seviyesine gelerek sevgi Sevabı ile ödüllendirilir ve bu vasıtayla günahlarının erdemlere çevrilmesiyle ödüllendirilir.

Ondan sonra, kişinin pişmanlıkla ödüllendirilmeden önce yaşadığı her ızdırap ve üzüntü onun için harika ve sonsuz hazlara dönüştürülür. Dahası, neden iki kat daha fazla acı çekmediği için pişman olur, tıpkı ev sahibi ve hizmetçisiyle ilgili benzetmede olduğu gibi.

Buna "iyilik derecesine gelmek" denir, zira kişinin tüm duyguları, hataları ve günahları erdemlere dönüşür. Bu nedenle iyilik derecesine gelmek günahlarla dolu bir kabın şimdi erdemlerle dolu bir kaba dönüşmesi anlamına gelir. Bilgelerimizin dilinde bu tersine değişime "Yaradan'ın iyiliğini haklı görmek" denir.

117. Bizi daha uyararak şöyle diyor, kişi ikisi arasında olduğu sürece ve 613 rakamının içinden o tek Sevap bahşedilmemişse kişi ölüm gününe dek kendisine inanmamalıdır. Kişi ayrıca günaha dönmeyeceği konusunda tüm sırları bilen Yaradan'a da bel bağlamamalı, zira hâlâ yanlışlar yapabilir.

Dolayısıyla, kişi günah işlerse kendisine üzülsün çünkü kendisini günah derecesine mahkûm etmiştir. Çünkü o zaman manevi çalışmanın tüm edinimini ve bahşedilen yüzün ifşasını anında kaybedecek ve yüzün gizliliğine dönecektir. Bu nedenle kendisini günah derecesine mahkûm eder çünkü tüm erdemliği ve iyiliği kaybedecektir, hayatının son yarısından olanları bile. Ve kanıt olarak şu söz gelir, "bir günahkâr pek çok iyiliği yok eder."

118. Şimdi Kabalist Şimon'un oğlu Kabalist Elazar'ın ek sözlerini ve ayrıca neden "yarı değersiz ve yarı değerli" sözlerini getirmediğini anlayabilirsiniz. Bunun nedeni orada sevginin ikinci ve üçüncü ayrımından bahsediliyor ve Kabalist Şimon'un oğlu Kabalist Elazar, sevginin dördüncü ayrımından – ebedi sevgiyi anlatıyor – gerçektc olduğu gibi yüzün ifşası – İyi olan iyiye de kötüye de iyilik yapar.

119. Kişi usta olmadan ve sevdiğinin tüm işlerini ve bir eksik bile olmadan tüm diğerlerine nasıl davrandığı bilmeden dördüncü ayrımı edinmenin mümkün olmadığını biliyoruz. Bu, büyük bir ayrıcalık olan kişinin kendisini iyilik derecesine getirmekle ödüllendirilmesinin dördüncü ayrım olan bütün (tam) sevgiyi edinmesinde hâlâ yeterli olmadığının nedenidir. Bunun nedeni kişinin Yaradan'ın iyiye de kötüye de iyilik yapar özelliğini edinmemiş sadece O'nun İlahi Takdiri'ni edinmiş olmasıdır.

Ancak, kişi hâlâ O'nun bu dünyadaki diğer insanlarla olan olağanüstü ve muhteşem yöntemindeki İlahi Takdiri'ni bilmez. Dolayısıyla, yukarıda öğrendiğimiz gibi kişi sevdiğinin diğerleriyle tüm işlerini, biri bile eksik kalmadan, öğrenmediği sürece sevgi hâlâ ebedi değildir. Bu nedenle kişi tüm dünyayı da sevgi derecesine getirmelidir, ancak o zaman kişiye ebedi sevgi ifşa olur.

120. Kabalist Şimon'un oğlu Kabalist Elazar şöyle der: "Dünya çoğunluğa göre karar verdiğinden ve kişi çoğunluk tarafından değerlendirildiğinden," ve kişi tüm dünyayla ilişkilendirildiğinden yazıldığı gibi onlara yarı değersiz – yarı değerli diyemez. Bu derece kişiye sadece yüzün ifşası ve korkudan pişmanlık bahşedildiğinde gelir.

Ancak, pişmanlık henüz bahşedilmemişken bu tüm dünyayla ilgili olarak nasıl söylenir? Bu yüzden kişi sadece dünya çoğunluğa göre karar verir ve kişi çoğunluk tarafından değerlendirilir demelidir.

KABALA BİLİMİ

Açıklama: Kişi hiç hata yapmadığında ve günahları olmadan tam olarak erdemli olmayacağını düşünebilir. Ancak günah ve hatalarda başarısız olanlar artık tamamen erdemli olmayı hak etmez.

Bu nedenle, Kabalist Şimon'un oğlu Kabalist Elazar bize böyle olmadığını öğretir. Tersine, dünya da birey de çoğunluğa göre değerlendirilir. Bunun anlamı, kişi artık ortada sayılmadığı andan itibaren, korkudan pişmanlık duyduktan sonra, 613 Islahları anında edinir ve ona "ortada" denir, yani yaşamının yarısında değersiz ve diğer yarısında değerlidir.

Daha sonra, kişi sevgi Sevabını ekledikten sonra kişi daha çok değerli olarak değerlendirilir ve her şeyi iyilik derecesine getirir. Dolayısıyla, günah dereceleri de iyilik dereceleri olur.

Kişi günah ve hataların tam derecesine sahip olsa bile bunların tümü erdeme dönüşür. O zaman kişi hiç günah işlememiş gibidir ve "tamamen erdemli" olarak değerlendirilir.

Dünya ve birey çoğunluğa göre değerlendirilir sözünün anlamı budur. Bu yüzden, kişinin pişmanlıktan önce sahip olduğu günahları dikkate alınmaz, zira bunlar iyiliğe dönüşmüştür. Benzer şekilde "tamamen günahkâr" olanlar bile sevgi seviyesi bahşedildiğinde "tamamen erdemli" olarak değerlendirilir.

121. Dolayısıyla, Kabalist Elazar şöyle der: kişi eğer bir Sevabı gerçekleştirirse, yani korkudan pişmanlıktan sonra, o zaman kişide sadece bir Sevap eksiktir ve "kişi mutludur çünkü kendisini ve tüm dünyayı bir iyilik seviyesine getirmiştir." Bu nedenle kişi sadece kendisini iyilik seviyesine getirmekle ödüllendirilmez, yazıldığı gibi: dünyayı iyilik seviyesine getirdiği için de ödüllendirilir.

Bu, kişinin manevi çalışmadaki edinimleriyle yükselerek ödüllendirilmesi anlamına gelir, ta ki dünyadaki tüm insanların sevgi seviyesi ile ödüllendirildiğini keşfedene dek. O zaman onlar da kişinin kendisi için edindiği muhteşem İlahi Takdir'i keşfedip görecekler. Ve onların da hepsi iyilik derecesine yükselecekler. O zaman "günahlar yeryüzünden yok olacak ve günahkârlar olmayacak."

Ve dünyadaki insanlar kendileri henüz iyilik derecesine gelmemiş olsalar bile, yine de bir birey iyilik derecesine geldikten sonra onlara gelecek olan açık ve tam edinim, korkudan pişman olan biri için söylenen "Dünyanızı yaşamınızda göreceksiniz"e benzer. Kişinin sanki anında edinmiş gibi bundan etkilendiğini ve mutlu olduğunu söylemiştik, zira "edinilecek olan edinilmiş addedilir."

Ayrıca, burada tüm dünyanın iyilik derecesini edinmiş o birey için sanki onlar da bahşedilmiş ve sevgi seviyesine gelmiş sayılır. Her biri O'nun her bir kişiye iyiliğini yeterince bilecek şekilde kötülüklerini iyilik derecesine getirirler.

Bu nedenle, Kabalist Şimon'un oğlu Kabalist Elazar şöyle der: "Kişi kendisini ve tüm dünyayı iyilik derecesine getirdiği için mutludur." Bundan sonra, kişi her bir yaratılan için İlahi Takdir'in tüm eylemlerini O'nun gerçek görüntüsünün ifşası yoluyla açıkça bilir, yani İyinin iyiye de kötüye de iyilik yaptığını. Ve kişi bunu bildiğinden dolayı "ebedi sevgi" denilen sevginin dördüncü izlenimiyle bahşedilmiştir.

Kabalist Şimon'un oğlu Kabalist Elazar'ın kişi tüm dünyayı iyilik derecesine getirdikten sonra bile ölüm gününe dek kendisine inanmamalıdır sözlerinde uyardığı gibi. Kişi tek bir günahta başarısız olsa bile anında tüm muhteşem edinimlerini kaybeder, şöyle yazıldığı gibi "bir günahkâr pek çok iyiliği yok eder."

Bu, Kabalist Şimon'un oğlu Kabalist Elazar'ın yazdıklarındaki farkı açıklıyor. Yazılar sadece sevginin ikinci ve üçüncü izleniminden bahseder, bu yüzden tüm dünyayı değerlendirmekten bahsetmez.

Ancak, Kabalist Şimon'un oğlu Kabalist Elazar sevginin dördüncü izlenimi seviyesinden konuşuyor ki bu tüm dünyayı sevgi derecesine getirmeyi edinmeden tanımlanamaz. Bununla beraber, bizler tüm dünyayı nasıl iyilik derecesine getirmeyi edineceğimizi anlamalıyız.

122. Yazılanları (Taanit 11a) anlamalıyız, "Toplum acı çekerken kişi 'Evime gidip yiyip içeceğim ve ruhum huzurlu olacak' dememelidir. Kişi bunu yaparsa onunla ilgili olarak yazılar şöyle der: "Öküzleri ve koyunları öldürmenin, et yiyip şarap içmenin zevk ve mutluluğunun tadını çıkar – Yiyip içelim zira yarın öleceğiz!" bununla ilgili ne yazar? "Misafirlerin Kralı kulağıma fısıldadı: Elbette bu günah sen ölene dek cezasız kalmayacak."

Şimdiye dek ortadaki kişinin özelliğinden bahsedildi. Ancak günahkâr bir kişinin özelliği için "Buraya gel, şarap getireceğim ve sert bir içkiyle kendimize gelelim, yarın bu gün gibi olacak."

Bununla ilgili ne yazılmıştır? "Erdemliler yok olur ve gelecek olan kötülüklerden erdemlinin uzaklaştırıldığını kimse kalbine getirmez." Tersine toplumla birlikte üzüntü duyarsa kişiye tüm toplumun rahatı bahşedilir.

123. Bu sözler alakasız gibi görünüyor. Kabalist Elazar, kişinin halkla birlikte acı çekmesine kanıt getirmek istiyor. Dolayısıyla, neden ortadaki kişinin özelliklerini günahkârdan bölmeli ve ayırmalıyız? Dahası, ortadaki kişi ile günahkâr kişinin arasındaki kesinlik nedir? Ve neden "arada bulunan" ve "kötü" demiyor ve neden özelliklere ihtiyacım var?

Ayrıca, kişinin kendisi halka birlikte üzülmezse haksızlık olacağını nerede ima ediyor? Dahası, günahkârların özelliklerinde hiç ceza görmüyoruz, ancak şöyle yazılmış "Erdemliler yok olur ve kimse kalbine koymaz." Eğer kötüler günah işliyorsa, cezalandırılmak için erdemli ne yapıyor ve neden erdemli cezalandırıldığında günahkar ağlamalıdır?

124. Yine de, "ortadaki", "günahkâr" ve "erdemli" özelliklerinin özel kişilerde olmadığını anlamanız lazım. Tersine, bu özelliklerin hepsi dünyadaki tüm insanlarda vardır. Bu üç özellik herkeste görülebilir. Kişi yüzün gizliliğinde olduğu

dönemde, korkudan pişmanlığı edinmeden önce bile, günahkâr özelliğinde görülür.

Sonrasında, eğer korkudan pişmanlık kişiye bahşedilmişse ortada kabul edilir. Sonra, eğer kişi sevgi seviyesine gelmişse de, dördüncü derecede, yani ebedi sevgide, kişi "tamamen erdemli" kabul edilir. Bu nedenle, sadece ortada ve erdemli demediler, ortadakinin niteliği ve günahkârın niteliği dediler.

125. Ayrıca, önce tüm dünyaya gelecek olan yüzün ifşasını edinmeden yukarıdaki dördüncü ayrımı edinmenin mümkün olmadığını hatırlamalıyız. Kabalist Şimon'un oğlu Kabalist Elazar'ın dediği gibi bu, tüm dünyayı iyilik derecesine getirmek için insana güç verir. Ve kişi ne kadar az ızdırap çektiğinden pişmanlık duyana dek yüzün ifşasının yüzün gizliliği sırasında çekilen her acı ve üzüntüyü muhteşem hazlara çevireceğini zaten öğrendik.

Dolayısıyla, sormamız lazım, "Kişi kendisini iyilik derecesine getirdiğinde elbette yüzün gizliliği sırasındaki tüm kederleri ve acıları hatırlar." Bu nedenle, yukarıda söylediğimiz gibi tüm ızdırapların hazlara dönüşmesi mümkün. Ancak kişi tüm dünyayı iyilik seviyesine getirdiğinde onların çektikleri acı ve üzüntünün derecesini nasıl bilebilir, yani açıkladığımız gibi, kişinin kendisini iyilik derecesine getirmesiyle aynı şekilde onların nasıl getirildiklerini anlamak için?

Onları iyilik derecesine getirmede nitelikli olduğunda tüm dünyanın iyilik derecesinden yoksun olmasını önlemek için kişi kendi sorunlarıyla ilgilendiği gibi toplumun sorunlarından da acı çekmelidir. O zaman tüm dünyanın günah derecesi kişinin içinde hazır olur, tıpkı kendi günah derecesi gibi. Böylece, kişiye iyilik derecesi bahşedildiğinde tüm dünyayı da iyilik derecesine getirebilecek ve "tamamen erdemli" olmayı edinebilecek.

126. Dolayısıyla, kişi toplumla birlikte acı çekmezse, o zaman korkudan pişmanlık bahşedilmiş olduğunda bile, yani ortadayken, yazılar onunla ilgili şöyle der: "Ve tadını çıkar ve memnun ol." Bu, kişinin "Dünyanı hayattayken göreceksin" duası ile bahşedilmiş olması ve bir sonraki dünya için hazırlanan ve haz ve memnuniyetlik ile dolu olan Sevabı için tüm ödülü gördüğü anlamına gelir. Ve kendisine şöyle der: "Öküzleri ve koyunları öldürmenin, et yiyip şarap içmenin zevk ve mutluluğunun tadını çıkar – Yiyip içelim zira yarın öleceğiz!"

Bir başka deyişle, kişi bir sonraki dünyadaki ödülü garanti olduğu için mutlulukla doludur. Bu nedenle o kadar memnuniyetle "zira yarın öleceğiz" der ve Bütünden bir sonraki dünyamın yaşamını alacağım.

Yine de bununla ilgili şöyle yazılmıştır: "Ve misafirlerin Kralı Kendisini kulağıma ifşa etti: Elbette bu günah sen ölene dek cezasız kalmayacak." Bu, yazılanların kişinin sahip olduğu hatalardan dolayı sitem ettiği anlamına gelir.

Korkudan pişmanlık duyanın günahlarının sadece hatalara dönüştüğünü öğrendik. Dolayısıyla, kişi toplumla birlikte acı çekmediğinden ve günahların erdemlere dönüştürüldüğü sevgi derecesini edinemediğinden kişinin yaşamında hatalarından asla pişmanlık duymaması bir gerekliliktir. Öyleyse, sonraki dünyadaki yaşamından nasıl mutluluk duyabilir? Bu nedenle Şöyle yazılmıştır: "Elbette bu günah sen ölene dek cezasız kalmayacak", yani hatalardan bahsediyor, "sen ölene dek" kişi ölmeden önce anlamına geliyor. Bu nedenle, kişi pişmanlıktan yoksundur.

127. Bunun aynı zamanda "ortada olmanın niteliği" olduğu yazılır, yani makale kişinin korkudan pişmanlık duyduğu andan itibaren ki zamandan bahsediyor. O an kişi "ortada" kabul edilir.

Peki, "günahkârın niteliği" ile ilgili ne söyleniyor? Başka deyişle, kişi o zaman "günahkârın niteliği" denilen yüzün gizliliği dönemindeyken ne olacak? Öğrendik ki, korkudan pişmanlık kişi pişmanlık duymadan geçmişini düzeltmiyor.

Böylece makale bir başka söz getiriyor: "Gel, şarap getireceğim ve kendimizi güçlü bir içki ile dolduralım ve yarın bugün gibi olsun." Bu kişinin ıslah etmediği "günahkârın niteliği" denilen yüzün gizliliği döneminde geçen günler ve yıllar anlamına geliyor, kişinin ölmesini istemiyorlar zira günahkârın niteliği olduğundan bir sonraki dünyada yerleri yok.

Dolayısıyla, kişinin ortada olmanın niteliği memnun ve haz aldığı dönemde, "yarın öleceğiz" ve bir sonraki dünya ile ödüllendirileceğiz, iken aynı zamanda kişideki günahkârın niteliği böyle söylemez. Tersine şöyle der: "yarın bugün gibi olacak", yani yaşamak ve bu dünyada sonsuza dek mutlu yaşamak istiyor, çünkü bir sonraki dünyada yeri yok, zira onu ıslah etmedi, o sadece sevgi seviyesine gelerek ıslah edilir.

128. Şöyle yazılmıştır: "erdemli yok olur", yani kişinin hak ettiği tamamen erdemli olanın özelliği onun için yok kaybolmuştur. "Ve kimse kalbine getirmez... erdemliler gelecek olan kötülükten uzaklaştırılmıştır." Bu, ortada olan toplumun acısına ortak olmadığından sevgi seviyesine gelemez, günahları erdemlere ve kötülüğü hazlara çeviremez anlamına gelir. Bunun yerine, kişinin korkudan pişmanlığı edinmeden önce deneyimlediği tüm hataları ve kötülüğü hâlâ O'nun İlahi Takdiri'nden kötülük geldiğini hisseden günahkârın niteliğinde durmaktadır. Ve bu kötülüklerden dolayı onlar hâlâ tamamen erdemli olmakla ödüllendirilmediklerini hissederler.

Makale şöyle der: "ve kimse kalbine getirmez," yani kişi "kötülükten geleni" kalbine almaz. Bir başka deyişle, kişi geçmişten gelen O'nun İlahi Takdiri'nde hâlâ hissettiği kötülükten dolayı "erdemli yok olur", yani erdemlinin niteliğini kaybetti anlamına gelir. Ve bu dünyadan ortadaki kişi olarak ölüp gidecek.

Tüm bunlar kişinin toplumun acısıyla ilgilenmemesi ve toplumun rahatını düşünmemesiyle ilgilidir, zira onları iyilik derecesine getirip rahat ettiklerini göremez. Dolayısıyla, asla erdemlinin niteliğini edinemeyecek.

129. Daha önce bahsedilenlerin tümünden yukarıdaki özellikleri, günahkârın niteliği, ortada olanın niteliği ve erdemlinin niteliğini deneyimlemeyen tek bir kişi olmayacağını anladık.

Bunlara Midot (özellikler) denir çünkü O'nun İlahi Takdiri'nin Midah'sından (ölçü) gelirler. Bilgelerimiz şöyle der: "kişi ölçtüğü dereceyle ölçülür" (Sutah 8). Ve O'nun İlahi Takdiri'ni yüzün gizliliğinde edinenler günahkâr kabul edilir: ya tek gizlilik açısından yetersiz günahkâr ya da çift gizlilik açısından tamamen günahkâr.

Ve dünyanın kötü yönetildiğini düşünüp hissettiklerinden sanki kendilerini cezalandırıyor gibilerdir, zira O'nun İlahi Takdiri'nden acı ve ızdırap geliyordur ve tüm gün boyunca kötü hissediyorlardır. Ve kendilerini en çok dünyadaki tüm insanlara onlar gibi kötü rehberlik edildiğini düşünmekle cezalandırıyorlar.

Bu nedenle, yüzün gizliliği açısından İlahi Takdiri edinenlere "günahkâr" denir, zira bu isim onların içinde hislerinin derinliğinden ortaya çıkar. Bu, kalbin anlayışına bağlıdır ve O'nun İlahi Takdiri'ne hak veren sözler ya da düşüncenin hiç önemi yoktur çünkü her organın hissi ve duygusu bunun tersidir ve bunlar kendilerini yalan söylemeye zorlayamazlar.

Dolayısıyla, İlahi Takdir'in bu ölçüsünü edinenler kendilerini ve tüm dünyayı kötülük seviyesine getirmiş addedilirler, tıpkı Kabalist Şimon'un oğlu Kabalist Elazar'ın sözlerinde yazıldığı gibi. Bunun nedeni dünyadaki tüm insanların O'nun ismine yakıştığı gibi, "İyi olan iyiye de kötüye de iyilik yapar", kötü rehberlikle idare edildiklerini hayal etmelerindendir.

130. O'nun İlahi Takdiri'nin hissi ile yüzün ifşasının ilk derecesi formunda bahşedilenler, ki buna "korkudan pişmanlık" adı verilir, ortada addedilirler. Bunun nedeni onların hislerinin "ölçünün iki kabı" adı verilen iki parçaya bölünmüş olmalarıdır.

Şimdi "Dünyanızı yaşamınızda göreceksiniz" yoluyla yüzün ifşasını edindiklerinden O'nun İyi ilahi Takdiri'ni en azından O'nun "İyi" adına yakıştığı gibi edinmişlerdir. Böylece bir iyilik derecesine sahip olurlar.

Ancak, yukarıdaki pişmanlıkla ödüllendirilmeden önce İlahi Takdir'in yüzün gizliliğindeki günleri ve yılları boyunca tüm ızdırap ve işkenceler onların hislerinde tümüyle var olduğundan hepsi kalır ve bunlara "günah seviyesi" denir.

Ve bu iki seviye birbirinin zıttı olarak durduğundan, öyle ki günah seviyesi pişmanlık anından itibaren ve öncesinde vardır ve erdemlilik seviyesi pişmanlık anından itibaren vardır ve garanti edilmiştir, böylece pişmanlık zamanı erdem ve günahın "ortasında" durur ve bu nedenle onlara "ortada olanlar" denir.

131. Ve günahlar erdemlere dönüştüğünde, "sevgi seviyesine gelmek" denilen ikinci derecede yüzün ifşasını hak edenler yukarıdaki günah seviyesini erdemlilik seviyesine getirmiş kabul edilirler. Bu, yüzün gizliliğindeki İlahi Takdir'in

EDİNİMİN SAFHALARI

altındayken kemiklerine kazınan tüm acı ve üzüntüler şimdi dönüşmüş ve "iyilik seviyesine" gelmiştir anlamına gelir.

Bunun nedeni her acı ve üzüntünün artık muhteşem ve sonsuz hazlara dönüşmüş olmasıdır. Şimdi onlara "erdemli" denir çünkü O'nun İlahi Takdiri'ne hak veriyorlardır.

132. Yukarıda bahsedilen ortada olanların niteliğinin kişi yüzün gizliliğindeki İlahi Takdir'in altında olduğu zaman bile geçerli olduğunu bilmemiz lazım. Ödül ve cezada inanca sürekli çaba harcayarak Yaradan'a olan büyük güvenin Işığı onlara görünür. Onlar orta seviyedeyken bir süreliğine O'nun yüzünün ifşasının bir derecesiyle ödüllendirilirler. Ancak sorun o seviyelerinde sürekli kalamamalarıdır, zira bir derecede sürekli kalmak sadece korku seviyesine gelmekle mümkündür.

133. Sadece yüzün gizliliğindeyken seçim vardır dediğimizde bunun kişi yüzün ifşasındaki İlahi Takdiri edindikten sonra Maneviyat ve Islahları gerçekleştirmek için daha fazla çalışma yapmaya ya da çaba harcamaya gerek yoktur anlamına gelmediğini bilmemiz lazım. Tersine, manevi çalışma ve Islahın doğru uygulanması kişi sevgi seviyesine getirilmeyle ödüllendirildikten hemen sonra başlar. Sadece o zaman kişinin manevi çalışma ve Islahları sevgi ve korkuyla yapması mümkündür, şöyle emredildiğimiz gibi "Dünya sadece tamamen erdemliler için yaratılmıştır" (Berahot 61).

Bu tıpkı ülkedeki en sadık tebaasını kendisi için seçmek ve sarayında çalışmaları için getirmek isteyen bir krala benzer. Ne yaptı? Genç ya da yaşlı sarayında çalışmak isteyen herkesin gelmesi için bir ferman yayınladı.

Ancak, birçok hizmetkârını sarayın kapısını ve kapıya gelen tüm yolları korumakla görevlendirdi ve onlara saraya yaklaşan herkesi geri döndürmeleri ve kandırarak caydırmalarını emretti.

Doğal olarak, ülkedeki herkes kralın sarayına koşmaya başladı. Ancak çalışkan hizmetkârlar onları açıkgözlülükle reddettiler. Pek çok kişi onları atlattı ve sarayın kapısına yaklaştılar ancak oradaki korumalar en çalışkan olanlardı ve eğer kapıya yaklaşan olursa onu döndürdüler ve ustalıkla geri çevirdiler ta ki kişi umudunu yitirip geldiği gibi geri dönene dek.

Ve böylece geldiler ve döndüler, tekrar güçlenip yine geldiler ve döndüler ve böylece günlerce ve yıllarca devam ettiler ta ki denemekten yorulana dek. Ve sadece onların aralarındaki kahramanlar, sabrı dayananlar korumaları yendi ve kapıyı açtı. Ve onlar anında kendilerine doğru yerde görevlendiren Kralın yüzünü görerek ödüllendirildiler.

Elbette, o andan itibaren, artık kapıya koşup dönerek, onları geri çevirip yanlış yönlendiren ve hayatlarını günlerce ve yıllarca çekilmez kılan korumalarla işleri yoktu. Bunun nedeni artık Kralın sarayının içinde onun yüzünün görkeminde çalışmak ve hizmet etmekle ödüllendirilmişlerdi.

Tam erdemlilerin çalışması da aynıdır. Yüzün gizliliği sırasında geçerli olan seçim açık İlahi Takdir'i edinmek için kapıyı açtıklarında geçerli değildir.

Bununla beraber, çalışmalarına yüzün ifşasından itibaren başlarlar. O anda dünyada kurulmuş olan ve en üstü cennete varan merdivenin basamaklarını çıkmaya başlarlar, şöyle yazıldığı gibi: "Erdemliler güçten güce gidecekler."

Bilgelerimizin dediği gibi, "Her bir erdemli dostunun örtüsüyle örtünecek." Bu çaba onları Yaradan'ın arzusu için nitelikli kılacak, içlerindeki Yaratılış Düşüncesini anlamak için, ki bu O'nun iyi ve cömert eline göre "Yaratılanlarına haz vermek"tir.

134. İfşanın sadece gizliliğin olduğu yerde olduğu kanununu bilmeniz gerekiyor. Bu tıpkı bu dünyanın işlerine benzer, yokluk varlıktan önce gelir, zira buğdayın büyüdüğü sadece ekildiği ve çürüdüğü yerde görülür.

Yüksek konularla da aynıdır, gizlilik ve ifşa birbiriyle tıpkı ateşi yakalayan fitil gibi ilişkilidir. Bunun nedeni şudur, ıslah olduğu anda her gizlilik o gizliliğin türüyle ilgili Işığın ifşası için bir nedendir ve ortaya çıkan Işık gizliliğe ateşin fitile tutunduğu gibi tutunur. Bunu tüm yolunuz boyunca aklınızda tutun.

135. Şimdi bilgelerimizin yazdıklarını anlayabilirsiniz, Manevi İlmin tamamı Yaradan'ın adlarıdır. Bu karışık görünüyor çünkü günahkâr, Firavun, Balaam vs. gibi, yasaklar, kirlilik, iki nasihatteki acımasız beddualar ve bunlar gibi devam ediyor. Öyleyse, bütün bunların Yaradan'ın isimleri olduğunu nasıl anlayabiliriz?

136. Bunu anlamak için, bizim yöntemimizin O'nun yöntemi olmadığını bilmeliyiz. Bizim yolumuz mükemmel olmayandan mükemmele gelmektir. O'nun yönteminde tüm ifşalar bize mükemmel olandan mükemmel olmayana gelir.

Önce tam mükemmellik doğar ve O'ndan ortaya çıkar. Bu mükemmellik O'nun yüzünden aşağı iner ve kısıtlama çeşitli derecelerden geçerek sonuncu, en kısıtlanmış seviyeye, bizim dünyamız için uygun olana iner. Ondan sonra madde bize bu dünyada belirir.

137. Daha önce bahsedilenlerden Büyüklüğü sonsuz olan Kutsal İlimin burada bizim dünyamızda belirdiği gibi O'ndan önce doğup ortaya çıkmadığını öğreneceksiniz, zira "Işık ve Yaradan birdir" ve bu bizim dünyamızın fiziksel vecibelerinde hiç de aşikâr değildir. Dahası, Kendi için onu çalışanlar için Işık ölüm iksiri olur.

Tersine, O'ndan ilk doğduğunda mutlak mükemmellik içinde doğdu ve belirdi, yani gerçek "Işık ve Yaradan birdir" formunda. Buna Zohar'ın (sayfa 3) Islaha Giriş bölümünde "Atzilut Işığı denir, yani "O, O'nun Yaşamı ve O'nun Kendisi birdir." Sonrasında O'nun yüzünden aşağı indi ve sonunda Sina'da verilene dek yavaş yavaş kısıtlamalardan geçerek kısıtlandı, ki o zaman bu dünyadaki haliyle, maddesel dünyanın kaba giysileriyle örtülmüş olarak yazıldı.

138. Bununla birlikte, Işığın'ın bu dünyadaki örtüleriyle Atzilut dünyasındaki örtüleri arasındaki mesafe ölçülemez. Ancak Işığın kendisi, yani örtünün altındaki Işık Atzilut edinimi ile bu dünyanın arasında hiçbir şekilde değişmez, şöyle yazıldığı gibi: "Ben, Kral değişmem" (Malahi 3:6).

EDİNİMİN SAFHALARI

Dahası, bizim Asiya Işığındaki bayağı örtülerin değeri ona bürünen Işığın değerinden daha düşük değildir. Tersine, ıslahın sonuyla karşılaştırıldığında onların değeri Üst Dünyalardaki tüm arı örtülerden daha büyüktür.

Bunun nedeni gizliliğin nedeninin ifşa olmasıdır. Bu ıslahtan sonra, ifşa sırasında gizlilik ifşaya ateşin tutunduğu bir fitil gibidir. Gizlilik ne kadar büyükse ıslah olduğunda ona tutunan Işık da o kadar büyüktür. Dolayısıyla, bu dünyada Işığın gizlendiği tüm bu bayağı örtülerin değeri örttüğü Işık'tan daha az değildir, tam tersidir.

139. Bu, Musa'nın meleklerle argümanının başarısıdır, "Aranızda kıskançlık mı var? Kötü eğilim aranızda mı?" (Şabat 89). Bu büyük gizliliğin daha büyük Işık ifşa edeceği anlamına gelir. Musa peygamber onlara melekler dünyasında Işığın büründüğü arı örtülerden bu dünyadaki gibi daha büyük Işık belirmeyeceğini gösterdi.

140. Böylece öğreniyoruz ki "Işık ve Yaradan birdir" olan yerde yani Atzilut Işığından bu dünyadaki Işığa hiçbir değişiklik yoktur. Tek fark örtülerdedir, zira bu dünyanın örtüleri Yaradan'ı gizler ve saklar.

O'nun manevi çalışmada gizlenmesinden dolayı buna "Öğreti" denildiğini bilin. Yüzün gizliliğinde sırasında, hatta çift gizlilikte bile Yaradan Işığın içine yerleşmiş onunla bürünmüştür. O "Öğretmen"dir ve Işıktır, ancak gözlerimizin önündeki fiziksellik ona bürünmüş, onunla örtünmüş olan Yaradan'ı gizleyen kanatlar gibidir.

Ancak, kişi dördüncü ayrımda, sevgi seviyesinde yüzün ifşasıyla bahşedildiğinde onunla ilgili Şöyle denir: "artık Öğretmenin Kendisini gizlemeyecek, fakat senin gözlerin Öğretmenini görecek" (Isaiah, 30:20). O andan itibaren manevi çalışmanın örtüleri artık "Öğretmeni" saklamaz ve gizlemez ve kişi her zaman "Işığın ve Yaradan birdir" olduğunu keşfeder.

141. Şimdi "Benden vazgeçin ve Benim yasama uyun" sözlerinin anlamını anlayabiliriz. Şöyle yorumladılar, "Beni bırakıp Benim verdiğim çalışmayı gerçekleştirsinler isterdim – onun içindeki Işık onları ıslah eder" (Yeruşalmi, Hagiga, sayfa 6b).

Bu kafa karıştırıcıdır. O'nun yüzünü bulmak için oruç tuttukları ve işkence çektiklerini kastediyorlar, şöyle yazıldığı gibi "Yaradan'a yaklaşmaktan haz alıyorlar" (Isaiah 58:2). Ancak, makale Yaradan adına "Beni bırakmanızı isterdim, zira tüm çabanız faydasız ve semeresiz. Ben manevi çalışmadaki Işıktan başka bir yerde değilim. Bu yüzden, maneviyatı çalışın ve Beni orada arayın ve onun içindeki Işık sizi ıslah edecek ve Beni bulacaksınız," diyor, şöyle yazıldığı gibi "Beni arayanlar Beni bulacaklar."

142. Şimdi Kabala ilminin özünü bu ilmin niteliğinde güvenilir bir algı için yeterli şekilde açıklığa kavuşturabiliriz. Böylece kişi kitlelerin tahayyül ettiği gibi kendisini yanlış hayallerle kandırmayacak.

Kutsal çalışmanın tüm realiteyi içine alan dört izlenimi olduğunu bilmelisiniz. Üç izlenim bu dünyanın genel realitesinde görülür. Bunlara "Dünya", "Yıl", "Ruh" denir. Dördüncü izlenim yukarıdaki realitenin üç izleniminin, onların beslenmesinin, işleyişinin ve tüm olaylarının varlığının yürütülmesidir.

143. Realitenin dış kısmı, yazılarda anlatılan gökyüzü ve sema, yeryüzü ve denizler vs. tüm bunlara "Dünya" denir. İlmin kaynaklarında getirilen realitenin "iç kısmı" – insan ve hayvan, hayvanlar ve çeşitli kuşlar vs. – "dış kısım" denilen yukarıdakilerin içinde var olan ve "Ruh" denilen kısımdır.

Nesiller boyunca realitenin evrimine "neden ve sonuç" denir. Örneğin, Adam HaRişon'dan Joşua ve Caleb boyunca dünyaya gelen nesillerin başları evriminde oğula sebep olan baba oğlun "nedeni" kabul edilir. Neden ve sonuç yoluyla realitenin bu detaylarının evrimine "Yıl" denir. Benzer şekilde realitenin dış ve iç varlığının idaresine, Işık ile gelen her olay ve işleyişte "realitenin varoluşu" denir.

144. Kabala'da dört dünyanın Atzilut, Beria, Yetzira ve Asiya olarak adlandırıldığını bilin. Bunlar gelip evrimleştiklerinde birbirlerinden mühür ve onun izi gibi ortaya çıktılar. Bu, mühürde yazılı olan her şeyin onun izinde göründüğü anlamına gelir, ne fazla ne eksik ve bu dünyaların evriminde de aynıdır.

Dolayısıyla, dört izlenim DYR (Dünya, Yıl, Ruh), Atzilut dünyasındaki sürekliliklerinin tüm formlarında çıktılar, mühürlendiler ve Beria dünyasındaki görüntüleriyle de belirdiler. Beria dünyasından Yetzira dünyasına da aynı şekilde, aşağıdaki Asiya dünyasına kadar.

Dolayısıyla, önümüzdeki realitenin tüm üç izlenimine DYR denir, bu dünyada sürekliliklerinin tüm formlarında gözlerimizin önüne serildiği gibi, Yetzira dünyasından çıktılar ve burada belirdiler ve aynı şekilde bir üstünden uzanıp Yetzira'da belirdiler.

Bu şekilde, Atzilut dünyasındaki sayısız detayın kaynağı gözlerimizin önündedir. Dahası, bu dünyada ortaya çıkan buluşlarla bile, her yenilik Yukarıda, Atzilut dünyasında ortaya çıkmalı ve oradan buraya uzanıp bu dünyada bize belirmelidir.

Bilgelerimizin "aşağıda hiçbir çimen yaprağı yoktur ki yukarıdan kaderi belli olmasın ve ona ulaşıp 'Büyü!' diyen bir rehberi olmasın" (Bereşeet Rabba, Bölüm 10) sözlerinin anlamı budur. Bu, "Kişi Yukarıdan bildirilmeden aşağıda parmağını oynatmaz" (Hulin sayfa 7).

145. Işığın realitenin üç izlenimindeki, "Dünya", "Yıl", "Ruh", örtüsünden ve bunların bu dünyadaki varlıklarından dolayı ifşa olan Işıkta bulunan kısıtlamalar, kötülükler ve engellemelerin ortaya çıktığını bilin. Yukarıda açıklandığı gibi Yaradan Işıktadır "Işık ve Yaradan birdir" şeklinde örtünmüştür, ancak büyük gizlilik içinde. Bunun nedeni bu maddesel örtülerin O'nu saklayan ve gizleyen kanatlar olmasıdır.

Ancak, Işığın saf Dünya, Yıl, Ruh formunda giysilenmesi ve Atzilut, Beria ve Yetzira denilen üç Üst Dünyadaki varlıkları genel olarak "Kabala İlmi" diye adlandırılır.

146. Dolayısıyla, Kabala ilmi ve ifşa olan Işık bir ve aynıdır. Ancak, kişi İlahi Takdir'in gizli yüzünden alsa ve Yaradan maneviyatta gizlenmiş olsa da kişinin

ifşa olmuş maneviyatı uyguladığı farz edilir. Bir başka deyişle, kişi Yetzira'nın Üstündekileri bırakın, Yetzira'nın Işığından bile her hangi bir aydınlanma almaya dirayetsizdir.

Ve kişiye yüzün ifşası bahşedildiğinde Kabala İlmiyle ilgilenmeye başlar. Bunun nedeni ifşa olan Işığın giysilerinin kişi için arındırılmış olmasıdır ve onun manevi seviyesi Yetzira'nın Işığı olur ki buna "Kabala İlmi" denir.

Kişi Atzilut Işığı ile bahşedilmiş olsa bile onun için manevi izlenimler değişti anlamına gelmez. Tersine, ifşa olan Işığın aynı giysileri onun için arınmış ve son derece saf giysiler haline gelmiştir. Şu sözlere dönüşmüşlerdir, "Öğretmenin Kendisini daha fazla gizlemeyecek, ancak senin gözlerin Öğretmenini görecek." O anda (giysiler) "O, O'nun Yaşamı ve O'nun Kendisi birdir" sözlerine dönüşürler.

147. Konuya açıklık kazandırmak için bir örnek vermeme izin verin. Mesela, kişi yüzün gizliliğindeyken manevi anlatımlar ve giysileri zorunlu olarak Yaradan'ı gizledi. Bu nedenle kişi işlediği günahlardan ve hatalardan dolayı başarısız oldu. O dönemde kişi manevi çalışmasındaki acımasız giysilerle, kötülükler, kısıtlamalar ve yasaklarla, cezalandırıldı.

Ancak, kişi açık İlahi Takdir ile ve sevgi seviyesine gelmekle ödüllendirildiğinde, günahları erdemlere dönüştüğünde yüzün gizliliğindeyken başarısız olduğu tüm günah ve hatalar şimdi acımasız ve son derece kötü giysilerini çıkartır ve Işık, Sevabı ve erdemlerin giysilerini giyer.

Bunun nedeni aynı acımasız giysilerin erdemlere dönüşmesidir. Onlar artık Atzilut ya da Beria dünyasından uzanan kıyafetler gibidir ve Öğretmeni örtmez ya da gizlemezler. Tersine, "gözlerin Öğretmenini görecek."

Dolayısıyla, Atzilut Işığı ile bu dünyadaki fiziksel eylemler arasında, Kabala İlmi ve ifşa olan Işık arasında hiçbir fark yoktur. Tersine, tek fark manevi ilmi çalışan kişidedir. İki kişi aynı ölçüde kitapları çalışabilir, ancak bu çalışma birine Kabala İlmi ve Atzilut Işığı ifşa olurken diğerine Asiya Işığı olur.

148. Şimdi Vilna Gaon'un dua kitabındaki duanın içindeki gerçek sözleri anlayacaksınız. Maneviyatın Sod (sır) ile başladığını yazdı, yani gizli kabul edilen, zira Yaradan orada tamamen gizlenmiştir, Asiya Işığının ifşasını ima eder.

Sonra Remez'e (ima) geçer, yani O'nun Yetzira Işığında daha çok ifşa olduğu anlamına gelir. Sonunda kişi Peşat'ı (gerçek anlamıyla) edinir ki bu Atzilut Işığıdır. Buna Peşat denir çünkü Yaradan'ı gizleyen tüm giysilerden Mufşat'dır (yalın).

149. Buraya kadar geldikten sonra Kabala İlmi'nde kutsilik Atzilut, Beria, Yetzira ve Atzilut isimleriyle bilinen dört dünyasının ve Kutsallığın ABYA'sının karşısında yer alan Klipot'un (Kötü Eğilimler) dört dünyası olan ABYA'nın ayrımını yapabilir ve biraz fikir sahibi olabiliriz.

KABALA BİLİMİ

Bunu O'nun İlahi Takdiri'nin edinimindeki dört izlenimde ve sevginin dört derecesinde anlayacaksınız. Önce, Kutsallığın dört ABYA dünyasını açıklayacağız ve aşağıdan Asiya dünyasından başlayacağız.

150. Zaten yüzün gizliliğinin İlahi Takdiri'ndeki ilk iki ayrımı açıkladık. Her ikisinin de Asiya dünyası kabul edildiğini bilmelisiniz. Bu nedenle Hayat Ağacı kitabında Asiya dünyasının büyük bölümünün kötü olduğu yazılmıştır, hatta içindeki çok az iyilik bile kötülük ile karışmış ve tanınmaz haldedir.

İlk gizlilik bakımından çoğunlukla kötü olduğu anlaşılır, yani bu İlahi Takdiri alanların hissettiği işkence ve acılar anlamına gelir. Ve çift gizlilik bakımından da iyi kötü ile karışmıştır, iyi hiçbir şekilde ayırt edilemez.

Yüzün ifşasının ilk izlenimi "Yetzira dünyası" olarak kabul edilir. Dolayısıyla, Hayat Ağacı (Kapı 48, Bölüm 3) kitabında Yetzira dünyası yarı iyi yarı kötüdür. Bu, koşullu sevginin ilk formu olan yüzün ifşasının ilk izlenimini edinen kişi "ortada" denilen safi "korkudan pişmanlık" olarak addedilir ve yarı değersiz yarı değerlidir anlamına gelir.

Sevginin ikinci izlenimi de koşulludur, ancak orada aralarında bir kötülük ya da zarar yoktur. Ayrıca, sevginin üçüncü izlenimi koşulsuz sevginin ilk izlenimidir. Her ikisi de Beria dünyası olarak kabul edilir.

Bu nedenle Hayat Ağacı kitabında Beria dünyası çoğunlukla iyidir ve çok küçük bir kısmı kötüdür ve kötülük azlığından dolayı azlığı ayırt edilemez. Orta bir Sevap ile ödüllendirildiğinden bu, kişinin kendisini iyilik seviyesine getirdiği anlamına gelir. Ve bu nedenden dolayı kişi "çoğunlukta iyi" yani sevginin ayırım formunda kabul edilir.

Beria'da var olan ayırt edilemez azlıktaki kötülük sevginin koşulsuz olan üçüncü izleniminden uzanır. Ayrıca, kişi zaten kendisini iyilik seviyesine getirmiştir ancak henüz tüm dünyayı getirmemiştir, bu nedenle kişide var olan az kötüdür, zira bu sevgi henüz ebedi sayılmaz. Ancak, bu azınlık ayırt edilemez çünkü başkalarına karşı bile her hangi bir kötülük ya da zarar hissetmedi.

Sevginin dördüncü izlenimi, koşulsuz sevgi, ki bu da ebedidir, Atzilut dünyası kabul edilir. Hayat Ağacı kitabında yazılanların anlamı budur, yani Atzilut dünyasında hiçbir şekilde kötülük yoktur ve orada "kötülük Seninle olmayacak"tır.

Bunun nedeni kişinin tüm dünyayı da iyilik seviyesine getirmiş olmasıdır, sevgi ebedidir, tamdır ve gizlilik ve örtüler asla doğmayacaktır. Bunun böyle olmasının sebebi yüzün mutlak ifşasının yeri olmasıdır, şöyle yazıldığı gibi "Öğretmenin artık Kendisini gizlemeyecek, ancak senin gözlerin Öğretmenini görecek." Çünkü artık O'nun adından gerçek İlahi Takdir'in belirmesi ile kişi Yaradan'ın herkesle ilişkisini bilmektedir, "İyi, iyiye de kötüye de iyilik yapar."

151. Şimdi Kutsiliğin ABYA'sının karşısında olan Klipa'nın dört ABYA dünyasının ayrımını da anlayabilirsiniz, "Yaradan birini diğeri gibi iyi yarattı" sözlerinde olduğu gibi. Bu böyledir çünkü Asiya'nın Klipot'u her iki derecesinde de yüzün

gizliliğinin izleniminden gelir. Klipot insana her şeyi kötülük seviyesine getirmesi için hükmeder.

Ve Klipa'nın Yetzira dünyası günah seviyesini yakalar ki bu Kutsiliğin Yetzira dünyasında ıslah olmaz. Dolayısıyla, Yetzira dünyasından alan ortada olana "Yaradan birini diğeri gibi iyi yarattı" vasıtasıyla hükmederler.

Klipa'nın Beria dünyası da koşullu sevgiyi hükümsüz kılmak, sadece sevginin tutunduğu şeyi, yani ikinci izlenimdeki sevginin bozukluğunu iptal etmek için aynı güce sahiptir.

Ve Klipa'nın Atzilut dünyası sevginin üçüncü izleniminden dolayı Beria'da varlığı belli olmayan küçük kötülüğü yakalayan şeydir. Ve bu gerçek sevgi olmasa da Kutsiliğin Atzilut'u olarak addedilen, İyiye de kötüye de iyilik yapan İyi yoluyla, kişi tüm dünyayı iyilik seviyesine getirmekle ödüllendirilmediğinden Klipa'nın İlahi Takdir'in başkaları üzerindeki sevgisiyle ilgili başarısız olma gücü vardır.

152. Hayat Ağacı'nda yazılı olan şeyin anlamı budur, yani Klipot'un Atzilut dünyası Beria dünyasının karşısında durur, Atzilut dünyasının değil. Bu böyledir çünkü sadece sevginin dördüncü izlenimi Kutsiliğin Atzilut dünyasından çıkar. Dolayısıyla, orada hiçbir şekilde Klipot'a hükmetme yoktur, zira kişi zaten tüm dünyayı bir iyilik seviyesine getirmiştir ve Yaradan'ın İlahi Takdir'inin insanlar üzerindeki tüm hareketlerini de O'nun adının hükmünden, "İyi, iyiye de kötüye de iyilik yapar"dan bilir.

Ancak, üçüncü izlenimin uzandığı Beria dünyasında hâlâ tüm dünya iyilik seviyesine getirilmemiştir. Bu nedenle hâlâ Klipot'a bir tutunma vardır. Ancak bu Klipot Klipa'nın Atzilut'u kabul edilir, zira üçüncü izlenim, koşulsuz sevginin karşısındadır ve bu sevgi Atzilut kabul edilir.

153. Şimdi Kutsallık ve Klipot'un birbirleriyle karşılıklı olan dört ABYA dünyasını iyice açıkladık. Bunlar Kutsilikte karşılığı olan ve dünyada var olan eksiklik olarak addedilir ve isimleri de Klipot'un dört ABYA dünyasıdır.

154. Bu sözler Kabala ilminin özünü bir dereceye kadar hissetmek isteyen gözlemciler için yeterlidir. Bilmelisiniz ki Kabala kitapları yazarlarının büyük bir kısmı kitaplarını yönlendirmediler, sadece yüzün ifşasını ve tüm kutsal edinimleri zaten edinmiş olan okuyuculara yönlendirdiler.

Sormamamız lazım, "Eğer edinimler ile ödüllendirildiler ise o zaman her şeyi kendi edinimleri sayesinde biliyorlardır. O zaman neden hâlâ başka yazarların Kabala kitaplarına dalmak ihtiyacındalar?"

Ancak, bu soruyu sormak akıllıca değil. Bu tıpkı kişinin manevi kaynakları çalışması ve bu dünyanın Dünya, Yıl, Ruh'a ilişkin işleriyle ilgili bilgisinin olmaması ve insanların davranışlarını, kendileriyle ve başkalarıyla hareketlerini bilmemesi gibidir. Ve ayrıca, kişi bu dünyadaki hayvanları ve kuşları bilmiyor.

KABALA BİLİMİ

Böyle bir kişinin kaynaklardaki tek bir konuyu bile doğru anlayabileceğini düşünebiliyor musunuz? Kişi kaynaklardaki mevzuları iyiden kötüye ve kötüden iyiye ters çevirirdi ve hiçbir şeyde elini ayağını bulamazdı.

Böylece konu önümüzde: Kişi edinimle ödüllendirilmiş olsa bile, Atzilut seviyesinde bile, yine de kendi ruhuna uygun olmayandan fazlasını algılayamaz. Yine de kişi o dünyayla ilgili mevzuları anlayabilmek için her olay ve harekette tam bilinçle üç ayrımı da bilmeli, Dünya, Yıl, Ruh.

Bu konular Zohar Kitabı'nda ve gerçek Kabala kitaplarında tüm detayları ve karmaşıklıklarıyla birlikte açıklanmıştır. Dolayısıyla, kendi aklıyla anlayan her bilge ve kişi bunları gece gündüz düşünmelidir.

155. Bu nedenle sormalıyız; o zaman neden Kabalistler her bireyi Kabala ilmini çalışmaya zorladılar? Gerçekten de bunda duyurmaya değer yüce bir şey var: Kabala ilmiyle uğraşan kişilere olağanüstü ve paha biçilmez bir deva vardır. Ne öğrendiklerini anlamalar bile özlem ve öğrendiklerini okumanın büyük arzusu vasıtasıyla ruhlarını saran Işıkları uyandırıyorlar.

Bu, maneviyat çalışan her bireyin Yaradan'ın Yaratılış Düşüncesi'nde her yaratılana haz vermeyi düşündüğü tüm muhteşem şeyleri sonunda edineceğinin garantilendiği anlamına geliyor. Ve bu yaşamda ödüllendirilmeyen biri bir sonraki yaşamda ödüllendirilecek ta ki kişi O'nun kendisi için planladığı Düşüncesini tamamlayana dek.

Ve kişi mükemmeliyeti edinmeden önce ona ulaşması hedeflene Işıklar Saran Işık olarak addedilir. Bu onların kişi için hazır bekledikleri, kişinin alma kaplarını arındırmasını bekledikleri ve o anda bu Işıkların uygun kapları giydireceği anlamına gelir.

Dolayısıyla, kişi bu ilime başladığında kapları olmasa bile Işıkların isimlerini ve kapların ruhuyla bağlantısından söz etmekle Işıklar anında belli bir derecede kişinin üstüne yansır. Ancak, kişinin üstüne ruhunun iç kısmını giydirmeden yansırlar, zira onları alacak kaplar yoktur. Bununla beraber, çalışma sırasında kişinin aldığı aydınlanma ona mükemmelliğe daha yakınlaştıracak kutsallık ve arınma bolluğu katarak Yukarıdan lütuf çeker.

156. Bununla beraber bu ilimle ilgilenme sırasında katı bir kural vardır – konuları hayal ürünü ve fiziksel konularla maddeleştirmemek. Bunun nedeni, böylece "kendinize put veya her hangi bir benzetme yapmayacaksınız" sözlerini ihlal etmeleridir.

Bu durumda, kişi fayda sağlamak yerine zarar görür. Dolayısıyla, bilgelerimiz bu ilimi sadece kırk yaşından sonra ya da bir Kabalist ile çalışmayı ve benzer uyarıları tembihlediler. Bunların hepsi yukarıdaki nedenden dolayıdır.

Okuyucuları maddeleştirmekten kurtarmak için Ari'nin Talmud Eser Sefirot (On Sefirot'un İncelenmesi) kitabını düzenledim. Kitapta Ari'nin kitaplarından on Sefirot'un açıklaması ile ilgili bütün başlıca makaleleri mümkün olduğunca basit ve kolay bir dille topladım. Ayrıca, her kelime ve konu için soru ve cevaplar tablosu oluşturdum. "…..Yaradan'ın arzusu onun elinde başarılı olacak."

ÖZGÜRLÜK

"Taşların üzerine Harut (oyulmuş); bunu Harut (oyulmuş) diye telaffuz etmeyin, tersine ölüm meleğinden özgür olduklarını göstermek için Herut (özgürlük) diye okuyun."

Midraş Shemot Raba, 41

Bu kelimelerin açıklığa kavuşturulması gerekiyor, zira manevi edinim (Işığın ifşası) konusu nasıl olur da kişinin ölümden özgürlüğüyle ilişkili olabilir? Dahası, maneviyatı edinerek ölümü mümkün olmayan ölümsüz bir beden edindiler ise bunu yeniden nasıl kaybettiler? Ölümsüzlük (ebediyet) yok olabilir mi?

ÖZGÜR İRADE

"Ölüm meleğinden özgür olmak" deyimini anlamak için öncelikle özgürlük olgusunu tüm insanlığın anladığı şekliyle anlamamız lazım.

Özgürlük, genel bir bakışla, tüm hayata uygulanan doğal bir kanun olarak kabul edilir. Bu yüzden özgürlüklerini çaldığımızda tutsaklığa düşen hayvanların öldüğünü görürüz. Bu, İlahi Takdirin herhangi bir varlığın tutsaklığını kabul etmediğinin kanıtıdır. İnsanlığın son birkaç yüzyıldır belli ölçüde kişisel özgürlük elde etme çabasının iyi bir nedeni var.

Ancak yine de "özgürlük" kelimesinde ifade edilen olgu bulanık kalıyor ve bu kelimenin anlamının içine girersek neredeyse hiçbir şey kalmaz. Zira kişinin özgürlüğünü aramaktan önce her bireyin kendi içinde "özgürlük" niteliğine sahip olduğunu varsaymalısınız, yani kişi kendi özgür seçimine göre hareket edebilir.

HAZ VE IZDIRAP

Bununla beraber, kişinin hareketlerini incelediğimizde bunların mecburi hareketler olduğunu görürüz. Kişi bu hareketleri yapmaya mecbur ve özgür seçimi yok. Bir bakıma, ocakta pişen güveç gibi, pişmekten başka seçeneği yok. Ve pişmesi gerekiyor zira İlahi Takdir yaşamı iki zincirle dizginliyor: Haz ve ızdırap.

Yaşayan varlıklar acıyı seçmek ya da hazzı reddetmek için özgür seçime sahip değiller. Ve insanın hayvanlara üstünlüğü uzak bir amacı hedefleyebilmesidir, yani bir süre sonra edinilecek gelecekteki fayda veya hazza karşılık şimdiki belli miktar acıya razı olmak.

Ancak burada, görünürde ticari bir hesaplamadan başka bir şey yoktur yani gelecekteki çıkar ya da haz şu an üslenmeye razı oldukları acının ıstırabına tercih edilir ya da daha avantajlıdır. Burada sadece bir çıkartma işlemi vardır – acı ve ıstırabı ileride beklenilen hazdan çıkartırlar, ve geriye fazlalık kalır.

Dolayısıyla, haz sadece uzatılmıştır. Ve bazen de şöyle olur, çektiğimiz ızdırapla karşılaştırıldığında edinilen hazzın ümit ettiğimiz fazlalık olmadığını görürüz, yani tıpkı tüccarlar gibi zarardayızdır.

Ve tüm bunlar söylenip yapıldığında insan ve hayvan arasında bir fark kalmaz. Ve eğer durum böyle ise, özgür seçim diye bir şey yoktur, sadece insanları yoldan geçen herhangi bir hazza çeken ve acı veren koşullardan alıkoyan sürükleyici bir güç vardır. Ve İlahi Takdir onları, konuyla ilgili fikirlerini sormadan bu iki güç vasıtasıyla her yöne koşturur.

Dahası, haz ve faydanın türünü belirlemek bile tamamen kişinin özgür seçiminin dışındadır, kişi kendi arzusunu değil başkalarının arzularını izler, onların istediği gibi. Örneğin, otururum, giyinirim, konuşurum, yemek yerim. Tüm bunları yapmamın sebebi o şekilde oturmak istemem, konuşmak istemem, ya da giyinmek veya yemek istemem değil, sadece başkalarının benim o şekilde oturmamı, giyinmemi, konuşmamı ya da yememi istemeleri. Bunların hepsi toplumun arzusunu ve hayallerini takip eder, benim kendi özgür irademi değil.

Daha da ötesi, birçok durumda, tüm bunları kendi isteğime karşın yapıyorum. Zira hiçbir yük olmadan basit bir şekilde davranarak daha rahat olurdum. Ancak, tüm hareketlerimde toplumu oluşturan diğerlerinin hayallerine ve davranışlarına demir kelepçelerle zincirliyim.

Öyleyse söyleyin bana, özgür iradem nerede? Diğer taraftan da, eğer iradenin özgürlüğü olmadığını farz edersek tıpkı dışsal güçler tarafından yapmaları gerekeni yapmaya zorlanarak çalışan ve yaratan makineler gibiyiz. Bu demek oluyor ki bizler uygun gördüğü şekilde haz ve ızdırap zincirlerini arzusuna göre itip çeken İlahi Takdirin hapishanesinde hapsedilmiş durumdayız.

Bu durumda, dünyada bencillik diye bir şeyin olmadığı ortaya çıkıyor zira burada kimse özgür değil ve kendi iki ayağının üzerinde durmuyor. Oyunun sahibi ben değilim, oynamak istediğimden oyuncusu da ben değilim, ben üzerinde oynananım, mecburi olarak, kendi farkındalığım olmaksızın. Dolayısıyla, ödül ve ceza yok edilmiş oluyor.

Ve bu, sadece İlahi Takdire inanan ve O'na itimat edip yönetiminde sadece en iyiyi hedeflediğine güvenen Ortodokslar için tuhaf değil. Doğaya inananlara daha da garip geliyor, zira yukarıda söylenenlere göre hepimiz kör doğanın zincirleri tarafından hiçbir farkındalık ve izlenebilirliği olmadan hapsedilmiş durumdayız. Ve bizler, akıllı ve bilgili seçilmiş türler olarak bizi yoldan çıkarmış ve nereye götürdüğü belli olmayan kör doğanın ellerinde oyuncak haline gelmişiz.

NEDENSELLİK YASASI

Böyle önemli bir şeyi kavramak için biraz zaman ayırmaya değer, yani her birimizin kendini, bilinmeyen, kötü ve dışsal güçlerden bağımsız, kendi başına hareket eden, eşsiz bir varlık olarak gördüğü dünyada "kendi" olan varlıklar olarak nasıl var oluyoruz. Ve bu varlık – kendimiz – bize görünüyor mu?

Önümüzdeki realitenin tüm elementleri arasında sebep ve sonuç ilişkisi, yani nedensellik yasası ile ileriye doğru hareket eden genel bir bağ olduğu doğrudur. Ve bütün olarak, her parça da kendi içinde bu şekildedir, yani dünyadaki dört türün her biri – cansız, bitkisel, hayvansal ve konuşan – neden ve sonuç vasıtasıyla nedensellik yasası ile hareket eder.

Dahası, her varlığın bu dünyada iken izlediği her bir özel hareketin o belli formu o hareketi değişmeye zorlayacak çok eski sebepler tarafından sevk edilmiştir, başka hiçbir şey değil. Ve bu, doğayı saf bilimsel bakış açısı ile analiz eden herkese hiçbir önyargı kırıntısı olmaksızın apaçıktır. Gerçekten de, bu konuyu kendimize tüm yönleriyle değerlendirme iznini verebilmek için incelemeliyiz.

DÖRT ETKEN

Şunu aklınızda tutun, varlıklar dünyasındaki her oluş (ortaya çıkış, beliriş) gerçek bir varlığın önceki şeklini (formunu) değiştirip mevcut olana bürünmesi vasıtasıyla yokluktan var olan bir uzantı olarak değil, varoluştan var olan bir uzantı olarak algılanmalıdır.

Dolayısıyla, dünyada her oluşta (ortaya çıkan varlıkta) dört faktörün hepsinden birlikte zuhur eden dört faktör vardır. Bunlar isimlerle anılırlar:

A. Kaynak

B. Kaynağın kendi özelliğiyle ilişkili olarak değişmez neden ve sonuç yönetimi

C. Kötü güçlerle temas vasıtasıyla değişen kaynağın içsel neden ve sonuç hareketleri

D. Kaynağı dıştan etkileyen kötü şeylerin neden ve sonuç hareketleri

Her birini tek tek açıklayacağım:

İLK NEDEN: KAYNAK, İLK MADDE

Bölüm 1: Bir varlıkla ilgili ilk mesele "kaynak"tır. Zira "güneşin altında yeni hiçbir şey yoktur," ve dünyamızda olan her şey yokluktan değil varlıktan oluşmuştur. Bu varlık, önceki şeklini değiştirip ilkinden farklı yeni bir biçim almıştır. Ve önceki formunu atmış olan bu varlık "kaynak" olarak tanımlanır. Onun içinde ifşa olacak olan ve oluşun formasyonunun sonunda belirleneceği önceden tayin edilmiş potansiyel yatar. Dolayısıyla, kesinlikle ilk sebep olarak ele alınır.

İKİNCİ NEDEN: KENDİSİNDEN KAYNAKLANAN NEDEN VE SONUÇ

Bölüm 2: Bu, kaynağın kendi özelliğiyle ilgili ve değişmeyen, sebep ve sonuç hareketidir. Örneğin, toprakta çürümüş ve birçok buğday sapı saçmaya hazır hale gelmiş bir buğday sapını ele alalım. Bu çürümüş hal "kaynak" olarak addedilir, yani buğdayın özü önceki halinden, buğday şeklinden sıyrılmıştır ve çürümüş buğday olan yeni bir hal almıştır ki bu da hiç şekli olmayan, "kaynak" denilen tohumdur. Şimdi, toprakta çürüdükten sonra tohum olan bu kaynaktan ortaya çıkacak başka bir şekle, birçok buğday sapı formuna bürünmeye hazır hale gelmiştir.

Herkes tarafından bilinir ki bu kaynak ne tahıl ne yulaf olacaktır, sadece kendisini terk eden önceki şekliyle eşitlenerek bir buğday sapı olacaktır. Ve kalite ve miktar olarak belli bir dereceye kadar değişse de önceki şeklinde bir buğday sapıydı ve şimdi on buğday sapı var ve tat ve görüntü olarak da buğdayın şeklinin özü değişmeden kalır.

Ancak burada, hiç değişmeyen kaynağın kendi özelliğine atfolunan sebep ve sonuç ilişkisi vardır. Bu nedenle, daha önce söylediğimiz gibi, tahıl buğdaydan ortaya çıkmayacaktır ve buna "ikinci neden" denir.

ÜÇÜNCÜ NEDEN: İÇSEL NEDEN VE SONUÇ

Bölüm 3: Bu, çevrenin kötü koşullarıyla karşılaşılması üzerine değişen kaynağın içsel neden ve sonuç meselesidir. Dolayısıyla, toprakta çürüyen bir buğday sapından birçok sap çıkar, bazen toprağa yayılmadan önceki halinden daha büyük ve daha iyi.

Dolayısıyla, burada çevrede yani "kaynak" da gizlenen güçlerle işbirliği ve ilişki içinde olan ek faktörler olmalı. Ve bu nedenden dolayı, buğdayın daha önceki halinde eksik olan kalite ve miktar ilaveleri şimdi ortaya çıkar. Bunlar topraktaki mineraller ve maddeler, yağmur ve güneştir. Bunların tümü kendi güçlerini ifa ederek ve kaynağın kendi içindeki güçle birleşerek işlerler. Ve neden ve sonuç hareketi vasıtasıyla oluşta (ortaya çıkışta) kalite ve miktarda çokluk üretmişlerdir.

Bu üçüncü faktörün kaynağın içsel koşuluyla birleştiğini anlamamız lazım, zira kaynakta gizli olan güç onları kontrol eder. Sonuç olarak tüm bu değişimler başka hiçbir bitkiye değil buğdaya aittir. Bu nedenle onlara içsel faktörler deriz. Buna rağmen, hiçbir şekilde değişmeyen ikinci faktörden ayrılırlar, zira üçüncü etken hem kalitede hem de miktarda değişir.

DÖRDÜNCÜ NEDEN: KÖTÜ KOŞULLARDAN KAYNAKLANAN NEDEN VE SONUÇ

Bölüm 4: Bunlar kaynağa dışarıdan etki eden kötü koşulların neden ve sonuç hareketidir. Bir başka deyişle, mineraller, yağmur ya da güneş gibi buğdayla doğrudan ilişkileri yoktur, sadece onun için kötüdürler bunlar yakındaki şeyler ya da dolu, rüzgâr gibi dış etkenler olabilir.

Ve büyüme sürecinde bu dört faktörün buğdayla birleştiğini görürsünüz. Bu süreç boyunca buğdayın maruz kaldığı her bir hal dördü üzerinde de şartlı koşullar oluşturur ve her bir halin kalite ve miktarı onlar tarafında belirlenir. Ve tıpkı buğdayda örneklendirdiğimiz gibi dünyadaki her bir oluşun kuralı da hatta düşünceler ve fikirlerdekiler bile böyledir.

Mesela, belli bir kişideki kavramsal bir durumu hayal ettiğimizde, örneğin o kişinin dinci ya da dinsiz veya katı Ortodoks ya da değil, ya da ortada olduğunu düşündüğümüzde bu kişinin durumunun yukarıdaki dört faktörle belirlendiğini anlarız.

KALITSAL SERVET

İlk nedenin sebebi ilk maddesi olan kaynaktır. İnsan varoluştan varoluş olarak yaratılmıştır, yani atalarımızın akıllarından. Dolayısıyla, belli bir ölçüye kadar bir kitaptan kopyalamaya benzer. Bu, babalar ve atalar tarafından kabul edilmiş ve edinilmiş aşağı yukarı tüm hususların burada da kopyalandığı anlamına gelir.

Ancak fark soyut bir formda olmalarıdır tıpkı çürüyüp önceki şeklinden sıyrılmadan yayılmaya hazır olmayan tarlaya atılmış buğday gibi. İnsanın ondan doğduğu bir damla meni durumunda da aynıdır: onda da atalarının şekillerinden eser yoktur sadece soyut güç vardır.

Atalarında olgular olan aynı fikirler neyi neden yaptığının hiç farkına varmadan, kişide "içgüdü" ve "alışkanlık" denilen eğilimlere dönüşür. Gerçekten de tıpkı atalarımızdan bize maddesel mirasın geldiği gibi onların manevi kazanımları ve ilgilendikleri tüm olgular (kavramlar) da nesilden nesle geçen gizli güçlerdir.

Ve buradan da insanlarda gördüğümüz türlü türlü eğilimler yüzeye çıkar, örneğin inanma ya da eleştirme eğilimi, maddesel bir yaşam kararı verme ya da sadece fikirleri arzulama eğilimi, arzusuz bir yaşamı hor görmek, cimrilik, esneklik, küstahlık, utangaçlık vs.

İnsanlarda görülen tüm bu resimler edindikleri kendi özellikleri değildirler sadece atalarından onlara miras yoluyla verilmişlerdir. Beyinde bu kalıtımların bulunduğu özel bir yerin varlığı bilinmektedir. Bu yer "medulla oblongata" (sürdürülmüş-uzatılmış beyin) ya da "bilinçaltı" olarak adlandırılır ve tüm eğilimler burada ortaya çıkar.

Fakat, atalarımızın tecrübeler vasıtalarıyla edindikleri mefhumlar bizde sadece eğilimler olarak ortaya çıktığından tıpkı yalnızca yeni şekiller almaya layık potansiyel güçlere sahip, önceki şeklini çıkartarak çıplak kalan toprağa atılmış buğday gibi sayılırız. Bizim maddemizde bu eğilimler olguların şekillerini giydirirler. Bu ilk madde olarak değerlendirilir ve "kaynak" denilen öncelikli faktördür. Kaynağın içinde "atalara ait kalıtım" olarak tanımlanan dedelerden miras kalan eşsiz eğilimlerin tüm güçleri bulunur.

Bu eğilimlerin bazılarının negatif formda geldiğini akılda tutun, yani atalarda bulunanların tam zıtları olarak. Bu yüzden şöyle demişlerdir: "Babanın kalbinde saklı olan her şey oğlunda açıkça ortaya çıkar."

Bunun sebebi yeni bir şekil almak için kaynağın ilk şeklini çıkartmasıdır. Dolayısıyla, atalarının mefhumlarının şekillerini kaybetmeye neredeyse yakındır, tıpkı toprakta çürüyen buğdayın buğdayda var olan şekli kaybetmesi gibi. Bununla beraber, yine de diğer üç faktöre bağlıdır.

ÇEVRENİN ETKİSİ

İkinci neden değişmeyen, kaynağın kendi özelliğiyle ilgili doğrudan sebep ve sonuç hareketidir. Yani, toprakta çürüyen buğday ile açıklığa kavuşturduğumuz gibi, kaynağın içinde bulunduğu çevre, toprak, mineraller ve yağmur, hava ve güneş uzun ve aşamalı bir süreçte, durumdan duruma geçip olgunlaşana dek ekimi uzun sebep ve sonuç zinciri ile etkilerler.

Ve kaynak önceki şekline geri döner ancak kalite ve miktarda farklı olarak. Genel özelliklerinde tamamen değişmeden kalırlar; bu yüzden ondan ne yulaf ne de tahıl çıkar. Ancak, özel niteliklerinde miktarda değişirler, zira bir saptan bir ya da iki düzine sap çıkar ve kalitede de aynı çünkü buğdayın ilk şeklinden ya daha iyi ya da daha kötüdürler.

Burada da aynıdır: "kaynak" olarak insan bir çevreye yerleştirilir, yani topluma. Ve ister istemez ondan etkilenir tıpkı buğdayın çevresinden etkilendiği gibi zira kaynak sadece ham bir formdadır. Bu yüzden çevreyle ve toplumla sürekli ilişki vasıtasıyla kişi sebep ve sonuç şeklinde tek tek birbirini izleyen durumlar zinciriyle yavaş yavaş etkilenir.

EDİNİMİN SAFHALARI

Bu süre zarfında, kaynağına dâhil olan eğilimler değişmez ve mefhumlar şeklini alır. Örneğin, kişi dedelerinden cimrilik eğilimi alırsa, büyürken kendi adına cimriliğin kişi için iyi olduğu kesin kararına vardıran kavramlar ve fikirler inşa eder. Dolayısıyla, babası cömert olmasına rağmen ondan cimri olmayı – bu negatif eğilimi miras alabilir, zira yokluk da varlık gibi kalıtsal olabilir.

Ya da kişi atalarından açık görüşlü olma eğilimi aldıysa kendisi için fikirler oluşturur ve bunlardan kişinin açık görüşlü olmasının iyi bir şey olduğu sonucunu çıkartır. Fakat kişi bu cümleleri ve nedenleri nereden bulur? Kişi bunların tümünü bilmeden çevresinden alır, çünkü toplum görüşlerini ve eğilimlerini zaman içinde kişiye sebep ve sonuç şeklinde bildirir.

Böylece, kişi bunları özgür düşüncesiyle edindiği kendi malı gibi görür. Ancak burada da, tıpkı buğdayda olduğu gibi, sonuçta kişinin atalarında olduğu gibi kalmış olan onlardan miras aldığı eğilimleri, kaynağın değişmeyen bir parçası vardır. Ve buna "ikinci faktör" denir.

ALIŞKANLIK İKİNCİ DOĞAN OLUR

Üçüncü neden, kaynağı etkileyen ve değiştiren doğrudan sebep ve sonuç hareketidir. İnsandaki kalıtımsal eğilimlerin çevre yüzünden kavramlar haline gelmesinden dolayı bunlar bu kavramların tanımladığı yönde işlerler. Örneğin, içinde cimrilik eğilimi çevre vasıtasıyla bir kavrama dönüşmüş tutumlu doğası olan bir adam tutumluluğu bir takım mantıklı tanımlarla algılar.

Farz edelim, bu tutumla kendisini başkalarına ihtiyaç duymaktan koruyor. Böylece, bir ölçüde tutumluluk edinmiş ve bu korku olmadığında bundan kaçınabilir. Dolayısıyla, atalarından aldığı eğilimi büyük ölçüde iyiye doğru değiştirmiş olur. Ve bazen de insan kötü bir eğilimi kökünden söküp atabilir. Bu, ikinci doğa haline gelme yeteneği olan alışkanlık ile yapılır.

Bunda insanın gücü bir bitkininkinden daha büyüktür. Zira bir buğday sadece özel parçasını değiştirebilir, insan ise çevrenin sebep ve sonuç etkisi aracılığıyla, genel parçalarında bile, yani eğilimi tamamen tersine çevirip zıddına doğru kökünden söküp atabilme yeteneğine sahiptir.

DIŞSAL ETKİLER

Dördüncü neden, kaynağı kendisine tamamen yabancı olan sebep ve sonuç hareketleriyle etkileyen şeylerdir ve onun üzerinde dıştan işlerler. Bu şeylerin kaynağı doğrudan etkileyecek büyüme hareketiyle kesinlikle hiçbir ilişkisi olmadığı anlamına gelir, daha ziyade dolaylı işlerler. Örneğin, parasal konular, sorumluluklar, ya da rüzgarlar vs. "sebep ve sonuç" yolu ile koşulların kendi tam, yavaş ve aşamalı hallerine sahiptir ve insanın mefhumlarını iyiye doğru ya da kötüye doğru değiştirirler.

Böylece, içimizde ortaya çıkan her bir düşünce ve fikrin meyveleri olduğu dört faktörü düzenlemiş oldum. Kişi tüm gün oturup düşünse bile bu dört faktörün kendisine verdiklerini ne değiştirebilir ne de onlara ekleyebilir. Yapabileceği herhangi bir ilave sadece miktarda olur: ister çok büyük bir entelektüel olsun ister küçük. Fakat nitelikte hiçbir şey ekleyemez. Çünkü bunlar bizlerin fikrini sormadan fikrin ve sonuçların şeklini ve doğasını zoraki olarak belirleyen şeylerdir. Dolayısıyla, bir çömlekçinin elindeki çamur gibi bizler de bu dört faktörün ellerindeyiz.

ÖZGÜR SEÇİM

Bununla beraber, bu dört faktörü incelediğimizde "kaynakla", ilk faktörle yüzleşecek yeterli gücümüz olmamasına rağmen yine de kaynağın bunlar vasıtasıyla ayrı ayrı özel parçalarını ve bazen ona ikinci bir doğa bağışlayan alışkanlıkla genel parçalarını değiştirdiği diğer üç faktöre karşı kendimizi koruyabilecek dirayet ve özgür seçime sahibiz.

ETKEN OLARAK ÇEVRE

Bu koruma, arkadaşlar, kitaplar, öğretmenler vs. olan çevremizi seçme konusunda her zaman ilaveler yapabileceğimiz anlamına gelir. Tıpkı babasından miras olarak birkaç sap buğday kalmış bir insan gibi. Bu küçük miktardan çevresini seçmek yoluyla düzinelerce sap yetiştirebilir, zira verimli toprak olan "kaynak", tüm gerekli mineraller ve ham maddelerle buğdayı bolca besleyecektir.

Ayrıca, elbette ki bitkinin ve büyümenin ihtiyaçlarına uygun çevresel koşulları iyileştirmek için çalışma konusu da var, tabii ki akıllı insan en iyi koşulları seçecektir ve şükredecektir.

Dolayısıyla, tüm övgü ve gayret buğdayı yetiştirecek çevrenin seçimine bağlıdır. Fakat bir kez seçili alanda dikildi mi buğdayın kesin şekli çevrenin sağlayabildiklerinin ölçüsü ile belirlenir.

Bizim konumuzla ilgili de durum aynıdır, zira arzunun özgürlüğü yoktur. Tersine yukarıdaki dört faktör tarafından işletilir. Ve kişi tıpkı ortamına dikilmiş buğday gibi, eleştiri yapmak ya da değiştirmek için herhangi bir güçten yoksun bu dört faktörün ileri sürdüğü gibi düşünmeye ve araştırmaya zorlanır.

Bununla beraber, başlangıçta iradenin kendisine iyi mefhumlar veren çevreyi, kitapları, rehberleri seçme özgürlüğü vardır. Eğer kişi bunu yapmaz ise ve karşısına çıkan herhangi bir çevreye girmeye ve eline geçen herhangi kitabı okumaya razı ise kötü bir çevreye düşmeye ya da bolca ve kolaylıkla bulunan kitaplarla zaman harcamaya mahkûmdur. Sonuç olarak, kendisini günah işlemeye ve cezalandırılmaya itecek yanlış kavramların içine zorlanacaktır. Elbette ki cezalandırılacaktır, seçme şansı olmayan kötü düşüncelerinden ya da eylemlerinden dolayı değil, kesinlikle seçim hakkı olan iyi bir çevreyi seçmediği için.

Dolayısıyla, sürekli olarak daha iyi bir çevrede olmayı seçen övgü ve ödüle layıktır. Ancak burada da, kendi seçimi ile gelmeyen iyi düşünceler ve eylemlerden dolayı değil, kendisine bu iyi düşünce ve eylemleri getiren iyi çevreyi edinme çabasından dolayı. Kabalist Yehoşua Ben Perahya'nın söylediği gibi, "Kendine bir Kabalist edin ve bir dost satın al."

İYİ BİR ÇEVRE SEÇMENİN GEREKLİLİĞİ

Şimdi, Kabalist Yosi Ben Kisma'nın (Avot 86) kendi şehrine gelip yaşamasını teklif ederek binlerce altın para veren bir kişiye verdiği cevabı anlayabilirsiniz: "Bana dünyadaki tüm altın, gümüş ve mücevherleri versen bile sadece maneviyatın olduğu yerde yaşarım." Bu kelimeler bizlerin basit akıllarımızla anlayabileceğimizden daha yüce görünüyor, zira nasıl olurda maneviyatı çalışanların olmadığı bir yerde yaşamak gibi küçük bir şey için binlerce altın paradan vazgeçebilir, kaldı ki kendisi kimseden öğrenmeye ihtiyacı olmayan büyük bir bilge iken. Gerçekten de bir gizem.

Ancak gördüğümüz gibi bu çok basit bir şey ve her birimiz tarafından gözlemlenmesi lazım. Herkes "kendi kaynağına" sahip olmasına rağmen güçler sadece kişinin içinde bulunduğu ortamda açıkça ifşa olur. Bu tıpkı güçleri, toprak, yağmur ve güneş ışığı olan çevresi vasıtasıyla açığa çıkan toprağa atılmış buğdaya benziyor.

Dolayısıyla, Kabalist Yosi Kisma seçtiği iyi çevreyi bırakıp manevi çalışmanın (Işığın) olmadığı zararlı bir çevreye düşerse sadece önceden sahip olduğu mefhumların tehlikeye atılmış olmakla kalmayacağını, kaynağında sahip olduğu ve henüz harekete ortaya çıkarmadığı tüm gizli güçlerin de saklı kalacağının doğru varsayımında bulundu. Bunun sebebi, bu güçlerin onları aktive edecek doğru çevreye maruz kalmayacakları olmasıdır.

Ve yukarıda açıklığa kavuşturduğumuz gibi, kişinin kendi üzerindeki hâkimiyeti sadece çevre seçimi konusunda ölçülür ve bunun için ya ödül ya ceza alır. Bu yüzden kişi Kabalist Yosi Ben Kisma'ya iyiyi seçip kötüyü reddettiği ve maddesel ve fiziksel şeyler tarafından baştan çıkarılmadığı için şaşırmamalı. Tıpkı şu sonuca vardığı gibi: "Kişi öldüğünde kendisiyle birlikte ne gümüş ne altın ne de mücevherleri götürür, sadece manevi edinim (Işık) ve ıslahını alır."

Ve böylece bilgelerimiz uyardı, "Kendinize bir Kabalist edinin ve bir dost satın alın." Ve elbette ki daha önce de bahsettiğimiz gibi kitapların seçimi var, çünkü sadece bunda kişi çevre seçiminde paylanır ya da övülür.

AKLIN BEDEN ÜZERİNDEKİ KONTROLÜ

Dışarıdan bazı bilgeler, yukarıdaki konuyu düşündükten ve aklın nasıl yaşamdaki olaylardan büyüyen bir meyveden başka bir şey olmadığını gördükten sonra, aklın beden üzerinde hiçbir kontrolü olmadığı sadece beynin fiziksel kirişlerinde damgalanmış yaşamın olaylarının insanı kontrol ettiği ve harekete geçirdiği sonucuna vardılar. Ve insanın aklı bir ayna gibidir, önündeki şekilleri yansıtır. Ve ayna bu şekillerin taşıyıcısı olmasına rağmen içinde yansıyan şekilleri harekete geçirip yerlerini değiştiremez.

Akıl da aynıdır. Hayatın olayları, tüm sebep ve sonuç muhakemesi içinde akıl tarafından fark edilmesine rağmen, yine de akıl bedeni harekete geçirmek üzere kontrol etmekten, yani iyiye yakınlaştırıp kötüden uzaklaştırmak için, tamamen acizdir. Bunun sebebi fizksellik ile maneviyatın birbirinden tamamen uzak olmalarındandır ve uzun uzadıya ele alındığı gibi, aralarında manevi aklın fiziksel bedeni harekete geçirip çalışmasını sağlayacak arabulucu bir araç da yoktur.

Ancak nerede akıllı iseler orada karışıklık çıkartırlar. İnsanın hayal gücü aklı tıpkı bir mikroskobun göze hizmet etmesi gibi kullanır: insan mikroskop olmadan küçüklüğünden dolayı zararlı şeyleri göremez. Ancak mikroskoptan o zararlı şeyi görür görmez kendisini bu sağlığa zararlı etkenden uzaklaştırır.

Dolayısıyla, insanın kendisini zarar görmekten uzaklaştıran şey mikroskoptur hissiyatı değil, zira hissiyat zararlı maddeyi algılayamadı. Ve bu noktada akıl bedeni kötüden başka tarafa çevirmek ve iyiye yaklaştırmak için tamamıyla kontrol eder. Böylece, beden faydalı ya da zararlı olanı tanımlamayı başaramadığı yerde sadece aklın zekâsına ihtiyacı vardır.

Dahası, insan hayatın deneyimlerinin doğru sonucu olan aklını bildiğinden güvenilir bir kişiden bilgi ve anlayış alabilir ve bunları yaşamının olayları henüz onları olgu olarak kendisine ifşa etmemiş olsa da kural kabul edebilir. Bu tıpkı bir doktorun tavsiyesini talep edip kendi aklıyla hiçbir şey anlamamasına rağmen ona itaat eden bir insan gibidir. Dolayısıyla, kişi kendi aklından daha az olmayacak kadar başkalarının akıllarını da kullanır.

Yukarıda da açıklığa kavuşturduğumuz gibi, İlahi Takdirin insanın iyi ve nihai amacı gerçekleştirdiğinden emin olması için yapacağı iki şey vardır:

A. *Istırabın yolu*
B. *Manevi yol (Işığın yolu)*

Manevi çalışmadaki tüm berraklık bundan kaynaklanır. Bu net kavramlar peygamberlerin ve Yaradan adamlarının hayatlarında uzun olaylar zincirinden sonra ifşa olup kabul edildiğinden dolayı bir adam çıkagelir ve bunları kendi hayatının kavramlarıymış gibi kullanıp onlardan fayda sağlar. Bu nedenle, gördüğünüz gibi kişi kendi başına bu berrak aklı geliştirmeden önce tecrübe etmesi gereken tüm sıkıntılardan muaf hale geliyor. Böylece, kişi hem zamandan hem ızdıraptan kazanıyor.

Bu aynen hasta bir adamın doktorun tavsiyelerinin nasıl iyileştireceğini kendi anlamadan onlara uymamasına ve bu yüzden de tıp okumaya başlamasına benziyor. Tabii tıbbı öğrenemeden ölebilir de.

Izdırap yolu da aynı bu şekilde Işığın yoluna terstir (karşıdır). Öğretilerin ve kerametlerin tavsiyelerindeki kavramlara inanmayıp kendi anlamadan kabul etmeyen kişi hayatın olaylarındaki neden sonuç zincirini izleyerek bu kavramlara gelmek zorundadır. Bunlar, sadece kişinin iyi bir çevre edinme çabasının bu düşünce ve hareketlere götürdüğü son derece hızla akan deneyimlerdir ve gördüğümüz gibi kişinin seçimi olmadan onun içindeki kötülüğün fark edilmesi hissini geliştirebilir.

BİREYİN ÖZGÜRLÜĞÜ

Artık, bireyin özgürlüğünün ne olduğunu tam ve doğru bir şekilde anlamamız lazım. Ancak, bu sadece insanın ilk maddesi olan "kaynak" ile ilgilidir, yani atalarımızdan aldığımız ve bizi birbirimizden farklı kılan her şeyle.

Bunun nedeni şudur, diğer üç etken aynı çevreyi paylaşan binlerce kişiyi eşit bir şekilde etkilese bile yine de aynı özelliği paylaşan iki kişi bulamazsınız. Çünkü her biri kendi eşsiz kaynağına sahiptir. Bu tıpkı buğdayın kaynağına benzer: diğer üç etken tarafından büyük ölçüde değiştirilse de yine de ilk buğday şeklini korur ve asla başka bir türün şeklini almaz.

NESLİN GENEL ŞEKLİ ASLA DEĞİŞMEZ

Öyleyse, neslin başlangıç şeklini çıkartmış ve ona eklenen ve onu belirgin biçimde değiştiren üç faktörün sonucu olarak yeni bir şekil almış her bir "kaynakta" ataların genel şekli hâlâ kalır ve asla kendisine benzeyen başka birinin şeklini almayacaktır, aynen yulafın asla buğdaya benzemediği gibi.

Bunun nedeni her bir kaynağın kendi içinde birkaç yüz nesilden oluşan uzun bir nesil serisi olmasıdır ve bu kaynak hepsinin olgularını (mefhumlarını) taşır. Ancak bunlar atalarda ortaya çıktığı şekliyle değil fikirler şeklinde yani sadece soyut formlar olarak ifşa olurlar. Dolayısıyla, bunlar kişide neyi neden yaptığını bilmeden "eğilimler" ve "içgüdüler" olarak bilinen soyut güçler formunda var olurlar. Bu yüzden aynı özellikte iki kişi var olamaz.

BİREYİN ÖZGÜRLÜĞÜNÜ KORUMANIN GEREKLİLİĞİ

Bunun kişinin zarar görmemesi ve değiştirilmemesi gereken tek gerçek varlığı olduğunu bilmelisiniz. "Barış" makalesinde açıklandığı gibi, kaynakta dâhil olan tüm eğilimler, zinciri kontrol eden ve onu ileriye götüren evrim yasasının sonucu olarak, birey büyüdüğü ve kendi aklını edindiği zaman maddi bir nitelik alarak mefhumlar (olgular) şeklini alır. Ayrıca, her bir eğilimin yüce ve ölçülemeyecek derecede önemli bir mefhuma döndüğünü de öğreniyoruz.

Bu yüzden, her kim bir bireyden herhangi bir eğilimi söküp atarsa zincirin sonunda ortaya çıkması planlanmış dünyadaki o yüce ve harikulade mefhumun da kaybolmasına sebep olur, zira o eğilim bir daha hiç kimsede ortaya çıkmayacaktır. Buna bağlı olarak anlamalıyız ki belli bir eğilim mefhum (olgu) formunu aldığı zaman artık iyi ya da kötü olarak ayırt edilemez. Çünkü böyle ayırımlar sadece hâlen eğilim ya da olgunlaşmamış mefhumlar iken fark edilirler ve asla hiçbiri gerçek olgular şeklini aldıklarında fark edilmezler.

Yukarıdan, azınlıklar üzerine hüküm sürmeye çalışan milletlerin onları atalarından almış oldukları eğilimlerle hayatlarını yaşama özgürlüğünden mahrum ederek ne kadar yanlış bir cezaya çarptırdıklarını öğreniyoruz. Bunlar katillerle aynı seviyededirler.

Din ya da amaçlı rehberliğe inanmayanlar bile doğanın sistemlerini izleyerek bireyin özgürlüğünün korunması gerekliliğini anlayabilir. Nesiller boyunca çökmüş olan tüm milletlerin azınlıklar ve bireyler üzerlerine uyguladıkları baskılar sonucu nasıl kendilerine isyan ettiklerini ve yok ettiklerini görüyoruz. Dolayısıyla, bireyin özgürlüğünü dikkate almazsak barışın dünyada var olamayacağı herkese gayet açıktır. Bu olmadan barış sürdürülemez ve yıkım galip gelir.

Böylece, bireyin özünü, halktan aldığını çıkardıktan sonra, son derece kesin bir şekilde tanımlamış olduk. Ancak şimdi bir soruyla karşı karşıyayız: "Sonuçta bireyin kendisi nerede?" Şimdiye kadar bireyle ilgili söylediklerimizin hepsi bireyin sadece dedelerinden alınmış özellikleri olarak algılanıyor. Peki, bireyin kendisi nerede, bu özelliklerini korumamızı talep eden mirasçı ve taşıyıcı nerede?

Şimdiye kadar söylenenlerden anlamamız gereken yine de insanın bizden bağımsız bir parça olarak duran içindeki "kendi" noktasını bulması gerektiğidir. Peki, neden bir biri ardına nesilden nesle binlerce insandan oluşan ve bununla insanın imgesini mirasçı olarak belirlediğimiz uzun bir zincir olan ilk faktöre ihtiyacımız var? Ve aynı nesilde bir birinin yanında duran binlerce insandan oluşan diğer üç faktöre neden ihtiyacımız var? Sonuçta her bir birey halkın uygun gördüğü şekilde ona hizmet etmeye her daim hazır bir halk makinesinden başka bir şey değil. Yani, kişi iki tür topluluğun emrindedir:

A. İlk etkenin bakış açısından bakıldığında geçmiş nesillerden bu yana bir biri yanı sıra duran büyük bir topluluğun emrindedir.

B. Diğer üç etkenin açısından ise çağdaş toplumun emri altına girmiştir.

Bu gerçekten de evrensel bir sorudur. Bu yüzden birçok kişi geçerli olduğunu çok iyi bilmelerine karşın yukarıdaki doğal yönteme karşıdırlar. Bunun yerine, kendilerine bazı manevi nesneleri ve bunların bedende, insanın ruhunda nasıl yerleştiğini anlatmak için metafiziksel yöntemleri, düalizmi ya da transandantalizmi seçerler. Ve öğrenen ve bedeni çalıştıran bu ruhtur ve insanın özü, "kendisi".

Ve belki de bu yöntemler insanın kafasını rahatlatabilir, ancak problem manevi bir nesnenin fiziksel atomlarla temas kurup onları nasıl herhangi bir harekete geçireceğinin bilimsel açıklamasına sahip değiller. Onların hiçbir bilgileri manevi varoluş ile fiziksel atomun arasında uzayan bu geniş ve derin çatlağı geçmeye yarayacak bir köprü bulmalarına yardım etmiyor. Dolayısıyla, bilim tüm bu metafiziksel yöntemlerden hiçbir şey kazanmamıştır.

ALMA ARZUSU – YOKTAN VAROLUŞ

Bu noktada bilimsel açıdan bir adım ileri çıkmak için ihtiyacımız olan tek şey Kabala ilmidir. Zira dünyadaki tüm bilimler Kabala ilminde ihtiva olunur. Yaratılış açısından manevi ışıklar ve kaplarla ilgili, Yaradan'ın yoktan var ettiğini öğrendiğimiz ilk yenilik "alma arzusu" olarak tanımlanan sadece tek bir duruma uygulanır. Yaratılışın tümü içinde diğer her şey hiçbir şekilde yeni buluşlar değillerdir, bunlar yoktan vazedilmiş değil varoluştan vazedilmiş şeylerdir. Bu demektir ki bunlar tıpkı güneşten ışığın yansıması gibi doğrudan Yaradan'dan yayılırlar. Burada da yeni bir şey yoktur çünkü güneşin çekirdeğinde bulunan şey yayılır.

Ancak, alma arzusu tamamen yeni bir şeydir. Yani, Yaratılış öncesinde realitede böyle bir şey yoktu zira Yaradan'ın alma arzusu mefhumu yoktur ve her şeyin öncesinde O olduğuna göre kimden alacak ki?

Bu nedenden dolayı, Yaradan'ın yoktan varoluş olarak hulasa ettiği bu alma arzusu tamamen yeni bir şeydir. Fakat diğer her şey "Yaratılış" olarak adlandırılabilecek bir yenilik değildir. Dolayısıyla, doğası alma arzusu olan manevi ve fiziksel dünyaların her ikisinden de gelen bütün kaplar ve bedenler manevi ya da fiziksel madde olarak addedilir.

ALMA ARZUSUNDAKİ İKİ GÜÇ: ÇEKEN GÜÇ VE REDDEDEN GÜÇ

"Alma arzusu" olarak adlandırılan güçte iki gücü ayırt ettiğimizi bilmeniz gerekiyor:

A. Çeken güç

B. Reddeden (iten) güç

Bunun sebebi alma arzusu tarafından tanımlanan her bedenin ya da kabın gerçekten kısıtlı olmasıdır, yani aldığı miktar ve kalite anlamında. Dolayısıyla, sınırları dışında olan tüm kalite ve miktar doğasına aykırı görünür ve bu yüzden onları reddeder (iter), böylece çeken güç olarak adlandırılan "alma arzusu" aynı zamanda reddeden güç olmaya da zorlanır.

TÜM DÜNYALAR İÇİN TEK YASA

Kabala ilmi bizim fiziksel dünyamızdan hiç bahsetmemesine rağmen yine de tüm dünyalar için sadece bir yasa vardır ("Kabala'nın Özü" makalesi, bölüm "Kök ve Dal Yasası"). Dolayısıyla, dünyamızdaki tüm fiziksel yapılar, bu alandaki her şey, ister cansız, bitkisel, hayvansal, manevi bir nesne ya da fiziksel bir nesne olsun, eğer her birinin kendi eşsiz niteliğini ayırt etmek istiyorsak, en küçük parçada bile birbirlerinden nasıl farklılaştıkları, sonunda "alma arzusu"ndan başka bir şeye çıkmaz. Bu husule getirilmiş Yaratılış açısından bakıldığında miktar ve nitelikte kısıtlayan, maddenin bütünlüğündeki en belirgin özelliktir. Sonuç olarak, her maddenin içinde bir çeken bir de reddeden (iten) güç vardır.

Buna rağmen, bu iki güçten başka nesnenin içinde var olan herhangi bir şey Yaradan'ın özünden bir hediye olarak addedilmektedir. Bu hediye tüm yaratılanlar için eşittir ve Yaratılış ile ilişkilendirildiğinde yeni bir keşif değildir zira varoluştan varoluşa uzanmaktadır.

Ayrıca, başka özel bir parçaya değil, sadece küçük ya da büyük Yaratılışın tüm parçalarında ortak olan şeylere atfedilebilir. Her biri bu hediyeden alma arzusuna göre alır ve bu kısıtlama her bir bireyi ve parçayı tanımlar.

Böylece, her bireyin "kendini" (egosunu) bilimsel ve tamamen fanatik, otomatik materyalistlere göre bile kesinlikle tartışma götürmez şekilde, bütünüyle bilimsel bir açıdan açıkça ispatlamış oldum. Artık, metafiziğin içine dalmış eksik yöntemlere ihtiyacımız yok.

Ve tabii ki, alma arzusu olan bu gücün kimya vasıtasıyla üretilmiş maddenin meyvesi ve sonucu olmasıyla, bu maddenin o meyvenin gücü ve sonucu olması arasında bir fark yoktur. Çünkü biliyoruz ki esas olan sadece her bireye ve "alma arzusunun" her atomuna, sınırları içerisinde, damgalanmış olan bu güç çevresinden ayrı ve farklı kılınan bir parçadır. Ve bu, tek bir atom için de, "beden" denilen bir grup atom için de doğrudur.

İçinde bu güçten fazlası bulunan tüm diğer görüşler kendisiyle ilgili değil sadece bütünle alakalı olarak, ki bu özel (spesifik) yaratılmış bedenler ayrımı yapmadan, Yaratılışın tüm parçalarında ortak olan, onlara Yaradan'dan uzanan ve hiçbir şekilde o parçayla ya da parçacık grubuyla ilgili olmayan bir hediyedir.

Şimdi, bireyin özgürlüğü ile ilgili konuyu, kişinin ataları olan tüm geçmiş nesillerin doğalarını damgaladıkları "kaynak" dediğimiz ilk faktörün tanımına göre anlayacağız. "Birey" kelimesinin anlamını, molekül grubuna damgalanmış olan alma arzusunun sınırları olarak açıklığa kavuşturduk.

Böylece görüyoruz ki, kişinin atalarından miras aldığı tüm eğilimler, cimrilik ya da cömertlik eğilimleri, çekingenlik ya da içine kapalılık eğilimi ve bunun gibi uzayan bir liste olarak karşımıza çıkan özellikler ister içindeki çeken güçle ister reddeden (iten) güçle ilgili olsun gerçekten de kişinin alma arzusunun sınırlarından başka bir şey değildir.

Bu sebepten dolayı, bunların hepsi kişinin var olmak için mücadele eden kendisinden (egosundan) başka bir şey değildir. Dolayısıyla, kişiden en ufak bir eğilimi bile çıkarıp alırsak onun özünden gerçek bir organı kesiyor sayılırız. Ve bu aynı zamanda Yaratılış için de gerçek bir kayıp olur çünkü onun gibi başka bir tane yoktur ve de bütün dünyada da olmayacaktır.

Doğal yasalara göre bireyin adil hakkını kesin olarak açıklığa kavuşturduktan sonra dönelim ve bunun töreler ve akıllı uslu insan teorisinden ödün vermeden ne kadar uygulanabilir olduğunu görelim. Ve en önemlisi de bu hakkın manevi ilmin çalışılmasıyla nasıl uygulandığıdır.

ÇOĞUNLUK GİBİ DAVRANMAK

Yazarlarımız şöyle derler: "Çoğunluk (topluluk) gibi hareket et." Bu, birey ve topluluk arasında bir anlaşmazlık olduğunda topluluğun arzusuna göre karar vermek zorundayız anlamına gelir. Dolayısıyla, görüyorsunuz ki topluluk kişinin özgürlüğünü elinden alma hakkına sahiptir.

Ancak burada daha öncekinden de ciddi bir soruyla karşı karşıyayız. Bu yasa sanki insanlığı ilerletmektense geriletiyor gibi görünüyor. Bunun sebebi şöyledir; insanlığın çoğu geri kalmış ve gelişmiş olanlar da küçük bir azınlık iken eğer her zaman gelişmemiş, kayıtsız çoğunluğun arzusuna göre karar verirsen, toplumdaki azınlık olan akıllı ve gelişmişlerin görüş ve arzuları hiç duyulmaz ve dikkate alınmaz. Dolayısıyla, insanlığın geri kalmışlık kaderini mühürlemiş oluyorsunuz zira asla ileriye doğru bir tek adım bile atamaz.

Ancak, "Barış" makalesi "Doğanın Yasalarıyla Tedbirli Olma Gerekliliği" bölümünde açıklandığı gibi İlahi Takdir tarafından sosyal bir yaşam sürmemiz buyrulduğu için toplumun devamlılığıyla ilgili tüm yasaları dikkate almaya mecburuz. Ve eğer bu konuda bir şekilde ihmalkârsak bu yasaların sebeplerini anlasak da anlamasak da doğa içimizde bunun intikamını alır.

Ve başka toplumda yaşamak için toplumdaki her anlaşmazlığı ve sıkıntıyı düzene sokan "Çoğunluğa uymak" yasasından başka bir düzenleme olmadığını görebiliriz. Öyleyse, bu yasa toplumda sürdürülebilirliği sağlayan tek araçtır. Bu nedenle, İlahi Takdirin doğal Islahları (emirleri) olarak kabul edilir ve anlayışımız ne olursa olsun bu yasayı kabul etmeli ve titizlikle korumalıyız.

Bu, maneviyatın tüm diğer Islahları (emirler/ sevaplar) benzer: hepsi de bize Yukarıdan aşağıya gelen İlahi Takdirin ve doğanın yasalarıdır. Ve daha önce de bu dünyada doğanın uygulanışında tespit ettiğimiz inatçılığın nasıl sadece Üst, Manevi Dünyaların yasalarından ve yönetiminden uzatıldığını ve alındığını tanımlamıştım ("Kabala İlminin Özü", "Kökler ve Dallar Yasası".)

Artık, manevi Islahların doğanın bizim dünyamızdaki yönetiminin kökleri olan yasalar ve yürütmeler setinden başka bir şey olmadığını anlayabilirsiniz. Manevi yasalar bu dünyadaki doğa yasalarıyla bir havuzdaki iki damla gibi örtüşürler. Böylece, "Çoğunluğa uyma" yasasının İlahi Takdirin ve doğanın yasası olduğunu ispatlamış olduk.

MANEVİ (IŞIĞIN) YOL VE ISTIRABIN YOLU

Bu yasadan kaynaklanan gerilemeyle ilgili sorumuz bu kelimelerle henüz halledilemedi. Gerçekten de bunu düzeltmekle ilgileniyoruz. Ancak İlahi Takdir bundan dolayı kendisi için bir şey kaybetmez çünkü insanlığı iki şekilde sarmıştır – "Işığın yolu" ve "Istırabın yolu" – ki bu bir şekilde insanlığın sürekli gelişimini ve amaca doğru ilerlemesini hiç tereddütsüz garanti eder ("Barış", Her şey Teminat Altındadır). Hakikaten bu yasaya uymak doğal ve gerekli bir taahhüttür.

ÇOĞUNLUĞUN BİREYİN ÖZGÜRLÜĞÜNÜ ELİNDEN ALMA HAKKI

İşi daha da ileri götürmeliyiz: konular insanlar etrafında döndüğünde bazı şeyler haklı çıkartılabilir. O zaman, bize her zaman dostların iyiliğini ve mutluluğunu düşünmeyi öğütleyen "çoğunluğa uymak" yasasını İlahi Takdir'in zorlaması vasıtasıyla kabul edebiliriz. Ancak maneviyatta bu yasayı, konular toplumun varoluşuyla tamamen ilgisiz görünse bile insan ve Allah arasındaki anlaşmazlıklar için de izlemeyi zorunlu kılar.

Dolayısıyla, soru hâlâ gündemde: daha önce de söylediğimiz gibi gelişmemiş çoğunluğun görüşlerini kabul etmeye ve her zaman küçük bir azınlık olan gelişmişlerin görüşlerini reddetmeye zorlayan bir yasayı nasıl haklı çıkartabiliriz?

Ancak gösterdiğimiz gibi ("Dinin Özü ve Amacı," Bilinçli ve Bilinçsiz Gelişim), Manevi İlim (Hz. Musa'nın öğretileri) ve Arınma, sadece, genellikle kişisel sevgiden Allah sevgisine giden tek yolun doğru tanımlanmış "dost sevgisi"ne gelmek ve doğuştan içimize işlenmiş kötülüğün farkına varma hissini geliştirmek ve akabinde insanı arındırmak için verilmiştir.

Bu yüzden, insan ve Allah arasındaki hükümler topluma zararlı olan kişisel sevginin insandan çıkartılmasını sağlayan araçlar olarak sayılır. Dolayısıyla, Islahlara (Sevaplara) dayanan, Yaradan ve insan arasındaki mücadele toplumun sürdürülebilirliği problemiyle ilgilidir. Böylece, onlar da "çoğunluğa uymak" çerçevesi içine giriyorlar.

Şimdi Manevi Kanunlar ve Efsaneler arasındaki farkı ayırt etme işini anlayabiliriz. Bunun sebebi, "birey ve çoğunluk, Kanunlar çoğunluk gibi" yasasının sadece uygulanmasıdır. Efsaneler'de böyle değildir, zira Efsaneler'de toplumun varoluşunun üstünde konularla ilgilenilir çünkü varoluş ve toplumun fiziksel mutluluğunun bir öneminin olmadığı yerde, insan ve Allah'ı ilgilendiren konularda insanların hareketleriyle ilgili konulardan tam olarak bahsederler.

Dolayısıyla, çoğunluğun bireyin görüşünü dikkate almaması mazur görülemez ve "her insan kendi gözünde doğru olanı yaptı." Ancak, Manevi Çalışmada Islahın yerine getirilmesiyle ilgilenen Kanunlar'la ilgili olarak, ki bunların hepsi toplumun denetlenmesi konusuyla ilgilidir, "çoğunluğa uymak" yasasını kullanmak dışında başka bir yol olamaz.

SOSYAL HAYAT İÇİN YASA, "ÇOĞUNLUĞA UY"

Artık bireyin özgürlüğü ile ilgili cümleyi açıkça anlıyoruz. Gerçekten de bir soru mevcut: "Çoğunluk bireyin özgürlüğünü elinden alma hakkına ve hayattaki en önemli şey olan özgürlükten mahrum etme noktasına ne zaman geldi?" Görünüşe bakılırsa burada kaba güçten başka bir şey yok.

Ancak yukarıda da açıkladığımız gibi bu İlahi Takdirin idare ve doğal yasasıdır. Ve İlahi Takdir bizleri sosyal bir yaşam sürmeye zorladığından doğal olarak her bir kişi toplumun varlığını ve iyiliğini korumaya mecburdur. Ve bu, bireyin görüşünü yok sayıp "çoğunluğa uymak" yasasını kabul ettirmekten başka bir yol ile mümkün olamaz.

Böylece, kanıtlanmış bir şekilde görüyorsunuz ki çoğunluğun bireyin özgürlüğünü onun arzusuna karşın elinden alarak kendi otoritesi altına soktuğu her hakkın ve gerekçenin başlangıcı budur. Dolayısıyla, toplumun fiziksel hayatının varlığıyla ilgili olmayan tüm konularda çoğunluğun kişinin özgürlüğünü kötüye kullanması ve onu mahrum etmesi haklı görülemez. Ve eğer bunu yaparlarsa o zaman dünyadaki herhangi bir hak ve adalet için kaba kuvveti tercih eden hırsızlardan farkları kalmaz, çünkü burada bireyin çoğunluğun arzusuna uyma zorunluluğu uygulanamaz.

MANEVİ HAYATTA, "ÇOĞUNLUĞA UY"

Manevi yaşam söz konusu olduğunda bireyin herhangi bir şekilde topluma göre hareket etmesini sağlayacak doğal bir yasanın olmadığı ortaya çıkıyor. Tersine burada çoğunluğun kendisini bireye tabi etmesi gibi doğal bir yasa işliyor. Ve bu "Barış" Makalesinde açıkça belirtilmiştir; İlahi Takdir bizi sona getirmek için iki yolla sarmış kuşatmıştır:

- *Izdırap Yolu, ki bizi bu yolda bilinçsizce geliştirir.*
- *Manevi İlim Yolu, bu da bizi ızdırap ve zorlama olmadan bilinçli geliştirir.*

Ve elbette ki nesilde birey daha gelişmiş olduğundan halkın korkunç ızdıraptan kendisini kurtarmak, bilinçlenmek ve gönüllü olarak gelişmek için ki bu manevi gelişimin yoludur, fiziksel özgürlüklerinden vazgeçerek kendilerini bireyin disiplinine boyun eğdirip onun sunduğu kural ve çarelere uymaktan başka seçeneği yoktur.

Dolayısıyla, görüyorsunuz ki manevi konularda çoğunluğun otoritesi ters çevrilmiş ve "Bireye Uymak" yasası uygulanmıştır, burada gelişmiş bireyden bahsediyoruz. Zira her toplumdaki gelişmiş ve eğitimlilerin küçük bir azınlık olduğu gayet net bir şekilde görülmektedir. Böylece, toplumun iyiliği ve başarısı azınlığın ellerinde paketlenmiş ve mühürlenmiştir.

Dolayısıyla, çoğunluk dünyadan yok olmamak için o çok azınlığın tüm görüşlerini dikkatlice korumak zorundadır. Bunun sebebi şudur; çoğunluk tam itimatla kesin olarak bilmeli ki doğru ve gelişmiş görüşler asla otorite sahibi çoğunluğun ellerinde değildir, tersine güçsüzlerin elindedir yani ayırt edilmesi mümkün olmayan azınlığın elindedir. Çünkü her ilim ve her değerli şey dünyaya küçük miktarlarda gelir. Dolayısıyla, çoğunluğun bunların içinde doğruyu yanlıştan ayırt edememesinden dolayı tüm bireylerin görüşlerini korumaya özen gösteririz.

ELEŞTİRİ BAŞARI GETİRİR; ELEŞTİRİ EKSİKLİĞİ ÇÖKÜŞ GETİRİR

Realitenin bizim gözümüzde fizisellik ile yukarıda bahsettiğimiz konuyla ilgili fikir ve kavramlar arasında son derece zıtlık sunduğunu eklememiz lazım. Zira, her zevk ve başarının kaynağı olabilecek toplumsal birlik konusu özellikle bedenler ve insanlardaki bedensel konulara uygulanır ve bunların ayrılığı her türlü felaket ve talihsizliğin kaynağıdır.

Ancak bu, fikirler ve kavram konusunda tamamen tersidir: birlik ve eleştiri eksikliği her başarısızlığın kaynağı olarak ve tüm ilerlemenin ve öğretici çoğalmanın engeli addedilir. Bunun nedeni doğru sonuçlar çıkarmanın özellikle anlaşmazlıkların çoğalmasına ve fikir ayrılıklarına bağlı olmasıdır. Fikirler arasında ne kadar görüş ayrılığı ve eleştiri varsa bilgi ve bilgelik o kadar çoğalır ve konular incelemek ve açıklığa kavuşturmak için o kadar uygun hale gelir.

EDİNİMİN SAFHALARI

Aklın başarısızlığı ve yozlaşma sadece eleştiri eksikliği ve anlaşmazlıktan kaynaklanır. Bu yüzden açıkçası tüm fiziksel başarının temeli toplumun birlik ölçüsü ve aklın ve bilginin başarısının temeli onların arasındaki ayrılık ve anlaşmazlığın giderilmesidir.

Öyle ortaya çıkıyor ki insanlık amacına ulaştığında, bedenlerin başarısıyla onları başkalarını sevme derecesine tamamen getirerek, dünyadaki tüm bedenler "Barış" makalesinde yazıldığı gibi, tek bir beden ve tek bir kalp olarak birleşecektir. Sadece o zaman insanlık için planlanan mutluluk tüm ihtişamıyla ifşa olacak.

Ancak yine de, görüşleri yakın olan insanları çok fazla bir araya getirmemeye çalışmalıyız ki akıllı ve eğitimliler arasında anlaşmazlık ve eleştiri ortadan kalkmasın zira bedenleri sevmek doğal olarak görüşlerin yakınlaşmasını da sağlar. Ve eğer eleştiri ve anlaşmazlık ortadan kalkarsa kavramlar ve fikirlerdeki tüm ilerleme de durur, dünyadaki bilgi kaynağı kurur.

Bireyin kavramlar ve fikirler üzerindeki özgürlüğüyle ilgili dikkatli olma zorunluluğunun kanıtı budur. Bu yüzden, her birimizin içindeki "birey" dediğimiz yapıyı, genellikle "alma arzusu" olarak adlandırılan bir kişiye ait o özel gücü korumaya son derece özen gösteriyoruz.

ATALARDAN GEÇEN KALITIM

Bir zamanlar hayatta olan ve birbirinin üzerinde yer alan binlerce insandan oluşan uzun bir zincir olarak resmettiğimiz, atalardan geçen tüm eğilimler ve gelenekleri kapsayan "Kaynak" ya da İlk Neden olarak tanımladığımız bu alma arzusu resminin tüm detaylarını kapsar. Her biri atalarının elzem bir damlasıdır ve bu damla her bir kişinin "bilinçaltı" denilen "medulla oblongata"sının (süregelen beyinlerinin) içine atalarının manevi edinimlerini getirir. Böylelikle, karşımızdaki birey, bilinçaltında ataları olan zincirde yer almış tüm bireylerden binlerce manevi mirasa sahiptir.

Dolayısıyla, tıpkı her bir kişinin yüzü nasıl farklı ise aynı şekilde görüşler de farklıdır. Dünyada iki kişi yoktur ki fikirleri özdeş olsun, çünkü her birey başkalarında ufacık bir parçası bile bulunmayan, atalarından miras aldığı muazzam, kutsal bir edinime sahiptir.

Bu yüzden tüm o edinimler kişinin malı sayılır ve toplum bunun tadını ve ruhunu korumakta dikkatlidir ki çevresi tarafından bulanıklaştırılmasın. Tersine, her birey bu mirasın bütünlüğünü korumalıdır. O zaman aralarındaki tutarsızlık ve zıtlık, insanlığa fayda sağlayan ve onun gerçek arzusu olan ilmin gelişimi ve eleştiriyi her zaman garantiye almak için sonsuza dek kalır.

Ve insanın çıplak varoluşunun elzem noktası olan, bir güç ve "alma arzusu" olarak belirlediğimiz insanın içindeki bencilliği tanımanın belli bir ölçüsüne geldiğimizde aynı zamanda "atalardan kalıtsal miras" olarak tanımladığımız her bedenin orijinal servetini de tüm yönleriyle iyice öğrenmiş olduk.

Bu her bir kişinin atalarından gelen ilk madde ilk tohum olan kişinin "kaynağı"na kalıtımla gelen tüm potansiyel eğilimler ve nitelikler için de geçerlidir. Şimdi alma arzusundaki iki farkı açıklığa kavuşturacağız.

İKİ FARK: A. POTANSİYEL, B. GERÇEK

İlk olarak anlamamız gerek ki "alma arzusu" olarak tanımladığımız bu bencillik her insanın özüdür ve realitede bir saniyeliğine bile var olamaz. "Potansiyel" demekle, yani potansiyel olmaktan gerçek olmaya geçmeden önce, sadece düşüncelerimizde var olduğunu söylüyoruz yani sadece düşünce onu belirleyebilir.

Fakat, aslında dünyada uykuda ve hareketsiz bir güç olamaz. Bunun nedeni gücün realitede sadece hareketteyken var olmasıdır. Benzer şekilde, en hafif bir şeyi bile kaldıramazken küçük bir çocuğun çok kuvvetli olduğunu söyleyemezsiniz, sadece bu çocuğun büyüdüğünde çok güçlü olacağını gördüğünüzü söyleyebilirsiniz.

Ancak, büyüdüğünde insanda gördüğümüz gücün çocukluğunda bile onun organlarında ve bedeninde olduğunu ancak gizli ve ifşa olmamış olduğunu söyleriz. Akıl, ispat ettiği için akıllarımızda ortaya çıkması tayin edilmiş güçleri belirleyebiliriz. Ancak, çocuğun gerçek bedeninde aslında hiç güç yok çünkü onun hareketlerinde hiçbir güç göstergesi yok.

Öyleyse iştah olması lazım, yani doyurulduklarında, organlar yemek yiyemeyince bu güç gerçek realitede insanın bedeninde ortaya çıkmayacak. Ancak yine de, insan doyurulduğunda bile iştahın gücü vardır sadece bedende gizlidir. Bir müddet sonra yemek sindirildiğinde tekrar ortaya çıkar ve potansiyelden gerçeğe dönüşür.

Fakat, gerçekte açığa çıkmamış potansiyel bir gücü belirleyen böyle bir cümle düşüncenin algıladığı hareketlere aittir. Aslında realitede yoktur çünkü doyduğumuzda iştahın gücünün açıkça kaybolduğunu hissederiz ve arasanız da hiç bir yerde bulamazsınız.

Öyleyse başlı başına var olan bir potansiyeli bir konu olarak ortaya atamayız, sadece bir doğrulama yapabiliriz. Dolayısıyla, realitede bir hareket ortaya çıktığında güç aynı anda harekette ortaya çıkar.

Ancak burada ister istemez algılama sürecinde iki şeyle karşılaşıyoruz: bir konu ve teyit, yani potansiyel ve gerçek, tıpkı konu olan iştahın gücü gibi ve yemeğin hayali de teyit ve harekettir. Ancak realitede bunların ikisi bir gelirler. Kişideki iştahın gücü asla yemek istediği yemeği hayal etmeden ortaya çıkmaz. Dolayısıyla, bunlar bir şeyin iki yarısıdır. İştahın gücü o hayale bürünmelidir. Böylece görüyorsunuz ki konu ve teyit (doğrulama) aynı anda varlar ve aynı anda yoklar.

Şimdi anlıyoruz ki bencillik olarak ortaya koyduğumuz alma arzusunun insanda pasif bir teyit şeklinde, almak isteyen şiddetli bir güç olarak var olması gerekmiyor. Bu daha ziyade, yenilebilen nesnenin hayaline bürünmüş ve hareketi de o şeyin yenilmesi olarak ortaya çıkan konuyla ilgilidir. İşte bu harekete "arzu" diyoruz, yani hayal etme hareketinde ortaya çıkan iştahın gücü.

Öyleyse konumuz, her insanın özü olan genel alma arzusu. Alınması muhtemel olan nesneler şekline bürünerek var olur ve ortaya çıkar. Çünkü o zaman konudan başka bir şey olarak var olmaz. Bu harekete "hayat" diyoruz yani insanın yaşama yolu, yani alma arzusunun gücü arzulanan nesnelere bürünür ve o nesnenin içinde hareket eder. Ve bu hareketin ifşasının ölçüsü "arzu" olarak adlandırdığımız harekette açıkladığımız gibi, insanın hayatının ölçüsüdür.

İKİ YARATILIŞ: A. İNSAN, B. YAŞAYAN RUH

Yukarıda anlattıklarımızdan şu sözü açıkça anlayabiliriz: "Yüce Yaradan insanı yerdeki topraktan yarattı ve burun deliklerinden içeri yaşam nefesini üfledi; insan yaşayan (Hayah) ruh (Nefeş) oldu." (Genesis 2:7) Burada iki yaratılış görüyoruz:

- ***İnsanın kendisi***
- ***Yaşayan ruhun kendisi***

İfade, başlangıçta insanın yerdeki topraktan, içine insanın özünün yani alma arzusunun yerleştirildiği bir molekül topluluğundan yaratıldığını söyler. Bu güç, alma arzusu, yukarıda da belirttiğimiz gibi, realitedeki her elementte mevcuttur. Ve ayrıca dört tür: cansız, bitkisel, hayvansal ve konuşan, bunlardan meydana geldi. Bu bağlamda insanın yaratılışın diğer parçalarından hiçbir üstünlüğü yoktur ve "yerdeki topraktan" deyişinin anlamı budur.

Ancak, "alma arzusu" denilen bu gücün bir nesneye bürünmeden var olamayacağını gördük ve buna "hayat" diyoruz. Ve bundan dolayı, insan, diğer hayvanlardan farklı olarak, insani haz alma formlarına gelmeden önce hâlâ cansız, ölü kabul edilir. Bunun nedeni, hayatın göstergesi olan alma arzusunun bürüneceği ve yaşam hareketlerini açıkça göstereceği bir yerin olmamasıdır.

Bu, insanlar için uygun olan genel alma formunun, "yaşam nefesini burun deliklerinden içeri üfledi" cümlesinin anlamıdır. Nişmat (nefes) kelimesi Samin (yerleştirme) insanın yeri, yani "önemi" kelimesinden gelir. Ve "nefes" kelimesinin geldiği yer şu ifadeden anlaşılır: "Yaradan'ın ruhu beni yarattı ve Her Şeye Gücü Yeten'in nefesi bana hayat verdi," ve MALBIM tefsirine bakın.

"Ruh" (Neşama) kelimesi "eksik" (Nifkad), "sanık" (Ne'eşam) ve kadın için "sanık" (Ne'eşama) kelimeleriyle aynı sözdizimine sahiptir.

Ve "ve burun deliklerinden içeri üfledi" kelimelerinin anlamı, alma arzusunun, insanın içine almaya değer formların tamamı olan ruhu ve yaşam takdirini içine yerleştirdi. Sonra, bu güç, alma arzusu, Yaradan'dan aldığı bu alma formlarının içinde molekülleriyle kapsanmış olarak kendine bürünecek ve hareket edecek bir yer buldu. Ve bu harekete, yukarıda açıkladığımız gibi, "hayat" denir.

Ve şöyle biter, "ve insan yaşayan bir ruh halini aldı." Bu, alma arzusu o alma formlarının ölçülerine göre hareket etmeye başladığına göre hayatın aynı anda onun içinde ortaya çıktığı ve "yaşayan bir ruh" halini aldığı anlamına gelir. Ancak, bu alma formlarının edinilmesinden önce, alma arzusu gücü insanın içine yerleştirilmiş olsa da yine de cansız bir beden sayılır, zira içinde hareket edeceği ve kendisini açıkça ortaya çıkarabileceği bir yer yoktur.

Yukarıda gördüğümüz gibi, insanın özü sadece alma arzusu olmasına rağmen yine de bir bütünün yarısı olarak kabul edilir çünkü önüne çıkan realiteye bürünmesi gerekmektedir. Bu nedenle, alma arzusu ve onun yarattığı sahip olma resmi gerçekte birdir, aksi takdirde bir anlığına bile var olamazdı.

Dolayısıyla, beden denilen makine doruk noktasındayken, yani orta yaşlarına kadar, "egosu" ona doğuşta verildiği gibi tüm haşmetiyle ayakta durur. Bundan dolayı da içinde koskocaman çok güçlü bir alma arzusu hisseder. Bir başka deyişle, zenginlik ve saygıya ve karşısına çıkan her şeye şiddetli arzu duyar. Bunun böyle olmasının sebebi, şekillere büründüğü yapı ve kavramları çeken ve kendisini bununla idame ettiren insanın egosunun mükemmelliğidir.

Ancak, hayatının yarısı geçtiğinde, içeriği itibariyle ölüm günleri olan, düşüş günleri başlar. Bunun sebebi şudur; tıpkı hayatı bir anda almadığı gibi, ölümü de bir anda olmaz. Tersine, egosu olan bu mum solar ve azar azar ölür ve onunla birlikte almak istediği o resimler de yok olur.

Gençliğinde sahip olmak istediği şeylerden vazgeçmeye başlar ve yıllar içindeki düşüşüne göre büyük şeylerden vazgeçer. Sonunda, gerçekten yaşlandığında, ölümün gölgesi tüm benliğini kapladığında kişi kendisini "hiçbir talepte bulunmadığı bir zamanda" buluverir çünkü alma arzusu, egosu kuruyup gitmiştir. Sadece gözlerden ırak, bir şeye bürünmemiş ufacık bir kıvılcım kalmıştır. Dolayısıyla, bu günlerde herhangi bir alma hayalinin ümidi ya da talebi yoktur.

Böylece, alma arzusunun, sahip olunmak istenilen nesnenin hayaliyle birlikte tek ve aynı şey olduğunu ispatlamış olduk. Ve ortaya çıkışları eşittir, ebatları eşittir ve ömürlerinin süresi eşittir.

Bununla beraber, yaşamın düşüş zamanındaki verme formunda önemli bir ayırım vardır. Bu, insanın yemekten doyduğunda onu bırakması gibi doyumun sonucu olan bir verme değildir, tersine ümitsizliğin bir sonucudur. Başka bir deyişle, düşüş günlerinde ego ölmeye başladığında kendi zayıflığını ve ölümün yaklaştığını fark eder. Dolayısıyla, kişi salar ve gençlik hayallerini ve ümitlerini bırakır.

Bu ve üzüntüye sebep olmayan "yarı ölüm" olarak adlandırılmayan sadece işini yapmış bir işçi gibi olan doygunluktan kaynaklanan verme arasındaki farkı dikkatli gözlemleyin. Gerçekten de umutsuzluktan kaynaklanan feragatte acı ve ızdırap doludur ve bu yüzden de "kısmi ölüm" olarak adlandırılır.

ÖLÜM MELEĞİNDEN ÖZGÜRLÜK

Şimdi tüm öğrendiklerimizden sonra, bilgelerimizin "'Harut (kazınmış) taşlara,' dediklerinde bunu Harut (kazınmış) olarak değil Herut (özgürlük) olarak telaffuz etmeli zira bunlar ölüm meleğinden özgür kılınmışlardır" sözlerini gerçekten anlama yolu bulabiliyoruz.

"Matan Tora" ve "Arvut" makalelerinde açıklandığı gibi, manevi edinime gelmeden önce herhangi bir kişisel maldan feragat edilmesi zannettiler, şu sözlerde ifade edildiği gibi, "Erdemlilerin Krallığı" ve tüm Yaratılışın amacı – Yaradan'la eşitlik içinde O'na tutunmadır: O almayıp ihsan ettiği için, onlar da almayıp ihsan edecekler. Bu "Arvut" makalesinin sonunda yazan "Kutsal ulus," sözleriyle ifade edildiği gibi Yaradan'la bütünleşmenin son derecesidir.

Daha önce sizi insanın özünün, yani alma arzusu olarak tanımlanan bencilliğinin, işin sadece yarısı olduğunu ve sadece bir sahip olma imajına ya da ümidine büründüğünde var olabileceğini anlama noktasına getirdim. Çünkü sadece o zaman maddemiz tamamlanıp, "insanın özü" olarak tanımlanabilir.

Böylece, halk o kutsal durumda tam bütünlük ile ödüllendirildiklerinde, alma kapları tüm dünyevi varlıklardan arınmış Yaradan'a eşitlik formunda tutunmuşlardı. Bu, yaratıcılarının onlardan haz alabilmesi için, başkalarına memnuniyet ihsan etme boyutu dışında hiçbir kişisel varlığa arzu duymamaları anlamına geliyor.

Ve alma arzuları o nesneye büründüğü, onun içine giydirildiği için onunla tam bütünlük içinde bağlanmış oldu. Dolayısıyla, elbette ölüm meleğinden özgür kılınmışlardı, zira ölüm muhakkak ki belli bir nesnenin varlığının yokluğu ve hükümsüzlüğüdür. Ancak sadece kendi zevki için var olmak isteyen bir kıvılcım varsa onunla ilgili olarak, yok olduğu ya da öldüğü için mevcut değil demek mümkün olabilir.

Bununla beraber, Yaratılışın amacını gerçekleştirdiğinde ve Yaradan ondan haz aldığında, çünkü Arzusu yerine getirilmiştir, O'nun memnuniyetiyle dolmuş olan insanın özüne tıpkı O'nun gibi tam, bütün sonsuzluk bahşedilir. Böylece, ölüm meleğinden özgürlük ile ödüllendirilmiştir. Bu, Midraş'ın (Midraş Rabba, Shemot, 41, Madde 7) sözlerinin anlamıdır: "Ölüm meleğinden özgürlük." Ve Mişna'da (Avot 86): "Harut (kazınmış) taşlara; dediklerinde bunu Harut (kazınmış) olarak değil Herut (özgürlük) olarak telaffuz etmeli zira kimse özgür değildir, maneviyatı çalışmıyorlarsa."

YARADAN'IN YÜZÜNÜN İFŞASI VE GİZLİLİĞİ

Kitaplarda ikinci gizlilik olarak geçen "gizlilik içinde gizlilik" kişinin Yaradan'ın sırtını bile görememesidir. Bunun yerine kişi Yaradan'ın onu terk ettiğini ve artık gözetmediğini söyler. Tüm ızdırapları kör talihe ve doğaya yükler zira İlahi Takdir'in işleyişi kişinin gözünde o kadar kompleks hale gelir ki kişinin inkârına gider.

Bu, kişinin dua etmesi ve problemleri için sadaka vermesi ancak ona hiçbir karşılık verilmemesi anlamına gelir. Ve tam olarak kişi sorunları için dua etmeyi bıraktığı anda ona cevap verilir. Kişi ne zaman bunun üzerine çıkıp İlahi Takdire inansa ve yaptıklarını iyileştirse şans ondan uzaklaşır ve kişi yeniden merhametsizce düşer. Ve inkâr edip yaptıklarını kötüleştirdiğinde ise çok başarılı olur ve büyük ölçüde rahatlar.

Kişi kurallara uygun bir şekilde değil düzenbazlık ya da manevi kurallara saygısızlıkla devam eder. Ya da kişinin Maneviyat ve Islahlar'a (emirler) uyan tüm tanıdıkları fakirlik, hastalıktan mustariptir ve başkaları tarafından hor görülür. Islahların bu takipçileri ona kaba, doğal olarak beyinsiz ve ikiyüzlü gelir ki bir dakikalığına bile onların yanında olmaya tahammül edemez.

Tersine, onun inancıyla dalga geçen, tüm günahkâr tanıdıkları çok başarılı, iyi ve sağlıklı durumdalar. Hastalık nedir bilmiyorlar; akıllılar, erdemliler ve iyi huylular. Tüm gün ve her gün kaygısız, kendinden emin ve sakinler.

İlahi Takdir kişi için işleri bu şekilde ayarladığında buna "gizlilik içinde gizlilik" denir. Bunun sebebi kişinin kendi ağırlığı altında çökmesi ve ızdıraplarının bir takım gizli sebeplerden dolayı Yaradan'dan geldiğine inancını güçlendirememesidir. Sonunda, kişi başarısız olur, inkâr eder ve Yaradan'ın Yarattıklarına hiçbir şekilde bakmadığını ve her şeyin kör kader ve doğa tarafından vuku bulduğunu söyler.

Yüzün Gizliliğinin Betimlemesi

• Yetersiz gelir, kötü sağlık, itibar kaybı, planlarını gerçekleştirememek ve örneğin dostunun canını sıkmaktan kendini alıkoymanın tatminsizliğinden ızdırap çekmek.

• Cevap bulmadan dua etmek. Hareketlerini düzelttiğinde düşmek ve onları düzelttiğinde de başarılı olmak. Devamlılığını uygunsuz tavırlarla sürdürmek: ihanet, çalma, ya da manevi kurallara saygısızlık.

• Tüm dürüst tanıdıklarının parasızlık, kötü sağlık ve her türlü itibarsızlık çekmesi ve kişinin günahkâr arkadaşlarının her gün onunla dalga geçmesi ve sağlıkta, varlıkta ve kaygısız yaşamlarında başarılı olması.

• Maneviyat ve Islahlar'a (emirler) uyan tüm erdemli tanıdıklarının kaba, egoist, abuk sabuk ya da ikiyüzlü olduğu kadar doğal olarak aptal ve nezaketsiz görünmesi. Kişinin Cennet'te bile onlarla olmayı itici bulması, ve onlara bir dakikalığına bile tahammül edememesi.

EDİNİMİN SAFHALARI

Tek gizlilik (betimleme): O'nun Yüzü ifşa olmamıştır; yani Yaradan kişiye İsmine – İyi olan İyilik Yapar – göre davranmaz. Tam tersine, kişiye O'nun tarafından keder verilir ya da kişi geçim sıkıntısı çeker ve birçok insan O'ndan borcunu almak ister ve hayatını zehir eder. Tüm günü sorunlarla ve endişelerle doludur. Ya da, sağlığı kötüdür ve başkalarından saygısızlık görür. Başladığı her plan başarısızlıkla sonuçlanır ve tamamen sukutu hayal içindedir.

Bu durumda, yani eğer kişi hatalarının cezası olarak ya da sonunda onu ödüllendirmek için Yaradan'ın bunları ona yaptığına inanırsa elbette Yaradan'ın İyi Yüzünü görmez. Bu, şu deyişi izler, "Allah sevdiğini ıslah eder," ve ayrıca "erdemli ızdırapla başlar, zira Yaradan sonunda ona muazzam huzur verecektir."

Yine de kişi tüm bunların ona bir sebep ve düşünce olmadan kör talih ve doğadan geldiğini söyleyerek başarısızlığa uğramış olmaz. Tersine, kişi Yaradan'ın Rehberliği ile ona bunları yaptığına inanarak güçlenir. Bu yine de Yaradan'ın sırtını görmek olarak değerlendirilir.

Yüzün İfşasının Betimlemesi

Ancak kişi ilacı – kişinin bedeninin içine üfleyen Işık – tamamen keşfettikten sonra Yaradan'a olan inancını güçlendirerek O'nun Yüzünün ifşası ile rehberlik edilmeyi hak eder. Bu Yaradan'ın kişiye Adına uyduğu gibi – "İyi olan İyilik Yapar" şeklinde davranması anlamına gelir.

Böylece, kişi Yaradan'dan bol iyilik ve muazzam huzur alır ve her zaman memnundur. Bunun nedeni kişinin canlılığı, asla sorun ve baskı olmaksızın, hastalık bilmeden, kişilerden yüksek saygı görerek, aklına gelen her planı çabasızca tamamlayarak ve nereye dönerse başarılı olarak, kolaylıkla ve sonuna kadar elde etmesidir.

Ve kişi herhangi bir şey istediğinde, dua eder ve anında cevap bulur, zira Yaradan O'ndan dilenen her şeye her zaman cevap verir, hiçbir dua reddedilmez. Kişi iyi işlerle güçlendiği zaman daha da başarılı olur ve eğer kişi umursamaz ise başarısı da aynı oranda azalır.

Kişinin tüm tanıdıkları dürüst, sağlıklı ve iyi kazanca sahiptir. İnsanların gözünde çok saygındırlar ve hiçbir endişeleri yoktur. Her gün ve tüm gün huzurludurlar. Öyle zeki, samimi ve alımlıdırlar ki kişi onların yanındayken kutsanmış hisseder.

Ve tersine, kişinin maneviyatı izlemeyen tüm tanıdıkları canlılıktan yoksun, ağır borçlara batmıştır ve bir dakikalığına bile huzur bulamazlar. Hastadırlar ve acı çekerler, başkalarının gözünde değerleri yoktur. Kişiye akılsız, terbiyesiz, acımasız ve insanlara karşı kaba, hileci ve öyle dalkavuk gelirler ki onlarla olmaya tahammül edilemez.

O'nun İsmi bize O'nun tüm yaratılışa faydanın her türlü şekliyle ve halkın arasından her türlü alıcıyı memnun edecek şekilde yardımsever olduğunu gösterir. Elbette bir kişinin hazzı diğerine benzemez. Örneğin, ilimle ilgilenen saygınlık ve varlıktan haz almaz ve ilimle ilgilenmeyen de ilimden büyük edinimler ve keşifler sağlamaz. Dolayısıyla, O bazısına varlık ve saygınlık verir ve başkasına da ilimde muazzam edinimler verir.

Kişinin gizlilik döneminde O'nun dünya üzerindeki Rehberliğine inancının güçlenmesi talebi kişiyi kitapları ve maneviyatı anlamaya ve oradan da Işığı ve O'nun Rehberliğine inancı nasıl güçlendireceğinin anlayışını çekme noktasına getirir. Kişinin ilmi çalışmasıyla aldığı bu aydınlanma ve gözlemlere "Işığın şifası" denir. Bunlar belli bir miktara ulaştığında Yaradan kişiye merhamet eder ve Yukarıdan hazzı yani Üst Bolluğu yağdırır.

Yüzün İfşasının Betimlemesi

- Bol iyilik ve huzurun alınması ve kişinin canlılığını kolaylıkla ve tam olarak kazanması. Kişi asla yetersizlik ya da hastalık hissetmez, nereye dönerse saygı görür ve aklına gelen her planı başarıyla ve kolaylıkla gerçekleştirir.
- Kişi dua ettiğinde anında cevap alır. Tavrını iyileştirdiğinde çok başarılıdır ve kötüleştirdiğinde başarıyı kaybeder.
- Kişinin doğru yolda yürüyen tüm tanıdıkları varlıklı, sağlıklı, hastalık bilmeyen, çok saygın insanlardır ve sakinlik ve huzur içerisinde yaşarlar.

Ve doğru yolu izlemeyen tanıdıkları fakir, sorun ve acılarla dolu, hasta ve başkalarının gözünde aşağılıktırlar.

Kişi tüm erdemli tanıdıklarını akıllı, mantıklı, iyi davranışlara sahip, dürüst ve öyle samimi görür ki onların arasında olmak en tatmin edici şeydir.

EDİNİMİN SAFHALARI

ZOHAR KİTABI'NA ÖNSÖZ

1. Kutsal Zohar kitabındaki bilgeliğin derinliği bin kilidin arkasına hapsedilmiş ve kapatılmıştır ve insan dili bize bu kitaptaki tek bir şeyi bile başından sonuna kadar yorumlamak için güvenilir, uygun ifadeler temin etmekten acizdir. Aynı şekilde, yaptığım yorumlar da sorgulayan kişinin konuların yüceliğine yükselebilmesine ve kitaptaki kelimeleri dikkatle incelemesine yardımcı olan bir merdivenden başka bir şey değildir. Bu yüzden, okuyucuyu önceden hazırlamayı ve ona bir rota ile kitabı nasıl öğrenmesi ve okurken hangi niyette olması gerektiğini gösteren, güvenilir tanımları içeren bir geçit sunmayı gerekli buldum.

2. Öncelikle şunu bilmelisiniz ki Zohar kitabında ve hatta efsanelerinde anlatılan her şey KHB (Keter, Hohma, Bina), HGT (Hesed, Gevura, Tiferet), NHYM (Netzah, Hod, Yesod, Malhut) olarak adlandırılan On Sefirot'un çeşitleri ve bunların devşirimleridir. Tıpkı konuşulan dilin 22 harfin değişimlerinin her nesneyi ve kavramı, ayrıca kavramları ve kavramların değişimlerini deşifre etmek için yeterli olması gibi, On Sefirot da Cennetin kitabındaki tüm bilgeliği ifşa etmek için yeterlidir. Ancak kişinin ihtiyatlı olmasını gerektiren ve kitaptaki kelimeleri çalışırken aşmaması gereken üç sınır vardır.

3. Birinci sınır: Çalışmanın aktarımında "Madde", "Maddenin içindeki form", "Soyut form", ve "Öz" olarak adlandırılan dört kategori vardır. On Sefirot için de aynısı geçerlidir. Kişi bilmelidir ki, Zohar Kitabı On Sefirot'un Özü ve Soyut Formu ile ilgilenmez, sadece içerisindeki Madde ya da Maddenin içinde kıyafetlenmiş olan Form ile ilgilenir.

4. İkinci sınır: Ruhların yaratılışı ve varoluşlarının işletimine ilişkin, geniş kapsamlı Tanrısal realite, bizim tarafımızdan üç izlenimde ayırt edilir:

- Ein Sof (Sonsuzluk);
- Atzilut dünyası;
- Beria, Yetzira ve Asiya olarak adlandırılan üç dünya

Zohar sadece BYA (Beria, Yetzira, Asiya) dünyalarıyla ve BYA'nın onlardan aldığı kadarıyla Ein Sof ve Atzilut dünyalarıyla ilgilenir. Ancak, Zohar Kitabı, hiçbir surette Ein Sof ve Atzilut dünyalarının kendileriyle ilgilenmez.

5. Üçüncü sınır: BYA dünyalarının her birinde üç izlenim bulunur:

2. O dünyada parlayan Tanrısallık olan On Sefirot;

3. İnsanların, Neşamot (Ruhlar), Ruhot (canlar) ve Nefaşot (hayat)

4. "Melekler," "kıyafetler" ve "saraylar" diye adlandırılan, sayısız unsura sahip, realitenin geri kalan kısmı.

KABALA BİLİMİ

Bilmelisiniz ki, Zohar kapsamlı bir şekilde her dünyanın detaylarını açıklasa da, yine de Zohar'ın kelimelerinin özü her zaman o dünyadaki insanların ruhlarına odaklanmıştır. Diğer izlenimleri sadece ruhların ondan alma ölçüsünü bilmek adına açıklar. Zohar, tek bir kelimesinde bile, ruhların almasıyla bağlantısı olmayan bir şeyden bahsetmez. Bu yüzden şu neticeye varmalısınız ki, Zohar Kitabı'nda sunulan her şey sadece ruhun almasıyla ilişkilidir.

Ve bu üç temel sınır son derece zorlu olduğundan, eğer okuyucu bunlarla ihtiyatlı değilse ve konuları içeriğin dışına çıkartırsa konuyla ilgili hemen kafası karışır. Bu nedenden dolayı, elimden geldiği kadarıyla uğraşıp herkesin kavrayabileceği bir şekilde, bu üç sınırın anlayışını genişletmeyi, gerekli buldum.

6. Hohma, Bina, Tiferet ve Malhut ve onların kökü olan Keter olarak adlandırılan on Sefirot bulunduğunu zaten biliyorsunuz. On tanedirler çünkü Tiferet tek başına Hesed, Gevura, Tiferet, Netzah, Hod ve Yesod denilen altı Sefira'dan (Sefirot'un tekili) oluşur. HB TM olan on Sefirot'tan bahsettiğimiz her yerde bunu aklınızda tutun.

Bunlar genel olarak dört ABYA dünyasını içerirler, zira Atzilut dünyası Sefira Hohma; Beria dünyası Sefira Bina; Yetzira dünyası Sefira Tiferet; ve Asiya dünyası Sefira Malhut'dur. Özellikle, her bir dünya on Sefirot HBTM'e sahip olmakla kalmaz her dünyadaki en küçük unsur (element) bile bu on Sefirot HBTM'ye sahiptir.

7. Zohar bu on Sefirot HBTM'yi dört renge benzetir:

1. Sefira Hohma için beyaz;
2. Sefira Bina için kırmızı;
3. Sefira Tiferet için yeşil;
4. Sefira Malhut için siyah;

Bu, dört bölmesi de ayrı ayrı yukarıdaki dört renge boyanmış bir aynaya benzer. Ve içindeki ışık tek olmasına rağmen bölmelerin içinden geçerken dört çeşit renge dönüşür: beyaz ışık; kırmızı ışık; yeşil ışık ve siyah ışık.

Bu yüzden, tüm Sefirot'daki Işık tamamıyla Tanrısallık ve bütünlüktür, Atzilut'un en tepesinden Asiya'nın en alt noktasına kadar. On Sefirot HB TM'ye bölünme HB TM diye adlandırılan Kelim (Kaplar) yüzündendir. Her Kli, (Kelim'in tekil hali) içinden alıcılara doğru Tanrısal Işığın geçtiği narin bir parça gibidir.

Bu nedenden dolayı her Kli'nin Işığı farklı bir renge boyadığı kabul edilir. Atzilut dünyasındaki Hohma'nın Kli'si beyaz – yani renksiz – Işığı taşır. Bunun nedeni Atzilut'un Kli'sinin ışığın kendisi gibi olmasıdır ve Yaradan'ın Işığı onun içinden geçerken, hiçbir değişime maruz kalmaz.

Zohar'da Atzilut dünyası hakkında yazılan "O, O'nun hayatı ve O'nun Özü birdir" cümlesinin anlamı budur. Dolayısıyla, Atzilut'un Işığı beyaz olarak nitelendirilir. Ancak, Beria, Yetzira, ve Asiya dünyalarının Kelim'inin içinden alıcılara doğru geçtiğinde Işık değişir ve sönükleşir. Örneğin, kırmızı Işık Beria olan Bina içindir; güneşin ışığına

EDİNİMİN SAFHALARI

benzeyen yeşil Işık Tiferet, yani Yetzira dünyası içindir; ve siyah Işık Asiya dünyası olan Sefira Malhut içindir.

8. Yukarıdakine ek olarak, dört rengin alegorik hikâyesinde çok önemli bir ima vardır. Üst Işıklar, Sefer (kitap) diye adlandırılır (Yaratılış Kitabı, Bölüm 1, Kısım 1), şöyle yazıldığı gibi, "O, Dünyasını üç kitapta yarattı: Bir kitap, bir yazar ve bir hikâye."

Her kitaptaki bilgeliğin (erdemliğin) ortaya çıkışı (ifşası), kitaptaki beyazdan değil sadece harflerin mürekkep ile kitaptaki kombinasyonlarından oluşarak okuyucuya gelmesidir. Genel olarak, bu kitapta üç çeşit mürekkep vardır: kırmızı, yeşil ve siyah.

Buna paralel olarak, Atzilut dünyası, yani Hohma, kitaptaki beyaz renk gibi, bütünüyle Tanrısallıktır. Bu, içinde ne olduğu hakkında bir algımız yok demektir ancak Cennetin kitabındaki tüm ifşa – Cennet kitabındaki mürekkep kabul edilen üç BYA dünyası olan Sefirot Bina, Tiferet ve Malhut'dadır.

Harfler ve bunların kombinasyonları yukarıda bahsedilen üç çeşit mürekkepte belirir ve sadece bunlar vasıtasıyla Tanrısal Işık alıcılara görünür. Aynı zamanda, kitabın öncelikli konusunun kitaptaki beyaz olduğuna ve harflerin tümünün kitaptaki beyaza "dayandırmalar" olduğuna dikkat etmeliyiz. Dolayısıyla, eğer beyaz olmasaydı, harflerin varlığı ve bunların içindeki Hohma'nın tüm dışavurumu hiçbir şekilde mümkün olamazdı.

Benzer şekilde, Sefira Hohma olan Atzilut dünyası, BYA dünyaları boyunca beliren Hohma'nın dışavurumunun öncelikli konusudur. "Bilgelikte, Sen hepsini yaptın" sözlerinin anlamı budur.

9. Yukarıda, üçüncü sınırda, Zohar'ın bizzat Atzilut dünyasından bahsetmediğini söylemiştik, zira kitaptaki beyaz olarak değerlendirilir ancak üç BYA dünyalarındaki ışımasına göre. Böyle olmasının nedeni kitaptaki harfler ve bunların kombinasyonlarının mürekkebe kıyasla durumu gibidir, iki manada:

1. Ya, BYA dünyalarının üçü de Atzilut dünyasının ışığını kendi yerlerinde alırlar ki bu anda Işık Atzilut dünyasının altındaki Parsa'dan geçerken sadece Atzilut'un Kelim'inin ışıması gibi algılanana dek oldukça azalır.

2. Ya da, Parsa'nın üzerinde BYA dünyalarının, Sefirot Bina, Tiferet ve Atzilut'un Malhut'unun olduğu yere yükselişi sırasında (alırlar). O anda bunlar Atzilut dünyasını kıyafetlendirirler ve Işığı onun aydınlattığı yerde alırlar.

10. Bununla beraber, bu benzetme ve örnek de karşılaştırılabilir değiller çünkü bu dünyadaki bilgeliğin kitabının içindeki beyaz da harflerindeki mürekkep de cansızdır. Bunlar tarafından neden olunan bilgeliğin ifşası, onların özünde değil dışarısındadır, yani inceleyenin zihnindedir.

Ancak, Cennetin kitabı olan ABYA'nın dört dünyasında, manevi ve fiziksel realitedeki Işıklar bunların içinde bulunur ve bunlardan yayılır. Bu yüzden bilmelisiniz ki, mürekkebin üç rengi o konuyu açıklarken, kitabın konusu olan içindeki beyaz, öğrenilen konunun kendisidir.

11. Burada, yukarıdaki ilk sınırda sunulan algının bu dört halini incelemeliyiz:

1. Madde;

2. Maddeyi kıyafetlendiren form;

3. Soyut form;

4. Öz

Öncelikle bunları bu dünyadan gerçek örnekler kullanarak açıklayacağım. Örneğin, bir insan için güçlü, açık yürekli ya da yalancı vs. dediğinizde, önünüzde şunlar vardır:

1. Kişinin maddesi, yani kişinin bedeni;

2. Kişinin maddesini kıyafetlendiren form, yani güçlü, açık yürekli ya da yalancı;

3. Soyut form. Güçlü, açık yürekli ya da yalancı formlarını o kişinin maddesinden ayırabilirsiniz ve bu üç formu herhangi bir madde ya da bedenden arındırılmış bir şekilde kendi içinde inceleyebilirsin, yani herhangi bir maddesi bulunmaksızın güç, gerçek ve yalancılık formlarının niteliklerindeki değer ya da değersizliği ayırt ederek incelemek.

4. Kişinin özü.

12. Madde olmaksızın kişinin kendi içindeki öz olan dördüncü hususun bizim için tamamıyla tasavvur edilemez olduğunu bilin. Bunun nedeni, beş duyumuz ve hayal gücümüzün bize özün kendisini değil, özün eylemlerinin ifşasından daha fazla bir şey sunmamasıdır.

Örneğin, görme duyusu bize sadece görülebilir özün gölgelerini sunar çünkü bunlar ışığa zıt oluşmuşlardır.

Benzer şekilde, işitme duyusu bir özün havada çarpmasından başka bir şey değildir. Ve öz tarafından geri çevrilen hava kulağımızdaki zara çarpar ve biz yakınımızda bir öz olduğunu duyarız.

Koku alma duyusu, özden gelen havanın koku alma sinirlerimize çarpmasından başka bir şey değildir ve biz böylece koku alırız. Ayrıca, tat alma duyusu da tat alma sinirlerimize bir özün dokunmasının sonucundan başka bir şey değildir.

Dolayısıyla, bu dört duyunun bize sunduğu şey birkaç özden gelen işlemlerin dışavurumundan başka bir şey değildir ve özün kendisinden ise hiçbir şey yoktur.

Hatta sıcak ile soğuğu ve katı ile yumuşağı birbirinden ayırt eden, duyuların en güçlüsü olan dokunma duyusu bile, tüm bunlar özün içindeki işlemlerin dışavurumundan, özün hadiselerinden başka bir şey değildir. Bu böyledir çünkü sıcak soğutulabilir; soğuk ısıtılabilir; kimyasal işlemler aracılığı ile katı sıvıya dönüştürülebilir ve sıvı da gaz şeklinde havaya yani sadece gaza dönüştürülebilir, ki bu şekilde beş duyumuzla algıladığımız herhangi bir sezginin (izlenimin) geçerliliği kalkar. Bununla beraber, öz hâlâ vardır çünkü havayı tekrar sıvıya ve sıvıyı tekrar katıya çevirebilirsin.

EDİNİMİN SAFHALARI

Sonuç olarak, beş duyu bize hiçbir şekilde özü ifşa etmez, sadece özden gelen işlemlerin dışavurum ve hadiselerini ifşa eder. Hissedemediğimiz şeyi hayal edemediğimiz bilinir; ve hayal edemediğimiz şey asla düşüncelerimizde ortaya çıkmaz ve onu hiçbir şekilde algılama imkânımız yoktur.

Bu yüzden, düşünce her ne olursa olsun özde olanı algılayamaz. Dahası, kendi özümüzü bile bilmiyoruz. Dünyada bir yer kapladığımı, katı, sıcak olduğumu ve düşündüğümü ve özümden gelen eylemlerin diğer bu tür dışavurumlarını hissediyor ve biliyorum. Yine de eğer bana, bu dışavurumların geldiği özümün ne olduğunu sorarsanız, size ne cevap vereceğimi bilmiyorum.

Görüyorsunuz ki, İlahi Takdir bizim herhangi bir özü edinmemizi önledi. Bizler sadece özden gelen eylemlerin yansımalarını ve dışavurumlarını ediniyoruz.

13. Madde diye adlandırılan ilk kategoride tüm algıya sahibiz, yani her bir özden dışa vurulan eylemlerin dışavurumlarında. Bunun sebebi maddenin içinde barınan özü, özün kendisini edinememekten doğan eksiklikten acı çekmeyeceğimiz bir şekilde, bize yeteri kadar açıklamalarıdır.

Nasıl elimizde altıncı bir parmağın eksikliğini duymuyorsak, aynı şekilde bunun eksikliğini de duymuyoruz. Maddenin edinimi, yani özün işlemlerinin dışavurumu, hem kendi varlığımızı hem de dışımızda var olan her şeyi edinmek için, her ihtiyacımız ve anlayışımız için gayet yeterlidir.

14. İkinci kategori, Maddede kıyafetlenmiş Form, da tatmin edici ve açık bir edinimdir, zira bunu herhangi bir maddenin hâl ve gidişatında keşfettiğimiz, pratik ve gerçek tecrübeler vasıtasıyla elde ederiz. Tüm üst, güvenilir algımız bu izlenimden gelir.

15. Üçüncü kategori Soyut Form'dur. Form birtakım madde içinde kıyafetlenmiş halde ifşa olur olmaz hayal gücümüz onu herhangi bir maddeden büsbütün soyutlayabilir ve herhangi bir madde olmaksızın algılayabilir. Bunlara örnek, herhangi bir maddeden arınmış halleriyle bahsedebileceğimiz dürüstlük ve yalancılık, öfke ve güç vs. gibi ahlâk kitaplarında karşımıza çıkan faziletler ve iyi niteliklerdir. Soyut olmalarına rağmen bunları erdem ya da kusur diye atfediyoruz.

Bilmelisiniz ki, bu üçüncü tutuma yüzde yüz güvenmek mümkün olmadığından sağduyulu, irfan sahibi bir kişi tarafından kabul edilmezdir, zira maddeyle kıyafetlenmemiş halde incelendiklerinden yanlışa düşülebilir.

İdeal ahlâk sahibi bir insanı örnek alalım, yani dindar olmayan birini. Kendisini soyut form halinde gerçeğin erdemine yoğun bir şekilde adamasından dolayı, o kişi, bir yalanla insanları ölümden kurtarabilecek iken tüm dünyanın yok olacağını bilse bile yine de kasten bir yalan söylememeye karar verebilir. Bu manevi yolun görüşü değildir, zira hiçbir şey hayat kurtarmaktan daha önemli değildir (Yoma 82a).

Gerçekten de, kişi gerçek ve yalanın madde içinde kıyafetlenmiş formlarını bilseydi, onları sadece maddeye faydası ya da zararı olmasına göre idrak ederdi.

KABALA BİLİMİ

Bir başka deyişle, düzenbaz insanların yalanlarıyla sebep oldukları çok sayıda yıkım ve darbeyi görmüşken, dünyanın atlattığı birçok büyük sıkıntıdan ve dürüst insanların kendilerini tutup, sadece gerçeğin kelimelerini söyleyerek büyük faydalar getirdiklerini gördükten sonra doğruluk niteliğinden daha önemli bir fazilet ve yalancılık niteliğinden daha büyük bir utanç kaynağı olmadığını kabul ettiler.

Ve eğer idealist kişi bunu anlasaydı, hiç şüphesiz manevi prensipleri kabul eder ve sadece bir insanı bile ölümden kurtaran yalancılığın, doğruluğun soyut niteliğinin tüm erdem ve övgüsünden çok daha önemli olduğunu keşfederdi. Bu yüzden, üçüncü kategorinin, asla herhangi bir madde içinde kıyafetlenmemiş soyut formları şöyle dursun, soyut formlar olan bu kavramlarında hiçbir şekilde kesinlik yoktur. Bu kavramlar zaman kaybından başka bir şey değildir.

16. Şimdi bu dört kategoriyi ayrıntılarıyla – Madde, Maddenin içindeki Form, Soyut Form ve Öz – somut şeylerle öğrendiniz. Öz olan dördüncü kategoride, hiçbir şekilde herhangi bir algımız olmadığı ve üçüncü kategorinin de yanlış yönlendirebilecek bir kavram olduğu açıklandı. Sadece, birinci kategori olan Madde ve ikinci kategori olan Maddenin içinde Kıyafetlenmiş Form, bizlere Üst Yönetim tarafından açık ve yeterli bir edinim için verildi.

Bunlar aracılığıyla manevi objelerin varlığını, yani Üst Dünyalar olan ABYA'yı da algılayabilirsiniz zira, içlerinde yukarıdaki dört kategori tarafından bölünmeyen küçücük bir detay bile yoktur. Eğer, örneğin, Beria dünyasındaki belli bir elementi alırsak, orada bunun aracılığıyla Beria'nın Işığının Beria'nın sakinlerine doğru uzandığı kırmızı renkteki Kelim vardır. Bu yüzden kırmızı ışık olan Beria'daki Kli, Madde ya da obje, yani birinci kategori olarak kabul edilir.

Sadece objenin içindeki bir eylemin dışavurumu ve işlemi olan bir renk olmasına rağmen, Öz'ün kendisine yönelik bir edinimimiz olmadığını, sadece Öz'den gelen eylemin dışavurumuna yönelik edinimimiz olduğunu önceden söylemiştik. Ve o dışavurumdan Öz ya da Madde ya da beden ya da Kli diye bahsediyoruz.

Ve kırmızı ışık boyunca yol alan ve kıyafetlenen Tanrısal Işık, objenin içinde kıyafetlenen formdur, yani ikinci kategori. Bu nedenle, Işığın kendisi objeden geçerek kıyafetlenmesini ve ışımasını gösterir ki bu beden ve madde, yani kırmızı ışık olarak kabul addedilir.

Ve eğer Tanrısal Işığı – kırmızı ışık – objeden arındırmak istiyorsanız ve onu kendi içinde, bir objeyle kıyafetlendirmeden değerlendirmek istiyorsanız, bu yanılgıya sebep olabilecek olan üçüncü kategoriye – Maddeden arındırılmış Form – girer. Dolayısıyla, bu, Üst Dünyaların çalışılmasında yasaklanmıştır ve Zohar'ın yazarları şöyle dursun, hiçbir gerçek Kabalist bununla ilgilenmez.

Bu durum, manevi nesneler şöyle dursun, fiziksel nesnelerin özleriyle alakalı bile bir algımız olmadığından, Beria'daki bir elementin Öz'üyle ilgili olarak daha da belirgindir.

EDİNİMİN SAFHALARI

Dolayısıyla karşınızda dört kategori var:

1. Kırmızı renk olan, nesne ya da Beria'nın maddesi kabul edilen Beria'nın Kli'si;
2. Nesnenin içindeki form olan Tanrısal Işığın Beria'nın Kli'sindeki kıyafetlenişi;
3. Beria'daki nesneden çıkarılmış olan Tanrısal Işığın kendisi;
4. Maddenin özü.

Böylece, ilk sınır derinlemesine açıklandı, yani tüm Zohar'da üçüncü ve dördüncü kategoriden tek bir kelime bile yoktur, sadece birinci ve ikinci kavramlardan bahseder.

17. Bununla birlikte, ikinci kategori açıklığa kavuşturuldu. Her nasıl ki dört kavramı özellikle Beria dünyasındaki tek bir maddede açıkladıysak, genel dört dünya olan ABYA'da da durumun böyle olduğunu bilin. Üç dünya BYA'daki üç renk – kırmızı, yeşil ve siyah – madde ya da nesne olarak nitelendirilir. Atzilut dünyası olarak nitelendirilen beyaz renk, madde içinde, yani BYA denilen üç rengin içinde kıyafetlenmiş formdur.

Eyn Sof başlı başına özdür. İlk kategoriyle ilgili söylediğimiz budur, yani her nesnede hatta bu dünyanın nesnelerinde bile gizlenmiş, dördüncü kategori olan öze dair bir algımız yoktur. Beyaz ışık BYA'daki üç rengin içinde kıyafetlenmediğinde, yani Hohma Işığı, Bina, Tiferet ve Malhut'un içinde kıyafetlenmediğinde bizim ilgilenmediğimiz soyut formdur.

Ancak Zohar bundan bahsetmez, sadece ilk kategoriyi anlatır, yani Sefirot Bina, Tiferet ve Malhut olarak adlandırılan, madde olarak bilinen BYA'nın üç renginde ve BYA'nın üç rengine yani sırayla madde içinde kıyafetlenmiş form olan Bina, Tiferet ve Malhut'a kıyafetlenmiş Hohma Işığından, Atzilut'un yansıması olan ikinci kategoriden bahseder. Zohar Kitabı'nda bulunan tüm yazılar sadece bu iki koşulla ilgilidir.

Bu sebepten, eğer okuyucu ihtiyatlı değilse ve düşüncesini kısıtlayarak Zohar'ın kelimelerini tam anlamıyla sürekli üstte belirtilen iki kategori altında anlamıyorsa, kelimeleri kapsam dışında aldığından, madde, anında ve tümüyle yanlış algılanır.

18. Genel ABYA'nın dört tarzında açıklandığı gibi, her bir dünyada, hatta herhangi bir dünyanın en küçük unsurunda bile, Atzilut dünyasının en tepesinde ve Asiya dünyasının en altında bile böyledir çünkü içinde HB TM vardır. Sefira Hohma'nın "form" olarak nitelendirildiğini ve Bina ile TM'nin içinde formun kıyafetlendiği "madde" – yani Zohar'ın ilgilendiği ilk ve ikinci kategoriler – olarak nitelendirildiğini keşfedersiniz. Ancak, Zohar, o unsurun içindeki Eyn Sof kabul edilen özü bir kenara bırakın, Sefira Hohma, Bina ve TM'den mahrum edildiği zaman yani maddesiz form olduğunda bile bununla ilgilenmez.

Dolayısıyla, Atzilut dünyasında bile her unsurun içindeki Bina, Tiferet ve Malhut ile ilgileniriz ve her unsurun kendisinin Keter ve Hohma'sı ile ilgilenmeyiz, sadece Bina ve TM'yi kıyafetlendirdikleri ölçüde iştigal eder, hatta kıyafetlenmediklerinde Asiya'nın sonundaki Malhut'la bile ilgilenmeyiz. Şimdi ilk iki sınır derinlemesine açıklandı.

Zohar'ın yazarlarının ilgilendiği yegâne şey ilk sınır olan madde ya da maddenin içindeki formla birlikte ikinci sınır olan BYA ya da BYA'nın içindeki Atzilut'un ışığıdır.

19. Şimdi üçüncü sınırı açıklamalıyız. Zohar, her bir dünyadaki, o dünyada ışıldayan Tanrısallık olan Sefirot'la birlikte o dünyadaki varlıklar olan CBHK'nın (cansız, bitkisel, hayvansal ve konuşan) her unsuruyla da ilgilenir. Ancak, Zohar öncelikle sadece o dünyadaki Konuşan seviyeden bahseder.

Sizlere, bu dünyanın işleyişinden bir örnek vereyim. Her bir dünyadaki, hatta bu dünyadaki bile, Cansız, Bitkisel, Hayvansal ve Konuşan dört türün, alma arzusunun dört parçası olduğu "Zohar Kitabı'na Giriş" (Madde 42)de açıklandı. Her biri kendine özgü CBHK'nın dört kısmını içinde barındırır. Böylece görüyorsunuz ki bu dünyadaki bir kişi bu dünyadaki CBHK'nın dört kısmına göre büyütülüp geliştirilmelidir.

Bu böyledir çünkü insan bedenindeki dört CBHK kategorisinden uzanan insanın yiyeceği de bu dört kategoriyi içerir. Bunlar, a) kişinin, varoluşunu devam ettirebilmesi için gerektiği kadarına göre almayı istemesi; b) gerekli olandan daha fazlasını istemek, ancak sadece fiziksel arzularla sınırlı kalmak suretiyle lüks şeylere karşı ihtiras duymak; c) saygı ve güç gibi insansal arzulara ihtiras duymak; d) bilgi edinmeyi istemek.

Bunlar içimizdeki alma arzusunun dört parçasına uzanır:

1. Gerektiği kadarını istemek, alma arzusunun Cansız seviyesi olarak nitelendirilir.

2. Fiziksel arzuları istemek, alma arzusunun Bitkisel seviyesi olarak nitelendirilir zira, bunlar sadece kişinin Kli'sini (Kap) yani bedenin etini çoğaltıp kişiye zevk vermek için gelirler.

3. İnsansal arzuları istemek alma arzusunun içindeki Hayvansal seviye olarak nitelendirilir zira, bu arzular kişinin ruhunu büyütür;

4. Bilgi edinmeyi istemek de alma arzusundaki Konuşan seviyedir.

20. Dolayısıyla, ilk kategoride – kişinin varlığını sürdürebilmesi için gereken ölçü – ve ikinci kategoride – kişinin varlığını sürdürebilmesi için gereken ölçüyü aşan fiziksel arzular – kişi kendisinden daha alçak seviyede olan şeylerle beslenir: cansız, bitkisel ve hayvansal seviyeler. Ancak, üçüncü kategoride, kişinin kendi türünden, kendine eşit olanlardan aldığı güç ve saygınlık gibi insansal arzular vardır. Ve dördüncü kategoride – bilgi – kişi kendisinden daha yüksek bir seviyeden, yani manevi olan gerçek bilgelikten ve zekâdan alır ve beslenir.

21. Bunun Üst, Manevi Dünyalar'dakine benzer olduğunu keşfedeceksiniz zira, dünyalar Yukarıdan aşağıya doğru birbirlerinden etkilenirler. Bu nedenle, Beria dünyasındaki tüm CBHK kategorileri Yetzira dünyasında izlerini bırakırlar. Ve Asiya'nın CBHK'sı Yetzira'nın CBHK'sı tarafından tesir edilmiştir. Son olarak, bu dünyadaki CBHK, Asiya dünyasının CBHK'sı tarafından etkilenmiştir.

"Zohar Kitabı'na Giriş" Madde 42'de, manevi dünyalardaki cansız seviyenin Hayhalot (Saraylar), bitkisel seviyenin Levuşim (Örtüler ya da Kıyafetler), hayvansal seviyenin Mala'ahim (Melekler) ve konuşan seviyenin ise o dünyadaki insanların

EDİNİMİN SAFHALARI

Neşamot'u (Ruhlar) olarak adlandırıldığı açıklanmıştı. Ve her dünyadaki On Sefirot Tanrısallıktır.

Fizisellikteki konuşan seviyenin bu dünyadaki tüm fiziksel realiteden beslendiği gibi, içinde bulunduğu dünyadaki manevi realiteden beslenen insanların ruhları da her dünyanın merkezini oluşturur. Dolayısıyla, sadece varlığını sürdürmek için gerektiği kadarını alma arzusu olan ilk kategori, oradaki Hayhalot ve Levuşim'in aydınlatmasından alınır. Kişinin bedenini çoğaltan hayvansal fazlalık olan ikinci kategori ise oradaki kişinin ruhunun içerisinde kıyafetlendiği manevi Kelim'i büyütmek amacıyla varlığını sürdürmek için gerekli ölçüden fazlasını almanın manevi ışıkları olan Mala'ahim kategorisinden alınır.

Dolayısıyla, kişi birinci ve ikinci kategoriyi kendisininkinden daha alt kategorilerden, yani oradaki insansal Neşamot'tan (ruhlar) daha alt seviyeler olan Hayhalot, Levuşim ve Mala'ahim'den alır. İnsan ruhunu büyüten insansal arzular olan üçüncü kategori bu dünyada kişinin kendi türünden alınır. Buna göre kişini kendi türünden de, yani o dünyadaki tüm Neşamot'tan da alır. Bunlar sayesinde kişi kendi ruhunun Ruah'ının aydınlatmasını (ışığını) arttırır.

Arzunun dördüncü kategorisi, bilgiye olan arzu, içinde bulunduğu o dünyadaki Sefirot'tan alınır. Kişi bunlardan kendi ruhuna HBD'yi alır.

Buna göre, her bir dünyada bulunan insan ruhu, o dünyada mevcut tüm kategorilerle büyümeli ve tamamlanmalıdır. Bu, bahsettiğimiz üçüncü sınırdır.

Kişi bilmelidir ki, Zohar'ın tüm dünyaları, değinilen Üst Dünyaların her unsurunda, Sefirot, Neşamot ve Mala'ahim, Levuşim ve Hayhalot, sanki onlarla sadece kendileri içinmiş gibi ilgilense de, öğrenci bu kelimelerin öncelikle, o dünyadaki insan ruhunun onlardan aldığı ve onlar tarafından beslendiği ölçüye göre söylendiğini bilmelidir. Bu nedenle, bunların tüm kelimeleri ruhun ihtiyaçlarına aittir. Ve eğer her şeyi bu çizgiye göre öğrenirseniz, anlarsınız ve yolunuz başarılı olur.

22. Tüm bunlardan sonra, Zohar Kitabı'ndaki on Sefirot'a ilişkin tüm bu fiziksel adlandırmaları açıklamamız lazım, yani alt seviyedekilerin iyi ve kötü eylemleriyle on Sefirot'da neden oldukları iniş ve çıkış, yükseliş ve düşüş, daralma ve genişleme, küçüklük ve büyüklük, ayrılma ve çiftleşme, numaralar ve benzerlerini.

Bu kelimeler kafa karıştırıcı gibi görünüyor. Acaba, Tanrısallık, hiç alçak seviyedekiler yüzünden etki altında kalıp bu şekilde değişebilir mi? Kelimelerin, Sefirot'un içinde kıyafetlenip ışıyan Tanrısallığın kendisini değil, sadece Tanrısallık olmayan Sefirot'un Kelim'ini kastettiğini söyleyebilirsiniz. Tersine bunlar ruhları arzulanan ıslahın sonuna getirmek adına, ruhlar için edinimin derecelerini uygun oran ve ölçüde gizlemek ve ifşa etmek için, ruhların yaratılması ile oluşmuşlardır. Bu, dört parçası da dört farklı renge boyanmış: beyaz, kırmızı, yeşil ve siyah, ayna hikâyesine benzer. Ve kitapta beyaz ve kitaptaki harflerin maddesi de bulunur.

KABALA BİLİMİ

Bunların hepsi, Sefirot'un Kelim'inin meydana getirildiği ancak bunların Tanrısallık olmadığı üç BYA dünyasında mümkündür. Ancak, bunu on Sefirot'un Kelim'inin içlerindeki Tanrısal Işık ile bir oldukları mutlak Tanrısallık olan Atzilut dünyası ile ilgili olarak algılamak doğru değildir.

Tikkunim'de (ıslahlar) şöyle yazar: "O, O'nun Yaşamı ve O'nun Kendisi birdir." O, Eyn Sof olan Sefirot'un özüne aittir. O'nun Yaşamı, "Haya Işığı" denilen Sefirot'da parlayan ışığa aittir. Bunun böyle olmasının nedeni, dünyanın tümü, yani Atzilut, Hohma kabul edilir ve Hohma Işığı da "Haya Işığı" olarak adlandırılır. "Yaşam" denilmesinin sebebi budur. O'nun Kendisi Sefirot'un Kelim'ine aittir.

Dolayısıyla, her şey tamamen Tanrısallık ve birliktir. Peki, o zaman alt seviyedekilerin orada neden oldukları bu değişimleri algılamak nasıl mümkün olabilir? Aynı zamanda, anlamak zorundayız ki eğer o dünyadaki her şey Tanrısallık ise ve orada, meydana getirilen varlıklara ait hiçbir şey yok ise yukarıda geçen Zohar'ın Tikkunim'indeki üç izlenimi – O, O'nun Yaşamı ve O'nun Kendisi – nerede ayırt ediyoruz, zira bu mutlak birliktir?

23. Bunu anlamak için Madde 17'de anlatılanı hatırlamalısınız. Gerekli bir nesnenin, hakkında algımız olmayan öz olduğunu, hatta fiziksel özlerde ve hatta kendi özümüzde ve Gerekli Olan'da bile hiçbir algımız olmadığını açıklıyor.

Atzilut dünyası bir Formdur ve üç dünya BYA Maddedir. Atzilut'un BYA içindeki aydınlatması Madde içinde kıyafetlenmiş Formdur. Dolayısıyla, Eyn Sof hiç bir şekilde Gerekli Olan'ın özü için verilmiş bir isim değildir, zira edinmediğimiz bir şeyi bir isim ya da kelimeyle nasıl tanımlayabiliriz?

Hayal gücü ve beş duyu, bize fizikselikte bile öze dair hiçbir şey sunmadığından, Gerekli Olan'ın kendisi şöyle dursun, onun içinde nasıl bir düşünce ya da kelime var olabilir ki? Tersine, üçüncü sınırda bizler için tanımlanmış olan, Zohar Kitabı'nın tamamında bahsedilen Eyn Sof isminin kesinlikle ruhlarla ilgili olduğunu anlamalıyız (Madde 21).

Bu yüzden, Eyn Sof ismi kesinlikle Gerekli Olan'ın Kendisi değil, "Bir eylemin sonu, başlangıçtaki düşüncededir" vasıtası ile O'nun içine, Yaratılış Düşüncesi'ne dâhil olan tüm ruhlarla ve dünyalarla alâkalıdır. Dolayısıyla, Eyn Sof, ıslahın sonuna dek tüm Yaratılışın onunla bağ içerisinde olduğu bağın adıdır.

Bu bizim "Ruhların ilk seviyesi" ("Zohar Kitabı'na Giriş", Madde 13) diye adlandırdığımız şeydir, çünkü bütün ruhlar aslında ıslahın sonunda En Üst yücelik derecesinde, alacakları tüm hazlar ve hoşgörüyle doldurulmuş bir şekilde O'nun içinde vardırlar.

24. Size bu dünyadaki işleyişle ilgili bir örnek vereyim: Güzel bir ev inşa etmek isteyen bir kişi var diyelim. Kişi ilk düşüncesinde, önünde tüm odaları ve detaylarıyla birlikte inşaat bittikten sonraki halinde, şık bir ev görür.

EDİNİMİN SAFHALARI

Sonrasında en ince ayrıntısına kadar yapılış tarzının planını tasarlar. Zamanı geldiğinde işçilere her ayrıntıyı anlatacaktır: ahşap, tuğla, demir vs. Bunun ardından evin yapımı başlamadan önce ilk düşüncesinde gözlerinin önünde planlandığı şekilde evin gerçek inşasına başlar.

Eyn Sof'un, içerisinde tüm Yaratılışın mutlak bütünlük içinde O'nun gözlerinin önünde resmedilmiş olan o ilk düşünceyle ilgili olduğunu bilin. Ancak, ders örnekteki gibi değildir çünkü O'nun içinde gelecek ve şimdiki zaman aynıdır. O'nda düşünce tamamlar ve O, bizler gibi eylemin araçlarına ihtiyaç duymaz. Dolayısıyla, bu, O'nun içinde gerçek realitedir.

Atzilut dünyası, daha sonra evin inşası gerçekten başladığında ortaya çıkacak olan, tasarlanmış planın detayları gibidir. Bu ikisinde; Eyn Sof olan ilk düşüncede ve zamanı geldiğinde gerçekleştirilecek olan tasarlanmış planda, hâlâ yaratılanlardan bir iz yoktur çünkü bu hâlâ asıl gerçekte değil, potansiyeldedir.

Bu durum insanlarda da benzer şekildedir: planı gerçekleştirmek için gereken tüm detayları hesap etmelerine rağmen – ahşap, tuğla, demir – bu esasen sadece fikir ve düşüncelerle ilgili bir durumdur. Bunun içinde hâlâ gerçek ahşaptan ya da tuğladan bir eser yoktur. Tek fark, insanda, tasarlanan plan gerçek bir realite olarak değerlendirilmez. Ancak, Tanrısal Düşünce'de, bu, esas yaratılanların çok ötesinde, gerçek bir realitedir.

Böylece, Eyn Sof'un ve Atzilut dünyasının anlamlarını, bunlarla ilgili söylenenlerin sadece yaratılanların yaratılışı ile alâkalı olduğunu açıklamış olduk. Ancak, bunlar, aynı henüz herhangi bir ahşabı, tuğlayı ya da metali içermeyen planı tasarlamış kişiyle ilgili hikâyedeki gibi, hâlâ potansiyeldedirler ve özleri hiçbir şekilde ifşa olmamıştır.

25. Üç BYA dünyası ve bu dünya, evini gerçekten inşa eden ve evin yapımı bitene kadar ahşap, tuğla ve işçileri tedarik eden bir kişi gibi, potansiyelden gerçeği icra etme, olarak addedilir. Dolayısıyla, BYA'nın içinde ışıyan Tanrısallık, ruhların kendi mükemmeliyetlerine ulaşabilmek için almaları gerektiği kadarıyla on Kelim KHB HGT NHYM'yi kıyafetlendirir. Bunlar O'nun Tanrısallığına nazaran gerçek Kelim'dir, yani Tanrısallık değillerdir ama ruhlar için meydana getirilmişlerdir.

26. Yukarıdaki benzetmede, bir ev inşa etmeyi tasarlayan kişinin üç izleniminin sebep ve sonuç yolu ile birbirlerine nasıl bağlanmış olduğunu görüyorsunuz. Hepsinin kökü ilk düşüncedir, zira başlangıçtaki düşüncede kişinin gözlerinin önünde beliren aksiyonun sonucunun dışında hiçbir madde, planlanan projede bulunmaz.

Ayrıca, kişi hiçbir şeyi inşaat esnasında ortaya koymaz, sadece önündeki projedeki detaylara göre uygulamaya geçer. Bu yüzden, dünyalarla ilgili olarak görüyorsunuz ki, dünyalarda, "Herhangi bir eylemin sonucu başlangıçtaki düşüncede yatar" sözünde olduğu gibi son ıslahın mutlak mükemmeliyetinde oldukları, ruhların ilk seviyesinden, yani Eyn Sof'tan yayılmayan tek bir nesil bile yoktur. Dolayısıyla, son ıslaha kadar ortaya çıkacak olan her şey oraya dâhildir.

Başlangıçta, projenin ilk düşünceden çıktığı hikâyedeki gibi, bu da Eyn Sof'dan Atzilut dünyasına yayılır. Her bir element Atzilut dünyasından BYA dünyalarına yayılır, tıpkı evin yapımı esnasında aslen gerçekleştirilen tüm detayların projeden geldiği hikâyedeki gibi.

Dolayısıyla, bu dünyada meydana gelmiş, ruhların ilk seviyesinden, Eyn Sof'tan uzanmayan küçücük bir madde bile yoktur. Ve Eyn Sof'tan Atzilut dünyasına yayılır, yani bu dünyada fiili olarak meydan getirilmiş şeye özellikle ilişkilendirilmiştir. Ve nesil Atzilut dünyasından, Tanrısallık olmayı bırakıp yaratılan varlık olduğu, neslin gerçekten vücut bulduğu üç dünya BYA'ya ve Yetzira'ya ve Asiya'ya yayılır ta ki bu dünyadaki alt seviyeye uzanana kadar.

Buna göre, bu dünyada, Eyn Sof'taki kendi genel kökünden ve Atzilut'taki özel kökünden yayılmayan hiçbir nesil yoktur. Daha sonra BYA'dan geçer ve bir varlığın formunu kabul eder ve sonra bu dünyada yaratılır.

27. Şimdi Atzilut dünyasında tanımlanan tüm bu değişimlerin Tanrısallığın kendisiyle alakalı olmadığını, sadece üç BYA dünyası vasıtasıyla Atzilut dünyasından aldıkları oranda ruhlara ait olduğunu anlayabilirsiniz. O dünyanın gerçekliğinin anlamı ilk planın başlangıçtaki düşünceye, yani Eyn Sof'la ilişkisine göredir.

Bununla beraber, hem Eyn Sof hem de Atzilut dünyasında hâlâ ruh formunda hiçbir şey yoktur, tıpkı tasarımı yapan kişinin projesinde ahşap, tuğla ve demir olmadığı gibi. Ruhların var oluşu Beria dünyasında ortaya çıkmaya başlar. Bu nedenle, aslında ruhların paylarını bölüştüren on Sefirot'un Kelim'i, ille de Tanrısallık değildirler ama yeniliktirler. Bu böyledir çünkü Tanrısallıkta herhangi bir değişiklik ya da numaralandırma olamaz.

Dolayısıyla, üç rengi – kırmızı, yeşil ve siyahı – BYA'daki on Sefirot'un Kelim'ine atfederiz. Bunların Tanrısallık olarak kavranması hayal edilemez, zira O'nun içinde hiç bir surette yenileme yoktur.

Ancak, BYA'daki on Kelim'in içinde kıyafetlenmiş olan Işık, tümüyle Tanrısallık ve birliktir, hiç bir şekilde değişmezdir. Asiya'nın en alt Kli'sinde kıyafetlenmiş Işık bile hiçbir değişme olmaksızın, tamamıyla Tanrısallıktır. Bunun nedeni, Işığın kendi başına bir olmasıdır ve onun aydınlığında yapılmış olan tüm değişimler Tanrısallık olmayan Sefirot'un Kelim'i tarafından yapılır. Bunlar genel olarak yukarıdaki üç renkten oluşur; özellikle bu üç renkten sayısız değişim yapılmıştır.

28. Bununla beraber, BYA'nın on Sefirot'unun Kelim'i şüphesiz değişimlerin her bir öğesini ve detayını alır, zira orada BYA'daki evin gerçek anlamdaki inşası esnasında ortaya çıkacak tüm ayrıntıların planı vardır. Bu yüzden, BYA'daki on Sefirot HB TM'nin Kelim'inin, Atzilut'taki HB TM'deki kendisine tekabül eden özellikten, yani oradaki plandan, aldığı kabul edilir.

EDİNİMİN SAFHALARI

Böyle olmasının nedeni uygulamadaki her detayın, plandaki ayrıntılardan kaynaklanmasıdır. Dolayısıyla, bu anlamda, Atzilut'un Kelim'ini hiçbir şekilde bir renk olmamasına rağmen "beyaz" olarak adlandırırız.

Ancak yine de o tüm renklerin kaynağıdır. Ve bilgeliğin kitabındaki beyaz gibi - ki kitaptaki beyaza dair bir algı olmamasına ve kitaptaki beyaz bizim için bir anlam ifade etmemesine rağmen – yine de o hâlâ bilgeliğin kitabının tamamına konu olan şeydir. Bunun sebebi onun her harfin etrafında ve içinde parlamasıdır ve her harfe kendi eşsiz şeklini ve her kombinasyona kendi eşsiz yerini verir.

Tam tersini, kırmızı, yeşil ya da siyah harflere dair bir algımız olmadığını ve kitaptaki harflerin varlığıyla ilgili tek algılayabildiğimiz ve bildiğimiz şeyin sadece içindeki beyaz sayesinde olduğunu söyleyebiliriz. Bu böyledir çünkü o her harfin etrafını ve içini aydınlatmasıyla onların içinde şekiller yaratır ve bu şekiller bize kitaptaki tüm bilgeliği ifşa eder.

Bunu Atzilut'un on Sefirot'uyla kıyaslayabiliriz: onlar beyaz renge benzeseler de onların içinde hiçbir şeyi, tanımlandığı gibi ne bir rakamı ne de herhangi bir değişimi ayırt etmek mümkün değildir. Bununla beraber, tüm değişimler ister istemez beyazın BYA dünyalarını aydınlatmasında Atzilut'un Sefirot'unun on Kelim'inden gelir ki hepten beyaz olduğundan kendisi için orada Kelim bulunmamasına rağmen bunlar harflerin maddesinin üç rengidir. Bu, harfler ve harflerin kombinasyonlarıyla ilgili kitaptaki beyazın hikâyesi (benzetme-alegori) gibidir, zira onun BYA'yı aydınlatması onların içinde Kelim'i yaratır.

29. Buraya kadar açıklananlardan, orada tamamen birlik olmasına ve varlıklara dair hiçbir şey bulunmamasına rağmen, Zohar'ın Tikkunim'inin Atzilut dünyasını üç algıya – O, O'nun Yaşamı ve O'nun Kendisi – böldüğünü görürsünüz. O, kendi içinde olduğu gibi, hiç bir algımızın olmadığı ve hiçbir özü algılayamadığımız – hatta fiziksel olanları bile (Madde 12) – Tanrısallıkla ilgilidir. O'nun Kendisi, bilgeliğin kitabındaki beyaza benzettiğimiz, oradaki on Kelim HB TM ile ilgilidir.

Beyazda bir rakam bile fark edilemez, zira orada her şey beyaz olduğundan bir rakamı oluşturacak kimse yoktur. Bununla beraber, biz onlara sadece bir rakam atfetmekle kalmıyoruz, sadece harflerin maddesi olan BYA'da ortaya çıkan çok sayıdaki değişiklik ilk başta Atzilut'un kendisindeki Kelim HB TM'nin içinde inşa edildi.

Bu, kendi içinde bir form olmayan ancak kitaptaki harflere tüm şekillerini veren beyazın işidir. Bu yüzden kendi içinde bir formu olmasa da beyazın sayısız forma bölündüğünü keşfedersiniz. Benzer şekilde, on Kelim, evin gerçek anlamdaki inşasında uygulanan planda olduğu gibi, BYA'daki aydınlatmalarına göre çok sayıda değişikliklerle detaylandırılmıştır.

Dolayısıyla, BYA'da gerçekleştirilen tüm bu değişiklikler sadece Atzilut'un on Sefirot HB TM'nin Kelim'inin aydınlatmasındandır. Ve beyazda keşfettiğimiz çok sayıdaki değişiklik BYA'daki alıcılarla ilişkilidir. Ve Atzilut'un kendisiyle ilgili olarak da, o kendi içerisinde başlı başına harflerle kıyafetlenmemiş beyaz gibidir; içinde hiçbir rakam ve hiçbir şey yoktur. Böylece, O'nun Kendisi'ni, yani kendi içinde O'nun gibi tamamen birlik olan Kelim'i derinlemesine açıkladık.

30. O'nun Yaşamı beyazın içinde kıyafetlenmiş Işık, yani Kelim ile ilgilidir. Biz bu Işığı Tanrısallığın kendisinde değil sadece Atzilut'tan alan ruhlarla ilgili olarak anlıyoruz. "O"nun anlamı şudur; üç dünya BYA insanların ruhlarıyla beraber Atzilut'a yükseldiğinde orada aldıkları Işık "Haya'nın Işığı" denilen Hohma Işığı olarak nitelendirilir.

İşte bu açıdan biz oradaki Işığı "O'nun Yaşamı" diye adlandırırız. Bu aynı zamanda Zohar'ın Tikkunim'inde yazan O, O'nun Yaşamı ve O'nun Kendisi birdir sözlerinin de anlamıdır. Tüm bu üç izlenim alıcılarla ilgilidir, O'nun Kendisi Atzilut'un Parsa'sının altında BYA'nın olduğu yerdeki Kelim'in aydınlatmasıdır, zira Atzilut'un Işığı asla Atzilut'un Parsa'sının altına gitmez sadece Kelim'in aydınlatması gider. "O'nun Yaşamı" kategorisi BYA Atzilut'a yükseldiğinde Atzilut'un Işığının kendisinin aydınlatmasıdır. Ve "O" tamamen edinilemez olan Tanrısallığın özü ile ilgilidir.

Zohar'ın Tikkunim'i biz, alıcılar Atzilut'taki bu üç kategoriyi ayırt etmemiz gerektiğini söylese de, o yine de sadece alıcılarla ilgilidir. Ancak, Atzilut dünyasının kendisiyle ilgili olarak, hatta "O'nun Kendisi" yani Tanrısallığın özü, "O" olarak nitelendirilir. Bu nedenle, Atzilut dünyasının kendisinde hiçbir algı yoktur. Kendisi için bir algının olmadığı beyaz rengin anlamı budur, ve orada tamamen sadece basit birlik vardır.

31. Zohar Atzilut'taki Kablar HB TM'yi insanların eylemlerine göre büyüyen ya da azalan olarak tanımlar. Ayrıca, (Zohar, Bo (Gel), paragraf 32b) şöyle yazıldığı gibi "Yaradan'a doğru yönlenenler…..Yaradan'a öfke ve güç verir," yani harfi harfine Kutsiliğin kendisi olarak algılanmaması gerektiğini görüyoruz, zira Yaradan'da hiçbir değişiklik olamaz, şöyle yazıldığı gibi "Ben, Yaradan'ınız, değişmem."

Ancak, Yaratılış Düşüncesi O'nun varlıklarına haz vermek olduğundan, bu bize, O'nun ihsan etmek için bir arzusu olduğunu gösterir. Bu dünyada, ihsan edenin memnuniyetinin O'ndan alanların sayısı arttıkça büyüdüğünü ve O'nun alıcıları çoğaltmak istediğini görüyoruz. Dolayısıyla, bu bakımdan alt seviyede olanlara Atzilut'un ihsan etmesi verildiğinde Atzilut'taki Işıkların büyüdüğünü ya da onların (alt seviyede olanların) onu beslediğini söyleriz. Diğer taraftan alt seviyede O'nun bolluğunu almaya layık kimse olmadığında Işıklar o ölçüde azalır, yani onlardan alacak kimse yok demektir.

32. Bunu bir mum ile kıyaslayabilirsiniz. Mumdan bin mum yakarsanız ya da bir mum bile yakmazsanız, mumun kendisinde bunun sonucunun neden olduğu herhangi bir değişiklik göremezsiniz. Ayrıca, bu Adam HaRişon (İlk İnsan) gibidir; eğer bizler gibi binlerce evlattan oluşan nesiller sahibi olsaydı ya da hiçbir nesle sahip olmasaydı, bu durum Adam HaRişon'un kendisi üzerinde hiçbir değişikliğe neden olmazdı.

EDİNİMİN SAFHALARI

Aynı şekilde, alt seviyedekiler ondan ölçülemez derecede bolluk alsın ya da hiçbir şey almasınlar, Atzilut dünyasının kendisinde hiçbir şey değişmez. Yukarıda değinilen yücelik yalnızca alt seviyedekilere bağlıdır.

33. Zohar'ın yazarları neden Atzilut dünyasının kendisindeki tüm bu değişiklikleri tanımlamak zorundaydılar? Sadece BYA'daki alıcılara göre bu kadar ayrıntılı bir şekilde konuşmuş olmalıydılar ve bizi cevaplar bulmaya zorlayarak Atzilut'dan bu kadar hoşça bahsetmemeliydiler.

Burada gerçekten de çok etkili bir sır vardır: bu "ve peygamberlerin bakanlığı aracılığıyla benzerlikleri kullandım" (Hosea 12) sözlerinin anlamıdır. Gerçek şu ki burada Tanrısal bir arzu var, yani yalnızca alıcıların ruhlarında işleyen bu benzerlikler ruhlara sanki O Kendisi ruhların edinimini fazlasıyla arttırmak için ruhlara katılıyormuş gibi görünür.

Bu sanki, ortada ne bir üzüntü ne de onda bir memnuniyet olmamasına rağmen sevdiği çocuğuna üzgün bir yüz ve memnun bir yüz göstermek için kendini zorlayan bir baba gibidir. O bunu sadece sevdiği çocuğuna izlenimler vermek ve onun anlayışını genişletmek için, onunla oyun oynamak amacıyla yapar.

Çocuk ancak büyüdüğünde babasının yaptığı her şeyin yalnızca onunla oynamak amacıyla olduğunu bilir ve öğrenir. Mesele önümüzde bu şekilde duruyor: tüm bu görüntüler ve değişiklikler sadece ruhların izlenimleriyle başlıyor ve bitiyor. Ancak, Yaradan'ın isteği üzerine onlar sanki O'nun Kendisinin içindeymiş gibi görünüyorlar. O bunu Yaratılışın Düşüncesi gereğince yaratılanları mutlu etmek amacıyla ruhların edinimlerini azami derecede artırmak ve büyütmek için yapar.

34. Fiziksel algımızda da bu tip bir işletimle karşılaşmanız sizi şaşırtmasın. Örneğin görme duyumuzu ele alalım: önümüzde engin, mükemmel bir şekilde doldurulmuş bir dünya görüyoruz. Ancak gerçekte tüm bunları kendi içimizde görüyoruz. Başka bir deyişle, beynimizin arkasında her şeyi bize göründüğü şekilde resmeden ancak dışımızdaki hiçbir şeyi göstermeyen bir çeşit fotoğraf makinesi vardır.

Bunun için, O bizim beynimizde orada görülen her şeyi tersyüz eden bir çeşit cilalanmış bir ayna yaptı ki böylece o şeyi beynimizin dışında, yüzümüzün önünde görebilelim. Bununla beraber, dışımızda gördüğümüz şey gerçek değildir. Yine de dışımızdaki her şeyi algılamamızı ve görmemizi sağlayan beynimizde yaratmış olduğu o cilalanmış ayna için O'nun İlahi Takdir'ine minnettar olmalıyız. Çünkü böylece O, bize her şeyi açık bilgi ve edinimle algılama ve her şeyi içeriden ve dışarıdan ölçme gücünü verdi.

Bu olmadan algımızın büyük bir kısmını kaybederdik. Aynı şey Tanrısal arzu, Tanrısal algılar için de geçerlidir. Tüm bu değişiklikler, alıcı ruhların içselliğinde ortaya çıksa da onlar yine de hepsini İhsan Edenin Kendisi'nde görürler, zira sadece bu şekilde Yaratılış Düşüncesi'ndeki bütün algılar ve hazlarla ödüllendirilirler.

Yukarıdaki ifadeden de bu sonuca varabilirsiniz. Her şeyi gerçekten önümüzdeymiş gibi görmemize rağmen her mantıklı insan kesin olarak bilir ki gördüğümüz her şey yalnızca kendi beynimizin içindedir.

Ruhlar da böyledir; Tüm görüntüleri İhsan Eden'de görseler de, yine de tüm bunların kesinlikle İhsan Eden'de değil yalnızca kendi içlerinde olduğundan kuşku duymazlar.

35. Bu konular dünyanın merkezinde olduğundan ve inceleyen kişinin bunları algılarken hata yapacağından korktuğumdan, kanaatimce bir süre daha bu konuyla uğraşmaya ve Zohar'ın kendisinin bu konular hakkındaki altın sözlerini (Paraşat Bo, Madde 215) belirtmeye ve onları gücümün yettiği kadarıyla açıklamaya değer: "Eğer biri 'Musa Peygamberin yazılarında şöyle yazıyor 'formun hâl ve hareket tarzını' görmeyen sizler için' diye sorarsa. Dolayısıyla, O'nda nasıl isimler ve Sefirot tanımlayacağız?' Şöyle cevap verir, 'Bu formu 've kişi Yaradan'ın' benzerliğine sahip olur' sözlerinde olduğu gibi gördüm.'"

Bu, tüm Kelim'in kökü olduğundan ruhların ve kelimelerin kök saldığı Sefira Malhut'un "Ondan alanlar ve ondan Kelim'i edinmek zorunda olanlar" yoluyla onlara benzer olarak nitelendirilmesi anlamına gelir. Bu nedenle onunla ilgili şöyle bahsedilmiştir "ve Yaradan'a olan benzerliği kişi gerçekleştirir."

Sefira Malhut'ta adlandırdığımız bu benzerlik kendisiyle ilgili olarak onun yerinde olmasa da, yalnızca Malhut'un Işığı insanların üzerine inip yayıldığında olur. O zaman onların her birine kendi görünüm, görüş ve hayal güçlerine göre görünür, yani asla Sefira Malhut'un kendisinde değil yalnızca alıcılarda görünür.

"Ve peygamberlerin bakanlığı tarafından benzerlikleri kullandım" sözlerinin anlamı budur. Bundan dolayı Yaradan onlara şunu der: "Size sizin formlarınızda, görüş ve hayal gücünüzde belirmeme rağmen, 'Bu durumda Beni eşit olmam gereken kime benzeteceksiniz?'" Sonuçta, Yaradan dünyada bir benzerlik yaratmadan ve bir form şekillendirmeden önce, eşsiz, formsuz ve görüntüsüz idi.

Ve O'nu Beria derecesinden önce, yani O'nun herhangi bir benzerliğin ötesinde olduğu Bina'da edinen birinin O'na bu dünyada bir form ve görüntü yakıştırması yasaktır, ne "Hey" harfinde ne de "Yud" harfinde ya da hatta O'nu kutsal isim "HaVaYaH" ya da başka bir harf ve işaretle adlandırması bile yasaktır.

"Formun hâl ve hareketini görmeyen sizler için" dizesinin anlamı budur. Başka bir deyişle "formun hâl ve hareketini görmeyen sizler için" dizesi O'nu Bina olan Beria derecesinin üzerinde edinmekle ödüllendirilmiş kişilere aittir. Bunun nedeni iki Sefirot Keter ve Hohma'da, yani Kelim ve sınırlarda (Madde 18) hiçbir form ve hayalin bulunmamasıdır. Kelim, Sefira Bina'dan aşağıya doğru başlar.

Harflerdeki, işaretlerdeki ya da kutsal isimlerdeki imaların neden yalnızca Bina'dan aşağıya doğru olduğunun nedeni budur. Onlar ayrıca Sefirot'un kendilerinin yerinde değillerdir, Sefira Malhut'da da olduğu gibi sadece alıcılara göre öyledirler.

EDİNİMİN SAFHALARI

36. Kelimelerinde bir çelişki var gibi gözüküyor: önce formların alıcılara yalnızca Sefira Malhut'tan yayıldığını belirttiler, burada ise formların alıcılara Beria'dan aşağıya, yani Bina'dan aşağıya doğru yayıldığını söylüyor. Gerçekten de, form ve benzerlik yalnızca Behina Dalet'ten, yani Malhut'tan alıcılara yayılır. Kelim oradan alıcıların bulundukları yere yayılır ve Keter, Hohma, Bina ve Tiferet olan ilk dokuz Sefirot'tan alıcıların bulunduğu yere hiçbir şey uzanmaz.

Bununla beraber, Midat ha Rahamim'in Din ile ilişkisi Tikun Dünyası'nda yapılmıştı. Bu, Midat ha Din olarak nitelendirilen Sefira Malhut'u yükseltti ve onu Midat ha Rahamim olarak kabul edilen Sefira Bina'nın içerisine getirdi.

Dolayısıyla, o zamandan itibaren burada söylendiği gibi Malhut'un Kelim'i Sefira Bina'da yer edinmiş oldu. Bu nedenle, Zohar, Kelim olan resimlerin gerçek kökünden bahsetmeye başlar. Onların Malhut'ta olduklarını söyler ve sonra dünyanın ıslahı için yapılan birlikteliğinden dolayı Beria'da olduklarını söyler.

Bilgelerimiz ayrıca, "Yaradan başlangıçta dünyayı Midat ha Din'de yarattı; O dünyanın var olamayacağını gördü, O, Midat ha Rahamim'i onunla birleştirdi." Şunu biliniz ki on Sefirot KHBTM çeşitli fonksiyonlarına göre Zohar Kitabı'nda birçok adlandırmaya sahiptir.

Keter, Atzilut, Beria, Yetzira ve Asiya diye adlandırıldıklarında fonksiyonları Keter ve Atzilut olarak adlandırılan, yani Keter ve Hohma, öndeki Kelim ile Beria, Yetzira, Asiya olarak adlandırılan, yani Bina, Tiferet, Malhut, arkadaki Kelim arasında ayrım yapmaktır. Bu izlenim onlarda Midat ha Din'in Midat ha Rahamim ile olan ilişkisinden ortaya çıkmıştır.

Zohar, Malhut'un Bina'daki birlikteliği meselesini ima etmek ister. Bu nedenle Zohar, Sefira Bina'yı Beria ismiyle adlandırır. Böyle olmasının nedeni o birliktelikten önce Bina'da alıcılara göre bile bir görüntü ya da form olmaması ancak sadece Malhut'da olmasıdır.

37. Şöyle devam ediyor: "Üst Âdem'in Merkava'sının o formunu yaptıktan sonra indi ve orayı kıyafetlendirdi. Onun içerisinde dört harf HaVaYaH formunda, yani on Sefirot KHBTM olarak adlandırıldı. Bunun nedeni Yud'un ucunun Keter, Yud'un Hohma, Hey'in Bina, Vav'ın Tiferet ve son Hey'in de Malhut olmasıdır. Böyle olmasının nedeni O'nu, O'nun nitelikleri yani Sefirot vasıtasıyla, O'ndaki her bir nitelikte edinecek olmalarıdır.

38. Önemli hususların açıklaması: Beria'dan, yani Bina'dan itibaren, Malhut olan Midat ha Din, ile ilişki kurduktan sonra benzerlikler ve formlar ruhlar olan alıcılara yayıldı. Ancak, kendi bulunduğu yerde değil yalnızca alıcıların olduğu yerde.

O esnada Üst Adem'in Merkava'sının formunu yaptığını ve inip bu Âdem'in formunda kıyafetlendiğini söylüyor. Başka bir deyişle, 613 Kelim'inde Âdem'in formunun tamamı ruhun Kelim'inden yayılır, zira ruh, dört harf HaVaYaH'a göre beş bölüme ayrılmış olan 248 organ ve 365 manevi bağ (tendon) diye adlandırılan 613 Kelim'e sahiptir.

1. *Yud'un ucu, onun Roş'u, Keter kabul edilir;*
2. *Peh'ten Hazeh'e kadar Hohma'dır;*
3. *Hazeh'ten Tabur'a kadar Bina'dır;*
4. *Tabur'dan Sium Raglin'e kadar iki Sefirot Tiferet ve Malhut'dur.*

Buna ek olarak, ilimin tamamı 248 organa tekabül eden 248 pozitif Islaha ilişkin Partzuf Âdem olarak kabul edilir. Ve 365 negatif Islahlar 365 bağa (tendon) tekabül eder. Hz. Musa'nın beş kitabı olan ve "Üst Âdem'in Merkava'sının görüntüsü" olarak adlandırılan beş bölümü, yani ruhların olduğu yerde Kelim'in genişlemeye başladığı Bina olan Beria'nın Âdem'ini kapsar.

"Üst Âdem" olarak adlandırılır çünkü Sefirot'da Âdem'in üç kategorisi bulunur: Beria'nın Âdem'i, Yetzira'nın Âdem'i ve Asiya'nın Âdem'i. Ancak, Keter ve Hohma'da herhangi bir harf ve işaretle ya da dört harf HaVaYaH ile adlandırılabilecek hiçbir benzerlik yoktur. Zira burada Beria dünyasından bahsettiğinden Üst Âdem diyerek tanımı keskinleştirir.

Aynı zamanda, Zohar'ın, bu görüntülerin Sefirot Bina, Tiferet ve Malhut'un olduğu yerde bulunmadığını yalnızca alıcıların olduğu yerde bulunduğunu ifade eden sözlerini her zaman hatırlamalısınız. Bununla beraber, bu Sefirot, ruhların 613 organlarına uygun ölçü ve sınırda onlara yayılan Işığın vasıtasıyla O'nu edinebilmeleri için bu Kelim ve Levuşim'den (Elbiseler) vazgeçerler. Bu nedenle, sadece beyaz rengin formunda olmalarına rağmen (Madde 8) vericileri "Âdem" ismiyle de adlandırıyoruz.

39. Dört harf HaVaYaH ve Yud'un ucunun beş Kelim olması kafanızı karıştırmamalı, zira Kelim her zaman "harfler" olarak adlandırılır ve beş Sefirot KHBTM'dirler. Bu yüzden, gayet açıktır ki Keter ve Hohma'da da Kelim vardır, Yud'un ucu ve HaVaYaH'ın Yud'u ile ima edildiği gibi.

Mesele şudur ki, bahsettiği benzerlikler ve nitelikler, yani Kelim, Beria'dan yani sadece üç Sefirot Bina, Tiferet ve Malhut'dan, aşağıya doğru başlar, yani Keter ve Hohma'da, Sefirot'un özünün bakış açısından değil.

Bununla beraber, Sefirot'un birbirleriyle bütünleşmiş (entegre) oldukları bilinir. Tiferet ile Malhut'da da olduğu gibi Keter'de on Sefirot KHBTM, Hohma'da KHBTM, Bina'da KHBTM vardır.

Buna göre, Kelim'in geldiği üç Sefirot Bina, Tiferet ve Malhut'un her bir beş Sefirot KHBTM'nin içinde bulunduğunu görürsünüz. Şimdi Keter'in Kelim'i olan Yud'un ucunun Keter'e dâhil Bina ve TM'yi ima ettiğini görebilirsiniz.

Hohma'nın bir Kli'si olan HaVaYaH'ın Yud'u, Hohma'ya dâhil olan Bina ve TM'yi gösterir. Bu yüzden, Bina ve ZON'a dahi dâhil olan Keter ve Hohma'nın Kelim'i yoktur ve Keter ve Hohma'ya dahi dâhil olan Bina ve TM'de Kelim bulunur.

EDİNİMİN SAFHALARI

Bu bakımdan, Âdem'de gerçekten de beş kategori vardır. Tüm beş Sefirot'daki Bina ve TM, Âdem'in Merkava'sı formunda hazırlanırlar. Bu nedenle, Adam Kadmon diye adlandırılan Keter kategorisinde Âdem ve "Atzilut'un Âdem'i" diye adlandırılan Hohma kategorisinde Âdem vardır. "Beria'nın Âdem'i" diye adlandırılan Bina kategorisinde Âdem vardır, "Yetzira'nın Âdem'i" diye adlandırılan Tiferet kategorisinde Âdem ve "Asiya'nın Âdem'i" diye adlandırılan Malhut kategorisinde Âdem vardır.

40. Kendisini El, Elokim, Şadai, Tsvaot ve Ekie diye isimlendirdi ki böylece O'ndaki her bir nitelik bilinsin. Hz. Musa'nın yazılarında silinmeyecek olan on isim Zohar'da (Vayikra, Madde 168) yazıldığı gibi on Sefirot'a aittir:

1. *Sefira Keter, Ekie olarak adlandırılır;*
2. *Sefira Hohma, Koh diye adlandırılır;*
3. *Ve Sefira Bina HaVaYaH (noktalı Elokim) diye adlandırılır;*
4. *Sefira Hesed, Kel diye adlandırılır;*
5. *Sefira Gevura, Elokim diye adlandırılır;*
6. *Sefira Tiferet, HaVaYaH diye adlandırılır;*
7. *İki Sefirot Netzah ve Hod, Tsvaot diye adlandırılır;*
8. *Sefira Yesod, El Hay diye adlandırılır;*
9. *Ve Sefira Malhut, Adni diye adlandırılır.*

41. O'nun Işığı görünüşte bu kutsal Sefirot'da kıyafetlenerek tüm varlıkların üzerine yayılmamış olsaydı yaratılanlar O'ndan nasıl haberdar olacaklardı? Ve "Yeryüzünün tamamı O'nun şanı ile doludur" sözlerini nasıl muhafaza edeceklerdi? Başka bir deyişle bununla Sefirot'daki tüm bu değişiklikler sanki O'nda oluyormuş gibi ruhlara görünme Tanrısal arzusunu açıklıyor. Bu, "Yeryüzünün tamamı O'nun şanı ile doludur" sözlerinin gerçekleşmesi için ruhlara yeterli bilgi ve O'nun içinde edinim amacıyla alan vermek içindir.

42. Bununla beraber, O'na herhangi bir ölçü atfeden kişiye yazıklar olsun, O'nun ruhlara göründüğü bu manevi ölçülerde dahi kim O'nda Kendisi için bir ölçü olduğunu söyleyebilir ki. Bu, tozdan yapılmış, geçici ve değersiz olan insan doğasının maddesel ölçülerinde daha da çoktur.

Yukarıda belirttiğimiz gibi, ruhların kendilerindeki değişiklikleri İhsan Eden'deki değişiklikler gibi görmeleri Tanrısal bir arzu olmasına rağmen yine de O'nda hiçbir değişiklik ve ölçü olmadığı ruhlar için net olmalıdır. Bu yalnızca "ve peygamberlerin bakanlığı aracılığıyla benzerlikleri kullandım" diye yazıldığı gibi onların bu şekilde tasavvur etmelerini isteyen Tanrısal bir arzudur.

Ve bunda hata yaparlarsa, Tanrısal bolluğu anında kaybedecekleri için onlara yazıklar olsun. Bu, O'na bir takım fani ve değersiz etten ve kandan hadiseler atfeden aptallar için daha da fazla geçerlidir.

PANİM MEIROT UMASBİROT KİTABINA GİRİŞ

1. Mişna'ın (Okatzin) (sözlü kanunlar-doktrin) sonunda şöyle yazılmıştır, "Yaradan halk için barıştan başka bir dua içermeyen bir koşul bulamadı, şöyle yazıldığı gibi 'Kral Halkına güç verecek, Kral halkını barış ile kutsayacak.'"

Burada öğrenecek çok şey var: İlki, halk için barıştan daha iyi bir şey olmadığını nasıl kanıtladılar? İkincisi, makale açıkça barışın kendisinin kutsama olduğunu belirtiyor, şöyle yazıldığı gibi, "barışta güç ve kutsama vermek." Onlara göre şöyle yazılmalıydı, "barışa boyun eğmek." Üçüncüsü, neden bu sözler Mişna'ın sonuna yazıldı? Ayrıca, "barış" ve "güç" kelimelerinin anlamlarını ve ne demek istediğini anlamamız lazım.

Bu makalenin gerçek anlamını tercüme edebilmek için çok uzun bir yol gitmemiz lazım zira bilgelerin kalplerini incelemek çok derin bir meseledir. Bu, Maneviyat ve Sevabın tüm konuları ifşa olan ve gizliyi taşır, şöyle yazıldığı gibi, "Uygun şekilde söylenen söz gümüş içinde altın elma gibidir."

Gerçekten de, Maneviyat ve Islahlardaki şarap kâsesi gibidir. Kişi dostuna bir hediye verdiğinde, bir şarap kâsesi, içeriği de kendisi de önemlidir. Bunun nedeni, kâsenin de içindeki şarap gibi değeri olmasıdır.

Bununla beraber, efsaneler elmalar gibidir. İçi yenir ve dışı atılır, zira dışı tamamen değersizdir. Tüm değerin ve önemin sadece içte olduğunu görürsünüz.

Aynı şey efsaneler için de geçerlidir; yüzeydeki açık ifade anlamsız ve değersiz görünür. Ancak, kelimelerdeki içsel anlam erdemli birkaç kişiye verilmiş gerçek ilmin sadece kökeni üzerine inşa edilmiştir.

Edinimleri tam olmadan manevi çalışmanın Peşat (kelime anlamı) ve Druş (yorum) olan iki tarafını da kitlelerin kalplerinden çıkarıp yöntemlerini incelemeye kim cesaret edebilir? Onların gözünde, manevi çalışmanın dört kısmı (PARDESS) Peşat'la başlar, sonra Druş, ardından Remez (ima edilen) ve sonunda Sod (sır) anlaşılır.

Bununla beraber, Vilna Gaon dua kitabında edinimin Sod ile başladığı yazılıdır. Manevi çalışmanın Sod kısmı edinildikten sonra Druş kısmını edinmek mümkündür ve sonra Remez kısmını. Kişi manevi çalışmanın bu üç kısmın tam bilgisini ile bahşedildikten sonra Peşat kısmı ile ödüllendirilir.

Masehet Taanit'de şöyle yazılmıştır: "Eğer kişi ödüllendirilirse bu onun için hayat iksiri haline gelir, ödüllendirilmezse ölüm iksiri olur." Yazıların Peşat'ını anlamak büyük erdem gerektirir zira önce manevi çalışmanın Peşat'ın örttüğü üç içsel kısmını edinmemiz lazım yoksa Peşat incelenemez. Eğer kişi bununla ödüllendirilmemişse büyük erdeme ihtiyacı vardır ki onun için ölüm iksiri haline gelmesin.

İhmalkârlar için ise içselliği edinmek bunun tam tersidir, şöyle derler: "Peşat'ı edinmeye razıyız. Onun edinirsek tatmin oluruz." Onların sözleri önce ilk üç adımdan geçmeden dördüncü adıma gelmek isteyenlerinkine benzer.

EDİNİMİN SAFHALARI

2. Ancak, uygun olduğu gibi, manevi çalışmanın içselliğine uygulanmış muazzam gizliliği anlamamız gerekiyor, Masehet Hagiga'da dediği gibi, kişi Maase Bereşeet'i çift çift çalışmaz ve Merkava'yı da yalnız çalışmaz. Ayrıca, bu çalışmada elimizdeki tüm kitaplar kitlelerden gizlenmiş, onların kullanımına izin verilmemiştir. Sadece Yaradan tarafından çağrılan az sayıda kişi bunları anlayacak zira onlar zaten kökleri kendileri anlıyorlar ve ağızdan ağza alarak da.

Gerçekten de ilmin yöntem ve bilgisinin onlara yaşamları boyunca hayat olanlardan yoksun bırakılması çok şaşırtıcı. Bu ceza gerektiren bir suç gibi görünüyor, bunlarla ilgili bilgelerimizin Ahaz'la hakkında Midraş Rabba, Bereşeet'de dediği gibi, ona Ahaz (kelime anlamı "rehin edilmiş" ya da "tutuklanmış") denildi çünkü ibadet yerlerini ve dersleri zapt etti ve bu onun en büyük kötülüğüydü.

Ayrıca, kişinin kazancını ve malvarlığını başkalarına sunmak konusunda paylaşmayı sevmemesi doğal bir kanundur. Bununla beraber, bilgisini ve zekâsını başkalarıyla paylaşmayı sevmeyen bir kimse var mıdır? Tersine, inek buzağın yemek istediğinden daha fazla beslemek ister.

Gerçekten de geçmiş nesillerdeki dünyevi işlerle uğraşan bilgelerde bile ilmin pek çok gizemini görüyoruz. Kabalist Butril'in Yaratılış Kitabı'nın (The Book of Creation) yorumunun giriş bölümünde öğrencilerini "Değerini bilmeyen birine ilmi aktarmayın" şeklinde uyaran Platon'la ilgili bir yazı vardır.

Aristo da uyarmıştır, "Değersizlere ilmi aktarmayın yoksa çalınır." Butril bunu şöyle yorumluyor, eğer bilge ilmi hak etmeyen birine öğretirse onu çalar ve yok ederler.

Günümüzün dünyevi bilgeleri böyle yapmıyorlar, tersine, bilgeliklerinin kapısını hiçbir sınır ve koşul olmaksızın tüm dünyaya yaymak için çaba harcıyorlar. Görünüşte, bilgelik kapılarını bir avuç değerli buldukları erdemliye açan ve diğerlerini beceriksizce duvarları yoklamaya bırakan ilk bilgelerle ciddi bir şekilde çelişiyorlar.

3. Konuyu açıklamama izin verin. Konuşan türde her biri diğerinin üzerinde derecelerle düzenlenmiş dört ayrım belirliyoruz. Bunlar, Kitleler, Güçlü, Varlıklı ve Bilge olanlar. Bunlar realitenin tümünde dört derece olan "cansız", "bitkisel", "hayvansal" ve "konuşan" seviyelere eşittir.

Cansız üç nitelikten, Bitkisel, Hayvansal ve Konuşan, çıkabilir ve bizler gücün niteliğindeki üç değeri faydalıdan zararlıya ayırabiliriz.

Aralarındaki en küçük güç Bitkisel olandır. Bitkiler kendilerine faydalı olanı çekerek ve insanlar ve hayvanlarla benzer şekilde kendilerine zararlı olanı iterek işlerler. Ancak, bunun içinde bireysel bir his değil dünyadaki tüm bitki türlerinde onların işleyişlerini etkileyen, ortak, toplu bir güç vardır.

Onların üstünde Hayvansal seviye vardır. Her varlık faydalı olanı çekip zararlı olanı iterek kendisini hisseder. Bundan bir hayvanın realitedeki tüm bitkilerin değerine eşit olduğu sonucu çıkıyor. Bunun böyle olmasının nedeni Bitkilerin tümünde faydalıyı zararlıdan ayıran güç Hayvansal seviyede kendi hükmü olan tek bir varlıkta bulunur.

KABALA BİLİMİ

Hayvansal seviyedeki bu hissel güç zaman ve yer mevhumunda çok sınırlıdır, zira bu his bedeninin dışındaki en kısa mesafede bile işlemez. Ayrıca, kendi anının dışında hiçbir şey hissetmez, yani geçmişi ve geleceği hissetmez, sadece mevcut zamanı hisseder.

Bunların üstünde Konuşan seviye vardır, duygusal ve zekâsal gücün birlikte işlediği. Bu nedenle, Konuşan seviyenin gücü Hayvansal seviyede olduğu gibi kendisi için iyi olanı çekme ve kötüyü reddetmede zaman ve yer mevhumunda sınırsızdır.

Bunun sebebi manevi bir öz olan yapısının yer ve zamanla sınırsız olmasıdır. Kişi tüm realitenin nesrinde olurlarsa olsunlar başkalarına öğretebilir, geçmişte ve gelecekte tüm nesiller boyunca.

Bundan Konuşan seviyedeki tek kişinin o anda ve geçmişteki tüm nesillerde, realitedeki tüm Bitkisel ve Hayvansal güçlerin değerine eşit olduğu sonucu çıkar. Bunun böyle olmasının sebebi Konuşan seviyedeki kişinin gücünün onları tüm güçleriyle birlikte sarması ve içine almasıdır.

Bu kural insan türünün Kitleler, Güçlü, Varlıklı ve Bilgeler olarak adlandırılan dört ayrımına da uygulanır. Elbette hepsi de ilk derece olan, Kitlelerden geliyor, şöyle yazıldığı gibi, "hepsi topraktandır."

Toprağın tüm değeri ve mutlak var olma hakkının Bitkisel, Hayvansal ve Konuşan seviyelerdeki niteliğinin ayrıma göre olduğu kesindir. Ayrıca, Kitlelerin değeri bunlardan (üç seviye) çıkarılan özelliklere tekabül eder. Dolayısıyla, Kitleler de insan yüzü şeklinde bağlantı kurar.

Bu nedenle, Yaradan Kitlelere "kıskançlık", "ihtiras" ve "onur" denilen üç eğilim işledi. Bunlardan dolayı Kitleler derece derece bütün bir insan yüzü sonucuna gelir.

İhtiras eğilimi Varlıklıyı çıkarır. Aralarından seçilmişlerin çok güçlü arzuları ve ayrıca ihtirasları vardır. Varlık edinmede büyürler ki bu Kitlelerin evrimindeki ilk derecedir. Genel realitedeki Bitkisel seviye gibi, onları eğilimlerine yönelten kötü bir güç tarafından yönetilirler, zira insan türünde ihtiras Hayvansal seviyeden alınan kötü bir güçtür.

Onur eğilimi aralarından ünlü kahramanlar çıkartır. Onlar ibadethaneleri, hükümetleri vs. yönetirler. Aralarından onur eğilimiyle birlikte en kesin arzuya sahip olanlar egemenlik elde etmeye kadar gider. Yukarıda söylediğimiz gibi bunlar işletme gücü kendi özlerinde olan Kitlelerin evrimindeki ikinci derecedir. Bunun nedeni onur eğiliminin ve onunla birlikte yönetme özleminin insan türüne özel olmasıdır.

Kıskançlık eğilimi onlar arasından bilgeleri çıkartır, bilgelerimizin dediği gibi "Yazarın kıskançlığı ilmi büyütür." Güçlü arzulu kişi, kıskançlık eğilimiyle birlikte, ilim ve bilgiyi edinmekte gelişir. Tüm realitedeki Konuşan seviye gibi, burada işleyen güç zaman ve yerle sınırlı değildir, kolektiftir ve tüm zamanlar boyunca dünyadaki her nesneyi içine alır.

EDİNİMİN SAFHALARI

Ayrıca, kıskançlık ateşinin doğası tüm zamanları ve tüm realiteyi kapsayarak genel olmaktır. Bunun nedeni, kıskançlık hareketidir: eğer kişi bir şeyi arkadaşında görmezse ona karşı arzusu hiçbir şekilde uyanmaz.

Eksiklik hissinin kişi bir şeye sahip olmadığı için değil arkadaşı sahip olduğu için çıktığını görürsünüz, ki onlar nesiller boyunca Âdem ve Havva'nın çocuklarının tamamıdır. Dolayısıyla, bu güç sınırsızdır ve bu yüzden yüce ve coşkun rolü için uygundur.

Ancak, güçlü bir arzusu olmayanlar değersiz kalırlar. Bu nedenle yukarıda bahsedilen üç eğilim onlarda birlikte ve karışık işler. Bazen ihtiraslı, bazen kıskançtırlar ve bazen onur özlemi duyarlar. Arzuları paramparça olur ve gördükleri her şeyi isteyen çocuklar gibidirler ve hiçbir şey elde edemezler. Bu nedenle değerleri saman ve undan arda kalan kepek gibidir.

Faydalı ve zararlı güçlerin el ele yürüdüğü bilinir. Bir başka deyişle, bir şeyin faydası olduğu kadar zararı da vardır. Dolayısıyla, bir kişinin gücü tüm zamanların bütün hayvanlarından daha büyük olduğundan, kişinin zararlı gücü de onlardan büyüktür.

Dolayısıyla, kişi derecesini sadece iyilik yapmak için kullanarak hak etmediği sürece ilim ve bilim olan insan seviyesini fazlaca edinmediği hususunda dikkatli gözleme ihtiyacı vardır.

Bu nedenle, ilk bilgeler uygun olmayan öğrencilerin ilmin gücünü kullanarak zarar verip kötülük yapmalarından korktuklarından ilmi kitlelerden gizlediler. Bunlar İnsan'ın büyük gücünü kullanarak ihtiras ve hayvansal yabanilikleriyle tüm insan nüfusunu kırıp yok ederlerdi.

Nesiller azaldığında ve bilgeleri de iki masaya, yani fiziksel dünyada da iyi bir yaşama özlem duymaya başladıklarında görüşleri kitlelere çevrildi. Onlarla alışveriş yaptılar ve bilgilerini kötü kadınlar gibi bir köpek fiyatına sattılar.

O zamandan beri, ilk bilgelerin güçlendirdiği duvar yıkıldı ve kitleler onu talan ettiler. Barbarlar ellerini insanın gücüyle doldurdu, bilgiyi zapt ettiler ve yırttılar. Yarısı zina yapanlar yarısı da katillerce miras alındı ve bu güne dek ebediyen yerin dibine soktular.

4. Bundan, yedi küçük hizmetçisi olarak tüm laik öğretileri içeren gerçek ilim hakkında bir görüşe varabilirsiniz. Bu insan türünün tamamıdır ve tüm dünyaların yaratılma nedeni, şöyle yazıldığı gibi, "Eğer Benim akdim gündüz ve gece ile değilse, eğer cennet ve yeryüzü kanunlarını koymamışsam."

Dolayısıyla, bilgelerimiz şöyle dediler, (Avot 4, Mişna 7), "Tacı kullanan geçer." Bunun nedeni bilgileri dünyevi hazlar için kullanmamızı yasaklamış olmalarıdır.

Bizim sürekliliğimizi sağlayan budur, gerçeğin ilmi etrafındaki duvarları ve orduları korumak ki yabancı içeri dalmasın ve kaplarını içeri alıp zamanın bilgeleri gibi pazarda alışverişe gitmesinler. Bu böyleydi çünkü içeri giren herkesi şüpheye ve düşünceye yer vermeyecek şekilde emin olana dek yedi testten geçmişti.

KABALA BİLİMİ

Bu sözler ve gerçekten sonra, bir baştan diğerine bilgelerimizin sözlerindeki büyük çelişkiyi görüyoruz. Zohar'da Mesih zamanında ilmin gençlere bile ifşa olacağı yazıyor. Ancak yukarıda yazılanlara göre, Mesih'in zamanında tüm neslin en üst seviyede olacağını öğrendik. Hiç rehberliğe ihtiyacımız olmayacak ve ilim çeşmesi açılıp tüm ulusları sulayacak.

Bununla beraber, Masehet Sutah 49 ve Sanhedrin 97a'da şöyle dediler, "Mesih zamanında arsızlık hızla artacak, yazarların ilmi yoldan çıkacak ve erdemliler dışlanacak." Bu, o nesil kadar kötü olan bir nesil olmadığı şeklinde yorumlanıyor. Bu durumda her iki ifadeyi nasıl bağdaştıracağız, zira her ikisi de elbette ki Yaşayan Yaradan'ın sözleri?

Mesela şu ki, bu dikkatli gözlem ve bilgelik salonuna kapıyı kilitlemek yazarlarının kıskançlık ruhu ihtiras ve onur gücüyle karışmış olanlardan korkudandır. Onların kıskançlığı sadece ilim ve bilgiyi arzulamak ile sınırlı değildi.

Dolayısıyla, her iki makale de doğrudur ve biri gelir diğerini öğretir. Neslin yüzü köpeğin yüzü gibidir, yani köpekler gibi Hav Hav diye havlarlar, erdemliler dışlandı ve yazarların bilgeleri onlarla birlikte yanlış yola saptı.

Buradan ilmin kapılarını açmaya izin verildiği ve dikkatli korumanın kaldırılmasına izin verildiği sonucu çıkıyor, zira hırsızlıktan ve istismardan doğal olarak korunuyor. Uygun olmayan öğrenciler alıp pazarda maddesel avam tabakaya satmadığı sürece korkmaya gerek yok, zira mal için alıcı bulamayacaklar çünkü onların gözlerinde değersiz olacak.

Ve ilmin vasıtasıyla ihtiras ve onur elde etme umutları olmadığından güvenli ve kendisini korur hale geldi. Yakınına hiçbir yabancı gelemeyecek, ilim severler ve onunla yaşayanlar hariç. Dolayısıyla, gelenler herhangi bir incelemeden geçmeyecek, ta ki en gençler bile onu edinene dek.

Şimdi bilgelerimizin sözlerini (Sanhedrin 98a) anlayabilirsiniz: "Hazreti Davut'un oğlu ya tamamen değerli bir nesilde gelecek ya da tamamen değersiz." Bu son derece kafa karıştırıcıdır. Görünüşte, nesilde birkaç erdemli olduğu sürece kurtuluşu muhafaza ediyorlar. Erdemliler dünyadan yok olduğunda Mesih gelebilecek. Merak ediyorum.

Aslında, bu kurtarılış ve Mesih'in gelişi konusunun, bizim zamanımızda olmasını umut edelim, edinim ve bilginin en üst bütünlüğü olduğunu anlamamız derinlemesine lazım, şöyle yazıldığı gibi, "herkes komşusuna 'Kral'ı bil' den başka bir şey öğretmeyecek; zira hepsi Beni bilecek, en büyüğünden en küçüğü ne kadar." Ve, aklın bütünleşmesiyle bedenler de bütünleşir, şöyle yazıldığı gibi "en genç yüz yaşında ölecek."

Manevi yolda ilerleyenler tüm bilgiyle tamamlandıklarında bilgi ve zekâ çeşmeleri tüm dünyaya akacak ve tüm insanoğlunu sulayacak, şöyle yazıldığı gibi, "yeryüzü Yaradan'ın bilgisiyle dolacak" ve ayrıca "ve Kral'a ve O'nun iyiliğine gelecekler."

Bu bilginin yayılması Kral Mesih'in tüm uluslara yayılması meselesidir. Ancak, ham ve materyalistik avamlarla bunun tam tersidir. Zira materyalistlerin hayalleri yumruğun tam gücüne bağlıdır ve büyüme konusu onların hayallerinde sadece bedenlerin bedenlere üstünlüğü olarak, bütünden ücreti büyük bir gururla almak ve dünyadaki tüm halkların üzerinde kendilerini beğenmek üzere kazınmıştır.

Ve eğer bilgelerimiz "Yaradan, gururlularla ilgili 'o kişi ve Ben aynı yerde var olamayız' der" diyerek Kral halk arasından onları ve benzerlerini reddetmişse ben onlar için ne yapabilirim?

Diğer taraftan, bazıları yanılgıya düşer ve bedenin ruhun varlığından ve tam algıdan önce var olması gerektiğini, bedenin mükemmelliği ve ihtiyaçlarının ruhun edinimini ve tam algı zamanından önce geldiğini belirtirler.

Bu ciddi bir yanlıştır, ölümden daha ciddi, zira mükemmel beden tam algı edinilmeden önce kavranılamaz. Bunun nedeni, kendi içinde, bunun delik bir çanta, bozuk bir su sarnıcı olmasıdır. Beden, tüm bilgiyi edinmedikten sonra ne kendisi ne de başkaları için faydalı bir şey barındıramaz.

O anda, beden de onunla bütünlüğe yükselir, kelime anlamıyla el ele. Bu kural hem bireylerde hem de dünyada geçerlidir.

5. Şimdi Zohar'da yazılanları anlayabilirsiniz, "Bu mahiyette, Yaradan'a yönlenenler sürgünden kurtarılacak." Ayrıca, pek çok yerde de gerçeğin ilminin yayılması ile kitlelerin tam kurtuluşu edineceği yazılmıştır.

Şunu da dediler, "İçindeki Işık kişiyi değiştirir." Bu konuda bilerek çok titizdiler, bize Işığın ilmin içinde var olduğunu göstermek için, "gümüş içindeki altın elmalar gibi", içindeki şifa kişiyi değiştirir. Hem kişi hem de ulus yaratılma nedenlerini manevi çalışmanın içselliğini ve onun sırlarını edinmeden tamamlamayacaklar.

Ve Mesih'in gelişiyle tam edinimi umut etmemize rağmen şöyle yazılmıştır, "erdemliye ilim verilecektir." Şunu da söyler, "Ben kalpte bilge olan herkesin kalbine ilmi yerleştirdim."

Dolayısıyla, ilk ihtiyacımız olan şey gerçeğin ilminin çokça yayılmasıdır ki bizim Mesih'imizden faydayı almayı hak edelim. Sonuç olarak, ilmin yayılması ve Mesih'in gelişi birbirine bağlıdır.

Bu nedenle, ulus genelinde ilmin yayılmasını hızlandırmak için seminerler düzenleyip kitaplar yazmalıyız. Ve yukarıda da gördüğümüz gibi değersiz öğrencilerin karıştırması korkusundan daha önce durum böyle değildi. Bu günümüze kadar pek çok günahımızdan dolayı sürgünün uzamasının en önemli nedenlerinden biri oldu.

Bilgelerimiz şöyle dedi, "Davut'un oğlu Mesih, tamamen değerli bir ulusa gelir…" yani herkes onur ve ihtirasın peşinde koşmaktan vazgeçer. O zaman, onları Davut'un oğlu Mesih'in gelişine hazırlayacak seminerler yapmak mümkün olur. "….ya da tamamen değersiz bir nesle", yani şunun olduğu ir nesilde "neslin yüzünün köpeğin yüzü gibi olduğu, erdemlilerin reddedilecek ve yazarların bilgileri onlarla birlikte yok olacak." Böyle bir zamanda, titizlikle korumayı bırakmak mümkün olacak ve Yakup'un evinde ilmi ve amacı edinmek için kalpleri çarparak kalanların ismi "Kutsal" olacak ve onlar öğrenmeye gelecekler.

KABALA BİLİMİ

Çünkü artık insanın değerini sürdürememesi ve ilmi pazarda satması korkusu olmayacak, zira onu alacak kimse olmayacak. İlim onların gözünde o kadar kötü olacak ki karşılığında ne gurur ne ihtiras edinilebilecek.

Bu nedenle, gelmek isteyen herkes gelebilir, pek çok kişi başıboş olacaktır ancak aralarından değerli olanların içinde bilgi artacaktır. Ve bununla kısa sürede Mesih'in gelmesi ve bizim zamanımızda ruhlarımızın kurtuluşu ile ödüllendirileceğiz.

Bu sözlerle, ciddi bir şikâyetten, kitabımda ilmin normalde gizli ilkelerini ifşa etmeye benden önce gelenlerden daha fazla cesaret etmekten, kendimi serbest bırakıyorum. Bu, on Sefirot'un özünden ve bunlarla ilgili her şeyden bahsediyor, Yaşar ve Hozer, Pnimi ve Makif, yani Hakaa ve Hizdakhut'un anlamından.

Benden önce gelen yazarlar sözleri özellikle oraya buraya ve zor algılanan imaların içine dağıttılar ki kişi onları toparlamakta başarısız olsun. Ben, O'nun bana bahşedilen Işığı ve hocalarımın yardımı vasıtasıyla hepsini topladım ve yeterince açık bir şekilde manevi formlarında ortaya çıkardım, yer ve zamanın ötesinde.

Bana büyük bir argüman ile gelebilirlerdi: Burada hocalarıma eklentiler yoksa, o zaman Ari ve Kabalist Haim Vital kendileri ve gerçek yazarlar, onların sözlerinin yorumunu yapanlar, konuları benim gibi açıkça açıklayıp ifşa edebilirlerdi. Ve onlara ifşa edildiğini söylemek isterseniz, o zaman Yaradan tarafından kendisine verilenin onlarınkinden daha çok olduğunu söyleyen, onların ayaklarının altında toprak ve kül olma ayrıcalığı olan bu yazar kim?

Bununla beraber, kaynaklarda göreceksiniz ki hocalarımın sözlerine ne ekledim ne de içeriğe yenilik getirdim. Benim tüm sözlerim Hayat Ağacı'ndaki Sekiz Kapı'da ve Ari'nin Mavo Shearim'inde (Kapıların Girişleri) yazılıdır. Onlara bir tek kelime eklemedim, sadece konuları gizlemeye çalıştım, bu nedenle bir oraya bir buraya dağıttılar.

Bunun nedeni nesillerinin henüz tamamen değersiz olmaması ve büyük ihtimam gerektirmemesiydi. Bununla beraber, tüm günahlarımızdan dolayı, bilgelerimizin tüm sözleri bizlerin içinde zaten doğrudur. Zaten başından Mesih'in zamanı için söylenmişler, yukarıda bahsettiğimiz gibi, bu nedenle sözlerim açık ve sıralı.

6. Ve şimdi oğullarım beni duyun: "İlim sokaklarda bağırıyor, sesini çıkarıyor," "Kralın tarafında olanlar benimle gelsin," "Çünkü bu sizin için önemsiz bir şey değil, çünkü bu sizin hayatınız ve zamanınızın uzunluğu."

"Buğday ve patatesin davranışını izlemek için yaratılmadınız, siz ve eşekleriniz bir yalakta." Ve eşeğin amacı zamanının eşeklerine hizmet etmek olmadığından insanın amacı da zamanının tüm insanlarına, akranlarının fiziksel bedenlerine hizmet etmek değildir. Tersine, eşeğin amacı kendisinden üstün olan insana hizmet etmek ve faydalı olmaktır ve insanın amacı da Yaradan'a hizmet etmek ve O'nun amacını tamamlamaktır.

EDİNİMİN SAFHALARI

Ben Zuma'nın söylediği gibi, "Her şey bana hizmet etmek için yaratıldı, ben de Yaradan'ıma hizmet etmek için." Şöyle der, "Kral her şeyi Kendi amacı için yarattı" zira Yaradan bizim mükemmelliğimizi istiyor ve özlem duyuyor.

Bereşeet Rabba, Paraşa 8'de meleklerin O'na şöyle söylediği yazar, "'İnsan nedir ki onu unutmuyorsun ve onu düşünüyorsun?' Buna neden ihtiyacın var? Yaradan onlara dedi ki: 'Öyleyse, neden koyunlar ve öküzler?'" Bu neye benziyor? Bolluk içinde bir kalesi olan kral ancak hiç misafiri yok. Kral bu bolluktan ne haz alır? O'na hemen şöyle dediler: "Kralımız, tüm yeryüzünde Adınız ne kadar görkemli! Size ne iyi geliyorsa onu yapın."

Benzer şekilde, bu benzetmeden şüphe etmeliyiz, zira bolluk içindeki bu kale nerede? Bizim zamanımızda biz gerçekten de onu ağzına kadar misafirle doldururduk.

Aslında, sözler gerçek, zira meleklerin Yaratılışın altı gününde insan hariç hiçbir varlığın yaratılışından şikâyet etmediğini görüyorsunuz. Bunun nedeni insanın O'nun suretinde yaratılması ve Alt ve Üstü ihtiva etmesindendir.

Melekler bunu gördüğünde şaşırdılar ve ürktüler. Saf, manevi ruh yüce derecesinden iner, pis, hayvani bedeniyle aynı yerde nasıl yaşardı? Bir başka deyişle, merak ettiler, "Neden tüm bu çabaya neden ihtiyacın var?"

Onlara gelen cevap zaten bolluk içinde bir kalenin olması, ancak misafirinin olmamasıydı. Kaleyi insanlarla doldurmak için Üst ve Alttan birlikte oluşan insan ihtiyacımız var. Bu nedenle, bu saf ruh bu kirli bedene bürünmek zorundadır. Melekler bunu hemen anladılar ve şöyle dediler, "Size ne iyi geliyorsa onu yapın."

Bollukla doldurulmuş bu kalenin O'nun yarattığı varlıkları için tüm hazlar ve iyilikler anlamına geldiğini bilin, şöyle dedikleri gibi, "İyi olanın işi iyilik yapmaktır." Bu nedenle, Yarattıklarına haz vermek için dünyaları yarattı.

Ve O'nda geçmiş ve gelecek olmadığından O varlıkları yaratmayı Düşündüğü anda anında O'nun önünde belirdiler, varlıklar ve onları mutlu eden hazlar ve zevkler, tıpkı onları düşündüğü gibi.

Ari'nin Heftzi Bah (Benim Mutluluğum Onunkinde) kitabında yazdığı gibi, Alt ve Üst tüm dünyalar Ein Sof'un (Sonsuzluk) içindedir, O Tektir ve O'nun Adı Tektir mahiyetinde Tzimtzum'dan (kısıtlama) bile önce.

ABYA dünyalarının kökü olan ve bu dünyaya mahkûm edilmiş Tzimtzum olayı ruhların köklerinin kendilerinin Kaynak ile form eşitliğine özlem duymalarından dolayı ortaya çıktı. Dvekut'un (tutunma) anlamı budur, zira manevi her şeydeki ayrılma ve Dvekut sadece form eşitliği ve form ayrılığı değerlerinde mümkündür.

Zira O varlıklarını mutlu etmek istediğinden alma arzusunu alıcıların içine zorunlu olarak yerleştirildi. Bu nedenle, varlıkların formu O'nunkinden değiştirildi zira bu form Kaynağın formunda hiçbir şekilde yok, zira kimden alabilir ki?

Tzimtzum ve Gevul (sınır/sınırlandırma) bu nedenle yapıldı, ta ki ruhun fiziksel bedende örtündüğü realitesi bu dünyada ortaya çıkana dek. Kişi manevi çalışmaya başladığında ve Yaratıcısına mutluluk vermek için ihsan etmek adına çabaladığında alma formu ihsan etmek amacıyla tekrar birleşecek.

"O'na tutunmak için" sözünün anlamı budur, çünkü o zaman kişi kendi formunu Yaradan'ınınkine eşitlemiş olur, şöyle dediğimiz gibi, form eşitliği maneviyatta Dvekut'tur. Dvekut olayı ruhun tüm parçalarında tamamlandığında dünyalar Tzimtzum'dan önceki Ein Sof haline geri dönecek.

"Topraklarında onlara iki misli miras kalacak." Bunun nedeni o zaman onlar için Ein Sof dünyasında önceden hazırlanan haz ve mutluluğu bir kez daha alabilecek olmalarıdır. Dahası, artık form eşitsizliği olmadan gerçek Dvekut için hazırlıklıdırlar zira şimdi kendileri için değil Yaradan'larının mutluluğu için alırlar. Onların Yaradan'ları ile ihsan etme formunda eşitlendiklerini görürsünüz.

7. Şimdi onların sözlerini anlayabilirsiniz, yani alttakilerde Tanrısallığın büyük bir ihtiyaç olduğunu. Yukarıdakilerle paralel gitmesine rağmen bu son derece kafa karıştırıcı bir ifadedir.

Olayı bolluk içinde bir kalesi olan ancak hiç misafiri olmayan bir krala benzetiyorlar. Kralın oturup misafirlerini beklediği kesindir, ya da tüm hazırlığı boş çıkacak.

Tıpkı çok geç yaşta oğul sahibi olan ve ondan çok hoşlanan bir krala benzer. Bundan dolayı, doğumundan itibaren onun için iyi düşünceleri vardı ve tüm kitapları ve ülkedeki iyi bilginleri topladı ve onun için okullar yaptırdı.

Ülkedeki en iyi mühendisleri topladı ve onun için keyifli saraylar yaptırdı, tüm müzisyenleri ve şarkıcıları topladı ve onun için konser salonları yaptırdı. Ülkedeki en iyi aşçıları ve fırıncıları, dünyadaki her lezzeti ona sunmaları için bir araya getirdi ve bunun gibi niceleri.

Ne yazık ki, çocuk bilgiyi hiç arzulamayan bir aptal olarak büyüdü. Ayrıca kördü, binaların güzelliğini göremiyor ve hissedemiyordu; ve sağırdı şarkıcıları duyamıyordu. Yazık ki şeker hastasıydı ve sadece öfke ve hürmetsizliğe neden olan rafine olmamış ekmek yemesine izin veriliyordu.

Şimdi onların sözlerini anlayabilirsiniz, "Ben, Kral, onu zamanı geldiğinde hızlandıracağım." Sanhedrin (98) şöyle yorumladı, "Zamanında ödüllendirilmedi; ödüllendirildiğinde – hızlandıracağım."

Dolayısıyla, yukarıda bahsedilen hedefi edinmenin iki yolu var: kendi ilgileri vasıtasıyla ki buna "Pişmanlık Yolu" denir. Eğer bununla ödüllendirilirlerse o zaman onlara "Hızlandıracağım" uygulanır. Bu belirli bir zaman olmadığı anlamına gelir, ancak ödüllendirildiklerinde elbette ki ıslah sona erer.

Eğer ilgi ile ödüllendirilmedilerse "Izdırap Yolu" denilen bir başka yol var. Sanhedrin'in (97) söylediği gibi, "Onlara Haman gibi bir kral veririm ve arzularına karşın pişman olurlar", yani zamanında ki bunun için belirlenmiş bir süre vardır.

Bununla bize O'nun yönteminin bizimkiyle aynı olmadığını göstermek istediler. Bu nedenle, sevgili oğlu için tüm o muhteşem şeyleri hazırlatmak için uğraşan ve çabaları boşa çıkarak öfke ve hürmetsizliğe neden olan et ve kandan yapılmış kral vakası Kendisine olmasın diye.

Tersine, Yaradan'ın tüm işleri garantidedir ve gerçektir ve O'nda hata yoktur. Bilgelerimiz şöyle dedi, "Zamanında ödüllendirilmedi." Arzunun yapamadığını zaman yapacak, şöyle yazıldığı gibi, "Onlara ışık gönderemez misin ki sana 'Buradayız' desinler?"

Kişi kafasını hayvan yemliğinden nasıl çıkartacağını anlayıp, hızla fırlayarak mutluluk ve insan başarısının merdivenlerini çıkana dek her bozukluğu ve materyalizmi temizleyen bir ızdırap yolu vardır, zira kişi köküne tutunacak ve amacı tamamlayacaktır.

8. Dolayısıyla, bize Kutsal Işıklarını veren ve ruhlarını ruhlarımıza iyilik yapmaya adayan hocalarımıza ne kadar müteşekkir olmamız gerektiğini gelip görün. Onlar ağır ızdıraplar ile pişmanlık yolunun ortasında duruyorlar. Onlar bizi ölümden beter olan ölüler diyarından kurtarıyorlar ve bizi payımıza düşen ve yukarıda söylediğimiz gibi, ta başından beri bizi bekleyen ilahi hazlara, kutsal güzelliğe ve mutluluğa ulaşmamız için hazırlıyorlar. Her biri manevi çalışmasının ve mukaddesliğinin Işığının gücüne göre kendi neslinde çalışıyor.

Bilgelerimiz zaten söylemişlerdi, "İbrahim, İsak ve Yakup benzerlerinin olmadığı bir nesliniz yok". Gerçekten de Tanrısal adam Kabalist (erdemli) İsak Luria uğraştı ve bize en üst mertebeyi sağladı. Muhteşem bir şekilde kendisinden önce gelenlerden daha fazlasını sağladı, eğer övgüyle söz eden bir dilim olsaydı halka manevi çalışmanın verildiği gün gibi onun bilgeliğinin ortaya çıktığı güne şükrederdim.

Bizim lehimize yaptığı kutsal çalışmayı ölçmeye kelimeler yetmez. Edinim kapıları kilitli ve sürgülüydü ve gelip onları bizim için açtı. Bu nedenle, Kralın sarayına girmek isteyen ve kutsal Krallığın önünde doğru bir şekilde durmak için herkesin sadece arınma ve kutsallığa, banyo yapmaya saçlarını tıraş edip, temiz giysiler giymeye ihtiyacı vardır.

Kendisinden önce gelenlere dâhiliği vasıtasıyla tüm zamanlar boyunca bilgeliği ile boyun eğdiren otuz sekiz yaşında birini görüyorsunuz. Ülkenin tüm yaşlıları, dostları ve Tanrısal bilgelerin öğrencileri, RAMAK, onun önünde Kabalist'in karşısında duran öğrenciler gibi durdular.

Hiç eksiksiz bugüne dek onları izleyen nesillerin tüm bilgeleri ondan önce gelen bütün kitapları ve yazıları bıraktılar, RAMAK Kabalası, İlk Kabala ve Genius Kabalası. Hepsi manevi yaşamlarını tamamen onun Kutsal Bilgeliğine adadılar. Doğal olarak, bu yaşı genç bilgeliğin babasına olduğu gibi hak etmeyen tüm zaferle ödüllendirilmez.

Ne yazık ki, şeytanın çabası başarıya ulaştı ve bilgeliğin kutsal topraklara yayılmasında yola engeller çıktı ve sadece az sayıda kişi bilgeliği elde etmeye başladı.

İlk başlarda böyleydi çünkü o zaten Zohar ve Tikkunim'da (Islahlar) büyük ustalığa sahip öğrencilerinin önünde ilmi yorumladıkça kelimeler kulaktan duyma yazıldı. Çoğu zaman, onun kutsal sözleri öğrencilerinin kendi ilgilerine göre sordukları derin sorulara göre yerleştirildi.

KABALA BİLİMİ

Bu nedenle, ilmi uygun bir düzende aktarmadı, tıpkı ondan önce gelen yazılarda da olduğu gibi. Yazılarda Ari'nin kendinin konuları düzenlemek istediğini görüyoruz. Bununla ilgili, Kabalist Haim Vital tarafından girişi yazılan Idra Zuta'nın tefsirinin başında Raşbi'nin sözlerine bakabilirsiniz.

Ayrıca öğrettiği dönem kısaydı zira Reenkarnasyonların Kapısı, Kapı 8, sayfa 49'da yazdığı gibi tüm eğitim dönemi on yedi aydı, çünkü Mısır'dan Safed'e 1571 yılında Fısıh bayramı- (Halkın egoizmden kurtuluşlarını simgeleyen bayram) kısa süre önce geldi, o dönemde Kabalist Haim Vital 29 yaşındaydı. Ve Temmuz 1572'de Cumartesi, Haftalık Çalışma , arifesinde, Temmuz ayının başında hastalandı ve bir sonraki hafta Salı günü Temmuz'un beşinde vefat etti.

Ayrıca Reenkarnasyonların Kapısı, Kapı 8, sayfa 71a, ölümünden sonra Kabalist Haim Vital'e ilmi başkalarına öğretmemesi ve sadece kendi kendisine gizli çalışması emri verdiği yazılıdır. Diğer arkadaşlarının herhangi bir şekilde çalışması yasaklanmıştı çünkü onların ilmi doğru dürüst anlamadıklarını söyledi.

Kabalist Haim Vital'in yazıları düzenlemeyip olduğu gibi bıraktı. Doğal olarak, konular arasındaki bağlantıyı açıklamadı ki başkalarına öğreti olmasın. Ari'nin yazılarına hâkim olanların bildiği gibi bu noktada büyük özenin nedeni budur.

Ari'nin yazılarında bulunan düzenlemeler üçüncü bir nesil tarafından üç kez ve üç derleyen tarafından düzenlendi. İlk derleyen bilge Mahari Tzemah'tı. Mahari Tzemah 1644 yılında ölen Mahara Azulay ile aynı dönemde yaşadı.

Yazıların büyük kısmı onun tarafından geldi ve o yazılardan pek çok kitap düzenledi. Aralarındaki en önemli kitap Adam Yaşar'dır (Doğru Adam) ki bu kitapta kullanımında olan bilgilerden kökü ve zaruri öğretileri topladı. Ancak, bu Kabalist'in toparladığı kitaplardan bazıları kayboldu. Kol BeRama (Yüksek Ses) kitabının girişinde bir araya getirdiği tüm kitapları sunuyor.

İkinci derleyen onun öğrencisi MAHARAM Papriş'ti. Kabalist'inden daha fazlasını yaptı, zira bilge MAHARASH Vital tarafından tutulan kitapların bazıları eline geçti ve o bunları derledi. Bunlar arasında en önemlileri Etz haHaim (Hayat Ağacı) ve Pri Etz haHaim'dır (Hayat Ağacı'nın Meyvesi). Bunlar ilmi tüm yönleriyle bütünüyle kapsar.

Üçüncü derleyen MOHARAR Haim Vital'in oğlu bilge MAHARASH Vital'dir. Son derece yüce ve tanınmış bir bilgeydi. Babasından miras kalanlarla meşhur Sekiz Kapı'yı derledi.

Böylece hiç bir derleyenin yazıların tamamına sahip olmadığını görüyoruz. Bu, Zohar ve Tikkunim üzerine gerçek ustalığa sahip olmayanlar dışındaki kişilere uygun olmayan konuların düzenlenmesini oldukça zorlaştırdı. Bu nedenle yükselenlerin sayısı azdır.

9. Buna karşılık, bizler Yaradan tarafından yüceliği ve kutsallığı hiçbir söz ve konuşmaya sığmayan Baal Şem Tov'un ruhu ile ödüllendirildik. Kimse onun yerine

göz dikmedi ve dikemeyecek, onun Işığı altında hizmet edip bunu hak edenler hariç ve onlar da sadece kalplerine aldıklarına göre münavebeli olarak.

Onun manevi çalışmasının Işığı ve Kutsal İlim'in öncelikle Ari'nin yüce temelleri üzerine inşa edildiği doğrudur. Ancak, hiçbir şekilde benzemezler. Bunu tıpkı boğulan insanların yaptığı gibi ırmakta bata çıka boğulan bir insana benzetme yaparak açıklayacağım. Bazen sadece saçlar görünür ve sonra onu kafasından yakalama önerisi gelir. Diğer zamanlarda bedeni de görünür ve sonra onu kalbinin karşısından yakalama önerisi.

Konu bu şekilde önümüzdedir. Halk gurbette sürgünün kötü sularında boğulduktan sonra, o zamandan bugüne kadar batıp çıkıyorlar ve dönemlerin hiç biri aynı değil. Ari'nin döneminde sadece kafa görünebiliyordu. Dolayısıyla, Ari aklımızı kullanarak bizi kurtarmak için bizim lehimize çalıştı. Baal Şem Tov döneminde rahatlama vardı. Dolayısıyla, bizleri kalbimizin zıddından kurtarmak için bir kutsamaydı ve bu bizim için yüce ve gerçek bir kurtuluştu.

Ve günahlarımızdan dolayı, bizim neslimizde tekerlek yine tersine döndürüldü ve muazzam biçimde düştük, zirveden ayaklar altına düşer gibi.

İlaveten, ulusların çarpışması da var ki bu tüm dünyayı allak bullak etti. İhtiyaçlar arttı, akıl kısaldı ve başı çeken materyalizmin pisliğinde yozlaştı. Köleler ata biniyor ve bakanlar toprakta yürüyor ve yukarıda bahsettiğimiz Masehet Sutah'daki çalışmalarımızda söylenen her şey günahlarımızdan dolayı içimizde gerçekleşti. Yine, demir duvar dikildi, tam kurtuluşumuzun inşasını aydınlattığını söylediğimiz Baal Şem Tov'un yüce Işığının üstüne bile.

Ve kalplerinde erdemli olanlar onun Işığıyla göremeyen bir neslin gelebileceğinin mümkün olduğuna inanmadılar. Şimdi gözlerimizin karardı; iyilikten mahrum edildik ve ben bunu gördüğümde şöyle dedim, "Harekete geçme zamanı!" Böylece Arin'in Işığının kapılarını ardına dek açmaya karar verdim çünkü o gerçekten buna muktedir ve bizim neslimiz için de uygun ve "İki birden daha iyidir."

Derlememin kısalığı için suçlanmamalıyız, zira her ilim severe uygun ve bağdaşıyor, fazla şarabın tadın etkisini kaçırması gibi edinim de öğrenciye zor gelecek.

Ayrıca, kalpleri kalın olanlardan sorumlu değiliz çünkü hâlâ onlara yardım edecek dilin yaratılması gerekiyor. Gözlerini nereye dikseler yanlışları görürler ve erdemlilerin ilimlerini aldıkları aynı kaynakta bir kural vardır, aptallar yanlışın içinde boğulurlar.

Dolayısıyla, kitabımın başında duruyorum ve uyarıyorum, camdan bakmayı sevenler için hiç uğraşmadım. Tersine, kitabım Yaradan'ın sözlerini önemseyen ve Yaradan'a ve O'nun İyiliğine özlem duyanların yaratılış amaçlarını tamamlamaları içindir, çünkü Yaradan'ın arzusuyla "Beni arayanların hepsi Beni bulacaklar" sözü onların içinde gerçek olacak.

10. Kabalist Even Ezra'nın Yesod Mora, sayfa 8b, kitabındaki sözlere bakın: "Ve şimdi kaynaklarda yazılı tüm Islahlara ya da atalarımızın oluşturdukları kurallara dikkat

edin ve bilin, çoğunlukla aksiyonda ya da konuşmada olmalarına rağmen hepsi kalbi ıslah etmek içindir, 'zira Kral tüm kalpleri arar ve düşüncelerin tüm hayallerini anlar.'"

"Kalpleri doğru olanlara" yazılmıştır. Bunun tersi "Kötü düşünceler düşünen bir kalp"dir. Tüm Islahları kapsayan bir cümle buldum, "Kralınız olan Yaradan'dan korkacaksınız; ve O'na hizmet edeceksiniz."

"Korku" kelimesi konuşmada, kalpte ve aksiyondaki tüm negatif Islahları kapsar. Bu, kişinin tüm pozitif Islahları kapsayan manevi çalışmaya yükselişinin ilk derecesidir.

Bunlar kişinin kalbini alıştıracak ve Kral'a tutunana dek rehberlik edecek, zira insan bunun için yaratıldı. İnsan servetler kazanmak ya da binalar inşa etmek için yaratılmadı. Bu nedenle kişi kendisini O'nu sevmeye, ilmi öğrenmeye ve inancın peşinden koşmaya getirecek her şeyi aramalıdır.

Ve Yaradan kişinin kalbinin gözlerini açar ve içinde farklı bir ruh hali canlandırır. O zaman kişi yaşamında Yaradan'ı tarafından sevilir.

Manevi çalışmanın sadece kalp insanlarına verildiğini bilin. Kelimeler cesetler gibidir ve Taamim (tatlar) ruhlar gibi. Eğer kişi Taamim'i anlamazsa tüm çaba boştur ve emek uçmuştur.

Bu sanki kişinin bir tıp kitabındaki harfleri ve kelimeleri saymaya kendisini zorlaması gibidir. Bu çabasından şifa gelmeyecektir. Sanki bir devenin ipek taşıması gibidir, ipekten bir fayda sağlamaz ipek de deveden.

Kabalist Even Ezra'nın insanın yaratılma nedenine tutunun, sözlerinden sadece bunu anlıyoruz. Yaradan'la Dvekut konusunun bu olduğunu söylüyor.

Dolayısıyla, Kabalist Even Ezra, kişi kendisini O'nun sevgisine, ilmi öğrenmeye ve inancın peşinden koşmaya getirmek için her yolu aramalıdır, ta ki Yaradan kişiyi gözlerini açmak ve içinde farklı bir ruh hali canlandırmakla ödüllendirene dek. O zaman kişi Yaradan'ı tarafından sevilecek.

Kabalist Even Ezra, kişi Yaradan'ı tarafından yaşamında sevilecek kesinliğini özellikle vurguluyor. Kişinin bunu edinmediği sürece çalışmasının tam olmadığını ve bugün bizlere zorunlu olarak verilen çalışmanın bu olduğunu ima ediyor. Tıpkı onun bitirdiği gibi, manevi çalışma sadece kalp adamlarına verilmişti, yani O'nu sevme ve arzulama kalbini edinen kişilere. Bilgeler onlara "kalpte bilge" derler, zira artık orada düşen, hayvansal bir ruh yoktur, çünkü kötü eğilim sadece bilgelikten yoksun bir kalpte mevcuttur.

Kabalist Even Ezra yorumluyor ve şöyle diyor, kelimeler cesetler gibidir ve Taamim (tatlar) ruhlar gibi. Kişi Taamim'i anlamazsa bu kişinin tıp kitabındaki kelimeleri ve sayfaları saymasına çaba harcamasına benzer. Bu çaba bir şifa getirmeyecektir.

Kişinin yukarıda anlatılanlara sahip olma yolunu bulmaya zorlandığını söylemek istiyor. Çünkü o zaman kişi manevi çalışmanın tadını alabilir ki bu O'na karşı içsel sevgi ve arzu olan Sevabın içsel bilgeliği, sırları ve tatlarıdır.

EDİNİMİN SAFHALARI

Bu olmadan kişi sadece kelimelere ve hareketlere sahiptir, ruhu olmayan ölü bedenler. Tıpkı tıp kitabının sayfalarını ve kelimelerini saymaya çalışan biri gibi, vs. Elbette yazılı tıbbın anlamını anlamadan kendisini tıpta mükemmel yapamayacaktır.

Kişi satın aldıktan sonra bile, istenen fiyat ne olursa olsun, eğer çalışma işi ve aksiyonları onu tıbbı anlamaya getirmeyecekse bu tıpkı ipek taşıyan bir deve gibidir, yaratılış amacını tamamlamak için ne o ipekten fayda sağlar ne de ipek ondan.

11. Bu sözlere göre, Kabalist Simon'un Midraş Rabba, Paraşa 6'daki "İnsanı yaratalım" sözleriyle ilgili gözlerimiz açıldı. Yaradan insanı yaratmaya başladığında yardımcı meleklerine danıştı ve onlar gruplara ayrıldılar. Bazıları "Yaratılsın" dedi, bazıları "Yaratılmasın" dedi, "Merhamet ve gerçek buluştular; erdemlik ve barış birbirini öptü" yazıldığı gibi.

*Merhamet dedi ki, "Bırakın yaratılsın, çünkü merhametli işler yapar."

*Gerçek dedi ki, "Bırakın yaratılmasın, çünkü o yalandan ibaret."

*Erdemli dedi ki, "Bırakın yaratılsın, çünkü erdemlik icra ediyor."

*Barış dedi ki, "Bırakın yaratılmasın, çünkü o savaştan ibaret."

Yaradan ne yaptı? Gerçeği aldı yere attı, şöyle yazıldığı gibi "ve gerçeği yere savurdu." Melekler Yaradan'a şöyle dedi, "Neden mührünüzü gözden düşürdünüz? Bırakın Gerçek yerden kalksın, şöyle denildiği gibi, "gerçek yerden fırlar'"

Makale her yönüyle zor:

a. "İnsanı yaratalım" sözünün ciddiyetini açıklamaz. O'nun tavsiyeye mi ihtiyacı var, şöyle yazıldığı gibi "Bir tavsiyenin kalbinde hüküm"

b. Gerçekle ilgili olarak, tüm insan ırkının bütünüyle bir yalan olduğu nasıl söylenebilir, İbrahim, İsak ve Yakup benzerlerini olmadığı bir nesilde?

c. Eğer Gerçeğin sözleri doğruysa Merhamet ve Erdemlik melekleri tümü yalan olan bir dünyayı nasıl kabul ettiler?

d. Gerçek neden mektubun köşesine konulan "Mühür" olarak adlandırılıyor? Elbette, realite öncelikle mührün dışında mevcuttur. Gerçeğin sınırları dışında hiç realite yok mu?

e. Gerçek melekler Gerçek Operatörün işletiminin gerçek olmadığını düşünebilir mi?

f. Gerçek neden toprağa ve toprağın için atılmak gibi acı bir cezalandırmayı hak etti?

g. Neden meleklerin verdikleri cevaplar onlara sorulan sorular olarak yazılmadı?

Gözlerimizin önüne konulmuş bu birbirine ters iki işleyişi anlamamız lazım. Bunlar bu dünyanın realitesinin varlığının ve önümüzde duran realitenin içindeki her bir kişinin sürdürülebilirliği için var olma biçiminin yönetimidir. Bu taraftan, realitede yaratılmış her varlığın yaratılışını kontrol eden tamamen doğrulanmış bir rehberlik içinde güvenli bir işleyiş görüyoruz.

İnsanın yaratılışını ele alalım mesela. Sevgi ve haz ilk nedendir, görevi için kesin ve güvenilir. Babanın beyninden köklenir köklenmez, İlahi Takdir ona annenin karnının yatağında güvenli ve korumalı bir yer sağlar ki hiçbir yabancı ona dokunamasın.

Orada İlahi Takdir ona doğru miktarda günlük gıdasını sağlar. Onun her ihtiyacına bir anlığına bile unutmadan bakar, ta ki engellerle dolu bu dünyanın havasına çıkabilecek kadar güçlenene dek.

O zaman, İlahi Takdir ona güç ve kuvvet verir ve tıpkı silah kuşanmış tecrübeli bir kahraman gibi kapıları açar ve duvarları yıkar ta ki güçsüz günleri boyunca ona varlığını sürdürmekte sevgi ve muazzam şefkatle yardım edebilecek güvenebileceği kişilere gelene kadar, çünkü onlar onun için bu dünyada en değerli şeylerdir.

Böylece, o var olabilme niteliğini kazanana ve bu dünyada varlığını sürdürebilene kadar İlahi Takdir onu sarar. İnsanla olduğu gibi bitkiler ve hayvanlarla da aynıdır. Hepsi varlıklarını güvence altına alacak şekilde muhteşem bir biçimde korunurlar ve her bilim insanı bunu bilir.

Diğer taraftan, varoluşun sırasına ve büyük küçük tüm realitenin varlığının devamlılığının sağlanma tarzına bakarsak karışık sıralar görürüz, sanki bir ordunun Yaradan tarafından hasta, yenik ve sakat bırakılarak savaştan kaçması gibi. Onların tüm hayatları ölüm gibidir, önce risk alıp ekmekleri için hayatlarını riske atmadan devamlılıklarını sürdüremezler.

Küçük bir pire bile yemek için yola çıktığında dişini kırar. Varlığını sürdürmesini sağlayacak yeterli gıda bulabilmek için kaç sıçrayış yapması gerekir? Bizler de onun gibiyiz ve her şeye bulaşan, Yaratılışın üst seviyesi, tüm insanlarla, ile de aynıdır.

12. Kutsiliğin (Kutsallık) on Sefirot'unda iki ayrım görüyoruz. İlk dokuz Sefirot ihsan etme formundadır ve Malhut alma demektir. Ayrıca ilk dokuz Işıkla doludur ve Malhut kendi başına bir şeye sahip değildir.

Her bir Partzuf'taki Işığın iki ayrımının bizim için farkının anlamı budur: Or Pnimi (İçsel Işık) ve Or Makif (Saran Işık) ve Or Pnimi (İçsel Işık) için İçsel Kli (kap) ve Or Makif (Saran Işık) için Dışsal Kli olan Kelim'deki (kaplar) iki ayrım.

Bunun nedeni yukarıda bahsedilen iki zıtlıktan kaynaklanmaktadır, zira iki zıtlığın aynı maddede olması mümkün değildir. Bu nedenle, Or Pnimi için spesifik bir madde gerekir ve Or Makif için de spesifik bir madde.

Bununla beraber, Kutsilikte de gerçekten zıt değillerdir, zira Malhut Üst Dokuz ile Zivug (birleşme-çiftleşme) halindedir ve ihsan etme niteliği de Or Hozer (Yansıyan Işık) formundadır. Ancak, Sitra Ahra'nın (Diğer Taraf) Üst dokuzdan hiçbir şeyi yoktur. Bunlar ilk Tzimtzum'um (Kısıtlama) ortaya çıktığı alma formunun tamamı olan Boşluk'tan yaratılmıştır. O kök Kav'ın (Çizgi) aydınlatması Reşimo'nun (anımsama-izlenim) içine ulaştıktan sonra bile Işık'sız kaldı.

EDİNİMİN SAFHALARI

Bu nedenle, bunlar yaşam ve Kutsallık ile kıyaslandığında iki katıksız zıttır, şöyle yazıldığı gibi, "Yaradan birini diğeri gibi yaratmıştır", dolayısıyla onlara "ölü" denir.

Yukarıda Madde 6'da açıklandığı gibi, Tzimtzum'un tüm meselesi, Yaradan'ı ile form eşitliğinden bahsederken alma kaplarının ihsan etme formuna dönüşümü, ruhların donanımı içindi.

Kutsallık Partzufim'i bakımından bu amacın hâlâ engellendiğini görüyorsunuz. Bunun nedeni, orada üzerinde Tzimtzum'un olduğu, alma formunun tamamı olan Boşluk'tan başka bir şey olmamasıdır, dolayısıyla ıslah ona hiç uygulanmayacak çünkü realitede mevcut değil.

Ayrıca, Boşluğa sahip olmasına rağmen elbette Sitra Ahra bakımından da hiç ıslah yok, zira tamamen zıt bir etkisi var ve aldığı her şey ölüyor.

Dolayısıyla, bu dünyada ihtiyacımız olan tek şey bir insan. Bebeklikte Boşluğun Kelim'ini devralarak Sitra Ahra tarafından idame ettirilip destekleniyor. Büyüdüğünde manevi çalışma ve Islahların gücü vasıtasıyla Yaradan'ına mutluluk vermek için Kutsiliğin yapısına bağlanır.

Böylece, kişi edinmiş olduğu alma ölçüsünün tamamını bütünüyle ihsan etmek için düzenler. Bunda kişi Yaratıcısı ile form eşitliğine gelir ve içindeki amaç gerçekleşir.

Bu dünyadaki zamanın varlığının anlamı budur. Önce Kutsallık ve Sitra Ahra adı verilen yukarıdaki iki zıtlığın "biri de diğeri gibi" yoluyla iki farklı maddeye bölündüğünü görüyorsunuz. Hâlâ yukarıdaki ıslahtan yoksunlar çünkü insan olan aynı maddede olmaları gerekiyor.

Dolayısıyla, bizim için zamanın sırasının varlığına ihtiyaç vardır, zira o zaman iki zıtlık birer birer kişiye gelir, yani Katnut (bebeklik) zamanında ve Gadlut (yetişkinlik) zamanında.

13. Şimdi kapların ve niteliklerinin kırılmasının gerekliliğini anlayabilirsiniz, Zohar'da ve Ari'nin yazılarında yazıldığı gibi her bir on Sefirot'ta ileri geri hareket eden iki tür Işık mevcuttur.

*İlk Işık yukarıdan aşağı hareket eden Or Ein Sof'tur (sonsuzluk Işığı). Buna Or Yaşar (Direkt Işık) denir.

*İkinci Işık Malhut Kli'sinin bir sonucudur, aşağıdan Yukarıya geri döner, buna Or Hozer (Yansıyan Işık) denir.

İkisi de bütünleşirler. Tzimtzum'dan aşağı, Tzimtzum noktasının herhangi bir Işıktan yoksun olduğunu ve Boşluk olarak kaldığını bilin. Üst Işık ıslahın sonundan önce artık son Behina'da (izlenim-ayrım) görünmez ve bu özellikle Or Yaşar denilen Or Ein Sof'la ilgili söylenir. Ancak, Or Hozer denilen ikinci Işık son Behina'da ortaya çıkabilir, zira Tzimtzum olayı ona hiç uygulanmamıştır.

Şimdi, kişiye bağımlı olduğu Katnut'dayken büyük alma kaplarını yüklemek için Sitra Ahra ve Klipot (kabuklar) sisteminin Tzimtzum'un amacı için gereklilik olduğunu öğrendik.

Dolayısıyla, Sitra Ahra'nın da bolluğa ihtiyacı var. Sadece hiçbir Işığın mevcut olmadığı boşluk olan son Behina'da oluşursa bunu nereden alacak, zira Tzimtzum'dan aşağı Üst Işık ondan tamamen ayrıdır.

Böylece, kapların kırılması olayı hazırlanmış oldu. Kırılma Nekudim dünyasının Or Hozer'inin bir parçasının Atzilut'tan boşluğa indiğinin göstergesidir. Ve zaten Or Hozer'in Boşlukta da ortaya çıkabildiğini biliyorsunuz.

Atzilut'tan aşağı inen Or Hozer'in bu parçası, on Nekudim Sefirot'unun her bir Sefira'sının otuz iki özel Behinot'unu (izlenimler-ayrım) içerir. On kere otuz iki 320 eder ve onlara iki sistemde gelen ve aşağı inen bu 320 Behinot, aşağıdakilerin varlığını sürdürebilmeleri için hazırlanmıştı, şöyle yazıldığı gibi "Yaradan birini diğeri gibi yarattı", yani Kutsiliğin ABYA dünyaları ve onların karşısında Sitra Ahra'nın ABYA dünyaları.

"Birindeki insanlar diğerinden daha güçlü olacak" sözünün yorumunda bilgelerimiz birinin yükseldiğini diğerinin düştüğünü söylediler ve Tzor sadece Kudüs'ün yıkımları üzerine inşa edildi. Bunun böyle olmasının nedeni 320 Behinot'un Sitra Ahra için ortaya çıkabilmesidir ki bu sürede Kutsallık sisteminin yapısı aşağıdakilere göre tamamen yıkılmıştır.

Ayrıca bu 320 Behinot sadece Kutsallık'a bağlanabilir. Bu sürede Sitra Ahra sistemi ülkeden tamamen yok olmuştur ve aralarında aşağı yukarı eşit olarak bölünebilirler, insanların hareketlerine göre. Ve ıslah tamamlanana dek bu iki sitemde enkarne olurlar.

Kapların kırılması ve Atzilut'tan dışarı Işık kıvılcımlarının 320 Behinot'unun inişinden sonra bunların 288'i ayrıldı ve yükseldi, yani on Nekudim Sefirot'unun ilk dokuz Sefirot'undaki her şey. Dokuz kere otuz iki 288 Behinot yapar ve bunlar Kutsallık sistemini inşa etmek için tekrar birleşenlerdir.

Nekudim dünyasının Malhut'undan aşağı inenlerden Sitra Ahra için sadece otuz iki Behinot kaldığını görüyorsunuz. Tüm küçüklüğü içinde, henüz görevi için hazır değilken, Sitra Ahra yapısının başlangıcı budur. Yapısının tamamlanması Bilgi ağacı ile Adam HaRişon'un günahı sayesinde sona erdi.

Böylece, realitenin devamlılığında ve ayakta kalabilmesinde işleyen birbirine zıt iki sistem görüyoruz. Bu mevcudiyet için gereken Işık miktarı 320 kıvılcımdır. Bunlar kapların kırılmasıyla hazırlanmış ve ölçülmüştür. Bu miktar iki sistem arasında etki eder ve realitenin varlığının ayakta kalabilme ve sürdürülebilirliğinin işleyişi buna bağlıdır.

Kutsallık sisteminin dokuz üst Sefirot'unu tamamlayabilmesi için en az 288 kıvılcım miktarını içermesi gerektiğini bilmelisiniz ve o zaman aşağıdakilerin varlığını ve sürekliliğini sağlayabilir. Adam HaRişon'un günahından önce böyleydi ve bu nedenden

EDİNİMİN SAFHALARI

dolayı realitenin tamamı o zaman Kutsallık sistemiyle yönetiliyordu, zira 288 kıvılcımın hepsine sahipti.

14. Şimdi Yaradan'ın insanın yaratılışıyla ilgili yukarıdaki dört özelliğin, Merhamet, Erdemlik, Gerçek ve Barış, açılımını bulduk. Bu melekler insanın ruhunun hizmetkârlarıdır; bu nedenle Yaradan onlarla müzakerede bulundu, zira her ruh Or Pnimi ve Or Makif'deki on Sefirot'tan oluştuğundan Yaratılışın tüm eylemi onlara göre yaratılmıştı.

*Merhamet ruhun ilk dokuzunun Or Pnimi'dir.

*Erdemlik ruhun Malhut'unun Or Pnimi'dir.

*Gerçek ruhun Or Makif'idir.

Zaten Or Pnimi ve Or Makif'in zıt olduklarını söylemiştik, zira Or Pnimi Kav'ın aydınlatma yasası ile çekilir ki bunun almanın Gadlut formu olan Tzimtzum noktasında ortaya çıkması engellenmiştir.

Or Makif tüm dünyaları saran Or Ein Sof'tan yayılır, zira orada Ein Sof'ta yüce ve küçük eşittir. Bu nedenle, Or Makif de yansır ve Malhut şöyle dursun, Tzimtzum noktası üzerine ihsan eder.

Birbirlerine zıt olduklarından iki Kelim'e ihtiyaç vardır. Bunun nedeni Or Pnimi'nin Üst dokuzda aydınlatmasıdır. Malhut'a bile sadece Üst dokuz yasasına göre yansır ve hiçbir şekilde kendisine göre değil. Ancak, Or Makif özellikle Dış Kli denilen ve Tzimtzum noktasından uzanan Kelim'in içinde parlar.

Şimdi Gerçeğe neden "Mühür" denildiğini anlayabilirsiniz. Mektupların sonundaki, konuların sonundaki mühürden alınmış bir isimdir. Bununla beraber, onları ortaya koyar ve değer verir. Mühürsüz değersizlerdir ve tüm yazı ziyan edilmiş olur.

Tzimtzum noktası üzerine ihsan eden Or Makif ile de aynıdır ki bu almanın Gadlut ölçüsüdür ta ki Yaradan'ı ile ihsan etmede form eşitliğine gelene dek. Aslında bu Üst ve alt tüm sınırlandırılmış dünyaların amacıdır.

İnsanın yaratılışıyla ilgili Gerçeğin göstergesi kişinin tamamen yalandan ibaret olduğu iddiasıdır. Bu böyledir çünkü Yaradan açısından insanın Tzimtzum noktasından uzaklaşması gereken Dışsal Kli'si yoktur, zira zaten O'nun Işığından ayrılmıştır. Bu nedenle gerçeğin Melekleri insana Or Makif'i edinmede yardım edemediler.

Üst ve alt tüm sınırlı dünyalar sadece bu tamamlanma için ve insan da bunun tek öznesi olarak yaratıldılar. Ancak insan bu rol için uygun olmadığından hepsi dipsiz kuyu ve yalan ve bunlara harcanan emek faydasız.

Özellikle ruhun Or Pnimi'sine ait olan Merhamet ve Erdemlik melekleriyle tam tersi söz konusu. Çünkü Boşluktan herhangi bir şeye sahip değiller, insana Neşama Işıklarını fazlasıyla ve en kutsal mükemmellikle ihsan edebilirler.

Dolayısıyla, insana faydaları dokunabilirdi ve insanın yaratılışına tüm kalpleriyle hemfikir oldular. Çünkü onlar Zivug de Hakaa'ya (çarpışarak birleşme) giren

NHY'dirler (Netzah, Hod, Yesod sefirotlarının kısaltılmış hali), içindeki Or Hozer bakımından onlar Or Makif'in yarısına aitler.

Barış melekleri insanın tamamen sorun olduğunu iddia ettiler. Bir başka deyişle, insan Or Makif'i nasıl alacak? Sonuçta, Or Pinimi ile aynı maddede olamazlar, zira birbirlerine zıtlar, yani tamamen sorunlar.

Or Makif ikiye ayrılır: gelecekteki Or Hozer ve gelecekteki Or Makif. Or Hozer için Dışsal Kli, Masah'tır (Perde) ve Or Makif için Dışsal Kli, Behina Dalet Aviut'unun (Dördüncü izlenim-ayrım) kendisidir, yani Taştan Kalp.

Adam HaRişon'un sadece Gerçeğin meleklerine ait olan Dışsal Kli'den yoksun olduğunu görüyorsunuz. İnsan Barış meleklerinin Dışsal Kli'sinden yoksun değildi. Dolayısıyla, Yaratılışa hem fikir oldular, ancak insanın tamamen sorun olduğunu iddia ettiler, yani zıt olduklarından Or Makif İçsel Kli'ye giremez.

15. Şimdi Hayat Ağacı'ndaki son derece derin olan iyi ve kötünün günahlarındaki sözleri anlamakla bahşedildik. Bir kısmını ifşa eden bilgelerimiz, sözleriyle on kısmını gizlediler.

Önsöz olarak şöyle yazılmıştır, "Ve ikisi de çıplaktı, adam ve karısı ve utanmadılar." Örtünmenin bir Dışsal Kli olduğunu bilin. Bu nedenle yazılar Hayat Ağacı'nın günahlarının nedenlerini göstermeden önce gelir, şöyle yazıldığı gibi, "Karalama insanoğulları için korkunç bir şeydir, zira iftirada insanın üstüne çıkarsın."

Bu, insanın günahının önceden hazırlanmış olduğu anlamına gelir ve bu yaratılış anında Âdem ve karısının Dışsal Kli'si olmadığı sadece Kutsallık sisteminden uzanan İçsel Kelim'e sahip oldukları dolayısıyla utanmadıkları sözlerinin anlamıdır. Bu nedenle yoksunluğu hissetmediler, zira utanç bir yoksunluk hissiyle ilgilidir.

Yoksunluk hissinin eksikliği tatmin etmenin ilk nedeni olduğu bilinir. Bu kişinin hastalığını hissetmesi ve ilaç almaya istekli olması gibidir. Ancak, kişi hasta olduğunu bilmezse kesinlikle tüm ilaçlardan uzak duracaktır.

Gerçekten de bu Dışsal Kli'nin görevidir. Zira beden yapısındadır ve Boşluktan gelirken Işıktan yoksundur. Bu, boşluk ve eksiklik hissine yol açar ki kişi bundan utanır.

Dolayısıyla, kişi eksikliği doldurmaya ve Kli'sini doldurmak üzere olan yoksun olduğu Or Makif'i çekmeye zorlanır. "Ve her ikisi de çıplaktı, adam ve karısı", sözlerinin anlamı budur, Dışsal Kli'den yoksundular. Bu nedenle, utanmadılar, çünkü eksikliği hissetmediler. Bu bağlamda, yaratılış nedenleri olan amaçtan yoksundular.

Yine de, Yaradan'ın elleriyle yaratılan o insanın yüceliğini iyice anlamamız lazım. Ayrıca, Yaradan'ın ondan daha fazla akıl verdiği karısını da, zira "Ve Yaradan kaburgayı yarattı" sözlerinin yorumunda (Nidah 45) yazıldığı gibi.

Dolayısıyla, yılanın kurnazlığına karşı dikkatli olmayı bilmeden, başarısız oldular ve aptala döndüler. Diğer taraftan, yazılar yılanın ormandaki diğer tüm hayvanlardan daha kurnaz olduğunu kanıtlıyor, Hayat Ağacı'nın meyvesini yerlerse Yaradan'a dönecekleri gibi boş ve yalan sözleri nasıl söyledi? Dahası, böyle bir yalan onların kalbine nasıl girdi?

EDİNİMİN SAFHALARI

Ayrıca, Yaradan olma arzusundan yemedikleri sadece ağacı yemenin iyi olmasından dolayı yedikleri de aşağıda yazılmıştır. Bu görünürde hayvanca bir arzu!

16. Bize tanıdık gelen iki anlayışın doğasını bilmemiz lazım:

*İlk anlayışa "iyi ve kötünün idraki" denir.

*İkinci anlayışa "doğru ve yanlışın idraki" denir.

Bu, Yaradan'ın her varlığa kendisi için iyi olanı ayıran ve mükemmelliğe getiren sezgisel bir güç aşıladığı anlamına gelir. İlk anlayış aktif, fiziksel güçtür. Bu acı ve tatlı hisleri kullanarak işler, acı formdan tiksinir ve onu iter, çünkü onun için kötüdür ve tatlıyı da sever ve çeker çünkü onun için iyidir. Bu işleyen güç realitedeki Cansız, Bitkisel ve Hayvansal'da onları arzulanan mükemmelliğe getirmek için yeterlidir.

Onların üstünde Yaradan'ın akıllı bir işleyen güç aşıladığı insan türü vardır. Yukarıdaki ikinci anlayışı ayırt etmekle işler, yalanı ve boşluğu mide bulandıracak tiksintiyle reddeder ve gerçek konuları ve her faydayı büyük sevgiyle çeker.

Bu anlayışa "doğru ve yanlışın idraki" denir. Tamamen ve sadece insan türüne sağlanmıştır, her birine kendi ölçüsünde. Bu ikinci işleyen gücün yılandan dolayı yaratılıp insana geldiğini bilin. Yaratılışta insanda sadece ilk aktif güç vardı, o dönemde ona yeterli olan iyi ve kötünün idraki.

Bunu bir benzetme ile anlatmama izin verin: Eğer erdemliler iyi işlerine göre ödüllendirilseydiler ve kötüler bu dünyadaki kötü işlerine göre cezalandırılsaydılar Kutsallık bizim için tatlı ve iyinin realitesinde belirlenirdi ve Sitra Ahra da kötü ve acının realitesinde belirlenirdi.

Bu durumda, seçim emri bize şöyle yazıldığı gibi gelirdi, "Bakın, sizlerin önüne tatlı ve acıyı koydum, bu nedenle tatlıyı seçin." Böylece, tüm insanların mükemmelliği gerçekleştirmesi garanti edilmiş olurdu, zira elbette ki günahtan kaçarlardı çünkü günah onlar için kötü. O'nun Kurallarıyla gece gündüz meşgul olurlardı, hiç durmadan, günümüzün aptallarının bugün bedensel konular ve onların pisliğiyle ilgilendikleri gibi, zira bunlar onlar için iyi ve tatlı. O Adam HaRişon'u yarattığında da böyleydi.

"Ve onu giydirmesi ve saklaması için Cennet Bahçesi'ne koyun." Bilgelerimiz şöyle yorumladılar, "giydirmek" pozitif Islahtır "ve saklamak" negatif Islahlardır. Onun (ilk insan) pozitif Islahları Bahçe'deki tüm ağaçlardan yemek ve zevk almaktı ve negatif Islahları iyilik ve kötülüğün Hayat Ağacı'ndan yememekti. Pozitif Islahlar tatlı ve güzeldi ve negatif Islahlar ölüm kadar zor olan acı meyveden kaçınmaktı.

Beklendiği gibi, bunlara Islahlar ve emek denilemez. Bunların benzerlerini günlük işlerimizde de görüyoruz, Şabat'ın ve iyi günlerin hazları vasıtasıyla yüce Kutsallık ile ödüllendiriliyoruz. Ve ayrıca sürüngenlerden ve böceklerden ve insanın iğrenç bulduğu her şeyden kaçınmakla da ödüllendiriliyoruz.

Adam HaRişon'un çalışmasında seçim "bu nedenle tatlıyı seç" yolu ile idi. Bundan Yaradan'ın neyi emrettiğini ve neyi emretmediğini bilmek için, fiziksel hazzın onun tüm ihtiyacı olan şey olduğunu sonucu çıkıyor.

17. Şimdi yılanın ustalığını anlayabiliriz, bilgelerimizin eklediği ve dikkatimizi çektiği gibi SAM (Samael-Havva'yı kandıran meleğin adı) ona büründü, çünkü sözleri çok yüceydi. Şöyle başladı, "Tabi Yaradan dedi ki: 'Bahçedeki hiçbir ağaçtan yemeyeceksiniz?" Yani, yılan kadınla konuşmaya başladı çünkü o Yaradan tarafından emredilmemişti. Dolayısıyla, ona tetkik şekilleri hakkında her şeyi sordu, yani, Bilgi Ağacı'nın yasaklandığını nereden biliyorsun? Belki de Bahçenin tüm meyveleri de sana yasaklanmıştır? "Ve, kadın dedi ki…'bahçenin ağaçlarının meyvelerinden yiyebiliriz';… Sen ondan yemeyeceksin, dokunmayacaksın da, ölmeyesin diye."

Burada iki büyük kesinlik var:

A. Dokunmak asla yasaklanmamıştı; dolayısıyla, neden yasağa ekledi ki?

B. Kadın Yaradan'ın sözlerinden şüphe mi etti? Yaradan dedi ki, "yoksa kesinlikle ölürsün," ve kadın dedi ki "ölmeyesin diye." Kadın günahtan önce bile Yaradan'ın sözlerine inanmamış olabilir mi?

Ancak, kadın yılanın sorusuna göre cevap verdi. Yaradan'ın ne yasakladığını, Bahçenin tüm ağaçlarının tatlı ve güzel olduğunu ve yemenin iyi olduğunu biliyordu. Ancak, zaten Bahçedeki o ağaca dokunmaya yakındı ve onda ölüm kadar sert bir tat aldı.

Kadın kendi gözlemiyle ölüm korkusu olduğunu kanıtlamış oldu, sadece dokunmakla bile. Bu nedenle, yasağı kocasından duyduğundan daha öte anladı, zira deneyimden daha bilgesi yoktur.

"Ölmeyesin diye" dokunmayla ilgilidir. Cevabın gayet yeterli olması gerekirdi, zira kim başkasının zevkine kim karışabilir ve inkâr edebilir ki? Ancak, yılan aksini iddia etti ve dedi ki, "Elbette ki ölmeyeceksin; çünkü Yaradan bundan yediğin gün gözlerinin açılacağını biliyor."

Burada gözlerin açılması konusuyla ilgili kesinliği yapmamız lazım. Gerçekten de bu, kadına onun ötesinde yeni bir bilgi verdi. Bu onlara Yaradan'ın Kendi dünyasında zararlı ve tehlikeli bir şey yarattığını düşünmenin yanlış olduğunu kanıtladı. Dolayısıyla, Yaradan'la ilgili olarak, kötü ya da zararlı bir şey değildi.

Tersine, onda tadacağın acılık, dokunmaya yakınken bile, sadece senin tarafından, zira bu yeme sadece senin değerinin yüksekliğini bildirmek için. Bu nedenle, o aksiyon sırasında ihtiyacın olan ek bir Kutsallık, böylece tek amacın Yaradan'ına mutluluk getirmek, yaratılış amacına uymak olacak. Bu yüzden, sana kötü görünüyor ki senden istenilen ek Kutsallık'ı anlayabilesin.

"Bundan yediğin gün" ün anlamı, eğer aksiyon Kutsilikte ise ve arılık gün gibi açıksa, o zaman "Yaradan gibi olacaksın, iyiyi ve kötüyü bilen." Bu, Yaradan'a kesinlikle tatlı ve tamamen eşit ise, böylece iyilik ve kötülük sana, tamamen eşitlikte, tatlı ve yumuşak olacaktır.

EDİNİMİN SAFHALARI

Hâlâ yılanın güvenirliliğinden şüphe etmek mümkün, zira Yaradan bunu ona Kendisi söylemedi. Bu nedenle, yılan önce "Yaradan biliyor ki bundan yediğin gün, gözlerin açılacak" dedi.

Bu, Yaradan'ın seni bununla bilgilendirmesi gerekmiyordu anlamına geliyor, zira O biliyor ki eğer sen buna dikkat edersen, Kutsallık tarafında yemeye, O'nun yüceliğinin ölçüsünü anlamak için gözlerin kendiliğinden açılacak. O'nda muhteşem tatlılık ve yumuşaklık bulacaksın; bu nedenle senin bilgilendirmesine gerek yok, zira senin içine araştıran gücü koydu ki senin için ne faydalı bilebilesin.

Hemen bundan sonra: "Ve kadın ağacın yemek için iyi olduğunu ve göze hoş geldiğini gördüğünde." Bu, O'nun sözlerine güvenmediği, fakat hiç de kendisi için değil ondan arzulanan amacı tamamlayarak Yaradan'a mutluluk vermek için gidip kendi aklı ve anlayışıyla incelediği ve kendisini ek Kutsallık ile günahlardan arındırdığı anlamına gelir. O zaman gözleri açıldı ve yılan şöyle dedi, "Ve kadın ağacın yemek için iyi olduğunu gördü."

Bir başka deyişle, daha dokunmadan önce "göze hoş geldiğini" görmekle, Bahçenin tüm ağaçları arasında böyle çekici bir şey görmediğinden, gözleri kendileri görmeye başladığında muazzam tat ve arzu hissetti.

Ayrıca ağacın bilgi için iyi olduğunu da öğrendi, yani Bahçenin tüm ağaçları arasından bu ağaçta özlem duyulacak ve imrenilecek çok daha fazla şey olduğunu. Bu, onların bu yeme aksiyonu için yaratıldıklarını bilmekle ilgili ve bu yılanın söylediği gibi amacın ta kendisi.

Tüm bu gözlemlerden sonra "kadın oradaki meyveyi aldı ve yedi; ve kendisiyle birlikte kocasına da verdi ve o da yedi." Makale kesin olarak "kadın ile," yazıyor, yani kendi ihtiyacı için değil saf ihsan etme niyeti ile anlamında. "ve kendisiyle birlikte kocasına da verdi" sözlerinin anlamı budur, Kutsilikte onunla.

18. Şimdi konunun kalbine geliyoruz ve Âdem'in bacağıyla ilgili hataya. İyilik ve kötülüğün Hayat Ağacı Boşlukla karışmıştı, yani üzerine Tzimtzum'un uygulandığı ve Or Elyon'un ayrıldığı almanın Gadlut formu.

Adam HaRişon'un yapısında Boşluktan uzanan, almanın Gadlut formunun olmadığı zaten açıklanmıştı. Tersine o sadece ihsan etmeyle ilgi olan Kutsallık sisteminden uzandı.

Zohar'da (Kedoşim) Adam HaRişon'un bu dünyadan hiçbir şeye sahip olmadığı yazılıdır. Bu nedenle, Bilgi Ağacı ona yasaklanmıştı, çünkü onun kökü ve tüm Kutsallık sistemi farklılık olan form eşitsizliğinden dolayı Sitra Ahra'dan ayrıdır.

Dolayısıyla, o da bağlanma konusunda emredilmiş ve uyarılmıştı, zira bu şekilde kutsal kökünden ayrılır ve Kutsallık'tan ve Yaşamların Yaşamı'ndan farklılık ve zıtlıklarından dolayı ölen Sitra Ahra ve Klipot gibi ölürdü.

Ancak, Şeytan, ki buna SAM (Samael-Havva'yı kandıran meleğin adı) denir, ölüm meleği yılana bürünmüştü, aşağı geldi ve ağzında yalan ile Havva'yı kandırdı: "Elbette ki ölmeyeceksin." Hiçbir yalanın kendisinden önce gerçek sözler gelmezse duramayacağı bilinir. Dolayısıyla, doğru bir kelime ile başladı ve Yaratılışın amacını kadına ifşa etti ki bu sadece ağacı doğruladı, yani büyük alma kaplarını ihsan etmeye çevirmeyi.

Ona Yaradan'ın bu ağaçtan yediği ve dünyayı yarattığı söylendi, yani o konuya "Hareketin sonu başlangıçtaki düşüncededir" formunda baktı ve bu nedenle O dünyayı yarattı. Yukarıda gördüğümüz gibi ilk Tzimtzum'un tüm meselesi, sadece alma formunu ihsan etmeye eşitlemesi kaderine yazılmış olan insan içindi.

Gerçek buydu, ki bu nedenle başarılı oldu ve kadın kendisini tamamen ihsan etmek için almaya ve zevke hazırladığında buna inandı. Her halükarda bunu görüyorsunuz, iyilik ve kötülük Bilgi Ağacı'ndan kötülük yok oldu ve iyilik Bilgi Ağacı kaldı.

Bunun nedeni oradaki kötülüğün sadece ona damgalanmış olan "kendi" için alma form eşitsizliği olmasıdır. Ancak, ihsan etmek için almada tam mükemmelliği getirilir ve böylece kadının muazzam birleşmeyi gerçekleştirdiğini görüyorsunuz, hareketin sonunda olması gerektiği gibi.

Bununla beraber, o kutsal Kutsallık hâlâ zamansızdı. Kadın ona sadece ilk yemede dayanabilecek kadar uygundu. Kişinin tadıp alışmadan bir hazdan kaçınmasının hazzı tadıp ona bağlandıktan sonra kaçınmasıyla bir olmadığını size açıklayacağım. İlki elbette bir kerede tamamen kaçınabilir, ancak diğeri olay tamamlanana dek dirhem dirhem arzusundan kaçınmak için çaba harcamalıdır.

Burada da aynı, zira kadın henüz Bilgi Ağacı'ndan tatmamıştı ve tamamen ihsan etme formundaydı. Bu nedenle, Yaradan'ına mutlak Kutsilikte mutluluk verebilmek için ilk kez yemeyi gerçekleştirmek onun için kolaydı. Ancak, onu tattıktan sonra, içinde Bilgi Ağacı için muazzam bir arzu ve özlem hâsıl oldu, ta ki arzusundan uzaklaşamayana dek, zira işler onun kontrolü dışına çıkmıştı.

Bu yüzden bilgelerimiz kadın zamanından önce yedi derler, yani meyve olgunlaşmadan önce, arzularına hâkim olacak güç ve iradeyi edinmeden önce. Bilgelerin Masehet Yevamot'ta söyledikleri gibi, "Yedim ve daha yiyeceğim." Bu, Yaradan'ın kendisine öfkeli olduğunu açıkça duymasına rağmen yine de vazgeçemedi anlamına gelir, zira arzu çoktan adamla bağ kurmuştu. İlk yemenin Kutsallık tarafında olduğunu görüyorsunuz ve ikinci yeme de muazzam kirlilik içindeydi.

Şimdi tüm insanların ölüme bırakıldığı Bilgi Ağacı cezasının ciddiyetini anlayabiliriz. Bu ölüm meyveyi yemekten dolayı geliyor, zira Yaradan onu uyardı, "oradan yediğin gün elbette ki öleceksin."

Almanın Gadlut formu onun bacaklarına Boşluktan geldi ve Tzimtzum'dan ileride artık Or Elyon' (Üst Işık) ile anı çatı altında olması mümkün değil. Bu nedenle, "ve burun deliklerinden içeri yaşam nefesi üflendi" sözlerinde ifade edilen o ebedi yaşam nefesi oradan ayrılmak zorundaydı ve fani sürekliliği için bir dilim ekmeğe bağlımlıydı.

Bu yaşam önceki gibi ebedi yaşam değildi, kendisi için olduğu zamandaki gibi. Tersine bir yaşam terine benziyordu, her bir damlacığın önceki yaşamdan bir parça olduğu, minik damlacıklara bölünmüş bir yaşam. Böylece, onun tüm nesilleri, tüm nesillerdeki bütün insanlar, yaratılış amacını tamamlayan son nesle kadar uzun bir zincirler.

Bundan, Bilgi Ağacı günahı sebebiyle Yaradan'ın aksiyonlarının hiç değişmediği sonucu çıkıyor. Tersine, Adam HaRişon'a anında gelen yaşamın bu Işığı uzandı ve ıslahın sonuna dek form değişimi evrelerinde dönerek uzun bir zincire yayıldı. Bir anlığına bile durma yok, zira Yaradan'ın aksiyonları canlı ve sürekli olmalı: "Kutsallık yükseltilir, alçaltılmaz."

Tıpkı insanın durumunda olduğu gibi dünyadaki tüm varlıkların durumu da aynıdır çünkü hepsi form değişimi evrelerinden, ebedi ve genel bir formdan aşağı indiler, insanın yaptığı gibi.

Hem insan hem de dünyanın bir içsel değeri bir de dışsal değeri vardır. Dışsal olan her zaman içsel olana göre çıkar ve iner ve "Yüzünün teriyle ekmeğini yiyeceksin" sözlerinin anlamı budur. Yaradan'ın daha önce burun deliklerinden üflediği yaşam nefesi yerine şimdi burun deliklerinde yaşam teri var.

19. Bilgelerimiz şöyle dedi (Babba Batra 17), "İnsan kötü eğilimdir, o şeytandır, ölüm meleğidir. O aşağı iner ve kışkırtır, yükselir ve şikâyet eder, o gelir ve ruhunu alır." Bunun nedeni Bilgi Ağacı günahından dolayı iki genel yozlaşmanın ortaya çıkmasıdır.

İlk bozulma "yükselmeler ve şikâyetler" konusudur. İnsan Bilgi Ağacı'ndan yemek için kandırıldı ve bedeninin yapısında Boşluktan bir alma kabı edindi. Bu, karşılığında Yaradan'ın Âdem'in burun deliklerinden üflediği ebedi yaşam Işığı ile Âdem'in bedeni arasında nefret ve uzaklığa sebep oldu.

Bu, "Gururlu olanlarla, Yaradan der ki, 'o ve Ben aynı yerde olamayız'" sözlerine benziyor. Bunun nedeni gururun Or Elyon'un daha önce Tzimtzum zamanından itibaren ayrıldığı Boşluğun alma kaplarından kaynaklanmasıdır.

Zohar'da Yaradan'ın sadece kendileri için inşa edilmiş bedenlerden nefret ettiği yazılıdır. Bu nedenle yaşam Işığı insandan kaçtı ve bu ilk bozulmadır.

İkinci bozulma Kutsallık sisteminde zaten bağlı olan 288 kıvılcımın düşmesiydi. Bunlar verilmişlerdi ve Sitra Ahra ve Klipot sistemine düştüler ki dünya yok olmasın.

Bunun nedeni, Kutsallık ve Boşluğun Kelim'inin aralarında olan nefretten dolayı Kutsallık sisteminin sürekliliği sağlayamaması ve insanları ve dünyayı besleyememesidir. Bunu zıtlıklar yasası izler, "o ve Ben aynı yerde olamayız." Dolayısıyla, 288 kıvılcım Sitra Ahra sistemine verilmişti ki böylece ruhların bedenlerdeki enkarnasyonları boyunca insan ve dünyanın devamlılığını sağlasın, şöyle yazıldığı gibi, "Bir nesil için on bin ve bin nesil için", ıslahın sonuna dek.

Şimdi neden onlara Klipot denildiğini anlayabilirsiniz. Bunun nedeni onların meyvenin kabuğu gibi olmalarıdır. Meyve yenilene dek sert kabuk meyveyi kirden ve zarardan örter ve saklar. Kabuk olmadan meyve bozulur ve amacını yerine getiremez. Böylece, 288 kıvılcımın Klipot'a verildiğini görüyorsunuz, arzulanan hedeflerine bağlanıp onu edinene dek realitenin devamlılığını sürdürmek ve yeterli hale getirmek için.

Yukarıda bahsedilen ikinci bozulma "gelir ve ruhunu alır" konusudur. Şunu söylemek istiyorum ki kişi için kalan ruhun o küçücük parçası bile "önceki yaşamın teri" gibidir ve kadının kendisine düşen 288 kıvılcımdan erkeğe verdiği aynı ihsan etme yoluyla Sitra Ahra tarafından çalınmıştır.

Bunu anlamak için, Sitra Ahra'nın gerçekten olduğu gibi açık bir resmine ihtiyacınız var. Böylece, onu tüm yönleriyle inceleyebilirsiniz. Alt dünyanın realitesinin tüm parçaları köklerinden uzanan dallardır, tıpkı Üst Dünyadan bir mührün izi gibi ve onun Üstündeki Üst Dünyadan ve onun kendi Üstündeki Üst Dünyadan.

Köklerle ilgili dallardaki her izlenimin sadece maddelerinin temeli üzerine olduğunu bilin. Bu, bu dünyadaki maddelerin fiziksel temeller olduğu ve Yetzira dünyasındaki maddelerin Yetzira'daki maneviyatla ilgili manevi temeller olduğu anlamına gelir. Her bir dünyada bu şekildedir.

Ancak, hepsinde her daldan köküne kadar ortaya çıkanlar ve davranışlar aynı değere sahiptir, tıpkı bir göletteki iki damla gibi ve damgalandığı mühürle özdeş forma sahip damga gibi. Ve bunu bildiğinizde, üst Sitra Ahra'nın bu dünyadaki dalını arayabiliriz ve onun vasıtasıyla üst Sitra Ahra'nın kökünü de bileceğiz.

Zohar'da (Paraşat Tazriya) insanların bedenlerindeki ıstırabın üst Sitra Ahra'nın dalları olduğunu görüyoruz. Bu nedenle Hayvansal seviyeyi alıp bundan öğrenelim. Bedeninde haz edinimiyle ortaya çıkan fışkırmanın yaşamının devamlılığını sağladığını görüyoruz. Bu nedenle, İlahi Takdir küçük olanlara öyle nakşetti ki gözlerini koydukları her yer onlara haz ve mutluluk versin, en basit şeyler bile.

Bunun nedeni yeterince büyüyüp filiz vermek için üremeleri gereken küçük olanların seviyesinden kaynaklanıyor ve bu nedenle hazları çok bol. Böylece, haz Işığının yaşamın atası olduğunu görüyorsunuz.

Ancak, bu yasa sadece seviyeye bütün olarak gelen hazlara uygulanır. Fakat, ayrılık hazzında, haz yoğunlaşmış ve Hayvansal seviyenin sadece bir parçası tarafından alındığında, bu yasanın tersini görüyoruz. Eğer bedeninde kaşıma ve ovma gerektiren kusurlu bir yer varsa kaşıma ödülünü de birlikte getirir ve kişi bunu yapmaya devam etmekten büyük haz hisseder. Ancak, bu haz ölüm iksirinin bir damlasıyla donuklaşır: eğer kişi arzusuna hükmetmezse ve ona dadanırsa ödeme borcu arttırır.

Bir başka deyişle, kaşımaktan alınan hazza göre, acı artar ve haz ıstıraba dönüşür. Tekrar iyileşmeye başladığında kaşımak için yeni bir talep ortaya çıkar ve öncekinden daha büyük bir boyutta. Ve eğer kişi hâlâ arzusuna hükmedemiyorsa ve talebi doyurmak için ödeme yapıyorsa, ızdırap da büyür.

Sonuç olarak, o hayvandaki kanı tamamen zehirleyen acı bir damla getirir. Haz alarak öldüğünü hatırlayın, zira sadece seviyenin ayrılmış kısmı tarafından alınan ayrışma hazzıdır. Dolayısıyla, ölüm o seviyede tüm seviyeye verilmiş hazdan zıt bir şekilde işler.

Burada önümüzde başından ayak parmağına kadar üst Sitra Ahra'nın formunu görüyoruz. Başı, sadece kendisi için alma arzusu olup kendisinden başkasına ihsan etmemektir, hayvanın bütününe kıyasla ızdıraplı bedenin talebinin niteliğinde olduğu gibi. Sitra Ahra'nın bedeni ödeme yapılmayacak talebin belli bir formudur. Kişinin yaptığı geri ödeme borcu ve ıstırabı daha da arttırır, kaşımaktan alınan haz örneğinde olduğu gibi.

Sitra Ahra'nın ayak parmağı, onu çalan ve geriye kalmış son yaşam kıvılcımından ayıran ölüm iksirinin bir damlasıdır, tıpkı hayvandaki tüm kanı zehirleyen ölüm iksiri damlası gibi.

Bilgelerimizin "sonunda gelir ve ruhunu alır" sözlerinin anlamı budur. Bir başka deyişle, ölüm meleğinin ucunda bir damla zehir bulunan kılıcını çekmiş halde geldiğini söylediler, kişi ağzını açar ölüm meleği damlayı içine atar ve o ölür.

Ölüm meleğinin kılıcı alma ölçüsüne göre büyüyen ayrılıktan dolayı Sitra Ahra'nın Herev denilen etkisidir ve ayrılık onu öldürür. Kişi ağzını açmak zorundadır zira devamlılık ve süreklilik için ondan bolluğu almalıdır. Sonunda, kılıcın ucundaki zehir kişiye ulaşır ve bu onun yaşam nefesinin son kıvılcımıyla ayrılığı tamamlar.

20. Bu iki bozulmanın sonucu olarak insanın bedeni de yozlaştı, zira Kutsallık sisteminden sürekliliğinin bolluğunu alması eksiksiz bir biçimde Yaradan tarafından uyarlandı. Bu böyledir çünkü her uygulanabilir aksiyonda parçalar fazlalıktan ve azlıktan korunurlar. Uygulanabilir olmayan bir aksiyon parçalarının dengede olmamasındandır ve onlarda bir miktar eksiklik ya da artık vardır.

Birlik Şiiri'nde söylediği gibi: "Tüm Çalışmanda, hiçbir şey Unutmadın; Eklemedin ve Çıkarmadın." Mükemmel işleyişlerin mükemmel İşletenden kaynaklanması zorunlu bir kanundur.

Ancak, kişi Bilgi Ağacı tarafından inşasına eklenen yapışkandan (midyenin kayaya yapışması gibi alma arzusunun insana yapışması anlamında) dolayı Kutsallık sisteminden Sitra Ahra sistemine geçtiğinde pek çok parçası zaten artıktır, fuzulidir. Bunun nedeni Sitra Ahra'nın otoritesinden sağlanan hayatın bereketinden hiçbir şey almamalarıdır, Luz kemiğinde (kuyruk sokumu kemiği: geleneklere göre vücut geri gelirken bu kemikten inşa edileceği inancı vardır) (Zohar, Midraş HaNe'elam, Toladot) ve her organın belli bir parçasında gördüğümüz gibi.

Dolayısıyla, kişi bedenine ihtiyacı olduğundan fazla gıda almalıdır, zira artık bedenden yükselen her taleple birleşir. Bu yüzden, beden bunlardan alır. Ancak, artık kendi payına düşeni alamaz, böylece onun payı bedende bedenin daha sonra reddetmesi gereken artık ve çöp olarak kalır.

Sonuç olarak, yeme ve özümseme araçları boşuna çalışır. Küçülür ve yok olacak kadar azalırlar çünkü kaderleri önceden belirlenmiştir, her dengesiz aksiyonunki gibi, parçalanmaya mahkûmdur. Bedenin inşasının açısından da ölümünün Bilgi Ağacı'nın neden ve sonucuna bağlı olduğunu görüyorsunuz.

Şimdi iki zıt, ters işleyişi (Madde 11) öğrenme ve bilmekle ödüllendirildik. Yaratılan varlıkların sürekliliği ve korunması çoktan Kutsallık sisteminden Sitra Ahra sistemine geçti. Bu, Bilgi Ağacı'ndan yemek vasıtasıyla yaratılan varlıklara bağlanan kişinin muazzam kendisi için alma arzusunun yapışkanından (midyenin kayaya yapışması gibi alma arzusunun insana yapışması anlamında) dolayı böyledir. Kutsallık sistemi ve bu dünyada yaratılan varlıkların bedenlerinin yapısı arasında ayrılık, zıtlık ve nefrete neden oldu.

Kutsallık artık realiteyi yok etmemek ve onlar için bir ıslah aksiyonu başlatmamak için onları yüksek masadan besleyip sürdürülebilirliklerini sağlayamadığında, 288 kıvılcımını realitenin devamlılığının kolektif bolluğuna – Sitra Ahra sistemine verir ki ıslah sürecinde dünyadaki tüm varlıkların ihtiyaçlarını karşılayabilsin.

Bu nedenle, var olmanın işleyişleri çok karışıktır, zira kötülük günahkârdan kaynaklanır ve eğer yaratılan varlıkların bolluğu azaltılırsa, elbette yıkım ve felaket getirir. Ve eğer bolluk artarsa, alıcılara fazlasıyla ayrışma gücü getirir, bilgelerimizin dediği gibi, "Yüz lirası olan iki yüz ister; iki yüzü olan dört yüz ister."

Bu tıpkı artan hazzın ayrılık ve felaketi arttırdığı gibi ayrık ve kusurlu bedenin hissettiği ayrılmış haz gibidir. Bu yüzden, kişisel sevgi alıcılarda müthiş yükselir ve kişi dostunu çiğ çiğ yer. Ayrıca, bedenin yaşamı da kısalır, zira almanın birikimi sondaki acı damlayı daha çabuk getirir ve neye dönseler sadece mahkum ederler.

Şimdi Tosfot'da (Ktubot sayfa 104) ne yazıldığını anlayabilirsiniz: "Kişi Işığın bedenine girmesi için dua ettiğinde hiçbir hazzın bedenine girmemesi için dua etmeli." Bunun nedeni, Kutsallık'a zıt olan kişisel alma formunun kişinin bedeninin edindiği haz ölçüsüyle büyüyüp çoğalmasıdır.

Dolayısıyla, Kutsallık'tan ayrık ve tamamen form zıtlığı içindeyse ve aralarında büyük nefret varsa, tüm zıtlıklarda olduğu gibi, birbirlerinden nefret ediyorlar ve aynı çatı altında olamıyorlar, kişi nasıl bedenine Maneviyatın Işığını alabilir?

Bu nedenle, kişi bedenine hiçbir haz ve zevkin girmemesi için dua etmelidir ve Maneviyat ve Islahlar'daki çalışmalar biriktikçe, kişi yavaş yavaş arınır ve alma formunu ihsan etme formuna dönüştürür. Kişinin formunu Kutsallık sistemine eşitlediğini görürsünüz ve Bilgi Ağacı günahı öncesindeki gibi aralarındaki eşitlik ve sevgi geri döner. Böylece kişi Maneviyatın Işığı ile ödüllendirilir, zira Yaradan'ın mevcudiyetine girmiştir.

21. Şimdi, Midraş'ta (Madde 11) öğrendiğimiz, meleklerin insanın yaratılışı ile ilgili cevaplarının neden sunulmadığını iyice anladınız. Nedeni, Merhamet ve Erdemlik meleklerinin bile insanın şimdiki haline hemfikir olmamalıdır, zira tamamen onların etkisinden çıkmış ve Sitra Ahra'ya tamamen bağımlı hale gelmiştir.

EDİNİMİN SAFHALARI

Midraş şöyle bitiyor: "İnsan Gerçeği aldı ve yere attı. Hepsi anında "Bırak Gerçek topraktan fışkırsın' dedi." Bu, Merhamet ve Erdemlik meleklerinin bile onaylarından pişman oldukları anlamına gelir, zira Gerçeğin gözden düşmesini asla kabul etmediler.

Bu olay Bilgi Ağacı'ndan yeme zamanında oldu, Gerçek realitenin devamlılığının yönetiminden eksik olduğunda, zira tatlı ve acı hisleriyle işleyen, Yaradan tarafından insana konulmuş etraflıca araştırma gücü zayıflayıp başarısız oldu (Madde 17).

Bunun böyle olmasının nedeni, Kutsallık sisteminde bağlı, 288 farklı Behinot olan hayatın sürekliliğinin zaten gün gibi açık olmasıdır. Ve hiçbir insan bunlarda başarısız olmasın diye sevilen ve tatlı olanın bütünüyle çekilmesi ve acı olanın reddedilmesi için "damak yiyeceğini tadar."

Bununla beraber, Bilgi Ağacı'nın ilk kez tadılmasından sonra, ki bunun için kendine almanın Gadlut formu onlara yapıştı, bedenleri ve Kutsallık iki zıtlık haline geldiler. O zaman, 288 Behinot olan hayatın bereketi Sitra Ahra'nın ellerine gitti.

288 kıvılcımın zaten ayıklanmış ve Sitra Ahra tarafından yeniden karıştırılmıştı. Böylece realitede yeni bir form yaratıldı – başlangıcı tatlı ve sonu acı olan bir form.

Bunun nedeni, haz Işığının ayrılık ve acı bir damla getirdiği 288 kıvılcımın formunun Sitra Ahra tarafından değiştirilmiş olmasıdır. Yanlışlığın formudur bu; her felaket ve kafa karışıklığının en önemli ve ilk atası.

Şöyle yazılmıştır, "Gerçeği aldı ve yere attı." Dolayısıyla, yılandan dolayı insana yeni bir idrak eklenmişti – aktif kavrama gücü. Bu doğru ve yanlışın ayrımı ile işler ve kişi bunu ıslah dönemi boyunca kullanmalıdır, zira onsuz fayda sağlamak mümkün değildir (Madde 17).

288 kıvılcımın Sitra Ahra'nın ellerine düşmesiyle neden olunan tüm karışıklığı gelip görün. Bilgi Ağacı'ndan tatmadan önce kadın yasaklanan şeye dokunamıyordu bile (Madde 17). Bilgi Ağacı'na sadece yakın olmakla ölüm gibi olan acıyı tattı. Bu nedenle, anladı ve dokunma yasağını ekledi.

Ve ilk yemeden sonra Sitra Ahra ve yanlışlık realitenin varlığını çoktan düzenlediğinde, yasak başlangıçta o kadar tatlı geldi ki ondan kaçınamadılar. Bu nedenle adam, "Yedim ve daha da yiyeceğim" dedi.

Şimdi neden Manevi çalışmadaki ödülün sadece olgun bedenler için planlandığını anlıyorsunuz. Çünkü manevi çalışmanın tüm amacı realitenin varlığının işleyişinde karışıklığa neden olan Bilgi Ağacı günahını ıslah etmektir.

Manevi ilim bu ıslah için verilmişti – Kutsiliğin 288 kıvılcımını tekrar yükseltmek için. O zaman, devamlılığın işleyişi Kutsallık'a dönecek ve realitenin varlığının üslubundaki karışıklık sona erecek. Sonra, insanlar arzuladıkları mükemmelliğe kendileri getirilecekler, tamamen acı ve tatlının izlenimi ile ki bu Bilgi Ağacı günahından önceki ilk işletimdi.

Peygamberler de sadece bu ıslahtan bahsediyorlar, şöyle denildiği gibi, "Tüm peygamberler sadece Mesih'in günlerinin geleceğini haber verdiler." Bu, günahtan önce olduğu gibi İlahi Takdir'in altında düzenlendiği gibi dünyanın varlığının üslubunun yeniden yapılanması anlamına geliyor. "Ancak bir sonraki dünya için" maddenin sonunu ima ediyor ki bu Yaradan'ın formuna eşitliktir, "göz Senden başka bir Yaradan görmemiştir de." Ayrıca, eğer Mesih'in günlerinde Mısır yükselmezse, onların üstüne yağmur yağmayacak, yazılmıştır yani iyilik ve kötülüğün idraki vasıtasıyla.

22. Şimdi bilgelerimizin Yaradan, halk için barıştan başka şey içeren bir koşul bulamadı, sözlerini anlayabiliriz. Şöyle sorduk, "Neden Mişna kitabının sonunu getirmek için bu sözler seçilmişti?"

Yukarıdakilere göre, Yaradan'ın sadece ilk insan Âdem'in ihtiyacı için onun burun deliklerinden üflediği yaşamın ebedi ruhunun Bilgi Ağacı günahından dolayı ayrıldığını anlıyoruz. Yeni bir form aldı "Alın Teri", yani genel olan pek çok parçaya, minik damlalara ayrıldı, Âdem ve zamanın sonuna kadar tüm nesilleri arasında bölündü.

Sonuç olarak, Yaradan'ın aksiyonlarında değişiklik yok, ancak burada sadece ek bir form var. Âdem'in burnuna dolan yaşamın bu genel Işığı, form değişimi evrelerinde dönerek, bir bedenden öteki bedene, pek çok bedende, ıslahın kaçınılmaz sonuna dek uzun bir zincire dağıldı.

Ademin Bilgi Ağacı'ndan tam da yediği gün öldüğü sonucu ortaya çıkıyor ve ebedi yaşam ondan ayrıldı. Tersine, o üreme organı (ki bu birleşmenin anlamıdır ve "Barış" denilir) tarafından uzun bir zincire bağlandı.

Görüyorsunuz ki kişi kendisi için değil tüm zincir için yaşar. Bu yüzden, zincirin her bir parçası yaşam Işığını kendisine çekmez, sadece yaşam Işığını tüm zincire dağıtır. Bu kişinin yaşamının günlerinde de böyledir, yirmi yaşında adam bir kadınla evlenmek için sağlıklıdır; ve oğullarının olması için on yıl bekleyebilir; böylece, otuzuna kadar kesinlikle baba olmalıdır.

Ondan sonra, adam oturur ve kendisi kırk, Bina (anlama), yaşına gelene dek bekler, ki oğluna kendi kendine öğrendiği bilgi ve hazineyi ve atalarından öğrendiği ve miras aldığı her şeyi devredebilsin ve oğluna ne olursa olsun bunu kaybetmemesi için güvenecektir. Ondan sonra zamanı geldiğinde ölür ve oğlu babasının yerine zincirin devamlılığına tutunur.

Açıklandığı gibi (Madde 15), Bilgi Ağacı günahı Âdem için zorunluydu, şöyle yazıldığı gibi, "İftira insanoğulları için korkunçtur." Bunun böyle olmasının nedeni Saran Işığın alabilmek için kişinin yapısına bir dış Kli eklemek zorunda olmasıdır, böylece iki zıtlık bir maddede birleşir, iki ardışık zamanda. Katnut (çocuklar) döneminde, adam Sitra Ahra'ya bağımlı olacak. Onun Boşluktan gelen alma kapları arzulanan ölçülerine kişinin bu kaplardan dolayı aldığı ayrılmış hazlara göre büyür.

Sonunda, kişi Gadlut'a ulaştığında ve Maneviyat ve Islahlar ile çalışmaya başladığında, büyük alma kaplarını anında ihsan etmeye çevirmek elde edilebilir olacak. En önemli amaç budur ve "Gerçeğin Işığı" ve "Mühür" olarak adlandırılır (Madde 14).

EDİNİMİN SAFHALARI

Bununla beraber, kişi Kutsallık'la bağ kurmadan önce bir kez daha Sitra Ahra masasından aldığı her türlü alma formundan uzaklaşmalıdır, sevgi emrinin bize geldiği gibi, "tüm kalbinle ve tüm ruhunla." Bunun sonucu olarak, eğer kişi Sitra Ahra'dan edindiği her şeyi kaybediyorsa bilgelerimiz bu ıslah ile ne yaptılar?

Bu nedenle, İlahi Takdir her nesilde bedenlerin çoğalmasını sağladı, bilgelerimizin dediği gibi, "O erdemlilerin sayıca az olduğunu gördü, durdu ve onları her nesle indirdi." Bu, O'nun sonunda erdemlilerin kendi için almayı tamamen reddedeceklerini gördüğü anlamına gelir ve böylece onların Saran Işığı azalır, zira onun için uygun olan dış Kli onlardan itilecektir.

Bu nedenle, O, onları her bir nesle indirdi, çünkü tüm nesillerde, çok sayıda insan öncelikle erdemliler için yaratıldı, Boşluğun Kelim'inin taşıyıcıları olmak için. Böylece dış Kli erdemlilerde ister istemez farkında olmadan işler.

Böyle olmasının nedeni dünyadaki tüm insanların birbirine bağlı olmasıdır. Birbirlerini bedensel eğilimlerde ve fikirlerde etkilerler. Dolayısıyla, kendi için alma eğilimini ister istemez erdemlilere getirirler ve bu şekilde arzulanan Saran Işığı alabilirler.

Bununla beraber, benzer şekilde, erdemliler ve günahkârlar her nesilde eşit ağırlıkta olmalıydı. Ancak, böyle değil, her erdemli için binlerce işe yaramaz var. Yine de bilmelisiniz ki, yaratılışta iki tür yönetim vardır: a) niteliksel güç; b) niceliksel güç.

Sitra Ahra'nın ayakları etrafında dolaşanların gücü yetersiz, alçak, az, arzulanmayan ve amaçsızdır ve rüzgârda saman gibi uçarlar. Dolayısıyla, bu gibiler, yolları arzu ve amaç ile açık olan bilge kalpli insanlara nasıl bir şeyler yapabilirler ki ve küçük eğilimleri yeterli miktarda kalplerine getirmek için bir Üst Işık huzmesi gece gündüz onların önünde ışıldarken?

Bu nedenle, O Yaratılışta niceliksel gücü yarattı, zira bu gücün hiçbir niteliğe ihtiyacı yok. Niteliksel gücün etkinliğini, aslanlarda ve kaplanlarda gördüğümüz gibi açıklayacağım size, zira onların muazzam gücünden dolayı hiçbir insan onlarla dövüşmez.

Onların karşısında sineklerde olduğu gibi hiçbir niteliği olmaya güç ve etkinlik görüyoruz. Ancak onlarla da sayılarından dolayı hiçbir insan dövüşmez. Bu gezginler insanın evinde serbestçe dolaşır özgürce masaya konar ve onlara karşı güçsüz hisseden insandır.

Bununla beraber, vahşi sinekler, böcekler ve diğer davetsiz misafirlerin güçlerinin niteliği domestik sineklerden daha büyük olmasına rağmen, insan onları alanından tamamen yok etmedikçe rahat edemez. Bunun nedeni doğanın onlara sineklerin üreme yeteneğini vermemiş olmasıdır.

Benzer şekilde, her bir erdemli için muazzam bir çoğalma gerekliliği olması gerektiğini görebilirsiniz. İnsanlar basit eğilimlerini erdemlilere sayılarının gücüyle işleyebilirler zira hiçbir nitelikleri yoktur.

"Yaradan Kullarına güç verecektir" sözlerinin anlamı budur. Tüm yaratılış zinciri tarafından edinilen ebedi yaşam Işığına "Güç" denir. Yazılar, Yaradan'ın bize kesinlikle o gücü vereceğini garanti ediyor.

Yine de sormamız lazım, bu nasıl olacak? Zira herkes kendi içinde ve kendi başına bir bütün değil, bilgelerimizin yazdığı gibi, "Doğmaktansa doğmamak kişi için daha iyidir," o zaman O'nun ebediyetinden nasıl eminiz?

Ve sözler şöyle sona eriyor, "Yaradan kullarını barış ile kutsayacak," yani oğulların kutsanması anlamında. Bilgelerimizin Masehet Shabbat'ta dediği gibi, "evinde barış yapan başıboştur." Bunun böyle olmasının nedeni oğullar boyunca ıslahın sonuna dek bu zincirin birleşmiş ve bağlı olmasıdır. O zaman tüm parçalar ebediyette olacak.

Bu nedenle, bilgelerimiz şöyle dedi, "Yaradan halk için barıştan başka dua tutacak bir koşul bulamadı." Zira, O'nun duası ebedi olduğundan alıcılar da ebedi olmalılar.

Böylece görüyorsunuz ki oğullar boyunca babalar, sonsuzluk lütfunu tutmaya uygun ebediyet zincirini aralarında tutuyor ve yaratıyorlar. Buradan bu lütfun bütünlüğünü tutan ve işleten barış olduğu sonucu çıkıyor.

Dolayısıyla, bilgelerimiz Mişna'yı bu sözlerle bitirdiler, umarım bizim zamanımızda olur ve her şey barış içinde yerine oturur, zira bizim için maneviyat ve tüm iyiliklerin lütfunu tutan koşul barıştır.

KABALA İLMİNDE MADDE VE FORM

Genel olarak bilim ikiye ayrılır: birine "maddesel araştırma" ve diğerine "pratik araştırma" denir. Bu, önümüzdeki tüm realitedeki her elementin içinde madde ve formun (şeklin) algılandığı anlamına gelir.

Örneğin, bir masa maddeden oluşur, yani odun ve bir formu vardır, masa şekli. Odun olarak madde şeklin taşıyıcısıdır: Masa. Ayrıca, "yalancı" kelimesinde de madde vardır, ki bu insandır ve bir şekil de vardır: Yalan. İnsan olan madde, yalanı, yani yalan söyleme alışkanlığını taşır. Bu yüzden her şeyde madde ve form vardır.

Dolayısıyla, realitenin elementlerini araştıran bilim de ikiye ayrılır: maddesel araştırma ve pratik araştırma. Realitedeki maddenin niteliğini, maddeleri hem formu (şekli) olmadan hem de formu olarak, inceleyen bilim koluna "maddesel araştırma" denir. Bu araştırma deneyseldir, yani kanıt ve uygulanabilir deneylerden çıkarılan sonuçlara dayanır ve bu uygulanabilir deneyler geçerli sonuçlar için sağlam temeller olarak görülür.

Bilimin diğer kolu maddelerin kendisiyle hiçbir teması olmadan, sadece maddeden çıkartılmış formu inceler. Bir diğer deyişle, maddeden yani formları taşıyanlardan, doğru ve yanlış formunu çıkarttılar ve sadece üstünlük ve aşağılık gibi değerleri doğru ve yanlış formlarında, (şekillerinde) oldukları gibi, çıplak, sanki asla hiçbir maddeye bürünmemiş gibi, incelediler. Buna "pratik araştırma" denir.

Bu inceleme uygulanabilir deneyler üzerine kurulmamıştır, zira böyle soyut formlar uygulanabilir deneylerde görülmezler çünkü gerçek realitede var olmazlar. Bunun nedeni böyle soyut bir formun hayal ürünü olmasıdır, yani gerçek realitede var olmamasına rağmen sadece hayalimiz onu resmedebilir.

Dolayısıyla, bu tür herhangi bir bilimsel araştırma ister istemez tamamen teorik bir temele dayanmaktadır. Bu, her hangi uygulanabilir bir deneyden alınmadığı sadece teorik müzakerelerden alındığı anlamına gelir.

Tüm üst felsefeler bu şekildedir; dolayısıyla da birçok çağdaş entelektüel bunu bırakmıştır çünkü teorik temel üzerine kurulan her hangi bir araştırmadan hoşlanmazlar. Sağlam bir temel olduğunu düşünmezler, zira sadece deneysel temeli sağlam olarak görürler.

Ve Kabala İlmi de bu iki kısma ayrılır: "maddesel araştırma" ve "pratik araştırma". Ancak burada dünyevi bilimlere karşı büyük bir avantajı vardır: burada, pratik araştırmanın bile bir kısmı tamamen pratik aklın eleştirisi üzerine yani uygulanabilir, deneysel bir temel üzerine inşa edilmiştir.

BU YUDAH İÇİN

Atalarımızın Mısır'da yedikleri o ekmek. Matza yemenin ıslahı (sevabı) acele gelecek kaçış ilgili olarak halka Mısır'dan ayrılmadan önce verilmişti. Ardından Matza yemenin sevabı onlara hâlâ kölelerken verildiği ve sevabın amacının kurtarılış zamanı olduğu zira aceleyle ayrıldıkları söylenir.

Bu nedenle Mısır'da çıtır yufka ekmeği (Matza) yenildiğini bugün bile hatırlamaktan hoşlanıyoruz çünkü bizler de gurbette esir edilmiş gibiyiz. Ayrıca bu Sevap ile yakında bizim günlerimizde olacak olan kurtuluşu genişletmeyi hedefliyoruz, tıpkı atalarımızın Mısır'da yediği gibi.

Bu yıl burada – önümüzdeki yıl özgür. Yukarıda bu Sevabı hedefleyerek, Mısır'daki atalarımızın Matza'yı yiyerek Sevabı gibi, kaderimiz olan garanti edilmiş kurtuluşu, uyandırabiliriz yazılmıştır.

Bizler köleydik… yazıldığı gibi "Kötülükle başlar övgüyle biter." Kötülükle ilgili olarak bir Kabalist ve Şumuel ihtilaftaydılar: Kabalist önce "başlangıçta atalarımız putperestti," dedi ve Şumuel önce "Bizler köleydik," dedi. Uygulama Şumuel'i izliyor.

Bu ihtilafı anlamamız lazım. "kötülükle başlar övgüyle biter" in nedeni şöyle yazıldığı gibidir "ışığın karanlığı geçtiği kadarıyla." Dolayısıyla, kötülük olgusunu hatırlamalıyız, yani onun vasıtasıyla Yaradan'ın bize iyiliğinin derin bilgisini edinebiliriz.

KABALA BİLİMİ

Tüm başlangıcımızın sadece kötülük içinde olduğu biliniyor, zira "hiçlik varoluştan önce gelir." Bu nedenle "vahşi merkebin sıpası insanda doğar." Ve sonunda, insan şeklini alır. Bu, Yaratılış'taki her elemente uyar ve bu ulusun da kökenindeydi.

Bunun nedeni, Yaradan'ın Yaratılışın varlığını yoktan meydana getirmesidir. Dolayısıyla, daha önce hiçlikte olmayan hiçbir yaratılış yoktur. Bununla beraber, bu hiçliğin yaratılıştaki her elementte belirgin bir formu vardır, çünkü realiteyi dört türe, cansız, bitkisel, hayvansal ve konuşan, böldüğümüzde cansızın başlangıcının tamamen hiçlik olduğunu görüyoruz.

Ancak, bitkiselin başlangıcı tamamen hiçlik değildir, sadece önceki formudur, ki kendisiyle kıyaslandığında hiçlik kabul edilir. Ve dikme ve çürüme konusunda, ki bunlar her tohum için geçerlidir, cansızın şeklinden alınmıştır. Ayrıca, hayvansal ve konuşanın hiçliğiyle de aynıdır: bitkisel form hayvansala göre hiçlik sayılır ve konuşana göre hayvansal form hiçlik sayılır.

Bu nedenle, makale bize insanın varoluşundan önceki hiçliğin hayvansal form olduğunu öğretir. Bu yüzden şöyle yazılmıştır, "vahşi merkebin sıpası insanda doğar", zira her bireyin hayvansal koşulda başlaması gerekliliktir. Ve şöyle yazılmıştır, "İnsan ve hayvan Senin esirgediklerindir, Tanrım." Ve, bir hayvana varlığını sürdürmek ve amacını gerçekleştirmesi için her şey verilmiştir ve O insanın varlığı ve amacını gerçekleştirmesi için de her şeyi sağlar.

Dolayısıyla, kendi hazırlıkları bakımından insanın hayvana üstünlüğünün nerede olduğunu anlamalıyız. Gerçekten de bu onların arzularında ayırt edilmiştir, zira insanın arzuları elbette hayvanınkinden farklıdır. Ve bu ölçüde, Yaradan'ın insanı kurtarması ile hayvanı kurtarması farklıdır.

Dolayısıyla, tüm inceleme ve araştırmalardan sonra, hiçbir hayvan türünde var olmayan ve insanın arzularındaki tek gerekliliğin Tanrısal Dvekut'a (tutunma) doğru uyanış olduğunu görüyoruz. Sadece insan türü bunun için hazır ve başka hiçbiri değil.

Bunu insan türünün varlığındaki tüm meselenin O'nun manevi çalışmasına özlem duymak için ona nakşedilmiş hazırlıkta olduğu ve hayvana üstünlüğü izler. Ve pek çokları zanaatkârlık ve politik hareketlerdeki zekânın bile büyük bir bilgelikle hayvanlar âlemindeki pek çok elementte bulunduğunu söylemiştir.

Benzer şekilde, insanın varlığından önceki hiçlik olgusunu Yaradan'a yakın olma arzusundaki eksiklik olarak anlayabiliriz, zira kişi hayvansan seviyededir. Şimdi, "kötülükle başlar övgüyle biter" deyişindeki sözleri anlayabiliriz. Bu, varlığımızdan önceki yokluğu pozitif bir şekilde araştırmamız ve hatırlamamız anlamına gelir, zira bu övgüden önceki kötülüğün açığa çıkmasıdır ve bundan "kötülükle başlar övgüyle biter" şeklinde yazılan övgüyü daha derinden anlarız.

Bu ayrıca, her bir sürgün boyunca yani dört kurtuluştan önce gelen her bir kurtuluş boyunca, bizim zamanımızda yakında gelmesini umduğumuz tam mükemmellik olan sonuncu kurtuluşa kadar dört sürgünün anlamıdır. Sürgün "varlıktan önce gelen hiçlik" yani kurtuluşa işaret eder. Ve bu hiçlik ona atfedilmiş HaVaYah'ı (Yaradan'ın isimlerinden biri) hazırlayan şey olduğundan, tıpkı ekmenin biçmeyi hazırladığı gibi, sürgünde kurtuluşun tüm harfleri mevcuttur, Alef (İbrani alfabesinin ilk harfi) hariç, zira bu harf "dünyanın Aluph'unu (şampiyon) ima eder."

Bu bize hiçlik formunun varoluşun eksikliğinden başka bir şey olmadığını öğretir. Ve bizler varoluşun – kurtuluş – olduğunu "ve her insan komşusuna başka bir şey öğretmeyecek... zira hepsi Beni bilecekler, en küçüğünden en yücesine kadar" sözlerinden biliyoruz. Dolayısıyla, önceki hiçlik formu, yani sürgün hali, sadece Kralın bilgisinden yoksun olmaktır. Bu Alef'in Gola'daki (sürgün) yokluğu ve Geula'daki (kurtuluş) - "Dünyanın Şampiyonu" ile Dvekut – varlığıdır. Ruhlarımızın kurtuluşu tam olarak budur, ne daha az ne daha çok, belirttiğimiz gibi Geula'nın tüm harfleri, Alef hariç, dünyanın Şampiyonu olan Gola'da mevcuttur.

Bu ağır konuyu yani yokluğun, kendi içinde, ona atfedilmiş olan varoluşun hazırlığı olduğunu anlamak için bu fiziksel dünyanın işleyişini öğrenmeliyiz. Yüce bir olgu olan özgürlük konseptinde görüyoruz ki sadece seçilen az kişi bunu algılayabilir ve onların bile uygun hazırlığa gereksinimi vardır. Ancak insanların çoğunluğu bunu anlamakta tamamen yetersizdir. Diğer taraftan, kölelik konseptiyle ilgili olarak da küçük ve yüce eşittir: insanların arasında kimse buna tahammül etmez.

(Polonya'da gördük, krallıklarını kaybettiler çünkü onların çoğunluğu özgürlüğün değerini tam olarak anlamadı ve koruyamadılar. Bu nedenle de yüz yıl boyunca Rus hükümetinin boyunduruğu altına girdiler. Bu süre zarfında hepsi boyunduruğun yükünü çektiler ve en küçüğünden en yücesine ümitsizce özgürlüğü aradılar. Özgürlüğün gerçek tadını henüz edinmemiş olsalar bile her biri hayal ettiği gibi istedi, ancak özgürlükten yoksunlukta ki bu boyunduruktur, özgürlüğün tadını çıkarmak kalplerine iyice kazınmıştı.

Bu nedenle, boyunduruğun yükünden özgür kaldıklarında bu özgürlükle neyi elde ettiklerini bilmediklerinden pek çoğu şaşkına döndü. Hatta bazıları bundan pişman oldu ve hükümetlerinin yabancı hükümetten daha fazla vergi yükü getirdiğini söyleyerek onların dönmesini istedi. Bunun böyle olmasının nedeni yokluğun gücünün onları yeterince etkileyememiş olmasıydı.)

Şimdi Kabalist ve Shmuel'in uyuşmazlığını anlayabiliriz. Kabalist sözleri kötülüğün başlaması olarak yorumluyor ki bunun vasıtasıyla kurtuluşun tam anlamıyla değeri bilinsin. Bu nedenle Terah'ın zamanından başlamayı söylüyor. Ve Shmuel'in yaptığını söylemiyor, zira Mısır'da O'nun sevgi ve manevi çalışması ulusun içindeki birkaç kişiye çoktan ekilmişti. Ayrıca, Mısır'da köleliğe eklenmiş zorluklar "Âdem" denilen ulusun yaşamında kendi içinde bir eksiklik değildir.

Ve Shmuel sözleri, yokluk varlığı hazırladığından O'nun kurtarışının bir parçası olarak görülmeli ve minnettarlıkla karşılanmalı diyerek de yorumluyor. Bu nedenle, "başlangıçta atalarımız putperestlerdi" sözleriyle başlamamalıyız, zira o dönem "varlıktan önce gelen hiçlik" olarak addedilmiyor. Bunun nedeni onların insan türünde varoluştan tamamen mahrum olmalarıydı, zira O'nun sevgisinden tamamen uzaklaştırılmışlardı, tıpkı kısırlaştırılmışın sevgiden mahrum olması gibi.

Bu nedenle, Mısır'daki kölelikle başlıyoruz, O'na sevgi kıvılcımları kalplerinde yanmaya başlayıp da sabırsızlık ve çok çalışmayla her gün bastırılana dek. Bu "varoluştan önceki hiçlik" olarak addedilir ve bu nedenden dolayı önce "köleydik" der.

Ve ayrıca, bunun sebebi Yaradan bilgisinde ulusun özgürlüğü olgusunun sadece seçilmiş birkaç kişinin anlayabileceği ve hatta o zaman bile uygun hazırlığın gerektiği ancak insanların çoğunun edinmediği çok yüce bir olgu olmasıdır. Diğer taraftan, köleliğin zorluğunu algılamak herkese gayet açıktır, Even Ezra'nın Paraşat Mişpatim'in başında yazdığı gibi, "İnsan için kendisi gibi olan bir insanın otoritesi altında olmaktan daha zor bir şey yoktur."

İŞLEYEN AKIL

Kişi ruhunun kökünü edinmek zorundadır. Bu, yaratılan varlık için arzu edilen O'nun özellikleri ile Dvekut (Yaradan'a tutunma), "O merhametli olduğu için, vs." anlamına gelir. Yaradan'ın nitelikleri Kutsal Sefirot'tur ve O'nun dünyasına rehberlik eden ve O'nun iyiliğini ve bolluğunu paylaştırdığı işleyen akıl budur.

Ancak bunun neden "Yaradan'la Dvekut (tutunma)" olduğunu anlamamız lazım zira sadece bir çalışma gibi görünüyor. Bir alegori ile açıklayacağım: Dünyadaki her harekette, hareketi uygulayanın aklı hareketin içinde kalır. Bir masada, kişi marangozun küçük ya da büyük maharetini ve sanatına yatkınlığını görebilir. Bunun sebebi masayı aklına, aklının niteliklerine göre yapmış olmasıdır. Ve bu aksiyonu gözlemleyen kişi aksiyonun içindeki aklı dikkate alır, aksiyon esnasında onu gerçekleştiren akla bağlanmıştır, yani aslıında birleşmişlerdir.

Bunun böyle olmasının sebebi aslında farklı bedenlerde olsalar bile, maneviyatı kazanmış kişiler arasında mesafe ve kesiklik olmamasıdır. Fakat onlardaki akıl ayırt edilemez çünkü hangi bıçak maneviyatı kesip onu ayırabilir ki? Tersine, manevi edinimi olanlar arasındaki fark onların nitelikleri – övülmeye değer ya da ayıplanmaya layık – ve bileşimleridir, zira astroloji hesabı yapan bir akıl doğal bilimleri düşünen bir akla tutunmayacaktır.

Aynı öğreti içinde bile büyük farklılık vardır, zira kişi birini bir elementte aşsa maneviyatlarını birbirinden ayırır. Ancak iki bilge aynı öğretiyi izliyorsa ve aynı akıl ölçüsüne sahipseler, onlar gerçekte bütünleşmişlerdir, onları ayıran ne olabilir ki?

Dolayısıyla, kişi bir diğerinin hareketini izlerse ve onu uygulayan bilgenin aklını edinirse onlar aynı akla ve güce sahiptirler. Böylece artık tamamen bütünleşirler, tıpkı sokakta sevdiği bir arkadaşına rastlayan adamın ona sarılıp öpmesi gibi ve nihai olarak bütünleştiklerinden ayrılamazlar.

EDİNİMİN SAFHALARI

Bu yüzden, Konuşan'da kural; Yaradan ile Yaratılan arasında en iyi ayarlanabilen güç akıldır. Akıl arabulucu olarak nitelendirilir, yani Yaradan o gücün bir kıvılcımını bahşetti ve bu kıvılcım sayesinde her şey O'na döner.

Ve şöyle yazılmıştır, "Bilgelik içinde onları Yarattım", yani Yaradan her şeyi O'nun bilgeliği ile yarattı. Dolayısıyla, Yaradan'ın dünyayı yarattığı usulü ve işleyişi edinmek ile bahşedilmiş olan kişi onları uygulayan Akla tutunur. Böylece Yaradan'a tutunur.

Manevi ilmin yaratılanlara ait, Yaradan'ın tüm İsimleri olmasının anlamı budur. Ve yaratılan erdemleriyle her şeyi etkileyen Akılı edinir, zira Yaradan dünyayı yarattığında Işığın içine bakıyordu ve kişi Yaratılış vasıtasıyla aydınlanmayı başarır ve sonsuza dek Akla bağlanır; böylece Yaradan'a tutunmuş olur.

Şimdi, Yaradan'ın neden bize sanatının aletlerini gösterdiğini anlıyoruz. Zira, dünyalar yaratmaya ihtiyacımız var mı? Ancak, yukarıda anlatılanlardan Yaradan'ın bize işleyişi gösterdiğini anlıyoruz ki böylece O'na nasıl tutunacağımızı, yani "O'nun özelliklerine bağlanmayı" bilelim.

KABALA BİLİMİ

BİR BİLGENİN AĞZINDAN ADLI KİTABA GİRİŞ

Kitaplardan ve yazarlardan bilinir ki Kabala ilmi her kişi için gerekliliktir. Ve kişi tüm manevi kitapları çalışmış olsa ve ezbere biliyor olsa ve hatta neslinde herkesten daha fazla bilgili bile olsa, eğer manevi edinime ulaşmadıysa, tekrar bu dünyaya geri dönmek ve manevi ilmin sırlarını ve gerçeğin ilmini öğrenmek zorundadır. Bu konu birçok erdemlinin yazılarında bulunmaktadır.

Zohar kitabındaki Şarkıların Şarkısı'nın yorumunda bu yazmaktadır ve şu sözleri açıklar, "Eğer sen, kadınlar arasında en adil olan, bilmiyorsan" ve bilgelerimiz bunu öldükten sonra Taht'ın huzuruna çıkan bir ruh olarak yorumladılar.

Yaradan şöyle der: "Eğer sen, kadınlar arasında en adil olan, bilmiyorsan" Kadınlar arasında en adil ve yaptıklarıyla diğer ruhlardan en erdemli olmana rağmen, eğer Maneviyatın sırlarının bilgisine sahip değilsen "kendi yolunda sürünün adımlarını izle," buradan git ve bu dünyaya asla geri dönme. "Ve çocuklarını çobanın çadırının yanında besle," toplantılara git ve Maneviyatın sırlarını hocalarımızın öğrencilerinin ağzından öğren."

Onların sözlerini anlamamız lazım, kişinin mükemmelliği gerçeğin ilmini çalışmasına bağlıdır. Peki, (bu sözlerin) Manevi ilimde açık olan anlatımlarından

EDİNİMİN SAFHALARI

farkı nedir? Biz kişinin yazılardaki tüm konuları anlamakla zorunlu olduğunu ve eğer manevi ilimden bir konu eksik kalırsa bütünlüğe gelemeyeceğini yazdığını, hiç bir yerde bulamadık. Dahası, bilgelerimiz en önemli şeyin çalışma olmadığını ancak, aksiyon olduğunu yazıyorlar. Bilgelerimiz ayrıca şunu da dedi, "Birisi çok şey yapar, diğeri az, ama önemli olan kalplerini Cennete yönlendirmeleridir," ve böyle bir çok ata sözümüz vardır.

Yukarıda sözlerin derinliğini edinmek için, Zohar ve Tikkunim'da (Zohar ve Islahlar) birçok yerde bilgece ve zarafetle anlatılmakta olanları anlamalıyız: "Işık (Manevi İlim), Yaradan ve halk, birdir." Bu biraz kafa karıştırıcıdır.

Onların sözlerini açıklığa kavuşturmadan önce, kitaplardaki manevi isimler ve tanımlar ile ilgili olarak bilgelerimizin bizler için büyük bir kural tanımladığını söylemek isterim. Bunlar onların değerli sözleridir: "Edinmediğimiz hiç bir şeyi bir isimle tanımlamayız."

Açıklama: Bilinir ki O'nun ile ilgili hiç bir şekilde bir düşünce veya algı yoktur, Zohar'ın Islahları'nın başındaki "Eliyah Başladı" adlı makalede yazıldığı gibi. Bu nedenden dolayı, bırakın Yaradan'ın "Özü" hakkında bir kelime söylemeyi bunun düşüncesi bile yasaklanmıştır.

O'na verdiğimiz tüm isimler O'nun Özüne değil sadece O'ndan alt derecedekilere uzanan Işıklarına değinir. Hatta Kabala kitaplarında kutsal isimlerden Eyn Sof (Sonsuzluk – sonu olmayan), O'nun Özünden yayılan Işık olarak bilinir.

Ancak O, Kendisinden yayılan Işığının, alt derecedekiler tarafından Eyn Sof olarak edinileceğini tayin ettiği için, bizler (O'nun Işığını) bu adla tanımlayacağız. Ancak, bu O'nun Özü'nden bahsetmemektedir, zira O'nunla ilgili hiç bir şekilde bir düşünce veya algı yoktur. Dolayısıyla, eğer edinmediğimiz şeyleri bir isim ile tanımlayamıyorsak, O'nu nasıl bir isim ve kelimeyle tanımlayabiliriz ki?

Gerçeğin ilmine başlayan her yeni kişi yukarıdaki bu büyük kuralı Kabala kitaplarını incelemeden önce aklında bulundurmalıdır, yani O'nun Özünü düşünmek bile yasaktır, zira Ona içine yönelik hiç bir şekilde bir algı yoktur. Peki, O'nun edinimini işaret eden bir tanım ya da kelimeden nasıl bahsedebiliriz?

Ancak, O'ndan uzanan Işıkları incelemek ve araştırmak büyük bir sevap olarak bilinir ki bunlar kitaplardaki tüm kutsal isimler ve tanımlardır. Yaradan'a yönelen bir topluluğa ait her kişinin maneviyatın sırlarını ve O'nun tüm yaratılanlara nasıl ihsan ettiğini çalışmak ve anlamak şarttır, ki bunlar sadece gerçeğin ilminin çok az bir bölümüdür ve ruhlara ıslahın sonunda gelecek olan ödüldür.

Bilgelerimizin sözlerinde şöyle yazılmıştır, Zohar ve Tikunim'de tüm Üst Dünyalar ve beş dünya AK ve ABYA'nın tüm Kutsal Sefirot'u miktar ve kalite olarak zamanından önce insanoğlunu tamamlamak için hazırlandı. Zira insandan bir ruh Yukarı'dan Yaradan'ın bir parçasıdır ve "Bir hareketin (aksiyonun) sonu, başlangıçtaki düşüncededir."

KABALA BİLİMİ

Bu onların çabalarına karşılık O'nun Saf Arzusu olan mutluluk verme ile doğdu. Ve bu nedenden dolayı, tüm realite O'nun önünde, sebeplerin birbiri ardına sıralanması ve bunların sonuçlarıyla tüm AK ve ABYA dünyalarından geçerek derecelerden aşağı genişledi. Sonunda, iki izlenimin birbiriyle kıyafetlenmesiyle ortaya çıktılar: cennetin gizliliğinden uzanan ruh fiziksel bedeni kıyafetlendirdi.

Realitenin özü ruha sahip bir fiziksel beden olan son dereceye kadar uzandı. Benzer şekilde, realitenin var oluşunun özüne ilişkin olarak ardı ardına bağlanma sebep ve sonuç ilişkisiyle yaratıldı, ki bu O'nun ihsan edişinin aşamalarla aşağı inmesinin yoludur.

Dolayısıyla, Üst Işık Yukarısından Daha Yukarıdadır ve sonunda genişleyerek bu dünyada fiziksel bedenle kıyafetlenir, şöyle yazdığı gibi, "dünya Yaradan'ın bilgisiyle dolacak ve artık hiç kimse komşusuna öğretmeyecek, kardeşlerine öğretmeyecek, şöyle diyecekler: 'Yaradan'ı bilin'; ve hepsi Beni bilecekler, en küçüğünden en büyüğüne kadar."

Bilgelerimiz tarafından ve Zohar Kitabında şöyle yazılmıştır, "Tüm Manevi İlim Yaradan'ın isimleridir." Tüm hikâyeler ve kanunlar ve cümleler, hepsi O'nun Kutsal isimleridir.

Yukarıda açıklananlara göre, "Edinmediğimiz hiç bir şeyi bir isimle tanımlamayız", Yaradan'ın tüm Kutsal İsimlerinin anlamlarını derinlemesine anlayacaksınız. Bunlar O'ndan O'na hizmet edenlere, peygamberlere ve haktan yana olanlara, her birine niteliğine göre, akan edinimdir, şöyle yazdığı gibi, "bizler ayrıyız, Ben ve Senin halkın, dünyanın yüzeyindeki tüm diğer insanlardan."

Bu ayırım bize Maneviyatın edinilmesinden ve Islahların yerine getirilmesinden gelir, önce sadece ifşa edildiği şekliyle. Bunun bedenlerimizi arındırıp ruhlarımızı öyle bir seviyeye yüceltme yeteneği vardır ki bizler tüm Maneviyatı ve onun Kurallarını (sevaplar/ ıslahlar) O'nun İsimleri olarak edinmeye kayık oluruz. Bu tüm ruhlar için son ıslahta niyet edilen ödüldür. Ancak, bu dünyada da böyledir, tıpkı Gimara'da yazdığı gibi, "Dünyanızı hayatınızda göreceksiniz."

Bu yüzden 613 Islaha Zohar'ın bir kaç yerinde 613 tavsiye olarak değinilmektedir ve Zohar'ın bir çok diğer yerinde de 613 Islah "613 teminat" olarak adlandırılmaktadır. Bunun nedeni bedenini arındırmak ve ruhunu geliştirmek için kişinin önce Maneviyatın gerekliliklerini ve Islahları yerine getirmesi gerekliliğidir. Bu noktada, 613 Islah kişi için 613 öneri, "ipuçları"dır ki bunlar vasıtasıyla zaman içinde arınır ve Kral'ın önüne çıkabilmekle ödüllendirilir ve O'nun yüzünün Işığını alır. Bunun nedeni Maneviyatın gerekliliklerini ve Islahları yerine getirmek zaman içinde kişiyi arındırır, ta ki Kral'ın yüzünün Işığı ile ödüllendirilene dek.

Ayrıca, Gmara'da şöyle yazar: "Bir hayvanı boğazından mı yoksa ensesinden mi kestiğin Yaradan'ın umurunda değildir? Tersine, Manevi İlim ve Islah sadece insanı arındırmak için verilmiştir."

EDİNİMİN SAFHALARI

Ancak, kişi yeterince arındıktan sonra Kral'ın yüzünün Işığı ile ödüllendirilir, kişinin gözleri ve ruhu açılır ve 613 Islah'ta bulunan 613 Kutsal Işığı edinmekle ödüllendirilir. Bunlar kişinin edinebileceği O'nun Kutsal İsimleridir.

Her bir Sevabı tutarak, kişi o Sevapda bulunan Işığı alır, çünkü Sevap Işığın kıyafetlendiği bir arzudur (Kap/ Kli), yani özellikle o Sevaba ait Kutsal bir İsimdir. "Sevap bir mumdur ve Maneviyat da – Işık" sözlerinin anlamı budur.

Aynı zamanda 613 Sevap "613 emir (teminat)" olarak adlandırılır. Bu bir kişinin değerli mücevher ve altın paralarını bir kaba koyup sevdiğine: "Bu kabı kendin için al ancak hırsız ve soygunculardan koru" demesi gibidir. Dolayısıyla sadece kaptan bahsedilmektedir, ancak esas niyet kabın içine konulan değerli taşlardır.

Kabala kitaplarında Kutsal İsim'in anlamı "Mübarek Olan O'dur" veya bilgelerimiz tarafından getirilen Yaradan ve Zohar'da da, HaVaYaH (Yud-Hey-Vav-Hey) olarak bilinir. Bu Kutsal İsim Üstün de Üstündekine kadar (yani tüm yüce seviyelerde) tüm Kutsal İsimleri içinde barındırır. Dolayısıyla öğreniyoruz ki, "Işık ve Yaradan birdir," her ne kadar kitleler O'nu öğretilerde görmemelerine ve sadece hikâyeleri, cümleleri ve kanunları görmelerine rağmen.

Elbette, daha önce de "altından elmalar gümüşlerin içinde" sözlerinin nasıl 613 teminat olarak adlandırıldığını açıkladım, bilgelerimizin dediği gibi, "Tüm Maneviyat Yaradan'ın adlarıdır." Dolayısıyla Yaradan ve Maneviyat birdir.

Bununla beraber, Yaradan'ın tüm isimlerin ve genel Işığın toplamı olduğu genel ve özel vardır ve Maneviyat 613 Işığa ayrılmıştır. Bundan hepsinin birlikte bir ve Yaradan'ın Kendisi olduğu sonucu çıkar.

Şimdi hâlâ Kalpteki Sir (kıvılcım/ Yaradan'a doğru eğilim) denilen izlenimin tanımını açıklamamız gerekiyor. Önce, maneviyatta ayrı formların çeşitliliği konusunu anlamanız gerekiyor, yani nasıl ayrıldıklarını ve neye ayrıldıklarını. Fiziksel şeyleri bıçak gibi şeylerle ayırabilirsiniz veya zaman ve yer onları ayırabilir ve farklı kılabilir. Ancak, maneviyatta bu düşünülemez, zira maneviyatın yer ve zaman nosyonlarının üzerinde olduğu bilinmektedir.

Ancak, maneviyatta Üst Işıklar arasındaki tek farkın form eşitsizliği olduğunu bilin. Örneğin: insanlardaki zihinsel ruhlar farklı ruhlara ayrılmışlardır. Her bireyin farklı bir ruhu vardır.

Bununla beraber, aralarındaki belirgin fark form farklılığından başka bir şeyden kaynaklanmamaktadır, şöyle ki birinin ruhu iyi diğerinin kötüdür; biri erdemliği ve diğeri ise kötülüğü edinmiştir vs. Bilgelerimiz bununla ilgili şöyle diyorlar, "Yüzleri birbirinden nasıl farklıysa görüşleri de birbirinden farklıdır."

Şimdi, tüm insanların eşit nosyon ve eğilimlerle hiç bir farkları olmadan gelmiş olsalardı, tüm insanların tüm ruhlarının bir ruh olarak kabul edilebileceklerini anlayabilirsiniz. Bunun değeri tıpkı güneşin ışığı gibi olurdu: ışık dünyada yaşayan tüm varlıkların içinde kıyafetlenir, ancak bizler güneş ışığının içinde farklı formlar olduğunu ayırt edemiyoruz. Benzer şekilde, bir kavramsal ruh birçok bedeni kıyafetlendirirdi, çünkü niteliklerinde farklı formlar yok ise yerler manevi konuları ayırmaz.

Şimdi asıl incelemeye geleceğiz: İnsanoğlunun ruhlarının anlamı Yukarı'daki Yaradan'ın parçası olarak bilinir. Ruh, bu dünyaya gelip kirli fiziksel bedeni kıyafetlendirmeye uygun olana dek sebep sonuç ilişkisiyle, derece derece indi.

Maneviyatı uygulayarak ve Islahları gözlemleyerek, derece derece yükselir ta ki yapısı tamamlanıp Bütün'den ödülünü alacak uygunluğa ulaşana dek. Bu onun için önceden hazırlanmıştır, yani 613 teminat olan Yaradan'ın İsimleriyle maneviyatı edinmek.

Şimdi kendi gözlerinizle "Işık ve İnsan birdir" i görebilirsiniz. Ve Işık ile ruh arasındaki tek fark çok küçücük bir ışığa indirgenmiş olan ruhtaki form farklılığıdır ve Işık, yüceliğinin sonu olmayan, O'nun Özünden yansıyan Saf Işıktır, şöyle yazıldığı gibi "Işık ve Yaradan birdir."

Bununla beraber, ruh tüm ihtişamıyla O'nun İsimleri olarak Maneviyatı edindiğinde, yani Maneviyat ve Islahlar'da yerleştirilmiş tüm Işığı edindiğinde, kişi görür ki, her halükarda ruhun Işığı Manevi Işığa eşittir. Bunun nedeni hâlihazırda Maneviyattaki tüm Işığı edinmiş olmasıdır.

Manevi İlmin genel Işığını edinimde küçücük ve ince bir eksiklik olduğu sürece, hâlâ tamamlanmamış kabul edilir. Bunun nedeni İlmin tüm Işığının ruhlar için hazırlanmış olmasıdır, yukarıda da açıkladığım gibi, "Edinmediğimiz hiç bir şeyi bir isimle tanımlamayız."

Ve Işık ruhun edinimi için hazırlandığından ve ruh hepsini edinmediği için, tamamlanmamış (eksik) addedilir, "Tüm Manevi Kuralları uygulayacağım, bir şey hariç. Elbette, bu kişi tümüyle günahkârdır" sözlerinde olduğu gibi.

Ancak, bunun gibi Maneviyat ve Islahları yerine getirdiğinizi ifade etmeniz 613 teminatı edinerek olur. Küçük ya da büyük bir tek şey bile eksik olsa tamamlanmamıştır.

Dolayısıyla, sonunda tümüyle mükemmelliğe, yani Yaradan'ın tüm Işığını edinmeye ulaşacaktır. O zaman, İlmin Işığı ile ruhun Işığı arasında hiç bir form farkı (eşitsizliği) olmayacaktır. Bu yüzden artık kelimenin tam anlamıyla anlayabiliriz ki "Işık ve Ruh birdir."

Aralarında hiç bir fark ya da form eşitsizliği olmadığından tam anlamıyla birdirler. Ve daha önce "Yaradan ve Işık birdir" sözlerini kanıtladığımızdan ve şimdi de "Işık ve İnsan birdir" sözlerini kanıtladığımızdan, artık "Işık ve Yaradan ve İnsan birdir" apaçık ortadadır.

Yukarıda anlatılanların tümünden Maneviyat ve Islahlar'da iki kısım olduğunu görüyorsunuz:

A. Herkese göründüğü şekliyle Maneviyat ve Islahlar, Islahları tutmak (uygulamak) ve 613 tavsiye formunda Maneviyatı çalışmak. Bunların bedeni arındırıp temizleme gücü vardır ve Kral'ın yüzünün Işığını almaya değer ve layık kılar, tıpkı küçülüp bu dünyanın temel seviyesinde bu basit bedenin içine girmeden önce ruhun ilk kökünde olduğu gibi.

B. Islahları tutmak (yerine getirmek) ve Maneviyatı 613 teminat formunda çalışmak, yani O'nun İsimlerini edinme mevzusu ve ruhların tüm ödülü.

Elbette ikinci bölüm ilkinden cennet ve dünya arasındaki fark kadar yücedir. Bunun nedeni birinci kısmın sadece hazırlık olmasıdır ve ikinci kısım asıl bütünlük ve Yaratılışın amacıdır.

Bu bilgelerimizin sözleriyle ilgili yukarıdaki sorumuzu açıklıyor, yani bir kişi neslindeki herkesten daha fazla kuralları çok iyi biliyor olsa da ve dini vecibelerini yerine getirse bile, eğer Maneviyatın sırlarını ve gerçeğin ilmini öğrenmediyse, bu dünyada tekrar bedene girmek (re-enkarne olmak) zorundadır.

Şöyle sorduk, "Dini vecibeleri bu şekilde çalışan bir kişiyle, gerçeğin ilmi olan Maneviyatı çalışan arasındaki fark nedir?" Hiç bir yerde kişinin tüm konuları çalışması gerektiğini yazdığını görmedik. Tam tersine, bir çok yerde bunun tersini belirten yazılar gördük, örneğin, "Birisi çok diğeri az yapar, önemli olan kalplerini Cennete çevirmeleridir," ve "Çalışmak değildir önemli olan, yapmaktır."

Şimdi konu netleşmiştir – ifşa olmuş yazıların hepsi sadece gizli olan kısmı edinmek ve ona layık olmak için bir hazırlıktır. Esas bütünlük ve insanın yaratılış amacı bu gizli kısımdır.

Dolayısıyla, açıktır ki, eğer sırlardan (gizlenen kısımdan) bir parça eksik olursa, kişi tüm yazılı anlamıyla olan dini vecibeleri yerine getiriyor olsa bile, hâlâ bu dünyada yeniden bedenlenmek (re-enkarne olmak) ve ne alması gerekiyorsa almak zorundadır, yani 613 teminat yoluyla gizli olan kısmı. Sadece bu şekilde ruh tamamlanır, Yaradan'ın onun için tayin ettiği şekilde.

Şimdi görebiliyorsunuz ki İnsan, her kim olursa olsun, içsellik ve onun sırlarıyla ilgilenmesi tamamıyla gerekliliktir. Bu olmadan, Yaratılışın niyeti kişinin içinde tamamlanamaz.

Bu yüzden, üzerinde Yaratılışın amacının tamamlanmadığı ruhların artıkları olan şimdiki neslimize kadar tekrar tekrar nesilden nesle bedenleniyoruz, zira onlar geçmiş nesillerde Maneviyatın sırlarını edinemediler.

Bu yüzden Zohar'da şöyle dediler: "Yazılanların sırları ve gizemlerinin Mesih'in zamanında ifşa edilmesi kaçınılmazdır." Bu, anlayan herkes için barizdir, yani Yaratılışın niyetini tamamlayacaklarından Mesih'in gelişiyle ödüllendirileceklerdir. Dolayısıyla, kaçınılmaz olarak yaratılışın sırları aralarında açıkça ifşa olacaktır, zira eğer ıslahları önlenirse tekrar bedenlenmeye (re- enkarne olmaya) zorlanacaklardır.

Bu sizlere genel olarak bu yorumla ilgili ne sormamız gerektiğini açıklayacaktır, zira ben kimim ve benim atalarım kimler ki Zohar'ın bilgeliği ve sırlarını ve Ari'nin sözlerini yorumlamakla ödüllendirilelim? Dahası, bu ilmi benim kadar bu şekilde açıkça anlatacak birisi daha neden bulamadık?

KABALA BİLİMİ

Şimdi bizim neslimizin gerçekten Mesih'in nesli olduğunu görebilirsiniz ve hep beraber son ıslahın eşiğinde duruyoruz ve tek engelimiz dilin zorluğu ve konuların dağılmış olması nedeniyle gerçeğin ilminin bu nesilde tümüyle terk edilmiş olmasıdır.

Tüm bunlara ek olarak, neslimizin aklı küçük ve başındaki belalar büyüktür. Bu nedenle, Yaradan ruhların ıslahını hızlandırmak istediğinde, benim elime açıklamaları belli ölçüde yapabilmem için bir ayrıcalık verdi ve O'nun arzusu benim elimde gerçekleşti.

Ve bu net açıklamayı yapmak için bir nedenim daha vardı, Zohar'da yazıldığı gibi, "İnsan az da olsa saçmalıktan bile ders almalıdır" ve şöyle yazıldığı gibi, "ışık karanlığı geçtiği sürece." Polonya'nın Varşova kentinde odama kapatılmış olarak zamanımı tamamladıktan sonra, etrafımın karanlığı ile yapacak bir şeyim kalmamışken, Kutsal Şehir olan Kudüs'e yerleşmekle kutsandım.

Ve orada insanların arasında yürüdüğümde, halkımın fakirliğini, akıllarının fakirliğini gördüm. Kalbimizin ve ruhumuzun özlemleriyle dalga geçip ayaklar altına aldıkları, Yaradan'ın adını, kanunlarını ve O'nun halkını hiç bir bilgelik, anlayış ve Kabala ilmiyle ilgili bilgileri olmaksızın karalayan aptalca kahkahaları geldi kulağıma, şehrin altındaki testilerin sesleri gibi. Daha çok, anlamsız ve ahlaksız, farklı kelime ve isimlerden bir karışımdı.

Yazılan metinlerin kutsal olduklarına tümüyle inanarak, Yaratılışın amacının üzerimizde tamamlanacağını boşa konuşuyorlar. Ve tam inançla yazılı metinleri çalışanların sayısı arttıkça Kral Mesih hemen gelecek, ki bununla tüm ıslah tamamlanacak ve başka bir şeye ihtiyaç yoktur.

Son olarak, aralarında meşhur olanlarla tanıştım, Ari'nin ve Zohar'ın yazılarını öğrenerek yıllarını aşındıran insanlarla. O kadar başarılıymışlar ki Ari'nin tüm yazılarında usta ve bilgi sahibi olmuşlar.

Topraklardaki en kutsal insanlar olarak biliniyorlar. Onlara konunun içselliğini edinmiş bir hocayla çalışıp çalışmadıklarını sordum. Şöyle cevap verdiler; "Yaradan korusun, hayır! Burada içsellik diye bir şey yoktur, sadece doğru yazılanlar, bize verildi ve Yaradan korusun daha fazlası değil."

Onlara Kabalist Haim Vital'in konunun içselliğini edinip edinmediğini sordum. Şöyle cevap verdiler: "Elbette bizlerden fazlasını edinmedi." Onlara sonra da Ari'nin kendisini sordum. Şöyle yanıt verdiler: "Elbette konunun içselliğini bizden daha fazla bilmiyordu, bildiklerini öğrencisi Kabalist Haim Vital'e aktardı ve bu şekilde ondan bizlerin eline geçti."

Onlarla alay ettim: "Peki o zaman, eğer hiç bir anlayışı ve bilgeliği yok ise bu konular Ari'nin kalbinde nasıl oluştu?" Şöyle cevap verdiler: "Bu yazıların içeriğini Melek Elijah'dan (Cebrail) aldı ve o içselliği biliyordu, zira o bir melektir." Bu cümleden sonra tüm gazabım üzerlerine boşaldı, zira onlarla olmakta sabrımın sonuna gelmiştim.

EDİNİMİN SAFHALARI

Ve bu zamanda bu ilimle ilgilenen herkeste bu hataların kökler bulduğunu görünce, onların söylediklerini duyan kulaklara eyvahlar olsun, "Evde kraliçeyi bile benim önümde zorlayacak mı?"

Kutsal Zohar, Hz. Musa'nın yazılarında içsel sırlar yoktur diyen günahkârların inkârlarına zaten derinden hüzünlüydü, Paraşat Vayerah'da yazıldığı gibi: "Hz. Musa bizlere efsane ve tarih hikâyeleri anlatmak için mi geldi? Bu tür hikâyeler diğer halklarda da var." Bilgelerimiz onların (yazılı kaynaklarda manevi edinim yoktur diyenler) ekilenleri kökten söktüklerini söylediler, zira onlar sadece Malhut'u aldılar.

Zohar'da yazılanlarda her hangi bir bilgi ve ilim olduğunu inkâr eden bu günahkârların kültürü ve gerçeğin ilmi karşısında Zohar'ın yazarları ne derdi acaba? Işığın gerçek sırları için bu dünyada bilgelik veya algı yoktur diyorlar, ancak bunlar boş sözler. Bu yüzden Yüce Kutsallığı Kralın sarayına zorladılar. Yazıklar olsun, çünkü ruhlarına zarar verdiler.

Bilgelerimiz bu kutsal ilimin, Yaradan'ın önünde yas tuttuğunu yazıyorlar: "Oğulların beni eğlence yerlerindeki şarkılara çevirdiler." Ancak bilgeliği bir şarkıyı andıracak hale bile getiremediler, sadece her hangi bir dinleyicide küçümseme ve öfke uyandıran korku dolu sözler kaldı.

Dahası, bütün bir inançla ibadet ettiklerini söyleyerek Phinehas gibi ödüllendirilmek isterler. Yazılar onlar için şöyle der: "Bu insanlar ne kadar yakınlaşsalar ve ağızları ve dudaklarıyla Beni onurlandırsalar da kalplerini Benden uzaklaştırdılar," ve Birinci Tapınağın yıkılmasının nedeni budur.

Şeytan hâlâ aramızda dans ediyor, hem de tam olarak insanoğlunun ıslahı (Mesih'in) döneminde, Işığın sırlarının sonuna geldiğimiz zamanda. Ev Sahiplerinin Efendisinin coşkusu kemiklerimde susuzluğunu bastıramayacak bir ateş gibi geldi üzerime. Sırf bu yüzden, giysiyi ifşa etmek için uyandırıldım o kadar ki onlar erdemli olan halkta ilim olduğunu bilecekler.

Bu açıklamaya gelmemdeki en önemli nedenlerden biri bu olmuştur. Her amaç ve her hedefin bu kadar basit olduğunu görmelisiniz. Tüm akıl, zekâ ve birçok gerekli koşul hazırlık safhasında doğar, ta ki amaca ulaşana dek. Örneğin, kişi bir ev yapmak istediğinde tasarım, zanaat ve kalite ve odaların sayısı ve içinde neler olacağı hakkında akıl ve bilgi sahibi olmalıdır.

Nihai amaç sadece basit bir şeydir – orada yaşamak. "Adamın oturduğu ev zarafetine göredir" sözlerinin anlamı budur. Bu basit bir düşüncedir, her hangi bir kavram ve üretme olmaksızın, basit bir arzu.

İlimdeki tüm inceliklerin çoğunun gerçeğin huzurunda dökülecek olan hatalar olduğunu bilin. Bununla beraber, gerçeğin kendisi hiç bir akıl gerektirmeksizin basittir.

Bunda bir sır vardır, esasen bizleri Cennetteki Babamızdan ayıran demir bir duvar (bulunur): Yükseklikleri ve derinlikleri nedeniyle gizli olan şeyler vardır ve son derece incelikli olduklarından gizlenmiş şeyler vardır, havadaki sinekler gibi, görünmeyecek kadar incedirler.

O'nun Işığı o kadar Saf Işıktır ki, bir şeyin sadece küçük bir kısmını hisseden insan aklı tek kelimeyle algılamaz. Bu bakımdan, görmek için gerçek bir araç gerektiren küçük şeyler gibidir.

Böyle olmasının nedeni yüksekliğin tüm derinliği ve genişliğin tüm derinliği algılanmamasına rağmen, yine de yaklaşık bir şey algılayabilirsiniz. Ancak, belirgin olmayan şeyler, sanki hiç yokmuş gibidirler, zira kişi bunların en ufak parçasını bile edinemez.

KABALA İLMİNE ÖNSÖZE GİRİŞ

1. Zohar'da, Vayikra, Paraşat Tazria, sayfa 40, şöyle yazılmıştır, "Gel ve gör, dünyada tüm var olanlar insan için mevcuttur ve her şey onun için vardır, şöyle yazıldığı gibi, 'O zaman Yaradan insanı yarattı', tam bir isimle, kabul ettiğimiz gibi o her şeyin bütünüdür ve her şeyi içerir ve Yukarıdakilerin ve aşağıdakilerin tümü vs. o görüntüde kapsanmıştır."

Böylece, tüm dünyalar, Üst ve alt, insanın içinde dâhil olmuştur. Ve ayrıca, bu dünyalardaki realitenin tümü sadece insan içindir. Ve şu sözleri anlamamız lazım: Bu dünya ve bu dünyada insana hizmet eden ve ona faydası olan her şey onun için çok mu küçüktür ki Üst Dünyalara ve onların içindeki her şeye de ihtiyacı vardır? Sonuçta, onlar sadece insanın ihtiyaçları için yaratılmıştı.

2. Bu konuyu kapsamlı biçimde açıklamak için Kabala ilminin tamamını öğretmem lazım. Ancak genel olarak, konular anlaşılacak şekilde kitapta yeterince açıklanacak. Kabala'nın özü, Yaradan'ın Yaratılıştaki niyetinin Varlıklarına haz vermek olmasıdır. Elbette, O ruhları yaratmayı ve onlara bolca haz vermeyi düşündüğü anda anında O'nun önünde belirdiler, form olarak tam ve O'nun onlara ihsan etmeyi planladığı tüm hazlarla birlikte. Bunun nedeni O'nun içinde, düşüncenin her şeyi tamamlamasıdır ve O'nun bizler gibi aksiyona ihtiyacı yoktur. Buna istinaden, sormamız lazım, "Neden

dünyaları bu anlaşılması güç dünyaya gelene dek kısıtlamalar boyunca yarattı ve ruhları bu dünyanın anlaşılmaz bedenleri içine sakladı?"

3. Bunun cevabı Hayat Ağacı'nda yazılıdır – "O'nun yaptıklarının mükemmelliğini gün ışığına çıkarmak için" (Hayat Ağacı, Dal Bir). Bununla beraber, mükemmel bir İşletimciden eksik işlemlerin kaynaklanmasının, öyle ki bu dünyadaki bir aksiyondan dolayı tamamlanmaya ihtiyaç duyacak kadar, nasıl mümkün olduğunu anlamamız lazım.

Mesele şu ki, ruhların içindeki Işık ve Kli (kap) arasında farkı ayırt etmeliyiz. Yaratılan ruhların özü onların içindeki Kli'dir ve onları ayırmayı planladığı tüm armağan ve haz onların içindeki Işıktır. Bunun nedeni şudur; O, onlara haz vermeyi planladığı için onları zorunlu olarak O'nun hazzını alabilecek bir alma arzusu olarak yarattı, zira haz ve mutluluk bolluğu alma arzusunun ölçüsüne göre artar.

Ve hiçlikten neslin oluşumu ve çoğalmasıyla ilgili olarak alma arzusunun ruhun tam olarak özü olduğunu bilin. Haz ve bolluk ruhun Işığı olarak addedilirken, bu varoluştan varoluşa O'nun özünden uzanan ruhun Kli'si olarak bilinir.

4. Açıklama: Yaratılış daha önce var olmamış bir şeyin hâsıl olmasına denir. Bu hiçlikten varoluş olarak addedilir. Yine de, O'nun içinde dâhil olmayan bir şeyi nasıl hayal edebiliriz, zira O her şeye kadirdir ve her şeyi birlikte kapsar? Ve ayrıca, kişi Kendisinde olmayanı veremez.

Bahsettiğimiz gibi, O'nun yarattığı tüm Yaratılış sadece ruhların Kelim'idir (Kli'nin çoğulu) ki bu alma arzusudur. Bu gayet açık, zira O'nun muhakkak ki alma arzusu yoktur, zira kimden alacak ki? Dolayısıyla, bu gerçekten de yeni bir Yaratılıştır, daha önce var olandan bir iz bile olmaksızın ve bu nedenle hiçlikten varoluş olarak addedilir.

5. Maneviyatta uygulanan birleşme ve ayrılma sadece form eşitliği ve form eşitsizliğiyle ilgilidir. Bunun nedeni şudur; eğer iki manevi nesne aynı formdalar ise, bütündürler, iki değil birdirler, zira onları birbirinden ayıracak hiçbir şey yoktur. Sadece aralarında birtakım form eşitsizliği varsa iki olarak ayırt edilebilirler.

Ayrıca, birbirleri arasındaki mesafenin ölçüsü form eşitsizliklerinin ölçüsüne göredir. Bu yüzden, zıt formdalar ise, birbirlerinden doğu ve batı gibi uzak nitelendirilirler, yani realitede resmedebileceğimiz en büyük mesafe gibi.

6. Ancak, Yaradan'da her hangi düşünce ya da algı yoktur ve O'nunla ilgili hiçbir şey söyleyemeyiz. Bununla beraber, Sizi hareketlerinizden biliriz, bundan O'nun ihsan etme arzusu olduğunu ayırt etmeliyiz, zira O her şeyi Varlıklarına haz vermek için yarattı ve Bolluğunu üzerimize ihsan etmek için.

Bu nedenle, ruhlar O'ndan form zıtlığındadır, zira O tamamen ihsan etmedir ve hiçbir şey alma arzusu yoktur, ruhlara ise kendileri için alma arzusu yerleştirilmiştir. Ve daha önce söylediğimiz gibi bundan daha büyük bir form zıtlığı yoktur.

Bundan ruhların alma arzusu ile kaldığı, O'ndan sonsuza dek ayrı kalacakları sonucu çıkar.

7. Şimdi ne yazıldığını (Hayat Ağacı Dal 1) anlayacaksınız, dünyaların yaratılma nedeni O'nun tüm aksiyonlarında ve güçlerinde tam olması zorunluluğudur ve eğer aksiyonlarını ve güçlerini gerçekte uygulamamış olsaydı, görünürde bütün olarak addedilmezdi. Bu kafa karıştırıcı görünüyor, çünkü bütün bir işletimciden ıslaha gerek duyacak ölçüde eksik işler nasıl çıkabilir ki?

Açıklananlardan görebilirsiniz ki, Yaratılışın özü sadece alma arzusudur. Diğer taraftan, son derece eksiktir, zira Verenden form zıtlığı vardır, yani O'ndan ayrıdır. Ancak diğer taraftan, O'nun yarattığı bütün yenilik ve boşluktan yarattığı varoluş budur ki O'nun ruhlara ihsan etmeyi planladığını O'ndan almak içindir.

Ancak, eğer Kaynak'tan ayrı kalsalardı, O görünüşte eksik olurdu, zira sonuçta tam işler tam İşlemciden kaynaklanır.

Bu nedenle, O, Işığını kısıtladı ve bu dünyaya gelene dek tüm dünyaları kısıtlamalar boyunca yarattı ve ruhu dünyevi bir bedenle giydirdi. Ve manevi çalışma ve Islahlar vasıtasıyla ruh Yaratılıştan önceki mükemmelliği – O'nunla form eşitliğini kazanır. Bu nedenle, ruh Yaratılış Düşüncesindeki tüm bolluğu ve hazzı almaya uygun olacak ve ayrıca O'nunla tam Dvekut'ta (tutunma), form eşitliğinde olacak.

8. Ruhun O'nunla Dvekut'a gelmek için Maneviyat ve Islahların Segula'sı (güç) konusu sadece manevi çalışma bir ödül almak için gerçekleştirilmiyorsa ve sadece Yaradan'ına mutluluk ihsan etmek için ise uygulanır. Bunun nedeni, o zaman ruhun yavaş yavaş Yaradan'ı ile form eşitliği edinmesidir, aşağıda Kabalist Hanina'nın kitabın ("Kabala İlmine Önsöz") başlarındaki sözleriyle ilgili yazılacağı gibi.

AK, Atzilut, Beria, Yetzira ve Asiya adı verilen beş dünyadan gelen toplamda beş derece vardır – Nefeş, Ruah, Neşama, Haya, Yehida (NRNHY) (yaratılandaki beş Işık). Ayrıca, her bir beş dünyadaki beş belli Partzufim'den (Partzuf'un çoğulu) gelen beş belli derece NRNHY vardır. Ondan sonra, kitapta da yazılacağı gibi, her Partzuf'taki on Sefirot'tan gelen beş belli alt NRNHY vardır.

Ve Maneviyat ve Islahlar vasıtasıyla Yaradan'a mutluluk ihsan etmek için, kişi zamanı içinde ihsan etme formunda Kelim ile ödüllendirilir ki, bu tüm derecelerde, derece derece gelir ta ki O'nunla tam form eşitliği gerçekleştirilene dek. O koşulda, Yaratılış Düşüncesi, onlar için planlamış olduğu, tüm hazzı, sevecenliği ve bolluğu almak gerçekleştirilir. Ek olarak, en büyük ödülü alırlar, yani gerçek Dvekut ile ödüllendirilirler, zira Yaradanları gibi ihsan etme arzusunu edinmişlerdir.

9. Şimdi Zohar'ın yukarıdaki kelimelerini anlamanız zor olmayacak, yani tüm dünyalar, Üst ve alt ve içlerindeki her şey insan için yaratıldı. Böyle olmasının nedeni tüm bu derecelerin ve dünyaların sadece ruhları Yaratılış Düşüncesi'nde eksik olduğu kadarıyla Dvekut ölçüsünde tamamlamak içindir.

Başlangıçta, kısıtlanmışlardı ve derece derece, dünyalar boyunca ruhu ihsan etmek değil hayvanlar gibi tamamen almak olan bu dünyadan bir bedene getirmek için maddesel dünyaya uzandılar. Şöyle yazılmıştır, "Vahşi bir eşeğin oğlu insan doğar." Bu ihsan etme formunda hiçbir şeyi olmayan tamamen alma arzusu olarak addedilir. Bu koşulda insan O'nun tam zıttı olarak kabul edilir ve bundan daha büyük uzaklık yoktur.

Sonrasında, kişi içine büründüğü ruh vasıtasıyla Maneviyat ve Islahlar ile iştigal eder. Kişi, ihsan etme formunda dereceler ve ölçüler olan Yukarıdan aşağıya inmiş tüm izlenimler boyunca, zaman içinde, yavaş yavaş aşağıdan Yukarıya, Yaradan'ı ile aynı ihsan etme formunu edinir.

Her bir Yüksek derece alma arzusundan daha uzak ve sadece ihsan etmeye daha yakın olduğu anlamına gelir. Sonunda, kişi tamamen ihsan etmek ve kendisi için hiçbir şey almamakla ödüllendirilir. O zaman, kişi O'nunla Dvekut ile tamamlanır ki insanın tek yaratılma sebebi budur. Bu nedenle, tüm dünyalar ve onların içindeki her şey sadece insan için yaratıldı.

10. Şimdi tüm bunları öğrendiğinize göre bu ilmi maddeselleştirme korkusu olmadan çalışmaya izinlisiniz. Bunun nedeni öğrencilerin kafalarının çok karışık olmasıdır: bir tarafta, on Sefirot ve Partzufim'in, Atzilut'un on Sefirot'unun başlangıcından Asiya'nın on Sefirot'unun sonuna kadar tamamen Tanrısal ve bütünlük olduğu söyleniyor.

Ancak diğer taraftan, tüm bu dünyaların Tzimtzum'dan (kısıtlama) sonra meydan geldiği ve ortaya çıktığı söyleniyor; ancak bu Tanrısallıkta nasıl ortaya çıkabilir? Ve ayrıca, Yukarıda ve aşağıda rakamlar ve benzer değişimler ve yükselişler inişler ve Zivugim (çiftleşmeler) var. Ancak şöyle yazılmış, "Ben, Yaradan, değişmem."

11. Önümüzde açıklığa kavuşturulan şeyden tüm bu yükselişlerin, düşüşlerin, kısıtlamaların ve rakamların sadece alıcıların Kelim'i (kapları) – ruhlarla ilgili olduğu gayet açıktır. Ve onların içindeki potansiyel ile gerçek arasındaki ayrımı yapmalıyız, tıpkı bir ev inşa eden adam gibi – aksiyonun sonu kişinin ilk düşüncesinde yatar.

Bununla beraber, kişinin aklındaki evin niteliği gerçekte inşa edilecek eve benzemez, zira ortaya çıkan ev maneviyattır, kavramsal bir maddedir ve düşünen kişinin maddesi olarak kabul edilir. O dönemde ev sadece potansiyeldir. Ancak evin inşası gerçekten başladığında tahta ve tuğladan yapılmış tamamen farklı bir madde olur.

Benzer şekilde, ruhlardaki potansiyel ve gerçek olanı ayırt etmemiz lazım. Ruhların Kaynaktan "gerçek" ruhlar olarak ortaya çıkması sadece Beria dünyasında başlar. Ve Yaratılış Düşüncesi'ne istinaden Tzimtzum'dan önce Eyn Sof ile bütünleşmeleri, Madde 2'de yazıldığı gibi, hiçbir gerçek gösterge olmadan sadece "potansiyel" i ilgilendirir.

Bu bağlamda, tüm ruhların "orta nokta" denilen Malhut de Eyn Sof'ta bütünleştiği yazılmıştır, zira bu nokta Beria dünyasından aşağı "bilfiil" ortaya çıkmaları planlanmış ruhların tüm Kelim'lerinde "potansiyel" olarak dâhil edilmiştir. Ve ilk kısıtlama sadece bu orta noktada ortaya çıktı, yani içinde değil de, tamamen gelecekteki ruhların "potansiyel" kabul edilen anlayış ve ölçüsünde.

Sefirot'ların tüm Kelim'leri ve dünyalar, bu noktada ortaya çıkan ve aşağı inen Beria dünyasından geçerek, ya da Or Hozer denilen Zivug de Hakaa'sından (çarpışarak birleşme) dolayı da, ruhların özü hiç olmadan, sadece potansiyel kabul edilirler. Ancak bu değişimlerin, özü Beria dünyasından aşağı doğru ortaya çıkmaya başlayan ruhları akabinde etkilemesi planlanmıştır, zira orada henüz Kaynağın özünden ayrılmamışlardır.

12. Ve size bu dünyanın işleyişinden bir benzetme yapayım. Örneğin, arkadaşının kendisini görmemesi ve fark etmemesi için örtünen ve saklanan kişinin tüm bu giysilerin neden olduğu gizlilikten kendisinin etkilenmesi düşünülebilir mi?

Benzer şekilde, Keter, Hohma, Bina, Hesed, Gevura, Tiferet, Netzah, Hod, Yesod, Malhut dediğimiz on Sefirot'u ele alalım mesela. Bunlar sadece Eyn Sof'un örtündüğü ve gizlendiği on örtüdür. Bundan almaları planlanmış ruhlar sadece on Sefirot'un onlara verdiği ölçüde almaya zorlanacaklar. Dolayısıyla, alıcılar bu on Sefirot rakamından etkileniyorlar, bir, eşsiz ve değişmez olan O'nun Işığından değil.

Alıcılar bu isimlerin tam olarak niteliklerine göre on dereceye ayrılırlar. Dahası, bahsettiğimiz bu örtüler sadece Beria dünyası ve altındakilere aittir, zira on Sefirot'tan alan ruhlar burada bulunur. Ancak AK ve Atzilut dünyalarında ruhlara bile varoluş yoktur zira orada sadece potansiyeldirler.

Dolayısıyla, yukarıdaki on Sefirot'taki on örtü sadece Beria, Yetzira ve Asiya denilen üç alt dünyayı yönetir. Ancak, BYA dünyalarında on Sefirot Asiya'nın sonuna kadar Tanrısallık kabul edilir, tıpkı AK ve ABYA'da ve Tzimtzum'dan önce olduğu gibi.

Tek fark, on Sefirot'un Kelim'indedir: AK ve Atzilut'ta üstünlüklerini ifşa etmezler bile, zira orada sadece "potansiyel"dirler ve sadece BYA'da on Sefirot'un Kelim'i gizliliklerini ve örten güçlerini göstermeye başlarlar. Ancak, yukarıdaki benzetmede yazıldığı gibi, on Sefirot'taki Işıkta bu örtülerden dolayı hiçbir şekilde değişim yoktur. "Ben, Yaradan, değişmem" sözünün anlamı budur.

13. Şöyle sorabiliriz, "AK ve Atzilut'ta alıcıların ruhlarının özü ifşa edilmediğine göre, on Sefirot denilen Kelim'ler neye hizmet ediyor ve o ölçülerde kimi örtüyor ve gizliyorlar?"

Bunun iki cevabı var: Kitapta bulacağınız gibi ilki aşağı sarkmadır. İkincisi ise, üç BYA dünyalarının onlara yükselmesiyle ruhların da AK ve Atzilut'taki on Sefirot'tan almaları planlanmıştır ("Kabala İlmine Önsöz" Madde 163'de yazıldığı gibi). Dolayısıyla, AK ve Atzilut'taki on Sefirot'taki bu değişimleri de ayırt etmeliyiz, yani Işığa göre, bunların ruhlar BYA dünyalarıyla oraya yükseldiklerinde onları aydınlatmaları planlandı, çünkü o zaman o on Sefirot'taki derecelere göre alacaklar.

14. Böylece, dünyaların, neslin, değişimlerin ve derecelerin sayılarının vs. sadece ruhlara veren ve gizleyen ve onlar için ölçen Kelim'e göre söylendiğini derinlemesine açıkladık, ki böylece içlerindeki Eyn Sof Işığından zaman içinde alabilirler. Ancak hiçbir şekilde Eyn Sof Işığını etkilemezler, zira örtülü olanı hiçbir örtü etkileyemez, benzetmede belirtildiği gibi, sadece onu hissetmek ve ondan almak isteyeni etkiler.

15. Genel olarak, Atzmuto (O'nun Kendisi-Özü), Kelim ve Işıklar neredelerse, Sefirot ve Partzufim'deki bu üç izlenimi ayırt etmeliyiz

DÜNYALARIN EVRİMİ

KABALA BİLİMİ

KABALA İLMİNE GİRİŞE ÖNSÖZ
Kabala İlmine Girişe Önsöz

1. Üst ve alt tüm dünyalar insanın içindedirler ve tüm realite sadece insan için yaratılmıştır. Bu, Zohar Kitabı'nda yazılıdır. Öyleyse neden farklı hissediyoruz? Realite bizim içimizde değil de bizler realitenin içindeymiş gibi hissediyoruz. Dahası, bu dünya neden bizim için yeterli değil? Neden Üst dünyalara ihtiyacımız var?

2. Realitenin yaratılmasının sebebi Yaradan'ın Varlıklarına iyilik yapma arzusudur. Dolayısıyla, Yaradan varlığı Yaradan'ın ona ihsan etmek istediği şeyden zevk alma doğası ile yarattı. Yaradan zaman ve yer olgularının üstündedir; O'nun düşünceleri aksiyonun kendisi gibi işler.

Bu nedenle, O arzulayıp, onları hazla doldurmak için varlıkları yaratmayı düşündüğünde varlıklar Yaradan'dan aldıkları tüm hazlarla dolu olarak anında yaratıldılar. Ancak, bizler bu koşulu hissetmiyoruz, zira bu sadece bizim yaratılışın tasarımına göre gerçekleştirmek zorunda olduğumuz kökümüzdür.

Eyn Sof dünyasından bu dünyaya kadar dünyaların sırasını yaratırken Yaradan yaratılışı Kendisinden ayırıp en alt koşula yerleştirdi. O'nun neden bunu yaptığını anlamak önemlidir. Bu hareket O'nun aksiyonlarında kusur olduğunu mu gösteriyor?

Ari bu soruyu Hayat Ağacı kitabında cevaplıyor: "İşlerinin mükemmelliğini ifşa etmek için", böylece varlıklar kendilerini mükemmelleştirebilir ve O'nun derecesini gerçekleştirebilir ki gerçek mükemmellik sadece budur. Onlara yardım etmek için Yaradan dünyalar merdivenini yarattı. Ruhlar bu merdivenden bu dünyanın fiziksel bedenlerine büründükleri en alt seviyeye indiler. Ondan sonra ruhlar Kabala kendileri yükselmeye ve çalışarak aşağıya indikleri merdiveni çıkmaya başlarlar ta ki Yaradan'a dönene dek.

3. Ruh Işık ve Kli'den oluşur. Ruhun Işığı Yaradan'dan, Atzmuto'dan (O'nun Özü) gelir. Bu Işık vasıtasıyla Işığı alma arzusu olarak Işıktan zevk almak için ruhun Kli'si (kap) yaratıldı. Böylece, Kli kendisini doldurmaya gelen Işığa mükemmel bir şekilde uyar.

Işık Yaradan'ın bir parçasıdır. Ruh asıl Kli'dir. Dolayısıyla, sadece Kli bir varlık olarak kabul edilir. Varlık hiçlikten yaratıldı yani Yaradan onu yaratmaya karar vermeden önce böyle bir arzu yoktu. Ve Yaradan bu Kli'ye mükemmel hazzı vermek istediğinden, ki bu O'nun doğasıdır, O'nun vermek istediği Işığın (hazzın) ölçüsüne göre muazzam büyüklükte Kli'yi yarattı – alma arzusu.

4. Yaratılış başlangıç demektir, daha önce var olmayan yeni bir şey ve bu başlangıç "hiçlikten varoluş" olarak adlandırılır. Fakat Yaradan tam ise bir şeyin O'nda dâhil olmaması nasıl olabilir? Zaten söylemiş olduklarımızdan, yaratılıştan önce Yaradan'da alma arzusu olmadığı gayet açık, zira Yaradan bütündür ve sadece ihsan etmek istemektedir. Dolayısıyla, O'nda olmayan ve yaratılması gereken şey sadece O'ndan hazzı alma arzusudur.

Alma arzusu realitenin bütünüdür. Bu nedenle, realitenin elementleri arasındaki tek fark her elementteki alma arzusunun ölçüsüdür ve hiçbir element aynı arzuyu içermez.

5. Maneviyatta fiziksel bedenler yoktur. Manevi dünya arzular dünyasıdır, "ham" arzular, hiçbir materyal giysisi olmayan. Bu nedenle, Kabala ilminde kullanılan tüm kelimeler aslında zevk alma arzusunun adlarıdır, ya da onun içindeki Işığın doyumunun ifadeleridir.

Yaradan ihsan etme arzusudur ve varlık Yaradan'ın ihsanından zevk alma arzusudur. Eğer varlık, sadece Yaradan hazzın alınmasından zevk aldığı için haz alırsa, alma hareketi olarak değil niyetine göre böyle bir aksiyon ihsan etme olarak kabul edilir. Bu, onları ayıracak hiçbir şey olmaksızın, Yaradan'ın arzusu ile varlığın arzusunun eşit olması olarak kabul edilir.

Böylece, form eşitliği manevi yasasını izleyerek, niteliklerini (arzularını) eşitlemenin sonucu olarak onlar bir olurlar. Bu koşulda, onlar iki özdeş arzu değildirler kelime anlamıyla sadece birdirler. Bu manevi koşul "form eşitliği" ya da Dvekut (tutunma-yapışma) olarak adlandırılır.

Ancak, aynı arzuya, aynı niyete sahip değillerse aynı amaca sahip değillerdir ve ayrıdırlar. Farklı nitelikleri (arzuları) olduğundan bir değil ikidirler. Maneviyatta bu koşul "form eşitsizliği" olarak adlandırılır.

Yaradan ve varlık arasındaki form eşitliği ölçüsü onların yakınlığını belirler ve form eşitsizliği ölçüsü de bir birlerinden uzaklığını. Başlangıçta, Yaradan'ın ihsan etme arzusu ve varlığın alma arzusu eşittir, zira varlığın alma arzusu Yaradan'ın ihsan etme arzusundan doğmuştur. Dolayısıyla:

* Eğer tüm arzuları (niyetleri) aynıysa, birdirler;

* Eğer tüm arzuları (niyetleri) zıt ise, iki uç nokta kadar uzaktırlar;

* Eğer tüm arzular (niyetler) tek bir ortak arzuya sahipse o zaman birbirlerine ortak arzu vasıtasıyla dokunuyorlardır;

* Eğer bazı arzular (niyetler) benzer ise, form eşitliği veya form eşitsizliği ölçüsünde uzak ya da yakındırlar.

6. Yaradan'ın Kendisinde, Atzmuto'da edinimimiz yoktur, zira sadece Kli'nin içindeki Işık hissini, arzumuzdaki doyumu ediniriz. Ve edinmediğimizi adlandıramayız, zira doyumun izlenimlerine göre isimler atfedebiliriz. Yaradan'la ilgili olarak tüm isimlerimiz ve adlandırmalarımız O'na karşı hissettiklerimizin sadece yansımalarıdır.

O'nu ve O'nun aksiyonlarını sadece O'nunla form eşitliği (arzu, niyet) ölçüsünde hissedebiliriz. Dolayısıyla, Yaradan'a benzediğimiz kadarıyla O'nun arzularını ve aksiyonlarını hissederiz ve O'nu buna göre adlandırırız. Bunları hissettiğimizde O'nu O'na karşı hissettiklerimizle adlandırabiliriz. Bu, "Sizi Aksiyonlarınızla biliyoruz" olarak adlandırılır.

7. Kabalistler, bu dünyada yaşayan ve bu dünyada yaşarken form eşitliği ölçülerinde Yaradan'la bağ kuran insanlardır. Dünyalar Yaradan'ı hissetmenin farklı ölçüleridir. Bir "dünya" Yaradan'ın varlıklara karşı gizlilik ya da ifşa ölçüsüdür; ve tam gizlilik "bu dünya" olarak adlandırılır.

Yaradan hissiyatının başlangıcı bu dünya ile manevi dünya arasındaki geçiştir. Geçişin kendisine "bariyer" denir. Gizlilik ile tam ifşa arasında Yaradan'ın kısımlarının varlıklara ifşalarının 125 derecesi vardır. Bu parçalara "dünyalar" denir.

Kabalistler manevi dünyalara arzularını (niyetlerini) ıslah ederek tırmanırlar. Bizlere – yazılı ya da sözlü olarak – Yaradan'ın sadece iyilik yapma arzusu olduğunu söylerler. O her şeyi bizlere tüm bolluğunu vermek için yarattı. Bu nedenle bizleri alma arzusuyla yarattı, böylece bizlere vermek istediğini alabilelim diye.

Kendimiz için alma arzusu tam olarak bizim doğamızdır. Ancak bu doğada bizler Yaradan'a form olarak zıdız, zira Yaradan sadece ihsan etme arzusudur ve alma arzusuna sahip değildir. Bu nedenle eğer kendimiz için alma arzusunda kalırsak sonsuza dek Yaradan'dan uzak kalırız.

Kabalistler bize Yaradan'ın amacının tüm Yaratılışı Kendisine getirmek olduğunu ve O'nun mutlak iyilik olduğunu söylerler. Bu nedenle, O herkese ihsan etmek ister.

Ayrıca, dünyaların yaratılma sebebinin de Yaradan'ın tüm aksiyonlarında ve güçlerinde bütün olması gerekliliği olduğunu söylerler. Ve eğer O bütün aksiyonlarında güçlerini gerçekleştirmezse görünüşte tamamlanmamış kabul edilir.

DÜNYALARIN EVRİMİ

Fakat mükemmel Yaradan'dan mükemmel olmayan işlemler, O'nun aksiyonlarının varlıklar tarafından düzeltilmesi noktasına kadar, nasıl kaynaklanır? Bizler O'nun aksiyonlarıyız! Eğer bizlerin kendimizi düzeltmesi (ıslah etmesi) gerekiyorsa bu O'nun aksiyonlarının mükemmel olmadığı anlamına mı gelir?

Yaradan sadece "varlık" denilen alma arzusunu yarattı. Ancak, varlık Yaradan'ın ona vermek istediğini aldığında Yaradan'dan ayrılır, zira Yaradan Verendir ve varlık da alandır ve bunda ikisi zıttır. Maneviyatta form eşitliği arzuların (nitelikler, niyetler) eşitliği ile belirlenir. Ve eğer varlık Yaradan'dan ayrılmış olarak kalırsa, Yaradan'da tamamlanmış olmaz, zira mükemmel işler mükemmel işlemciden çıkar.

Varlığa mükemmelliği kendi seçimiyle gerçekleştirme imkânı sunmak için Yaradan Kendisini gizledi – Onun Işığını – ve sınırlamalar boyunca bu dünyaya gelene kadar dünyaları yarattı. Burada insan Yaradan'ın Işığından haz almaya değil tersine onun üzerindeki hayvansal örtülere, tamamen zevk alma arzusuna bağımlıdır. İnsanlığın tümü hayvanların sahip olduğu haz arzusundan gelişir, zenginlik, onur, hâkimiyet ve bilgi arzuları vasıtasıyla, ta ki Yaradan bu arzuların içinde bilinmeyen bir şeyden, bu dünyanın örtülerinin ötesinde bir şeyden zevk alma arzusunu yerleştirene dek.

Bu yeni arzu insanın Kabala çalışmaya gelene dek doyum aramasına yol açar. Çalışma sırasında kişi Yaradan'ın kendisine doğru niyetini anlamaya başlar. Bu koşulda, kişi bilgi almak için değil değiştiren (ıslah eden) Işığı kendisine çekmek için çalışır. ("On Sefirot'un İncelenmesine Giriş" Madde 155)

Bu Işık vasıtasıyla kişi arzularını ıslah etmeye başlar. Tamamında, insan genellikle Guf (beden) denilen 613 arzuya sahiptir. Arzuların ıslahı her bir arzuyu Yaradan'a ihsan etmek niyetiyle kullanarak yapılır, aynen Yaradan'ın insana ihsan ettiği gibi. Her bir arzunun ıslahı ve içindeki Işığın alınmasına "Sevabı (iyi iş/emir) gerçekleştirmek" denir. Kişinin ortak, ıslah olmuş arzunun içindeki Işığı almasına "Maneviyat" denir. Ve insanın arzularını ıslah eden (yenileyen) Işık varlığın mükemmelliği edinme aracıdır. ("Gerçeğin Yolunda Yürümek" bölümüne bakınız).

Mükemmellik varlığın Yaradan'la form (nitelikler) eşitliğini kendi başına edinmesidir. Bunun nedeni varlığın o zaman Yaratılış Düşüncesi'nde dâhil olan haz ve zevki almaya layık olmasıdır. Bir başka deyişle, varlık Işıktan ve Yaradan'ın Kendisinin konumundan haz alır, zira arzularda ve düşüncelerde form eşitliğini gerçekleştirmiştir.

Sonuç olarak, sadece Kabala çalışarak kişi kendisini düzeltebilir ve yaratılma amacını gerçekleştirebilir. Bütün Kabalistlerin yazdıkları budur. Kutsal kitaplarla (Hz. Musa'nın beş kitabı, Peygamberler, Yazılar, vs.) farkı bir kişiyi ıslah edebilen, onların içlerindeki Işığın yoğunluğundadır. Kabala kitaplarındaki Işık en büyük olandır; bu nedenle Kabalistler özellikle bunları çalışmayı tavsiye derler.

"Halkın manevi yükseliş ve günahlardan arınmayı gerçekleştirmesinin Kabala çalışma dışında başka bir yolu yoktur, ki bu kolay ve erişilebilir bir yoldur. Bununla beraber, sadece az sayıda kişi peygamberlerin yazılarının diğer kısımlarını kullanarak amacı gerçekleştirebilir."

KABALA BİLİMİ

Kabalist Yehuda Aşlag, "On Sefirot'un İncelenmesine Giriş" Madde 36.

"Edinim gizli olanın ilmi ile başlar ve sadece o zaman peygamberlerin yazılarının diğer kısımları edinilebilir. Sonunda ifşa olan Işık edinilir."

Vilna Gaon (GRA), Dua Kitabı

"Kabala çalışma üzerindeki yasak sadece sınırlı bir süre içindi, 1490'a kadar. Fakat 1540'dan beri, herkes Zohar Kitabı'yla iştigal etmeye teşvik edilmelidir, zira sadece Zohar'ı çalışarak ve Mesih'in gelmesiyle insanlık manevi kurtuluşunu gerçekleştirecektir. Dolayısıyla, Kabala çalışmaktan kaçınmamalıyız."

Avraham Ben Mordehai Azulai, Or HaHama (Güneşin Işığı)

"Zohar çalışmak istemeyenler için üzülün, çünkü bu şekilde dünyada sefalet, yıkım, yağmacılık, öldürme ve karışıklığa neden olurlar."

Zohar Kitabı, Tikkuney Zohar (Zohar'ın Islahları), Tikun no.30

"Zohar Kitabı'nı çalışmak tüm diğer çalışmaların üzerinde ve tercih edilendir."

Hidah

"Günahlardan arınma ve Mesih'in gelişi sadece Kabala çalışmaya bağlıdır."

Vilna Gaon (GRA), Eşit Shlemah (Mükemmel ve Adil Ağırlık)

"Zohar çalışmada sınırlama yoktur."

Hafetz Haim

"Eğer çağdaşlarım beni önemseseydiler dokuz yaşında Zohar Kitabı çalışırlardı ve böylece yüzeysel bilgi yerine cennet korkusu edinirlerdi."

Komarno'lu Kabalist Yitzhak Yehudah Yehiel, (Notzer Hesed) (Merhameti Korumak)

"Herkese her gün Kabala çalışmaya zaman adamaları için çağrıda bulunuyorum, çünkü ruhlarınızın arınması buna bağlıdır."

Kabalist Yitzhak Kaduri

"Gelecekte, sadece Zohar Kitabı'nın fazileti ile İnsanoğlu sürgünden kurtulacak."

Zohar Kitabı, Paraşat Nasso

("Kabalistlerin Kabala İlmi Üzerine Yazdıkları" bölümünde daha pek çok alıntı bulunmaktadır)

8. Maneviyat ve Islahlar çalışmakta "güç" vardır. Bu güç kişinin arzusunu Yaradan'ın arzusuyla eşitlemeye getiren manevi güçtür. Ancak bu güç kişide sadece kendisi için bir ödül almamak amacıyla Maneviyat ve Islahlarla iştigal ederse ortaya çıkar ve etkiler. Kişi sadece Yaradan'a mutluluk getirmek için çalışır. Sadece bu koşulda kişi zaman içinde Yaradan'la form eşitliğini edinir.

İnsanın Yaradan'la form eşitliği ıslahı genellikle beş dereceden oluşur: Nefeş, Ruah, Neşama, Haya ve Yehida. Her derece bir dünya kabul edilir, zira kişi ıslahı sürecinde bazı

DÜNYALARIN EVRİMİ

dereceleri çekerse Yaradan'ın varlığını ıslahının ölçüsüne göre hisseder. Bu ıslahlar "dünyalar" olarak adlandırılır çünkü Yaradan'ı kişinin ıslah derecesine göre ifşa ederler ve Yaradan'ı toplam 613 arzudan henüz ıslah olmamış Kelim'e (arzular) göre gizlerler.

Bundan kişinin bu beş dereceyi beş dünyadan mükemmelliğe giderken aldığı sonucu çıkar: Asiya, Yetzira, Beria, Atzilut ve Adam Kadmon. Her bir dünyanın içinde beş Partzufim (On Sefirot'tan oluşan manevi nesne-Partzuf'un çoğulu) vardır ve bunların her birinde beş Sefirot (Yaradan'ın 10 niteliği-çoğulu Sefira) vardır, dolayısıyla, "Yakup'un Merdiveni"nin bu dünyadan merdivenin üstüne kadar toplam 125 derecesi oluşur.

Yaradan'a mutluluk vermek amacıyla Maneviyat ve Islahlarla iştigal eden kişi yavaş yavaş, derece derece ihsan etme arzusu Kelim'i ile ödüllendirilir. Böylece, kişi basamakları teker teker çıkar, sonunda Yaradan'la tam form eşitliğini gerçekleştirir. O zaman Yaratılış Düşüncesi kişide gerçekleştirilmiş olur – Yaradan'ın kişi için planlamış olduğu tam haz ve bütünlüğü almak için. Ek olarak, Yaradan gibi ihsan etme arzusunu edinmiş olarak kişi en büyük iyilik ile – gerçek Dvekut – ödüllendirilir.

9. Şimdi yukarıda yazılan "Tüm dünyalar, Üst ve alt ve onların içindeki her şey, sadece insan için yaratıldılar" sözlerini anlamaya çalışacağız. Tüm bu dünyalar ve dereceler insanın içindeki her bir arzuyu ihsan etme amacıyla tamamlamak için gelirler, böylece insan Yaradan'la form eşitliği edinsin diye. Bu form eşitliği insanın yaratılışının doğası olarak kişide eksiktir.

Başlangıçta, dünyalar kısıtlanmış ve derece derece, dünya dünya basamaklandırılmıştı, bizim dünyamıza kadar "bu dünyanın bedeni" ne gelmek için. Kişinin kendisi için alma arzusuna Kabala bu ismi verilmiştir. "Bu dünya" derecesinde kişi bir hayvan gibidir zira ihsan etmeye yetersizdir. Bu koşulda, insan Yaradan'ın zıddıdır ve bundan daha büyük bir mesafe yoktur.

Kabala çalışan bir kişi maneviyat arzusuyla orantılı olarak kendisi üzerinde "Saran Işık"ı uyandırır. Bu dışarıda ya da kişinin Kli'si (arzu/ruh) etrafında var olan Işıktır. Saran Işık Kli'yi öyle bir şekilde ıslah eder ki niyeti ihsan etmek olur. Kişinin kendisine değil Yaradan'a ihsan etmek niyeti alma aksiyonunu ihsan etme aksiyonuna çevirir.

Doğasını izleyerek Kli haz alma arzusu olarak kalır fakat amaç aksiyonun özü olan almayı ihsan etmeye çevirir. O zaman Saran Işık ıslah olmuş Kli'ye Yaradan'a ihsan etmek amacıyla girebilir. Tam olarak Kabala çalışma esnasında Saran Işık kişinin arzularını ıslah eder ta ki arzular onu (Saran Işığı) "İçsel Işık" olarak almaya layık olana dek.

Kişi ihsan etme arzusunu zaman içinde kazanır, Yukarıdan aşağıya doğru, derecelerin Yukarıdan aşağıya uzanma sırasını izleyerek, ıslah olması kolay olan küçük arzudan en büyüğüne kadar.

Tüm dereceler ihsan etme arzusunun ölçüleridir. Derecelerin merdiveni öyle bir düzenlenmiştir ki derece ne kadar Yüksek ise kişinin kendisi için alma arzusundan o kadar uzak ve ihsan etme arzusuna o kadar yakındır. Kişi yavaş yavaş tüm ihsan etme derecelerini edinir ta ki kendisi için hiçbir alma olmaksızın sadece ihsan etme arzusuna sahip olmakla ödüllendirilene kadar.

O zaman, kişi tam ve Yaradan'la gerçek Dvekut'tadır. Yaratılışın amacı budur ve insan sadece bunun için yaratılmıştır. Bu nedenle tüm dünyalar ve onların içindeki her şey kendileri için yaratılmamış, sadece insana dereceler merdivenini tırmanmakta yardım etmek için yaratılmıştı. Kişi kendisini ıslah ettiğinde ve Işıkla dolduğunda dünyalar sisteminin ve onların içindeki her şey baştan aşağı insanın içine dâhil olur.

10. Burada söylenenleri bilen ve hatırlayan kişinin hiçbir şekilde maddeselleştirme korkusu olmadan Kabala çalışmasına izin verilmiştir. Bunun nedeni doğru dürüst rehberlik olmadan Kabala ilmini çalışmanın öğrencinin kafasını karıştırmasıdır. Diğer taraftan, Atzilut dünyasından Asiya dünyasına kadar tüm Sefirot ve Partzufim bütünüyle Tanrısaldır, Yaradan'la bütünlük içinde, diğer taraftan, Tanrısal ve birlikte değişim, yükseliş, düşüş ve Zivugim (çiftleşme) nasıl olur?

11. Açıklananlardan, tüm bu değişimlerin – yükselişler, düşüşler, kısıtlamalar ve Zivugim – sadece Işığı alan ruhların Kelim'ine göre ayrılırlar. Realite iki kısma ayrılabilir: potansiyel ve gerçek.

Bu, ev inşa etmek isteyen ve hâlihazırda kafasında evin projesi olan bir kişiye benzer. Ancak evin projesi evin tamamlanmış hali gibi – gerçekleştirilmiş plan gibi değildir. Bunun nedeni ev düşüncesinin kavramsal maddeden yapılmış olması ve potansiyelde var olmasıdır. Ancak, ev düşünceden aksiyon şeklinde ortaya çıkmaya başladığında tuğla ve kereste olan farklı bir maddeye dönüşür.

Aynı şekilde, ruhlarda da potansiyel ve gerçeği ayırt etmeliyiz. Ruhların Yaradan'dan "gerçek" ortaya çıkışı sadece Beria dünyasından başlar. Bu nedenle Beria dünyasından önce ortaya çıkan tüm değişimler ve her şey, Yaradan'dan gerçek bir ayrım olmaksızın "potansiyel" olarak kabul edilir.

Tüm ruhların Eyn Sof'un Malhut'unda, realitenin orta noktasında, dâhil olduğunun söylenmesinin nedeni budur, zira bu nokta "potansiyel" olarak Beria dünyasından aşağı doğru gerçekten ortaya çıkması planlanmış ruhların tüm Kelim'ini (Kli'nin çoğulu) içine alır. Ve Tsimtsum Alef (ilk kısıtlama) de orta noktada ortaya çıktı, sadece gelecekteki ruhlara nazaran "potansiyel" olarak.

Ruhlarla ilgili olarak, Tsimtsum Alef'den (ilk kısıtlama) sonra ve Beria dünyasından aşağı, orta noktadan beliren ve aşağı uzanan Sefirot'un tüm Kelim'i ve tüm dünyalar sadece potansiyeldedir. Ruhlar, Beria dünyasından aşağı doğru gerçekten belirmeye başladıklarında, sadece o zaman dünyaların derecelerindeki değişimler onları etkiler.

12. Bu, görünmemek ya da fark edilmemek için kendisini giysiler ve örtülerle gizleyen bir kişiye benzer. Ancak, kişi kendisine olduğu gibidir. Böylece, on Sefirot, Keter, Hohma, Bina, Hesed, Tiferet, Netzah, Hod, Yesod ve Malhut, sadece Eyn Sof'u örten ve ruhlardan gizleyen on örtüdür.

DÜNYALARIN EVRİMİ

Eyn Sof Işığı tamamen durağandır; dolayısıyla, örtülerin içinde parlar. Ancak ruhlar Eyn Sof Işığını örtülerden geçerek aldıklarından sanki Işıkta değişim varmış gibi hissederler. Bu nedenle, örtülerin bölünmesine göre Işığı alan ruhlar da on dereceye ayrılmıştır.

Tüm örtüler sadece Beria dünyasından aşağı doğrudur, zira sadece oradan aşağı doğru örtülerden geçerek on Sefirot'tan alan ruhlar vardır. Adam Kadmon (AK) ve Atzilut dünyalarında hâlâ ruhların varlığı yoktur, zira oralarda ruhlar sadece potansiyeldedir.

On Sefirot'taki on örtü sadece BYA – Beria, Yetzira, Asiya – dünyalarını yönetmesine rağmen oradaki on Sefirot da Tanrısal kabul edilir, Tsimtsum Alef'den önce olduğu gibi. Fark sadece on Sefirot'un Kelim'indedir: AK'de ve Atzilut'ta potansiyeldedirler; ve on Sefirot'un Kelim'i BYA'dan aşağı gizlilik ve örtme güçlerini ifşa etmeye başlarlar. Bu, örtüler Işığın kendisinde değişim yaratmasa da böyledir.

13. Bu bir soru ortaya çıkartıyor: Eğer, AK ve Atzilut dünyalarında hâlâ dünyalardan Işık alan ruhların gerçek ifşası yoksa, AK ve Atzilut Kelim'inin amacı nedir ve bunlar, ölçülerine göre, Eyn Sof Işığını kime karşı gizleyip örtüyorlar? Gelecekte, ruhlar BYA dünyalarıyla birlikte AK ve Atzilut dünyalarına yükselecekler ve onlardan Işık alacaklar. Böylece, AK ve Atzilut'ta da ruhların niteliklerine göre değişimler ortaya çıkar, zira bunların gelecekte kendilerine yükselecek ruhları aydınlatmaları planlanmıştır.

14. Bundan, Eyn Sof Işığını alabilmeleri için ruhları etkileyen ve ayarlayan dünyaların, başlangıçların, değişimlerin ve derecelerin sadece Kelim'le ilgili olduğu sonucu çıkar. Ancak ruhlar derecelerde yükseldiğinde Eyn Sof Işığının kendisinde her hangi değişime neden olmazlar, zira örtüler örtülü olan şeyi etkilemez, sadece örtülü olan şeyi hissetmek ve ondan almak isteyen kişiyi etkiler.

15. Atzmuto, Kelim ve Işıklar olduklarında Sefirot ve Partzufim'de üç ayrım yapmalıyız.

 1. Atzmuto'da alıcılar ne düşünceye ne de algıya sahiptir.

 2. Kelim'de her zaman iki zıt ayrım vardır: gizlilik ve ifşa. Önce Kli kendisini gizler böylece on Sefirot'taki on Kelim gizliliğin on derecesidir. Ancak ruhlar Kelim'deki aynı koşulları aldıklarında bu gizlilikler ifşa, ruhların edinimi olurlar. Bu koşulda, Kelim'deki iki zıt ayrım bir olurlar, zira Kli'deki ifşanın ölçüsü Kli'deki gizliliğin ölçüsü gibidir. Ve Kli, Atzmuto'sunun ne kadarını gizlediğinde ne kadar kaba olursa o kadar daha Üst Seviye ifşa eder.

 3. Sefirot'taki Işıklar ruhların edinimi için ortaya çıkması gereken özel ölçüdür. Her şey Atzmuto'dan uzanmasına rağmen Işıktaki edinim sadece Kli'nin niteliklerindedir. Dolayısıyla, bu on Kelim'de on Işık olması gereklidir, yani ifşanın on derecesi. Böylece, Işık Atzmuto'dan ayırt edilemez, sadece Atzmuto'dan algı ya da edinim yoktur. Bize Yaradan'dan ifşa edilen sadece O'nun on Sefirot'un Kelim'indeki

örtülerinden geçerek bize ulaşan şeydir. Bu nedenle, edindiğimiz her şeyi "Işıklar" olarak adlandırırız.

Kabalistler maneviyatı edindiler ve Kabala kitaplarında yazdılar. Tüm realitenin kökünün daha Üst Güç olduğunu algıladılar ve buna Atzmuto dediler (O'nun Kendisi), zira onu kendi içinde edinemediler. Bununla beraber, bir düşünce ve niyetin varlıklar yaratmak ve onlara haz vermek – Atzmuto'dan kaynaklandığını edindiler. Bu düşünce ve niyete "Yaratılış Düşüncesi" ya da "Üst Işık" dediler. Böylece, varlığa göre Işık Yaradan'dır, zira Atzmuto edinilemez. Dolayısıyla, Yaradan-varlık bağlantısı Üst Işık vasıtasıyla mevcuttur.

Özetlemek gerekirse: Işık Atzmuto'dan çıkar ve bir varlık yaratmak ve onu hazla doldurarak mutlu etmek ister. Bir başka deyişle, Işığın amacı Işığı haz olarak hissedecek bir varlık yaratmaktır. Bu nedenle Kabalistler varlığı Kli olarak ve Işığı "dolgu" (dolduran) olarak adlandırdılar. Varlığı yaratmak için Atzmuto'dan kaynaklanan Işık Behinat Şoreş (Kök akıl) olarak adlandırılır, zira bu tüm realitenin köküdür. Işık kendisinden mutluluk alacak bir arzu yaratır ve Işıktan haz alacak arzuya "alma arzusu" denir.

Hazzın ölçüsü hazzı almak isteyen arzunun ölçüsüne bağlıdır. Dünyamızda olduğu gibi kişinin karnı boş olabilir ama yeme isteği yoktur. Dolayısıyla, arzu dolgu için Kli'dir ve arzu olmadan haz yoktur. Maneviyatta zorlama yoktur ve dolgu her zaman arzuyu izler.

Işık Atzmuto'dan ortaya çıkar, Kli'yi yaratır ve onu doldurur. Işığın alımı ile varlığın deneyimlediği hazza Or Hohma (Bilgelik Işığı) denir. Kendisini dolduran Işık tarafından ortaya çıkarılan arzuya Behina Alef (ilk ayrım) denir. Bu ismin verilmesinin sebebi bunun gelecekteki Kli'nin ilk ayrımı olmasıdır.

Ancak, bu arzu hâlâ özerk değildir, zira Işık tarafından direkt yaratılmıştır. Gerçek yaratılmış bir varlık Yaradan'dan çıkan Işıktan kendi başına haz almak isteyen varlıktır. Bir başka deyişle, Işıktan haz alma arzu ve kararı Yaradan tarafından onun içine montelenmek yerine kendi içinden gelmelidir.

Işığı almak istemek için varlık önce Işıkta var olan hazzın miktarını bilmelidir. Dolayısıyla, önce Işıkla doldurulmalı sonra Işıksız olmak nasıl bunu hissetmelidir. Bu koşulda, varlığın içinde gerçek arzu yaratılır.

Bu bizim hayattan bildiğimiz koşullara benzer. Kişiye tatması için bilmediği bir meyve verildiğinde önce onun için bir arzusu yoktur. Ancak meyveyi tattıktan ve meyveden çıkan hazzı deneyimledikten ve meyve ondan alındıktan sonra kişi özlem duymaya ve o hazzı tekrar yaşamayı arzulamaya başlar. Bu özlem kişinin kendi özerk arzusu olarak hissettiği yeni bir arzunun doğmasıdır.

Dolayısıyla, Kli'yi bir anda inşa etmek mümkün değildir. Bunun yerine, arzunun neyden haz alacağını bilmesi için evrimin tüm sırasından geçmelidir. Kabala'da bu koşul bir yasa olarak sunulur: "Alma arzusunun içindeki Işığın büyümesi ve oradan ayrılması Kli'yi tüm Işığı almak ve ondan mutluluk duymak için uygun hale getirir."

DÜNYALARIN EVRİMİ

Arzunun gelişim safhalarına Behinot (izlenimler) denir, zira bunlar alma arzusundaki yeni gözlemlerdir.

Dolayısıyla, Kli'yi dolduran bir Işık hazla birlikte onu verme niteliği ile de doldurur. Ve Kli Işıktan haz alırken, birden kendisini dolduran Işığın doğası gibi ihsan etmeyi arzuladığını keşfeder. Bunun nedeni Yaradan'ın hazla birlikte Işık için özellikle Kli'ye ihsan etme arzusunu geçirme yeteneğini hazırlamış olmasıdır.

Böylece, Işık Behina Alef'i yaratıp doldurur doldurmaz o da Yaradan'a benzemek istediğini hissetti. Ve bu yeni arzu olduğundan Behina Bet (ikinci izlenim) denilen yeni bir izlenimdi.

Behina Bet bir verme arzusudur. Yaradan'a benzer olmaktan hissedilen hazza Oh Hasadim (Merhamet Işığı) denir. Bizler böylece Behina Alef'deki arzu almak ve Behina Bet'teki arzu vermek olduğundan Behina Alef'in Behina Bet'e zıt olduğu görüyoruz. Behina Alef'teki Işık Or Hohma ve Behina Bet'teki Işık Or Hasadim'dir.

Behina Alef'teki alma arzusu kendisini dolduran Işıktan haz almaya başladığında hemen anında Işığın hazzı veren kendisinin de hazzı alan olduğunu hisseder. Sonuç olarak, Işığın kendisi gibi olmayı istemeye başlar, hazzı almak değil vermek, ancak Işık gibi vermek ister. Bu nedenle, içindeki alma arzusu yok olur ve Or Hohma'dan yoksun kalır, zira haz sadece ona karşı olan arzunun içinde hissedilir.

Alma arzusu Or Hohma'sız kalamaz, zira Or Hohma onun yaşam Işığıdır. Dolayısıyla, bir miktar Or Hohma almaya zorlanır. Bu yüzden, Behina Gimel (üçüncü izlenim) denilen bu yeni arzu iki arzudan oluşur: 1. Işığa benzeme arzusu; ve 2. Birazcık Or Hohma alma arzusu.

Bu koşulda Kli iki Işık hisseder: İhsan etme arzusunda Hasadim Işığı – ve alma arzusunda Hohma Işığı.

Behina Gimel Işığı aldığında iki Işık içinden Or Hohma'nın – yaşam Işığı – doğasına uyduğunu hisseder. O zaman bu Işığın tamamını almak ister ve böylece yeni, o hazzı, Or Hohma, almak isteyen bir arzu doğar. Bu Yaradan'ın varlığı doldurmak istediği ile aynı hazdır.

Dolayısıyla, Atzmuto'dan ortaya çıkan Işığın kendisi için dört aşamada bir Kli yarattığını görüyoruz. Böylece, Behina Dalet (dördüncü izlenim) denilen bu son arzu tek varlıktır. Tüm önceki safhaları gelişim safhalarıdır. Aslında, Yaratılışın tamamı Behina Dalet'tir. Yaradan hariç realitede var olan her şey Behina Dalet'tir. Behina Dalet'e Malhut (Krallık) denilir, zira onu alma arzusu yönetir.

Dört Behinot

Behina Dalet tek varlıktır. Behina Dalet, parçaları Sefirot, Partzufim (Partzuf'un çoğulu), dünyalar ve bizim dünyamız – cansız, bitkisel ve hayvansal – olan dışsallığa ve insanların ruhları olan içselliğe bölünmüştür. Tüm bu parçaların farkı sadece içlerindeki alma arzularının ölçüsündedir.

Tamamen Or Hohma ile dolu olan Behina Dalet'e "Eyn Sof dünyası" (sonu olmayan) denir, zira Işığı alma arzusunun sonu yoktur. Behina Dalet, kendisinden önce gelen dört Behinot – Şoreş, Alef, Bet, Gimel – vasıtasıyla Işığı alır. Böylece, içsel olarak alma arzusunun beş Behinot'una bölünmüştür: kendisinden önce gelen Behinot'taki Işıklar için arzular ve kendisine gelen Işık için arzu.

İçindeki Beş Behinot İle Behina Dalet'ten Önceki Dört Behinot

Özet: Işık Yaradan'dan, Behinot Şoreş'ten çıkar. Işık dört aşamada bir varlık yaratır, Behina Dalet. Varlığın özü haz alma arzusudur. Haz, arzunun içindeki Işığın hissidir. Behina Dalet'in kendisi önceki Behinot'dan Işık alan dört kısma ayrılır. Or Hohma ile dolu olan Behina Dalet "Eyn Sof dünyası" olarak adlandırılır. Behina Dalet'in kısımlarına "ruhlar" ve "dünyalar" denir. Dünyalar Partzufim, Sefirot ve ruhlardan başka her şeyi içerir.

Tsimtsum Alef, Masah, Partzuf

Or Hohma Behina Alef'deki alma arzusunu doldurduğunda alma arzusuna kendi doğasını – ihsan etme arzusunu – verir. Behina Alef'in en sonunda – kendisini dolduran Işığın doğasını hissettikten sonra – arzusunu almak istemekten ihsan etmek istemeye değiştirmesinin nedeni budur.

Behina Dalet, Behina Gimel'den ayrılır ayrılmaz ve onun Or Hohma Işığıyla doldurulduğunda Işık onu öyle bir etkiledi ki içindeki Işığın doğasına benzer şekilde ihsan etmek istemeye başladı. Dolayısıyla, alma arzusu Behina Dalet'ten yok oldu.

Peki, Or Hohma neden Kli'yi doldurduğunda ona ihsan etme arzusu verir? Bunun böyle olmasının nedeni Kli'nin Işıktan sadece haz hissetmesi değil aynı zamanda Veren'in arzusunu da hissetmesidir. Yaradan Kendisini Veren olarak hissetmeyen sadece almanın hazzını hisseden bir Kli yaratabilirdi. Bizim dünyamızda alma arzuları hâlâ gelişmemiş olan insanların hissettiği budur, tıpkı çocuklarda, ham insanlarda ve zihinsel olarak iyi olmayanlarda olduğu gibi.

Çocuk büyüdükçe almaktan utanır olmaya başlar. İnsanda bu his o kadar gelişmiştir ki kişi dünyadaki her acıyı utancın ızdırabını çekmeye tercih eder. Yaradan bizim içimizdeki bu niteliği kasıtlı olarak yarattı, böylece bu nitelik vasıtasıyla doğamız olan alma arzusunun üzerine çıkabiliriz.

Utanmak ve almaktan acı çekmek için kişinin aldığını hissetmesi gerekir. Bu sadece vereni, bir veren olduğunu hissettiğinizde mümkün olur. Eğer ev sahibini hissedemezsem utanmam. Fakat ev sahibi benim önümdeyse, utanırım.

Direkt olarak alamam çünkü ev sahibiyle bağdaştırmam gerekir. Ondan aldığım için bir şeyi geri vermem gerektiğini hissedeceğim. Bu durumda, artık alıyor olmayacağım, fakat onunla yer değiştirir ve veren olurum, zira o zaman o da benden alıyor olacak.

DÜNYALARIN EVRİMİ

Yaradan hissi Malhut'ta almaktan o kadar muazzam ızdırap uyandırır ki kendisine haz almak için alma arzusunu bir daha asla kullanmamaya karar verir. Malhut'taki bu karar, kendisi için Işık almama, Tsimtsum (kısıtlama) olarak adlandırılır. Tsimtsum Alef (birinci kısıtlama) ismi bu işlemin ilk kez ortaya çıktığının işaretidir.

Böylece, Malhut Işığı almayı bıraktı. Bunula alıcı olmayı bıraktı, ama yine de Yaradan'a hiçbir şey vermiyordu; hâlâ Işık, haz veren, gibi olma arzusunu doldurmadı. Yaradan'dan haz almayarak Malhut form eşitliğini edinemedi. Dolayısıyla, Tsimtsum Alef aksiyonunun bir hedef olmadığını sadece verme yetisini edinme aracı olduğunu görüyoruz.

Yaradan'ın Yaratılıştaki amacı Malhut'un, yaratılan varlığın, haz almasıdır. Yaratılış Düşüncesi değişmez ve mutlaktır. Dolayısıyla, Yaradan, Işık, Malhut'a alması için baskı yapmaya devam etti. Malhut kısıtlama aksiyonunun ihsan etme aksiyonunu gerçekleştirmek için yetersiz olduğunu hissetti. Ancak, tek niteliği almak olan varlık Yaradan'a, O'nun yaptığı gibi, nasıl verebilir?

İçindeki Üst dokuz niteliği hissederek – Yaradan'ın içinde hissettiği nitelikleri ki bunlar Yaradan'ın ona yaklaşımından oluşur – Malhut Yaradan'a nasıl ihsan edebileceğini anlamaya başlar. Eğer Yaradan onun mutlu olmasını istediği için Işığı alır ve bundan haz alırsa almasının ihsan etmeye eşdeğer olacağına karar verir. Böylece, eğer Malhut Yaradan'ın kendisi için hazırladığı tüm Işığı (haz) alırsa, O'na veriyor olacaktır, tıpkı O'nun kendisine verdiği gibi.

Ziyaret eden bir misafiri örnek alalım. Ev sahibi misafire yiyecek sunar, tam olarak misafirin istediği miktar ve tatta (arzu, tat ve miktar olarak Işıkla mükemmel uyum içinde, zira Işık-haz, Kli'yi-arzu kendisine uygun olarak yarattı.)

Bununla beraber, misafir aç olmasına rağmen ev sahibinin varlığı onda utanç yaratır, bu da onu almaktan alıkoyar. Utanç kendisini alan ve ev sahibini de veren gibi hissetmesinden kaynaklanır. Ve utanç o kadar güçlü daha fazla alamaz.

Ancak, ev sahibi misafire yemesi için yalvarır, zira her şeyi onun için hazırlamıştır ve ev sahibi misafirin yemesinden zevk alacağına inandırır. O zaman, birkaç kez reddettikten sonra, misafire öyle görünür ki eğer haz alırsa, bu alma ev sahibine vermek, ona iyilik yapmak olarak kabul edilecek. Böylece misafir veren ve ev sahibi alan olabilecek.

Kabala'da açlık, haz ve zevk alma arzusu Kli (kap) olarak adlandırılır. Yaradan'dan gelen haz Or Yaşar (Direkt Işık) olarak adlandırılır. Yaradan'dan gelen hazzı iten güce Masah (perde) denir. Masah'tan geri çevrilen Işık Or Hozer (Yansıyan Işık) olarak adlandırılır.

Masah'ın gücünü kullanarak – kendi mutluluğunu engelleme gücü ve Yaradan'a haz verme gücü – Kli kendi alma arzusuna karşı koyabilir. Kli'nin Işığı reddettiğini anlayabiliriz, ancak Kli'nin kendisi için haz alma arzusunu kullanarak reddettiğini söylemek daha doğru olur.

KABALA BİLİMİ

Kli, Yaradan'a Işığı geri yollayamaz sadece niyetini değiştirebilir. Kli'de yaratılan Yaradan'ı mutlu etme amacı Or Hozer (Yansıyan Işık) olarak adlandırılır. Or (Işık) hazzın bir diğer adıdır. Or Yaşar, Yaradan'ın varlığa vermek istediği hazdır ve Or Hozer varlığın Yaradan'a ihsan etmek istediği hazdır.

Kli (misafir) bir kez kendisi için almamaya (haz almak) emin olduğunda Or Hozer'in (Yaradan'a-ev sahibi-haz ihsan etme arzusunun ölçüsü) yoğunluğunu inceler ve onunla Or Yaşar'dan gelen bolluğu almaya, ancak sadece Yaradan'ı (ev sahibi) mutlu etmek amacıyla alabileceği kadar almaya karar verir.

Kabalistler Yaradan'dan yayılan Işığı ve bunun tüm aksiyonlarını hisseden insanlardır. Ancak, maneviyat hakkında yazdıklarında hislerini "teknik" terimler ve tanımlamaların bulunduğu bir dille naklettiler. Dolayısıyla, okuyucu sadece Masah'a ve kitapların bahsettiği güçlere sahipse, okuduğu aynı aksiyonları kendi içinde gerçekleştirerek, kelimeleri hislere "çevirebilirler".

Işık Yaradan'dan (ismi Or Yaşar olduğundan) direkt gelir ve Kli'nin içine bürünmek ister. Ancak, Masah'la karşılaşır. Masah, Işığı geri çevirir (almış olmak için almayı reddeder), böylece Tsimtsum Alef koşulunu gerçekleştirir: kendisi için almamak. Kli kendisi için almayacağından emin olduğunda, (Masah'ı kullanarak) ihsan etmek için (Yaradan'a haz vermek) ne kadar alabileceğini hesap eder. Işıktaki his ve ne kadar alınacağı kararı onu almadan önce yapılır. Bu nedenle, Kli'nin bu parçasına Roş (kafa) denir. Masah'ın durduğu hesap yerine Pe (ağız) denir.

Roş'daki kararın sonrasında Kli Toh'daki (iç) Işığı alır. Toh, Işığın alınmasının (haz alma arzusunun içindeki haz hissi) Kli'nin içinde bilfiil gerçekleştiği kısmıdır. Or Hohma (haz) Yaradan'ı mutlu etmek amacıyla bu şekilde alınır. Bu amaç Or Hasadim (Merhamet Işığı) olarak adlandırılır. Kabala dilinde, Or Yaşar Or Hozer'e bürünür ve Or Hohma Or Hasadim'e bürünür.

Kli, Yaradan'dan gelen Işığın sadece küçük bir kısmını alabilir, zira Masah tüm Işığı alacak güce sahip değildir. Böylece bir kısmı (arzularını) dolar ve bir kısmı boş kalır. Boş kalan kısma Sof (son, sonuç) denir. Dolayısıyla, görüyoruz ki varlık üç kısımdan oluşur: Roş, Toh ve Sof. Birlikte bunlara Partzuf (yüz, çehre) denir. Partzuf'un (tüm arzuları) Guf'u Toh'a, alan kısım ve Sof'a, boş kalan kısım, bölünür.

* Işığın alınmasının sona erdiği Partzuf'un Guf'undaki sınır Tabur (göbek) olarak adlandırılır.

* Partzuf'un içine alınan Işığın kısmına Or Pinimi (İçsel Işık) denir.

* Işığın Kli'nin dışında kalan kısmına Or Makif (Saran Işık) denir.

* Masah vasıtasıyla Or Yaşar, Or Pinimi ve Or Makif'e bölünür.

Malhut, beş Behinot'dan (izlenim) oluşur. Masah her Behina'ya ne kadar alacağına karar verir. Her Behina alan ve almayan kısma ayrılır. Böylece, Toh'da beş Behinot ve Sof'da beş Behinot vardır.

DÜNYALARIN EVRİMİ

Özet: Işık Kli'yi ıslah ettiğinde ona Yaradan'ın arzusunu verir. Bu, aslında bizde eksik olan şeydir: Işığın (çalışma sırasında uyandırdığımız Saran Işık, eğer Yaratılışın amacını gerçekleştirmek istiyorsak) gelip bizi ıslah etmesi, böylece aksiyonlarımızın Yaradan'ınki (ihsan etme) gibi olmasını isteyebiliriz. Kabala çalışmanın eşsizliği budur ve ayrıca öneminin de. Çalışma kişiyi ıslah eden Saran Işığı uyandırır.

Işıkların Genişlemesi ve Ayrılması

Malhut, Or Yaşar'ın bir kısmını almaya karar verdikten sonra ve bunu Toh'da aldıktan sonra almayı bıraktı. Malhut her zaman hesap yapar, ihsan etmek için Partzuf'un Roş'unda alabileceği maksimum Işık nedir. Masah'ın gücüne bağlı olarak Malhut Or Yaşar'ın sadece çok küçük bir parçasını alır, zira Yaradan'a iyilik yapmak için almak onun doğasına zıt.

Or Yaşar'ın Kli'nin dışında kalan kısmına Or Makif denir. Or Makif, Partzuf'da genişlemesini sınırlayan Masah'a baskı yapmaya devam eder ve Masah'ı geçip Tsimtsum'dan önceki gibi Partzuf'un Sof'u da dâhil tüm Kli'yi doldurmak ister.

Partzuf, eğer bir kısmı alıp, yani kendisini sadece Tabur'a kadar doldurup o koşulda kalırsa Yaratılış Düşüncesinin gerçekleştirilemeyeceğini anlar. Yaratılış Düşüncesini gerçekleştirmek için Tsimtsum'dan önce Malhut'u dolduran tüm Işık ihsan etme amacıyla alınmalı. Ancak, eğer Partzuf, Tabur'dan aşağı, daha fazla alırsa almak amacıyla alıyor olur, zira o Kelim'in üstünde ihsan etmek amacıyla alacağı bir Masah yoktur.

Bu nedenle, Partzuf Işığın alınmasından tamamen vazgeçmeye ve alma öncesindeki koşuluna geri dönmeye karar verir. Tüm kararlar gibi bu karar da Partzuf'un Roş'unda verilir. Bu karardan sonra Pe'den Tabur'a inen ve orada kalan Masah, Tabur'dan Pe'ye yükselmeye başlar. Masah'ın yükselişi Işıkların Pe'den Roş'a geçerek Partzuf'dan ayrılmasına neden olur.

Işığı almayı durdurma kararı Tabur'da duran Masah'ın Partzuf'a alınmak isteyen Or Pinimi kadar Or Makif tarafından da baskılanması idi. Bu iki Işık, Işığın genişlemesine sınır gibi duran Masah'ı etkisiz kılmak istiyorlar. Bunların Masah üzerindeki baskılarına "Or Pinimi ve Or Makif'in Bituş'u (vurma)" denir.

Bu iki Işık, Işığın Partzuf'a girmesini sınırlayan Tabur'daki Masah'a baskı yaparlar. Bunlar Masah'ın Tabur'dan Partzuf'un Sium'una (son) inmelerini isterler böylece Or Makif'in tamamı girebilir.

Bu durum ev sahibinin sunduklarının bir kısmını alan kişiye benzer. Almış olduğundan büyük haz alır ve bu onu zayıflatır çünkü almadıklarındaki büyük hazzı hisseder.

Sonuç olarak, Masah Tabur'dan Pe'ye döner ve Partzuf'un Işığı boşalır. Işık Partzuf'a tıpkı Pe'den girdiği gibi yine Pe'den geçerek Partzuf'dan çıkar. Işığın Yukarıdan aşağıya, Pe'den Tabur'a, genişlemesine Taamim (tatlar) denir. Toh'dan Roş'a kadar Partzuf'daki Işığın ayrılmasına Nekudot (noktalar) denir. Işık Partzuf'dan ayrıldığında kendisinden Reşimo (hatıra/hatırlama) denilen bir izlenim bırakır. Taamim Işıklarından bir Reşimo'ya Tagin (etiketler) denir ve Nekudot Işıklarından bir Reşimo'ya Otiot (harfler) denir.

Işığın genişlemesi ve ayrılması Kli'yi görevi için uygun hale getirir, zira sadece Kli hazzı hissettikten ve haz ayrıldıktan sonra Kli'de gerçek bir arzu ortaya çıkar. Işığın ayrılmasından sonra Kli'de bir Reşimo kalır. Bu, Nekudot'dan kalan hazzın Reşimo'sudur. Kli, Işıktan yoksun kaldığında Reşimo Kli'nin arzu ve özlemini belirler. Dolayısıyla, Işığın ayrılmasının Reşimo'suna Otiot ya da Kli denir.

Tsimtsum'dan önce Behina Dalet kendisinden önceki dört Behinot'un tümünden Işıkları alır. Işık ona Behinot Şoreş, Alef, Bet, Gimel ve Dalet'den geçerek Atzmuto'dan gelir. Böylece Behina Dalet beş içsel Behinot içerir. Behina Dalet'in her bir içsel Behina'sı kendisine tekabül eden Behina'dan Işık alır:

* *Behina Dalet'deki Behinat Şoreş, Behinat Şoreş'den Or Yehida (Yehida Işığı) alır.*
* *Behina Dalet'deki Behina Alef, Behina Alef'den Or Haya alır.*
* *Behina Dalet'deki Behina Bet, Behina Bet'den Or Neşama alır.*
* *Behina Dalet'deki Behina Gimel, Behina Gimel'den Or Ruah alır.*
* *Behina Dalet'deki Behina Dalet, Behina Dalet'den Or Nefeş alır.*

Sadece Behina Dalet'deki Behina Dalet haz alma arzusunun kendisinin olduğunu hisseder. Bu yüzden sadece bu Behina "varlık" olarak kabul edilir. Behina Dalet'deki Behina Dalet'den önce gelen Behina Dalet'deki diğer Behinot, Behina Dalet'in kendisinden önce gelen Behinot Şoreş, Alef, Bet ve Gimel'den aldıkları arzulardır. Kendisinden önce gelen Behinot'daki arzular alma arzuları olmasına rağmen bunlar Behina Dalet'in kendisinden değil Yaradan'dan gelirler.

Behina Dalet beş Behinot'dan oluşur, bu onun yapısıdır ve değişmezdir. Bu Behinot bölünebilir, dolabilir ve içlerindeki Işıkları alma aksiyonları için birleşebilirler, ancak yapıları aynı kalır. Buna Yud'un ucu, Yud, Hey, Vav, Hey denir.

Dünyalar ve insanlar hariç içlerindeki her şey Dalet'in içindeki Behina Dalet'den önceki Behinot'dan ortaya çıkar. Bunları bağımsız alma arzuları yoktur. Bunlar Yaradan tarafından içlerine monte edilmiş arzular tarafından işletilirler ve bu nedenle Kabala'da "varlık" olarak tanımlanmazlar. Sadece insanların ruhları alma arzularının bağımsızca var oldukları Dalet'deki BehinaDalet'den yapılmıştır. Bu nedenle, sadece insanların ruhları "varlıklar" olarak kabul edilir.

Kişinin kendisi için gerçek alma arzusu sadece Behina Dalet'deki Behina Dalet'de ortaya çıkar. Kendisini alan olarak algılayan sadece odur. Ancak, Işık Behina Dalet'deki diğer Behinot'dan da ayrılır, zira önceki Behinot sadece alma onun arzusunu geliştirirken sadece Dalet'deki Dalet alır. Almayı durdurduğunda Işık hepsinden yok olur, zira tüm Behinot tek bir Kli'dir, Yud'un ucu, Yud, Hey, Vav, Hey.

DÜNYALARIN EVRİMİ

Tsimtsum'dan sonra, Malhut, Masah'dan geçen beş Işığı aldığında – beş Behinot'unun içine – bunlar Malhut'un beş kısmına girer. Işıkların Partzuf'a girme sırası küçükten en büyüğe göredir: Nefeş, Ruah, Neşama, Haya ve Yehida. Bu nedenle, bu Işıklara NRNHY denir.

Işıkların Bir Partzuf'a Girişi ve Ayrılışı

Malhut'un beş kısmına Behinot Şoreş, Alef, Bet, Gimel ve Dalet denir. Kısıtlamadan sonra bu beş kısım Masah vasıtasıyla Işık aldığında bunlara Sefirot (safirler, aydınlanmalar) denir, çünkü Işık onların içlerinde parlar. Dolayısıyla, Behinot yerine onlara Sefirot deriz.

Keter = Şoreş
Hohma = Alef
Bina = Bet
Zer Anpin (ZA) = Gimel
Malhut = Dalet

Ayrılan Işıkların izlenimine Reşimot'una (Reşimo'nun çoğulu) Otiot (harfler) denir. Beş Işığın, Nefeş, Ruah, Neşama, Haya ve Yehida, beş Sefirot'tan, Keter, Hohma, Bina, Zer Anpin ve Malhut, ayrılışından sonra beş Reşimot ya da Otiot kalır: Yud'un ucu, Yud, Hey, Vav, Hey.

Daha sonra bu makalede Kabalistlerin manevi güçleri yazı olarak tanımlamak için sembolleri nasıl kullandıklarını öğreneceğiz. Kabalistler noktalar ve çizgilerden harfler ve kelimeler oluştururlar. Tüm kutsal kitaplar bu şekilde yazılmıştır. Bundan yazıların manevi güçler ve işleyişler hakkında bilgi olduğu sonucu çıkar. Kabalistler kitapları okuduklarında bunların içindeki komutlara göre hareket edebilirler.

Bununla beraber, kutsal kitapları incelediğimizde bunlar bize tarihi olaylardan bahsediyorlar gibi geliyor. Ancak Hz. Musa'nın yazılarının tamamının Yaradan'ın isimleri olduğu yazar. Bu, Musa Peygamberin yazılarının içindeki tüm kelimelerin bize ya Kelim (arzular) ya da bunların aksiyonları hakkında bilgi verdiği anlamına geliyor. Bir başka deyişle, Musa Peygamber'in yazıları tamamı farklı bir dille yazılmış ancak bugün öğrenmemiz gereken Kabala ilmiyle aynıdır.

Manevi ilmin dört dili vardır: Musa Peygamberin yazılarının dili, efsanelerin dili, Talmud'un (Çalışma Kitabı) dili ve Kabala'nın dili. Bunları hepsi Yaratılışın amacını nasıl gerçekleştireceğimizi bize söylemek için maneviyatı edinmiş Kabalistler tarafından bulunmuştur.

Genel Bakış

Yaradan varlıklarına iyilik yapmak ister. Varlıklar Yaradan'ın iyiliğini kendi başlarına almak durumundalar. Bu amaçla, Yaradan, O'ndan tamamen ayrı, bağımsız bir varlık yarattı. Varlık Yaradan'ı hissetmez çünkü Işık Kli'den daha Yukarıdadır ve Kli'yi doldurduğunda onu kontrol eder ve Kli'nin ne isteyeceğini belirler.

Dolayısıyla, varlık bağımsız olmak için Işıktan gizlilik içinde, maneviyat ve Yaradan'ın varlığının hissi olmadan doğmalıdır. Varlık Yaradan'a en uzak derecede, "bu dünya" denilen derecede doğar. Ancak, varlık Üst Işığın (Yaradan) etkisinden bağımsız olduğunda koşulunu, realitesini ve hayatının amacını anlama gücünden de yoksun olur. Bundan Yaradan'ın varlığın gelişmesi ve büyümesi için doğru çevreyi hazırlaması gerektiği sonucu çıkar:

1. O, Işığını kısıtlamalar boyunca minimuma getirmelidir. Dereceler Yukarıdan aşağıya, Yaradan'a en yakın olan Eyn Sof derecesinden Yaradan'a en uzak ve alt olan "bu dünya"nın derecesine kadar bu şekilde inşa edildiler. Bu aksiyona "dünyaların genişlemesi ve Partzufim" denir.

2. Varlık için başlangıç noktası hazırlanır hazırlanmaz ona o koşuldan yükselme ve Yaradan'ın derecesine ulaşma imkânı verilmelidir. Fakat eğer Tsimtsum Alef'den sonra "bu dünya"nın derecesinde olan Kli'ye – varlık – hiç Işık ulaşmıyorsa, bu nasıl yapılabilir? Bu nedenle, Yaradan bize bu dünyada bir Segula (güç, şifa) sağladı: kısıtlanmış Kli'ye bile ışıyan Or Makif (Saran Işık).

Kabalist Yehuda Aşlag bu Segula ile ilgili "On Sefirot'un İncelenmesine Giriş" Madde 155'de yazdı: "Bu nedenle sormalıyız; o zaman neden Kabalistler her bireyi Kabala ilmini çalışmaya zorladılar? Gerçekten de bunda duyurmaya değer yüce bir şey var: Kabala ilmiyle uğraşan kişilere olağanüstü ve paha biçilmez bir şifa vardır. Ne öğrendiklerini anlamalar bile, özlem ve ne öğrendiklerini anlamak için duydukları büyük arzu vasıtasıyla ruhlarını saran Işıkları uyandırıyorlar.

"Bu, maneviyat çalışan her bireyin Yaradan'ın Yaratılış Düşüncesi'nde her yaratılana haz vermeyi düşündüğü tüm muhteşem şeyleri sonunda edineceğinin garantilendiği anlamına geliyor. Ve bu yaşamda ödüllendirilmeyen biri bir sonraki yaşamda ödüllendirilecek ta ki kişi O'nun kendisi için planladığı Düşüncesini tamamlayana dek.

"Ve kişi mükemmeliyeti edinmeden önce ona ulaşması hedeflene Işıklar Saran Işık olarak addedilir. Bu onların kişi için hazır bekledikleri, kişinin alma kaplarını arındırmasını bekledikleri ve o anda bu Işıkların uygun kapları giydireceği anlamına gelir.

"Dolayısıyla, kişi bu ilime başladığında kapları olmasa bile Işıkların isimlerini ve kapların ruhuyla bağlantısından söz etmekle Işıklar anında belli bir derecede kişinin üstüne yansır. Ancak, kişinin üstüne ruhunun iç kısmını giydirmeden yansırlar, zira onları alacak kaplar yoktur.

"Bununla beraber, çalışma sırasında kişinin defalarca aldığı aydınlanma ona kutsallık ve arınma bolluğu katarak ve kişiyi mükemmelliği gerçekleştirene dek daha yakınlaştırarak Yukarıdan lütuf çeker.

DÜNYALARIN EVRİMİ

"Bununla beraber, bu ilimle iştigal sırasında konuları hayal ürünü ya da fiziksel şeylerle maddeleştirmeme konusunda katı bir koşul vardır, zira bu "Kendinize bir put ya da benzer bir şey yapmayacaksınız" sözlerini bozar. O koşulda kişi fayda görmek yerine zarar görür."

Dolayısıyla, sadece Kabala ilmini düzgün çalışmak insanı hayatının amacına getirebilir. Kabalistlerin söyledikleri budur ve realiteyi onlardan daha iyi kim bilebilir?

Her hangi bir kişinin bu dünyadan manevi dünyaya yükselmeye başlaması Or Makif'in gücü ile olur. Or Makif'in aydınlatmasının yardımı olmadan koşulumuzu dönüştürme imkânımız olmaz, zira Kli sadece Işıkla ıslah olur ve Üst Işık bu dünyaya ulaşamaz. Bu nedenle Or Makif'e ihtiyacımız var.

Yeni başlayanların yollarında başarısız olmalarına meydan vermemek için bir soru cevap tablosu, terimler sözlüğü, kısaltmalar ve çeşitli medya dosyaları ekledik. Derinlere inme ya da açıklamaları ve bilgi miktarını büyütme niyetimiz yok, sadece öğrencileri doğru ilerleme inisiyatifini edinmeye yönlendirme niyetindeyiz. Çalışmanın amacının Yaradan'la Dvekut'u (Yaradan'la bütünleşmek) gerçekleştirmek olduğu açık olmalıdır. Bu gözümüzün önünde olmalı, zira sadece o zaman Sara Işıkları üzerimizde harekete geçirebilir ve onların etkisiyle Üst Dünyaya girebiliriz.

Terimler sözlüğü temel terimlerin doğru anlaşılması için tasarlanmıştır. Ancak sadece kişi okuduğu kelimeleri doğru yorumlamayı bilirse, dünyamızda genelde yorumladığımız gibi değil de gerçek manevi anlamlarında, sadece o ölçüde kişi öğrenmeye ve Musa peygamberin yazılarını okumasına izin verilmiştir. Aksi takdirde, kişi o kaynaklardaki yazıları tarihsel olaylar olarak algılayabilir.

Bir Kabalist maneviyatı edindiğinde bu kelimelerle anlatılamaz, zira maneviyat sadece hisleri içerir. Bu nedenle Kabala kitapları manevi olguları tanımlamak için dünyevi kelimeler kullanarak sadece dallar dilinde yazılmıştır.

Manevi dünya güçlerin ve hislerin bedensel kıyafetlendirilmediği soyut, "sanal", bir yerdir. Sürekli olarak manevi konseptleri yenilemeli ve tekrarlamalıyız çünkü maneviyatla duygusal bağı gerçekleştirene dek Kabala kitaplarını kelimelerin arkasında yatanı anlamadan okuyor oluruz.

Yapılan ilk yanlış insan bedeniyle manevi Kli arasında bir takım bağlantılar olduğunu, sanki manevi Kli insan bedenine bürünmüş gibi, sanki her fiziksel organın içine manevi bir organ bürünmüş gibi, öğreten "Kabalistlerin" bulunmasıdır. Onların görüşüne göre, kişi fiziksel bir eylem ya da fiziksel bir hareket yaptığında, bu her ne ise, görünürde manevi bir içeriği vardır. Bu şekilde yaptıklarında manevi bir aksiyon gerçekleştirdiklerini sanıyorlar.

Onların hataları Kabalistlerin dalların dilini kullanmasından, manevi terimleri tanımlamak için dünyevi kelimeleri kullanmalarından kaynaklanıyor. İlimdeki sıkı yasağın nedeni budur, "Kendinize bir put ya da benzer bir şey yapmayacaksınız." Bir başka deyişle, maneviyatı fiziksel şekillerle hayal etmek yasaklanmıştır, bu Yukarıda bir zarara yol açacağından değil, sadece yanlış bir hayal kişinin Yaradan'ın yöntemini anlamasını ve amaca yaklaşmasını önleyeceği içindir.

Dolayısıyla, öğrenci sürekli olarak "yer", "zaman", "hareket", "hep var olmak", Guf (beden), "bedenin kısımları" ya da "organlar", Zivug (çiftleşme), "öpücük", "kucaklama" gibi Kabala'nın temel kavramlarını doğru bir şekilde algılayana dek tekrarlamalıdır. Baal HaSulam'ın "On Sefirot'un İncelemesine Giriş" de yazdığı budur. Kabala'yı doğru çalışmak isteyenlerin Zohar Kitabı, Ari'nin yazıları, Baal HaSulam'ın yazıları ve Rabaş'ın yazıları hariç tüm kitapları bırakmaları öğüt verilir.

Yazıları tarihsel olaylar gibi yorumlamak manevi ilmin tamamının Yaradan'ın isimleri, Atzilut dünyasının Işığı olduğu ve içindeki tüm sözlerin Kutsal İsimler olduğu sözleriyle ters düşer. Bu dünyadan ve içindeki insanlardan bahsetmediğini hatırlamak önemlidir (Bakınız, "Zohar Kitabı'na Giriş", Madde 58).

Musa Peygamberin yazılarındaki tüm kelimeler kutsaldır, Firavun, Balaam, Balak. Örneğin, dua sırasında dua edilen yerin girişinde durmak için çağrılan kişi kitabın içinde yanlışlıkla Firavun ya da Lavan ismini öpüp öpmediğini kontrol etmeden öper. Zohar her ismin manevi bir dereceyi sembolize ettiğini söyler: Firavun Malhut'a tekabül eder, Lavan bir Üst Işığa (beyazlık), Üst Hohma'nın Partzuf'una vs.

Reşimot (İzlenim)

Doğru işlemi yapabilmek için Kli'nin ne istediğini, bunu nasıl elde edeceğini bilmesi ve istediğini elde edecek güce sahip olması lazım.

Yaradan'ın dışında sadece bir Yaratılış vardır: haz alma arzusu. Dolayısıyla, tüm realite sadece Işık ve Kli'den oluşmuştur, haz ve arzu, Hitlabşut (örtü) ve Aviut (bayağılık/alma arzusu).

Her manevi harekette, Işığın Kli'den ayrılmasını müteakip, yani Kli'nin Işıkla dolu olduğu bir koşuldan Kli'nin Işıktan yoksun olduğu bir duruma dönüşmesinden sonra, arkasında önceki koşuldan iki "anımsama" bırakır. Bunlara Hitlabşut'un Reşimo'su (örtünün anımsanması) denir – Kli'nin içinde olan ve ayrılan Işığın Reşimo'su ve Aviut'un Reşimo'su (alma arzusunun anımsanması) – kullanılmak üzere kalan Kli'nin Masah üzerindeki Reşimo'su.

Bu iki Reşimot (Reşimo'nun çoğulu) tek bir Reşimo kabul edilir. Eğer Reşimo kalmazsa Kli ne isteyeceğini ve istediğini nasıl alacağını bilmez. Realitenin basamaklandırılmasının tüm süreci, Eyn Sof'un Malhut'unda başlangıcından bu dünyada son bulana dek Eyn Sof'un Malhut'unun farklı safhalarıdır. Her bir safhadan sonra Reşimo uyandıran onu saran Işık vasıtasıyla bu safhaları sırasıyla geçer.

Behina Dalet'in Iıkla doldurulduğu safhaya Eyn Sof'un Malhut'u denir. Behina Dalet kendisini "alan" gibi deneyimledikten sonra Işığı almayı kısıtlamaya karar verdi. Işık ayrıldı ve içindeki Işığın Reşimo'su Malhut'da kaldı. Tsimtsum'dan sonra bile

DÜNYALARIN EVRİMİ

Işık Malhut'u doldurmaya geldi ancak o hesap yaptı ve sadece Yaradan'a ihsan etme amacıyla alabileceği kadar almaya karar verdi.

Bu hesaplama için gereken veriler, (a) Önceki koşulda Işığın Hitlabşut'unun ve (b) İhsan etme amacıyla almanın Reşimo'su. Malhut Roş'da bu Reşimot'u hesaplar hesaplamaz almaya karar verdiğini Guf'da alır. Ve Kli Işığın almaya karar verdiği kısmını almayı tamamladığında Or Makif Masah'a vurmaya başlar ve onu Pe'ye dönmesi için zorlar. Böylece Partzuf onu dolduran şeyden yoksun kalır.

Masah, Galgalta'nın Tabur'undan Pe'ine yükseldiğinde Or Pinimi Galgalta'dan çıkar ve Guf'un Masah'ını sahip olduğu Işığın Hitlabşut'un Reşimo'su denilen bir izlenimiyle bırakır. Ancak, Işığı alan Masah'ın gücünün izlenimi kalmaz, zira Masah Işığı almayı durdurmaya karar verdi ve kendisini onun gücüyle çalışmaktan diskalifiye etti. Böylece, Masah'ın Reşimo'su yok olur.

Masah Tabur'dan tekrar Pe'ye yükseldi. Dolayısıyla, kendisine alma talebiyle baskı yapan Roş'daki Üst Işığı hisseder. Sonuç olarak, ihsan etme amacıyla Işığı alma arzusu Malhut'da tekrar uyanır. Bu, önceki safhadan kalan Reşimot üzerinde yeni bir Partzuf'un doğumunun başlangıcıdır.

Özet: Işığın Reşimo'su Işığın ayrıldıktan sonra geriye bıraktığı bir parçasıdır. Bir sonraki Partzuf'un doğumunun kök, özüdür. Masah'ın Reşimo'su kaybolmuştur ve Zivug yeni bir Reşimo üzerinde yapılır.

Masah'da hiç Reşimo kalmayana dek realitenin tümü genişlediğinde bu Asiya dünyasının sonudur. Atzilut dünyasının Malhut'u Adam Kadmon denilen bir başka Partzuf'un doğmasına yol açar ki bu parçalara kırılarak Asiya dünyasının altına, "bu dünya" denilen yere düşer.

Kırılmış en küçük Kli'deki en küçük Reşimo'ya "kalpteki nokta" denir. Bu, Yukarıdan uyandırıldığında kişinin maneviyat için hissettiği en küçük arzudur. Bu Reşimot dünyamızda belli kişilere bürünürler ve onlara rahat vermezler, ta ki onları Masah ile ıslah edip Işıkla doldurana dek.

Eğer bir kişi o Reşimo'yu hissederse maneviyatı gerçekleştirmeye, Üst Dünyayı deneyimlemeye ve realitenin tümünü bilmeye layıktır. Bunu başarmanın rehberliği Kabala kitaplarındadır. Her nesil, o nesilde inmiş özel ruhlar için kendine ait Kabala kitaplarına sahiptir.

Maneviyata doğru bizim neslimize rehberlik edecek olan kitaplar Kabalist Yehuda Aşlag (Baal HaSulam) ve Kabalist Baruh Aşlag'ın kitaplarıdır. Bu kitapları çalışma dışında doğru bir şekilde öğrenmek için iki gerekli koşul daha vardır: Kabalist bir öğretmen (Kabalist) tarafından yönlendirilen, Yaratılışın amacını gerçekleştirme hedefine sahip bir gurupla çalışmak.

Realitenin Yukarıdan aşağıya basamaklandırılmasında kişinin geri tırmandığı bir dereceler merdiveni oluşturulmuştur. Belli dereceye gelen bir kişi bunun içinde Üst dereceden Reşimot keşfeder ve böylece tırmanmaya devam edebilir. Dünyamızda da

Partzufim'in Ortaya Çıktığı Reşimot

Dünya/Partzuf	İsim	Hitlabşut Reşimo'su	Aviut Reşimo'su
Adam Kadmon Dünyası			
Partzuf Keter	Galgalta	Dalet	Dalet
Partzuf Hohma	AB	Dalet	Gimel
Partzuf Bina	SAG	Gimel	Bet
Partzuf	ZA	MA	Bet Alef
Partzuf Malhut	BON	Alef	Şoreş
Partzuf SAG'ın Nekudot'u			
Partzuf Nekudot de SAG		Bet	Bet
Nekudim Dünyası			
Partzuf Katnut (küçüklük/çocukluk)		Bet	Alef
Partzuf Gadlut (büyüklük/yetişkinlik)		Dalet	Gimel
Atzilut Dünyası			
Partzuf Keter	Atik	Dalet	Dalet
Partzuf Hohma	AA	Dalet	Gimel
Partzuf Bina	AVI	Gimel	Bet
Partzuf ZA	ZA	Bet	Alef
Partzuf Malhut	Nukva	Alef	Şoreş
Beria Dünyası			
Partzuf Keter	Atik	Dalet	Dalet
Partzuf Hohma	AA	Dalet	Gimel

Partzuf Bina	AVI	Gimel	Bet
Partzuf ZA	ZA	Bet	Alef
Partzuf Malhut	Nukva	Alef	Şoreş

Yetzira Dünyası

Partzuf Keter	Atik	Dalet	Dalet
Partzuf Hohma	AA	Dalet	Gimel
Partzuf Bina	AVI	Gimel	Bet
Partzuf ZA	ZA	Bet	Alef
Partzuf Malhut	Nukva	Alef	Şoreş

Asiya Dünyası

Partzuf Keter	Atik	Dalet	Dalet
Partzuf Hohma	AA	Dalet	Gimel
Partzuf Bina	AVI	Gimel	Bet
Partzuf ZA	ZA	Bet	Alef
Partzuf Malhut	Nukva	Alef	Şoreş

Dünyaların Masah'ın Aviut'unun Reşimot'u

Keter dünyası	Adam Kadmon dünyası	Aviut Dalet
Hohma dünyası	Atzilut dünyası	Aviut Gimel
Bina dünyası	Beria dünyası	Aviut Bet
ZA dünyası	Yetzira dünyası	Aviut Alef
Malhut dünyası	Asiya dünyası	Aviut Şoreş

Not: Ek tablo olduğu için sayfa numarası verilmemiştir.

Üst derecelerden Reşimot insanlarda ortaya çıkar. Bunlar o kişiye en yakın manevi dereceden Reşimot'tur. Bu Reşimot'la çalışarak kişi bizim dünyamızdan çıkar ve manevi dünyaya girer.

Partzufim'in Doğuşu

Behina Dalet'e Malhut denir, zira en büyük alma arzusuna sahiptir. Işıkla doldurulduğunda ise ona Eyn Sof (sonu olmayan) denir, zira Işığı hiç sonu olmadan alır. Malhut yaratılmış tek varlıktır. Onun kısımlarına Olamot (dünyalar) denir, zira bunlar Yaradan'ın Işığını varlıklardan Maalimim (gizlemek) yaparlar. Her bir dünyadaki gizlilik varlıkların Masah'ı kullanarak Işığı alabilme ölçüsüne tekabül eder.

Behina Dalet Eyn Sof Işığını aldığında Işığın Veren'den geldiğini hissetti. Veren'in hissiyatı o kadar utanç ve üzüntü yarattı ki bir daha asla alan olmamaya karar verdi.

Üst Derecedeki bir karar kendisinden sonra gelen tüm safhalar için bağlayıcı bir kural olur. Dolayısıyla, Malhut'un bir kısmı kendisi için almak istese bile alamayacaktır zira Malhut tüm kısımlarını kontrol eder. Her yeni karar derecenin zayıflığından gelir, böylece her karar sadece alttaki dereceleri etkiler.

Tsimtsum Alef'i müteakip Işık ve Kli'nin Reşimo'su Malhut'ta kaldı. Işık Malhut'a döndü ve onu doldurmak istedi, zira Yaradan'ın varlığa haz verme niyeti sabittir. Yaratılıştaki her aksiyonda sadece Yaradan'ın bu Düşüncesi işler, realite bize bizim lehimize işlemiyor gibi görünse bile.

Partzuf'un Roş'unun Pe'inde duran Malhut Yaradan'ın kendisine fayda sağlayacak amacını hisseder, misafir ev sahibi örneğinde olduğu gibi. Malhut, eğer Yaradan'dan almazsa O'na her hangi bir şey vermeyeceğini hisseder. Dolayısıyla, Yaradan onun almasından mutlu olsun diye almaya karar verir.

Önceki doldurulmadan Hitlabşut'un ve Aviut'un Reşimot'unun yardımıyla Malhut haz alma arzusuna göre değil sadece Yaradan'a haz vermek için ne kadar alabileceğini tam olarak hesaplayabilir.

Hitlabşut Reşimot'u, Işığın Malhut'un içinde bulunduğu zamandan bir Reşimo'dur. Malhut'un Işığı aldığı Masah arınmış oldu. Masah'da Hitlabşut Reşimot'unun kaldığı aynı Işığı alacak güç yoktu. Bu nedenle, Hitlabşut Reşimot'u bir sonraki Partzuf'un Hitlabşut'un Roş'unda da doğdu. Sonrasında, Masah, Guf'un uzandığı Aviut'un Roş'u denilen ikinci Roş'u doğurmak üzere Aviut Reşimo'u üzerinde Zivug yaptı. Malhut'daki Işığın örtünmesi budur.

Malhut'un ihsan etmek için ne kadar Üst Işık alacağına karar verdiği yer Roş olarak adlandırılır. Roş'da verilen kararı müteakip Malhut karar verdiği miktarda Işığı Partzuf'un içine alır. Bu Işık Taamim (tatlar) olarak adlandırılır.

Taamim Işığı Guf'a girişini tamamladığında onu uzatan Masah Işığın Partzuf'a uzanmasını durdurur. Masah Işığı girmeye devam etmesine izin vermez, zira Malhut'un maksimum miktar üzerindeki kararı kendisine haz almak için değildir. Eğer daha fazla alırsa bu kendisine haz almak için olacaktır.

Dolayısıyla, Masah'ın durduğu ve daha fazla almadığı yerde Malhut bir kez daha onun Üst Işığı alması için harekete geçer. Bu yere Tabur (göbek) denir. Eğer Malhut daha fazla Işık alırsa bu kendisine haz almak için olacaktır. Bu nedenle, Işığı almayı tamamen durdurmaktan başka çaresi yoktur.

Tüm kararlar Partzuf'un Roş'unda verilir ve bunlar sonra Guf'da yerine getirilir. Burada da Roş'un almayı durdurma kararını müteakip Masah Tabur'dan Pe'ye yükselir ve Işıkları Partzuf'un Guf'undan uzaklaştırır.

Masah Pe'ye Partzuf'u dolduran Işığın Reşimo'su ve Masah'da kalan Aviut Reşimo'su ile gelir. Masah'ın Partzuf'un Roş'unda Üst Işıkla buluşmasıyla ihsan etmek için Işığı alma arzusu içindeki Reşimo'yu uyandıran Masah'da tekrar uyanır. Masah Üst Işıkla Zivug de Hakaa (çarparak çiftleşme) yapar ve bir sonraki Partzuf'u doğurur.

Her bir Partzuf'da iki Masahim (Masah'ın çoğulu) vardır: Işığı geri çeviren Masah ve Işığı alan Masah. Işığı geri çeviren Masah Partzuf'a girmek isteyen tüm Işığı iterek her zaman Partzuf'un Pe'inde durur ve böylece Tsimtsum Alef koşuluyla karşılaşır.

İlk Masah tüm Işığı reddedip kendisi için değil sadece Yaradan'a ihsan etmek amacıyla almaya emin olur olmaz ihsan etmek amacıyla Üst Işığın ne kadar alınabileceğini ölçen ikinci Masah'ı harekete geçirir.

Bu kararı müteakip Masah Işığı almaya başlar. Pe'den aşağı iner ve buna müteakip Işık Partzuf'a girer. Partzuf'un içindeki Işığın miktarı Roş'un Masah'ının karar verdiği ölçüye ulaştığında Guf'a uzanan Masah durur. Böyle olmasının nedeni Guf'un Masah'ının Roş'un Masah'ı tarafından verilen emir ve kararlara her zaman uymasıdır. Böylece bir öncekinden bir sonraki Partzuf doğar.

Bu hesaplama Roş'daki Masah'da yapılır. Ancak Aviut'u bir önceki Partzuf'dan daha az olduğundan Masah Partzuf'un Hazeh'ine (göğüs-Yaradan'ın Işığını ihsan etmek için alabilen arzu) iner ve Pe'de kalmaz. Bunun nedeni, Pe'inkinin Dalet olmasına karşın Hazeh'in, Guf'un Aviut Gimel seviyesi olmasıdır.

Dolayısıyla, Masah yeni bir Zivug yapmak için arzu aldığı Tabur'dan Pe'ye yükselir yükselmez Hazeh'e iner ve ne kadar alacağını hesaplar. Bu hesaplama Partzuf'un ikinci Roş'unu doğurur. Bu kararı müteakip Masah Pe'den Işığı almayı seçtiği yere iner. Bu yer bir sonraki Partzuf'un Tabur'u olacaktır.

Tabur'un altında ve bir sonraki Partzuf'un Sium Raglin'inden (ayakların sonu) sonra Masah'ın karşı koyacak gücü bulunmadığından dolduramadığı boş Kelim bulunur. İkinci Partzuf ve Adam Kadmon dünyasının geri kalan tüm Partzufim'i Masah'larındaki güç yoksunluğundan dolayı ilk Partzuf'un Tabur'unun altına inemez.

İkinci Partzuf, AK'ın (Adam Kadmon) AB'si, ortaya çıkıp Tabur'una inen Masah üzerinde Roş'da karar verdiğini aldıktan sonra da Or Pinimi ve Or Makif'in Bituş'u (Or Pinimi ve Or Makif'in - İç ve Saran Işığın çarpışması) vardı. Burada da, Masah Tabur'da kalamayacağını anlar çünkü daha fazla alacak gücü yoktur ve eğer bulunduğu koşulda kalırsa Yaratılışın amacını gerçekleştiremez.

Bu nedenle, ikinci Partzuf'un Masah'ı da arınmaya karar verir ve Pe'ye yükselir. Burada da Masah'da bir Reşimo kalır. Pe'ye ulaştığında ve Pe'in Masah'ıyla bütünleştiğinde Işığı almak için uyandırır. Behina Gimel'den son Aviut Reşimo'su Masah'dan yok olur ve Behina Bet Reşimo'su ortaya çıkar. Böylece Masah, AK'ın Partzuf SAG'ı denilen yeni Partzuf'un doğması için Zivug de Hakaa yaptığı Hazeh'e iner.

Burada da Partzuf SAG ortaya çıkınca bunun Guf'un Masah'ı Or Pinimi ve Or Makif'in Bituş'u (İç ve Saran Işığın çarpışması) ile arınır. Masah Pe'ye yükselir, Hazeh'e iner ve Aviut Alef seviyesinde "Üst MA" denilen bir sonraki Partzuf doğar.

Partzuf Üst MA içindeki Işığın genişlemesini durdurduğunda içindeki İçsel ve Saran Işığın Bituş'unu hisseder ve arınmaya karar verir. Pe'ye Aviut Şoreş ile döner, zira Masah'ın artık Işık almak için Kaşiut (sertlik) gücü yoktur. Bir Partzuf değil sadece Roş doğurabilir ve böylece Partzufim'in doğum sürecini durdurur.

Realitenin Tümü

Tsimtsum'u müteakip Malhut Yaradan'a ihsan etmek için almaya karar verir. Bu niyete Masah (perde) denir. Sonrasında, Malhut'un içinde Masah üzerinde bir dizi Partzufim ortaya çıkar.

* Galgalta denilen bir Partzuf, Aviut Dalet'e Işık alma gücüyle bir Masah üzerinde ortaya çıkar.

* AB denilen bir Partzuf, Aviut Gimel'e Işık alma gücüyle bir Masah üzerinde ortaya çıkar.

* SAG denilen bir Partzuf, Aviut Bet'e Işık alma gücüyle bir Masah üzerinde ortaya çıkar.

* MA denilen bir Partzuf, Aviut Alef'e Işık alma gücüyle bir Masah üzerinde ortaya çıkar.

* BON denilen bir Partzuf, Aviut Şoreş'e Işık alma gücüyle bir Masah üzerinde ortaya çıkar.

Partzufim'in isimleri kendilerini dolduran Işıkların miktarı ve niteliğiyle belirlenir. Malhut Behina Dalet olarak ortaya çıkar, yani Atzmuto Işığının evriminin beşincisi. Dolayısıyla, Malhut önceki Behinot'dan alır ve onları ihtiva eder. Bu nedenle, Eyn Sof'un Malhut'unun içinde Behinot Şoreş'deki en küçük arzudan Behina Dalet'deki en büyük arzuya kadar arzunun beş Behinot'u vardır ve Eyn Sof'un Malhut'unun Işığı içine sınırsızca alabilir.

Tsimtsum'dan sonra Malhut Işığı sadece Yaradan'a ihsan etmek için almaya karar verir. Bu şekilde almak onun doğal arzusuna terstir, dolayısıyla, sınırsızca alamaz. Önceki

DÜNYALARIN EVRİMİ

gibi tüm Işığı tek seferinde alamaz. Bu yüzden, bütün bu Işığı küçük parçalara halinde almaya karar verir. Sonunda, tamamen dolacak ve Yaratılışın amacını gerçekleştirecektir.

Malhut'un her bir küçük parçası Malhut'un alma arzusunun beş parçasını içeren tümü gibidir. Bunun böyle olmasının nedeni kendisinden önce gelen Işıkların dört genişleme derecesi olmadan bir arzu olamamasıdır.

Bu nedenle, her Kli'nin Aviut'un beş kısmına göre sabit bir yapısı vardır: Otiot, Yud'un ucu, Yud, Hey, Vav ve Hey denilen Sefirot, Keter, Hohma, Bina, ZA ve Malhut denilen Şoreş, Alef, Bet, Gimel ve Dalet.

Malhut'un tümü beş dünya denilen beş ana bölüme ayrılır: AK (Adam Kadmon), Atzilut, Beria, Yetzira, ve Asiya. Her bir dünya beş Partzufim'e ayrılır: Atik, AA (Arih Anpin), AVI (Aba ve Ima), ZA (Zer Anpin) ve Nukva (Malhut). Her Partzuf beş Sefirot içerir: Keter, Hohma, Bina, ZA ve Malhut.

Beş dünya 5x5=25 Partzufim içerir. Her Partzuf beş Sefirot içerir. Dolayısıyla, Yaradan'la Dvekut'u gerçekleştirmek amacıyla bu dünyadan Eyn Sof dünyasına kadar tüm dünyaların içinde her bir ruhun deneyimlemesi gereken 25x5=125 Sefirot ya da derece vardır.

Her derece, Sefira (Sefirot'un tekil hali), Partzuf, dünya – Eyn Sof'un Malhut'unun parçası, realitenin en küçük parçası – alma arzusunun beş parçasını, bunun üzerinde bir Masah ve Masah vasıtasıyla aldığı Işığı içerir. Dolayısıyla, Yaratılışın tüm parçaları arasındaki fark sadece alma arzusunun ve onun üzerindeki Masah'ın ölçüsündedir. Masah'ın ölçüsü arzunun türü ve uygulama seviyesini belirler.

Bedenimiz aynı kısımları içerir. Kısımların farkı dolgularındadır (daha güçlü, akıllı ya da daha yetenekli). Dolayısıyla, aynı kısımlar tüm manevi Partzufim'de mevcuttur: Yud'un ucu, Yud, Hey, Vav, Hey.

Bu harflere "Yaradan'ın isimleri" denir, zira varlığı bu şablonda yarattı. Varlık Yaradan'ı'nı Işıkla – Yaradan – dolduğu şekilde hisseder ve buna göre Yaradan'a isimler atfeder.

Her Kli'nin ismi Kli'nin Yaradan'ı hissetme ölçüsüyle belirlenir. Bu nedenle, bu dünyadan Eyn Sof dünyasına kadar her derece kendi ismini taşır. Ruhlar, en düşük derece olan bu dünyadan başlayarak Yaratılışın amacını edinmek için yükselirler. Bir ruh belli bir seviyeye ulaştığında bu o seviyedeki Işığı aldığı anlamına gelir. Bir başka deyişle, HaVaYaH'ını belli bir HaVaYaH Işığı dolgusu ile doldurur ki bu dolgu ile derecenin ismini yaratır.

Herkesin Musa Peygamber seviyesine gelmesi gerektiği yazılmıştır. Bu, herkesin Musa denilen dereceyi gerçekleştirmesi gerektiği anlamına gelir. Yazılardaki tüm isimler Kutsal İsimler'dir, zira bunlar Işığın, Yaradan'ın ifşasının tanımlamalarıdır. Bu nedenle, tüm yazılar firavun, Balaam, Balak gibi isimler de dâhil olmak üzere "Yaradan'ın isimleri"dir.

KABALA BİLİMİ

Derecenin ismi Partzuf'u, HaVaYaH'ı dolduran Işıkla belirlenir. Örneğin, eğer Kli Or Hohma ile doldurulmuşsa ve bu Işığın sembolü Yud harfi ise Yud, Hey, Vav, Hey harflerinin dolgusu Yud, Hey (Hey'deki Yud), Viv (Vav'daki Yud), Hey'dir (Hey'deki bir Yud).

Böyle olmasının nedeni İbrani alfabesindeki her harfin bir sayısal değeri olmasındandır:

Bu yüzden eğer HaVaYaH ismindeki sayıları toplarsak: Yud, Hey, Vav, Hey = Yud (10+6+4) + Hey (5+10) + Viv (6+10+6) + Hey (5+10) = 72, bunlar AB harfleridir (Ayin + Bet). Bu nedenle Partzuf Hohma AB olarak adlandırılır.

Alef: 1	Zayin: 7	Mem: 40	Kof: 100
Bet: 2	Het: 8	Nun: 50	Reş: 200
Gimel: 3	Tet: 9	Sameh: 60	Şin: 300
Dalet: 4	Yud: 10	Ayin: 70	Taf: 400
Hey: 5	Haf: 20	Pe: 80	
Vav: 6	Lamed: 30	Tsadik: 90	

Hasadim Işığı alan bir Partzuf SAG olarak adlandırılır:

Yud, Hey, Vav, Hey = 63 = SAG (Sameh + Gimel)

Tüm realitede dereceler bu şekilde isimlendirilir. Dolayısıyla, her derecenin isminin bilmek için sadece her bir tür Işığın ismini bilmemiz yeterlidir. O zaman kaynakları okuduğumuzda hangi manevi aksiyonlardan ve Üst Dünyalardaki hangi yer ve derecelerden bahsedildiğini anlarız.

O zaman bir daha yanlışlıkla kaynakların manevi dünyaların altındaki her hangi bir şeyden bahsettiğini düşünmeyiz. Tora'ın fiziksel hayatlarımızdan, tarihten ya da maddesel dünyada hayatlarımızı nasıl idare edeceğimizden bahsettiğini düşünmeyiz. Bunun yerine, tüm bu otantik kitaplarının aslında bu dünyada yaşarken hayatımızın amacını nasıl gerçekleştireceğimiz üzerine açıklamalar olduğunu biliriz, böylece devamlı olarak bu dünyaya bir döngü içinde dönüp bu anlamsız, amaçsız ve faydasız hayata dönmek zorunda kalmayız.

Bir Partzuf on Sefirot'tur: Keter, Hohma, Bina, ZA ve Malhut

Bir Partzuf'un harfleri, Yud, (Hohma), Hey (Bina), Vav (ZA) ve Hey'dir (Malhut).

Ancak bir Partzuf'un seviyesi – Nefeş, Ruah, Neşama, Haya, Yehida – HaVaYaH ismiyle açıklanmamıştır, zira HaVaYaH harfleri Kli'nin iskeletinin on Sefirot'udur. Bunlar Üst Işığın icrası olmaksızın boş Kli koşuluna açıklık getirirler. Kli'nin seviyesi, Kli'nin manevi seviyesi Masah'ın ölçüsüne göre belirlenir. Masah, HaVaYaH'ın on Sefirot'unu Işıkla doldurur. Masah, Kli'yi Nefeş, Ruah, Neşama, Haya ya da Yehida Işığı ile doldurabilir. Kli'nin içindeki Işık Kli'nin dereceler merdivenindeki derecesini belirler.

DÜNYALARIN EVRİMİ

Realitede sadece iki Işık vardır: Or Hohma (Bilgelik Işığı) ve Or Hasadim (Erdemlik Işığı). Or Hohma'nın sembolü Yud harfidir ve Or Hasadim'in sembolü Hey harfidir.

1. Yehida (Kli Keter) seviyesinin sayısal değeri (Gimatriya'da) dolgusu olmayan basit HaVaYah'dır: Yud, Hey, Vav, Hey = 10+5+6+5 = 26

2. Haya (Kli Hohma) seviyesinin sayısal değeri Yud ile dolu HaVaYaH'dır: Yud, Hey, Viv, Hey = (10+6+4) + (5+10) + (5+10) = 72

3. Neşama (Kli Bina) seviyesinin sayısal değeri Hey ile dolu HaVaYaH'dır, ancak Vav harfi Alef ile dolu ve Hey harfi Yud ile doludur: Yud, Hey, Vav, Hey = (10+6+4) + (5+10) + (6+1+6) + (5+10) = 63

4. Ruah (Kli ZA) seviyesinin sayısal değeri Hey ile dolu HaVaYaH'dır, ancak HaVaYaH'daki Vav harfi Alef ile doludur: Yud, He, Vav, He = (10+6+4) + (5+1) + (6+1+6) + (5+1) = 45

5. Nefeş (Kli Malhut) seviyesinin sayısal değeri Hey ile dolu HaVaYaH'dır, ancak HaVaYaH'daki Vav harfi dolgusuzdur: Yud, Hh, Vv, Hh = (10+6+4) + (5+5) + (6+6) + (5+5) = 52.

AB, SAG, MA, BON isimlerinin kaynağı budur.

Nekudot de SAG

Tsimtsum Alef'den sonra Malhut Eyn Sof'dan kalan Reşimot'u kullanarak ihsan etmek için kendisini doldurmaya karar verir. İhsan etmek için almak varlığın doğasına terstir. Dolayısıyla, Malhut kendisini Eyn Sof'da dolduran Üst Işığın hepsini anında alamaz, sadece Partzufim denilen küçük miktarlarda alabilir. Bu nedenle, Malhut beş parça Işık alır: Galgalta, AB, SAG, Üst MA ve Üst BON. Bu, Malhut'daki tüm Reşimot'un çıkışını tamamlar ve genişleme zinciri durdurulur.

Ortaya çıkan üçüncü Partzuf, Partzuf SAG'dır. Bunun doğası Bina'dır, bu yüzden kendisi için bir şey almak istemez; "merhametten haz alır". Bu nedenle bu Partzuf Galgalta'nın Tabur'unun altına inebilir ve Galgalta'nın sonunu Işıklarıyla doldurabilir.

Partzuf SAG Hitlabşut Gimel ve Aviut Bet Reşimot'u üzerine ortaya çıktı. Dolayısıyla, Taamim'inde Hohma aydınlanması vardır. Bu nedenle, SAG'ın Taamim'i Galgalta'nın Tabur'unun altına inemez. Ancak, Partzuf SAG arınmaya başladığında Or Hohma anında yok olur ve Masah Tabur'dan Pe'e arındıkça Partzuf SAG'ın Nekudot'u ortaya çıkar ve bu Partzuf sadece Or Hasadim içerir. Bu nedenle, bu Partzuf Galgalta'nın Tabur'unun altına inebilir ve Galgalta'nın Sof'unu (son) Or Hasadim ile doldurabilir.

Realitenin tamamı Behinat Şoreş'den, Yaradan'ın Varlıklarına iyilik yapma arzusundan ortaya çıkar. Bu arzuya uygun olarak Işık, Kli'nin içinde Yaratılış Düşüncesini gerçekleştirmek için sebep sonuç silsilesi olarak genişler ki Kli Işığı alabilsin.

Işığın ve Kli'nin tümü olan Behina Alef'de, Yaradan'ın Kli yaratma ve onu Işıkla doldurma niyetinin tümü vardır. Behina Alef'den sonra ortaya çıkan her şey bundan ortaya çıkar. Dolayısıyla, Yaratılış Düşüncesi gerçekte ortaya çıkar. Yaradan, Yaratılışı

Yaradan'ın derecesine yükselme amacına getirme imkânını Kelim ve Işıkların doğasına başlangıçta monte etti.

Tsimtsum Alef'den sonra Eyn Sof Masah'ının Malhut'u vasıtasıyla almaya karar verdi ve beş Partzufim meydana getirdi: Galgalta, AB, SAG, Üst MA ve Üst BON. Bu tüm Reşimot'un oluşumunu tamamladı ve Malhut'un sadece bir kısmı dolu olsa bile Masah'ın gücünü tüketti.

SAG'ın Nekudot'u, Galgalta'nın Sof'unu doldurmak için inmemiş olsaydı Eyn Sof'un Malhut'u asla doldurulmamış olurdu. Bunun nedeni Malhut'un hiçbir ihsan etme arzusu karışmış olmayarak sadece alma arzusu olmasıdır. Ve burada, Bina olan SAG'ın Nekudot'u, Malhut olan Galgalta'nın Sof'una indiğinde Malhut'un Bina ile bir karışımını yaratır. Böylece, Malhut'a kendisini ıslah etmesi ve Işıkla doldurması için ihsan etme arzusu (Kli) edinme fırsatı verir.

Tsimtsum Alef'i müteakip Eyn Sof'un Malhut'u sadece Masah aracılığıyla almaya karar verdi, yani ihsan etmek için alma yeteneğine göre. Tsimtsum'dan sonra içinde kalan Hitlabşut Dalet ve Aviut Dalet Reşimot'u üzerinde Zivug yapar ve Eyn Sof Işığının bir kısmını alır. Eyn Sof'un Malhut'unun bu Zivug ile dolan kısmına Galgalta ya da Keter denir.

Akabinde, Malhut ihsan etmek için Eyn Sof Işığının bir başka parçasını alır. Masah üzerinde Hitlabşut Dalet ve Aviut Dalet Reşimot'u ile yaptığı bu Zivug ile Galgalta'dan sonra kalan Malhut'un kısmına AB ya da Partzuf Hohma denir.

Bir sonraki aşamada – Partzuf AB'den kalan Hitlabşut Gimel ve Aviut Bet – Reşimot üzerindeki Zivug vasıtasıyla dolan Malhut'un parçasına SAG ya da Partzuf Bina denir. Partzuf SAG alma arzusu olan aynı Malhut'dur, ancak Partzufim Galgalta ve AB gibi Masah vasıtasıyla ihsan etmek için alamaz; sadece kendisini Behina Bet, Bina'ya benzetebilir.

Doğası gereği Bina Işık almak istemez, sadece ihsan etmek ister. Verme eyleminde sınır yoktur, dolayısıyla, Partzuf SAG boş kalan Malhut'un tümünü Or Hasadim'i ile doldurabilir.

Bina üç kısımdan oluşur:
1. Or Hohma'nın genişlemesi.
2. Bina'nın Or Hohma istememe sadece ihsan etmeyi isteme kararı.
3. Bina biraz Or Hohma alır, ancak kendisi için değil sadece Partzuf ZA'ya iletmek için.

Bina'daki ilk kısım hâlâ Hohma'dır. İhsan etme arzusu sadece Bina'nın ikinci kısmından belirgin olmaya başlar. Dolayısıyla, Malhut Eyn Sof'un genel Tabur'un altında Or Hasadim ile ihsan etme arzusunun bulunduğu henüz dolmamış olan kısmı doldurabilir.

DÜNYALARIN EVRİMİ

Partzuf SAG Hitlabşut Gimel ve Aviut Bet'de Zivug vasıtasıyla Toh'una Işık almaya başlar. Hitlabşut'un Gimel'inin Reşimo'sunun varlığı ise Taamim'inde Or Hohma'nın genişlemesine neden olur. Bu nedenle, Malhut'un bu kısmı Galgalta'nın Tabur'unun altına inemez.

Ancak, SAG'ın Masah'ı arınmaya ve Tabur'dan Pe'e yükselmeye başlar başlamaz, Partzuf'un sadece Bina olan kısmı Galgalta'nın Tabur'unun altına inebilir. Ayrıca Partzuf SAG'dan ayrılan Işık da Galgalta'nın Tabur'unun altına inebilir, zira bu Or Hohma olmaksızın Or Hasadim'dir.

Bu nedenle, Partzuf SAG'ın Bina'nın ikinci ve üçüncü kısımlarını içeren SAG'ın Nekudot'u denilen kısmı Galgalta'nın Tabur'unun altına iner ve Sof'unun üstünü örter.

Tsimtsum Bet

SAG'ın Nekudot'u, Galgalta'nın Tabur'unun altına indi ve orada Galgalta'nın Sof'unun boş Kelim'ini Or Hasadim ile doldurdu. Orada Galgalta'nın boş Kelim'inde Hizdakhut'unun (arınma) öncesinde Galgalta'nın Sof'unu dolduran Işıktan Reşimot olduğunu hissettiler.

Galgalta'nın Sof'unu dolduran Işık bir miktar Hohma ile birlikte Or Hasadim idi ve Masah'ın Hizdakhut'undan sonra Reşimot orada kaldı: Hitlabşut'un Dalet'inin Işığının Reşimo'su ve Aviut'un Gimel'indeki Masah'ın Reşimo'su. Galgalta'nın Sof'u Işığın içinde dağılmasını engelledi, tıpkı Bina gibi ve bununla SAG'ın Nekudot'una benzedi. Dolayısıyla, SAG'ın Nekudot'u, Galgalta'nın Sof'u ile kaynaştı ve boş Kelim'ini doldurdu.

SAG'ın Nekudot'u Galgalta'nın Sof'u ile karıştırarak Galgalta'nın Sof'unda kalan Reşimot'u aldılar. Galgalta'nın Reşimot'u SAG'ın Nekudot'unun Masah'ından daha büyüktü ve sonuç olarak, SAG'ın Nekudot'u, Galgalta'da bulunan hazzı kendileri için almak istemeye başladılar.

Kural şu ki, eğer alma arzusunda hissedilen haz Masah'ın gücünden daha büyük ise Kli bunu kendisi için ister, zira – Masah ya da arzu – daha güçlü olan belirleyici olur.

Tüm dünyalar ve Partzufim, Eyn Sof'un Malhut'unun parçalarıdır. Bu Malhut bir Tsimtsum yaptı ve asla kendisi için almamaya karar verdi. Dolayısıyla, şimdi Partzuf SAG'ın Nekudot'unda kendisi için alma arzusu ortaya çıkınca Tsimtsum Alef'i yapan Malhut yükseldi ve Galgalta'nın Sium'unda, Partzuf SAG'ın Nekudot'unun durduğu yere kadar durdu. Bu yer SAG'ın Nekudot'unun kendileri için almayı istemeye başladıkları yerdir.

Her Partzuf on Sefirot içerir: Keter, Hohma, Bina, Hesed, Gevura, Tiferet, Netzah, Hod, Yesod, Malhut. SAG'ın Nekudot'u Partzuf Bina'dır ve Bina ikiye ayrılır:

KABALA BİLİMİ

1. Bina'nın Üst kısımları Keter, Hohma, Bina, Hesed, Gevura, Tiferet Sefirot'udur. Bu Sefirot hiçbir şey almak istemez sadece vermek isterler.

2. Bina'nın alt kısımları Netzah, Hod, Yesod, Malhut Sefirot'udur.

Bu Sefirot Bina'ya ait değildir. Bunların Bina'daki görevi Hohma'dan Or Hohma almak ve alttakine iletmektir. Bu, Bina'daki Netzah, Hod, Yesod ve Malhut Sefirot'unun Işık alma arzuları olduğu anlamına gelir. Bunların Işığı kendileri için değil alttakine iletmek üzere almak için bir Masah'ları vardır. Ancak, Masah kaybolursa Sefirot – bu arzular – anında Işığı başkalarına vermeksizin kendileri için almak isterler.

Örnek: Belli bir kişi düzenli bir miktar para almaya ve bunu muhtaçlara vermeye alışmıştı. Birden her zamankinden daha fazla bir miktar eline geçti ve bu parayı veremeyeceğini hissetti, kendisi için istedi. Böyle büyük bir hazza karşı koyamadı.

Paradaki haz onun Masah'ından daha küçük olduğu sürece hazza karşı koydu çünkü parayı vermek kendisine haz vermekten (çalmaktan) daha büyüktü. Ancak, almanın hazzı vermenin hazzından daha büyük hale geldiğinde hemen kendisi için almak istedi.

Herkesin ve her varlığın içindeki alma arzusu bu şekilde işler çünkü özümüz alma arzusudur. Eğer ihsan etme eylemleri yapıyorsak bu sadece bunlar bize alma eylemlerinden daha çok fayda getireceği içindir.

Partzuf SAG'ın Nekudot'unda olan da budur: Partzuf'un alttakilere iletmek üzere alan kısmı Masah'ın gücünden daha fazla hazza maruz kaldığında Masah anında geçersiz kaldı ve Partzuf kendisi için almak istedi.

Sefira Tiferet'den aşağı Partzuf SAG'ın Nekudot'unda kendi için alma arzusu uyandı. Bunun nedeni Sefirot Keter, Hohma, Bina'nın almak istemeyen Roş'un Sefirot'u olmalarıdır ve Hesed, Gevura ve Tiferet Partzuf'un Guf'unda olmaları dışında Sefirot Keter, Hohma, Bina gibidirler. Hesed, Keter gibidir ve Gevura, Hohma gibidir ve Tiferet de Bina gibidir. Böylece Sefira Tiferet Partzuf'un Guf'unun Bina'sıdır.

Her Sefira on içsel Sefirot içerir: Bu nedenle, Sefira Tiferet on içsel Sefirot'unda Bina gibi ikiye ayrılır: 1) "Almayan" Kelim – Sefirot Keter, Hohma, Bina, Hesed, Gevura, Tiferet; 2) Bina'nın alt kısımları olan Sefirot Netzah, Hod, Yesod, Malhut – "İhsan etmek için alan" Kelim.

Partzuf SAG'ın Nekudot'u ihsan etme kapları ve alma kaplarına ayrılır. Aralarındaki ayıran çizgi Sefira Tiferet'in Tiferet'in içsel Sefira'sındadır. Bu yere "Partzuf SAG'ın Nekudot'unun Hazeh'i" denir.

Şimdi, SAG'ın Nekudot'unun Kelim'inin bir kısmı Masah'larından daha büyük bir arzu aldılar; dolayısıyla, Tsimtsum Alef'in devamlılığını sağlayan Tsimtsum Alef'in Malhut'u özellikle bu yere yükseldi. Orada kaldı ve aşağısına Işığın geçmesine izin vermedi. Işığın genişlemesinde burada yapılan sınıra Parsa denir.

DÜNYALARIN EVRİMİ

Malhut'un, Işığın aşağıya genişlemesini sınırlamak için SAG'ın Nekudot'unun Hazeh yerine yükselmesine Tsimtsum Bet (ikinci kısıtlama) denir. Tsimtsum Alef (ilk kısıtlama), almak için Or Hohma alma üzerindeki yasaktır ve Tsimtsum Bet her hangi bir şekilde Or Hohma alma üzerindeki yasaktır, zira Partzuf SAG'ın Nekudot'undan aşağı ihsan etmek amacıyla Or Hohma alacak güç yoktur. Bu nedenle bununla her hangi bir anlaşma yapmak yasaktır.

"Üst Derecedeki bir arzu alt derecede bağlayıcı bir kural olur". Dolayısıyla, Tsimtsum Bet'ten sonra ortaya çıkan tüm Partzufim'de bunların içlerindeki Parsa Üst Işığın – Or Hohma – kendisinden geçerek alma kaplarına gitmesine izin vermez. Bu nedenle, Galgalta'nın Tabur'unun altındaki yer dört kısma bölünmüştür:

1. Or Hohma'nın aydınlatabileceği Atzilut dünyasının yeri.
2. Or Hohma'nın ortaya çıkamadığı sadece Or Hasadim'in çıktığı Parsa'nın altında Beria dünyasının yeri.
3. Beria dünyasının yerinin altındaki Yetzira dünyasının yeri.
4. Yetzira dünyasının yerinin altındaki Asiya dünyasının yeri.

Asiya dünyasının Sium'u (sonu) Kutsiliğin (Kutsallık) da sonudur. Kutsiliğin altında (1) Asiya dünyasını dünyamız noktasından ayıran maneviyat ve fizksellik arasındaki sınır – perde (bariyer); (2) Bu dünyanın yeri; (3) Bizim dünyamız bulunmaktadır.

Nekudim Dünyası

Galgalta'nın Tabur'unun altında SAG'ın Nekudot'unun inişinin tüm süreci, Galgalta'nın Sof'u ile kaynaşması ve Tsimtsum Bet, SAG'ın Masah'ının Tabur'dan Pe'e yükselmesi sırasında gerçekleşti. Dolayısıyla, Masah, SAG'ın Pe'ine ulaştığında SAG'ın Nekudot'undan yukarı ve Galgalta'nın Tabur'undan aşağı olanların tüm Reşimot'u zaten içindeydi.

Partzuf Galgalta'nın Hizdakhut'unu (arınma) müteakip orada Galgalta'daki Işığın bir Hitlabşut Dalet'in Reşimo'sunun ve kalan Masah'ın bir Aviut Gimel'in Reşimo'su kalır. Partzuf AB'nin Hizdakhut'unu müteakip Hitlabşut Gimel ve Aviut Bet'in Reşimot'u Masah'da kaldı. Böylece görüyoruz ki Partzuf'un Hizdakhut'undan sonra bunun içinde bir çift Reşimot kalır: Hitlabşut'un Reşimo'su ve Aviut'un Reşimo'su.

Ancak, Partzuf SAG'ın Hizdakhut'unu müteakip Tabur'dan Pe'ye ulaşan Masah'da üç çift Reşimot kaldı ki bunlar üzerinde Masah önem sırasına göre Zivugim yaptı:

1. SAG'ın Taamim'inden Hitlabşut'un Bet'i ve Aviut'un Alef'inin Reşimot'u üzerinde bir Zivug. Bunlar Tabur'un üzerinde ZA seviyesinde "Üst MA" denilen bir Partzuf yaratırlar.
2. Galgalta'nın Tabur'unun altına dağılmış SAG'ın Nekudot'undan Hitlabşut'un Bet'i ve Aviut'un Alef'inin Reşimot'u üzerinde bir

Zivug. Bu Reşimot, Tabur altında SAG'ın Nekudot'unun içinde yapılan Tsimtsum Bet'in arkasından gelir.

Partzuf'un içindeki her şey Reşimot'a gider. Dolayısıyla, Tsimtsum Bet'den alma kaplarının kullanılması yasağı SAG'ın Nekudot'unun Reşimot'unda kaydedilir. Bu koşulu Reşimot'un talebine göre tutmak için, SAG'ın Roş'unun Masah'ı, Pe'den Nikvey Eynaim'e yükselir ve burada Hitlabşut'un Bet'i ve Aviut'un Alef'inin Reşimot'u üzerinde Üst Işıkla bir Zivug de Hakaa yapar.

Masah'ın Üst Işıkla Zivug de Hakaa yaptığı Roş'daki yer Partzuf'un Guf'unun içindeki Işıkların genişlemesinin eşsizliğini belirler.

3. Aviut'un Dalet'i ve Hitlabşut'un Gimel'inin Reşimot'u üzerine Zivug. Bu makalede daha sonra anlatılacak.

Masah, alma kaplarına Işığın alınmasının yasaklanması üzerine Nikvey Eynaim'e yükseldi. Işık her Partzuf'da sadece Hazeh'den geçerek genişleyebilir, zira ihsan etme kapları sadece Hazeh'den geçerek mevcuttur ve Hazeh'den aşağıda Partzuf'un içindeki alma kapları başlar.

Kısıtlanmış Reşimot'da Zivug yapan Masah bir Partzuf doğurur. Işık bu Partzuf'un içinde yayılır ve sadece ihsan etme kaplarını doldurur. Işığın alınması için Kelim'i doldurmaz ve bunlar boş kalırlar. Partzuf, Kelim'inin sadece bir kısmını doldurabilir bu nedenle de "küçük" kabul edilir.

Soru: Masah neden Pe'den Nivey Eynaim'e yükselir ve orada Reşimot'un talebine göre Zivug yapar?

Cevap: Böyle olmasının nedeni Reşimot'un sadece ihsan etme kapları üzerinde Zivug talep etmesidir. Bu nedenle, Masah, Roş'un ihsan etme kaplarının son bulduğu yer olan SAG'ın Roş'unun Bina'sının yarısına yükselmeli ve Hitlabşut'un Bet'i ve Aviut'un Alef'inin Reşimot'u üzerinde bir Zivug yapmalıdır.

Tabur'un altından olan Reşimot sadece ihsan etme kaplarında Işığın genişlemesini talep eder, fakat bir Partzuf nasıl sadece ihsan etme kaplarıyla doğabilir? On Sefirot'tan oluşmayan bir Partzuf olamaz. Bununla beraber, arzularının – Sefirot – bir kısmını kullanmayan bir Partzuf olabilir. Dolayısıyla, Roş de SAG alma kapları aktif olmayan bir Partzuf doğurmak zorunda. Partzuf'daki bu Kelim, Bina, ZA ve Malhut'un alt yarısıdır.

SAG'ın Masah'ı Partzuf'u öyle bir şekilde doğurmalıdır ki başından itibaren Toh'undaki alma kaplarını kullanmasın, böylece Partzuf'daki bu kaplar doldurulmamış olur. Bunun olması için, Masah sadece Roş'daki ihsan etme kaplarıyla Partzuf'u doğurmak için bir Zivug yapmalıdır.

DÜNYALARIN EVRİMİ

Roş'un Kelim'i şöyledir:
Keter = Galgalta
Hohma = Eynayim
Bina = Avznayim
ZA = Hotem
Malhut = Pe

Roş de SAG'ın Beş Behinot'a Bölünmesi

Kelim, Keter, Hohma ve Bina'nın Üst yarısı birlikte Galgalta ve Eynayim (GE) olarak adlandırılır ya da "ihsan etme kapları". Bina'nın Üst yarısı ihsan etme kaplarına aittir zira Or Hohma ile doludur ve bu nedenle hiçbir şey almak istemez, sadece Or Hasadim'i arzular. Ancak, Bina'nın alt yarısı ZA Işığını almak ister. Partzuf SAG'ın Nekudot'u Partzuf Bina'dır. Partzuf Bina'nın alt yarısından itibaren yani SAG'ın Nekudot'unun Tiferet Sefira'sından aşağıda alma kapları bulunur:

* *Bina'nın alt yarısı ZA için Işık almak ister.*
* *ZA Or Hohma ışığı içinde Or Hasadim almak ister.*
* *Malhut Or Hohma'nın tamamını almak ister.*

Bu nedenle, Partzuf SAG'ın Nekudot'unun bu kısmı almak için alma arzusu aldı.

Partzuf Nekudot de SAG'ın GE ve AHP'ye Bölünmesi

Roş'un Masah'ının durduğu yer doğacak olan Partzuf'un şeklini belirler:

* Eğer Masah on Sefirot'unun tümüne de Işık alacak bir Partzuf doğuracaksa Pe'de Zivug yapmalıdır. Masah Pe'de durur durmaz Masah'ın Kaşiut'u (sertlik) Partzuf'un seviyesini (büyüklük ve yükseklik), yani Masah'ın beş Kelim'ini kullanacağı boyutu belirler.

* Eğer Masah sadece ihsan etme kaplarına yani Partzuf'un sadece yarısına Işık alacak bir Partzuf doğuracaksa, Nikvey Eynayim'de durmalıdır Roş'un Pe'inde değil, zira Roş'un Üst kısmı vardır. O zaman ihsan etme kapları Masah'ın üzerinde olurlar, yani Masah'ın hesaplamasına dâhil olurlar.

Masah Nikvey Eynayim'de durduğu anda Kaşniut'u Partzuf'un büyüklüğünü (yüksekliğini), yani Partzuf'un kullanacağı ihsan etme kaplarının yüzdesini belirler. Bu koşullar altında doğan Partzuf'a "Nekudim dünyasının Katnut'u" denir.

SAG'ın Roş'unda kısıtlanmış Hitlabşut'un Bet'i ve Aviut'un Alef'inin Reşimot'u üzerinde bir Zivug yapılır yapılmaz yeni doğan Partzuf Reşimot'un yükseldiği yere iner. Galgalta'nın Tabur'unun altına iner ve orada Roş ve Guf'da dağılır. Hitlabşut'un Roş'una Keter; Aviut'un Roş'una Aba ve İma (AVI); ve Guf'a ZON denir.

KABALA BİLİMİ

Yapısı Roş ve Guf'u içerir ve içindeki her parça ikiye ayrılır: GE ve AHP:

* GE her zaman ihsan etme kaplarıdır. Bunlar her zaman kullanılabilirler çünkü Tsimtsum sadece Or Hohma üzerineydi.

* AHP her zaman alma kaplarıdır. Partzuf SAG'ın Nekudot'unda Tsimtsum Bet yapıldığında ortaya çıkan hiçbir Partzuf'un ihsan etmek için AHP'ın Kelim'inde Or Hohma alacak gücü yoktur.

Masah ile SAG'ın Roş'una yükselen üçüncü çift Reşimot, Galgalta'nın Sof'undan SAG'ın Nekudot'una hareket eden Reşimot'tur: Hitlabşut'un Dalet'i ve Aviut'un Gimel'i. Galgalta'nın Sof'unun Partzuf SAG'ın Nekudot'unu doldurduğunda bu Reşimot'la iç içe geçti ve bu Reşimot Or Hohma almayı talep eder.

Nekudim dünyasının Partzuf Katnut'u Parsa'dan geçerek Galgalta'nın Tabur'undan yerine indiğinde, SAG'ın Roş'u ona geriye kalan Reşimot'u verdi, Hitlabşut'un Dalet'i ve Aviut'un Gimel'i. Bu Reşimot'un talebi üzerine Roş AVI'nin Nikvey Eynayim'inde duran Masah, Reşimot Dalet-Gimel üzerinde Zivug yaptığı AVI'nin Pe'ine indi. Bu Zivug'un sonucu olarak Or Hohma Guf'a indi, Parsa'ya ulaştı ve ondan geçti.

Aviut'un Roş'u Reşimot Dalet-Gimel'in mevcut uyanışına göre Parsa'nın altındaki alma kaplarının şimdi ihsan etmek için alamayacağını düşündü. Böylece, AVI Gadlut üzerinde bir Zivug yaptı, yani Reşimot Dalet-Gimel üzerinde. Bu amaçla, ZON olan Guf'larındakine ilaveten Roş'larındaki GE'nin Kelim'ini AHP ile birleştirdiler ve Or Hohma bunlardan aşağıya ZON'a genişledi.

Üst Derece, Partzuf Katnut de Nekudim ve Partzuf Gadlut de Nekudim'den Bir Partzuf'un Doğuşu

Keter'in Roşim'i (Roş'un çoğulu) ve AVI'nin yukarıdan gelen ve Kli'nin Katnut'dan Gadlut'a değişmesi için güç veren AB-SAG Işığının Parsa'nın altına inemeyeceğinden haberi yoktur. Parsa bu nedenle iptal olmadı. Or Hohma Kelim'i Parsa'nın altında doldurmaya başladığında Kelim kırılmaya başladı, zira almak amacıyla alma arzusunda kaldılar.

AVI'nin Roş'u, Hitlabşut'un Dalet'i ve Aviut'un Gimel'inin Reşimot'u üzerinde Zivug yaptığında Or Hohma bunlardan çıktı ve Nekudim'in Guf'una girdi. Parsa'dan geçerek Guf'un AHP'sine inmek isteyen Işık GE'den geçerek genişledi. O anda AHP'nin Kelim'i almak amacıyla Or Hohma almaya başladı. Parsa'nın üzerinde duran GE'nin Kelim'i Parsa'nın altında AHP'nin Kelim'iyle tek bir Guf'da birleşti. Bu nedenle, GE – ihsan etme kapları – AHP – alma kapları – ile birlikte kırıldı.

Nekudim'in Gadlut'unun ilk Partzuf'u Or Hohma, AVI'nin Pe'inden çıktığında yaratıldı ve GE ve AHP'yi içeren Nekudim'in Guf'undan geçerek genişledi. Ve kırıldı – (a) Guf'un Kelim'i Masah'ı kaybetti ve (b) Önceki koşullarından düştüler, zira almak için almak istediler.

DÜNYALARIN EVRİMİ

Kırılmanın sonucu olarak, ilk Gadlut'un Partzuf'unun Masah'ı, Partzuf AVI, arındı ve içinde kalan Reşimot Gimel Bet ile Roş'un Pe'yi AVI'ye yükseldi. Orada, bu Reşimot üzerinde Zivug de Hakaa yaptı ve Roş'u YEŞSUT olarak adlandırılan bir sonraki Partzuf'u yarattı. Roş ortaya çıkar çıkmaz hesap yaptı ve Guf'u üretti.

Partzuf YEŞSUT da kırıldı ve öldü. Dolayısıyla, Masah arındı ve Reşimot Bet-Alef ile YEŞSUT'un Pe'ine yükseldi. Bu Reşimot üzerinde bir Guf ortaya çıkamaz, zira Işığı alacak yeterli Aviut yoktur.

Böylece, görüyoruz ki ortaya çıkan iki Partzufim, AVI ve YEŞSUT, kırıldı. Her bir Parztuf arındıkça Nekudot'un dört Partzufim'i ortaya çıktı. Dolayısıyla, hepsi birlikte "sekiz Melahim (krallar)" denilen sekiz Partzufim belirdi, zira Malhut, almak için alma arzusu, onları yönetir.

Her Partzuf HaVaYaH'dan, dört kısım, oluşur. Her varlığın yapısı budur. Her Partzuf kendi on Sefirot'unu içerir; dolayısıyla, parçaların toplam sayısı 8x4x10 = 320'dir. Gimatria'da bu rakama Şah (Şin + Haf) denir, zira Şin harfi 300 ve Haf harfi 20'ye eşittir.

Kırılma tüm Sefirot'ta ortaya çıktı. Tüm Sefirot karıştı ve birbirine geçti, dolayısıyla her kırık parça 320 parçadan oluşur. Böylece, Tikun'daki (ıslah) tüm çalışma kırık Kelim'deki her parçayı düzenlemek içindir.

320 parçanın en az kırık olanları önce alınmalı ve sonra kırık parçaların arasından kırılmaya neden olan Malhut'un parçaları düzenlenmelidir. Toplamda, kırık 320 parça Nekudim'in ZON'unun dokuz Sefirot'udur. Malhut bu on Sefirot'da onuncu parçadır, yani 320 parçanın içinde Malhut'un 32 parçası vardır.

Malhut'un parçalarını düzenlemek Or Hohma tarafından yapılır. Or Hohma tüm 320 parçayı aydınlattığında sadece dokuz Sefirot'u aydınlatabilir, yani parçaların 288'ini (320 – 32) ve onuncu Sefira'yı, Malhut'un 32 parçasını aydınlatmaz. Düzenleme bu şekilde yapılır.

Malhut bizim maneviyata girmemizi önleyen tek kötü parçadır. Doğamız kendimizi kötüden uzaklaştırmaktır. Bu nedenle kişi kötüden nefret etme noktasına gelir. Maneviyatta ayıran nefret olduğundan kişi bu kötülükten, kendisi için alma arzusundan ayrılmıştır.

* Islaha uygun olan 288 parçaya Rapah (Rayş = 200 + Pe = 80 + Het = 8).

* Islaha uygun olmayan 32 parçaya Lev ha Even (taştan kalp) denir. Lev, Lamed (30) ve Bet (3) ile yazılmıştır. Böylece Lamed (30) + Bet (2) = 32'dir.

Dolayısıyla, kullanılmayacak olan Lamed-Bet Malhut'larının düzenlenmesinden sonra Rapah (288) parça ıslah edilmek üzere kalır. Bunlar ilk dokuz Sefirot'un kırık parçalarıdır. Bunlardan ilk düzenlenecek olanlar ihsan etme kapları, GE'dir. Bunlar Atzilut dünyasının ZON'unu oluştururlar.

Yukarıdan aşağıya Kli'nin içindeki Işığın Hitlabşut'unda (genişleme) on Sefirot olduğundan Kli'nin kalınlığında da on Sefirot vardır. Bunlar Or Hozer'den geçerek

Sefirot'un Hitkalelut'undan (birbirine karışma) gelir. Partzuf'un kalınlığındaki on Sefirot şöyle adlandırılır:

Keter – Moha
Hohma – Atzamot
Bina – Gidin
ZA – Bassar
Malhut – Or

Burada da uzunluğun Sefirot'unda olduğu gibi Tsimtsum Bet yasası uygulanır.

Tikun (Islah) Dünyası

Nekudim dünyasının kırılmasından sonra Partzuf Nekudim'in Gadlut'unu dolduran Işıklar Partzuf Nekudim'in Roş'una gitti. Masah'da kalan Reşimot Partzuf Nekudim'in Roş'una yükseldi ve sonra da SAG'ın Roş'una. Or Hozer'in parçaları, (kırılmış Masah'ın parçaları), Nitzotzin, Masah'ı kaybeden ve almak için alma arzusuna geri dönen kırık Kelim'in içine düştü. Bunların Parsa'nın altına BYA'nın yerine düştükleri kabul edilir.

Or Pinimi ve Or Makif'in Bituş'undan geçen Partzuf'un Hizdakhut'u ile kırılmadan geçen Partzuf'un Hizdakhut'u arasındaki fark kırılmadan sonra Kelim'in önce tamir edilmesi gerektiğidir ve sadece o zaman onlar üzerinde yeni Partzufim doğurmak, yani onları Işıkla doldurmak için Zivugim yapılabilir.

Nekudim dünyasının Roş'unun niyeti Yaratılışın amacının tüm Işığını ihsan etmek için Galgalta'nın Sof'unun tümünü doldurarak almaktı. Böylece, Malhut de Eyn Sof'un tamamının doldurulmasını gerçekleştirebilirdi. Dolayısıyla, kapların kırılması düzeltildiğinde tüm alma kaplarını ıslah eder böylece ihsan etmek amacıyla çalışabilirler ve Gimar Tikun (son ıslah) gerçekleşir.

Ancak, bu Eyn Sof'un Malhut'unun tamamını değil sadece bir kısmını, Behina Dalet hariç Behinot Şoreş, Alef, Bet ve Gimel'i ıslah eder. Behina Dalet tek varlıktır. "Varlık" Yaradan'dan tamamen ayrı bir arzu ve kendi başına dururken Behinot Şoreş, Alef, Bet ve Gimel içindeki Üst dokuzun Hitkalelut'undan, Yaradan'ın onun üzerindeki etkisinden gelir.

Sadece Behina Dalet'deki Behina Dalet bağımsız hisseden almak için alma arzusudur. Dolayısıyla, sadece o alma arzusunu kısıtlar. Tsimtsum'dan sonra tüm Partzufim ve tüm dünyalar Dalet'deki Behina Dalet'de değil Behina Dalet'deki arzuları, Şoreş, Alef, Bet ve Gimel'i doldurmak için ortaya çıkarlar.

Fakat ıslah gerektiren Behinot Şoreş, Alef, Bet ve Gimel değilse ve Dalet'deki Behina Dalet ise bu arzuların içine Işıklar neden alınıyor? Bu arzular varlığın arzuları değiller; bunlar Yaradan'ın nitelikleri, Yaradan'ın güçleridir. O, bunları kullanarak varlığa – Behina Dalet'in Behina Dalet'i – rehberlik eder. Bu güçler Âdem'in ruhu hariç manevi dünyaları doldururlar.

DÜNYALARIN EVRİMİ

Behina Dalet'in kendisi, Âdem'in ruhu, kendisini ihsan etmek için almaya ıslah edemez. Tersine, varlığın tam olarak ıslahı Yaradan'ın niteliklerine zıt olan tüm niteliklerini incelemekten ve her koşulda Yaradan gibi olmayı tercih etmekten geçer. Varlık kendi niteliğini – taştan kalp – kullanmaz, sadece Üst dokuzu, düzenlediği 248 Behinot'u kullanır ve kırılmadan sonra Yaradan'la bütünleşmeye doğru yükselir.

Tsimtsum Alef'den sonra gerçekleştirilen tüm Zivugim bu arzular üzerinde yapılır. Partzufim, dünyalar ve dünyaların içindeki her şey bu Zivugim'den doğar ve Yukarıdan aşağıya dağılır. Tüm beş dünyalar, her dünyadaki Partzufim'le beraber, Yaradan'dan – Veren – varlığa – alan – dereceler merdiveni oluşturur. Merdivenin basamakları varlık ve Yaradan arasındaki arzuların eşitliğinin ölçüsüdür.

Partzufim ve dünyaların Yukarıdan aşağıya basamaklandırılması dereceleri inşa eder ki bunlar Eyn Sof Işığının örtleri gibidir. Her bir Partzuf Işığı örter ve altındaki Partzufim'den ihsan etmek için alma ölçüsünde Işığı gizler.

Partzufim ve dünyaları soğan kabuğuna benzetebiliriz: yuvarlak ve birbirini içine alan ve kabuk ne kadar içteyse o kadar çok Işık örtülmüştür. Dolayısıyla, karanlığın noktası merdivenin sonundadır, tüm bu dairelerin ortasında.

Varlığın arzusuna hareket özgürlüğü sağlamak, Yaradan'la eşitliği gerçekleştirmek, O'na özgür seçim ile tutunmak ve ayrıca varlığın gelişmesini ve koşulundan Yaradan'ın derecesine yükselmesini mümkün kılmak için varlık karanlık noktasında, tüm dünyaların orta noktasında doğmalıdır. Ayrıca, arzusunu ıslah etme imkânı varlık için hazırlanmış olmalıdır, varlığın zayıflığına rağmen ıslah hemen değil yavaş yavaş olur.

Bu amaçla, dereceler merdiveni her dünyanın içinde beş Partzufim ve her Partzuf'un içinde beş Sefirot olan beş dünyadan hazırlanmıştır. Toplamda varlığın başlangıcından tamamlanmasına 125 derece vardır. Dolayısıyla, dünyaların iki rolü vardır:

1. Eyn Sof Işığını yavaş yavaş gizlemek. Bu, dünyaları Yukarıdan aşağıya basamaklandırmakla olur. Gizliliğin derecelerinin Haalama (gizlilik) kelimesinden Olamot (dünyalar) olarak adlandırılmasının nedeni budur.

2. Varlığa (ruhları) aşağıdan Yukarıya dünyaların derecelerinden çıkabilmesi için ıslahlar sağlamak. Varlığın edindiği her derece Yukarıdan aşağıya basamaklanma sırasında yaratılmış bir Partzuf'dur. Manevi dereceleri tırmanmak için varlığa arzuladığı derece tarafından yardım edilmelidir. Varlığa o derece tarafından yardım sağlandığında varlık bu gücü bir Masah edinmek ve o koşula çıkmak için kullanır. Varlık o dereceye yükseldiğinde ona o derecenin adı verilir.

Bundan, tüm dünyaların ve içlerindeki her şeyin Yaradan tarafından insanın yükselişi için hazırlanan bir merdivenden başka bir şey olmadığını öğreniyoruz. Kişi o derecelere yükseldiğinde tüm ruhlar onunla birlikte yükselir, zira tüm dünyalar ve bu dünyaları dolduran her şey içimizdedir. Dolayısıyla, edinen bireyden, varlıktan başka sadece Yaradan vardır!

KABALA BİLİMİ

Bizim etrafımızda sadece tamamen durağan olan Basit, Üst Işık vardır. Bu Yaradan'ın niyetinin değişmez olduğu anlamına gelir ve O'nun tüm aksiyonları da böyledir – insana iyilik yapmak. Kişi Yaradan'ı sadece nitelikleri Yaradan'ın ihsan etme niteliğine eşit olduğu ölçüde hissedebilir:

* Eğer nitelikler – arzular, niyetler – Yaradan'ınkine tümüyle ters ise kişi Yaradan'ı hissetmez. Kişi hissiyatına göre o koşulu "bu dünya" diye adlandırır.

* Eğer kişi belli bir niteliği değiştirmeyi başarırsa ve bir şekilde Yaradan'ın ihsan etme niteliğine benzer yaparsa bu kişinin "bu dünya" koşulundan "manevi dünya" koşuluna geçmesi olarak kabul edilir. Böylece, kişi Yaradan'a yaklaşmaya doğru dereceler merdiveninde ilk dereceye girer.

Tüm değişimler sadece insanın içindedir, kişinin alma kaplarında. Değişimler sadece kişinin içindeki Masah'ın ıslah olma ölçüsüne bağlıdır. Ancak insandan başka hiçbir değişimin olmadığı, sadece Üst Işık vardır. Ve bu hissiyata göre kişi Yaradan hissini adlandırır: "Merhametli", "Müşfik", "Korkunç" vs.

Musa Peygamberin yazılarının tamamı sadece maneviyatı edinen, Yaradan'a yaklaşan kişinin hislerinin kaydedilmesidir. Bundan dolayı tüm yazıların Yaradan'ın isimleri olduğu sonucu çıkar. Bu nedenle yazılarının tamamının O'nun Kutsal İsimleri olduğu yazılmıştır. Maneviyatı edinen bir kişi Ortak Işığın bir kısmını edinir. Işığın ediniminin dereceleri Sefirot'un (Partzufim, dünyalar) isimleriyle adlandırılır ya da kişinin aldığı (NRNHY) Işıklarla.

İnsan dışında sadece Yaradan vardır. Dolayısıyla, her birimizin hissettiği, düşündüğü istediği her hangi bir şey bize Yaradan'dan gelir. Her bir kişinin dünyada hissettiği şey sadece Yaradan'dır.

Varlık, Yaradan'a yaklaşmaya başladığı (bu dünyanın noktası) en alt noktadan Yaradan'la (Gimar Tikun) tam form eşitliği gerçekleştirdiği zamana tırmandığında kişi "Ruhun 613 Islahları" ve "büyük bilgelerimizin Yedi Sevabı" denilen 620 dereceden geçmiş olur.

Masah'da Üst Işıkla bir Zivug'a Sevap denir. Edinen kişinin Kli'sine aldığı Işığa Or Pinimi (İç Işık) ya da Or Taamim (Tatların Işığı) ya da "Işık" denir. Bu nedenle Kabalistler herkese "tat ve Yaradan'ın iyi olduğunu gör" derler.

Varlık, Behina Dalet'deki Behina Dalet, alma arzusunu ıslah eder ki ihsan etmek için alabilsin. Tikun (ıslah) alma arzusunun kendisinde değildir sadece – ihsan etme niyetiyle – nasıl kullanıldığındadır. Bu Tikun, ihsan etme amacını koymak, en küçük parçadan en büyüğüne kadar, varlığın arzusunun küçük parçalarında yapılır, tamamında değil. Bununla, varlık dereceler merdiveninde dereceden dereceye yükselir. Dünyalar kişinin aşağıdan Yukarıya yükseldiği derecelerdir.

Alma arzusunun Tikun'u, sadece ihsan etmek amacıyla almak çok zor bir Tikun'dur, zira niyete zıttır. Varlığın doğasına zıttır. Dolayısıyla, Yaradan tüm yolu 613 küçük dereceye böldü ve varlığın kendisini "ruh" denilen 600.000 küçük parçaya ayırdı. Tüm ruhlar birleştiğinde onlara "ortak ruh" ya da Adam HaRişon (ilk insan) denir.

Ancak, ıslah bundan da önce, daha alt bir koşulda, "bizim dünyamız" denilen Yaratılışın tüm parçalarının bir realitede var olduğu, Yaradan ve maneviyatın olmadığı yerde başlar. İnsanlar Yaradan bilgisinin eksiklik hissiyatının yokluğunu bile hissetmiyorlar. Herkes sadece beş duyumuza açık olan hazları alabilecek alma arzusu olan bu derecede doğmuştur.

Tüm dünya Yaradan'ın emirleriyle yönetilmektedir. Bu yönetim "doğa" olarak adlandırılır, zira her koşuldaki – cansız, bitkisel, hayvansal ve konuşan – haz alma arzusu zorunlu olarak her reaksiyonu belirler. Böyle olmasının nedeni her varlığın her zaman en büyük hazzı seçip ızdıraptan kaçması yasasıdır.

Her nesilde, Yaradan'ın kalplerine bir nokta – Yaradan'ı hissetme arzusu – "ektiği" insanlar vardır. Böyle bir kişi bunun Yaradan'a karşı bir arzu olduğunu ve bu arzunun sadece Üst Işıkla doldurulabileceğini bilmeden içindeki bu yeni arzu için doyum aramaya başlar.

Kırılmadan sonra ortaya çıkan Partzufim'e "Tikun dünyası" denir. Meydana gelen her şey Yaratılışta ortaya çıkmak zorundadır ve varlığın gelişimi için gereklidir, böylece Yaradan'ın aksiyonlarının mükemmelliğini edinebilir ve Yaradan'ın onun için hazırladığı şeyden zevk alabilir.

Dolayısıyla, hem "dünyalardaki kırılma" denilen Nekudim dünyasındaki kırılma hem de "ruhlardaki kırılma" denilen Adam HaRişon'daki kırılma önceden tasarlanmıştı. Nekudim dünyasındaki kırılmada alma kapları ihsan etme kapları ile karıştı. Kırık parçalar öyle bir karıştılar ki her biri tüm diğerlerinin içine dâhil oldu. Böylece, 320 parçanın (arzunun) her biri tüm diğerlerini içinde barındırır. Sonuç olarak, 1) alma kapları ihsan etme kaplarıyla karışmalarından dolayı ıslah olacaklar ve 2) NRNHY Işıkları her bir arzunun içinde ortaya çıkacak (öncesinde orada olan Nefeş Işığının yerine).

Kırılma ile elde edilen karışım olmadan alma kaplarının Işık alma yolu olmazdı, zira Parsa onları Üst Işığın içinde yayılabileceği yerden ayırırdı. Ancak şimdi, kırılmadan sonra, parçalar Atzilut'a (yükseltilmiş AHP) yükseltilebilir ve orada doldurulabilirler.

Nekudim dünyasındaki kırılmaya "dünyaların kırılması" denir, zira Eyn Sof'un Malhut'u beş parçadan oluşur. Bunların dördü Yukarıdan aşağıya yayıldıkça dünyaları ve onların içindeki her şeyi doğururlar. Bu dünyalar, Malhut'un son parçasından Dalet'deki Behina Dalet'de yaratılmış, Yaradan'ın ihsan etme arzusundan tamamen kopuk, gerçek bağımsız alma arzusu olan insan hariç tüm Yaratılışı içerirler.

Dolayısıyla, sadece insan Yaratılışın amacı ve hedefidir. İnsanın dışında Yaratılışın tüm kalan parçaları bağımsız değildir. Bunlar Yaradan'ın arzusuna aittir, zira Yaradan onların işleyişini dünyamızda cansız, bitkiseli hayvansal varoluş olarak belirler.

Bizim dünyamızda, insanın arzusu esasen hayvanlarınkinden farklı değildir. Sadece içinde Yaradan için bir arzu (Adam HaRişon'un arzusunun bir parçası) ortaya çıkan kişiye "Adam" (insan) denir. Böyle bir arzuya sahip kişi bu arzuyu bir Masah edinerek ve ihsan etme arzusunu gerçekleştirerek ıslah edebilir. Ve eğer kişinin içinde böyle bir arzu ortaya çıkmazsa ıslah edecek bir şeyi yoktur ve böyle bir kişi Yaradan'a yakınlaşmak için bir eğilim hissetmez.

Bu dünyadaki realitenin tümü Yaratılışın dört kısmına ayrılmıştır: alma arzusunun ölçüsüne ve dolayısıyla faydalı ve zararlı güçlerinin ölçüsüne göre cansız, bitkisel, hayvansal ve konuşan.

Bu dünyadaki bir kişi gelişimin dört safhasından geçme zorundadır: cansız, bitkisel, hayvansal ve konuşan; Yaradan amaca ulaşması için kişinin içine noktayı yani Yaradan arzusunu "ekene" dek gelişmesi ve içindeki alma arzusunu yoğunlaştırması için. Bu nedenle, bin yıldır insanlık doğanın baskısıyla – alma arzusunun "cansız" dereceden "konuşan" dereceye evrimi – mahvoldu. Bizim bildiğimiz nesillerin evrimi budur.

Nesilden nesle insanlığın tümü ve her ruh alma arzusunun gelişiminin dört safhasından geçer:

1. Halk: İnsan türünün "cansız" seviyesi. Varlık (zenginlik) eğiliminden geçerek "varlıklı" dereceye gelişirler.

2. Varlıklı: İnsan türünün "bitkisel" seviyesi. Onur (güç) eğiliminden geçerek "güçlü" derecesine gelişirler.

3. Güçlü: İnsan türünün "hayvansal" seviyesi. Bilgiye eğilimden geçerek "bilgili" derecesine gelişirler.

4. Bilgili: İnsan türünün "konuşan" seviyesi. İnsandaki konuşan seviyede arzu zaman ve yer tarafından sınırsızdır. Kişi önceki nesillerde yaşamış insanları, ihtiyacı olmayan, başkalarının sahip olduğu kendisinin sahip olmadığı şeyleri kıskanır. Dolayısıyla, alma arzusunu büyütebilir zira başkalarında gördüğü şeyleri ister. Böylece, kişi alma arzusunu sınırsızca besleyebilir ve bu onu Yaradan'ın amacını gerçekleştirmek için uygun bir aday yapar.

5. Eğer Yaradan bu "konuşan" seviyede kalbe bir nokta ekerse, böyle bir kişi amaca doğru uyanmaya başlar ve ruhunun kökünü arar.

Yukarıdan aşağıya ıslahın sırası şöyledir:

Alma için almak – bizim dünyamızda vardır.

Almak için ihsan etmek – bizim dünyamızda vardır.

İhsan etmek için ihsan etmek – BYA dünyalarında vardır.

İhsan etmek için almak – Atzilut dünyasında vardır.

Yaratılışın tüm sistemi Gimar Tikun'u sadece Atzilut dünyasına geçerek gerçekleştirebilir. Bu nedenle Atzilut dünyasına "Tikun dünyası" (ıslah dünyası) denir.

DÜNYALARIN EVRİMİ

Atzilut Dünyası

Kırılmayı müteakip Masah arındı ve Reşimot'la Nekudim'in AVI'si Roş'una yükseldi. Reşimot Masah'da ıslah talep eder böylece onların üzerinde Işığın alınması için bir Zivug yapılabilir. Ancak AVI de Nekudim'in Roş'u Katnut koşuluna döndü ve Zivug yapamadı. Dolayısıyla, Masah Üst Partzuf, SAG'ın Roş'unun Roş'una yükseldi.

İçsel ve saran Işığının Bituş'u vasıtasıyla arınan bir Masah ile kırılma vasıtasıyla arınan bir Masah arasında fark yoktur. Kırılmadan sonra bile Reşimot Masah'da kalır ve doldurulmayı talep eder:

* Partzuf Nekudim'den arta kalan kısıtlanmış Hitlabşut Alef'in Reşimot'u ve Aviut'un Şoreş'i;
* Partzuf Galgalta'nın Sof'undan Hitlabşut'un Reşimot Dalet'i ve Aviut'un Gimel'i.

Hitlabşut'un Reşimot Alef'i ve Aviut Partzuf Nekudim'in Şoreş'inin kendisinden gelir. Böylece, Masah onlar üzerinde ilk Zivug'u yapar. Üzerlerinde bir Partzuf doğduktan sonra Masah, Partzuf'un Gadlut'unun meydana çıkmasına neden olan Reşimot Dalet-Gimel'in taleplerini karşılar. Böylece, Masah, SAG'ın Roş'una yükseldiğinde kısıtlanmış Aviut Şoreş'in Reşimot'una göre Roş'un Keter'i SAG'ın Bina'sına yükseldi.

Roş'un beş Behinot'u şu şekilde adlandırılır:
Keter – Galgalta –Şoreş'in Aviut'u
Hohma – Eynayim – Aviut Alef
ZA – Hotem – Aviut Gimel
Malhut – Pe – Aviut Dalet

Roş'daki her bir Sefirot'ta beş belirli Sefirot vardır: Keter, Hohma, Bina, ZA, Malhut. Kısıtlanmış Şoreş'in Aviut'unun Reşimo'su sadece Aviut Şoreş içindeki ihsan etme kapları üzerinde bir Zivug talep eder. Reşimo sadece ihsan etme kapları, Aviut Şoreş'in GE'si ile çalışacak bir Partzuf doğmasını talep eder. Böylece, bu Partzuf'u doğuran Masah sadece Roş'da Şoreş'in Aviut'unun ihsan etme kaplarıyla bir Zivug yapmalıdır.

Bu doğrultuda, Masah Pe'den SAG'ın Roş'unun Sefira Keter'ine ve oradan da daha Yükseğe, Bina de Keter'e yükselerek Keter Sefira'sının KHB (Keter, Hohma, Bina) HGT'sinin (Hesed, Gevura, Tiferet) arkasında durur. Bundan Masah'ın Yukarısında sadece Keter'in ihsan etme kapları yani Aviut Şoreş olduğu sonucu çıkar. Masah'ın durduğu yere Metzah (alın) denir.

Kısıtlanmış Şoreş'in Aviut'unun Reşimo'su üzerindeki Zivug'dan doğan Partzuf'a Ubar (cenin) denir. Maneviyatta bundan daha alt bir derece yoktur. Farklı bir şekilde ifade edersek, bu minimal manevi derecedir. Bu doğumdan sonra yeni doğmuş Partzuf Reşimot'un yükseldiği yere, Tabur de Galgalta'nın altına iner ve orada Tabur'dan aşağı yayılır.

Partzuf Ubar yerine dağıldıktan sonra içinde Hitlabşut'un Dalet'inin Reşimot'u ve Gimel de Aviut (Galgalta'nın Sof'undan) uyanır. Partzuf'un Gadlut'u bu Reşimot üzerinde ortaya çıkar: Masah, Reşimot Dalet-Gimel (dört-üç izlenimi) üzerinde Üst Işıkla bir Zivug yapar ve Gadlut seviyesi Galgalta'nın Tabur'undan (Galgalta'nın Göbeğinden) Parsa'yı geçerek yayılır. Bu Partzuf'a Atik denir, zira alt seviyedeki insanların (ruhların) ediniminden Ne'etak'dır (ayrı-ayrılmış).

Partzuf Atik, "Atzilut dünyası" denilen yeni bir beş Partzufim serisindeki ilk Partzuf'tur. Dolayısıyla, Partzuf Atik Atzilut dünyasının Keter'idir.

Partzuf Atik Gadlut'da ortaya çıktıktan sonra SAG'ın Roş'u kırılmadan sonra kendisine yükselen tüm Reşimot'u ona verdi. Atik tüm Reşimot içinden en arı Reşimo'yu seçti, üzerinde Zivug yaptı ve önce Ubar seviyesinde yaratıp sonra Gadlut (Dalet-Gimel) üzerinde Zivug yaparak bir sonraki Partzuf'u yarattı. Bu Partzuf, Atik'in Pe'inden genişleyerek Parsa'dan geçti ve buna Partzuf Hohma ya da Arih Anpin (AA) denir.

Partzuf AA'nın Gadlut'u ortaya çıkınca Atik, kırılmadan sonra SAG'ın Roş'una yükselenlerden kalan tüm Reşimot'u ona verir. Bunların içinden AA en arı olanları seçer ve onlar üzerinde Zivug yapar ve bu Atzilut dünyasının Partzuf Bina'sını yaratır, önce Ubar seviyesinde ve sonunda Gadlut'da. Bu Partzuf AA'nın Pe'inden AA'nın Tabur'una yayılır ve Aba ve Ima (AVI) olarak adlandırılır.

Partzuf AVI Gadlut'da ortaya çıktıktan sonra AA ona kalan tüm Reşimot'u verir. AA'nın verdiği Reşimot'dan AVI en arı olan Reşimot'u seçer ve bunların üzerinde Zivug yapar, böylece Atzilut dünyasının Partzuf ZA'sı doğar. Burada ilk kez üç safha vardır: Ubar, Katnut (çocukluk, küçüklük) ve Gadnut (yetişkinlik, büyüklük). Partzuf ZA, AA'nın Tabur'unda yerini alır Parsa'dan geçer.

Partzuf ZA ortaya çıktığında AVI ona kalan tüm Reşimot'u verir. ZA bunların üzerinde Zivug yapar ve Atzilut dünyasının Malhut'unu yaratır. Bu, kapların kırılmasını müteakip SAG'ın Roş'una yükselen Reşimot'un üzerinde ortaya çıkabilen Zivugim'i tamamlar.

Sürekli Atzilut koşulu Katnut – GE – ihsan etme kaplarıdır. İçinde bundan daha azı olamaz. Bu koşulda kırılma öncesindeki Nekudim dünyasının Katnut'uyla tamamen eşleşir. Ancak, Atzilut dünyası tüm Yaratılışı Gimar Tikun'a getirmek amacıyla ortaya çıktı, böylece Eyn Sof'un Malhut'u ihsan etme amacıyla Eyn Sof Işığı ile dolabilsin diye. Ve bu henüz gerçekleştirilmedi.

Kırılmada, alma kapları ihsan etme kaplarıyla karışmıştı. Dolayısıyla, her Kli'de dört ayrım yapılmıştı:

1. *İhsan etme kapları*
2. *Alma kapları içinde ihsan etme kapları.*
3. *İhsan etme kapları içinde alma kapları.*

4. Alma kapları

İlk düzenleme: İhsan etme kapları karışımdan ayıklandı ve Atzilut dünyasının Katnut'unu oluşturur.

İkinci düzenleme: Alma kaplarının içindeki ihsan etme kapları karışımdan ayıklandı ve BYA dünyalarını oluşturdular. Bu dünyalar ihsan etme, GE, kaplarıdır, Atzilut dünyası gibi, ancak AHP'nin, alma kaplarının, içinde kalırlar. Bunlar kendileri için ihsan etme kaplarıdır ve dolayısıyla Işık onların içinde dağılabilir.

Böylece Atzilut dünyası ortaya çıktığında Atzilut dünyasının Malhut'u AVI'ye yükseldi ve alma kaplarının içindeki ihsan etme kaplarında bir Zivug yaptı. Beria dünyasını yarattı, sonra Yetzira dünyasını ve sonunda Asiya dünyasını.

* Beria dünyası Aviut Bet'in alma kapları içinde olan GE üzerindeki Zivug'da ortaya çıktı.

* Yetzira dünyası Aviut Gimel'in alma kapları içinde olan GE üzerindeki Zivug'da ortaya çıktı.

* Asiya dünyası Aviut Dalet'in alma kapları içinde olan GE üzerindeki Zivug'da ortaya çıktı.

Üçüncü düzenleme: İhsan etme kapları içindeki alma kapları karışımdan ayıklandı. Bu ayıklama ve ıslah insanların ruhları tarafından yapılır. Bu Kelim'i ayıklar ve onları Parsa'nın üzerine Atzilut dünyasına yükseltirler. Bu çalışmaya "aşağıdan uyandırma" denir, zira ruhlar tarafından yapılır. Atzilut'a yükselen kırık Kelim "yükseltilmiş AHP" olarak adlandırılır.

Dördüncü düzenleme: İhsan etme kapları ile karışmamış alma kapları incelenir ve kendi niteliklerinde kaldıkları doğrulanır, böylece kullanılmaları yasaklanır. Bu Kelim Klipot (kabuklar) olarak adlandırılır ya da Lev ha Even (taştan kalp), zira Gimar Tikun'a kadar ıslah olamazlar.

BYA Dünyaları

Beria dünyasının doğması için Zivug, Atzilut'un Bina'sında yapılmıştı. Dolayısıyla, Beria dünyası Atzilut'un ZA'sında büyür.

Beria dünyasından sonra doğan Yetzira dünyası buradan aşağıda Atzilut'un Malhut'unda genişler. Partzuf Atzilut'un Malhut'u Partzuf ZA'nın sadece dört NHYM Sefirot'unu örter. Böylece, Partzuf Malhut'un ilk dört Sefirot'u – KHB ve Hesed – Atzilut'daki Sefirot ZA'nın NHYM'sinin karşısındadır. Sefirot Gevura, Tiferet ve Partzuf Malhut'un NHYM'si Parsa'nın altındadır.

Dolayısıyla, Yetzira dünyası doğduğunda bunun son altı Sefirot'u BYA'nın ilk altı Sefirot'unun bulunduğu yerde kıyafetlendirilirken ilk dört Sefirot'u da Malhut'un ilk dört Sefirot'unu kıyafetlendirdi.

KABALA BİLİMİ

BYA'nın bulunduğu yer otuz Sefirot'dan oluşur. Gelecekte, Adam HaRişon'un günahından sonra BYA dünyaları buraya düşecekler. Yetzira dünyasının son altı Sefirot'unun sona erdiği yer "Beria dünyasının Hazeh'i" olarak adlandırılır. Burası Adam HaRişon'un günahından sonra Beria'nın Hazeh'inin bulunacağı yerdir.

Yetzira dünyası doğduktan ve yerine genişledikten sonra Atzilut'un Malhut'u, Yetzira dünyasının altında Beria dünyasının yerinden Yetzira dünyasının bulunduğu yere yayılan Asiya dünyasını yarattı.

Yetzira dünyasının bulunduğu yerin Hazeh'i "BYA dünyalarının Hazeh'i" olarak adlandırılır. Burası BYA dünyalarının genişlemesinin sona erdiği yerdir. Yetzira dünyasının Hazeh'inin altı Işıktan yoksundur. BYA'nın Hazeh'inden aşağı Sium'u geçerek gelinen bu yer, Klipot'un Madar'ı (kabuk bölümü) denilen Klipot'un yeridir. Bunun altındaki yere "bu dünyanın noktası" denir.

Maneviyatta, "yer"in anlamı "arzu"dur. Bu dünyanın noktası bir almak amacıyla (kendisi için) alma arzusu (haz), bu dünyanın kıyafetlerinin içinde hazlardan zevk alma arzusudur: seks, onur, güç, imrenmek. Klipot daha yüksek kabul edilir zira bunlar Kutsallık'ya (kutsallık) tekabül eden Yaradan'dan haz alma arzularıdır.

Kabala ilmi her zaman algılayan bireyin açısından konuşur. Dolayısıyla, arzularının ihsan etmek için değil sadece almak için almak olduğunu algılayan kişi "bu dünya" koşulunda olduğunu edinmiş olarak düşünülür. Ancak, tüm arzularının almak için almak olduğunu edinmemiş kişi bu yerde (arzuda) değildir. Böyle bir kişi (ifşasından önce) daha aşağıda, "bizim dünyamız" denilen bir yerde, arzudadır ki burada insanlar arzularının farkında değildir ve farkında olmadıklarını hissetmezler.

İnsanlığın tümü "bizim dünyamız" seviyesindedirler, farkında değillerdir. Bu dereceden kişinin içinde alma arzusu gelişmeye başlar. Evrim, doğanın herkesi zorlu muhakemelerle ıslaha doğru getirmesiyle ortaya çıkar.

İnsanlığın tüm tarihi, üç element – gurur, onur, imrenme – ile nesilden nesle alma arzusunun evrimidir. Izdırap insanı ve bütün olarak insanlığı alma arzusundan çıkma kararına getirir zira tüm acıların nedeni budur.

Alma arzusu yeterince gelişen kişiye Yukarıdan bu dünyanın ötesinde olanı bilme dürtüsü verilir. Bu dürtüyü müteakip, kişi yeni arzusunu hazla dolduracak bir kaynak aramaya başlar, ta ki doğru hocayı bulana dek. Bu arayış yıllar sürebilir, ya da bu hayat süresinden bile uzun, ancak eğer Yaradan kişiyi Kabala öğretilen bir yere getirirse, ki bana (Mihael Laitman) olduğu gibi, bu ruhunuzu ıslah etmeniz ve amaca ulaşmanız için size Yukarıdan bir fırsat verildiğinin işaretidir.

ABYA Dünyalarında Partzufim'in Koşulları
Adam HaRişon

Adam HaRişon kendisinden önce gelenlerden ayrı bir oluşumdur. Eyn Sof'un Malhut'undan yaratılan tek şey odur, zira "varlık" unvanını hak eden tek şey odur. O da

DÜNYALARIN EVRİMİ

AVI'ye yükselen Atzilut'un Malhut'u tarafından yaratılmıştı. Atzilut'un Malhut'u, tıpkı BYA dünyalarını doğurduğu gibi Partzuf Adam HaRişon'u yarattı, bu bedenle Adam HaRişon her zaman BYA dünyalarının içindedir.

BYA dünyaları doğduğunda Yetzira dünyasının Hazeh'inden geçerek AVI'de durdular. Adam HaRişon doğduğunda BYA'dan NRN Işıkları alarak onların içindeki üç BYA dünyasının seviyesindeydi. Adam HaRişon ek Işıklar, Atzilut'un NRN'sini de aldı, zira BYA Atzilut'un içindeydi.

Adam HaRişon doğduğunda dünyaların koşuluna "Şabat arifesi" denir. Sonrasında Yukarıdan uyandırılmayla, dünyalar Adam HaRişon'la beraber ilk yükselişi çıktılar, bir derece Yukarıya – on Sefirot – böylece BYA dünyalarının Sium'u içlerinde Adam HaRişon'la birlikte Beria dünyalarının Hazeh'ine yükseldi.

O koşulda Adam HaRişon tüm Işıkları ihsan etmek için almak istedi, Nekudim dünyasında kapların kırılması koşulundan önce olduğu gibi. Orada, Nekudim'de, AVI'nin Roş'u ZON'un parçasının Tikun Kavim'e (çizgilerin ıslahı) sahip olmadığını anlamadı; dolayısıyla, Gadlut Işığını verdiler ve ZON kırıldı.

Aynı şey burada Adam HaRişon'la oldu: kırılmanın ortaya çıkacağı anlayışı yoktu. Ancak ilk seferden sonra Adam HaRişon yanlışlıkla almak için aldı, tekrar almak istedi, bu kez bilerek. Artık kendisini haz almaktan alıkoyamıyordu.

Sonuç olarak, bu kırılmadan Klipot doğdu, almak amacıyla alma arzuları. Ayrıca, BYA dünyaları Parsa'nın altına, sabit koşullarına, Parsa'dan genel Sium'a indi. "Sabit koşul" denilmesinin nedeni BYA dünyalarının bundan daha alt koşula inememeleridir. Fakat, bu yere "daimi" olarak bağlanmamışlardır, sabit yerlerinden yükselebilir ve inebilirler.

BYA dünyalarının sabit yerlerine inmelerinin dışında Partzuf Adam HaRişon'un kırılmasının sonucu olarak arı olmayan BYA doğmuştu. Bunlar BYA'daki eksiklikleri içeren üç dünyadır ve BYA'nın karşısında dururlar. Böylece, almak için alma arzularından temiz olan BYA "arı BYA" olarak ve bunlara tekabül eden eksiklikler "arı olmayan BYA" olarak adlandırılır.

Arı olmayan dünyalar şu şekilde adlandırılır:

* Eş Mitlakahat (yanan ateş) – Beria dünyasına tekabül eder.

* Anan Gadol (büyük bulut) – Yetzira dünyasına tekabül eder.

* Ruah Se'ara (fırtınalı rüzgâr) – Asiya dünyasına tekabül eder.

Günahtan sonra Partzuf Adam HaRişon 600.000 parçaya bölünmüştü. Kırılma kırık parçaların da kırılmasıyla devam etti (ek kırılmalardan örneğin yazılarda "Abel'in öldürülmesi", "Tufan'ın çıkması", "Babil'in ortaya çıkması" olarak bahsedilir).

Sonunda, Partzuf'undaki tüm parçalar sadece almak için alma arzusunda kaldılar, içindeki Işık kıvılcımıyla birlikte. Bu parçalar, içlerindeki kıvılcımlarıyla birlikte arzular, dünyamızdaki insanları giydirirler ve onları maneviyata, Işığa, Yaradan'a doğru harekete geçirirler. Böylece bu amacı gerçekleştirme yöntemini öğrenen, Kabala çalışan bir grubun içine getiriliriz.

Bununla beraber bir diğer Klipa (Klipot'un tekili) daha vardır: Klipat Noga (Noga Klipa'sı). Bunlar iyi ve kötünün karışık olduğu arzulardır. "Karışık" demek iyi kısımlarıyla Işığı alırlar ve kötü kısımlarına da iletirler anlamına gelir. Tüm realitenin Tikun'u, Klipat Noga'nın Tikun'u - onu kötü kısmıyla bağlı olduğu ve iyi kısmını Kutsallık'ya, Atzilut'a birleştirdiği, arınmamış üç Klipot'tan (Ruah Se'ara, Anan Gadol ve Eş Mitlakahat) ayırma – üzerine odaklanır.

Dünyaların Yükselişi
Dünyanın gerçek yeri günahtan önceki ikinci koşuldadır:
** AA'nın bulunduğu yerde ZA;*

* AVI'nin bulunduğu yerde Malhut;

* YEŞSUT'un bulunduğu yerde Beria;

* ZA'nın bulunduğu yerde Yetzira.

* Atzilut'un Nukva'sının ilk dört Sefirot'unun bulunduğu yerde Asiya dünyasının ilk dört Sefirot'u Yetzira dünyasının TNHYM'sini (Tiferet, Netzah, Hod, Yesod, Malhut) kıyafetlendirir.

* Parsa'nın altında Beria dünyasının altı Sefirot'unun bulunduğu yerde Asiya dünyasının son altı Sefirot'u;

* Beria dünyasının yerinin ilk altı Sefirot'u, yani Parsa'dan Beria dünyasının yerinin Hazeh'ine, "şehrin dışı" olarak adlandırılır zira "bir şehir" olan Atzilut dünyasına aittirler. Ayrıca, Parsa "şehrin duvarı" olarak adlandırılır.

* Beria dünyasının Hazeh'inden genel Sium'a yirmi dört Sefirot bulunmaktadır. Burası Işıktan yoksun boş bir yerdir.

* Parsa'dan Yetzira'nın Hazeh'ine bulunan on altı Sefirot "Şabat bölgesi" olarak adlandırılır ve "şehrin dışı"nı kapsar, ek olarak da Beria'nın Hazeh'inden Yetzira'nın Hazeh'ine on Sefirot. Her bir on Sefirot 2.000 Amma (bir yardanın -91cm- dört üçü) olarak adlandırılır. Dolayısıyla, BYA dünyalarının tüm yeri 6.000 Amma ya da dünyanın 6.000 yılı olarak adlandırılır.

Yetzira'nın Hazeh'inden genel Sium'a on dört Sefirot'a "kabuklar kısmı" olarak adlandırılır. Burası Adam HaRişon'un günahından önce Klipot'un olduğu yerdir. Ancak, günahtan sonra arınmamış ABYA dünyaları oldular.

DÜNYALARIN EVRİMİ

Neden ve Sonuç Sırası
Or Yaşar'ın dört Behinot'u (evreler):

* Behinat Şoreş: Işıklar Atzmuto'dan – O'nun Varlıklarına iyilik yapma arzusu – yayılır.

* Behina Alef: Aldığını hissetmeye başladığı anda almak istemediğine karar verir. Bu yeni arzu Behina Bet'dir.

* Behina Bet: Or Hohma tamamen boşaldığında Behina Bet onun yokluğunu hisseder ve Or Hasadim'in içinde biraz Or Hohma almak istediğine karar verir. Bu Behina Gimel'dir.

* Behina Gimel: Sonunda Or Hasadim'le birlikte Or Hohma aldığında Behina Gimel tüm Işığı almak istediğine karar verir. Bu Malhut denilen Behina Dalet'dir, zira alma arzusuyla yönetilir. Işığı alma arzusunu hisseder, tıpkı Behina Alef'de olduğu gibi, ancak bir ekleme ile. Bu ek arzu "özlem" denilen yeni bir Kli'dir. Malhut arzusunun kendisinden gelen bağımsız bir arzu olduğunu hisseder.

* Behina Dalet: Tüm Işığı hiç sınırlama olmaksızın alır, zira unvanı "Eyn Sof dünyası"dır.

Tsimtsum Alef: Tsimtsum Alef'i Behina Dalet yapar. Kısıtlanmış Behina Dalet'e "Tsimtsum dünyası" denir.

Masah'ın çalışması: Behina Dalet, Malhut, ihsan etme arzuları olan Behinot Şoreş, Alef, Bet, ve Gimel'e Işık almak ister ancak tamamen alma arzusu olan Behina Dalet'ine almak istemez.

Partzuf Galgalta: Malhut, Reşimot Hitlabşut'un Dalet'i ve Aviut'un Dalet'i ile Masah'dan geçerek Tsimtsum'dan dolayı ayrılan Üst Işıkla bir Zivug yapar. Masah Işıkla Zivug yaparak Malhut'a ne kadar Işık alacağına karar verir.

Bu kararı müteakip Masah almaya karar verdiği miktarda Işıkla birlikte Guf'a iner. Partzuf'a giren Işıklara Taamim denir. Masah'ın durduğu ve Işığı almayı kısıtladığı yere Tabur denir.

Partzuf'a giren Işık Or Pinimi (İçsel Işık) olarak adlandırılır. Kli'nin dışında kalan genel Işık Or Makif olarak adlandırılır. Sonrasında, Or Pinimi ve Or Makif arasında Tabur'da duran Masah üzerinde bir Bituş (çarpa, çarpışma) ortaya çıkar, zira her ikisi de alma üzerindeki kısıtlamayı kaldırmak isterler.

Masah, Aviut Dalet Reşimot'unu kullanmak ve arınmak istemediğine karar verir. Tabur'dan Pe'ye yükselir ve Or Pinimi Partzuf'dan ayrılır. Ayrılan Işıklara Nekudot (noktalar) denir. Roş'da Zivug'dan Hizdakhut'unun sonuna dek Partzuf'un tamamına Partzuf Galgalta denir.

Partzuf AB: Galgalta'nın Roş'unun Pe'ine yükselen Galgalta'nın Guf'unun Masah'ı, Pe'deki Masah üzerindeki daimi Zivug içine dahil (entegre, bütünleşme) olur. Masah ve Roş'daki Üst Işık arasındaki karşılaşma, Masah'ın içindeki Reşimot'a, Hitlabşut'un

Dalet'i ve Aviut'un Gimel'i, göre Roş'daki Işığın bir kısmını almak istemesine neden olur. Son Aviut'un Reşimo'sunu (Işığın genişlemesi için) almaktan vazgeçme kararının sonucu olarak yok olur.

Masah, Reşimo Aviut'un Gimel'ine göre Galgalta'nın Hazeh'ine iner ve Reşimot Hitlabşut'un Dalet'i ve Aviut'un Gimel'i üzerinde Zivug yapar. Burası bir sonraki Partzuf'un Pe yeridir. Zivug'dan sonra Masah Pe'den aşağı yeni Partzuf'un Tabur'una iner ve Taamim Işıkları Toh'a girer.

Akabinde, Masah'ın kısıtlanmasını iptal etmek için Tabur'da Masah üzerinde Or Pinimi ve Or Makif'in Bituş'u vardır. Masah arınmaya karar verir, Aviut'un Gimel Reşimo'su yok olur ve Masah Tabur'dan Pe'ye yükselir. Ayrılan Işıklara AB'ın Nekudot'u denir.

Partzuf SAG: Masah Pe'ye geldiğinde orada bulunan Üst Işıkla daimi Zivug'a entegre olur ve Roş'daki Işığın bir kısmını almak ister. Dolayısıyla, Masah, Reşimo'ya göre Partzuf AB'nin Hazeh'ine iner ve orada Reşimot Hitlabşut'un Gimel'i ve Aviut'un Bet'i ile birlikte Işıkla Zivug yapar. Işığı alır ve Roş'da karar verdiği yerde – Tabur'da – durur. Masah'a anında Or Pinimi ve Or Makif Bituş'u uygulanır, zira Toh'un Masah'ının alma üzerinde yarattığı kısıtlamayı kaldırmak isterler. Masah arınmaya karar verir ve Pe'ye yükselir.

Nekudot de SAG: Masah'ın Hizdakhut'u sırasında ortaya çıkan Işıklara Nekudot denir. SAG'ın Nekudot'u, Hitlabşut'un Bet'i ve Aviut'un Bet'idir. Bu Bina'nın niteliğidir. Bu Işıklar her yerde ortaya (herhangi bir arzu) çıkabilir. Bu nedenle, Nekudot Işıkları Galgalta'nın Tabur'unun altına inerler ve Galgalta'nın Sof'unu doldururlar.

Galgalta'nın Sof'u ve SAG'ın Nekudot'u karışırlar ve Partzuf SAG'ın Nekudot'u ki bu Partzuf Bina'dır, Bina'nın GAR'ı (GAR: üst üç Sefirot-Keter, Hohma, Bina) ve Bina'nın ZAT'ına (ZAT: alt yedi Sefirot-Hesed, Gevurah, Tiferet, Netzah, Hod, Yesod, Malhut) ayrılır. Alma kapları olarak Bina'nın ZAT'ı, Galgalta'nın Sof'undaki Reşimot tarafından etkilenir ve o Işıkları almak amacıyla almak isterler. Böyle olmasının nedeni SAG'ın Nekudot'unun Masah'ının gücünün Aviut'un Bet'i olması ve Galgalta'nın Sof'undaki Reşimot Dalet-Gimel'dir, yani Masah'daki karşı koyan güçten daha fazla.

Dolayısıyla, almak için alma arzusu SAG'ın Nekudot'unun Hazeh'inden aşağı doğru oluşur. Bu, Tsimtsum Alef'i gerçekleştiren Malhut'u Galgalta'nın Sium'undan SAG'ın Nekudot'unun Hazeh'ine zorlar ve Işığın genişlemesini sınırlar ki sadece Hazeh'e ulaşsın.

SAG'ın Nekudot'undaki tüm süreçler SAG'ın Guf'unun Masah'ının SAG'ın Tabur'undan kendi Roş'una yükselişi sırasında ortaya çıkar, Tsimtsum Bet ve Galgalta'nın Sof'undan Reşimot'un eklenmesinin dışında.

Tsimtsum Bet (İkinci kısıtlama): Tsimtsum Alef'in Malhut'unun SAG'ın Nekudot'unun Hazeh'ine yükselmesine Tsimtsum Bet denir.

DÜNYALARIN EVRİMİ

Galgalta'nın Tabur'unun üzerinde MA ve BON: SAG'ın Guf'unun Masah'ı Pe'ye ulaştığında Tabur'un Yukarısında SAG'ın Taamim'inden kalan Işıklarla Reşimot Hitlabşut'ın Bet'i ve Aviut'un Alef'i üzerinde Zivug yaparak SAG'ın Pe'inden Galgalta'nın Tabur'una kadar Partzuf Üst MA'yı doğurur. Partzuf Üst MA'nın Hizdakhut'undan sonra bundan MA'nın Pe'inden Galgalta'nın Tabur'una kadar Partzuf Üst BON doğar.

Nekudim Dünyası (Katnut): SAG'ın Guf'unun Masah'ı arınıp SAG'ın Pe'ine yükseldiğinde içindeki Reşimot üzerinde Zivug yapmak ister (Galgalta'nın Tabur'unun altından Hitlabşut'un Bet'i ve Aviut'un Alef'i). SAG'ın Guf'unun Masah'ı, Reşimot'un talebi üzerine Pe'den SAG'ın Roş'unun Nikvey Eynaim'ine (NE) yükselir, zira sadece ihsan etme kaplarına Işık talep eden Reşimot Bet-Alef kısıtlanmıştır.

Dolayısıyla, Masah, Roş'daki ihsan etme kaplarının altında, SAG'ın Roş'undaki Keter ve Hohma'nın altında durur. Masah her zaman sadece üzerinde bulunan Behinot Roş'da Zivug yapar. Bu nedenle, Roş'da, Guf'a Işık almak istediği yerde, kalır.

Zivug'dan sonra Masah Roş'da henüz ortaya çıkmamış olarak (potansiyelinde bulunan) aldığını Guf'a aktif olarak verir. Işık kısıtlanmış Reşimot Bet-Alef'in yükseldiği yere yayılır, yani Galgalta'nın Tabur'unun altından. Bu Partzuf'a Partzuf Nekudim denir, zira SAG'ın Nekudot'undan Reşimot'un üzerinde ortaya çıkmıştır.

Bu Partzuf şunları içerir:

*Keter denilen Hitlabşut'un Roş'u;

*Aba ve Ima (AVI) denilen Aviut'un Roş'u;

*ZON (Zer Anpin ve Nukva) denilen Guf.

Bunların her birinde sadece ihsan etme kapları aktiftir; alma kapları gizlidir (içlerinde).

Nekudim dünyasının Gadlut'u: Nekudim dünyasının Katnut'unun ortaya çıkmasından sonra SAG'ın Roş'undaki Masah, Reşimot Hitlabşut'un Dalet'i ve Aviut'un Gimel'inin talebini müteakip SAG'ın Pe'inin içine indi ve Zivug yaptı. Bu Zivug'un sonucu olarak Or Hohma Nekudim'in Keter'inin Roş'una ve Roş AVI'nin Aba'sına geldi.

Ima, ZON'un talebi hariç Or Hohma almak istemeyen Bina'dır. Or Hohma, Nekudim'in Roş'undan Galgalta'nın Sof'una kadar aydınlatır ve oradan –Nekudim'in ZON'una kadar– Gadlut için AVI'ye, Or Hohma istemek için bir talep gelir. ZON, AVI istediğinde çiftleşirler ve ZON'a Or Hohma getirirler.

Kapların kırılması: Or Hohma, AVI'nin Roş'undan ZON'un içine, ZON'un GE'sine ve Parsa'ya kadar yayılır. Işık Parsa'yı geçip ZON'un AHP'ının Kelim'ini doldurmak istediğinde alma arzusuyla karşılaşır ve Yukarıya doğru ayrılır. Kelim GE ve AHP kırılır ve 320 kırık parça Parsa'nın altına düşer.

Kırılmada ihsan etme kapları (GE) alma kaplarıyla (AHP) karışır; dolayısıyla, her bir kırık parçada dört tür Kelim vardır:

1. Atzilut'un ZON'unun GE'sini oluşturan GE;

2. BYA dünyalarını oluşturan AHP'daki GE'nin Hitkalelut'u;

3. Yükseltilmiş AHP'ı oluşturan GE'deki AHP'ın Hitkalelut'u;

4. Işığı almaya uygun olmayan, almak için almak arzuları olan Klipot'u oluşturan AHP. Bunlar (32, Lamed Bet) Gimar Tikun'a kadar ıslah olamayan ve içlerine ihsan etmek için alamayan parçaların (320 Şah) Malhut'larıdır. 32 Malhut'a Levha Even (taştan kalp) denir. Bunların ıslahları tüm 320 parçadan ayıklanıp kullanılmamalarındadır.

320 parçanın her bir kırık parçasındaki 288 parça (320 - 32) ıslah edilebilir, zira bunlar Malhut'un parçaları değil Üst dokuz Sefirot'un parçalarıdır. Bazıları, ZON'un GE'sine ait olanlar karışımdan ayıklanmalıdır, zira bunlar ihsan etme kaplarıdır. Bunlar Atzilut'un ZON'unun Katnut'unu (GE) inşa edenlerdir.

Atzilut Dünyasından Ortaya Çıkışı

Atik: Masah Reşimot'la birlikte Nekudim'in Roş'una yükseldi ve oradan SAG'ın Roş'una. Masah en arı Reşimot'u, Hitlabşut'un Alef'i ve Aviut'un Şoreş'i, ayıkladı, Pe'den SAG'ın Roş'unun Sefira Keter'ine yükseldi ve oradan Keter'de daha yukarı Bina'ya gitti ki burada Keter'in Sefirot KHB (Keter, Hohma, Bina) HGT'sinin (Hesed, Gevura, Tiferet) arkasında durdu.

Böylece, Masah'ın üstünde sadece Keter'in Aviut Şoreş ihsan etme kapları vardır. Bu yere Metzah (alın) denir ve burası Masah'ın Partzuf Atik denilen Atzilut'un Partzuf Keter'inin doğumu için Zivug yaptığı yerdir.

Bu Zivug'dan doğan Partzuf'a Ubar denir, zira Aviut Şoreş'de sadece maneviyatta olabilecek en az ihsan etme kapları vardır. Doğumundan sonra bu Partzuf Galgalta'nın Tabur'unun altında Reşimot'un yükseldiği yere iner.

Partzuf Atik doğup yerine indiğinde içindeki Reşimot Dalet-Gimel uyanır ve bu Partzuf'un Gadlut'u edinmesini talep eder. Masah bu Reşimot üzerinde Üst Işıkla Zivug yapar ve Gadlut'da Atik seviyesini inşa eder. Bu Partzuf Parsa'dan geçerek Galgalta'nın Tabur'undan Galgalta'nın Sium'una yayılır, zira hâlâ Tsimtsum Alef'e ait olan Partzuf Keter'dir. Bu nedenle Atik denilmiştir, çünkü alt derecedekilerden Ne'etak'dır (ayrı-ayrılmış).

AA: Gadlut'daki Partzuf Atik ortaya çıktığında SAG'ın Roş'u kırılmadan sonra aldığı tüm Reşimot'u verir. Tüm Reşimot içinden Atik en arı olan Reşimo'yu seçer, üzerinde Zivug yapar ve Ubar seviyesinde bir sonraki Partzuf'u – Hohma – doğurur ve sonrasında Gadlut'da. Bu Partzuf Atik'in Pe'inden Parsa'ya yayılır ve Partzuf Arih Anpin (AA) olarak adlandırılır.

AVI: Partzuf AA'nın Gadlut'u ortaya çıktığında Atik kırılmadan sonra SAG'ın Roş'una yükselenlerden kalan tüm Reşimot'u ona verir. Bunların içinden AA en arı Reşimot'u seçer ve onlar üzerinde Zivug yapar. Zivug, Partzuf Atzilut'un Bina'sını üretir, önce Ubar seviyesinde ve sonra Gadlut'da. Bu Partzuf, AA'nın Pe'inden Tabur'una kadar yayılır.

ZA: Partzuf AVI Gadlut'da ortaya çıktığında AA ona kalan tüm Reşimot'u verir. AVI aldığı Reşimot içinden kalanlardan en arı olan Reşimot'u seçer ve onlar üzerinde Zivug yapar ve Partzuf Atzilut'un ZA'sını önce Ubar (Katnut) ve sonra Gadlut'da doğurur. Partzuf ZA, AA'nın Tabur'undan Parsa'ya kadar yerleşir.

Malhut, Partzuf ZA Katnut'da ortaya çıktıktan sonra AVI ona önceki Partzufim tarafından ıslah edilmemiş kalan tüm Reşimot'u verir. Bunların içinden ZA kendisine uyanı seçer, Zivug yapar ve Partzuf Atzilut'un Malhut'unu Nekudot (nokta) olarak doğurur, Nekudim dünyasında olduğu gibi. Bu, kırılmadan sonra SAG'ın Roş'una yükselen tüm Nekudim'in Katnut'unun Reşimot'u ıslahını tamamlar.

BYA Dünyasının Ortaya Çıkışı

Atzilut dünyasının GAR'ın Partzufim'i kırılmamış ancak sadece arınmış olan Nekudim'in Roş'unun Reşimot'u üzerinde ortaya çıktı. Nekudim'in ZON'undan aşağıya doğru Partzufim'in doğuşu kırık parçaların ayıklanması ve ıslahı ile yapılır. Bunun böyle olmasının nedeni Nekudim dünyasındaki kırılma vasıtasıyla Parsa'nın Yukarısındaki ihsan etme kapları Parsa'nın altındaki alma kapları ile karışması ve birbirine entegre olmasıdır. Böylece, 320 kırık parçanın her birinde dört tür Kelim vardır:

1. İhsan etme kapları;
2. Alma kaplarıyla entegre olmuş ihsan etme kapları;
3. İhsan etme kaplarıyla entegre olmuş alma kapları;
4. Alma kapları.

Önce, arıdan bayağıya doğru Aviut'un sırasına göre tüm 320 parçadan ihsan etme kapları ayıklanır ve ıslah olur. SAG'ın Roş'undan aşağı inen Masah Atzilut dünyasının tüm Partzufim'ini doğurur, önce Katnut'da sonra Gadlut'da. Atzilut dünyasının Katnut'u Nekudim dünyasının Katnut'unun karşısında ortaya çıkar.

Sonrasında, Atzilut'un ZON'u Atzilut'un AVI'sine yükselir, ZA, Aba olur ve Malhut, Ima olur. Alt dereceden Üst dereceye yükselen onun gibi olur; dolayısıyla, Malhut Bina derecesini Or Hohma üzerinde Zivug yapabilmek ve yeni Partzufim doğurabilmek için aldı. Atzilut'un Malhut'u Ima'ya yükseldiğinde 320 kırık parçanın her birinden alma kaplarına entegre olmuş ihsan etme kaplarını Aviut'un sırasına göre arıdan bayağıya doğru ayırdı. Bu sırayla da yeni Partzufim doğurdu:

* Ayırma ve Zivug'dan Bina'nın Parsa'nın altında bulunan kısmına düşen ihsan etme kapları (GE) üzerinde beş Partzufim yaratıldı (GE, AHP'ın Aviut Bet'ine entegre oldu): Beria dünyasının Keter – Atik, Hohma – AA, Bina – AVI, ZA – ZA, ve Malhut – Nukva'sı.

KABALA BİLİMİ

* Ayırma ve Zivug'dan Parsa'nın altındaki ZA'nın Kelim'ine düşen ihsan etme kapları (GE) üzerinde beş Partzufim yaratıldı (GE, AHP'ın Aviut Gimel'ine entegre oldu). Yetzira dünyasının Keter – Atik, Hohma – AA, Bina – AVI, ZA – ZA, ve Malhut ve Nukva'sı.

* Ayırma ve Zivug'dan Parsa'nın altındaki Malhut'a düşen ihsan etme kapları (GE) üzerinde beş Partzufim yaratıldı (GE, AHP'ın Aviut Dalet'ine entegre oldu): Asiya dünyasının Keter – Atik, Hohma – AA, ZA – ZA ve Malhut – Nukva'sı.

Atzilut'un Malhut'u bu Zivugim'i Atzilut'un Ima'sının yerinde dururken yaptı. Bu nedenle, yaratmış olduğu Beria dünyası Atzilut'un ZA'sının yerini işgal ederek onun altında durur.

Bundan Beria dünyasından sonra Atzilut'un Malhut'undan doğan Yetzira dünyası ortaya çıktı ve Atzilut'un Malhut'unun dört Sefirot'unun ve Beria dünyasının yerinin altı Sefirot'unun yerinde Beria dünyasının altındaki yere yerleşti.

Bundan Yetzira dünyasından sonra Atzilut'un Malhut'undan doğan Asiya dünyası ortaya çıktı ve Beria dünyasının yerinin Hazeh'inden Yetzira dünyasının yerinin Hazeh'ine kadar Yetzira dünyasının altını işgal etti.

Tüm dünyalar Yetzira dünyasının Hazeh'inde son bulur, zira tüm kırık parçalar içinde ayrılanlar ihsan etme kaplarıydı ve ihsan etme kapları alma kaplarıyla entegre oldu. Bu BYA dünyalarının yerinin Hazeh'ine tekabül eder, zira orası GE'lerinin bittiği yerdir.

Yetzira'nın Hazeh'inin altında BYA'nın yerinin AHP'ı, ihsan etme kaplarıyla entegre olmuş alma kaplarının ve alma kaplarının (Lev ha Even) yeri, başlar.

Yükseltilmiş AHP: İhsan etme kaplarına entegre olmuş alma kaplarının ayrılması ve ıslahı Atzilut dünyasında AHP'ın Kelim'ini ekler. Bu Kelim içinde yayılan Işık Or Hohma'dır ve Atzilut dünyası Gadlut'u alır.

Or Hohma sadece gerçek alma kapları içinde yayılır, buradaysa kırılma esnasında ihsan etme kaplarıyla entegre olmuş alma kapları vardır. Dolayısıyla, bu Kelim'in Zivugim'inde ortaya çıkan Işık Or Hohma (Hohma Işığı) değil, sadece Hohma'nın He'arat'ıdır (yansıma, daha küçük Işık).

Atzilut dünyasının Roş'unda, Nekudim dünyasında olduğu gibi, Atzilut dünyasında asla bir kırılma daha olmayacağını garanti eden özel bir Tikun vardır. Partzuf AA'nın Roş'unda bir kısıtlama vardır, böylece Partzuf AA'nın altında Malhut'un kendisi üzerinde bir Zivug yoktur, sadece ihsan etme arzularında Yukarısındaki Sefirot'da Malhut'un Hitlalelut'unda vardır.

Sonuç olarak, Atzilut dünyası sadece Katnut'da doğdu ve her Partzuf'un sadece ihsan etme kapları, GE'nin Kelim'i, vardır. Alma kapları, AHP, Parsa'nın altındadır. AHP'ı GE'ye eklemek ve Nekudim dünyasında olduğu gibi (zira kırılmanın nedeni buydu) yerlerinde tüm on Sefirot üzerinde Zivug yapmak mümkün değildir.

DÜNYALARIN EVRİMİ

Dolayısıyla, Atzilut'a alma kaplarının her eklenmesi ihsan etme kaplarına entegre olmuş birkaç alma kabının yükseltilmesiyle yapılır. Yükseliş Parsa'nın altından Parsa'nın Yukarısınadır, böylece AHP'ın parçaları Atzilut'a eklenir. Bu daha sonra Atzilut dünyasında Hohma'nın aydınlatmasına neden olur.

Böylece, alma kaplarının parçaları Parsa'nın altından yükselir ve Atzilut'a katılır. İhsan etme kaplarına entegre olmuş alma kapları olan ve Atzilut kaplarına katılabilen tüm alma kapları sırayla arıdan bayağıya yükselir.

Lev ha Even'in ıslahı sadece Mesih'in Işığı ile yapılır: Yukarıda bahsedilen tüm ıslahlar tamamlandığında BYA'da kalan her şey Lev ha Even denilen alma kaplarıdır. Bunlar alma kaplarına dâhil değildirler ve dolayısıyla ıslah edilemezler. Bunların ıslahları 320 kırık parçanın biri üzerinde her defasında bir ayıklama yapıldığında dışarıda bırakılmaktadır. Böylece, Lev ha Even'in 32 parçası çıkartılır. Partzufim'i inşasında kalan 288 parçayı kullanırken ayırmalı ve o kısma ait Lev ha Even'i kullanmak istemediğimize karar vermeliyiz.

Tüm 288 parçanın Tikun'undan sonra yukarıdan "Mesih" denilen özel bir Or Hohma gelecek ve bu Kelim'i Masah'da ıslah edecek. O zaman, Eyn Sof'un tüm Malhut'u bir Masah ile ıslah olacak. Malhut'daki bu koşul onun Gimar Tikun'u (ıslahın sonu) kabul edilir.

Lev ha Even hariç BYA dünyalarındaki tüm parçalar arıdan bayağıya sırasıyla ıslah olur. Her bir BYA dünyasında "yıllar" ya da "dereceler" denilen 2.000 ıslah seviyesi vardır. Toplamında, BYA dünyalarında "haftanın altı günü" denilen 6.000 derece vardır, zira Atzilut dünyası "Kutsal Şabat" sayılırken BYA dünyaları haftanın günleri kabul edilir.

* Lev ha Even ile birlikte tüm BYA dünyaları ıslah edildiğinde Atzilut dünyası Parsa'nın altına, bu dünyaya yayılacak. Bu koşula "yedinci bin yıl" denilecek.

* Sonrasında ABYA dünyaları SAG'a yükselecek ve buna "sekizinci binyıl" denilecek.

* Sonrasında ABYA dünyaları AB'ye yükselecek ve buna "dokuzuncu binyıl" denilecek.

* Sonrasında ABYA dünyaları Galgalta'ya yükselecek ve buna "onuncu binyıl" denilecek.

Bir başka deyişle, Eyn Sof'un Malhut'unun tamamının ıslahında sonra Malhut Tsimtsum Alef'den öncesinde olduğu gibi doldurulmuş olacak. Ek olarak, Yaradan'a ihsan etme derecelerinde sonsuz yükselişler alacak.

Ancak, Kabala ilmi kişiye sadece kendi ıslahıyla ilgili şeyi öğrettiğine göre bu koşulların öğretilmediği kişi ne yapmalı? Bu koşullar Kabala kitaplarında yazılmıyor, zira "Işığın sırları" denilen ifşa edilmesi yasak kısma aittirler. Sadece seçilmiş birkaç kişi bunlarla mutlak koşullar altında iştigal eder.

Adam HaRişon: Malhut'un şimdiye kadar bahsedilen tüm ıslahlarında, Malhut'un Malhut'u, tüm dünyaların merkez noktası doldurulmamıştır. Şimdiye kadar açıklanan her şey – Tsimtsum Alef, Tsimtsum Bet, kapların kırılması, Kelim'in Tikun'u – Malhut'un kendisi, Behina Dalet içindeki Behina Dalet, üzerinde değil Malhut'un Üst dokuz Sefirot'u üzerinde gerçekleşti. Böyle olması Malhut'un üzerinde Tsimtsum olmasındandır, böylece kendi içine, alma arzusunun içine almaz. Tsimtsum Alef'den sonra alınan sadece ihsan etme kaplarının, Üst dokuz Sefirot, Üst Işığın ihsan etme arzusu tarafından baskı yapılan Eyn Sof'un Malhut'unun Kelim'i içine alınır.

Malhut'un içindeki Malhut, sadece ihsan etme arzuları Malhut'a girer ve Malhut'un alma arzularıyla karışırsa, Tsimtsum Alef'den önceki gibi ıslah olup Or Hohma ile doldurulacak. Nekudim dünyasındaki kapların kırılmasında Malhut kendisinden önceki dokuz Sefirot ile karıştı. Sonuç olarak, dünyalar, realitenin dışsallığı ortaya çıktı. Ancak bu Malhut'un kendisinin içinde bir şey ıslah etmedi, zira Malhut ihsan etme arzusuyla karışmadı.

BYA dünyalarının doğumundan sonra, Ima'nın yerinde duran Atzilut'un Malhut'u ihsan etme kaplarını Dalet'in Behina Dalet'i ile birleştirmek üzere Katnut'da bir Zivug yaptı. Bu Zivug'un sonucu AHP'ı Dalet'in Behina Dalet'i olan Partzuf Katnut, GE'dir. Dolayısıyla, bu Partzuf'un alma kaplarını, AHP'ını kullanması yasaklanmıştır. Bu Partzuf'a, Bilgi Ağacı'ndan yemesi, yani alma kapları – AHP – üzerinde Zivug yapması yasaklanan, Adam HaRişon (İlk İnsan) denir.

Adam HaRişon'un doğumunda BYA dünyaları Yetzira'nın Hazeh'inin yerine kadar genişledi. Sonrasında, "Yukarıdan uyandırılma" olarak adlandırılan, Eyn Sof'un Işığı geldi ve tüm dünyaları bir derece yükseltti. Böylece, Asiya dünyasının Sium'u Yetzira'nın Hazeh'inin yerinden Beria'nın Hazeh'inin yerine yükseldi. Sonrasında Eyn Sof'dan daha fazla aydınlanma Işığı geldi ki bununla tüm dünyalar bir derece daha yükseldi, böylece Asiya dünyasının Sium'u Parsa'nın üzerine çıktı.

Adam HaRişon BYA dünyalarının içindedir; dolayısıyla, bu dünyalarla birlikte Atzilut'a yükseldi. Adam HaRişon artık ihsan etmek amacıyla tüm Işığı Behina Dalet içindeki Behina Dalet'e, alma kaplarına, AHP'ın içine alabileceğini düşündü.

Ancak, Nekudim dünyasında kapların kırılmasında olduğu gibi, alma kaplarına Işığı genişlettiğinde Adam HaRişon kırıldı. Masah'ını, ihsan etme amacını, kaybetti. Tüm Guf'u Klipot'a düşerek alma arzusunu alan "organlar" ya da "ruhlar" denilen 600.000 parçaya bölündü.

Tüm parçalar birlikte ve her parça özel olarak daha da aşağıya düştü (Âdem'den sonraki ilk nesillerdeki günahlarda yazdığı gibi). Bu parçalar bizim dünyamızda insanlara bürünmüştür. Partzuf Adam HaRişon'un kırık parçalarının büründüğü kişiler – özellikle bu kısımda – yükselip Adam HaRişon'un içinde olan Kaynak'larıyla bütünleşme arzusu hissederler. Bu Kaynak "kişinin ruhunun kökü" olarak adlandırılır.

Varlığın "varlık" unvanını hak etmesi için kendi başına durması lazım, yani Yaradan tarafından etkilenilmeden. Yaradan bu nedenle Kendisini gizliyor. Böyle yaparak, varlıklarının kendi çabalarıyla O'nunla eşit olmalarına yardım eder. Böylece

DÜNYALARIN EVRİMİ

Adam HaRişon'un bir parçasına bürünen bizim dünyamızdaki bir kişi "varlık" olarak tanımlanır.

Varlık, Adam HaRişon'un bizim dünyamızda kişinin içinde var olan bir parçasıdır. Tüm varlıklar, tüm ruhlar, Adam HaRişon'un Guf'unun parçalarıdır. Hepsi kırılmanın düzeltilmesinde rol almalıdır. Bunu yaparak günahtan önceki koşula geri dönerler ve Yaradan'a Dvekut (tutunma) eklerler. Klipot'dan tüm parçaları ayıklarlar. Böylece, her birey bizim dünyamızda yaşarken kendi ruhunun köküne ulaşmalıdır. Bunu yapmayan kişi yaratılış amacını gerçekleştirene dek dünyamıza reenkarne olur.

KABALA BİLİMİ

KABALA İLMİNE GİRİŞ
Çalışırken Hailan makalesinin sonundaki çizimleri incelemekte fayda vardır.

YARATILIŞ DÜŞÜNCESİ VE DİREKT IŞIĞIN DÖRT SAFHASI

1. Akaşia'nın oğlu Kabalist Hanania şöyle diyor, "Yaradan İnsanı iyileştirmek istedi, dolayısıyla, onlara Manevi İlmi ve Islahları (emirler/sevaplar) verdi, şöyle yazıldığı gibi 'Yaradan, O'nun erdemliliğinin hatırına, öğrenimi yüce ve muhteşem yaptığına memnundu'" (Makoot, 23b). "İyileştirmek" kelimesinin İbranicede "arındırmak" kelimesinden geldiği bilinir. Bilgelerimizin dediği gibi, "Islah sadece İnsanın arınması için verilmiştir" (Bereşit Rabba, Paraşa 44). Manevi çalışma ve kişinin ruhen ıslahları aracılığıyla yapılan bu iyileştirmeyi ve Maneviyat ve Islahları kullanarak iyileştireceğimiz içimizdeki Aviut'un (bayağılık/alma arzusu) ne olduğunu anlamamız lazım.

Bunu Panim Masbirot kitabında ve On Sefirot'un İncelenmesi'nde zaten anlattığım için Yaratılış Düşüncesi'nin O'nun büyük cömertliğine göre yaratılanlara haz vermek olduğunu pekiştireceğim. Bu nedenle, büyük bir arzu ve O'nun bolluğunu almanın özlemi ruhların içine monte edilmişti.

Böyle olmasının nedeni alma arzusunun bolluğun içindeki hazzın ölçüsünün Kli (kap) olmasıdır, zira bolluğu alma arzusunun ölçüsü ve gücü tamamen bolluğun haz ve zevk ölçüsüne tekabül eder. Ve o kadar bağlılar ki ilgili oldukları şey dışında bölünemezler: haz bollukla ilgilidir ve bolluğu almanın büyük arzusu alan varlığa bağlıdır.

Bu ikisi muhakkak Yaradan'a uzanır ve mutlaka Yaratılış Düşüncesi'ne geldi. Ancak, yukarıda bahsedildiği gibi ayrılmalılar: bolluk O'nun Özü'nden gelir ve orada dâhil edilen alma arzusu yaratılanların köküdür. Bu, başlangıcın kökü olduğu anlamına gelir, yani hiçlikten var oluş, zira elbette ki O'nun Özü'nde hiçbir şekilde alma arzusu yoktur.

Dolayısıyla, yukarıda bahsedilen alma arzusu başından sonuna Yaratılışın tüm maddesidir. Bu nedenle, ortaya çıkmış ve çıkacak tüm varlıklar, onların tüm anları ve işleyişleri alma arzusunun çeşitli ölçü ve birimleridir. Bu varlıklarda var olan her şey alma arzusunda alınan her şey onların içine yerleştirilmiştir ve O'nun Özü'nden var oluştan var oluşa uzanır.

2. Söylediğimiz gibi, alma arzusu tüm birimleriyle ve O'nun varlıklarına haz vermek için planladığı büyük bollukla birlikte Yaratılış Düşüncesi'ne dâhil edilmiştir. Ve bunların Üst Dünyalarda izlenimlerini edindiğimiz Or (Işık) ve Kli olduğunu bilin. Bunlar muhakkak birlikte gelir ve basamak basamak birlikte derecelenirler. Ve derecelerin O'nun Yüzü'nün Işığından inmesinin ve O'ndan ayrılmasının ölçüsü bollukta ihtiva olunan alma arzusunun maddeleştirilmesinin ölçüsüne bağlıdır.

Tam tersini de söyleyebiliriz: alma arzusunun bollukta maddeleşmesinin ölçüsüne göre, alma arzusu tamamen maddeleşene kadar tüm yerlerin en alt seviyesine kadar derece derece iner. Bu yere "Asiya dünyası" denir, alma arzusu "insan bedeni" olarak kabul edilir ve kişinin aldığı bolluk "o bedendeki yaşamsallık" ölçüsü olarak bilinir.

Bu, dünyadaki diğer varlıklara benzer. Bu nedenle, Üst Dünyalar ve bu dünya arasındaki tek fark O'nun bolluğundaki alma arzusu tamamen maddeleşmemiş ise manevi dünyalarda, bu dünyanın Yukarısında, olduğu kabul edilir. Ve alma arzusu tamamen maddeleşmiş ise bu dünyada olduğu kabul edilir.

3. Yukarıda bahsedilen, alma arzusunu bu dünyadaki son formuna getiren basamaklandırma, dört harfli HaVaYaH isminde var olan dört izlenim sırasını takip eder. Bunun nedeni O'nun İsmi'ndeki dört harfin HaVaYaH (Yud, Hey, Vav, Hey) hiçbir istisna olmaksızın realitenin tümünü kapsamasıdır.

Genel olarak, bu dört izlenim on Sefirot'da, Hohma, Bina, Tiferet, Malhut ve onların Şoreş'inde (Kök) tanımlanmıştır. Bunlar on Sefirot'tur çünkü Sefira Tiferet, HGT NHY (Hesed – Gevura – Tiferet – Netzah – Hod – Yesod) denilen altı iç Sefirot ve Keter denilen Kökü barındırır. Ancak, esas itibariyle bunlara HB TM (Hohma – Bina – Tiferet – Malhut) denilir.

Ve bunlar Atzilut, Beria, Yetzira ve Asiya denilen dört dünyadır. Asiya dünyası bu dünyayı barındırır. Dolayısıyla, bu dünyada hiçbir varlık yoktur ki Eyn Sof dünyasında, Yaratılış Düşüncesi'nde O'nun varlıklarına haz vermesi için yaratılmamış olsun. Bu nedenle doğal olarak Işık ve Kli'den oluşmuştur, yani belli ölçüde bolluk ve o bolluğu alacak alma arzusu.

Bolluğun ölçüsü var oluştan var oluşa O'nun Özü'nden uzanır ve bolluğu alma arzusu hiçlikten yaratılmıştır.

Ancak o alma arzusunun nihai niteliğini edinmesi için içindeki bollukla birlikte dört dünyadan – Atzilut – Beria – Yetzira – Asiya – geçerek basamaklandırılmalıdır. Bu, Yaratılışı Guf (beden) ve içindeki "Yaşam Işığı" denilen Işık ve Kli ile tamamlar.

4. Alma arzusunun yukarıda bahsedilen ABYA'da dört izlenim tarafından basamaklandırılmasının nedeni Kelim'le (Kli'nin çoğulu) ilgili büyük bir kural olmasıdır: Işığın genişlemesi ve ayrılması Kli'yi görevi için uygun hale getirir. Bu, Kli

Işığından ayrılmadığı sürece Işığa dâhil olur ve fenerdeki bir mum gibi Işık tarafından geçersiz kılındığı anlamına gelir.

Bu geçersizlik birbirlerine tamamen zıt, ters uçlarda, olmalarından kaynaklanır. Bunun nedeni Işığın O'nun Özü'nden var oluştan var oluşa uzanmasıdır. Yaratılış Düşüncesi'nin perspektifinden Eyn Sof'da her şey ihsan etmeye yöneliktir ve içinde alma arzusunun en ufak izi yoktur. Tersi ise Kli'dir, o bulluğu almanın büyük arzusu ki bu içinde hiçbir şekilde ihsan etmenin olmadığı yaratılan varlığın köküdür.

Dolayısıyla, bu ikisi birbirlerine bağlandıklarında alma arzusu içindeki Işık tarafından geçersiz kılınır ve sadece Işık oradan ayrıldıktan sonra formunu belirleyebilir. Böyle olmasının nedeni Işığın oradan ayrılmasını müteakip ona özlem duymaya başlaması ve bu özlemin alma arzusunun şeklini doğru bir şekilde belirlemesi ve oluşturmasıdır. Sonrasında Işık alma arzusunun içine bir kez daha büründüğünde iki ayrı olgu olarak kabul edilir: Kli ve Işık, ya da Guf ve Yaşam. Bunu iyi gözlemleyin çünkü son derece derin bir konudur.

5. Dolayısıyla, Hohma, Bina, Tiferet ve Malhut denilen HaVaYaH ismindeki dört izlenim gereklidir. Hohma denilen Behina Alef (Safha 1) yaratılan varlığın, Işık ve Kli, bütünüdür. Behina Alef'in içinde büyük alma arzusuyla birlikte bunun içine dâhil edilmiş Or Hohma (Bilgelik Işığı) ya da Or Haya (Haya Işığı) denilen tüm Işık vardır, zira bu, Kli'sine bürünmüş yaratılmış varlığın içindeki tüm Hayim'dir (yaşam). Ancak, bu Behina Alef tüm Işık kabul edilir ve içindeki Kli neredeyse fark edilmez, zira Kli Işıkla karışmış ve onun içinde mumun fener içinde olduğu gibi geçersiz kılınmıştır.

Behina Alef'i müteakip Behina Bet (Safha 2) gelir, zira Behina Alef'in sonunda Hohma'nın Kli'si içindeki Üst Işıkla form eşitliği gerçekleştirir. Bu, içindeki Işığın tamamen ihsan etmek olan doğasına göre, içinde Yaratıcı'ya karşı ihsan etme arzusunun ortaya çıktığı anlamına gelir.

Sonra, içinde uyanan bu arzuyu kullanarak Yaratıcı'dan ona Or Hasadim (Merhamet Işığı) denilen yeni bir Işık uzanır. Sonuç olarak, Yaratıcı'nın ona monte ettiği Or Hohma'dan neredeyse tamamen ayrılır, zira Or Hohma sadece kendi Kli'sine – tam ölçüsüne ulaşmış alma arzusuna alınabilir.

Dolayısıyla, Behina Bet'deki Işık ve Kli Behina Bet'dekinden tamamen farklıdır, zira içindeki Kli ihsan etme arzusudur. Behina Bet'in içindeki Işık Or Hasadim, yaratılanın Yaratıcı'sıyla Dvekut'undan (tutunma) kaynaklanan Işık, olarak kabul edilir, zira ihsan etme arzusu Yaratıcı ile form eşitliğine neden olur ve maneviyatta form eşitliği Dvekut'dur.

Sonrasında Behina Gimel (Safha 3) gelir. Yaratılan varlıktaki Işık hiç Hohma olmaksızın Or Hasadim'e kısıldığında, Or Hohma'nın yaratılan varlığın özü olduğu bilinmesine rağmen, Behina Bet'in sonunda uyandı ve Or Hasadim'inin içinde parlamak için belli bir Or Hohma ölçüsüne küçüldü. Bu uyanış alma arzusunu belli bir ölçüde tekrar büyüttü ki Behina Gimel ya da Tiferet denilen yeni bir Kli oluştu. Ve bunun içindeki Işık "Hasadim (merhamet) Işığıyla kıyafetlenmiş Hohma (erdemlilik)" (ihsan etmek için alma koşulu) olarak adlandırılır, zira o Işığın çoğunluğu Or Hasadim'dir ve az bir kısmı Or Hohma'dır.

Bunu Behina Dalet (Safha 4) izler, zira Behina Gimel'in Kli'si de sonunda Or Hohma'nın tamamını çekmek için uyandı, tıpkı Behina Alef'deki gibi. Dolayısıyla, bu uyanış Behina Alef'deki ve Behina Alef'i aşan alma arzusunun ölçüsünün "özlemi" olarak kabul edilir, zira artık o Işıktan zaten ayrılmıştır çünkü Hohma Işığı bundan böyle ona bürünmemiştir, sadece özlem duyar. Bu nedenle, alma arzusunun formu tamamen belirlenmiştir, zira Kli Işığın genişlemesinin ve oradan ayrılmasını müteakip belirlenir. Daha sonra, döndüğünde, Işığı bir kez daha alacaktır. Buradan Kli'nin Işıktan önce geldiği sonucu çıkıyor ve bu nedenle Behina Dalet Kli'nin tamamlanması olarak kabul edilir ve Malhut (Krallık) olarak adlandırılır.

6. Yukarıdaki bu dört izlenim her yaratılan ve her varlıktaki hatta realitenin en küçük parçasındaki dört dünya olan on Sefirot'dur. Behina Alef'e Hohma denir ya da "Atzilut dünyası"; Behina Bet'e Bina ya da "Beria dünyası"; Behina Gimel'e Tiferet ya da "Yetzira dünyası" ve Behina Dalet'e Malhut ya da "Asiya dünyası" denir.

Her ruha uygulanan dört izlenimi açıklayalım. Ruh Eyn Sof'dan çıkıp Atzilut dünyasına geldiğinde bu ruhun Behina Alef'idir. Ancak, orada hâlâ o isimle anılmamaktadır, zira Neşama (ruh) ismi kendisi ve Yaratıcı'sı arasında bir takım farklar olduğunu ima eder ve bu farktan dolayı Eyn Sof'dan ayrıldı ve kendi otoritesi olarak ifşa oldu.

Ancak, bir Kli formunda olmadığı sürece ruhu O'nun özünden ayıracak, kendi adını hak ettirecek hiçbir fark yoktur. Kli'nin Behina Alef'inin hiçbir şekilde Kli olarak kabul edilmediğini zaten biliyorsunuz ve Işığın içinde tamamen geçersiz kılınmıştır. Atzilut dünyasıyla ilgili tamamen Tanrısallık denilmesinin anlamı budur, "O, O'nun Yaşamı ve O'nun Kendisi Bir'dir" de yazıldığı gibi. Tüm yaşayan varlıkların ruhları bile Atzilut dünyasından geçerken hâlâ O'nun Özü'ne tutunmuş kabul edilirler.

7. Yukarıda bahsedilen Behina Bet Beria dünyasını – ihsan etme arzusunun Kli'si – yönetir. Dolayısıyla, ruh Beria dünyasına indiğinde ve orada var olan Kli'yi gerçekleştirdiğinde, Neşama (ruh) olarak kabul edilir. Bu, O'nun Özü'nden çoktan ayrıldığı ve kendi ismini – Neşama – hak ettiği anlamına gelir. Ancak, bu son derece arı ve üstün bir Kli'dir, zira Yaratıcı ile form eşitliğindedir. Bu nedenle tamamen maneviyat olarak kabul edilir.

8. Yukarıda bahsedilen Behina Gimel az bir miktar alma arzusu içeren Yetzira dünyasını yönetir. Dolayısıyla, ruh Yetzira dünyasına indiğinde ve oranın Kli'sini gerçekleştirdiğinde Neşama'nın maneviyatından çıkar ve o zaman Ruah olarak adlandırılır. Bunun nedeni ruhun Kli'sinin bir miktar Aviut ile karışmış olmasıdır, yani içinde bir miktar alma arzusu vardır. Ancak yine de maneviyat kabul edilir çünkü Aviut'un bu miktarı onu O'nun Özü'nden tamamen ayırmaya ve kendi başına duran "beden" ismini almasına yetmez.

9. Behina Dalet, büyük alma arzusunun Kli'si olan Asiya dünyasını yönetir. Dolayısıyla, burada tamamen ayrı ve kendi başına duran O'nun Özü'nden farklı bir beden edinir. Bu bedenin içindeki Işığa Nefeş (İbranicede "dinlenmek" kelimesinden gelir) denir ve bizatihi hareketsiz olduğuna işaret eder. Realitede tüm ABYA'dan oluşmayan hiçbir element olmadığını bilmelisiniz.

10. Dolayısıyla, bu Nefeş'in, bedene bürünmüş olan Yaşam Işığının, O'nun Tam Olarak Özü'nden, var oluştan var oluşa, uzandığını görüyorsunuz. Dört ABYA dünyasından geçtikçe O'nun Yüzü'nün Işığından gittikçe uzaklaşır, ta ki Guf (beden) denilen planlanmış Kabına ulaşana dek.

Ve Kli'nin içindeki Işık başlangıcını algılayamayacak kadar küçülse bile, Yaradan'ına mutluluk ihsan etmek için Maneviyat ve Sevapla iştigal ederek kişi Guf denilen Kab'ını arındırır ta ki O Yaratılış Düşüncesi'ni yarattığında buna ihtiva olan bolluğu almayı hak edene dek. Kabalist Hanania'nın "Yaradan İnsanı iyileştirmek istedi, dolayısıyla, onlara verimli Maneviyat ve Sevabı (emirler) verdi" sözlerinde ifade ettiği gibi.

11. Şimdi maneviyatla fizisellik arasındaki gerçek farkı anlayabilirsiniz: Behina Dalet yani tüm yönleriyle, tamamen alma arzusunu içeren her şey "fizisellik" olarak kabul edilir. Bu dünyada önümüze çıkan realitenin tüm elementlerinde var olan şey budur. Bunun tersine, bu büyük alma arzusu ölçüsünün üstündeki her şey "maneviyat" olarak kabul edilir. Bunlar ABYA dünyaları – bu dünyanın Yukarısı – ve içlerindeki tüm realitedir.

Şimdi Üst Dünyalarda tanımlanan yükseliş ve düşüşlerin tüm sonuçlarının hayali bir yerden bahsetmediğini sadece alma arzusunun dört izlenimiyle ilgili olduğunu görebilirsiniz. Behina Dalet'den ne kadar uzaksa o kadar Yukarıda kabul edilir. Ve tersine, Behina Dalet'e ne kadar yakınsa o kadar aşağıda kabul edilir.

12. Varlığın ve Yaratılışın özünün sadece alma arzusu olduğunu anlamamız lazım. Bunun ötesindeki hiç bir şey Yaratılışın parçası değildir. Bunun ötesindeki her şey Yaratılışın parçası değildir ancak O'nun Özü'nden var oluştan var oluş yoluyla uzanır. Öyleyse, bu alma arzusunu neden Aviut (bayağılık) ve bulanıklık olarak ayırıyoruz ve onu Maneviyat ve Islahlar vasıtasıyla arındırmamız emredildi, öyle ki bunu yapmadan Yaratılış Düşüncesi'nin yüce amacını gerçekleştiremeyeceğiz?

13. Konu şu ki, fiziksel nesnelerin birbirlerinden mesafeleriyle ayrıldığı gibi manevi nesneler de aralarındaki form eşitsizliğiyle birbirlerinden ayrılırlar. Bu, bizim dünyamızda da görülebilir. Örneğin, iki kişi benzer görüşleri paylaştığında birbirlerini seviyorlar ve bulundukları yerin mesafesi onların birbirlerinden uzaklaşmasına neden olmuyor.

Diğer taraftan, görüşleri farklı ise birbirlerinden nefret ediyorlar ve bulundukları yerin yakınlığı onları yakınlaştırmayacaktır. Dolayısıyla, görüşlerindeki form eşitsizliği onları birbirinden uzaklaştırır ve form yakınlığı birbirlerine yaklaştırır. Örneğin, kişinin doğası diğerine tamamen zıt ise bu kişiler birbirlerine doğu ile batı kadar uzaktırlar.

DÜNYALARIN EVRİMİ

Benzer şekilde, tüm uzaklık ve yakınlık, maneviyatta ifşa olan çiftleşme ve birlik form eşitsizliğinin ölçüleridir. Birbirlerinden form eşitsizliğinin ölçüsüne göre uzaklaşırlar ve form eşitliğine göre yakınlaşırlar.

Ancak, alma arzusu varlıkta değişmez bir kural olmasına rağmen, zira varlığın özü ve Yaratılış Düşüncesi'nin amacını almak için doğru Kli'dir, yine de bu onu Yaratıcısı'ndan tamamen ayırır. Böyle olmasının nedeni, kendisi ve Yaratıcısı arasında zıtlık derecesine kadar form eşitsizliği bulunmasıdır. Çünkü Yaratıcısı ufacık alma olmaksızın tamamen ihsan etmedir ve varlık ufacık ihsan olmaksızın tamamen almadır. Bu nedenle, bundan daha zıt form yoktur. Dolayısıyla, bu form zıtlığı varlığı Yaratıcısı'ndan zoraki olarak ayırır.

14. Varlıkları bu muazzam ayrılıktan kurtarmak için Tsimtsum Alef (Birinci Kısıtlama) gerçekleşti. Bu doğal olarak Behina Dalet'i Kutsiliğin (kutsallık) geri kalan Partzufim'inden (yüzler, ön) öyle bir ayırdı ki büyük alma arzusu ölçüsü boşluk, Işıksız bir yer olarak kaldı.

Böyle olmasının nedeni Kutsiliğin tüm Partzufim'inin Kli Malhut'larında bir Masah (perde) yükselterek ortaya çıkmalarıdır böylece içlerine Behina Dalet'i almazlar. Sonra, Üst Işık uzanıp yaratılmış varlığa yayıldığında bu Masah onu reddetti. Bu, Üst Işığın on Sefirot'unu örterek aşağıdan Yukarıya Or Hozer'i (Yansıyan Işık) yükselten Üst Işık ve Masah arasındaki çarpışma olarak kabul edilir.

Reddedilip geri yansıtılan Işığın o kısmına Or Hozer (Yansıyan Işık) denir. Üst Işığa büründükçe Behina Dalet yerine Üst Işığı alacak bir Kli haline gelir, zira sonrasında Malhut'un Kli'si de yükselip Üst Işığı aşağıdan Yukarıya örten ve Yukarıdan aşağıya genişleyen Or Hozer'in – reddedilen Işık – ölçüsüne göre genişlemişti. Dolayısıyla, Işıklar Kelim'in (Kli'nin çoğulu), o Or Hozer'in içinde kıyafetlenmişlerdi.

Her derecedeki Roş (kafa, baş) ve Guf'un (beden) anlamı budur. Masah'daki Üst Işıktan Zivug de Hakaa (çarpışarak çiftleşme) Or Hozer'i aşağıdan Yukarıya yükseltir ve Üst Işığın on Sefirot'unu Roş'un on Sefirot'u yani Kelim'in (kaplar) kökleri olarak kıyafetlendirir. Bunun nedeni orada gerçekten kıyafetlenme olamamasıdır.

Sonuç olarak, Malhut o Or Hozer'le Yukarıdan aşağıya genişlediğinde, Or Hozer sonlanır ve Üst Işık için Kelim olur. Ancak o zaman Işıklar Kelim'de kıyafetlenir ve bu o derecenin Guf'u yani tam Kelim olarak adlandırılır.

15. Böylece, yeni Kelim Tsimtsum Alef'den (ilk kısıtlama) sonra Behina Dalet yerine Kutsiliğin Partzufim'inde oluştu. Bu Kelim Masah'daki Zivug de Hakaa'da Or Hozer'den oluştu.

Gerçekten de bu Or Hozer'i ve nasıl alma kabı haline geldiğini anlamalıyız, zira başlangıçta reddedilmiş Işıktan başka bir şey değildi. Dolayısıyla, şimdi kendi özünün zıttı rolünde hizmet ediyor.

Bunu hayattan bir benzetmeyle anlatacağım. İnsanın doğası ihsan etme niteliğine değer verme ve onu tercih etme ve dostundan almayı küçümseme ve nefret etme yönündedir. Dolayısıyla, kişi dostuna geldiğinde ve o (ev sahibi) onu yemeğe davet ettiğinde, kişi (misafir) onu reddeder, çok aç olsa bile, zira kişinin gözünde dostundan bir hediye almak küçümsetici bir şeydir.

Ancak, dostu kişiyi yemeği yiyerek kendisine büyük iyilik yapacağı konusunda yeterince ikna ederse, kişi yemeye razı olur, zira artık bir hediye alıyormuş ve dostu ona veriyormuş gibi hissetmez. Tersine, dostundan yemeği alarak ona iyilik yapan kişi (misafir) verendir.

Dolayısıyla, açlık ve iştah yemeye yönelik alma kapları olmasına ve kişi dostunun yemeğini almak için yeterince açlık ve iştaha sahip olmasına rağmen yine de utançtan dolayı bir şey tadamadı. Fakat dostu kişiye yalvardıkça ve kişi onu reddettikçe içinde yemek için yeni kaplar oluşmaya başladı, zira dostunun yakarışlarının gücü ve kendisinin reddinin gücü biriktikçe sonunda alma ölçüsünü ihsan etme ölçüsüne çeviren yeterli birikime ulaşır.

Sonunda, kişi yiyerek dostuna büyük bir iyilik yapacağı ve muazzam mutluluk getireceğini görür. Bu koşulda, kişinin içinde dostunun yemeğini almak için yeni alma kapları oluştu. Şimdi, genelde alma kapları olmasına rağmen açlık ve iştah değil kişinin reddedişinin gücü yemeği almak için gerekli bir kap oldu.

16. Yukarıdaki iki dostun benzetmesinden Zivug de Hakaa ve bundan yükselerek sonra Behina Dalet yerine Üst Işık için yeni alma kapları haline gelen Or Hozer'i anlayabiliriz. Masah'a çarpan ve Behina Dalet'e genişlemek isteyen Üst Işığı yemeği yemesini için yalvarışa benzetebiliriz, çünkü ev sahibi dostunun yemeği almasını arzular, Üst Işık alana (misafir) girmek ister. Ve Işığa çarpan ve onu reddeden Masah dostun yemeği almayı reddetmesine benzetilebilir, zira iyiliği reddeder.

Ve burada gördüğünüz gibi kişinin dostunun yemeğini alması için uygun kapların oluşması tam olarak bu reddedişdir. Masah'ın çarpması ve Üst Işığı reddetmesi ile Or Hozer'in, ilk kısıtlamadan önce alma kabı olarak hizmet eden Behina Dalet yerine Üst Işığı almak için yeni kap haline geldiğini düşünebilirsiniz.

Ancak, bu sadece ABYA'nın Kutsiliğinin (kutsallık) Partzufim'ine (Partzuf'un çoğulu) yerleştirilmişti, Behina Dalet'in kendisinin alma kapları olarak kabul edildiği Klipot'un (kabuklar) Partzufim'ine ve bu dünyaya değil. Dolayısıyla, Üst Işık'tan ayrıldılar, zira Behina Dalet'deki form eşitsizliği onları ayırır. Bu nedenle, Klipot kötü ve ölü kabul edilir, zira içlerindeki alma arzusu nedeniyle Yaşamlar Yaşamı'ndan ayrılmışlardır.

DÜNYALARIN EVRİMİ

MASAH'DAKİ BEŞ İZLENİM

17. Buraya kadar Kabala ilmindeki üç temel elemente açıklık getirdik. İlki Işığın O'nun Özü'nün direkt uzantısı olduğu Işık ve Kli'dir ve Kli o Işığa gerekli olarak dâhil edilmiş alma arzusudur. Kişi Yaratıcısı'ndan o arzunun ölçüsüne göre ayrılır ve yaratılan varlık haline gelir. Ayrıca, bu alma arzusu Üst Işıkta ayrılan Malhut olarak kabul edilir. Bu nedenle "O Bir'dir ve O'nun Adı Bir'dir" yoluyla Malhut olarak adlandırılmıştır, zira O'nun Adı Gimatria'da (numeroloji) Ratzon'dur (arzu).

İkinci konu on Sefirot ve her biri diğerinin altında olan dört ABYA dünyalarıdır. Alma arzusu bunlardan geçerek tamamlanana dek aşağıya uzanmak zorundadır – Kli ve içeriği.

Üçüncü konu Tsimtsum ve Behina Dalet denilen bu alma arzusu üzerine yerleştirilmiş Masah'dır. Behina Dalet'in karşılığında on Sefirot'da Or Hozer denilen yeni alma kapları yaratıldı. Bu üç olguyu ve bunların nedenlerini anlayıp ezberleyin zira bunlar karşınıza çıktı ve bunlar olmadan bu ilimde tek bir kelime anlaşılmaz.

18. Şimdi Üst Işıkta gerçekleşen Zivug de Hakaa sırasında seviyelerin değiştiği Masah'daki beş izlenimi açıklayacağız. Öncelikle, Behina Dalet'in Tsimtsum'dan sonra on Sefirot için alma kabı olmasının yasaklanmasına ve Zivug de Hakaa vasıtasıyla Masah'dan yükselen Or Hozer onun yerine alma kabı haline gelmesine rağmen, Behina Dalet'in yine de alma gücüyle Or Hozer'e eşlik etmesi gerektiğini iyice anlamalıyız. Eğer böyle olmasaydı Or Hozer alma kabı olmaya uygun olmazdı.

Bunu ayrıca Madde 15'deki benzetmeden de anlamalısınız. Orada yemeği reddetme ve geri çevirmenin gücünün açlık ve iştah yerine alma kabı haline geldiğini gösterdik. Bunun nedeni genelde alma kapları olan açlık ve iştahın bu durumda dostundan hediye almanın utanç ve küçük düşürücülüğünden dolayı alma kabı olmaktan menedilmesidir. Açlık ve iştahın yerine sadece reddetme ve geri çevirmenin gücü alma kabı oldular, alma ihsan etme oldu ve bunlar vasıtasıyla kişi dostunun yemeğini alabilmeye uygun alma kapları gerçekleştirdi.

Ancak, bu açlık ve iştah olarak adlandırılan kişinin genel alma kaplarına ihtiyacı olmadığı anlamına gelmez, zira yeme iştahı olmadan kişi dostunun arzusunu yerine getiremez ve onun evinde yiyerek dostuna mutluluk veremez. Fakat konu şu ki normal formları yasaklanan açlık ve iştah artık reddetme ve geri çevirme güçleri tarafından yeni bir forma dönüştürüldüler – ihsan etmek için almak. Dolayısıyla, aşağılanma onura dönüşmüş oldu.

Öyle görünüyor ki alma kapları hâlâ olabildiğince aktif ancak yeni bir form kazandılar. Ayrıca konumuzla ilgili şu sonuca da varacaksınız, Behina Dalet, Aviut'undan dolayı on Sefirot'u almak için bir Kli olmaktan menedildi, yani Veren'den ayıran Veren'le form farklılığından. Bununla beraber, Üst Işığa çarpıp onu reddeden Masah'ı Behina Dalet'de ıslah etmekle Masah önceki hatalı formundan dönüştü ve Or Hozer denilen yeni bir form edindi, alma formunun ihsan etme formuna dönüşmesi gibi.

Başlangıç formunun içeriği değişmedi, hâlâ iştah olmadan yiyemez. Benzer şekilde, Behina Dalet'deki alma gücü olan tüm Aviut Or Hozer'in içine yerleşti böylece Or Hozer alma kabı olmaya uygun hale geldi.

Dolayısıyla, Masah'da iki ayrım her zaman yapılmalı:

• Kaşiut (sertlik), ki bu Masah'ın içindeki Üst Işığı reddeden güçtür;

• Aviut, Masah'ın içerdiği Behina Dalet'den alma arzusunun ölçüsüdür. Masah'ın içindeki Kaşiut'un gücü vasıtasıyla Zivug de Hakaa ile Aviut arınmaya dönüşmüştür, yani almak ihsan etmeye dönüşmüştür.

Masah'daki bu iki güç beş izlenimde hareket eder: dört Behinot HB TM (Hohma, Bina, Tiferet, Malhut) ve bunların Keter denilen kökleri.

19. İlk üç izlenimin hâlâ Kli kabul edilmediğini sadece Behina Dalet'in Kli kabul edildiğini zaten açıklamıştık. Yine de ilk üç izlenim onun nedenleridir ve Behina Dalet'in tamamlanmasına sebep olurlar, Behina Dalet tamamlandığında dört ölçü onun alma niteliğinde kaydolur.

1. İçindeki Behina Alef en az alma niteliğidir.

2. Behina Bet alma niteliği söz konusu olduğunda Behina Alef'den biraz daha bayağıdır (daha fazla Aviut içerir).

3. Behina Gimel alma niteliğinde Behina Bet'den daha bayağıdır.

4. Ve en son Behina Dalet hepsinin en bayağı olanıdır ve alma niteliği her yönüyle mükemmeldir.

5. Ayrıca dört Behinot'un (Behina'nın çoğulu) kökünün de -ki en arıları odur- alma niteliğinin içine dâhil olduğu ayrımını yapmalıyız.

DÜNYALARIN EVRİMİ

Bunlar Behina Dalet'e dâhil olan almanın beş izlenimidir ve Behina Dalet'e dâhil olan on Sefirot KHB (Keter, Hohma, Bina) TM isimleriyle anılırlar, zira dört safha HB TM'dir ve köke Keter denir.

20. Behina Dalet'deki almanın beş izlenimi Sefirot KHB TM'nin adlarıyla anılırlar. Böyle olmasının nedeni Tsimtsum'dan önce Behina Dalet Üst Işığa dâhil olan on Sefirot için "O Bir'dir ve O'nun Adı Bir'dir" yoluyla hâlâ alma arzusu iken, zira tüm dünyalar orada dâhil olmuştur, on Sefirot'un orada kıyafetlenmesi bu beş Behinot'u izledi. İçindeki beş Behinot'un her Behina'sı Üst Işıktaki on Sefirot'a tekabül eden Behina'yı kıyafetlendirdi.

1. Behina Dalet'deki Behina Şoreş (Kök Safha) on Sefirot'da Keter Işığını kıyafetlendirdi;

2. Behina Dalet'deki Behina Alef on Sefirot'da Hohma Işığını kıyafetlendirdi;

3. Behina Dalet'deki Behina Bet Bina'nın Işığını kıyafetlendirdi;

4. Ve Behina Dalet'in kendi Behina'sı Malhut Işığını kıyafetlendirdi.

Dolayısıyla, şimdi bile, ilk kısıtlamadan sonra, Behina Dalet'in alma kabı olması yasaklandığında içindeki Aviut'un beş izlenimi beş Sefirot KHB TM'nin isimlerini almıştır.

21. Ve zaten biliyorsunuz genelde Masah'ın maddesine çok sert bir şey anlamına gelen ve sınırlarından içeri hiçbir şey sokmayan Kaşiut denir. Benzer şekilde, Masah Üst Işığın hiçbir şekilde kendisinden geçerek Malhut ve Behina Dalet'in içine girmesine izin vermez. Dolayısıyla, Masah'ın durduğu ve Malhut'un Kli'sini kıyafetlendirmesi gereken Işığın tüm ölçüsünü ittiği kabul edilir.

Behina Dalet'deki Aviut'un beş Behinot'unun da dâhil edildiği ve Masah'a gelerek Kaşiut'la birleştiği de açıklanmıştı. Dolayısıyla, Masah'da içindeki beş Aviut'un ölçüsüne tekabül eden beş tür Zivug de Hakaa izlenimi yapılır:

1. Tam Masah üzerinde Aviut'un tüm seviyeleriyle yapılan bir Zivug de Hakaa Keter seviyesine kadar tüm on Sefirot'u kıyafetlendirecek yeterli Or Hozer yükseltir.

2. Behina Dalet'in Aviut'undan yoksun olan ve sadece Behina Gimel'in Aviut'unu içeren bir Masah üzerinde yapılan Zivug de Hakaa on Sefirot'u Keter'den yoksun sadece Hohma seviyesine kadar kıyafetlendirecek Or Hozer yükseltir.

3. Ve eğer sadece Behina Bet'in Aviut'una sahipse Or Hozer'i küçülür ve on Sefirot'u sadece Bina seviyesine kadar kıyafetlendirecek kadar yeterli gelir ve Keter ve Hohma'dan yoksundur.

4. Eğer sadece Behina Alef'in Aviut'una sahipse Or Hozer'i daha da küçülür ve KHB'dan yoksun olarak sadece Tiferet seviyesine kadar kıyafetlendirmeye yeterli gelir.

5. Ve eğer Masah Behina Alef'in Aviut'undan da yoksun ise ve sadece Behinat Şoreş'in Aviut'u ile kalmışsa çarpışması çok hafiftir ve sadece Malhut seviyesine

kadar kıyafetlendirecek kadar yeterlidir, ilk dokuz Sefirot KHB ve Tiferet'den yoksundur.

22. Böylece on Sefirot'un beş seviyesinin Masah'ın içindeki beş Aviut ölçüsüne uygulanan beş tür Zivug de Hakaa'sı vasıtasıyla nasıl ortaya çıktığını görüyorsunuz. Ve şimdi size bunun nedenini aktaracağım zira Işığın Kli olmadan edinilemeyeceği biliniyor.

Ayrıca, bu beş Aviut ölçüsünün Behina Dalet'deki beş Aviut ölçüsünden geldiğini biliyorsunuz. Tsimtsum'dan önce Behina Dalet'de on Sefirot KHB TM'yi kıyafetlendiren beş Kelim vardı (Madde 18). Bunlar Tsimtsum Alef'den sonra Masah'ın beş ölçüsünde birleşmişlerdi ki on Sefirot KHB TM üzerindeki Or Hozer'e göre Tsimtsum'dan önce Behina Dalet'deki beş Kelim yerine Or Hozer'le birlikte beş Kelim olmaya geçerler.

Buna bağlı olarak, eğer Masah bu beş Aviut seviyesini içerirse on Sefirot'u kıyafetlendirecek beş Kelim'i içereceği açıktır. Ancak, tüm beş ölçüyü de içermiyorsa, zira Behina Dalet'in Aviut'undan yoksundur, o zaman sadece dört Kelim içerir. Dolayısıyla, sadece dört Işık kıyafetlendirebilir: HB TM ve bir Işıktan - Keter Işığı - yoksundur, tıpkı bir Kli'den – Behina Dalet'in Aviut'u – yoksun olduğu gibi.

Benzer şekilde, Behina Gimel'den de yoksun olduğunda ve Masah sadece Aviut'un üç ölçüsünü içerdiğinde sadece üç Kelim içerir. Böylece sadece üç Işık kıyafetlendirebilir: Bina, Tiferet ve Malhut. Bu koşulda, seviye iki Işıktan yoksundur, Keter ve Hohma, tıpkı iki Kelim'den – Behina Gimel ve Behina Dalet – yoksun olduğu gibi.

Ve Masah sadece Aviut'un iki ölçüsünü içerirse yani Behinat Şoreş ve Behina Alef, o zaman sadece iki Kelim içerir. Dolayısıyla, sadece iki Işık kıyafetlendirir: Tiferet Işığı ve Malhut Işığı. Böylece seviye üç Işık KHB'den yoksundur tıpkı üç Kelim'den – Behina Bet, Behina Gimel ve Behina Dalet – yoksun olduğu gibi.

Ve eğer Masah sadece bir Aviut seviyesine sahipse ki bu Aviut'un Behinat Şoreş'idir, o zaman sadece bir Kli'si vardır. Dolayısıyla, sadece bir Işık, Malhut'un Işığını kıyafetlendirebilir. Bu seviye dört Işık KHB ve Tiferet'den mahrumdur, tıpkı dört Kelim'den – Behina Dalet, Behina Gimel, Behina Bet ve Behina Alef'in Aviut'u – yoksun olduğu gibi.

Dolayısıyla, her Partzuf'un seviyesi Masah'daki Aviut'un ölçüsüne bağlıdır. Behina Dalet'in Masah'ı Keter seviyesini doğurur, Behina Gimel Hohma seviyesini doğurur, Behina Bet Bina seviyesini doğurur, Behina Alef Tiferet seviyesini doğurur ve Behinat Şoreş Malhut seviyesini doğurur.

23. Ancak yine de Malhut'un Kli'si – Behina Dalet – Masah'da yokken neden Keter Işığından yoksun olduğunu ve Tiferet Kli'si Masah'da yokken neden Hohma Işığından yoksun olduğunu vs. bulmamız lazım. Tam tersine olması beklenirdi, yani Malhut'un Kli'si Behina Dalet Masah'da yokken sadece Malhut'un Işığının olmaması beklenip dört Işık KHB ve Tiferet'in olması beklenirdi. Ayrıca iki Kelim'in – Behina Gimel ve

DÜNYALARIN EVRİMİ

Behina Dalet – yokluğunda Tiferet ve Malhut Işıklarından da yoksun olurdu ve o seviye üç Işığa KHB sahip olurdu vs.

24. Cevap şu ki, Işıklar ve kaplar arasında her zaman ters ilişki vardır. Kelim'de Üst Derecedekiler Partzuf'da önce büyür: önce Keter, sonra Hohma'nın Kli'si vs. ve Malhut'un Kli'si en son büyür. Bu nedenle Kelim'i KHB TM sırasıyla, Yukarıdan aşağıya adlandırırız çünkü büyüme sıraları budur.

Işıklarla tam tersidir. Işıklarda, alttaki Işıklar Partzuf'a önce girenlerdir. Önce Malhut'un Işığı olan Nefeş girer, sonra ZA'nın Işığı Ruah vs. ve Yehida Işığı sonuncusudur. Bu nedenle Işıkları NRNHY aşağıdan Yukarıya doğru adlandırırız, zira aşağıdan Yukarıya girerkenki sıraları budur.

Dolayısıyla, Partzuf'da sadece bir Kli büyüdüğünde – ki bu gerektiği gibi o Kli'ye uygun en Üst Kli Keter'dir – o Kli'ye verilen Yehida Işığı Partzuf'a girmez, sadece en alt Işık – Nefeş Işığı girer. Böylece Nefeş Işığı Keter'in Kli'sinde kıyafetlenir.

Ve Partzuf'da iki Kelim büyüdüğünde ki bunlar en Üst ikidir – Keter ve Hohma – Ruah Işığı da ona girer. O zaman Nefeş Işığı Keter'in Kli'sinden Hohma'nın Kli'sine iner ve Ruah Işığı Keter'in Kli'sinde kıyafetlenir.

Benzer şekilde Partzuf'da üçüncü bir Kli büyüdüğünde – Bina'nın Kli'si – Neşama Işığı ona girer. O zaman Nefeş Işığı Hohma'nın Kli'sinden Bina'nın Kli'sine, Ruah Işığı Hohma'nın Kli'sine iner ve Neşama Işığı Keter'in Kli'sinde kıyafetlenir.

Ve dördüncü Kli Partzuf'da büyüdüğünde – Tiferet'in Kli'si – Haya Işığı Partzuf'a girer. O zaman Nefeş Işığı Bina'nın Kli'sinden Tiferet'in Kli'sine, Ruah Işığı Bina'nın Kli'sine, Neşama Işığı Hohma'nın Kli'sine ve Haya Işığı Keter'in Kli'sine iner.

Ve Partzuf'da beşinci Kli büyüdüğünde – Malhut'un Kli'si – Yehida Işığı ona girer. O zaman tüm Işıklar tekabül ettikleri Kelim'e girerler. Nefeş Işığı Tiferet'in Kli'sinden Malhut'un Kli'sine, Ruah Işığı Tiferet'in Kli'sine, Neşama Işığı Bina'nın Kli'sine, Haya Işığı Hohma'nın Kli'sine ve Yehida Işığı Keter'in Kli'sine iner.

25. Dolayısıyla, bir Partzuf'da tüm beş Kelim KHB TM büyümedikçe Işıklar tayin edilmiş yerlerinde değillerdir. Dahası, ters ilişkidedirler: Malhut'un Kli'sinin yokluğunda Yehida Işığı yoktur ve iki Kelim, TM yoksa Yehida ve Haya da orada yoktur vs. Bu böyledir çünkü Üst dereceler önce ortaya çıkar ve Işıklarda, son olanlar ilk girenlerdir.

Ayrıca, yeniden giren her yeni Işığın sadece Keter'in Kli'sinde kıyafetlendiğini göreceksiniz. Böyle olmasının nedeni alıcının Keter'in Kli'sini en arı Kli'sine alması gerektiğidir.

Bu nedenle, her yeni Işık alındığında hâlihazırda Partzuf'da kıyafetlenen Işıklar yerlerinden bir derece aşağı inmeliler. Örneğin, Ruah Işığı girdiğinde Nefeş Işığı yeni Ruah Işığını Keter'in Kli'sine almaya yer açmak için Keter'in Kli'sinden Hohma'nın Kli'sine inmelidir. Benzer şekilde, eğer yeni Işık Neşama ise Ruah da Keter'deki yerini yeni Neşama Işığına açmak için Keter'in Kli'sinden Hohma'nın Kli'sine inmelidir.

Sonuç olarak, Hohma'nın Kli'sinde olan Nefeş Bina'nın Kli'sine inmelidir vs. Tüm bunlar Keter'in Kli'sinde yeni Işığa yer açmak içindir.

Bu kuralı aklınızda tutun böylece her zaman her bir konuda Kelim'den mi Işıklardan mı bahsediyor ayrımını yapabilirsiniz. O zaman kafanız karışmaz, çünkü aralarında her zaman ters ilişki vardır. Böylece, Masah'daki beş izlenim konusunu ve bunun vasıtasıyla seviyeler aşağıdan diğerine nasıl değişiyor açıkladık.

AK'NIN BEŞ PARTZUFİM'İ

26. Bu şekilde Malhut'un Kli'sine – kısıtlandıktan sonraki Behina Dalet – yerleştirilmiş olan Masah konusunu, bunun içindeki biri diğerinin altında bulunan on Sefirot'un beş seviyesini doğuran beş tür Zivug de Hakaa konusuna açıklık getirdik. Şimdi, ABYA dünyalarından önce gelen AK'nın beş Partzufim'ini açıklayacağız.

Zivug de Hakaa vasıtasıyla aşağıdan Yukarı çıkan ve Üst Işıkların on Sefirot'unu kıyafetlendiren Or Hozer'in sadece, "Partzuf'un Roş'unun on Sefirot'u" denilen Kelim'in köklerine yeterli geldiğini zaten biliyorsunuz. Kelim'i tamamlamak için Roş'un Malhut'u, Roş'un on Sefirot'unu kıyafetlendiren, oradan ve içinde Yukarıdan aşağıya Roş'un on Sefirot'unda olduğu gibi dağılan Or Hozer'in o on Sefirot'undan genişler. Bu yayılma "Partzuf'un Guf'u" denilen Kelim'i tamamlar. Dolayısıyla, her zaman her Partzuf'daki iki izlenimi ayırmalıyız: Roş ve Guf.

27. Başlangıçta AK'nın ilk Partzuf'u ortaya çıktı. Bunun nedeni, Behina Dalet Üst Işığı almaktan yasaklanıp Masah oluşturduğunda Tsimtsum Alef'in hemen akabinde Üst Işığın, öncesinde olduğu gibi, Malhut'un Kli'sinde kıyafetlenmek için çekilmiş olmasıdır. Ancak, Malhut'un Kli'sindeki Masah onu durdurdu ve Işığı geri çevirdi. Behina Dalet'in Masah'ındaki bu çarpışmayla Or Hozer'i Üst Işıktaki Keter seviyesine kadar yükseltti ve bu Or Hozer, "AK'nın ilk Partzuf'unun" "Roş'un on Sefirot'u" denilen Üst Işıktaki on Sefirot için bir örtü ve Kelim'in kökleri oldu.

Akabinde, Malhut Or Hozer'le kendisinden ve içindeki Roş'un on Sefirot'unun gücü ile Yukarıdan aşağıya on yeni Sefirot'a genişledi. Bu Guf'un Kelim'ini tamamladı. Ondan sonra Roş'un on Sefirot'unda ortaya çıkan tam ölçü Guf'un on Sefirot'unda da kıyafetlendi. Bu, AK'nın ilk Partzuf'unu, Roş ve Guf, tamamladı.

28. Akabinde, aynı Zivug de Hakaa Malhut'un Kli'sinde yükselen sadece Behina Gimel'in Aviut'u olan Masah üzerinde kendisini tekrarladı. Ve sonra, sadece Hohma seviyesi, Roş ve Guf, ortaya çıktı, zira Behina Dalet'in Aviut'undaki Masah'ın eksikliği onun sadece dört Kelim'e, KHB Tiferet, sahip olmasına neden oldu. Dolayısıyla, Or Hozer Yehida Işığından yoksun olarak sadece dört Işığı, HNRN (Haya, Neşama, Ruah, Nefeş) kıyafetlendirecek yere sahiptir. Buna AK'nın AB'ı denir.

Bunu müteakip, aynı Zivug de Hakaa sadece Behina Bet'in Aviut'unu içeren Malhut'un Kli'sindeki Masah'da kendisini tekrar etti. Böylece, Bina seviyesinde on

Sefirot, Roş ve Guf, ortaya çıktı. Buna AK'nın Partzuf SAG'ı denir. İki Kelim'i, ZA ve Malhut ve iki Işık, Haya ve Yehida, eksiktir.

Sonrasında, Zivug de Hakaa sadece Behina Alef'in Aviut'una sahip Masah üzerinde gerçekleşti. Böylece on Sefirot, Roş ve Guf, üç Kelim'den, Bina, ZA ve Malhut ve üç Işıktan, Neşama, Haya ve Yehida, yoksun olarak Tiferet seviyesinde ortaya çıktı. Sadece Keter ve Hohma Kelim'inde kıyafetlenmiş Ruah ve Nefeş Işıklarına sahip. Buna Partzuf MA ve AK'nın BON'u denir. Kelim ve Işıklar arasındaki ters ilişkiyi hatırlayın (Madde 24'de bahsedildiği gibi).

29. Böylece, her biri diğerinin altında olan Galgalta, AB, SAG, MA ve BON denilen AK'nın beş Partzufim'inin ortaya çıkışını açıkladık. Alttaki her Partzuf bir üstündekinin Üst Behina'sından yoksundur. Dolayısıyla, Partzuf AB Yehida Işığından yoksundur, Partzuf SAG üstündeki AB'ın sahip olduğu Haya Işığından da yoksundur. Partzuf MA ve BON üstündeki SAG'ın sahip olduğu Neşama Işığından yoksundur.

Nedeni, bunun Zivug de Hakaa'nın üzerinde ortaya çıktığı Masah'ın Aviut'unun ölçüsüne bağlı olmasıdır (Madde 18). Ancak, Masah'ın Behina'lar boyunca Aviut'unu yavaş yavaş azaltmasına ta ki bu beş tür Zivugim'de (Zivug'un çoğulu – çiftleşme) var olan beş seviyeye ayrılana dek kim ve neyin neden olduğunu anlamalıyız.

PARTZUF'UN ATZİLUT'UNA MASAH'IN HİZDAKHUT'U

30. Asiya'nın Malhut'una kadar AK'nın beş Partzufim'i ve dört ABYA dünyalarının her birindeki beş Partzufim'de ortaya çıkan tüm derecelerde de olduğu gibi yukarıda açıklanan her biri birbirinin altında olan beş seviyenin derecelerinin birbirlerine bağlantısı konusunu anlamak için AK'nın her Partzufim'inde, Nekudim dünyası ve Tikun (ıslah) dünyasında uygulanmış Guf'un Masah'ının Hizdakhut'u (arınma) konusunu iyice anlamalıyız.

31. İşin aslı şu ki, Or Makif (Saran Işık) ve Or Pinimi (İç Işık) denilen iki Işığı içermeyen hiçbir Partzuf ya da derece yoktur ve bunları AK'da açıklayacağız. AK'nın ilk Partzuf'unun Or Makif'i tüm realiteyi dolduran Eyn Sof Işığıdır. Tsimtsum Alef'i ve Malhut'da yükseltilen Masah'ı müteakip o Masah üzerinde Eyn Sof'dan bir Zivug de Hakaa vardı. Ve Masah'ın kullandığı Or Hozer'i kullanarak Roş'un on Sefirot'u ve Guf'un on Sefirot'u formunda Üst Işığı kısıtlanmış dünyaya tekrar çekti (Madde 25).

Ancak, Eyn Sof'dan bu uzanış Partzuf AK'da Tsimtsum'dan önce olduğu gibi realitenin tamamını doldurmaz. Daha ziyade, izlenimi Roş ve Sof olarak vardır:

1. Yukarıdan aşağıya – Eyn Sof'un Işığı bu dünyanın seviyesinde yani Malhut'un olduğu yerde durur, şöyle denildiği gibi, "Ve O'nun ayakları Zeytin Dağı üzerinde duracak."

2. Ve içeriden dışarıya, zira Yukarıdan aşağıya on Sefirot KHB TM vardır ve Malhut'un AK'ı aşağıdan tamamladığı gibi, Moha, Atzamot, Gidin, Bassar ve Or

denilen on Sefirot KHB TM vardır. Or, Partzuf'u dışarından sonlandıran Malhut'dur. Bu bağlamda, Partzuf AK, tüm realiteyi dolduran Eyn Sof'a kıyasla sadece ince bir çizgi kabul edilir. Böyle olmasının nedeni Partzuf AK'ı Partzuf Or'un sonlandırması ve tüm kenarlardan, dışarıdan kısıtlaması ve böylece genişleyip kısıtlanmış tüm alanı dolduramamasıdır. Dolayısıyla, alanın ortasında sadece ince bir çizgi kalır.

Ve AK'a alınan Işığın ölçüsü, ince çizgiye Or Pinimi denir. AK'daki Or Pinimi ile Tsimtsum'dan önceki Eyn Sof Işığına Or Makif denir, zira Partzuf'un içinde kıyafetlenemediği için AK'nın Partzuf'unun etrafında Or Makif olarak kalır.

32. Bu, sınırsızlığı ölçülemez olan AK'nın Or Makif'ini tüm yönleriyle açıklıyor. Ancak, bu tüm realiteyi dolduran Eyn Sof'un kendi içinde AK'nın Or Makif'i kabul edildiği anlamına gelmez. Daha ziyade, AK'nın Roş'unun Malhut'unda bir Zivug de Hakaa yapıldığı ve Eyn Sof'un oraya yerleştirilen Masah'a çarptığı anlamına gelir. Bir başka deyişle, Tsimtsum'dan öncesinde olduğu gibi AK'nın Behina Dalet'inde kıyafetlenmek istedi, fakat Masah AK'nın Roş'undaki Malhut'a çarptı. Bu, Masah'ın Eyn Sof'u Behina Dalet'in içinde yayılmaktan alıkoyduğu ve onu ittiği anlamına gelir (Madde 14). Işığın itilmesinden ortaya çıkan bu Or Hozer de Üst Işığın kıyafetlenmesi için Kelim oldu.

Bununla beraber, Işığın Tsimtsum'dan önce Behina Dalet'e alınmasıyla Tsimtsum'dan sonra Or Hozer'in alınması arasında büyük bir fark vardır, zira şimdi Roş ve Sof'da sadece ince bir çizgi kıyafetlendirdi. Masah'ın Üst Işığa çarparak yaptığı budur. Ve Masah tarafından AK'dan reddedilen ölçü, Behina Dalet'de kıyafetlenmek isteyen Eyn Sof'un Üst Işığının tamamı – onu durduran Masah olduğundan – AK'yı saran Or Makif oldu.

Bunun nedeni maneviyatta değişim ya da eksikliğin olmamasıdır. Ve Eyn Sof Işığı Behina Dalet'de kıyafetlenmek için AK'ya çekildiğinden bu böyle olmalı.

Dolayısıyla, Masah şimdi Eyn Sof Işığını alıkoyup itmesine rağmen Eyn Sof'un genişlemesini engellemez. Aksine, onun devamlılığını sağlar fakat farklı bir şekilde: ıslahın sonuna kadar Behina Dalet beş dünyadan geçerek tamamen ıslah olana dek beş dünya AK ve ABYA'da Zivugim'in (Zivug'un çoğulu) çoğalmasıyla. O zaman Eyn Sof Masah'ı başlangıçta olduğu gibi kıyafetlendirecektir.

Dolayısıyla, Masah'ın Üst Işıkta çarpışmasıyla orada değişim ya da eksiklik yaratılmadı. Zohar'da yazılan "Eyn Sof'un Zivug'u çifti ona verilene dek inmez" sözlerinin anlamı budur. Bu sürede yani o zamana kadar, Eyn Sof Işığının Or Makif olduğu kabul edilir, yani gelecekte Eyn Sof'a bürünecek anlamındadır. Şimdilik, Masah'ı sarar ve ona dışarıdan belli bir aydınlanma sağlar. Bu aydınlanma ilk başta Eyn Sof'un ona çekildiği ölçüde bu Or Makif'i almasını sağlayacak doğru yasalarla genişlemeye alıştırır.

33. Şimdi, Masah'ın Hizdakhut'unu (arınma) ve Aviut'un son Behina'sının kaybolmasını sağlayan Or Pinimi ve Or Makif'in birbiri üzerine Bituş'u konusunu açıklığa kavuşturacağız. Bu iki Işık birbirine zıt olduğundan, ancak AK'nın Roş'unun Malhut'unun Masah'ı vasıtasıyla bağlı olduklarından, birbirlerine çarpar ve vururlar.

DÜNYALARIN EVRİMİ

Yorum: Yükselttiği Or Hozer'le AK'ın Or Pinimi'sini kıyafetlendirmesinin nedeni olan, Pe denilen Roş'un Malhut'unun Masah'ındaki AK'nın Roş'unun Pe'indeki Zivug de Hakaa AK'nın Or Makif'inin çıkışının da nedenidir. Eyn Sof Işığının Behina Dalet'de kıyafetlenmekten alıkoyduğundan Işık Or Makif formunda dışarı çıktı.

Bir başka deyişle, Işığın Or Hozer'in bürünemediği kısmı, tıpkı Behina Dalet gibi, dışarı çıktı ve Or Makif oldu. Dolayısıyla, Pe'deki Masah Or Pinimi'nin nedeni olduğu gibi Or Makif'in de sebebidir.

34. Or Pinimi'nin de Or Makif'in de Masah'a bağlı olduklarını öğrendik, ancak zıt aksiyonlarda. Masah Üst Işığın bir kısmını onu örten Or Hozer vasıtasıyla Partzuf'un içine genişlettiği gibi Or Makif'i de Masah'da kıyafetlenmekten uzaklaştırır.

Ve AK'da kıyafetlenmesini engelleyen Masah'dan dolayı Or Makif olarak dışarıda kalan Işığın kısmı çok büyük olduğundan onu uzaklaştıran Masah'a çarptığı kabul edilir, zira Partzuf'un içinde kıyafetlenmek istemektedir. Tersine, Masah'daki Aviut ve Kaşiut'u gücü ona bürünmek isteyen Or Makif'e çarpar ve Zivug esnasında Üst Işığa çarparken onu alıkoyar. Or Makif ve Masah'daki Aviut'un birbirine bu vuruşlarına Or Makif ve Or Pinimi'nin Bituş'u denir.

Bununla beraber, aralarındaki bu Bituş sadece Partzuf'un Guf'unda ortaya çıkar, zira Or Makif'i Kli'inin dışında bırakan Işığın Kelim'de kıyafetlenmesi orada belirgin. Ancak, bu Bituş Roş'un on Sefirot'u için geçerli değildir, zira Or Hozer orada sadece ince kökler olarak kabul edilir Kelim olarak değil. Bu nedenle, içlerindeki Işık bu ve Or Makif olarak dışarıda kalan Işık arasındaki fark noktasına kadar kısıtlanmış Or Pinimi olarak kabul edilmez. Ve aralarındaki bu fark olmadığından Roş'un on Sefirot'unda Or Pinimi ve Or Makif'in çarpışması yoktur.

Sadece Işıklar Pe'den aşağı Guf'un on Sefirot'una uzandığında, Pe'den aşağı Or Hozer'in on Sefirot'u olan Işıkların Kelim'de kıyafetlendiği yerde, Kelim'in içindeki Or Pinimi ile dışarıda kalan Or Makif arasında vuruş vardır.

35. Bu Bituş Or Makif, Masah'ı tüm Aviut'undan arındırıp Roş'un Pe'inde Üst Köküne yükseltene kadar devam eder. Bu, Masah ve Guf'un Aviut'u denilen tüm Aviut'u Yukarıdan aşağıya doğru onu sadece Guf'un Şoreş'i, Pe denilen Roş'un Malhut'unun Masah'ı ile bırakarak arındırdığı anlamına gelir. Bir başka deyişle, Or Pinimi ve Or Makif arasında ayırıcı olan Masah Yukarıdan aşağıya tüm Aviut'undan arınmış olur, böylece sadece aşağıdan Yukarıya, Or Pinimi ve Or Makif arasındaki farkın henüz ortaya çıkmadığı yerdeki Aviut kalır.

Form eşitliğinin manevileri bir olarak birleştirdiği bilinir. Dolayısıyla, Guf'un Masah'ı sadece Roş'un Pe'inin Masah'ına eşit olan Aviut'u bırakarak Guf'un Aviut'undan arınır arınmaz formu Roş'un Masah'ı ile eşitlenir. Bu şekilde entegre oldular ve kelime anlamıyla bir oldular, zira onları ikiye bölecek bir şey yoktur. Bu, Guf'un Masah'ının Roş'un Pe'yine yükselmesi olarak kabul edilir.

KABALA BİLİMİ

Ve Guf'un Masah Roş'un Masah'ına entegre olduğundan Roş'un Pe'inin Masah'ında tekrardan Zivug de Hakaa'ya dâhil olur ve üzerinde yeni bir Zivug de Hakaa yapılır. Sonuç olarak, yeni bir seviyede AK'ın AB'ı ya da AK'ın Hohma'sının Partzuf'u denilen on yeni Sefirot ortaya çıkar. Bu, AK'ın ilk Partzuf'unun "oğlu", çocuğu olarak kabul edilir.

36. Ve Roş ve Guf ile tamamlanmış olarak AK'ın Partzuf AB'ı ortaya çıktıktan sonra Or Makif ve Or Pinimi'inin Bituş'u da kendisini tekrar eder, yukarıda AK'ın ilk Partzuf'u ile ilgili açıklandığı gibi. AK'ın Partzuf AB'ın Guf'un Masah'ı da tüm Guf'un Aviut'undan arınır ta ki formunu Roş'un Masah'ıyla eşitleyene dek ve sonra Roş'un Pe'inde Zivug'a dâhil olur.

Ardından, üzerinde Bina seviyesinde AK'ın SAG'ı denilen yeni bir on Sefirot seviyesini ortaya çıkaran yeni bir Zivug de Hakaa yapılır. Bu, AK'ın Partzuf AB'ının oğlu ve çocuğu olarak kabul edilir, zira Roş'un Pe'inde Zivug'undan ortaya çıkmıştır. Ve AK'ın SAG'ından Partzufim aşağıya doğru benzer bir şekilde ortaya çıkar.

37. Böylece, Roş'un Pe'inin Masah'ı koşuluna getirene dek Guf'un Masah'ını arındıran Or Makif ve Or Pinimi'nin Bituş'unun gücüyle biri diğerinin altında olan Partzufim'in ortaya çıkışını açıklamış olduk. O zaman, orada Roş'un Pe'inde açığa çıkan Zivug de Hakaa'ya dâhil olur ve bu Zivug vasıtasıyla yeni bir on Sefirot seviyesi ortaya çıkarır. Bu yeni seviye önceki Partzuf'un oğlu kabul edilir.

Bu şekilde, AB Partzuf Keter'den, SAG Partzuf AB'dan, MA Partzuf SAG'dan ortaya çıktı ve Nekudim ve ABYA'daki derecelerle de böyle devam eder. Ancak, yine de AB'ın on Sefirot'unun neden sadece Behina Gimel üzerinde ortaya çıkıp Behina Dalet üzerinde çıkmadığını ve neden SAG'ın sadece Behina Bet üzerinde olduğunu vs. anlamamız lazım, yani bir alttaki bir üsttekinden neden bir derece aşağı seviyede. Neden hepsi de birbirinden aynı seviyede ortaya çıkmadı?

38. Öncelikle, AB'ın on Sefirot'unun neden AK'ın ilk Partzuf'unun yan ürünü (çocuğu-oğlu) kabul edildiğini anlamalıyız, zira ilk Partzuf'un Roş'unun Pe'inde Zivug'dan ortaya çıktı, tıpkı Partzuf'un kendisinin Guf'unun on Sefirot'u gibi. Dolayısıyla, ilk Partzuf'dan hangi şekilde çıktı ki ikinci Partzuf ve onun ürünü olarak kabul ediliyor?

Burada, Roş'un Masah'ı ve Guf'un Masah'ı arasındaki büyük farkı anlamalısınız. Partzuf'da iki tür Malhut vardır:

- İçinde yükseltilen Masah'ın gücüyle Üst Işık ile çiftleşen Malhut.
- İçinde yükseltilen Masah'ın gücüyle Guf'un on Sefirot'undaki Üst Işığı sonlandıran Malhut.

Bu iki tür Malhut'un aralarındaki fark Yaratıcı ile yaratılan arasındaki fark kadar büyüktür. Üst Işıkla Zivug de Hakaa'da birleşen Roş'un Malhut'u "Guf'un Yaratıcısı" olarak kabul edilir, zira içinde yükselen Masah Üst Işık çarptığında onu itmedi. Diğer taraftan, yükselttiği Or Hozer vasıtasıyla Üst Işığı Roş'un On Sefirot'u formunda örttü ve genişletti. Dolayısıyla, Yukarıdan aşağıya uzanır ta ki Üst Işığın on Sefirot'u Guf denilen Or Hozer'in Kli'sine bürünene dek.

Bu nedenle, Masah ve Roş'un Malhut'u Guf'un on Sefirot'unun Kaynağı olarak kabul edilir, ve o Masah ve Malhut'da görünen hiçbir sınır ve reddediş yoktur. Ancak, on Sefirot Roş'un Pe'inden Yukarıdan aşağıya uzandıktan sonra Masah ve Guf'un Malhut'u sadece o on Sefirot'da Malhut'a kadar yayılır. Bunun nedeni şudur, oraya yerleşen Masah Malhut'a girişini engellediğinden dolayı Üst Işık Guf'un Malhut'una yayılamaz. Bu sebeple Partzuf orada durur ve Partzuf'un sonu ve sonucu ortaya çıkar.

Böylece, Tsimtsum'un tüm gücü ve sınırlaması sadece bu Masah'da ve Guf'un Malhut'unda ortaya çıkar. Bu nedenle, Or Makif'in ve Or Pinimi'nin tüm Bituş'u sadece Guf'un Masah'ında yapılır, zira Or Makif'i Partzuf'u aydınlatmaktan uzaklaştıran ve sınırlayan şey budur. Bu, Roş'un Masah'ında böyle değildir, zira Roş'un Masah'ı sadece genişleyerek Işıkları kıyafetlendirir, ancak sınırlamanın gücü hâlâ tamamen içinde saklıdır.

39. Buradan Or Makif ve Or Pinimi'inin Bituş'unun gücüyle son Malhut'un Masah'ının bir kez daha çiftleşen Malhut'un Masah ve Malhut'u olduğu sonucu çıkar (Madde 35). Bunun nedeni, Or Makif'in Bituş'unun Masah'ın sonunu Guf'un tüm Aviut'undan arındırmasıdır, böylece Guf'un Aviut'undan sadece Roş'un Masah'ının Aviut'una eşit üstün Reşimot'u (izlenimler) kalır.

Ayrıca form eşitliğinin manevi varlıkları birbirine bağladığı ve bütünleştirdiği bilinir. Dolayısıyla, Guf'un Masah'ı Aviut'unun formunu Roş'un Masah'ına eşitlediğinde anında ona dâhil oldu ve görünüşte bir Masah oldular. Bu koşulda Guf'un Masah'ı Roş'un Masah'ı gibi Zivug de Hakaa için yeterli gücü aldı ve yeni seviyenin on Sefirot'u üzerinde ortaya çıktı.

Bununla beraber, bu Zivug'la birlikte başından beri içinde olan Guf'un Aviut'unun Reşimot'u Guf'un Masah'ında yenilendi. Bu koşulda, kendisi ve içindeki Roş'un Masah'ı arasındaki form eşitsizliği bir ölçüye kadar yeniden ortaya çıktı. Bu farkın kabul edilmesi onu Üst Derecenin Roş'unun Pe'inden ayırır ve uzaklaştırır, zira döndükten sonra ve kökeni – Üst Derecenin Pe'inden aşağı doğru – bilinir hale geldiğinde Üst Derecenin Pe'inin yukarısında durmaya devam edemedi, zira form eşitsizliği manevi varlıkları birbirinden ayırır. Bundan, oradan, Üst derecenin Pe'inin bulunduğu yerden aşağı inmeye zorlandığı sonucu çıkar.

Dolayısıyla, Üst Dereceye göre zorunlu olarak ikinci bir varlık olarak kabul edilir, çünkü yeni seviyenin Roş'u bile yeni seviyenin sadece bedeni olarak kabul edilir, zira Guf'un Masah'ından uzanır. Dolayısıyla, bu form eşitsizliği onları iki ayrı varlık olarak ayırır. Ve yeni seviye tamamen bir önceki Partzuf'un Guf'unun Masah'ının sonucu olduğundan onun çocuğu olarak kabul edilir, tıpkı ondan uzanan bir dal gibi.

40. Ve alt ve Üst arasında bir fark daha vardır: Her alt derece Masah'daki beş Behinot'dan farklı bir seviye olarak ortaya çıkar (Madde 22). Ayrıca, her alt derece Üst Derecenin Işıklarının En Üst Behina'sından ve Üst Derecenin Kelim'inin en alt

Behina'sından yoksundur. Bunun nedeni, Masah'daki Or Makif'in Bituş'unun doğası Aviut'unun son Behina'sını dışarıda bırakmaktır.

Örneğin, Masah'ı Behina Dalet'e kadar tüm beş Aviut seviyelerini kapsayan AK'ın ilk Partzuf'unda, Guf'un Masah'ındaki Or Makif'in Bituş'u o Aviut'dan bir tek Reşimo (Reşimot'un tekil hali) bile bırakmadan Behina Dalet'in Aviut'unu tamamen arındırır. Ve sadece Behina Gimel'in Aviut'unun ve Yukarısının Reşimot'u Masah'da kalır.

Dolayısıyla, o Masah Roş'a dâhil olduğunda ve Guf'un Reşimot'unda kalan Aviut üzerinde bir Zivug de Hakaa olduğunda Zivug sadece Masah'daki Aviut'un Behina Gimel'i üzerinde ortaya çıkar. Bunun nedeni, Behina Dalet'in Aviut'unun Reşimo'su oradan ayrılmıştır. Dolayısıyla, o Masah üzerinde ortaya çıkan seviye sadece AK'nın AB'ının HaVaYaH'ı ya da AK'ın AB'ının Partzuf'u denilen Hohma seviyesindedir.

Behina Gimel'in Masah'ı üzerinde ortaya çıkan Hohma seviyesinin Kelim'in Malhut'undan ve Keter'in Işığı olan Işıklardan Yehida Işığının izleniminden yoksun olduğunu Madde 22'de zaten öğrenmiştik. Dolayısıyla, Partzuf AB Üst Derecenin Kelim'inin son izleniminden ve Üst Derecenin Işıklarının en Üst izleniminden yoksundur. Ve bu büyük form eşitsizliğinden ötürü alt derece Üst Dereceden ayrı bir Partzuf olarak kabul edilir.

41. Benzer şekilde, Partzuf AB bir kez Roş ve Guf'da genişlediğinde ve Behina Gimel'in Masah'ı olan Or Makif'in AB'ın Guf'unun Masah'ı üzerindeki Bituş'u gerçekleştiğinde bu Bituş Behina Gimel olan Masah'daki son Behina'nın Aviut'unun Reşimo'sunu iptal eder ve hükümsüz kılar. Bundan Masah'ın Roş'un Pe'ine yükselişi ve Zivug de Hakaa'ya dâhil olması sırasında vuruşun sadece o Masah'da kalan Behina Bet'in Aviut'u üzerinde ortaya çıktığı sonucu çıkar, zira Behina Gimel yok olmuştur. Dolayısıyla, Bina seviyesinde sadece on Sefirot'u ortaya çıkartır, bunlara AK'ın SAG'ının HaVaYaH'ı ya da ZA'dan ve Kelim'deki Malhut'dan ve Işıklardaki Haya ve Yehida'dan yoksun Partzuf SAG denir.

Benzer şekilde, bu Partzuf SAG Roş ve Guf'da genişlediğinde Guf'un Masah'ında Or Makif'in Bituş'u ortaya çıktı ki bu Behina Bet'in Masah'ıdır. Bu Bituş Masah'daki Aviut'un son Behina'sını – Behina Bet – Masah'da sadece Behina Alef'den ve Yukarısından Aviut'un Reşimot'u kalacak şekilde iptal eder ve hükümsüz kılar.

Dolayısıyla, Masah'ın Roş'un Pe'ine yükselişi ve orada Zivug de Hakaa'ya dâhil edilmesi sırasında vuruş sadece Masah'da kalan Behina Alef'in Masah'ı üzerinde ortaya çıktı, zira Behina Bet zaten oradan yok olmuştu. Bu nedenle, Bina, ZA ve Kelim'deki Malhut'dan ve Neşama, Haya ve Işıklardaki Yehida'dan vs yoksun "ZA seviyesi" denilen Tiferet seviyesinde sadece on Sefirot'u ortaya çıkartır.

42. Bu, Partzufim'in birbirine zincirleme bağlanması sırasında seviyelerin birbiri ardına alçalmasının nedenini iyice açıklıyor. Bunun nedeni her Partzuf'da uygulanan Or Makif ve Or Pinimi'nin Bituş'unun her zaman oradaki Aviut'un Reşimo'sunun son Behina'sını geçersiz kılmasıdır. Ancak, Hizdakhut'undan (arınma) sonra Masah'da kalan Reşimot'un iki ayrımı olduğunu bilmemiz lazım:

DÜNYALARIN EVRİMİ

1. Aviut'un Reşimo'su
2. Hitlabşut'un (kıyafetlenme) Reşimo'su

Örneğin, AK'daki ilk Partzuf'un Guf'unun Masah'ı arındığında, Aviut'un Reşimot'unun son Behina'sının, yani Behina Dalet'in Reşimo'sunun, kaybolduğunu ve Masah'da sadece Behina Gimel'in Aviut'unun Reşimo'sunun kaldığını söylemiştik. Ancak, daha önce belirttiğimiz gibi, Behina Dalet'in Reşimo'su sadece iki ayrım kapsamasına rağmen – Hitlabşut ve Aviut – o Hizdakhut vasıtasıyla Masah'dan sadece Behina Dalet'in Aviut'unun Reşimo'su kayboldu. Fakat Behina Dalet'in Hitlabşut'unun Reşimo'su o Masah'da kaldı ve yok olmadı.

Hitlabşut'un Reşimo'su Üst Işıkla Zivug de Hakaa için yeterli Aviut ihtiva etmeyen Behina Dalet'in Reşimosu'ndan çok zor bir Behina'yı (izlenim-ayrım) kastetmektedir. Bu Reşimo her Partzuf'da Hizdakhut'u esnasında son Behina'dan kalır. Ve Hizdakhut'u esnasında her Partzuf'un içindeki son Behina'nın yok olduğu söylemimiz sadece içindeki Aviut'un Reşimo'suyla ilgilidir.

43. Her Masah'da son Behina'dan kalan Hitlabşut'un Reşimo'sunun kalanı tüm Partzufim'in başlarında erkek ve dişil iki seviyenin ortaya çıkmasına neden oldu: AK'ın AB'ında, AK'ın SAG'ında, MA ve AK'ın BON'unda ve Atzilut'un tüm Partzufim'inde. Böyle olmasının nedeni Masah'da sadece Behina Gimel'in Aviut'unun Reşimo'sunun bulunduğu Hohma seviyesinde on Sefirot'u ortaya çıkaran ve orada Masah'da kalan Behina Dalet'den Hitlabşut'un Reşimo'su arılığından dolayı Üst Işıkla Zivug için uygun değildir. Ancak, Behina Gimel'in Aviut'una dâhildir ve tek bir Reşimo halini alır ki o zaman Hitlabşut'un Reşimo'su Üst Işıkla çiftleşme gücünü edinir. Bu nedenle, Üst Işıkla Zivug de Hakaa onun üzerinde ortaya çıkarak neredeyse Keter seviyesine yakın on Sefirot'u meydana çıkartır.

Böyle olmasının nedeni, Behina Dalet'in Hitlabşut'una sahip olmasıdır. Bu Hitkalelut (kaynaşma/birbirine entegre olma) dişinin erkekte Hitkalelut'u olarak adlandırılır, zira Behina Gimel'den Aviut'un Reşimo'suna "dişi" denir çünkü o Aviut'u taşır. Ve Behina Dalet'in Hitlabşut'unun Reşimo'suna "erkek" denir çünkü daha Üst bir yerden gelmektedir ve Aviut'dan arınmıştır. Dolayısıyla, erkeğin Reşimo'su kendi içinde bir Zivug de Hakaa için yetersiz olmasına karşın içindeki dişinin Hitkalelut'u vasıtasıyla Zivug de Hakaa için uygun hale gelir.

44. Sonuç olarak, dişide de erkeğin Hitkalelut'u vardır. Bu, Hitlabşut'un Reşimo'sunun Aviut'un Reşimo'su ile kaynaştığı anlamına gelir. Bu sadece dişinin seviyesinde, Behina Gimel seviyesinde bir Zivug de Hakaa ortaya çıkartır ki bu AB'ın HaVaYaH'ı denilen Hohma seviyesidir. Dişi erkeğe dâhil olduğunda Üst Zivug, neredeyse Keter seviyesine yakın olan erkeğin seviyesi olarak kabul edilir. Ve alt Zivug, erkek dişiye dâhil olduğunda, sadece Hohma seviyesi olan dişi seviye olarak kabul edilir.

Bununla beraber, erkek seviyesindeki Aviut kendisinden gelmez, dişi ile Hitkalelut vasıtasıyla gelir. Ve aşağıdan Yukarıya Roş denilen on Sefirot'un seviyesini meydana çıkarmak için yeterli olmasına rağmen bu seviye yine de Yukarıdan aşağıya bir Guf formunda yayılamaz ki bu Işıkların Kelim'de kıyafetlenmesi anlamına gelirdi. Böyle olmasının nedeni Hitkalelut'dan gelen Aviut üzerindeki bir Zivug de Hakaa Kelim'in genişlemesi için yetersizdir.

Dolayısıyla, erkek seviyesi Guf olmaksızın sadece Roş'un bir izlenimini içerir. Partzuf'un Guf'u kendi Aviut'u olan sadece dişi seviyeden genişler. Bu nedenle, Partzuf'u sadece dişi seviyeden sonra adlandırırız, yani Partzuf AB. Böyle olmasının nedeni Partzuf'un çekirdeği onun Guf'udur – Işıkların Kelim'de kıyafetlenmesi. Ve açıkladığımız gibi bu sadece dişil seviyeden ortaya çıkar. Bu nedenle Partzuf onun adıyla anılmaktadır.

45. Ve Partzuf AB'ın Roş'undaki iki seviyeyle – erkek ve dişi – ilgili olarak açıkladığımız gibi bu ikisi SAG'ın Roş'unda tamamen aynı şekilde ortaya çıkarlar. Ancak orada erkek seviyesi neredeyse Hohma seviyesidir zira Behina Bet'in Aviut'unun Hitkalelut'undaki Behina Gimel'in Hitlabşut'unun Reşimo'sundandır. Ve dişi seviye Behina Bet'in Aviut'undan Bina seviyesindedir. Ve orada da Partzuf sadece dişi seviyenin adıyla anılmaktadır zira erkek Guf'u olmayan bir Roş'dur.

Benzer şekilde, AK'ın Partzuf MA'sında erkek seviye "YEŞŞUT seviyesi" denilen Bina seviyesine yakındır, zira Behina Alef'den Aviut'un Hitkalelut'u ile Hitlabşut'un Behina Bet'inin Reşimo'sundandır. Dişi seviye ise sadece ZA seviyesidir çünkü sadece Aviut'un Behina Alef'idir. Ve burada da Partzuf sadece dişinin adıyla anılır yani Partzuf MA ya da Partzuf VAK, zira erkek Guf'suz Roş'dur. Tüm Partzufim'de benzer şekilde olduğunu göreceksiniz.

TAAMİM, NEKUDOT, TAGİN VE OTİOT

46. Artık Partzuf'un Guf'a genişlemesinden sonra ortaya çıkan Or Makif ve Or Pinimi'nin Bituş'unu açıklamış olduk. Bu, Guf'un Masah'ının arınmasına, Guf'un tüm Işıklarının ayrılmasına neden olur ve içinde Reşimot'la kalan Masah Roş'un Pe'ine yükselir ki burada yeni bir Zivug de Hakaa ile yenilenir ve Reşimot'un içinde Aviut'un ölçüsünde yeni bir seviye ortaya çıkartır. Şimdi Or Makif'in Bituş'u ve Masah'ın Roş'un Pe'ine yükselişleriyle ortaya çıkan dört tür Işığı, TANTA'yı (Taamim, Nekudot, Tagin, Otiot) açıklayacağız.

47. Guf'un Masah'ındaki Or Makif'in Bituş'u vasıtasıyla Guf'un tüm Aviut'unun Masah'ının Roş'un Pe'inin Masah'ına eşitlenene dek arındığı açıklanmıştı. Bu form eşitliği onları tek olarak birleştirir ve içindeki Zivug de Hakaa'ya dâhil olur.

Ancak, Masah tek seferde değil yavaş yavaş arınır: önce Behina Dalet'den Behina Gimel'e, sonra Behina Gimel'den Behina Bet'e, sonra Behina Bet'den Behina Alef'e ve sonra Behina Alef'den Behinat Şoreş'e. Sonunda tüm Aviut'undan arınır ve Roş'un Pe'inin Masah'ı kadar arı olur.

DÜNYALARIN EVRİMİ

Artık Üst Işık bir anlığına bile aydınlatmayı bırakmaz ve Hizdakhut'unun her aşamasında Masah ile çiftleşir. Bunun nedeni, Behina Dalet'den arınır arınmaz ve Keter seviyesi tamamen ortadan kaldırıldığında ve Masah Behina Gimel'in Aviut'una geldiğinde Üst Işık Masah'la geri kalan Behina Gimel'in Aviut'u üzerinde çiftleşir ve Hohma seviyesinde on Sefirot ortaya çıkartır.

Sonrasında, Masah Behina Gimel'den de ayrıldığında ve Masah'da sadece Behina Bet'i bırakarak Hohma seviyesi de ayrıldığında Üst Işık Masah'la Behina Bet üzerinde çiftleşir (birleşir) ve Bina seviyesinde on Sefirot doğurur. Sonra Masah Behina Bet'den arındığında ve bu seviye içinde sadece Behina Alef'in Aviut'unu bırakarak ayrıldığında Üst Işık geriye kalan Behina Alef'in Aviut'u üzerinde Masah'la çiftleşir ve ZA seviyesinde on Sefirot doğurur. Ve Masah Behina Alef'in Aviut'undan da arındığında sadece Aviut'un Şoreş'i (kök) ile kalır.

Bu koşulda, Üst Işık Masah'da kalan Aviut Şoreş üzerinde bir Zivug yapar ve Malhut seviyesinde on Sefirot meydana getirir. Ve Masah Aviut Şoreş'den de arındığında Malhut seviyesi de oradan ayrılır, zira orada Guf'un Aviut'u kalmaz. O koşulda, Masah ve Reşimot'unun yükselip Roş'un Masah'ı ile birleştiği ve orada bir Zivug de Hakaa'ya dâhil olduğu ve üzerinde ilk Partzuf'un "çocuk" ve "sonuç" denilen yeni on Sefirot'unu ortaya çıkardığı kabul edilir.

Dolayısıyla, açıkladığımız gibi AK'ın ilk Partzuf'unun Guf'unun Masah'ını arındıran ve onu Pe'inin Roş'una yükselten ve ikinci Partzuf AK'nın AB'ını ortaya çıkartan Or Makif ve Or Pinimi'nin Bituş'u tek seferde gerçekleşmez. Daha ziyade, yavaş yavaş ortaya çıkar, Üst Işık dört derecenin her koşulunda Bituş'la çiftleştikçe Hizdakhut'u esnasında Roş'un Pe'i ile eşitlenene dek geçiş yapar.

Ve AB'ın amacı için ilk dört seviyenin ilk Partzuf'un Guf'unun Hizdakhut'u esnasında ortaya çıkışıyla ilgili bahsettiğimiz gibi Partzuf AB'ın Guf'unun Masah'ının Hizdakhut sürecinde Partzuf SAG'ı oluşturdukça üç seviye ortaya çıkar ve tüm derecelerde benzer şekilde olur. Kural şudur: Masah bir seferde arınmaz, yavaş yavaş olur. Ve alt dereceye yayılmayı bırakmayan Üst Işık arınması boyunca her derecede onunla çiftleşir.

48. Ancak yavaş Hizdakhut'u sırasında Masah üzerinde ortaya çıkan bu seviyeler Hizdakhut'un başlangıcından önce ortaya çıkan ilk seviye gibi gerçek derecelerin Hitpaştut'u (yayılma-genişleme) kabul edilmezler. Tersine, Nekudot kabul edilirler ve Or Hozer ve Din (yargı) olarak adlandırılırlar, zira Işıkların ayrılışının Din gücü zaten içlerine karışmıştır. Bunun böyle olmasının nedeni ilk Partzuf'da Bituş ortaya çıkmaya başlayıp Behina Dalet'den Guf'un Masah'ını arındırdığında tamamen arınmış kabul edilir, zira maneviyatta "biraz" diye bir şey yoktur.

Ve Masah arınmaya başladığında tamamen arınması gerekiyordu. Ancak, Masah yavaş yavaş arındığından Üst Işığın Masah ile Masah'ın Hizdakhut'u sırasında üslendiği Aviut'un her derecesinde çiftleşme zamanı var ta ki Masah tamamen arınana dek. Dolayısıyla, ayrılma gücü ayrılma esnasında ortaya çıkan seviyelerle karışır ve bunlar sadece Nekudot ve Or Hozer ve Din olarak kabul edilir.

Bu nedenle bizler her Partzuf'da iki tür seviye ayırt ediyoruz: Taamim ve Nekudot. Böyle olmasının nedeni her Partzuf'da ortaya çıkan Guf'un ilk on Sefirot'unun Taamim olarak adlandırılmasıdır. Ve arındıkça Partzuf'da ortaya çıkan seviyeler, Masah Roş'un Pe'ine ulaşana dek çoktan arınmaya başladıktan sonra, Nekudot olarak adlandırılır.

49. Aşağıda, Taamim Işıklarının ayrılmasından sonra Guf'da kalan Reşimot Tagin olarak adlandırılır ve Nekudot seviyelerinden kalan Reşimot Otiot olarak adlandırılır ki bunlar Kelim'dir. Ayrıca, Taamim Işıklarının Reşimot'u olan Tagin Otiot ve Kelim üzerinde gezinirler ve onların devamlılığını sağlarlar.

Böylece, Taamim, Nekudot, Tagin ve Otiot olarak adlandırılan dört tür Işığı öğrendik. Beş Partzufim'in, Galgalta, AB, SAG, MA ve BON, her bir Partzuf'unda ortaya çıkan ilk seviyeye Taamim denir. Arınmaya başladığında her Partzuf'da ortaya çıkan seviyeler tamamen arınana dek Nekudot olarak adlandırılırlar. Her seviyede ayrıldıklarından sonra Taamim Işıklarından kalan Reşimot'a Tagin denir ve ayrıldıklarından sonra Nekudot seviyelerinin Işıklarından kalan Reşimot'a Otiot veya Kelim denir. Bunu Galgalta, AB, SAG, MA ve BON denilen tüm beş Partzufim için aklınızda tutun zira hepsinde Hizdakhut vardır ve hepsi de bu dört tür Işığa sahiptir.

HER PARTZUF'DAKİ ROŞ, TOH, SOF VE PARTZUFİM'İN BİRBİRİNİ KIYAFETLENDİRMESİ (HİTLABŞUT)

Her Partzuf'daki iki Malhut'u arasındaki farkı zaten biliyorsunuz – çiftleşen Malhut ve son Malhut. Or Hozer'in on Sefirot'u çiftleşen Malhut'un Masah'ından ortaya çıkar ve Üst Işığın on Sefirot'unu kıyafetlendirir, buna "Roş'un on Sefirot'u" denir ki sadece köklerdir. Buradan aşağı Partzuf'un Guf'unun on Sefirot'u tamamlanmış Kelim içinde Hitlabşut (kıyafetlenme) formunda genişler.

Guf'un bu on Sefirot'u on Sefirot'un iki izlenimine ayrılmıştır: Toh'un (içler) on Sefirot'u ve Sof'un (son, sonuç) on Sefirot'u. Toh'un on Sefirot'unun yeri Pe'den Tabur'a (göbek), Kelim'de Işıkların kıyafetlendirildikleri yere, kadardır. Partzuf'un sonunun on Sefirot'u Tabur'dan Sium Raglin'e (bacakların sonu/ayaklar) kadardır.

Bu, Malhut'un Işığı almaya uygun olmayan her Sefira'yı kendisine ulaşana dek sonlandırdığı anlamına gelir, böylece Partzuf orada sonlanır. Bu sona "Partzuf'un Etzbaot Raglin'inin (ayak parmakları) sonu" denir ve oradan aşağısı boşluktur, Işığın bulunmadığı boşluk.

Bu iki tür on Sefirot'un Roş denilen kök on Sefirot'dan uzandığını bilin, zira her ikisi de çiftleşen Malhut'a dâhildir. Böyle olmasının nedeni orada kıyafetlenmenin gücünün bulunmasıdır – Or Hozer yükselir ve Üst Işığı kıyafetlendirir. Orada ayrıca Masah'ın Or Hozer'in yükseltilmesine neden olan Zivug de Hakaa'nın yapıldığı Işığı almasın diye Malhut üzerinde alıkoyan gücü vardır. Roş'da bu iki güç sadece köklerdir.

Bununla beraber, Yukarıdan aşağıya uzandıklarında kıyafetlendiren ilk güç Pe'den Tabur'a kadar Toh'un on Sefirot'unda uygulanır. Ve Malhut'u Işığı almaktan alıkoyan ikinci güç Tabur'dan Etzbaot Raglin'in sonuna dek Sof ve Sium'un on Sefirot'unda uygulanır.

Bu iki tür on Sefirot her zaman HGT NHYM olarak adlandırılır. Pe'den Tabur'a kadar Toh'un tüm on Sefirot'una HGT denir ve Tabur'dan aşağı Sof'un tüm on Sefirot'una NHYM denir.

51. Ayrıca, Tsimtsum durumunun sadece Kli'sinin Tsimtsum ve Masah'ın ortaya çıktığı Behina Dalet'de biten alma arzusu olan Or Hohma üzerinde olduğunu bilmeliyiz. Ancak oradaki Hasadim'in Or'u üzerinde hiç Tsimtsum yoktu, zira onun Kli'si ihsan etmektir ki içinde hiç Aviut ya da hiçbir ıslaha ihtiyacı olmayan Kaynak ile form eşitsizliği yoktur.

Dolayısıyla, Üst Işığın on Sefirot'unda bu iki Işık, Hohma ve Hasadim, aralarında hiçbir fark olmaksızın birbirlerine bağlıdırlar, zira niteliğine göre genişleyen tek Işıktırlar. Bu nedenle, Tsimtsum'dan sonra Kelim'de kıyafetlenmeye geldiklerinde kısıtlanmamış olmasına rağmen Or Hasadim (Merhamet Işığı) de Malhut'da durur. Böyle olmasının nedeni şudur; eğer Or Hasadim Or Hohma'nın (Erdemlilik Işığı) birazcık bile genişleyemediği – Malhut'un sonu – bir yere genişleseydi Üst Işıkta kırılma olurdu zira Or Hasadim Or Hohma'dan tamamen ayrılmak zorunda olurdu. Dolayısıyla, Malhut'un sonu Or Hasadim'den de yoksun, boşluk haline geldi.

52. Şimdi Tabur'dan aşağı Partzuf'un Sof'unun on Sefirot'unun içeriğini anlayabiliriz. Bu on Sefirot'un içeriğinin hiç Hohma olmaksızın sadece Or Hasadim olarak kabul edildikleri söylenemez, zira Or Hasadim hiçbir zaman Or Hohma'dan tamamen ayrılmış değildir. Tersine, içlerinde zorunlu olarak küçük bir Or Hohma Işığı vardır. Bu küçük Işığa her zaman "Roş'u olmayan VAK" dediğimizi bilmelisiniz. Böylece, Partzuf'daki on Sefirot'un Roş, Toh ve Sof denilen üç izlenimini açıklamış olduk.

53. Ve şimdi Partzufim Galgalta, AB ve AK'ın SAG'ının birbiri üzerindeki kıyafetlenme sırasını açıklayacağız. Şunu bilin, alttaki her bir Partzuf arınıp formunu Malhut ve Roş'daki Masah'la eşitlediğinde Üst derecenin Guf'unun Masah'ında ortaya çıkar. Böyle olmasının nedeni o zaman içindeki Zivug de Hakaa ile Roş'daki Masah'a dâhil olmasıdır.

Ve Guf'un Masah'ında kalan iki Reşimot'da – Aviut ve Hitlabşut – Zivug de Hakaa'dan geçince Partzuf'un Aviut'u Guf'un Aviut'u olarak tanınır. Bu tanınma ile seviyenin AK'ın ilk Partzuf'unun Roş'undan ortaya çıktığı, aşağı indiği ve kökünde Guf'unu kıyafetlendirdiği ayrımı yapılır, zira Partzuf Guf'un Masah'ındandır.

Gerçekten de, Masah yeni Partzuf'un çiftleşen Malhut'u ile ilk Partzuf'un Tabur'una inmek zorundaydı, zira ilk Partzuf'un Guf'unun son Malhut'daki Masah'ı burada başlar. Ayrıca, yeni Partzuf'un kökü ve tutunduğu yer oradadır. Bununla beraber, Aviut'un son Behina'sı Masah'dan Or Pinimi ve Or Makif'in Bituş'u (Madde 40) vasıtasıyla kaybolmuştur ve Masah'da sadece Behina Gimel'in Aviut'u kalmıştır. Bu Behina Gimel'in Aviut'una Hazeh (göğüs) denir. Bu nedenle, Masah ve yeni Partzuf'un çiftleşen Malhut'unun tutunacak yeri ve Üst Derecenin Tabur'unda kökü yoktur, sadece bir dal gibi köküne tutunduğu Hazeh'inde vardır.

54. Dolayısıyla, yeni Partzuf'un Masah'ı ilk Partzuf'un Hazeh'ine iner ve buradan Roş'un on Sefirot'u meydana gelir ve Hazeh'in yukarısında ise Üst Derecenin Pe'ine kadar Üst Işıkla Zivug de Hakaa vasıtasıyla ilk Partzuf'un Roş'unun Malhut'unu ortaya çıkartır. Ancak alt derece Üst Partzuf'un Roş'unun on Sefirot'unu hiçbir şekilde kıyafetlendiremez, zira sadece Üst Derecenin Guf'unun Masah'ı olarak kabul edilir. Sonuç olarak, Toh'daki "Guf'un on Sefirot'u" ve alt derecenin Sof'u denilen Yukarıdan aşağıya on Sefirot ortaya çıkartır.

Bu on Sefirot'un yeri Üst Partzuf'un Hazeh'inden aşağıya Tabur'a kadardır, zira Tabur'dan aşağısı Behina Dalet olan Üst Derecenin Sium'unun on Sefirot'unun yeridir. Alt derece Üst Derecenin son Behina'sına tutunamaz, zira onu Hizdakhut'u esnasında kaybeder (Madde 40). Bu nedenle, AK'ın Partzuf Hohma'sı denilen o alt Partzuf ya da AK'ın Partzuf AB'ı AK'ın ilk Partzuf'unun Tabur'unun üstünde sonlanmalıdır.

Böylece, AK'ın Partzuf AB'ının, ki bu AK'ın ilk Partzuf'unun altta olanıdır, her hangi bir Roş, Toh, Sof'unun ilk Partzuf'un Pe'inin altından Tabur'a kadar olan yeri kapladığı detaylı bir şekilde açıklandı. Böylece, ilk Partzuf'un Hazeh'i, Partzuf AB'ın Roş'unun Pe'inin, çiftleşen Malhut'un yeridir ve ilk Partzuf'un Tabur'u Partzuf AB'ın Sium Raglin'inin yeridir, yani son Malhut'un.

55. Partzuf AK'dan Partzuf AB'ın ortaya çıkış sırası açıklamış olduğumuz gibi Asiya dünyasının sonuna kadar tüm Partzufim'de aynıdır. Alttaki her Partzuf, arındıktan ve oradaki Zivug de Hakaa ile Üst Derecenin Roş'unun Malhut'unun Masah'ına dâhil olduktan sonra kendisinden Üstün olan Partzuf'un Guf'unun Masah'ından ortaya çıkar.

Sonrasında, oradan Üst Derecenin Guf'undaki tutunma noktasına çıkar ve Üst Işıkla Zivug de Hakaa ile aşağıdan Yukarıya doğru Roş'un on Sefirot'unu meydana getirir. Ayrıca, AK'ın Partzuf AB'ında açıklandığı gibi Partzuf Yukarıdan aşağıya Toh ve Sof'da Guf'un on Sefirot'una genişler. Ancak, başka yerde de yazıldığı gibi Partzuf'un sonuyla ilgili farklılıklar vardır.

AK'IN TSİMTSUM NHY'Sİ DENİLEN TSİMTSUM BET

56. Böylece, içindeki Üst Işığı almaması için Malhut'un Kli'si – Behina Dalet – üzerinde gerçekleşen Tsimtsum Alef (ilk kısıtlama) konusunu iyice açıklamış olduk. Ayrıca, Masah ve Or Hozer'i yükselten Üst Işıkla Zivug de Hakaa'sı konusunu da açıkladık. Bu Or Hozer Behina Dalet yerine yeni alma kapları oldu.

Ayrıca, her Partzuf'da, her bir Partzuf'un Guf'unun dört izlenimi TANTA'yı meydana getiren ve Guf'un Masah'ının Roş'un Masah'ı olarak kabul edilmesini sağlayan Or Makif ve Or Pinimi'nin Bituş'u ile Gufim'de (Guf'un çoğulu) yapılan Guf'un Masah'ının

DÜNYALARIN EVRİMİ

Hizdakhut'u da açıklandı. Bu onu Üst Işıkla Zivug de Hakaa yapmaya nitelikli kılar ki bundan bir önceki Partzuf'dan bir derece aşağıda başka bir Partzuf doğar. Sonuç olarak Galgalta, AB, SAG denilen AK'ın ilk üç Partzufim'inin ortaya çıkışını ve birbirleri üzerindeki kıyafetlenme sırasını açıklamış olduk.

57. Bu üç Partzufim'de, Galgalta, AB ve AK'ın SAG'ı, dört ABYA dünyası için bir kök bile yoktur, zira burada BYA dünyaları için yer bile yoktur. Bunun nedeni, AK'ın iç Partzuf'unun bu dünyaya kadar uzanmasıdır ve Tsimtsum'un nedeni olan arzulanan ıslahın kökü ifşa olmamıştır. Böyle olmasının nedeni Behina Dalet'de ortaya çıkan Tsimtsum'un amacının Partzuf'u ıslah etmesidir, böylece Üst Işığı alırken içinde form eşitsizliği olmayacaktır (Madde 14).

Bir başka deyişle, o Behina Dalet'den Âdem'in Guf'unu yaratmak için kişi Yaratıcısına mutluluk ihsan etmek için Maneviyat ve Islahlarla iştigal ederek Behina Dalet'deki alma gücünü ihsan etmeye çevirecektir. Bununla kişi alma formunu ihsan etme formuyla eşitleyecektir ve bu ıslahın sonu olacaktır, zira bu hiç bir form eşitsizliği olmaksızın Işıkla tam Dvekut içindeyken Behina Dalet'i Üst Işığı almak için bir kap olmaya geri getirecektir.

Ancak şimdiye kadar bu ıslahın kökü ifşa edilmedi, zira bu insanın (Âdem) Behina Dalet'in üzerinde daha üst Behinot'a dâhil olmasını gerektirir ki ihsan etmek için iyi işler gerçekleştirebilsin. Ve Âdem AK'ın Partzufim'i koşulundan ayrılmış olsaydı tamamen boşluk koşulunda olurdu. Çünkü o zaman Âdem'in Guf'unun kökü olması gereken Behina Dalet'in tümü boş ve karanlık boşluk olarak AK'ın Raglaim'inin altında (ayaklar) olurdu, zira Üst Işığın formunun zıttı olurdu. Dolayısıyla, ayrı ve ölü kabul edilirdi.

Ve eğer Âdem bundan yaratılsaydı eylemlerini hiçbir şekilde ıslah edemezdi, zira içinde hiç ihsan etme kıvılcımı olmazdı. İhsan etme formunun hiç bulunmadığı ve hayatının sadece kendisi için olduğu hayvan olmaya mahkûm olurdu. Bu tıpkı kendileri için alma ihtirasına batmış, "ve yaptıkları iyiliği bile kendileri için yapan", günahkârlar gibi olurdu. Onlarla ilgili şöyle denir, "günahkârlar – yaşamları boyunca 'ölü' kabul edilirler", zira onlar Yaşamların Yaşamı'yla form zıtlığındadırlar.

58. Bilgelerimizin sözlerinin anlamı budur: "Başlangıçta, O dünyayı Din (yargı) niteliği ile yaratmayı düşündü. Dünyanın var olmadığını gördü ve Rahamim (merhamet) niteliği ile devam etti ve bu niteliği Din niteliği ile ilişkilendirdi (Bereşeet Rabba, 12). Bu maneviyatta her "ilk" ve "sonraki" nin sebep sonuç ile ilgili olduğu anlamına gelir.

Bu yüzden şöyle yazar, tüm dünyalar yaratılmadan önce, dünyaların yaratılmasına ilk neden olan AK dünyasının Partzufim'i, Yargı niteliğinde yaratılmıştı, yani sadece Midat ha Din (yargı niteliği) olarak bilinen Malhut olarak. Bu kısıtlanmış ve boşluk olarak ayrılmış Behina Dalet ve AK'ın Raglaim'inin sonuçlanmasıyla ilgilidir, yani herhangi bir Işıktan mahrum, boşluk formunda AK'ın Raglaim'inin Sium'unun altında bu dünyanın noktası.

"Dünyanın var olmadığını gördü", bu şekilde Behina Dalet'den yaratılacak olan Âdem'in kendisinin vasıtasıyla dünyanın arzulanan ölçüde ıslah olması için ihsan etme eylemleri edinmesinin imkânsız olduğu anlamına gelir. Bu nedenle "Rahamim niteliği Din niteliği ile ilişkilendirilmiştir."

Açıklama: Sefira (Sefirot'un tekili) Bina, Midat ha Rahamim (merhamet niteliği) olarak adlandırılır ve Sefira Malhut'a Midat ha Din denir, zira Tsimtsum onun üzerinde yapılmıştır. Kaynak (Yaratıcı), Sefira Malhut'da yapılan sonuçlandırıcı güç olan Midat ha Din'i Bina'ya – Midat ha Rahamim'e – yükseltti. Onları birbirleriyle ilişkilendirdi ve bu yolla Behina Dalet – Midat ha Din – Bina Kli'sinde ihsan etme kıvılcımlarıyla birleşti.

Bu, Behina Dalet'den ortaya çıkan Âdem'in Guf'unun ihsan etme niteliği ile birbirine geçmesini de sağladı. Böylece Yaratıcısı'na mutluluk vermek için iyi işler yapabilir, ta ki içindeki alma arzusunu tamamen ihsan etmeye çevirene dek. Bu şekilde dünya arzulanan ıslaha dünyanın yaratılışı ile gelir.

59. Malhut'un Bina'da teşekkülü AK'ın Partzuf SAG'ında ortaya çıktı ve dünyalarda kendilerinden aşağıya doğru ikinci bir Tsimtsum'u harekete geçirdi. Bunun nedeni Bina'da Üst Işık üzerinde yeni bir Sium'un gerçekleşmesidir. Bu, dünyanın üzerinde AK'ın SAG'ının Sium Raglin'inde duran son Malhut'un yükselerek Üst Işığı AK'ın SAG'ının Guf'unun Bina'sının yarısında sonlandırması anlamına gelir. Buna Tiferet denir, zira Guf'un KHB'sine HGT denir. Dolayısıyla, Tiferet Guf'un Bina'sıdır.

Ayrıca, AK'ın SAG'ının Pe'in Roş'unda duran çiftleşen Malhut AK'ın Nikvey Eynaim'ine (gözbebekleri) yükseldi ki bu Roş'un Bina'sının yarısıdır. Sonra, orada, Nikvey Eynaim'de "Nekudim dünyası" denilen AK'ın MA'sı için bir Zivug yapıldı.

60. Buna ayrıca AK'ın Tsimtsum NHY'si denir. Bunun nedeni şudur; bu dünyanın üzerinde AK'ın Partzuf Galgalta'sıyla eşit olarak sonlanan AK'ın SAG'ı Malhut'un birleşmesi ve Bina'ya yükselişi vasıtasıyla iç AK'ın Guf'unun Bina'sının yarısı olan Tiferet'in yarısında, iç AK'ın Tabur'unun üstünde sonlanır. Böyle olmasının nedeni son Malhut'un oraya yükselmesi ve Üst Işığın oradan aşağıya yayılmasını durdurmuş olmasıdır.

Bu nedenle, orada Işıktan yoksun bir boşluk oluştu. Dolayısıyla, SAG'ın TNHY'si (Tiferet, Netzah, Hod, Yesod) kısıtlandı ve Üst Işıktan mahrum kaldı. Bu nedenle Tsimtsum Bet (ikinci kısıtlama) AK'ın Tsimtsum NHY'si olarak adlandırılır, zira Tabur'un olduğu yerdeki yeni Sium vasıtasıyla AK'ın SAG'ının NHY'sinin Işıkları boşaldı.

Bunun yanı sıra SAG'ın Roş'unun AHP'ının SAG'ın Roş'u derecesinden ayrıldığı ve onun Guf'u haline geldiği kabul edilir, zira çiftleşen Malhut Nikvey Eynaim'e yükseldi ve Roş'un on Sefirot'u Nikvey Eynaim ve Yukarısında Masah'dan ortaya çıktı. Ayrıca, Nikvey Eynaim'den aşağısı Partzuf'un Guf'u kabul edilir, zira sadece Nikvey Eynaim ve aşağısından aydınlanma alabilir ki bu Guf kabul edilir.

DÜNYALARIN EVRİMİ

AK'ın SAG'ının Nikvey Eynaim'inde ortaya çıkan bu on Sefirot'un seviyesi "Nekudim dünyası" denilen on Sefirot'dur. Bu on Sefirot SAG'ın Nikvey Eynaim'inden aşağı iç AK'ın Tabur'unun altındaki yerlerine geldiler ki burada Roş ve Guf ile genişlediler. Guf'un Bina'sında yapılan bu yeni Sium'a Parsa denildiğini bilmelisiniz. Burada ayrıca içsellik ve dışsallık vardır ve sadece on dış Sefirot'a "Nekudim dünyası" denir, on iç Sefirot'a ise MA ve AK'ın kendisinin BON'u denir.

61. Bununla beraber, şunu anlamalıyız, Nekudim'in on Sefirot'u ve AK'ın MA'sı SAG'ın Roş'unun Nikvey Eynaim'inden kaynaklanıp ortaya çıktığından SAG'ı Roş'un Pe'inden aşağıya kıyafetlendirmiş olmaları gerekirdi, alttaki her Partzuf'un kendisinin üstündekini Roş'un Pe'inden aşağıya kıyafetlendirdiği diğer Partzufim'lerdeki gibi. Peki, neden böyle olmadı? Neden aşağı indiler ve AK'ın Tabur'unun aşağısını kıyafetlendirdiler? Bunu anlamak için Malhut ve Bina bir olarak bağ kurduklarında bu birleşmenin nasıl gerçekleştiğini tam olarak anlamalıyız.

62. İşin aslı, Partzuf SAG'ın ortaya çıkışı sırasında tamamen bu iç AK'ın Tabur'unun yukarısında sonlandı, AK'ın Partzuf AB'ıyla ilgili açıklandığı gibi. Tabur'dan aşağı yayılamadılar, zira iç AK'ın Behina Dalet'inin yönetimi orada, Sium'unun on Sefirot'unda başlar ve Partzufim AB ve SAG'da Behina Dalet'den hiçbir şey yoktur (Madde 54).

Ancak, Aviut'un Behina Dalet'i olan SAG'ın Masah'ından sonra AK'ın SAG'ının Nekudot'u ortaya çıkmaya başladığında içindeki Or Makif'in Bituş'u vasıtasıyla arındı ve Hitlabşut'un Behina Bet'ine ve Aviut'un Behina Alef'ine geldi, SAG'ın Taamim'i ayrıldı. Sonra, Masah'ın içinde kalan Aviut üzerinde Nekudot seviyesi VAK'ın içinde Roş olmaksızın ortaya çıktı.

Bunun böyle olmasının nedeni Aviut'un Behina Alef'i üzerinde ortaya çıkan on Sefirot'un GAR'dan yoksun ZA seviyesidir. Ayrıca, Hitlabşut'un Behina Bet'i olan erkek seviyede Bina yoktur. Bu Bina'nın VAK'ı olarak kabul edilir.

Dolayısıyla, SAG'ın Nekudot'unun seviyesinin bu formu AK'ın Tabur'unun altında Sium'un on Sefirot'u ile eşitlendi, bu da Roş'suz VAK olarak kabul edilir (Madde 52). Form eşitliğinin manevi nesneleri bir olarak bütünleştirdiği bilinir. Dolayısıyla, sonuç olarak bu seviye AK'ın Tabur'unun altına indi ve orada bir oldukları yerde AK'ın ZON'u ile karıştı, zira seviyeleri eşittir.

63. Yine de Aviut'larıyla ilgili olarak aralarında büyük mesafe olduğu gerçeğini merak edebiliriz, zira SAG'ın Nekudot'u Behina Bet'in Aviut'undan gelir ve Behina Dalet'den hiçbir şeyi yoktur. Ve ZA seviyesi olmalarına rağmen bu Behina Dalet'in ZA'sı olan AK'ın Tabur'unun altındaki ZA seviyesi gibi değildir. Böylece, aralarında büyük bir fark vardır.

Cevap şudur; Işığın kıyafetlenmesi sırasında Partzuf'un içindeki Aviut belirgin değildir, sadece Işığın ayrılmasından sonra belirgin olur. Dolayısıyla, SAG'ın Partzuf Nekudot'u ZA seviyesinde ortaya çıkıp aşağı indiğinde ve AK'ın Tabur'undan aşağı doğru ZON seviyesinde kıyafetlendiğinde Behina Bet Behina Dalet'le karıştı ve Tsimtsum Bet'e neden oldu. Bu, o Partzuf'un Guf'unun Bina'sında yeni bir Sium yarattı ve ayrıca Zivug'un olduğu yerde bir değişime sebep olarak orayı Nikvey Eynaim değil Roş'un Pe'i yaptı.

64. Böylece, Tsimtsum Bet denilen Malhut'un Bina'daki ilişkisinin sadece AK'ın Tabur'unun altında SAG'ın Partzuf Nekudot'unun genişlemesi vasıtasıyla orada ortaya çıkmasının kaynağını görüyorsunuz. Dolayısıyla, Tsimtsum Bet'den gelen Nekudim'in on Sefirot'unun seviyesi AK'ın Tabur'unun yukarısına yayılamadı, zira kaynağının yukarısında görünebilecek bir güç ve yönetim yoktur. Ve Tsimtsum Bet'in yaratıldığı yer Tabur'un altında olduğundan Nekudim seviyesi de orada genişlemek zorundaydı.

DÖRT ABYA DÜNYALARININ YERİ VE ATZİLUT VE BYA ARASINDAKİ PARSA

65. Böylece Tsimtsum Bet'in sadece SAG'ın Partzuf Nekudot'unda, AK'ın Tabur'unun altında yer alarak Sium Raglin'inden geçerek, yani bu dünyanın seviyesinin yukarısında, ortaya çıktığını öğrendik. İkinci kısıtlamayı izleyen tüm değişimlerin sadece SAG'ın o Partzuf Nekudot'unda olduğunu ve Yukarısında olmadığını bilin.

Yukarısı dediğimizde, yani Malhut'un Partzuf'u sonlandırdığı AK'ın Tiferet'inin yarısına yükselmesiyle Tiferet'in alt yarısı ve AK'ın NHYM'si boşluk formunda ortaya çıktı. Bu, AK'ın kendisinin TNHY'sinde değil sadece AK'ın SAG'ının Partzuf Nekudot'unun TBHY'sinde ortaya çıktı. Ancak, bu değişimler sadece AK'ın kendisini içinde MAN yükseltmek olarak kabul edilir. Bir başka deyişle AK kendisinde bir değişim sağlamamakla birlikte bu değişimlere Nekudim'in on Sefirot'unu yaymak için büründü.

66. Ve Malhut'un Bina'ya yükselmesi sırasında Tsimtsum ortaya çıkar çıkmaz, hatta MAN'ın yükselmesi ve AK'ın Nikvey Eynaim'inde gerçekleşen Zivug'dan bile önce, AK'ın SAG'ının Partzuf Nekudot'unun dörde bölünmesine neden oldu:

1. KHB HGT, Hazeh'ine kadar Atzilut'un yeri kabul edilir;

2. Tiferet'in alt üçte ikisi, Hazeh'den Tiferet'in Sium'una kadar, Beria dünyasının yeri oldu;

3. Üç Sefirot'u, NHY, Yetzira dünyasının yeri oldu;

4. İçindeki Malhut Asiya dünyasının yeri oldu.

67. Bunun nedeni şudur; Atzilut dünyasının yeri Üst Işığın genişlemesine değer yer anlamındadır. Ve Malhut'un sonunun Tiferet denilen Guf'un Bina'sına yükselmesinden dolayı Partzuf orada sonlanır ve Işık oradan aşağıya geçemez. Bu yüzden Atzilut dünyası orada, Hazeh üzerinde Tiferet'in yarısında sonlanır.

Ve burada yapılan yeni Sium'a "Atzilut dünyasının altındaki Parsa" denildiğini biliyorsunuz. Ve Parsa'nın altındaki Sefirot'da üç kısım olduğunu biliyorsunuz. Bunun nedeni aslında Atzilut'un altında NHYM denilen iki Sefirot'un, Guf'un ZON'u, ortaya çıkması gerekiyordu. Böyle olmasının nedeni şudur; Sium Guf'un Bina'sında yapıldığından -ki bu Tiferet'dir- Tiferet'in alt yarısının Sium'un altına gitmesine rağmen sadece Tiferet'in altındaki ZON Sium'un altındadır Tiferet'in değil.

Bunun nedeni Guf'un Bina'sı da on KHB ZON Sefirot'unu içermektedir. Ve Bina'nın bu ZON'ları Bina'ya dâhil edilen Guf'un ZON'unun kökleri olduğundan onlar gibi kabul edilirler. Dolayısıyla, Bina'nın ZON'u da ZON gibi Atzilut'un Parsa'sının altına geldi. Bu nedenle, Sefira Tiferet onun karşısında Hazeh'in olduğu yerde çatladı, zira Bina'ya yükselen Malhut orada durur ve Bina'nın ZON'unu yani Tiferet'in üçte ikisini Hazeh'den Sium'una çıkartır.

Ancak, yine de Tiferet'in üçte ikisi ile NHYM arasında bir fark var, zira Tiferet'in üçte ikisi gerçekten Guf'un Bina'sına ait ve hiçbir zaman kendilerinden dolayı Atzilut'un Sium'unun altında ortaya çıkmadılar sadece ZON'un kökleri olduklarından ortaya çıktılar. Dolayısıyla, eksiklikleri o kadar büyük değil, çünkü kendilerinden dolayı meydana gelmediler. Dolayısıyla, NHYM'den ayrıldılar ve "Beria dünyası" denilen kendi başlarına bir dünya oldular.

68. NHYM denilen Guf'un ZON'u da ikiye ayrılır: Malhut Nukva (dişi) kabul edildiğinden onun eksikliği daha fazladır ve Asiya dünyası olur. NHY olan ZA, Asiya dünyasının üzerinde Yetzira dünyası oldu.

Böylece, SAG'ın Partzuf Nekudot'u nasıl Tsimtsum Bet ile bölündü ve Atzilut, Beria, Yetzira ve Asiya dünyalarının yeri haline geldi açıklamış olduk. KHB HGT, Hazeh'ine kadar Atzilut dünyası oldu. Tiferet'in alt yarısı, Hazeh'den Tiferet'in Sium'una kadar Beria dünyasının – içindeki NHY Yetzira dünyasının ve Malhut'u da Asiya dünyasının yeri oldu. Yerleri AK'ın Tabur'unun noktasından başlar ve AK'ın Partzuf Galgalta'sının üstünde SAG'ın Partzuf Nekudot'unun kıyafetlenmesinin sonu olan AK'ın Sium Raglin'inden geçerek bu dünyanın noktasının üzerinde biter.

NEKUDİM DÜNYASINDA BAŞLATILAN KATNUT VE GADLUT

69. Artık SAG'ın Partzuf Nekudot'unda AK'ın dördüncü Partzuf'u olan Nekudim dünyasının on Sefirot'unu yaymak amacıyla ortaya çıkan Tsimtsum Bet hakkında bilginiz olduğuna göre Nekudim'in özel on Sefirot'unun ortaya çıkışını açıklamaya geri dönelim. Bir Partzuf'un bir sonrakinden ortaya çıkışını zaten açıklamıştık. Her alt Partzuf, Hizdakhut'undan ve Üst Derecenin Pe'inde Zivug'u yenilemek için yükseldikten sonra bir Üst Derecenin Guf'unun Masah'ından doğar ve kaynaklanır. Ve bu Hizdakhut'un nedeni Üst Partzuf'un Masah'ındaki Or Makif'in Bituş'udur ki bu Masah'ı Guf'unun Aviut'undan arındırır ve Roş'un Aviut'u ile eşitler (Madde 35).

Bu şekilde, AK'ın Partzuf AB'ı AK'ın Partzuf Keter'inden, AK'ın Partzuf SAG'ı AK'ın Partzuf AB'ından ortaya çıktı ve "Nekudim dünyasının on Sefirot'u" denilen AK'ın dördüncü Partzuf'u üstü olan AK'ın SAG'ından aynı şekilde doğdu ve ortaya çıktı.

70. Ancak burada başka bir konu var. Önceki Partzufim'de Masah sadece Üst Derecenin Guf'unun Aviut'unun Reşimot'undan Masah'ın Üst derecenin Roş'unun Pe'ine Hizdakhut'u sırasında yaratılmıştı. Ancak burada Nekudim için AK'ın SAG'ının Masah'ının Hizdakhut'unda bu Masah iki tür Reşimot'dan yaratıldı. AK'ın SAG'ının Guf'unun Sefirot'una kıyasla kendi Aviut'unun Reşimot'undan yaratılmanın dışında aynı zamanda Tabur'un altında AK'ın ZON'unun Aviut'unun Reşimot'unda da dâhil edilmiştir. Bunun sebebi onların AK'ın Tabur'unun altındaki karışımlarıdır, şöyle yazıldığı gibi (Madde 61), SAG'ın Nekudot'u AK'ın Tabur'unun altına indi ve orada AK'ın ZON'u ile karıştı.

71. Böylece, Katnut (küçüklük-çocukluk) ve Gadlut (yetişkinlik) burada Partzuf Nekudim'de başlamış oldu. Masah'daki Aviut'un Reşimot'una kıyasla Katnut Nekudim'in on Sefirot'u bunların üzerinde ortaya çıktı. Ve Masah'ın Reşimot'uyla karışan ve birleşen Tabur'un altındaki AK'ın ZON'unun Reşimot'una kıyasla Nekudim'in Gadlut'unun on Sefirot'u bunların üzerinde ortaya çıktı.

72. Ayrıca Masah üzerinde ortaya çıkan Katnut Nekudim'in on Sefirot'unun Partzuf Nekudim'in özü olduğunu bilmelisiniz, zira bu on Sefirot yavaş yavaş ortaya çıktı, yani Üst Derecenin Guf'unun Masah'ının özünden tıpkı AK'ın önceki üç Partzufim'inin ortaya çıkışı gibi. Fakat Nekudim'in Gadlut'unun on Sefirot'u sadece Partzuf Nekudim'e ekleme olarak kabul edilir. Bunun nedeni sadece Tabur'un altındaki AK'ın ZON'unun Reşimot'u üzerindeki Zivug'dan ortaya çıkmalarıdır ki bu yavaş yavaş olmadı, bu on Sefirot Masah'a AK'ın Tabur'unun altında SAG'ın Partzuf Nekudot'unun geri çevrilmesinden dolayı eklenip bağlandılar (Madde 70).

73. Önce Katnut Nekudim'in on Sefirot'unu açıklayacağız. AK'ın SAG'ının Hitpaştut'unu (yayılma-genişleme) müteakip Masah'ında onu arındıran Or Makif ve Or Pinimi'nin Bituş'undan geçtiğini zaten biliyorsunuz. Arındıkça ortaya çıkan seviyelere SAG'ın Nekudot'u denir ve bunlar AK'ın Tabur'unun altına indiler ve orada Behina Dalet'le karıştılar (Madde 62). Masah'daki Guf'un tüm Aviut'unun arınmasını tamamladıktan ve sadece Roş'un Aviut'uyla kaldıktan sonra SAG'ın Roş'una yükseldiği kabul edilir ki burada Masah'daki Reşimot'da kalan Aviut'un ölçüsüne göre yeni bir Zivug gerçekleşir (Madde 35).

74. Ve burada da Aviut'un son Behina'sı, Masah'daki Behina Bet'in Aviut'u, tamamen yok oldu ve geriye sadece Hitlabşut'un Reşimo'su kaldı. Böylece, Behina Alef hariç Aviut'dan başka bir şey kalmadı. Dolayısıyla (Madde 43), Masah SAG'ın Roş'unda iki tür Zivugim (Zivug'un çoğulu) aldı:

    1. Hitlabşut'un (kıyafetlenme) Behina Bet'i içindeki Aviut'un Behina Alef'inin Hitkalelut'u. Buna "erkek Reşimo'nun içindeki dişi Reşimo'nun Hitkaleleut'u" denir ve bu neredeyse Bina'ya yakın bir seviye ortaya çıkardı ki buna Bina'nın VAK'ı seviyesidir. Bu seviye "Nekudim'in Sefira Keter'i" olarak adlandırılır.

2. Dişinin Reşimo'suyla birlikte erkeğin Hitkalelut'u, Aviut'un Behina Alef'indeki Hitlabşut'un Behina Bet'inin Reşimo'su, Roş'suz VAK olarak kabul edilen ZA seviyesini ortaya çıkardı ki buna "Nekudim'in İma ve Aba'sı sırt sırta" denir.

Bu iki seviyeye Nekudim'in GAR'ı denir, yani Roş Nekudim'in on Sefirot'u kabul edilirler, zira her Roş GAR ya da KHB olarak adlandırılır. Ancak aralarında bir fark vardır: erkek seviyede olan Nekudim'in Keter'i Guf'un içine yayılmaz sadece Roş'da parlar. Sadece dişi seviye olan Nekudim'in AVİ'si, ki buna "Nekudim'in yedi alt Sefirot'u" ya da "Nekudim'in HGT NHY'si" denir, Guf'a genişler.

75. Dolayısıyla, biri diğerinin altında üç seviye vardır:

1. Bina'nın VAK'ı seviyesiyle Nekudim'in Keter'i.
2. Nekudim'in AVİ (Aba ve İma) seviyesi ki bu ZA seviyesine sahiptir. Bunların her ikisi de Roş kabul edilirler.
3. Nekudim'in Guf'u kabul edilen Nekudim'in ZAT'ı, HGT NHYM.

76. Malhut'un Bina'ya yükselişi ile Nekudim'in bu iki derecesi çıkışları üzerine iki yarıya ayrılırlar, bunlara Panim (yüz) ve Ahoraim (sırt) denir. Böyle olmasının nedeni şudur; Zivug Nikvey Eynaim'de yapıldığından Roş'da sadece iki buçuk Sefirot vardır – Galgalta, Eynaim (gözler) ve Nikvey Eynaim yani Keter, Hohma ve Bina'nın Üst yarısı. Bunlara Panim'in Kelim'i (yüzün Kelim'i) denir.

Bina'nın alt yarısı olan AHP'ın Kelim'i ZA ve Nukva Roş'un on Sefirot'undan ortaya çıktı ve Roş'un altındaki derece kabul edilmişlerdi. Dolayısıyla, Roş'dan ayrılan Roş'un Kelim'i Ahoraim'in Kelim'i (sırtın Kelim'i) kabul edilir. Her derece bu şekilde bölünmüştü.

77. Bundan Panim ve Ahoraim'i olmayan bir tek derecenin bile olmadığı sonucu çıkar. Bunun nedeni, erkek seviyenin AHP'ının, Nekudim'in Keter'inin Keter seviyesinden ortaya çıkması ve Nekudim'in AVİ'sinin derecesine, dişi seviyeye inmesidir. Ve dişi seviyenin AHP'ı – Nekudim'in AVİ'si – indiler ve Guf derecelerine, Nekudim'in yedi alt HGT NHY Sefirot'una düştüler.

Bundan AVİ'nin iki Behinot, Panim ve Ahoraim'i içerdiği sonucu çıkar: Bunların içinde Keter derecesinin Ahoraim'i vardır, yani Keter'in AHP'ı ve bunların üstünde AVİ'nin Panim'inin Kelim'i kendilerini kıyafetlendirirler, yani kendi Galgalta, Eynaim ve Nikvey Eynaim'i. Ayrıca, Nekudim'in ZAT'ı Panim ve Ahoraim içerir: AHP'ları olan AVİ'nin Ahoraim'inin Kelim'i ZAT'ın içindedirler ve ZAT'ın Panim'inin Kelim'i onları kıyafetlendirir.

78. İki yarıya ayrılma durumu Nekudim'in derecelerinin Behinat Nefeş Ruah'dan fazlasını, yani GAR'ı olmayan VAK'ı içeremeyecek duruma getirdi. Bunun nedeni her derecenin üç Kelim, Bina ve ZON'dan yoksun olmasıdır, dolayısıyla da orada GAR Işıklarının, Neşama, Haya, Yehida (Madde 24), yokluğu söz konusudur. Böylece, Nekudim'in Katnut'unun on Sefirot'unu, ki bunlar Keter, AVİ ve ZAT denilen üç derecedir, detaylı olarak açıklamış olduk. Her derece Kelim'de sadece Keter Hohma ve Işıklarda Nefeş Ruah içerir, zira her derecenin Bina ve ZON'u kendi altındaki dereceye düşmüştür.

MAN YÜKSELTMEK VE NEKUDİM'İN GADLUT'UNUN ORTAYA ÇIKIŞI

79. Şimdi, Tabur'unun altındaki (Madde 71) AK'ın ZON'unun Reşimot'unun MAN'ı üzerinde ortaya çıkan Nekudim'in Gadlut'unun (yetişkinlik-büyüklük-yücelik) on Sefirot'unu açıklayacağız. Öncelikle MAN yükseltmeyi anlamalıyız. Şimdiye kadar sadece arınır arınmaz Guf'un Masah'ının Üst Derecenin Roş'unun Pe'ine yükselişini açıkladık. Ayrıca, buna dâhil olan bir Zivug de Hakaa da vardı ki bu alt derecenin ihtiyacı için on Sefirot seviyesini meydana getirir. Fakat şimdi Mayin Nukvin (MAN/ dişil su) yükseltme konusu "MAN yükseltmek" olarak adlandırılan AK'ın Guf'unun ZON'unun Reşimot'u olan AK'ın Tabur'unun altından SAG'ın Roş'una yükselen bu Işıklar için yenilendi.

80. MAN yükseltmenin kökünün Or Yaşar'ın (Direkt Işık) (Madde 5) on Sefirot'unun ZA ve Bina'sından olduğunu bilin. Or Hasadim olarak kabul edilen Bina'nın Behina Gimel olarak bilinen Sefira Tiferet'i meydana getirdiğinde Hohma ile tekrar birleştiği ve oradan ZA olan Tiferet için Hohma ışığını genişlettiği açıklanmıştı. ZA'nın büyük bir kısmı Bina'nın Or Hasadim'inden ve az bir kısmı Hohma ışığıyla ortaya çıktı.

ZA ve Bina arasındaki bağın yapıldığı yer burasıdır, her zamanki gibi ZA'nın Reşimot'u Bina'ya yükselir, Bina Hohma'yla birleşir ve oradan ZA için Hohma ışığını genişletir. Onu Hohma'yla birleştiren ZA'nın Bina'ya bu yükselişi her zaman "MAN yükseltmek" olarak adlandırılır. ZA'nın Bina'ya bu yükselişi olmadan Bina Hohma'ya Nukva kabul edilmez, çünkü kendisi sadece Or Hasadim'dir ve Or Hohma almaya ihtiyacı yoktur.

Bina Hohma'yla her zaman sırt-sırta kabul edilir ki bu Hohma'dan almak istemediği anlamına gelir. Sadece ZA Bina'ya yükseldiğinde Bina Hohma için bir kez daha Nukva olur ki bu ZA için Hohma ışığı almak amacıyladır. Böylece ZA'nın yükselişi Bina'yı Nukva yapar ve bu nedenle yükselişi Mayin Nukvin olarak adlandırılır zira ZA'nın yükselişi bir kez daha onu yüz-yüze getirir. Bu Bina'nın Hohma'dan Nukva'nın erkekten aldığı gibi aldığı anlamına gelir. Böylece MAN yükseltmeyi detaylı olarak açıkladık.

81. AK'ın Partzuf AB'ının Partzuf Hohma ve AK'ın Partzuf SAG'ının Partzuf Bina olduğunu zaten biliyorsunuz. Bu, seviyelerinin en Üst Behina'larına göre ayrıldıkları anlamına gelir. En Üst Behina'sı Hohma olan AB Hohma'nın tümü olarak kabul edilir. En Üst Behina'sı Bina olarak kabul edilen SAG Bina'nın tümü olarak kabul edilir.

Dolayısıyla, AK'ın Tabur'unun altındaki Guf'un ZON'unun Reşimot'u SAG'ın Roş'una yükseldiğinde oradaki SAG'a MAN oldular ki Bina olan SAG bunun için Hohma olan Partzuf AB ile çiftleşti. Sonuç olarak AB SAG'a oraya yükselen Tabur'un altında ZON'un ihtiyaçları için yeni bir Işık verdi.

AK'ın ZON'u bu yeni Işığı alır almaz AK'ın Tabur'unun altındaki yerlerine Nekudim'in on Sefirot'unun olduğu yere tekrar indiler ve burada yeni Işığı Nekudim'in on Sefirot'unun içinde aydınlattılar. Bu, Nekudim'in on Sefirot'unun Gadlut'un

DÜNYALARIN EVRİMİ

Mohin'idir (Işık). Böylece, ikinci tür Reşimot üzerinde ortaya çıkan ve AK'ın Tabur'unun altındaki ZON'un Reşimot'u olan Gadlut'un on Sefirot'unu açıklamış olduk (Madde 71). Aslında, aşağıda da yazıldığı gibi kapların kırılmasına neden olan şey bu Gadlut'un Mohin'leridir.

82. Yukarıda (Madde 74) açıklandığı gibi Nekudim'in Roş'unda Keter ve AVİ denilen iki derece vardır. Dolayısıyla, AK'ın ZON'u Nekudim'in on Sefirot'una yeni AB SAG Işığını yansıttığında öncelikle Keter'in kıyafetlendiği AK'ın Tabur'undan geçerek Nekudim'in Keter'ine yansıdı ve onu GAR olarak Işıklarla ve Kelim olarak da Bina ve ZON'da tamamladı. Sonuç olarak, Nekudim'in Keter'i AVİ'nin kıyafetlendiği AK'ın Yesod'undan geçerek Nekudim'in AVİ'sini aydınlattı ve onları Işıklarla ve Kelim olarak da Bina ve ZON'da tamamladı.

83. Öncelikle, Nekudim'in on Sefirot'unda bu yeni Işığın neden olduğu Gadlut'u açıklayalım. Konu şu ki Madde 74'de ne yazdığını sormamız lazım, yani Keter seviyesi ve Nekudim'in AVİ'si VAK kabul edilmişlerdi çünkü Behina Alef'in Aviut'u üzerinde ortaya çıktılar. Ancak, SAG'ın Nekudot'unun AK'ın Tabur'unun altına inmesiyle Behina Dalet'in Bina olan SAG'ın Nekudot'u ile birleştiğini söylemiştik. Dolayısıyla, bu Masah Aviut'un Behina Dalet'inin Reşimo'sunu da içerir. Bu durumda, SAG'ın Roş'unda Masah'ın Hitkalelut'u sırasında on Sefirot Keter ve Yehida Işıkları seviyesinde ortaya çıkmalıydı Sefira Keter'deki Bina'nın VAK'ında ve AVİ'deki Roş'suz VAK seviyesinde değil.

Cevap şu ki yer sebeptir. Behina Dalet Nikvey Eynaim olan Bina'ya dâhil olduğuna göre Aviut Dalet orada Bina'nın içselliğinde yok oldu sanki hiç orada olmamış gibi. Dolayısıyla, Zivug sadece Hitlabşut'un Behina Bet'inin Reşimo'sunda ve Aviut'un Behina Alef'inde gerçekleşti ki bunlar zorunlu olarak sadece Bina'nın Masah'ındandırlar (Madde 74) ve orada sadece iki seviye ortaya çıktı: Bina'nın VAK'ı ve tamamlanmış VAK.

84. Dolayısıyla, şimdi Tabur'un altındaki AK'ın ZON'u yeni Işığı AK'ın AB SAG'ından MAN'ları ile genişlettiler ve Nekudim'in Roş'una kadar aydınlattılar (Madde 81). Ve AK'ın Partzuf AB'ının Behina Dalet'i Nikvey Eynaim'in olduğu yere yükselten bu Tsimtsum Bet ile bir bağı olmadığından Işığı Nekudim'in Roş'una çekildiği zaman Zivug'un yerini Nikvey Eynaim'e yükselten içindeki Tsimtsum Bet'i tekrar iptal etti. Ayrıca, Behina Dalet'i de Tsimtsum Alef'den önceki Pe'deki yerine, Roş'un Pe'inin olduğu yere geri indirdi.

Böylece, Tsimtsum Bet'den (Madde 76) dolayı derecelerinden düşen üç Kelim – Avzen (kulak), Hotem (burun) ve Pe (ağız) – şimdi yerlerine – önceki derecelerine geri döndüler. O zaman Zivug'un yeri bir kez daha Nikvey Eynaim'den Roş'un Pe'indeki Behina Dalet'in yerine indi. Ve Behina Dalet zaten yerinde olduğundan on Sefirot orada Keter seviyesinde ortaya çıktı.

Böylece, AK'ın ZON'u Nekudim'in Roş'una genişlettiği yeni Işık vasıtasıyla üç yeni Işık, Neşama, Haya, Yehida ve ilk ortaya çıktığında olmayan Bina ve ZON olan üç Kelim AHP'ı edindi.

85. Şimdi Nekudim'in Katnut ve Gadlut'unu detaylı biçimde açıklamış olduk. Alt Hey'i – Behina Dalet – gizlenmiş olduğu Nikvey Eynaim'in olduğu yere yükselten Tsimtsum Bet Nekudim'in Katnut seviyesine – VAK seviyesi ya da Nefeş Ruah Işıklarında ZA – neden oldu. Orada Kelim'de Bina ve ZON'dan ve Işıklarda Neşama, Haya ve Yehida'dan yoksundular. Ve Nekudim'e AK'ın AB SAG'ının yeni bir Işığının yaklaşımıyla Tsimtsum Alef yerine döndü.

Kelim'in Bina ve ZON'u Roş'a geri döndü, zira alttaki Hey Nikvey Eynaim'den aşağı indi ve Pe denilen yerine – Malhut – geri döndü. Sonra yerine geri dönen Behina Dalet'de bir Zivug oldu ve Keter ve Yehida seviyesinde on Sefirot ortaya çıktı. Bu, Işıkların NRNHY'sini ve Kelim'in KHB ZON'unu tamamladı.

Kısacası, buradan itibaren Tsimtsum Bet ve Katnut'a "alttaki Hey'in Nikvey Eynaim'e yükselişi ve AHP'ın aşağı inişi" diyeceğiz. Ayrıca, Gadlut'u "alttaki Hey'i Nikvey Eynaim'den indiren ve AHP'ı yerlerine geri getiren AB SAG Işığının yaklaşması" ismiyle anacağız. Bu açıklamayı aklınızda tutun.

Ayrıca, GE (Galgalta Eynaim) ve AHP'ın Roş'un KHB ZON on Sefirot'unun isimleri olduğunu ve Guf'un on Sefirot'unun HGT NHYM olarak adlandırıldığını da aklınızda tutmalısınız. Bunlar da GE ve AHP'a bölünmüşlerdir, zira Hesed ve Gevura ve Tiferet'in Üst üçte biri – Hazeh'den geçerek – Galgalta ve (ve) Eynaim ve Nikvey Eynaim'dir ve Tiferet'in üçte ikisi ve NHYM AHP'dır, yukarıda yazılmış olduğu gibi.

Ayrıca, Galgalta, Eynaim ve Nikvey Eynaim ya da HGT Hazeh'e kadar Panim'in Kelim'i (yüzün Kelim'i) olarak adlandırılır. Ve AHP ya da Tiferet'in üçte ikisi ve Hazeh'den aşağı NHYM Ahoraim'in Kelim'i (sırtın Kelim'i) olarak adlandırılır, Madde 76'da yazdığı gibi. Ve ayrıca Tsimtsum Bet ile ortaya çıkan ve tüm derecede sadece Panim'in Kelim'ini bırakan derecenin parçalanmasını da aklınızda tutmalısınız. Ve son olarak, her alttaki derece içinde Üst Derecenin Ahoraim'inin Kelim'ini içerir (Madde 77).

ÜÇ NEKUDOT, HOLAM, ŞURUK, HİRİK'İN AÇIKLANMASI

86. Nekudot'un (noktalar) üç Behinot'a – Roş, Toh ve Sof – ayrıldığını bilin, bunlar

• Üst Nekudot, Otiot'un (harfler) yukarısında, Holam ismine dâhil edilmiş;

• Orta Nekudot, Otiot'un içinde, Şuruk ya da Melafom ismine dâhil edilmiş, Vav ve içinde bir nokta anlamında;

• Alt Nekudot, Otiot'un altında, Hirik ismine dâhil edilmiş.

87. Bunların açıklaması şöyledir: Otiot Kelim'dir, yani Guf'un Sefirot'u. Bunun nedeni Roş'un on Sefirot'unun asıl Kelim değil Kelim'in kökleri olmasıdır. Nekudot Kelim'in devamlılığını sağlayan ve onları hareket ettiren Işıklar demektir yani Or Haya denilen Or Hohma'dır. Bu AK'ın ZON'unun AB SAG'dan aldığı ve Nekudim'in Kelim'ini aydınlatan yeni bir Işık olarak kabul edilir, alt Hey'i her derecenin Pe'ine geri getirir ve Kelim'in AHP'ını ve Işıkların GAR'ını her dereceye geri getirir.

Böylece bu Işık AHP'ın Kelim'ini hareket ettirir ve onları alt dereceden yükseltir, başlangıçta olduğu gibi Üst Derece ile birleştirir. Otiot'u hareket ettiren Nekudot'un anlamı budur. Ve bu Işık Or Haya olan AK'ın AB'ından uzandığı için içlerinde kıyafetlenerek AHP'ın o Kelim'ini yeniden canlandırır.

88. AK'ın ZON'unun bu yeni Işığı Nekudim'in on Sefirot'una iki yerden geçerek yansıttığını artık biliyorsunuz: AK'ın ZON'u Nekudim'in Keter'ini Tabur'dan geçerek aydınlattı ve Nekudim'in AVİ'sini Yesod'dan geçerek aydınlattı.

Tabur'dan geçen bu ışığa Holam denildiğini bilin. Holam onların yukarısındaki Otiot için ışık saçar. Böyle olmasının nedeni şudur; Tabur'un aydınlanması sadece Nekudim'in Keter'ine, Nekudim'in Roş'unun erkek seviyesine, ulaşır (Madde 74). Ve erkek seviye Guf'un Kelim'i olan ve Otiot olarak adlandırılan Nekudim'in alt yedi seviyesine genişlemez, dolayısıyla, Otiot'un kendilerinin içine genişlemeden onları sadece yukarıdaki yerinden aydınlattığı kabul edilir.

Yesod'dan geçen ışığa Şuruk denir, yani Otiot'un çizgisinin içinde, ortasında nokta olan Vav. Bunun nedeni şudur; bu aydınlanma Nekudim'in Roş'unun dişi seviyesi olan Nekudim'in AVİ'sine gelir ki bunların Işıkları da Guf'un içine genişler, bunlar Otiot denilen Nekudim'in ZAT'ıdır. Bu nedenle Şuruk noktasını Otiot çizgisinin içinde görürsünüz.

89. Böylece Holam ve Şuruk detaylı bir şekilde açıklanmış oldu. Alt Hey'i Keter'in Nikvey Eynaim'inden Pe'e indiren ve Keter'in AHP'ını bir kez daha yükselten, Tabur'dan geçerek yeni bir Işığın aydınlatması Otiot'un yukarısında Holam noktasıdır. Alt Hey'i AVİ'nin Nikvey Eynaim'inden onların Pe'ine indiren ve AHP'lerini geri döndürerek Yesod'dan geçen yeni bir Işığın aydınlatması Otiot'un içinde Şuruk noktasıdır. Bunun nedeni bu Mohin'in de Otiot denilen Nekudim'in ZAT'ına gelmeleridir.

90. Hirik, ZAT'ın kendilerinin Hazeh'lerinde duran son alt Hey'i aşağı AK'ın Sium Raglin'ine getirmek için AVİ'den aldıkları yeni Işık kabul edilir. Böylece AHP'ları yani BYA'nın yeri olmuş olan Hazeh'den aşağıdaki Kelim onlara geri döner. O zaman BYA bir kez daha Atzilut gibi olabilir.

Ancak Nekudim'in ZAT'ı alt Hey'i Hazeh'den aşağı getiremedi ve Tsimtsum Bet, Parsa ve BYA'nın yerini tamamen iptal edemedi. Tersine, Işığı BYA'nın içine genişlettiklerinde ZAT'ın tüm Kelim'i anında kırıldı, zira Parsa'da duran son alt Hey'in gücü bu Kelim'le karışmıştı.

Dolayısıyla Işık oradan anında ayrılmak zorunda kaldı ve Kelim kırıldı, öldü ve BYA'nın içine düştü. Ayrıca, Parsa'nın yukarısındaki Kelim, Hazeh'in yukarısında bulunan Kelim, Panim'in Kelim'i de kırıldı, zira Işık oradan da ayrıldı. Böylece kırıldılar ve Ahoraim'in Kelim'i ile tek Guf'da birleşmekten dolayı BYA'ya düştüler.

91. Böylece görüyorsunuz ki Hirik'in noktası ortaya çıkamadı ve Nekudim dünyasını kontrol edemedi, zira dahası, kapların kırılmasına neden oldu. Bunun nedeni Hirik'in Otiot'un içinde, BYA olmuş olan Atzilut'un Parsa'sının altındaki TBHYM'in içinde kıyafetlenmek istemesiydi.

Bununla beraber, daha sonra Tikun dünyasında Hirik noktası bu ıslahı aldı, zira Otiot'un altında aydınlanarak ıslah olmuştu. Bu, son alt Hey'i Hazeh'den AK'ın Sium Raglin'ine indirmesi ve TNHYM'nin Kelim'ini Atzilut'a bağlaması gereken Atzilut'un ZAT'ı AVİ'den Gadlut'un Işığını aldığında Işıklar AK'ın Sium Raglin'ine yayılacak anlamına gelir. Ancak böyle yapmazlar, bu TNHY'i Parsa'nın yukarısına BYA'nın yerinden Atzilut'un yerine yükseltirler ve Işıkları Atzilut'un Parsa'sının yukarısındayken alırlar ki içinde Nekudim dünyasında olduğu gibi kapların kırılması ortaya çıkmasın.

Bu, Atzilut'un ZAT'ının TNHYM'sinin Kelim'ini yükselten Hirik noktasının yükselttiği TNHYM'nin Kelim'inin altında durduğu şeklinde kabul edilir, yani Hirik noktası Atzilut'un Parsa'sında durur. Böylece, Hirik noktası Otiot'un altında hizmet eder. Bu, üç noktayı, Holam, Şuruk, Hirik'i genel olarak açıklar.

NEKUDİM'İN ZAT'ININ MAN'ININ AVİ'YE YÜKSELİŞİ VE SEFİRA DAAT'IN AÇIKLANMASI

92. Nekudim'in on Sefirot'unun Katnut'u ortaya çıktığında Tsimtsum Bet'de meydana gelen alt Hey'in Nikvey Eynaim'e yükselişinden dolayı her derecenin iki parçaya ayrıldığı zaten açıklanmıştı.

• Galgalta ve Eynaim derecenin içinde kaldı; dolayısıyla bunlar Panim'in Kelim'i (yüzün Kelim'i) olarak adlandırılır.

• Derecelerinden bir alta düşen Avzen, Hotem ve Pe de dolayısıyla Ahoraim'in Kelim'i (sırtın Kelim'i) olarak adlandırılır.

Dolayısıyla, şimdi her derece içsellik ve dışsallıktan oluşuyor, zira Üst Derecenin Ahoraim'in Kelim'i kendi Yüzün Kelim'inin içselliğine düştü. Ve düşen Keter Nekudim'in AHP'ı AVİ'nin Galgalta ve Eynaim'inin içinde kıyafetlendi ve düşen AVİ'nin AHP'ı Nekudim'in ZAT'ının Galgalta ve Eynaim'inin içinde kıyafetlendi (Madde 76).

93. Sonuç olarak AK'ın AB SAG'ının yeni Işığı dereceye geldiğinde ve Nekudim'in Gadlut'u sırasında alttaki Hey'i Pe'deki yerine indirdiğinde derece onun AHP'ını geri getirir ve Hey'in Kelim'inin on Sefirot'u ve Işıkların on Sefirot'u tamamlanmış olur. O zaman Üst Derecenin AHP'ına bağlı olan alt derecenin de onlarla birlikte Üst Dereceye yükseldiği kabul edilir.

DÜNYALARIN EVRİMİ

Böyle olmasının nedeni bir kurala bağlıdır, "maneviyatta eksiklik yoktur". Ve Katnut sırasında alt derece Üst Derecenin AHP'ına bağlanmış olduğundan Üst Derecenin AHP'ı derecelerine döndüğü zaman, Gadlut sırasında da birbirlerinden ayrı değillerdir. Bundan alt derecenin artık bir Üst derece haline geldiği sonucu çıkar, zira Üst Dereceye çıkan alt derece O'nun gibi olduğu sonucu çıkar.

94. Böylece AVİ AB SAG'ın yeni Işığını alıp alt Hey'i Nikvey Eynaim'den tekrar Pe'lerine indirdiğinde ve AHP'larını tekrar onlara yükselttiğinde Katnut sırasında bu AHP'ı kıyafetlendiren ZAT da şimdi onlarla birlikte AVİ'ye yükseldi. Böylece, ZAT AVİ ile tek bir derece oldu. ZAT'ın bu AVİ'ye yükselişine "MAN yükseltmek" denir. Ve AVİ ile aynı derecede olduklarında AVİ'nin de Işığını alırlar.

95. Ve MAN olarak adlandırılır çünkü ZA'nın Bina'ya yükselişi onu Hohma ile yine yüz-yüze olmaya getirir (Madde 80). Her ZAT'ın ZON olduğu bilinir. Dolayısıyla, ZAT AVİ'nin AHP'ı ile AVİ derecesine yükseldiğinde AVİ'nin on Sefirot'unun Bina'sına MAN oldular. O zaman ZA AVİ'nin Hohma'sıyla yüz-yüze olmaya geri gelir ve Hohma aydınlanması ile yükselen Nekudim'in ZAT'ı olan ZON'u sağlar.

96. ZAT'ın AVİ'ye yukarıda bahsedilen yükselişine rağmen bu yerlerinden tamamen yoksun oldukları ve AVİ'ye yükseldikleri anlamına gelmez, zira maneviyatta eksiklik yoktur. Ayrıca, maneviyatta her hangi bir "yer değişikliği" kişinin fizksellikte yer değiştirmesi gibi önceki yerden ayrılıp yeni bir yere geçmiş olmak anlamına gelmez. Tersine burada sadece bir ekleme vardır: eski yerlerinde dururken yeni yerlerine geldiler. Dolayısıyla, ZAT AVİ'ye MAN için geldiğinde hâlâ önceki gibi eski yerlerinde, önceki alt seviyelerinde kaldılar.

97. Benzer şekilde, ZON'un AVİ'ye MAN için yükseldiğini ve orada Işıklarını aldıklarını, oradan ayrıldıklarını ve aşağıdaki yerlerine geri döndüklerini söylememize rağmen bu yukarıdaki yerlerinden ayrıldıkları ve aşağıdaki yere geçtikleri anlamına gelmez. ZON yukarıda AVİ'deki yerinde olmasaydı AVİ'nin yüz-yüze Zivug'u anında dururdu ve önceki gibi sırt-sırta olmaya geri dönerlerdi. Bu onların bolluğunu dururdurdu ve ZON, aşağıda Mohin'inin de kaybederdi.

Bina'nın doğal olarak Or Hasadim'e özlem duyduğu yukarıda açıklanmıştı, şöyle denildiği gibi, "zira o merhametten haz alır". Bina'nın Or Hohma almak gibi bir ilgisi yoktur; çünkü Hohma ile sırt-sırtadır. Sadece ZON onlara MAN için yükseldiğinde Bina ZA'ya Hohma ışığını yansıtmak için Hohma ile yüz-yüze Zivug'a döner (Madde).

Dolayısıyla, ZON'un AVİ'nin yüz-yüze Zivug'una süreklilik ve mevcudiyet verebilmesi için orada kalması gerekmektedir. Bu nedenle, ZON'un aşağıdaki yerlerine geldiğinde AVİ'nin yerinde olmadığı söylenemez. Tersine, daha önce söylediğimiz gibi her hangi bir "yer değişikliği" sadece eklemedir. Dolayısıyla, ZON yerlerinden inmelerine rağmen yine de yukarıda kaldılar.

98-99. Şimdi Nekudim dünyasında başlangıç yapan Sefira Daat'ı anlayabilirsiniz. AK'ın tüm Partzufim'inde, Nekudim'e kadar, sadece on Sefirot KHB ZON vardır. Ancak Nekudim'den ötesinde KHBD ZON olarak addettiğimiz Sefira Daat vardır.

Konu şu ki AK'ın Partzufim'inde hiç MAN yükselmemişti, sadece Masah'ın Roş'un Pe'ine yükselişi vardı (Madde 79). Ancak, Sefira Daat'ın ZON'un MAN'ından AVİ'ye yükseldiğini bilmelisiniz, zira Hohma ve Bina'ya MAN için yükselen ZON'un oradan çıkıp aşağıdaki yerlerine dönmelerine rağmen AVİ'nin yüz-yüze Zivug'una süreklilik ve mevcudiyet sağlamak için orada kaldıkları açıklandı. AVİ'de kalan bu ZON "Sefira Daat" olarak adlandırılır. Dolayısıyla, şimdi HB onlara yüz-yüze Zivug'da devamlılık sağlayan ve yerleştiren Sefira Daat'a sahiptir. Bunlar oraya MAN için yükselen ve ZON'un yerlerine geçmelerinden sonra da orada kalan ZON'dur.

Dolayısıyla, buradan itibaren on Sefirot'a KHBD ZON isimleriyle hitap edeceğiz. Ancak, AK'ın Partzufim'inde, Nekudim dünyasının öncesinde, MAN'ın yükselmesinden önce, Sefira Daat yoktu. Sefira Daat'a her zaman "beş Hasadim ve beş Gevurot" denildiğini bilmelisiniz, zira orada kalan ZA beş Hasadim olarak kabul edilir ve yine orada kalan Nukva beş Gevurot olarak kabul edilir.

100. Yaratılış Kitabı'nda ne yazıldığını yani on Sefirot'un "on dokuz değildir, on on bir değildir" olduğunu sorabiliriz. Sefira Daat'ın Nekudim dünyasında başladığı söylenir; dolayısıyla on bir Sefirot KHBD ZON vardır.

Bunun cevabı şudur ki bu hiçbir şekilde on Sefirot'a bir ekleme değildir, zira şunu öğrendik, Sefira Daat MAN'a yükselen ve orada kalan ZON'dur. Dolayısıyla, burada bir ekleme yoktur, tersine ZON'da iki ayrım vardır:

1. Aşağıda kendi yerlerindeki ZON ki bunlar Guf kabul edilir.

2. AVİ'nin Roş'unda kalan ZON, zira MAN'ın yükseltilmesi sırasında zaten oradaydılar ve maneviyatta eksiklik yoktur. Dolayısıyla, burada hiçbir şekilde on Sefirot'a ekleme yoktur, çünkü sonuçta burada sadece on Sefirot KHB ZON vardır. Ve ZON'un izlenimi AVİ'deki Roş'da kalırsa bu on Sefirot'a bir şey eklemez.

KAPLARIN KIRILMASI VE BYA'YA DÜŞÜŞLERİ

101. Şimdi genişleyip AVİ'ye yükselen Nekudim'in ZAT'ının Panim'inin Kelim'i kabul edilen MAN yükseltmeyi ve Sefira Daat'ı detaylıca açıkladık. Bunun nedeni AVİ'nin AK'ın AB SAG yeni Işığını AK'ın ZON'undan Şuruk noktası formunda almasıdır. Alt Hey'i Nikvey Eynaim'lerinden Pe'e indirdiler ve Nekudim'in ZAT'ında düşen Ahoraim'in Kelim'ini yükselttiler. Sonuç olarak, AVİ'nin Ahoraim'inin Kelim'ine bağlı olan ZAT'ın Panim'inin Kelim'i (Madde 89-94) de yükseldi ve Nekudim'in ZAT'ı orada MAN oldu ve AVİ'yi yüz-yüze olmaya döndürdü.

Ve Behina Dalet olan alt Hey zaten Pe'deki yerine dönmüş olduğundan Behina Dalet'in Masah'ı üzerinde yapılan Zivug de Hakaa Yehida Işığında Keter seviyesinde on tamamlanmış Sefirot üretti (Madde 84). Dolayısıyla, orada MAN olarak dâhil olan ZAT AVİ'nin muhteşem Işıklarını da aldılar. Bununla beraber, bunların hepsinin Yukarıdan aşağıya olduğu kabul edilir, zira AVİ Yukarıdan aşağıya on Sefirot'un üretildiği yer olan Nekudim'in Roş'u kabul edilir.

Sonuç olarak, bunlar da Yukarıdan aşağıya bir Guf'a genişlerler (Madde 50). O zaman ZAT AVİ'de aldığı tüm Işıklarla birlikte aşağıdaki yerlerine genişler ve Nekudim'in Partzuf Gadlut'unun Roş ve Guf'u sonlanır. Bu Hitpaştut Nekudim'in Partzuf Gadlut'unun Taamim'i kabul edilir (Madde 26).

102. Dört Behinot – Taamim, Nekudot, Tagin, Otiot – da Partzuf Nekudim'de fark edilirler (Madde 47). Bunun nedeni Üst Derecelerde var olan tüm güçlerin alt derecelerde de var olmak zorunda olmasıdır. Ancak alt derecelerde Üst Dereceye göre ek konular vardır. Her Partzuf'un Hitpaştut'unun kalbine Taamim denildiği açıklanmıştı. Tamim genişledikten sonra içinde Or Makif ve Or Pinimi'inin Bituş'u ortaya çıkar ve bu Bituş vasıtasıyla Masah yavaş yavaş arınır ta ki Roş'un Pe'i ile eşitlenene dek.

Ve Üst Işık durmadığından arınması boyunca Aviut'un her seviyesinde Üst Işık Masah'la çiftleşir. Bu, Masah'ın Behina Dalet'den Behina Gimel'e arınmasıyla üzerinde Hohma seviyesinin ortaya çıkması anlamına gelir. Ve Behina Bet'e geldiğinde (arındığında) üzerinde Bina seviyesi ortaya çıkar. Behina Alef'e geldiğinde üzerinde ZA seviyesi ortaya çıkar ve Behina Şoreş'e geldiğinde Malhut seviyesi ortaya çıkar. Arınmasıyla Masah'ın üzerinde ortaya çıkan tüm seviyelere Nekudot denir.

Ayrıldıklarında Işıklardan kalan Reşimot'a Tagin denir. Işıklar ayrıldıktan sonra kalan Kelim'e Otiot denir ve Masah Guf'un Aviut'undan tamamen arındığında oradaki Roş'un Pe'inin Masah'ına dâhil olurlar ve Masah üzerinde ikinci Partzuf ortaya çıkar.

103. Ve burada Partzuf Nekudim'de de tamamen aynı şekilde olur. Burada da biri diğerinin altında iki Partzufim ortaya çıkar – AB ve SAG. Ve her biri Taamim, Nekudot, Tagin ve Otiot'dur.

Tek fark Masah'ın Hizdakhut'unun Or Makif ve Or Pinimi'nin Bituş'undan dolayı değil son Malhut'daki Din'in gücünden dolayı yapılmış olmasıdır (Madde 90). Bu nedenle, boş Kelim üç Partzufim AK'ın Galgalta, AB ve SAG'ında olduğu gibi Işıklar ayrıldıktan sonra Partzuf'da kalmadı, kırıldı ve öldü ve BYA dünyalarına düştü.

104. Nekudim dünyasında Keter seviyesinde ortaya çıkan Nekudim'in ilk Partzuf'u Partzuf Taamim Roş ve Guf ile ortaya çıktı. Roş AVİ'de çıktı ve Guf AVİ'nin Pe'inden aşağı doğru ZAT'ın Hitpaştut'udur (Madde 101). AVİ'nin Pe'inden aşağı bu Hitpaştut'a Meleh ha Daat (Kral Daat) denir.

Ve bu aslında MAN'ın yükselmesinden sonra yerlerine tekrar genişleyen Nekudim'in ZAT'ının tümüdür. Ancak, AVİ ile çiftleşen ve Moah ha Daat denilen kökleri sürekliliği ve yüz-yüze mevcudiyeti sağlamak için AVİ'de kaldığından (Madde 98) bunları Yukarıdan aşağıya Guf'a genişlemesi Meleh ha Daat ismiyle anılır. Bu Nekudim'in ilk Meleh'idir (kral).

105. Roş'un on Sefirot'unda tüm miktar ve niteliğin Yukarıdan aşağıya Guf'a kadar Hitpaştut'da ortaya çıktığı bilinir. Dolayısıyla, Roş'un Işıklarında olduğu gibi

çiftleşen Malhut geri döndü ve Nikvey Eynaim'den Pe'e indi. Sonra Panim'in Kelim'i olan GE (Galgalta Eynaim) ve Nikvey Eynaim, Ahoraim'in Kelim'ini ve AHP'larını tekrar birleştirdiler ve Işıklar içlerinde genişledi. Benzer şekilde, Yukarıdan aşağıya genişledikçe Işıklar da Ahoraim'in Kelim'ine çekildi ki bunlar Atzilut'un Parsa'sının altındaki BYA'daki TNHYM'dir.

Bununla beraber, Atzilut'un Parsa'sındaki son Malhut'un gücü o Kelim'in içine karıştığından Meleh ha Daat'ın Işıkları bu güçle karşılaşır karşılaşmaz hepsi Kelim'den ayrıldılar ve köklerine döndüler. Sonra Meleh ha Daat'ın tüm Kelim'i yüz ve sırta kırıldı, öldü ve BYA'ya düştü, zira Işıkların Kelim'den ayrılmaları "ölüm" denilen fiziksel bedenden yaşamsallığın ayrılması gibidir. O zaman Masah Behina Dalet'in Aviut'undan arınmıştı, zira bu Kelim zaten kırılmış ve ölmüştü ve içinde sadece Behina Gimel'in Aviut'u kalmıştı.

106. Ve Behina Dalet'in Aviut'u kırılma ile Guf'un Masah'ından geri çevrildiğinden o Aviut da AVİ'deki Roş'un çiftleşen Malhut'unda iptal edilmişti. Böyle olmasının nedeni Roş'un Aviut'u ile Guf'un Aviut'unun aynı şeyler olmasıdır, fark sadece birinin potansiyel birinin gerçek olmasıdır (Madde 50). Dolayısıyla, Keter seviyesindeki Zivug da AVİ'nin içindeki Roş'da durdu ve Ahoraim'in Kelim'i, Keter seviyesini tamamlayan AHP, bir kez daha altındaki seviyeye – ZAT – düştü. Buna "AVİ'den Keter seviyesinin Ahoraim'ini iptal etmek" denir. Böylece, tüm Nekudim'in Taamim'i seviyesi, Roş ve Guf ayrıldılar.

107. Ve Üst Işık yansımayı bırakmadığından tekrar AVİ'nin içindeki Roş'un Masah'ında kalan Behina Gimel'in Aviut'u ile çiftleşti ve Hohma seviyesinde on Sefirot meydana getirdi. Guf Yukarıdan aşağıya Sefira Hesed'e genişledi ve bu Nekudim'in ikinci Meleh'idir. Bu da BYA'ya genişledi, kırıldı ve öldü ki aynı zamanda Behina Gimel'in Aviut'u da Guf ve Roş'un Masah'ından iptal edilmişti. Ayrıca, AVİ'nin Hohma seviyesini tamamlayan Ahoraim'in Kelim'i, AHP bir kez daha iptal oldular ve alttaki seviyeye, ZAT'a düştüler, Keter seviyesinde olduğu gibi.

Sonrasında, Masah'da kalan Behina Bet'in Aviut'u üzerindeki Zivug yapıldı ve Bina seviyesinde on Sefirot meydana getirdi. Yukarıdan aşağıya Guf Sefira Gevura'nın içine genişledi ve bu Nekudim'in üçüncü Meleh'idir.

Bu da BYA'ya genişledi, kırıldı ve öldü ve Roş ve Guf'daki Behina Bet'in Aviut'unu iptal ederek Roş'daki Bina seviyesindeki Zivug'u da sonlandırdı. Roş'un Bina seviyesinin Ahoraim'i ZAT'da altındaki dereceye düştü ve sonra Masah'da kalan Behina Alef'in Aviut'u üzerinde Zivug yapılarak ZA seviyesinde on Sefirot meydan getirildi. Ayrıca Guf'u da Yukarıdan aşağıya Tiferet'in Üst üçte biri içinde yayıldı. Böylece, Behina Alef'in Aviut'u Guf ve Roş'la arınmış oldu ve ZA seviyesinin Ahoraim'i altındaki seviyeye ZAT'a düştü.

108. Bu AVİ'nin tüm Ahoraim'inin, AHP, inişini tamamlıyor. Bunun nedeni Meleh ha Daat'ın kırılmasıyla sadece Keter seviyesine ait olan AVİ'nin içindeki AHP iptal olmuştu. Ve Meleh ha Hesed'in kırılmasıyla AVİ'de sadece Hohma seviyesine ait AHP

iptal edilmişti. Ve Meleh ha Gevura'nın kırılmasıyla Bina seviyesine ait AHP iptal oldu; ve Tiferet'in Üst üçte birinin ayrılmasıyla ZA seviyesinin AHP'ı iptal oldu.

Böylece, AVİ'nin tüm Gadlut'u iptal oldu ve içlerinde sadece Katnut'un GE'si kaldı ve Masah'da sadece Aviut Şoreş kaldı. Sonrasında, Guf'un Masah'ı tüm Aviut'undan arındı ve Roş'un Masah'ı ile eşitlendi. O zaman Roş'un Zivug de Hakaa'sına dâhil oldu ve son Behina hariç içindeki Reşimot yenilendi (Madde 41). Bu yenilenme ile üzerinde YEŞSUT denilen yeni bir seviye ortaya çıktı.

109. Ve son Behina kaybolduğundan kalan tek şey üzerinde Hohma seviyesinde on Sefirot'un ortaya çıktığı Behina Gimel'di. Ve Guf'un Aviut'u tanındığında AVİ'nin Roş'undan ayrıldı, indi ve Nekudim'in Guf'unun Hazeh'ini kıyafetlendirdi (Madde 55). Bu Hazeh'den yukarı doğru Roş'un on Sefirot'unu meydana getirdi Bu Roş YEŞSUT olarak adlandırılır. Guf'unu Hazeh'den aşağı Tiferet'in Sium'undan geçerek Tiferet'in üçte ikisinden meydana getirdi. Bu Nekudim'in dördüncü Meleh'idir ve bu da BYA'ya genişledi, kırıldı ve öldü. Böylece Behina Gimel'in Aviut'u Roş ve Guf'un içinde arınmış oldu. Roş'unun Ahoraim'inin Kelim'i altındaki dereceye Guf'larının olduğu yere düştü.

Sonuç olarak Zivug Behina Bet'in içinde kalan Aviut'u üzerinde yapıldı ve bina seviyesini meydana getirdi. Guf'u, Yukarıdan aşağıya iki Kelim'e, Netzah ve Hod, genişledi ki bunların ikisi tek Meleh'dir, Nekudim'in beşinci Meleh'i. Ve bunlar da BYA'ya genişledi, kırıldı ve öldü. Böylece Behina Bet'in Aviut'u Roş ve Guf'un içinde arınmış oldu ve bu seviyenin Ahoraim'in Kelim'i altındaki dereceye düştü: Guf.

Sonrasında, Zivug Behina Alef'in içinde kalan Aviut'u üzerinde yapıldı ve ZA seviyesini meydana getirdi. Guf'u, Yukarıdan aşağıya Yesod Kli'sinde genişledi ve bu Nekudim'in altıncı Meleh'idir. Bu da BYA'nın içine genişledi, kırıldı ve öldü. Böylece Behina Alef'in Aviut'u Roş ve Guf'un içinde arınmış oldu ve Roş'daki Ahoraim'in Kelim'i altlarındaki dereceye, Guf'a düştüler.

Sonra Masah'da kalan Behinat Şoreş'in Aviut'u üzerinde Malhut seviyesini ortaya çıkaran bir Zivug oldu. Guf'u Yukarıdan aşağıya Malhut'un Kli'sine uzandı ve bu Nekudim'in yedinci Meleh'idir. Bu da BYA'ya uzandı, kırıldı ve öldü. Dolayısıyla, Aviut Şoreş Roş ve Guf'da da arınmış oldu. Ve Roş'un Ahoraim'i altındaki dereceye, Guf'a düştü. Şimdi "yedi Melahim" (krallar) denilen Nekudim'in ZAT'ının tümünün kaplarının kırılmasıyla birlikte YEŞSUT'un Ahoraim'in Kelim'i de iptal edilmiş oldu.

110. Böylece AB SAG denilen iki Partzufim AVİ ve YEŞSUT içinde ortaya çıkan Taamim ve Nekudot'u açıklamış oldu. AVİ'de dört seviye biri diğerinin altında ortaya çıktı:

- *Keter seviyesine "AVİ'nin Eynaim'inin bakışı" denir.*
- *Hohma seviyesine Aba'nın Guf'u denir.*
- *Bina seviyesine İma'nın Guf'u denir.*
- *ZA seviyesine AVİ'nin Yesodot'u (temelleri) denir.*

Bunlardan dört beden genişledi:

5. Meleh ha (...'ın kralı) Daat;

6. Meleh ha Hesed;

7. Meleh ha Gevura;

8. Hazeh'den geçerek Tiferet'in Üst üçte biri.

Bu dört Gufim (Guf'un çoğulu) hem Panim hem de Ahoraim'e kırıldı. Ancak Roşim'lerine göre (Roş'un çoğulu), yani AVİ'nin içindeki dört seviye, tüm Panim'in Kelim'i seviyelerde, yani her seviyenin GE ve Nikvey Eynaim'inde kaldı ki bunlar Nekudim'in Katnut'undan beri onların içindeydi. Sadece bunlara Gadlut sırasında katılmış olan her derecedeki Ahoraim'in Kelim'i kırılma ile tekrar iptal oldular, altlarındaki seviyeye düştüler ve Nekudim'in Gadlut'unun ortaya çıkışından önce oldukları gibi kaldılar (Madde 76-77).

111. Biri diğerinin altında Partzuf YEŞSUT'da dört seviyenin ortaya çıkışı tamamen aynı şekilde oldu:

5. İlk seviye Hohma seviyesidir ki buna "YEŞSUT'un birbirine bakışı" denir.

6. Bina seviyesi;

7. ZA seviyesi;

8. Malhut seviyesi.

Bunlardan dört Gufim genişledi:

3. Tiferet'in alt üçte ikisinin Meleh'i;

4. Netzah ve Hod'un Meleh'i;

5. Yesod'un Meleh'i;

6. Malhut.

Bunların dört Gufim'i Panim ve Ahor'a (sırt) kırıldı. Ancak Roşim'de, yani YEŞSUT'un dört seviyesinde Panim'in Kelim'i bunların içinde kaldı ve kırılma ile sadece Ahoraim'i iptal oldu ve altlarındaki dereceye düştü. İki Partzufim AVİ ve YEŞSUT'un iptal olmasından sonra Nekudim'in MA seviyesi ortaya çıktı. Ve bundan Guf'a genişleyen her şey sadece Kelim'in ıslahlarıydı, burada detaya girmeyeceğim.

DÜNYALARIN EVRİMİ

TİKUN DÜNYASI VE AK'IN METSAH'INDAN ORTAYA ÇIKAN YENİ MA

112. Önsözün başından buraya kadar ilk dört Partzufim AK'ı açıkladık:

5. AK'ın ilk Partzuf'una Partzuf Galgalta denir ki bunun Zivug de Hakaa'sı Behina Dalet üzerinde gerçekleşir ve on Sefirot'u Keter seviyesindedir.

6. AK'ın ikinci Partzuf'una AK'ın AB'ı denir. Bunun Zivug de Hakaa'sı Behina Gimel'in Aviut'unun üzerinde gerçekleşir ve on Sefirot'u Hohma seviyesindedir. Partzuf Galgalta'dan aşağı doğru kıyafetlenir.

7. AK'ın üçüncü Partzuf'una AK'ın SAG'ı denir. Zivug de Hakaa'sı Behina Bet'in Aviut'u üzeinde gerçekleşir ve on Sefirot'u da Bina seviyesindedir. AK'ın Partzuf AB'ını Pe'den aşağı kıyafetlendirir.

8. AK'ın dördüncü Partzuf'una AK'ın MA'sı denir. İçindeki Zivug de Hakaa Behina Alef'in Aviut'u üzerinde ortaya çıkar ve on Sefirot'u ZA seviyesindedir. Bu Partzuf Tabur'dan aşağı AK'ın SAG'ını kıyafetlendirir ve içsellik ve dışsallığa ayrılır. İçselliğe MA ve AK'ın BON'u denir ve dışsallığa da "Nekudim dünyası" denir. Burası Tsimtsum Bet denilen Bina'daki Malhut'un ilişkilendirilmesiyle birlikte Katnut, Gadlut, MAN'ın yükselmesi ve HB ile yüz-yüze çiftleşen ve aynı zamanda kapların kırılmasını belirleyen Daat'ın da gerçekleştiği yerdir. Böyle olmasının nedeni tüm bunların MA ya da "Nekudim dünyası" denilen AK'ın dördüncü Partzuf'unda başlamış olmasıdır.

113. Masah'daki Aviut'un bu dört izlenimi Roş'daki Sefirot'un ismiyle yani Galgalta Eynaim ve AHP olarak anılırlar:

5. Üzerinde AK'ın ilk Partzuf'unun ortaya çıktığı Behina Dalet'in Aviut'una Pe denir.

6. Üzerinde AK'ın Partzuf AB'ının ortaya çıktığı Behina Gimel'in Aviut'una Hotem denir.

7. Üzerinde AK'ın Partzuf SAG'ının ortaya çıktığı Behina Bet'in Aviut'una Avzen denir.

8 Üzerinde AK'ın Partzuf MA'sı ve Nekudim dünyasının ortaya çıktığı Behina Alef'in Aviut'una Nikvey Eynaim denir.

9. Üzerinde Tikun (ıslah) dünyasının ortaya çıktığı "yeni MA" denilen Behinat Şoreş'in Aviut'una Galgalta ya da Metzah denir, zira AK'ın dördüncü Partzuf'u MA'nın HaVaYaH'ı denilen ZA seviyesinde Nikvey Eynaim'den dallanırken (çıkarken) AK'ın Partzuf MA'sının özüdür.

Ancak Metzah'dan çıkan AK'ın beşinci parçası, yani Aviut Şoreş olarak kabul edilen Behinat Galgalta'nın aslında sadece BON denilen Malhut seviyesi vardır. Ancak, ZA olarak kabul edilen Hitlabşut'un Behina Alef'i orada kalır ve buna da MA denir. Bununla beraber buna AK'ın Metzah'ından ortaya çıkan MA denir ki bu Metzah denilen Aviut

Şoreş'in Hitkalelut'undan olduğu anlamına gelir. AK'ın Nikvey Eynaim'inden ortaya çıkan MA'dan ayırt etmek için buna ayrıca "yeni MA" da denir. Ve bu yeni Partzuf MA'ya "Tikun dünyası" ya da "Atzilut dünyası" denir.

114. Bununla beraber Galgalta, AB ve SAG denilen AK'ın ilk üç seviyesinin neden dünya değil de üç Partzufim kabul edildiğini ve AK'ın dördüncü Partzuf'unun "dünya" ismine nasıl layık olduğunu anlamamız lazım. Bu ayrıca AK'ın beşinci Partzuf'u ile de ilgilidir, zira dördüncü Partzuf'a "Nekudim dünyası" ve beşinci Partzuf'a "Atzilut dünyası" ya da "Tikun dünyası" denir.

115. Bir Partzuf'la dünya arasındaki farkı bilmemiz lazım. Bir Üst derecenin Guf'unun Masah'ı üzerinde ortaya çıkan on Sefirot'un her hangi bir seviyesi arındıktan ve Üst Derecenin (Madde 50) Roş'unun Pe'ine dâhil olduktan sonra Partzuf olarak adlandırılır. Üst Derecenin Roş'undan ayrıldıktan sonra kendi Roş, Toh ve Sof'una genişler ve biri diğerinin altında beş seviye içerir, bunlara tamim ve Nekudot denir (Madde 47). Ancak sadece içindeki Taamim seviyesi ile anılır. Ve AK'ın ilk üç Partzufim'i – Galgalta, AB, SAG (Madde 47) – bu şekilde ortaya çıktı. Dünya ise Yukarısındaki dünyada var olan her şeyi içerir anlamına gelir, tıpkı mühür ve damgası gibi, mühürde var olan her şey tamamıyla damgasına geçer.

116. Böylece ilk üç Partzufim olan AK'ın Galgalta, AB ve SAG'ının ilk kısıtlamada ortaya çıkan bir dünya, AK dünyası kabul edildiğini görüyorsunuz. Ancak Tsimtsum Bet'in ortaya çıktığı AK'ın dördüncü Partzuf'u SAG'ın Nekudot'unun Masah'ında AK'ın Tabur'undan aşağı inerken ortaya çıkan dualiteden dolayı kendi başına bir dünya oldu. Bunun nedeni Eynaim'de alt Hey formunda Behina Dalet'in Aviut'u tarafından ikiye katlanmasıdır (Madde 63).

Gadlut sırasında Behina Dalet Pe'deki yerine döndü ve Keter seviyesini meydana getirdi (Madde 84) ve bu seviye AK'ın ilk Partzuf'u ile eşitlendi. Ve Taamim ve Nekudot'da Roş, Tof ve Sof'a yayıldıktan sonra üzerinde Hohma seviyesinde YEŞSUT denilen benzer ikinci Partzuf ortaya çıktı ki buna da AK'ın AB'ı denir. Ve bunun Taamim ve Nekudot'un içine Hitpaştut'unu müteakip Nekudim'in MA'sı denilen üçüncü bir Partzuf ortaya çıktı ki bu da AK'ın üçüncü Partzuf'una benzer.

Dolayısıyla, AK dünyasında var olan her şey burada Nekudim dünyasında da ortaya çıktı yani birbirinin altında üç Partzuf. Her biri Taamim ve Nekudot'u ve bunların aşamalarını içerir tıpkı AK dünyasındaki AK'ın üç Partzufim'i Galgalta, AB ve SAG gibi. Bu nedenle Nekudim dünyası AK dünyasının damgası gibi kabul edilir.

Ayrıca, bu nedenden dolayı da kendi başına tam bir dünya kabul edilir. (Ve Nekudim'in üç dünyasına Galgalta, AB, SAG değil de AB, SAG, MA denilmesinin nedeni SAG'ın Masah'ı ile birleşen Behina Dalet'in Aviut'unun AK'ın ilk Partzuf'unda ortaya çıkan Hizdakhut'undan dolayı tamamlanmış olmamasıdır. Bu nedenle AB, SAG ve MA olarak aşağı indiler.)

117. Böylece Nekudim dünyasının nasıl AK dünyasından damgalandığını öğrenmiş olduk. Benzer şekilde AK'ın beşinci Partzuf'u, yani MA, tamamen Nekudim dünyasından

damgalanmıştı. Dolayısıyla, Nekudim'de hizmet eden tüm izlenimlerin kırılmasına ve orada iptal olmasına rağmen bunlar yeni MA'da yenilendiler. Bu nedenle ayrı bir dünya olarak kabul edilir.

Ayrıca, "Atzilut dünyası" olarak da adlandırılır çünkü ikinci kısıtlamada yaratılan Parsa'nın tamamen üzerinde sonlanır. Bunun yanında "Tikun dünyası" olarak da adlandırılır çünkü Nekudim dünyası içinde gerçekleşen kırılma ve iptal edilmeye karşı koyamadı. Sadece sonrasında, yeni MA'da, Nekudim dünyasındaki tüm Behinot dönüp yeni MA'ya gelince burada oluştular ve devam ettiler.

Bu nedenle "Tikun dünyası" denir ki aslında Nekudim dünyasıdır, ancak burada yeni MA'nın içinde ıslahını Bütün'den alır. Bunun nedeni şudur, yeni MA vasıtasıyla AVİ ve YEŞŞUT'dan Guf'a düşen tüm Ahoraim ile BYA'ya düşen ve ölen ZAT'ın tüm Panim ve Ahoraim'i tekrar birleşir ve MA'dan geçerek Atzilut'a yükselirler.

118. Bunun olmasının nedeni her alt Partzuf'un Masah'ın Hizdakhut'u sırasında Işıklarının ayrılmasından sonra dönüp Üst Derece'nin Kelim'ini doldurmasıdır. Çünkü Masah'ın Hizdakhut'undan dolayı AK'ın ilk Partzuf'unun Guf'unun Işıkların ayrılmasından sonra Masah AB seviyesinde yeni bir Zivug aldı ki bu da Üst Derecenin Guf'unun boş Kelim'ini, ilk Partzuf, tekrar doldurdu.

Ayrıca, Masah'ın Hizdakhut'undan dolayı AB'ın Guf'unun Işıklarının ayrılmasını müteakip Masah SAG seviyesinde AB denilen Üst Derecenin boş Kelim'ini dolduran yeni bir Zivug aldı. İlaveten, Masah'ın Hizdakhut'undan dolayı SAG'ın Işıklarının ayrılmasından sonra Masah MA seviyesinde yeni bir Zivug aldı ki bu Nekudim olarak Nikvey Eynaim'den ortaya çıktı ve SAG'ın Nekudot'u olarak Üst Derecenin boş Kelim'ini tekrar doldurdu.

Ve bunun gibi, Ahoraim'in iptal olması ve kapların kırılmasından dolayı Nekudim'in Işıklarının ayrılmasını müteakip Masah MA seviyesinde AK'ın Partzuf SAG'ının Metzah'ından ortaya çıkan yeni bir Zivug aldı. Bu Üst Derecenin Guf'unun boş Kelim'inin doldurur ki bunlar iptal edilmiş ve kırılmış Nekudim'in Kelim'idir.

119. Ancak burada yeni MA'da önemli bir fark vardır: Hem erkek olmuştur hem de ıslah ettiği Nekudim'in Kelim'ine bir Üst Derece olmuştur. Diğer taraftan, önceki Partzufim'de alt derece erkek olmaz ve kendi seviyesinden geçerek onları doldurmasına rağmen Üst Derecenin Guf'unun Kelim'ine bir Üst Derece olmaz. Ve bu değişimin nedeni önceki Partzufim'de Işıkların ayrılmasında bir eksiklik yoktu zira sadece Masah'ın ayrılması onların da ayrılmasına neden olmuştu.

Ancak burada, Nekudim dünyasında Kelim'de bir eksiklik vardı çünkü son Malhut'un gücü ZAT'ın Ahoraim'inin Kelim'i ile birleşmiş ve onları Işıkları almaya yetersiz kılmıştı. Bu nedenle kırılıp BYA'ya düştüler. Dolayısıyla, onları canlandırmak, ayırmak ve Atzilut'a yükseltmek için tamamen yeni MA'ya bağımlılar. Sonuç olarak, yeni MA erkek ve veren olarak kabul edilir.

Ve yeni MA tarafından ayrıştırılan Nekudim'in bu Kelim'i MA'ya Nukva (dişi) olurlar. Bu nedenle isimleri BON'a değişmiştir yani yeni MA'ya üstün olmalarına rağmen MA'ya Tahton (alt derece) olmuşlardır, zira Nekudim dünyasından Kelim'dir ve En Üst Behina'sı AK'ın SAG'ının VAK'ı olan MA ve Nikvey Eynaim kabul ederler (Madde 74). Buna rağmen şimdi yeni MA'ya Tahton (alt derece) olurlar ki bu nedenden dolayı BON denilirler.

ATZİLUT'UN BEŞ PARTZUFİM'İ VE HER PARTZUF'DAKİ MA VE BON

120. Yeni MA'nın seviyesinin Nekudim dünyası gibi kendi içinde bütün bir dünyaya genişlediği açıklandı. Bunun nedeni, Nekudim dünyasıyla ilgili açıklanmış olduğu gibi, Behina Dalet'den Masah'ın da ikilemesidir (Madde 116). Bunun nedeni şudur; Tabur ve Yesod'dan geçerek Nekudim'in GAR'ını aydınlatan AK'ın ZON'u Tsimtsum Alef'i kendi yerine geri getirdi ve alt Hey Nikvey Eynaim'inden Pe'e indi ki bu Nekudim'in Gadlut'unun tüm bu seviyelerinin ortaya çıkmasına neden oldu (Madde 101). Ancak, tüm bu seviyeler iptal olup bir kez daha kırıldılar ve tüm Işıklar onlardan ayrıldı. Bu nedenle Tsimtsum Bet yerine döndü ve Behina Dalet Masah'la tekrar birleşti.

121. Dolayısıyla, Metzah'dan ortaya çıkan yeni MA'da da Nekudim dünyasında olduğu gibi iki Katnut ve Gadlut Behinot'u da vardır. HGT denilen ve Hitlabşut'un ZA seviyesi olan Masah'daki Aviut'un ve Malhut'da yapılan üç çizgisinden dolayı NHY denilen Aviut'un Malhut seviyesinin ifşasına göre Katnut önce ortaya çıkar. Sağ çizgiye Netzah, sol çizgiye Hod ve orta çizgiye Yesod denir.

Ancak, Behina Alef'de Aviut'suz sadece Hitlabşut olduğundan Kelim'i yoktur. Dolayısıyla, NHY'nin Kelim'inde kıyafetlenen HGT Kelim'den yoksundur ve bu seviyeye Ubar (embriyo) denir. Bu, burada sadece Üst Derecenin Metzah'ının Zivug'u için yükselişi sırasında Hizdakhut'undan sonra Masah'da kalan Şoreş'in Aviut'u olduğu anlamına gelir. Ve oradan ortaya çıkan seviye sadece Malhut seviyesidir.

Bununla beraber, bu seviyenin içinde "Metzah'daki alt Hey" olarak kabul edilen gizli alt Hey vardır. Ubar Üst Derecenin Zivug'unu alınca oradan kendi yerine iner (Madde 54) ve Üst Dereceden Yenika'nın (emzirme) Mohin'ini alır ki bunlar "Nikvey Eynaim'deki alt Hey" kabul edilen Behina Alef'in Aviut'udur. Böylece, HGT için Kelim'i de edinir ve HGT NHY'den yayılır ve ZA seviyesine sahip olur.

122. Sonrasında, Üst Dereceye MAN için bir kez daha yükselir. Buna İbur Bet (ikinci gebe kalma/döllenme) denir ki burada AK'ın AB SAG'ından Mohin alır. Bu anda Behina Dalet Nikvey Eynaim'den Pe'deki yerine iner (Madde 101) ve Behina Dalet üzerinde bir Zivug yapılarak Keter seviyesinde on Sefirot ortaya çıkartılır. Dolayısıyla, AHP'ın Kelim'i Roş'daki yerlerine geri çıkar ve Partzuf Işıkların on Sefirot'u ve kaplarla

tamamlanır. Ve bu Mohin'e Partzuf'un Gadlut'unun Mohin'i denir. Bu seviye Partzuf Keter ya da Atzilut'un Partzuf Atik'i denilen Atzilut'un ilk Partzuf'unun seviyesidir.

123. Ve zaten biliyorsunuz ki kapların kırılmasından sonra tüm AHP seviyelerinden düştüler, her biri altındaki seviyeye (Madde 77, 106). Dolayısıyla, Nekudim'in Keter'inin seviyesinin AHP'ı Hohma seviyesinin GE'sinin içindedir ve Hohma seviyesinin AHP'ı Bina seviyesinin AHP'ının içindedir, vs. Dolayısıyla, AHP'ını bir kez daha yükselten Atik denilen Atzilut'un ilk Partzuf'unun Gadlut'unun İbur Bet'i sırasında Hohma seviyesinin GE'si onlarla birlikte yükseldi. Atik seviyesinin AHP'ı ile birlikte ıslah oldular ve ilk İbur'u orada aldılar.

124. Ve Hohma'nın GE'si İbur ve Yenika (emzirme) (Madde 121) seviyelerini aldıklarında bir kez daha Atik'in Roş'una yükseldiler ve burada Gadlut'un Mohin'i için ikinci İbur'u aldılar. Behina Gimel Pe'deki yerine indi ve orada, Hohma seviyesinde on Sefirot meydan getirdi ve AHP'ının Kelim'i Roş'daki yerlerine geri yükseldi. Böylece Partzuf Hohma Işığın on Sefirot'u ve Kelim ile tamamlanmış oldu. Bu Partzuf'a Atzilut'un Arih Anpin'i denir.

125. Bina seviyesinin GE'si AA'nın bu AHP'ıyla beraber yükseldi ve burada ilk İbur ve Yenika'sını aldı. Sonrasında ikinci bir İbur için AA'nın Roş'una yükseldiler, AHP'ı yükselttiler, Gadlut'un Mohin'ini aldılar ve Partzuf Bina on Sefirot, Işıklar ve kaplarla tamamlanmış oldu. Bu Partzuf'a AVİ ve YEŞSUT denir, zira GAR'a AVİ ve ZAT'a YEŞSUT denir.

126. Ve ZON'un GE'si AVİ'nin bu AHP'ı ile yükseldi ve burada ilk İbur ve Yenika'larını aldılar. Bu koşul ZON'u ZA'nın VAK'ı ve Nukva'yı da Nekuda (nokta) olarak yapılandırır. Böylece Atzilut dünyasında ortaya çıkan yeni MA'nın beş Partzufim'ini Atik, AA, Avi ve ZON denilen sabit koşulda açıklamış olduk.

1. Atik Keter seviyesinde ortaya çıktı;
2. AA, Hohma seviyesinde;
3. AVİ, Bina seviyesinde;
4. Ve ZON, ZA seviyesi olan VAK ve Nekuda seviyesinde.

Ayrıca, bu beş seviyede asla alçalma olamaz, zira alttaki seviyelerin aksiyonları bunları bozabilecek şekilde asla GAR'a ulaşamazlar. Alt derecelerin aksiyonları ZA ve Nukva'ya ulaşır, yani Gadlut sırasında edindikleri Ahoraim'in Kelim'i. Ancak, alt derecelerdekilerin aksiyonları VAK ve Nekuda'nın Işıklarının içindeki GE olan Panim'in Kelim'ine ulaşmaz. Dolayısıyla, bu beş seviye Atzilut'da sabit Mohin kabul edilir.

127. Bunların birbirlerini kıyafetlendirme ve Partzuf AK üzerindeki sırası AK'ın SAG'ının Roş'undan (Madde 118) ortaya çıkmasına rağmen Atzilut'un Partzuf Atik'i yine de AK'ın SAG'ının Pe'inden aşağı değil sadece Tabur'dan aşağı kıyafetlenebilir. Bunun nedeni, AK'ın Tabur'unun yukarısının Tsimtsum Alef, Akudim kabul edilmesidir.

Partzuf Atik Atzilut'un ilk Roş'u olduğundan Tsimtsum Bet onu kontrol etmez bu yüzden AK'ın Tabur'unun yukarısında kıyafetlenmeyi hak etmiş olması gerekirdi. Ancak

KABALA BİLİMİ

Roş'unun Pe'inde Tsimtsum Bet zaten oluştuğundan Atzilut'un geri kalan Partzufim'i için buradan aşağıya, sadece AK'ın Tabur'undan aşağıya doğru kıyafetlenebilir.

Böylece Atik seviyesi AK'ın Tabur'unda başlar ve AK'ın Raglaim'i ile eşit biter, yani bu dünyanın üzerinde. Bu kendi Partzuf'undan kaynaklanır. Ancak, Atzilut'un kalan Partzufim'le bağlantısından dolayı, ki bu açıdan Tsimtsum Bet'e de dâhil edilmiş kabul edilir ki bu bakımdan Raglaim'inin Atzilut'un Parsa'sının yukarısında sonlandığı kabul edilir zira Parsa Tsimtsum Bet'in (Madde 68) yeni Sium'udur (son).

128. Roş Atik'in Pe'inden kaynaklanan ve çıkan yeni MA'daki AA denilen ikinci Partzuf ortaya çıktığı yerden, Atik'in Roş'unun Pe'inden, başlar ve Atzilut'un Parsa'sının yukarısında sonlanan Atik'in ZAT'ını kıyafetlendirir. AVİ denilen ve AA'nın Roş'unun Pe'inde ortaya çıkan üçüncü Partzuf AA'nın Roş'unun Pe'inde başlar ve AA'nın Tabur'unun yukarısında sonlanır. Ve ZON da AA'nın Tabur'unda başlar ve AA'nın Sium'unda yani Atzilut'un Parsa'sının yukarısında eşit olarak sonlanır.

129. Yeni MA'nın beş Partzufim'inin her seviyesinin Nekudim'in Kelim'inin bir parçasını, ki bu onun Nukva'sı olur, ayıklayıp kendisine bağladığını bilmelisiniz. Böylece Partzuf Atik ortaya çıktığında kapların kırılması sırasında bütün kalmış Nekudim'in GAR'ının tümünü kendisine bağladı. Bu Panim'in Kelim'i (Madde 76) denilen ve Katnut'ları sırasında ortaya çıkan içlerindeki GE ile ilgilidir. Nekudim'in Katnut'unda her derecenin sadece Üst yarısı yani GE ve Nikvey Eynaim onlarla geldi. AHP denilen alt yarı alttaki dereceye indi.

Dolayısıyla, yeni MA'nın Partzuf Atik'inin Nekudim'in Kelim'inden HB'nin Üst yarısıyla birlikte Keter'in Üst yarısını ve Nekudim'in GAR'ına dâhil olan ZAT'ın yedi kökünü aldığı kabul edilir. Ve bunlar yeni MA'nın Atik'ine bir Partzuf Nukva oldular ve birbirleriyle birleştiler. Bunlara Atzilut'un Atik'inin MA ve BON'u denir, zira Atik'in erkeğine MA ve onunla birleşen Nekudim'in Kelim'ine BON (Madde 119) denir. Bunlar yüz ve sırt olarak düzenlenmişlerdir: Panim'de MA'nın Atik'i ve Ahor'unda BON'nun Atik'i.

130. Hohma seviyesinde ortaya çıkan yeni MA'nın Partzuf AA'sı Nekudim'in Keter'inin – Keter'in AHP'ı – alt yarısını ayıklayıp kendisine bağladı ki bunlar Katnut esnasında Keter seviyesinin altında, yani Nekudim'in Bina ve Hohma seviyelerindeydiler (Madde77). Yeni MA'nın AA'sına bir Nukva haline geldi ve birleştiler. Bunların duruşları sağ ve soldur: erkek olan MA'nın AA'sı sağda durur ve Nukva olan BON'un AA'sı solda durur.

Ve MA'nın Partzuf Atik'inin Nekudim'in Keter'inin alt yarısını almama nedeni de Atik'in seviyesi yüksek olan Atzilut'un ilk Roş'u olmasından dolayı kırılma sırasında sadece hiç eksikliğin oluşmadığı Nekudim'in GAR'ının Panim'inin Kelim'ini kendisine bağlamasıdır. Bu Keter'in alt yarısında, Katnut sırasında HB'ye düşen AHP'da böyle değildir. Sonrasında bunlar Gadlut esnasında HB'den yükseldiler ve Nekudim'in Keter'inde birleştiler (Madde 84). Sonrasında, kapların kırılmasından sonra Nekudim'in Keter'inden bir kez daha düştüler ve iptal oldular. Dolayısıyla, düşmeleri ve iptal edilmeleriyle eksiklikleri oluştu ve dolayısıyla Atik'e layık değillerdi. Bu nedenle MA'nın AA'sı onları aldı.

131. Ve yeni Partzuf AVİ, Bina seviyesinde ayrım yaptı ve kendilerine Nekudim'in HB'sinin alt yarısını bağladı ki bunlar Katnut sırasında Nekudim'in ZAT'ına düşen HB'nin AHP'sidirler.

Ancak sonra Nekudim'in Gadlut'u sırasında tekrar yükseldiler ve Nekudim'in HB'si ile birleştiler (Madde 94). Kapların kırılması esnasında Nekudim'in ZAT'ına bir kez daha düştüler ve iptal oldular (Madde 107) ve MA'nın AVİ'si bunları kendi Nukva'ları olarak ayırdı. Bunlara Hohma'nın ZAT'ı ve BON'un Bina'sının VAT'ı denir zira Bina'nın Hesed'i Partzuf Atik'de BON'un HB'sinin GAR'ı ile kaldı ve Gevura'dan aşağı sadece alt Vav Bina'nın alt yarısında kaldı. Bundan AVİ'nin erkeğinin MA'nın Bina seviyesi ve AVİ'nin Nukva'sının BON'un HB'sinin ZAT'ı olduğu sonucu çıkar. Bunlar sağda ve solda dururlar: MA'nın AVİ'si sağda ve BON'un AVİ'si solda. Ve AVİ'nin ZAT'ı olan MA'nın YEŞSUT'u BON'un HB'sinin Malhut'larını alır.

132. Ve VAK ve Nekuda seviyesinde yeni MA'nın Partzuf ZON'u BYA'daki kırılmadan Nekudim'in ZAT'ının Panim'inin Kelim'ini yani Nekudim'in ZAT'ının Behinat GE'sini ayırıp kendilerine bağladılar (Madde 78). Ve MA'nın ZON'una Nukva oldular ve sağda ve solda dururlar: MA'nın ZON'u sağda ve BON'un ZON'u solda.

133. Böylece Atzilut'un beş Partzufim'indeki MA ve BON'u açıklamış olduk. Atzilut seviyesinde ortaya çıkan yeni MA'nın beş seviyesi Nekudim'de işleyen eski Kelim'i ayırdı ve onları BON denilen Nukvas'a (dişiler) çevirdi.

1. Atik'in BON'u ayıklandı ve Nekudim'in GAR'ının Üst yarısından meydana geldi.

2. AA'nın BON'u ve AVİ ayıklandı ve Nekudim'in Gadlut'u sırasında hizmet eden ve bir kez daha iptal olan Nekudim'in GAR'ının alt yarısından meydana geldi.

3. ZON'un BON'u ayıklandı ve Gadlut'u sırasında Ahoraim'in Kelim'i ile kırılıp düşen Nekudim'in Kelim'i sırasında ortaya çıkan Panim'in Kelim'inden meydana geldi.

SABİT MOHİN VE ALTI BİN YIL BOYUNCA PARTZUFİM VE DÜNYALARIN YÜKSELİŞİYLE İLGİLİ BÜYÜK KURAL

134. GAR'ın Gadlut'unun ve Nekudim'in ZAT'ının ortaya çıkışının üç nokta yoluyla, Holam, Şuruk, Hirik (Madde 86), üç sıralamada geldiği zaten açıklanmıştı. Bundan Gadlut'un Mohin'inin alınması için on Sefirot'un iki şekilde tamamlandığını anlayabilirsiniz.

İlki yükselme ve Üst Dereceye entegre olmak yoluyladır, yani AK'ın ZON'u Tabur'dan geçerek yeni Işığı Nekudim'in Kelim'ine aydınlatıp alt Hey'i Keter'in Nikvey Eynaim'inden Pe'ine alçalttığında olur. Böylece AVİ'de bulunan Keter'in AHP'ı yükseldi ve Keter'deki derecelerine dönerek on Sefirot'unu tamamladı.

Bu koşulda Keter'in AHP'ına bağlı olan AVİ'nin GE'sinin bunlarla birlikte yükseldiği kabul edilir. Dolayısıyla, AVİ de Keter'in on tamamlanmış Sefirot'una dâhil oldu, zira Üst Dereceye yükselen alt derece onun gibi olur (Madde 93). Bu nedenle AVİ'nin de on Sefirot'unu tamamlamak için eksik olan AHP'ı Keter'e entegrasyonları ile edindiği kabul edilir. Bu Gadlut'un ilk tür Mohin'idir.

135. İkinci tür ise "Şuruk noktası" denilen AK'ın Yesod'undan geçerek ZON'un AK'ının yeni Işığı AVİ'ye aydınlattığında kendi kendine on Sefirot'a tamamlanan ve alt Hey'i AVİ'nin Nikvey Eynaim'inin kendisinden Pe'lerine indiren bir derecedir. Bununla AVİ'nin AHP'ının Kelim'ini ZAT'da düştükleri yerden AVİ'nin Roş'una yükselttiler ve on Sefirot'unu tamamladılar. Böylece AVİ artık kendi kendine tamamlandı zira şimdi eksiklikleri olan asıl AHP'ın Kelim'ini edindiler.

Bununla beraber ilk türde on Sefirot Keter'den Dvekut yoluyla AHP'ı ile tamamlandıklarında aslında hâlâ AHP'larından yoksundular. Keter'deki Hitkalelut'larından dolayı AHP'larından aydınlanma aldılar ki bu onların kendi yerlerine ayrıldıklarında değil sadece hâlâ Keter'deyken on Sefirot'a tamamlanmaları için yeterliydi.

136. Benzer şekilde ZAT'da da iki tür tamamlanma söz konusudur:

1. Şuruk'un aydınlanması ve AVİ'nin AHP'ının yükselişi sırasında ki aynı anda onlara bağlı olan ZAT'ın GE'si de on Sefirot'unu tamamlamak için bir AHP aldıkları yerde onlarla beraber AVİ'ye yükseldi. Bu AHP artık onların gerçek AHP'ı değil sadece AVİ'deyken on Sefirot'u tamamlamalarına yetecek AHP'ın aydınlanmasıdır ve kesinlikle kendi yerlerine inmelerinden dolayı değildir.

2. On Sefirot tamamlanırken AVİ'den ZAT'a Mohin'in Hitpaştut'u sırasında ZAT'ı edindi ve bununla son alt Hey'i Hazeh'den AK'ın Sium Raglin'ine indirdiler ve TNHY'lerini BYA'dan yükselttiler ve onları derecelerine, Atzilut'a bağladılar. Ve eğer kırılıp ölmeselerdi on tamamlanmış Sefirot ile kendileri tamamlanmış olurlardı, zira artık yoksun oldukları asıl AHP'ı edindiler.

137. YEŞSUT'dan TNHYM'nin Kelim'ine ortaya çıkan dört Partzufim'de olduğu gibi AVİ'den HGT'nin Kelim'ine ortaya çıkan dört Partzufim'de de on Sefirot'un iki tür tamamlanması vardır. Bunun nedeni öncelikle her bir Sefirot'un hâlâ Roş'da iken AVİ'nin AHP'ı ve YEŞSUT ile tamamlanmasıdır. On Sefirot'un tamamlanmasının ilk şekli budur. Sonrasında, BYA'ya genişlediklerinde on Sefirot'un ikinci şeklini tamamlayarak tamamlanmak istediler. Bu Sefirot içindeki Sefirot için de geçerlidir.

138. Atzilut, Atik, AA, AVİ ve ZON'un bu beş Partzufim'inin kalıcılık içinde oluşturulduğunu bilmelisiniz ve bunlarda azalma söz konusu değildir (Madde 126).

DÜNYALARIN EVRİMİ

Atik Keter seviyesinde, AA Hohma seviyesinde, AVİ Bina seviyesinde ve ZON ZA, Roş'u olmayan VAK, seviyesinde ortaya çıktı.

Dolayısıyla, bunlar için Gadlut döneminden düzenlenen AHP'ın Kelim'i, Nekudim'in Keter'inde gösterilen Holam noktası yoluyla, on Sefirot'un tamamlanmasının ilk şekli olarak kabul edildiler. Aynı zamanda AVİ de Keter tarafından tamamlandı ve AHP'ın Kelim'inin aydınlanmasını aldı (Madde 134). Dolayısıyla, Atik, AA ve AVİ'nin hepsi Roş'da on tamamlanmış Sefirot'a sahip olmalarına rağmen GAR Roş'dan Gufim'e genişlemedi. Partzuf Atik'in Guf'da sadece Roş'dan yoksun VAK'ı olmasına rağmen AA ve AVİ'de de böyleydi.

Bunun böyle olmasının nedeni arı olanın önce düzenlenmesidir. Dolayısıyla, Üst Dereceye yükselişi yani Roş'da on Sefirot'u tamamlamaya yeterli olan AHP'ın Kelim'inin aydınlatması açısından sadece içlerindeki ilk tür on Sefirot'un tamamlanması düzenlenmişti. Ancak hâlâ Roş'dan Guf'a Hitpaştut yoktur, zira AVİ Nekudim'in Keter'ine dâhil olduğunda Nekudim'in Keter'inin Pe'inden aşağı kendi yerlerine Hitpaştut'larına değil (Madde 135) Keter'in gücü ile AHP'ın aydınlanmasına razı oldular. Ve Atik, AA ve AVİ'nin bedenleri VAK'da Roş'suz olduklarından VAK'da Roş'suz ortaya çıkan Atzilut'un genel Guf'u kabul edilen ZON'un kendisiyle de aşağı yukarı aynıdır.

139. Ancak, AK'da böyle değildi. Tersine, AK'ın Partzufim'inin Roşim'inde ortaya çıkan tüm nitelik Gufim'ine de genişledi. Dolayısıyla, Atzilut'un tüm Partzufim'i sadece AK'ın Partzufim'inin VAK'ı olarak kabul edilirler. Bu nedenle "yeni MA" ya da "AK'ın beş Partzufim'inin MA'sı" yani GAR'sız MA olan ZA seviyesi olarak adlandırılırlar. GAR, Galgalta, AB, SAG'dır, zira derecenin kalbi Pe'den aşağı Guf'a genişlemesine göre ölçülür. Ve ilk üç Partzufim Guf'a yayılmadığından, sadece Roş'suz VAK yayıldığından, bunlar AK'ın beş Partzufim'ine göre Roş'u olmayan VAK seviyesi olan MA kabul edilirler.

140. Dolayısıyla, Atzilut'un Atik'i Roş'da Keter seviyesiyle AK'ın Keter'inin Partzuf'una VAK kabul edilir ve AK'ın Keter'inin Neşama, Haya ve Yehida'sından yoksundur. Roş'da Hohma seviyesine sahip olan Atzilut'un AA'sı, AK'ın AB'ının Neşama, Haya ve Yehida'sından yoksun Hohma olan AK'ın Partzuf AB'ına VAK kabul edilir.

Atzilut'un AVİ'si, Roş'da Bina seviyesiyle AK'ın Partzuf SAG'ının VAK'ı kabul edilir ve AK'ın SAG'ının Neşama, Haya ve Yehida'sından yoksundur. Atzilut'un ZON'u Partzuf MA'nın VAK'ı ve AK'ın BON'u kabul edilir ve AK'ın MA ve BON'unun Neşama, Haya ve Yehida'sından yoksundur. Ve YEŞSUT ve ZON her zaman aynı seviyededirler – biri Roş diğeri Guf olarak.

141. On Sefirot'un AHP'ının tamamlanmasının ikinci şekli alt derecelerdekilerin iyi işlerden MAN yükseltmeleriyle düzenlenir. Bu, kendilerine göre Şuruk noktasında olduğu gibi AVİ'yi tamamladıkları anlamına gelir. O zaman AVİ'nin kendisi alt Hey'i Nikvey Eynaim'lerinden indirirler ve AHP'larını bunlara yükseltirler. O zaman ZON

olan ZAT'a ihsan etme güçleri olur yani Yukarıdan aşağıya Gufim'e. Bunun nedeni AVİ'nin AHP'ına bağlı olan ZON'un GE'sinin onlarla birlikte AVİ'ye çekilmeleri ve onlardan on Sefirot'un tamamlanmasını almalarıdır (Madde 94).

O zaman, AVİ'deki Mohin'in tüm ölçüsü onlarla birlikte AHP'larına yükselen ZON'a da verilir. Dolayısıyla, Atzilut'un beş Partzufim'i ikinci tür tamamlanmayı aldıklarında ilk üç Partzuf'inin – Atzilut'un Atik, AA ve AVİ'si – Gufim'ine GAR vardır, Atzilut'un ZON'una, Atzilut'un genel Guf'una olduğu gibi.

Aynı zamanda Atzilut'un beş Partzufim'i yükselir ve AK'ın beş Partzufim'ini kıyafetlendirir. Bunun nedeni Atzilut'un beş Partzufim'inin Gufim'e GAR'ın Hitpaştut'u sırasında AK'ın beş Partzufim'i ile eşitlenmeleridir:

1. Atzilut'un Atik'i yükselir ve AK'ın Partzuf Keter'ini kıyafetlendirir
2. AA AK'ın AB'ını kıyafetlendirir
3. AVİ AK'ın SAG'ını kıyafetlendirir
4. Ve ZON, MA ve AK'ın BON'unu kıyafetlendirir.

Ve sonra her biri AK'daki tekabül eden Behina'sından Neşama, Haya ve Yehida alırlar.

142. Ancak, Atzilut'un ZON'una göre bu Mohin sadece on Sefirot'un tamamlanmasının ilk türü olarak kabul edilirler. Bunun nedeni bu AHP'ın tamamlanmış AHP olmamaları sadece AHP'ın yansıması olmalarıdır ki bunu da AVİ'de bulunurken AVİ'den alırlar. Ancak kendi yerlerine genişlemelerken hâlâ kendi AHP'larından yoksundurlar (Madde 136).

Bu nedenle, ZON'un 6.000 yıl boyunca edindiği tüm Mohin "yükselişin Mohin'i" olarak kabul edilir, zira GAR'ın Mohin'ini sadece GAR'a yükseldiklerinde edinebilirler çünkü o zaman tamamen onlar tarafından tamamlanmışlardır. Ancak GAR'a yükselmezlerse Mohin'leri olmaz, zira ZON hala ikinci tür Mohin'i düzenlemek zorundadır ve bu sadece ıslahın sonunda olur.

143. Böylece Atzilut'daki beş sabit Partzufim'in Mohin'inin AVİ'nin Kelim'inin ilk tür düzenlenmesinden olduğunu açıklamış olduk. Nekudim dünyasında bu aydınlanmaya "Tabur'un aydınlanması" ya da "Holam noktası" denir. AVİ'nin bile sadece ilk tür tamamlanması vardır; dolayısıyla, GAR'ın hiçbir ışığı (yansıması) Atik, AA ve AVİ'nin Roşim'inden kendi Gufim'ine ve ZON'a yayılmaz çünkü Nekudim'in ZAT'ı da Holam'dan hiçbir aydınlanma (yansıma) almadı (Madde 88).

Ve 6.000 yılım Mohin'i alt derecelerin MAN yükseltmesiyle gelen ıslahın sonuna dek AVİ'nin ikinci tür on Sefirot'unu tamamlamak için Kelim'in düzenlenmesi olarak kabul edilir. Nekudim dünyasında bu yansımaya "Yesod'un aydınlatması" ya da "Şuruk noktası" denir, zira o zaman AVİ kendi AHP'ını yükseltir ki bunlara ZAT'ın GE'si de bağlanmıştır. Dolayısıyla, ZAT da AVİ'de GAR'ın Mohin'ini alır. Böylece bu Mohin Atzilut'un beş Partzufim'inin Gufim'ine ve ortak ZON'a ulaşır, sadece yukarıda GAR'ın olduğu yerde olmaları ve onları kıyafetlendirmeleri gerekmektedir.

DÜNYALARIN EVRİMİ

Gelecekte, ıslahın sonunda ZON on Sefirot'un ikinci tür tamamlanmasını alacak ve son alt Hey'i Atzilut'un Parsa'sı olan Hazeh'den aşağı AK'ın Sium Raglin'ine indirecek (Madde 136). O zaman BYA'daki ZON'un TNHY'si Atzilut'un ZON derecesine bağlanacak ve Atzilut'un Sium Raglin'i AK'ın Sium Raglin'i ile eşitlenecek. O zaman Kral Mesih görünecek, şöyle yazıldığı gibi "Ve ayakları Zeytin dağının üzerine basacak." Böylece yükseliş haricinde 6.000 yıl boyunca dünyalara ıslah olmayacağını açıklığa kavuşturduk.

BERİA, YETZİRA VE ASİYA - ÜÇ DÜNYANIN AÇIKLANMASI

144. Üç BYA dünyasında incelenmesi gereken yedi temel nokta vardır:

1. Bu üç dünyanın yeri nereden yapıldı?

2. Partzufim BYA'nın seviyeleri ve dünyaların yaratıldığında ve Atzilut'un Nukva'sından meydana geldikleri ilk koşulu.

3. Eklenen Mohin'in tüm seviyeleri ve Adam HaRişon'un günahından önce edindikleri "3ww2koşul.

4. Partzufim BYA'da kalan Mohin ve Adam HaRişon'un günahı ile kusurlaşan dünyaların düştüğü yer.

5. Atzilut'un Parsa'sının altına düştükten sonra Partzufim BYA'nın aldığı İma'nın Mohin'i.

6. Partzufim BYA'dan inen ve onu kıyafetlendiren, ve onlar için Neşama'nın Neşama'sı olarak ayırt edilen Atzilut'un beş Partzufim'inin Ahor'unun Partzufim'i.

7. İnen ve Partzufim BYA'ya Atik olan Atzilut'un Malhut'u.

145. İlk ayrım (izlenim) zaten açıklanmıştı (Madde 66): AK'ın Sium Raglin'inin altında olan son Malhut'un Tsimtsum Bet esnasında ortaya çıkan SAG'ın Nekudot'unun ZAT'ının Hazeh'ine yükselişinden dolayı Tiferet'in alt üçte ikisi ve NHYM, Nekudot'un Hazeh'inde Sium'un yeni noktasının altına düştüler. Dolayısıyla, artık Üst Işığı almaya layık değiller ve üç BYA dünyalarının yeri bunlardan yapıldı:

1. Beria dünyasının yeri Tiferet'in alt üçte ikisinden yapılmıştı;

2. Yetzira dünyasının yeri üç NHY Sefirot'undan;

3. Asiya dünyasının yeri Malhut'dan.

146. İkinci izlenim Partzufim BYA seviyeleri ve bunların çıkışlarındaki ve Atzilut'un Nukva'sından doğumlarının durumudur. Bu koşulda ZA'nın Aba'dan Behinat Haya'yı ve Nukva'nın İma'dan Behinat Neşama'yı zaten edinmiş olduğunu bilin.

Ve ZON'un da AVİ'den Mohin'i sadece yükseliş ve kıyafetlenme ile aldığını biliyorsunuz (Madde 142). Dolayısıyla, ZA Üst AVİ denilen Atzilut'un Aba'sını kıyafetlendirir, Nukva YEŞSUT denilen Atzilut'un İma'sını kıyafetlendirir ve Atzilut'un Nukva'sı beş Partzufim'i ile Beria dünyasını düzenledi ve meydana getirdi.

147. Ve Nukva İma'nın bulunduğu yerde durduğundan İma'nın derecesine sahip olduğu kabul edilir, zira Üst Dereceye yükselen alt derece onun gibi olur. Dolayısıyla, Nukva tarafından düzenlenmiş olan Beria dünyası ZA derecesi kabul edilir, zira bu Nukva'nın alt derecesidir ve İma olarak kabul edilir ve İma'nın bir alt derecesi ZA'dır. Sonra, Atzilut'un ZA'sında duran Beria dünyası Atzilut'un Nukva'sının altındadır ki o zaman Atzilut'un İma'sı kabul edilir.

148. Dolayısıyla, Beria dünyası tarafından düzenlenen ve meydana getirilen Yetzira dünyasının artık Atzilut'un Nukva'sının derecesinde olduğu kabul edilir. Bunun nedeni Atzilut'un ZA'sı sayılan Beria dünyasının derecesinin altında olmasıdır. Ve ZA'nın altındaki de Nukva kabul edilir. Bununla beraber, Yetzira dünyasının tüm on Sefirot'u Atzilut'un Nukva'sı değil sadece Yetzira'nın ilk dördü kabul edilir. Bunun nedeni Nukva'nın iki koşulunun olmasıdır: yüz-yüze ve sırt-sırta:

1. ZA ile yüz-yüze olduğunda Nukva'nın seviyesi ZA'nınkine eşittir;

2. Ve sırt-sırta olduğunda ise sadece ZA'nın dört TNHY Sefirot'unu işgal eder.

Ve o zaman tüm dünyaların koşulu sadece sırt-sırta olduğundan Nukva'da sadece dört Sefirot bulunmaktadır. Dolayısıyla, Yetzira dünyasının da Atzilut'un Nukva'sında sadece ilk dört Sefirot'u bulunmaktadır. Ve Yetzira'nın alt altı Sefirot'u ilk izlenimdeki BYA'nın yerindeki niteliklere göre mevcut Beria dünyasının ilk altı Sefirot'unun olduğu yerdedir (Madde 145) ki burası Adam HaRişon'un günahtan sonra düştüğü BYA dünyalarıdır ve şimdi burası onların sabit yerleridir.

149. Yetzira dünyası tarafından düzenlenen Asiya dünyası Beria'nın mevcut derecesi kabul edilir. Yetzira dünyası daha önce Atzilut'un Nukva'sının derecesinde olduğundan, altındaki derece – Asiya dünyası – mevcut Beria dünyası kabul edilir. Ancak, Yetzira'nın sadece ilk dört Sefirot'u Atzilut'un Nukva'sı kabul edildiğinden ve alt altısı da Beria dünyasındaydı, sadece bunun altındaki Asiya dünyasının ilk dört Sefirot'u Beria dünyasının alt dört Sefirot'u kabul edilir. Ve Asiya dünyasının alt altı Sefirot'u mevcut Yetzira dünyasının ilk altı Sefirot'unun olduğu yerdeydi.

O zamanda on dört Sefirot – mevcut Yetzira'nın NHYM'si ve mevcut Asiya dünyasının tüm on Sefirot'u – her hangi bir Kutsallık'dan (kutsallık) yoksundu ve Mador ha Klipot (kabuklar kısmı) halini aldılar. Bunun nedeni on dört Sefirot'un olduğu yerde sadece Klipot'un (kabuklar) olmasıydı, zira Kutsallık dünyaları mevcut Yetzira dünyasının Hazeh'inde son buldular. Böylece Partzufim BYA'nın seviyelerini ve ilk ortaya çıktıklarındaki durumlarının yerini öğrenmiş olduk.

150. Şimdi üçüncü izlenimi – Partzufim BYA'nın seviyelerini ve Adam HaRişon'un günahından önce eklenmiş olan Mohin'den edindikleri koşullarını açıklayacağız. Bunun nedeni Şabat'ın eklenmesinin aydınlanmasıyla iki yükselişleri oldu.

1. Şabat arifesinin beşinci saatinde Adam HaRişon doğmuştu. O zaman Şabat'ın aydınlanması altıncı günün beşincisi formunda yansımaya başlar. O zaman:

1. ZA Behinat Yehida'yı edindi ve yükselerek Atzilut'un AA'sını kıyafetlendirdi;

DÜNYALARIN EVRİMİ

2. Nukva Behinat Haya'yı edindi, yükseldi ve Atzilut'un AVİ'sini kıyafetlendirdi;

3. Beria YEŞSUT'a yükseldi;

4. Yetzira'nın tümü ZA'ya yükseldi;

5. Asiya'nın ilk dört Sefirot'u Atzilut'un Nukva'sının olduğu yere yükseldi;

6. Ve Asiya'nın alt altı Sefirot'u Beria'nın ilk altı Sefirot'unun olduğu yere yükseldi.

2. Şabat arifesinde şafakta. Şabat'ın eklenmesiyle Asiya'nın alt altı Sefirot'u da Atzilut'un Nukva'sının olduğu yere yükseldi ve Asiya ve Yetzira dünyaları Atzilut dünyasında, Atzilut'un ZON'unun olduğu yerde yüz-yüze formunda durdu.

151. Ve şimdi dördüncü izlenimi – BYA'da kalan Mohin seviyesini ve günahtan sonra düştükleri yeri açıklayacağız. Bilgi Ağacı'nın günahının yanlışından dolayı iki yükseliş vasıtasıyla eklenmiş olan tüm Mohin dünyalardan ayrıldı ve ZON tekrar VAK ve Nekuda oldu. Ve üç BYA dünyası sadece ilk ortaya çıktıkları Mohin'le kalmış oldu. Beria dünyası VAK anlamına gelen ZA ve yukarıda bahsedilen ölçüde Yetzira ve Asiya derecesindeydi (Madde 148).

İlaveten, Atzilut'un izlenimi bunlardan tamamen ayrıldı ve Atzilut'un Parsa'sının altına, Tsimtsum Bet tarafından hazırlanan BYA'nın bulunduğu yerin niteliğine düştü (Madde 145). Dolayısıyla, Yetzira'nın alt altı Sefirot'u ve Asiya dünyasının on Sefirot'u düştü ve Mador ha Klipot denilen Klipot'un on dört Sefirot'unun (Madde 149) bulunduğu yerde durdu.

152. Beşinci izlenim düştükleri yerde BYA'nın aldığı İma'nın Mohin'idir. BYA Atzilut'dan ayrıldıktan ve Atzilut'un Parsa'sının altına düştükten sonra sadece VAK'a sahipti (Madde 151). O zaman YEŞSUT Atzilut'un ZON'unda kıyafetlendi ve YEŞSUT ZON'da kıyafetlenmek amacıyla çiftleşti ve Neşama'nın Mohin'ini Partzufim BYA'ya verdi:

1. Beria dünyası Bina seviyesinde bunlardan on tam Sefirot aldı;

2. Yetzira dünyası VAK'ı aldı;

3. Ve Asiya dünyası bunlardan sadece sırt-sırta izlenimi aldı.

153. Altıncı izlenim Partzufim BYA'nın Atzilut'un beş Partzufim'inin Ahor'un Partzufim'inden aldığı Neşama'dan Neşama'yadır. Bunun nedeni ayın küçülmesi sırasında Atzilut'un Nukva'sının Ahor'unun Partzuf'u düştü ve Partzufim BYA'da kıyafetlendi. Bu İbur, Yenika, Mohin denilen üç Partzufim içerir.

1. Behinat Mohin (izlenimi) Beria'ya düştü;

2. Behinat Yenika Yetzira'ya düştü;

3. Ve Benihat İbur Asiya'ya düştü.

Bunlar kendilerine göre Haya kabul edilen tüm Partzufim BYA'ya Behinat Neşama'dan Neşama'ya oldular.

154. Yedinci izlenim RADLA (Atik'in Roş'unun on Sefirot'u – Rişa Dela) ve BYA'daki Yehida ışığı olan Atzilut'un Nukva'sıdır. Bunun nedeni açıklandı, ayın küçülmesi sırasında Atzilut'un Nukva'sının Partzuf Ahor'unun üç izlenimi – İbur, Yenika, Mohin – düştü ve BYA'da kıyafetlendi. Bunlar İbur, Yenika ve Mohin olan Nukva'nın alt dokuzunun Ahoraim'i olarak kabul edilirler.

1. NHY'ye İbur denir;

2. HGT'ye Yenika denir;

3. HBD'ye Mohin denir.

Bununla beraber, Nukva'nın Behinat Keter'inin Ahor'u Partzufim BYA'nın Atik'i oldu, öyle ki mevcut Partzufim BYA'nın Işıkları Adam ha Rişon'un günahından sonra geriye kalanlardır ki bu her birinin VAK'ıdır (Madde 151).

1. İma'nın Mohin'inden Behinat Neşama'yı aldılar (Madde 152);

2. Nukva'nın Partzuf Ahor'unun alt dokuzundan Behinat Haya olan Behinat Neşama'dan Neşama'yı aldılar;

3. Atzilut'un Nukva'sının Keter'inin Behinat Ahor'undan Behinat Yehida'yı aldılar.

DÜNYALARIN YÜKSELİŞİNİN AÇIKLANMASI

155. AK'ın Partzufim'i ile Atzilut dünyasının Partzufim'i arasındaki temel fark AK'ın Partzufim'inin Tsimtsum Alef'den olmasıdır ki burada her derece on tam Sefirot içerir. Ayrıca, on Sefirot'un içinde sadece bir Kli – Malhut'un Kli'si – vardır, ancak dokuz Sefirot sadece Işıklar olarak kabul edilir.

Bununla beraber, Atzilut'un Partzufim'i Tsimtsum Bet'dendir, şöyle yazıldığı gibi "Yaradan'ın yeri ve cenneti yarattığı günde", O'nun Rahamim (merhamet) ile Din'i (yargı) ilişkilendirdiği gün (Madde 59). Malhut olan Midat ha Din (yargı niteliği) yükseldi ve Midat ha Rahamim (merhamet niteliği) olan Bina'ya bağlandı ve böylece birleştiler. Böylece, Bina'da Üst Işığın üzerine yeni bir Sium yerleşmiş oldu. Guf'u sonlandıran Malhut Hazeh'de Tiferet olan Guf'un Bina'sına yükseldi ve Roş'un Pe'inde çiftleşen Malhut Nikvey Eynaim denilen Roş'un Bina'sına yükseldi.

Böylece Partzufim seviyesi Roş'suz VAK seviyesi olan Işıklardaki Nefeş Ruah yani Kelim'deki Keter Hohma'ya, GE'ye azaldı (Madde 74). Dolayısıyla, Bina ve ZON olan Kelim'in AHP'ından ve Neşama, Haya ve Yehida Işıklarından yoksundurlar.

156. İkinci İbur için MAN yükselterek (Madde 124) Atzilut'un Partzufim'inin Tsimtsum Alef'de olduğu gibi alt Hey'i Nikvey Eynaim'den Pe'deki yerine geri indiren AK'ın AB SAG'ından Mohin ışığı edindiği açıklanmıştı. Böylece, Kelim'in AHP'ını ve Neşama, Haya ve Yehida Işıklarını tekrar alırlar. Ancak, bu sadece Partzufim'in

DÜNYALARIN EVRİMİ

Roş'unun on Sefirot'una yardımcı oldu onların Gufim'ine değil, zira bu Mohin Pe'den aşağıya Gufim'e yayılmadı (Madde 138).

Dolayısıyla, Gadlut'un Mohin'inden sonra bile Gufim Tsimtsum Bet'in içinde kaldı, Katnut'da esnasında olduğu gibi. Bu nedenle, Atzilut'un beş Partzufim'inin sadece Behina Alef'in Aviut'u, ZA seviyesi, "MA seviyesi" denilen Roş'suz VAK üzerinde ortaya çıktığı kabul edilir. Bunlar AK'ın beş Partzufim'inin MA seviyesini kıyafetlendirirler, yani AK'ın beş Partzufim'inin Tabur'undan aşağı.

157. Böylece Atzilut'un Partzuf Atik'i AK'ın Partzuf Keter'ini Tabur'undan aşağı kıyafetlendirir ve Işığını orada olan AK'ın Partzuf Keter'inin MA seviyesinden alır. Atzilut'un Partzuf AA'sı AK'ın Partzuf AB'ını Tabur'dan aşağı kıyafetlendirir ve Işığını orada bulunan AK'ın AB'ının MA'sından alır. Atzilut'un AVİ'si AK'ın Partzuf SAG'ını Tabur'dan aşağı kıyafetlendirir ve Işığını orada bulunan SAG'ın MA'sının seviyesinden alır. Atzilut'un ZON'u AK'ın Partzuf MA ve BON'unu Tabur'dan aşağı kıyafetlendirir ve Işığını Partzuf MA'nın ve AK'ın BON'unun MA seviyesinden alır.

Böylece, Atzilut'un beş Partzufim'inin her biri AK'daki tekabül eden Partzuf'undan sadece "MA seviyesi" denilen Roş'suz VAK alır. Ve Atzilut'un beş Partzufim'inin Roşim'inde GAR olmasına rağmen sadece Pe'den Gufim'lerine genişleyen Roş'suz VAK olan Mohin dikkate alınır (Madde 139).

158. Bu Atzilut'un her bir Partzufim'inin AK'daki tekabül eden Behina'sını (izlenim) kıyafetlendirdiği anlamına gelmez. Bu mümkün değildir zira Atzilut'un beş Partzufim'i biri diğerinin üzerinde kıyafetlenir ki bu da Atzilut'un Partzufim'inin her Partzuf'unun seviyesinin AK'ın beş Partzufim'indeki Işığını aldığı tekabül eden Behina'sını hedeflediği anlamına gelir (Hallan, Resim no.3).

159. Mohin'in Atzilut'un beş Partzufim'inin Pe'inden Gufim'ine akması için alt derecelerden MAN yükseltilmesi gerektiği açıklanmıştı (Madde 141). Bunun nedeni o zaman onlara ikinci tür on Sefirot'un tamamlanmasının verilmiş olmasıdır ki bu da Gufim için yeterlidir.

Ve alt derecedekilerin yükselttiği bu MAN'da üç izlenim vardır:

1. Behina Bet'in Aviut'undan MAN yükselttiklerinde Bina seviyesindeki on Sefirot ortaya çıkar, bunlara "SAG seviyesi" denir ve bunlar Neşama Işığının Mohin'idir.

2. Behina Gimel'in Aviut'undan MAN yükselttiklerinde "AB seviyesi" denilen Hohma seviyesindeki on Sefirot ortaya çıkar. Bunlar Haya Işığının Mohin'idirler.

3. Behina Dalet'in Aviut'undan MAN yükselttiklerinde "Galgalta seviyesi denilen Keter seviyesinde on Sefirot ortaya çıkar. Bunlar Yehida Işığının Mohin'idirler (Madde 29).

160. Şunu bilin ki MAN yükseltmeye uygun olanlar sadece Tsadikim'in (erdemli) NRN'si (Nefeş, Ruah, Neşama) olarak kabul edilirler ki bunlar BYA'ya dâhildirler ve Üst Dereceleri kabul edilen Atzilut'un ZON'una MAN yükseltebilirler. O zamanda ZON, AVİ olan Üst Derecelerine ve AVİ'nin de Yukarısına AK'ın Partzufim'ine ulaşana

dek MAN yükseltir. Sonra Üst Işık orada yükselen MAN üzerinde Eyn Sof'dan AK'ın Partzufim'ine iner ve on Sefirot'un seviyesi yükselttikleri MAN'ın Aviut ölçüsüne göre ortaya çıkar.

1. Eğer Behina Bet'den ise Neşama seviyesindedir;
2. Behina Gimel'den ise Haya seviyesindedir.

Ve buradan Mohin AK'ın Partzufim'inden geçerek Atzilut'un Partzufim'ine gelene dek derece derece iner. Ve ayrıca Atzilut'un tüm Partzufim'inden geçerek derece derece BYA'dan bu MAN'ı yükselten Tsadikim'in NRN'si üzerine bu Mohin'i ayıran Atzilut'un Partzufim ZON'una varana dek gezerler.

Ve kural şudur: Mohin'in her başlangıcı sadece Eyn Sof'dan gelir ve hiçbir derece MAN yükseltemez ya da yanındaki Üst Derece hariç Işık alamaz.

161. Bu size alt derecelerin Atzilut dünyasındaki ve AK dünyasındaki tüm Üst Partzufim'in bunlar tarafından Gadlut'a getirilmeden Atzilut'un ZON'undan her hangi bir şey almasının mümkün olmadığını söyler. Bunun nedeni şöyle açıklanmıştı, Mohin'in Eyn Sof haricinde başlangıcı yoktur.

Bununla beraber, Tsadikim'in NRN'si sadece Atzilut'un ZON'u olan yanlarındaki Üst Dereceden alabilirler. Dolayısıyla Mohin Üst Dünyalardan ve Partzufim'den daha sonra Tsadikim'in NRN'sine veren ZON'a ulaşana dek basamaklanmalıdır.

Maneviyatta eksiklik olmadığını ve bir yerden başka bir yere geçiş yapmanın ilk yerden eksilmek anlamına gelmediğini zaten biliyorsunuz. Tersine, bir sonraki yere varmış olsalar bile ilk yerlerinde kalırlar, tıpkı bir mumdan başka bir mumu yakarken ilk mumun eksilmediği gibi.

Dahası, kural şudur; Işığın kökü ve özü ilk yerde kalır ve bir sonraki yere sadece bir dal uzanır. Şimdi Üst Derecelere Tsadikim'in NRN'sine ulaşana dek geçiş yapan Işığın geçtiği her derecede kaldığını görebilirsiniz. Dolayısıyla, tüm dereceler Tsadikim'in NRN'sine geçirdikleri Işıktan dolayı büyürler.

162. Artık alt derecelerin aksiyonlarının Üst Partzufim ve dünyalarda nasıl yükseliş ve düşüşlere neden olduğunu anlayabilirsiniz. Bunun nedeni hareketlerini iyileştirdikleri ve MAN yükseltip Işığı genişlettikleri zaman Işığın geçtiği tüm dünyalar ve dereceler bolluktan ötürü büyür ve daha Yukarı yükselir. Ve aksiyonlarını bir kez daha bozduklarında MAN da bozulur ve Mohin de Üst derecelerden ayrılır zira bolluğun kendilerinden alt derecelere geçişi durur ve başlangıçtaki gibi sabit yerlerine bir kez daha dönerler.

163. Ve şimdi Atzilut'un beş Partzufim'inin AK'ın beş Partzufim'ine ve üç BYA dünyasının YEŞSUT ve Atzilut'un ZON'una yükseliş sırasını sabit koşullarından başlayarak ıslahın sonundan önceki 6.000 yıl boyunca ulaşılabilecek seviyeye kadar açıklayacağız. Genelinde üç yükseliş vardır ancak bunlar pek çok detaya bölünmüştür.

AK ve ABYA dünyalarının sabit koşulları zaten yukarıda açıklanmıştı: Tsimtsum Alef'den sonra ortaya çıkan ilk Partzuf AK'ın dört Partzufim'i, AB, SAG, MA ve BON tarafından kıyafetlendirilen AK'ın Partzuf Galgalta'sıdır ve AK'ın Sium Raglin'i bu dünyanın bulunduğu noktanın üzerindedir (Madde 27, 31). Ve büyüklüğü sonsuz ve ölçülemez olan Eyn Sof'un AK'ı tarafından sonsuz bir şekilde sarılmıştır (Madde 32). Böylece, Eyn Sof'un kuşatmasıyla onun içinde kıyafetlenir ve "Eyn Sof çizgisi" olarak adlandırılır.

164. Ve AK'ın MA ve BON'ununun içinde AK'ın SAG'ının Nekudot'u denilen AK'ın Partzuf TNHYM'si bulunur (Madde 63, 66). Tsimtsum Bet sırasında bu dünyanın noktasının üzerinde duran son Malhut yükseldi ve Tiferet'in Üst üçte birinin altında bu Partzuf'un Hazeh'indeki yerini belirledi ki burada Üst Işık üzerinde yeni bir Sium yarattı böylece oradan aşağı yayılmasın diye. Bu yeni Sium "Atzilut'un altındaki Parsa" olarak adlandırılır (Madde 68).

Ayrıca, AK'ın SAG'ının Partzuf Nekudot'unun Hazeh'inden aşağı Parsa'nın altında kalan bu on Sefirot BYA dünyaları için bir yer haline geldi:

1. Hazeh'den geçerek Tiferet'in üçte ikisi Beria dünyasının yeri oldu;
2. NHY, Yetzira dünyasının yeri oldu;
3. Ve Malhut Asiya dünyasının yeri oldu (Madde 67).

Böylece üç BYA dünyasının yeri Parsa'nın altında başlar ve bu dünyanın noktasının yukarısında biter.

165. Böylece dört dünya, Atzilut, Beria, Yetzira ve Asiya, AK'ın Tabur'unun altındaki yerden başlar ve bu dünyanın yukarısında biter. Bunun nedeni Atzilut'un beş Partzufim'inin AK'ın Tabur'unun altından başlaması ve Parsa'nın yukarısında sonlanmasıdır. Ve Parsa'dan aşağı bu dünyaya kadar üç BYA dünyası bulunmaktadır. Bu AK ve ABYA dünyalarının sabit koşuludur ve bunların içinde asla hiçbir eksiklik olmayacaktır.

Ve zaten açıklandığı gibi (Madde 138) bu koşulda tüm Partzufim ve dünyalarda sadece Roş'u olmayan Behinat VAK vardır. Böyle olmasının nedeni Roşim'inin içinde GAR olan Atzilut'un ilk üç Partzufim'inde hâlâ Pe'lerinden aşağı ayrılmamışlardır ve tüm Gufim Roş'suz VAK'dır, Partzufim BYA'da da aynı şekildedir.

AK'ın Partzufim'i bile, çevresinde bulunanlara rağmen, GAR'dan yoksun kabul edilir (Madde 32).

166. Dolayısıyla, tamamında üç seviyedeki dünyaları tamamlamak için yoksun oldukları üç yükseliş bulunmaktadır, Neşama, Haya ve Yehida. Tüm bu yükselişler alt derecedekinin MAN yükseltişine bağlıdır.

İlk yükseliş alt derecedekiler Behina Bet'in Behinat Aviut'undan MAN yükselttikleri zaman olur. Aynı zamanda, ikinci türün on Sefirot'una kıyasla Bina ve Neşama'nın AHP seviyesi Şuruk noktasının aydınlanmasından düzenlenirler (Madde 135). Bu Mohin ZAT ve Gufim'e de yansırlar Partzufim AK'ın Roşim'indeki on Sefirot'unda var olan tam miktar geçip Gufim'e yayıldığında AK'ın Partzufim'inde olduğu gibi.

167. Bundan bu Mohim'in Atzilut'un Partzufim'inden geçtiğinde Atzilut'un beş Partzufim'inin her birinin SAG'ın Mohin'i denilen ve AK'da olduğu gibi Partzufim'ine GAR'ı yansıtan Bina ve Neşama'nın Mohin'ini aldığı anlamına gelir. Dolayısıyla, büyüdükleri ve yükseldikleri ve AK'ın Partzufim'ini gerçekleştirdikleri Mohin'in ölçüsüne göre kıyafetlendirdikleri kabul edilir.

168. Böylece, Atzilut'un Partzuf Atik'i bu Bina'nın Mohin'ini edindiğinde yükselir ve ZAT'ı için de ışıyan AK'ın Yehida'sının Behinat Neşama'sını aldığı AK'ın Partzuf Galgalta'sının SAG'ının seviyesinin karşısında AK'ın Partzuf Bina'sını kıyafetlendirir.

Ve Mohin Atzilut'un Partzuf AA'sına geldiğinde yükselir ve ZAT'ı için ışıyan AK'ın Haya'sının Behinat Neşama'sını aldığı AK'ın Partzuf AB'ının SAG seviyesinin karşısında sabit koşulun Atik'inin Roş'unu kıyafetlendirir. Ve Mohin Atzilut'un Partzuf AVİ'sine geldiğinde yükselir ve ZAT'ına ışıyan AK'ın Neşama'sının Behinat Neşama'sını aldığı AK'ın SAG'ının Bina seviyesinin karşısında AA'nın sabit GAR'ını kıyafetlendirir. Ve bu Mohin Atzilut'un YEŞSUT ve ZON'una geldiğinde yükselir ve AK'ın Nefeş Ruah'ının Behinat Neşama'sını aldıkları AK'ın Partzuf MA ve BON'unun Bina seviyesinin karşısında sabit AVİ'yi kıyafetlendirir. Sonra Tsadikim'in NRN'si Atzilut'un Neşama'sının Mohin'ini alır.

Ve Mohin Beria dünyasının Partzufim'ine geldiğinde Beria dünyası yükselir ve Atzilut'un Behinat Nefeş'ini aldığı Atzilut'un Nukva'sını kıyafetlendirir. Ve Mohin Yetzira dünyasına geldiğinde yükselir ve Beria'nın GAR'ını ve Behinat Neşama'yı aldığı sabit Beria dünyasını kıyafetlendirir. Ve Mohin Asiya Asiya dünyasına geldiğinde yükselir ve Yetzira'da olan VAK'ın Behinat Mohin'ini aldığı Yetzira dünyasını kıyafetlendirir. Böylece yükseltilmiş olanları yükselten Behina Bet'in MAN'ı vasıtasıyla ABYA'daki her Partzuf'un ilk yükselişini açıklamış olduk. (Hallan Resim no:7).

169. İkinci yükseliş alt dereceler Behina Gimel'in Aviut'undan MAN yükselttiğinde ortaya çıkar. O zamanda Hohma ve Haya seviyelerinin AHP'ı on Sefirot'un ikinci çeşit tamamlanmasına göre düzenlenir. Bu Mohim de AK'ın Partzufim'inde olduğu gibi ZAT ve Gufim için yansırlar. Ve Mohin Partzufim ABYA'dan geçtiğinde her Partzuf yükselir ve edindiği Mohin'e göre onların içinden geçerek büyür.

170. Böylece, Mohin Atzilut'un Partzuf Atik'ine geldiğinde yükseldi ve AK'ın Galgalta'sının AB seviyesinin karşısında Yehida'nın Haya Işığını aldığı AK'ın Partzuf Hohma'sının GAR'ını kıyafetlendirdi. Ve Mohin Atzilut'un Partzuf AA'sına ulaştığında yükselir ve AK'ın Haya'sının Haya Işığını aldığı AK'ın Partzuf AB'ının AB seviyesinin karşısında AK'ın SAG'ının GAR'ını kıyafetlendirir. Ve Mohin Atzilut'un Partzuf AVİ'sine ulaştığında yükselir ve ZAT ve Gufim'e ışıyan AK'ın Neşama'sının Haya Işığını aldığı Atik'in sabit GAR'ını AK'ın Partzuf SAG'ının AB seviyesinin karşısında kıyafetlendirir. Ve Mohin Atzilut'un YEŞSUT'una ulaştığında yükselir ve AA'nın sabit GAR'ını AK'ın MA'sının Haya Işığını aldığı AK'ın MA'sının AB seviyesinin karşısında kıyafetlendirir. Ve Mohin Atzilut'un ZON'una ulaştığında AVİ'nin GAR'ına yükselir ve AK'ın BON'undan

DÜNYALARIN EVRİMİ

Haya Işığını aldığı AK'ın BON'unun AB seviyesinin karşısında kıyafetlendirir. Ayrıca, ZON'dan erdemlilerin ruhlarını alırlar.

Ve Mohin Beria dünyasına ulaştığında yükselir ve Atzilut'un Behinat Ruah'ını aldığı Atzilut'un ZA'sını kıyafetlendirir. Ve Mohin Yetzira dünyasına ulaştığında Yetzira yükselir ve Atzilut'un Nukva'sını kıyafetlendirir ve ondan Atzilut'un Nefeş Işığını alır. Ve Mohin Asiya dünyasına ulaştığında yükselir ve Beria dünyasını kıyafetlendirir ve ondan Behinat GAR ve Beria'nın Neşama'sını alır. Aynı zamanda Asiya dünyası BYA'nın tam NRN'si ile tamamlanır. Böylece Tsadikim'in NRN'sinin yükselttiği Behina Gimel'in MAN'ı vasıtasıyla büyüyen Partzufim ABYA'nın yükselmiş olan her Partzuf'unun ikinci yükselişini açıklamış olduk (HaIlan, Resim no.8).

171. Üçüncü yükseliş alt derecelerin Behina Dalet'in Aviut'undan MAN yükseltmesiyle olur. Aynı zamanda Yehida'nın Keter seviyesinin AHP'ı on Sefirot'un ikinci tür tamamlanmasına göre ayıklanırlar. Bu Mohin ZAT ve onların Gufim'ini de aydınlatır AK'ın Partzufim'inde olduğu gibi. Ve bu Mohin Partzufim ABYA'ya geçiş yaptığında her Partzuf yükselir, büyür ve o Mohin'in ölçüsüne göre Üst derecesini kıyafetlendirir.

172. Böylece Mohin Atzilut'un Partzuf Atik'ine ulaştığında yükselir ve AK'ın Partzuf Galgalta'sının GAR'ını kıyafetlendirir ve oradan Yehida'nın Yehida Işığını alır. Ve Mohin Atzilut'un Partzuf AA'sına ulaştığında yükselir ve AK'ın Partzuf AB'ının GAR'ını kıyafetlendirir ve oradan AK'ın Haya'sının Yehida Işığını alır. Ve Mohin Atzilut'un Partzuf AVİ'sine ulaştığında yükselir ve AK'ın SAG'ının GAR'ını kıyafetlendirir ve oradan AK'ın Neşama'sının Yehida Işığını alır. Ve Mohin Partzuf YEŞSUT'a ulaştığında yükselir ve AK'ın MA'sının GAR'ını kıyafetlendirir ve oradan AK'ın MA'sının Yehida Işığını alır. Ve Mohin Atzilut'un ZON'una ulaştığında yükselir ve AK'ın BON'unun GAR'ını kıyafetlendirir ve oradan AK'ın BON'unun Yehida Işığını alır. Ve sonra Tsadikim'in NRN'si Atzilut'un ZON'unun Yehida Işığını alır.

Ve Mohin Beria dünyasına ulaştığında yükselir ve Atzilut'un Partzuf YEŞSUT'unu kıyafetlendirir ve oradan Atzilut'un Neşama'sını alır. Ve Mohin Yetzira dünyasına ulaştığında yükselir ve Atzilut'un Partzuf ZA'sını kıyafetlendirir ve oradan Atzilut'un Behinat Ruah'ını alır. Ve Mohin Asiya dünyasına ulaştığında yükselir ve Atzilut'un Nukva'sını kıyafetlendirir ve ondan Atzilut'un Nefeş Işığının Behinat'ını alır (HaIlan, Resim no.9).

173. Şimdi öyle görünüyor ki üçüncü yükseliş sırasında Atzilut'un beş Partzufim'inin her biri sabit koşulda yoksun oldukları AK'ın Neşama, Haya ve Yehida seviyelerini tamamladılar. Bu nedenle bu beş Partzufim'in yükselip her biri AK'ın Partzufim'inde tekabül ettiği Behina'sında AK'ın beş Partzufim'ini kıyafetlendirdiği kabul edilir.

Ayrıca, Tsadikim'in NRN'si yoksun oldukları GAR'ı aldılar. Atzilut'un Parsa'sının altındaki üç BYA dünyası sabit koşulda sadece Hasadim Işığının NRN'sine sahipti ve üzerlerindeki Parsa'nın gücüyle Hohma'dan ayrıldılar. Şimdi ise Parsa'nın yukarısına yükseldiler ve Atzilut'un ZON ve YEŞSUT'unu kıyafetlendirdiler ve Hasadim'lerinde Hohma Işığı yansıdığında Atzilut'un NRN'sine sahipler.

174. Tsadikim'in NRN'sinin Parsa'nın altında sabit olarak sadece Partzufim BYA'yı kıyafetlendirdiğini bilmemiz lazım:

1. Nefeş Asiya'nın on Sefirot'unu kıyafetlendirir;
2. Ruah Yetzira'nın on Sefirot'unu;
3. Ve Neşama Beria'nın on Sefirot'unu kıyafetlendirir.

Bundan şu sonuç çıkıyor; Atzilut'un ZON'undan almalarına rağmen bu onlara sadece onları kıyafetlendiren Partzufim BYA'dan geçerek ulaşır. Dolayısıyla, Tsadikim'in NRN'si de üç BYA dünyasının yükselişiyle beraber yükselir. Böylece BYA dünyaları da sadece Tsadikim'in NRN'sinin bolluğu alma ölçüsüne göre büyürler, yani kendileri tarafından düzenlenen MAN'a göre.

175. Böylece sabit koşulda tüm dünyalarda ve Partzufim'de her birinde Behina'sına göre sadece Roş'dan yoksun VAK vardır. Tsadikim'in NRN'si bile sadece VAK kabul edilir zira Beria dünyasından Neşama'nın GAR'ına sahip olmalarına rağmen bu GAR Atzilut dünyasına kıyasla VAK olarak kabul edilir çünkü Hohma'dan ayrılmış olarak Hasadim Işığı kabul edilirler.

Ayrıca, Atzilut'un Partzufim'i Roşim'inde GAR olmasına rağmen sadece VAK olarak kabul edilirler zira Gufim'i aydınlatmazlar. Ve dünyalara ulaşan tüm Mohin ki bunlar VAK'dan fazladır, sadece Tsadikim'in (erdemliler) yükselttiği sayesinde gelirler.

Ancak, bu Mohin sadece alt derecenin Üst Dereceye yükselişi sayesinde Partzufim'e kabul edilirler. Böyle olmasının nedeni şudur; Gufim ve ZAT'ın kendisine göre on Sefirot'un ikinci tür tamamlanması kabul edilmelerine rağmen hâlâ kendi yerlerinde tamamlanmamış ancak Üst Derecedeyken tamamlanmış sayılan (Madde 142) ilk türün AHP'ının düzenlenmesi olarak kabul edilirler. Dolayısıyla, Atzilut'un beş Partzufim'i yükselip kıyafetlendirmeden AK'ın Neşama, Haya ve Yehida'sını alamaz.

Ayrıca, NRN ve üç dünyalar yükselip Atzilut'un ZON ve YEŞSUT'unu kıyafetlendirmeden Atzilut'un NRN'sini alamaz. Bunun nedeni ZAT'a ait olan ve Yukarıdan aşağıya ZAT'ın olduğu yere genişleyen ikinci türün bu AHP'leri sadece ıslahın sonunda düzenlenecekler. Dolayısıyla, üç BYA dünyaları yükseldiğinde ve Atzilut'un ZON ve YEŞSUT'unu kıyafetlendirdiğinde Parsa'dan aşağı sabit yerleri Kutsallık Işığından tamamen yoksun kalır.

Ve Yetzira'nın Hazeh'den yukarısı ile Hazeh'den aşağısı arasında bir fark vardır. Bunun nedeni yukarıda da açıklandığı gibi Yetzira dünyasının Hazeh'inden aşağıya doğru olan yer Klipot'un sabit yeridir (Madde 149). Ancak, Adam ha Rişon'un günahından dolayı Kutsiliğin alt dört Yetzira'sı ve Kutsiliğin Asiya'sının on Sefirot'u indiler ve onları kıyafetlendirdiler (Madde 156). Dolayısıyla, BYA'nın Atzilut'a yükselişi sırasında Yetzira'nın Hazeh'inden yukarı doğru ne Kutsallık ne de Klipot vardır. Ancak Yetzira'nın Hazeh'inden aşağı doğru Klipot vardır çünkü burası onların yeridir.

DÜNYALARIN EVRİMİ

176. Ve VAK seviyesinden ek Mohin sadece alt derecelerin MAN'ı vasıtasıyla geldiğinden Partzufim'de sürekli bulunmazlar çünkü alt derecelerin aksiyonlarına bağlıdırlar. Aksiyonlarını bozduklarında Mohin ayrılır (Madde 162). Bununla beraber, Kaynağın Kendisinin gücü tarafından oluşturulan Partzufim'deki sabit Mohin asla değişime uğramaz, zira alt dereceler tarafından büyütülmezler ve onlar tarafından bozulmazlar

177. BON'un AA'sının Atzilut'un Keter'i olarak ve AVİ'nin AB olarak kabul edildiğine şaşırmayın (Madde 130). Bunun nedeni AA'nın BON'un Keter'inin alt yarısı olması ve AVİ'nin de Nekudim'in HB'sinin alt yarısı olmasıdır. Dolayısıyla, AK'daki AA'nın tekabül eden Behina'sı AK'ın Partzuf Keter'i olmalıydı ve AK'daki AVİ'nin tekabül eden Behina'sı AK'ın AB'ı olmalıydı.

Bunun cevabı şudur; BON'un Partzufim'i dişidir ve erkeklerin – MA'nın Partzufim'i – verdikleri dışında kendileri için alamazlar. Bu nedenle, Üst Dereceden Mohin almak anlamına gelen yükselişlerindeki tüm bu izlenimler sadece MA'nın Partzufim'i olan erkeklerde ayrıştırılabilir. Ve MA'nın AA'sı Behinat Keter'den Hohma seviyesi hariç her hangi bir şeye sahip olmadığından ve MA'nın AVİ'sinde Behinat Hohma bulunmadığından ve sadece Bina seviyesi olduğundan (Madde 126) AK'daki tekabül eden Behina'sı AA'ya AK'ın AB'ı ve AVİ'ye AK'ın SAG'ı kabül edilir. Ve AK'ın Partzuf Keter'i sadece MA'nın Keter seviyesinin tamamını alan Atik'le ilgilidir.

178. Ayrıca şu söylenenlere de dikkat etmelisiniz; derecelerin merdiveni, sabit Mohin'de olduğundan tüm bu çıkışlarla değişmezler. Sonuçta BYA'da duran Tsadikim'in NRN'sinin tüm Üst Partzufim onu Eyn Sof'unkilere geçirmeden hiçbir şey almayacağı açıklanmıştı. Buna göre Üst derecelerin kendileri de Eyn Sof'dan geçerek her biri kendisinin Üst Derecesine büyür ve yükselir (Madde 161).

Bundan şu sonuç çıkar; bir derecenin yükselmesinin ölçüsüne göre tüm dereceler Eyn Sof'dan geçerek yükselmeliler. Örneğin, ZON AA'nın Hazeh'inden aşağısını kıyafetlendirerek AA'nın Tabur'unun altındaki sabit yerlerinden yükseldiğinde AA da kendi sabit koşulundan bir derece yukarısına Atik'in Pe'inden aşağı doğru Atik'in GAR'ını kıyafetlendirerek yükseldi. Bunu müteakip tüm içsel dereceleri de yükseldi: HGT'si sabit GAR'ın yerine yükseldi ve Hazeh'inden Tabur'a HGT'nin sabit yerine yükseldi ve Tabur'undan aşağı Tabur'dan geçerek Hazeh'in yerine yükseldi.

Benzer şekilde, Tabur'dan geçerek Hazeh'den AA'nın sabit yerine yükselen ZON hâlâ AA'nın Tabur'unun altındadır. Bunun nedeni aynı zamanda AA'nın Tabur'unun altında olan ZON'un zaten Hazeh'den Tabur'a yükselmiş olmasıdır. (HaIlan Resim no:4) ZON'un yükselip YEŞSUT'un GAR'ının Neşama'sının edinimi sırasında AVİ'nin Pe'inden aşağı, AA'nın Hazeh'inden aşağı doğru kıyafetlenen Atzilut'un beş Partzufim'inin sabit koşulundaki yükselişi.)

Bununla beraber, Atzilut'un tüm Partzufim'i aynı zamanda yükselir (HaIlan Resim no:7). Bu nedenle, göreceksiniz ki ZON orada hâlâ YEŞSUT'u Pe'den aşağı, AVİ'nin Hazeh'inin aşağısının üstünde, AA'nın Tabur'undan aşağısının üstünde kıyafetlendirir.

Dolayısıyla, dereceler merdiveninin yükselişlerle değişmemiştir. Ve tüm yükselişlerde de benzer şekildedir (HaIlan Resim no: 3-son).

179. Şunu da bilmeliyiz ki Partzufim yükselişinden sonra bile derecesinin tamamını sabit yerde bırakır ya da başlangıçta oldukları yerde, zira maneviyatta eksiklik yoktur (Madde 96). Dolayısıyla, AVİ'nin GAR'ı AA'nın GAR'ına yükseldiğinde AVİ'nin GAR'ı hâlâ AA'nın Pe'inden aşağıdaki sabit yerde kalır. Ve YEŞSUT yükselmiş olan AVİ'nin HGT'sinin üzerine yükselir ve yükselişten önce orada bulunan AVİ'nin gerçek GAR'ından alır.

Dahası, orada üç derecenin birlikte olduğu kabul edilir. Yükselmiş olan AVİ'nin GAR'ı AA'nın GAR'ının sabit yerinde şimdi YEŞSUT'un olduğu yerde durur. Dolayısıyla, AA ve AVİ'nin GAR'ı ve YEŞSUT aynı yerde aynı anda aydınlatır.

Yükselişler sırasında AK ve ABYA'nın tüm Partzufim'i için de böyledir. Bu nedenle, bir Partzuf yükselirken her zaman yükselişlerin anlamını Üst Derecelerin sabit koşullarına ve aynı zamanda bir derece yükselen Üst Derecelerin değerine göre dikkate almalıyız. (HaIlan kitabındaki her şeyi inceleyin. Resim no:3'de Partzufim'i sabit koşullarında göreceksiniz. Ve resim 4-6'da ZA'nın üç yükselişini Atzilut'un beş sabit Partzufim'inin değeriyle bulacaksınız. Resim 7-9'da Atzilut'un tüm beş Partzufim'inin üç yükselişini AK'ın beş sabit Partzufim'i ile bulacaksınız. Ve resim 10-12'de AK'ın tüm beş Partzufim'inin üç yükselişinin Eyn Sof'un sabit çizgisiyle ilişkisini göreceksiniz.)

HER PARTZUF'UN KETER VE ABYA'YA BÖLÜNMESİ

180. Genel ve parçanın eşit olduğunu bilmemiz lazım. Ayrıca, genelden edinilen izlenim detaylarında da mevcuttur hatta olabilecek en küçük detayında bile. Ayrıca genel realite, AK dünyasının dünyaların Keter'i ve ABYA'nın dört dünyasının HB ZON (Madde 3) olarak kabul edildiği beş dünyada, AK ve ABYA, fark edilmektedir. Benzer şekilde, tüm dört ABYA dünyasında beş şeyi içermeyen tek bir madde yoktur: her Partzuf'un Roş'u onun Keter'i kabul edilir ve AK dünyasına tekabül eder; ve Pe'den Hazeh'e Guf içindeki Atzilut kabul edilir. Hazeh'den Tabur'a kadar Beria'sı ve Tabur'dan aşağı Sium Raglin'ine kadar Yetzira ve Asiya'sı kabul edilir.

181. Ve on Sefirot KHB, HGT, NHYM'nin pek çok ismi olduğunu bilmelisiniz. Bunlara bazen GE ve AHP, ya da NRNHY, ya da Yud'un ucu ve her harf Yud, Hey, Vav, Hey, ya da basitçe HaVaYah ve HaVaYah'ın dört içeriği (dolgu maddesi) AB, SAG, MA ve BON denir:

1. AB'ın içeriği Yud, Hey, Viv, Hey (Vav'daki Alef'in yerini Yud almıştır);

2. SAG'ın içeriği Yud, Hey, Vav, Hey'dir;

3. MA'nın içeriği Yud, He (Alef Yud'un yerini alır), Vav, He'dir;

4. BON'un içeriği Yud, Heh (Hey Yud'un yerini alır), Vav, Heh'dir;

DÜNYALARIN EVRİMİ

Bunlara aynı zamanda AA, AVİ ve ZON denir. AA Keter'dir, Aba Hohma'dır, İma Bina'dır, ZA HGT NHY'dir ve ZA'nın Nukva'sı Malhut'dur.

Ayrıca, AK ve ABYA ya da Keter ve ABYA olarak da adlandırılırlar. Keter'in Malhut'una Pe denir, Atzilut'un Malhut'una Hazeh denir, Beria'nın Malhut'una Tabur denir, Yetzira'nın Malhut'una Ateret Yesod denir ve genel Malhut Sium Raglin olarak adlandırılır.

182. On Sefirot'un bu farklı isimlerinde iki açıklamayı ayırt etmelisiniz:

1. Tekabül ettiği Sefira'ya eşitliği;
2. Spesifik adının değiştiği ve tekabül ettiği Sefira'dan nasıl ayrılır.

Örneğin, Direkt Işığın on Sefirot'unun Keter'i Eyn Sof'dur ve bir Partzuf'un her Roş'u da aynı zamanda Keter olarak adlandırılır. Benzer şekilde, AK'ın tüm beş Partzufim'ine de Keter denir. Partzuf Atik'de Keter olarak adlandırılır. Dolayısıyla, şunu dikkate almalıyız: eğer hepsine Keter deniyorsa neden bu farklı isimlerle anılıyorlar? Ve ayrıca, eğer hepsi Keter'le ilişkilendiriliyorsa Keter'e eşit olmaları gerekmez mi?

Gerçektende bir bakıma hepsi Keter'e eşittir çünkü Eyn Sof kabul edilirler, zira kural şudur; Üst Işık bir Kli'ye bürünmediyse Eyn Sof olarak kabul edilir. Dolayısıyla, AK'ın tüm beş Partzufim'i Tikun dünyasına göre Kli'siz Işık olarak kabul edilir, zira Tsimtsum Alef'in Kelim'inde algımız yoktur. Bu nedenle, bizim için Keter'in Işıkları Eyn Sof kabul edilir.

Ayrıca, Atzilut'un Atik ve AA'sı Nekudim'in Keter'i kabul edilir. Ancak farklı bir açıdan; bunlar birbirinden ayrıdır, çünkü Or Yaşar'ın Keter'i bir Sefira'dır, fakat AK'da ve tamamlanmış Partzufim içerir ki bunların her biri Roş, Toh, Sof'a sahiptir (Madde 142). Ayrıca, Partzuf Atik, Nekudim'in Keter'inin Üst yarısının sadece yarısıdır ve Partzuf AA, Nekudim'in Keter'inin alt yarısının yarısıdır (Madde 129). Benzer şekilde bu iki açıklama Sefirot'un tüm adlarında ayırt edilmelidir.

183. Keter ve ABYA olarak adlandırılan on Sefirot'un bu isimlerindeki özel açıklamanın Tsimtsum Bet'den (Madde 60) dolayı yapılan on Sefirot'un Panim'in Kelim'i ve Ahoraim'in Kelim'ine ayrılmasını göstermek içindir. Aynı anda son Malhut "Hazeh'deki Tiferet" olarak bilinen Guf'un Bina'sının olduğu yere yükseldi ki burada dereceyi sonlandırdı ve "Atzilut'un altındaki Parsa" denilen yeni bir Sium yarattı (Madde 68).

Ve Hazeh'den aşağıdaki Kelim Atzilut'un dışına çıktı ve bunlar BYA olarak adlandırılır. Hazeh'den Sium'a kadar Tiferet'in üçte ikisine Beria denir; NHY'ye Yetzira; ve Malhut'a da Asiya denir. Bu nedenle her derecenin Panim'in Kelim'ine ve Ahoraim'in Kelim'ine ayrıldığı açıklanmıştı: Hazeh'den yukarısına Panim'in Kelim'i ve Hazeh'den aşağısına Ahoraim'in Kelim'i denir.

184. Dolayısıyla, Hazeh'in olduğu yerdeki Parsa'nın bu izlenimi dereceyi ABYA denilen dört özel Behinot'a ayırır: Atzilut – Hazeh'e kadar ve BYA – Hazeh'den aşağı. Ve farkın başlangıcı AK'ın kendisinin içindedir. Ancak orada Parsa Tabur'undan geçerek

alçaldı (Madde 68); dolayısıyla, içindeki Atzilut, Tabur'unun yukarısında sonlanan AB SAG'dır.

Tabur'undan aşağısı BYA'sı yani içindeki iki Partzufim MA ve BON'un yeridir. AK'ın beş Partzufim'inin Parsa denilen Tsimtsum Bet'in Sium'unun gücüyle ABYA'ya bölünmesi bu şekildedir: Galgalta Roş'dur; Tabur'una kadar AB SAG, Atzilut'dur ve Tabur'undan aşağı MA ve BON, BYA'dır.

185. Benzer şekilde, Atzilut'un tüm beş Partzufim'i kendi Keter ve ABYA'larına bölünmüştür:

1. AA, Atzilut'un tümünün Roş'udur.

2. AA'nın Pe'inden Hazeh'e kadar kıyafetlendiren ve AB olan Üst AVİ, Atzilut'dur. Ve orada Hazeh noktasında Parsa durur ki bu Atzilut dünyasının Behinat Atzilut'unu sonlandırır.

3. AA'nın Hazeh'inden Tabur'una kıyafetlendiren SAG olan YEŞSUT Atzilut'un Beria'sıdır.

4. AA'nın Tabur'undan Atzilut'un Sium'una kadar kıyafetlendiren MA ve BON olan ZON, Atzilut'un Yetzira ve Asiya'sıdır.

Dolayısıyla, Atzilut dünyası da beş Partzufim'i ile Roş ve ABYA'ya bölünmüştür, AK'ın beş Partzufim'inde olduğu gibi. Ancak burada Parsa AA'nın Hazeh'indeki yerinde durmaktadır ki gerçek yeri burasıdır (Madde 127).

186. Bununla beraber, genel olarak dünyalarda tüm üç Partzufim Galgalta, AB, AK'ın SAG'ı genel Roş olarak kabul edilir. Ve SAG'ın Nekudot'unun Hazeh'inde yapılan Parsa olan (Madde 66) ve AK'ın Tabur'undan aşağı genel Parsa'ya kadar kıyafetlendiren Atzilut dünyasının beş Partzufim'i genel Atzilut'dur. Ve üç genel dünya BYA, Parsa'dan aşağıda durur (Madde 67-68).

187. Bu şekilde ABYA dünyalarındaki her bir derece, Asiya'nın Malhut'unun Malhut'u bile, Roş ve ABYA'ya bölünür çünkü bir Roş ve Guf içerir.

1. Guf, Hazeh, Tabur ve Sium Raglin'e bölünür.

2. O derecenin Atzilut'unun altındaki Parsa, Hazeh'inde durur ve Atzilut'u sonlandırır.

3. Hazeh'den Tabur'a kadar derecenin Beria'sı kabul edilir ki bu Tabur noktasının sonuçlandırdığı yerdir.

4. Tabur'dan aşağı Sium Raglin'e kadar derecenin Yetzira ve Asiya'sı kabul edilir.

Ve Sefirot'la ilgili olarak Hazeh'e kadar HGT Atzilut kabul edilir; Hazeh'den Tabur'a kadar Tiferet'in alt üçte ikisi Beria kabul edilir; NHY, Yetzira'dır ve Malhut, Asiya'dır.

188. Bu nedenle her derecenin Roş'u Behinat Keter ya da Yehida, ya da Partzuf Galgalta'ya bağlanır. Pe'den Hazeh'e içindeki Atzilut, Hohma'ya, Or Haya ya da Partzuf AB'a bağlanır. Hazeh'den Tabur'a içindeki Beria, Bina'ya, Or Neşama ya da Partzuf

SAG'a bağlanır. Ve Tabur'dan aşağı içindeki Yetzira ve Asiya, ZON'a, Ruah Nefeş Işığına ya da Partzuf MA ve BON'a bağlanır. (HaIlan kitabını resim 3'den aşağıya bu Behinot tarafından her Partzuf'un nasıl bölündüğünü inceleyin.)

HAILAN (AĞAÇ)
Çizim ve Referanslar

Çizim 1

1. Madde 1- AK'ın Partzuf Keter'inin Roş, Toh ve Sof'unu gösteriyor.

2. Madde 2- AK'ın Partzuf AB'ını Roş, Toh, Sof'da ve AK'ın Partzuf Keter'ini Pe'inden aşağı nasıl kıyafetlendirdiğini gösteriyor.

3. Madde 3- AK'ın Partzuf SAG'ını Roş, Toh, Sof'da ve AK'ın Partzuf AB'ını Pe'inden aşağı nasıl kıyafetlendirdiğini gösteriyor.

Çizim 1, Madde 1

Bu AK'ın Partzuf Keter'i, Tsimtsum'dan sonra Eyn Sof'dan boşluğa genişleyen ilk on Sefirot'udur. Roş'u Eyn Sof'a, Yukarıya, dokunur ve Sium Raglin'i ortada, merkez noktada, yani bu dünyadadır. On Sefirot'un üç Behinot'unu içerir: Roş'un on Sefirot'u, Toh'un on Sefirot'u ve Sof'un on Sefirot'u.

Roş'un on Sefirot'una "on Sefirot'un kökleri" denir, zira bu onların Or Yaşar'ın on Sefirot'unun Zivug de Hakaa vasıtasıyla Roş'un Malhut'unun Masah'ında karşılaşmasıyla yaratılışlarının başlangıcıdır. Bu Or Yaşar'ın on Sefirot'unu kıyafetlendiren Or Hozer'in on Sefirot'unu yükseltir ki bu Eyn Sof'dan uzanır (Hayat Ağacı, Kapı 47, Bölüm 1'de yazdığı gibi). Or Yaşar'ın on Sefirot'u Yukarıdan aşağıya doğru düzenlenmiştir ve karşılarında Or Hozer bulunur ki on Sefirot burada aşağıdan Yukarıya düzenlenmiştir. Roş'un on Sefirot'unun Malhut'una Pe denir.

AK'ın Partzufim'indeki Toh'un on Sefirot'una Partzuf Keter'de, AB'da ve de SAG'da Akudim denir. Ancak Partzuf Keter'de Üst Işık on Sefirot'un içinde henüz ayırt edilmemişti ve aralarındaki fark sadece izlenimlerdeydi (Ari'nin Hayat Ağacı, Kısım Var ve Yok, Bölüm 1'de yazdığı gibi). Ayrıca, Toh'un on Sefirot'unun Malhut'una Tabur denir.

Malhut boyunca Sof'un on Sefirot'u on Sefirot'un her Sefira'sının Sium'u kabul edilir. Partzuf Malhut'un Sefira'sında sonlanır bu nedenle Sium Raglin denilmiştir.

Çizim 1, Madde 2

Bu AK'ın Partzuf AB'ı, Tsimtsum'dan sonra Eyn Sof'dan boşluğa on Sefirot'un Hitpaştut'udur. Hohma'dan başlar ve Keter Işığından yoksundur. Meydana gelir ve

Pe denilen Partzuf Keter'in Roş'unun Malhut'undan çıkar. Dolayısıyla, Partzuf Keter'i Pe'inden Partzuf Keter'in Tabur'una kadar kıyafetlendirir.

AK'ın Partzuf AB'ının on Sefirot'u AK'ın Partzuf Keter'inin Roş'unun on Sefirot'u gibidir, sadece Keter'i yoktur. Bu on Sefirot'un ortaya çıkışı Ari'nin sözlerinin ayrıntılarıyla açıklandığı Yaşam Ağacı, Kısım Var ve Yok Bölüm 1 ve 2'de, ayrıca Talmut Eser Sefirot Kısım 5'de detaylı olarak gösterilmiştir.

Burada Toh'un on Sefirot'u Partzuf Keter'deki Toh'un on Sefirot'undan daha belirgindir, zira burada Var ve Yok'un sırasında on giriş ve on çıkış vardır (Yaşam Ağacı, Kısım Var ve Yok ve Talmut Eser Sefirot Kısım 5'de yazıldığı gibi). Sefira Keter'in Toh'un on Sefirot'unda Yud-Hey denilen iki Kelim vardır. Bu onların Hohma'sında da böyledir ancak Sefira Bina'da Yud-Hey sadece bir Kli'dedir ve Vav Yesod'un Kli'sindedir ve alt Hey Malhut'dadır.

Sof'un on Sefirot'u AK'ın Partzuf Keter'indeki gibidir sadece Sium Raglin'i Partzuf Keter'in Tabur'unun yukarısındadır.

Çizim 1, Madde 3

Bu AK'ın Partzuf SAG'ı, Roş, Toh, Sof'da Tsimtsum'dan sonra Eyn Sof'dan on Sefirot'un boşluğa üçüncü genişlemesidir. Meydana gelir ve AK'ın Partzuf AB'ının Pe'inden dışarı çıkar. Bina'da başlar ve Keter ve Hohma Işıklarından yoksundur ve aşağısı kendisinden daha uzun olmasına rağmen AK'ın Partzuf AB'ının Pe'inden aşağıyı kıyafetlendirir, zira aşağı doğru AK'ın Partzuf Keter'inin Sium Raglin'iyle aynı seviyeye genişlemiştir.

Çizim 2, Madde 1

Bu AK'ın Partzuf SAG'ının Tsimtsum Alef sırasındaki koşuludur. Yukarıda Çizim 1 Madde 1'de gösterildi, ancak burada kendi Partzufim'inin ek iki farkı vardır: Pe'den Tabur'a Partzuf Taamim ve Tabur'dan aşağı Partzuf Nekudim. Bunların açıklamasını Talmud Eser Sefirot Bölüm 6 sayfa 390'da bulacaksınız.

Buraya kadar üç alt dünya Beria, Yetzira ve Asiya henüz var olmadı, zira AK'ın SAG'ı da bu dünyanın noktasına kadar genişledi. Yani bu dünyanın noktasına kadar Atzilut kabul edildiği sonucu çıkar.

Çizim 2, Madde 2

Bu Nekudim'in on Sefirot'unun meydana gelmesi için yapılan Nikvey Eynaim'den önce Tsimtsum Bet sırasında AK'ın SAG koşuludur. SAG'ın AK'ın iç MA ve BON'una inişinden dolayı Bina Behinat Malhut'u aldı. Dolayısıyla, bu dünyanın noktasında duran son Malhut Tabur'un olduğu yere yükseldi ve SAG'ın Roş'unun Pe'inde duran çiftleşmiş Malhut SAG'ın Roş'unun Nikvey Eynaim'inin olduğu yere yükseldi ve Roş'un

Avzen, Hotem ve Pe'i SAG'ın Behinat Guf'una indi. Ayrıca, Işık Tabur'dan aşağısından çıktı ve bu genelde Partzuf SAG'dır.

Ve kendi SAG'ın Partzuf Nekudot'unda HBD, HGT, NHYM denilen ve tamamen Tabur'un altında duran Roş, Toh ve Sof vardır (yukarıda Çizim 2, Madde 1'e bakın). Bunda da genelde son Malhut'un Hazeh'inde Eyn Sof çizgisinin sonlandığı yerde Tiferet denilen Guf'un Bina'sına yükseldiği kabul edilir ve bunun altında Parsa oluştu, zira burası Behinat Atzilut'un son bulduğu yerdir.

Buradan aşağısı üç Beria, Yetzira ve Asiya dünyalarının yeri haline geldi. Beria dünyası Sium'una kadar Tiferet'in alt üçte ikisinden oluştu. Yetzira dünyası Netzah, Hod ve Yesod'dan oluştu ve Asiya dünyası da Malhut'dan. Bu detaylı bir şekilde Ari'nin sözlerinde, sayfa 8 ve Or Paşut'da açıklanmıştır.

Çizim 2, Madde 3

Bu Nikvey Eynaim'de yapılan Zivug sırasında AK'ın SAG'ındaki koşuldur: Roş'un Zivug'unun olduğu yerin altında Avzen, Hotem ve Pe Behinat Roş'dan çıkıp Guf'a girdiler. Ancak maneviyatta eksiklik olmadığından burada Avzen, Hotem ve Pe'in iki tür izlenimi vardır: ilki başlangıçta olduğu gibi Roş'daki çıkış yerlerindeki Avzen, Hotem ve Pe'dir. İkincisi SAG'ın Roş'unun Pe'inin altına inen asıl Behinat Guf olan Avzen, Hotem ve Pe'dir. Bunlara çıkış yerlerinde Avzen, Hotem ve Pe denilmez, "iç Avzen, Hotem ve Pe" denir.

Burada Tabur'a kadar Toh'un on Sefirot'una Tsimtsum Bet'den öncesi gibi Akudim denir, zira Nikvey Eynaim'in Zivug'undan çıkan on Sefirot sadece Tabur'un altında ortaya çıkabildi. Bunlara "Nekudim'in on Sefirot'u" denir ve bunların içselliği AK'ın kendisinde ortaya çıkmasına rağmen önce Partzuf SAG'ın dışında çıktılar.

Ayrıca bunlara AK'ın MA ve BON'u denir, zira Nekudim'in Üst üç Sefirot'unun içselliğine AK'ın MA'sı ve Nekudim'in alt yedi Sefirot'unun içselliğine AK'ın BON'u denir. Bunlar "Atzilut ve Beria arasındaki Parsa" denilen Tsimtsum Bet'in Sium noktasında sonlanır. Altında ise üç dünya, alt Beria, Yetzira ve Asiya bulunur.

Çizim 2, Madde 4

Bu Tabur'a kadar dışsal Partzuf Avzen, Hotem ve AK'ın SAG'ının Pe'yidir. Tabur'dan aşağıda Parsa'da sonlanan Nekudim'in on Sefirot'unun Partzuf'u bulunur. Parsa'nın aşağısında üç dünya, alt Beria, Yetzira ve Asiya durur.

İçte olanlarda Avzen, Hotem ve Pe, iki Behinot Avzen, Hotem ve Pe'e bölünür: Pe'in üzerinde meydana geldikleri yerde duran dış Avzen, Hotem ve Pe; ve Pe'in altından Tabur'a kadar meydan geldikleri yerde durmayan dış Avzen, Hotem ve Pe. Bunların Üst üçü alt dudağa tutunmuştur ve Şibolet ha Zakan (alt dudağın altındaki tüy) olarak adlandırılır ve Üst üçü önce Avzen Işığıdır ancak Behinot Hotem'i, Pe, de bunlara dâhildir. Bunlar Nekudim'in Üst üç Sefirot'unun kökleridir.

Alt yedi, asıl Hotem ve Pe, Şibolet ha Zakan'ın altında durur ve Tabur'a kadar yayılır. Bu dış Avzen, Hotem ve Pe'ye AK'ın SAG'ının Dikna'sı (sakal) da denir. Bunların detaylı açıklamasını Talmud Eser Sefirot, Bölüm 6 sayfa 409, Madde 20'de bulabilirsiniz.

Nekudim'in on Sefirot'u Tabur'dan aşağıdan itibaren durur. İlk üç Sefirot Tikun Kavim'in içindedir ve AK'ın MA'sını kıyafetlendirir ve alt yedi Sefirot Tsimtsum Alef'de olduğu gibi birbirinin altında durarak AK'ın BON'unu kıyafetlendirir. Bunların altında Parsa ve Parsa'nın altında üç dünya, Beria, Yetzira ve Asiya bulunur.

Çizim 3, Madde 1

Bu, "Atzilut'un beş sabit Partzufim'i" denilen yeni MA'nın beş Partzufim'inin ortaya çıktığı AK'ın Partzufim'inin sabit yeridir. Bir kez yapılandılar mı bir daha içlerinde asla azalma olmaz.

Bu ayrıca her Partzuf'un Keter, Atzilut, Beria, Yetzira ve Asiya'ya bölünmesini de açıklar. Bunlara ayrıca Keter, AB, SAG, MA ve BON ya da Yehida, Haya, Neşama, Ruah ve Nefeş de denir. Pe'ye kadar her Roş'a Keter ya da Yehida denir. Her birinin içine, Pe'den Hazeh'e kadar Atzilut ya da AB veya Haya denir. Ve Hazeh'den Tabur'a kadar her birinin içine Beria ya da Neşama veya SAG denir. Tabur'dan aşağı her birine Yetzira ve Asiya, ya da MA ve BON veya Ruah-Nefeş denir.

İlaveten, bu onların birbirlerinin içindeki kıyafetlenmesini de açıklar. Her biri Üstündekini Üstünün Pe'inden aşağı öyle bir kıyafetlendirir ki her alttakinin Roş'u Üst Derecenin AB ve Atzilut'unu kıyafetlendirir ve alttakinin AB ve Atzilut'u bir Üstündekinin SAG ve Beria'sını kıyafetlendirir.

Ayrıca, her bir alttakinin SAG ve Beria'sı MA ve BON'u kıyafetlendirir ki bu Üst Derecenin Yetzira ve Asiya'sıdır. Böylece Üst Derecenin Pe'yi alt derecenin Galgalta'sı kabul edilir ve Üst Derecenin Hazeh'i alt derecenin Pe'yi kabul edilir ve Üst Derecenin Tabur'u alt derecenin Hazeh'i kabul edilir.

Ayrıca bu Atzilut'un beş Partzufim'inin içindeki yeni MA'nın, AK'daki tekabül eden Partzuf'undaki MA'nın, ortaya çıkışını da açıklar.

Çizim 4

AK ve Atzilut'un sabit beş Partzufim'ine göre Neşama'yı edinmek içinki yükselişi sırasında ZA'nın koşulu ve AK'ın BON'unun Beria'sını – AK'da tekabül eden Partzuf'u, nasıl beslediğidir.

Çizim 5

AK ve Atzilut'un sabit beş Partzufim'ine göre ZA'nın Haya'yı edinmek içinki yükselişi sırasındaki koşulu ve AK'ın BON'unun Atzilut'unu – AK'daki tekabül eden Partzuf'u, nasıl alıp beslediğidir.

Çizim 6

AK ve Atzilut'un sabit beş Partzufim'ine göre ZA'nın Yehida'yı edinmek içinki yükselişi sırasındaki koşulu ve AK'ın BON'unun Roş'unu – AK'daki tekabül eden Partzuf'u, nasıl alıp beslediğidir.

Çizim 7

AK'ın sabit beş Partzufim'ine kıyasla Neşama'yı edinmek üzere yükselişleri sırasında Atzilut'un beş Partzufim'inin durumları ve her birinin AK'daki tekabül eden Partzuf'u nasıl alıp beslediğidir.

Çizim 8

AK'ın beş sabit Partzufim'ine göre Atzilut'un beş Partzufim'inin Haya'yı edinmek içinki koşulları ve AK'daki tekabül eden Partzuf'u nasıl alıp beslediğidir.

Çizim 9

AK'ın beş sabit Partzufim'ine göre Atzilut'un beş Partzufim'inin Yehida'yı edinmek içinki koşulları ve AK'daki tekabül eden Partzuf'u nasıl alıp beslediğidir.

Çizim 10, 11, 12

Bunlar dereceler merdiveninin nasıl asla değişmediğini ve derecelerin sabit koşuldaki gibi yeni MA'nın meydana gelişi sırasında bütün olarak her zaman baştaki gibi kaldığını gösterir. Bunun nedeni ZA yükselip Neşama'yı edindiğinde tüm dereceler de – AK ve Atzilut'unbeş Partzufim'i – onunla birlikte yükselir ve her biri kendisiyle ilgili Behinat Neşama'yı edinir. Bu ZA'nın Haya'sını ve ZA'nın Yehida'sını edinirken de aynıdır.

Çizim 10 AK'ın beş Partzufim'inin Neşama'yı almak için yükselişlerinin koşuludur. Çizim 11 Haya'yı edindikleri koşulu ve Çizim 12 Yehida'yı edinirlerkenki koşulu gösterir.

ÇİZİMLER

Şekil 1.

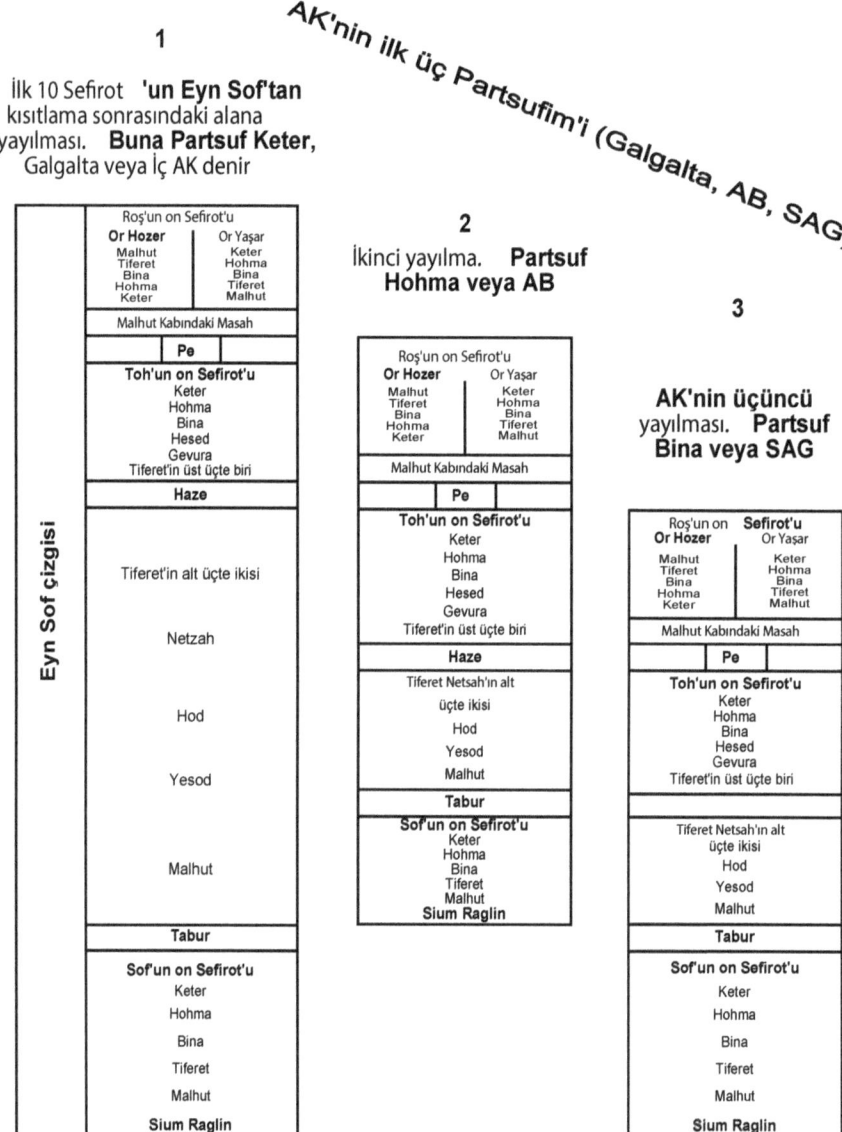

KABALA BİLİMİ

Şekil 2.

1	2	3	4
AK'nin SAG Partsuf'unun Tsimtsum Alef safhası	**AK'nin SAG Partsuf'unun Tsimtsum Bet'e yükseliş safhası**	**AK'nin SAG Partsuf'unun Katnut safhası**	**AK'nin SAG Partsuf'unun kapların kırılma safhası**
Roş'un on Sefirot'u Galgalta - Keter Eynayim - Hohma Avzen - Bina Hotem - Tiferet Pe - Malhut	Roş'un on Sefirot'u Galgalta - Keter Eynayim - Hohma **Nikvey Eynayim** Avzen – Bina Hotem – Tiferet Pe - Malhut	Roş'un On Sefirot'u Galgalta - Keter Eynayim - Hohma **Nikvey Eynayim** Avzen – Bina Hotem – Tiferet Pe - Malhut	Roş'un on Sefirot'u Galgalta - Keter Eynayim - Hohma Avzen - Bina Hotem - Tiferet Pe - Malhut
Pe	Pe		Pe
SAG'nin Taamim'i Keter Hohma Bina Hesed Gevura Tiferet Netzah Hod Yesod Malhut		Haze YEŞSUT Nikudim Dünyası'nın ilk Roş'u	Haze YEŞSUT Nikudim Dünyası'nın ilk Roş'u
Tabur	Tabur	Tabur	Tabur
SAG'nin Nekudot'u Keter Hohma Bina Hesed Gevura Tiferet'in üst üçte biri	Atsilut Dünyası'nın bulunduğu yer	Nikudim Dünyası'nın **Katnut'u** Keter Bina Hohma Hesed Gevura Tiferet Netzah Hod Yesod Malhut	Nikudim Dünyasının **Gadlut'u** Keter Bina Hohma Daat Hesed Gevura Tiferet'in üst üçte biri
Haze	Parsa	Parsa	Parsa
Tiferet'in alt üçte ikisi	Beria Dünyası'nın bulunduğu yer		Tiferet'in alt üçte ikisi
Netzah Hod Yesod	Yetsira Dünyası'nın bulunduğu yer		Hod Netzah Yesod
Malhut	Asiya Dünyası'nın bulunduğu yer		Malhut

Bu dünyanın bulunduğu nokta

(Sütun 4'te sağda: Kapların Kırılması)

Şekil 3.

AK'nin 5 Partsufim'inin sabit hâli ve bu seviyeden asla inmeyen Atsilut'un 5 Partsufim'i

Noktalı çizgiler Atsilut'un 5 Partsufim'inin her Roş'undan gelip AK Partsuf'una denk gelen seviyeden alırlar ve beslenirler

	1 Partsuf Keter	2								
	Rosh Keter Yehida Pe	Partsuf	3			*Adam Kadmon Dünyası*				
	AB Atsilut Haya Haze	**Rosh** Keter Yehida Pe	Partsuf **SAG**	4		6			*Atsilut Dünyası*	
	SAG Beria Neşama Tabur	**AB** Atsilut Haya Haze	**Rosh** Keter Yehida Pe	Partsuf **MA**	5	Partsuf **Atik**	7			
Eyn Sof Çizgisi	**MA** Yetsira Ruah	**SAG** Beria Neşama Tabur	**AB** Atsilut Haya Haze	**Rosh** Keter Yehida Pe	Partsuf **BON**	**Rosh** Keter Yehida Pe	Partsuf **AA**	8		
	BON Asiya Nefeş	**MA** Yetsira Ruah	**SAG** Beria Neşama Tabur	**AB** Atsilut Haya Haze	**Rosh** Keter Yehida Pe	**AB** Atsilut Haya Haze	**Rosh** Keter Yehida Pe	Partsuf **AVİ**	9	
		BON Asiya Nefeş	**MA** Yetsira Ruah	**SAG** Beria Neşama Tabur	**AB** Atsilut Haya	**SAG** Beria Neşama Tabur	**AB** Atsilut Haya	**Rosh** Keter Yehida Pe	Partsuf **YEŞSUT**	10
			BON Asiya Nefeş	**MA** Yetsira Ruah	**SAG** Beria Neşama Tabur	**MA** Yetsira Ruah	**SAG** Beria Neşama Tabur	**AB** Atsilut Haya Haze	**Rosh** Keter Yehida Pe	Partsuf **ZON**
				BON Asiya Nefeş	**MA** Yetsira Ruah	**BON** Asiya Nefeş	**MA** Yetsira Ruah	**SAG** Beria Neşama Tabur	**AB** Atsilut Haya Haze	**Rosh** Keter Yehida Pe
					BON Asiya Nefeş		**BON** Asiya Nefeş	**MA** Yetsira Ruah	**SAG** Beria Neşama Tabur	**AB** Atsilut Haya Haze
								BON Asiya Nefeş	**MA** Yetsira Ruah	**SAG** Beria Neşama Tabur
									BON Asiya Nefeş	**MA** Yetsira Ruah
						Atsilut Dünyası'nın Sium'u -				**BON** Asiya Nefeş Parsa
										Beria Dünyası
										Yetsira Dünyası
										Asiya Dünyası
Sium										

Bu dünyanın bulunduğu nokta

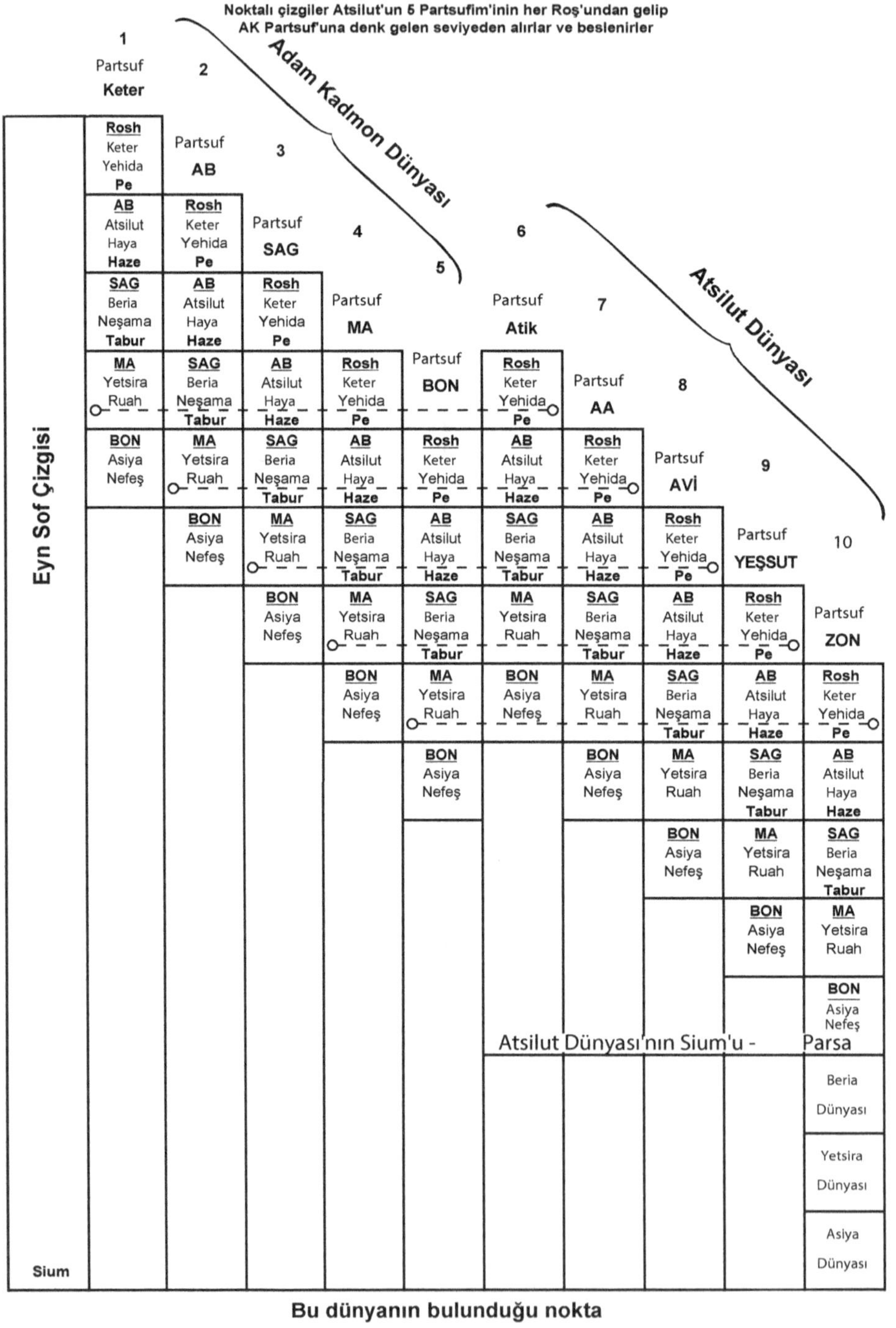

KABALA BİLİMİ

Şekil 4.
AK ve Atsilut'un sabit koşulunda Neşama'yı edindikten sonra ZA'nın yeri

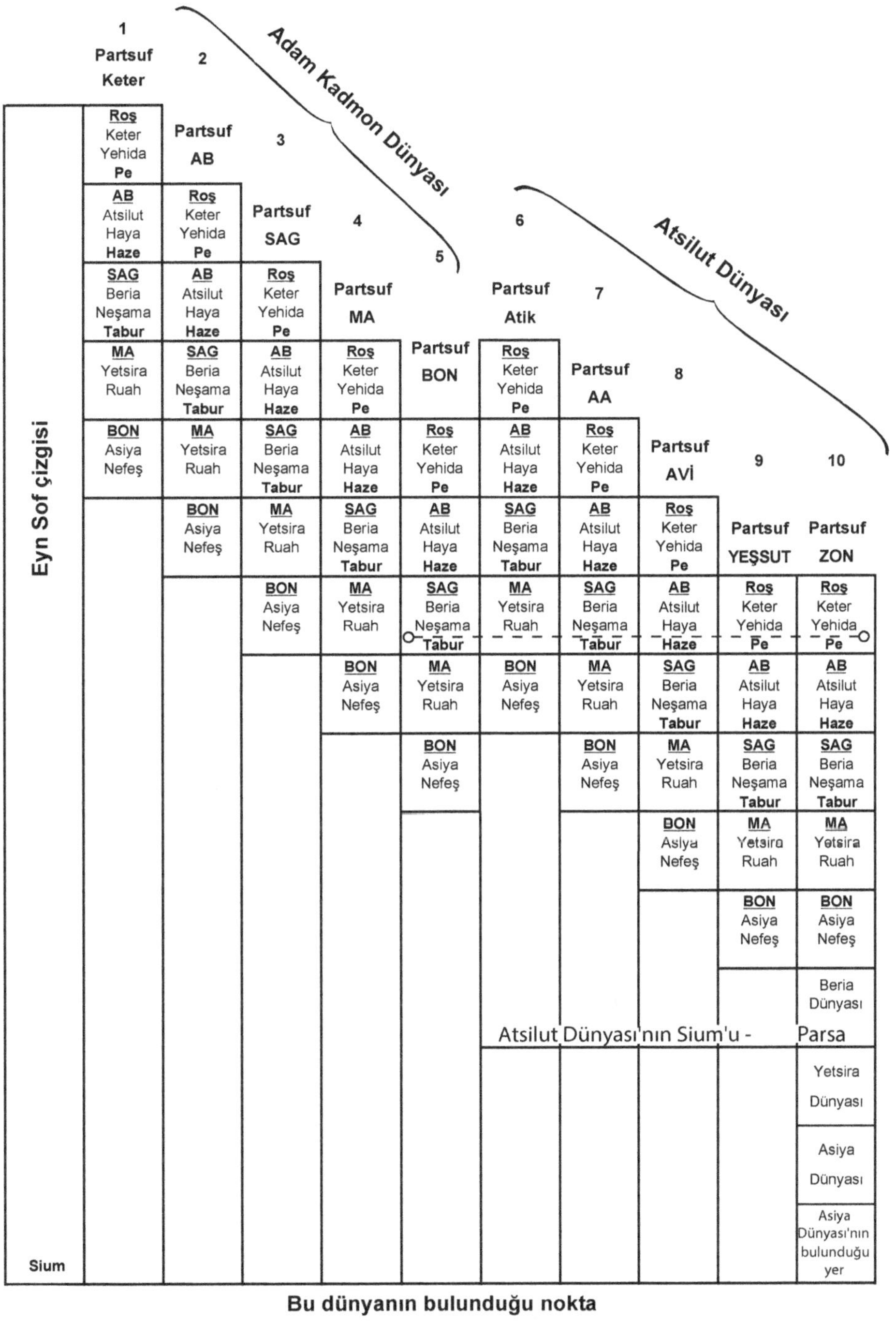

	1 Partsuf Keter	2	3	4	5	6	7	8	9	10
	Roş Keter Yehida Pe	Partsuf AB				Adam Kadmon Dünyası				
	AB Atsilut Haya Haze	Roş Keter Yehida Pe	Partsuf SAG				Atsilut Dünyası			
Eyn Sof çizgisi	SAG Beria Neşama Tabur	AB Atsilut Haya Haze	Roş Keter Yehida Pe	Partsuf MA		Partsuf Atik				
	MA Yetsira Ruah	SAG Beria Neşama Tabur	AB Atsilut Haya Haze	Roş Keter Yehida Pe	Partsuf BON	Roş Keter Yehida Pe	Partsuf AA			
	BON Asiya Nefeş	MA Yetsira Ruah	SAG Beria Neşama Tabur	AB Atsilut Haya Haze	Roş Keter Yehida Pe	AB Atsilut Haya Haze	Roş Keter Yehida Pe	Partsuf AVİ		
		BON Asiya Nefeş	MA Yetsira Ruah	SAG Beria Neşama Tabur	AB Atsilut Haya Haze	SAG Beria Neşama Tabur	AB Atsilut Haya Haze	Roş Keter Yehida Pe	Partsuf YEŞSUT	Partsuf ZON
			BON Asiya Nefeş	MA Yetsira Ruah	SAG Beria Neşama Tabur	MA Yetsira Ruah	SAG Beria Neşama Tabur	AB Atsilut Haya Haze	Roş Keter Yehida Pe	Roş Keter Yehida Pe
				BON Asiya Nefeş	MA Yetsira Ruah	BON Asiya Nefeş	MA Yetsira Ruah	SAG Beria Neşama Tabur	AB Atsilut Haya Haze	AB Atsilut Haya Haze
					BON Asiya Nefeş		BON Asiya Nefeş	MA Yetsira Ruah	SAG Beria Neşama Tabur	SAG Beria Neşama Tabur
								BON Asiya Nefeş	MA Yetsira Ruah	MA Yetsira Ruah
									BON Asiya Nefeş	BON Asiya Nefeş
										Beria Dünyası
					Atsilut Dünyası'nın Sium'u -					Parsa
										Yetsira Dünyası
										Asiya Dünyası
										Asiya Dünyası'nın bulunduğu yer
Sium										

Bu dünyanın bulunduğu nokta

Şekil 5.
AK ve Atsilut'un sabit koşulunda Neşama'yı edindikten sonra ZA'nın yeri

	1 Partsuf Keter	2	3	4	5	6	7	8	9	10
Eyn Sof çizgisi	Roş Keter Yehida Pe	Partsuf AB				*Adam Kadmon Dünyası*				*Atsilut Dünyası*
	AB Atsilut Haya Haze	Roş Keter Yehida Pe	Partsuf SAG							
	SAG Beria Neşama Tabur	AB Atsilut Haya Haze	Roş Keter Yehida Pe	Partsuf MA		Partsuf Atik				
	MA Yetsira Ruah	SAG Beria Neşama Tabur	AB Atsilut Haya Haze	Roş Keter Yehida Pe	Partsuf BON	Roş Keter Yehida Pe	Partsuf AA			
	BON Asiya Nefeş	MA Yetsira Ruah	SAG Beria Neşama Tabur	AB Atsilut Haya Haze	Roş Keter Yehida Pe	AB Atsilut Haya Haze	Roş Keter Yehida Pe	Partsuf AVİ		Partsuf ZON
		BON Asiya Nefeş	MA Yetsira Ruah	SAG Beria Neşama Tabur	AB Atsilut Haya Haze	SAG Beria Neşama Tabur	AB Atsilut Haya Haze	Roş Keter Yehida Pe	Partzuf YEŞSUT	Roş Keter Yehida Pe
			BON Asiya Nefeş	MA Yetsira Ruah	SAG Beria Neşama Tabur	MA Yetsira Ruah	SAG Beria Neşama Tabur	AB Atsilut Haya Haze	Roş Keter Yehida Pe	AB Atsilut Haya Haze
				BON Asiya Nefeş	MA Yetsira Ruah	BON Asiya Nefeş	MA Yetsira Ruach	SAG Beria Neşama Tabur	AB Atzilut Haya Haze	SAG Beria Neşama Tabur
					BON Asiya Nefeş		BON Asiya Nefeş	MA Yetsira Ruah	SAG Beria Neşama Tabur	MA Yetsira Ruah
								BON Asiya Nefeş	MA Yetsira Ruah	BON Asiya Nefeş
									BON Asiya Nefeş	Beria Dünyası
										Yetsira Dünyası
								Atsilut Dünyası'nın Sium'u - Parsa		
										Asiya Dünyası
										Yetsira Dünyası'nın bulunduğu yer
Sium										Asiya Dünyası'nın bulunduğu yer

Bu dünyanın bulunduğu nokta

KABALA BİLİMİ

Şekil 6.
AK ve Atsilut'un sabit koşulunda Yehida'yı edindikten sonra ZA'nın yeri

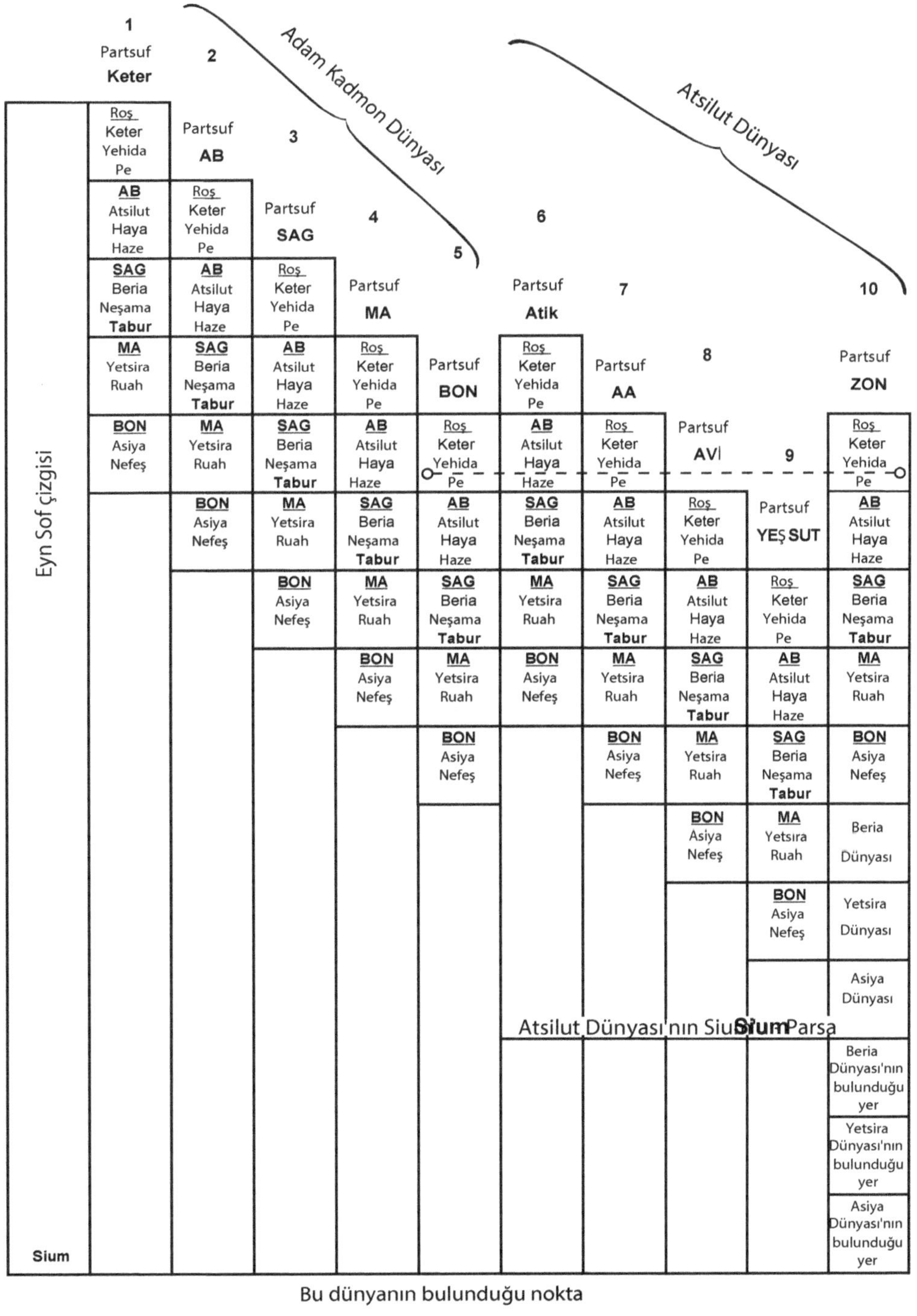

Adam Kadmon Dünyası — sütunlar 1–4
Atsilut Dünyası — sütunlar 5–10

1 Partsuf **Keter**	2	3	4	5	6	7	8	9	10
Roş Keter Yehida Pe	Partsuf **AB**								
AB Atsilut Haya Haze	Roş Keter Yehida Pe	Partsuf **SAG**							
SAG Beria Neşama **Tabur**	AB Atsilut Haya Haze	Roş Keter Yehida Pe	Partsuf **MA**		Partsuf **Atik**				
MA Yetsira Ruah	SAG Beria Neşama **Tabur**	AB Atsilut Haya Haze	Roş Keter Yehida Pe	Partsuf **BON**	Roş Keter Yehida Pe	Partsuf **AA**			Partsuf **ZON**
BON Asiya Nefeş	MA Yetsira Ruah	SAG Beria Neşama **Tabur**	AB Atsilut Haya Haze	Roş Keter Yehida Pe	AB Atsilut Haya Haze	Roş Keter Yehida Pe	Partsuf **AVI**		Roş Keter Yehida Pe
	BON Asiya Nefeş	MA Yetsira Ruah	SAG Beria Neşama **Tabur**	AB Atsilut Haya Haze	SAG Beria Neşama **Tabur**	AB Atsilut Haya Haze	Roş Keter Yehida Pe	Partsuf **YEŞ SUT**	AB Atsilut Haya Haze
		BON Asiya Nefeş	MA Yetsira Ruah	SAG Beria Neşama **Tabur**	MA Yetsira Ruah	SAG Beria Neşama **Tabur**	AB Atsilut Haya Haze	Roş Keter Yehida Pe	SAG Beria Neşama **Tabur**
			BON Asiya Nefeş	MA Yetsira Ruah	BON Asiya Nefeş	MA Yetsira Ruah	SAG Beria Neşama **Tabur**	AB Atsilut Haya Haze	MA Yetsira Ruah
				BON Asiya Nefeş		BON Asiya Nefeş	MA Yetsira Ruah	SAG Beria Neşama **Tabur**	BON Asiya Nefeş
							BON Asiya Nefeş	MA Yetsira Ruah	Beria Dünyası
								BON Asiya Nefeş	Yetsira Dünyası
									Asiya Dünyası

Eyn Sof çizgisi (solda)
Sium (sol altta)

Atsilut Dünyası'nın Sium Parsa

Beria Dünyası'nın bulunduğu yer
Yetsira Dünyası'nın bulunduğu yer
Asiya Dünyası'nın bulunduğu yer

Bu dünyanın bulunduğu nokta

Şekil 7.
Atsilut'un 5 Partsufim'inin yeri ve Neşama'yı edindikten sonra 3 dünyalar BYA'nın AK Partsufim'indeki sabit hâlleri

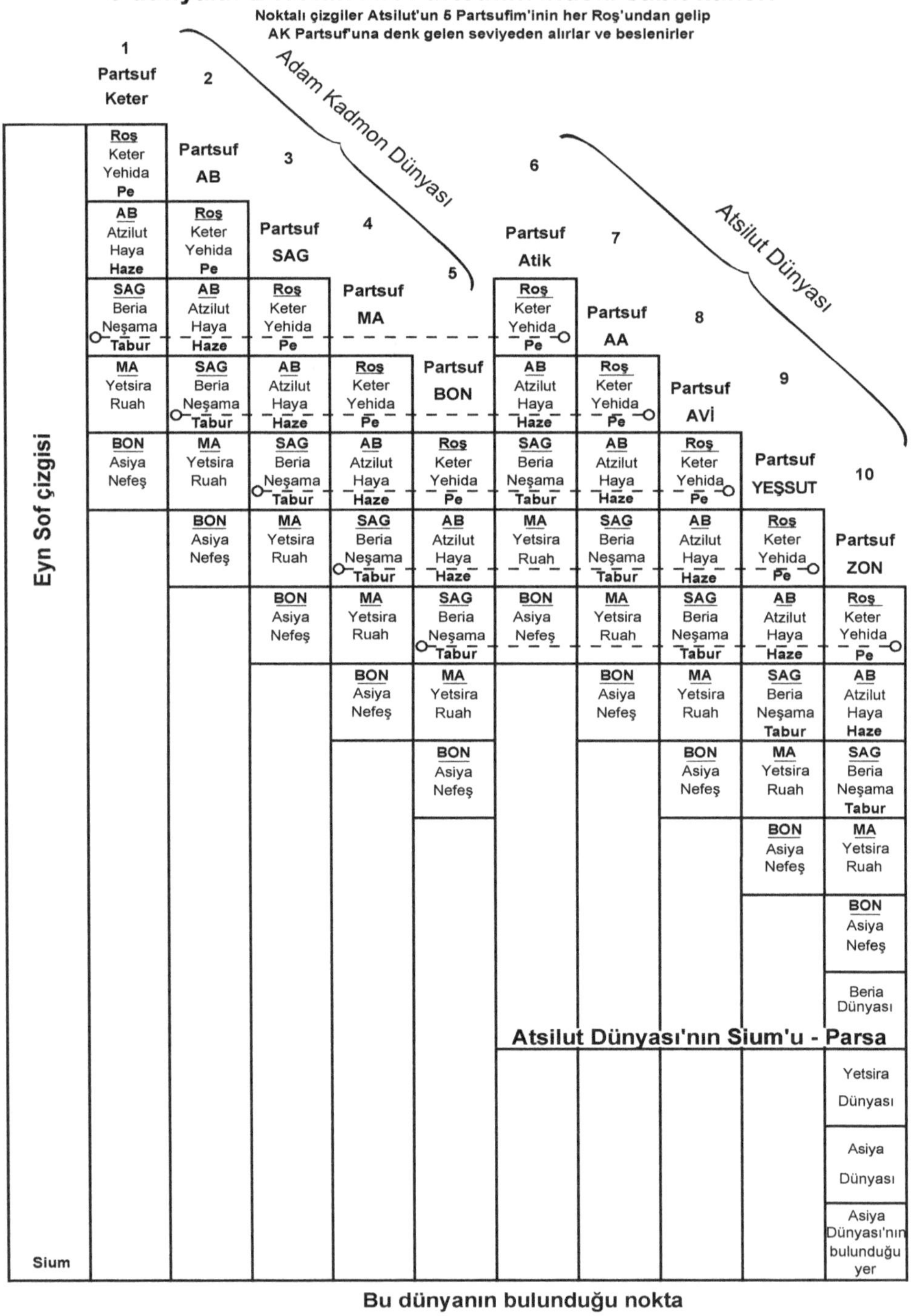

Noktalı çizgiler Atsilut'un 5 Partsufim'inin her Roş'undan gelip AK Partsuf'una denk gelen seviyeden alırlar ve beslenirler

1 — Partsuf Keter
2 — Adam Kadmon Dünyası
3 — Partsuf AB
4 — Partsuf SAG
5 — (Atsilut Dünyası)
6 —
7 — Partsuf Atik
8 — Partsuf AA
9 — Partsuf AVİ
10 — Partsuf YEŞSUT
— Partsuf ZON

Eyn Sof çizgisi

Sium

Bu dünyanın bulunduğu nokta

Atsilut Dünyası'nın Sium'u - Parsa

Beria Dünyası
Yetsira Dünyası
Asiya Dünyası
Asiya Dünyası'nın bulunduğu yer

	Roş	AB	SAG	MA	BON
	Keter Yehida Pe	Atzilut Haya Haze	Beria Neşama Tabur	Yetsira Ruah	Asiya Nefeş

(Tablo yapısı: Her sütunda Roş-AB-SAG-MA-BON katmanları tekrarlanarak aşağı doğru kayar.)

KABALA BİLİMİ

Şekil 8.
Atsilut'un 5 Partsufim'inin yeri ve Haya'yı edindikten sonra 3 dünyalar BYA'nın AK Partsufim'indeki sabit hâlleri

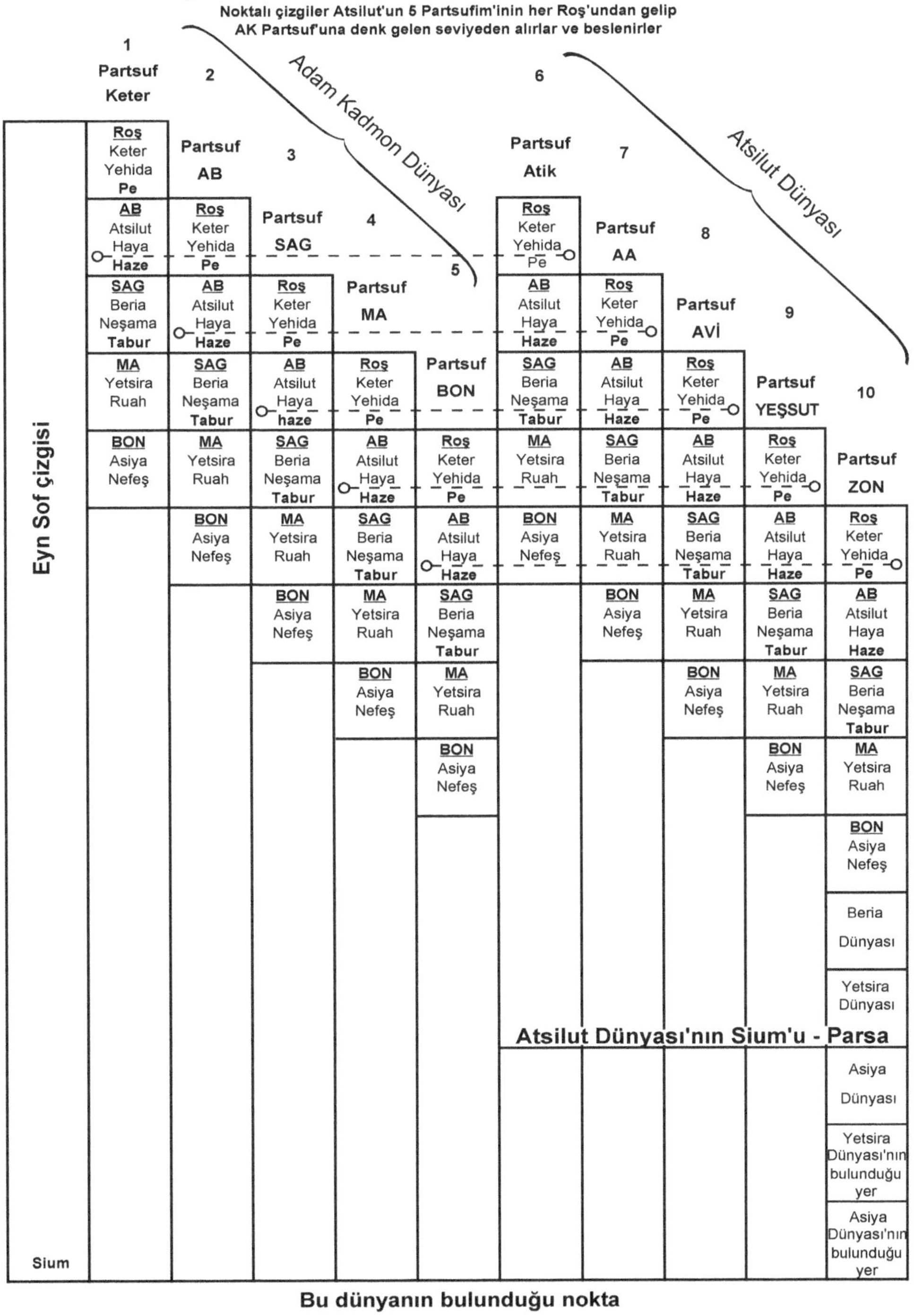

Noktalı çizgiler Atsilut'un 5 Partsufim'inin her Roş'undan gelip AK Partsuf'una denk gelen seviyeden alırlar ve beslenirler

Şekil 9.

Atsilut'un 5 Partsufim'inin yeri ve Yehida'yı edindikten sonra 3 dünyalar BYA'nın AK Partsufim'indeki sabit hâlleri

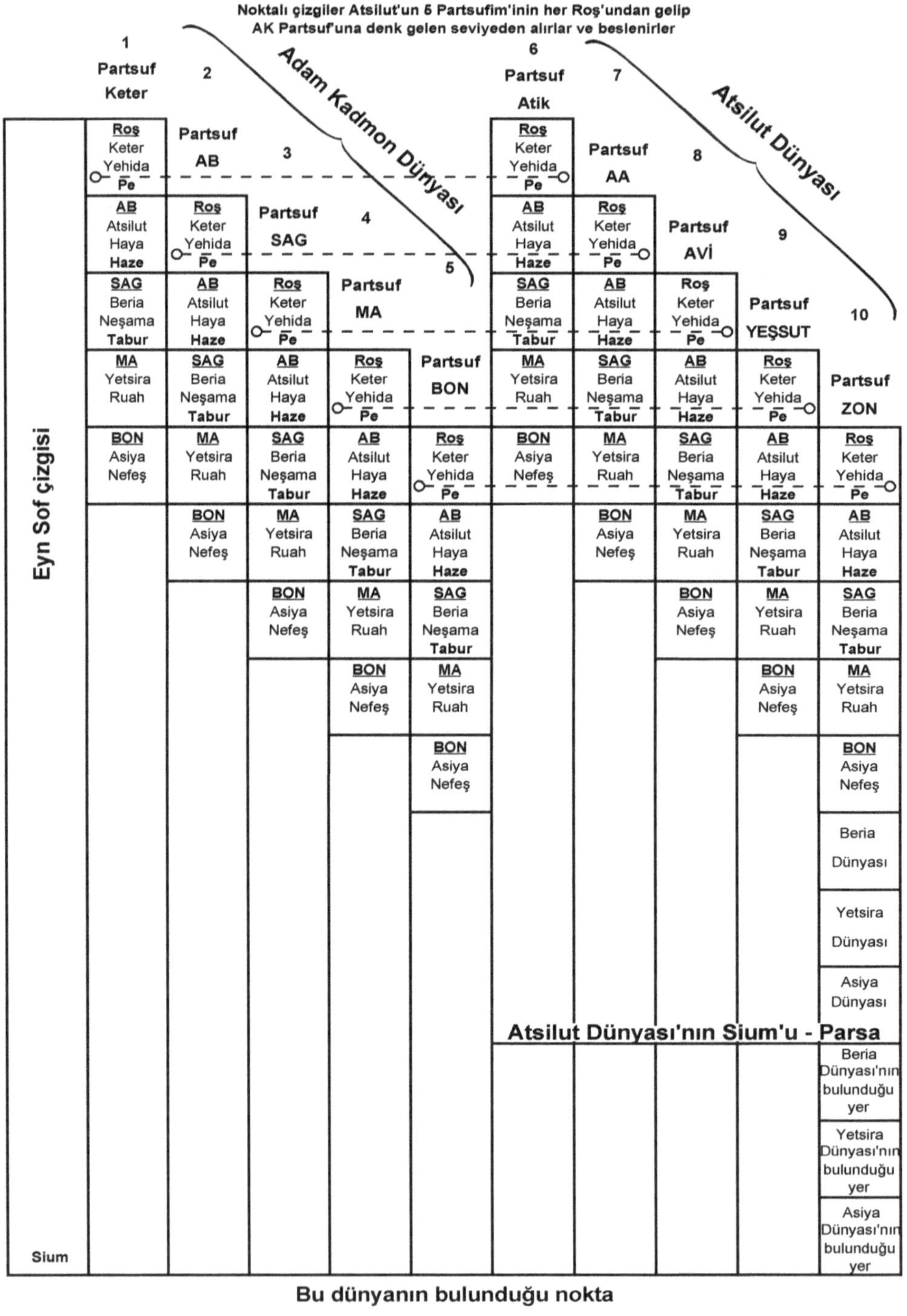

Noktalı çizgiler Atsilut'un 5 Partsufim'inin her Roş'undan gelip AK Partsuf'una denk gelen seviyeden alırlar ve beslenirler

KABALA BİLİMİ

Şekil 10.

Neşamalarını edindikten sonra tüm dünyaların ve Patsufim'lerin, AK'ın 5 Partsufim'i, Atsilut'un 5 Partsufim'i ve 3 dünyalar olan BYA'nın Eyn Sof' yaki sabit hâlleri

Noktalı çizgiler Atsilut'un 5 Partsufim'inin her Roş'undan gelip
AK Partsuf'una denk gelen seviyeden alırlar ve beslenirler

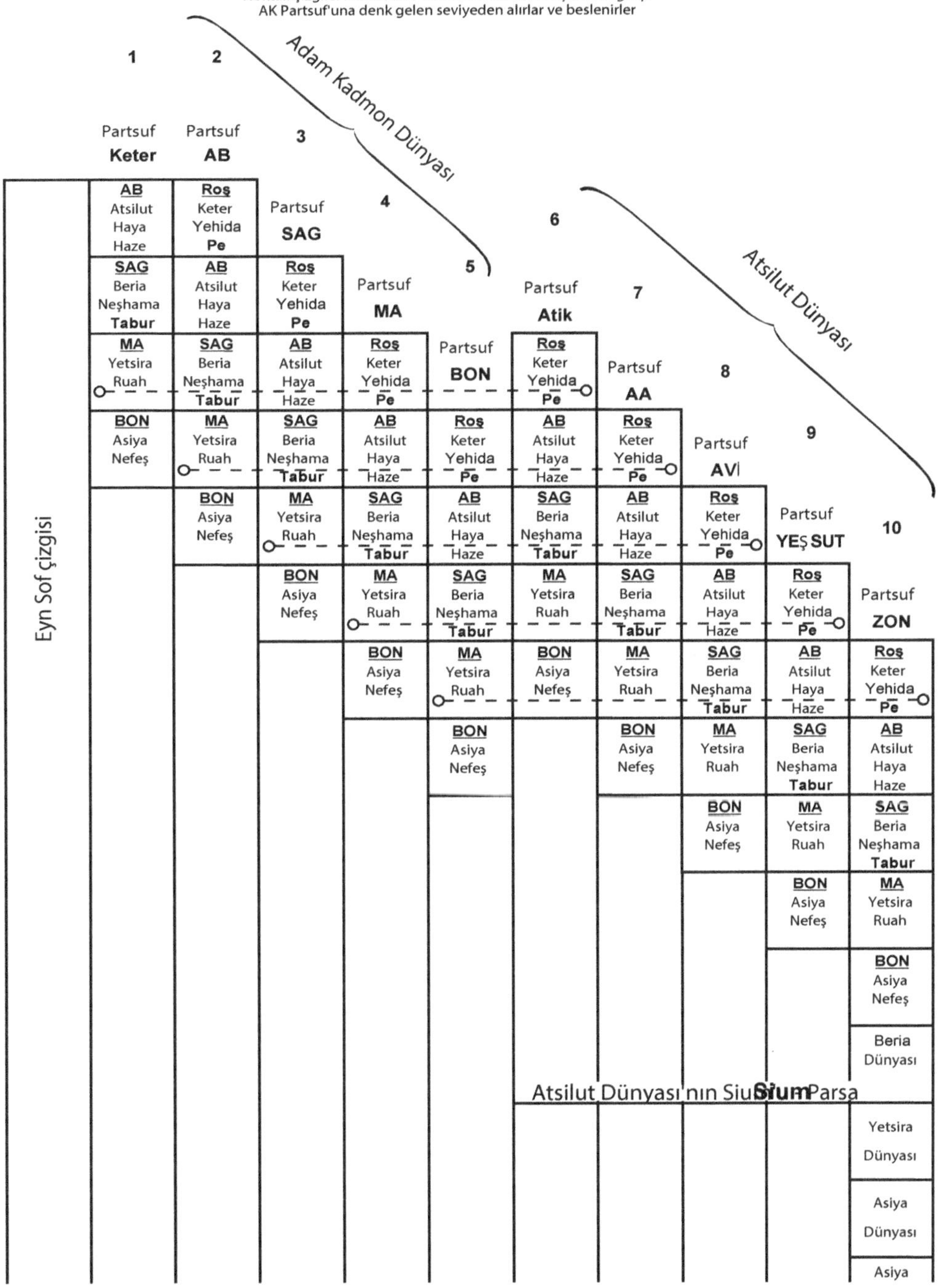

HAILAN

Şekil 11.

Haya'larını edindikten sonra tüm dünyaların ve Patsufim'lerin, AK'ın 5 Partsufim'i, Atsilut'un 5 Partsufim'i ve 3 dünyalar olan BYA'nın Eyn Sof'yaki sabit hâlleri

Noktalı çizgiler Atsilut'un 5 Partsufim'inin her Roş'undan gelip
AK Partsuf'una denk gelen seviyeden alırlar ve beslenirler

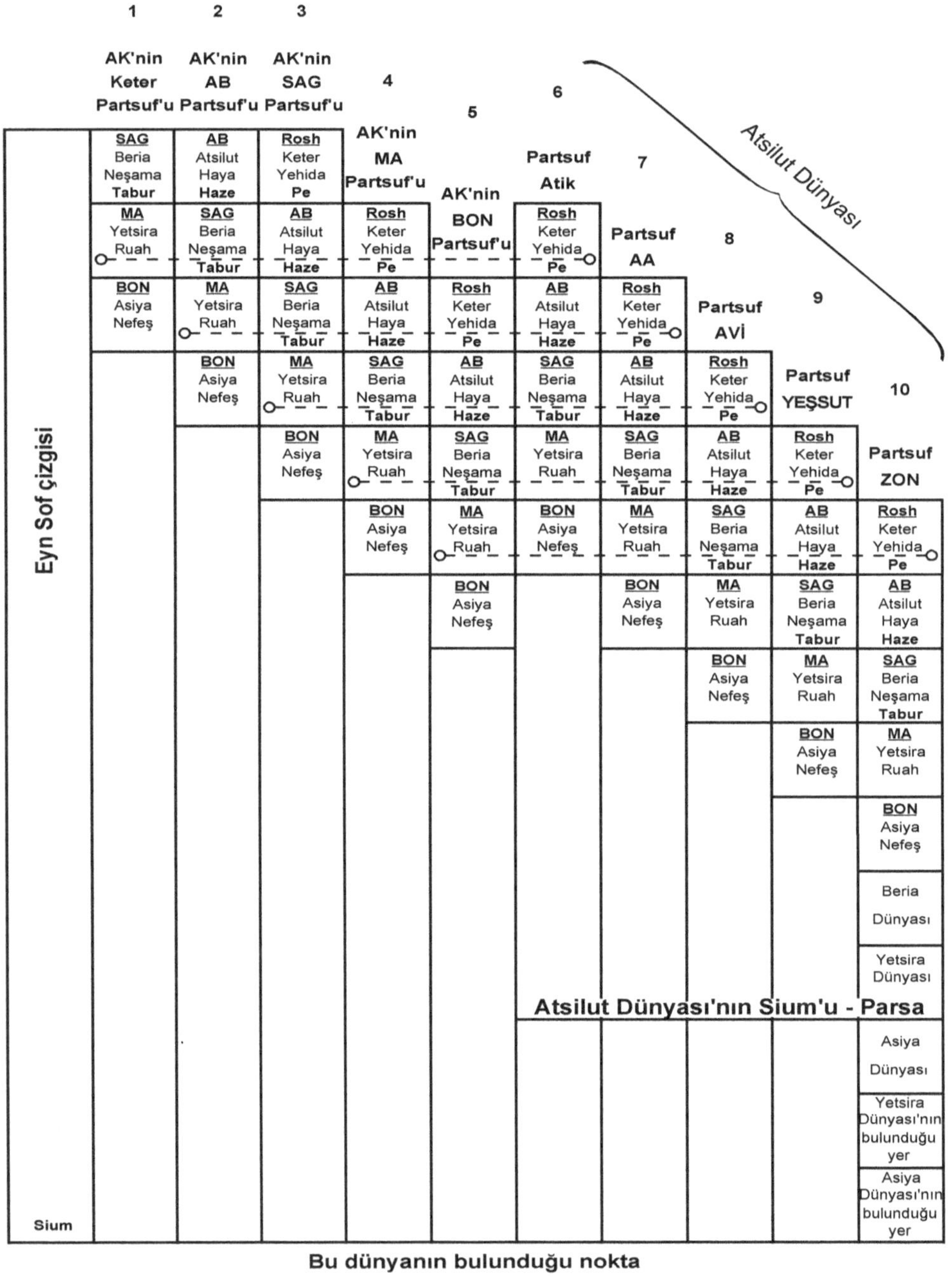

	1	2	3						
	AK'nin Keter Partsuf'u	AK'nin AB Partsuf'u	AK'nin SAG Partsuf'u	4	5	6	7		
	SAG Beria Neşama Tabur	AB Atsilut Haya Haze	Rosh Keter Yehida Pe	AK'nin MA Partsuf'u		Partsuf Atik			
	MA Yetsira Ruah	SAG Beria Neşama Tabur	AB Atsilut Haya Haze	Rosh Keter Yehida Pe	AK'nin BON Partsuf'u	Rosh Keter Yehida Pe	Partsuf AA	8	
	BON Asiya Nefeş	MA Yetsira Ruah	SAG Beria Neşama Tabur	AB Atsilut Haya Haze	Rosh Keter Yehida Pe	AB Atsilut Haya Haze	Rosh Keter Yehida Pe	Partsuf AVİ	9
Eyn Sof çizgisi		BON Asiya Nefeş	MA Yetsira Ruah	SAG Beria Neşama Tabur	AB Atsilut Haya Haze	SAG Beria Neşama Tabur	AB Atsilut Haya Haze	Rosh Keter Yehida Pe	Partsuf YEŞSUT	10
			BON Asiya Nefeş	MA Yetsira Ruah	SAG Beria Neşama Tabur	MA Yetsira Ruah	SAG Beria Neşama Tabur	AB Atsilut Haya Haze	Rosh Keter Yehida Pe	Partsuf ZON
				BON Asiya Nefeş	MA Yetsira Ruah	BON Asiya Nefeş	MA Yetsira Ruah	SAG Beria Neşama Tabur	AB Atsilut Haya Haze	Rosh Keter Yehida Pe
					BON Asiya Nefeş		BON Asiya Nefeş	MA Yetsira Ruah	SAG Beria Neşama Tabur	AB Atsilut Haya Haze
								BON Asiya Nefeş	MA Yetsira Ruah	SAG Beria Neşama Tabur
									BON Asiya Nefeş	MA Yetsira Ruah
										BON Asiya Nefeş
										Beria Dünyası
										Yetsira Dünyası

Atsilut Dünyası (sağ üst köşe)

Atsilut Dünyası'nın Sium'u - Parsa

	Asiya Dünyası
	Yetsira Dünyası'nın bulunduğu yer
Sium	Asiya Dünyası'nın bulunduğu yer

Bu dünyanın bulunduğu nokta

Şekil 12.
Yehida'larını edindikten sonra tüm dünyaların ve Patsufim'lerin, AK'ın 5 Partsufim'i, Atsilut'un 5 Partsufim'i ve 3 dünyalar olan BYA'nın Eyn Sof'yaki sabit hâlleri

Noktal çizgiler Atsilut'un 5 Partsufim'inin her Roş'undan gelip AK Partsuf'una denk gelen seviyeden alırlar ve beslenirler

	1	2	3	4	5	6	7	8	9	10
	AK'nin Keter Partsuf'u	AK'nin AB Partsuf'u	AK'nin SAG Partsuf'u	AK'nin MA Partsuf'u	AK'nin BON Partsuf'u	Partsuf Atik	Partsuf AA			Atsilut Dünyası
	MA Yetsira Ruah	SAG Beria Neşama Tabur	AB Atsilut Haya Haze	Rosh Keter Yehida Pe		Rosh Keter Yehida Pe				
	BON Asiya Nefeş	MA Yetsira Ruah	SAG Beria Neşama Tabur	AB Atsilut Haya Haze	Rosh Keter Yehida Pe	AB Atsilut Haya Haze	Rosh Keter Yehida Pe	Partsuf AV		
		BON Asiya Nefeş	MA Yetsira Ruah	SAG Beria Neşama Tabur	AB Atsilut Haya Haze	SAG Beria Neşama Tabur	AB Atsilut Haya Haze	Rosh Keter Yehida Pe	Partsuf YEŞSUT	
Eyn Sof çizgisi			BON Asiya Nefeş	MA Yetsira Ruah	SAG Beria Neşama Tabur	MA Yetsira Ruah	SAG Beria Neşama Tabur	AB Atsilut Haya Haze	Rosh Keter Yehida Pe	Partsuf ZON
				BON Asiya Nefeş	MA Yetsira Ruah	BON Asiya Nefeş	MA Yetsira Ruah	SAG Beria Neşama Tabur	AB Atsilut Haya Haze	Rosh Keter Yehida Pe
					BON Asiya Nefeş		BON Asiya Nefeş	MA Yetsira Ruah	SAG Beria Neşama Tabur	AB Atsilut Haya Haze
								BON Asiya Nefeş	MA Yetsira Ruah	SAG Beria Neşama Tabur
									BON Asiya Nefeş	MA Yetsira Ruah
										BON Asiya Nefeş
										Beria Dünyası
										Yetsira Dünyası
										Asiya Dünyası
								Atsilut Dünyası'nın Sium'u - Parsa		
										Beria Dünyası'nın bulunduğu yer
										Yetsira Dünyası'nın bulunduğu yer
										Asiya Dünyası'nın bulunduğu yer
Sium										

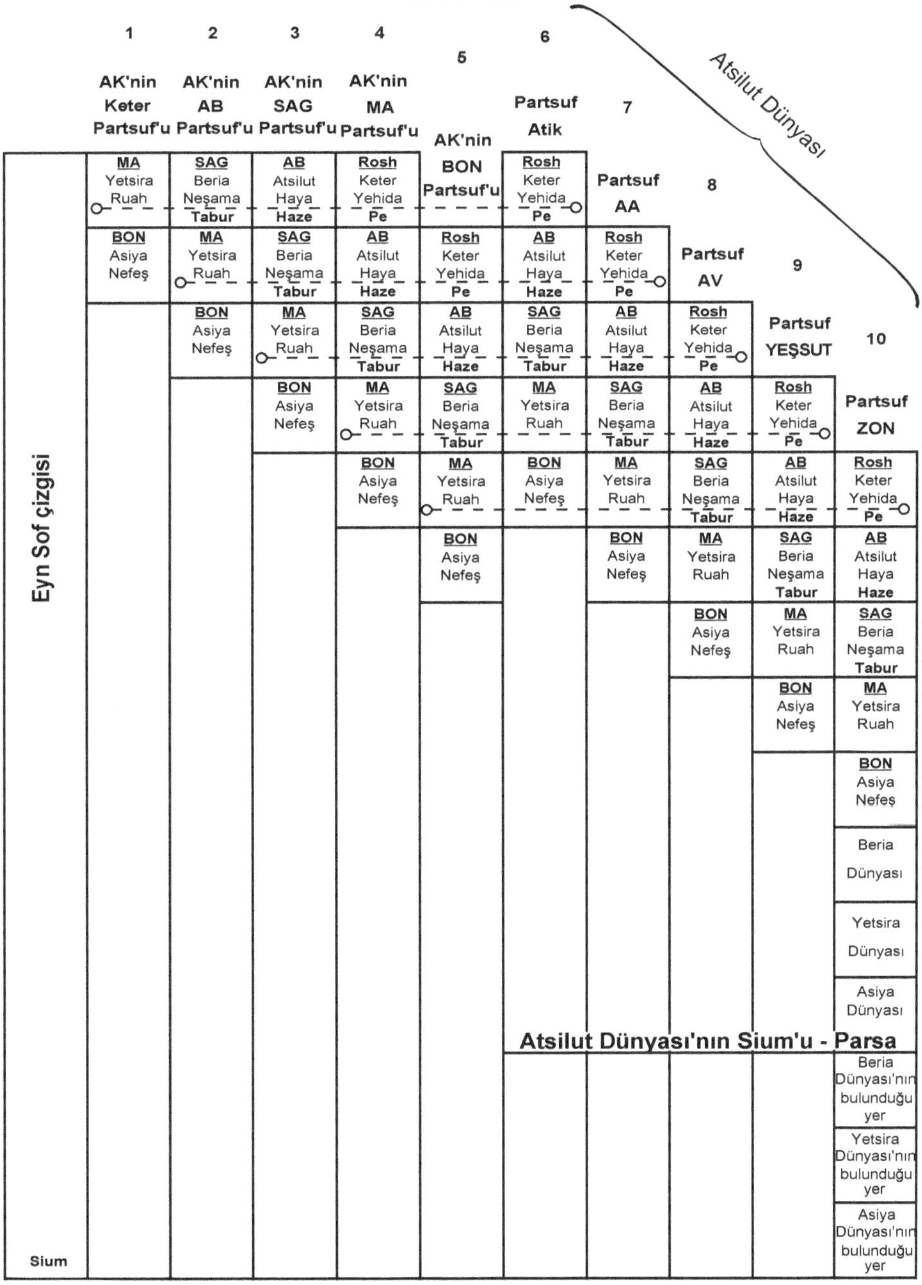

Bu dünyanın bulunduğu nokta

KABALA BİLİMİ

KABALA İLMİNE GİRİŞ MAKALESİNİN AÇIKLAMASI

DİREKT IŞIĞIN DÖRT SAFHASI

Öğrenme "Yaradan'la varlıklar arasındaki bağ" denilen izlenimle başlar, zira Yaradan'ın Kendisiyle konuşmadığımıza göre O'nu edinemeyiz. Bunun yerine, "Sizi hareketlerinizden biliriz" denir, yani edinim sadece O'ndan uzanan eylemlerdedir.

Bu bağ ayrıca "Yaratılışın amacı" olarak da adlandırılır. Bilgelerimiz O'nun arzu ve amacının O'nun varlıklarına iyilik yapmak olduğunu algıladılar. Dolayısıyla, evrimin düzeni bu izlenimden kökü BYA dünyalarının içselliğinden uzanan Adam HaRişon olan ruhlara ulaşana dek başlar.

Mecazi olarak söylemek gerekirse, Yaradan varlıklarına iyilik yapmak istediğinde onlara 100 kilogramlık haz vermek istedi. Böylece, bunu almak isteyen varlıklar yaratmak zorundaydı. Haz ve zevk almanın varlığın tam olarak özü olduğunu ve Yaratılışın "yoktan var olan" olarak adlandırıldığını öğrendik. Ve O Yaratılışı varlıklarına haz verme Düşüncesini gerçekleştirmek için yarattı.

Ve alma arzusunun doğması için dört izlenim olması gerekiyordu, zira kişi bir şeyden sadece ona duyduğu arzuya göre zevk alır. Bu nedenle Kli'ye (kap) "alma arzusu" ya da "özlem" diyoruz. Dolayısıyla, ihtiyacın ölçüsü o ihtiyacı tatmin etme özleminin ölçüsüdür.

Özlem duymanın (çok istemenin) iki koşulu vardır:

1. Kişi neye özlem duyduğunu bilmelidir. Kişi hiç görmediği ya da duymadığı bir şeyi arzulayamaz.

2. Kişi arzulanan şeye sahip olamaz, zira eğer arzusunu edinmişse ona özlemini yitirir.

Bu iki koşulun gerçekleşmesi için alma arzusunda aslında kökleriyle birlikte beş olan dört safha/izlenim ortaya çıktı. Haz ve zevk almaya uygun olan beşinci izlenime Kli denir.

Bunlar şöyle bir sıra izlerler:

DÜNYALARIN EVRİMİ

1. Keter: Yaradan'ın varlıklarına iyilik yapma arzusu.

2. Hohma: Yaradan'ın varlıklarına iyilik yapma arzusu bir eksiklik – yoktan var oluş – yarattı ve bununla birlikte Işığı yarattı. Böylece, bolluk ve bu bolluğu alma arzusu birlikte geldiler. Böyle olmasının nedeni arzunun hâlâ ne istediğini bilmemesidir; bundan dolayı da dolgu maddesiyle doğdu. Ancak dolgu maddesine sahipse ikinci koşulun gerektirdiği dolgu maddesine arzuyu kaybeder. Bu izlenime Aviut'un (arzu) Behina Alef'i (ilk izlenim) denir.

3. Bina: Işık Veren'den geldiğine göre ihsan etme gücü Işığın içindedir. Dolayısıyla, sonunda Hohma formunu eşitlemeyi arzular, yani alan değil veren olmak ister. Maneviyatta bir kural vardır: "Bir formun oluşumu yeni bir izlenim olarak kabul edilir."

Böylece bu izlenime kendi adı – Bina verilir ve bu Aviut'un Behina Bet'i (ikinci izlenim) denir. Ayrıca, alt derece formunu eşitlemek isterken yayılan Işığa Or Hasadim (Merhamet Işığı) denildiğini de öğrendik ve bu Bina'yı aydınlatan Işıktır.

Soru: Eğer Bina ihsan etmeyi arzuluyorsa neden Aviut Bet (Aviut'un ikinci derecesi) olarak kabul edilir? Tersine, Aviut'un Behina Alef'inden (Aviut'un ilk derecesi) daha arı olması gerekiyor gibi görünüyor.

Cevap: Bir benzetme ile açıklayayım: Bir kişi arkadaşına bir hediye verir ve arkadaşı bunu alır. Sonra arkadaşı tekrar düşünür ve almak istemediğine karar verir ve hediyeyi geri verir. Başlangıçta verenin etki ve hâkimiyeti altındaydı, dolayısıyla aldı. Ancak aldıktan sonra alan olduğunu hissetti ve bu his onun hediyeyi geri vermesine neden oldu.

Ders: Behina Alef'de verenin hâkimiyetinden dolayı aldı fakat yine de alan olarak hissetmedi. Ve alan olduğunu görüp hissettiğinde almaktan vazgeçti, bu Behina Bet'dir. Bir başka deyişle, o koşulda alan olduğunu hissetti ve bu yüzden verene ihsan etmek istedi. Bu nedenle Behina Bet'e Bina denir, çünkü kendisini alan olarak Hitbonena (inceledi/gözlemledi) yaptı ve bu yüzden ihsan etmek istedi. Bu ayrıca öğretinin başlangıcının Bina'dan aşağı doğru olduğunu öğrenmemizin sebebidir.

4. ZA: Bina'nın sonunda Yaratılışın amacından kaynaklanan bir dürtü alınır, zira Yaratılışın amacı varlıkların ihsan etmesiyle ilgili olmadığından almak Bina almak zorundaydı. Diğer taraftan, form eşitliği, ihsan etmek, de istedi. Dolayısıyla, şöyle bir şey oluşturdu: Hasadim'i (merhamet) ve Or Hohma'nın ışığını (erdemlilik Işığı) alacaktı.

Buna Aviut'un Behina Gimel'i denir, zira zaten Hohma'yı genişletmektedir, ancak içinde hâlâ Hasadim vardır. Zer Anpin (küçük yüz) isminin olmasının nedeni budur. Hohma'ya Panim (yüz) denir, "Kişinin bilgeliği yüzünü aydınlatır" denildiği gibi, "ancak bu Or Hohma'yı Zer, yani çok küçük miktarda alır. Fakat bu izlenim hâlâ Kli (kap) olarak kabul edilmez, zira eğer ihsan edebiliyor ve sadece Or Hohma ışığını alabiliyorsa bu onun arzusunun tam olmadığının işaretidir, zira hâlâ ihsan edecek gücü de bulunmaktadır.

5. Malhut: Behina Gimel'in sonunda Yaradan'ın Varlıklarına iyilik yapma arzusundan dolayı Behina Gimel Yukarıdan çokça almak üzere harekete geçirilir. Sonuçta Yaratılışın amacı alt derecelerin Zer Anpin'de almaları değildi. Dolayısıyla, bu uyandırılış Malhut'un

KABALA BİLİMİ

Behina Alef'de tüm Or Hohma'yı aldığı gibi bir arzu ve Or Hohma alma özlemi duymasına neden olur.

Ancak Behina Alef'le Behina Dalet arasındaki fark Behina Alef'de Or Hohma'dan zevk aldığının söylenememesidir, zira hâlâ arzu ve eksikliğe sahip değildi çünkü Kli ve bolluk aynı anda geldi. Ancak Behina Dalet sahip olmadığında Or Hohma'ya özlem duyar; aldığında ise arzusunun tatmin edilmesinden dolayı haz ve mutluluk duyar.

Sadece bu Behina'ya Kli denir, zira sadece almak istemektedir. Bundan önceki tüm Behinot (Behina'nın çoğulu) "Kli'siz Işık" olarak değerlendirilir. Ve bu Behina Dalet Işığı aldığında bu koşuluna "Eyn Sof dünyası" ve ayrıca "realitenin tümünü dolduruyor" denir.

Soru: Zaman ve yerin olmadığı maneviyatla uğraşıyorsak "realitenin tümünü dolduruyor" ne demektir?

Cevap: Bu açıklamanın başındaki benzetmeye geri dönelim. Yaradan varlıklarına 100 kilogramlık haz vermek istedi ve bu nedenle 100 kilogramlık eksiklik ve hazza tekabül eden alma arzusu yaratmak zorundaydı. 100 kilogramlık arzu 100 kilogramlık doyum aldığında buna "realitenin tümünü dolduruyor" denir yani doldurulmayan hiçbir eksiklik kalmamıştır.

Ve şimdi Eyn Sof'un Malhut'u adını açıklayacağız. Bolluğun eksikliğini doldurmasını arzulayan bu Malhut'a "almak için almak" denir. Bu onun eksikliğini tamamlamak için aldığı anlamına gelir. Ancak daha sonra bunu sonlandırdı ve bu Kli'yi kullanmaya Tsimtsum (kısıtlama) koydu. Fakat şimdi çalıştığımız ilk koşulda hâlâ o Sof (son) ve Sium'u (sonuç) yapmadı, dolayısıyla bu koşula hâlâ Eyn Sof (sonu olmayan) denir.

Şunu öğrendik; sonunda, bolluğu aldıktan sonra Hohma'da Kaynağın ihsan etme arzusuna uyumlu bir ihsan etme arzusu uyandı. Ayrıca, Malhut Işığı alır almaz içinde bir ihsan etme arzusu harekete geçti, zira Işık ihsan etme gücüne sahiptir. Bina ihsan etmek istedi ancak başarısız oldu çünkü Bina'da Yaratılışın amacı eksiktir. Hatta Bina'nın ZA'da sonraki ışığı alması bile yetersizdi, zira Yaradan'ın varlıklarına iyilik yapma arzusu ZA için değil iyilik içindi. Dolayısıyla, Malhut nasıl form eşitliği sağlayıp Yaratılışın amacını da gerçekleştirebilecekti?

Bunun için Malhut'un yeni bir şey bulması gerekiyordu: Malhut her şeyi almak içindi, ancak Eyn Sof gibi değil, Malhut her şeyi almak için yaparken Eyn Sof her şeyi ihsan etmek için yapar. Dolayısıyla, bir taraftan O'nun varlıklarına fayda sağlamak olan Yaratılışın amacını gerçekleştirirken zira alıyor olacaktır, diğer taraftan amacı ihsan etmek olacaktır ki bu form eşitliğidir.

DÜNYALARIN EVRİMİ

TSİMTSUM ALEF

Malhut'un almak için almama kararı Işığı geri çevirmek (reddetmek) olarak kabul edilir. Bu koşula Tsimtsum (kısıtlama) denir. Maneviyatta şöyle bir kural vardır, yeni bir formun ortaya çıkışı yeni bir izlenim kabul edilir. Dolayısıyla iki koşulu ayırt etmeliyiz:

1. Behina Dalet "arzu" denilen bir Kli ile tüm Işığı aldığında. Buna "realitenin tümünü dolduruyor" denir. Ayrıca "Eyn Sof dünyası" olarak da adlandırılır.

2. Malhut form eşitliği istedikten sonra bu koşul Işığın ayrıldığı "Tsimtsum dünyası" olarak adlandırılan farklı bir dünya kabul edilir.

Dolayısıyla, Hohma'nın Işığı aldığı ve Bina'nın yansıttığı, Malhut'un da Eyn Sof dünyasındaki koşulunda kalarak tüm Işığı aldığı ayrımını yaptık. Ve şimdi Işığı yansıtan yeni bir Malhut'un ayrımını yapıyoruz.

Şunu bilmeliyiz ki Eyn Sof denilen ilk koşulda şöyleydi, "O ve O'nun Adı Bir'dir", yani Işık ve Kli bir izlenimdi. Sadece Tsimtsum'dan sonra dört safhanın ya da on Sefirot'un ayrımı söz konusu oldu, zira Işık onlardan ayrılmıştı.

Soru: Bu Tsimtsum'la Işık on Sefirot'un tümünden ayrıldı. Bu kafa karıştırıcı, zira Tsimtsum Behina Dalet olan almak için almanın üzerindeydi diğer Behinot'un üzerinde değil!

Cevap: İlk üç Behinot Kelim kabul edilmez, bunlar sadece bir gelişim sırası sağlarlar ki bunun sonunda almak için almak denilen Kli doğar ve Veren'den ayrılır. Ancak ilk üç Behinot hâlâ Veren'den ayrılmamıştır.

Malhut doğduktan sonra nedenlerini edindi. Dolayısıyla, Tsimtsum'dan sonra Işığın Üst Dokuz'da kaldığı söylenemez çünkü onlar Kelim değildir. Tek Kli Malhut'dur ve eğer o almak istemezse tüm Işık ayrılır ve o hiçbir şey alamaz.

Ari ayrıca şöyle demiştir; "Tsimtsum eşittir", derecelerin ayrımları olmaksızın.

Soru: Eğer böyleyse neden dört Behinot'un Tsimtsum'dan sonra belirgin hale geldiğini söyledik?

Cevap: Farklılık neden ve sonuca göre yapıldı ancak Yukarı ve aşağının ayrımı yoktu.

Soru: Maneviyatta Yukarı ve aşağının anlamı nedir?

Cevap: Önemlilik – hâlbuki neden ve sonuç önemlilik anlamına gelmez. Örneğin, Vilna Gaon babasının bir sonucuydu, peki kim daha önemliydi, neden mi sonuç mu?

Neden Yukarı ve aşağı ayrımının yapılmadığını anlamamız lazım. Malhut "realitenin tümünü dolduran" Işığı aldı ve bu bir eksiklik ya da önemlilikte düşüklük anlamına gelmez. Dolayısıyla, o koşulda kalabilirdi, eğer Tsimtsum'u yapmayı seçmeseydi.

Ari Tsimtsum'un eşit olduğunu söylediğinde bunu demek istedi, yani Malhut daha az önemli değildi sadece Tsimtsum'u kendi seçimi ile yaptı. Ancak sonrasında, Malhut yasaktan dolayı almadığından önemliliği azalır. O zaman Malhut'dan uzak olan daha Üst öneme sahip olur ve Malhut'a yakın olan daha az öneme sahip olur.

İGULİM'İN (DAİRELER) ON SEFİROT'U VE ONLARI DOLDURAN EYN SOF ÇİZGİSİ

Tsimtsum'dan sonra Kelim boş kalmıştı ve onların içinde de sahip oldukları Işığın Reşimot'u (hatıralar/izlenimler). Bunlara "Tsimtsum dünyasında İgulim'in on Sefirot'u" denir. Bunlara İgulim denilmesinin nedeni Yukarı ve aşağı konularının onlara fiziksel dairelerde olduğu gibi uygulanmamasıdır.

Ve Malhut işlemci olduğundan, çünkü o asıl Kli'dir, İgulim'in Malhut'u döndü ve Işığı ihsan etmek için almak adına genişletti. Ve burada yeni bir kural öğreniyoruz: "Üst Derecenin arzusu alt derecenin içinde bağlayıcı bir yasa olur." Dolayısıyla, artık Malhut'un alması yasaktır.

Bir zamanlar bununla ilgili bir benzetme yapmıştım: Yeni bir ayın arifesi küçük Yom Kipur (Kefaret Günü) duasını okumak ve tövbe etmeye uyanış zamanıdır. Bazen, kişi o gün oruç tutup tutmamak konusunda kararsızsa oruç tutmak zorunlu değildir ve yiyecek üzerinde de kısıtlama yoktur. Dolayısıyla, seçim kişinin kendi elindedir.

Eğer, sonunda kişi oruç tutmaya karar verirse ve sonra pişman olur ve yemek isterse şimdi kural yemeğin artık yasak olmasıdır, böylece yeminle ilgili olarak "sözünü bozmayacak" tır. Böylece, görüyoruz ki ilk başta yemek üzerinde kısıtlama yoktu ancak kişi yemekten kaçınmayı seçtiğinde yemek yasaklandı.

Ders: Başlangıçta Malhut kendi seçimiyle almak istemedi. Ancak şimdi Işığı tekrar genişlettiğinden Işığı alması yasaklandı. Ve eğer yasak varsa önemlilikte de Yukarı ve aşağı vardır. Dolayısıyla, bu genişlemeye "Eyn Sof'dan Yukarıdan aşağıya uzanan çizgi" denir.

Ayrıca şunu da öğrendik, İgulim'in Işığı genişletmesine rağmen onu sadece çizgiden aldılar. Bunun neden böyle olduğunu anlamamız lazım: Maneviyattaki her yeni form yeni bir izlenimdir. Dolayısıyla, iki tür Kelim (Kli'nin çoğulu) vardır:

1. İçinde almak üzerinde yasak olmayan Kelim.

2. Şimdi, Işığın genişlemesiyle genişleyen ve Malhut'una yasadan dolayı üzerinde alma yasağı olan Yoşer'in (doğrudan) Malhut'u denilen Kelim: Üst Derecedeki bir arzu alt derecedekinde bağlayıcı bir yasa olur.

Ayrıca, İgulim'in yeni çektiği Işığı alması gerektiğini de öğreniyoruz. Bu Işığa "çizgi" denir. Önemlilik olarak hem Yukarıyı hem de aşağıyı kapsar ve Işıktan başka bir şey yoktur. İgulim'in çizgiden başka aldığı Işığı yoktur denilmesinin anlamı budur.

Ancak, İgulim'in Malhut'u ile çizginin Malhut'u arasında büyük bir fark vardır. İgulim'in Malhut'unun Işığı "realitenin tümünü dolduruyor" formundadır, Yoşer'in

Malhut'unun ise hiç Işığı yoktur ve asla "almak için almak" denilen Kli'sinde Işığı olmayacaktır.

ÇİZGİ VE ZİVUG DE HAKAA
Buraya kadar üç koşul inceledik:

1. Tüm Işığı alan Eyn Sof dünyasındaki yaratılan alma arzusu.
2. Hazla dolabilmesi için Tsimtsum dünyasında alma arzusunun ıslah olması gerekliliği ortaya çıktı.
3. Çizgide, Kli'nin eksiklik nedeniyle ıslah olması gerektiği açık hale geldi. Aksi takdirde Işık genişlemez.

Ve şimdi çizgiden bahsedeceğiz. Çizginin önemlilikte Yukarı ve aşağısının olduğunu zaten öğrendik, zira çizginin Malhut'unun alması yasaktı çünkü almak için almak olarak kabul edilir. Kural şu ki tüm derecelerde "almak için almak" olan Malhut'un adı değişmedi. Ve Malhut'un Işığı Or Hozer'dir, yani Üst Dereceye ihsan etmek ister.

Işık Malhut'a genişlediğinde Işığı sonlandırmak ve hesap yapmak anlamına gelen bir Zivug de Hakaa yaptı. Örneğin, ihsan etmek için sadece Işığın yüzde yirmisini alabileceğini varsaydı. Dolayısıyla, sadece o kadar Işığı kıyafetlendirmeye karar verdi.

Ancak, kalan yüzde seksen de yok fazla haz olduğunu hissetti ve eğer alacaksa bu almak için olacaktı. Bu nedenle, Işığın o kısmını almamaya karar verdi. Peki, bir Tzimstum ile Masah (perde) arasındaki fark nedir?

1. Tsimtsum tercihten dolayı ortaya çıkar, öğrendiğimiz gibi Malhut tüm Işığa sahipti ve onu almamaya karar verdi.
2. Bir Masah ise onun üzerindeki Üst Derecenin hâkimiyetidir. Dolayısıyla alt derece almaya karar verse bile Üst Derece buna izin vermez.

Zivug de Hakaa (çarpışarak çiftleşme) teriminin anlamı şudur: Fiziksel dünyada bazen insanlar hem fikir olmadıklarında birbirleriyle çarpışırlar. Maneviyatta iki şey birbirine zıt ise birbirleriyle çarpıştıkları kabul edilir.

Peki, anlaşmazlık nedir? Varlıklarına iyilik yapmak isteyen Üst Derece alt derecelerde Işığın tamamını alma arzusu uyandırır. Ancak, alt derece bunun tersini, formunu eşitlemeyi ister ve bu nedenle Işığı hiç almaz. Üst Derece ile alt derece arasında ortaya çıkan çarpışma budur.

Sonunda, birbirleriyle eşitlenir ve aralarında birlik ve Zivug yaratırlar. Bir başka deyişle, alt derece Üst Derecenin istediği gibi Işığı alır ancak sadece alt derecenin istediği gibi ihsan etmek için alabileceği kadarıyla alır. Dolayısıyla, burada iki husus vardır: 1. Form eşitliği ve 2. Işığın alınması.

Bununla beraber, Zivug sadece öncesinde bir çarpışma olduysa mümkün olur ve alt derecenin Işığı alma arzusuyla bu Yaradan'a zıtlık ve O'ndan ayrılık olur. Zivug de Hakaa'nın bu işlemine Roş (kafa, baş) denir. Baş kök, gerçekleştirilmesi gereken bir potansiyel demektir. Roş, Sof'un, alma üzerinde kısıtlamanın, varlığından dolayı vardır. Dolayısıyla, Malhut hesap yapmaya zorlanır ve buna asıl almanın öncesinde gelen Roş denir.

Bu doğrultuda Ari'nin Talmud Eser Sefirot'un (On Sefirot'un Çalışılması) başındaki sözlerini anlayabiliriz: "Bil ki evren var olmadan ve yaratılanlar yaratılmadan önce baş ve son diye bir şey yoktu". Bunun nedeni Eyn Sof'da alma üzerinde hâlâ kısıtlama yoktu; dolayısıyla anında Işığı aldı. Ancak şimdi son olmadığına göre potansiyel olan Roş ve gerçekleştirme olan Guf'u (beden) ayırt etmeliyiz.

Ve sonrasında gerçekten alır, yani ihsan etmek için aldığı yüzde yirmiye derecenin Toh'u (iç) denir ve Işığın genişleme yerine Pe'den (ağız) Tabur'a (göbek) kadar denir. Ve Toh'un Malhut'u Tabur'da durarak şöyle der, "Buradan sonra aldıklarım, yani yüzde seksen, almak için olacak. Dolayısıyla, ayrılmamak için almak istemiyorum. Böylece, Işık ayrılır ve bu izlenime derecenin Sof'u denir.

PARTZUF'DAKİ İÇ VE DIŞ ARASINDAKİ BİTUŞ

Burada RTS (Roş, Toh, Sof) ile ilgili anlatılanlar Galgalta denilen ve Behina Dalet'in Aviut'unu kullanan ilk Partuf'u ilgilendirir. Ve Galgalta'nın ihsan etmek için alabileceğinin maksimumunu aldığını öğrenmiştik. Daha fazla alamazdı. Bununla beraber, Yaratılış Düşüncesinde Kli her şeyi aldı. Bunun nedeni almak için alma Kli'sinin Yaradan tarafından yaratılmış olmasıdır, bununla beraber alt derecenin yarattığı "ihsan etmek amacıyla" denilen Kli'de alabileceği miktarın sınırı vardır. Bundan Partzuf'un dışında kalan Işığın yüzde seksenini alabilecek bir Kli bulunmadığı sonucu çıkar.

Peki, onlara ne olacak? Bunu ıslah etmek için İç ve Dış Bituş yaratıldı. Ari'nin bu konuyla ilgili (Talmud Eser Sefirot, Kısım 4, Bölüm 1, Madde 4) sözleri şöyledir: "İç Işıklar Saran Işıklarla birleştiğinde Pe'nin içinde birleşirler. Dolayısıyla, Pe'nin dışında bağlı olarak birlikte ortaya çıktıklarında, birbirlerine çarpar ve vururlar ve bu vuruşlar Kelim'i yaratır." Bu nedenle, bu vuruşlardan dolayı Kelim yaratılır.

Ve neden 1. Or Pinimi (İç Işık) ve Or Makif'in (Saran Işık) birbirine vurdukları ve 2. Bu vuruşun Kelim'i yarattığını anlamamız lazım.

Cevap: Maneviyatta vuruşun iki zıt şey karşılaştığında ortaya çıktığını öğrenmiştik. Ancak, vuruşun neden bunlar "Pe'nin dışında birlikte ortaya çıktıklarında" meydana geldiğini de anlamamız lazım.

Derecenin Roş'unda Işığın yüzde yüzü İç ve Saran arasında fark gözetmeksizin genişler. Bunun nedeni O'nun varlıklarına iyilik yapma arzusunun tam olmasıdır.

DÜNYALARIN EVRİMİ

Ancak kısıtlanmış, hesap yapan ve karar veren alt derece örneğin, ihsan etmek için sadece yüzde yirmi alabilir. Bu Roş'da potansiyel olarak ortaya çıkar. "Pe'nin dışında birlikte ortaya çıktıklarında": Ortaya çıkmak, maneviyatta "ifşa" olarak adlandırılır ki bu potansiyelin gerçekte açığa çıkmasıdır. O zaman Or Makif olmak için bir parçayı alır diğerini iter.

Bu Or Makif görünüşte Masah'a gelir ve sorgular, "Yaptığın iş, yani Masah'ı yükseltmek iyi değil, zira Yaratılışın amacı olan O'nun varlıklarına iyilik yapmak nasıl uygulanacak? Işığı kim alacak?

Diğer taraftan, Or Pinimi Masah'la hem fikir olur, zira Işığın içeride genişlemesi Masah'dan geçerek ve Or Hozer'le (Yansıyan Işık) olur. Bu mücadeleye Or Makif ve Or Pinimi'nin Bituş'u denir ya da Or Makif'in Masah'da Bituş'u.

Gerçekte, Or Makif sağdadır; dolayısıyla, Masah Or Makif'le hemfikirdir. Ve hem fikir olduğundan onu itip Or Hozer'i yükseltmez, bundan dolayı da artık ihsan etmek için alamaz. Böylece, Işık ayrılır ve Masah arınır, yani almayı durdurur. Bu koşula Din (yargılama) ve Ahoraim (sırt) denir.

Ve Behina (izlenim-muhakeme) dört Behinot'dan oluştuğundan Masah, Behina Dalet içinde Behina Dalet ile başlayıp, sonra Behina Gimel içinde Behina Gimel'den vs. yavaş yavaş ayrılır ta ki Guf'un Masah'ının geldiği kaynak olan Roş'un Pe'ine yükselene dek. Bir başka deyişle almayı tamamen bırakır.

Masah, yükseldikçe her seferinde küçük bir Aviut kullanır ve böylece ihsan etmek için daha küçük Işıklar alır. Örneğin, Behina Alef'e yükseldiğinde sadece Ruah Işığını alabilir. Behinat Şoreş'e (kök) yükseldiğinde ihsan etmek için sadece Nefeş Işığını alabilir. Sonunda ihsan etmek için hiçbir şey alamaz ve dolayısıyla almayı tamamen bırakır.

Soru: Yaratılışın amacından dolayı yansımak isteyen ve dolayısıyla Masah'ın daha fazla almasını arzulayan Or Makif'in faydası nedir? Sonuçta, her şey onun arzusunun tersine olur, yani Masah sahip olduğunu da kaybeder.

Cevap: Ayrılma sırasında ortaya çıkan dereceler Masah'ın başlangıçta sahip olduklarının kalıntısı değildir, zira şöyle bir kural vardır: "Eyn Sof'dan uzanmayan hiçbir Işık yoktur." Bu, ortaya çıkan her izlenimin yeni bir izlenim olduğu anlamına gelir. Dolayısıyla, başlangıçta Masah daha fazla alamadı. Ancak şimdi Behina Dalet ayrıldığına göre Behina Gimel'den daha fazla alabilir.

Bituş sayesinde Kelim yaratıldı denilmesinin anlamı budur, yani Bituş'dan önce almak için daha fazla Kelim'i yoktu, zira alabileceğinin hepsini ihsan etme amacıyla aldı. Ancak Bituş'dan sonra Behina Dalet'in Masah'ı arındıktan sonra Behina Gimel'i almak için yer oldu, zira Behina Dalet'den ayrılmıştı ve hiçbir şeyi yoktu. Ve Behina Gimel'den ayrıldığında Behina Bet üzerinde alabilir.

Ancak bu yine de şu soruyu getiriyor: Eğer her seferinde daha az alıyorsa bunun faydası ne?

Cevap: Maneviyatta eksiklik yoktur. Bu, ortaya çıkan her şeyin kaldığı ancak kişinin bunu görmediği ve bundan halen zevk alamadığı sadece şimdiden zevk aldığı anlamına gelir. Ancak çalışma yapıldığında tüm Işıklar aynı anda ortaya çıkacak. Yani sonunda faydalı olacak.

Baal HaSulam bir zamanlar şöyle bir benzetme yaptı: Çocukluk arkadaşı olan iki kişi yetişkin olduklarında ayrıldılar. Biri kral oldu diğeri fakir. Uzun yıllar sonra fakir olan arkadaşının kral olduğunu duydu ve onun ülkesine gidip yardım istemeye karar verdi. Eşyalarını toplayıp gitti.

Karşılaştıklarında krala muhtaç olduğunu söyledi ve bu krala dokundu. Kral arkadaşına şöyle dedi: "Haznedarıma götürmen için senin iki saatliğine hazineye girmenin sağlayacak bir mektup vereceğim, alabileceğin her şey senindir." Fakir adam elinde mektubuyla haznedara gider ve beklediği izni alır. Hazineye dilenmek için kullandığı kutu ile girer ve beş dakika içinde kutuyu ağzına kadar doldurur ve mutlu bir şekilde hazineden çıkar.

Ancak haznedar kutuyu alır ve içindeki her şeyi döker. Sonra ağlayan fukaraya "Kutunu al ve tekrar doldur" der. Zavallı adam tekrar hazineye girer ve kutusunu doldurur. Ancak dışarı çıktığında haznedar bir kez daha içindekileri döker.

Bu döngü iki saat sürer. Dilenci son kez dışarı çıktığında haznedara "Sana yalvarırım topladığımı bana ver. Zamanım doldu ve bir daha hazineye giremem" der. Her seferinde paranı döktüm çünkü sana faydam olsun istedim, zira her seferinde sadece küçücük kutunu dolduruyordun ve daha fazlası için yerin yoktu."

Ders: İhsan etmek için alınan her Işık kalır. Ancak Işık kalsaydı daha fazla almak istemezdik, zira aldığımızdan daha fazlasını ihsan etmek için alamazdık. Dolayısıyla her derece ayrılmalı ve her seferinde bir alma Kli'sini ihsan etmek için ıslah ettiğimizde tümü ıslah olur. Ondan sonra tüm Işıklar aynı anda aydınlatacak.

Ve şimdi Masah'ın arınmasına geri dönelim. Pe'den aşağı ilk ortaya çıkan genişlemeye Taamim (tatlar) denir, "tabağın yiyeceği tatmasıyla" sözlerinde olduğu gibi. Or Makif'in Bituş'undan sonra Masah arınmaya başladı ve bu yolda her seferinde yeni bir derece yarattı. Bu derecelere Nekudot (noktalar) denir.

Artık daha fazla Işığı alabildiği için Kelim'in Bituş vasıtasıyla yaratıldığıyla ilgili Ari'nin sözlerini zaten açıklamıştım. Fakat Baal HaSulam Kelim'in (Kli'nin çoğulu) yaratılmasını farklı şekilde yorumluyor: Işık Kli'deyken ikisi birbirine karışır. Bituş sayesinde Işık ayrılır ve Kli aşikâr olur.

Yorum: Işık Kli'nin içini aydınlatırken Kli'nin eksikliği ayırt edilemez, bu yüzden Kli ismini hak etmez. Bunun nedeni Kli olmaksızın Işığın aydınlatamamasıdır. Dolayısıyla, her ikisi de eşit öneme sahiptir. Ancak Işık ayrılır ayrılmaz Kli, Kli olarak Işık da Işık olarak ayırt edilebilir.

Tsimtsum'un Nekuda'sı (nokta) arınma sırasında derecelere Nekudot denilmesinin sebebidir.

DÜNYALARIN EVRİMİ

Peki, Tsimtsum'un Nekuda'sı nedir? Kutsal Zohar şöyle der; Malhut "içinde hiç beyazın olmadığı siyah bir noktadır. Bu, karanlık sırasında Malhut'a "nokta" denilmesi anlamına gelir. Ve Tsimtsum'da almak için almak yasak olduğundan karanlık olur. Bir başka deyişle, Tsimtsum noktası ihsan etmek için almanın mümkün olmadığı, almak için alma arzusunun olduğu yerde vardır.

Konumuza dönmek gerekirse, Masah Behina Dalet'den arındığında Behina Dalet'in alması yasaklandı. Tsimtsum noktasının Masah'ın üzerinde olmasının anlamı budur. Ancak Behina Gimel yine de alabiliyordu ve Masah Behina Gimel'den arındığında da Behina Gimel Tsimtsum noktası oldu.

Roş, Toh ve Sof arasındaki farkı da açıklamamız lazım. Roş "potansiyel" kabul edilir, yani orada alma yoktur. Roş'dan iki parça yayılır:

1. Bir parça Işığı alabilir ve buna Toh'un on Sefirot'u denir. Işık Kelim'e giren bolluktur ve Or Pinimi denir ki Or Hohma'dır – O'nun varlıklarına iyilik yapma arzusunun Işığı.

2. Roş'dan yayılan ikinci kısım almak için alma arzusu kısmıdır ki bunu kullanmak istemez. Orada almak istemediğini söyler yani onu sonlandırır. Bu nedenle bu parçaya Sof'un on Sefirot'u denir.

Soru: Sefirot kelimesinin "safir" kelimesinden yani yansımadan geldiğini öğrenmiştik. Ancak Tabur'un Malhut'u denilen Guf'un Malhut'u almak istemezse ve Işık üzerine bir Sof yerleştirirse bu kısma neden Sefirot deniliyor?

Cevap: On Sefirot denilmesinin nedeni, aslında Işığın onlar için ışımasıdır. Toh ve Sof arasındaki farkın açıklandığı Kısım 4, Bölüm 5, Madde 1'e bakabilirsiniz. "AK'ın Pe'inden on iç Sefirot ve on saran Sefirot meydana geldi. Bunlar Panim'in karşısından AK'ın Tabur'unun karşısına genişler. Gerekli olan Işık budur ancak aynı zamanda kenarlara ve o Adam'ın tüm çevresine de" yani sadece Panim'in karşısında değil kenarlardan da genişler.

Madde 2'de Ari'nin sözleri şöyle yorumlanıyor: "Kısaca, Tabur'dan yukarısına Panim denildiğini açıklayacağız. Bunun nedeni asıl Işık kabul edilen Hohma Işığının orada yayılmasıdır ve Tabur'dan aşağısına Ahor (sırt) denir, zira almak için almak kabul edilir. Dolayısıyla, Hohma Işığı orada yayılmaz sadece kenarlardan gelir."

Sayfanın altına şöyle der, "…..çünkü Behina Dalet'in Partzuf'a getirdiği Or Hozer, Hasadim ışığıdır". Bu, Malhut'un Tabur'unun orada almak istemediği anlamına gelir çünkü orada almak için alma arzusudur. Bunun yerine Hasadim denilen form eşitliğini ister. "Böylece "dişi Işık" formunda olmasına rağmen Hohma ışığı da alır, yani ihsan etmez sadece alır." "İhsan etmez alır" sözleri kendi üzerine Işığı ihsan etmek istemez anlamına gelir, fakat tersine almak istemediğini söyler.

Ve Dvekut vasıtasıyla Hohma Işığının aydınlığı ona yansır ve buna "Hohma'nın aydınlığı" denir. Benzer şekilde Tof'la Sof arasındaki fark Or Hohma Toh'u aydınlatır ve form eşitliği için almak istemediği sürece Sof'u. Yansıyan Işık Hohma ışığındaki Or Hasadim'dir.

Ve yine de Or Hasadim'deki isimlerin neden "sağ" ve "sol" olduğunu ve Or Hohma'nın içinde "uzun" ve "kısa" denildiğini açıklamamız lazım. Işık Hasadim'de ışıdığında buna "sağ" ve Hohma'da ışıdığında "sol" denir. Ve Hasadim'de ışımadığında buna "sol" ve Hohma'da ışımadığında "kısa" denir. Bunlar ne anlama geliyor?

Cevap: Or Hohma'nın alma kaplarında ihsan etmek için ışıdığını öğrendik. Dolayısıyla, aydınlığın ölçüsü Aviut'unun ölçüsüne bağlıdır. Buna "Yukarı" ve "aşağı" denir ve bundan dolayı da Or Hohma'daki isimler "uzun" ve "kısa" olarak adlandırılır. Ancak Or Hasadim Aviut'dan geçerek genişlemez ve ona bağlı değildir. Dolayısıyla, Or Hasadim'deki isimler genişlikle ilgilidir: "sağ" ve "sol" yani aynı seviyede ışıdıklarını anlatırlar ve onlar için fazla ya da az Aviut olması önemli değildir.

BİR İÇ PARTZUF

Şimdiye kadar Galgalta ya da AK'ın İç Partzuf'u denilen AK'ın ilk Partzuf'un anlattık. Şimdi iç Partzuf'u açıklayacağız. Tüm dünyalarda dört kıyafeti olan iç Partzufim (Partzuf'un çoğulu) olduğu kuralı vardır. Bunu AK'da açıklayacağız: Partzuf Galgalta derecesinin içinde tam HaVaYaH'a sahiptir ve tam bir derece bu HaVaYaH'daki her bir harften ortaya çıkar.

1. Keter ya da "Yud'un ucu" denilen Roş edinilemez.

2. Pe'den Hazeh'e kadar HaVaYaH'ın Yud'u denir ve buradan onu kıyafetlendiren AK'ın Partzuf AB'ı ortaya çıkar.

3. Bina denilen ilk Hey'inden, Hazeh'den aşağı Partzuf SAG ortaya çıkar.

Dolayısıyla, AB ve SAG olan Yud-Hey Tabur'dan yukarısını kıyafetlendirir. Ve Tabur'dan aşağısı HaVaYaH'ın Vav-Hey'idir.

1. Vav'a Partzuf MA denilen NHY'nin Üst üçte biri denir ve buradan orayı kıyafetlendiren Nekudim dünyası ortaya çıkar.

2. Malhut denilen son Hey'inden, ki bu AK'ın NHY'sinin alt üçte ikisidir, Aviut Şoreş'i kullanan ve "Aviut dünyası" denilen Partzuf BON ortaya çıktı.

DÜNYALARIN EVRİMİ

REŞİMOT

Işıklar Partzuf Galgalta'dan ayrıldığında boş Kelim kalır ve bunların içinde Işıklar oradayken onlardan kalan Reşimot vardır. Reşimot'un anlamı fizisellikte bildiğimiz gibidir: kişi nefis bir yemek yediğinde ya da hoş bir şey duyduğunda deneyimlediği şeyden bir tat kalır ki bu onu sahip olduğu şeyi tekrar yaşamak için teşvik eder. Benzer şekilde bir Reşimo (Reşimot'un tekili) önceden sahip olduğu şeye karşı arzudur.

Reşimot'da iki ayrım vardır: 1. Reşimo'daki arı Işık ve 2. Reşimo'daki bayağı Işık

Bunun anlamı şudur; genel Or Yaşar Kelim'i aydınlattığında buna Or Hozer denir ve Or Yaşar ayrıldığında Or Yaşar'ın parçası olan bir Reşimo bırakır. Bu Reşimo orada bulunan Or Hozer'in bir kısmını kıyafetlendirir yani ihsan etme amacıyla çalıştığının bir hatırasını (izlenimini) bırakır. Buna Or Hozer'in Reşimo'su denir.

1. Or Yaşar'dan geriye kalana "Reşimo'daki saf Işık" denir;
2. Ve Or Hozer'den kalana Reşimo'daki bayağı Işık" denir.

Her ikisi de Kli denilen genel Or Hozer'e bürünmüştür ve ikisi bir izlenimdir.

Açıklama: Işıklar Kelim'in içini aydınlattığında Işık ve Kelim ta ki birbirinden ayırt edilemez hale gelinceye dek karışırlar. Bu, onların aynı aksiyonu gerçekleştirdikleri ve birinin diğeri olmadan var olamayacağı anlamına gelir. Sanki yemek ve iştah gibidir: bunlar da aynı aksiyonu gerçekleştirirler, çünkü iştah olup yiyecek olmazsa yemek mümkün değildir ve ayrıca yemek olup iştah olmazsa da yemek mümkün değildir. Ancak, sonrasında Işık ayrıldığında Kli'yi ayırt edebiliriz yani Or Hozer orada bir Kli alır.

Böylece Reşimot'la ilgilidir: arı Işık ve bayağı Işık birlikteyken ikisi de Işık olarak adlandırılır ve birbirlerine karışırlar. Ve arı Işık bayağı Işıktan ayrıldığında bayağı Işık yeni bir isim alır: Nitzotzin (kıvılcımlar).

Genel Or Yaşar ayrıldığında genel Or Hozer'e neden Kli denildiğini anlamamız lazım. Ancak Reşimo'daki Or Yaşar ayrıldığında Reşimo'daki bayağı Işığa Nitzotz (kıvılcım) denir, yani Işığın kıvılcımı anlamında.

Cevap: Genel Or Yaşar ayrıldığında hiç yansımadığını söylemeliyiz. Ancak Reşimo'daki Or Yaşar ayrıldığında uzaktan yansır.

Şimdi Kelim'in kökü ve Işıkların kökü konusunu anlayabiliriz: tüm dünyaların mühür ve damgası formunda ortaya çıktığıyla ilgili bir kural vardır. Bu izlenimin ilk ortaya çıkmasıyla dünyaların Yukarıdan aşağıya aynı sırada genişlediği anlamına gelir. Kelim ilk kez Partzuf Galgalta'da ortaya çıktı. Bu nedenle Partzuf Galgalta "Kelim'in kökü" kabul edilir.

Bu Işık Kelim'i aydınlattığı zaman onların karıştığı anlamına gelir. Bu nedenle Işığı Kelim'den ayırt etmek mümkün değildir. Ancak Işığın ayrılmasından sonra Kelim belirgin olur. Ayrıca, Işığın Reşimot'u Kelim'de kalır: Keter Işığının Reşimo'su Keter'in

Kli'sinde, Hohma Işığının Reşimo'su Hohma'nın Kli'sinde vs. dolayısıyla, Kelim'den bahsetmeye başladığımızda KHB ile başlarız.

Ve AB denilen ve Hohma Işığının aydınlattığı ikinci Partzuf ortaya çıktığında kurala göre gelen her Işık Keter denilen en arı Kli'de ışır, şimdi Hohma Işığı Keter'in Kli'sinde ışıyor. Buna HBD sırasında oluşturulan "Işıkların kökü" denir. dolayısıyla, on Sefirot'un neden bazen KHB ve bazen de HBD ile başladığını anlayabiliriz.

TAGİN VE OTİOT

Şimdi Tagin ve Otiot konusunu açıklayacağız. Taamim'den kalan Reşimot'a Tagin denildiğini öğrendik. Bazen Nekudot'dan kalan Reşimot Otiot olarak adlandırılır. Bunun nedeni şudur, Aviut'un Behina Dalet'i olan Partzuf Galgalta'nın tümü arındığında Masah tüm seviyelerin ayrılan Reşimot'una dâhil oldu. Bu seviye o derecenin Roş'una yükseldi ve kaybetmiş olduğu güçleri istedi. Ve Or Makif'in Bituş'undan dolayı Masah'ın güçsüzleşmesiyle kaybolan son Behina Behina Dalet'in üzerine çıkamadı, sadece Nekudot'a benzeyen Behina Gimel'in üzerine çıkabildi.

Ve öğrendiğimize göre iki tür Reşimot kaldı – Kelim'de kıyafetlenen Keter'in Işığından bir Reşimo ki buna Hitlabşut'un (kıyafetlenme) Dalet'i denir. Ancak, güçler ve yoğunlaşmalardan aldığı Reşimo'sunu kaybetti. Bununla ilgili şöyle denir, son Behina kaybolmuştur" ve kalan sadece Aviut'un Gimel'idir.

Bundan şu sonuç çıkar; Galgalta'nın Guf'unun Masah'ı Galgalta'nın Roş'una yükseldiğinde iki tür Reşimo için de Masah'ın gücünü istedi.

1. Dalet üzerinde Taamim seviyesinin Reşimo'su.
2. Nekudot seviyesinin Aviut'u üzerindeki Reşimo.

Dolayısıyla, derecenin Roş'unda iki Zivugim gerçekleşti:
1. Keter seviyesinde Hitlabşut'un Dalet'i üzerinde,
2. Hohma seviyesinde Hitlabşut'un Dalet'i üzerinde.

Ayrıca, Hitlabşut'un Dalet'i alt derecenin sadece Roş'unda, AB'ın Roş'unda ışır. Ancak Aviut'un Gimel'i de Guf'da Hitlabşut'a sahiptir. Ve Guf'a Kelim ve Otiot denildiğinden Aviut'un Reşimo'su yani Nekudot'un Reşimo'su Otiot olarak adlandırılır. Böyle olmasının nedeni Kelim'in bu Reşimo'dan yayılmasıdır, bunun yanında Hitlabşut'un Reşimo'su Tagin olarak kalır ve derecenin sadece Roş'unda ışır.

Bu sözel olarak şöyle açıklandı: AB'ın Aviut'un Gimel'i ve Galgalta'nın Gimel'i birbiriyle aynı değildir, zira AB'ın Gimel'i genel Aviut'un Gimel'idir, Galgalta'nın Gimel'i ise Aviut'un Dalet'inin Gimel'idir. Ancak böyleyken bile AB'ın Gimel'i hâlâ Galgalta'nın Gimel'inden genişler. Dolayısıyla, burada üzerinde Partzuf AB'ın ortaya çıktığı Aviut'un Reşimo'sunu En Yüksek Behina'sı Gimel olan Nekudot'un Reşimo'suna atfediyor.

SIRANIN DEVAMI

Sıranın gerisini açıklamaya geri dönelim. Or Makif Galgalta'nın Guf'unun Masah'ını iptal ettiğinde Guf'un Masah'ı Roş'a yükseldi. Ve son Behina kaybolduğundan Pe'den Hazeh'e yayılan sadece Reşimot Dalet Gimel üzerinde Galgalta'nın Roş'unda bir Zivug vardı.

Ve Tabur'un Masah'ı Roş'dayken Roş'un Aviut'una dâhil olduğundan bunun içinde yapılacak iki izlenim vardır:

1. Kendi Behina'sı – Tabur'un Masah'ı.
2. Roş'un Aviut'u.

Bu Masah Pe'den Behina Gimel olan Hazeh'e indiğinde AB'ın Işığının Galgalta'nın Kelim'inin içinde ışıdığı kabul edilir. Bu, iç AB'ın Roş'un Aviut'una dâhil olan bir Zivug yaptığı anlamına gelir. Hazeh'den Galgalta'nın Pe'ine "dış AB'ın Roş'u" denilen yeni bir derece ortaya çıkar ve Hazeh'den Tabur'a AB'ın Guf'u meydana gelir.

Soru: Bu kafa karıştırıcı. Sonuçta, bir sonraki derecenin bir önceki derecenin boş Kelim'ini doldurmasıyla ilgili bir kural var. Öyleyse AB neden Galgalta'nın Tabur'unun altına genişlemiyor?

Cevap: Bunun nedeni Behina Dalet üzerinde bir Masah'a sahip olmamasıdır. Dolayısıyla, aşağı genişlese ve oradaki alma arzusunu görse onun üzerine çıkamazdı. Bu nedenle Tabur'un yukarısında kaldı.

Partzuf AB'da da Or Makif'in Bituş'u vardı ve Partzuf SAG, Partzuf AB'ın Reşimot'undan meydan geldi. Bunlar hâlâ AK'ın Tabur'unun yukarısındaki Reşimot'dur ancak AK'ın Tabur'unun altındaki Reşimot hâlâ gerçekleştirilmemiştir.

Ve bu Partzuf SAG Hitlabşut'un Reşimot Gimel'i ve Aviut'un Bet'i üzerinde ortaya çıktı ve Partzuf AB'ın Kelim'inin de doldurdu. Bununla beraber, Galgalta'nın Tabur'unun altına inip oradaki boş Kelim'i dolduramadı çünkü bu boş Kelim Hitlabşut'un Gimel'ine sahiptir ve bunlar da Hohma'nın genişlemesi için vardır. Buradan SAG'ın Taamim'i denilen bu izleniminin AK'ın Tabur'una genişlediği sonucu çıkar.

Ancak Hasadim kabul edilen SAG'ın Nekudot'u yukarıda bahsedilen Behina Gimel'e sahip olmadığından bir alma kabı olan ve üzerine Masah koymanın mümkün olmadığı Aviut'un Behina Dalet'inin orada olmamasına rağmen Galgalta'nın Tabur'unun altına genişleyebildi. Yine de SAG'ın Nekudot'u ihsan etme kapları olduğundan alma kaplarıyla ilgilenmezler. Dolayısıyla, Galgalta'nın Tabur'unun altına genişlediler ve orada olan boş Kelim'i doldurdular.

Ancak, orada olan alma arzusunu gördüklerinden almak için almak istediler çünkü Behina Dalet üzerinde bir Masah'a sahip değillerdi. Ve öğrendiğimize göre almak için almak üzerinde bir Tsimtsum olduğundan Işık bunlardan hemen ayrıldı.

Soru: SAG'ın Nekudot'unun ihsan etme kapları olduğunu biliyoruz. Öyleyse nasıl kısıtlandılar?

Cevap: Bu Bina'nın GAR'ı ile Bina'nın ZAT'ı arasında bir farktır, zira Bina'nın ZAT'ının ZA'ya ihsan edebilmek için Hohma alması gerektiğini öğrendik, ancak Bina'nın GAR'ı tamamen ihsan etmeyle ilgilenir.

Şimdi GE olan Bina'nın GAR'ının neden karışmadığını ve AHP denilen Bina'nın ZAT'ının dereceden almak için almayı istediğinden dolayı ayrılırken GE'yi derecede kısıtlanmamış bıraktığını anlayabiliriz. Buna Tsimtsum Bet (ikinci kısıtlama) denir.

Bundan GE olan HBD, SAG'ın Nekudot'unun HGT'sinde, Behina Dalet karışımının olmadığı sonucu çıkar. Dolayısıyla, bunların yeri hâlâ Atzilut kabul edilir. Ve SAG'ın Nekudot'unun Tabur'unun altında AK'ın NHY'sinin alt üçte ikisini kıyafetlendiren almak için almak yönetir.

Ve Partzuf SAG Roş'un Pe'ine yükseldi ve SAG'ın Roş'unda iki Zivugim yapıldı:

1. AK'ın Tabur'unun altına inmeyen SAG'ın Taamim'inin Reşimot'u üzerinde bir Zivug; bundan Üst MA'nın Partzuf'u ortaya çıkar.

2. AK'ın Tabur'unun altında Behina Dalet ile karışan SAG'ın Nekudot'unun Reşimot'u üzerinde bir Zivug ki bundan MA – Nekudim dünyası ortaya çıkar. Bu Zivug Aviut'un Alef'inin yarım derecesi ve Hitlabşut'un Bet'i üzerinde ortaya çıktı.

Dolayısıyla, Malhut'un kendi alma kapları üzerinde Işığı genişletmediğini Tsimtsum'dan dolayı sadece ihsan etme kapları üzerinde genişlettiğini anlamamız lazım. Bundan dolayı da eğer alma kaplarını kullanacak olsaydı bu almak için olurdu.

Ve burada da Işığın hem SAG'ın iç Kelim'inde hem de SAG'ın dış Kelim'inde genişlediğini öğreniyoruz. Ve kural olarak bilmeliyiz ki Üst MA'dan bahsedilmiyor, zira öncelikle Nekudim dünyası olan Partzuf MA'da başlayan Din'deki (yargı) Rahamim'in (merhamet niteliği) ilişkilendirilmesinden bahsediyoruz.

Nekudim dünyasında iki Roşim (Roş'un çoğulu) olduğunu öğrendik: 1. Aviut'dan ve 2. Hitlabşut'dan (kıyafetlendirme). Keter'e Hitlabşut'un Bet'i denir ve AVİ, Aviut'un Alef'idir. Ve Hitlabşut'un Bet'i Işığı genişletemediğinden zira orada eksiklik yoktur, Işığı genişletme gücüne sahip olan Aviut'la birleşmesi gerekmektedir. Ayrıca, orada yansıyan Işığın seviyesinin dereceyi Hohma'ya ihtiyaç duymaktan özgürleştiren "O merhamet içinde haz verir" formunda Bina'nın VAK'ı olduğunu öğrendik.

Bu Işığa aynı zamanda Tikun Kavim (çizgilerin ıslahı) denir. Dolayısıyla, Tikun Kavim'in sadece Roş'da yansıdığını da öğrendik, zira Hitlabşut'un Guf'da Hitpaştut'u (genişleme) yoktur. Guf sadece küçük bir ışığa sahiptir ve Katnut koşulundan memnun değildir. Bu nedenle, Işık Gadlut'u gerçekleştirdiğinde Guf'un ihsan etme kapları da kırıldı.

SULAM TEFSİRİNE ÖNSÖZ

ON SEFİROT

1. Öncelikle on Sefirot'un isimlerini bilmeliyiz: KHB, HGT, NHYM. Bunlar, Keter, Hohma, Bina, Hesed, Gevura, Tiferet, Netzah, Hod, Yesod, Malhut'un kısaltmalarıdır. Bunlar ayrıca alt derecelerin O'nun Işığını alabilmeleri için oluşturulmuş O'nun Işığının on örtüsüdür.

Bu güneşin ışığı gibidir, gözün görmesine imkân tanıyacak ışığı azaltan karartılmış gözlük olmadan bakmak mümkün değildir. Benzer şekilde O'nun Işığı da içinde her alt derecenin O'nun Işığını daha da örten ve "on Sefirot" denilen bu örtülerle kıyafetlenmiş olmasaydı alt dereceler bunu edinemezdi.

2. Bu on Sefirot Musa Peygamberin yazılarındaki On Kutsal İsimdir: Ehvey (Ekvey okunur), Sefira Keter'dir; Yah (Koh okunur) Sefira Hohma'dır; ve HaVaYaH adı Elokim'in noktalama işaretiyle olduğunda Bina'dır. El (Kel okunur) ismi Hesed'dir; Elohim (Elokim okunur) Gevura'dır; HaVaYaH adı Shvah, Holam, Kamatz'ın noktalama işaretiyle olduğunda Tiferet'dir. Tzvaot ismi Netzah ve Hod'dur; Shadai (Şadi okunur) Yesdo'dur; Adonay ismi (Adni okunur) Malhut'dur (Zohar, VaYikra, Madde 157-163, 166-177).

3. Ve on Sefirot saymamıza rağmen içlerinde Keter, Hohma, Bina, Tiferet ve Malhut denilen beş Behinot'dan (ayrım, izlenim) fazla yoktur. On Sefirot saymamızın nedeni Sefira Tiferet'in bunları on yapan Hesed, Gevura, Tiferet, Netzah, Hod ve Yesod denilen altı Sefirot içermesidir. (Zohar Kitabına Giriş, "Sulam'ın Aynaları" sayfa 5).

Ve bu beş Behinot, KHB TM – beş Behinot KHB TM'ye tekabül eden, Adam Kadmon, Atzilut, Beria, Yetzira ve Asiya denilen beş dünyanın tümündeki her yaratılan ve her varlıkta – realitenin en küçük maddesinde bile – görülür. Bu beş Behinot'un içindeki Roş (kafa) Keter'dir; Roş'dan Hazeh'e (göğüs) Hohma'dır; Hazeh'den Tabur'a (göbek) Bina'dır, Tabur'dan aşağısı Tiferet ve Malhut'dur.

TİFERET NEDEN HGT NHY'Yİ İÇERİR

4. Beş Behinot KHB TM ortaya çıktığında birbirleriyle öyle bir birleşmişlerdi ki her biri KHB TM içeriyordu. Ancak, Sefira Tiferet'de Sefirot seviyesi GAR olmaktan indi,

dolayısıyla içinde olan KHB TM HGT NH'ye ve onları içeren Yesod'a döndü. Bu yüzden Tiferet altı Sefirot içerir dediğimiz zaman ilk üç Sefirot'a üstünlüğü olduğundan değil tersine içindeki beş Behinot KHB TM'nin farklı isimler - HGT NH – almasına neden olan GAR Işığının eksikliğidir.

Böylece, Hesed, Keter'dir, Gevura, Hohma'dır ve Tiferet, Bina'dır, Netzah, Tiferet'tir ve Hod, Malhut'dur. Sefira Yesod onlara eklenmiştir, ancak ek bir Behina (Behinot'un tekili) değildir. Daha ziyade, Sefirot HGT NH'nin tümünü içeren bir kaptır. Ayrıca, bunlara her zaman altı Sefirot HGT NHY olan Vav (altı) Kıtzavot'un (sonlar/kenarlar) kısaltılmışı VAK denir. Ve beş Behinot'un HGT NHY'ye inişi sadece ZA'da ortaya çıktığından beş değişmiş Behinot'u sadece ZA'ya atfederiz.

IŞIK VE KLİ

5. Dünyaların hiç birinde Kli olmaksızın Işığın olması mümkün değildir. Başlangıçta, on Sefirot'da sadece bir Kli – Malhut – vardı. Beş Behinot KHB TM vardır dememizin nedeni bunların hepsinin Behina Dalet denilen Malhut'un parçası olmalarıdır. Bu, onların Behina Dalet olarak adlandırılan ve Malhut olan tamamlanmış Kli'ye yakınlıklarına göre düzenlenmiş olmaları anlamına gelir.

Ancak, Tsimtsum Alef'den (ilk kısıtlama) sonra, Malhut'un Kli'sinde bir Masah yükseldi ki bu Masah Üst Işığın Kli'nin içinde kıyafetlenmesini durdurur. Dolayısıyla, Üst Işık Masah'a ulaştığında Masah ona çarpar ve iter. Bu çarpmaya Malhut'un Kli'sinde Üst Işığın Masah'la Zivug de Hakaa'sı (çarpışarak çiftleşme) ve geri çevrilen Işığa "Or Hozer'in on Sefirot'u (Yansıyan Işık)" denir.

Böyle olmasının nedeni geri çevrilen Işığın aşağıdan Yukarıya doğru yükselerek Üst Işıktaki "Or Yaşar'ın (Direkt Işık) on Sefirot'u" denilen on Sefirot'u kıyafetlendirmesidir. Ve yeni Kelim Işığı almamak üzere kısıtlanmış olan Malhut yerine Üst Işığı kıyafetlendirmek için bu Or Hozer'den ortaya çıkar.

ROŞ-TOF-SOF, PE-TABUR-SİUM RAGLİN

6. Or Hozer'in yeni Kelim'inden (kaplar) dolayı her Partzuf Roş, Toh, Sof (Kafa, İç, Son) denilen üç kısma ayrılır. Işığın Malhut'a ulaşmasını durduran Masah'ın gücüyle Işıkla bir Zivug de Hakaa gerçekleştiği, bunun Or Hozer'in on Sefirot'unu meydana getirdiği ve Üst Işıkta Or Yaşar'ın on Sefirot'unu kıyafetlendirdiği açıklanmıştı.

Or Yaşar'ın bu on Sefirot'u ve Or Hozer'e "Roş'un on Sefirot'u" denir. Ancak, Masah'dan yukarıda ortaya çıkan ve Or Yaşar'ın on Sefirot'unu kıyafetlendiren Or

DÜNYALARIN EVRİMİ

Hozer'in bu on Sefirot'u hâlâ asıl Kelim değildir. Bunun nedeni Kli isminin onun içindeki Aviut'a yani Işığın Malhut'da kıyafetlenmesini önleyen Masah'daki Din'in (yargı, kısıtlama) gücüne işaret etmesidir.

Şöyle bir kural vardır; Din'in gücü sadece Din'in ortaya çıktığı yerden aşağıya doğru işler, Din'in ortaya çıktığı yerden Yukarı doğru değil. Ve Or Hozer'in on Sefirot'u Masah'dan Yukarı doğru meydana geldiğinden Din'in gücü Or Hozer'de belirgin değildir ve Kli olmak için yeterli değildir. Bu nedenle, Or Hozer'in bu on Sefirot'una Roş, yani Kelim'in kökü ancak asıl Kelim denilmez.

Ve dolayısıyla içinde Zivug de Hakaa için Masah oluşan Malhut'a Pe (ağız) denir. Bu, fiziksel ağızda ağzın beş çıkışından Zivug de Hakaa vasıtasıyla Otiot'un (harfler) meydana gelmesinde olduğu gibi manevi Pe de beş Behinot KHB TM olan Or Hozer'in on Sefirot'unu yani Or Yaşar'ın on Sefirot'una Kelim'i meydana getirmek için Zivug de Hakaa içerir ve Kelim'e Otiot denir. Böylece Roş'un on Sefirot'u açıklanmış oldu.

7. Dolayısıyla, Or Yaşar'ın on Sefirot'u ve Or Hozer'in on Sefirot'u Masah'dan aşağı genişlemek zorundaydı ki bu zamanda Or Hozer'in on Sefirot'u Or Yaşar'ın on Sefirot'unu alan ve kıyafetlendiren Kelim oldu. Bunun nedeni artık Or Hozer'in on Sefirot'unun üzerinde bir Masah olmasıdır. Bu sebeple Masah'ın kalınlığı Or Hozer'in on Sefirot'unu kontrol eder ve bununla Kelim meydana geldi.

Ayrıca, asıl Kelim olan on Sefirot, Toh ve Guf (beden) olarak adlandırılır, yani bunlar Partzuf'un tam olarak içidir. Ve Toh'un Malhut'una Tabur denir, "toprakların Tabur'u (göbek, merkez)" sözlerinde merkez ve orta anlamında denildiği gibi. Bu, Toh'un Malhut'unun Malhut'un merkezi olduğuna işaret eder ve Guf'un asıl Kelim'i bunun Or Hozer'inden yapılmıştır.

Tabur'un Tov Or (İyi Işık) kelimelerinden geldiği de söylenir, bu buraya kadar Işığı iyi olduğu anlamına gelir zira onu almaya uygun Kelim'e bürünmüştür.

8. Böylece Roş'un Malhut'unda iki ayrım görüyoruz:

1. Son Malhut: Masah'ın Üst Işığın Malhut'un Kli'sinde kıyafetlenmesini engellemesi.

2. Çiftleşen Malhut: Üst Işığın Masah'la Zivug de Hakaa vasıtasıyla Üst Işığı kıyafetlendirmek için Or Hozer yükselten Zivug'u olmamış olsaydı realitede Işık olmazdı zira Kli olmadan Işık da yoktur.

Ancak, Roş'un Malhut'unda bu iki ayrım sadece iki köktür. Son Malhut, dereceyi sonlandıran Malhut'un köküdür ve çiftleşen Malhut Işığın Kelim'de kıyafetlenmesinin köküdür

Her iki aksiyon da Partzuf'un Guf'unda ortaya çıktı ve belirgin oldu:

1. Pe'den Tabur'a çiftleşen Malhut orada gücünü gösterir ve Üst Işık Kelim'de kıyafetlenir.

2. Ve Tabur'dan aşağı son Malhut gücünü gösterir ve Sium'un (son) on Sefirot'unu meydana getirir. Her Sefira Üst Işık olmaksızın sadece Or Hozer'in aydınlatması ile ortaya çıkar. Ve Sium'on bu on Sefirot'unun Malhut'una ulaştığında tüm Partzuf sonlanır. Böyle olmasının nedeni bu Malhut'un hiçbir şey almayan son Malhut olmasıdır ve dolayısıyla, Partzuf'un genişlemesini sonlandırır.

Ve biz bu Malhut'a Işığı kesen ve Partzuf'u sonlandıran Sium Raglin'in Malhut'u diyoruz. Ve Tabur'dan aşağı doğru Sium Raglin'ine kadar genişleyen bu on Sefirot'a "Sof'un (son) on Sefirot'u" denir ve bunların hepsi Sof ve Sium'un Malhut'unun parçalarıdır. Ayrıca, bunların içinde sadece Or Hozer olduğunu söylediğimizde bu içlerinde hiç Or Yaşar olmadığı anlamına gelmez. Tersine, bir miktar Or Yaşar'a sahip oldukları anlamına gelir, ancak bu Roş'suz VAK kabul edilir.

HAZEH

3. Buraya kadar Adam Kadmon'un Partzufim'inden (Partzuf'un çoğulu) bahsettik. Ancak, Atzilut dünyasının Partzufim'inde Toh'un on Sefirot'una başka bir Sium eklendi: Tabur denilen Malhut'un Toh'u, Toh'un on Sefirot'unun Bina'sına yükseldi ve orada Toh derecesinin on Sefirot'unu sonlandırdı. Bu Sium'a Hazeh denir ve Parsa şimdi Hazeh'in olduğu yere yerleşir.

Bu, Hazeh'in olduğu yerde Malhut'un Bina'ya yükselmesiyle oluşan yeni Sium'a Parsa (diyafram, karın zarı) denildiği anlamına gelir, tıpkı Toh derecesinde kalan Yüksek Suları – Keter ve Hohma – Toh'un on Sefirot'unun derecesinden ayrılan ve Sof'un on Sefirot'u olan Bina ve TM'den ayıran gök kubbede olduğu gibi.

Bu nedenle, Toh'un on Sefirot'u iki dereceye ayrılmıştır:

1. Pe'den Hazeh'e, Toh'un on Sefirot'u, Atzilut, Guf'un GAR'ı kabul edilir.

2. Hazeh'den aşağı Tabur'a kadar Sof'un on Sefirot'u gibi Sof'un on Sefirot'u, Beria, Roş'suz VAK kabul edilir.

KELİM VE IŞIKLARIN TERS İLİŞKİSİ

10. Işıklar ve Kelim arasında her zaman ters ilişki vardır. Kelim'deki sıra Üst Derecelerin bir Partzuf'da önce büyümesidir. Partzuf'a önce Kelim gelir, sonra Hohma, sonra Bina, sonra Tiferet ve sonra Malhut. Bu nedenle Kelim KHB TM ismini veririz, yani Yukarıdan aşağıya, çünkü bunların Partzuf'da ortaya çıkış sırası budur.

DÜNYALARIN EVRİMİ

Ancak Işıklar bunun tersidir. Işıkların sırasında alt dereceler Partzuf'a önce girer. Partzuf'a ilk giren Nefeş Işığıdır, sonra Neşama Işığı, sonra Haya Işığı ve sonra Yehida Işığı.

Böylece, başlangıçta Nefeş Işığı vardı ki bu Malhut'un Işığı, tüm Işıkların en küçüğüdür. Ve son gelen Yehida Işığı Işıkların en büyüğüdür. Bu nedenle bunlara NRNHY ışıkları deriz, yani aşağıdan Yukarıya doğru, çünkü bu onların Partzuf'a giriş sırasıdır.

11. Dolayısıyla bu, zorunlu olarak ortaya çıkan En Üst Kli, Keter olan Partzuf'da sadece bir Kli olmasına rağmen Keter'e tekabül eden büyük Işık, Yehida Işığı Partzuf'a girmez. Tersine, Keter'in Kli'sine giren ve kıyafetlenen Işık en küçük Işık, Nefeş Işığıdır.

Ve Partzuf'da iki Kelim, yani daha büyük Kelim olan – Keter ve Hohma – büyüdüğünde Ruah Işığı da Partzuf'a girer. Bu koşulda Nefeş Işığı Keter'in Kli'sinden Hohma'nın Kli'sine iner ve Ruah Işığı Keter'in Kli'sinde kıyafetlenir. Benzer şekilde, Partzuf'da üçüncü Kli – Bina'nın Kli'si – büyüdüğünde Neşama Işığı Partzuf'a girer. Bu koşulda Nefeş Işığı Hohma'nın Kli'sinden Bina'nın Kli'sine iner, Ruah Işığı Keter'in Kli'sinden ayrılır ve Hohma'nın Kli'sine girer ve Neşama Işığı Keter'in Kli'sinde kıyafetlenir.

Ve Partzuf'da dördüncü bir Kli, Tiferet Kli'si, büyüdüğünde Haya Işığı Partzuf'a girer. Bu koşulda Nefeş Işığı Bina Kli'sinden Tiferet Kli'sine, Ruah Işığı Bina Kli'sine, Neşama Işığı Hohma Kli'sine ve Haya Işığı Keter Kli'sine iner.

Ve Partzuf'da beşinci bir Kli, Malhut Kli'si, büyüdüğünde tüm Işıklar tekabül ettikleri Kelim'e girerler. Bunun nedeni Yehida Işığı Partzuf'a çekildiğinde: Nefeş Işığı Tiferet'in Kli'sinden Malhut'un Kli'sine girer; Ruah Işığı Bina'nın Kli'sinden iner ve Tiferet'in Kli'sine girer; Neşama Işığı Hohma Kli'sinden iner ve Bina'nın Kli'sine girer; Haya Işığı Keter'in Kli'sinden Hohma'nın Kli'sine gelir ve Yehida Işığı gelir ve Keter'in Kli'sinde kıyafetlenir.

12. Tüm beş Kelim KHB TM Partzuf'da büyümediği sürece Işıkların planlanmış yerlerinde olmadığını görürsünüz. Dahası, ters orandadırlar, zira Malhut'un Kli'si, en küçük Kli, Partzuf'da yoksa, Yehida Işığı, en büyük Işık da olmayacaktır. Ve eğer alt iki Kelim, Tiferet ve Malhut, yoksa iki büyük Işık, Haya ve Yehida, da olmayacaktır. Ve eğer alt üç Kelim – Bina, Tiferet ve Malhut – yoksa üç büyük Işık – Neşama, Haya ve Yehida – da olmayacaktır, vs.

Dolayısıyla, bir Partzuf'da tüm beş Kelim KHB TM büyümediği sürece Kelim ve Işıklar arasında ters ilişki vardır. Eğer bir Işık ve bir Kli yoksa o zaman büyük Işık, Yehida Işığı, da olmayacaktır ve bu, Kelim'de bunun tersidir: en küçük Kli, Malhut'un Kli'si olmayacaktır.

13. Ve şimdi neden Malhut'un yükselişi ile derecenin Hohma'nın altında sonlandığını görebiliriz. Ve bu nedenle, sadece iki Sefirot – Keter ve Hohma – derecede kaldı, Bina ve derecenin TM'si iptal oldu ve dereceden indi. Ancak, bu sadece Kelim'le

ilgilidir. Işıklarda ise bunun tersidir: Nefeş ve Ruah Işıkları derecede kaldılar ve Neşama, Haya ve Yehida Işıkları dereceden iptal oldular.

14. Şimdi Zohar'ın neden bazen Malhut'un Bina'ya yükselişiyle Elokim isminin beş Otiot'u (harfler) iki Otiot Mİ (Mem, Yud) derecede kalacak ve üç Otiot ELEH (Alef, Lamed, Hey) dereceden ayrılıp iptal olacak şekilde bölündüğünü anlayabilirsiniz.

Fakat bazen, Zohar bunun tersini söyler, yani Malhut Bina'ya yükseldiğinde iki Otiot EL (Alef, Lamed) derecede kaldı ve üç Otiot HYM (Hey, Yud, Mem) iptal oldu ve dereceye indi. Konu şu ki beş Otiot Elokim, Sefirot KHB TM ya da beş NRNHY Işığıdır. Ve Malhut Bina'ya yükseldiğinde sadece iki Otiot EL olan Keter ve Hohma Kelim'i derecede kalır ve üç Otiot HYM dereceden iner.

Işıklarda bunun tersi söz konusudur: en alt iki Işık, Nefeş-Ruah, anlamına gelen iki alt Otiot Mİ derecede kalır ve Yehida, Haya, Neşama anlamına gelen üç Üst Otiot, ELEH, ayrılır ve dereceden iptal olur.

Dolayısıyla, Zohar Kitabı'na Giriş'de Zohar Otiot Elokim'de bahsedilen beş Işık NRNHY'den söz etmektedir. Bu nedenle Mİ'nin derecede kaldığını ve ELEH'in ayrıldığını söyler. Ayrıca, Zohar'da (Bereşeet, 1) beş Otiot Elokim'de belirtilen beş Kelim KHB TM'den bahseder.

Bu nedenle tersini söyler: EL derecede kaldı ve üç Otiot HYM dereceden ayrıldı. Bu kelimeleri aklımızda tutmalı ve her yerde Işıklardan mı yoksa Kelim'den mi bahsettiğini incelemeliyiz. Bu pek çok açıkça görülen çelişkiyi açıklığa kavuşturacaktır.

MALHUT'UN BİNA'YA YÜKSELİŞİ

15. Malhut'un Bina ile tatlandırılması konusunu iyice anlamalıyız zira bu tüm ilmin köküdür. Malhut, içinde dünyanın var olmayacağı Midat ha Din'dir (yargılama niteliği). Bu nedenle, Kaynak (Yaradan) onu Bina'nın Sefira'sına yükseltti ki bu Midat ha Rahamim'dir (merhamet niteliği). Bilgelerimiz bundan bahsettiler: "Başlangıçta, O dünyayı Midat ha Din'de yaratmayı düşündü", yani sadece Midat ha Din olan Malhut'da. "O dünyanın var olmadığını gördü, Midat ha Rahamim önce geldi ve onu Midat ha Din'le ilişkilendirdi" (Bereşit Rabba, 12).

Malhut'un Bina'ya yükselişiyle Malhut Bina'nın formunu alır ki bu Midat ha Rahamim'dir, ve sonra Malhut dünyayı Midat ha Rahamim'de ilerletir. Malhut'un Bina'ya yükselişi konusu Atzilut dünyasının tepesinden Asiya dünyasının altına kadar her derecede ortaya çıkar, zira on Sefirot KHB, HGT, NHYM'nin olmadığı derece yoktur.

HER DERECENİN İKİ YARIYA AYRILMASI

16. Malhut'un her Sefira'yı ve her dereceyi sonlandırdığı biliniyor. Bunun anlamı şudur, üzerinde gerçekleşen Üst Işığı almamakla ilgili Tsimtsum'la (kısıtlama) Malhut derecedeki Işığın içine yayılmasını durdurur. Dolayısıyla, o derecenin Işığı sadece Malhut'dan geçer ve Malhut'daki Masah'a ulaştığında ve Malhut'da Masah üzerinde bir Zivug de Hakaa gerçekleştiğinde durur.

Dolayısıyla, derecenin Malhut'u o derecedeki Bina'ya yükseldiğinden Malhut tırmandığı yerdeki yani Bina'nın ortasındaki Işığı sonlandırır. Böylece son Malhut'un altında olan Bina'nın yarısı, Tiferet ve Malhut, derecelerinden çıkar ve Malhut'un altında başka bir derece olur.

Dolayısıyla, Malhut'un Bina'ya yükselmesiyle her derece ikiye ayrılır: Keter, Hohma ve Malhut'un yukarısındaki Bina'nın yarısı derecede kalır ve Bina'nın yarısı, Tiferet (HGT NHY dâhil) ve Malhut dereceden çıkar ve altında bir derece olur. Malhut'un Bina'nın ortasında yarattığı bu sona Parsa denir.

17. Her derece beş Kelim'de – Keter, Hohma, Bina, Tiferet (HGT NHY dâhil) ve Malhut – kıyafetlenen beş Işığa – Yehida, Haya, Neşama, Ruah ve Nefeş – sahip olmalıdır. Ve Malhut'un Bina'ya yükselmesinden dolayı sadece iki tamamlanmış Kelim – Keter ve Hohma – derecede kalır ve üç Kelim – Bina, Tiferet ve Hohma – derecede yoktur, kıyafetlenecek Kelim'leri olmadığından sadece iki Işık – Neşama, Ruah – vardır.

Bundan şu sonuç çıkar; derece ilk üç Sefirot'dan yoksundur, zira Malhut'un Bina'ya yükselişinden dolayı derece iki yarıya ayrılmıştı: yarısı derecede kaldı –Kelim'de Keter-Hohma ve Işıklarda Nefeş-Ruah – ve yarısı dereceden ayrıldı Kelim'de Bina ve TM ve Işıklarda Neşama, Haya, Yehida. Bu nedenle, Malhut'un Bina'ya bu yükselişi derecenin Işığına giren Yud ile ifade edilir ve Or (Işık) Avir (hava) olur. Malhut'un Bina'ya yükselişinin sonucu olarak derece ilk üç Sefirot'unun Işığını kaybetti ve Avir denilen Ruah-Nefeş seviyesinde kaldı. Bu konu iki yarıya ayrılan Elokim isminin beş harfinde de ifade edilir: ME-LEH. İki harf, Mİ, derecede kalan iki Kelim, Keter-Hohma'nın içinde kıyafetlenen Ruah-Nefeş Işıklarını ifade eder ve üç harf, ELEH, dereceden ayrılan üç Kelim, Bina, Tiferet ve Malhut'u ifade eder.

MALHUT'UN BİNA'DAN YERİNE İNMESİ

18. Bununla beraber Işıktan Mayin Nukvin ve alt derecelerin dualarının yükseltilmesiyle Hohma ve AK'ın Bina'sından Daha Üst Işık çekilir ki bu tüm derecelerde Malhut'u Bina'dan çıkartır ve yerine indirir (Zohar, VaYikahel sayfa 41). Malhut olan Yud'un derecenin Işığına girişinden dolayı üç Kelim Bina, Tiferet ve Malhut dereceden daha önce ayrıldılar böylece Hohma'nın altındaki dereceyi sonlandırıp Or'u (Işık) Avir'e (hava) çevirdiler.

Ancak şimdi, Malhut oradan indi ve Avir'den çıktıktan sonra Kelim derecelerine dönerler. Böylece, derecede yine beş Kelim KHB TM vardır. Ve beş Kelim olduğundan dolayı beş Işığın tümü, Yehida, Haya, Neşama, Ruah, Nefeş, geri gelip bunların içinde kıyafetlenirler ve Avi bir kez daha Or olur, zira Or denilen ilk üçün seviyesi dereceye dönmüştür.

BİR KATNUT ZAMANI VE BİR GADLUT ZAMANI

19. Böylece, Malhut'un Bina'ya yükselmesinden dolayı her derecede iki zaman gerçekleşti: Katnut (küçüklük, çocukluk) zamanı ve Gadlut (yücelik, yetişkinlik) zamanı. Malhut'un Bina'ya yükselişi ile Hohma'nın altındaki derece sonlanır ve derecenin Bina, Tiferet ve Malhut'u dereceden ayrılır ve altındaki dereceye gelir. Dolayısıyla, sadece Kelim'deki Keter Hohma ve Işıklardaki Ruah Nefeş GAR'dan yoksun olarak (ilk üç) derecede kalır. Bu Katnut zamanıdır.

Ancak, alt dereceler Mayin Nukvin yükseltip Malhut'u Bina'nın dışına çıkaran AK'ın Hohma Bina'sının ışığını genişlettiğinde bunun altındaki dereceye düşen üç Kelim Bina ve TM geri döner ve oradan ilk derecelerine dönerler. Ve artık derecede beş Kelim olduğundan beş Işık geri döner ve bunların içinde kıyafetlenir: Nefeş, Ruah, Neşama, Haya ve Yehida. Bu derecenin Gadlut zamanıdır. Böylece derecenin Bina ve TM'sinin altındaki dereceye düşüşünden dolayı derece Katnut'dadır ve GAR'dan yoksundur. Ve Bina ve TM'nin dereceye dönmesiyle derece Gadlut'dadır yani GAR'la doludur.

ALT DERECE ÜST DERECEYE NASIL ÇIKAR

20. Malhut'un Bina'ya bu çıkışı ile bağ ve her alt derecenin Üst Derecesine çıkma ihtimali hazırlanmış oldu. Bunun nedeni şu kuraldan kaynaklanır;

Üst Derece alt dereceye indiğinde onun gibi olur. Ve ayrıca, alt derece Üst Dereceye yükseldiğinde onun gibi olur.

Dolayısıyla, derecenin Katnut koşulunda, Malhut Bina'ya yükseldiğinde Bina ve TM'yi derecenin dışına çıkartarak altındaki dereceye sokar. Sonra, bu Bina ve TM alttaki derece ile bir derece olurlar, zira alttaki dereceye inen Üst Derece onun gibi olur. Bu nedenle, derecenin Gadlut koşulunda Malhut dönüp Bina'dan çıkarak yerine geldiğinde, Bina'dan düşen Bina ve TM derecelerine dönerler ve düştükleri zaman içinde bulundukları dereceyi kendileriyle birlikte götürürler.

Şimdi, alt dereceyle bir (tek) derece olduklarından, düştüklerinde ve alt dereceyle tek derece gibi olduklarında kendi derecelerine dönerken alt dereceyi de birlikte götürerek Üst Dereceye çıkartırlar. Üst Derecenin yerine çıkan alt derece onun gibi olur kuralına göre şimdi alt derece Üst Derecede var olan tüm Işığı ve Mohin'i alır.

Böylece, her derecenin yukarısındaki dereceye yükselebilmesi için Malhut'un Bina'ya yükselişinin dereceler arasında nasıl bağa neden olduğu açıklığa kavuşmuş oldu. Bu şekilde en alt derece bile Bina ve TM'nin her dereceden altındaki dereceye düşmesiyle kurulan bağ ile En Üst Seviyeye çıkabilir (Zohar, VaYikahel, sayfa 41).

YEŞSUT VE ZON'UN KATNUT VE GADLUT'U

21. Dört ABYA dünyasındaki her bir derecede Malhut'un Bina'ya yükselişi konusu genel olarak uygulandıktan sonra şimdi bunları detaylı açıklayacağım. İki derece alalım, örneğin Atzilut dünyasında YEŞSUT ve ZON. Katnut koşulunda YEŞSUT'un Malhut'unun YEŞSUT'un Bina'sına yükselmesiyle üç Sefirot YEŞSUT'un Bina ve TM'si ayrıldı ve YEŞSUT derecesinin altına ZON'a düştü. Ve bu Bina ve TM düşüşleri sırasında ZON derecesine tutunurlar.

Dolayısıyla, Gadlut zamanı geldiğinde Malhut YEŞSUT'un Bina'sından kendi yerine ayrıldı. Böylece, YEŞSUT'un Bina ve TM'si düşüşlerinden yükseldi ve YEŞSUT seviyesine geldi. Ve kendileriyle birlikte ZON'u da getirdiler, yükseldiler ve YEŞSUT'un derecesi olarak YEŞSUT için uygun olan aynı Işıkları ve Mohin'i aldılar.

MALHUT'UN BİNA'YA YÜKSELİŞİ OLMASAYDI ZON MOHİN'İ HAK EDEMEZDİ

22. Ve burada bilmeliyiz ki kendileri için ZON Mohin'i almayı hiç hak etmemektedir, zira ZON'un başlangıcı AK'ın Tabur'unun altıdır ki burada Tsimtsum'un gücüyle yönetilen Midat ha Din'in Malhut'u hâkimdir ve bu Üst Işığı almaya uygun değildir. Ancak şimdi YEŞSUT'un Bina ve TM'si ZON'u YEŞSUT'a yükseltti, ZON YEŞSUT'un derecesi gibi oldu ve onlar gibi Üst Işığı alabilir.

23. Şimdi bilgelerimizin (Bereşeet Rabba, Paraşa 12) neden "Başlangıçta, dünyayı Midat ha Din içinde yaratmayı düşündü," yani Midat ha Din olan ilk kısıtlamanın Malhut'u ile dediğini açıkça anlayabilirsiniz. Ve "dünya" kelimesi "dünya" denilen Atzilut'un ZON'u gibi anlaşılmalıdır. Ayrıca, Atzilut'un ZON'undan alan "bu dünya" gibi de anlaşılmalıdır. Bunun nedeni Atzilut'un ZON'unda alınabilen her şeyin bu

dünyadaki insanlar tarafından da alınabilmesidir ve ZON'da alınamayan her şey bu dünyadaki insanlar tarafından da alınamaz zira ZON'un derecesinin üstünü alamayız.

Dolayısıyla, ZON'un kökü AK'ın Tabur'unun altında Midat ha Din'in Malhut'unun idare ettiği yerde olduğundan Üst Işığı alıp var olamazlar, zira Malhut'da Tsimtsum altındadırlar. Dahası bu dünya da var olamaz.

"Gördü ki Midat ha Rahamim'den önce bu dünya var olmadı ve onu Midat ha Din ile ilişkilendirdi" sözlerinin anlamı budur. Bunun anlamı şudur, O Midat ha Din olan her derecenin Malhut'unu derecenin Midat ha Rahamim olan Bina'sına yükseltti. Bundan YEŞSUT'un Malhut'unun YEŞSUT'un Bina'sına yükseldiği ve bununla YEŞSUT'un Bina ve TM'sinin ZON olan alttaki dereceye düştüğü ve onlara tutunduğu sonucu çıkar.

Bu nedenle, YEŞSUT'un Gadlut'u sırasında Malhut YEŞSUT'un Bina'sından indiğinde ve kendi yerine döndüğünde ve üç Kelim YEŞSUT'un Bina ve TM'si başlangıçtaki gibi YEŞSUT'a kendi yerlerine döndüğünde kendilerine tutunmuş ZON'u da birlikte aldılar ve onları YEŞSUT derecesine yükselttiler. Böylece ZON, YEŞSUT derecesi gibi oldu, yani YEŞSUT gibi Üst Işığı almaya layık oldular. Bu nedenle, YEŞSUT'un Üst Işığını alırlar ve bu dünyaya verirler ve şimdi dünya var olabilir.

Ancak, Midat ha Din, Midat ha Rahamim'le ilişkilendirilmemiş olsaydı yani YEŞSUT'un Malhut'u YEŞSUT'un Bina'sına yükselmeseydi YEŞSUT'un Bina ve TM'si ZON'a düşmezdi ve ZON'un YEŞSUT'a yükselme imkânı olmazdı. O koşulda dünya için Üst Işığı alamazlardı ve dünya var olamazdı. Böylece Malhut'un Bina'ya yükselmesi konusunu açıklamış olduk.

TİKUN KAVİM

24. AK'ın Galgata, AB, SAG'ı denilen ilk üç Partzufim'de Sefirot birbirinin altında tek bir çizgi halindeydiler. Ancak, AK'ın Tabur'undan aşağı kıyafetlenen Nekudim dünyasında bunların GAR'larında Tikun Kavim (ıslah çizgileri) vardı fakat alt yedi Sefirot'da yoktu. Ve Atzilut dünyasında alt yedi Sefirot'da da Tikun Kavim vardı.

TİKUN KAVİM'DE İKİ İZLENİM

25. Bunun nedeni on Sefirot'da gerçekleşen Tikun Kavim, Hohma'ya Nukva (dişi) olan Malhut'un Bina'ya çıkışından genişler. Sonuç olarak on Sefirot'da iki kenar meydana geldi:

1. Her Sefira'ya karışan Malhut Sefira'nın sol tarafı oldu;

DÜNYALARIN EVRİMİ

2. Sefira'nın kendi Sefira'da sağ çizgi kabul edilir.

Ayrıca, sol çizgi sağ çizgiyi bozdu. O koşulda, Üst Işık bu Malhut'da Masah'ın Dinim'i (Din'in çoğulu) üzerinde çiftleşti ve o Malhut'un Masah'ı üzerindeki Zivug de Hakaa'da meydana gelen Hasadim seviyesi iki çizgiyi birleştiren ve birbiriyle eşitleyen orta çizgi oldu. Malhut'daki Dinim olmasaydı ne Zivug de Hakaa olurdu ne de pek çok Hasadim. Dolayısıyla, sol olan Malhut sağ olan Sefira'nın kendisi kadar önemli hale geldi.

AK'ın Partzuf SAG'ından sonra ortaya çıkan Malhut'un Bina'ya yükselişinin Tikun'unun başlangıcının Nekudim dünyasında olduğu bilinmektedir. Dolayısıyla, üç Kavim'in Tikun'u da Nekudim dünyasında başlar zira biri diğerine bağlıdır. Ancak, Nekudim dünyasından önce gelen ilk üç Partzufim Galgalta, AB, SAG'da Malhut'un Bina'ya yükselişi durumu yoktu, dolayısıyla, bunların içinde üç çizgi değil sadece bir çizgi vardı.

26. Ve bunların hepsi sadece Hasadim'i GAR olan ve Bina'nın GAR'ı kabul edilen Nekudim dünyasının GAR'ında mümkündür, zira özleriyle Or Hasadim'lerdir çünkü asla Or Hohma almazlar. Bu nedenle, Malhut'un Masah'ında ortaya çıkan Hasadim seviyesi iki çizgi olan sağ ve solu birbiriyle birleştirmeye ve GAR'ı Sefirot'a geri göndermeye yeterlidir.

Ancak, bu ZA kabul edilen Nekudim dünyasındaki Hohma'ya ihtiyaçlarından dolayı özü Hasadim'deki Hohma ışığı olan alt yedi Sefirot'da böyle değildir. Ve Malhut tüm Sefirot'u içine aldığından bunlar Hohma alamazlar. Bu nedenle, Hohma onların içini aydınlatmadığı sürece eksik ve bozukturlar.

Dolayısıyla, Malhut'un Masah'ı üzerinde ortaya çıkan Hasadim seviyesi sağ ve sol iki çizgiyi birbiriyle eşitlemekte onlara hiç yardım etmez. Bunun nedeni, Bina'ya yükselen Malhut'un Dinim'i olan soldaki Dinim sağ çizgiyi bozar ve ondan GAR Işığını ayırır. Dolayısıyla, GAR'ın Tikun Kavim'i VAK'daki sağ ve sol iki çizgiyi ıslah etmeye hiç yardım etmez, zira bütün Sefirot'daki VAK oradaki ZA'nın Hitkalelut'undandır (karışım, entegre olma). Ve Hohma ışığını almadığı sürece eksik ve bozuktur.

ZAT'DA VE YEŞSUT'DA TİKUN KAVİM

27. Dolayısıyla, alt yedi Sefirot'un ihtiyacı olan ilk Tikun, Sefirot'a karışmış olan Malhut'daki Dinim'i ayırmaktır, yani Malhut'u Bina'dan aşağı indiren ve kendi yerine döndüren AK'ın Hohma Bina'sından gelen ışığı tamamen genişletmektir. O zaman üç Kelim, Bina ve TM Sefira'ya döner ve sol çizgi olur ve kalan Keter ve Hohma sağ çizgi olurlar. Ve derece beş Kelim, KHB TM ile tamamlandığında tüm NRNHY Işıkları ona geri dönerler ve Hohma Işığı da dereceye geri döner. Sonra orta çizgi iki çizgiyi birbiriyle birleştirebilir ve dereceyi tüm ıslahlarıyla tamamlayabilir.

28. İkinci Tikun Bina'ya yükselen Malhut'un son gücü olan Parsa'yı güçlendirmektir ki asla sonlandırılmasın (iptal edilmesin). Ve Malhut Bina'dan indiğinde onun son gücü Bina'da kalır. Sonra dereceyle birleşen Bina ve TM Parsa'nın üstüne çıkıp orada dereceyle birleşmelidir. Ancak, Parsa'nın altındayken Malhut oradan çoktan inmiş olmasına rağmen dereceye bağlanamazlar, zira Malhut'un son gücü onun inişinden sonra da orada kalır.

29. Ve Bina ve TM Parsa'nın üzerine çıktıklarında ve dereceye bağlandıklarında iki Kelim, Keter ve Hohma'yla bir derece olmazlar. Bunun nedeni derecelerinden hiç ayrılmadıkları için asla bozulmamış olan iki Kelim, Keter ve Hohma ile derecelerinden ayrılan ve Katnut sırasında bozulan ve geri dönen üç Kelim Bina ve TM arasında bir fark kalmasıdır. Ve bu fark onları sağ ve sol iki çizgiye ayırır. Burada derecenin Keter ve Hohma'sı sağ çizgi olur ve derecenin Bina ve TM'si sol çizgi olur.

30. Bu fark ve sağ ve sol bir yerden bahsetmemektedir çünkü maneviyat yer ve zamanın üstündedir. Tersine, farkın anlamı birbirleriyle bağ kurmak istemiyorlar demektir. Ayrıca, sağ Or Hasadim'i ve sol Or Hohma'yı kastetmektedir.

Konu şu ki derecenin Katnut sırasında Or Hasadim'le içinde kalan Keter ve Hohma'sı Malhut Bina'dan indikten sonra Gadlut sırasında da bu Or Hasadim'e razı olur. Bunun nedeni bu Işığın bozulmamış olmasıdır. Bina ve TM'nin dereceye dönmeleriyle birlikte artık derecelerine dönmüş olan Or Hohma ve GAR'ı almak istemezler. Bu nedenle, Keter ve Hohma sağ çizgi yani Or Hasadim kabul edilirler.

Ayrıca, geri dönüşlerinde dereceye Or Hohma ve GAR'ı tanıştıran bu Bina ve TM Keter ve Hohma ile birleşmek istemezler zira Katnut sırasında edindikleri Or Hasadim'e bağlıdırlar. Bina ve TM şimdi derecelerine gelmiş olan Or Hohma'yı daha çok önemsemektedirler; dolayısıyla Or Hohma'ya bağlı kaldıklarından sol çizgi kabul edilirler.

31. Ve sağ ve sol çizgi arasındaki bu fark ayrıca sağın soldan ayrılması olarak kabul edilir. Sağ çizgi Hasadim'e tutunur ve sol çizgideki Or Hohma'yı iptal etmek ve sadece Or Hasadim'i hâkim kılmak ister. Aynı şekilde Or Hohma'ya bağlı olan sol çizgi, sağ çizgideki Or Hasadim'i iptal etmek ve sadece Or Hohma'yı hâkim kılmak ister. Bu anlaşmazlıktan ötürü ikisi de ışıyamaz zira sağ çizgideki Or Hasadim Roş'u olmayan bir Guf gibi eksiktir, ve sol çizgideki Or Hohma tamamen karanlıktır çünkü Or Hohma, Hasadim olmadan ışıyamaz.

32. Ve bu anlaşmazlığın alt derece tarafından orta çizgi formunda yaratılan MAN için oraya yükselen orta çizgi hariç ıslahı yoktur. Alt derecenin Masah'ında Üst Işıktan bir Zivug gerçekleştirilir, buna Hirik'in Masah'ı denir ve Hasadim seviyesi bunun üzerinde ortaya çıkar ve bu orta çizgidir. Bir tarafta bu Masah sol çizginin GAR'ını küçültür ve diğer taraftan Or Hasadim'i çoğaltır. Bu ikisi ile Masah sol çizgiyi sağ çizgi ile birleşmeye zorlar.

Böylece, sol çizginin Hohma'sının VAK'ının Işığı sağ çizgideki Hasadim'i kıyafetlendirir ve artık ışıyabilir. Ayrıca, bu sol çizgiyi de zorlar ve sağ çizgideki Or

Hasadim sol çizgideki Hohma ile birleşir, böylece GAR'ın Işığını alır ki bu sağ çizgiyi tamamlar. Böylece orta çizginin sağ ve sol çizgiyi nasıl tamamladığını görüyorsunuz. Bu, alt yedi Sefirot'da oluşturulan üç çizginin Tikun'unu genel anlamıyla açıklıyor.

YEŞSUT'DA ÜÇ ÇİZGİNİN ORTAYA ÇIKIŞI

33. Şimdi belli bir derecede üç çizginin ortaya çıkışının sırasını açıklayacağız. Ve bundan tüm dereceleri çıkarabileceksiniz.

YEŞSUT derecesini yani Bina'nın yedi alt Sefirot'unu örnek olarak alalım. AA'nın Bina'sının GAR'ı Üst AVİ'de ve AA'nın Bina'sının ZAT'ı YEŞSUT'da oluşmuştu. İlk ortaya çıkan YEŞSUT'un sağ çizgisiydi – YEŞSUT'un Keter ve Hohma'sı. Sağ çizgi YEŞSUT'un Malhut'unun YEŞSUT'un Bina'sına yükselişi sırasında ortaya çıkmıştı ki bu Hohma etkisi altında dereceyi sonlandırdı ve YEŞSUT'un Bina ve TM'si aşağı ZA'nın derecesine düştü.

Sonra, bu iki Kelim, Keter ve Hohma, YEŞSUT derecesinde kaldı ve sağ çizgi oldu. Ve orada sadece iki Kelim, Keter ve Hohma, olduğundan GAR'dan yoksun olarak sadece iki Işığa, Nefeş Ruah sahiptirler.

34. Dönüp düşüşlerinden çıktıktan sonra sol çizgi – YEŞSUT'un üç Kelim'i Bina ve TM ortaya çıktı. Bu, son Malhut'u YEŞSUT'un Bina'sından getiren ve yerine götüren Hohma'nın ve AK'ın Bina'sının aydınlığı ile oluştu. Aynı zamanda YEŞSUT'un Bina ve TM'si derecelerine yükselirler.

Ve Partzuf'daki beş Kelim artık tamamlanmış olduğundan NRNHY'nin tümü bunların içinde kıyafetlenir. Aynı zamanda YEŞSUT'un sol çizgisi olurlar. Ayrıca sol çizginin ortaya çıkmasıyla sağ ve sol arasında bir bölünme olur: sağ solu iptal edip kendi yönetmek ister ve sol da sağı iptal edip kendisi yönetmek ister. Bu nedenle, onları birleştiren orta çizgi yükselmedikçe her ikisi de ışıyamaz.

35. Sonrasında orta çizgi ortaya çıktı. Orta çizgi, MAN olarak YEŞSUT'a yükselen en alt derecenin Masah'ı sayesinde YEŞSUT'da, ZA, ortaya çıktı. Orta çizgi YEŞSUT'a üç Kelim, Bina ve TM ile onlar derecelerine yükseldiğinde yükseldi.

Bu Masah üzerinde ortaya çıkan Işığı seviyesi YEŞSUT'da sağ ve solu bir (tek) olarak birleştirir. Ancak, sağ Yukarıdan aşağıya ışır ve sol aşağıdan Yukarıya ışır. Bu koşulda Hohma Hasadim'le kıyafetlenir ve ışıyabilir, Hasadim ise Hohma'nın ışığına dâhil olur ve GAR'la tamamlanırlar.

Böylece görüyorsunuz ki orta çizgi oluşmadan önce sağ çizgi ve sol çizgi mücadeledediler. Birbirlerini hükümsüz kılmak isterler: bozulmamış ve derecenin kökü olan sağ çizgi solun hâkimiyetini iptal edip onu kökün dalına bağıntısı gibi kontrolüne almak ister. Ve sol çizgi, sağ çizgideki Or Hasadim'den daha büyük olan Or Hohma'yı tuttuğundan gücü Or Hasadim'i sağ çizgide hükümsüz kılmak için daha büyüktür. Bu nedenle ikisi de ışıyamadı, zira Hohma Hasadim'in kıyafetlenmesi olmadan ışıyamaz ve Hohma ışığı olmadan da Hasadim Roş'u olmayan VAK'dır.

36. Hohma'nın Or Hasadim olmadan ışıyamamasının nedeni YEŞSUT – Bina'nın yedi alt Sefirot'u – Bina'nın HGT NHYM'si olmasıdır. Ve Bina'nın bu HGT NHYM'si Bina'nın aslı değildir, Bina'daki ZA'nın Hitkalelut'undandır. Çünkü on Sefirot'un tümü birbirine dâhildir ve her Sefira on Sefirot içerir.

Örneğin, Sefira Bina, tüm on Sefirot KHB TM'den oluşur ve Bina'sı kendisi olarak ayırt edilmiştir. İçindeki Keter ve Hohma, içine dâhil edilmiş olan Keter ve Hohma'dır ve HGT NHYM'si olan Tiferet ve Malhut içindeki ZON'un Hitkalelut'undandır. Ve şu bilinir ki, Or Yaşar'ın on Sefirot'undaki kaynağından olan Sefira ZA önce Or Hasadim'di ancak bunun Hasadim'inde Or Hohma ışır. Dolayısıyla, Hohma'nın Hasadim olmaksızın tüm alt yedi Sefirot'da ışıması mümkün değildir, zira özden ve Hohma ışığının taşıyıcısından – Hasadim – tüm derecelerin içerdiği her alt yedi Sefirot'un kökü olan Or Yaşar'ın on Sefirot'unun ZA'sının özünden, yoksundurlar.

Dolayısıyla, kural şu ki, Hohma, Hasadim'siz sadece ilk üç Sefirot'da ışıyabilir. Ancak alt yedi Sefirot'da, her neredelerse, ZA kabul edilirler ve Hohma, Hasadim olmaksızın ışıyamaz zira Hasadim onun asıl özüdür. Bu nedenle, eğer Hohma, Hasadim'den yoksunsa Işık değil karanlık vardır.

37. Ancak, solun tuttuğu Hohma'nın yüksekliğinden dolayı sol çizgi sağ çizgide Hasadim'le birleşmek için feragat etmez. Dahası, onunla savaşır ve onu iptal etmek ister. Orta çizgiden yükselen iki güç onun üzerinde etki edip onu hükümsüz kılmadığı sürece sağa teslim olmaz:

1. Behina Alef'in orta çizgideki Masah'ı, ZA. Bu Masah Hohma'nın seviyesini sol çizgide Hohma'nın GAR'ından Hohma'nın VAK'ına küçültür. Bunun böyle olmasının sebebi Hohma'nın Yukarı'dan aşağıya değil aşağıdan Yukarıya genişlemesi içindir. Bu ışıma sadece Hohma'nın VAK'ı olarak kabul edilir.

2. Or Haasadim seviyesini genişleten Behina Alef'in Masah'ı üzerinde Üst Işığın Zivug'u. Sonra, bir taraftan Masah'ın gücüyle soldaki Hohma seviyesi Hohma'nın VAK'ına indi, diğer taraftan soldaki Hasadim iki kenardan çoğaldı: sağ çizginin kenarından ve orta çizgideki Masah üzerinde Üst Işığın Zivug'unun kenarından. Aynı zamanda, sol çizgi teslim olur ve sağ çizgide ve orta çizgide Hasadim'le birleşir. Ancak, orta çizgideki Masah, Hohma'nın GAR seviyesini küçültmediği sürece dünyada sağ çizgi ile birleşecek güç yoktur.

38. Şunu bilmemiz lazım ki, orta çizginin bu Masah'ında sol çizgideki Hohma'nın GAR seviyesini küçültmek için iki güç işler. Bunun nedeni kendi içlerinde ZON Mohin almaya uygun değildir çünkü Hohma ışığını almamak için Tsimtsum'un gücüyle hareket eden Midat ha Din'in Malhut'u tarafından kontrol edilirler. Buna Midat ha Din'in Malhut'u, Man'ula (kilit) deriz. Ancak sonrasında, Malhut, Midat ha Rahamim (merhamet ölçüsü), Bina ile ilişkilendi ve Bina ile ilişkilenen Behinat Malhut'la, bu

durumda Mohin – Hohma Işığı almaya layık olurlar. Ve biz Bina ile ilişkilenmiş bu Malhut'a Miftaha (anahtar) deriz.

Dolayısıyla, orta çizgileri olan ZA'nın Masah'ında da Miftaha ve Man'ula'nın iki gücü vardır. Başlangıçta, sol çizginin GAR'ını küçültmesi gerektiğinde Man'ula'nın bu Masah'ında yani Midat ha Din'in Malhut'unda çalışır. Ortaya çıktığı yerde Üst Işık gözden kaybolur. Ancak, Hohma'nın VAK'ının kalmasını istediğinden, hemen sonra Man'ula'nın bu Masah'ını ayırır ve Bina'yla ilişkilenmiş olan Miftaha'nın Masah'ı ile çalışır. Ve bu güç sayesinde Hohma'nın VAK'ının ışığı yine de kalır.

Böylece, ZA'nın nasıl Bina'yla birlikte yükseldiğini ve Masah vasıtasıyla birleştiğini ve orta çizgi haline geldiği iki çizgiyi YEŞSUT'da tamamladığını açıklamış olduk. Ve YEŞSUT'daki bu üç çizgiye Hohma, Bina ve YEŞSUT'un Daat'ı denir. Sağ ve sol iki çizgiye HB denir ve onların arasında karar veren ZA'ya Daat denir.

HOLAM, ŞURUK, HİRİK

39. Bu üç çizgiye ayrıca "üç nokta, Holam, Şuruk, Hirik" denir. Sağ çizgi Holam noktasıdır, sol çizgi Şuruk, ortasında nokta olan bir Vav, Melafom ve orta çizgi Hirik noktasıdır. Bunun nedeni noktaların Kelim olan Otiot'u (harfler) canlandıran ve harekete geçiren Hohma ışığını kastetmesidir.

Dolayısıyla, Malhut'un Bina'ya yükselişi sırasında dikilen ve Hohma'dan yoksun sağ çizgi Otiot'un yukarısında duran Holam noktasıyla belirtilir. Bu, Hohma olan noktanın Otiot olan Kelim'de kıyafetlenmediğini Kelim'in yukarısında olduğunu gösterir.

Ve sol çizgi Or Hohma'ya sahip derecelerine dönmüş olan Bina ve TM'den yapılmıştır. Bu nedenle, içinde noktalı bir Vav olan Şuruk noktasıyla belirtilir. Bu Hohma olan noktanın Otiot denilen Kelim'in içinde kıyafetlendiğini gösterir. Ve orta çizgi karar vererek iki çizgisini tamamlayan ve Üst Dereceye çıkmış olan altındaki derece ile yapılmıştır.

Eğer orta çizgi olmasaydı Hohma asla ışıyamazdı. Ve bu Tikun altındaki dereceden geldiğinden alt derecesi olan Otiot'un – Kelim – altında duran Hirik noktası ile gösterilir. Ve bundan dolayı orta çizginin Masah'ından her zaman Hirik'in Masah'ı olarak bahsederiz.

İKİ ÇİZGİNİN YUKARISINDA ORTA ÇİZGİ

40. Aslında, iki çizginin yukarısında Reişa de lo Etyada'nın karar verdiği ve altında bulunan iki Roşim, Keter ve AA'nın Hohma Stimaa'sı olan sağ ve sol iki çizgiyi

birleştirdiği Atik'in ilk Roşim'inde (kafalar) bir orta çizgi vardır. Ancak bunlar üç çizgi için kök olarak dikilmiş olmalarına rağmen üç çizginin içinden orta çizgi bunlar haricinde aşağıdan gelir.

Ve bunların Tikun Kavim'in Behinot'u (izlenim) olduğunu görürsünüz:

1. Orta çizginin iki çizginin yukarısında olduğu Atik'in üç Roşim'indeki Tikun Kavim.

2. Sol çizgide bile Hohma'nın ortaya çıkmadığı GAR'ın Tikun Kavim'i (Madde 26).

3. Sol çizgide Hohma'nın göründüğü alt yedi Sefirot'daki Tikun Kavim (Madde 27-39).

ATZİLUT'DA ÜÇ TÜR HOHMA

41. Atzilut'da üç Hohma vardır:

1. Partzufim'de AA'nın Hohma Stimaa'sı olan Or Yaşar'ın on Sefirot'undaki Hohma;

2. Partzufim'de AVİ olan ve "sağın Hohma'sı" denilen Bina'nın GAR'ı;

3. Partzufim'de YEŞSUT olan ve "solun Hohma'sı" denilen Bina'nın ZAT'ı.

İlk iki Hohma engellenmiştir ve alt dereceleri aydınlatmazlar. Sadece üçüncü Hohma, solun Hohma'sı, Malhut'un olduğu yerde barizdir ve ZON ve alttaki derecelere ışır.

42. AA'nın Atzilut'un Hohma'sı ve AVİ'nin Atzilut'un Bina'sının GAR'ı ve YEŞSUT'un Atzilut'un Bina'sının alt yedi Sefirot'u olduğunu zaten biliyorsunuz. Ve AA'nın Roş'unda Kitra ve Hohma Stimaa denilen sadece iki Sefirot, Keter ve Hohma olduğu da bilinir. Bina'sı Roş'undan ayrıldı ve son Malhut'un yükselip Hohma'sının altında Roş'u sonlandırmasından dolayı Roş'suz Guf oldu.

Bu nedenle, Bina ve TM Roş'daki son Malhut'un altındadır (Madde 33) ve dolayısıyla Guf olarak ayrılmıştı. Ayrıca, bu Bina ve TM'nin tümü içlerindeki En Üst Behina'nın adıyla anılırlar ki bu Bina'dır. Ve Roş'dan ayrılıp Roş'suz bir Guf oluşturmak istediğinden AA'nın Roş'una dönene dek Hohma almaya layık değildir.

43. Bu Bina iki Behinot, GAR ve ZAT'a ayrılmıştır, zira AA'nın Roş'undan çıkmasıyla içinde medya gelen Hohma'nın eksikliği Bina'nın GAR'ını falan etkilemez, çünkü sürekli "zira merhamet içinde haz verir" koşulundadırlar. Böylece Bina sadece Or Haasadim'e özlem duyar, Or Hohma'ya değil. Hatta AA'nın Roş'undayken bile GAR'ı Hohma almadı sadece Hasadim aldı.

Bu ona özü Hohma olmaksızın Hasadim olan Or Yaşar'ın Bina'sından uzandı. Bu nedenle Bina'nın GAR'ı Roş'dan çıkmakla her hangi bir şekilde bozulmazlar ve hâlâ AA'nın Roş'undalarken tamamen mükemmel kabul edilirler. Dolayısıyla, Bina'nın GAR'ı kendi içinden fakat ayrı bir dereceye ayrıldılar. Ayrıca, AA'nın Pe'inden aşağı kıyafetlenen ve her zaman GAR kabul edilen Üst AVİ AA'nın Roş'unun altında olmalarına rağmen bunlardan meydana gelir.

Ancak yedi alt Sefirot Bina'nın özü değildir, bunlar Bina'daki ZON'un Hitkalelut'undandır. Ve ZA'nın özü Hasadim'in içindeki Hohma ışığıdır. Dolayısıyla, ZON'a vermek için Hohma ışığına ihtiyaçları vardır. Ve AA'nın Roş'undan çıkışları üzerine ZON'a vermek için Hohma'yı hak etmediklerinden kusurlu sayılırlar.

Bu nedenle, Bina'nın GAR'ından ayrıldılar ve kendi içinde bir derece oldular ki bundan da AA'nın Hazeh'inden aşağısını kıyafetlendiren Atzilut'un Partzuf YEŞSUT'u yaratıldı. Ayrıca, bunlar Roş'u olmayan VAK kabul edilir, ta ki GAR'ı edindikleri Bina AA'nın Roş'unu edinene dek.

44. Böylece görüyorsunuz ki Hohma önce Hohma Stimaa denilen AA'nın Roş'undadır, zira bu ilk Hohma AA'nın Roş'unda engellenmişti ve AA'nın Roş'unun altındaki dereceleri aydınlatmaz. Ve AVİ ve YEŞSSUT orijinal Atzilut'un Bina'sıdır, buna özü Hohma değil Hasadim olan "MA'nın SAG seviyesi" denir.

Ve Bina'nın AA'nın Roş'undan çıkışı üzerine sadece Bina'nın ZAT'ı – YEŞSUT –kusurlu olmuştur ve böylece sadece GAR kalmıştır. Bunlar sadece Bina'nın AA'nın Roş'una dönüşü ile tamamlanırlar ki o zaman Hohma ZON için alır.

Bunlar aynı anda sol çizginin Hohma'sı olarak kabul edilirler. Bu, Hohma'nın sadece YEŞSUT'da ortaya çıkan üç çizgi sayesinde göründüğü anlamına gelir ki burada Hohma bu üç çizginin sol çizgisinde (Madde 34) ortaya çıkar.

AVİ ve YEŞSUT olan GAR ve Bina'nın ZAT'ı AA'nın Roş'una dönmesine rağmen YEŞSUT, AA'nın Roş'undaki Hohma Stimaa'dan Hohma'yı direk almaz, zira her derece sadece yanındaki Üstün derecesinden alır. Böylece, AVİ Hohma'yı AA'nın Roş'unda Hohma Stimaa'dan alır ve YEŞSUT'a verir.

45. AVİ, sağın Hohma'sı kabul edilir. Bunun nedeni Roş'un altında olmalarına rağmen Roş'daki gibi tam olmalarıdır. Her zaman AA'nın Roş'unda Hohma Stimaa ile bütünleşirler, ancak ondan almazlar, zira sürekli "merhamet içinde haz verir" koşulundadırlar.

Bu Hohma'nın özünün AA'nın Roş'unda olduğunu etraflıca açıklar, ancak engellenmiştir ve Roş'unun altına hiçbir şekilde ışımaz. Ayrıca, AVİ'ye dâhil olan Hohma Stimaa ışığı aslında onu almamalarına rağmen sağın Hohma'sı olarak kabul edilir. Ve Roş'a dönüşlerinde Hohma Ilaa (Üst Hohma) denilirler.

Ve onu almamalarına rağmen Hohma kabul edilmelerinin nedeni Hohma'yla birleşmeleri AVİ'deki Hasadim'i tam GAR'a çevirir. Ayrıca, YEŞSUT'da ışıyan Hohma solun Hohma'sıdır zira sadece sol çizgiyi aydınlatır. Solun Hohma'sına "Hohma'nın (ilim) otuz iki yolu" denir ve bu ZON'a ve alt derecelere görünen Hohma'dır.

Ancak, sağın Hohma'sı hiç Hohma yansıtmaz, sadece Hasadim yansıtır, zira AVİ Hohma'yı almaz tıpkı Roş'unun altında ışımayan AA'nın Roş'undaki Or Yaşar'ın Hohma'sı gibi. Bu nedenle Hohma Stimaa olarak adlandırılır. Böylece bu asıl Hohma olmamasına, sadece ZON için Hohma alan Bina olmasına rağmen Hohma'nın ışığı görünmez sadece solun Hohma'sı görünür.

ÜÇ OTİOT, TSELEM'DEKİ MEM, LAMED, TSADİK

46. Gadlut'un Mohin'i – Malhut, Bina'nın olduğu yerden kendi yerine döndüğünde ve Bina ve TM kendi derecelerine döndüğünde ve derece beş Kelim KHB TM ve beş Işık NRNHY ile tamamlandıktan sonra. Or'a (Işık) giren Yud ve onu Avir'e (hava) döndüren Malhut'un dönüp Avir'den çıkması ve Avir'in Or olmaya geri dönmesi olarak kabul edilir. Bu Mohin'de Tselem olan üç Otiot'la (harfler) – Mem, Lamed, Tsadik – gösterilen ve ayırt edilmesi gereken üç derece vardır.

Birinci derece: Bunlar Üst AVİ'de oluşturulan Bina'nın GAR'ıdır. Bunlar "merhamet içinde haz verir" koşulundadırlar ve asla Hohma almazlar. Bu nedenle, içlerinde Yud'un Avir'inden ayrılmadığı fark edilir. Bunun nedeni, AVİ'nin Ruah, Hasadim seviyesini göstermesidir ve AVİ'de bu Hasadim asıl GAR olarak kabul edilir ve Avir'den Yud'u ayırmakla ilgilenmezler.

Ayrıca, bunlara Tselem'in Mem'i denir, zira bu harf dört Mohin içerdiğini gösterir: Hohma, Bina, Daat'ın sağı ve Daat'ın solu. Her Moah (Mohin'in tekili) on Sefirot'dan oluşur, dolayısıyla, kırk Sefirot'durlar. Bu ayrıca Hohma almamak için Mohin'in bir yüzük gibi kapalı olduğunu da gösterir ki bu Mem formundadır.

47. İkinci Derece: Bu YEŞSUT'da yükseltilen Bina'nın alt yedi Sefirot'udur ve ZON'a vermek için Hohma'yı talep ederler. Dolayısıyla, Gadlut sırasında Yud Avir'ini bırakır ve Or Hohma onlara ZON'a vermek için döner. Ancak, onlar da kendileri için Hohma almazlar, zira Bina'danlardır ve GAR ya da ZAT olsun her Bina Or Hasadim'dendir. Tek fark ZON'a vermek için Hohma alan ZAT'dadır.

Dereceye Tselem'in Lamed'i denir. Bu harf içlerinde üç Mohin olduğunun göstergesidir: Hohma, Bina ve Daat. Her Mohin on Sefirot içerir dolayısıyla, otuz Sefirot'durlar. Bunun nedeni Daat'daki sağ ve Daat'daki sol burada bir sayılırlar, zira Hohma ve Bina'yı birleştiren orta çizgi kabul edilir.

48. Üçüncü derece ZON'dur ki burada Hohma Hazeh'den aşağıda görünür, zira Hohma'nın ortaya çıktığı yer içlerindedir. Bu ZON'daki dokuz Sefirot'dan Tselem'in Tsadik adını alır. Doksan olduklarından her biri on Sefirot içerir. Böylece Partsufim AVİ ve YEŞSUT'da üç Otiot'u - Mem, Lamed, Tsadik (MLTz) – ve genel olarak Atzilut'da ZON'u açıklamış olduk. Bununla beraber, her detayda da böyledir, zira bu üç Behinot MLTz'nin fark edilmediği hiçbir derece yoktur çünkü her biri MLTz içerir.

49. Ancak, Hohma'nın ortaya çıktığı yer ZA'da değil Malhut'dadır. Hohma'nın ZA'nın Hazeh'inden aşağıya doğru ortaya çıktığını söylediğimiz zaman bunun nedeni ZA'nın Hazeh'inden aşağısının Malhut kabul edilmesidir. Böylece Hohma ilk dokuz

Sefirot'da değil sadece Malhut'da ortaya çıkar. Bu nedenle Malhut Hohma Tataa (alt Hohma) olarak adlandırılır.

MAN YÜKSELTMEDE İKİ AYIRIM

50. ZA'nın MAN'ını yükseltmede iki Behinot (izlenim) vardır: Birincisi, Üst AVİ olan Bina'nın GAR'ı Hohma'ya her zaman Ahoraim'dir. Bu Hohma değil Hasadim almak istedikleri anlamına gelir, şöyle yazıldığı gibi, "zira merhamet içinde haz verir". Ayrıca YEŞSUT AA'dan Hohma alamaz, sadece AVİ vasıtasıyla alabilir (Madde 44). Dolayısıyla, ZA MAN için YEŞSUT'a yükselmediği sürece YEŞSUT AVİ'den Hohma alamaz. O zamanda AVİ, Hohma'dan Ahoraim'ini ayırır ve Hohma AVİ'den YEŞSUT'a geçer.

Bu uyanış Or Yaşar'ın Bina'sından genişler ki bu da Or Yaşar'ın ZA'sı için Hasadim'de Hohma ışığını genişletir. Ve dolayısıyla, ZA ne zaman MAN için yükselse AVİ onun için Hohma'yı genişletmek üzere uyanır.

51. ZA tarafından MAN yükseltmenin ikinci izlenimi sağ ve sol iki çizgiyi YEŞSUT'da birleştirmektir (Madde 35). Bunun nedeni YEŞSUT'da sol çizgi ortaya çıktığında sağ ve sol arasında bir bölünme olmasıdır. Bu nedenle ZA her ikisini de birbiriyle birleştirene dek ikisi de ışımaz, sonra ikisi de yansır.

BİRDEN ÜÇ ÇIKAR, BİR ÜÇÜNDE VAR OLUR

52. Böylece ZA'nın MAN'ını YEŞSUT'a yükseltmekteki ikinci izlenimin YEŞSUT'un sağ ve sol iki çizgisini birleştirmek olduğu açıklanmış oldu. Sadece ZA'da Hirik'in Masah'ından geçerek yansırlar (Madde 39) ki bu onların içindeki orta çizgiyi tamamlar ve Bina'nın iki çizgisini belirler. Bu, ZA'nın Masah'ından geçerek Bina'da Hohma, Bina ve Daat denilen üç çizginin ortaya çıkışı olarak kabul edilir.

Kural şudur, alt derece Üst Derecenin sebep olduğu tam aydınlanma ile ödüllendirilir. Dolayısıyla, ZA Masah'ı ile birlikte YEŞSUT'da üç çizgi Hohma, Bina ve Daat'ın ortaya çıkmasına neden olduğundan kendisi de üç çizgi Hohma, Bina ve Daat ile ödüllendirilir. Zohar'da yazılan "Birden üç çıkar, bir üçünde var olur" (Bereşit, 1, Madde 363) sözlerinin anlamı budur.

KABALA BİLİMİ

ZA'NIN NUKVA'SININ KÖKÜ, YANİ MALHUT

53. Nekudim dünyasının Katnut'u sırasında, ZA, yani Nekudim'in HGT NHY'si, altı Kelim'e HBD HGT'ye sahipti. Bunun nedeni Işıkları dikkate aldığımızda küçüklerin önce büyümesidir, bunlara HGT NHY denir ve GAR'dan yoksundurlar. Ve Üst Derecelerin önce büyüdüğü Kelim açısından baktığımızda bunlara HBD HGT denir ve bunlar Kelim'in NHY'sinden yoksundur.

Bu nedenle, Malhut'un Sefira Tiferet olarak adlandırılan ZA'nın Bina'sının olduğu yere yükselişinden dolayı Kelim'in NHY'sinden yoksundu zira ZA'nın HGT'si KHB'dir (Madde 9), yani Hazeh'in olduğu yerde Tiferet'in Üst üçte biri üzerindedir. Ve ZA'daki üçte iki Tiferet ve NHY denilen üçte iki, Bina ve TM, derecesinden altındaki dereceye, Atzilut'un ZA'sının altında Beria, Yetzira ve Asiya dünyalarına düştü.

Bu nedenle, sadece Kelim'in HBD HGT'si Hazeh'den geçerek orada kaldı. Ve Hazeh'in olduğu yer Malhut'un Bina'nın olduğu yerde dereceyi sonlandırdığı ve TNHY denilen Bina ve TM'yi altındaki dereceye indirdiği yerdir (Madde 16). Bu nedenle Katnut'daki ZON'a her zaman VAK ve Nekuda denir zira içindeki altı Kelim HBD HGT'ye VAK yani Vav Kıtzavot (altı son) ve Hazeh noktası denir ki bu derecesini sonlandıran Malhut'dur ve Nekuda (nokta) olarak adlandırılır. Küçük olanların önce büyüdüğü Işıklar açısından bunlar HGT NHY olarak adlandırılır ve son Malhut'a "Yesod'un altındaki Nekuda" denir.

54. Bu nedenle, Malhut BYA'daki tüm Kelim'i kendi hâkimiyeti altına aldı ki bu Hazeh noktasıdır. Bunun nedeni bu noktanın ZA'nın TNHY Kelim'ini BYA'ya götürmesidir. Hazeh noktası ayrıca bu Kelim'i kırılmadan önce Nekudim'in Gadlut'u ortaya çıktığında Atzilut derecesine geri götürdü. Bunun nedeni Gadlut sırasında son Malhut'un Hazeh noktasından kendi yerine ZA'nın NHY Kelim'inin altına inmesidir. Sonra BYA'ya düşen Bina ve TM'nin Kelim'i yani TNHY Atzilut'a geri yükseldi. Ve ZA, Kelim TNHY'sinin tamamını edindiğinden GAR Işıklarına sahip oldu.

Ve maneviyatta eksiklik olmadığından artık Malhut'un bile önceki gibi ZA'nın Hazeh'inde kaldığı ve sadece içindeki Din ve Sium'un (son) gücünün bu dünyaya indiği kabul edilir. Dolayısıyla, Katnut esnasında Malhut'un otoritesi altında olan ve artık geri dönüp ZA ile birleşen ZA'nın Kelim TNHY'si birleşip ZA'nın TNHY'sini tamamladıktan sonra onunla Gadlut sırasında da birleşir.

Ayrıca, Malhut'un alt dokuz Sefirot'u da olurlar zira Katnut zamanından beri Malhut'un kökü olan Hazeh noktası Keter olur. Ve ZA'nın üç NHY Kelim'inde her Kli üçte bire bölünür. ZA'nın Netzah'ının üçte üçü Malhut, Hohma, Hesed, Netzah olur. Ve ZA'nın Hod'unun üçte üçü Malhut, Bina, Gevura, Hod, ve ZA'nın Yesod'unun üçte üçü Malhut, Daat, Tiferet, Yesod olur. Dolayısıyla, Gadlut sırasında BYA'dan yükselen ve derecesiyle birleşerek Işıkların GAR'ına neden olan ZA'nın bu TNHY'si de Malhut'la birleşir ve Kelim'de alt dokuz Sefirot'u ve Işıklarda ilk dokuz Sefirot'u olur.

55. Ve görüyorsunuz ki ZA'nın Nukva'sının kökü Katnut sırasında bile içinde eksik olmayan Hazeh noktasıdır. Ve bu Malhut'un Keter'i olarak anılır. Katnut sırasında BYA'ya düşen ve Gadlut sırasında Atzilut'a dönen ZA'nın bu Kelim TNHY'si iki Partzufim'e ayrılır: ZA ve Malhut. Bunun nedeni ZA'ya Kelim'in TNHY'si ve Malhut'a Kelim HBD HGT NHY olarak hizmet etmeleridir.

ZA'NIN HAZEH'İNDEN AŞAĞI, NUKVA'YA AİTTİR

56. Bu, ZA'nın Hazeh'inden aşağı yani ZA'nın Kelim TNHY'si Malhut olarak kabul edilir sonucunu çıkarır, buna "ZA'nın ayrılmış Nukva'sı" denir. Bunun nedeni, Malhut'un tüm alt dokuz Sefirot'unun Gadlut sırasında onunla birleştikten sonra ZA'nın bu TNHY'sinden yapılmış olmasıdır. Ayrıca, ne dediğimizi çok iyi anlıyoruz yani Katnut'da ZA ve Malhut Vav ve Nekuda formundadırlar yani Kelim HBD HGT ve Hazeh'in Nekuda'sı. ZA, Kelim'in NHY'sinden dolayı Işıkların GAR'ından yoksundur ve Malhut, Kelim'de alt dokuz Sefirot'un eksikliğinden dolayı Işıkların ilk dokuz Sefirot'undan yoksundur.

Böylece, Katnut ve Gadlut'daki ZA'nın Nukva'sının kökünün Nekudim dünyasının Katnut ve Gadlut'undan olduğu detaylı bir şekilde açıklanmış oldu. Ve Nekudim'in Kelim'i kırılmasına rağmen yine de geri döndüler ve Atzilut dünyasında her iki Katnut ve Gadlut sürecinde ıslah oldular. Böylece, hem ZA hem de Atzilut'un Malhut'u VAK ve Katnut'da Nekuda'dırlar, Nekudim'in on Sefirot'unun Katnut'unda olduğu gibi.

Aynı anda, Atzilut'un ZA'sının TNHY'si BYA'ya düşmüştür ve bu nokta Nukva'nın köküdür. Bunlar Gadlut sırasında ZA'daki derecelerine dönerler ve Kelim'in NHY'sini ZA'ya ve Kelim'in alt dokuzunu Nukva'sına tamamlarlar ki bu Malhut'dur, Nekudim dünyasının Katnut ve Gadlut'unda olduğu gibi. Dolayısıyla, Hazeh'den aşağı ZA'nın bu TNHY'si Nukva'nın Gadlut'unun kökleridir.

ATZİLUT'DA ONİKİ PARTZUFİM

57. Üç çarpı on Sefirot – Roş'un on Sefirot'u, Toh'un on Sefirot'u ve Sof'un on Sefirot'u – içeren her dereceye Partzuf denir. Partzuf En Üst Behina'sına göre ayrılır. Eğer En Üst Behina'sı Keter ise içindeki tüm otuz Sefirot Keter olarak adlandırılır ve eğer En Üst Behina'sı Hohma ise bunlara Hohma denir, vs.

Ayrıca, Masah'daki beş Behinot üzerinde seviyesi Zivug de Hakaa tarafından ölçülen beş Partzufim vardır. Behina Dalet'in Masah'ı üzerindeki bir Zivug de Hakaa, Keter seviyesini genişletir; Behina Gimel'in Masah'ı Hohma seviyesini genişletir; Behina

Bet'in Masah'ı Bina seviyesini genişletir; Behina Alef'in Masah'ı ZA seviyesini genişletir; ve Behinat (Behina'sı) Şoreş'in Masah'ı Malhut seviyesini genişletir.

58. Bununla beraber Atzilut'da on iki Partzufim vardır: Atik ve Nukva ve Arih ve Nukva denilen Keter'in dört Partzufim'i; Üst AVİ ve YEŞSUT denilen Bina'nın dört Partzufim'i; ve "büyük ZON" ve "küçük ZON" denilen ZON'un dört Partzufim'i. Partzufim'in bu şekilde bölünmesinin nedeni Atzilut'daki her Partzuf'un iki çeşit Kelim içermesidir:

1. Atzilut dünyasındaki Zivugim de Hakaa'da (Zivug de Hakaa'nın çoğulu) ortaya çıkan Kelim. Bunlara MA'nın Kelim'i denir.

2. BON'un Kelim'i denilen, Nekudim dünyasında kırılan Kelim. Bunlar ıslah olmuştur ve BYA'dan yükselirler ve MA denilen Atzilut dünyasındaki Zivug de Hakaa'da ortaya çıkan seviyelere bağlanırlar. Ayrıca, MA'nın Kelim'i "erkek" kabul edilir ve BON'un Kelim'i "dişi" kabul edilir. Dolayısıyla, her Partzuf erkek ve dişi içerir.

59. Ek olarak her Partzuf GAR ve ZAT'a bölünmüştür. Bundan Partzuf'un GAR'ında erkek ve dişi ve Partzuf'un ZAT'ında erkek ve dişi olduğu sonucu çıkar. Bu nedenle, her Partzuf'da dört Partzufim ortaya çıktı.

Keter'in GAR'ının iki Partzufim'ine Atik ve Nukva denir ki burada Atik MA ve Nukva BON'dur. Keter'in ZAT'ının iki Partzufim'ine Arih Anpin ve Nukva denir ve burada Arih Anpin MA ve Nukva BON'dur. Bina'nın GAR'ının iki Partzufim'ine Üst AVİ denir ve Bina'nın ZAT'ının iki Partzufim'ine YEŞSUT denir, ZON'un GAR'ının iki Partzufim'ine "büyük ZON" ve ZON'daki ZAT'ın iki Partzufim'ine "küçük ZON" denir.

60. Hohma'da iki Partzufim saymamamızın nedeni AA'nın MA'nın Hohma seviyesi olmasıdır, ancak içindeki Hohma "biri diğerinin içinde" şekliyle Keter'inin içinde engellenmiştir. Ayrıca, Hohma Atzilut'da hiç ışımaz. Bunun yerine Atzilut'da ışıyan tüm Hohma AA'nın Roş'undan dönen ve Hohma olan Bina'dır. Bu Bina AVİ ve YEŞSUT'da kıyafetlenmiştir. Ve AVİ sağın Hohma'sı sayılır ve YEŞSUT solun Hohma'sı sayılır (Madde 41). Dolayısıyla, Hohma'da dört Partzufim saymıyoruz ancak tüm dünyaların ZA ve Malhut'unda yansıyan ve Hohma kabul edilen Bina'da yapıyoruz.

ZAMAN VE YERDE YÜCE BİR KURAL

61. Kabala ilmindeki zaman ve yerle ilgili tüm ifadelerin fizikselliktaki hayali zaman ve yerle ilgili olmadığını bilin zira burada her şey zaman ve yerin üzerindedir. Tersine "önce" ve "sonra" neden ve sonuçla ilgilidir. Sebebi "önce" ve sonucu "sonra" olarak ifade ederiz çünkü her sebep sonuçtan önce gelir.

Ayrıca, "yukarı", "aşağı" ve "iniş" Aviut ve Zakkut'un (saflık, arılık) ölçüleridir. Bunun nedeni "yükseliş" kelimesi Hizdakhut ve "iniş" kelimesi Hit'abbut (Aviut'u arttırmak) anlamına gelir. Ve alt derecenin yükseldiğini söylediğimizde bu onun arındığını ve Üst Derece kadar arı (saf) hale geldiği anlamındadır. Dolayısıyla, form eşitliğinin manevi varlıkları birbirine tutundurmasından dolayı alt derecenin Üst Dereceye tutunduğu kabul edilir.

Ayrıca, alt derecenin Üst Dereceyi kıyafetlendirdiğini söylediğimizde alt derecenin içinde Üst Derecenin dışsallığı ile form eşitliğinin gerçekleştiği anlamına gelir. Bunun nedeni Üst Derecenin dışsallığını "Üst Dereceyi kıyafetlendirmek" olarak adlandırmamızdır. Ve zaman ve yerde algılanan her şeyde bu böyledir. Onları bu bakış açısıyla yani konuya göre manevi anlamlarıyla çalışın.

GAR'IN PARTZUFİM'İ İLE VAK'IN PARTZUFİM'İ ARASINDAKİ İKİ FARK

62. Her Partzuf sebep ve sonuç yoluyla Üst Partzuf'un Guf'unun Masah'ından kaynaklanır ve doğar. Bu, ilk kısıtlamadan sonra ortaya çıkan AK'ın Partzuf Keter'inden Asiya'nın Partzufim'inin sonuna dek tüm Partzufim'lerde böyledir. Ayrıca, birbirlerini kıyafetlendirirler yani her alt derece Üst Derecesinin Guf'unu kıyafetlendirir.

63. Partzufim, GAR'ın Partzufim'ine – Partzuf Keter, Partzuf Hohma ve Partzuf Bina – ve VAK'ın Partzufim'ine – YEŞSUT denilen Bina'nın Partzuf ZAT'ı, Partzuf ZA ve Partzuf Malhut – bölünmüştür. Bu üç Partzufim her zaman VAK'ın Partzufim'i olarak kabul edilir. Ve GAR aldıklarında bile VAK olmayı bırakmazlar, zira köklerinde KHB'den yoksundurlar. Ve GAR'ın Partzufim'i ile VAK'ın Partzufim'i arasında hem ortaya çıkış ve doğuşlarında hem de Üst Derecenin Guf'unu nasıl kıyafetlendirdiklerinde bir fark vardır.

GAR'ın Partzufim'i yanındaki Üst Derecenin Roş'unun Pe'inden çıkar. Bu AK'ın Partzuf Keter'inde başlar zira AK'ın Partzuf Keter'i Roş ve Guf'da ortaya çıktığında Guf'un on Sefirot'unda Or Makif (Saran Işık) ve Or Pinimi'nin (İç Işık) Bituş'u vardı.

Bu, Masah'ın Aviut'unun Partzuf'un Guf'una girmesini engellediği o Işığa Or Makif denildiği anlamına gelir. Or Pinimi'si Or Hozer'inin (Yansıyan Işık) içinde kıyafetlenmiş Masah'ın Aviut'una çarpar ve Masah üzerindeki Aviut'undaki Or Makif'in bu çarpışmasıyla Guf'daki Masah arınır ve Partzuf'un Roş'undaki çiftleşen Masah ile form eşitliği sağlanır. Bu, Guf'un Masah'ının yükselmesi ve oradaki Zivug içinde Roş'un Pe'indeki Masah'a dâhil olması olarak kabul edilir zira form eşitliği Dvekut (yapışma-tutunma) kabul edilir.

Dolayısıyla, Roş'un Zivug'undaki Hitkalelut'u (dâhil olma-karışım) vasıtasıyla son Behina hariç Masah'daki Aviut'un tüm Behinot'u (izlenimler) yenilenir. Sonra, Masah'da kalan Aviut'un ölçüsünde – Behina Gimel'in Aviut'u – Roş'daki Üst Işıktan bir Zivug de Hakaa meydana gelir ve Partzuf Hohma seviyesi ortaya çıkar.

Aynı zamanda Masah'ın başka bir Behina'dan olduğu görülür zira Üst Derece Partzuf Keter'dir ve Masah üzerinde yenilenen bu seviye Hohma seviyesidir çünkü son Behina kaybolmuştur. Ve bu farkındalık "doğum" yani Keter seviyesinden ayrılması ve sadece Hohma seviyesine sahip belirgin bir Partzuf olması anlamına gelir. Dolayısıyla, yeni doğmuş Partzuf Hohma'nın kaynağı arınıp Roş'un Pe'ine yükselen Keter seviyesinin Guf'unun Masah'ıdır ve çıkış, doğum yeri Partzuf Keter'in Roş'unun Pe'idir.

Ve Partzuf Hohma doğduktan ve Partzuf Keter'in Roş'unun Pe'inden ortaya çıktıktan sonra sadece Partzuf Keter'in Guf'unu kıyafetlendiriyor yani HGT olan Guf'un GAR'ı kabul edilir. Bunun nedeni Guf'un Masah'ının Partzuf Hohma'nın doğduğu kök kabul edilmesidir. Ayrıca, sadece Partzuf Keter'in Guf'unun dışsallığını kıyafetlendirir zira Behina Gimel seviyesi Partzuf Keter'e dışsallıktır ki bunun seviyesi Behina Dalet'in Or Hozer'indendir. Dolayısıyla, bu, dışsallıkta Dvekut'u gösteren kıyafetlenme olarak kabul edilir.

64. AK'ın Partzuf Keter'inin Roş'unun Pe'inden AK'ın Partzuf Hohma'sının doğuşuyla ilgili olarak Partzuf Bina'nın, Partzuf Hohma'nın Pe ve Roş'undan ortaya çıktığı açıklanmıştı. Partzuf Hohma, Roş ve Guf ile tamamlandıktan sonra Masah'ın Aviut'unu arındıran ve formunu Roş'un Malhut'unun Masah'ı ile eşitleyen Or Makif ve Or Pinimi'nin bir başka Bituş'u oldu. Ve bu Roş'un Zivug'una dâhil olduğundan kaybolan son Behina hariç içindeki Behinat Aviut yenilendi.

Sonra, Bina seviyesinde içinde kalan Aviut, Behina Bet'in Aviut'u, üzerinde on Sefirot ortaya çıktı. Ve Partzuf Hohma'dan daha alt bir seviye olduğu kabul edilince ondan ayrılmış ve kendi hâkimiyeti içinde doğmuş olarak görüldü. Ancak, kökü olan Üst Derecenin Guf'unu kıyafetlendirir, ayrıca HGT'nin olduğu yerde Guf'un GAR'ını da kıyafetlendirir.

65. VAK'ın üç Partzufim'i – YEŞSUT, ZA ve Malhut – aynı bu şekilde ortaya çıktı, sadece aralarında iki fark vardır:

1. Bunların alt derecesi yanlarındaki Üst Derecenin Roş'unun Pe'inden değil Üst Derecesinin bir Yukarısının Roş'unun Pe'inden meydana gelir. Örneğin, ZA YEŞSUT'un Roş'unun Pe'inden değil sadece YEŞSUT Üst derecesinin Üstü olan AVİ ile bir Partzuf olduktan sonra meydana gelir. Benzer şekilde, Nukva ZA'nın Roş'unun Pe'inden değil sadece ZA AVİ'ye yükseldikten sonra ortaya çıkar. Aynı şekilde Atzilut'un Partzuf Atik'i Nekudim'in ilk Roş'undan değil AK'ın SAG'ının Roş'undan meydana geldi. Bunun nedeni köklerinin VAK'ı kabul edilen bu Roşim'in (Roş'un çoğulu) bir alt Partzuf kaynaklandıracak şekilde Üst Işıkla Zivug yapmaya yetersiz olmalarıdır.

2. Bu kıyafetlenmeyle ilgilidir: VAK'ın Partzufim'i Üst Derecelerinin, HGT, Guf'unun GAR'ını değil Hazeh'den aşağı NHY olan Üst Derecenin Guf'unun VAK'ını kıyafetlendirir. Köklerinde VAK olduklarından Üst Derecenin Guf'unun GAR'ına tutunamazlar. Böylece, GAR'ın Partzufim'i ile VAK'ın Partzufim'i arasındaki iki fark detaylı olarak açıklanmış oldu.

DÜNYALARIN EVRİMİ

1. Biri, sadece yanlarındaki Üst Derecenin Pe'inden ortaya çıkan GAR'ın Partzufim'inin ortaya çıkışıyla ilgilidir. Bu, Üst Derecelerinin Üstünden ortaya çıkan VAK'ın Partzufim'inde böyle değildir.

2. Diğeri ise kıyafetlenmeyle ilgilidir, yani sadece Guf'un GAR'ı olan GAR'ın Partzufim'i Üst Derecenin HGT'sine tutunabilir, Guf'un VAK'ında sadece Hazeh'den aşağıya tutunan VAK'ın Partzufim'i değil.

ALT PARTZUF'UN ORTAYA ÇIKIŞINDA ÜÇ KOŞUL

66. Zivug'un bir alt Partzuf doğurabilmesi için üç koşul vardır:

İlk koşul Üst Işıkla Zivug de Hakaa'da çiftleşerek Üst Işığı kıyafetlendiren Or Hozer yükselten Masah'dır. Alt derecenin seviyesi Or Hozer'in kıyafetlendirmesinin ölçüsüne göredir. Benzer şekilde Masah tüm Partzufim'i ve Nekudim dünyasındaki dereceleri ortaya çıkardıktan sonra bunlar kalmayıp kırıldılar ve iptal oldular ve Masah içindeki tüm beş Behinot Aviut'dan arındı, SAG'ın Roş'una döndü ve içinde ortaya çıkan tüm dereceler Reşimot'unu Masah'da bıraktı.

Dolayısıyla, Masah SAG'ın Roş'undaki Zivug'a dâhil olduğunda önceki Reşimot'u içinde yenilendi. Başlangıçta Masah Behina Dalet'in Aviut'unda Atzilut'un Atik'i denilen içindeki En Üst Behina'yı, Partzuf Keter'in Reşimo'sunu, doğurdu. Masah'da geriye kalan Reşimot Atik'in doğumuyla birlikte Atik'in olduğu yerde ortaya çıktı.

Ve Atik tamamlandığında içindeki Masah'ın geri kalanının Behina Gimel olan En Üst Behina'sında bir Zivug de Hakaa gerçekleşti ve Masah'ın üzerinde AA seviyesini doğurdu. Ve üzerinde henüz Zivug de Hakaa yapılmamış olan Masah'daki geriye kalan Reşimot AA'nın doğumuyla birlikte AA'nın yerine indi.

Ve AA tamamlandığında Masah'ın geri kalanının Behina Bet olan En Üst Behina'sı üzerinde bir Zivug yapılır ve AVİ seviyesini doğurur, vs, benzer şekilde. Dolayısıyla tüm Partzufim Üst Işığın Masah'la Zivug de Hakaa yapması ile gerçekleşir.

67. İkinci koşul her alt derecenin Keter ve Hohma'sının Üst Derecenin Bina ve TM'sine bağlanmasıdır. Dolayısıyla, Üst Derece tamamlanıp Bina ve TM'sinin yükselttiğinde alt derecenin Keter ve Hohma'sı onlarla birlikte Üst derecenin olduğu yere yükselir ve Üst Derecenin Zivug'una dâhil olurlar. Böylece her alt derece seviyesini Üst Derecenin Roş'unun Zivug'undan alır.

68. Üçüncü koşul şöyledir, ZA YEŞSUT'a yükselir YEŞSUT'un sağ ve solunun Işıklarını tamamlar ve birleştirir. ZA'nın MAN için yükselişi olmasaydı YEŞSUT'un sağ ve solu ışıyamazdı. Bundan sonra ZA'nın YEŞSUT'a yükselişi YEŞSUT'un HBD'si olan sağ, sol ve orta çizgi olan üç çizginin doğmasına neden oldu.

Bir kural vardır: alt derece Üst Derecede ışımasına neden olan Işığın tüm ölçüsüyle ödüllendirilir. Dolayısıyla, ZA YEŞSUT'dan HBD'nin aynı Mohin'ini alır. "Üç birden meydana gelir; bir üçte var olur" sözlerinin anlamı budur. Böylece Zivug'un alt dereceyi doğurmasının üç koşulunu açıklamış olduk.

69. Özünde, alt dereceyi doğuran Zivug Üst Işığın Masah üzerindeki Zivug de Hakaa'sından ortaya çıkar zira bu alt derecenin seviyesini ölçer. Ancak, bu alt derecenin uyandırılmasını gerektirir ve bu uyanış Üst Derecenin Bina ve TM'sine bağlı olan alt derecenin Keter ve Hohma'sı tarafından yapılır. Dolayısıyla, bir alt Partzuf doğurmak için her ikisi de gereklidir.

Bununla beraber ZA'da ek bir konu vardır: ZA'nın Masah'ı GAR'ın Kelim'ini genişletmez zira bir Behina Alef'in Masah'ıdır. Dolayısıyla, Üst Derece ona Üst Işıkta Masah'la Zivug'undan bir Mohin veremez. Bu nedenle üçüncü koşula ihtiyaç vardır – Mohin'i Üst Derecesindeki Mohin'i tetikleyerek almak, tıpkı "Üç birden meydana gelir; bir üçte var olur" sözlerindeki gibi.

ON SEFİROT'UN DOĞUŞUNDAKİ ÜÇ SAFHA

70. İlk safha on Sefirot'un aynı anda meydana geldiği AK'ın ilk Partzufim'indedir. Behina Dalet'in Masah'ı üzerindeki Zivug de Hakaa'da Keter seviyesinin on Sefirot'u meydana geldi. Ve Behina Gimel'in Masah'ı üzerindeki Zivug de Hakaa'da Hohma seviyesindeki on Sefirot meydana geldi. Ve Behina Bet'in Masah'ı üzerindeki Zivug de Hakaa'da Bina seviyesindeki on Sefirot meydana geldi.

71. İkinci safha Behina Alef'in bir Masah'ı üzerinde meydana gelen, Malhut'a bağlanan ve içinde on Sefirot'un iki seferde ortaya çıktığı Nekudim dünyasıdır. Önce Malhut AK'ın SAG'ının Bina'sına yükseldi. Sonra, SAG'ın Masal'ı Nikvcy Eynaim denilen Behina Alef'e arındığında Malhut yükseldi ve Behina Alef'le birleşerek Hohma'nın altında Eynaim denilen dereceyi sonlandırdı. Bundan derecede sadece iki Işıkla, Ruah ve Nefeş, iki Kelim, Keter ve Hohma kaldığı sonucu çıkar. Ve üç Kelim, Bina ve TM dereceden düşer. Buna Nekudim'in Katnut'u (çocukluk, küçüklük) denir.

Gadlut (büyüklük, yetişkinlik) zamanında üç Kelim, Bina ve TM, dereceye döndü ve derecedeki beş Kelim, KHB TM, beş Işık NRNHY ile tamamlandı. Dolayısıyla, Nekudim dünyasında on Sefirot'un AK'ın ilk üç Partzufim'inde olduğu gibi tek seferde ortaya çıkmadığı tersine iki seferde – Katnut zamanı ve Gadlut zamanı – meydana geldiği açıklığa kavuşmuş oldu. Katnut sırasında sadece iki Sefirot ortaya çıktı ve Gadlut sırasında kalan üç Sefirot meydana geldi.

72. Üçüncü safha içinde on Sefirot'un İbur (gebe kalma), Yenika (emzirme) ve Mohin denilen üç seferde meydana geldiği Atzilut dünyasıdır. Bunun nedeni burada son derecedeki Masah'ın Hizdakhut'unun Atzilut dünyasına eklenmiş olmasıdır çünkü

Masah Nikvey Eynaim denilen Behina Alef'den Behinat Şoreş'in Aviut'u ile bir Masah'a arınmıştı ki bunun Or Hozer'i Metzah denilen Keter'in Kli'sindeki Malhut'un Işığının seviyesini kıyafetlendirir. Dolayısıyla, bu Işık "Metzah'dan (alın) ortaya çıkan MA" olarak adlandırılır. Bunun nedeni Roş'un KHB TM'sinin Galgalta, Eynaim, AHP olarak adlandırılmasıdır ve Metzah da Galgalta'dır.

Dolayısıyla, burada Malhut'un iki inişi gerekmektedir:

1. Yenika olarak adlandırılan Metzah'dan Nikvey Eynaim'e bir iniş.
2. Nikvey Eynaim'in olduğu yerden Pe'deki yerine iniş. Buna Mohin denir.

Böylece, Aviut Şoreş'in Masah'ı üzerinde ortaya çıkan ilk seviye İbur olarak adlandırılır. Malhut'un Behina Alef'e inişinden sonra Masah üzerinde ortaya çıkan ikinci seviyeye Yenika denir. Ve Malhut'un kendi yerine inmesinden sonra ortaya çıkan üçüncü seviyeye Mohin denir. Böylece Atzilut dünyasında on Sefirot'un İbur, Yenika ve Mohin denilen üç seferde ortaya çıktığı açıklanmış oldu.

İBUR, YENİKA, AHOR'UN MOHİN'İ VE İBUR, YENİKA, PANİM'İN MOHİN'İ

73. Bir Masah üzerinde sadece Aviut Şoreş'le ortaya çıkan seviyenin "İbur seviyesi" olarak adlandırıldığı açıklanmıştı. Bu Keter'in Kli'sindeki Nefeş Işığının seviyesidir. Üç çizgisine göre "NHY seviyesi" olarak adlandırılır. Ancak, içinde "HGT seviyesi" denilen Ruah seviyesi de bulunmaktadır. Bu nedenle HGT NHY'nin Kelim'inde kıyafetlenmelidir ki bu nedenden dolayı İbur seviyesi "üçün içinde üç" yani HGT NHY'nin içinde olarak adlandırılır.

74. Bunun anlamı şudur; Masah'ın Hizdakhut'u son Behina'nın kaybolmasına neden olmasına rağmen, ki on seviye bu yüzden birbirinin altındadır, son Behina tamamen kaybolmamıştır, Hitlabşut'un bir Reşimo'su Masah'da kalır. Örneğin, AK'ın Partzuf Keter'i arınıp Roş'un Pe'ine yükseldiğinde oradaki Zivug'a dâhil olmuş ve Reşimot'u yenilenmişti. Üzerinde Zivug de Hakaa'nın gerçekleştiği Masah'daki Aviut'a kıyasla sadece Behina Gimel'in Aviut'unun Reşimo'su Masah'da kaldı zira son Behina olan Behina Dalet kaybolmuştu. Ancak Behina Dalet'in Hitlabşut'u hâlâ Masah'da kaldı.

Buradan Masah'da Zivug'a uygun olan iki Üst Behinot bulunduğu sonucu çıkar:

1. Üst Işığı engelleyen ve üzerinde Hohma seviyesinin ortaya çıktığı Zivug de Hakaa'yı alan Behina Gimel'in Aviut'u.

2. Behina Dalet'in Hitlabşut'u. Zivug de Hakaa için uygun olmasa da, zira Işığın genişlemesini engelleyen Aviut'u yoktur, Behina Gimel'in Aviut'una dâhil edilip onunla

ilişkilendirildiğinde üzerinde neredeyse Keter seviyesini meydana getiren bir Zivug de Hakaa da yapılır.

Bu iki seviyeye "erkek" ve "dişi" denir. Hitlabşut'un Behina Dalet'i üzerinde ortaya çıkan ve Aviut'un Behina Gimel'i ile ilişkilendirilen seviyeye "erkek" ve sadece Aviut'un Behina Gimel'i üzerinde ortaya çıkan seviyeye "dişi" denir.

Benzer şekilde, AK'ın Partzuf Hohma'sının Guf'unun Masah'ı arınıp kendi Roş'unun Pe'ine yükseldiğinde içinde iki Reşimot kaldı – erkek ve dişi. Bunun nedeni Aviut'un Behina Bet'i ile ilişkilendirilen Hitlabşut'un Behina Gimel'inin Reşimo'su neredeyse Hohma seviyesini üretir. Bu erkek olarak kabul edilir. Ve Zivug de Hakaa'yı öncelikli olarak alan Aviut'un Behina Bet'inin Reşimo'su Bina seviyesini meydana getirir. Bu dişi olarak kabul edilir.

Aynı şekilde, Partzuf Nekudim'in Guf'unun Masah'ının Hizdakhut'unda da erkek ve dişi vardır. Erkek, yani Masah'da kalan Hitlabşut'un Behina Alef'inin Reşimo'su neredeyse Behina Alef seviyesinde yani Ruah, HGT seviyesi olan ZA seviyesinde Şoreş'in Behinat Aviut'uyla ilişkilendirilir. Ve Zivug de Hakaa'yı alan Behinat Şoreş'in Aviut'u olan dişi Nefeş Işığı, Malhut, seviyesindedir ki üç çizgi açısından bakıldığında NHY olarak adlandırılır.

75. Dolayısıyla, İbur seviyesinde iki seviye ayırt ediyoruz: HGT seviyesi ve NHY seviyesi. Erkek olan HGT seviyesi Şoreş'in Aviut'u ile birleşen Hitlabşut'un Behina Alef Reşimot'u üzerinde ortaya çıkar. Ve dişi olan NHY seviyesi sadece Aviut Şoreş'in Reşimo'su üzerinde ortaya çıkar.

Ve Hitlabşut'un Reşimo'su Aviut Şoreş'le ilişkilenmeden bir Zivug de Hakaa almak için uygun olmadığından HGT seviyesi kendi başına durmaz, o nedenle NHY'nin içinde kıyafetlenmelidir. Bu nedenle, HGT ve NHY birlikte olan İbur seviyesi "üçün üçünde üç" olarak yani NHY'nin içinde HGT olarak kabul edilir.

76. Ve Üst Derecenin Zivug de Roş'unun Hitkalelut'u içinde ortaya çıkan NHY içindeki iki HGT seviyesinden ve Üst Dereceden farklı yeni seviyeler oldukları kabul edildikten sonra bu kabul ediş "doğum" olarak bilinir. Bunun anlamı burada Üst Dereceden farklı yeni bir Partzuf'un doğduğunun kabul edilmesi anlamına gelir ve bunlar inerek Üst Derecenin Guf'unu kıyafetlendirir. Eğer bunlar GAR'ın Partzufim'i iseler HGT olan Guf'un GAR'ını kıyafetlendirirler ve eğer VAK'ın Partzufim'i iseler Hazeh'den aşağı TNHYM olan Guf'un VAK'ını kıyafetlendirirler.

Ayrıca, Üst Partzuf'dan Işığı emerler, bu işlem Malhut'un Metzah'dan Nikvey Eynaim'e inmesini sağlar. Aynı anda bir kez daha Malhut'a bağlı olan Behina Alef'in Aviut'unu da alır, Nekudim'in Partzufim'inde olduğu gibi. Sonra, HGT seviyesi Behinot Kelim'i de edinir ve artık NHY'nin Kelim'ine ihtiyaçları yoktur. Dolayısıyla, emme vasıtasıyla HGT'nin genişlediği ve NHY'den çıktığı kabul edilir. Ve sonra Ruah seviyesinin tamamına sahiptir.

DÜNYALARIN EVRİMİ

Örneğin, Atzilut'un Partzuf Atik'inde Nekudim'in Masah'ı – Hizdakhut'u vasıtasıyla – AK'ın SAG'ının Roş'una önce yükseldi. Ve içindeki son Behinat Aviut'dan (Aviut'un Behinat'ı) kaybolduktan sonra Masah Metzah denilen Behinat Şoreş'in Aviut'u ve Behina Alef'in Hitlabşut'unun Reşimo'su ile kaldı. Ve sonra iki HGT NHY seviyesi Masah'ın üzerinde, üçün içinde üç olarak ortaya çıktı zira HGT'nin Kelim'i yoktur.

Yeni bir seviye olarak kabul edildiklerinde ayrıldıkları ve doğdukları ve AK'ın Tabur'undan aşağısını kıyafetlendirmek için yerlerine geldikleri kabul edilir. Ve Partzuf VAK olduğundan da sadece Guf'un VAK'ını kıyafetlendirir ve buna Partzuf Atik denir.

Sonrasında, AK'ın SAG'ından emen Yenika'dan geçerek Masah'ı Metzah'dan Nikvey Eynaim'e indirir. Daha sonra, Kelim de NHY'nin içinde genişleyerek HGT'sine gelir. Böylece İbur ve Yenika denilen iki Behinot açıklanmış oldu.

77. Şimdi Partzuf Mohin'i açıklayacağız. Partzuf iki Behinot, İbur ve Yenika'yı aldıktan sonra MAN için Üst Dereceye yükselir ve Üst Derecenin HB'sini yüz-yüze olmaya geri getirir. Sonra alt dereceye Malhut'u Nikvey Eynaim'den kendi yerine – Pe'e – indirecek ışığı verirler.

Aynı anda, Malhut'un Bina'ya yükselmesinden sonra düşen bu üç Kelim, Bina ve TM, derecelerine yükselirler ve Partzuf beş Kelim, KHB TM ve beş Işık NRNHY ile tamamlanır. Buna Partzuf Mohin denir, zira ilk üç Işık, Neşama, Haya ve Yehida, Mohin olarak adlandırılır.

Örneğin, Atik Nefeş ve Ruah seviyeleri olan iki Behinot İbur ve Yenika'nın tamamını aldıktan sonra MAN için SAG'ın Roş'una geri yükselir ve oradaki Hohma ve Bina'yı yüz-yüze olmaya çevirir. Ve AK'ın Partzuf Hohma'sındaki Bina Malhut'la karışmadığından Atik onun ışığını aldığında kendi Malhut'unu da Bina'sından indirir. O zaman, Bina'da Malhut'la karışmasıyla düşen üç Kelim, Bina ve TM'yi kendi derecesine yükseltir ve şimdi Kelim'in KHB TM'sine sahiptir ki bunun içinde NRNHY Işıkları kıyafetlenebilir.

78. Ve bu Mohin ilk kez ortaya çıktığında sağ ve sol arasında bir bozulmaya neden olur. Bunun nedeni Hohma ışığını taşıyan sol çizginin Hasadim Işığını taşıyan sağ çizgiyi iptal etmek istemesidir. Bu ayrılık ve bu Mohin'de ortaya çıkan sağ ve solun Bituş'undan (çarpışma) dolayı bunlara Ahor'un Mohin'i denir. Böylece üç Behinot İbur, Yenika ve Ahor'un Mohin'i açıklanmış oldu.

79. Sağ ve solun bu Bituş'u Partzuf'un Üst Dereceye MAN yükseltmeye geri dönmesine neden olur. Bunun nedeni Hohma ışığı olan solun ışığının Masah Üst Derecenin Roş'una yükseldiği zamanki gibi arı olana dek Partzuf'daki tüm Aviut'u çarparak arındırmasıdır. Bu, içinde sadece Aviut Şoreş ve Behina Alef'in Hitlabşut'unun Reşimo'su kaldığı anlamına gelir. Ve bu eşitlemeyle Üst Derecenin Roş'una yapışır.

Üst Derecenin Zivug de Hakaa'sına dâhil olur olmaz Masah'da yenilenen Hitlabşut'un Behina Alef'i ve Behinat Şoreş'in Aviut'u üzerinde Üst Işıktan bir kez daha Zivug de Hakaa alır. Bu işlem "İbur seviyesi" denilen NHY seviyesinde kıyafetlenmiş HGT seviyesi anlamına gelen üçün içinde üç seviyesini doğurur. Böylece Ahor'un Mohin'inde meydana gelen sol ve sağın Bituş'unun Partzuf'un Üst Dereceye geri dönmesine ve Üst Dereceden yeni bir İbur Behina'sı almasına neden olduğunu açıklamış olduk.

80. Ve yeni Behinat İbur'u alır almaz Üst Derecenin Roş'undan bir kez daha ayrılır ve Üst Derecenin Guf'unu kıyafetlendirir. Ve bu kıyafetlenmeyle Üst Dereceden Işıkları bir kez daha emer.

Yenika'nın bu Işıkları Şoreş'in Aviut'unu Behina Alef'in Aviut'una indirir. Malhut'u Metzah'dan Nikvey Eynaim'in olduğu yere indirir ki aynı zamanda Behina Alef'in tamamlanmış seviyesi Masah üzerinde ortaya çıkar. Bu, NHY'nin içinden HGT'nin Hitpaştut'u (genişleme) olarak kabul edilir. Böylece Ruah seviyesi olan yeni bir Yenika Behina'sı edinir.

81. Ve yeni İbur ve Yenika'yı edindikten sonra MAN için Üst Dereceye bir kez daha yükselir ve bu yükseliş tek başınadır zira Üst Derecenin Bina ve TM'sine (Madde 67) yapışık olan kökünü bırakarak artık oraya istediği zaman dönebilir. Orada yüz-yüze olan HB'yi birleştirir ve bunlar ona Malhut'u Nikvey Eynaim'den kendi yerine indirecek ışığı ihsan ederler. O zaman Bina ve TM yükselir ve Partzuf'un önceki gibi birleşirler ve Partzuf Kelim'in KHB TM'sini ve NRNHY Işıklarını alır.

Sağ ve solun ayrılığının tekrar uyandırılmaması için orta çizgi aşağıdan yükselir ve sağ ve solu birleştirir ki birlikte parlasınlar: soldaki Hohma sağdaki Hasadim'in içinde kıyafetlenir ve sağdaki Hasadim soldaki Hohma'ya entegre olur (Madde 37). Sonra Mohin mükemmelliklerinin en üst noktasında parlar ve Panim'in Mohin'i olarak adlandırılırlar. Böylece, Ahor'un Mohin'inde sağ ve solun Bituş'unun nasıl üç Behinot İbur, Yenika ve Panim'in Mohin'inin meydana geldiğini açıklamış olduk.

82. Dolayısıyla, bir Partzuf sadece İbur, Yenika ve Ahor'un Mohin'ini ve İbur, Yenika ve Panim'in Mohin'ini aldıktan sonra tamamlanır. Atzilut derecesinde Behinat Şoreş'in Aviut'una Masah'ın Hizdakhut'unun eklenmesinden dolayı Atzilut'un Partzufim'i İbur, Yenika, Mohin denilen ardı ardına koşullar hariç on Sefirot'unu alamaz. Ve Mohin'in ilk ortaya çıkışında sağ ve solun Bituş'u olduğundan sol Masah'daki tüm Aviut'u arındırana kadar aldığı tüm Işıklar, İbur, Yenika ve Mohin ayrıldılar.

Böyle olmasının nedeni şudur; Masah'daki Aviut iptal olduğunda Zivug da iptal oldu ve Işıklar ayrıldılar. Partzuf Üst Derecenin Roş'una döner ve üçün içine yeni alır. Sonra doğar ve Malhut'u Metzah'dan Eynaim'e indiren yeni Yenika alır, HGT NHY'den çıkar ve ruah seviyesini tekrar alır. Sonuç olarak MAN için yükselir ve bir kez daha içinde zaten orta çizgi olan ve sağ ve solu birbiriyle birleştiren Neşama, Haya ve Yehida alır. Buna Panim'in Mohin'i denir, bunlar sonra ışır ve böyle devam ederler. Dolayısıyla, Mohin ikinci kez alınmadan önce devam edemezler.

DÜNYALARIN EVRİMİ

PANİM VE AHOR (YÜZDEN SIRTA) VE PANİM BE PANİM (YÜZ-YÜZE)

83. Partzuf Panim'in Mohin'ini aldıktan sonra bile Hohma ve Bina hâlâ Panim ve Ahor koşulundadır. Bu sadece Hohma'nın Panim'in Mohin'ini aldığı anlamına gelir. Fakat Bina hâlâ merhamet içinde haz vermek koşulundadır ve Hasadim ve Hohma ister; dolayısıyla Ahoraim'i Hohma'ya doğru kabul edilir ve ondan Panim'in Mohin'ini almak istemez.

Hohma ve Bina, ZA onlara MAN için yükselene dek Panim ve Ahor koşulundadır. Ayrıca, Or Yaşar'ın ZA'sına Hohma ışığı veren Or Yaşar'ın Bina'sıyla bir bağı vardır. Dolayısıyla, ZA Bina'ya MAN'a yükseldiğinde Bina ondan Panim'in Mohin'inin alabilmek için Or Yaşar'ın beş Behinot'unda yaptığı gibi anında ZA için Panim'ini Hohma'ya geri çevirir ki bunlar Hohma ışığının Mohin'idir. Ondan sonra fark edilir ki Hohma Bina ile zaten Panim be Panim'dir.

ATZİLUT'DAKİ SEVİYEYİ KİM ÖLÇER

84. Ve şunu sormalıyız: "Atzilut'un Masah'ı sadece Or Nefeş seviyesine sahip olan ve Metzah denilen Aviut'un Behinat Şoreş'ine sahiptir. Dolayısıyla, Atik'in Yehida, AA – Haya seviyesi, AVİ'nin Neşama seviyesi ve ZON'un Ruah seviyesi Atzilut, Atik, AA, AVİ ve ZON'daki beş Partzufim'in ortaya çıkışına kim neden oldu? Bu soru ayrıca Nekudim dünyası için de geçerlidir zira Nikvey Eynaim denilen Masah'da sadece Behina Alef'in Aviut'u kaldı. Dolayısıyla, beş Partzufim Nekudim'de nasıl ortaya çıkabildi?

85. Konu şu ki Behina Dalet de Nekudim'in Masah'ına ve Atzilut'un Masah'ına AK'ın SAG'ının Nekudot'una yükselen Malhut'un gücüyle bağlıydı. Ve Behina Dalet onlarla Masah'da ilişkilenmemiş olsaydı on Masah üzerinde bir Partzuf ortaya çıkamazdı. Bunun nedeni Nekudim'deki Behina Alef'in Aviut'u bile "ince Histaklut" (görünme) olarak kabul edilir ki Zivug de Hakaa bundan her hangi bir Partzuf doğurmaz. Bu Atzilut'daki Metzah'ın Aviut'u ile de böyledir: bir Partzuf'un doğabilmesi için Zivug de Hakaa'ya uygun değildir.

Ancak, Behina Dalet perdeleriyle birleştiğinden Zivug de Hakaa'ya uygun hale geldi. Şimdi şöyle sorabiliriz, "Bu durumda Keter seviyesi Masah'ın üzerinde ortaya çıkmalıydı zira Behina Dalet Masah'a bağlıdır!"

86. Cevap şu; Behina Dalet Malhut'un olduğu yerde değilse Keter seviyesini meydana getirmez. O zaman, üzerindeki Zivug de Hakaa'dan yükselen Or Hozer, NRNHY Işıklarının üzerinde beş Kelim KHB TM'yi kıyafetlendirir. Ancak Behina Dalet

sadece dört Kelim KHB Tiferet'in bulunduğu ZA'nın olduğu yerde dururssa Or Hozer dört Kelim KHB ve Tiferet'de sadece dört Işık NRNH'yi çeker.

Ve eğer Behina Dalet sadece üç Kelim KHB'nin bulunduğu Bina'nın olduğu yerde dururssa Or Hozer sadece üç NRN Işığını çeker. Ve eğer Behina Dalet sadece iki Kelim'in – Keter ve Hohma – bulunduğu Hohma Kli'sinin olduğu yerde dururssa Or Hozer'i sadece Nefeş ve Ruah Işıklarını çeker.

Hohma Kli'si olan Nikvey Eynaim'de Zivug'un yapıldığı Nekudim'de bu olmuştur. Dolayısıyla Katnut'da sadece Nefeş Ruah seviyesi ortaya çıktı.

Ve eğer Behina Dalet sadece bir Kli'nin bulunduğu Keter seviyesinde dururssa Or Hozer'i sadece bir Işık çeker: Nefeş. Atzilut'da olan budur – İbur'da sadece Nefeş seviyesi ortaya çıktı zira Zivug Keter Kli'si olan Metzah'ın olduğu yerdeydi.

Ancak, Behina Dalet'in Nikvey Eynaim denilen Behina Alef'in yerine geri çevirdiği Yenika'nın ışımasından sonra Ruah seviyesi ortaya çıktı. Fakat sonra Behina Dalet'i düşmüş olan Bina ve TM'yi yerlerine yükselten Malhut'daki yerine indiren Üst Derecenin HB Panim be Panim'inin ışımasıyla orada yeniden beş Kelim KHB TM olur. O zaman Behina Dalet Yehida Işığında Keter seviyesini doğurur ve bu Atzilut'un Atik seviyesidir.

87. Şimdi Atik'in altındaki Partzufim'in nasıl dışarı çıktığını açıklamamız lazım. Başlangıçta, kapların kırılmasından sonra Nekudim'in Masah'ı SAG'ın Roş'una yükseldi. SAG'ın Roş'unun Masah'ıyla eşitlenene dek içindeki beş Partzufim'de ortaya çıkan tüm beş Behinot Aviut'dan arınmıştı. Ancak, içinde ortaya çıkan beş Partzufim'in Aviut'unun Reşimot'u tüm Partzufim'le ilgili yazıldığı gibi son Behina hariç orada kaldı. Dolayısıyla, SAG'ın Roş'unun Masah'ının Zivug'una dâhil olduğunda tüm beş Partzufim'in Aviut'u Nekudim'in Masah'ında yenilenmişti ve Masah'da Aviut üzerinde bir Zivug de Hakaa ortaya çıktı.

Bununla beraber Aviut'daki tüm Behinot Zivug de Hakaa'ya dâhil olmadı, sadece Metzah'ın Aviut'u olan En Üst Behina Behina Dalet'e bağlandı. Ve üç Behinot İbur, Yenika ve Mohin vasıtasıyla on Sefirot Keter seviyesinde tamamlandı.

Masah'daki Nekudim'in Partzufim'inden olan diğer Reşimot SAG'ın Roş'undaki bu Zivug de Hakaa'dan bir şey almadı zira Keter seviyesinin altındaydılar; dolayısıyla onun değerine göre işe yaramazdılar. Bu nedenle, SAG'ın Roş'da Atik'in ortaya çıkmasıyla Zivug'una dâhil olmayan kalan Partzufim'in tüm Reşimot'u onunla birlikte aşağı indiler.

Ve Atik İbur, Yenika ve Panim'in Mohin'inde tamamlandıktan sonra Üst Işık Behina Gimel'in Aviut'u olan kalan Reşimot'dan En Üst Behina'yı aydınlattı. Ve üç Behinot, İbur, Yenika ve Mohin vasıtasıyla on Sefirot Hohma seviyesinde ortaya çıktı. Bu Partzuf AA'dır.

Burada da aynıdır; Behina Gimel'in Aviut'undan daha az olan Aviut'un tüm Reşimot'u Atik'in Roş'unda ortaya çıkan Behina Gimel seviyesinin Zivug'uyla karşılaştırıldığında işe yaramazdır. Dolayısıyla, AA doğup Atik'in Roş'unu yerine ayırdıktan sonra tüm o Reşimot onunla birlikte yerine çekildi.

Ve AA tüm üç Behinot İbur, Yenika ve Mohin'i bütün olarak edindiğinde o Reşimot içinde kalan Üst Işık En Üst Behina'yı aydınlattı ki o da Behina Bet'i Aviut'udur. Sonra üç Behinot İbur, Yenika, Mohin aracılığıyla Bina seviyesinde on Sefirot ortaya çıktı. Bu Partzuf AVI'dir ve kalan Partzufim de benzer şekilde ortaya çıktı. Böylece Atzilut'un Partzufim'inin nasıl bir diğerinden ortaya çıktığını açıklamış olduk.

MALHUT'UN İKİ KOŞULU

88. Malhut ZA'nın Nukva'sıdır. Kökü, Nekudim'in ZA'sının Katnut'unun yedi Sefirot'unu sonlandıran Tsimtsum Bet'in Malhut'unda başlar. Ve ZA'dan ayrı bir derecedir zira Nekudim'in HGT NHY'sini içerir ve altındaki derece Nekudim'i sonlandıran Malhut'dur. Dolayısıyla, bu Malhut ZA'dan ayrı bir Nukva ve ZA'dan daha alt bir derece kabul edilir.

Ayrıca ZA'nın Guf'unda Behinat Nukva vardır zira ZA'nın sol tarafı onun Nukva'sı kabul edilir. Ancak bu Nukva ZA'nın kendi Guf'u (beden) sayılır zira ZA Bina'nın sağ ve sol iki çizgisinden alan orta çizgidedir. İçindeki sağ Or Hasadim olan ve erkek kabul edilen Bina'nın sağ çizgisinden alır ve sol çizgi Or Hohma olan ve içindeki Nukva taraf sayılan Bina'nın sol çizgisinden alır. Bununla beraber ikisi birbirine dâhil tek derecedir.

Başlangıçta ayrı Nukva ve ZA olan güneş ve ay iki büyük ışık kabul ediliyordu. Nukva seviyesi ZA seviyesine eşitti ve onun kadar büyüktü. Fakat sonra ay – ZA'dan ayrılan Nukva – yakındı ve şöyle dedi, "İki kral aynı Keter'i (taç) kullanamaz." O zaman ona şöyle denildi, "git kendi küçült." Böylece küçük ışık oldu.

Böylece Nukva'da iki koşul görüyorsunuz:

1. İlk koşulda ZA ile birlikte ZA'ya eşit iki büyük ışık koşulundaydı;
2. İkinci koşul Nukva küçüldükten ve küçük ışık olduktan sonraydı.

Açıklama: ZA'nın ayrı Nukva'sının ıslahının başlangıcında Kaynak onu ZA'nın Guf'unda Nukva ile birleştirdi ki bu onun içindeki sol taraftır ve ikisi ZA için bir Nukva oldu. Mohin'in sağ ve solu bunlar için içindeki sağ olan Bina'dan, ZA, çekildiğinde Bina'nın sağının Işıklarını aldı ve ayrı olan Nukva Bina'nın solunun Işıklarını aldı tıpkı ZA'nın Guf'unun Nukva'sı gibi, zira onunla birleşerek tek bir Nukva olmuştu.

Ve Bina'nın sağ çizgisinin Işıklarının Hasadim ve Bina'nın sol çizgisinin Işıklarının da Hohma olduğunu zaten biliyorsunuz. Sonrasında ZA Bina'nın solunun Hohma'sını Hasadim olmaksızın aldı ve Hohma'nın Hasadim olmadan ışıyamadığı bilinmektedir. Bu nedenle, Hohma dondu ve Işık değil karanlık oldu.

İki kralın aynı Keter'i kullanamayacağını söylediği ayın şikâyetinin anlamı budur. Bunun nedeni şudur; Keter kabul edilen ve Bina olan aynı Keter'i kullandıklarında ZA Hohma'sız Hasadim olur ve Nukva Hasadim'siz Hohma olur ki bu karanlıktır ve bu koşula dayanamaz.

Şöyle sorabiliriz, "Ayrı olan Nukva, Guf'unun Nukva'sıyla birleşmeden önce içindeki erkek olan sağ Hasadim'i aldı ve Guf'undaki Nukva olan sol Hohma'yı aldı; ancak Guf'undaki buna müsamaha gösterebildi ve karanlık yoktu!" Konu şu ki Guf'undaki Nukva ZA'nın kendisidir. Dolayısıyla, içindeki Hohma ZA'nın içindeki Hasadim'den ayrı değildir. Ancak, aslında ZA'dan farklı olan ayrı Nukva'yla böyle değildir. Fakat Guf'undaki Nukva'yla birleştiğinden onun gibi Bina'nın solunun Hohma'sını aldı. Dolayısıyla Hohma'yı içine aldıktan sonra Hohma Hasadim'den ayrıldı zira ZA'nın Hasadim'i ile bağlantısı yoktu.

Böylece ayrı Nukva'nın ilk koşulunu detayıyla açıklamış olduk. Alt derecelere aydınlatabilmesi için ona şöyle denilmişti, "Git, kendini küçült," yani ZA'nın o yüksek derecesine eşit olmak ve Bina'dan almaktan kendini indirge. Daha doğrusu kendisini ZA'nın Yesod'unun altına indirgeyecek çünkü onun kökündeydi: ZA'nın tüm derecesinin altına ve tüm Işığını ZA'dan alacak.

Ve Işıklarını orta çizgi olan ZA'dan aldığından onun verdiği Hohma Hasadim'le entegre olur ve o da ışıyabilir. Bu, ayrı Nukva'nın ikinci koşuludur. İlk koşulda aldığı Nefeş, Ruah ve Ahor'un Neşama'sı sayılır yani bunlar ışımazlar. Ve ikinci koşulda aldığı Nefeş, Ruah ve Panim'in Neşama'sı kabul edilir yani bütünlük içinde ışırlar (Zohar, Bereşit 1, Madde 111-116; İdra Raba, Madde 323-325).

İlk koşulun faydaları vardır, zira o zaman En Üst seviyesi Bina'ydı ve ondan Hohma alabiliyordu ve ZA'dan almaya gerek yoktu. Ancak Hasadim'in eksikliğinden dolayı alt derecelere yansıyamıyordu. Bu nedenle Ahoraim kabul edilir.

Ancak ikinci koşulda ZA'nın Yesod'unun Masah'ında küçüldükten sonra Hohma almaya yeterli değildi zira Yesod ZA'nın Masah'ı onu küçülttü. Dolayısıyla, ilk koşulda içinde kalan Hohma'yı Ahoraim'in Kelim'inde alması gerekiyordu. Fakat ikinci koşulun birinci koşuldan daha fazla faydası vardır, zira o zaman hem Hohma'yı hem de Hasadim'i alt derecelere yansıtabilir, ilk koşulda ise alt derecelere yansıyamıyordu.

DÜNYALARIN EVRİMİ

TALMUD ESER SEFİROT BÖLÜM 1, HİSTAKLUT PNİMİT

Öncelikle şunu bilmelisiniz, zaman, yer ve hareket mevhumu olmayan manevi konularla ilgilenirken, dahası Tanrısallıkla ilgilenirken bunları ifade edecek ve üzerinde düşünebileceğimiz kelimelerimiz yok. Tüm kelime hazinemiz hayali hislerin duygularından alınmıştır. Peki, öyleyse bunlar bizlere duygu ve hayalin hâkim olmadığı bir yerde nasıl yardımcı olabilirler?

Örneğin, en güç algılanan kelimeleri mesela "ışıklar"ı aldığınızda bu en azından güneşin ışığına benzer ve ondan alır ya da tatmin olmanın duygusal ışığıdır. Peki, bunlar Tanrısal konuları ifade etmek için nasıl kullanılabilir? Elbette okuyucuya gerçek bir şey sağlamaktan yoksun olurlar.

Dediklerim araştırma ve ilim konularıyla ilgili yazılı olarak aktarılan bilimsel açıklamalarda kullanılan kelimeler için çok daha geçerlidir. Zira bir tek kelimenin kullanımında bile yetersiz olursak, okuyucunun hemen aklı karışır ve konuya tekrar tutunup kendisini bulması mümkün olmaz.

Bu nedenle Kabala bilgeleri "dalların dili" olarak adlandırabileceğimiz özel bir dil seçmişlerdir. Bu dünyada kökü Üst Dünyada başlamayan hiçbir madde ya da bir maddenin işleyişi yoktur. Dahası bu dünyadaki her varlığın başlangıcı Üst Dünyadadır ve sonra bu dünyaya iner.

Bu nedenle, bilgeler edinimlerini nesilden nesle ağızdan ve yazıyla hiç sorunsuz aktarmak üzere bir dil bulmuşlardır. Onlar her ismin kendini açıkladığı bu dünyadaki dalların isimlerini Üst Dünyaların sistemindeki Üst Köke değinircesine almışlardır.

Bu sıklıkla Kabala kitaplarında gördüğümüz karışık ifadeler ve insan ruhuna yabancı kelimelerle ilgili olarak kafanızı rahatlatmalı. Bunun nedeni kendilerini ifade etmek için bu dili, yani dalların dilini seçtiklerinde alt derecesinden dolayı bir dalı kullanılmamış bırakamadılar. Arzulanan kavramı ifade etmek için dünyamız başka hiçbir dalın bunun yerini alamayacağını önerdiğinde bu dili kullanmaktan kaçınamadılar.

Tıpkı iki saç telinin aynı gözenekten beslenemediği gibi aynı kökle bağlantısı olan iki dal yoktur. Ayrıca Kabala ilminde alt ifadesiyle ilgili nesneyi yok etmek de mümkün değildir. Böyle bir kayıp ilmin tüm gerçekliğinde bozulma ve kafa karışıklığına neden olur zira dünyada Kabala ilminde olduğu gibi neden ve etki, sebep ve sonuç yoluyla konuların birbiriyle ilişkilendirildiği başka hiçbir ilim yoktur. Konular tıpkı bir zincir gibi yukarıdan aşağıya kadar iç içe geçmiş ve birbiriyle bağlıdır.

Dolayısıyla burada kötü isimlerin iyi isimlerle değiştirilmesi onların yerini almasında özgür seçim yoktur. Her zaman Üst Köküne işaret eden doğru dalı bulmalı ve araştıran okuyucu için tam tanım sağlanana dek bunun üzerinde çalışmalıyız.

Gerçekten de Cennetin görüntüsüne gözleri açılmamış ve bu dünyanın dallarının Üst Dünyalardaki kökleriyle bağlantısındaki yeterliği edinmemiş kişiler duvarları kazıyan körler gibidirler. Onlar tek bir kelimenin bile gerçek anlamını anlamayacaklardır zira her kelime köküyle bağlantılı olan bir dalın ismidir.

Sadece bu kelimeyi konuşma dilinde açıklamaya uygun gerçek bir bilgeden çeviri alırlarsa ki bu bir dilden diğerine, dalların dilinden konuşma diline çevirmektir, o zaman kişi manevi kelimeyi olduğu gibi açıklayabilir.

Bu çeviride bunu yapmaya, on Sefirot'u Kutsal Ari'nin bizlere öğrettiği gibi, manevi arılıklarında, karışık terimlerden uzak açıklamaya çalıştım. Böylece her yeni başlayan ilme her hangi bir maddeselleştirmeye ve hataya düşmeden yaklaşabilir. Bu on Sefirot'un anlaşılmasıyla kişi bu ilimdeki diğer konuları da inceleyip nasıl anlayabileceğinin anlayışına gelir.

BÖLÜM 1

"Yaratılanlar zuhur olmadan ve varlıklar yaratılmadan önce sadece Basit Üst Işığın tüm realiteyi doldurduğunu bilin" (Hayat Ağacı). Bu kelimeleri açıklamak gerekiyor: Dünyalar zuhur olmadan önce Basit Işığın doldurduğu bir realite nasıl vardı? Ayrıca, O'nun yaptıklarına mükemmelliği getirmek için ortaya çıkan arzunun kısıtlanması konusu da açıklanmalı. Kitapta zaten bir miktar istek olduğu yazılıdır.

Bunun yanı sıra O'nun içindeki kısıtlamanın ortaya çıktığı orta nokta konusu hayli kafa karıştırıcı zira orada başlangıç ve sonun olmadığını söylemişti öyleyse orada orta nasıl olur? Gerçekten de bu kelimeler okyanustan daha derin ve bu nedenle açıklamalarının üzerinde detaylı durmalıyım.

Tüm realitede Eyn Sof'a dâhil olmayan hiçbir şey yoktur. Dünyamızdaki çelişkili terimler O'nun içinde Bir, Eşsiz ve Bütün formunda dâhildirler.

1. Hem duyularımızla algılanan hem de aklımızın gözüyle algılananlar olmak üzere dünyada Yaradan'ın içine dâhil olmayan herhangi bir varlığın özü yoktur, zira bunların hepsi bize O'ndan gelir. Ve insan O'nun içinde olmayanı verebilir mi?

Bizlerden ayrılmış ya da bize zıt olan mevhumları anlamalıyız. Örneğin, "ilim" kelimesi "tatlılık" kelimesinden farklı bir form olarak addedilir zira ilim ve tatlılık iki farklı terimdir. Benzer şekilde "işlemci" kelimesi de "işlem" (işleyiş) kelimesinden farklıdır. İşlemci ve işlemcinin işlemi iki farklı kavramdır. Bu, "tatlı" ve "acı" gibi iki zıt terimde daha da belirgindir; elbette bunlar ayrı incelenirler.

Bununla beraber, O'nun içinde haz, tatlılık ve acılık, işlemci ve işlem ve diğer farklı ve zıt formlar O'nun Basit Işığında bir olarak dâhil edilmiştir. Aralarında hiçbir fark yoktur, "Bir, Eşsiz ve Bütün" teriminde olduğu gibi.

DÜNYALARIN EVRİMİ

"Bir" kelimesi tek aynılığa işaret eder. "Eşsiz" her şeyin O'ndan uzandığını, tüm bu çoğulluğun O'nun Özü gibi O'nun içinde olduğuna işaret eder. "Bütün" O'nun pek çok işleyişi gerçekleştirdiğini göstermesine rağmen tüm bunları gerçekleştiren tek bir Güç vardır ve bunların hepsi dönüp Bir formunda birleşirler. Aslında bu bir form O'nun İşlemlerinin tümünde ortaya çıkan formları yutar.

Bu çok açık olmayan bir konudur ve her akıl buna müsamaha gösteremez. Rambam bize daha önce "Bir, Eşsiz ve Bütün" kelimelerinde ifade edildiği gibi O'nun eşsizliği konusunu açıklamıştı.

"Bir", "Eşsiz" ve "Bütün" arasında bir fark vardır:

1. O Bir Güçle hareket etmek için birleştiğinde "Bütün" olarak addedilir.

2. Kendi aksiyonunu gerçekleştirmek için bölündüğünde O'nun her bir parçası "Eşsiz" addedilir.

3. Tek bir eşitlikte iken O "Bir" olarak addedilir.

Yorum: O'nun Tekliği'ne uygun olarak ihsan etmek için çalıştığında "Tek bir Güç ile hareket etmek için birleşir" ve "O aksiyonunu gerçekleştirmek için "bölündüğünde O'nun işlemleri değişmez", yani O'nun işlemleri farklılık gösterdiğinde ve iyi ve kötü yapıyor gibi görünür, o zaman "Eşsiz" olarak adlandırılır, zira O'nun tüm işlemleri (aksiyonları) tek bir sonuç doğurur: iyilik yapmak.

O'nun her bir aksiyonda eşsiz olduğunu ve çeşitli aksiyonlarla değişmediğini görüyoruz. O tek bir aynılık içinde olduğunda "Bir" olarak adlandırılır. Bir, tüm zıtlıkların tek bir eşitlikte olduğu O'nun Özü'ne işaret eder. Rambam'ın yazdığı gibi "O'nun içinde bilen, bilinen ve bilgi birdir, zira O'nun Düşünceleri bizim düşüncelerimizden çok daha Yüksektir ve O'nun yöntemleri bizim yöntemlerimizden Daha Yüksektir."

İhsan etmekteki iki ayrım: alınmadan önce ve alındıktan sonra.

2. Kudret helvasını yiyenlerden öğrenmemiz lazım. Kudret helvasına "gökyüzü ekmeği" denir çünkü bu dünyada kıyafetlendiğinde maddeleşmedi. Bilgelerimiz her bir kişinin kudret helvasında tatmak istediği her şeyi tattığını söylediler.

Bu, içinde zıt formlar olduğu anlamına gelir: bir kişi onda tatlı tadı aldı ve diğeri ekşi ve acı. Dolayısıyla kudret helvasının kendisi iki zıtlığın birlikteliğinde dâhil olmak zorundaydı zira kişi kendinde olmayanı verebilir mi? Öyleyse, aynı taşıyıcıda iki zıtlık nasıl olabilir?

Bu nedenden dolayı basit ve her iki tattan yoksun olması şarttır ancak öyle bir şekilde dâhil edilmişlerdir ki fiziksel alıcı istediği tadın ayrımını yapabilir. Aynı şekilde her hangi manevi bir şeyi de algılayabilirsiniz: kendi içinde eşsiz ve basittir ancak dünyadaki formların tüm çoğulluğunu içerir. Fiziksel ve sınırlı alıcının eline düştüğünde alıcı bunun içinde o manevi özün içinde birleşmiş tüm diğer formlardan farklı ayrı bir formun farkına varır.

Dolayısıyla, O'nun ihsanında her zaman iki ayrımı ayırt etmeliyiz:

1. O Üst Bolluğun alınmadan önceki hâlâ kapsayan Basit Işık iken Özünün formu.

2. Bolluk alındıktan ve alıcının niteliklerine göre ayrı bir form oluşturduktan sonra. Ruhu Tanrısallığın bir parçası olarak nasıl algılayabiliriz?

3. Şimdi Kabalistlerin insanın ruhunun özüyle ilgili yazdıklarını anlayabiliriz: "Ruh Yukarıdaki Yaradan'ın bir parçasıdır ve hiçbir şekilde Bütünden farklı değildir, sadece ruh Bütün değil parçadır." Bir dağdan yontulmuş taş gibidir: taşın ve dağın özü aynıdır dolayısıyla taş ve dağ arasında fark yoktur, sadece taş dağın parçasıdır ve dağ bütündür.

Bu sözler tamamen kafa karıştırıcı görünüyor. Parçaların ve farkların bir dağdan yontulmuş taşa benzeme noktasında nasıl Tanrısallıkta ayırt edilebileceğini anlamak zordur. Taş dağdan bir çekiç ve balyozla oyulur ancak Tanrısallıkta onları birbirinden ne ve nasıl ayırabilir?

Maneviyat form eşitsizliği ile bölünür, fizikselliğin bir balta işle bölünmesi gibi.

4. Konuyu açıklığa kavuşturmadan önce maneviyattaki ayrılığın özünü açıklayacağız: Manevi varlıkların birbirinden sadece form eşitsizliği ile ayrıldığını bilin. Bir başka deyişle eğer bir manevi varlık iki form edinirse artık bir değil ikidir.

Bunu manevi olan insanların ruhlarıyla açıklayayım: manevi yasanın formunun basit olduğu bilinir. Elbette, ruhlar kadar ruhların yansıdığı bedenler vardır. Ancak, birbirlerinden her birinin içinde bulunan form eşitsizliği ile ayrılırlar, bilgelerimizim dediği gibi, "Yüzleri aynı olmadığı gibi görüşleri de benzer değildir." Beden ruhların formunu ayırt edebilir ve her bir ruhun iyi ya da kötü olduğunu söyleyebilir ve farklı formlarla da bunun gibidir.

Ve fiziksel bir maddenin bölünmesi, kesilmesi ve bir balta ve hareketle ayrı hale gelerek her parça arasındaki mesafeyi büyütmesi gibi manevi bir madde de bölünmüş, kesilmiş ve birbirlerinden form eşitsizliği ile ayrılmış olur. Eşitsizliğin ölçüsü her iki parça arasındaki mesafeye göredir.

Eyn Sof'la karşılaştırıldığında Yaratılışta form eşitsizliği nasıl olabilir?

5. Bu artık dünyamızda, insanların ruhlarında apaçık. Bununla beraber, Yukarıdaki Yaradan'ın parçası olan ruhlarda hâlâ "Tanrısal parça" diyebileceğimiz şekilde Tanrısallıktan nasıl ayrıldığı açık değil. "Form eşitsizliğiyle" dememeliyiz zira Tanrısallığın formların tüm çoğulluğunu ve O'nun Basit Eşsizliğinde dünyadaki zıt formları içeren Basit Işık olduğunu zaten söylemiştik, "Bir, Eşsiz ve Bütün" sözlerinde olduğu gibi. Dolayısıyla O'nun bir parçasını edinmek için ruhta onu Tanrısallıktan ayrı kılan, göze çarpan kılan form eşitsizliğini nasıl tanımlayabiliriz?

Gerçekten de bu soru öncelikle Tsimtsum'dan önceki (kısıtlama) Eyn Sof Işığı için geçerlidir zira önümüzdeki realitede Üst ve alt dünyaların hepsi iki izlenim ile belirlenirler:

DÜNYALARIN EVRİMİ

1. İlki Tsizmtsum'dan önceki tüm bu realitenin formudur. O zaman her şey sınırsız ve sonu olmayandı. Bu ayrıma "Eyn Sof Işığı" denir.

2. İkinci izlenim Tsimtsum'dan aşağı tüm bu realitenin formudur. Sonra her şey sınırlı ve ölçülü oldu. Bu izlenime dört Atzilut, Beria, Yetzira, Asiya dünyaları denir.

O'nun Özü'nde hiçbir düşünce ve algı olmadığı bilinir ve O'nda her hangi bir isim ya da adlandırma yoktur. Ve edinmediğimiz şeyi nasıl adlandırabiliriz? Bir isim edinime işaret eder, yani o isim gibi edindiğimize.

Dolayısıyla, O'nun Özü'nde bir isim ya da adlandırma olmadığı kesin. Bunun yerine tüm isimler ve adlandırmalar O'ndan genişleyen O'nun Işığı üzerinedir. Tsimtsum'dan önce tüm realiteyi sınırsızca ve sonu olmayacak şekilde dolduran O'nun Işığının genişlemesi Eyn Sof olarak adlandırılır. Bu nedenle Eyn sof Işığının kendi içinde ve dışında nasıl tanımlandırıldığını anlamamız lazım ki onu ruhla ilgili söylediğimiz gibi adlandırabilelim.

"Dolayısıyla, çalışma ve çaba ruhların ödüllendirilmesi için hazırlanmıştır, zira 'Kişi kendisine ait olmayanı yediğinde kendi yüzüne bakamaz'" sözlerinin açıklanması.

6. Bu olağanüstü yeri bir şekilde anlamak için daha detaya girmeliyiz. Önümüzdeki tüm realitenin eksenini ve onun genel amacını araştıracağız. Amacı olmayan bir İşlemci mi var? Ve O'nun Üst Dünyalarda ve alt dünyalarda önümüzdeki tüm bu realiteyi yaratmasının amacı nedir?

Aslında bilgelerimiz bizlere pek çok yerde tüm dünyaların Maneviyat ve Islahları uygulayan İnsan için yaratıldığını zaten söylediler. Ancak, bilgelerimizin bununla ilgili sordukları soruyu anlamamız lazım: "Eğer dünyaların yaratılışının amacı O'nun varlıklarına haz vermesi ise Yaradan neden bu fiziksel, karışık ve eziyetli dünyayı yarattı? Bu olmaksızın da ruhları istediği kadar mutlu edebilirdi; öyleyse neden ruhu böyle yanlış ve kirli bedende getirdi?"

Bilgelerimiz bunu şöyle açıkladılar, "Kişi kendisine ait olmayanı yediğinde kendi yüzüne bakamaz." Bu bedava verilen her hangi bir hediyenin utanca neden olduğu anlamına gelir. Ruhları bu utançtan korumak için Yaradan çabanın olduğu bu dünyayı yarattı. Ve onların çabasından memnun olacağız zira çabalarına karşılık Bütün'den karşılığını alacaklar ve böylece utancın yüz kızartıcılığından kurtulacaklar.

Yetmiş yıl çalışmanın sonsuz hazza oranı nedir, zira bundan daha büyük bedava hediye var mıdır?

7. Onların bu sözleri sürekli kafa karıştırır. İlk korku: öncelikli amacımız ve dua şudur, "Bize bedavadan hediye bağışla." Bilgelerimiz bedava hediyenin serveti sadece dünyadaki yüce ruhlar için hazırlanmıştır demişlerdir.

Cevaplarıysa daha da kafa karıştırıcıdır: Bedava verilen hediyede büyük eksiklik olduğunu bunun bedava hediye alan herkesin yaşadığı utanç olduğunu söylediler. Bunu onarmak amacıyla Yaradan bir sonraki dünyada çabanın ve çalışmanın ödüllendirilmesi için çaba ve çalışmanın olduğu bu dünyayı yarattı.

Ancak cevap gerçekten gariptir. Bu neye benziyor? Bu tıpkı bir kişinin arkadaşına "Benimle bir dakikalığına çalış ve karşılığında sana hayatının sonuna dek dünyadaki tüm haz ve serveti vereceğim" demesi gibidir. Gerçekten de bundan daha büyük bedava hediye yoktur zira ödül tamamıyla çabayla karşılaştırılamayacak kadar büyüktür çünkü karşılaştırıldığında çaba bu geçici ve değersiz dünyadadır ödül ve haz ebedi dünyadadır.

Geçici dünyanın ebedi dünyayla karşılaştırıldığında değeri nedir? Hatta çabanın niteliğiyle ödülün niteliği karşılaştırıldığında da böyledir.

Bilgelerimiz şöyle dedi: "Yaradan her erdemliye 310 dünyayı miras bırakacaktır." Yaradan'ın ödülün bir kısmını çabaya karşılık vereceğini kalanı da karşılıksız vereceğini söyleyemeyiz zira bunun ne faydası olur? Hediyenin geri kalanı için utanç olur! Aslında bu sözler kelime anlamıyla anlaşılmamalı çünkü burada daha derin bir anlam var.

Realitenin tümü tek bir Düşünceden kaynaklandı ve yaratıldı. Bu İşlemci, İşlemim kendisi, sonrasında aranan ödül ve çabanın Özü'dür.

8. Ve bizler O'nun önümüzdeki bu realite ve dünyaları yaratmasındaki Düşüncesini anlamalıyız. Çünkü O Bir, Eşsiz ve Bütündür. Ve O Basit olduğundan O'ndan uzanan Işıklar da çoklu formları olmaksızın Basit ve Bütündür şöyle yazıldığı gibi, "Benim düşüncelerim sizin düşünceleriniz değildir, yöntemleriniz de Benim yöntemlerim değildir."

Bu nedenle, tüm isimlerin ve tanımların ve alt ve Üst tüm dünyaların Bir Basit Işık, Eşsiz ve Bütün olduklarını anlamalısınız. Yaradan'da genişleyen Işık, Düşünce, İşlem ve İşleten ve kalbin düşünebildiği ve muhakeme edebildiği her şey O'nda bir ve aynı şeydir.

Dolayısıyla, ıslahın sonunda tüm bu realitenin Üst ve alt bir olarak kaynaklandığını ve Tek Düşünce ile yaratıldığını muhakeme edip algılayabilirsiniz. O Tek Düşünce tüm işlemleri yürüten tüm işleyişlerin Özü, nihai Amacın ve çabanın Özüdür. Kendi başına tam olarak mükemmel ve aranan ödüldür, Rambam'ın yazdığı gibi, "Bir, Eşsiz ve Bütün."

Tsimtsum konusu eksik bir işlemin Mükemmel İşlemciden nasıl ortaya çıktığını açıklamaktadır.

9. Ari Tsimtsum Alef (ilk kısıtlama) konusu üzerine detaylı açıklama yaptı çünkü bu son derece ciddi bir konudur. Bunun nedeni tüm bozuklukların ve çeşitli eksikliklerin O'ndan gelmesi ve uzanması gereklilik olmasıdır, şöyle yazıldığı gibi, "Işığı oluşturur ve karanlığı yaratırım." Bununla beraber bozukluklar ve karanlık O'na tamamen zıttır, öyleyse birbirlerinden nasıl kaynaklanabilirler? Ayrıca, Işıkla ve Yaratılış Düşüncesi'nde nasıl bir araya gelebilirler?

İki ayrı düşünce olduklarını söyleyemeyiz. Dolayısıyla, bu dünyaya kirlilik, acı ve kötülükle dolu olan her şey O'ndan nasıl uzanabilir ve tek bir düşüncede birlikte nasıl var olabilir?

BÖLÜM 2

Yaratılış düşüncesini açıklamak.

10. Şimdi Yaratılış Düşüncesini açıklamaya gelelim. "Hareketin sonu başlangıçtaki düşüncededir" sözleri kesindir. Pek çok düşünceleriyle fiziksel insanlarda bile aksiyon ilk düşüncede sonlanır. Örneğin, kişi evini inşa ederken bununla ilgili olarak ilk düşünce içinde yaşayacağı evin şeklidir.

Dolayısıyla, kişinin önceden tasarladığı bu şekil tamamlanana dek öncesinde pek çok düşünce ve pek çok işlem gelir. Kişinin tüm işlemlerinin sonunda bu şekil ortaya çıkar dolayısıyla, aksiyon ilk düşüncede sona erdi.

Tüm bunların yaratılma amacı ve ekseni olan son aksiyon O'nun varlıklarına haz vermektir. O'nun Düşüncesinin anında sonlandığı ve harekete geçtiği bilinir zira O hareket etmek zorunda olan bir insan değildir, sadece Düşünce tüm aksiyonu anında tamamlar.

Dolayısıyla, O'nun varlıklarına haz vermek amacıyla yaratılışı düşünür düşünmez Işığın anında O'nun düşündüğü tüm ölçüde ve haz formunda O'ndan uzanıp genişlediğini görüyoruz. Tümü bizim "Yaratılış Düşüncesi" dediğimiz o düşüncede dâhil olmuştur. Bunu Yaratılış Düşüncesi, "Eyn Sof Işığı" olarak adlandırdığımızı bilin zira O'nu her hangi bir isimle adlandıracak O'nun Özünde bir kelime ya da ifade yoktur.

Kaynaktaki ihsan etme arzusu doğal olarak kaynaktan çıkanda alma arzusunu doğurur ve kaynaktan çıkan O'nun Bolluğunu Kli'nin içinde alır.

11. Ari başlangıçta Basit Üst Işığın tüm realiteyi doldurduğunu söyledi. Bu Yaradan'ın varlıklarına haz vermeyi düşündüğünden ve Işık görünüşte O'ndan genişleyip ayrıldığı için O'nun Hazlarını almak bu Işığa anında yerleştirilmişti.

Ayrıca bu arzunun genişleyen Işığın tam ölçüsü olduğunu da tespit edebilirsiniz. Bir başka deyişle O'nun Işığının ölçüsü ve Bolluk O'nun haz verme Arzusunun ölçüsünden ne fazla ne azdır.

Bu nedenle, O'nun Düşüncesinin gücü vasıtasıyla bu Işığa yerleştirilmiş olan o alma arzusunun özünü "yer" olarak adlandırırız. Örneğin, bir kişinin bir kilo ekmek yiyecek kadar büyük midesi olduğunu bununla beraber diğer bir kişinin yarım kilo ekmekten fazla yiyemediğini söylerken hangi yerden bahsediyoruz? Bahsettiğimiz bağırsakların büyüklüğü değil iştahın ölçüsüdür. Ekmeği almanın yerinin ölçüsünün yeme arzusunun ölçüsüne bağlı olduğunu görüyorsunuz.

Maneviyatta da böyledir, bolluğu alma arzusu bolluğun yeridir ve bolluk arzunun yoğunluğu ile ölçülür.

Yaratılış Düşüncesinde ihtiva olan alma arzusu onu O'nun Özü'nden Eyn Sof adını alabilmek için dışarı çıkardı.

12. Şimdi Eyn Sof Işığının O'nun Özü'nden nasıl ayrıldığını görebilirsiniz, ki bunun için hiçbir söz söyleyemeyiz ve Or Eyn Sof (Eyn Sof Işığı) adıyla tanımlandı. Yukarıdaki bu ayrımdan dolayıdır ki o Işıkta O'nun Özü'nden alma arzusu teşkil etmiştir.

Bu O'nun Özü'ne dâhil olmayan yeni bir formdur, zira O kimden alabilir ki? Bu form ayrıca bu Işığın tam ölçüsüdür.

Tsimtsum'dan önce alma arzusundaki form eşitsizliği ayırt edilemiyordu.

13. O'nun Sınırsız Gücü'nde bu yeni form O'nun Işığından bir değişim olarak tanımlanmaz, şöyle yazıldığı gibi, "Dünya yaratılmadan önce O Bir'di ve O'nun Adı Bir'di."

"O" Eyn Sof Işığına işaret eder ve "O'nun Adı" "Yer"i ima eder ki bu Eyn Sof Işığına dâhil olan O'nun Özü'nden alma arzusu olan Eyn Sof'un Malhut'udur. O bize O'nun Bir olduğunu ve O'nun Adının Bir olduğunu söyler. O'nun Adı yani arzu olan Eyn Sof'un Malhut'u, bir başka deyişle tüm realitenin içine daldırılmış olan alma arzusu Yaratılış Düşüncesi'ne dâhildi ve Tsimtsum'dan önce form eşitsizliği ve Işıktan farklılık ayrımı yoktu. Ve Işık ve yer kelime anlamıyla birdir. Eyn Sof Işığı ile kıyaslandığında yerde her hangi bir fark ve eksiklik olsaydı elbette orada iki izlenim olurdu.

Tsimtsum, Eyn Sof'un Malhut'unun onun içinde alma arzusunu azalttığı anlamına gelir. O zaman Işık yok oldu çünkü Kli'siz Işık yoktur.

14. Tsimtsum'la ilgili olarak: Eyn Sof Işığına dâhil olan ve alma arzusu denilen Eyn Sof'un Malhut'u, ki bu tüm realiteyi ihtiva eden Eyn Sof'daki Yaratılış Düşüncesi'dir, kendisini yükselmek ve formunu O'nun Özü ile eşitlemek için donattı. Dolayısıyla, arzunun Behina Dalet'inde O'nun Bolluğunu alma arzusunu azalttı. Bunu yapmaktaki niyeti bu dünyaya kadar dünyaların meydana gelmesi ve yaratılmasıydı.

Böylece, alma arzusunun formu ıslah olur ve ihsan etme formuna geri döner ve bu onu Kaynak ile form eşitliğine getirir. Daha sonra, alma arzusunu azalttığında Işık ayrıldı, zira Işığın arzuya bağlı olduğu zaten biliniyor ve arzu Işığın olduğu yerdir zira maneviyatta zorlama yoktur.

BÖLÜM 3
Ruhun başlangıcının açıklanması.

15. Şimdi ruhun başlangıcı konusunu açıklayacağız. Ruhun Yukarıdaki Yaradan'ın bir parçası olduğu söylenmişti. Şöyle sorduk, "Nasıl ve neyin içinde ruhun formu O'nun Basit Işığından farklıdır?" Şimdi gerçekten de büyük bir form eşitsizliği olduğunu anlayabiliyoruz. O tüm algılanabilen ve hayal edilebilen formları içinde barındırmasına rağmen yine de bir formun yani alma arzusunun O'nun içinde olmadığını görüyoruz, kimden alacak ki?

Bununla beraber, O'nun haz verme isteğinden yani Yaratılış Düşüncesinden dolayı yaratılışları ortaya çıkan ruhlar zorunlu olarak bu isteme ve O'nun Bolluğunu almaya özlem duyma ile damgalandılar. Ruhların O'ndan farkı budur, zira formları O'nunkinden değişmiştir. Daha önce açıklandığı gibi fiziksel öz hareket gücü ve yerin uzaklığı ile ayrılmış ve bölünmüştür ve manevi öz form eşitsizliği ile ayrılmış ve bölünmüştür.

Form eşitsizliğinin ölçüsü birbirleriyle aralarındaki mesafeyi belirler. Eğer form eşitsizliği bir uçtan diğerine tamamen zıt olursa artık birbirlerini besleyemeyecek kadar bütünüyle bölünmüş ve ayrılmış olurlar zira birbirlerine yabancı kabul edilirler.

BÖLÜM 4

Tsimtsum'dan ve Masah (perde) alma arzusu üzerine yerleştikten sonra artık almak için bir Kli (kap) olmaya yetersiz kılınmıştı ve Kutsallık (Kutsallık) sisteminden ayrıldı. Bunun yerine Or Hozer (Yansıyan Işık) alma kabı olarak hizmet eder ve alma arzusunun Kli'si sistemi arındırmak için verilmişti.

16. Tsimtsum ve Masah "alma arzusu" denilen Kli'nin üzerine yerleştikten sonra Kli iptal oldu ve arı sistemden ayrıldı ve onun yerine Or Hozer alma kabı oldu.

Arı ABYA ile arı olmayan ABYA arasındaki bütün farkın bu olduğunu bilin. Arı ABYA'nın alma kapları Eyn Sof ile form eşitliğinde ıslah olan Or Hozer'den gelir, arı olmayan ABYA ise Eyn Sof ile zıt formda olan kısıtlanmış alma arzusunu kullanır. Bu onları Eyn sof olarak adlandırılan "Yaşamların Yaşamı"ndan ayırır ve koparır.

İnsanlık Klipot'dan (kabuklar) kalanlarla beslenir ve dolayısıyla bunu yaparak alma arzusunu kullanırlar.

17. Artık O'nun varlıklarına haz vermek olan Yaratılış Düşüncesi ile anında birleştirilen bozukluğun kökenini anlayabilirsiniz. Beş genel dünyanın, Adam Kadmon ve ABYA, oluşumundan sonra Klipot dört arı olmayan ABYA dünyasında da ortaya çıktı, "Yaradan onları birbiri ardına yarattı" sözlerinde olduğu gibi.

Bu koşulda geçici fiziksel beden önümüze serilmiştir ve bununla ilgili şöyle yazar, "İnsanın kalbi gençliğinden kötüdür." Böyle olmasının nedeni onu gençliğinden itibaren ayakta tutan her şeyin Klipot'dan kalanlardan gelmekte olmasıdır. Klipot'un özü ve arı olmamak onların sadece almak için isteme formudur. Onlar ihsan etme arzusundan yoksundurlar.

Bunda da Yaradan'a zıttırlar zira O hiçbir şekilde alma arzusuna sahip değildir ve tüm istediği ihsan etmek ve haz vermektir. Bu nedenle, Klipot'a "ölü" denir zira onların Yaşamların Yaşamı formundan zıtlıkları onları Yaradan'dan keser atar ve O'nun Bolluğundan hiçbir şeye sahip olamazlar.

Dolayısıyla, Klipot'tan arta kalanlarla beslenen beden de hayattan acı çeker ve kötülükle dolar. Ve bunların tümü içine işlenmiş olan ihsan etmeyi kullanmayıp sadece alma arzusundan kaynaklanır. Bedenin arzusu tüm dünyayı kendine almaya açıktır. Bu nedenle şöyle denir, "Günahkârlara yaşamlarında "ölü" denir, zira onların ihsan etme formundan hiçbir şey bulunmayan köklerinden olan temel form eşitsizliği onları Yaradan'dan ayırır ve onlar kelimenin tam anlamıyla ölü hale gelirler.

Kötülerin de mesela iyilik yaptıklarında ihsan etme formları varmış gibi görünür, onlarla ilgili Zohar'da şöyle denilmiştir, "Yaptıkları her iyilik öncelikle kendilerini ve şöhretlerini hedefler." Ancak ödül almak için değil Yaratıcılarına ihsan etmek için Maneviyat ve Islahları uygulayan erdemliler bu şekilde bedenlerini arındırıp alma kaplarını ihsan etme formuna dönüştürürler.

Bu onları tamamen Yaradan'a tutundurur çünkü formları hiçbir form eşitsizliği olmadan Yaratıcılarınınkiyle aynıdır. Bilgelerimiz, "Zion'a (gök) söyleyin: 'Sizler Benim halkımsınız'" sözlerini Benimle ortaksınız şeklinde yorumlarlar. Bu, erdemlilerin Yaradan'la ortak oldukları anlamına gelir, zira O Yaratılışı başlattı ve erdemliler alma kaplarını ihsan etmeye çevirerek bitirirler.

Realitenin tümü Eyn Sof'un içine dâhildir ve var oluştan var oluşa uzanır. Sadece alma arzusu yenidir ve var oluştan yokluğa uzanır.

18. Yaradan'ın hiçlikten var oluşa getirdiği ve bu Yaratılışta başlattığı başlangıç sadece her varlığın içine işlenmiş olan haz alma arzusuyla ilgilidir. Yaratılışta başka bir şey yaratılmamıştır ve "Ben Işığı oluşturur ve karanlığı yaratırım" sözlerinin anlamı budur. Rambam "Yaradan" kelimesini yenilenmenin işareti yani daha önce var olmayan bir şey olarak yorumlar.

Gördüğünüz gibi "Işığı yaratırım" demiyor, zira bunda hiçlikten var olan gibi yeni bir şey yok. Bunun nedeni Işığın ve Işığa dâhil olan her şeyin, bu dünyadaki tüm güzel şeylerin ve algıların var oluştan var oluşa uzandığı anlamına gelmesidir. Bu, bunların tümünün zaten Yaradan'a dâhil olduğu anlamına gelir dolayısıyla bir yenilik değillerdir. Bu nedenle "Işığı oluşturmak" şeklinde yazılmıştır, yani Yaradan'da yenilikler ve yaratılışlar yoktur anlamına gelir.

Bununla beraber, her türlü kötü hissi ve algıyı içeren karanlıkla ilgili olarak "ve karanlığı yaratır" sözleri söylenir. Bunun nedeni O'nun bunları kelime anlamıyla yoktan var oluş olarak yaratmasıdır. Bir başka deyişle, O'nun realitesinde hiçbir şekilde yoktur fakat şimdi yaratılmıştır. Bunların tümünün kökeni O'nun Işıklarına dâhil olan ve O'ndan uzanan "haz alma arzusu" formudur.

Başlangıçta, Üst Işıktan daha karanlıktı ve bu nedenle Işığa kıyasla "karanlık" denilmiştir. Ancak sonunda Klipot, Sitra Ahra ve kötüler bundan (karanlık) uzanmış ve bundan ortaya çıkmışlardır ki Yaşamın Kökü'nden tamamen ayrıdırlar ve şöyle yazılmıştır "ve bacakları ölümün üzerine iner." "Bacaklar" bir şeyin sonuna işaret eder. Ve sonunda ölümün Malhut'un - O'nun Işığının uzantısında bulunan haz alma arzusu - bacaklarından aşağı - Sitra Ahra'ya ve ondan beslenenlere ve onu izleyenlere sarktığını söyler.

Eyn Sof'dan uzanan dallar olduğumuzdan Köklerimizde olan şeyler bizim için haz veren şeylerdir ve Köklerimizde olmayan şeyler bize yük ve acı gelen şeylerdir.

DÜNYALARIN EVRİMİ

19. Şöyle sorabiliriz, "Alma arzusunun bu form eşitsizliği yaratılan varlıklarda olmak zorunda olduğuna göre, bunlar O'ndan Yaradan olmaktan varlıklar olmaya başka nasıl uzanabilirlerdir?" Bu sadece yukarıda bahsedilen form eşitsizliği ile mümkündür.

Dahası, bu haz alma formu Yaratılışın, Yaratılış Düşüncesi'nin ekseninin en önemli özüdür. Ayrıca "yer" olarak adlandırılmasının nedeni haz ve zevkin ölçüsüdür.

Dolayısıyla, buna nasıl "karanlık" denildiğini ve ölümün Behina'sına (izlenim) uzandığını söyleyebiliriz ki, zira bu alan alttakilerden ayrılık ve Yaşamların Yaşamından kesilme yaratır. Ayrıca, alıcılara O'nun Özü'ne olan form eşitsizliğinden kaynaklanan büyük endişe ve öfkeyi de anlamamız lazım.

Bunu açıklamak için önce dünyamızda hissedilen tüm hazların ve ızdırapların başlangıç noktasını bilmemiz lazım. Her dalın doğasının köküne eşit olduğu bilinir. Dolayısıyla, kökteki her hareket dal tarafından da arzulanır, sevilir ve istenilir ve kökte olmayan her şey dal tarafından da uzaklaştırılır, müsamaha edilmez ve nefret edilir.

Bu kök ve dal arasında işleyen çiğnenmez bir kanundur. Yaradan tüm varlıklarının kökü olduğundan O'ndaki ve O'ndan direk uzanan her şey bizim için hoşnutluk vericidir çünkü doğamız Kökümüze yakındır. Ayrıca, O'nda olmayan ve O'ndan bize direk uzanmayan tersine Yaratılışın kendisine zıt olan her şey doğamıza terstir ve bizim bunlara müsamaha etmemiz zor olacaktır.

Örneğin, durağanlığı sever, hareketten sonunda durağanlık bulmayacaksak tek bir hareket yapmayacak noktasına kadar şiddetle nefret ederiz. Bunun nedeni kökümüzün hareketsiz ve durağan olmasıdır, O'nda hiçbir hareket yoktur. Bu nedenle hareket doğamıza terstir ve bizler tarafından nefret edilir.

Benzer şekilde ilmi, gücü, zenginliği ve tüm erdemleri severiz çünkü bunlar Kökümüz olan O'na dâhildir. Aptallık, zayıflık, fakirlik, alçaklık ve benzer şeyler olan bunların tersinden de nefret ederiz zira bunlar Kökümüzde hiçbir şekilde yoktur ki bize aşağılık, tahammül edilemez ve iğrenç gelirler.

Yine de bize O'ndan direk gelmeyen ve Yaratılışın kendisine zıt olan şeylerin nasıl uzandığını incelemeliyiz. Bu tıpkı zengin bir adamın fakir bir adamı çağırarak her gün bir önceki günden daha fazla onu beslemesi, içecekler, gümüş ve altın vermesi gibidir.

Dikkat edin bu adam zenginin verdiği büyük hediyelerde iki belirgin tat alır: bir taraftan hediyelerin çokluğundan dolayı ölçülmez bir haz alır. Diğer taraftan adamın bu kazançların çokluğuna müsamaha göstermesi zordur ve onları almaktan utanır. Her seferinde hediye yağmuruna tutulmak onda tahammülsüzlüğe neden olur.

Hediyelerden aldığı haz direk olarak zengin hayırseverden gelir ancak hediyelerden hissettiği tahammülsüzlük zengin hayırseverden değil tam olarak alıcının özünden gelir – utanç onun içinde alma ve bedava hediyeden dolayı uyandı. Gerçek şu ki bu da ona zengin adamdan gelir ancak elbette ki dolaylı olarak.

Alma arzusu Kökümüzde olmadığından bunda utanç ve tahammülsüzlük hissederiz. Bilgelerimiz bunu ıslah etmek için Yaradan'ın bizim için bu dünyada Maneviyat ve

Islahlar çalışması "hazırladığını" yazarlar, alma arzusunu ihsan etme arzusuna çevirmek için.

20. O'ndan bize dolaylı olarak uzanan tüm formların sabrımız için bir zorluk sunduğunu ve bunların doğamıza karşı olduğunu öğreniyoruz. Bununla, alıcıda yaratılan yeni formun, yani haz alma arzusunun, O'nunla kıyaslandığında her hangi bir şekilde daha aşağıda ya da eksik olmadığını göreceksiniz. Dahası, bu O'nun Yaratılışının temel eksenidir. Bu olmadan burada Yaratılış olmazdı. Ancak, bu formun taşıyıcısı olan alıcı tahammülsüzlüğü "kendisinden" dolayı hisseder, zira bu form onun Kökünde mevcut değildir.

Şimdi bilgelerimizin bu dünyanın yaratılışıyla ilgili cevaplarını anlayabiliriz çünkü "kendisinin olmayanı yiyen kişi kendi yüzüne bakmaya korkar." Burada gereklilikten ötürü ruhlarda var olan haz alma arzusunun form eşitsizliğine değindiler, zira "kendisinin olmayanı yiyen kişi kendi yüzüne bakmaya korkar."

Dolayısıyla, bir hediye alan kişi Kökle form eşitsizliğinden dolayı onu alırken utanır zira Kök alma formunu ihtiva etmez. Bunu düzeltmek için Yaradan ruhun gelip bedeni giydirdiği bu dünyayı yarattı. Ve Yaradan'a mutluluk vermek için Maneviyat ve Islahlar çalışarak ruhun alma kapları ihsan etme kaplarına döner.

Dolayısıyla, kendisi için ayrıcalıklı bolluğu istemedi ancak buna rağmen ruhların O'nun Bolluğundan haz almalarını isteyen Yaradan'ına mutluluk vermek için o bolluğu aldı. Kendisi için almak arzusundan arındığı için O'nun yüzüne bakmaya utanmaz ve varlığın tam mükemmelliğini ifşa eder. Ve tüm yol boyunca bu dünyaya kadar inme ihtiyaç ve gerekliliği, alma formunu ihsan etme formuna çevirmenin büyük çabasıyla birlikte, sadece bu dünyada edinilebilir.

Günahkârlar iki kez mahvolurlar ve erdemliler iki kez miras alırlar.

21. Günahkârların iki kez mahvolduklarını gelin ve görün, zira onlar ipin iki ucunu da tutarlar. Bu dünya bir yokluk ve tüm iyi bolluğun eksikliği ile yaratıldı ve varlıklara sahip olmak için harekete ihtiyacımız var.

Bununla beraber, hareket çokluğu insana acı verir çünkü O'nun Öz'ünden dolaysız bir uzantıdır. Ancak, varlık ve iyiden yoksun kalmak da mümkün değildir çünkü bu da Kök'e zıttır zira Kök bollukla doludur. Dolayısıyla bizler varlıklardan tatminlik edinmek için hareketin eziyetini seçiyoruz.

Buna rağmen, tüm varlıklar sadece kişilerin kendileri için olduğundan ve "yüze sahip olan iki yüz istediğinden" kişi sonuçta "elinde arzusunun yarısı"ndan azı ile ölür. Sonunda, iki taraftan da acı çekerler: hareketin artmasının acısı ve yarısına sahip olmadıkları varlıkların azlığının acısı.

Ancak erdemliler topraklarından iki misli miras alırlar. Bir başka deyişle, alma arzularını ihsan etme arzusuna çevirdiklerinde ve aldıkları ihsan etmek için olduğunda o zaman iki misli miras alırlar. Sadece hazların mükemmelliğini ve çeşitli varlıkları edinmekle kalmaz aynı zamanda Yaratıcıları ile form eşitliği edinirler. Böylece, gerçek

Dvekut'a (tutunma) ulaşırlar ve durağandırlar, zira bolluk onlara kendiliğinden gelir, hiçbir hareket ve çaba olmadan.

BÖLÜM 5

Yaratılış düşüncesi ıslahın sonuna dek realitedeki her maddeyi birbirinden kaynaklanmaya zorlar.

22. Şimdi O'nun Eşsizliğinin gücünü anlayabiliriz, yani, O'nun Düşünceleri bizim düşüncelerimiz değildir ve önümüzdeki bu realitede madde ve formların tüm çeşitliliği O'nun varlıklarına haz vermek olan Yaratılış Düşüncesi olarak O'nun içinde bir Tek Düşünce'de birleşmiştir. Bu Tekil Düşünce tüm realiteyi ıslahın sonuna dek mükemmel birleşmede sarar, zira Yaratılışın tam olarak gerçek nedeni budur ve İşlemci budur tıpkı işletilendekini işleten Güç gibi. Bunun nedeni O'nda sadece bir düşünce olan şeyin varlıklarda birleştiren bir yasa olmasıdır. Ve O bize mutluluk vermeyi düşündüğünden bu bizim içimizde doğal olarak O'nun İyi Olan Bolluğunu alma zorunluluğu olarak ortaya çıktı.

Ve işlem budur. Bu, haz alma arzusu yasası içimize işlendikten sonra kendimizi "işlem" adıyla tanımladığımız anlamına gelir. Böyle olmasının nedeni bu form eşitsizliğinden dolayı bir Yaradan olmayı bırakıp bir varlık, İşlemci (işleten) olmayı bırakıp işlem oluruz.

Ve bu çalışma ve iştir. İşletilendekini işleten güçten dolayı dünyalar aşağı indikçe içimizdeki alma arzusu artar ta ki biz bu dünyada kendi dışına hiçbir şekilde ihsan etmeyen ve bedenlere ölüm ve ruha her türlü ızdırap ve zahmeti getiren Yaşamların Yaşamı'na zıt bir formda ayrı bir beden olana dek.

Maneviyat ve Islahlar'da Yaradan'a hizmet etmenin anlamı budur. Kısıtlanmış yerdeki çizginin aydınlanması vasıtasıyla Kutsal İsimler – Maneviyat ve Islahlar – genişlerler. Yaratıcıya mutluluk ihsan etmek için Maneviyat ve Islahlar çalışarak alma kaplarımız zaman içinde ihsan etme kapları olurlar ve artan tüm ödül budur.

Alma kaplarımız ne kadar bozuk ise O'nun Bolluğunu almak için o kadar ağzımızı açamayız. Böyle olmasının nedeni form eşitsizliği korkusudur, şu sözlerde olduğu gibi, "kendisinin olmayanı yiyen kişi kendi yüzüne bakmaya korkar." Tsimtsum Alef'in nedeni buydu ancak alma kaplarımızı ihsan etme kaplarına eşitlediğimizde bununla Kelim'imizi Yaratıcılarıyla eşitlemiş ve O'nun Bolluğunu sınırsızca almaya uygun hale gelmiş oluyoruz.

Böylece görüyorsunuz ki önümüzdeki Yaratılışın tümünün içindeki zıt formlar, yani işlemci ve işletilenin formu ve bozuklukların ve ıslahların formu ve çabanın ve onun ödülünün formunun tamamı O'nun Tek Düşüncesi'ne dâhil edilmiştir. Basitçe söylemek gerekirse, bu "O'nun varlıklarına mutluluk vermek"tir, tamamen bu, ne fazla ne eksik.

Kavramların çokluğunun tamamı da ayrıca o düşünce'ye dâhil edilmiştir, hem kutsal yazılardaki kavramlar hem de dini öğretilerinkiler. Tüm oluşumlar ve dünyalar ve bunların her birindeki işleyişler bu Tek Düşünce'den kaynaklanır.

Eyn Sof'un Malhut'u, Malhut'un orada her hangi bir son ortaya çıkarmadığı anlamına gelir.

23. Bununla beraber, Eyn Sof'da bir Malhut'u tanıyabilir miyiz? Bu orada Üst Dokuz Sefirot'un da olduğu anlamına gelir! Bizim dünyalarımızdan bakıldığında, Eyn Sof Işığına ister istemez dâhil olan alma arzusu Eyn Sof'un Malhut'u olarak adlandırılır. Bununla beraber, Malhut orada Eyn Sof Işığı üzerine bir sınır ve son koymadı, zira alma arzusundan kaynaklanan form eşitsizliği ona açık değildi. Bu nedenle Eyn Sof denir çünkü Malhut orada bir durdurma yapmaz. Tersine, Tsimtsum'dan aşağıya her Sefira ve Partzuf'da Malhut'un gücüyle bir sonlanma yapılmıştı.

BÖLÜM 6

Alma arzusunun dört HaVaYaH harfleri olan dört Behinot (izlenimler) hariç her hangi bir özde ortaya çıkması mümkün değildir.

24. Malhut'da ortaya çıkan sonu bütünüyle anlayalım. Öncelikle, Kabalistlerin belirlediklerini yani Üst Dünyalarda ya da alt dünyalarda dört harften oluşan HaVaYaH isminin sırasında olmayan büyük ya da küçük hiçbir Işık olmadığını açıklayacağız.

Bu, dünyalarda bir Kli'ye bürünmemiş hiç bir Işık yoktur yasasıyla birlikte yürür. O'nun Özü ve O'ndan genişleyen Işık arasındaki farkı zaten açıklamıştım. Bu sadece O'ndan uzanan Işığın ihtiva ettiği haz alma arzusundan, yani o arzuya sahip olmayan O'nun Özü'yle form eşitsizliğinden dolayı olur.

Genişleyen Işık "yayılan" ismiyle tanımlanır çünkü bu form eşitsizliği Işığı Yayıcı olmaktan yayılan olmaya getirir. Ayrıca, O'nun Işığına dâhil olan alma arzusunun da Işığın büyüklüğünün ölçüsü olduğu açıklandı. Bu "Işığın yeri" olarak adlandırılır yani bolluğunu alma arzusunun ve ihtirasının ölçüsüne göre alır, ne daha çok ne daha az.

Ayrıca, bu alma arzusunun dünyaların yaratılışında yoktan var edilme yoluyla meydana getirilen bir yenilik olduğunu açıklar. Bunun nedeni bu formun tek başına O'nun Bolluğuna dâhil olmamasıdır, Yaradan bunu şimdi sadece Yaratılışın amacı için yarattı. "Ve karanlığı yarattı" sözlerinin anlamı budur, zira bu form içindeki form eşitsizliğinden dolayı karanlığın köküdür. Bu nedenle içinde ve ondan dolayı genişleyen Işıktan daha karanlıktır.

Şimdi görüyorsunuz ki O'ndan genişleyen her hangi bir Işık iki izlenimden oluşur:

1. İlki içinde "haz alma arzusu" formu ortaya çıkmadan önceki genişleyen Işığın özüdür.

2. İkincisi, içinde "haz alma arzusu" formu ortaya çıktıktan sonrakidir o zaman Işık form eşitsizliğinin ediniminden dolayı daha kaba ve karanlık olur.

DÜNYALARIN EVRİMİ

Dolayısıyla, ilk izlenim Işık ikinci izlenim ise Kli'dir. Bu nedenle, genişleyen her Işık Kli üzerindeki izleniminde dört Behinot içerir. Bunun nedeni "Genişleyen Işığın Kli'si" denilen alma arzusu formu tek seferde değil işleten ve işletilen yoluyla tamamlanır.

İşletende iki ve işletilende iki Behinot vardır. Bunlar işletende "potansiyel" ve "asıl" ve işletilende "potansiyel" ve "asıl" olarak adlandırılır ki bunlar dört Behinot'u oluşturur.

Alma arzusu yaratılana kendi uyanışı vasıtasıyla kendi seçimiyle almak hariç nüfuz etmez.

25. Kli Işığa zıtlığından dolayı karanlığın kökü olduğundan yavaş işlemek zorundadır, zaman içinde neden ve sonuç ilişkisine göre, şöyle yazıldığı gibi, "Sular yaratıldı ve karanlık ortaya çıktı" (Midraş Rabba, Shemot 80, 22).

Karanlık Işığın kendisinin sonucudur ve onun tarafından işletilir, potansiyel ve asıl olan gebe kalma ve doğumda olduğu gibi. Bu, genişleyen her Işıkta bu arzu Işığın içine açıkça yerleşmeden form eşitsizliği olarak kabul edilmese bile alma arzusunun zorunlu olarak birleşmiş olduğu anlamına gelir.

Kaynak tarafından Işığın içine birleştirilmiş alma arzusu bunun için yeterli değildir. Tersine, varlığın kendisi içindeki alma arzusunu aksiyonda yani kişisel seçimiyle kendi keşfetmelidir. Bu, bolluğun Kaynak tarafından içindeki Işığın ölçüsünden daha çok genişlemesini kendi arzusuyla büyütmesi anlamına gelir.

Varlık arzusunun ölçüsünü arttırmada kendi seçimiyle işlemeye başladıktan sonra özlem ve alma arzusu onun içinde sabit olur ve Işık sürekli olarak bu Kli'yi giydirebilir.

Eyn Sof Işığının görünürde varlığın kendisi tarafından Behina Dalet olan arzunun tam ölçüsüne ulaşarak tüm dört Behinot üzerine yayıldığı doğrudur. Bunun nedeni varlığın kendi özünü zaten genişletmeyeceği ve kendisi için bir isim yani Eyn Sof'u edinmeyecek olmasıdır.

Ancak, form O'nun Sınırsız Gücü'ndeki alma arzusundan dolayı hiç değişmedi ve Işık ile Işığın yeri yani haz alma arzusu arasında belirgin bir değişim yoktur, bunlar bir ve aynı şeylerdir.

Şöyle yazılmıştır, "Dünya yaratılmadan önce O ve O'nun Adı Bir'di." Bu iki sözü, "O" ve "O'nun Adı", anlamak gerçekten zordur. Dünya yaratılmadan önce O'nun Adı'nın olmasının ne anlamı var? Şöyle denilmeliydi, "Dünya yaratılmadan önce O Bir'di."

Ancak bu Tsimtsum'dan önceki Eyn Sof Işığı'yla ilgilidir. Bir yer ve O'nun Özü'nden Bolluğu alacak bir alma arzusu olmasına rağmen yine de değişim ve Işık ile "Yer" arasında bir fark yoktur.

"O Bir'dir" demek Eyn Sof Işığı ve O'nun Adı birdir demektir. Bu haz alma arzusunun hiçbir değişiklik yapılmadan dâhil edilmesi anlamına gelir. Bilgelerimizin ne ima etmek istediklerini anlamalısınız, "O'nun Adı" Gimatria'da arzu yani "haz alma arzusu"dur.

Yaratılış Düşüncesi'ndeki tüm dünyalar "Eyn Sof Işığı" olarak adlandırılırlar ve oradaki alıcıların tümü Eyn Sof'un Malhut'u olarak adlandırılır.

26. "Aksiyonun sonu başlangıçtaki düşüncededir" sözleriyle ilgili olarak bunun O'nun varlıklarına haz vermek için Öz'ünden genişlemiş olan Yaratılış Düşüncesi olduğunu açıklamıştık. O'nda Düşünce ve Işığın bir olduğunu öğrendik. Dolayısıyla bundan O'nun Öz'ünden genişleyen Eyn Sof Işığının önümüzdeki tüm realiteden aksiyonun sonu olan gelecekteki ıslahın sonuna dek kapsadığı sonucu çıkar.

O'nda O'nun varlıklarına ihsan etmek istediği tüm yaratılışlar tüm mükemmellikleri ve haz ile zaten tamdır. Realitenin tamamına "Eyn Sof Işığı" denir ve onları içeren şey Eyn Sof'un Malhut'u olarak adlandırılır.

BÖLÜM 7
Sadece Behina Dalet kısıtlanmış olmasına rağmen, Işık ilk üç Behinot'dan da ayrıldı.

27. Yaratılış Düşüncesi'nin kapsayan noktası olan ve içindeki haz alma arzusu olarak adlandırılan orta nokta Kaynak ile form eşitliğini geliştirebilmek için kendisini donattı. Kaynak açısından bakıldığında O'nun Sınırsız Gücü'nde form eşitsizliği olmamasına rağmen arzunun noktası bunu O'nun Öz'ünden dolaylı bir uzantı olarak hissetti, tıpkı zengin adam benzetmesinde olduğu gibi. Bu nedenle, O'nun Öz'ünden direk uzanma yoluyla Dvekut'u büyütmek için alma arzusunun tam kötülüğü olan son Behina'dan arzusunu azalttı.

Sonra Işık her yerden çekildi, yani o yerdeki tüm dört dereceden. Arzu Işığını sadece Behina Dalet'den azaltmasına rağmen maneviyatın bölünmez olması onun doğasıdır.

Sonrasında, ilk üç Behinot'dan tekrar bir Işık çizgisi uzattı ve Behina Dalet boş bir yer olarak kaldı.

28. Sonra Eyn Sof Işığı boş kalan yere bir kez daha genişledi ancak dört Behinot'daki tüm yeri doldurmadı, Tsimtsum noktasının arzusuna göre sadece üç Behinot'u doldurdu. Dolayısıyla, kısıtlanmış olan orta nokta boş ve kof kaldı zira Işık sadece Behina Dalet'den geçerek aydınlattı ancak tüm yolu değil, ve Eyn Sof Işığı orada durdu.

Buradan itibaren Üst Dünyalarda uygulanan Behinot'un birbirine Hitkalelut'u (karışma) konusunu açıklayacağız. Artık dört Behinot'un birbirine öyle bir karıştığını görüyorsunuz ki Behina Dalet'in kendisinin içinde de dört Behinot bulunuyor. Böylece, Eyn Sof Işığı Behina Dalet'deki ilk üç Behinot'a da ulaştı ve sadece Behina Dalet'deki son Behina boş ve Işıksız kaldı.

BÖLÜM 8
Hohma Işık olarak adlandırılır ve Hasadim "Su" olarak. Bina "Üst Su" olarak ve Malhut "alt su" olarak adlandırılır.

29. Şimdi alma arzusu formunu tamamlamak için gerekli olan neden ve sonucun dört Behinot'unun anlamını açıklayacağız. Atzilut'da Işığın iki Behinot'u vardır. İlk Behina "Işık" yani Or Hohma olarak adlandırılır ve ikinci Behina Hasadim olan "Su" olarak adlandırılır.

İlk Behina Yukarıdan aşağıya alt Behina'dan hiç yardım almaksızın genişler. İkinci Behina alttakinin yardımı ile genişler, böylece "su" adı verilmiştir zira Işığın doğası Yukarıda olmak suyun doğası aşağıda olmaktır.

Suyun kendisinin içinde de iki Behinot vardır: Dört Behinot içinde Behina Bet tarafından Üst Su ve dört Behinot içinde Behina Dalet tarafından alt su bulunur.

Alma arzusu olan Kli'nin ortaya çıkmasını sağlamak için Or Eyn Sof'un dört Behinot'a genişlemesinin açıklanması.

30. Bu nedenle, Or Eyn Sof'un her türlü genişlemesi Eser Sefirot'dan oluşur. Bunun nedeni Kök ve Kaynak olan Eyn Sof'un Keter olarak adlandırılmasıdır. Genişlemenin kendisinin Işığına Hohma denir ve bu Işığın Yukarıdan, Eyn Sof'dan genişlemesinin tüm ölçüsüdür.

Alma arzusunun Işığın Yukarıdan her genişlemesine dâhil olduğu zaten söylenmişti. Ancak, arzu varlığın içinde uyanmadan arzunun formu genişlemesinin ölçüsünden daha fazla Işık genişletmek için bilfiil belirgin olmaz.

Dolayısıyla, alma arzusu genişlemenin Işığında anında potansiyel olarak dâhil olduğundan Işık potansiyeli gerçeğe çevirmeye zorlanır. Sonuç olarak, Işık Eyn Sof'dan genişlemesinin ölçüsünden daha fazla ilave Bolluk genişletmek için uyanır. Dolayısıyla, alma arzusu gerçekte o Işık içinde ortaya çıkar ve form eşitsizliği içinde yeni formu edinir, böylece yeni formuyla daha bayağı olduğundan Işıktan daha karanlık olur zira yeni formuyla daha kalınlaşmıştır.

Ayrıca, bu daha kalınlaşmış kısım Bina olarak adlandırılır. Gerçekte, Bina Hohma'nın parçasıdır yani tam olarak Eyn Sof'un genişlemesinin Işığıdır. Ancak, arzusunu yükseltip Eyn Sof'dan içindeki genişliğin ölçüsünden daha fazla Bolluk çektiğinden form eşitsizliği edindi ve Işıktan biraz daha kalınlaştı. Böylece "Sefira Bina" olan kendi ismini edindi.

Arzusunu gücüyle Eyn Sof'dan genişlettiği İlave Bolluğun özü Or Hasadim ya da "Üst Su" olarak adlandırılır. Bunun nedeni bu arzunun Or Hohma gibi Eyn Sof'dan direk uzanmaması ancak arzuyu yoğunlaştıran varlığın yardımıyla olmasıdır. Dolayısıyla, Or Hasadim ya da "su" olarak adlandırılmayı hak ediyor.

Artık Sefira Bina'nın Işığın üç izleniminden oluştuğunu biliyorsunuz:

1. Or Hohma'nın parçası olan Bina Işığının özü.
2. Arzunun yoğunlaştırılmasıyla edinilen içindeki kalınlaşma ve form eşitsizliği.
3. Eyn Sof'dan kendi genişlemesi vasıtasıyla ona gelen Or Hasadim.

Ancak bu yine de alma kabının tümünü tamamlamaz, zira Bina esasen Or Eyn Sof'dan direk uzanan Hohma'dır. Sonuç olarak, sadece alma kaplarının kökü ve Kli'nin işletilmesi için işlemci Bina'da ortaya çıktı.

Sonrasında, yoğunlaşmasının gücü nedeniyle ondan genişleyen aynı Or Hasadim bir kez daha genişledi ve bir kısım Hohma ışığı daha eklendi. Or Hasadim'in bu genişlemesine Zer Anpin ya da HGT denir.

Bu Hitpaştut Işığı da Bina'dan genişlemesindeki Hohma Işığının ölçüsünden daha fazla yeni bolluk genişletme arzusunu arttırdı. Bu genişleme de iki Behinot olarak kabul edilir, zira içindeki yoğunluk Malhut olarak adlandırılırken genişlemenin Işığının kendisi ZA ya da VAK olarak adlandırılır.

On Sefirot'a bu şekilde geliyoruz: Keter, Eyn Sof'dur, Hohma Eyn Sof'dan genişlemenin Işığıdır, Bina bolluğu arttırmak için yoğunlaşan ki bununla Aviut'u edinen Or Hohma'dır. HGT NHY'den oluşan ZA, Bina'dan genişleyen Hohma Işığıyla Or Hasadim'dir; ve Malhut, ZA'da bulunandan daha fazla Hohma eklemek için ikinci yoğunlaşmadır.

Arzudaki dört Behinot KHB TM olan dört HaVaYaH harfidir.

31. Dört harfli İsimdeki dört harfin anlamı budur: Yud'un ucu Eyn Sof'dur, yani işleten güç Yaratılış Düşüncesi'ni dâhil etti ki bu Keter'in Kli'si olarak adlandırılan O'nun varlıklarına haz vermektir.

Yud Hohma'dır, yani Eyn Sof'un genişlemesinin Işığına dâhil edilen potansiyeldeki asıl olan Behina Alef'dir. İlk Hey Bina Behina Bet'dir ki bu potansiyelin gerçekleşmesidir, yani Hohma tarafından kalınlaştırılmış Işıktır.

Vav Zer Anpin ya da HGT NHY'dir, yani Bina'dan geçerek ortaya çıkan Or Hasadim'in genişlemesidir. Bu, işlemin gerçekleşmesinin gücü olan Behina Gimel'dir. HaVaYaH'daki alt Hey Malhut yani Behina Dalet'dir. Bu Bina'dan genişlemesinin ölçüsünden daha fazla bolluk genişletmek için yoğunlaşan alma kabındaki tam aksiyonun ortaya konulmasıdır. Bu, alma arzusunun formunu ve daha öncesinde değil de sadece bu dördüncü Behina'da tamamlanan alma arzusu olan Kli'sini kıyafetlendiren Işığı tamamlar.

Şimdi Üst Dünyalarda ya da dört Behinot olan dört harften oluşan İsmin altında düzenlenmemiş alt dünyalarda Işık olmadığını kolaylıkla görebilirsiniz. Bu olmadan, her Işıkta olması gereken alma arzusu eksiktir zira bu arzu yer ve Işığın ölçüsüdür.

HaVaYaH'ın Yud ve Vav harfleri incedir çünkü sadece potansiyel olarak ayrılmışlardır.

32. Bu bizi şaşırtabilir zira Yud Hohma'yı ve Hey Bina'yı işaret eder ve Hohma'ya kıyasla Bina, Zer Anpin ve Malhut sadece kıyafetler iken on Sefirot'da var olan Işığın tüm özü Sefira Hohma'da mevcuttur. Dolayısıyla, Hohma dört harfli İsimdeki büyük harfi almalıydı.

DÜNYALARIN EVRİMİ

Aslında dört harfli İsimdeki harfler on Sefirot'daki Işığın ölçüsüne işaret edip belirtmez. Tersine, Kli'deki etkinin ölçüsünü belirtirler. Maneviyatın yazıldığı tirşenin beyaz rengi Işığı ifade eder ve harfleri olan siyah Kelim'in niteliğini belirtir.

Dolayısıyla, Keter sadece Kli'nin kökünün kökü olarak fark edilir ve sadece Yud'un ucunda belirtilmiştir. Gerçekte ortaya çıkmamış güç olan Hohma harflerin en küçüğü olan Yud ile belirtilmiştir.

Gücün aksiyonda gerçeğe dönüştüğü Bina en geniş harf olan Alef ile gösterilir. ZA sadece aksiyonun yerine getirilmesinin gücüdür; dolayısıyla, uzun ve dar bir harf olan Vav ile gösterilir. İnceliği içindeki Kli'nin özünün henüz potansiyel olduğunu ve uzunluğu da genişlemesinin sonunda tamamlanmış Kli'nin ondan geçerek ortaya çıktığını gösterir.

Hohma tüm Kli'yi kendi genişlemesinde göstermeyi başaramadı zira Bina tamamlanmamış bir Kli olmakla beraber Kli'nin işletimcisidir. Dolayısıyla, Yud'un bacağı kısadır, hâlâ kısa olduğunu gösterir ve genişlemesiyle ve içinde gizlenmiş olan güç ile tüm Kli'yi açığa çıkarmadı.

Malhut da Bina gibi geniş bir harf olan Hey harfi ile tam formunda gösterilir. Bina ve Malhut'un aynı harflere sahip olması sizi şaşırtmamalı zira Tikun dünyasında bunlar gerçekten de benzerler ve Kelim'lerini birbirlerine verirler, "Böylece ikisi gittiler" sözlerinde olduğu gibi.

BÖLÜM 9

Manevi hareket demek form eşitsizliğinin yenilenmesi demektir.

33. Bu ilimde neredeyse her kelimede karşılaştığımız zaman ve hareketin anlamlarını her halükarda anlamamız lazım. Aslında, manevi hareketin bir yerden bir yere somut bir şekilde hareket etmek gibi olmadığını bilmeniz lazım.

Bizler her form yenilenmesini "hareket" olarak adlandırıyoruz. Bu yenilenme, bu form eşitsizliği maneviyatta yenilenip önceki genel formundan farklı olarak o manevi koşuldan bölünüp uzaklaşarak kendi isim ve hükmü ile ayrılması olarak kabul edilir. Bu tamamen fiziksel bir özün bir kısmın ayrılarak bir yerden başka yere hareket etmesine benzer. Dolayısıyla, form yenilenmesi "hareket" olarak adlandırılır.

Manevi zaman birbirinden kaynaklanan belli sayıda form eşitsizliği yenilenmeleri anlamına gelir. Öncesi ve sonrası neden ve sonuç anlamına gelir.

34. Zamanın manevi tanımıyla ilgili olarak: Bizim için şunu anlayın, zamanın manevi tanımı sadece hareket hissidir. Hayalimiz teker teker ayırt ettiği belli sayıda hareketi resmeder ve onları belli bir "zaman" miktarı olarak çevirir.

Dolayısıyla, eğer kişi çevresiyle tamamen rahat olsaydı zaman olgusunun farkında bile olmazdı. Öyleyse maneviyatta: Belli miktarda form yenilenmesi "manevi hareket" olarak kabul edilir. Bunlar sebep sonuç yoluyla birbirine karışmışlardır ve maneviyatta "zaman" olarak adlandırılırlar. Ayrıca, "önce" ve "sonra" her zaman "sebep ve sonuç" olarak kabul edilir.

BÖLÜM 10

Doğmuş varlığa atfedilmiş tüm madde alma arzusudur. Bunun içindeki her ekleme Kaynağa atfedilmiştir.

35. Varlıktaki alma arzusu olan Kli ayrıca varlığa atfedilmiş tüm genel maddedir, öyle ki bunun dışında var olan her şey Kaynağa atfedilmiştir.

Alma arzusu her özün ilk formudur. İlk formu "madde" olarak tanımlıyoruz çünkü özde edinimimiz yoktur.

36. Alma arzusunu bir durum ve özün içinde bir form gibi algılasak da bunu nasıl özün maddesi olarak algılayabiliyoruz? Aslında, bize yakın olan niteliklerle de aynıdır. Özdeki ilk formu "özdeki ilk madde" ismiyle adlandırıyoruz, zira hiçbir maddede edinim ya da algımız yoktur çünkü beş duyumuzun hiç biri de buna uygun değillerdir. Görme, duyma, koklama, tatma ve dokunma ince eleyip sık dokuyan aklımıza duyularımızla işbirliği yapıp ifade ederek sadece özün "durum"larının soyut formlarını sunar.

Örneğin, her hangi bir özün kimyasal bir süreçten geçerek ayrılmış en küçük elementindeki en küçük mikroskobik atomları alırsak onlar da göze öyle görünen sadece soyut formlardır. Daha doğrusu bizler bunları içlerinde bulduğumuz alma ve alınma arzusu yollarıyla ayırt edip inceliyoruz.

Bu işlemleri müteakip çeşitli atomları o niteliğin ilk maddesine kadar seçip ayırt edebiliriz. Ancak, o zaman bile özdeki güçlerden daha fazlası, madde olmazlar.

Dolayısıyla, görüyorsunuz ki fizisellikte bile ilk formun ilk madde olduğunu varsaymak hariç kendisini izleyen tüm diğer durum ve formları taşıyan ilk maddeyi anlamaktan başka yolumuz yoktur. Bu somut ve hayal ürününün bulunmadığı Üst Dünyalarda da böyledir.

DÜNYALARIN EVRİMİ

GENEL ÖNSÖZ

Hayat Ağacı'nda usta olanlara ve herkese, "Önce öğren; sonra anla" sözlerinde olduğu gibi.

1. Bilgelerimiz şöyle dedi: "Aşağıda, Yukarıdan bir meleğin onu etkileyip 'Büyü!' demediği hiçbir çimen tanesi yoktur". Bu oldukça kafa karıştırıcı görünüyor, zira Yaradan neden Yukarıdan bir meleği önemsiz bir çimen yaprağını etkileyip bakması için uğraştırsın?

Ancak, bu deyiş Yaratılış'ın yorumlaması çok uzun sırlarından biridir. Böyle olmasının nedeni sonsuz bilge olanın kalbinin değerli hikâyelerle bir kısım ifşa edip iki kısım gizlemeyi istemesidir zira onlar Işığı değersiz bir öğrenciye ifşa etmekten yorulmuşlardır. Bu nedenledir ki bilgelerimiz efsanelerden öğrenilmediğini söylemişlerdir zira efsaneler mühürlenmiş ve kitlelerden engellenmiştir ve bir nesilde sadece seçilmiş birkaç kişiye ifşa edilirler.

Ve Zohar Kitabı'nda ayrıca Raşbi'nin (Kabalist Şimon Bar Yohai) Kabalist Aba'ya sırları yazmasını emrettiğini görüyoruz, çünkü o öyküleme ile nasıl ifşa edileceğini biliyordu. İdra'da, Raşbi'nin ilimden ifşa ettiği her sır için "Söylesem de kederlen; söylemesem de kederlen. Söylemezsem dostlarım o sözü kaçıracaklar; ve söylersem günahkârlar Efendi'lerine nasıl hizmet edeceklerini öğrenecekler" deyip bağırdığı yazılıdır.

Bu iki açıdan da zor bir durumda olduğu anlamına gelir: eğer Işığın sırlarını ifşa etmese sırlar Yaradan'dan korkan gerçek bilgelerden kaybolup gidecekti. Ve eğer sırları ifşa etse erdemli olmayanlar bunlarda başarısız olacaklardı, zira konuların köklerini anlamayacak ve ham meyveyi yiyeceklerdi.

Dolayısıyla, Raşbi betimlemelerdeki başarısından dolayı anlamaya layık olanlar için yeterince ifşa olsun ve anlamaya layık olmayanlardan gizlenip engellensin diye yazması için Kabalist Aba'yı seçti. Bu nedenden dolayıdır ki Kabalist Aba'nın öyküleme ile nasıl ifşa edileceğini bildiğini söyledi. Bir başka deyişle, o ifşa etmesine rağmen manevi ilme layık olmayanlar için hâlâ bir sır kalmıştır.

Bununla beraber, Zohar'da zamanın sonunda en alt seviyedekiler için bile bu ilmin tamamen ifşa olacağına söz verdiler. Ve ayrıca bu derleme ile İnsanoğlunun sürgünden kurtulacağını, yani gerçeğin ilminin ortaya çıkışı ile halkın tam kurtuluş ile ödüllendirileceğini de söylediler. Ayrıca şunu da görüyoruz ki Zohar'ın sözleri ve gerçeğin ilminin gizli sırları zaman içinde nesilden nesle ifşa oluyorlar ta ki bizler ilmin tamamını ifşa etmekle ödüllendirilene dek ve o zaman tam kurtuluş ile ödüllendirileceğiz.

Başladığımız makaleyi açıklığa kavuşturmak için öncelikle on Sefirot'un dokuz değil on, on bir değil on olduğunun yazıldığı meşhur Yaratılış Kitabı'ndaki cümleyi açıklayacağız. Yorumcuların çoğu bunu incelediler ancak biz kendi yöntemimizle açıklayacağız ki konular Yaradan adını arayan herkese ifşa olsun.

On Sefirot'un Keter, Hohma, Bina, Hesed, Gevura, Tiferet, Netzah, Hod, Yesod, Malhut olarak adlandırıldığı biliniyor. Ari'nin Giriş'in Kapısı'ndaki "HaDaat" bölümünde bunların aslında beş Behinot (izlenimler) olduğu yazılmıştır: Keter, Hohma, Bina, Zer Anpin ve Malhut; ancak Zer Anpin dört Sefirot HGT NHY'den oluşmaktadır. Bu derlemedeki on Sefirot hakkında uzun uzadıya yazdım bu yüzden burada bu genel önsözde öğrenciye bu geniş kapsamlı ilmin büyük kısmının doğru ve genel bir bilgisini ve öğretinin tarzının gerçek başlangıcını vermek istiyorum.

Hayat Ağacı kitabında öğrencilerin çoğu konuları anlamakta başarısız oluyorlar, zira manevi konseptler zaman ve yer olgularının üzerindedir, ancak bunlar zaman ver yerlerde resmedilerek fiziksel terimlerle ifade edilirler. İlaveten, Ari'nin yazılarında başlangıç öğrencileri için bu ilimle ilgili sıra düzenlenmemiştir. Kitaplar onun öğrencilerinin önünde gün be gün söyleyeceği kutsal kelimelerle derlenmişti ve öğrencilerin kendileri de gerçeğin ilminde usta idiler.

Dolayısıyla, uzun ya da kısa, yazılmış hiçbir kitapta bu ilimde genel olarak gerçek ustalık gerektirmeyen hiçbir makale yoktur. Bu nedenle, öğrenciler bıkıyor ve konuları bütünüyle birleştiremiyorlar.

Böylece, bu önsözü yazdım, ilmin konuları ve temellerini az ve öz bir şekilde bağlamak için -ki öğrenci Ari'nin yazılarını çalışmak isterse her makale ile öğrenciye anında hazır olsun. Ve bu nedenle, her konuyu tam anlamıyla detaylandırıp yorumlamıyorum çünkü bu derlememle açıklık kazanacak. Bunun yerine, amacıma göre yeterli bir şekilde özetliyorum. Ve bilgelerimiz şöyle dediler: "Önce öğren, sonra anla."

Ari, on Sefirot KHB, HGT, NHYM'nin aslında beş Behinot KHB, ZA ve Malhut olduğunu yazmıştı. Dört harfli ismin, Yud, Hey, Vav, Hey, anlamı budur. Yud'un ucu Keter'dir, Yud Hohma'dır, Hey Bina'dır, Vav Zer Anpin'dir – altı Sefirot HGT NHY'yi içerir – ve son Hey Malhut'dur.

Otiot (harfler) ve Sefirot'un bir olduğunu bilmelisiniz. Ancak Kli olmadan Işığın genişleyemeyeceği kuralı takiben her ikisinden birlikte bahsettiğimizde, yani Işık Kli'nin içinde kıyafetlendiğinde bunlar Sefirot olarak adlandırılırlar. Ve yalnızca Kelim'den (Kli'nin çoğulu) bahsettiğimizde Otiot olarak adlandırılırlar.

Işıkla ilgili olarak çalışan kaynaktaki beyazın Işık ve siyahın yani harflerin Kelim anlamına geldiği yazılmıştır. Bu, Rambam'ın "Işığı oluştururum ve karanlığı yaratırım," ile ilgili çevirisinde hiçlikten var oluşu meydana getirme konusunun "Yaradan" olarak adlandırıldığı anlamına gelir, zira bu yeni bir şeydir, yaratılışından önce var olmayan bir şey. Ve Işığın içinde ve Işığa dâhil olan tüm haz ve zevkler, yeni bir oluşum değildir, var oluştan vardır, zira Işık ve tüm bolluk zaten O'nun Özüne dâhildir.

Bu nedenle şöyle denilmiştir, "Işığı oluştur," zira bu bir yaratılış meselesi değil bir formasyondur, yani Işığı öyle bir şekilde oluşturmak ki aşağıda yaşayanlar onu alabilsinler. Ancak karanlık Yaratılış ile birlikte meydana getirilen hiçlikten var oluşun oluşturuluşunda yeni bir şeydir, yani O'nun Özüne dâhil değildir. Bu nedenle şöyle denilmiştir, "ve karanlığı yaratırım." Ancak karanlık Işığın tam zıddıdır; dolayısıyla, karanlığın Işıktan nasıl genişleyebildiğini anlamamız lazım.

Panim Masbirot'da (Karşılayan Yüz), "Dal 1" bu noktayı detaylı açıkladım ve burada sadece üzerinden geçeceğim. Zohar'da Yaratılışın amacının O'nun varlıklarına haz vermek olduğunun yazıldığı biliniyor, zira İyinin işi iyilik yapmaktır. Açıkçası, O'ndaki her arzu yaratılanlar için zorunlu bir kanundur. Bundan da anlaşıldığı gibi Yaradan varlıklarına haz vermeyi düşündüğünden O'nun verdiği hazları anında almak isteyen zorunlu bir doğa yaratılan varlıklara monte edildi, yani O'nun Bolluğunu alacak büyük bir arzu. Bunun köke ilişkin Kli olarak adlandırılan bir özlem olduğunu bilin.

Bu nedenle Kabalistler Kli olmadan Işığın olmadığını söylemişlerdir, zira yaratılmış her varlığa dâhil edilmiş olan alma arzusu ve varlık Kli'dir ve bu ayrıca Işığın tam ölçüsüdür. Bir başka deyişle, Kli tam olarak arzuladığı Işığı alır, ne daha fazla ne daha az, zira maneviyatta zorlama yoktur ve Kutsallık'tan (kutsallık) olmamasına rağmen fizisellikte bile böyledir.

Açıkça görülüyor ki Kli'nin formu Işığınkinden farklıdır. Bu nedenle Işık değil Kli olarak adlandırılmıştır. Ancak bu form eşitsizliğinin anlamını anlamamız lazım. Aslında, kendi için alma arzusu çok büyük bir form eşitsizliğidir, zira bu form hiçbir şekilde Kaynağa uygun değildir, zira O kimden alabilir ki? Aksine, bu (form eşitsizliği) ilk yaratılanda hiçlikten -var-oluş ile yapımı vasıtasıyla başladı. Bunun içinde alma arzusu Nedenlerin Nedeni'dir (Panim Masbirot, "Dal 1").

Bu, Kutsal Zohar'da Üst Keter'in Nedenlerin Nedeni'ne kıyasla karanlık olduğunun yazılmasını açıklıyor. İlk yaratılandaki alma arzusundan bahsediyorlar ve bunu form eşitsizliği, "karanlık" olarak adlandırıyorlar zira bu Kaynak'ta mevcut değildir. Bu nedenle, Işığa kıyasla ve ona zıt olan siyah renk karanlığın köküdür.

Ayrıca, Panim Masbirot'da açıklandığı gibi fiziksel şeylerin birbirinden bir balta ve çekiçle ayrılması gibi manevi şeyler de aralarında form eşitsizliğiyle ayrılırlar. Ve form eşitsizliği bir uçtan diğerine zıtlık derecesinde büyürse aralarında tamamen ayrılık yaratılır.

Bu nedenle orada alma arzusunun formunun O'ndan uzanan Işığın tümüne dâhil olduğu ancak gizli, potansiyel bir güç olarak bulunduğu açıklanmıştır. Bu güç yaratılanlara onlar Yaradan tarafından içlerinde genişleyen ölçüden daha fazla ilave bolluk isteme arzusunu yoğunlaştırmadan ifşa olmaz.

Örneğin, yiyecek lezzetliyse kişinin daha fazla yiyecek arzusu yiyebileceğinden daha fazla artar. Dolayısıyla, yaratılan varlık ilave bolluğu genişletme arzusunu arttırırsa gerçek alma kapları ortaya çıkar. Ve bu form eşitsizliği varlığın içinde olup O'nun içinde olmadığından sadece yaratılan varlığın uyanması ve bunu tam olarak anlamasıyla tamamlanır.

KABALA BİLİMİ

2. Dolayısıyla, O'nun Işığının genişlemesi Kaynak olmanın sınırını genişletmez ve Işık Hohma, Bina, Zer Anpin ve Malhut denilen dört Behinot'dan geçerek varlık olur. Böyle olmasının nedeni O'nun Işığının uzantısının Hohma olarak adlandırılan o varlığın Işığının özünün tam ölçüsü olmasıdır. Ve bu yoğunlaştığında ve genişliğinin ölçüsünden daha fazla bolluk yaydığında bu Bina olarak adlandırılan Behina (Behinot'un tekili) Bet (ikinci bir Behina) kabul edilir.

Ayrıca, üç izlenimin ikinci Behina'da yapılması gerekmektedir: İlk izlenim: Sefira Bina'nın özü Hohma'dır. İkinci izlenim: içinde alma kabının kökünün ifşa olması için ortaya çıkan arzunun yoğunluğu. Bu anlamda, Behina'da Hohma Or'a (Işığı) kıyasla Aviut (alma arzusu) yani form eşitsizliği vardır. Bu Üst Gevura olarak adlandırılır. Üçüncü izlenim: Bu onun kendi arzusunun uyanması vasıtasıyla edindiği bolluğun özüdür. Işığa tamamen Kaynak'tan uzanan ve Or Hohma'dan daha aşağı olan kendi adı, Or Hasadim, verilir. Or Hasadim, varlıkların yoğunluğu ile bağlantılıdır, daha önce de bahsedildiği gibi daha bayağı yapılmış bir Işık olan Gevura Or Hasadim'in kökü oldu. Bu üç izlenim birlikte Bina olarak adlandırılırlar ve ikincisi Hohma'nın Behina'sı olarak. Böylece, iki Behinot, Hohma ve Bina, açıklığa kavuşturulmuş oldu ve Keter Eyn Sof'dur (Sonsuzluk), varlıkların kökü.

Ve Behina Bet İşletimci'ye doğru yoğunlaştırılmış bir arzu ortaya çıkarmasına rağmen yine de tam bir alma kabı olmaya uygun değildir. Maneviyatta konu şudur, Kli ve Işık birbirlerine çok yakın, esas itibariyle birbirlerine bağlıdırlar. Işık yok olduğunda Kli iptal olur ve Kli yok olduğunda Işık iptal olur. Dolayısıyla, Kli'nin önemi Işığın önemi kadardır.

Bu yüzden, alma kabının formu Bina'da tamamlanmamış idi, zira Bina'nın özü Or Hohma'dır. Bu nedenle, kendi yoğunluğu ile genişlettiği Or Hasadim onun özünün karşısında fenerin karşısındaki bir mum gibi iptal oldu. Dolayısıyla, bu Or Hasadim Bina'nın kendisinden dışa doğru genişledi ve Bina'dan genişlemesinin ölçüsünden daha fazla bolluk sunabilmek için güç topladı. O zaman alma arzusu tamamlandı.

Dolayısıyla, ilave için yoğunlaşmadığı sürece alma kabının hâlâ potansiyelde, gizli olduğu Bina'dan genişleyen iki izlenimimiz daha var ve bu Zer Anpin olarak adlandırılır. Ve daha fazla bolluk için yoğunlaşması o varlıkta tamamlanmış ve artık Işık ve Kli'den oluşan alma kabı olan "Malhut'un Kli'si" denir. Bununla bir Kaynak olarak kabul edilmesi durur ve varlık olarak algılanır.

Bunlar HB, ZA ve Malhut olarak bilinen dört -harfli- isim olan dört Behinot'dur. HB, Yud-Hey'dir ve ZON, Vav-Hey'dir. Bunlar on Sefirot olarak kabul edilirler çünkü Zer Anpin Hesed, Gevura, Tiferet, Netzah, Hod ve Yesod olan altı Sefirot içerir.

Konu şu ki ZA'nın özü Hesed ve Gevura'nın Işığıdır, yani Bina'dan dışa genişleyen iki Behinot, Or Hasadim ve Üst Gevura'dır. Ve burada Bina'da Gevura'nın ilk ve Or Hasadim'in kökü olduğuna dikkat etmeliyiz. Ancak Tiferet'de bunun tersidir: Hesed Gevura Işığından önce gelir, zira genişleyen ana Işık Hesed'dir ve Gevura bunun içinde Bina'da yardımcıdır.

DÜNYALARIN EVRİMİ

Şimdi Raşbi tarafından Hayat Ağacı'nda yazılanları anlayabilirsiniz, yani Nekudim dünyasında ZA'nın Gevura'sı Hesed'inden önce gelir, zira yukarıda bahsedilen dört Behinot'un alt iki Behinot'unda olduğu gibi Nekudim'in ZON'u asıl ZON değil Bina'nın ZON'u kabul edilir. Bu nedenle ZA'nın Gevura'sı Hesed'inden önce gelir.

Ayrıca, ZA'nın Sefira Tiferet'i Malhut'un Kli'sinin aksiyonuna yukarıdaki Hohma ve Gevura'nın birleşmesidir. Bu Tiferet olarak adlandırılır zira Işık kendisini arzusu Kli yapmaya yetmeyen Hohma olan Behina Alef (birinci Behina) üzerinde Mitpaer (övmek) yapar. Ancak Bina'dan dışa doğru genişleyen Hasadim ve Gevurot (Gevura'nın çoğulu) olan Behina Gimel Malhut'un Kli'sini yapmaya yeterlidir. "insanın güzelliğine (Tiferet) göre, evde yaşamak" sözlerinin anlamı budur. Bu, ZA'nın üç Sefirot HGT'sini açıklıyor ve ZA'nın özü olduklarından bunlara "üç atalar" denir. Ayrıca, Netzah, Hod ve Yesod "oğullar" olarak adlandırılır çünkü HGT'den genişlerler.

Mesele şu ki, kitapta detaylı bir şekilde açıklanan Tsimtsum Alef'den (ilk kısıtlama) dolayı Malhut'un Kli'sinde sert bir Masah (perde) oluşmuştu. Bu, kitapta da yazıldığı gibi, Malhut Kli'sindeki Behina Dalet'in (dördüncü Behina) oradaki form eşitsizliğinden dolayı Üst Işığın Behina Dalet'e girmesini engellediği anlamına gelir.

Ancak, Işık genişler ve Behina Dalet'e de gelmek ister zira Panim Masbirot'ta da yazıldığı gibi Üst Işığın doğası yerinden neredeyse ayrılana dek altta olanlara genişlemektir. Dolayısıyla, Malhut'un Kli'sine yayılan Üst Işıkla Malhut'un Kli'sindeki engelleyici Masah arasında bir Zivug de Hakaa (çarpışarak çiftleşme) yapılır.

Bu kıvılcımların geri yansıdığı güneş ışığının aynaya çarpması gibidir. Dolayısıyla, bu Zivug de Hakaa'dan Or Hozer'in (Yansıyan Işık) on Sefirot'u denilen on yeni Sefirot ortaya çıkar. Böylece, her bir varlıkta iki set on Sefirot bulunur: dört Behinot üzerindeki Or Yaşar'ın (Direkt Işık) on Sefirot'u ve Or Hozer'in on Sefirot'u.

Bunun Malhut'un Kli'sindeki Masah'da Zivug de Hakaa için ZA'nın HGT'sinden tekrar yayılan Üst Işık olduğunu bilmelisiniz. Bunlara Netzah, Hod, Yesod denir.

Artık Tikuney Zohar'da (Zohar'ın Islahları) yazılanları anlayabilirsiniz, yani Malhut babalara dördüncü oğullara yedincidir. Bu, ilk var edildiğinde Malhut'un ZA'nın Tiferet'inin aksiyonundan algılandığı ve "Babalar" denilen HGT'yi izlediği anlamına gelir. Ve Masah'ındaki Or Hozer'in ışımasının perspektifinden Malhut Zivug de Hakaa için ona uzanan NHY'yi izler. Ve NHY "HGT'nin oğulları" olarak adlandırılır; dolayısıyla oğullara yedincidir.

Böylece on Sefirot KHB, HGT, NHY'nin özünü ve köklerindeki Malhut'u açıklamış olduk. Gerçeğin ilmindeki ilk konsept budur ve bu ilmin derinine inerken her zaman öğrencinin gözü önünde olmalıdır.

Şimdi Yaratılış Kitabı'ndaki "dokuz değil on" sözlerindeki güçlü uyarıyı anlıyoruz. Bu, Tsimtsum'dan (kısıtlama) aşağıya doğru Behina Dalet'de engelleyen bir Masah oluştuğundan Behina Dalet'in on Sefirot'dan hariç bırakıldığını yanlışlıkla söylemek mümkün değildir ve Kutsilikte (Kutsallık) sadece dokuz Sefirot kalır. Bu nedenle, şöyle uyarır, "dokuz değil on."

Ve dahası "on bir değil on" diye uyarır. Bu, Tsimtsum'dan sonra Behina Dalet'in bir alma kabı olduğunu yanlışlıkla söylemememiz anlamına gelir. Dolayısıyla, bir Malhut'da iki Sefirot vardır: biri her zaman Or Hozer'i yükselten Masah'dır ve ayrıca Or Yaşar'ı alma kabıdır.

3. Yukarıda bahsedilen on Sefirot'da gözünüzden kaçmaması gereken ve bu ilmi çalışırken yolunuzu düzleyecek beş önemli izlenim vardır. İlk izlenim varlıkta var olan Eyn Sof'un geniş kapsamlı Işığı olan Atzmut (kendi, öz) Işığıdır. Bu özdür zira alt derece burada hiçbir şekilde katılımcı değildir; ve Or Yaşar'ın Hohma'sı olarak adlandırılır.

İkinci izlenim Yukarıdan aşağıya uzanan Or Hasadim'dir. Bu Işık varlığın Behina Bet'inin Gevura'sının (güç) uyanışı ile birleşir ki bu üzerine çektiği Bina (anlayış) Işığıdır. Üçüncü izlenim bir Zivug de Hakaa ile aşağıdan Yukarıya yükselen Or Hasadim'dir. Bu yukarıda bahsedilen engellemeden dolayı sadece varlıktan yükselen ve genişleyen Or Hozer olarak adlandırılır.

Dördüncü izlenim Üst Gevura'nın Işığı yani yoğunlaştırma vasıtasıyla edindiği Bina'nın Aviut'u olan Behina Bet'dir. Beşinci izlenim alt Gevura'dır yani varlık tarafından ilave edilen Or Hasadim'de harekete geçen arzunun yoğunlaştığı yer olan Behina Dalet'dir. Bu, "Or Yaşar'ın Malhut'unun Kli'si" olarak adlandırılır ve bu Gevura on Sefirot'un Kli'sidir ve bunu aklınızda tutun.

Şunu bilin ki Kli Malhut'un Masah'ı, Üst Işığın Behina Dalet'de yayılmasını durdurmak için Masah'da var olan engelleyici güçten dolayı karanlığın köküdür. Bu ayrıca ödül almak için çabanın da köküdür, zira çalışma istemeyerek yapılan bir harekettir çünkü çaba gösteren sadece dinlendiği zaman rahattır. Ancak ev sahibi maaş ödediğinden işçi ev sahibinin karşısında kendi arzusunu iptal eder.

Bize bu dünyada ifşa olana dek alt dünyalara dalların uzandığı Üst Dünyalarda kökü olmayan hiçbir varlık ya da hareket olmadığını bilin. Ve genel olarak çalışma ve çabanın haz ihsan etmek isteyen Kaynak'tan dolayı şiddetle arzuladığı Işığı engelleyen Malhut'un Kli'sinin Masah'ında köklendiğini görüyorsunuz ve Kaynak'ta bir Düşünce olan her şey varlıkta zorunlu bir yasadır. Doğal olarak, O'nun aksiyona ihtiyacı yoktur sadece Düşüncesi tamamlar. Bu nedenle, Masah form eşitsizliğine gelmesin diye Üst Işığı almamayı seçer (Panim Masbirot, "Dal 1").

Bundan Masah'daki engelleyen gücün çabaya eşit olduğu sonucu çıkar. Ve ev sahibinin işçiye verdiği ödül, Masah tarafından Or Hozer için bir kökün meydana geldiği yer olan Zivug de Hakaa vasıtasıyla yayılan Or Hozer'dedir. Bundan Masah'ın Or Yaşar'a olduğu kadar Or Hozer'in on Sefirot'una da Keter olmaya geri döndüğü sonucu çıkar. Aşağıda açıklanacağı gibi tüm bu kazanç sadece onun engelleme hareketinden dolayı geldi.

DÜNYALARIN EVRİMİ

Yukarıda bahsedilenlerden on Sefirot'un aslında Malhut denilen tek Kli olduğu sonucu çıkar. Ancak formunu tamamlamak için üç izlenim olarak algılanır: birbirinden çıkan üç Behinot Hohma, Bina ve ZA. Bu Malhut'un ilk kısıtlamanın olduğu Eyn Sof'un Malhut'u denilen Tsimtsum'dan önceki Or Eyn Sof'a dâhil olduğunu bilmelisiniz.

Panim Masbirot, "Dal 1"de yazıldığı gibi Kaynak'la form eşitsizliğinden dolayı Malhut'un arzusu Behina Dalet'de almak istemekten yükseldi ve Kav'ın (çizgi) Işığı ona Eyn Sof'dan uzandı. Kav'ın Işığı beş dünyadan genişleyen ve adam Kadmon, Atzilut, Beria, Yetzira ve Asiya denilen tüm Işıkları kapsar. Genel olarak bu Işıktan Kav Midah (ölçü) kelimesinden gelen Kav olarak bahsedilir, zira bu Işık dünyalara yani her bir dünyaya o dünyada detaylandırılmış Malhut'un Kli'sinin formuna göre ölçü ve kısıtlanmış bir rakamla gelir.

Ve yukarıda bahsedilmiş olan beş dünya hususu gerçekte Keter ve on Sefirot'da bilinen dört Behinot mevzusudur. Dolayısıyla, AK dünyası Keter dünyasıdır; Atzilut dünyası Hohma dünyasıdır; Beria dünyası Bina dünyasıdır; Yetzira dünyası Zer Anpin dünyasıdır; ve Asiya dünyası Malhut dünyasıdır. Ancak kitabın içeriğinde yazıldığı gibi her bir dünyada on Sefirot vardır ve her dünyanın on Sefirot'unun her Sefira'sı da on Sefirot içerir.

Bunlar yukarıda bahsedilen beş dünyaya bölünmüştür çünkü Malhut'un Kli'si öncelikle Keter vasıtasıyla her bir Sefira'ya dahil olmalıdır. Bu onun ZON'a dahil olduğu AK'ın AHP'ının Hitpaştut Alef'inde (ilk genişleme) ortaya çıkar. AHP'ın Hitpaştut Bet'inde (ikinci genişleme) Bina'ya dahil olur. Ve Nekudim dünyasında Hohma'ya dahil olur ve Atzilut dünyasında Keter'e dahil olur.

Ve Malhut her bir Sefira'ya dahil olduğundan Tikun (ıslah) dünyası başlar: Roş'u (baş) yukarıda bahsedilen Eyn Sof Işığının Behina Alef'de kıyafetlendiği Atzilut dünyasıdır. Sonra Eyn Sof Işığı Behiha Bet'de kıyafetlenerek Beria dünyasını yaratır. Bunu takiben Behina Gimel'de kıyafetlenerek Yetzira dünyasını yaratır ve sonra Behina Dalet'de kıyafetlenerek Asiya dünyasını yaratır. Bunların hepsinin zorunlu bir sebep sonuç hareketiyle birbirinden nasıl kaynaklandığı ve birbirine nasıl bağlı oldukları kitabın içinde detaylı olarak açıklanacak.

4. Öncelikle, AK ve ABYA dünyalarının her birinin niteliğini anlamamız gerekiyor ki bunları teker teker açıklayacağım. Adam Kadmon dünyası olan Keter dünyasıyla başlayalım. Bunun ilk Kli'si Akudim (bağlı) dünyasıdır. Akudim'in Kapısı, Bölüm Üç'de Ari tüm on Sefirot'un ortaya çıktığını ancak hepsinin birlikte ortaya çıkmadığını yazdı. Başlangıçta Akudim dünyasında sadece Malhut ortaya çıktı. Ve bu Malhut Nefeş formunda ortaya çıktı. Bunu müteakip Keter vasıtasıyla parçaların geri kalanı ortaya çıktı.

Ve Keter geldiğinde Malhut beş İçsel Işıkla – Nefeş, Ruah, Neşama, Haya ve Yehida – tamamlandı. Ancak yine de yukarıdaki eksik ortaya çıkan Sefirot'un tümünden yoksundular. Dolayısıyla, tamamlanmak için Kaynak'a geri tırmanmak zorunda idiler. Ancak şimdi dönüşte Keter önce döndü.

KABALA BİLİMİ

Ve Keter yükseldiğinde Hohma Işığı Keter'in yerine, Bina Hohma'nın yerine, ZA Bina'nın yerine ve Malhut ZA'nın yerine yükseldi. Sonuç olarak, Hohma da Kaynak'a yükseldi. Sonra Bina Keter'e yükseldi ve ZA Keter'e yükseldi, Malhut da Hohma'ya. Sonunda Malhut Kaynak'a yükselene dek ZA ve Malhut Keter'e yükseldi.

Bundan sonra Işık Kaynak'dan geri döndü ve başlangıç sıralarında olmamalarına rağmen onların içinde genişledi. Bunun yerine Keter Işığı dönmedi fakat ayrıldı ve kaybolmuş olarak kaldı. Dolayısıyla, Hohma Işığı Keter'in Kli'sinde, Bina'nın Işığı Hohma Kli'sinde, ZA Işığı Bina Kli'sinde ve Malhut'un Işığı ZA'nın Kli'sinde ortaya çıktı. Buraya kadar Ari'nin sözlerini kısaca özetlemek gerekirse Malhut'un Kli'si tamamen Işıksız kaldı. İlaveten Akudim'in on Sefirot'u aşağıdan yukarıya doğru ortaya çıktı, sonra ZA, sonra Bina, sonra Hohma ve sonunda da Keter, buraya kadar sözleri bu şekilde.

Ari'nin sözlerinde ifade edilen on Sefirot'un Yukarıdan aşağıya ve aşağıdan Yukarıya detaylı olarak açıklanması konusunu iyi anlamalıyız. Elbette, bu Yukarının, aşağının, zaman ve yer olarak öncesi ve sonrasının ölçüleri hakkında değildir. Tersine, neden ve sonuç, sebep ve neticeye göredir. Bu nedenle, Malhut nasıl önce ortaya çıkabilir de hepsinin kökü olan Keter en son ortaya çıkana dek ZA tarafından, Bina tarafından izlenebilir? Bu kafa karıştırıcı görünüyor. Ve kim ve ne Üst'ü alt olmaya altı da Üst olmaya çevirdi?

Mevzu şu ki Or Yaşar'ın on Sefirot'unun sırasının, Hizdakhut'unun (arınma) ölçüsüne göre her birinin bayağı Işıktan formunu değiştirip birbirinin altında beş derece oluşturarak Behina Dalet'e geldikleri yukarıda zaten açıklandı. Gizli potansiyel kabul edildiğinden Behina Alef derecelerin arasında en önemlisidir. Ve Behina Bet, Behina Alef'den daha kötü bir arzuyu yoğunlaştırarak zaten potansiyelden asıla geçti. Behina Gimel, Behina Bet ve Behina Dalet'den daha kötü, Malhut da en kötüsüdür zira içindeki Aviut diğerlerinden daha büyüktür.

Ayrıca, Malhut'un Kli'si ortaya çıkar çıkmaz Behina Dalet'de almamanın Tsimtsum Alef'ini yaşadı. Bu engelleyen güç Masah (perde) olarak bilinir ve Eyn Sof'dan inen Or Yaşar Malhut'da Masah'a çarptığında bir Zivug de Hakaa gerçekleşir ve böylece Or Hozer'in on Sefirot'u meydana gelir, (Dal Üç'de) yazıldığı gibi.

Or Hozer'in bu on Sefirot'unun içinde dereceler Or Yaşar'ın on Sefirot'unun değerine göre değişirler. Or Yaşar'ın on Sefirot'unun içinde en arı olan nitelikte daha Üst ve daha iyidir. Ancak, Or Hozer'in on Sefirot'unda daha bayağı olan daha Üst ve daha iyidir. Böyle olmasının nedeni Malhut'un Keter ve Or Hozer'in bu on Sefirot'unun kökü olmasıdır, zira Malhut'un bayağı Masah'ı Işığın Malhut'un Behina Dalet'ine inmesine engel olur. Böylece Malhut sonu başında olduğundan Keter olmaya geri döner, Panim Masbirot, Dal Üç'de yazıldığı gibi.

Bundan ZA'nın Işığı Or Hozer'in Keter'inden aldığı sonucu çıkar, dolayısıyla ZA Hohma'nın bir derecesi ve Bina Bina'nın bir derecesi kabul edilir çünkü Hohma olmaya geri dönen ZA'dan almaktadır. Ayrıca, Or Yaşar'ın Hohma'sı Or Hozer'de ZA kabul edilir, zira Or Hozer'i Bina'dan alır. Or Yaşar'ın Keter'i Or Hozer'de Malhut kabul edilir, zira ZA'dan alır. Böylece görüyorsunuz ki derecede arı olan övgü ve erdemde daha aşağı olacak ve bunu çok iyi anlayın.

Bununla beraber, Or Hozer'in on Sefirot'u birleşerek on Kelim'e dahil olur. Tek olarak birleştiklerinde tüm dereceler aynı niteliklere sahiptir, zira Malhut'un Keter olmaya geri döndüğü yer olan Or Hozer'in açısından Malhut'un seviyesi Keter'inkine eşittir. Ayrıca, ZA Hohma'ya eşittir, zira ZA, Or Hozer'in Hohma'sı kabul edilir. Ve Hohma'nın seviyesi Keter'inkine eşittir, zira Keter ondan Or Hozer'i alır tıpkı Hohma'nın Keter'den Or Yaşar'ı aldığı gibi.

Ve ZA'nın seviyesi Hohma'ya eşit olduğundan ve Hohma'da Keter'e, bundan ZA'nın seviyesinin Keter'e de eşit olduğu sonucu çıkar. Böylece, Or Hozer'in on Sefirot'unun Behina Dalet'den meydana çıkarılmasıyla on Sefirot'daki tüm dereceler Keter'e kadar aynı seviyeye sahip olarak eşitlenmiş olur.

5. Ancak, Akudim dünyasının on Sefirot'u bir kez daha kayboldu. Ve bunların ayrılmasının nedenini anlamamız lazım. Ari bunun nedenini şöyle açıklıyor, bu on Sefirot ortaya çıktığında eksik olarak ortaya çıktılar ve dolayısıyla tamamlanmalarını edinmek için bir kez daha ayrıldılar.

Bununla beraber, bu ayrılışla onlara gelen eksiklik ve Tikun'u (ıslah) anlamamız lazım. Burada Ari eksikliğin Keter'in sadece Behina Nefeş'de ortaya çıkmasından kaynaklandığını yazdı. Ve başka bir yerde de, Heihal AK, Shaar Vav, Shaar Akudim, Bölüm Bir'de yazdığı gibi, eksikliğin Or Pinimi (İçsel Işık) ve Or Makif'in (Saran Işık) aynı boşluktan geldiğini ve birbirlerine çarptıklarından olduğunu yazdı.

Bunu müteakip, Otiot'un (harfler) altında alt Taamim geldi ki bunlar AK'ın Pe'inden geçerek oradan dışarı doğru ortaya çıkan Işıklardır. Ve burada Işıklar tamamen birleştiler, zira tek bir kanaldan geçerek çıktılar. Ve Saran Işıklar ve İçsel Işıklar birleştiğinden burada Kelim'in teşekkülü başlar.

Bu nedenle, beş İçsel Işık ve Saran Işıklar birbirine bağlanmış olarak ortaya çıktılar. Bu nedenle bunlara "ve İsak'ı bağladı" sözlerinden, Akudim denir. Bu yüzden Pe'in (ağız) dışında birlikte ortaya çıktıklarında birbirlerine çarpıp vururlar ve onların çarpışması Kelim'in var oluşunu ortaya çıkarır.

Bu Or Pinimi'nin Avzen ve Hotem'in sol deliğinden ve Or Makif'in Avzen ve Hotem'in sağ deliğinden genişlediği yerde Avzen ve Hotem Işıklarının genişlediği anlamına gelir. Dolayısıyla, inat ettiler ve ayrılmadılar, zira Or Pinimi için özel bir Kli ve Or Makif için özel bir Kli vardır.

Ancak sadece bir deliğin olduğu Pe'in Işığında Or Pinimi ve Or Makif aynı Kli'deydiler. Dolayısıyla, birbirlerine çarpıyorlardı ve bunun sonucu olarak da Işık ayrıldı ve Kelim aşağı düştü. Bir başka deyişle, derecelerinden düştüler ve önceki Aviut'a daha fazla Aviut eklendi ve bu Kelim'i yarattı, zira Işığın ayrılışı Kelim'i tamamlar.

KABALA BİLİMİ

AK'ın Avzen ve Hotem'inin iki deliğinden konusunu iyice anlamak için AK'ın Pe'indeki tek delik konusunu ve beş İçsel ve beş Saran'ın, Bituş'un ve Kelim ve İbuy'un (Aviut eklemek) anlamını detaylandırmam lazım, zira Ari'nin bu konulardaki sözleri kısa ve öz.

Bu, her bölümde kendisine zıt düştüğü Saran ile ilgili daha da böyle. Bazen İçsel Işıklar KHB ZON'a ve Hotem'den yukarı beş Saran Işığa sahip olduklarını, bununla beraber Pe'den aşağı Bina ve ZON'un Saranlarının durduğunu ve sadece iki saran Keter ve Hohma'nın ve beş Partzufim KHB ZON'un kaldığını söylüyor. Ve başka bir zaman Nekudim dünyasından aşağı alt saranların durduğunu ancak yine de Pe'in Işıklarında beş Saran Işığın ve beş İçsel Işığın olduğunu söylüyor. Ve başka bir zaman da ABYA'nın tamamında beş İçsel ve beş Saran Işığın olduğunu söylüyor, bunun gibi çelişkiler.

6. Kitapta daha detaylandıracağım ve burada konudan kopmamak için kısa olacağım. Dal Bir'de ve Dal Dört'deki on Sefirot'un sırasında Or Yaşar ve Or Hozer'in on Sefirot'unun dört Behinot'uyla ilgili olarak her on Sefirot'da bu on Sefirot'un Keter'i olan kökten uzanan Hitpaştut'un (genişleme) iki izlenimi ve Hitaabut'un (Aviut'un büyütülmesi) iki izlenimi olduğu açıklanır.

Geniş Hitpaştut kabul edilen Hohma önce ortaya çıkar. Bu, o Hitpaştut'un o varlığa Eyn Sof'dan uzanan tüm Işığı içerdiği anlamına gelir. Ve Or ha Av (kalın Işık) denilen Kli, yani Işığın Hitpaştut'unda ihtiva edilen alma arzusu – ki bununla içinde alma formu olmayan Kaynak'la form eşitsizliği ederek Işıktan daha karanlık olur– hâlâ bu geniş Hitpaştut'da ifşa olmamıştır. Arzusu yoğunlaşmadığı sürece bu böyledir, Hitpaştut'unun ölçüsünden daha fazla ilave bolluğa özlem duyar. Bunun yerine, ona ihsan etmek isteyen Kaynak bakımından yukarıda bahsedilen bayağı Işığın içine dâhil edilmiştir.

Bu nedenle, alma kaplarını ifşa etmeli ve onları potansiyelden gerçeğe çevirmelidir. Dolayısıyla, yayıldıkça daha kalınlaşır, yani Hitpaştut'unun ölçüsünün büyüdüğünden daha fazla bolluk genişletme arzusu edinir. Ve bu Hitpaştut'da oluşan Hitaabut'a yoğunluğundan dolayı kendi adı verilir. Or Hohma'dan daha karanlık olduğundan Bina olarak adlandırılır ki alma arzusu gerçekte bunun içinde ifşa olmuştur.

Bu Bina hâlâ asıl Kli olmaya uygun değildir, zira özü Hohma'dandır; ancak Kli'nin köküdür çünkü Kli sadece ikinci Hitpaştut'da gerçekleşen Hitaabut'dan (kalınlaşma) tamamlanabilir. Bu "bir pencereden Hitpaştut" olarak adlandırılır, yani Bina'nın yoğunlaşması vasıtasıyla çektiği ilave bolluk ondan dışarı doğru yayılır. Buna Or Atzmut (Kendinin/Öz'ün Işığı) denilen geniş Hitpaştut Alef'in tersi olan Or Hasadim denir.

Pencereden geçerek Bina'dan yayılan Hitpaştut ZA olarak adlandırılır ve bu tıpkı ilk Hitpaştut gibi yayıldıkça kalınlaşır. Bu onun da Hitpaştut'unun ölçüsünden daha fazla ilave bolluk genişletmek için yoğunlaştığı anlamına gelir. Bununla içine dâhil olan alma kaplarını gerçekleştirmiş olur. Bu ikinci Hitaabut'a kendi adı verilir, zira yoğunlaşmasından dolayı Hitpaştut'un Işığından daha karanlık oldu ve Malhut olarak adlandırılır.

DÜNYALARIN EVRİMİ

Pencereden geçerek Hitpaştut'da yaratılan Hitaabut olan ve Malhut olarak adlandırılan Behina Dalet tam bir alma kabıdır ve sadece bu dördüncü Behina'yı ifşa etmek için kademelenen önceki üç Behinot (alma kabı) değildir. Bu Behina Dalet'de içinde ifşa olan form eşitsizliğinden dolayı kendisini bolluğu almaktan engelleyerek ilk kısıtlamadan geçen odur. Bu engelleyici güce Masah (perde-örtü) ya da Pargod (perde) denir ki bu bolluğun içinde ışıyıp yayılmasını engellediği anlamına gelir.

Ayrıca, geniş Hitpaştut'da oluşan ilk Hitaabut ile pencereden geçerek oluşan Hitaabut arasındaki fark budur. Böyle olmasının nedeni ilk Hitaabut'da Tsimtsum'un yönetmemesidir; bu nedenle Işığı almaya uygundur. Bu yüzden alma anlamında bir "pencere" olarak adlandırılır, tıpkı evin gün ışığını içeri pencereden alması gibi. Ancak, ikinci Hitaabut'da Tsimtsum'un gücü onu yönetir ve kendisini Aviut'undaki bolluğu almaktan engeller. Dolayısıyla, Işığı engelleyen Masah olarak adlandırılır.

Ve Behina Dalet Masah'ıyla birlikte göründüğünde Işık tekrar ona yayılır ve yukarıda bahsedildiği gibi Masah onu engeller. Sonuç olarak (Masah'ın) üzerinde bir Zivug de Hakaa yapılır ve Or Hozer'in on Sefirot'u ortaya çıkar, Dal Üç'de yazıldığı gibi. Bu on Sefirot'un düzenlenmesi aşağıdan Yukarıya doğru ortaya çıkan Or Yaşar'ın on Sefirot'undan zıttır, zira o büyük Işığı meydana çıkaran ve onun kökü olan Masah Keter olmuştur.

"Sonları başlangıçlarına yerleştirilmiştir" sözlerinin anlamı budur. Keter'in başlangıç ve Or Yaşar'ın on Sefirot'unun Roş'u (kafa) olması gibi son olan Malhut da başlangıç ve Or Hozer'in on Sefirot'unun Roş'u olmuştur.

Böylelikle, Malhut bu on Sefirot'a Keter olmaya geri dönmüştür ve Or Yaşar'ın on Sefirot'unun ZA'sı şimdi Hohma olmuştur, zira kökten ilk alıcı Hohma olarak adlandırılır. Or Hozer'in on Sefirot'unda Malhut olan Or Yaşar'ın Keter'ine kadar geri kalanla da benzer şekildedir, zira (Malhut) Or Yaşar'ın Hohma'sı olan Or Hozer'in ZA'sından alır.

Bundan daha arının daha Üst ve daha önemli olduğu Or Yaşar'ın on Sefirot KHB ZON'unda derecelerin bayağı Işıktan arınmalarına göre ölçüldüğü sonucu çıkar.

Ancak, derecede daha büyük Aviut'un daha Üst ve daha önemli olduğu Or Hozer'in on Sefirot KHB ZON'unda dereceler Aviut ile ölçülür. Bu, Or Yaşar'ın on Sefirot'undaki Üst dereceleri Or Hozer'in on Sefirot'unda alt derece yapar ve Or Yaşar'ın on Sefirot'undaki alt dereceleri Or Hozer'in on Sefirot'unda Üst derece yapar.

Eyn Sof'dan yayılan ilk on Sefirot Adam Kadmon olarak adlandırılır. Bunlar Roş'un Kelim'inin kökleridir, bu nedenle on Sefirot Roş'un Kli'si olarak adlandırılmaktadır: Galgalta (kafatası), Eynaim (gözler), Avznaim (kulaklar), AK'ın on Sefirot'unun KHB'sidir ve Hotem (burun) ve Pe (ağız) AK'ın on Sefirot'unun ZA ve Malhut'udur. Ayrıca, kitabın içeriğinde yazıldığı gibi on Sefirot'un birbirine dahil olduğu bilinmektedir. Dolayısıyla, yukarıda bahsedilen her bir Galgalta, Eynaim ve AHP on Sefirot'a genişledi.

KABALA BİLİMİ

AK'ın on Sefirot'unun Keter ve Hohma'sı olan Galgalta ve Eynaim'de genişleyen on Sefirot'dan bahsetmek yasaklanmıştır ve onlarla işimiz yoktur. Biz AHP'dan aşağı doğru Bina ve AK'ın ZON'undan itibaren anlatmaya başlıyoruz.

Ayrıca, on Sefirot'un Keter ve dört Behinot HB ZON olduğu ve içlerinde Or Pinimi ve Or Makif olduğu bilinmektedir. Bu, Kli'nin içinde çoktan kıyafetlenmiş olan şeyin Or Pinimi olarak ve Kli'nin içinde henüz kıyafetlenmemiş olanın ise Or Makif olarak adlandırıldığı anlamına gelir. Böylece, AK'ın AHP'ının on Sefirot'unun her birinde beş içsel (Işık) KHB ZON ve beş saran (Işık) KHB ZON bulunmaktadır.

7. Şimdi AK'ın on Sefirot'unun Or Pinimi ve Or Makif'inin asıl niteliğini açıklayacağız. Her bir on Sefirot'da mevcut olan Or Yaşar'ın on Sefirot'u ve Or Hozer'in on Sefirot'u mevzusu çoktan açıklandı. AK'ın bu on Sefirot'unda da Keter'den Malhut'a Or Yaşar'ın on Sefirot'u bulunmaktadır ve benzer şekilde Malhut'dan Keter'e Or Hozer'in on Sefirot'u bulunmaktadır, ve Or Yaşar genişler ve o varlığa bütünlük içinde (tamamlanmış olarak) gelir. Ancak, Or Hozer'in on Sefirot'u tamamen ve anında o varlığa uzatılmazlar. Bunun yerine Adam Kadmon'dan sonra yaratılan tüm Partzufim'lerden geçerek uzatılırlar. Mesele şu ki Kaynak'dan uzanan her şey tam ve tamamen uzanır. Bunlar Or Yaşar'ın on Sefirot'udur.

Ancak, varlıktan, Masah denilen engelleyen güçten, uzanan Or Hozer'in on Sefirot'u hemen tam olarak ortaya çıkmaz. Bunun yerine her varlık bunun bir parçasına sahiptir ve kitabın içinde yazıldığı gibi, varlıkların çoğalmasıyla çoğalır. Şimdi, Or Hozer'in tamamı Or Makif olurken Or Yaşar'ın on Sefirot'unun ve Or Hozer'in on Sefirot'unun bir kısmının Or Pinimi olduğunu görebilirsiniz.

Ayrıca, zaten yukarıda açıklandığı gibi on Sefirot'da iki Nukvaot (Nukva'nın çoğulu) bulunmaktadır: geniş Hitpaştut'da Hitaabut ve Bina ve Malhut denilen pencereden geçerek Hitpaştut'da Hitaabut. Bina'nın, içinde tüm Or Pinimi'nin kıyafetlendiği içsel bir Kli olarak algılandığını ve Malhut'un içinde tüm Or Makif'in kıyafetlendiği dışsal bir Kli olduğunu bilmemiz lazım. Bu, Or Makif'in ona bağlandığı anlamına gelir, zira içindeki engelleyici güçten dolayı almaya uygun olmayan bir Masah'a sahiptir. Bunun yerine, Or Hozer'in on Sefirot'unun köküdür.

Böylece, içsel Kli ve dışsal Kli'inin olduğu kadar Or Pinimi ve Or Makif'in içeriği de detaylı bir şekilde açıklanmış oldu. Şimdi Ari'nin AK'ın Pe'yi boyunca birbirine bağlı olarak ortaya çıkan beş içsel ile beş dışsalı ilgilendiren Madde 5'deki sözlerini anlayabilirsiniz. Bu onun Shaar TANTA Bölüm 1'de açıkladığı Avznaim'in on Sefirot'unun Or Pinimi ve Or Makif'inin ve Hotem'in on Sefirot'unun Or Pinimi ve Or Makif'inin iki Kelim'de ortaya çıkmasıyla ilgilidir: Or Pinimi için içsel bir Kli ve Or Makif için dışsal bir Kli.

Ayrıca, bunlar birbirinden ayrıdırlar, zira beş saran KHB ZON sağ Avzen'in deliğinden ve beş içsel KHB ZON sol Avzen'in deliğinden ortaya çıkar ve Hotem'de de benzer şekildedir. Dolayısıyla, bize burada AK'ın Pe'inin on Sefirot'unda iki belirgin Kelim olmadığını ancak her ikisinin de, beş içsel ve beş saranın AK'ın Malhut'u yani

DÜNYALARIN EVRİMİ

Behina Dalet denilen tek bir Kli'ye – Pe, bağlı olarak ortaya çıktığını söylüyor. Bununla beraber, Behina Bet ve Behina Bina olan içsel Kli burada mevcut değildir.

Bununla ilgili şöyle sorabiliriz: Or Yaşar'ın on Sefirot'u olan Or Pinimi'nin bir Masah'la yükselen Behina Dalet olan Pe'in Kli'sinde kıyafetlenmesi ve almaya uygun olmaması nasıl mümkün olabilir? Mevzu şu ki Malhut'un kendisi Atzamot (kemikler), Gidin (bağlar-tendonlar), Bassar (etli kısım) ve Or (deri) olarak adlandırılan dört belirgin Behinot ile fark edilir. Malhut'un Atzamot'u onun yapısının Etzem'ini (kemik, fakat ayrıca öz) belirtir. Bina'dan kendi Hitpaştut'unda olandan daha fazla bolluk genişletme arzusunun yoğunluğundan dolayı Hitpaştut'u boyunca Aviut edinmesi haricinde asıl Behinat ZA yani bir pencereden geçen Hitpaştut budur.

Bu nedenle, kendisine göre bir isimle tanımlanır. Böylece içinde iki Behinot fark edilir: Behina Alef içindeki Atzamot'dur ve Behina Bet de yoğunluğu vasıtasıyla ona eklenen Aviut'dur. Bu Gidin olarak adlandırılır. Ve Or Hozer'in on Sefirot'unun Zivug ile olan ve Masah denilen Tsimtsum'un gücünden aldığı şey – bu bayağı Işıkta bolluk almamak için engelleyen güç – Or olarak adlandırılan Malhut'un içindeki Behina Dalet'dir. Ve Masah'dan Zivug'un gücüyle yükselen Or Hozer Bassar olarak adlandırılır ve bu Malhut'un Behina Gimel'idir.

Böylece, Malhut'un da Bina'nın Hitpaştut'una dâhil olduğunu görüyorsunuz. Dahası, (Malhut) aslında onun yapısının özüdür. Şimdi Malhut'daki Atzamot'un Pe'in Işıklarındaki içsel beşe içsel Kli haline geldiğini ve içindeki Behinat Or'un Pe'in Işıklarında saran beş için dışsal bir Kli haline geldiğini anlayacaksınız. Artık beş içsel Kli KHB ZON'un ve beş saran KHB ZON'un birbirine bağlı olmalarına rağmen içinde içsel ve dışsal iki Kelim de olan tek Kli'de – Malhut – ortaya çıktığı, zira tüm dört Behinot tek bir Kli: Malhut'dur, detaylı bir şekilde açıklığa kavuşturuldu.

8. Ve şimdi tek Kli içinde bağlı olmalarından dolayı Or Makif ve Or Pinimi arasında ortaya çıkan çarpışma ve Bituş konusunu açıklayacağız. Hayat Ağacı, Shaar Akudim, Bölüm 2'ye olduğu kadar Heihal AK, Shaar 2, sf 3'e de de göreceğiniz gibi Or Pinimi'nin doğası içinde kıyafetlenen Kli'yi arındırmaktır. Dolayısıyla, AK'ın Pe'inin on Sefirot'undaki Malhut'da Or Pinimi ve Or Makif tek Kli'de bağlanmış olduklarından Or Pinimi Kli Malhut'u derece derece arındırıyordu. "Akudim dünyası" denilen Pe'in on Sefirot'unun ayrılmasının nedeni budur.

Mevzu şu ki Madde 6 ve Madde 4'de Or Hozer'in on Sefirot'unun Or Yaşar'ın on Sefirot'unun değerine ters olduğu zaten açıklanmıştı. Böyle olmasının nedeni Or Yaşar'ın on Sefirot'unda dereceler aralarında en arı olan köklerine kadar arılıklarına göre birbirlerinin üzerine çıkarlar. Ancak Or Hozer'in on Sefirot'unda en bayağıları olan köklerine kadar Aviut'larına göre birbirlerinin üzerine çıkarlar. Bu Behina Dalet ve tekrar Keter olan Malhut'dur. Ayrıca, Behina Gimel Hohma, Behina Bet Bina, Behina Alef ZA ve Keter Malhut kabul edilir.

Başlangıçta, Masah bir derece arınmıştı. Bu Behina Dalet'in bayağı Işığının formunun arındığı ve Behina Gimel'in Aviut'unun formunu tekrar edindiği anlamına gelir. Bu Malhut'un Işığının yerinden ayrılması ve ZA'nın Kli'sine yükselmesi olarak kabul edilir, zira o zaman da Or Yaşar Masah'ın üzerine Eyn Sof'dan genişledi ve engelleyen güç Masah'ı Zivug de Hakaa yapılana ve Or Hozer'in on Sefirot'u Behina Gimel'in Masah'ından ortaya çıkana dek kontrol etti.

Bununla beraber artık başlangıçtaki gibi Keter seviyesinde değil Hohma seviyesindeler. Bunun nedeni Behinat ZA'nın Aviut'unun ve Or Yaşar'ın Behina Gimel'inin Or Hozer'de Hohma değerinin bulunmasıdır. Bundan Masah'ın Or Hozer yüzünden Keter olmadığı sadece Hohma olmaya geri döndüğü anlamı çıkar.

Sonrasında daha da arındı ve Bina olan Behina Bet'in arılığını aldı. Burada da Or Yaşar ona Bina seviyesinde olmasına rağmen Zivug de Hakaa'ya ve Or Hozer'in yükselişine kadar genişledi. Ve Behina Gimel'in ve Behina Dalet'in Aviut'ları kaybolmalarına rağmen Or Hozer'in ilk iki Sefirot'unu kaybetti.

Sonuç olarak, daha da arındı ve Behina Alef'in arılığını aldı, Eyn Sof'dan gelen Or Yaşar onunla çiftleşti ve ZA seviyesinde olmasına Behinat Bina da eksik olmasına rağmen Or Hozer yükseldi. Bundan sonra Keter seviyesine yükselen Şoreş'in (kök) formuna kadar daha da arılaştı.

Aynı anda Masah'da hiç Aviut kalmadı; dolayısıyla artık içindeki Or Yaşar'da hiç Zivug de Hakaa kalmadı. Bu nedenle, Or Hozer Akudim'in on Sefirot'undan tamamen kayboldu, bunların tümünün detaylı olarak açıklandığı Dal Üç ve Dal Dört'e bakın.

Böylece, Or Pinimi'nin Malhut'un Kli'sinde kıyafetlendiğinden dolayı derece derece arılaştırıldığı ve arılaşmasıyla birlikte Or Hozer'in Sefirot KHB ZON'unun da yok olduğu açıklanmış oldu. Bunun nedeni onun Behinat Keter'e yükselişi ile birlikte Masah'ın Or Hozer'i yükseltecek tüm gücünü kaybetmesidir. Böylece, Or Yaşar'ın on Sefirot'u da ondan ayrılır, zira Or Yaşar ve Or Hozer birbirlerine bağımlı ve bağlıdırlar.

9. Bunu açıklamak için öncelikle Sefirot'un durumunu Taam'ın (Taamim'in tekili – imla işaretleri) resmiyle açıklayacağım: ֹ ׃ yani Keter üstte, onun altında sağda Hohma ve solunda – Bina. Bunu anlamamız lazım, zira Yaradan bunu fiziksel gözün algıladığı yerlerin tasviri gibi anlamamızı yasakladı. Ayrıca, on Sefirot'da geçerli olan Panim be Panim (yüz yüze) ve Ahor be Ahor (sırt sırta) konusu Yaradan korusun burada ters yüz olsun.

Konu şu ki Eyn Sof'dan genişleyen ve Keter olan Or Yaşar'ın dört Behinot'unda açıklanmış olduğu gibi Keter'in genişlemesine Hohma denir. Ayrıca, genişledikçe kalınlaşır, yani bolluk ihsan etme arzusunun yoğunluğu genişlemenin ölçüsünden daha fazladır. Dolayısıyla, bu iki izlenim olarak kabul edilir: o varlığa Eyn Sof'dan genişleyen ve Hohma denilen Işığın tümü Behina Alef'dir ve Behina Bet ona Bina denilen ve yeni bolluk genişletme arzusunun yoğunluğu tarafından verilen Hitaabut'dur.

Bu nedenle, Sefira Bina'da üç izlenim vardır: ilk izlenim onun kendi yapısıdır ki bu Hohma'nın kendisinin bir parçasıdır. İkinci izlenim Keter'den yeni bolluk genişletmek için yoğunluğu vasıtasıyla içinde kalınlaşan Işıktır. Üçüncü izlenim, Hasadim'in Or'u

DÜNYALARIN EVRİMİ

(Hasadim Işığı) denilen Keter'den çektiği bolluğun özüdür ki bu direk Kaynaktan genişleyen Or Hohma'dan daha aşağıdadır. Ancak Keter'den genişlettiği Bina'nın Işığı onun için kalınlaşmış olan ilk yoğunluğu ile bağlantılıdır.

Ve Bina Keter'den Hasadim Işığını çektiğinde Hohma Sefira'sından Hohma Işığını çekmez. Dolayısıyla, Hohma ile Ahor be Ahor (sırt sırta) kabul edilir. Bu, o varlıktaki genel on Sefirot'un Atzmut Işığı olan Or Hohma'nın ondan vazgeçtiği anlamına gelir, zira Bina Panim'ini Keter'den Or Hasadim çekmek için çevirmiştir.

Ancak, Behina Dalet ortaya çıktığında ve ondan genişleyen Or Hozer'in on Sefirot'u Bina'daki Or Hasadim'den daha da fazla Or Hasadim kabul edildiğinde Bina'nın artık Keter'den Or Hasadim çekmeye ihtiyacı yoktur zira Malhut'un Or Hozer'inden bolca almaktadır. Bu nedenle, Panim'ini Hohma'ya geri çevirir ve bir kez daha Or Hohma alır. Aynı anda, Or Hohma da o varlıktaki genel on Sefirot'a bolca çekilir. Buna Malhut'dan yükselen Or Hozer vasıtasıyla edindikleri HB'nin Panim be Panim'i denir.

Bununla beraber, Malhut'un Kli'sinin sürgününden önce Bina Panim'ini Hohma gibi Bina'nın Keter'in altında olduğu Taam Segolta koşulu olan Keter'e çevirdi ancak Hohma Atzmut Işığını Keter'den çeker ve Bina Hasadim Işığını Keter'den çeker. Ve Atzmut Işığı varlıktaki kolektif Işık olduğundan Gevura ile bağlantısından dolayı Hohma "sağ" ve Hasadim Işığı "sol" kabul edilir.

Böylece Atzmut Işığının Or Yaşar'ın on Sefirot'unun tümünde yayılamamasını açıklamış olduk, zira Bina onunla Kli Malhut'un Masah'ındaki Zivug de Hakaa hariç Ahor be Ahor'dur. Aynı anda Bina'nın artık Or Hasadim'e ihtiyacı yoktur ve Hohma ile PBP (Panim be Panim) olmaya geri döner.

Bundan Or Hozer'in on Sefirot'u Akudim dünyasından ayrıldığında Or Yaşar'ın on Sefirot'unun Atzmut Işığının da onunla birlikte ayrıldığı sonucu çıkar. Bunun nedeni Or Hohma ve Or Hozer'in birbirlerine bağımlı olmalarıdır ve sadece Bina'nın Ahoraim'i yani Hasadim Işığı ve onun Gevura'sı orada Akudim dünyasında kalır.

Şimdi Ari'nin yukarıda sunduğumuz sözlerini anlayacaksınız, yani Or Pinimi'nin doğası içinde kıyafetlendiği Kli'yi arındırmaktır, zira onunla PBP olmaya geri dönen Bina'dan geçerek varlığın içselliğinde kıyafetlenen Or Hohma'nın etrafında döner. Böylece, Bina'nın Ahoraim'i arındırılır, ve Behina Bet olan Bina'nın Ahoraim'i Behina Dalet'in kökü olduğundan ve kök arındığından dal Behina Dalet de onunla birlikte arınır.

10. Şimdi İçsel Işıkların Saran Işıklarla Bituş'u konusunu açıklayacağız, zira bunlar yukarıda Madde 5'de bahsettiğim gibi birbirlerine bağlıdırlar. Ayrıca Ari'nin kendisinin Shaar Akudim, Bölüm 5'de Bituş'u uzun uzadıya açıkladığı sözlerine değineceğim. Kısaca şöyle yazdı: Bundan üç çeşit Işık olduğu sonucu çıkar [Akudim dünyasındaki Işığın Hitpaştut'unda ve Kaynak'a geri dönüşünde]. İlk Işık Taamim denilen Akudim'in Işığıdır. İkincisi o Işığın ayrıldıktan sonra kalan Reşimo'sudur ve Tagin olarak adlandırılır. Üçüncüsü Sefirot'un yükselişi ile ona gelen Işıktır ki aynı anda Din olan Ahoraim'den geçmiştir. Buna Nekudot denir.

Ve Nekudot denilen üçüncü Işık gelip Rahamim (merhamet) olan Reşimo denilen ikinci Işığa çarptığında birbirlerine çarpıp vururlar. Bunun nedeni zıt olmalarıdır: biri Rahamim olan Or Yaşar diğeri Din olan Or Hozer'dir.

Ve sonra, Din olan aşağı inen Or Hozer'den Nitzotzin (kıvılcımlar) düşer ve bu Nitzotzin Otiot denilen bir diğer dördüncü Işıktır. Dört izlenim – Taamim, Nekudot, Tagin, Otiot – bunlardır ki tümü burada Akudim'e dâhildir. Ayrıca, Or Hozer'den düşen bu Nitzotzin Nekudim dünyasında kapların kırılmasının 248 Nitzotzin'i gibidir.

(Ari'nin) sözlerinin yorumlanması: Yukarıda Akudim dünyasındaki Işığın genişlemesinin sırasıyla ilgili açıklananlara göre önce Işık Eyn Sof'dan Malhut'un Kli'sindeki Masah'daki Zivug de Hakaa'ya genişler. Akabinde bundan aşağıdan Yukarıya doğru Or Hozer'in on Sefirot'u ortaya çıkar, Madde 6'da yazıldığı gibi. Bunlar Or Yaşar'daki Üst Derecelerin Or Hozer'de altta olduğu bir ters orantıdadırlar, zira Or Hozer'in on Sefirot'unda dereceler arınmışlığa göre azalır.

Dolayısıyla, Malhut'dan daha arı olan ZA, Malhut'dan daha düşük bir derecedir. Ancak bu sadece Or Hozer'in on Sefirot'undaki Hohma'ya göre böyledir. Ve ZA'dan daha arı olan Bina derecede azalmıştır ve sadece Bina'nın değerine sahiptir. Bina'dan daha arı olan Hohma derecesinde azalmıştır ve sadece ZA'nın değerine sahiptir. Ve Keter Malhut'un değerine sahiptir, orada ve kitabın içinde Dal Üç'de yazıldığı gibi.

Ancak Or Yaşar ve Or Hozer birleşip kaynaştığında bu on Sefirot'un her birinin seviyesinin Keter seviyesine ulaştığı eşit bir değer yaratır, Madde 4'de yazıldığı gibi. Ve Akudim dünyasının tümü, Eyn Sof Işığının Keter'den Malhut'a ve Malhut'dan Keter'e genişleyip geri dönüşü ve Or Yaşar ile Keter vasıtasıyla eşit bir seviyede birleşen Or Hozer Taamim ya da Akudim'in Hitpaştut Alef'i olarak adlandırılır.

Doğası Kli'yi arındırmak olan Or Pinimi'nin Malhut'un Kli'sinde kıyafetlendiğinden derece derece Masah'ın arınmasına neden olduğu yukarıda (Madde 8) açıklanmıştır. Başlangıçta, arınmayı Behina Gimel'de olduğu gibi alır. Bu Masah'ın ZA'ya yükselmesi olarak kabul edilir. Aynı anda Or Eyn Sof bir kez daha Kli ZA'da Keter'den Masah'a ve ZA'dan Keter'e genişler. Bu, Masah'dan Hohma derecesine yükselen Or Hozer'in değerini Or Hozer'in ZA'sının değerine benzer şekilde azaltır. Aynı şekilde dereceler Or Yaşar'ın Behina Keter'inin Hizdakhut'undan geçerek Masah'ın Hizdakhut'unda iner ki bu anda Masah iptal olur ve Zivug de Hakaa durur.

Dolayısıyla, tamamen yok olana dek derece derece inen tüm bu Or Hozer "Nekudot Işığı" olarak adlandırılır. Bunun böyle olmasının nedeni Masah'ın Tsimtsum noktasından genişlemesi ve böylece Or Yaşar'ın da yakınlaşıp içinde genişlemesini engellemesidir. Bu sanki kendisini dekore eden ve içindeki Işığı ayıran ve formunu Kaynak ile eşitlemek amacıyla Aviut'undan Hizdakhut'u kesin olarak seçen Tsimtsum Alef'in orta noktası gibidir, Panim Masbirot, Dal Bir'de detaylı olarak açıklandığı gibi. Dolayısıyla, bu güç, arınacak olan arzu, Masah'a monte edilmiştir.

Şimdi Reşimo'nun – Tagin'in Işığı – anlamını açıklayacağız. Işığın ayrılsa bile arkasında bir Reşimo bıraktığı biliniyor. Dolayısıyla, genişleyip Keter'den Malhut'a

DÜNYALARIN EVRİMİ

ve Malhut'dan Keter'e geri dönen Akudim dünyasındaki ilk Hitpaştut seviyeleri Or Pinimi'deki Keter'e eşit olan on Sefirot meydana getirdi ve benzer şekilde Or Makif'in on Sefirot'unu da, Madde 7'de yazıldığı gibi [burada Or Pinimi için belli bir Kli ve Or Makif için belli bir Kli olmadığına dikkat edin]. O Kli bütün olarak Keter'in Kli'si olarak adlandırılır. Böyle olmasının nedeni tüm on Sefirot'un Keter seviyesinde olmasıdır. Dolayısıyla, bu Hitpaştut'un bir kez daha ayrılmasına rağmen yine de ondan orada önceki formu tutan ve devam ettiren bir Reşimo kaldı ki Işığın ayrılışından dolayı hepsi birden iptal olmasın.

Buna göre, Hitpaştut Alef ve Nekudot'un Işığı denilen alçalan Or Hozer'den kalan Reşimo Işığı birbirine çarpan ve vuran iki zıtlıktır. Böyle olmasının nedeni Reşimo Işığının Behina Dalet'in Masah'ından geçerek Or Yaşar'ın genişlediği yerde Hitpaştut Alef tarafından güçlendirilmesi ve Masah'ın özellikle Behina Dalet'in Aviut'unda kalmasını istemesidir, zira sadece Behina Dalet'deki fazla Aviut'un gücüyle Keter seviyesinin değerine sahip olabilir. Bununla beraber, Nekudot Işığı, Masah'ın kendisi, sadece Din olarak algılanan bayağı Işığından arınmak için tüm gücüyle yoğunlaşır ve tamamıyla arınmak ve Kaynak ile formunu eşitlemeyi arzular, zira Tsimtsum noktasının ilk başlangıcı onun içine monte edilmiştir ve bu onun köküdür.

11. Şimdi Otiot denilen Nekudot Işığı ile Reşimo Işığı'nın Bituş'u vasıtasıyla düşen dördüncü Işığı anlayabiliriz. Bunlar Nekudim dünyasında kapların kırılmasındaki 248 Nitzotzin gibidir.

Zohar, Tikunim'deki (Zohar'ın ıslahları), her yerde ve Ari'nin yazılarında Nitzotzin ya da Natzatzin ya da Hitnotzetzut kelimesi Or Hozer'i işaret eder. Bunun nedeni Or Yaşar'ın ışığının Orot ya da Nehorin isimleriyle ve Or Hozer'in ışığının Nitzotzin ya da Zikin ya da Hitnotzetzut isimleriyle tanımlanmasıdır. Böylece alçalan Or Hozer'deki Reşimo'nun Bituş'u vasıtasıyla düşen Nitzotzin konusunun da, Or Hozer'in Reşimo'su olmasına rağmen, Reşimo kabul edildiğini görüyorsunuz ve bu nedenle Nitzotzin ismiyle tanımlanır.

Or Hozer'in alçalışının sırası yukarıda (Madde 8'de) açıklandı. Başlangıçta ZA'nın arınması için aldı ve Malhut'un asıl Kli'si olan Behina Dalet'den ayrıldı. Ve Or Eyn Sof, Kli ZA'daki Masah'a genişlediğinde bir kez daha Malhut'un bu Işığı Akudim'in genel Işığından Behinat Keter yoksun olarak Hohma seviyesinde olacak, zira ZA'daki Malhut Keter olmaya değil Hohma olmaya geri döner. [Yaratılan varlığın on Sefirot seviyesindeki gerekli vericinin Malhut'un Işığı olduğu yukarıda (Panim Masbirot, Dal Dört) bahsedildi.]

Bundan Malhut'un gerçek Kli'sinin Işıksız olduğu ve iki Reşimot'un onun içinde kalmış olması gerektiği sonucu çıkar. İlk Reşimo Behina Dalet'in Aviut'unu olabildiğince çok tutup sürdüren Taamim Işığındandır. İkinci Reşimo Nekudot Işığındandır, yani Masah'a verilmiş ve Hizdakhut'a özlem duyan Işıktan.

Bununla beraber, ikisi birlikte kalamazlar çünkü zıtlar. Bunun nedeni Taamim Reşimo'sunun yerine Keter'in Kli'si denilmesidir, zira on Sefirot'u Keter seviyesindedir.

KABALA BİLİMİ

Ve alçalan Or Hozer'in Reşimo'sunun yerine Hohma'nın Kli'si ya da "Keter'in altı" denir. Dolayısıyla, kendi Reşimo'su da Malhut'dan ayrılmış ve ZA'nın Kli'sine yükselmiştir. Ve alçalan Or Hozer'in Reşimo'su kendi yerinde kaldı. Bu nedenle burada Or Hozer'in Nitzotzin'i için olan Reşimo reddedildiler. Bununla beraber, buradan itibaren Or Hozer'in Nitzotzin'i Reşimo'nun Işığı için reddedilirler.

Sonrasında, Masah'ın Bina'ya yükselişinde, Behina Bet'in arınışını aldığında ve Or Eyn Sof bir kez daha Keter'den Bina'ya ve Bina'dan Keter'e genişlediğinde Behinat Hohma da geri çekilir. Sonra ZA'nın Kli'si Işıksız kalır ve iki zıtlık olan Taamim Işığından ve Or Hozer'den iki Reşimot da orada kalır. Ve burada Reşimo Or Hozer'in Nitzotzin'ini etkisiz hale getirir, zira Taamim'in Reşimo'su Kli ZA'da kaldı; dolayısıyla Keter'in Kli'sinin formunda kaldı.

Ancak, Kli Hohma'nın Nitzotzin'i olan Or Hozer'in Reşimo'su Tabur'un altına, Keter'in Kli'sinin altına itildiler, zira Akudim dünyasının Hitpaştut'u Akudim'in Malhut'una Tabur denildiğinden dolayı Tabur'dan geçer. Ayrıca, değeri Hohma'nın Keter'i kabul edilen alçalan Or Hozer'in Keter'inin Nitzotzin'inin orada gerçekte Behinat Keter olan Taamim'in Malhut'unun Reşimo'sunun ZA'ya yükselmesinden dolayı kaldığı zaten biliniyor. Ve Hohma'da Hohma'nın Nitzotzin'i olan Kli ZA'dan düşen Nitzotzin Hohma'nın Keter'inin bulunduğu Tabur'un altına düştü.

Benzer şekilde, Behina Alef'e arındığı zaman Masah'ın Hohma'ya yükselişinde Or Eyn Sof hâlâ Keter'den Hohma'ya ve Hohma'dan Keter'e genişliyordu ve bu Işık ZA seviyesindedir. Dolayısıyla, Bina seviyesi de çekildi ve Bina'nın Kli'si Işıksız, boş kaldı. Bu, yukarıda yazıldığı gibi iki Reşimo bıraktı: yerlerinde kalan Taamim'in Reşimo'su ve reddedilen ve Tabur'un altında Hohma'nın Nitzotzin'inin altına düşen alçalan Or Hozer'in Reşimo'su.

Sonuç olarak Behinat Keter'e, Şoreş (kök), kadar arındı ve böylece içindeki tüm Behinot Aviut'u kaybetti. Böylece hiç Or Hozer'i kalmayan Zivug de Hakaa doğal olarak iptal oldu. Bundan Behinat Keter'den hiç Nitzotzin'in düşmediği ve sadece Taamim'in Reşimo'sunun orada kaldığı sonucu çıkar.

Böylece, paketin ayrılma (birbirinden) nedeni olan Reşimo ile alçalan Or Hozer arasındaki zıtlığı ve yerlerinde kalan Taamim'in on Sefirot'unun Reşimo'sunu detaylı olarak açıklamış olduk. Bunlar AK'ın Tabur'undan geçerek Keter'in Kelim KHB ZON'u kabul edilirler. Ve alçalan Or Hozer'in Reşimo'su olan Nitzotzin içinde bulundukları derecenin altına düştüler. Bunların Hohma'nın Kelim KHB ZON'u kabul edilen Akudim'in Malhut'unun aşağısında Tabur'un altında oldukları kabul edilir, yukarıda bahsettiğimiz gibi bunlara Otiot denir.

12. Hizdakhut'un sebebi yukarıda, Madde 9'un sonunda, zaten açıklanmıştı: Or Pinimi, Madde 7'de yazıldığı gibi aslında Or Makif için sadece dışsal bir Kli olan Malhut'un Kli'sine bağlıdır. Dolayısıyla, Madde 9'da yazıldığı gibi, Or Hozer yükselip HB'yi PBP'ye geri getirdiğinde Bina'nın Aviut'u ondan ayrılır çünkü başlangıçtaki gibi Hohma ile bir olmaya geri döner. Ve kökteki Aviut iptal olduğunda daldaki Aviut

DÜNYALARIN EVRİMİ

da iptal olur. Böylece, Bina, Hohma ile bir nesne olur, Masah'ı da kendisiyle birlikte arındırır, ondan geçerek ve ondan dolayı yok olana dek derece derece yükselir.

Or Hozer'in Bina'ya girişinin başlangıcında Panim'ini Hohma'ya geri döndürmeye başlar. Böylece, Masah Behina Dalet'den Behina Gimel'e yükselir. Ve Hohma'nın Panim'inden Or Hohma'yı çektiğinde Masah Behina Bet'e yükselir. Ve Hohma ile tek nesne olduğunda Masah Behinat Şoreş'e yükselene dek Behina Alef'e yükselir. İdra Raba'da bahsedilen "kıvılcım emilmişti" sözlerinin anlamı budur.

Buradan ilk yaratılandaki Atzmut'un başlangıç Işığı olan Or Hohma'nın ve Malhut'un Kli'sinden yükselen Or Hozer'in birbirine bağlı oldukları ve birbirlerini kovaladıkları sonucu çıkar. Bunun nedeni Or Hozer olmadan Or Hohma'nın varlıkta genişleyememesidir, zira Bina Keter'den Or Hasadim emmek için yüzünü çevirir ve sırtını da Hohma'ya. Bu (Bina'nın) ondan Or Atzmut emmeyeceği anlamına gelir.

Bununla beraber, Or Hozer dışarı çıktığında Bina yüzünü Hohma'ya geri döndürür ve sadece o zaman Atzmut Işığı varlıkta genişler. Böylece, Atzmut Işığı Or Hozer'e bağlıdır. Ancak HB, PBP olmaya döndüğünde ve Keter'e bakması durduğunda Aviut'u iptal olur ki bu Masah olan daldaki Aviut'u doğal olarak iptal eder.

Dolayısıyla, Or Hozer, Atzmut Işığından dolayı itilir ve kovalanır.

Bu, yukarıda Madde 5'de sunduğum Ari'nin sözlerini detaylı olarak açıklayacaktır, yani Or Pinimi ve Or Makif birbirine vurur ve onların bu vuruşu Kelim'i doğurur. Bunun nedeni Or Pinimi'nin Or Hozer'den dolayı varlıkta genişleyen Or Hohma olmasıdır. Ve Or Makif, dış Kli olan Masah'dır ki bu Or Hozer yoluyla dünyalara çıkması planlanmış Or Makif'in tümüne bağlıdır, Madde 7'de yazıldığı gibi.

Ve bağımsız olmalarına rağmen geri dönen HB PBP vasıtasıyla yayılan Or Pinimi Or Makif'e vurur. Bu Masah'ı arındırır ve Akudim dünyasından Işığın ayrılmasına neden olur. Böylece, Taamim'in ve Or Hozer'in Reşimot'u birbirinden ayrılır, Or Hozer'in Reşimo'su varlığının dışına, yani Otiot olarak adlandırılan Tabur'un altına itilir ve bunlar Kelim'dir.

13. Böylece, Masah'ın, Or Hozer'in ve onunla birlikte Keter'in Atzmut Işığı ve Or Yaşar'ın Hohma'sının tümü kaybolana dek zaman içinde Hizdakhut'undan dolayı ayrılışın nedenini detaylı olarak açıklamış olduk. Ancak bu şekilde kalmadı: Atzmut Işığının kaybolmasının ardından Bina, Or Hasadim'in bolluğu için Panim'ini Keter'e geri çevirdi ve bu nedenle önceki Ahoraim ve Aviut ona geri döndü; bu yüzden dalı olan Aviut'u da Masah'a geri döndü.

Ayrıca, Kaynak'tan gelen Or Yaşar'ın yaratılana akması bir anlığına bile durmaz. Dolayısıyla, Masah Aviut'unu geri kazandığında Eyn Sof'un Or Yaşar'ı Or Hozer'in Zivug'una kadar yukarıda bahsedilen dört Behinot üzerinde yenilendi. Ve bir kez daha Or Yaşar'ın on Sefirot'u ve Or Hozer Akudim dünyasında genişledi. Buna Akudim dünyasının Hitpaştut Bet'i denir.

KABALA BİLİMİ

Ancak, HB yukarıda bahsedilen Or Hozer, vasıtasıyla PBP olmaya geri döndüğünden Aviut ve Bina'nın Ahoraim'i bir kez daha arındılar ve bununla onun dalı olan Masah'ın Aviut'u da (arındı). Ve bir kez daha Zivug de Hakaa ve Or Hozer iptal oldular ve Bina Keter'den Or Hasadim çekmeye geri döner. Böylece, Atzmut Işığı önceki gibi kalır.

Benzer şekilde Ahoraim ve Aviut bir kez Bina'ya döndüğünde Aviut da Masah'a çekilmişti ve doğal olarak Or Yaşar Masah üzerinde yenilenmişti. Bununla Atzmut Işığı da genişledi.

Bu benzer şekilde tekrarlanır: Or Hozer geldiğinde Atzmut Işığı bir kez daha yayılır. Ve Atzmut Işığı geldiğinde Or Hozer ayrılır. Ve Or Hozer ayrıldığında Masah Aviut'unu geri kazanır ve Or Hozer yenilenir ve Atzmut Işığı bir kez daha yayılır ve böylece devam eder. Buradan bu ikinci Hitpaştut'un ileri geri hareket eden sürekli bir alev olduğu sonucu çıkar. Ari bir Kli'de bağlı olan Or Pinimi ve Or Makif'in bu nedenle birbirlerine çarpıp vurduklarını söyler.

Bu, Keter seviyesinde olan Akudim'in Hitpaştut Alef'i ile arasındaki büyük farkı açıklar, zira Or Yaşar Behina Dalet'in Masah'ı ve sadece Hohma seviyesinde olan mevcut Hitpaştut ile çiftleşti. Bunun nedeni Masah'ın tüm Aviut'unun Bina'nın Aviut'undan sadece bir Hitpaştut olmasıdır, tıpkı sadece Or Hohma seviyesini genişleten ZA'nın Aviut'unda olduğu gibi, Madde 8'de yazıldığı gibi. Ancak Işık da sabit değildir. Tersine, ileri geri hareket eden bir alev gibidir. Bu Akudim'in Hitpaştut Bet'i konusunun Hitpaştut Alef'in kendisinin ayrılışıyla devam ettiğini detaylı olarak açıklıyor.

14. Şimdi Ari'nin Shaar Akudim, Bölüm Bir ve İki'deki sözlerini yani AK'ın kendisini kısıtladığını ve bütün Işıkları Tabur'un altından Tabur'a ve Yukarısına yükselttiğini anlıyoruz ve bunlar Galgalta'nın AB'ına MAN olarak yükseldi. Burada içsellerine (içsel Işıklar) bir sınır (perde) koydu ve NHY'den yükselen Işık Eynaim'den geçerek ayrıldı, Tabur'un altına genişledi ve Nekudim dünyasının on Sefirot'unun içine yayıldı.

Ve MAN yükselterek yenilenen Işıktan yayıldı ve Parsa'yı ayırdı ve Tabur ve Yesod'un Nekavim'inden (delikler) geçerek genişledi ve Tabur'un altına, Nekudim dünyasının on Sefirot'unun içine indi. Bu iki Işık Nekudim'in on Sefirot'unu oluşturur. Bu iki Işık ve bu yeni Tsimtsum çok fazla detay gerektirir ki bu zamanı gelince yapılacak. Burada sadece gerektiği şekliyle açıklayacağım.

AK'ın Tabur'unun altındaki Işıkların Keter'in Reşimo'sunun Bituş'u ve Hohma ve Nekudot'un Reşimo'sundaki Taamim yoluyla düşen Otiot ve Nitzotzin olduğu zaten açıklanmıştı. Bunlar Keter'in tüm Reşimo'sunun altında ayrıldılar ve bu çıkış yeri NHY ve "Tabur'un altı" olarak adlandırılır.

Şimdi Keter'in Kli'sinde sadece Or Hohma olan Hitpaştut Bet Akudim dünyasına döndükten sonra Taamim'in Reşimot'u ile Nekudot'un Reşimot'u arasındaki eşitlik bir kez daha yapılmış oldu. Bunun nedeni her ikisinin de Hohma kabul edilmesidir ve böylece Nekudot'un Reşimot'unun tüm KHB ZON'u Tabur'un altına çekildi, yükseldi ve Tabur'un Yukarısındaki Reşimot'u ile yeniden bağlandı. Ari bu nedenle AK'ın Işığı Tabur'unun altından Tabur'unun Yukarısına yükselttiğini söyler.

DÜNYALARIN EVRİMİ

Bununla beraber, buna neden Tsimtsum denildiğini anlamamız lazım. Mevzu şu ki yükselen bu Nitzotzin'in içinde iki izlenim vardır. İlki Akudim'in Malhut'u ve Behina Dalet olan Tabur'un kendisinin içinde kalan alçalan Or Hozer'in Keter'inin Nitzotzin'idir. Hitpaştut Bet'in Işığı buna ulaşmaz, zira Behina Gimel'dir ve Bina'nın Ahoraim'inin Hitpaştut'undan Aviut'a sahiptir. İkinci izlenim Behina Gimel'den HB'nin Nitzotzin'i ve ZON'dur, Madde 11 ve 12'de yazıldığı gibi.

Dolayısıyla, Nitzotzin'in HB ZON'u yükseldiğinde Tabur'un altına düşmeleriyle onlara eklenen Aviut'dan dolayı Işıklar orada öncekinden daha fazla yükseldi. Bu nedenle, Behina Dalet olan Tabur'daki Keter'in Nitzotzin'i de buraya genişledi. Ve doğal olarak, hiç durmayan Eyn Sof'un Or Yaşar Işığı onların üzerinde yenilendi. Böylece, Behina Dalet'de Or Hozer'in Zivug'u yapıldı ve sonuç olarak Keter seviyesinde on yeni Sefirot ortaya çıktı, Hitpaştut Alef'de olduğu gibi.

Böylece, on Sefirot'un iki Behinot'unun yükselen Nitzotzin'den nasıl yapıldığını görüyorsunuz: Hohma seviyesindeki on Sefirot sadece yükselişlerinde ıslah olan Nitzotzin'in HB ZON'undan yapıldı, zira Hitpaştut gibi Behina Gimel'dendirler ve Keter seviyesindeki on yeni Sefirot Keter'in Nitzotzin'inden yapıldı.

Bu iki Partzufim Atzilut'un Partzufim AVİ ve YEŞSUT'unun kökleridir. Keter seviyesindeki yeni Partzuf AVİ'dir ve Hohma ve Atzilut'un Aba'sı olarak adlandırılır. Ve Hohma seviyesindeki eski Işığın Partzuf'u YEŞSUT'dur ve Atzilut'un İma'sı ve Bina olarak adlandırılır.

Bu köklerle İdra Zuta'da yazılı olan Aba'nın İma'yı oğlundan dolayı dışarı çıkardığını ve Aba'nın kendisinin bir çeşit erkek ve dişi olarak inşa edildiğini anlayacaksınız. Böyle olmasının nedeni Keter seviyesinde olan ve Aba denilen Üst Partzuf'un bir tür erkek ve dişi olarak inşa edilmiş olmasıdır, zira kendisine (Aba) Behina Dalet'i – Nukva ve Malhut – yükseltti. Ve seviyesi Keter'in altında olan Bina, alt Partzuf, Üst Işığı sonlandırıp kendi altında genişlemekten alıkoyan Behina Dalet olan Nukva'dan dolayı Aba'dan ayrıldı. Bu nedenle Behina Dalet Behina Bet'de mevcut olan Nekev (delik) olmaksızın Parsa olarak adlandırılır. Ve bu Parsa'dan dolayı YEŞSUT Keter Işığını kıyafetlendirmez.

Buradan Tsimtsum Alef'in hiç uygulanmadığı Bina olan Behina Bet'in şimdi eksik hale geldiği sonucu çıkar, zira o da kısıtlanmıştı çünkü Behina Dalet'in altındadır. Bu nedenle Ari, MAN yükseltilmesinden dolayı şimdi kısıtlanmış olan Behina Bet ile ilgili olarak AK'ın Tabur'un altından Işık yükselterek kendisini kısıtladığını söyler.

15. Roş ile Guf arasındaki büyük farkı bilmelisiniz. Roş, GAR olarak ve Guf, VAK, ZAT, ya da ZON olarak adlandırılır. Guf'un kendisi de GAR ve ZON'a ayrılmıştır.

Bu bölünmenin kökü Pe'ye – Malhut – kadar yapının gerekli olduğu üzere Or Yaşar'dan yapılmış olmasıdır. Ve yükselen ve ona katılan Or Hozer sadece onun üzerini örtmektedir. Bunun tersi Roş'un Sefirot'unu kıyafetlendirdiği ölçü kadarıyla Masah'ın bir Hitpaştut'u olan Guf'dur. Dolayısıyla, öncelikle Or Hozer'den yapılmıştır ve Or Yaşar'ın on Sefirot'u onun dalları gibidir.

KABALA BİLİMİ

(Guf) ZON olarak adlandırılmasına rağmen aslında sadece Malhut'dur. Böyle olmasının nedeni aslında realitede Zivug de Hakaa'da onunla birleşen ZA'nın NHY'si hariç Malhut'un Işığının hiç olmamasıdır. Dolayısıyla, Or Hozer'den genişleyen tek olarak kabul edilirler. Ve zaten yukarıda da açıklandığı gibi engelleyen Masah ve bunun sonucu ortaya çıkan Or Hozer Kaynak'a değil sadece varlığa verilmiştir. Bu nedenle, Roş, Kaynak'ın Işığının Atzmut'u olarak kabul edilir, ve Guf, sadece varlığın aksiyonu olarak kabul edilir.

Şimdi AK'ın Galgalta, AB, SAG, MA ve BON olarak adlandırılan kapsamlı beş Partzufim'ini ve yaratılış sıralarını ve birbirlerini kıyafetlendirmelerini, nasıl birbirleriyle bağlı olduklarını ve sebep ve sonuç yoluyla birbirlerinden ortaya çıktıklarını anlayabilirsiniz. Bunun böyle olmasının nedeni O'nun tek, eşsiz ve birleşik Düşüncesi olan – Panim Masbirot, Dal Bir'de – açıklanan O'nun varlıklarına haz vermektir. Bu Düşünce Kli'nin ve dolaylı olsa da Behina Dalet'de ortaya çıkan Tsimtsum Alef'in köküdür, Madde 7'de zengin adamla ilgili benzetmede yazıldığı gibi. Madde 8'e bakın, ki bu tek Düşünce, tüm realiteyi, tüm dünyaları, ve pek çok formu ve işleyişleri Tsimtsum'dan önceki Eyn Sof Işığı ile basit birlik içinde, bizim Yukarımızda duran tek form halinde – "O'nun varlıklarına haz vermek için" – tekrar birleştikleri ıslahın sonuna dek kapsar.

Ve Eyn Sof'un Malhut'undaki arzunun Gadlut'u (erişkinlik, olgunluk) olan Behina Dalet'deki Tsimtsum'un ardından Işıksız kalan Reşimo'da – Kli'de – anında dört form derecelendirme ortaya çıktı. Bunlar HB, ZA ve Malhut olarak adlandırılırlar ve Or Pinimi ve Or Makif, dolayısıyla on iki form içerirler.

Sonrasında, Işık yukarıda bahsedilen Reşimo üzerinde Tsimtsum noktasına kadar genişledi, zira O'nun Işığı asla durmaz ve bunu hatırlayın. Sonra ince çizgi Reşimo'ya uzandı ve "ince" denilir çünkü Atzmut Işığı varlığa sadece Masah'da bir Zivug içerisinden yükselen Or Hozer içinden uzanır. Ve Or Hozer'in gücüyle AK'ın Tselem'i "çizginin başlangıcında" örneğinde adlandırılan Partzuf Galgalta formunda ifşa olur.

Bu yirmi beş Behinot üzerinde genişler, zira uzunlukta KHB ZON vardır ve kalınlıkta KHB ZON vardır. Söylediğimiz gibi, Malhut Keter olmaya geri döndüğünden KHB ZON'un her biri KHB ZON'un her biri Keter'den geçerek on Sefirot'a genişler ve örnekte Galgalta, Eynaim, AHP, ya da Galgalta, AB, SAG, MA ve BON olarak adlandırılır. Bunların her birinin seviyesi Galgalta'ya ulaşır ve bunun Işıkları bu varlığın içselinden ortaya çıkar, Panim Masbirot, Dal Üç, Madde 2'de Masah'ın Hizdakhut'undan dolayı Işıkların meydana gelişlerinin sırasıyla ilgili olarak açıklandığı gibi.

16. Ve bu şekilde AB'ın meydana gelişi başlar. Meydana geliş eksiklikle ilgilidir. Pe denilen içsel AK'ın Behina Dalet'inin Hizdakhut'undan dolayı o (AB) Behina Gimel'in Aviut'unu alır. Ve bu Masah'ın üzerine Eyn Sof Işığı çekildikten sonra Hohma seviyesinde AB denilen yeni on Sefirot ortaya çıkar. Bundan, meydana gelen AB'ın, Keter seviyesinde AK'ın içinde kalan AB'dan eksiltildiği sonucu çıkar.

DÜNYALARIN EVRİMİ

Dolayısıyla, dışsal AB'ın Keter'i Galgalta'nın Hohma'sını kıyafetlendirir ve İçsel AK'ın Tabur'undan geçerek yayılır. Ve bu da her biri onun Or Hozer'in beş Behinot üzerindeki gücüyle AB'ın Keter'inden yayılan Galgalta, Eynaim, Avzen, Hotem, Pe'yi olan Or Yaşar'ın on Sefirot'unun yirmi beş Behinot'unu içerir.

Ancak, İçsel AK'ın genel Keter'i ifşa olmuş olarak kalır ve Roş ve Guf'a ayrılır. Pe'den aşağıya Guf olarak adlandırılır, zira sadece Masah'ın Hitpaştut'udur. Dolayısıyla, Or Pinimi ve Or Makif orada sadece Behina Dalet'de bağlıdır. Bu nedenle tekrar ayrılmak zorunda kaldılar ve bu Dışsal AB'ın Guf ve ZON'u olan "Nekudim dünyası" olarak adlandırılır.

Ayrıca, Aviut'un, kendi Guf'unun Histaklut'undan sonra Masah'a geri döndüğü zaten açıklanmıştı ve orada ikinci bir Hitpaştut ortaya çıktı, Madde 13 ve 14'de yazıldığı gibi. Bu, Işıkları Tabur'un aşağısından Tabur'un Yukarısına genişletir ve bu yükselişle Üst AVİ ıslah olur. Bunların altında bir Parsa yayılır ve YEŞSUT, Parsa'dan Tabur'a kadardır. Tüm bu yükseliş "Dış Partzuf SAG" olarak adlandırılır, yani dış AB'da Keter Hohma seviyesinde Bina olan Şibolet ha Zakan'dan (dudak altındaki sakal) geçen Avzen Işığının, önceki derecesinden ayrılmış olduğu anlamına gelir.

Ancak, Dış AB'ın Pe'inin Işıklarından düşen Nitzotzin'den meydana gelen bu Partzuf'da, bu Partzuf'un Bina'sı Üst AVİ'nin on Sefirot'unun tümünün altındadır, dolayısıyla Keter'den yoksundur. Bu nedenle, yeri Pe'den aşağıda yani Galgalta'sı olan Şibolet ha Zakan'dan itibarendir.

Ve Dış AB, genel Keter'in sadece Malhut'unu kıyafetlendirdiğinden ve Üst Dokuz ifşa olmuş olarak kaldığından, Dış SAG da kendi Üst Dokuzu – Roş'un tamamı – ifşa olmuş kalırken Pe'den aşağıya doğru sadece AB'ın Keter'inin Malhut'unu kıyafetlendirir. Ve AB dallarını Se'arot (saç) Roş'dan geçerek meydana getirdiğinden bu SAG dallarını Se'arot AHP'dan geçerek meydana getirdi, bunlar yeri geldiğinde açıklanacak. Saranı geri göndermede olduğu gibi Se'arot'da saran olarak kalan Üst Derece ile kıyaslandığında bunların çıkışlarından dolayı Işığın çekilmesinin anlamı budur.

Ve bu SAG, AK'ı Şibolet ha Zakan'dan sonuna dek kıyafetlendirir. Bu, GAR olan Behinat Roş'un Galgalta, Eynaim, Avzen ve Hotem değerinde olan Tabur'dan geçerek genişlediği anlamına gelir. Pe'yi kendi içinde Guf'un on Sefirot'una genişler, Dış AB'ın Pe'inde olduğu gibi. Ve Dış SAG'ın Pe'inin Işıkları durumunda, tıpkı tek bir Kli'de bağlı olmalarından dolayı Dış AB'ın Pe'inin Işıkları durumunda olduğu gibi, bunların içinde de yavaş yavaş Hizdakhut vardı, ta ki Behinat Keter'e arınana ve Hitpaştut yok olana dek.

Kapların kırılmasının ve 248 Nitzotzin'in düşmesinin anlamı budur. Ancak, Parsa'nın ıslahından dolayı, daha sonra açıklanacağı gibi, bu sadece onların ZON'unda oldu, GAR'ında değil. Sonrasında, Dış SAG'ın Pe'inden düşen Nitzotzin genişledi ve MAN formunda yükseldi, yeni MA ortaya çıktı ve Atzilut'un on Sefirot'u on iki Partzufim formunda oluştu.

Böylece, önceki tüm Behinot Atzilut dünyasına dâhil olur, Hayat Ağacı'nda olduğu gibi. Ve Beria dünyası, Atzilut dünyasından damgalandı, öyle ki Atzilut'da var olan her şey Beria'ya damgalandı. Yetzira, Beria'dan damgalanmıştır, Asiya, Yetzira'dan damgalanmıştır ve bu nedenle alt derecelerde doğrudan Üst Derecelerden kaynaklanıp aşağıdaki özüne kadar genişlemeyen hiçbir işleyiş ya da mevcudiyet yoktur.

Bu nedenle bilgelerimiz şöyle demiştir, "Aşağıda, Yukarıdan bir meleğin onu etkileyip 'Büyü!' demediği hiçbir çimen tanesi yoktur". Bunun böyle olmasının nedeni Üst dünyadan bir alt dünyaya uzanan her şeyin Zivugim (Zivug'un çoğulu) vasıtasıyla uzanmasıdır. Ancak dünyalar içsel ve dışsallığa ayrılmıştır. Atzilut'dan aşağı dünyaların içselliği Masah'da Zivug de Hakaa vasıtasıyla değil Zivug de Yesodot (Yesod'un çoğulu) vasıtasıyla uzanır. Ancak, dünyadan dünyaya genişleyen dışsallık, Zivug de Hakaa vasıtasıyla genişler.

Çarpışmanın anlamı budur ve bu nedenle bilgelerimiz Asiya dünyasındaki çimen tanesinin kökü olan Yetzira dünyasındaki meleğin ona ihsan ettiğini ve Zivug de Hakaa formunda ona baktıklarını belirttiler. Bir başka deyişle, (melek) ona vurur ve "Büyü!" der, zira söylemek ihsan etmektir.

Böylece, Galgalta, AB, AK'ın SAG'ındaki sebep ve sonuç mevzusu ve birbirleri üzerindeki kıyafetlendirme niteliği detaylı olarak açıklanmış oldu. Her bir alt derece sadece Üst Derecenin Pe'inin Işıklarının Nitzotzin'inden uzanan Üst Derecenin ZON'unun değerine sahiptir.

Ve AB'ın ortaya çıkışında Masah'ın Behina Gimel'e dâhil olduğu açıklanmıştı. Ve SAG'ın ortaya çıkışında Masah Behina Bet'de Aba'nın Nukva'sına dâhil olmuştu. Ve MA'nın içten dışa ortaya çıkışında Masah Behina Alef'e dâhil olmuştu. Bu yeri geldiğinde açıklanacak.

Ayrıca, Behina Gimel'in Malhut'una Tabur, Behina Bet'inkine Parsa ve Behina Alef'inkine Kruma (kabuk) denir. Burada eklenecek başka bir şey yok; sadece kolay ve basit bir şekilde konuları köklerine bağladım. Burada niyetim bu, ancak kitabın içinde konular detaylı olarak açıklandı.

EK A : KABALA *SÖZLÜĞÜ*

2,000 *Amma (Yıl)*, Şabat Bölgesi	Dünyaların asıl yeri günahtan önceki ikinci Behina gibidir: ZA, AA'nın yerindedir; Malhut – AVİ'nin yerinde; Beria – YEŞSUT'un yerinde; ve Yetzira – ZA'nın yerindedir. Asiya'nın ilk dört Sefirot'u Nukva'nın olduğu yerdedir ve Yetzira dünyasını kıyafetlendirir. Asiya'nın son altı Sefirot'u Beria dünyasının altı Sefirot'unun yerindedir. Beria dünyasının yerinin Beria dünyasının Parsa'sından Hazeh'ine kadar ilk altı Sefirot'u "Şehrin dışı" olarak adlandırılır. Bunlar şehre –Atzilut– aittirler, zira burası Asiya'nın alt altı Sefirot'unun yükseliş sırasında kaldığı yerdir. Beria'nın Hazeh'inden Sium'a kadar yirmi dört Sefirot Işıktan mahrum bir yerde kaldı. Şabat Bölgesi, Beria'nın Hazeh'inden Yetzira'nın Hazeh'ine kadar on Sefirot'tur ki bu 2000 Amma'dır (yıl). Yetzira'nın Hazeh'inden Sium'a kadar on dört Sefirot, Mador ha Klipot (kabuk kısmı) olarak adlandırılır. Şehir Atzilut dünyasıdır; Parsa – şehrin kenarı.
6,000 Yıl	Asiya dünyasına "Tohu'nun 2000 yılı" denir, zira Tohu, Klipot'tur (kabuklar) ve Asiya dünyasının tamamı Klipot içindedir. Yetzira dünyası "İlmin (manevi çalışma, Işık) 2000 yılı" olarak adlandırılır, zira Yetzira, ZA kabul edilir ki bu yazılı maneviyattır (kanun, yasa). Beria dünyası "Mesih zamanının 2000 yılı" olarak adlandırılır, zira Beria, tüm kurtuluşun geldiği Davut'un oğlu Mesih'in annesi Leah – Bina (İma) kabul edilir.
AA	Özü, Or Hohma (Erdemlilik Işığı) olan Partzuf'tur (10 Sefirot'tan oluşan manevi nesne). Hohma'nın küçücük bir ışığına ZA (Zer Anpin) denir.
Karın	Her Partzuf'taki Tiferet'in alt üçte biri. Nukva'da, bu gebe kalma ve doğum yeridir.
Yukarısı	Alt derecenin Üst Derecesi ile form eşitliği.

KABALA BİLİMİ

Yurtdışı	Bu dünyanın *Asiya*'sı. Beria, Tapınağın yeridir ve Yetzira, Eretz İsrael'dir.
Hiçlik (yokluk)	Or Hohma'nın gizliliğine "hiçlik" denir; Or Hohma'nın varlığına "var olma (mevcudiyet)" denir.
Klipot'un ABYA'sı	Kutsiliğin (kutsallık, arılık) ABYA'sının karşısında dur, ancak Atzilut'un ZON'unun karşısında ve altında durarak. Klipot, Kutsiliğin, Kav'ın Sium'unun altındaki boş yerde, Kutsiliğin tümünü sonlandıran Malhut'un altında durmaktadır. Tsimtsum Alef'ten (Birinci Kısıtlama) sonra bunların yeri AK'ın Raglaim'in altındadır. Tsimtsum Bet'te (İkinci Kısıtlama), sonlanan Malhut, SAG'ın Nekudot'unun Guf'undaki (beden) Bina'ya yükseldi ki burada Kutsallık'yı sonlandıran Parsa yayılır. Parsa'nın altında BYA dünyaları için boş bir yer yaratıldı. Bu yerin hiç Kutsallık'sı olmadığından, Klipa (kabuk-Klipot'un tekili), buranın tümünü kapladı. Kırılma, Or Hohma, SAG'ın Roş'undan gelip Tsimtsum Bet'ten önceki gibi, tüm on Sefirot'ta Galgalta'nın Sium'undan geçerek Parsa'nın altına genişlemek istediği için oldu. Bunun olmasının nedeni GE'nin hem Roş (baş) hem de Partzuf Nekudim'in Guf'unda (beden) AHP'la birleşmesidir. Ancak, Işık, boş alanın olduğu yere geçmeden önce Kelim (kaplar) kırıldı ve öldü çünkü Parsa iptal olmamıştı. Işık ayrıldı ve yükseldi ve Kelim, Parsa'nın altına düştü ve BYA'nın olduğu yerde Klipot ile karıştı. Parsa'nın altına düşen Kelim, Nekudim'in Guf'unun AHP'ıdır Roş'un AHP'ı değil. Bu nedenle Klipot sadece Atzilut'un ZON'undan aşağıya doğru başlamaz.
Ahor/Ahoraim (Arka, sırt)	1. Or Hohma'nın hiç kıyafetlenmediği bir Kli. 2. İhsan etmeye ya da almaya çalışmayan bir Kli ya da bir Kli'nin parçası. 3. Hazeh'in altındaki Kli'nin parçası.

EK-A: KABALA SÖZLÜĞÜ

Nukva'nın Ahoraym'ı	Nukva'nın Sefirot NHY'si, Atzilut'u sonlandırır; bu yüzden Klipot'un yanındadırlar. Klipot, bunlardan başlayarak aşağı doğru iner. Klipot, Or Hohma olmadığı sürece öncelikle Ahoraym'da tutunur.
Adam Kadmon	Eyn Sof'tan alan ve oradan bu dünyaya kadar uzanan, Tsimtsum Alef'ten sonra ortaya çıkan ilk dünyadır. Adam diye adlandırılır çünkü onun Yoşer'in (direkt, doğrudan) Sefirot'u, ihsan etme Işığı ile birlikte, Adam'ın bu dünyadaki köküdür ve Kadmon (ilk insan) olarak adlandırılır çünkü Tsimtsum Alef içinde eylemde bulunur.
Sonrası	'Öncesi' sebeptir; 'sonrası' onun sonucudur.
Hava (*Avir*)	Ruah Işığı, *Or Hasadim*.
Alef	Sayısal değer: 1
Malhut'un Orduları	BYA dünyalarında Malhut'tan çıkan Partzufim.
Yükseliş	*Hizdakhut*, çünkü Eyn Sof ile form eşitliğinde yükselir. Kural şudur; daha arı olan her şey Daha Üst derecedir ve daha bayağı olan her şey daha alt derecedir.
Manevi Topluluk	ZA'nın GAR'ından *Işıkları* alan (bir araya getiren/toplayan) Malhut'un GAR'ı olan Partzuf Yaradan'a doğru olanlar olarak bilinir.
Asiya	ZA'dan aldığı, Malhut seviyesinin on Sefirot'u.
Atzmut	*Or Hohma* bu isimle anılır çünkü yaratılan varlığın varoluş ve özüdür (Atzmut).
Büyüme	*Katnut* (küçüklük) koşulundan *Gadlut* (büyüklük) koşuluna geçmek.
Aviut (bayağılık)	Yoğun özlemle alma arzusunun ölçüsü ki bu Işığın yayılması için Kli'dir. Bu nedenle, "Kli'nin içselliği" olarak adlandırılır.
Avzen (kulak)	Bina olan, Behina Bet'teki Roş'un on Sefirot'u.
Ayin	Sayısal değer: 70

Sırt sırta (*ABA, Ahor be Ahor*)	Bina, Hafetz, Hesed (merhamette haz alma) Işıkları vasıtasıyla ıslah. Kli Or Hohma'dan yoksun ise ona bütünlük sağlayan Bina Işığı sayesinde Tikun (ıslah) alır.
Yüze sırtı dönük (*ABP, Ahor be Panim*)	Nukva için bir Tikun: Malhut'un Panim'i sadece Hohma'dır. Bu yüzden Or Hohma alamadı, zira Or Hohma sadece Or Hasadim'de alınabilir. Bu nedenle, ZA onu Zivug Ahor be Panim vasıtasıyla ıslah eder ki bu Nukva'ya Panim Or Hasadim'i ZA'nın Ahoraym'inden verir.
Bassar (Etli kısım)	Seviyesi içten dışa eşit olan on *Sefirot*'taki ZA olarak adlandırılan *Behina Gimel*: Moha, Atzamot, Gidin, Bassar ve Or.
Öncesi	'Öncesi' sebeptir ve 'sonrası' sonuçtur.
Öncesi ve sonrası	İki yaratılan varlık arasındaki sebep sonuç ilişkisinden bahsederken, sebebi 'öncesi' ve sonucu 'sonrası' olarak adlandırırız.
Başlangıç (*Reşeet*)	ZA'nın *Hohma*'sı.
Aşağı	Bir diğerine kıyasla daha alt derece.
Bet	Sayısal değer: 2
Bina	Sebep sonuç işleyişlerini gözlemlemek.
Doğum	Ima'nın Aviut'undan farklı olan ZA'nın Aviut'unun kendisinin farkına varılması (tanınması). Doğmuş ve form eşitsizliğinden dolayı ayrılmış kabul edilir ki bu fizisellikte yer değiştirmek gibidir.
Doğum-Kanı	ZA'nın MAN'ı AVİ'ye yükseldiğinde, ZA'dan daha sonra ortaya çıkacak olan tüm Partzufim'in MAN'ı, Asiya dünyasındaki son Partzuf'tan ZA'nın MAN'ı ile birlikte yükselir. Hamilelik aylarında ZA'nın MAN'ı MAN'ın geri kalanından ayıklanır, İbur Partzufim'i, ZA'nın MAN'ı üzerinde ortaya çıkar ve sonra doğar. Doğum sırasında ZA'ya ait olmayan tüm MAN doğum-kanı formunda çıkar. Doğum-kanı aynı zamanda "arı olmayan kan" olarak adlandırılır.

EK-A: KABALA SÖZLÜĞÜ

Kan (*Dam*)	İçine Işık almamak için Tsimtsum Alef altında olan Malhut'taki Aviut. Bu koşulda Malhut duraksar ve Işığı almaktan durdurulur; bu yüzden Dam[1] olarak adlandırılır. Bu Aviut NHY'nin içindeyken "kaynaktaki kan" olarak adlandırılır ve almada yasaklama altındadır. Ancak, bu Aviut HGT'ye yükseldiğinde, yerinde olmadığında, tatlanır ve süte dönüşür.
Kaynaktaki kan	*Dam* (kan) — İçine Işık almamak için Tsimtsum Alef altında olan Malhut'taki Aviut. Bu koşulda Malhut duraksar ve Işığı almaktan durdurulur; bu yüzden Dam[2] olarak adlandırılır. Bu Aviut NHY'nin içindeyken "kaynaktaki kan" olarak adlandırılır ve almada yasaklama altındadır. Ancak, bu Aviut HGT'ye yükseldiğinde, yerinde olmadığında, tatlanır ve süte dönüşür.
Süte dönüşen kan	Kan, Malhut'taki Aviut'tur. Bu Aviut içindeki Işığı almamak için Tsimtsum Alef altındadır. Bu Malhut'u Işığı almaktan "durdurur"; bundan dolayı Dam (Domem – durağan kelimesinden) denilir. Bu Aviut NHY'de olduğunda "kaynaktaki kan" olarak adlandırılır ve alma üzerine yasak altındadır. Ancak bu Aviut HGT'ye yükseldiğinde, yerinde olmadığında, tatlanır ve süte dönüşür.
Bohu	İçinde edinim olan AA olarak adlandırılır. Tohu'ya Atik denir ve içinde edinim yoktur.
Ödünç almak	ZA'ya verdiği Ima'nın NHY'sinin Kelim'i. ZA bu Kelim içinde Işığını alır.
Sınır (*Gevul*)	Bir derecedeki Masah.
Beyin (*Moah*)	On Sefirot'ta aynı seviyedeki Sefira Keter. GAR'da duran Neşama Işığı için bir Kli.

---

[1] İbranice'de *Dam* (kan) ve *Domem* (durağan) kelimeleri arasında ses benzerliği bulunmaktadır bundan dolayı bağlantı vardır.

Kırılma	Masah'da sınırların iptal olması. Ayrıca, Kelim'in Klipot'a düşüşü. Ruhların Klipot'a düşüşü "organların düşüşü" olarak adlandırılır.
Bir Kli'nin kırılması	Kli'nin Işığı alması yasaklandığında.
Göğüsler	Dadim'de (genç göğüsler) Or Hasadim vardır. Or Hohma bunların içinde ortaya çıktığında Şadaim (olgun göğüsler) olarak adlandırılırlar.
Bu dünyada *BYA*	Tapınağın olduğu yer – Beria; Eretz (Kutsal topraklar/Yaradan'a olan arzu) – Yetzira; Kutsallığın dışı – Asiya; Yıkım – Klipot.
Arzuda yukarı gelmek	*Masah* üzerinde *Aviut Şoreş* ile *Zivug*.
İptal olmuş	İki manevi unsur tümüyle eşit formda olduklarında, aralarında hiçbir form eşitsizliği olmaksızın, bir olmaya geri dönerler ve küçük olan büyüğün içinde "iptal olur."
Sebep	Bir Zivug'a neden olmak.
Haf	Sayısal değer: 20
Haf-Bet (22)	Alfabenin yirmi iki harfi. Harfler içinde Işığın kıyafetlendiği Kelim'dir. Yirmi iki öncelikli izlenim vardır ki bunlarla tüm Partzufim ayırt edilir.
Haf-Zayin (27)	Alfabenin yirmi yedi harfi – alfabenin yirmi iki harfi artı beş son harf MANTZEPAH (Mem, Nun, Tsadik, Pe, Haf). Roş'da Masah'ın beş Behinot Sium'unu kullanarak Işık Guf'a yayılır ve Kelim'i doğurur, yani geri kalan yirmi iki harfi. Bunlar Partzuf'un "ağzının beş çıkışı" olarak adlandırılır ve okunmaz sadece yazılırlar.
Sandalye/Taht (*Kisse*)	Beria dünyası. Kisui (örtü) kelimesinden ve Haalama'dan (gizleme) gelir, zira Or Hohma orada orada gizlenmiştir. Kisse denilmesinin bir başka nedeni de Parsa'dan geçen Or Hasadim, Or GAR olan ve ayakta duran Or Hohma'ya ters olarak, oturan, Or VAK kabul edilir.

EK-A: KABALA SÖZLÜĞÜ

Hazeh (Göğüs)	*Tzimtzum Bet*'in *Sium*'u. Bu yüzden, *Panim*'in *Kelim*'inde *Tzimtzum Bet* Hazeh'in yukarısında uygulanmaz.
Çevreleyen Işık	*Or Yaşar* (Direkt Işık), Üst Işığın *Kelim*'e inişi sırasında, *Behina Dalet*'lerine göre, tam olarak *Kelim*'deki özlemle eşleşerek yaratılmıştı. Bu, ağır bir nesnenin doğrudan yere düşmesine benzer. *Aviut*'u – özlemi – olmayan *Kelim*'de Işık etrafını kuşatır (çevreler), zira çeken yerçekimi gücü yoktur.
Şehir	Dünyalar ona yükseldiğinde Atzilut dünyasının koşulu.
Atık maddeyi temizlemek	Alt derecenin MAN'ındaki Aviut yükselir ve Üst *Partzuf*'un *Zivug*'una dâhil olur, burada ayıklanır ve Üst Dereceden *Masah*'ı alarak ıslah edilir. Aynı zamanda, alt derecenin kendisi bir *Zivug*'a layık olur. Bu, Üst Derecedeki *Zivug*'a bağlıdır: eğer *Zivug Masah*'taki *Aviut Alef*'te gerçekleşirse tüm *Aviut*'un sadece *Behina Alef*'i ayıklanır. *Behinot*'un geri kalanı ayıklanmaz ve atık olarak ayrılır, zira *Masah* onları ıslah etmemiştir. Bu yüzden, bu *Zivug*'a "atık maddeyi temizlemek" denir. Sadece *Masah*'ın kendine kattığı atık miktarı ıslah olur ve *Zivug*'a layıktır.
Klipot'un sarılması	Klipot, Malhut'un *Ahoraim*'ine sarılır, zira Üst Işığı durdurduğundan ondan aşağısı karanlıktır. Bu yüzden, Malhut'ta Sium noktasında Klipot ile eşitlik vardır. Bu, Klipot'un oraya sarılması olarak kabul edilir.
Kıyafetlenme	*Or Pinimi*'den ayrılan ve *Or Makif* olan ZA. Ayrıca, her bir alt *Partzuf*, Üstün olanına göre "kıyafetlenme" olarak kabul edilir.
Bağlantı	Üst Derecenin Malhut'u alt derecenin Keter'i olur. Bunu yapmakla Malhut iki dereceyi birbirine bağlar, zira onlar arasında form eşitliği artık yaratılmıştır. Böylece, tüm dereceler arasında bağlantı yapılır.
Bağlantı (*Hitkaşrut*)	Roş'un *Masah*'ından yukarı doğru yükselen *Or Hozer*'in on Sefirot'u, *Or Yaşar*'ın on Sefirot'unu kıyafetlendirir ve onlara bağlanır, zira orada Işıklar *Kelim*'den önce gelir.

Bağlantı (*Keşer*)	Tikun Kavim'in adı bu isimle anılır, zira tüm Sefirot bağlanır, ta ki aralarında zıtlık kalmayana dek.
Sefirot'un bağlantısı (*Keşer*)	Sefirot'u birbirine bağlayan alt Hey'in Eynaim'e yükselişi.
Fiziksellik	Beş duyunun hayal ettiği ve algıladığı, ya da zaman ve yer kaplayan her şey.
Anlaşma	Üst Işıkla Zivug'un meydana geldiği Masah ve Aviut'un yeri.
Yaratılış	Parsa'nın altında Aviut ve alma arzusu gibi yoktan var oluşun meydana gelişi.
Yaradan (*Bore*)	Bu isim sadece alma arzusunun ortaya çıkışı, yoktan var oluşu ile ilgilidir.
Kesme/Kırpma	Alt Hey'in BYA'ya düşen Kelim'den ayrılması. Tüm Tikun buna bağlıdır.
Dadei Behama (Hayvan memeleri)	Rahamim tatlanmadan Malhut'un aydınlanması. Beria dünyasında duran, Atik'in NH'sinin alt üçte birleri.
Dadim (Memeler)	Üst ve alt derece arasındaki orta düzey. Alt derece Üst dereceye yükselmeye layık olmasa da Üst Derecenin alt dereceye yaklaşımı.
Dalet	Sayısal değer: 4
Karanlık	Tsimtsum'un gücünden dolayı alma arzusundaki Işığı almayan Behina Dalet.
Atik Yomin	Atzilut'un Partzufim'inin geri kalanından gizlenmiş olan, içinde *Tsimtsum Alef*'in *Malhut*'u olan *Atik*'in *Sefirot*'u.
Ölüm	Atzilut Işığının Kli'den ayrılması ölüm olarak addedilir. Or Hohma'ya, "yaşamın Işığı", Haya Işığı denir, zira Or Hohma dışında Kli'ye hayat yoktur.

EK-A: KABALA SÖZLÜĞÜ

Ölüm (ölümün yeri)	Üst Işığın Sium'unun altında, Tsimtsum noktasının altında, Parsa'nın altındaki yer. Parsa'nın altına düşen Kelim'e "ölüm" denir, zira bunlar Yaşamın Işığından ayrıdırlar.
Melahim'in (Krallar) ölümü	Or Hohma'yı alamadıklarından Üst Işığın çizgisinden ayrılmışlardır ve BYA'ya düştükleri ve öldükleri kabul edilir, zira Işık Atzilut'ta sonlanır.
Düşüş	Dereceden düşmek: ikinci Hitpaştut'ta Or Hohma gelip Keter'in Kli'sinde kıyafetlendiğinde. Bundan Keter'in derecesinin Hohma'ya, Hohma'nın Bina'ya vs. düştüğü sonucu çıkar.
Üst Işıktan Ayrılış	Boşluğun bulunduğu yere ne kadar yakınsa Üst Işıktan o kadar uzak olduğu farz edilir.
Klipot'a düşüş	Ruhların ZON'a yükselttiği MAN vasıtasıyla, ZON yeni Işık almak için AVİ'ye yükselir. Eğer ruhlar hareketlerini doğru yoldan saptırırlarsa ZON Işığı (*Mohin*) kaybeder. Işık ZON'a sadece ayıklanan ve ZON'un üzerinde kıyafetlenen Kelim'in BYA'dan yükselişine neden olan ruhların MAN'ı vasıtasıyla gelir. Ancak MAN ayrıldığında, Işık da ayrılır ve ZON yerine döner. Aynı anda, ZA'nın NHY'sinin Kelim'i ve Nukva'nın alt dokuzu BYA'dan yükseldi ve ZON'u, Klipot, kıyafetlendirdi.
Çöl	(Aynı zamanda: Yıkım.) Bu dünyada Klipot'un yeri.
Ay'ın küçülmesi	*Malhut*'un Tikunim'in eksikliğinden dolayı Işıkları alamadığı Atzilut dünyasındaki koşulu.
Dormita (Uyku)	Bir Parftzuf, MAN'da olduğu gibi Üstündekine yükselirse tüm Işıklar ondan ayrılır ve o zaman Partzuf'un aşağıda çok küçük bir canlılık (hayat) ile kaldığı farz edilir. Bu canlılık uyku olarak kabul edilir.
Damla (su damlası gibi)	Işığın aralıklarla ve kısa bir sürelerle genişlemesi (yayılması).
Yaratılış öncesi damla	*Alt Hey*'i *Eynaim*'den indiren Aba'nın Or Hesed'i.

Dvekut (Tutunma, yapışma)	İki manevi nesne arasında form eşitliği.
Yeryüzü (Toprak)	Her derecenin ya da dünyanın *Malhut*'u.
Kaynak (*Maatzil*)	Sonucuna göre sebep. Roş'un *Malhut*'u, *Guf*'a göre *Maatzil* kabul edilir ve altındaki dereceye göre her Üst Derece.
Solun kucaklanması	Gücün ZA'dan Malhut'a verilmesi ki böylece alt Hey'i aşağı getirip AHaP'ı yükseltebilsin.
Boş Hava (*Avir*)	*Or Hohma*'yı kıyafetlendirmeden önce *Or Hasadim*.
Sonlanan *Malhut*	*Guf*'un *Malhut*'u.
Eşitlik	Alma arzusunun dört derecesi arasında hiç fark olmadığında.
ET	*Malhut, ET* olarak adlandırılır çünkü Alef'ten Tav1'a tüm harfleri içerir.
Dış/Dış mekan	Dış odalar, ZA'nın NHY'si. Hohma (ışığı) yansıması olduğu zaman bunu ifşa etmek için bir arzu vardır. Hohma ışığının ifşasıns "dış odalar" denir.
Varoluş	Or Hohma'nın mevcudiyetine "varoluş" denir. Or Hohma'nın gizliliğine "yokluk" denir.
Çıkış	Form değişikliği. Partzuf'un bir parçasında form eşitsizliği ortaya çıktığında bu, o parçanın Partzuf'un dışına çıktığı ve kendisine ait yeni bir otoriteye girdiği kabul edilir. Ancak bu, ilkinde hiçbir değişiklik yaratmaz.
Işığın Eynaim'den geçerek çıkması	Malhut, NE'ye yükseldiğinde ve üzerinde bir Zivug yapıldığında Zivug'tan çıkan Işık NE'den geçerek yayılır Pe'den değil.

---

1 İbranice'de Alef-Taf harf bileşkesi *ET* olarak telaffuz edilir. Alef ilk harftir, Taf son harftir.

EK-A: KABALA SÖZLÜĞÜ

Dış *Kelim* (*Ahoraim*'in *Kelim*'i)	*Partzuf*'ta *Hazeh*'in altındaki *Kelim*.
Dışsallık	Kli'deki en arı olan, Or Makif için olan Kli.
Yüz yüze (*PBP Panim be Panim*)	Nukva, kendi Panim'inin Kelim'ine erkeğin Panim'inden Üst Işık aldığında.
Aşağı dönük	Aviut'un ölçüsüne göre Işığın Aviut'un içine gelmesi ve kıyafetlenmesi.
Yukarı dönük	Masah'ın *Hizdakhut*'u sırasında. Bu isimle adlandırılırlar çünkü daha ince bir Aviut'a dönerler.
Düşüş	Onun gibi olduğundan bir derecenin alt dereceye düşmesi.
Organların düşüşü	Ruhların Klipot'a düşmesi. Kelim'de Klipot'a düşüş "kırılma" olarak adlandırılır.
Adam HaRişon'un organlarının düşüşü	Günahtan önce *Adam HaRişon* Atzilut'un NRN'sine sahipti. Günahtan sonra ruhunun tüm organları düştü ve 100 Ketarim'in (Keter'in çoğulu) Kelim'inde sadece Nefeş Işığı kaldı.
Düşme	ZA layık olduğunda Tevuna, İma'ya yükselir, Aviut Bet üzerinde bir Zivug yapar ve ZA'ya verir. Bu, "düşeni desteklemek", ZON, olarak adlandırılır, zira onlara GAR verirler.
Uzak/Mesafeli	Form eşitsizliğinin büyük bir ölçüsü. Ayrıca, Or Hohma'nın çok küçük bir yansıması. Yakın, Or Hohma'nın çok yoğun yansıması demektir.
Dişi (*Nukva*)	*Atzilut* dünyasının *Malhut*'u bu isimle bilinir çünkü Işığı onun Hazeh'inde bir Nekev (delik) vasıtasıyla ZA'dan alır ki burada Işık küçülür.
Dişi Yüz	*Hohma*'nın alınmasıyla ilgili *Panim*'in *Kelim*'i.
Dişi Işık	Partzuf'un Eyn Sof'tan ihsan etme olarak değil, yanındaki Üst'ünden aldığı Işık. Aynı zamanda Or Nefeş ya da Or Malhut olarak adlandırılır.

KABALA BİLİMİ

Dolgular	Bir Partzuf on boş Sefirot'tur: Keter, Hohma, Bina, ZA ve Malhut. Bunlar HaVaYaH isminde işaretlidir: Yud, Hohma'dır, Hey, Bina'dır; Vav, ZA'dır ve Hey, Malhut'tur. Gimatria'da, Yud-Hey-Vav-Hey = 10+5+6+5=26'dır (Haf-Vav). Ancak, bunların tümü onların seviyesin, göstermez: Nefeş, Ruah, Neşama, Haya ya da Yehida. Seviye, on Sefirot'taki Işığın dolgusu ile belirlenir. Haya seviyesinde, HaVaYaH'ın Vav'ını da dahil ederek tamamen Yud ile dolmuştur. Gimatria'sı Ayin-Bet'tir (AB): Yud-Hey-Viv-Hey = (10+6+4) + (5+10) + (6+10+6) + (5+10) = AB = 72. Neşama seviyesinde Yud ile dolmuştur ve sadece Vav, Alef ile doludur. Gimatria'sı Sameh-Gimel'dir (SAG): Yud-Hey-Vav-Hey = (10+6+4) + (5+10) + (6+1+6) + (5+10) = SAG = 63 Ruah seviyesinde Hey ile doludur ve sadece Vav, Alef ile doludur. Gimatria'sı Mem-Hey'dir (MA): Yud-He-Vav-He = (10+6+4) + (5+1) + (6+1+6) + (5+1) = MA = 45. Nefeş seviyesinde Hey ile doludur ve sadece Vav dolgusuzdur. Gimatria'sı Bet-Nun (BON)'dur: Yud-Heh-Vv-Heh = (10+6+4) + (5+5) + (6+6) + (5+5) = BON = 52
Gökkubbe (*Rakia*)	ZA'nın *Yesod*'u bu isimle bilinir çünkü ZA'nın Sıum'udur – Üst Su – ve Nukva'nın – alt su – başlangıcıdır.
İlk *Ibur*	*Partzuf*'un sadece varoluşu için *Zivug*.
Klipa'nın gücü	Işıkların kıyafetleri içlerindeki kötülüğün karışımından dolayı Kelim'den ayrılır ve Işığın arta kalanı ile Klipot'a düşer. Bu, Klipa'ya güç ekler.
Form	Malhut'taki Hohma, Bina, ZA ve Malhut denilen dört Behinot Aviut "dört form" olarak adlandırılır.
Dört Form	Aviut ya da varlıktaki arzu madde olarak kabul edilir. Aviut'taki dört Behinot "dört form" olarak adlandırılır.

EK-A: KABALA SÖZLÜĞÜ

Dört Rudiments	*Kli Malhut*'un *Aviut*'undaki *Dalet Behinot*
Yukarıdan aşağıya	Arıdan bayağıya uzanan, Or Yaşar denilen Işık. Ayrıca, Behina Alef'ten Behina Dalet'e kadar. Behina Dalet Işıksız kaldı, bu yüzden en alttaki kabul edilir. Behina Alef hepsinin Yukarısındadır zira arzusu en küçük olandır.
Aşağıdan yukarıya	Bayağıdan arıya uzanan, Or Hozer denilen Işık.
Dolu	Hiçbir eksiklik ve bütünlüğüne ekleyecek bir şey olmadığında.
Gadlut (Büyüklük Yetişkinlik Olgunluk)	Derecedeki *Or Hohma*.
Galgalta	*Partzuf Keter*, Yehida Işığını kıyafetlendiren *Kli*.
GAR	Kelim'den önce gelen Roş'un Işıkları ki bunlar Partzuf'un Roş'u denilen Sefirot KHB'dir.
Guf'un *GAR*'ı	HGT
Cennet Bahçesi	*Atzilut*'un *Malhut*'u. Cennet, Hohma'dır ve Bahçe, Malhut'tur. Tüm Atzilut dünyası Hohma'dır. Bu nedenle Atzilut'un Malhut'una "Cennet Bahçesi" denir.
Gidin (Tendonlar)	Seviyesi eşit olan on *Sefirot*'taki *Bina*'nın *Kli*'si
Gimel	Sayısal değer: 3
Işıkları Verme	Masah'ın Hizdakhut'undan, Sefira'dan Sefira'ya tüm Işıklar Keter'e gelir. Keter'in Behina Gimel'i Behina Bet'e arındığında Hohma'ya Işıklar verir. Aviut Hohma Behina Bet'ten Behina Alef'e arındığında Işıkları Bina'nın Kli'sine verir vs.
Büyük/Yetişkin/ Olgun	Or Hohma'nın ifşası. Or Hohma'nın eksikliği bir Partzuf'u küçültür.

Sıkıca tutma/Tutunma	Bir dalın tutunduğu yerden emmek istemesi gibi Klipa da Kutsiliğin yoksun olduğu bir yere tutunur. Eksik olan şey Kutsiliğin eksikliğinin ölçüsüne göre gücü ve canlılığı onun vasıtasıyla içine emdiği borudur.
Guf (Beden)	Masah'dan aşağı Or Hozer'in gücüyle genişleyen her derecedeki gerçek alma kapları. Gerçekte Işıkların alınmasının ortaya çıktığı yer burasıdır.
Saç (*Se'arot*)	Tikunim'in eksikliğinden dolayı Moah'ın tahammül edemediği Işıklar. Bu nedenle Galgalta'dan çıkarlar. Aynı zamanda Motrey (arta kalan) Moha (Moha'nın arta kalanı) olarak adlandırılırlar.
Hakaa (Çarpışma/Vurma)	Ust Işıkla Masah'ın çarpışması, iki sert nesnenin çarpışmasına benzer, biri diğerinin sınırlarını ihlal etmek ister ve öteki karşı koyar ve ilkinin girmesine gizin vermez.
HaVaYaH-ADNY	YADONEHY anagramında ifade edildiği gibi *ZA*'nın *Zivug Panim be Panim*'i ve *Nukva*. *ZA*'daki *Hohma*'yı belirten anagramın başındaki *ZA* olan *HaVaYaH*'ın *Yud*'u. Anagramın sonundaki *ADNY*'nin *Yud*'u *Nukva*'daki *Hohma*'yı ifade eder.
Haya	Or Hohma
Tilkilerin Başları	Alt derecenin Roş'u. Bu aynı zamanda aslanlara kuyruktur da – Üst Derecenin Sium'u (son).
Duyma	Roş'un Bina'sının Işığı.
Kalp	*Ruah Işığı* için *Kli*; *HGT*'de durur.
Het	Sayısal değer: 8
Hevel	*Masah*'tan yukarı doğru yükselen *Or Hozer*.
Hey	Sayısal değer: 5
Histaklut (Bakma)	*Eyn Sof*'tan *Masah*'a Işığın *Hitpaştut*'u. Eyn Sof'tan gelen bir Işık her zaman Or Hohma'dır, ya da Or Eynaim, ya da görme (öngörü, önsezi) ya da Histaklut'tur.

EK-A: KABALA SÖZLÜĞÜ

Histaklut Alef (İlk bakma)	*Eyn Sof*'tan *Masah*'a Işığın *Hitpaştut*'u. Eyn Sof'tan gelen bir Işık her zaman Or Hohma'dır, ya da Or Eynaim, ya da görme (öngörü, önsezi) ya da Histaklut'tur.
Histaklut Bet (İkinci bakma)	*Tabur*'dan *Pe*'ye yükselen ve yol boyunca *Zivugim* yaparak ortaya *Nekudot*'un *Partzufim*'ini çıkaran, *Eyn Sof*'tan *Masah*'a Işığın *Hitpaştut*'u.
Hitpaştut (Genişleme)	Kaynak'tan yayılan ve varlıklara varlıkların alma arzusunun genişlemesi vasıtasıyla gelen ve Hitpaştut'u kendisine Işığa özleminin ölçüsüne göre genişleten Işık.
Hitpaştut Alef (İlk genişleme)	*Taamim* Işıkları.
Hitpaştut Bet (İkinci genişleme)	Masah'ın Hizdakhut'undan sonra Işıkların ikinci girişi. Sonra zaten orada kurala göre Kelim vardır, "Işığın genişlemesi ve ayrılışı Kli'yi görevi için uygun hale getirir."
Hohma	Varlıkların Atzmuto'sunun Işığı. Ayrıca, realitedeki amaçlı sonuçların tüm detaylarını bilmek.
Otuz İki Yolun Hohma'sı.	Bina'nın ZON için aldığı Or Hohma, Bina'nın yirmi iki Otiot'unu ve ZON için Bina'daki on Sefirot'u da kapsar.
Holam	*Otiot*'un üstündeki Işıklar.
Ark/Suyolu (*Tzinor*)	*Yoşer*'in *Kelim*'i bu isimle bilinir çünkü Işığı kendi sınırlarında genişletir ve sınırlandırırlar.
Hotem (Burun)	*Roş*'un *Sefira ZA*'sı.
Ev (*Bayit*)	*Or Heiyhal* (hol) - iç *Kelim*'den ayrılmış olan ve Or Makif için Kli haline gelen *Behinat Malhut*.
Hurva (Yıkım)	Klipot'un bu dünyadaki yeri (çöller de).

İbur	*Katnut*'un *Zivug*'u.
İdrin	İçsel odalar, Or Hasadim ile dolu olan ZA'nın HGT'si, Hohma ışığını çıkarmaz. Bu nedenle "içsel" olarak adlandırılırlar.
Görüntü (*Demut*)	*Tzelem* (bu da görüntü anlamına gelir), ZA'nın Mohin'inin kıyafetleri anlamına gelir ve Demut, Nukva'nın Mohin'inin kıyafetleri anlamına gelir. Otiot, Yud, Hey, HaVaYaH isminin Vav'ı Tselem'dir ve HaVaYaH'ın son Hey'i Demut'tur.
Saf olmayan kan	Ayrıca, "doğum kanı" olarak da bilinir.
Gelecekte	Üst Bina'nın ışıkları bu isimle bilinir zira gelecek için ZA'da tayin edilmişlerdir. Tvuna Işıkları ZON'a daimi olarak girerler ve bu nedenle "bir sonraki dünya" olarak adlandırılırlar.
İçsel (*Pnimi*)	*Partzufim İbur*, *Yenika* ve *Mohin*, daha büyük olanın daha da içsel olacağı şekilde kıyafetlendiler.
Atzilut'un İçsel *Zivug*'u	Atzilut'un içsel Kelim'i NRN Işıkları ile Moha, Atsamot, Gidin denilen KHB'dir. Haya ve Yehida Işıkları Neşama Işığına bürünür. Kelim ZA ve Malhut, Partzuf'tan ayrılmıştır, bu nedenle Bassar ve Or olarak adlandırılırlar. Bunlar gerçek, tam Kelim değillerdir, sadece Guf'un Kelim'ini hariçten sararlar. Bunlar Işıklarını – Ruah ve Nefeş – iç Kelim'den alırlar. Bu nedenle, iç Kelim'de Ruah-Nefeş Işıkları ve dış Kelim'de Ruah-Nefeş Işıkları vardır. İnsanların ruhları iç Kelim'in Zivug'undan doğarlar ve meleklerin ruhları dış Kelim'in Zivug'undan doğarlar. Bu yüzden insanların ruhları dünyaların içselliği kabul edilir, zira Partzuf'un iç Kelim'inde ortaya çıkarlar ve melekler dünyaların dışsallığı kabul edilir, zira Partzuf'un dış Kelim'inde ortaya çıkarlar.
İçsellik	Masah'taki Aviut bu isimle anılır çünkü bolluğun verildiği yer burasıdır.
Kudüs	Malhut'un dış Yesod'u.

EK-A: KABALA SÖZLÜĞÜ

Kamats (noktalama işareti)	Işıkların *Kmitza*'sı (yoğunlaşma). Bu, Guf'un Kelim'inde kıyafetlenme öncesi yoğunlaşan Roş'un on Sefirot'unu belirtir. Guf'taki Işıkların Hitpaştut'u Patah (açılmış) olarak adlandırılır, zira Işığa bir giriş açar.
Katnut (Küçüklük)	Her Partzuf'taki iki Partzufim, İbur ve Yenika bu isimle anılır zira Roş ve Mohin'den yoksundurlar.
Ahoraim'in Kelim'i (Dış Kelim)	*Partzuf*'ta *Hazeh*'in altındaki Kelim.
Panim'in Kelim'i	*Partzuf*'ta *Hazeh*'in yukarısındaki *Kelim*.
Keter	Kökün dereceye yerleştirilmesi. Bu, Mahtir kelimesinden gelir, yani "kuşatır" (etrafını sarar) anlamındadır, zira her dereceden daha arıdır ve bu yüzden Partzuf'u Yukarıdan sarar.
Kisse Din (Yargı Tahtı)	Beria dünyasındaki Malhut'ta kıyafetlenen İma'nın Mohin'inin Malhut'u. Bu, Tehelet (masmavi gökyüzü, gök mavisi) ve Sandalfon olarak adlandırılır.
Kisse Rahamim (Merhamet Tahtı)	İma'nın Mohin'inin Üst dokuzu.
Öpme (*Neşikin*)	İki içsel Partzufim, ZA ve Nukva'nın Zivug'u, ayrıca "ses ve konuşmanın Zivug'u" oalrak da adlandırılır.
Hayuta'nın *Kista*'sı (Yaşam Gücünün Göğsü)	Geçmiş Işığın bir Reşimo'su. Partzuf'ta Üst Dereceye MAN için yükselirken onun yerinde kalan budur ve "Mohin'in ayrılışına" sahiptir.
Kli	Yaratılan varlıktaki alma arzusu.
Or Makif için *Kli*	Kli'deki duvarın daha arı ve dış kısmı. Kli'deki duvarın daha bayağı iç kısmı, Or Pinimi için bir Kli görevi görür.
Or Pinimi için *Kli*	Kli'deki duvarın daha bayağı, iç kısmı. Or Makif için olan Kli, Kli'nin daha arı, dış yarısıdır.

Kli Malhut	Işık almamak için üzerinde *Tsimtsum Alef* gerçekleşen *Or Yaşar*'ın *Behina Dalet*'i.
MAN yükselten *Kli*	*Gadlut* sırasında Üst Derecenin AHaP'ı.
Klipat Noga (Noga Kabuğu)	İyi ve kötünün karışımını içeren Nitzotzin. Noga iyi parçasına Işık aldığında, kötü kısmına da Işık verir.
Klipot (Kabuklar)	Sadece ihsan etmekle ilgili olan, Üst Işığa zıt bir arzu yani alma arzusu. Bu yüzden Yaşamların Yaşamı'ndan ayrılar ve "ölü" kabul edilirler.
Kof	Sayısal değer: 100
Lamed	Sayısal değer: 30
Lamed-Bet (32) Yaratılış Hareketinin Tanrıları	Bina'dan gelen ve Elokim (Allah) denilen Hohma'nın otuz iki yolu. Şin-Haf (320) Nitzotzin içinden Üst dokuz olan Reş-Pe-Het'ini (288) ayırır ve Malhut'u aşağıda atık olarak bırakır.
Edom Toprakları (*Erets Edom*)	Bina'ya dâhil olan *Malhut, Bina,* "*Edom toprakları*" olarak adlandırılır.
Kutsal Topraklar	Bu dünyanın *Yetzira*'sı.
Uzunluk	Bir derecenin iki kenarı araısndaki mesafe, en arı Behina'dan (En Üst) en bayağıya (en alt) kadar.
Atzilut Işığı	Or Hohma
Beria Işığı	Or Hohma'sız Or Hasadim.
Malhut Işığı	Partzuf'un Eyn Sof'tan ihsan etmek olarak değil, yanındaki Üst Dereceden aldığı Işık. Bu, Or Nefeş ya da "Dişi Işık" olarak adlandırılır.
Reşimo Işığı	Işığın Kli'den ayrılmasından sonra kalanlar.

EK-A: KABALA SÖZLÜĞÜ

Kli'de sınırlanmış olan Işık.	Işık, Kli'de tutulmuş ve Aviut'un ölçüsüne bağlı olduğu zaman, ki böylece orada Kli'deki Aviut'un ölçüsünden ne daha fazla ne daha az genişleyemez.
Çizgi (*Kav*)	Daha önce var olmayan "Yukarıdan aşağıya" bir ayrımı, aynı zamanda aydınlığının önceki değerden daha küçük olduğunu belirtir. Ayrıca, Yoşer'in on Sefirot'u, Kelim açısından *Tsinor* (suyolu, ark) ve Işıklar açısından *Kav* (çizgi) olarak adlandırılır.
Canlı/Hayvansal	Yesod, çünkü *Or Hozer*'in on Sefirot'unu yükseltir ve içlerine Or Yaşar'ın dokuz Sefirot'unu alır.
Karaciğer	İçsel Kli'de Nefeş Işığı ile.
Uzun	Hohma bolluğu. Kısa — Hohma'nın azlığı. Geniş — Hasadim bolluğu; Dar — Hasadim'in azlığı.
Yüze bakmak	Or Hohma ihsan etmek.
Aşağı Cennet	*Asiya* dünyasının *Yesod*'u.
Cennetin alt bahçesi	*Asiya* dünyasında *Malhut*'un *Yesod*'u.
Alt *Hohma*	*Nukva*'daki *Hohma*.
Alt İma	*Atzilut*'un *Malhut*'u.
Aşağı Topraklar	*Malhut*
Şans (*Mazal*)	Yesod. *Mazal* denilir çünkü aralıklı olarak damla gibi *Or Hohma* verir.
MA	*Alefler* ile dolu olan *HaVaYaH*: *Yud-He-Vav-He*. Atzilut'ta ortaya çıkan tüm seviyeler MA seviyesinde ortaya çıkar. Atzilut Işıklarla karşılaştırıldığında yeni MA olarak akbul edilir – onunla bağ kuran Nitzotzin ve Nekudim'in Kelim'i. Ondan daha eski kabul edilirler çünkü Nekudim'in önceki Partzuf'unda zaten kullanılmışlardı.

Malhut	Son *Behina*. Bu isimle anılır çünkü tam yönetim içinde kesin ve sıkı rehberlik ondan genişler.
Malhut'un Işığı yoktur.	*Masah* arınmıştır ve bir *Zivug* için yetersiz olan, sadece *Aviut Şoreş* kalmıştır. Bu yüzden, sadece ZA'da yapılan bir *Zivug*'dan alabilir.
Erkek (*Zahar*)	Üst Derecede olduklarından Üst Derecesinden bütünlük içinde Işıkları alan bir *Partzuf*.
Erkek Yüzü	*Hohma*'nın ihsanı.
MAN	*Zivug*'a neden olan şey. Ayrıca, alt derecenin GE'si, *Katnut* koşulunda içlerindeki düşen Üst Derecenin AHaP'ı ile aynı derecede bağlanmıştı. Bu yüzden, Üst derece *Katnut* süreci esnasında *Dvekut*'un sonucu olarak *Gadlut* vasıtasıyla geldiğinde, AHaP'ı yükselip yeni bir NHY olduğundan AHaP'ının içinde alt derecenin GE'si vardır. *Galgalta*'nın *Roş*'una dâhil olan ve AB'ı meydana getiren *Masah* ve AB'ın *Reşimot*'u gibi, *Tsimtsum Bet*'te de *İbur*'dan geçerek bu oldu, *Yesod*'taki *Zivug* hariç.
MANTZEPAH	Kendi *Katnut* sürecinden içinde kalan *Behinot Masah ve Partzuf*'un *Aviut*'u. Alt derecenin MAN'ı *Nukva*'nın kendisinin MAN'ında *Nukva Partzuf*'unun AHaP'ına tutunmuştur ki bu onun için kendi *İbur*'undan kalmıştır. Alt derece onun *İbur*'unun *Masah*'ından *İbur* seviyesini alır. Bu yüzden, *İbur*'un MAN'ı *Nukva* onları ZA'ya yükselttikçe *Nukva*'nın MANTZEPAH'ına dâhil edilmiştir. Aynı anda onun MAN'ında bir *İbur* meydana gelir ve onun seviyesini alır.
Masah	Yaratılan varlıkta onun *Behina Dalet*'e düşmesini durdurarak Üst Işığa karşı *Tsimtsum* gücü uyandı. Dolayısıyla, *Behina Dalet*'e ulaşıp dokunduğu anda bu güç anında uyanır, ona çarpar ve onu iter. Ve bu güç *Masah* olarak adlandırılır.
Çiftleşen *Malhut*	*Roş*'un *Malhut*'u.

EK-A: KABALA SÖZLÜĞÜ

Mayin Nukvin	SAG'ın Nekudot'u Tabur'un altında genişledikçe iki Reşimot katıldı – SAG'ın ilk beşinden ve Galgalta'nın alt Hey'inden. Masah iki dişinin dâhil edilmesidir: Bina ve Malhut. Bu nedenle Masah, Mayin Nukvin olarak adlandırılmıştır, zira buradan itibaren her bir Zivugim'inde her zaman iki dişi dâhil olmuştur.
Mazla (Aramikçe'de şans.)	*Se'arot Dikna* bu isimle bilinir çünkü Işıkları dünyalardaki yüce Işıklara katılana dek damlalar gibi damlar.
Ben (*Ani*)	Malhut ifşa olduğunda "Ben", "Beni" diye adlandırılır. Malhut gizli olduğunda "O", "Onu" diye adlandırılır.
Mem	Sayısal değer: 40
Metzah	*Keter*'in *Bina*'sı.
Arzunun Metzah'ı	Gadlut'un Zivug'u sırasında, Or Hohma AB-SAG Işığından geçerek parladığında Se'arot ayrılır ve iyi niyet zamanı ortaya çıkar.
MI	*Bina*
Orta Nokta	*Eyn Sof*'taki *Behina Dalet* bu isimle bilinir çünkü *Eyn Sof* Işığı ile bütünlük halindedir.
Orta/Orta düzey	İki uzak kenarı bağlayan ve aralarında karar veren.
Süt	Bina'nın doğumdan sonra ZA'ya verdiği Hasadim Işıkları. Bu Işıklar Hohma olmaya geri dönerler ve bu, "kan haline gelen süt" olarak adlandırılır.
Mohin	*GAR* Işıklar ya da Roş Işıkları.
Gadlut'un *Mohin*'i	Dokuz yıl sonra MAN'a yükselişi vasıtasıyla ZA'nın aldığı Mohin. Bu, "Yaratılış öncesinin Mohin'i" olarak adlandırılmakla birlikte İbur Gimel olarak da adlandırılır, zira ZON bir Panim be Panim Zivug'u yapar ve ruhları meydana getirebilir.

Holoada'nın *Mohin*'i (meydana getirmek, yaratmak)	Dokuz yıl sonra MAN'a yükselişi vasıtasıyla ZA'nın aldığı Mohin. Aynı zamanda ZON bir Panim be Panim yapar ve ruhları meydana getirebilir. Bu, Gadlut'un Mohin'i ve İbur Gimel olarak adlandırılır.

Ayrıca, AB seviyesindeZA'nın AVİ'den aldığı Haya Işığıdır. Bu Mohin vasıtasıyla, ZA ruhların GAR'ını doğurur. |
Gebe kalma ayları (*İbur*)	(Ayrıca: gebe kalma zamanı). Zaman ve yer formun başlangıçlarıdır. Bir Partzuf pek çok Zivugim ve Işıklar vasıtasıyla tamamlanır ki bunlar tamamlanmaya katılan Işıkların sayısına göre yedi, sekiz, dokuz ya da on iki aydır.
Musa ve Kutsal Topraklar	ZA'nın GAR'ı.
Hareket	Bir önceki formdan her türlü yeniden doğuş.
Motrey (Arta kalan) *Moha*	Tikunim'in eksikliğinden dolayı Moah'ın tahammül edemediği Işıklar. Bu yüzden, Galgalta'nın üzerine çıkıyorlar. Aynı zamanda, Se'arot (saç) olarak adlandırılırlar.
Suskunluk-Konuşma	Işığın on Sefirot'unun Pe denilen Roş'un Malhut'undan Toh'a geçmesi. Nukva'nın iç Partzuf'u "Konuşma" olarak adlandırılır. Eğer ayrılır ve sadece dış Partzuf ile kalırsa o zaman bu "suskunluk" olarak adlandırılır, zira iç Partzuf GAR ve dış Partzuf VAK'tır.
İsim	Bir isimde belirtilen Işığın nasıl edinildiğine dair tanım. Her derecenin ismi o derecedeki edinim yolunu tanımlayan isimdir.
Dar	Hasadim'im azlığı. Geniş – Hasadim'in bolluğu. Hohma'nın azlığı "kısa" ve Hohma'nın bolluğu "uzun" olarak adlandırılır.
Yakın	Kişinin dostuna yakınlığının formu.
Nefeş	Partzuf'un Eyn Sof'tan ihsan olarak değil yanındaki Üst Dereceden aldığı Işık. Bu "dişi Işık" olarak adlandırılır.
Nehiro	Or Yaşar.

EK-A: KABALA SÖZLÜĞÜ

Nehiro Dakik	Klipot'u canlandıran ince ve küçük aydınlanma (ışık anlamında).
Nekuda	Orta noktada yapılan *Tsimtsum*'dan dolayı içinde *Zivug* olmayan ve *Or Hozer* yükseltmeyen, Işıksız karanlık kalan *Malhut*.
Nekudot	Hizdakhut'u sırasında Masah'daki Zivug üzerinde ortaya çıkan dört seviye. Tabur Işıkları – Otiot'un üzerindeki Nekudot – Holam. Yesod Işıkları – Otiot'un içinde olan Nekudot – Melafom. Sium Raglaim Işığı – Otiot'un altındaki Nekudot.
Neşama	Bina'nın Kli'sinde kıyafetlenen Işık Neşima (nefes alıp verme) olarak adlandırılır, çünkü ZA, nefes alıp vermede olduğu gibi yükselip alçalarak Bina'dan yaşam gücü Işığını alır.
Nesira (Kesmek)	Nukva'nın ZA'dan ayrılması.
Yeni Işık	Atzilut dünyasında Kelim'in ıslahından ortaya çıkan her türlü Işık.
Yeni ruhlar	1) Or Yaşar'ın Hohma'sından genişleyen tümüyle yeni ruhlar. Bunlar Tikun dünyasına gelmezler. 2) Hohma'ya dâhil olan Bina'dan, otuz iki yolun Hohma'sından gelen ruhların yeniden doğması. Ancak, ZON'a kıyasla yenidirler, zira yeni MA'dan gelmektedirler (ve sadece BON'un ruhları eskidir) Bunların içinde de iki Behinot vardır: 1) Panim be Panim'in yeni ruhları Tapınak zamanında ZA daimi olarak AB ve Beria seviyesindeyken geçerliyken ruhlar olarak kabul edildi ve bu Atzilut'taydı. Bu nedenle, ruhlar da Atzilut dünyasındaydı ve Panim be Panim olarak biliniyorlardı. 2) Yıkımdan sonra Beria Parsa'nın altındaki yerine indiği ve Atzilut Işığına sahip olmayıp Ahor be Ahor'a sahip olduğunda. Bu yüzden Ahor be Ahor'a göre bu ruhlar yeni sayılır.
Bir sonraki Dünya	ZON'a daimi olarak gelen Tevuna Işıkları. Gelecekte – Üst Bina'nın Işıkları. Bu isimle anılırlar zira gelecek için ZA'da sabitlenmişlerdir.

Nikvey (Delikleri) *Avzen, Hotem, Eynaim*	Tsimtsum Bet'te Malhut her Sefıra'da Sefıra Hohma'ya yükseldi ve Hotem, Avzen ve Eynaim'de delikler açtı. Malhut'un yükselişinden önce her bir Sefıra'da sadece bir delik vardı, Pe'de.
Nikvey Eynaim	Roş'taki *Behina Alef*, zira *Hohma*'ya *Eynaim* denir ve alt *Hey*'in *Eynaim*'e yükselişinin gücü ile *Hohma*'da da bir *Nukva* meydana geldi.
Nitzotzin	Kırık Kelim'den ayrılmalarından sonra Nekudim Işıklarından kalan Reşimot. Bunların içinde iki tür Işık vardır: 1) Arı, Or Yaşar, Atzilut'ta kalan "Işıklar" denir ve 2) Kelim'le BYA'ya inen Nitzotzin denilen bayağı, Or Hozer.
Gıdalar	Bunlar bir Ust Dereceden olmalı, zira daimi olarak yükselmek ve Ust Dereceyi kıyafetlendirmek için güç sağlarlar.
NRNHY	On Sefirot'un Kelim'ine KHB ZON denir. On Sefirot'un Işıklarına Nefeş, Ruah, Neşama, Haya, Yehida denir. Kelim'in Yukarıdan aşağıya oldukları kabul edilir ve Işıklar da büyüme sırasına göre aşağıdan Yukarıya.
Nukva	Büyümesinin yüksekliği: gelecekte bir Keter'de ZA ile Panim be Panim olacak. En büyük küçülmesi – ZA'nın Yesod'unun altında bir nokta.
Nun	Sayısal değer: 50
Or (Işık)	Behina Dalet'de alınan her şey alma arzusu hariç her şeyi kapsar.
Or Eynaim	Behinat Aviut Alef'deki NE'de Masah'ın üzerinde ortaya çıkan Işık. Ayrıca, Eyn Sof'tan Masah'a Hitpaştut Işığı. Eyn Sof'tan gelen bir Işık her zaman Or Hohma, Or Eynaim, görüntü, ya da Histaklut'tur.
Or Hohma	Yaradan'dan varlığa uzanan Işık, bütünlük ve yaratılan varlığın yaşamının sağlanması

EK-A: KABALA SÖZLÜĞÜ

Or Hozer (Yansıyan Işık)	Behina Dalet'te alınmayan ve Masah tarafından reddeilen Işık. Tsimtsum Alef'ten sonra Behina Dalet yerine tüm Partzufim'de bir kap olarak hizmet eder. Ayrıca, bayağıdan arıya uzanan Işık "aşağıdan Yukarıya" olarak adlandırılır.
Or Makif	Masah'ın zayıflığından dolayı Partzuf'un Sof'una alınmaktan geri çevrilen her türlü Işık. Partzuf'u sarar ve gelecekte içinde kıyafetlenmek için Masah'a baskı yapar.
Or Nefeş	Partzuf'un Eun Sof'tan ihsan olarak değil yanındaki Üst Dereceden aldığı Işık. Aynı zamanda "Dişi Işık" ya da Or Malhut olarak da adlandırılır.
Or Panim	Or Hohma
Or Pinimi (İçsel Işık)	Bir Kli'de kıyafetlenen Işık.
Or Yaşar	Partzufim'e Eyn Sof'tan uzanan Işık. İgulim'i etkilemez sadece içlerindeki alma arzusuna göre Yoşer'in (dosdoğru, direklik) Sefirot'unu etkiler: Veren, daha bayağı bir arzuya verir, Behina Dalet'e. Ayrıca, arıdan bayağıya uzanan Işık "Yukarıdan aşağıya" olarak adlandırılır.
Eski Işık	Kapların kırılmasından sonra Nekudim dünyasında kalan Işık.
Bir	Atsmuto'dan, Yukarıdan aşağıya form değişikliği olmaksızınyayılan Üst Işık.
Gözlerin açılması	Hohma'nın yansıması (aydınlatması)
Organlar	*Guf*'un *Sefirot*'u.
Işıkların Başlangıcı	*Roş*'un *Malhut*'u bu isimle anılır zira Işığı kıyafetlendiren ve onu *Guf*'a getiren *Or Hozer*'i yaratır.

Ruhun Başlangıcı	Onları Ust Işıktan ayıran ve ruhların içine yerleştirilmiş olan alma arzusu. Atzilut dünyası ile Beria dünyası arasındaki geçiş.
Gidip gelme	*VAK* bu isimle bilinir çünkü Partzuf GAR'ı alana dek Din ve Rahamim arasında gidip gelir.
Diğer Tanrılar	Gimar Tikun öncesi tümüyle ayıklanmadığından Klipot'un Nukva'nın Ahoraim'ine tutunması.
Otiot (Harfler)	*Kelim*
Şehrin Etekleri	Atzilut dünyasından aşağı doğru dışarı çıkan Beria dünyasının ilk altı Sefirot'u.
Panim	Kli'deki alma ya da ihsan etme niyeti olan yer.
Parsa	Partzuf'u ihsan etme kaplarına ve alma kaplarına bölen bir sınır.
Bölümler	Partzuf'un Guf'u.
Partzuf	Malhut'un yükselişi ile Kaynak'a gelen biri diğerinin altındaki on Sefirot.
Patah (noktalama işareti)	*Gaf*'taki Işıkların Hitpaştut'u bu isimle anılır çünkü Işık için bir giriş açar. Kamatz, Işıkların Kemitza'sıdır (yoğunlaşması) ki Guf'un Kelim'inde kıyafetlenmeden önce yoğunlaşan Roş'un on Sefirot'unu belirtir.
Bilgeler (*Avot*)	Sefirot NHY'ye göre onların ürünleri olan Sefirot HGT.
Pe	Roş'un *Malhut*'u.
Pe	Sayısal değer: 80
Daimi *Zivug*	Yerlerinde *AVİ*'nin *Zivug*'u.
Yer	Varlıktaki alma arzusu. Ayrıca, zaman, yer ve hareketin tümü tek konudur.

EK-A: KABALA SÖZLÜĞÜ

BYA'nın yeri	*Tzimtzum Bet* esnasında hazırlandı.
Gebe kalma yeri	YEŞSUT ile bir Partzuf iken AVİ'nin alt üçte bir Sefira Tiferet'i.
Karanlığın yeri	İçindeki Tsimtsum'un gücüyle Partzuf'u sonlandıran Sefira Malhut kendinden dışa doğru karanlık yapar.
Yerleşim yeri	BYA dünyalarının yeri BYA'nın GE'si, Kutsiliğin'nın yeri ve Mador ha Klipot'un on dört Sefirot'una bölündüğünden bu dünya BYA'yı – Islah olan kabın yeri, Kutsal arzular ve kutsallığın dışı – kapsayan bir yerleşim yerine bölünmüştür ki bunlar insanların yerleşmediği çöllerdir.
Klipot'un tutunduğu yer	Kutsilikte (kutsallık) bir eksiklik yeri.
Almaya hazırlık	Partzuf'ta Zivug ve Işığın genişlemesi için doğru ölçüde bir Masah bulunduğu zaman.
Başlangıçtaki Hohma	*Atzilut*'ta ışımayan *AA*'daki *Hohma*. Tersine sadece otuz iki yolun Hohma'sı ışır.
Işığın çoğalması	Bir Zivug'da yeniden doğmayan ve bu yüzden ıslahlarını talep eden ve yeni bir Zivug için MAN'a yükselen pek çok Reşimot.
Dışa çıkan	Hohma'nın ışıması.
Otiot'un (Harfler) noktalama işaretleri	Üst Derece, alt derece ya da kendisi ile Hitkalelut'tan olsun olmasın içlerindeki her derecenin kaynağını belirtir. İsimlerin dolgusu derecenin seviyesini gösterir.
Yerin niteliği	Yerin sayısı o yerde var olan derecelerin sayısıdır. Yerin niteliği yerde mevcut olan derecenin önemidir.
Yerin sayısı	Yerin sayısı o yerdeki derecelerin sayısıdır. Yerin niteliği o yerdeki derecenin önemidir.
Rahel	*Hazeh*'inden aşağı *ZA*'nın *Nukva*'sı.

RADLA	Atik'in Roş'unun on Sefirot'una *Lo Etyada*'nın *Reişa*'sı (*RADLA*) denir çünküTsimtsum Alef'in Malhut'unu kullanırlar.
Ruhların yeniden doğuşu	Nekudim dünyasındaki Gadlut sırasında sahip oldukları gibi ancak kırılma ile ayrılan Or Hohma'nın ruhlara ihsan edilmesi. Bu ayrıca, sanki Adam HaRişon'un günahından önce ve ruhun organlarının ayrılması vasıtasıyla ikinci kez sahip oldukları gibidir.
Reiş	Sayısal değer: 200
Ayırma/Uzaklaştırma	Kli'nin içinde kendisini Or Hohma almaktan uzaklaştırdığı bunun yerine Or Hasadim seçtiği bir Tikun.
Reşimo	Işığın ayrılışından sonra geride bıraktığı şey. Bu, ondan başka bir Partzuf'un doğumunun çekirdeği ve köküdür.
Artık/Geriye kalan (*She'er*)	Dünyaları ortaya çıkaracak bir Zivug.
Kaynağa geri dönmek	Masah'ın Hizdakhut'undaki Işığın ayrılarak, Roş'un Malhut'una, Guf'un on Sefirot'un Yaratıcısına (Kaynağına) gitmesi.
Ölülerin canlanması	BYA'dan Atzilut dünyasına dönüş bu isimle bilinir çünkü Atzilut dünyasından çıkışa "ölüm" denir.
Kaburga	Nukva (dişi) Haze de Z"A 'e Ahor be Ahor (sırt sırta) şeklinde tutunuyorken, zira bedene tutunuyor ve ikisi aynı Keter'e hizmet ediyor.
Çatı	Her derecedeki *Keter*.
Roş (Kafa)	Varlıktaki Şoreş formuna en eşit kısım. Ayrıca, Or Hozer yükseltmek için Malhut'ta Masah'a uzanan Üst Işığın on Sefirot'udur. Bu isimle abılır çünkü Masah ve Or Hozer'den önce gelirler. Ayrıca, Or Hozer'in on Sefirot'unda kıyafetlenen Or Yaşar'ın on Sefirot'udur.
Yuvarlak	Arzudaki dört Behinot arasında Yukarıda ve aşağıda bir fark yok ise. Bu nedenle, dört Behinot "dört yuvarlak İgulim (daire)" olarak adlandırılır, zira aralarında Yukarısı ve aşağısı yoktur.

EK-A: KABALA SÖZLÜĞÜ

Ruah	*Or Hasadim*. Bu, ZA'nın Kli'sinde kıyafetlenen bir Işıktır, zira işi Bina'ya yükselmek ve ondan Işık emmek ve bunu Malhut'a vermek için aşağı inmektir.
Dünyasına "Yeter! Daha uzağa yayılmayın" dedi.	*Yetzira* dünyasının Hazeh'indeki Üst Işığın Hitpaştut'unu sonlandıran Malhut bu sınırı oraya koyar.
Sameh	Sayısal değer: 60
Mühür (*Hotam*)	*Roş*'un on *Sefirot*'unu kıyafetlendirerek *Masah*'tan yukarı doğru yükselen *Or Hozer*. *Nehtam* (damga) – Roş'tan Guf'a giderkenki aynı on Sefirot.
Mühürlenmiş	Roş'tan Guf'a giderkenki aynı on Sefirot, zira bir mühür Roş'un on Sefirot'unu kıyafetlendirerek Masah'tan yukarı yükselen Or Hozer'dir.
İkinci *İbur*	*Partzuf*'un içinde Or Hohma eklemek için Zivug.
Sefira	Bir Zivug'da ortaya çıkan Or Hozer'in on Sefirot'unda kıyafetlenmiş Or Yaşar'ın on Sefirot'u, seviyedeki En Yüksek Sefira'nın ardından uzunluk ve kalınlıkta on Sefirot içermesine rağmen "bir Sefira" olarak adlandırılır.
Segol	HB Panim be Panim olduğunda üç Nekudot HBD olduğunun bir göstergesi.
Sigim'i (artık, posa)	*Sigim*, yedi Melahim'de birbirine karışan ve Nekudim dünyasının kırılmasına neden olan alt Hey'dir. Bu yüzden, tüm kırık Kelim'den alt Hey'ı ayırmak için Tikun bir ihtiyaçtır. Bu Or Hohma, Aba Işığı ile yapılır. Bu Tikun'a "Sigim'in ayrılması" denir. Ayrıca: Or Hohma, Aba Işığı, tarafından yapılan tüm kırık Kelim'den alt Hey'i ayırmak için bir Tikun'dur. Bu böyledir çünkü Sigim yedi Melahim'le karışmış ve Nekudim dünyasının kırılmasına neden olan alt Hey'dir.
Ayrılık	Her hangi bir taraftan aralarında form eşitliği olmayan iki derece.

KABALA BİLİMİ

Şabat Alanı	Malhut'un gücüyle Üst Işığa son verilmesi.
Şin	Sayısal değer: 300
Şoreş (Kök)	Keter'deki tüm Behinot; Roş'un on Sefirot'u.
Kısa	Hohma'nın azlığı. Geniş – Hasadim'in bolluğu. Dar – Hasadim'in azlığı. Uzun – Hohma'nın bolluğu.
Kenar-kilidi	*Malhut* bu isimle bilinir çünkü Sefirot'un en sonuncusudur.
Sigim (Artık, posa)	Yedi Melahim (krallar) ile birbirine karışan ve Nekudim dünyasının kırılmasına neden olan alt Hey.
Basit (*Paşut*)	Derecelerin ve kenarların ayrımı olmadan.
Panim'in *Sium Kelim*'i	*Hazeh*
Tsimtsum Alef'in *Sium*'u	Bu dünyanın bulunduğu noktanın Yukarısı.
Tsimtsum Bet'in *Sium*'u	Atzilut'u sonlandıran Parsa.
Adam Kadmon'un *Sium Raglaim*'i	Bu dünyanın Sium noktası. Bu, Eyn Sof çizgisinin ve tüm dünyaların orta noktasının sonudur.
Atzilut'un *Sium Raglaim*'i	*Adam Kadmon*'un *NHY*'sinin *Bina*'sı.
Uyku	Bir Partzuf MAN için yükseldiğinde onun yerinin Mohin'siz, uyuklama koşulunda olduğu kabul edilir. Bu, Hayuta'nın Kista'sı (yaşam gücünün göğsü) ile kalır.
Yavaş	Sebep ve sonuç yoluyla Işıkların yavaş yavaş genişlemesi.
Koku	Roş'un ZA'sındaki Hotem (burun) denilen Işık.

EK-A: KABALA SÖZLÜĞÜ

Meleklerin ruhları	Atzilut'un iç Kelim'i KHB'dir ve NRN Işıklarıyla Moha, Atzamot ve Gidin olarak adlandırılır. Haya ve Yehida Işıkları Neşama Işığı içinde kıyafetlenir. Kelim ZA ve Malhut Partzuf'tan ayrılmıştır; bu yüzden Bassar ve Or olarak adlandırılırlar. Bunlar gerçek, tam Kelim değildirler, sadece Guf'un Kelim'ini dıştan sararlar. Onların içindeki Işıklar Ruah ve Nefeş'tir ve iç Kelim'den alırlar. Bunlar iç Kelim'deki Ruah-Nefeş Işıklarıdır ve dış Kelim'deki Ruah-Nefeş Işıklarıdır. İnsanların ruhları iç Kelim'in Zivug'undan doğmuştur ve meleklerin ruhları dış Kelim'in Zivug'undan doğmuştur. Ruhlar dünyaların içselliği kabul edilir, zira Partzuf'un iç Kelim'i üzerinde ortaya çıkarlar. Melekler dünyaların dışsallığı kabul edilir, zira Partzuf'un dış Kelim'inden ortaya çıkarlar.
İnsanların ruhları	Atzilut'un iç Kelim'i KHB'dir ve NRN Işıkları ile Moha, Atzamot ve Gidin olarak adlandırılır. Haya ve Yehida Işıkları Neşama Işığının içinde kıyafetlenir. Kelim ZA ve Malhut Partzuf'tan ayrılmışlardı; bu yüzden Bassar ve Or olarak adlandırılırlar. Bunlar gerçek, tam Kelim değildirler sadece Guf'un Kelim'inin dışarıdan sararlar. Bunların içindeki Işıklar Ruah ve Nefeş'tir ve bunlar iç Kelim'den alırlar. İç Kelim'de Ruah-Nefeş Işıkları vardır ve dış Kelim'de Ruah-Nefeş Işıkları vardır. İnsanların ruhları iç Kelim'in Zivug'undan doğmuştur ve melekleri ruhları dış Kelim'in Zivug'undan doğmuştur. Ruhlar dünyaların içselliği kabul edilir, zira Partzuf'un iç Kelim'inin üzerinde ortaya çıkarlar. Melekler dünyaların dışsallığı kabul edilir, zira Partzuf'un dış Kelim'inden ortaya çıkarlar.
Yer/Boşluk	*Tsimtsum Alef*'ten dolayı Işıktan yoksun olan Behina Dalet yaratılan varlıktan yoksun değildir, sadece içinde Işıksız, boş bir yer vardır.

KABALA BİLİMİ

Kıvılcım (*Netzitzo*)	*Or Hozer*
Konuşma	Malhut'tan aşağıya doğru Guf'a geçen Işığın on Sefirot'u.

Ayrıca, Pe olarak adlandırılan Roş'un Malhut'undan Toh'un içine geçen Işığın on Seifrot'udur. Nukva'nın iç Partzuf'u "konuşma" olarak adlandırılır. Eğer bu ayrılırsa ve Nukva sadece dış Partzuf ile kalırsa, o zaman bu "suskunluk" olarak adlandırılır çünkü iç Partzuf GAR'dır ve dış Partzuf VAK'tır. |
Manevi *Zivug*	Partzuf Nekudim'in GAR'ını ıslah eden, Roş SAG'dan Nekudim'in Roş'una gelen bir Zivug, ancak Nekudim'in Guf'una kadar genişlemez. Ayrıca, Neşikin'in Zivug'u (öpücüklerin Zivug'u) olarak adlandırılır.
Maneviyat	Zaman, yer ve hareket gibi her hangi bir fiziksel koşuldan yoksun.
Kare	*Malhut*'un *Behina Dalet*'ten *Behina Gimel*'e, *Behina Gimel*'den *Behina Bet*'e ve *Pe*'ye varana dek *Hizdakhut*'u sırasında *Malhut* üzerinde yapılan *Zivug*. Bu isim onlara *Masah*'ın dört tür arınmasından sonra verilir.
Güç	Kendisinden bir ağacın büyüyeceği bir tohum gibi olan bir idraktir.
Madde (*Homer*)	Arzudaki Behina Dalet'in bir Partzuf'undaki Aviut. Bu da güç, genişlik, derinlik ve altı köşeye sahiptir – üst, alt, doğu, batı, kuzey ve güney.
Klipot'un emilmesi	Klipot'un maddesi tümüyle kötüdür; hiçbir Işık alamazlar. Ancak, kapların kırılması esnasında ihsan etme kapları Klipot'un içine düştüler ve onların ruhları ve var oluş nedeni olurlar.
Izdırap	Kli'nin Işığı kıyafetlendirmeye layık olması ancak onu kendi seçiminden dolayı kıyafetlendirmez.
Kılıfındaki Güneş	*Nukva*'nın içinde kıyafetlenen *ZA*'nın *NHY*'si.
Şabat'ın ilavesi	Şabat arifesinde beşinci saatten itibaren dünyaların yükselişi.

EK-A: KABALA SÖZLÜĞÜ

Tatlandırmak	Eğer Kelim kırılma ile kusurlu hale geldiyse acılıklarını, *Din* (yargı) güçlerini "tatlandırmak" için Işığa ihtiyaçları var, böylece içlerindeki dışsallıkları için bir tutunma olmayacak.
Taamim	Işığın Yukarıdan aşağıya, *Pe*'den *Tabur*'a *Hitpaştut*'u.
Tabur	Işığın asıl sınırlaması ve itilmesinin başladığı *Guf*'un Malhut'u.
Kalbin *Tabur*'u	Hazeh'in (göğüs) yeri
Aslanlara kuyruk	"Tilkilere baş", alt derecenin Roş'u (baş), derecesi olan Üst Derecenin Sium'u (son).
Taf	Sayısal değer: 400
Tefilin	*Tsitsit* (dua şalı düğümleri), kendi Metsah'ında Behinat Tefilin'i ayıran Nukva'nın Roş'unda ışıyan ZA'nın Se'arot'udur.
Tapınak (*Beit ha Mikdaş*)	Bu dünyanın *Beria*'sı.
Tet	Sayısal değer: 9
Her şeyin sonu	*Behina Dalet*'te *Behina Dalet* -her şeyin en bayağısı- Sof olarak adlandırılır çünkü tüm dereceler sadece onu ıslah etmek için gelir.
Nukva'nın Guf'unda otuz iki derece	*Nukva*'nın *Ahor*'unda, her birinin içinde on *Sefirot* olan *İbur, Yenika, Mohin*.
Taht	Beria dünyasında yayılan Ima Işığının on Sefirot'u: GAR'a Kisse denir ve VAK'a "tahtın altı basamağı" denir. Beria'nın Malhut'unda kıyafetlenen Malhut'a Din, Tehelet (masmavi gökyüzü) ve Sandalfon denir.
Yanlardan	Sınırlı ihsan.
Zaman	Sebep ve sonuç yoluyla birbirinden kaynaklanan belli miktarda *Behinot* (idrak).

İyi niyet zamanı	Gadlut üzerindeki Zivug esnasında Or Hohma, AB-SAG Işığından geçerek ışır, Se'arot ayrılır ve arzunun Metsah'ı ortaya çıkar.
Ayak tırnakları	Her *Partzuf*'un *Sium*'u.
Tohu	Edinimin olduğu *Bohu*'ya *AA* denir. *Tohu, Atik* olarak adlandırılır ki burada edinim yoktur.
Işık (Manevi Ilim/ kaynak)	*ZA* Işığı.
Dokunma (Teğet)	Bir derecenin kökte iki dereceyi ayırmak için yetersiz form eşitsizliği.
Kuyruk	*Aba'nın Yesod*'una bu isim verilir çünkü uzun ve dardır.
Ağaç	*ZA'nın Yesod*'u, orta çizgi, *Zivug*'un olduğu yer.
Bilgi Ağacı (*Ets ha Daat*)	Hazeh'ten aşağı olan ve Asiya olarak adlandırılan yer. Öncelikli kısmı orta çizgi olan ve Ets (ağaç) denilen Yesod'dur.
İyi ve Kötünün Bilgi Ağacı	ZA'nın Hazeh'inden aşağısı, zira orada Hohma ışığı vardır. Bu yüzden, orada "kötü" olarak adlandırılan Klipot için bir tutunma vardır.
Hayat Ağacı (*Ets ha Hayim*)	Hazeh'ten Yukarıya doğru olan yer. Orada örtülü Hasadim, Bina'nın Ahoraym'inin Işığı, vardır ve bu yüzden Klipot için tutunma yoktur.
Üçgen	Arzuda sadece ilk üç Behinot'un olduğu bir derece.
Tsadik	Sayısal değer: 90
Tselem	Alt derecenin *Hitkalelut MAN* ve Üst Derecenin *Aviut*'unda yükselerek Or Yaşar'ın on Sefirot'unu kıyafetlendiren *Or Hozer*. Bu *Or Hozer* Üst Dereceye aittir, ancak Üst Derece alt derecenin ihtiyaçları için alt derecenin Aviut'u üzerinde bir Zivug yaptığından, bu Or Hozer, Or Yaşar ile birlikte alt dereceye iner. Bunu almak için alt derece onu Mem-Lamed-Tsadik denilen üç derece azaltır ya da aşağıdan Yukarıya okunduğu gibi Tsadik-Lamed-Mem (Tselem).

EK-A: KABALA SÖZLÜĞÜ

Tsere (noktalama işareti)	Bu, Bina Hohma'ya Ahoraym iken HB'yi belirtir ve bunların altında onları Zivug'a getirecek Daat noktası yoktur. *Bina* da Tsere olarak adlandırılır, zira ZA'nın tüm organları formlarını onun Aviut'unun Masah'ı vasıtasıyla alırlar.
Tsimtsum	Muazzam alma arzusuna rağmen arzusunu zapt edebilen, kendini alıkoyabilen ve almayan kişi.
Tsimtsum Alef	*Malhut*'un *Tsimtsum*'u; Behina Dalet üzerinde Tsimtsum. Bu yüzden Eyn Sof çizgisi NHY'nin Malhut'unda durur.
Tsimtsum Bet	*Adam Kadmon*'un Tsimtsum NHY'si; Behina Bet üzerinde kısıtlama. Bu nedenle, Eyn Sof çizgisi AK'ın NHY'sinin Bina'sında durur ki bundan BYA dünyalarının yeri meydana gelir. Tsimtsum Bet, Midat ha Rahamim, Bina'nın, Midat ha Din, Malhut ile ilişkisidir.
Tsitsit	*Metsah*'ında *Behinat Tefilin*'i ayıran ve *Nukva*'nın *Roş*'unda ışıyan *ZA*'nın *Se'arot*'u.
Birleşme (*Yhud*)	Birbirlerine formlarını eşitlemiş olan iki farklı Behinot.
Tek	Eşitlemek için pek çok derece meydana getiren Üst Işık. Birleşmiş – sonunda her şey tek olduğunda.
Birleşmiş	Sonunda her şey bir haline geldiğinde. Bir – derecelerin çokluğunu eşitlik getiren Üst Işık.
Üst	Daha önemli.
Üst Cennet	*Beria* dünyasının *Yesod*'u.
Cennetin Üst Bahçesi	Beria dünyasında, ki bu Bina'dır.
Üst *Hohma*	*ZA*'nın içindeki Hohma.
Üst Topraklar	Bina. *Malhut* alt topraklardır. *Malhut Bina*'ya dâhil olduğunda *Bina*'ya *Erets Edom* denir.

Üst Beyazlık	Bir Kli'de kıyafetlenmeden önce Işık beyazdır, zira tüm renkler sadece Kelim'den gelir.
Boş	Islahlardan geçmeye hazır bir yer.
Boş yer ve bir yer	ZA, Nekudim açısından gerçek yeri olan AA'ya yükseldiğinde BYA'da boş bir yer kalır, zira orada Atsilut'un bütünlüğünün Işığı yoktur, ta ki Gimar Tikun'da Atsilut Parsa'nın altına inene dek.
Boş yer	Tsimtsum Alef'in gücü ile Malhut Üst Işığı sonlandırır. Bu Sium bu dünyanın noktasının üzerinde durur. Tsimtsum Bet vasıtasıyla Tsimtsum'un yeri Sium Galgalta'dan Partzuf Nekudim'in Hazeh'ine yükseldi. Ve oradan da aşağı doğru boş bir alan ve Klipot'un yeri meydana geldi. Ancak, ihsan kaplarının BYA'nın yerinin Hazeh'inden aşağı düşmesiyle Mador ha Klipot için sadece on dört Sefirot kaldı. Adam HaRişon'un günahı vasıtasıyla Kutsiliğin Sium noktası Asiya dünyasının Malhut'unun Bina'sına indi ki buraya "Cennetin alt Bahçesinin zemini" denir ve buradan boş alanın yeri oluştu. Bunu kapların kırılmasıyla bu yerin küçülmesi ve Adam HaRişon'un günahı izler, zira Parsa'nın yerinden Asiya'nın Malhut'unun Bina'sına indi. Ancak Klipot dört dünya inşa edecek gücü buldu.
Atzilut'un *Klipot*'unun *VAK* ve *Nekuda*'sı.	Adam HaRişon'un günahından önce tüm dünyalara Atsilut'a yükseldiğinde Mador ha Klipot'un (kabuklar kısmı) on dört Sefirot'unda Klipot vardı. Bunların Parztuf'u yoktu sadece Klipa'nın ZA'sı için VAK ve Klipa'nın Nukva'sı için Nekuda vardı.
Vav	Sayısal değer: 6
Öngörü (*Re'iyah*)	*Eyn Sof*'tan Masah'a Işığın *Hitpaştut*'u. Eyn Sof'tan gelen Işık her zaman Or Hohma ya da Or Eynaym'dir, ya da Re'iyah (öngörü), ya da Histaklut, Roş'un Or Hohma'sıdır.
Ses ve Konuşma	İki iç *Partzufim* ZA ve *Nukva*'nın *Zivug*'u. Ayrıca, Neşikin'in (öpüşme) Zivug'u da denir.

EK-A: KABALA SÖZLÜĞÜ

Duvar (*Dofen*)	Masah'ın Aviut'u Işığı alan Kli'dir. Bu, "Kli'nin duvarı" olarak adlandırılır çünkü tüm Kli sadece onun duvarlarıdır. Aviut'un dört Behinot'u duvarın kalınlığında her biri diğerinin üzerine yerleşmiş ve içsellik ve dışsallık olarak kabul edilen dört katmandır. Kli'nin duvarındaki en kalın Behina daha fazla bolluk uzatır ve Kli'nin içselliği kabul edilir. Behinot'un geri kalanı, daha arı olanlar, Kli'nin dışsallığı kabul edilir ki Behina Gimel'e göre Behina Dalet içseldir ve Behina Gimel de Behina Bet'e göre içseldir vs.
Duvar (*Kotel*)	Katnut'ta iken Hafetz Hesed (merhametten mutlu olma) olmanın gücü ile Or Hohma'nın ZON'a ulaşmasını engelleyen İma'nın Ahoraym'inin bir Masah'ı.
Atık	Muhakemelerden sonra geriye kalan Sigim.
Su kuyusu	*Or Hozer*'in *Nukva*'nın *Yesod*'undan yükselmesi sanki bir su kuyusundan çıkar gibi.
Tekerlekler	*Igulim*'in *Sefirot*'u bu isimle bilinir çünkü içlerindeki Işıklar yuvarlaktır, zira orada arılık ve Aviut (bayağılık) yoktur.
Geniş	Hasadim'in bolluğu. Dar – Hasadim'in azlığı. Hohma'nın azlığı "kısa" olarak adlandırılır ve Hohma'nın bolluğu "uzun" olarak adlandırılır.
Pencere	Kli'de Işığın alınmasını açan Or Hozer'in gücü.
Kanatlar	*Ima*'nın *Malhut*'u her zaman Katnut'un içindedir ve ZON'un dışsallarla ilişiğini keser. Bunu yaparak ZON'u korur, zira sadece Hohma'nın aydınlığı ondan geçer. Atsilut'un altındaki Parsa da İma'nın Malhut'undan oluşmuştur ve ZON'un ayaklarını koruduğundan "ayakkabı" olarak adlandırılır. Bundan Hohma'nın aydınlığı geçmez.
Dünya (*Olam*)	Olam, Adam Kadmon dünyasının Partzuf BON'u ile başlar, zira Behina Dalet'in iç Kelim'inin ZA ve Malhut'u yok oldu ve Or Makif için Levuş ve Heyhal denilen Kelim oldu. Ayrıca, Olam He'elem (gizlilik) demektir.

Dünyalar ve ruhlar	*AVI* iki *Zivugim* yapar: 1) Ahor be Ahor, dünyaları Or Hasadim ile canlandırmak için; 2) Panim be Panim, ruhları yeniden yaratmak için. İlk, dış Zivug'dan bir Levuş uzanır ve ikinci, iç Zivug'dan Or Hohma ruhlara uzanır. Bu nedenle üç Partzufim vardır: dışsal ve orta ilk Zivug'dan ve içsel ikinci Zivug'dan.
Yaakov (Yakup)	*ZA*'nın *VAK*'ı, dış *Partzuf*.
Yaşar (Direk)	Tam olarak Kelim'in özlemine göre, Behina Dalet'ine göre Üst Işığın Kelim'e inişi, tıpkı ağır bir nesnenin direk yere düşmesi gibi. Işık, Kelim'de Aviut – özlem – olmadığından daire şeklinde hareket eder zira çeken güçleri yoktur.
Yehida	Keter'in Sefira'sında kıyafetlenen Işık.
YEŞSUT	*AVI*'nin *ZAT* ya da *AHaP*'ı. AVI, bir Zivug Panim be Panim yaptığı zaman AVİ ve YEŞSUT bir Partzuf olarak kabul edilirler. AVİ, bir Zivug Ahor be Ahor yaptığında YEŞSUT AVİ'den yeni bir Partzuf olarak ayrılır.
Yud	Sayısal değer: 10
Yud-Alef (11) Tütsünün işaretleri	Taştan kalbi canlandırmak için kalan Işık kıvılcımları.
Yosef (Yusuf)	*ZA*'nın *Yesod*'u.
Yotser (yaratma)	Dünyalar üzerinde Işığın ihsanı; alma arzusu dışında her şeyi kapsar.
Kutsal Topraklar	Ayrıca: Musa ve Kutsal Topraklar. *ZA*'nın *GAR*'ı ya da iç *Partzuf*.
Zayin	Sayısal değer: 7
Zer Anpin	"Küçük yüz" demektir, zira ZA'nın çoğunluğu Or Hasadim'dir ve az kısmı Or Hohma'dır. Or Hohma Panim (yüz) olarak adlandırılır. Bu yüzden, Keter'e Arih Anpin denir ki bu Or Hohma'ya sahip "uzun yüz" demektir.

EK-A: KABALA SÖZLÜĞÜ

Zion (*Tsion*)	Nukva'nın iç Yesod'u Yetsiya (çıkış) kelimesinden dolayı bu isimle anılır.
Guf'un Zivug'u	Tam bir Zivug – ruhlara ZON için Işık ve yeniden yaratılış vermek için Zivug AVİ.
Zivug de Hakaa (Çarpışarak çiftleşme)	Masah'ın Işığı Behina Dalet'ten köküne itme hareketi. Bu aksiyonda iki zıt konu vardır: Işığın Hakaa'sı (çarpışma) ve onunla bunu izleyen bir Zivug ki bu Kli'ye kabul edilmesine neden olur, zira Behina Dalet'ten reddedilen Işık Or hozer olur ki bu Partzuf'ta Işığı açığa çıkaran, kıyafetlendiren Kli olur.
Neşikin'in Zivug'u	Roş SAG'dan Nekudim'in Roş'unu gelen bir Zivug ki bu Partzuf Nekudim'in GAR'ını ıslah eder ancak Nekudim'in Guf'una genişlemez.
Yesodot'un Zivug'u (*Yesod*'un çoğulu)	Partzuf'un ZAT'ını ıslah eder. Ayrıca, "alt Zivug" ve Guf'un Zivug'u denir.

KABALA BİLİMİ

(Kısaltmalar İbranice kelimelerin kısaltmaları olduğundan Türkçe harfler temsil ettikleri kelimelerle aynı olmayabilir.)

AA	Arih Anpin
AB	*Yud* ile dolu *HaVaYaH*
ABA	Ahor be Ahor
ABYA	Atsilut, Beria, Yetsira, Asiya
AHP	Avzen, Hotem, Pe
AN	Atik ve Nukva
Ari	Tanrısal, Kabalist, İsak
AVI	Aba ve İma
BON	*Hey* ile dolu *HaVaYaH*
BYA	Beria, Yetsira, Asiya
GE	Galgalta Eynayim
HB	Hohma, Bina
HBD	Hohma, Bina, Daat
HHN	Hohma, Hesed, Netzah
KH	Keter, Hohma
KHB	Keter, Hohma, Bina
KHB TM	Keter, Hohma, Bina, Tiferet, Malhut
KHBD	Keter, Hohma, Bina, Daat
Lamed Bet	32 sayısı

EK-B: KISALTMALAR

MA	*Alef* ile dolu *HaVaYaH*
MAD	*Mayin Duhrin*
MAN	*Mayin Nukvin*
Matatron	Bir meleğin adı
MI	*E-L-O-H-I-M* isminden iki harf
NE	*Nikvey Eynayim*
NHY	*Netzah, Hod, Yesod*
NHYM	*Netzah, Hod, Yesod, Malhut*
NR	*Nefeş, Ruah*
NRN	*Nefeş, Ruah, Neşama*
NRNHY	*Nefeş, Ruah, Neşama, Haya, Yehida*
OBDAM	*Or, Basar, Gidin, Atsamot, Moha*
OH	*Or Hozer*
OM	*Or Makif*
OP	*Or Pnimi*
OY	*Or Yaşar*
PARDESS	*Pışat, Remez, Druş, Sod*
PBA	*Panim be Ahor*
PBP	*Panim be Panim*
RADLA	*Lo Etyada*'nın *Reyşa*'sı
Ramak	Kabalist Musa Kordovero
Ramhal	Kabalist Musa Haim Luzzato

RAPAH	288 rakamı
Raşbi	Kabalist Şimon Bar Yohai
RİU	216 rakamı
RTS	*Roş, Toh, Sof*
SAG	*Yud* ile dolu *HaVaYaH* ve *Vav*'daki *Alef*
SNGLH	*Şoreş, Neşama, Guf, Levuş, Heyhal*
CBHK	Cansız, Bitkisel, Hayvansal, Konuşan
TANTA	*Taamim, Nekudot, Tagin, Otiot*
TD	*Tikuney Dikna*
VAK	Altı Kenar (Sonlar)
VAT	Alt Altı
YEŞSUT	*Yaşar-El Saba ve Tevuna*
YHNRN	*Yehida, Haya, Neşama, Ruah, Nefeş*
ZA	*Zer Anpin*
ZAT	Alt Yedi
ZON	*Zer Anpin* ve *Nukva*

DİAGRAMLAR

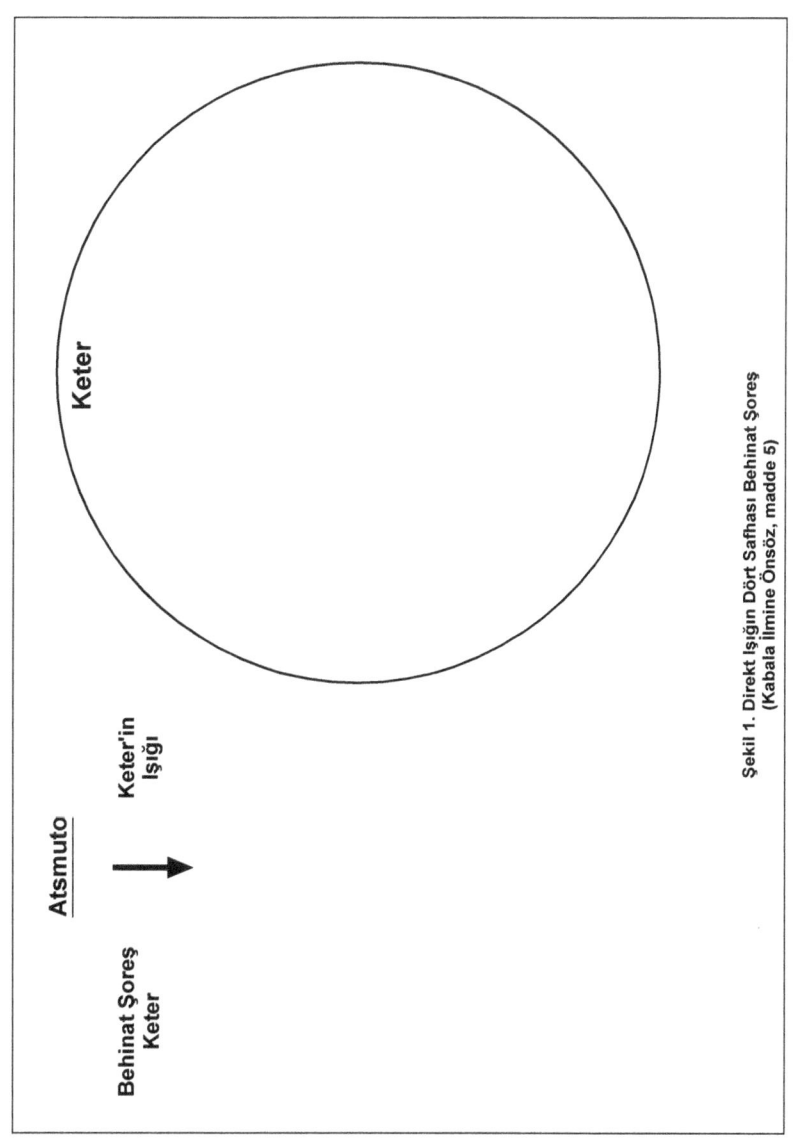

Şekil 1. Direkt Işığın Dört Safhası Behinat Şoreş
(Kabala İlmine Önsöz, madde 5)

EK-C : DİAGRAMLAR

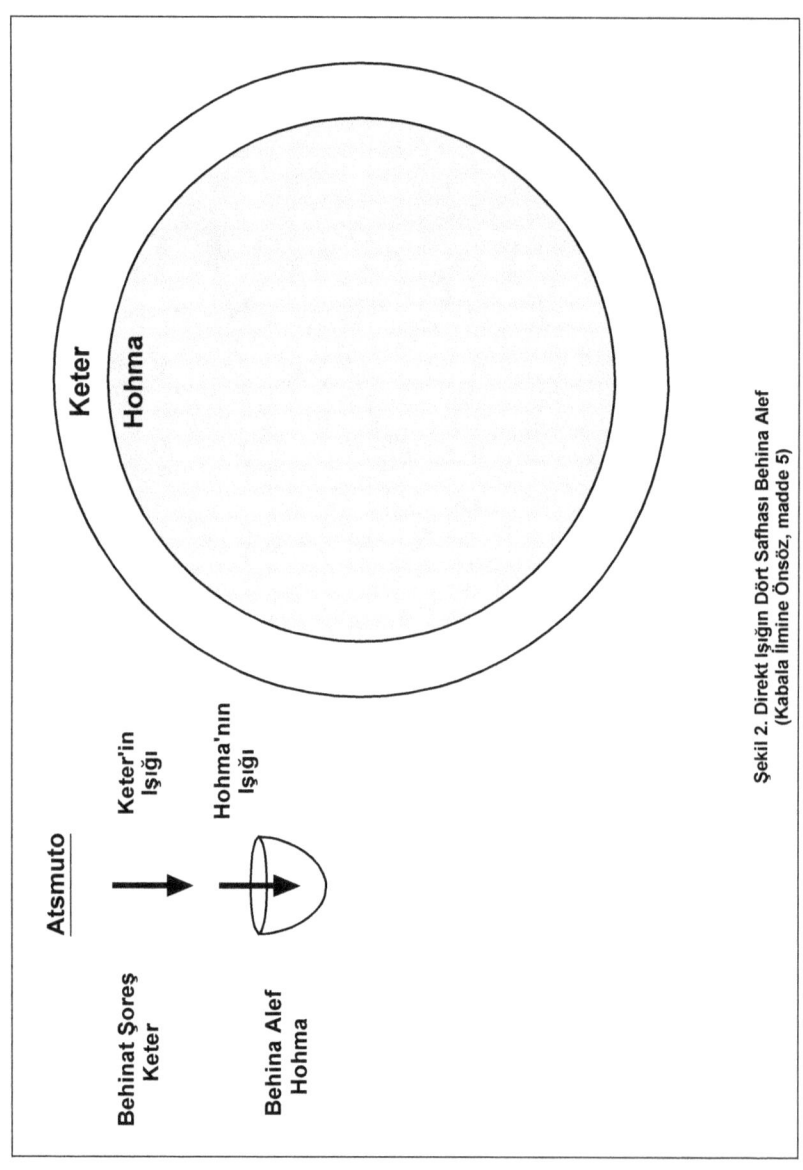

Şekil 2. Direkt Işığın Dört Safhası Behina Alef
(Kabala İlmine Önsöz, madde 5)

KABALA BİLİMİ

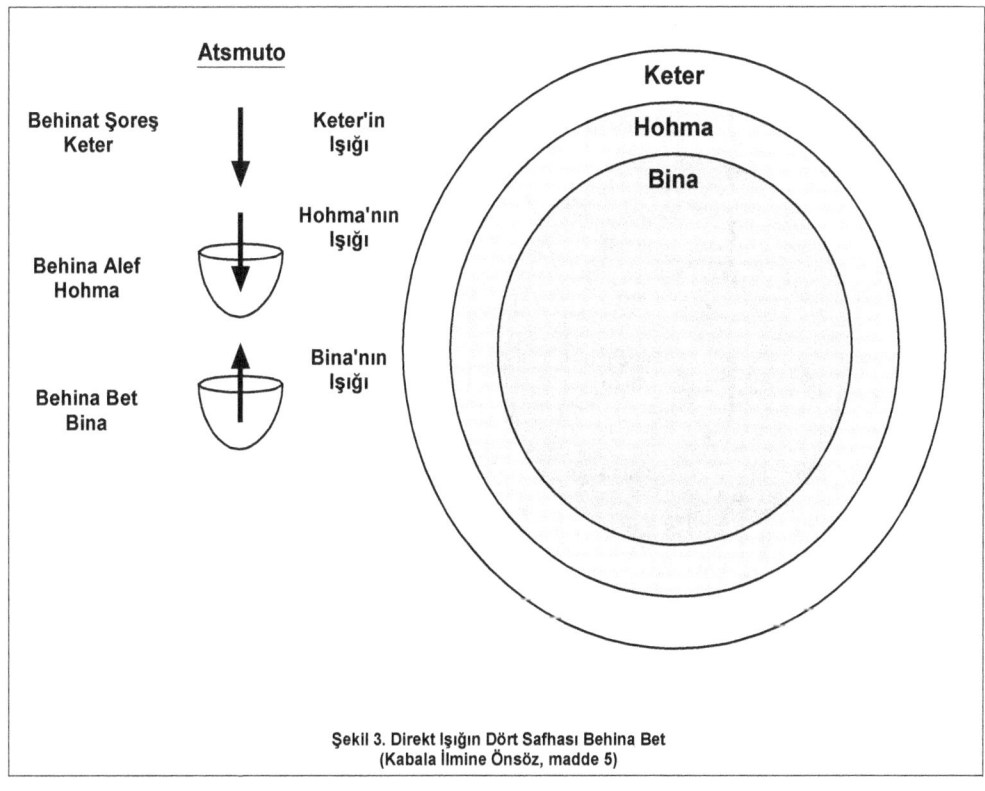

Şekil 3. Direkt Işığın Dört Safhası Behina Bet
(Kabala İlmine Önsöz, madde 5)

EK-C : DİAGRAMLAR

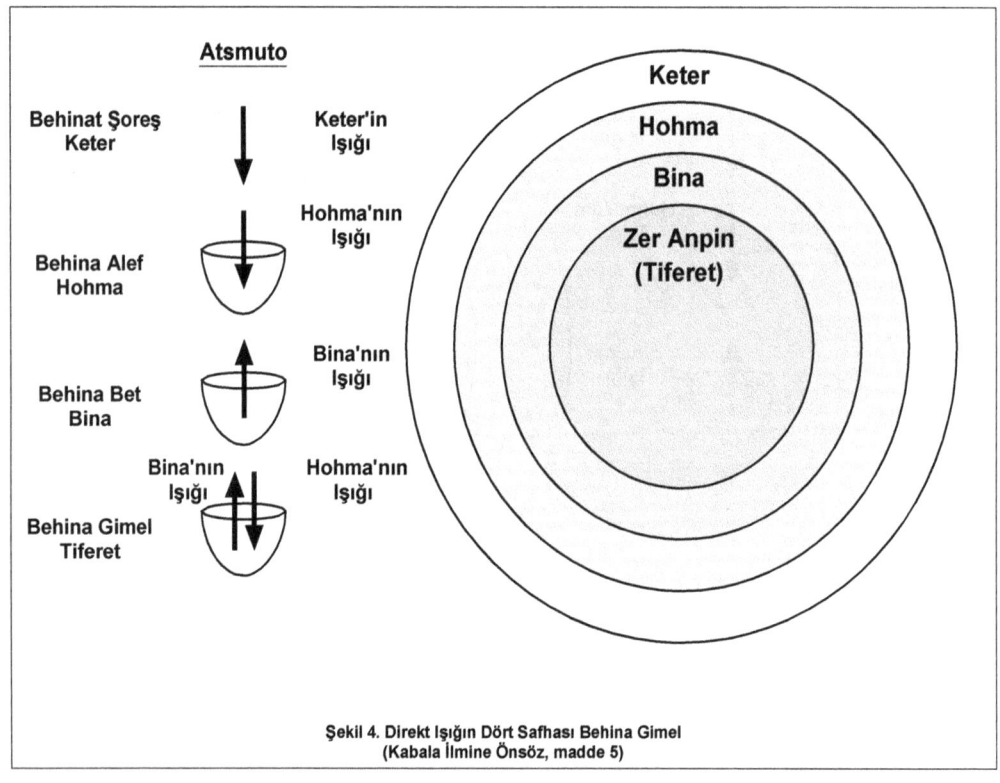

Şekil 4. Direkt Işığın Dört Safhası Behina Gimel
(Kabala İlmine Önsöz, madde 5)

KABALA BİLİMİ

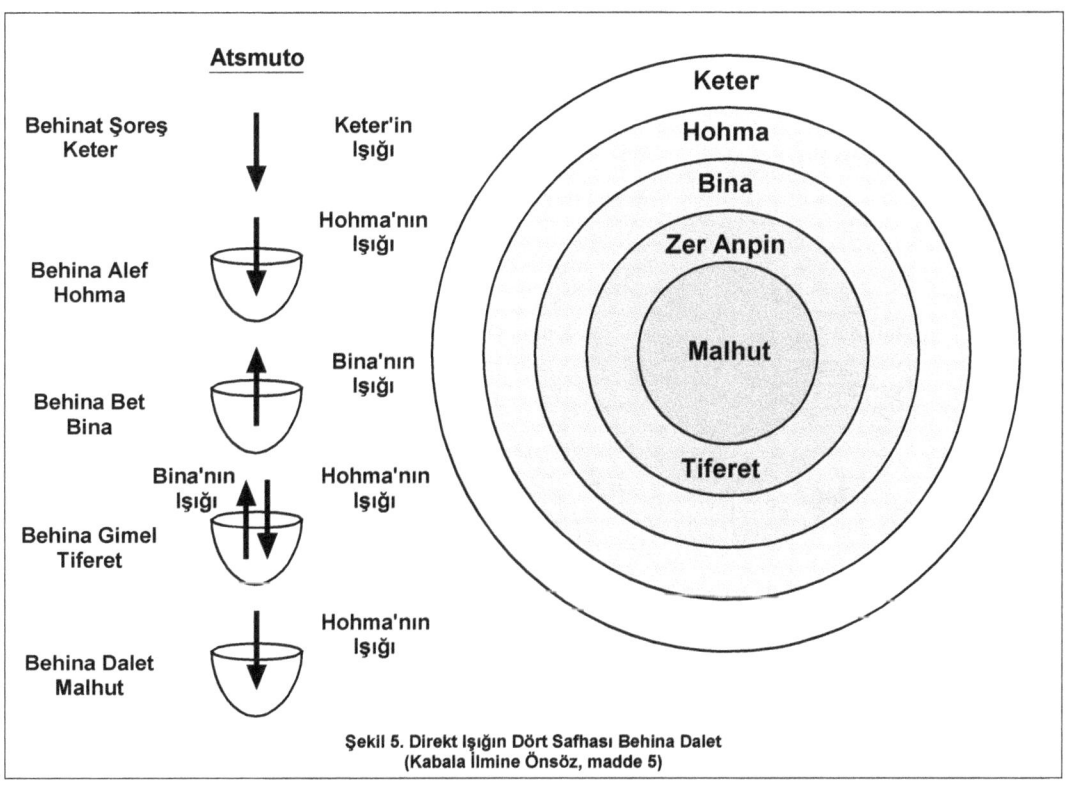

Şekil 5. Direkt Işığın Dört Safhası Behina Dalet
(Kabala İlmine Önsöz, madde 5)

EK-C : DİAGRAMLAR

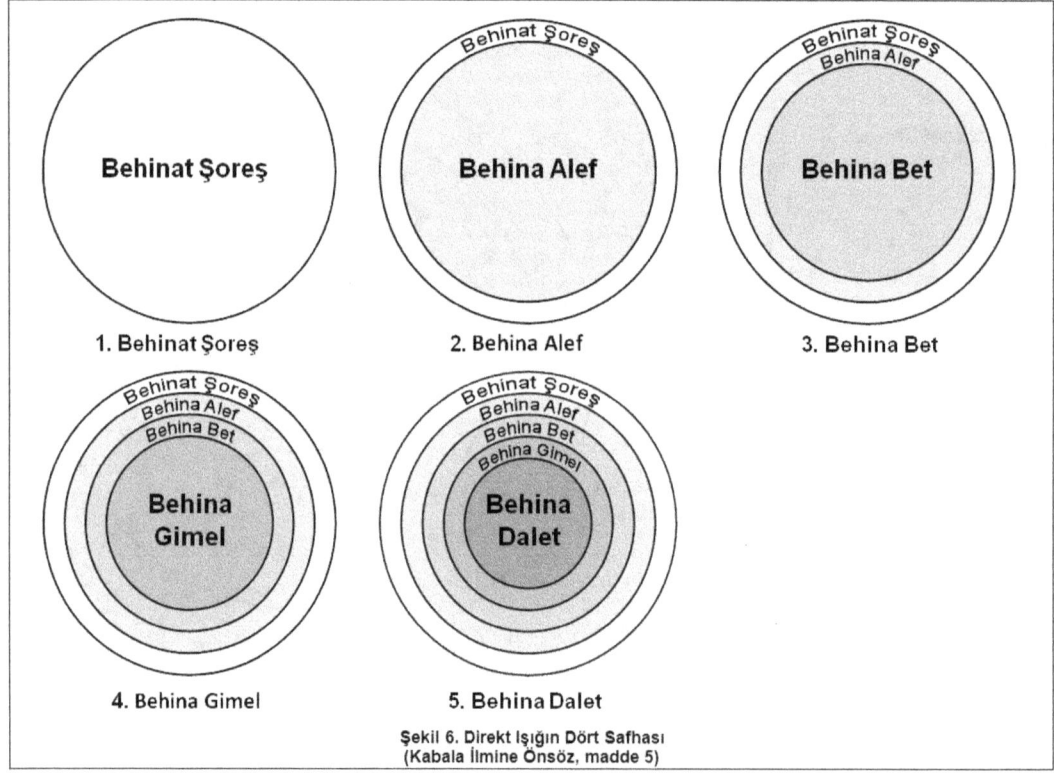

Şekil 6. Direkt Işığın Dört Safhası
(Kabala İlmine Önsöz, madde 5)

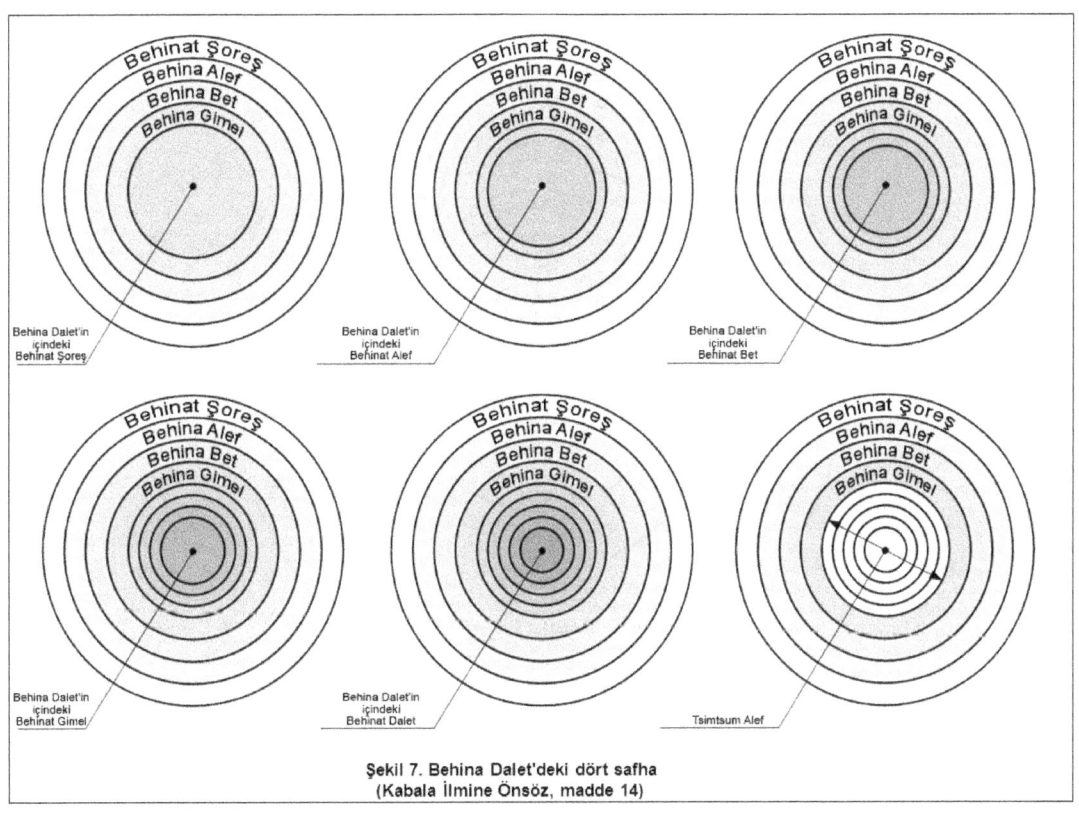

Şekil 7. Behina Dalet'deki dört safha
(Kabala İlmine Önsöz, madde 14)

EK-C : DİAGRAMLAR

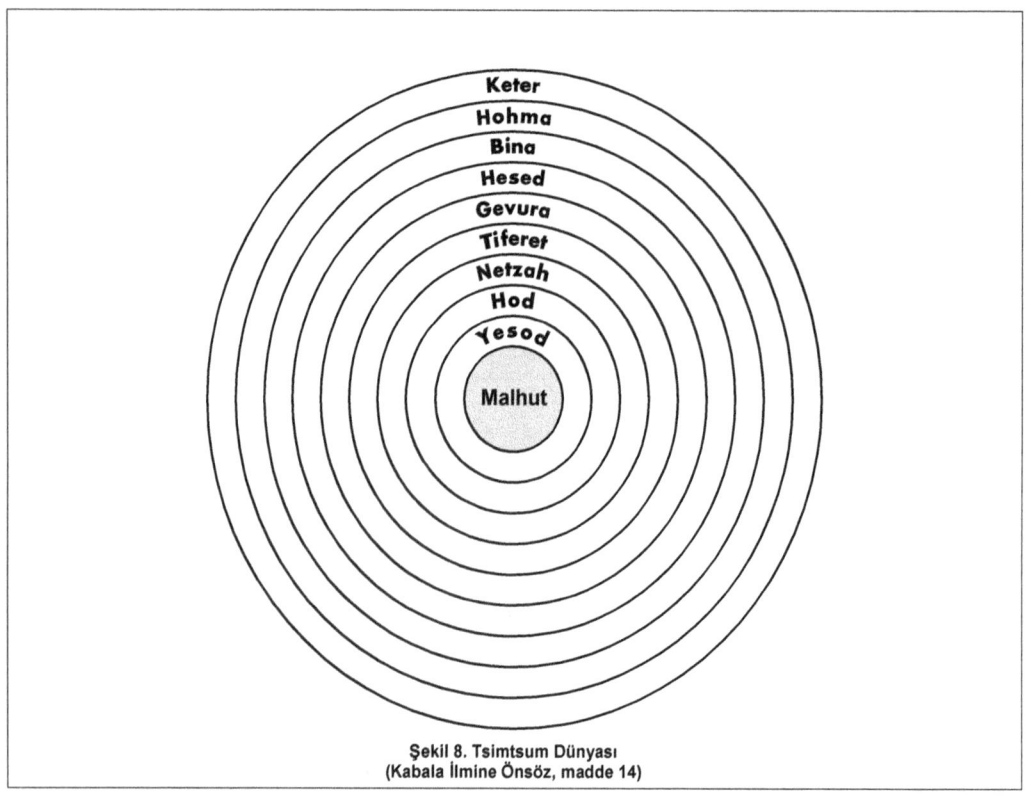

Şekil 8. Tsimtsum Dünyası
(Kabala İlmine Önsöz, madde 14)

KABALA BİLİMİ

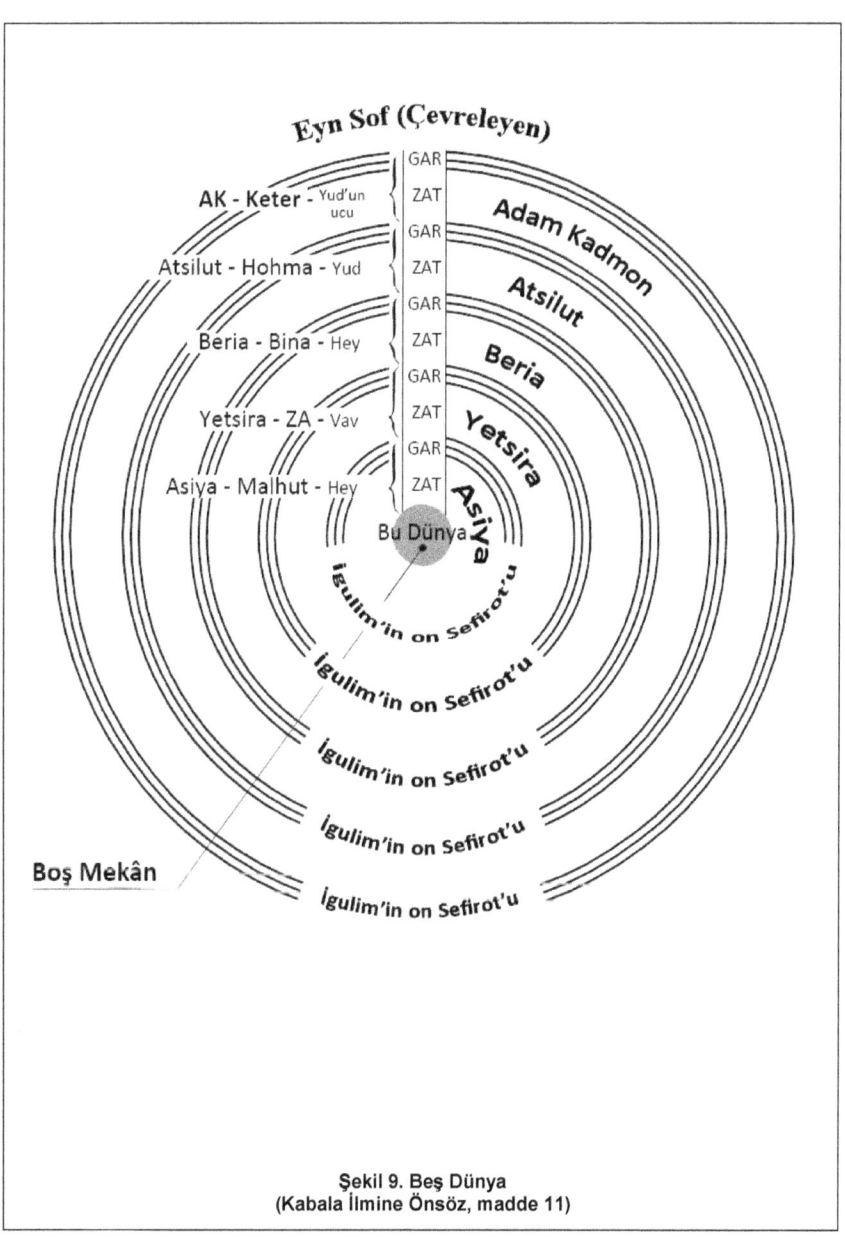

Şekil 9. Beş Dünya
(Kabala İlmine Önsöz, madde 11)

EK-C : DİAGRAMLAR

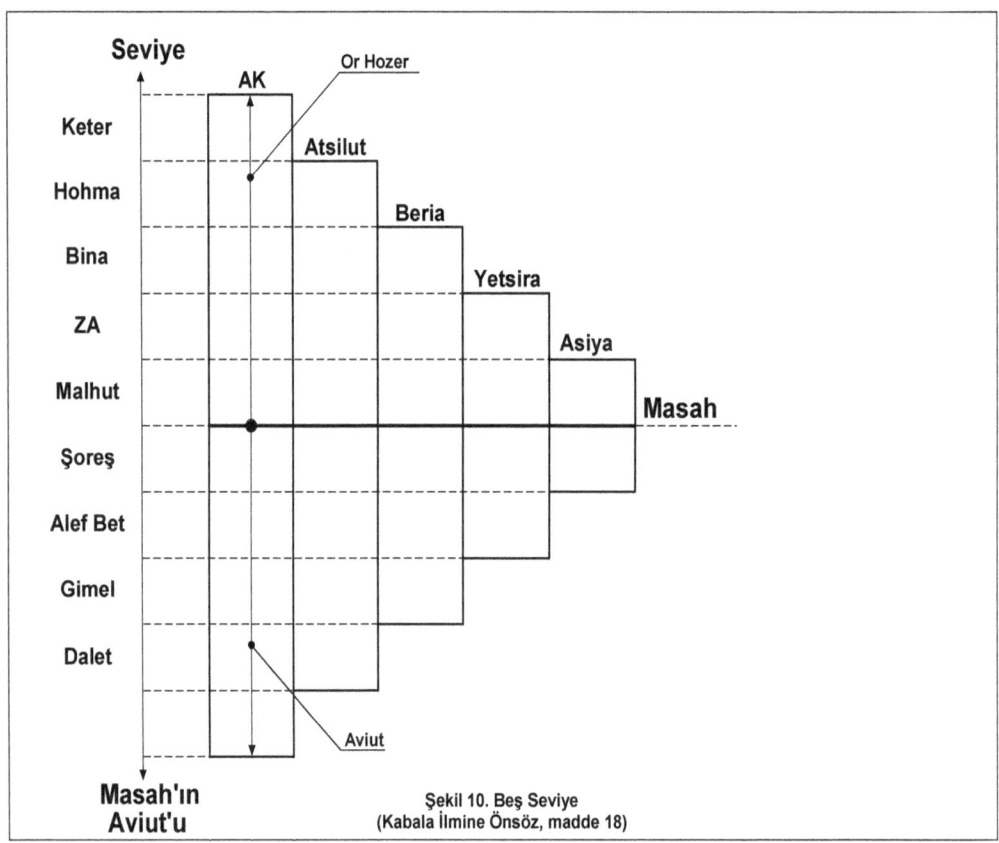

Şekil 10. Beş Seviye
(Kabala İlmine Önsöz, madde 18)

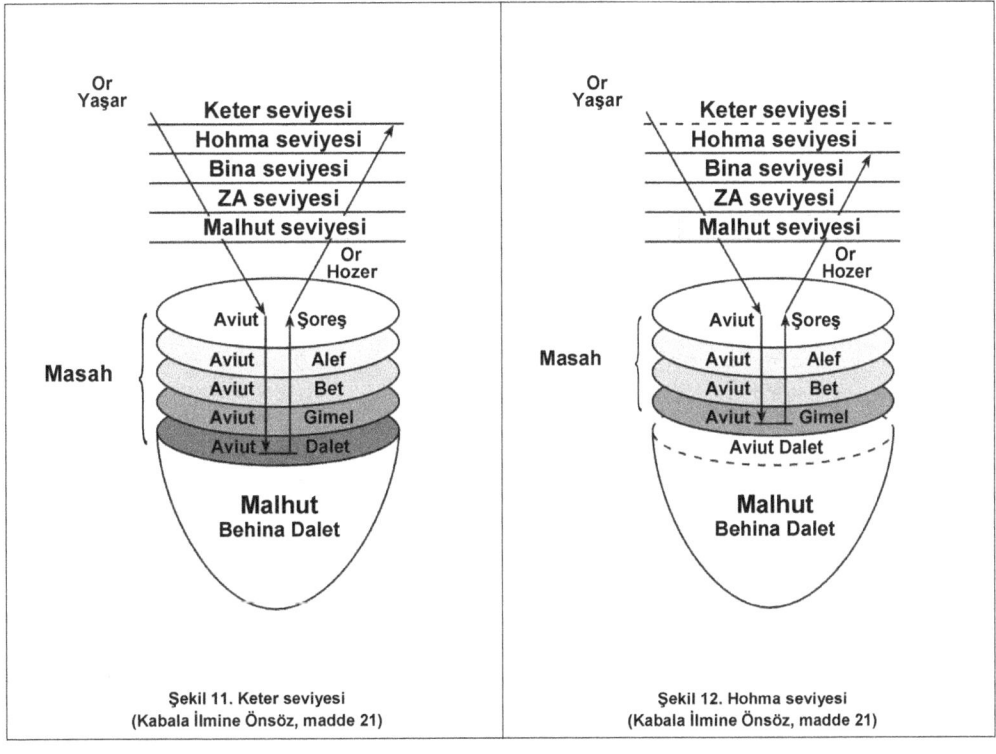

Şekil 11. Keter seviyesi
(Kabala İlmine Önsöz, madde 21)

Şekil 12. Hohma seviyesi
(Kabala İlmine Önsöz, madde 21)

EK-C : DİAGRAMLAR

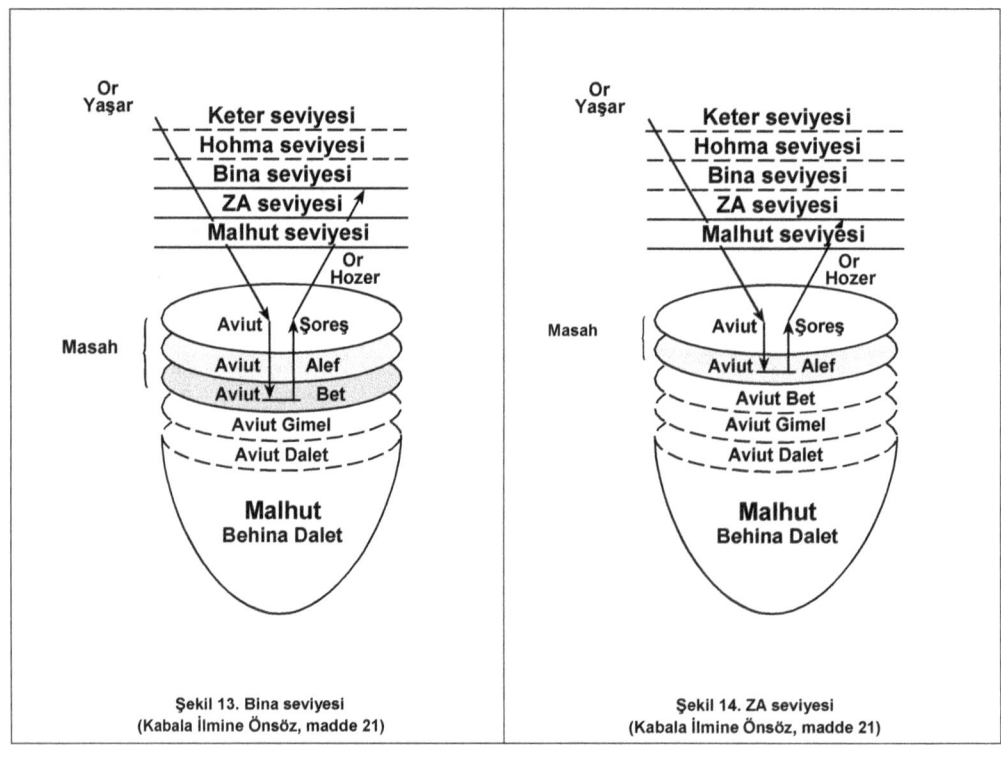

Şekil 13. Bina seviyesi
(Kabala İlmine Önsöz, madde 21)

Şekil 14. ZA seviyesi
(Kabala İlmine Önsöz, madde 21)

KABALA BİLİMİ

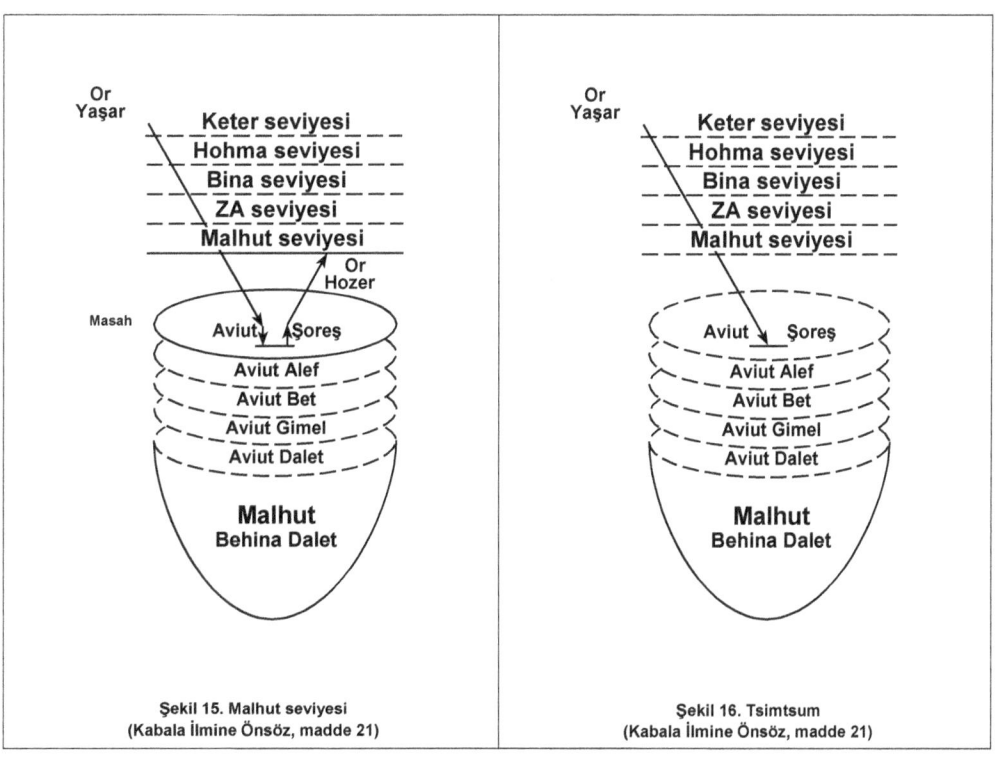

Şekil 15. Malhut seviyesi
(Kabala İlmine Önsöz, madde 21)

Şekil 16. Tsimtsum
(Kabala İlmine Önsöz, madde 21)

EK-C : DİAGRAMLAR

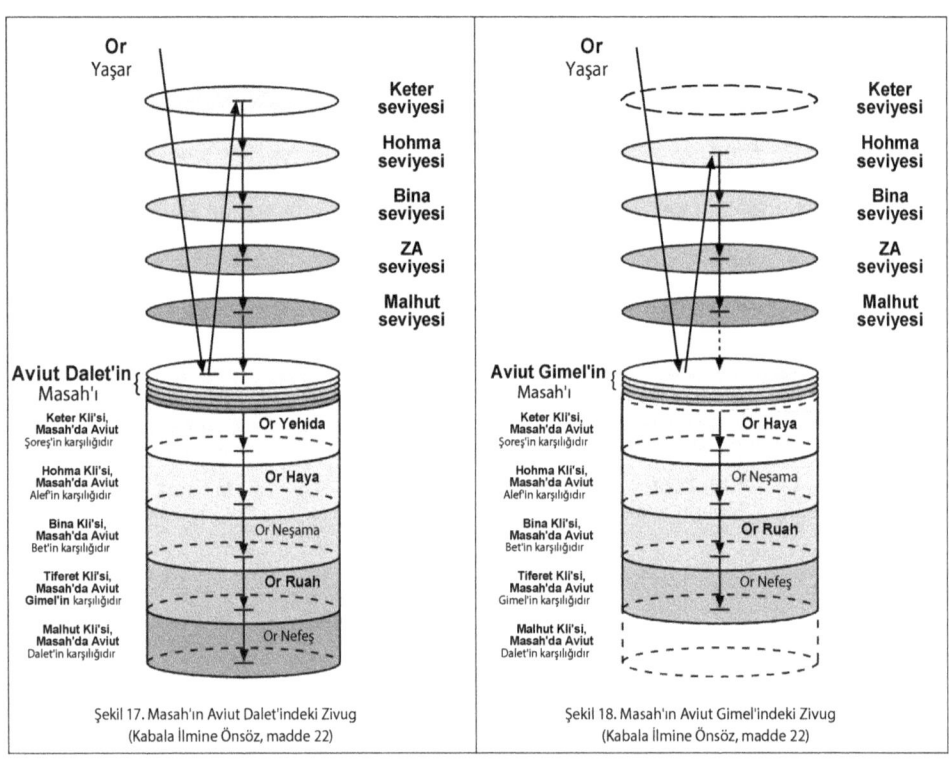

Şekil 17. Masah'ın Aviut Dalet'indeki Zivug
(Kabala İlmine Önsöz, madde 22)

Şekil 18. Masah'ın Aviut Gimel'indeki Zivug
(Kabala İlmine Önsöz, madde 22)

KABALA BİLİMİ

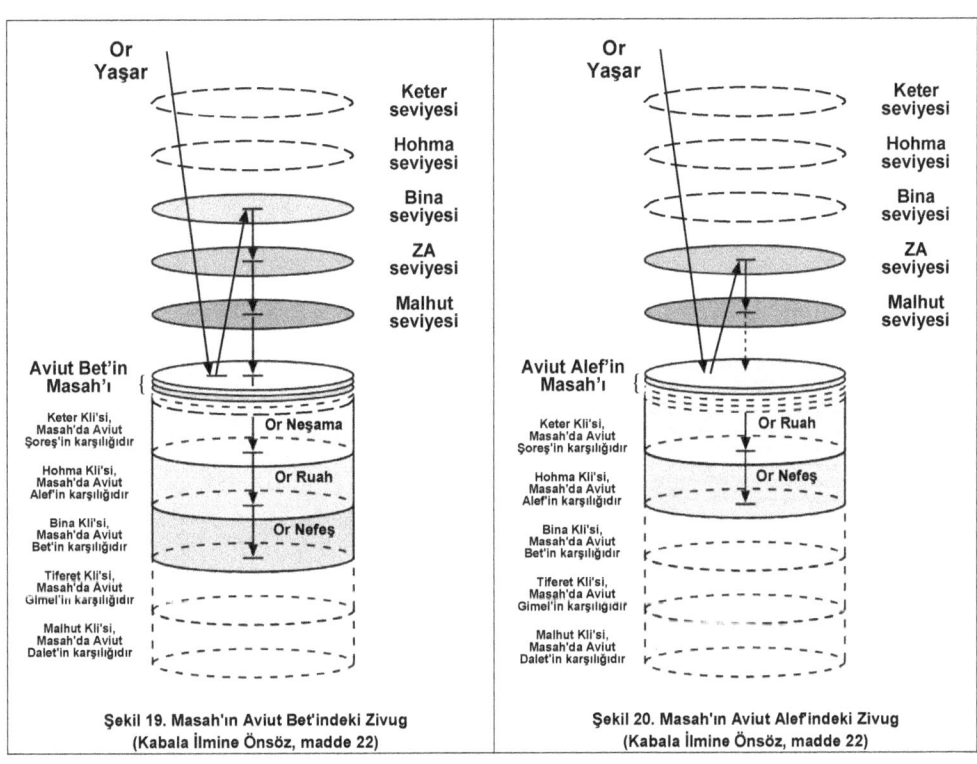

Şekil 19. Masah'ın Aviut Bet'indeki Zivug
(Kabala İlmine Önsöz, madde 22)

Şekil 20. Masah'ın Aviut Alef'indeki Zivug
(Kabala İlmine Önsöz, madde 22)

EK-C : DİAGRAMLAR

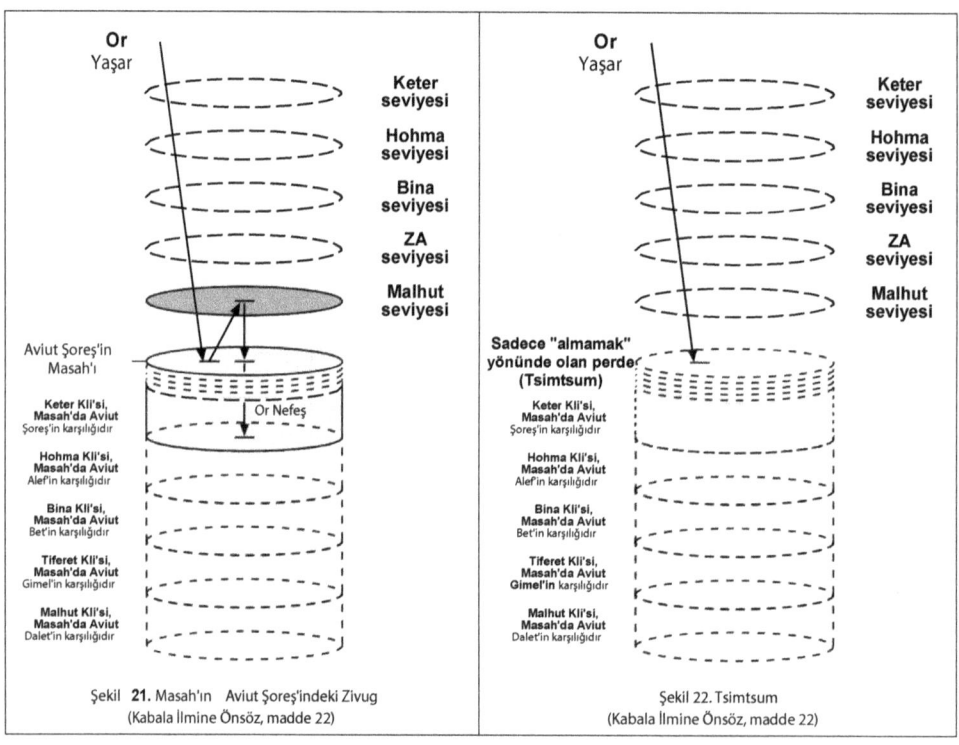

Şekil 21. Masah'ın Aviut Şoreş'indeki Zivug
(Kabala İlmine Önsöz, madde 22)

Şekil 22. Tsimtsum
(Kabala İlmine Önsöz, madde 22)

KABALA BİLİMİ

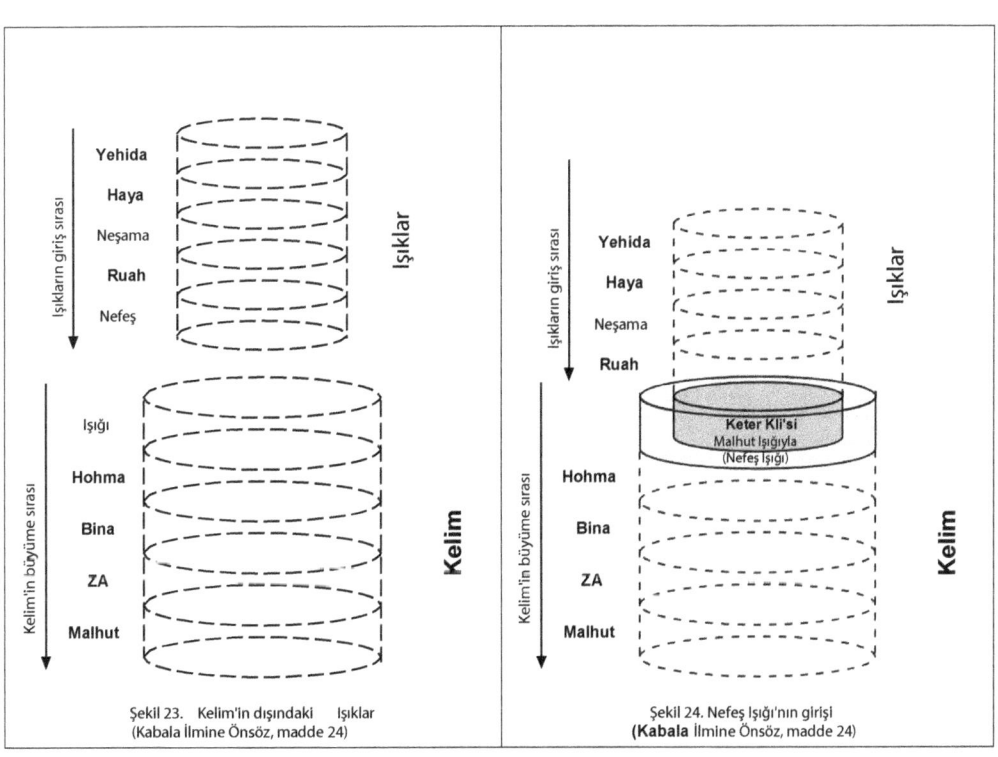

Şekil 23. Kelim'in dışındaki Işıklar
(Kabala İlmine Önsöz, madde 24)

Şekil 24. Nefeş Işığı'nın girişi
(**Kabala** İlmine Önsöz, madde 24)

EK-C : DİAGRAMLAR

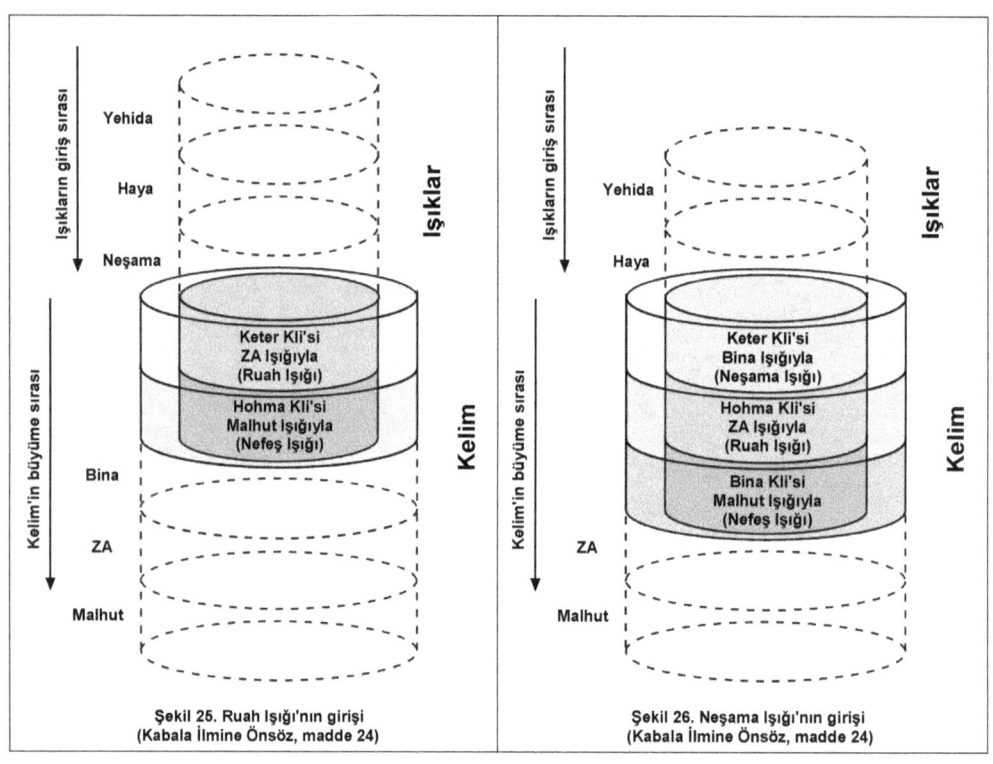

Şekil 25. Ruah Işığı'nın girişi
(Kabala İlmine Önsöz, madde 24)

Şekil 26. Neşama Işığı'nın girişi
(Kabala İlmine Önsöz, madde 24)

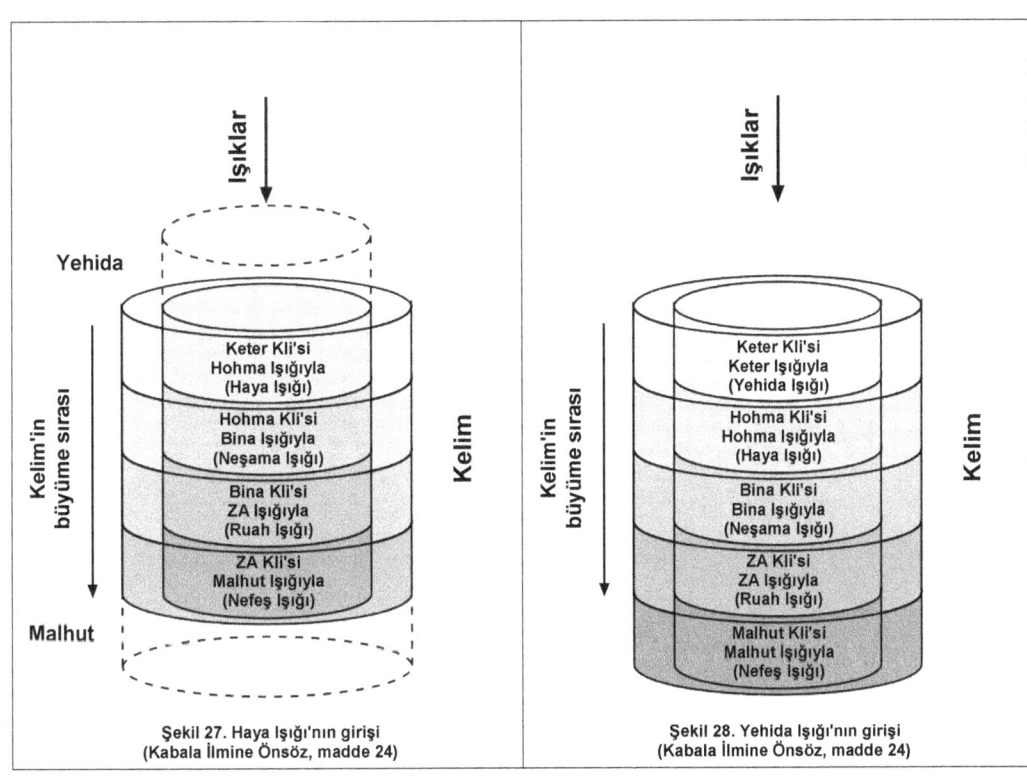

Şekil 27. Haya Işığı'nın girişi
(Kabala İlmine Önsöz, madde 24)

Şekil 28. Yehida Işığı'nın girişi
(Kabala İlmine Önsöz, madde 24)

EK-C : DİAGRAMLAR

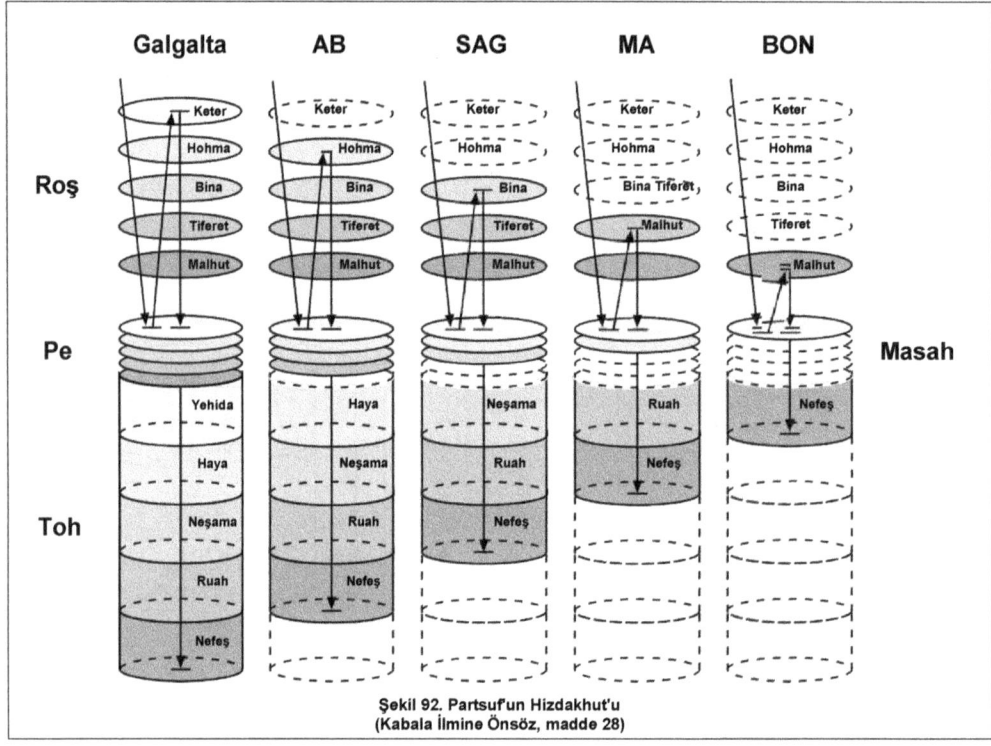

Şekil 92. Partsuf'un Hizdakhut'u
(Kabala İlmine Önsöz, madde 28)

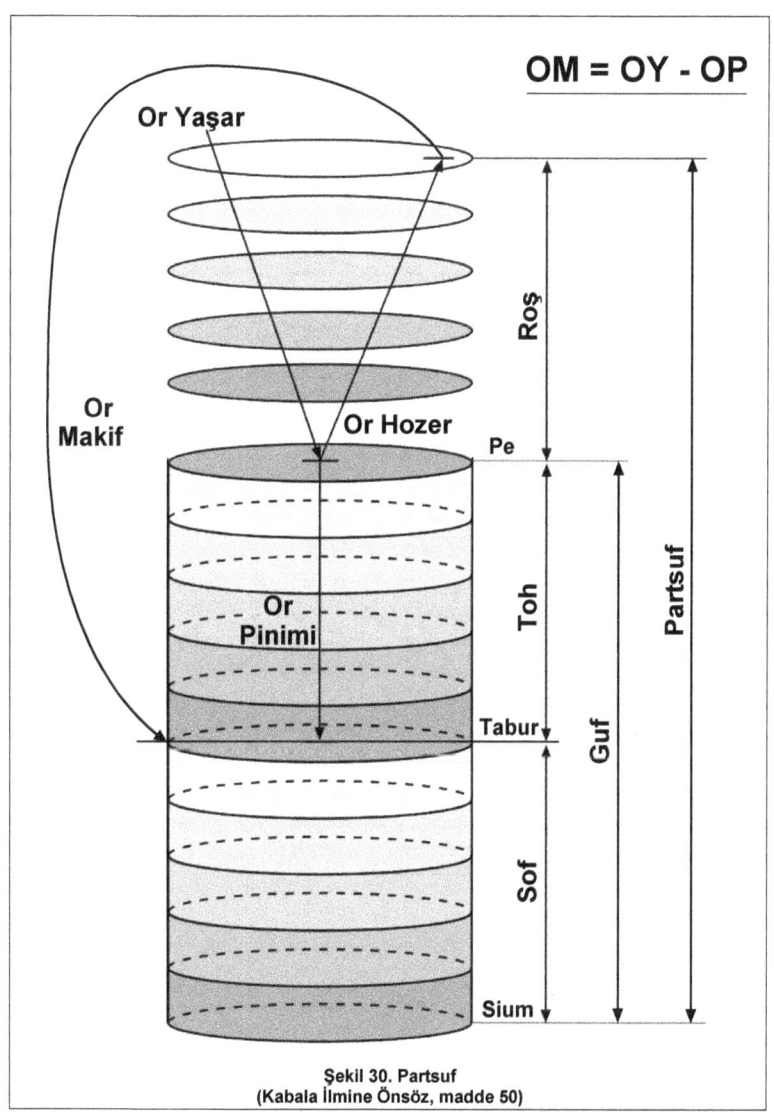

Şekil 30. Partsuf
(Kabala İlmine Önsöz, madde 50)

EK-C : DİAGRAMLAR

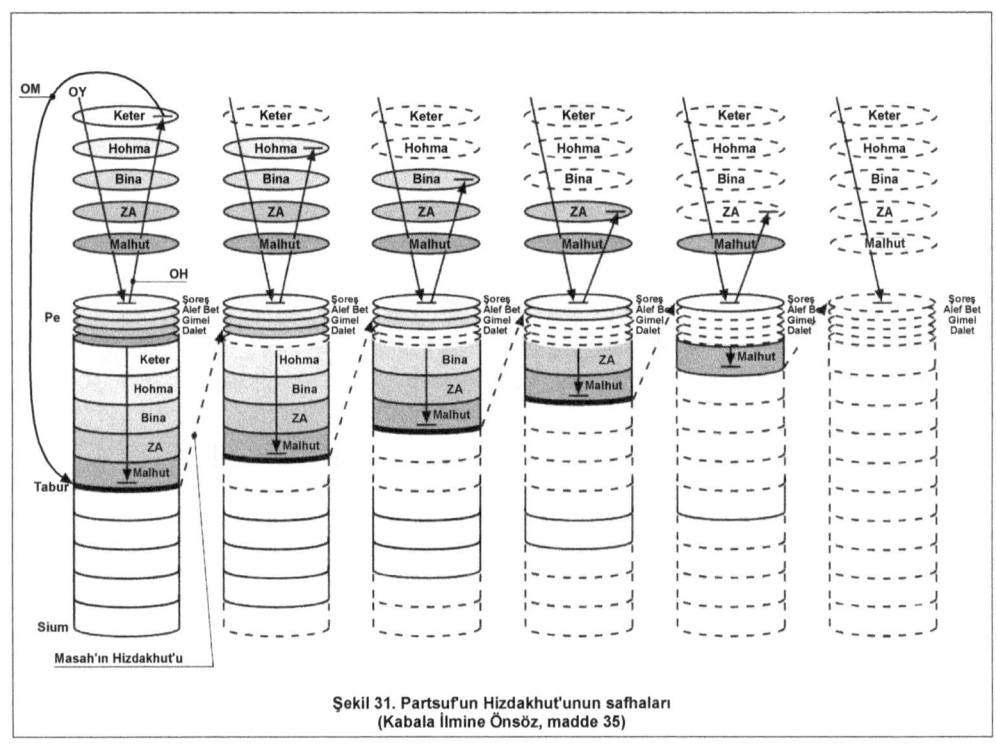

Şekil 31. Partsuf'un Hizdakhut'unun safhaları
(Kabala İlmine Önsöz, madde 35)

KABALA BİLİMİ

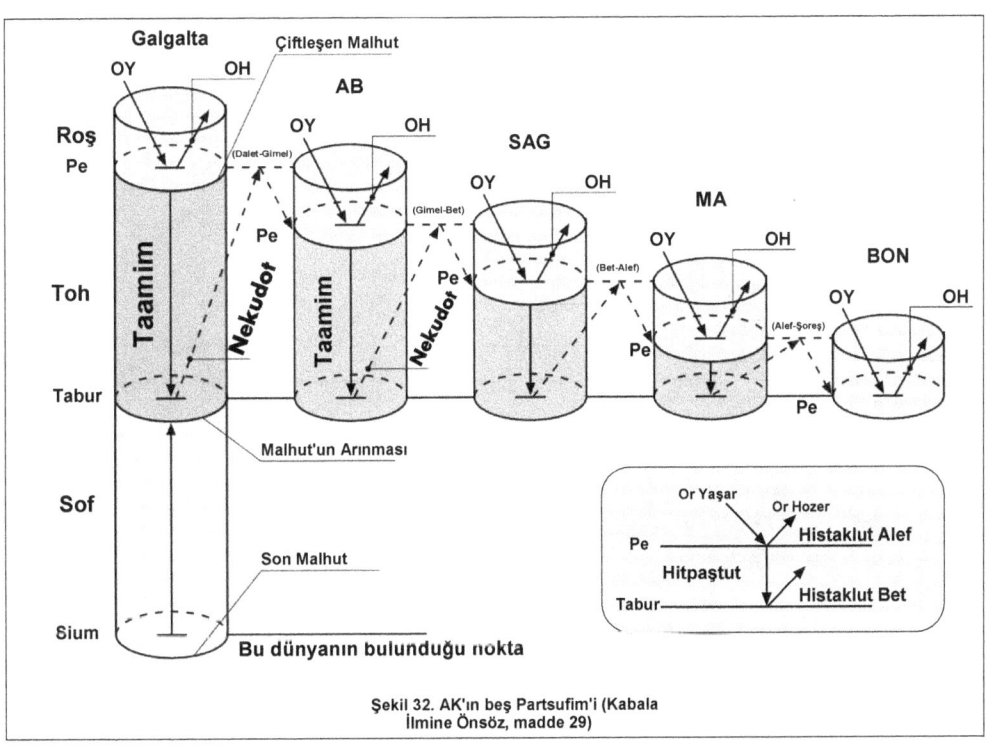

Şekil 32. AK'ın beş Partsufim'i (Kabala İlmine Önsöz, madde 29)

EK-C : DİAGRAMLAR

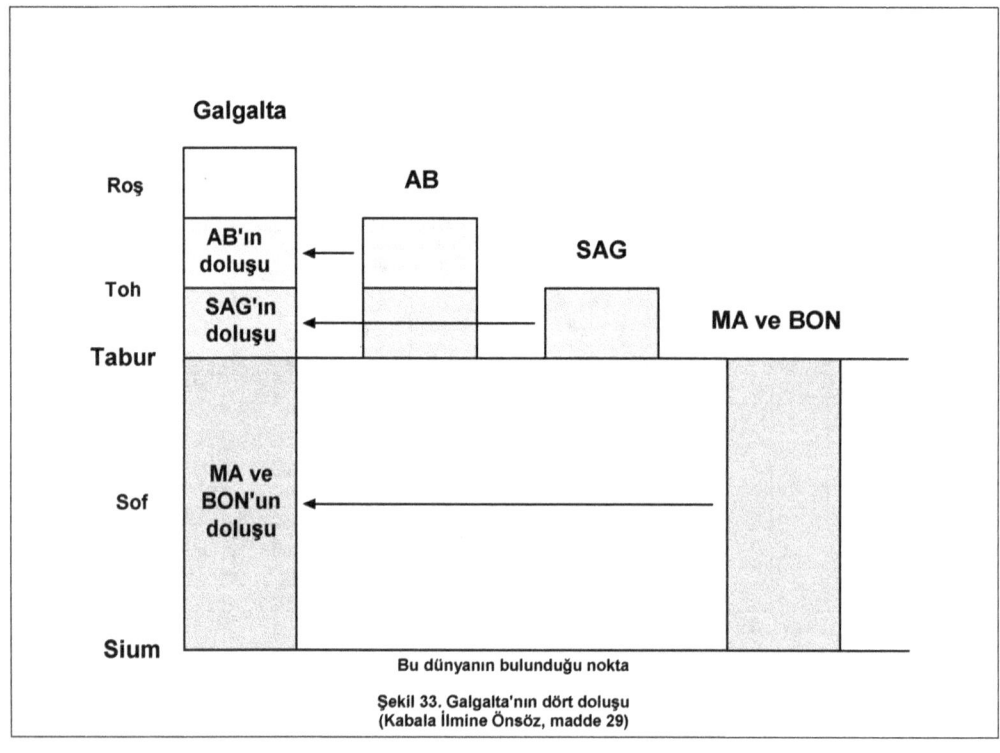

Şekil 33. Galgalta'nın dört doluşu
(Kabala İlmine Önsöz, madde 29)

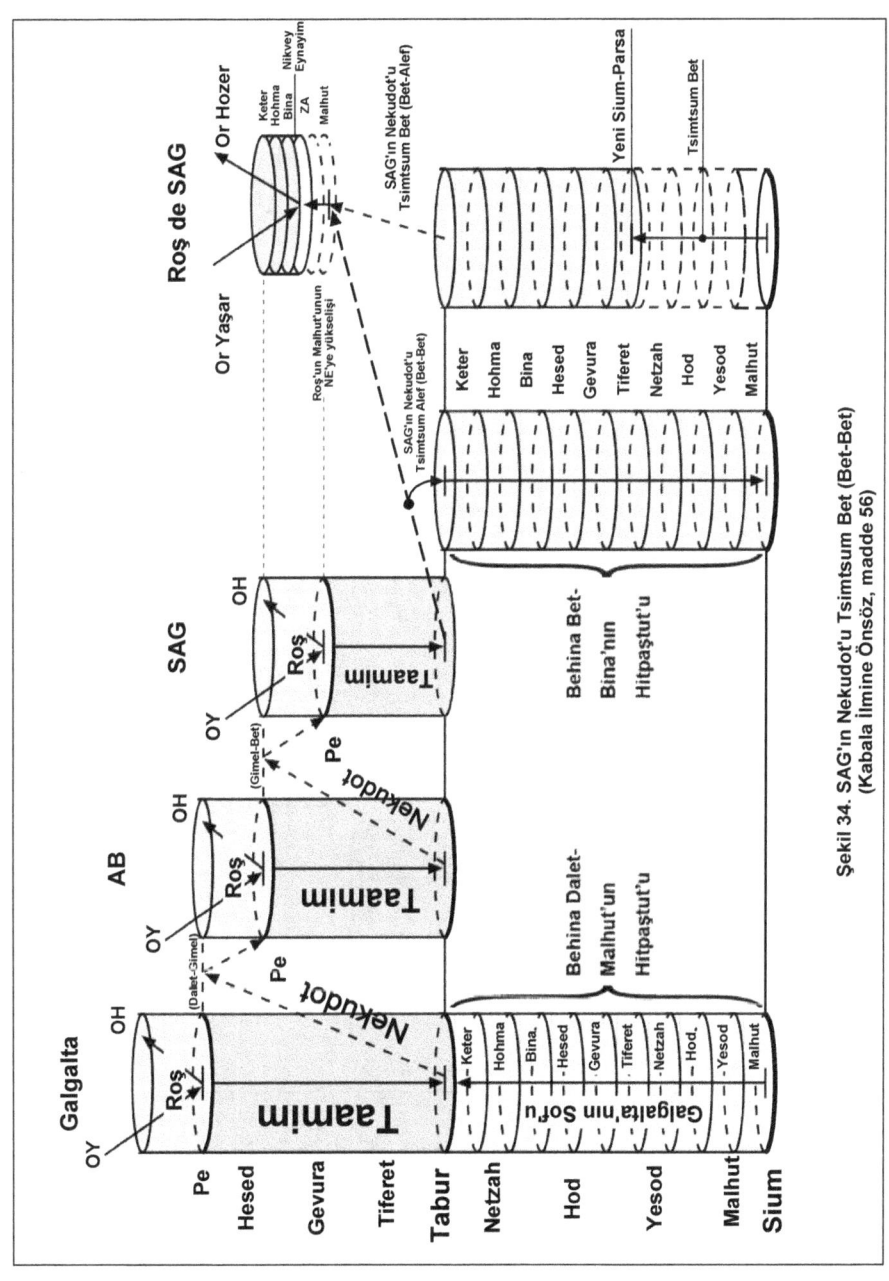

Şekil 34. SAG'ın Nekudot'u Tsimtsum Bet (Bet-Bet)
(Kabala İlmine Önsöz, madde 56)

EK-C : DİAGRAMLAR

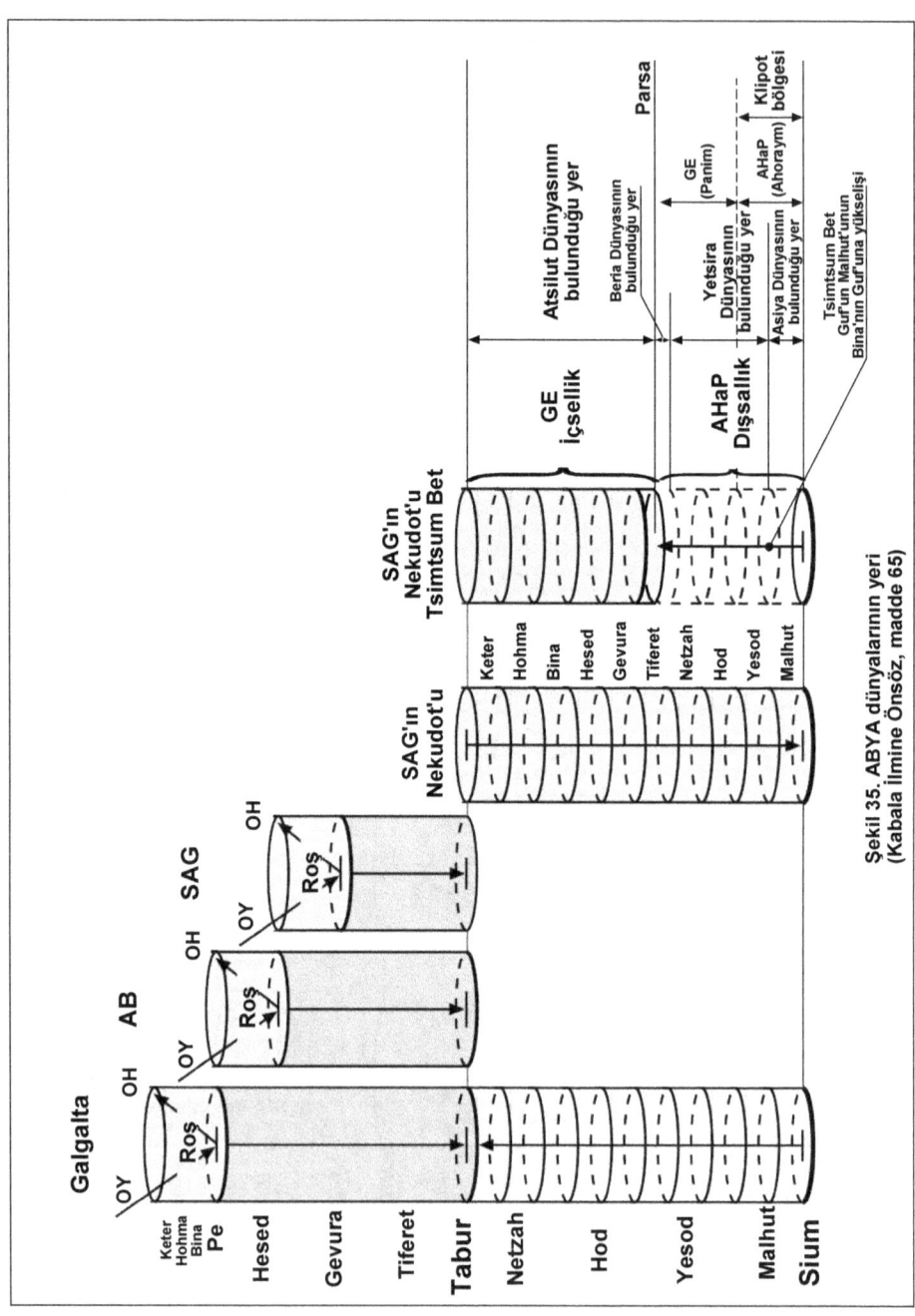

Şekil 35. ABYA dünyalarının yeri
(Kabala İlmine Önsöz, madde 65)

KABALA BİLİMİ

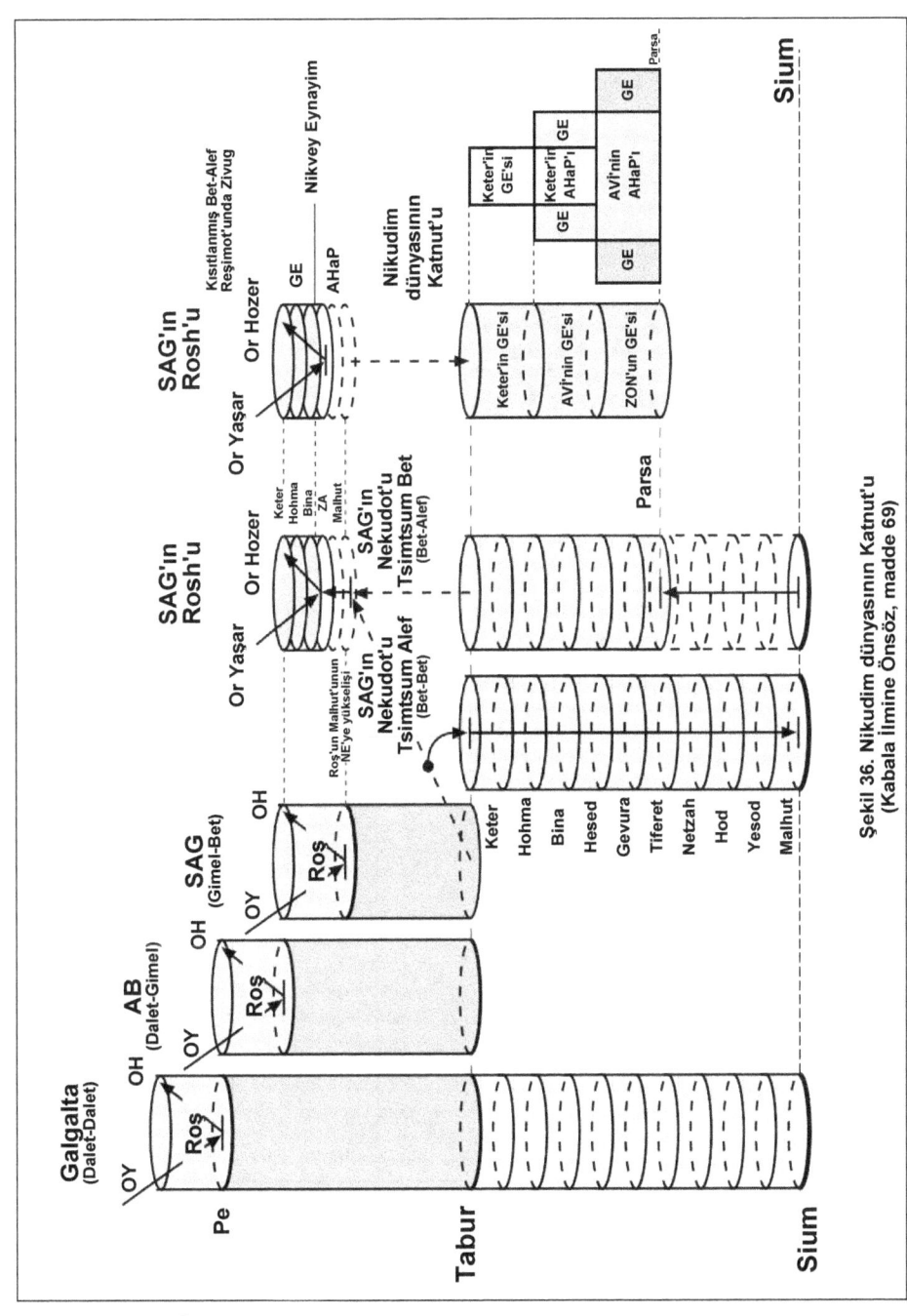

Şekil 36. Nikudim dünyasının Katnut'u
(Kabala İlmine Önsöz, madde 69)

EK-C : DİAGRAMLAR

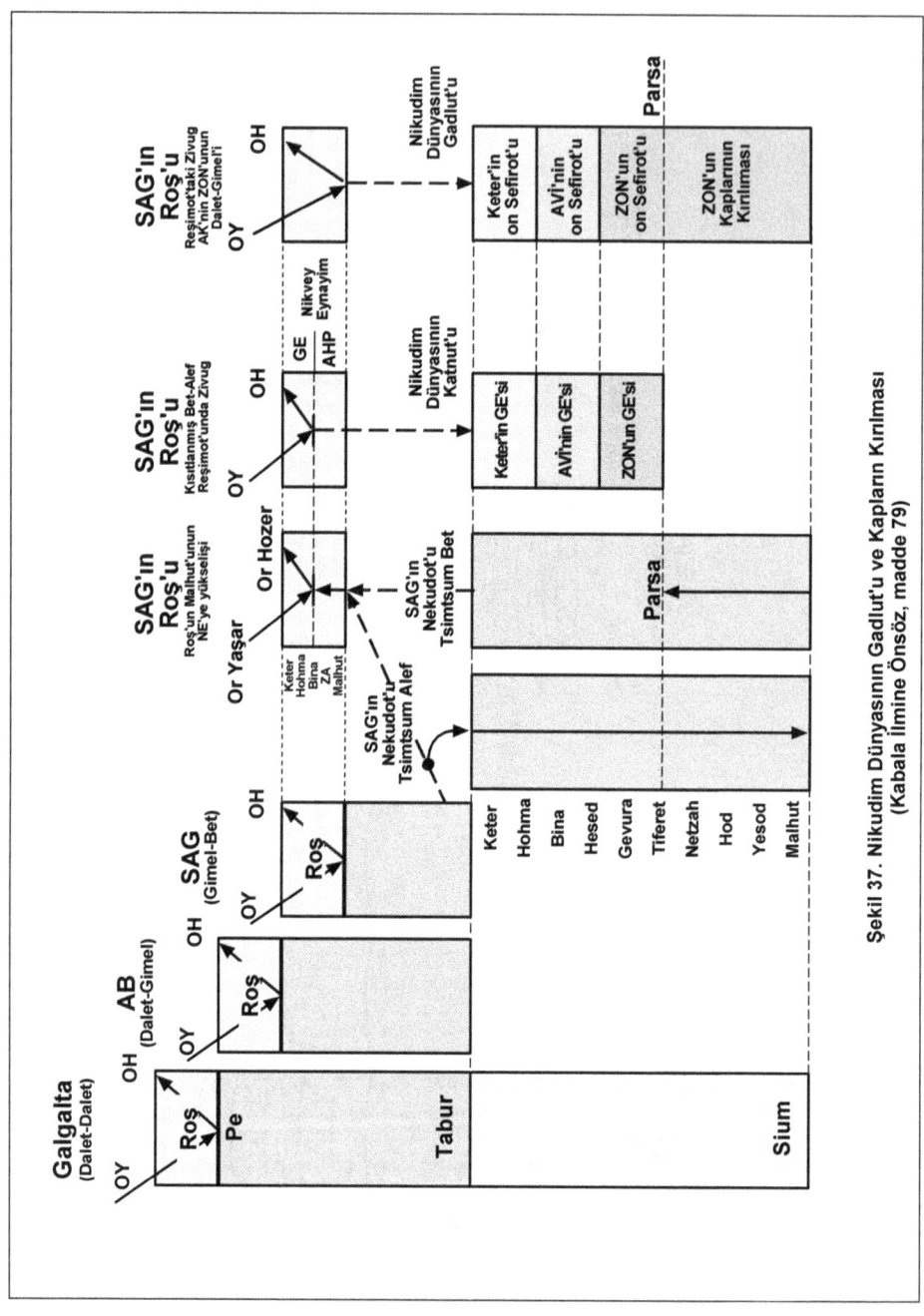

Şekil 37. Nikudim Dünyasının Gadlut'u ve Kapların Kırılması
(Kabala İlmine Önsöz, madde 79)

KABALA BİLİMİ

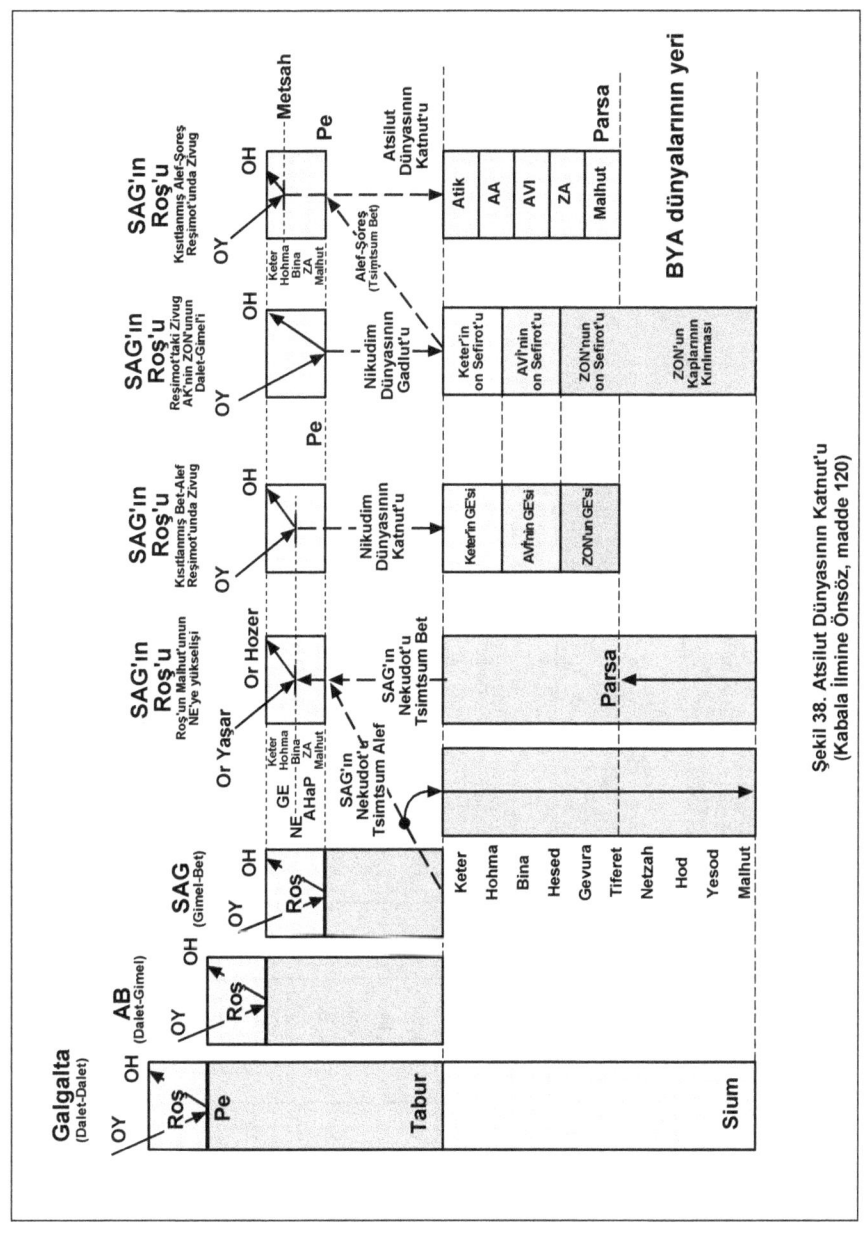

Şekil 38. Atsilut Dünyasının Katnut'u
(Kabala İlmine Önsöz, madde 120)

EK-C : DİAGRAMLAR

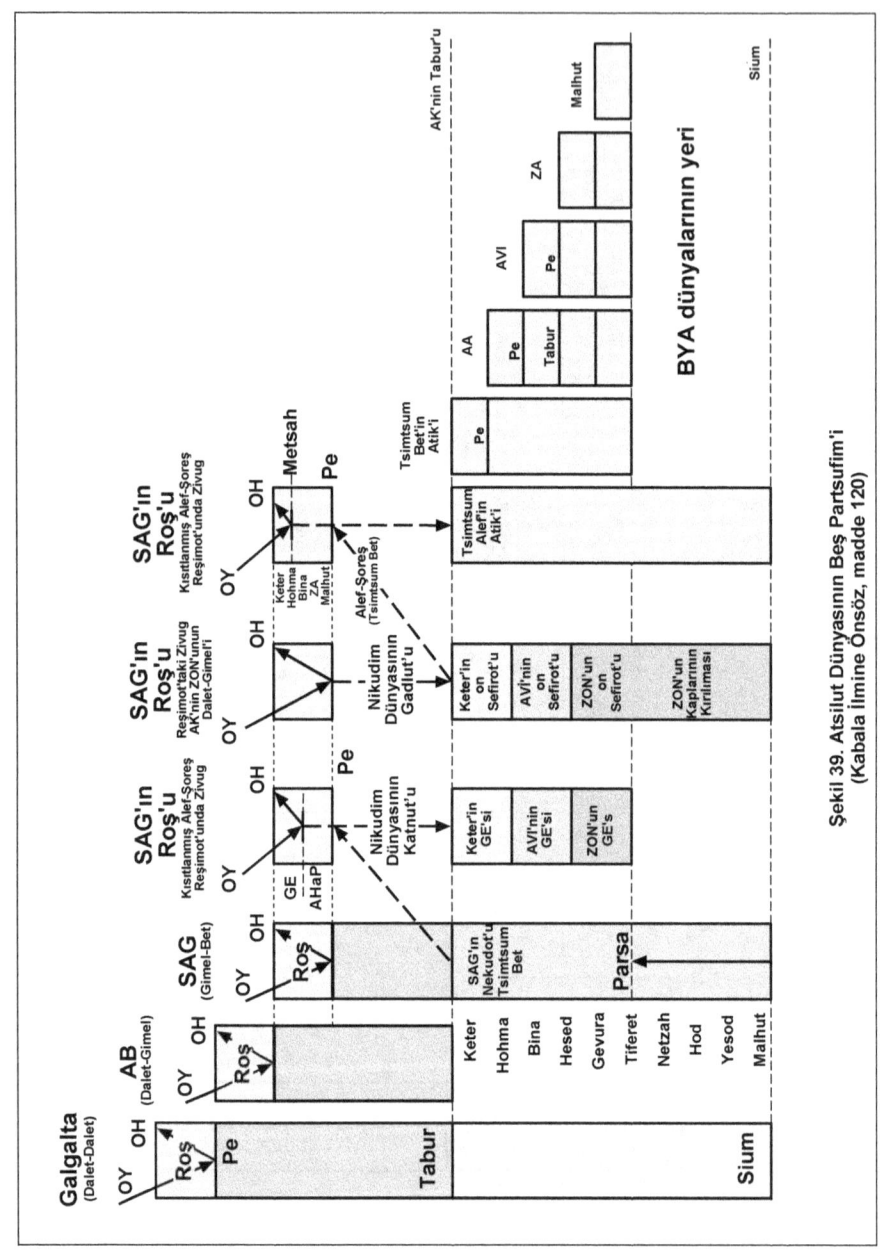

Şekil 39. Atsilut Dünyasının Beş Partsufim'i
(Kabala İlmine Önsöz, madde 120)

KABALA BİLİMİ

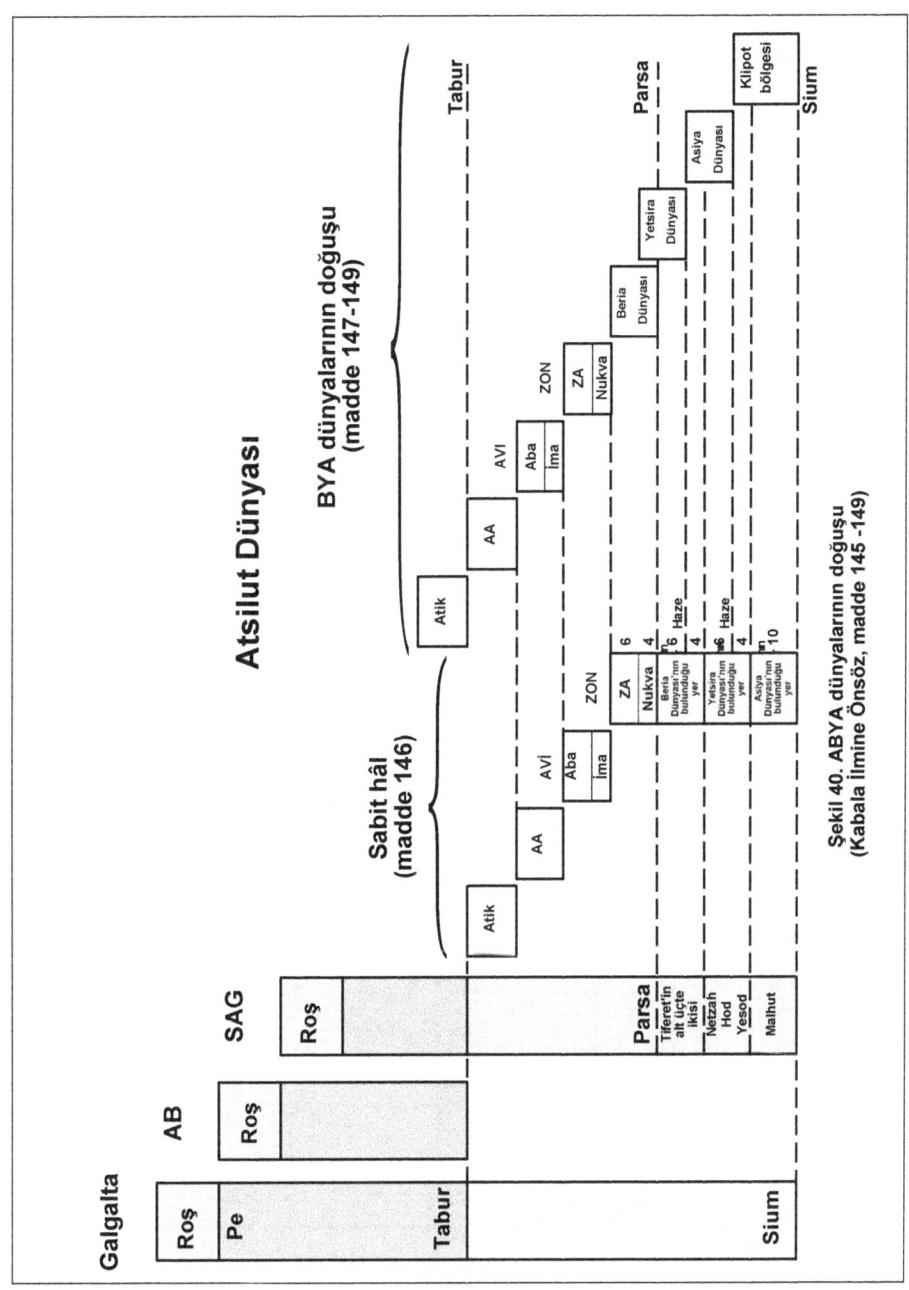

Şekil 40. ABYA dünyalarının doğuşu
(Kabala İlmine Önsöz, madde 145-149)

EK-C : DİAGRAMLAR

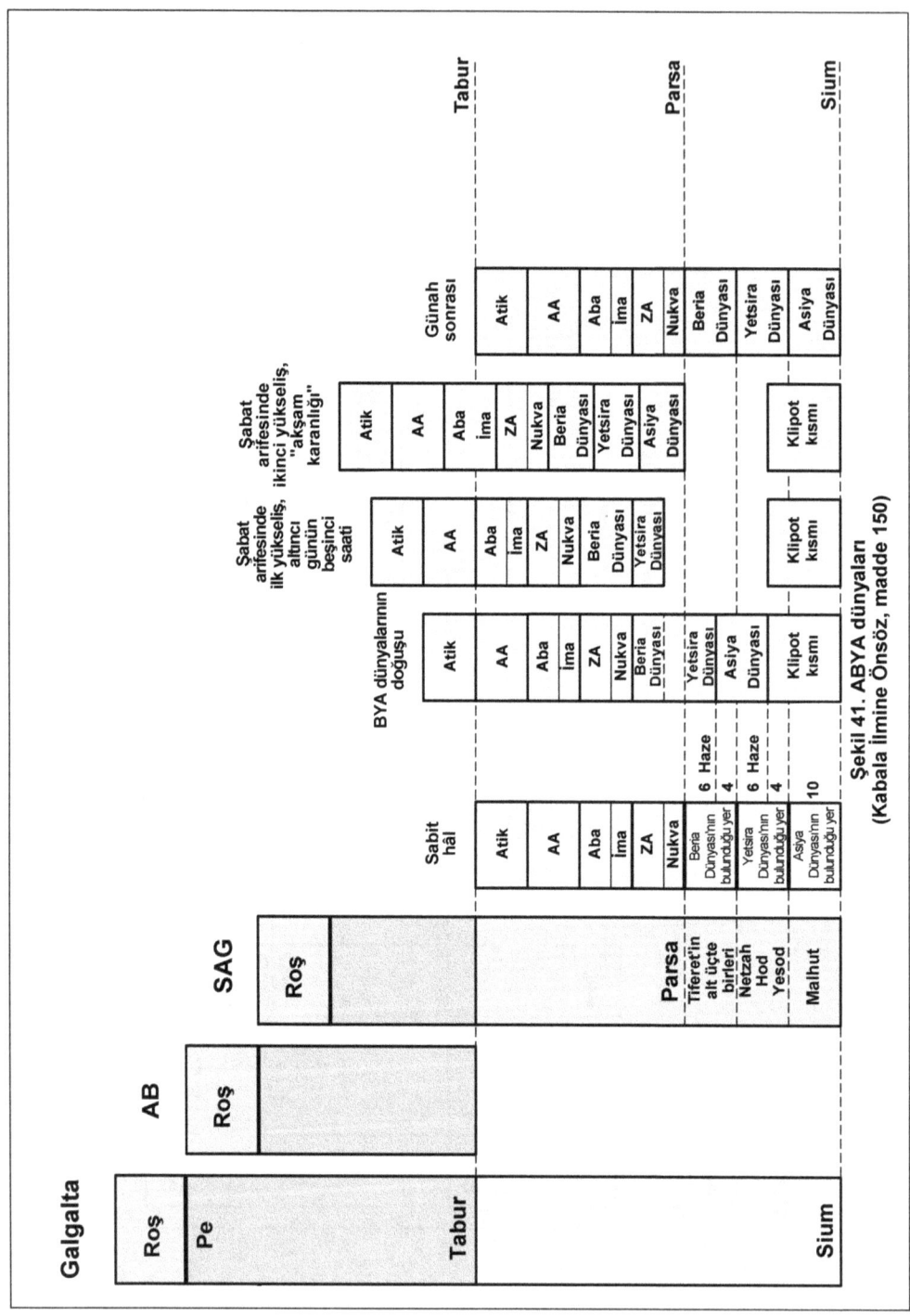

Şekil 41. ABYA dünyaları
(Kabala İlmine Önsöz, madde 150)

KABALA BİLİMİ

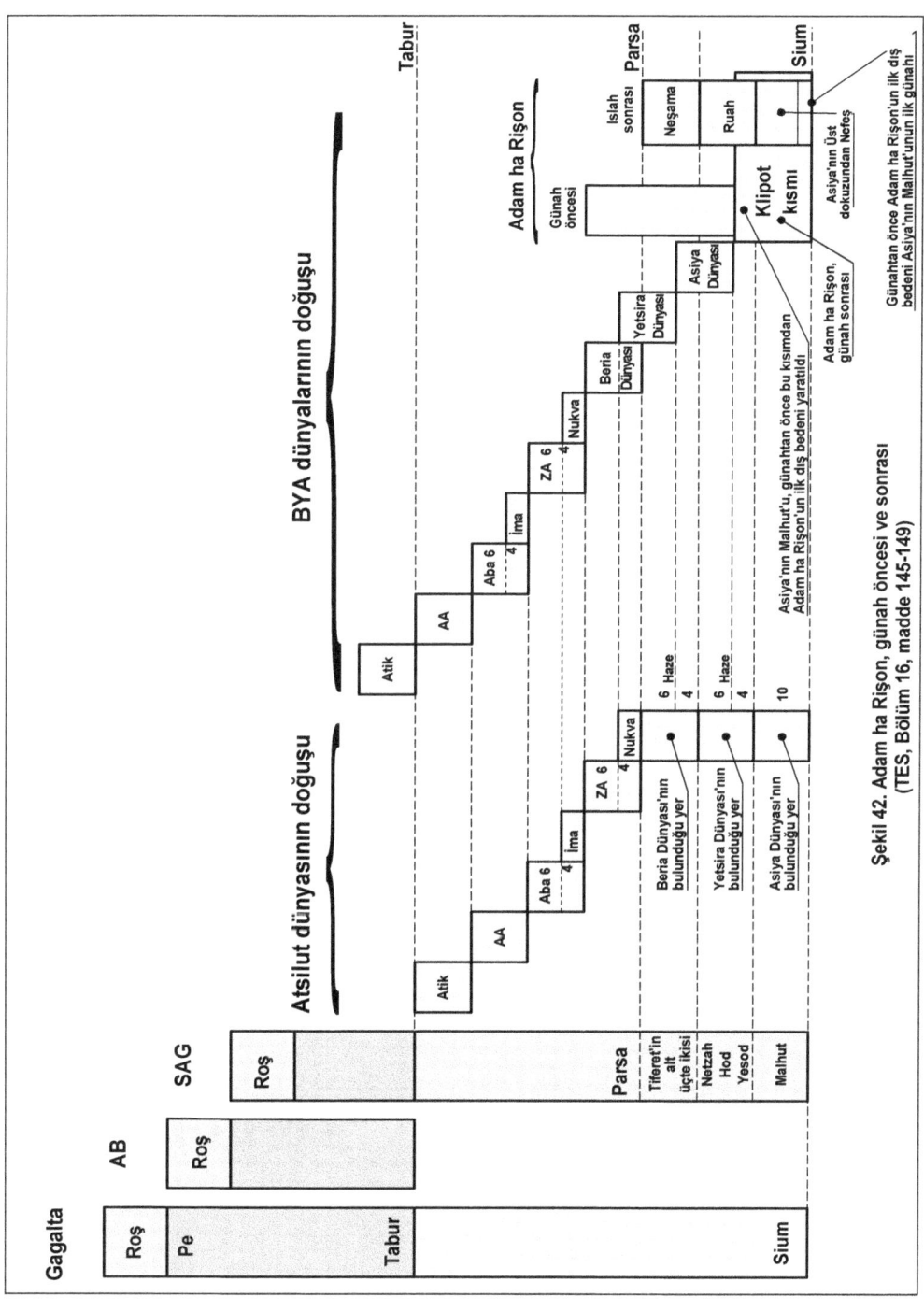

Şekil 42. Adam ha Rişon, günah öncesi ve sonrası
(TES, Bölüm 16, madde 145-149)

703

EK-C : DİAGRAMLAR

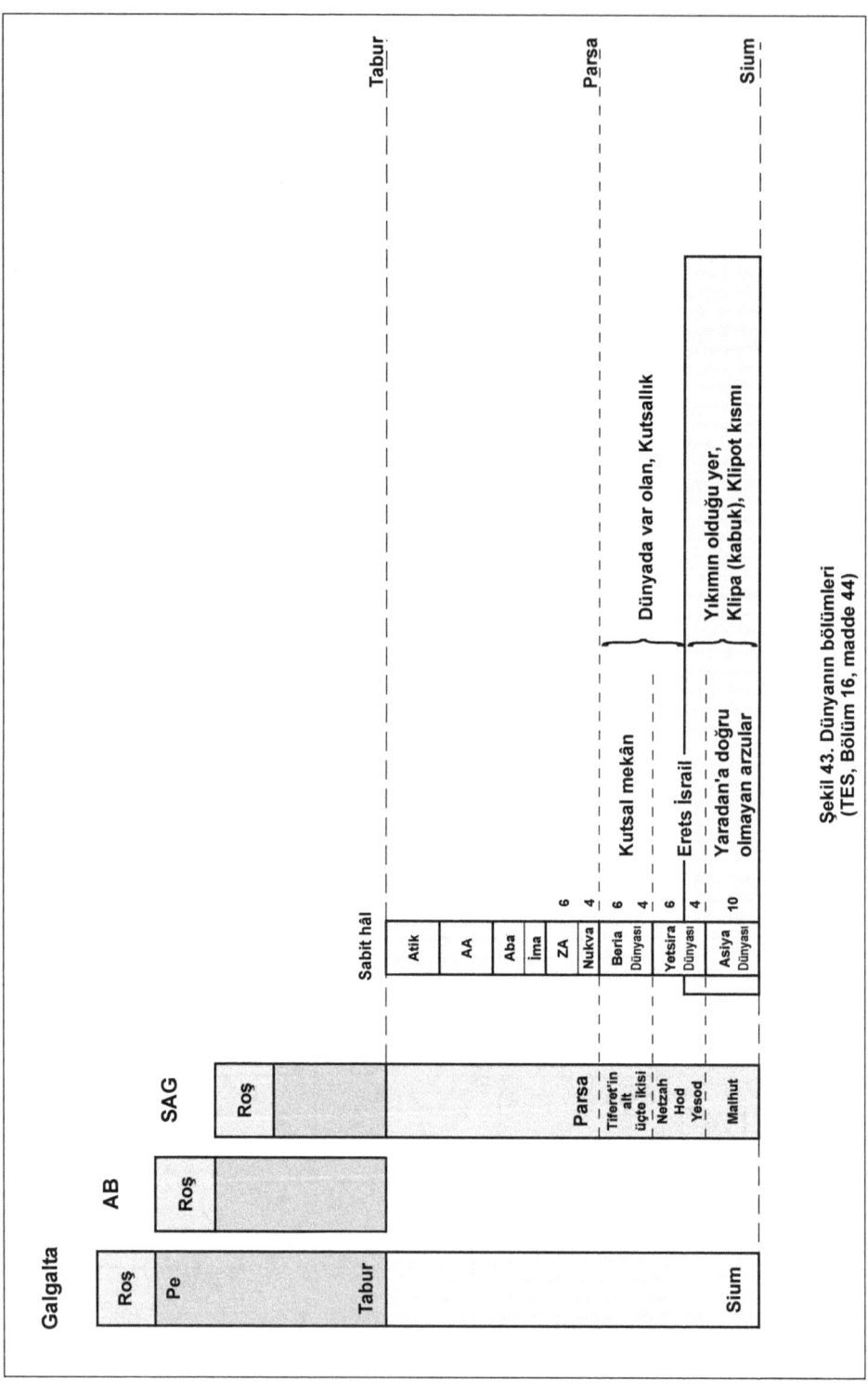

Şekil 43. Dünyanın bölümleri
(TES, Bölüm 16, madde 44)

KABALA BİLİMİ

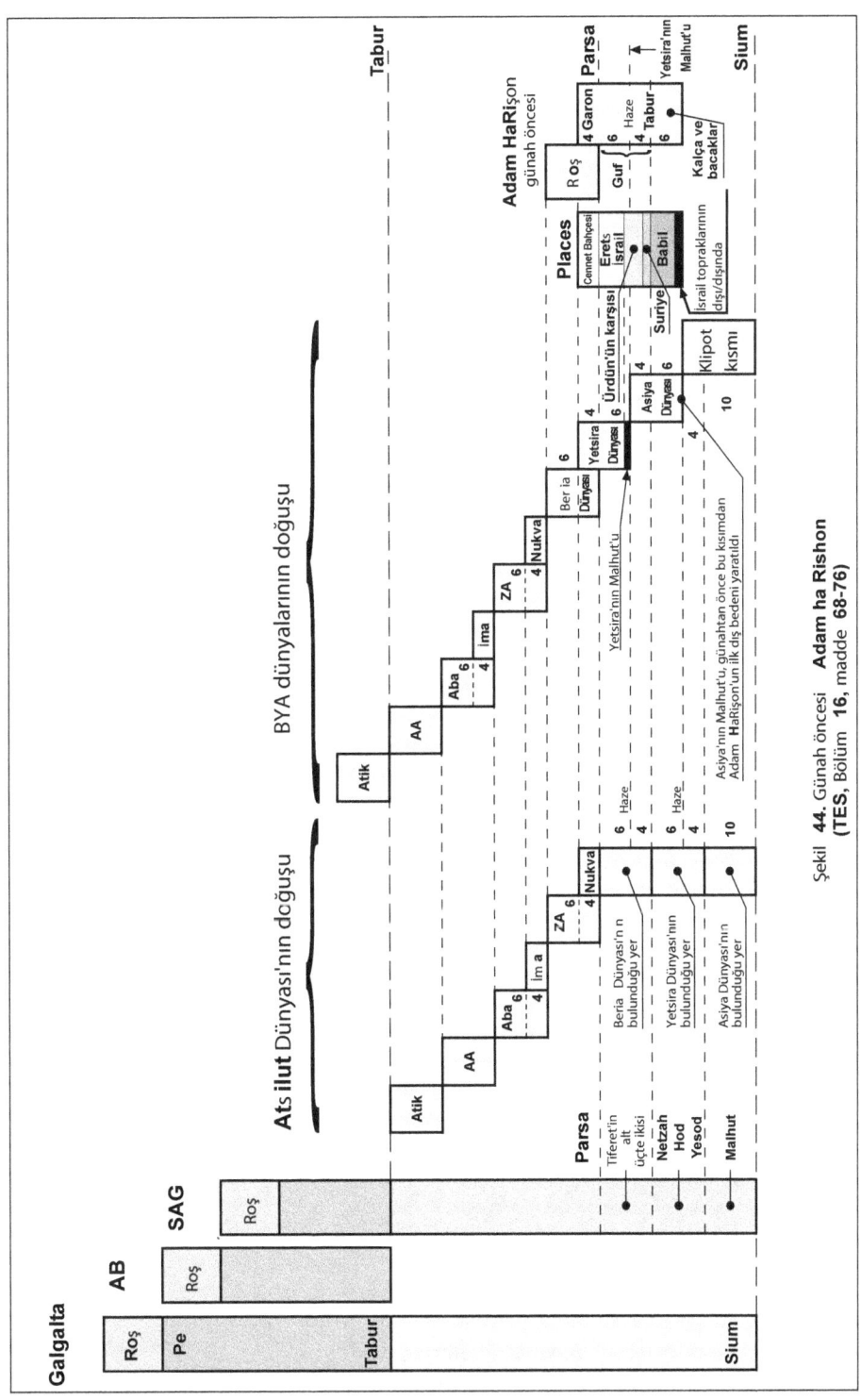

Şekil 44. Günah öncesi Adam ha Rishon
(TES, Bölüm 16, madde 68-76)

EK-C : DİAGRAMLAR

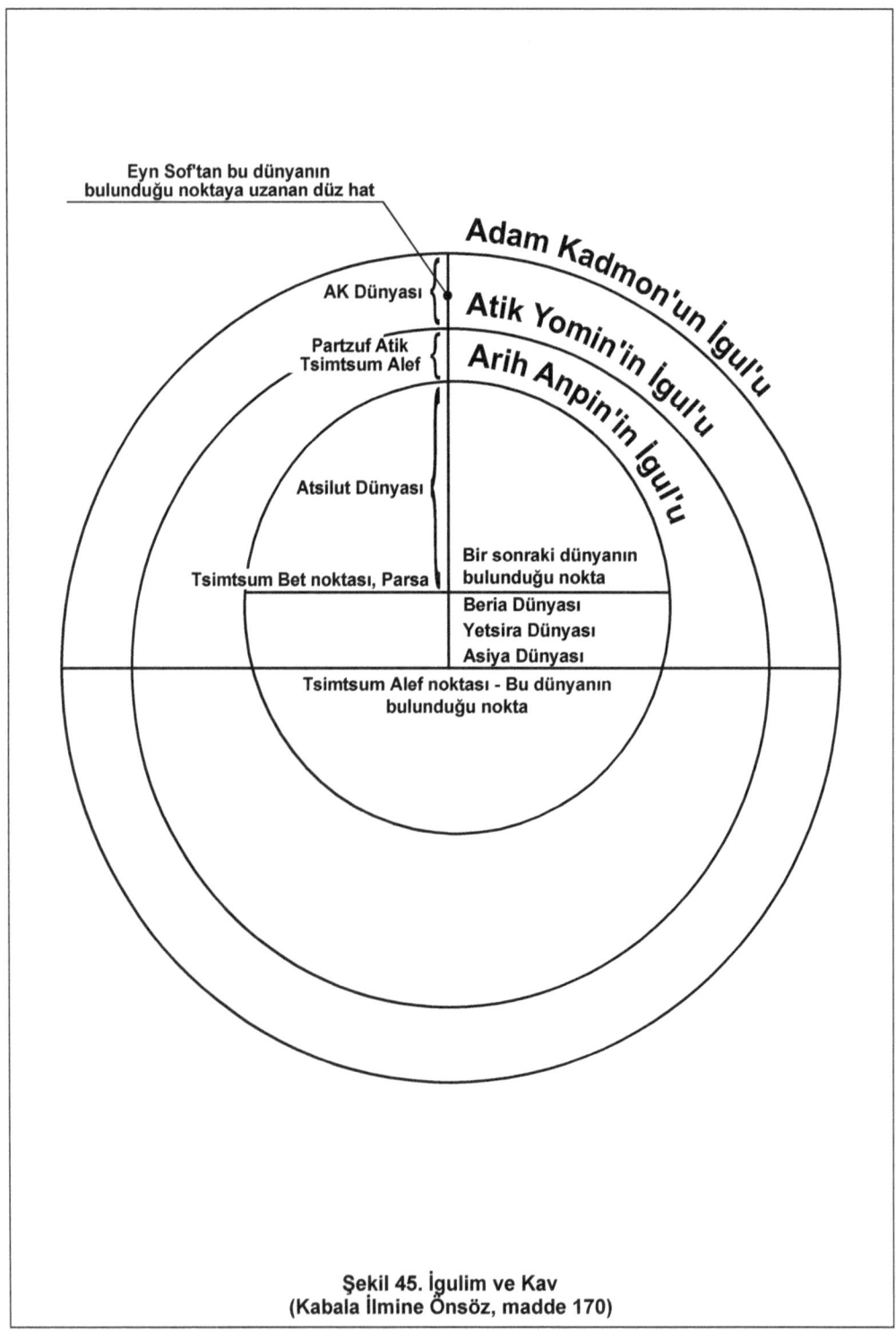

Şekil 45. İgulim ve Kav
(Kabala İlmine Önsöz, madde 170)

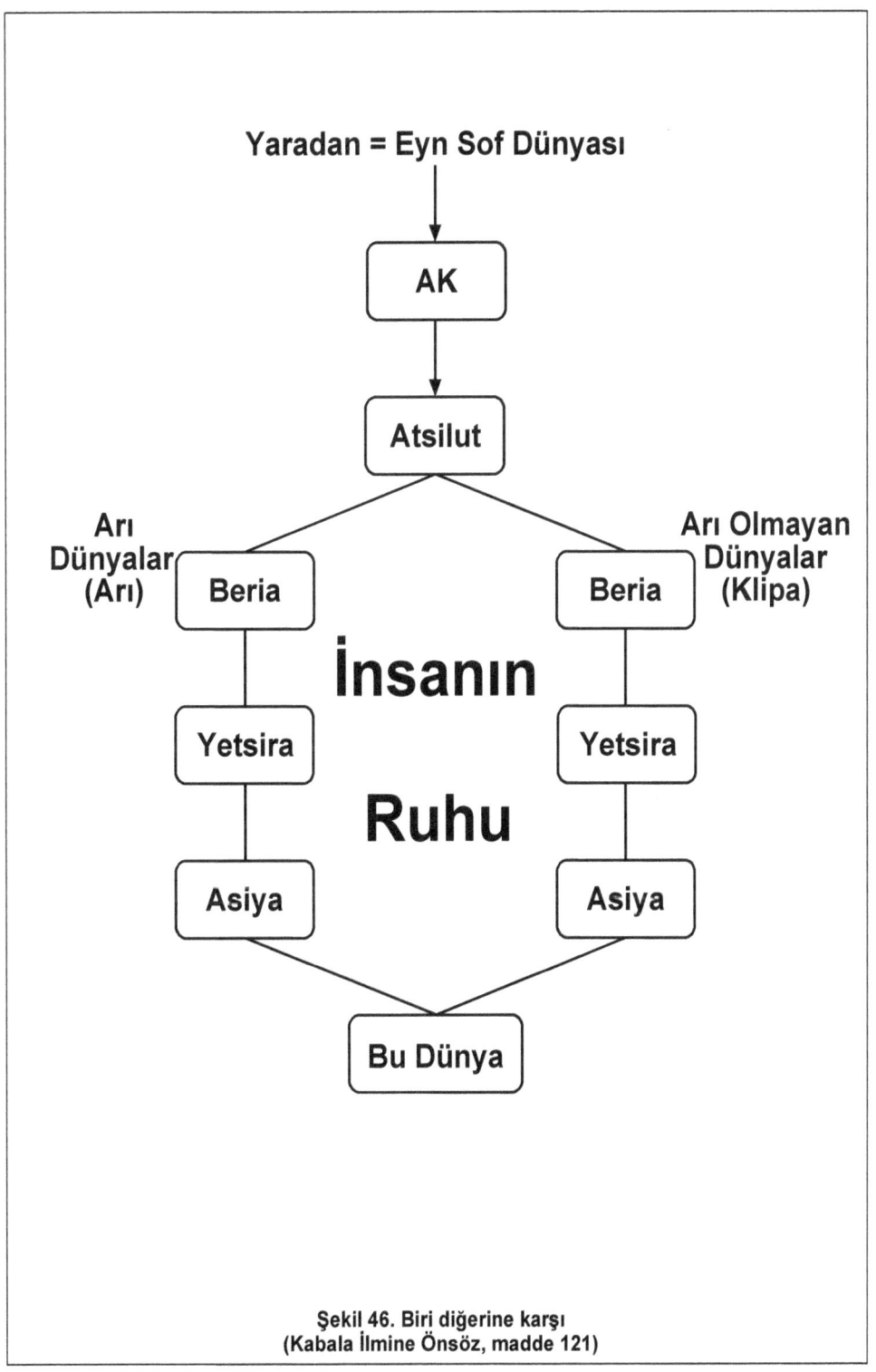

Şekil 46. Biri diğerine karşı
(Kabala İlmine Önsöz, madde 121)

EK-C : DİAGRAMLAR

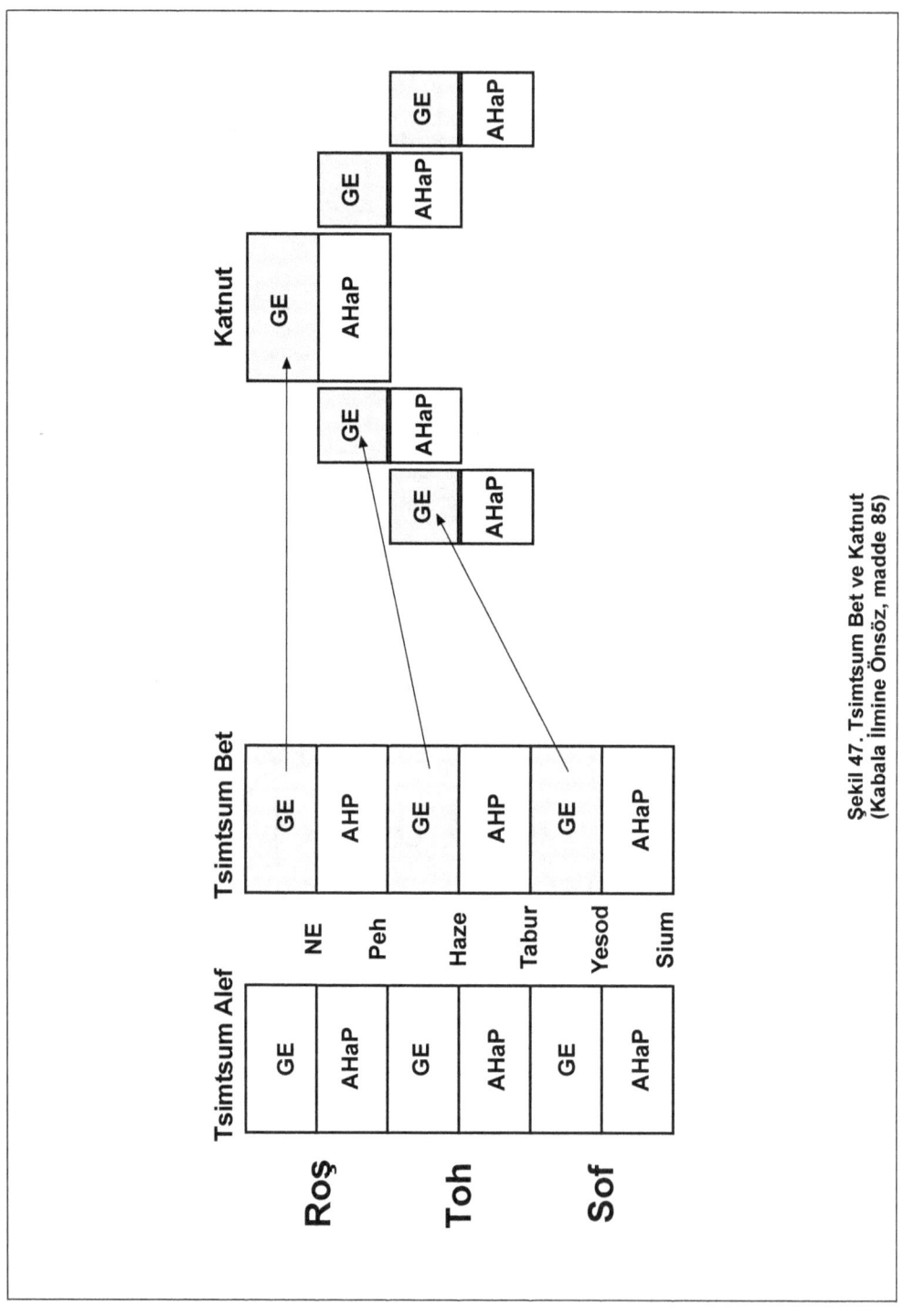

Şekil 47. Tsimtsum Bet ve Katnut
(Kabala İlmine Önsöz, madde 85)

KABALA BİLİMİ

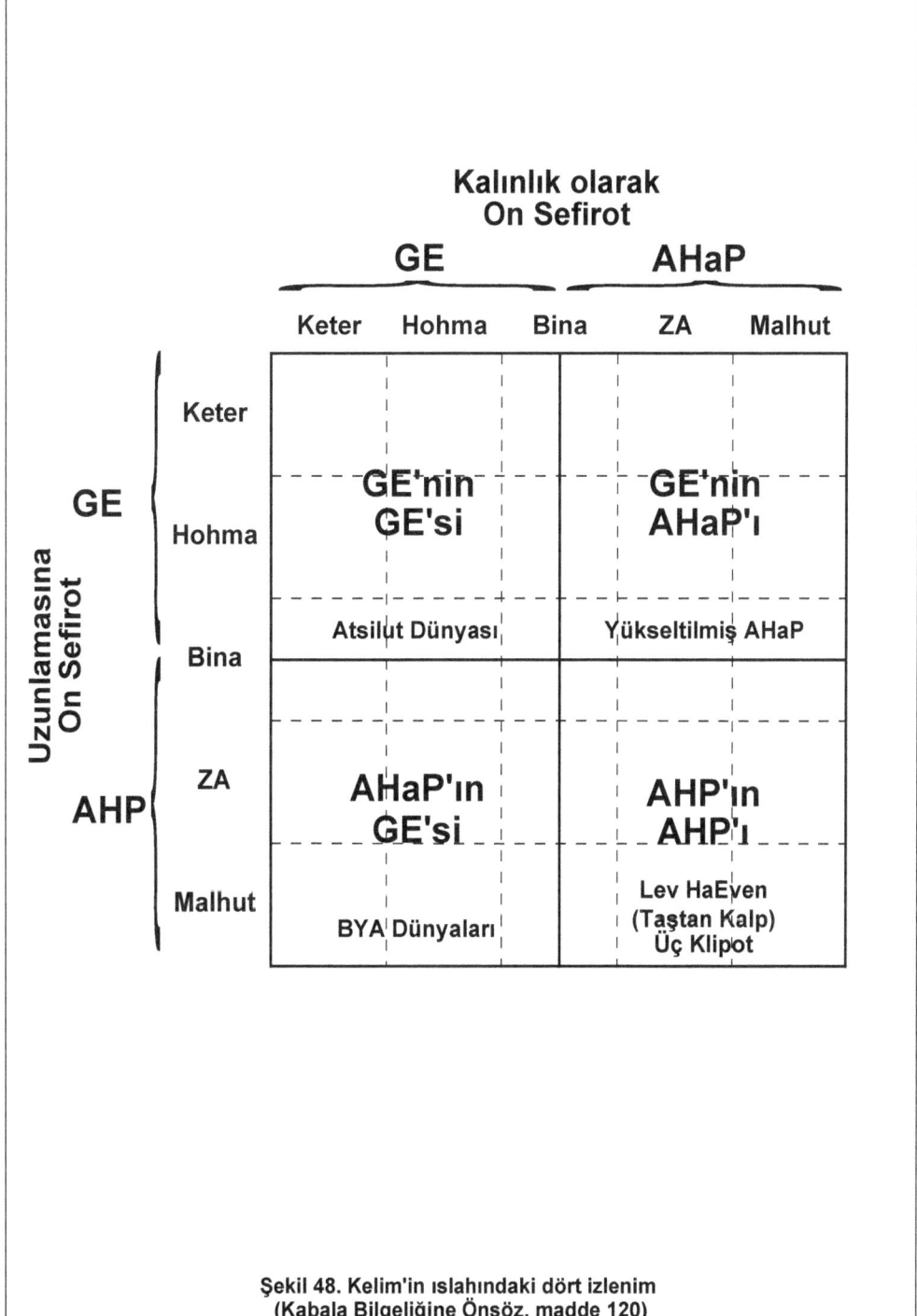

Şekil 48. Kelim'in ıslahındaki dört izlenim
(Kabala Bilgeliğine Önsöz, madde 120)

EK-C : DİAGRAMLAR

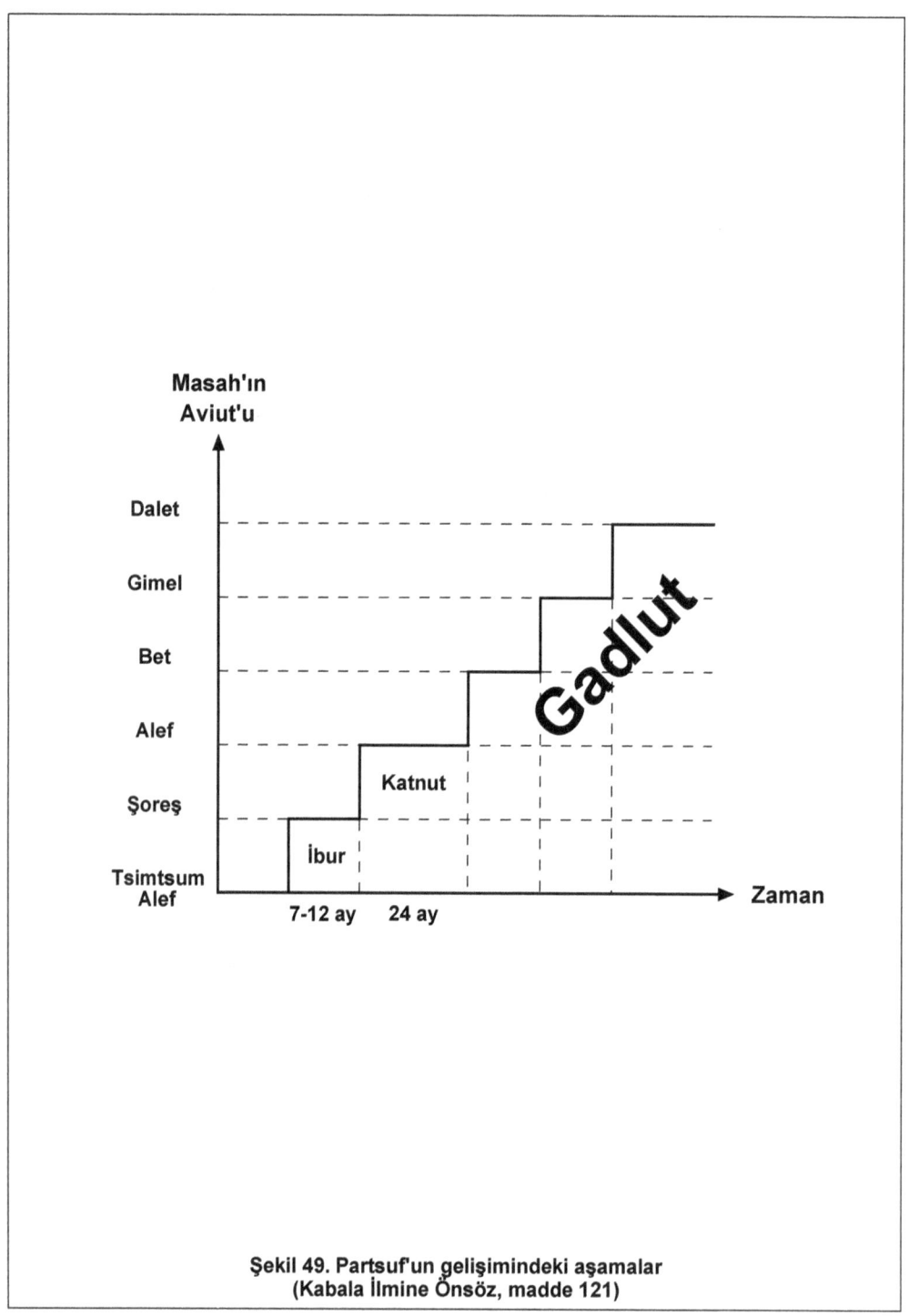

Şekil 49. Partsuf'un gelişimindeki aşamalar
(Kabala İlmine Önsöz, madde 121)

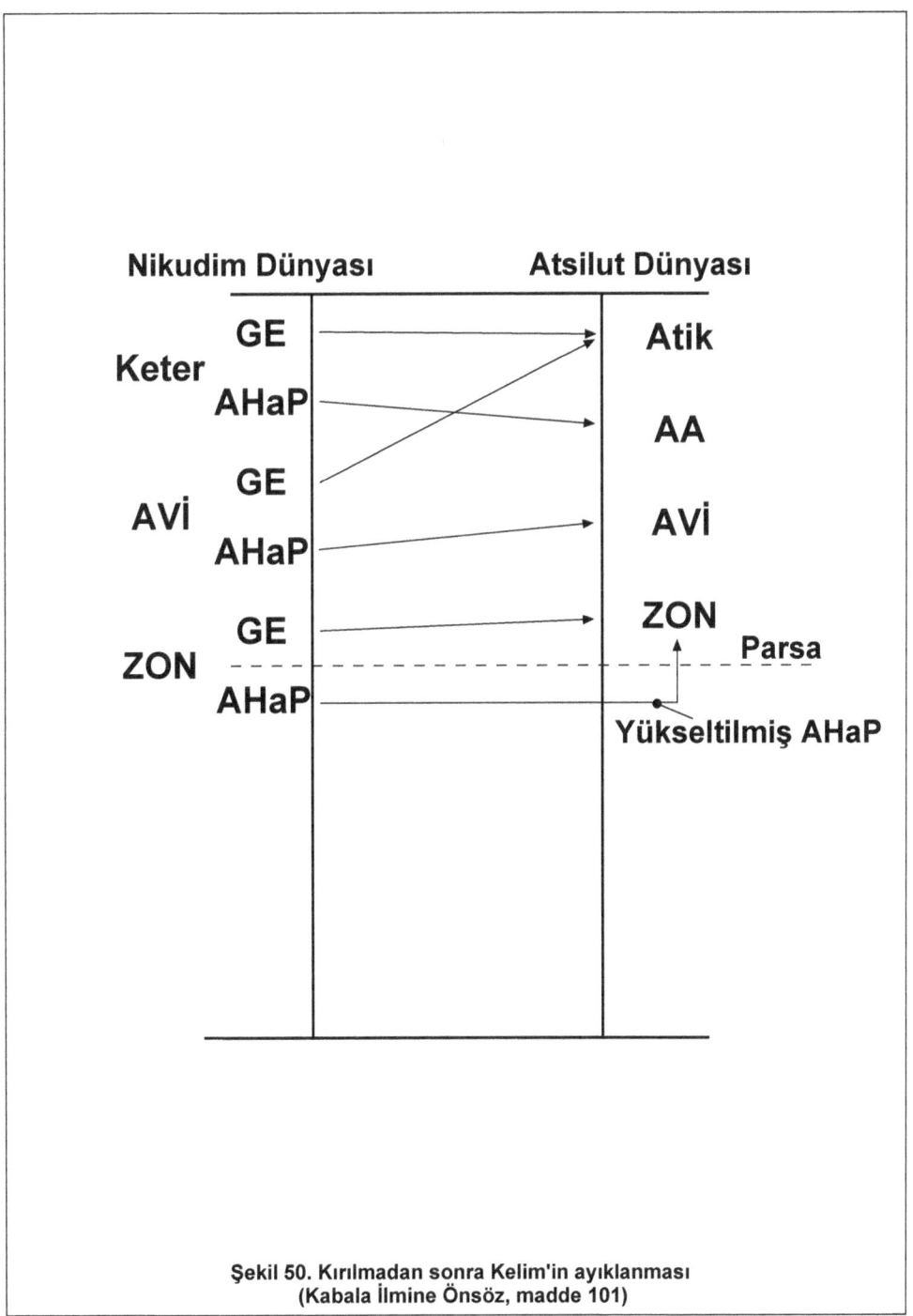

Şekil 50. Kırılmadan sonra Kelim'in ayıklanması
(Kabala İlmine Önsöz, madde 101)

EK-C : DİAGRAMLAR

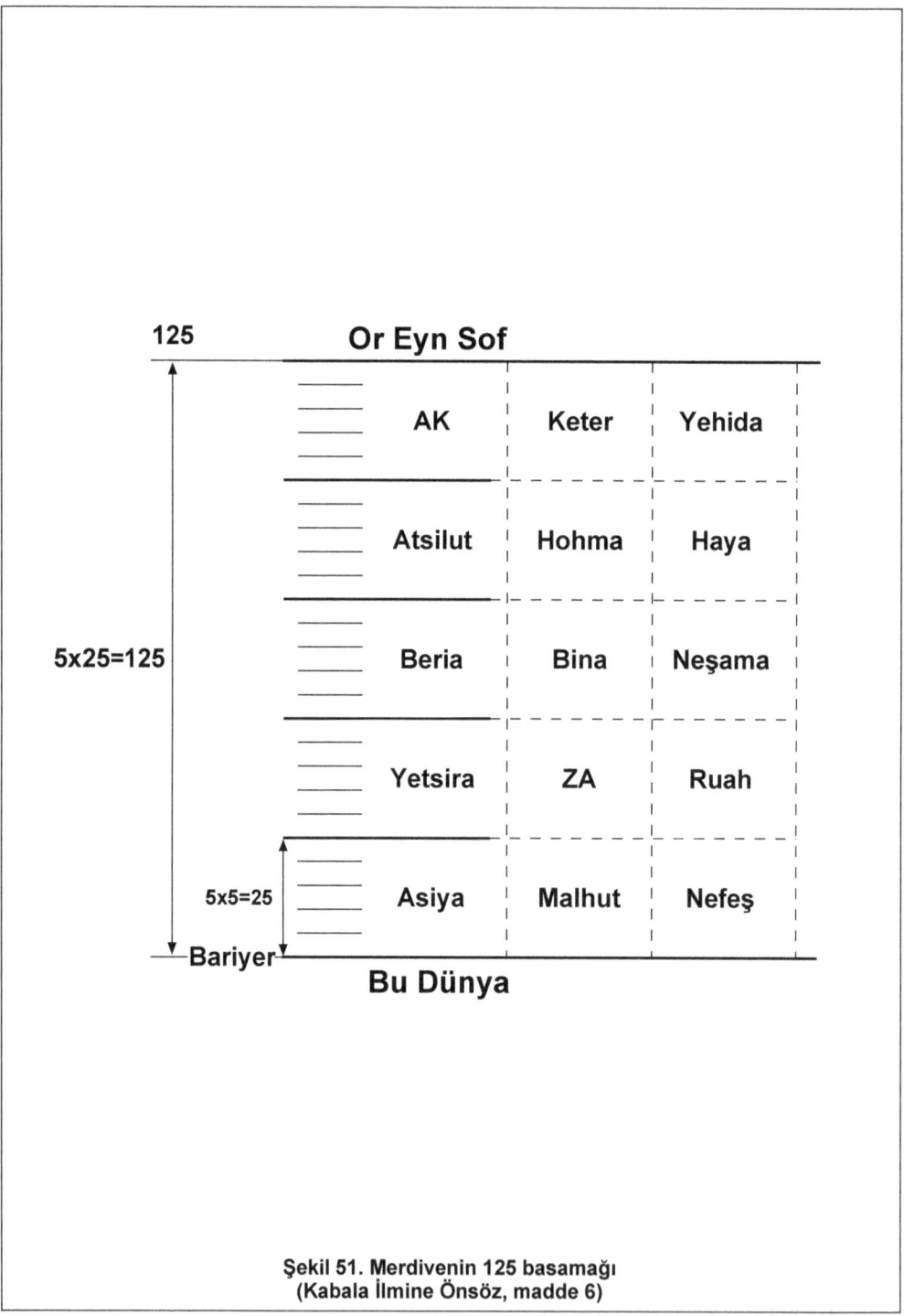

Şekil 51. Merdivenin 125 basamağı
(Kabala İlmine Önsöz, madde 6)

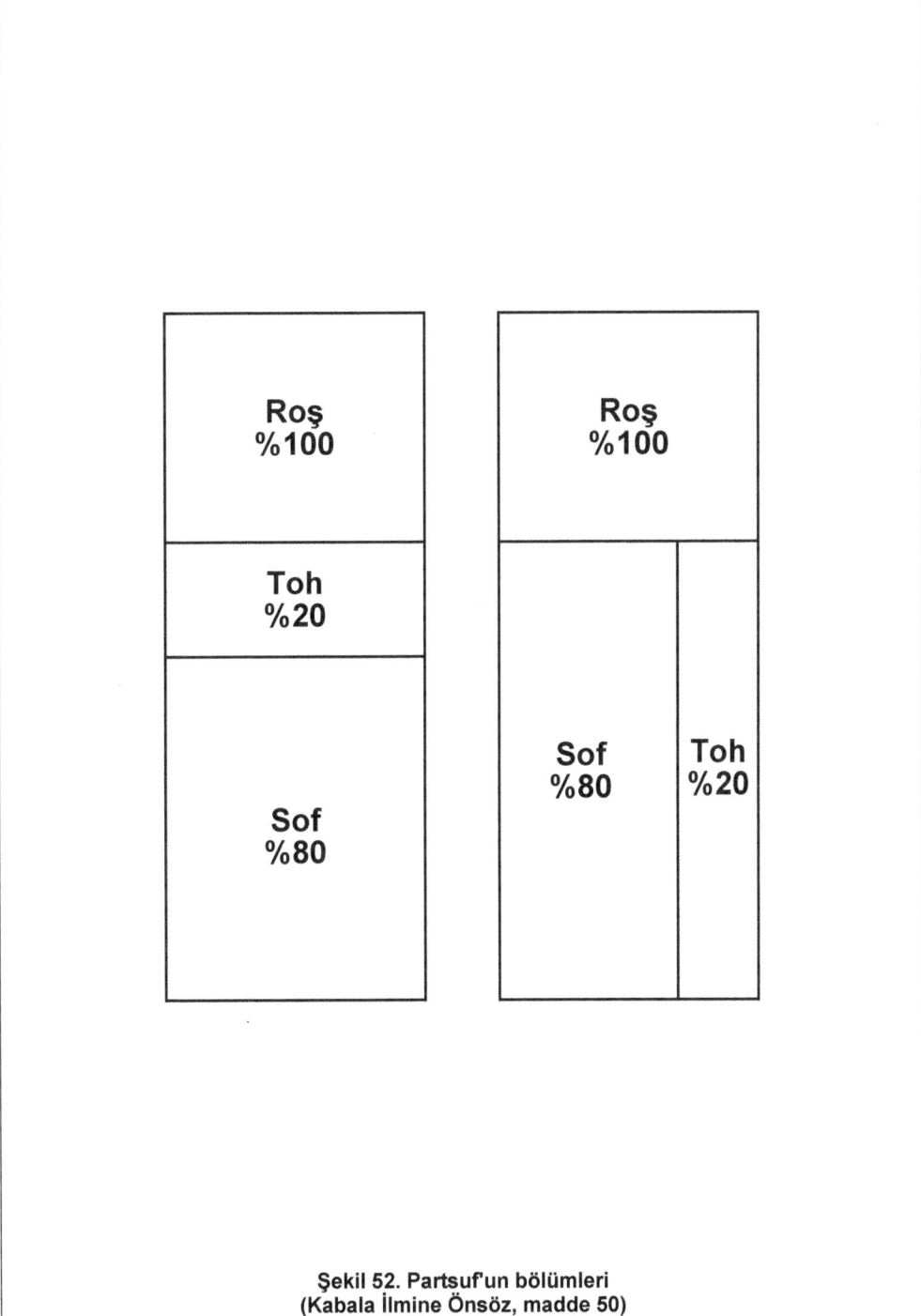

Şekil 52. Partsuf'un bölümleri
(Kabala İlmine Önsöz, madde 50)

EK-C : DİAGRAMLAR

Behinot	HaVaYaH	Sefirot	Roş'un Parçaları	Duyular	Partsufim	Dünyalar	Işıklar	TANTO	Doğadaki dört Behinot	İnsandaki dört Behinot	İnsandaki ara Behina	İnsandaki Maneviyat	İnsanın Guf'u	İnsanın Levuş'u	İnsanın Evi	CBHK	Doğadaki ara Behina	Yönler
Şoreş	Yud'un ucu	Keter	Gulgolet		Galgalta	AK	Yehida			(Şoreş)		Yehida	Moah					
Alef	Yud	Hohma	Eynayim	Görme	AB	Atsilut	Haya	Taamim	Ateş	İç İnsan (Neşama)	Dam	Haya	Atsamot	Kutonet	Bayt	Konuşan		Güney (sıcak ve kuru)
Bet	Hey	Bina	Avzen	İşitme	SAG	Beria	Neşama	Nekudot	Rüzgâr	Guf	Saçlar Tırnaklar	Neşama	Gidin	Mihnasayim	Hatser	Hayvansal	Maymun	Kuzey (soğuk ve nemli)
Gimel	Vav	ZA	Hotem	Koklama	MA	Yetsira	Ruah	Tagin	Su	Levuş	Çadırlar	Ruah	Et	Mitsnefet	Sadeh	Bitkisel	Tarla Köpeği	Batı (sıcak ve nemli)
Dalet	Hey	Malhut	Pe	Konuşma	BON	Asiya	Nefeş	Otiot	Toz	Bayt		Nefeş	Deri	Avnet	Midbar	Cansız	Mercan	Doğu (soğuk ve kuru)

Şekil 53. Genel isimler
(TES, Cilt 3, Bölüm 4-5)

BNEY BARUH HAKKINDA

Bney Baruh, Kabala bilgeliğini tüm dünya ile paylaşan büyük bir Kabalistler grubudur. 38 den fazla dildeki çalışma araçları bir nesilden diğerine geçmiş otantik Kabala metinlerini temel alır.

Mesaj

Bney Baruh dünya çapındaki binlerce öğrencinin birçok çeşitli hareketinden oluşmaktadır. Her öğrenci kendi kişisel koşullarına ve yeteneklerine göre kendi yolunu ve yoğunluğunu seçer.

Son yıllarda grup, orijinal Kabala kaynaklarını çağdaş bir dille sunan gönüllü eğitim projeleriyle uğraşan bir hareket olarak büyüdü. Bney Baruh tarafından dağıtımı yapılan mesajın özü insanların birlik olması, ulusların birliği ve insan sevgisidir.

Binlerce yıldır, Kabalistler insan sevgisinin yaratılışın temeli olduğunu öğretmektedirler. Bney Baruh kesinlikle Din, Irk, Dil, v.b. bir ayırım gözetmez. Bu sevgi Hz. İbrahim'in, Hz. Musa'nın ve onların kurduğu Kabalist grupların günlerinden beri hakim olmuştur. İnsan sevgisi temelsiz nefrete dönüştüğü zamanlarda, millet sürgün ve ızdırap içine düşmüştür. Eğer bu eski-ama-yeni değerler için bir yer açarsak, farklılıklarımızı bir kenara koyup birleşmek için gerekli olan güce sahip olduğumuzu keşfedeceğiz.

Bin yıldan beri gizlenmiş olan Kabala bilgeliği şimdi açığa çıkıyor. Bizim yeterince geliştiğimiz ve onun mesajını uygulamaya hazır olduğumuz bir zaman için bekliyordu. Bugün Kabala ulusların kendi içlerindeki ve uluslar arasındaki gruplaşmaları, ayrılıkları birey ve toplum olarak çok daha iyi bir durumda birleştirecek bir mesaj ve çözüm olarak ortaya çıkmaktadır.

Tarih ve Kökeni

Kabalist Michael Laitman, Ontoloji (Varlık Bilimi) ve Bilgi Kuramı Profesörü, Felsefe ve Kabala konusunda doktora, Tıbbi Bio-Sibernetik konusunda yüksek lisans yapmıştır ve 1991 de, hocası Kabalist Baruh Şalom HaLevi Aşlag'ın (Rabaş) vefatından sonra Bney Baruh adlı Kabalist grubunu kurmuştur.

Kabalist Michael Laitman akıl hocasını anmak için onun anısına grubuna Bney Baruh (Baruh'un Oğulları) adını verdi. Hayatının son 12 yılında, 1979 dan 1991 e kadar onun yanından hiç ayrılmadı. Kabalist Laitman, Aşlag'ın en önemli öğrencisi ve özel asistanıydı ve onun öğretim metodunun takipçisi olarak tanındı.

Rabaş 20.yüzyılın en büyük Kabalisti Yehuda Leib HaLevi Aşlag'ın ilk oğlu ve takipçisidir. Yehuda Aşlag, Zohar kitabı üzerine yazılmış en kapsamlı ve en saygın tefsirin yazarıdır. Sulam Tefsiri (Merdiven Tefsiri) manevi yükseliş için eksiksiz bir metod ifşa eden ilk Zohar tefsiridir.

Bney Baruh tüm çalışma metodunu bu büyük manevi liderler tarafından kazılmış yol üzerine temellendirir.

Kabala Dersleri

Yüzyıllardır Kabalistlerin yaptığı gibi ve Bney Baruh faaliyetlerinin odağındaki en önemli ögesi olarak, Kabalist Laitman Bney Baruh'un İsraildeki merkezinde her gün 03.00-

06:00 (İsrail ve Türkiye saatiyle) arası verdiği dersler yer almaktadır. Dersler simultane olarak 7 dilde; İngilizce, Rusşa, İspanyolca, Almanca, İtalyanca, Fransızca ve Türkçe olarak çevirilmektedir.

Tüm Bney Baruh faaliyetleri gibi canlı yayınlarda dünyanın her yerinden olan binlerce öğrenci için ücretsiz olarak sunulmaktadır.

Finansman

Bney Baruh Kabala bilgeliğini paylaşmak üzere kâr amacı gütmeyen bir organizasyon olarak kurulmuştur. Bağımsızlığını ve niyetlerin saflığını koruyabilmek için Bney Baruh hiçbir devlet ya da politik oluşum tarafından desteklenmemektedir, fonlanmamaktadır ya da hiçbir kuruluşa bağlı değildir.

Çoğunlukla bu aktiviteler ücretsiz olarak sunulduğu için, grup aktivitelerinin temel kaynağı öğrencilerin gönüllü olarak katkıda bulunmalarından oluşmaktadır.

Kabalist Michael Laitman'ın Kabala'yı Arayışı

Bir çok derste ve röportajda Kabala'ya nasıl geldiğim bana sürekli sorulan bir sorudur. Kabala'dan uzak bir takım konuların içerisinde olsaydım muhtemelen bu sorunun geçerliliğini anlayabilirdim. Ancak Kabala hayatımızın amacının öğretisidir; hepimize çok yakın ve her birimizi ilgilendiren bir konu! Dolayısıyla bence daha uygun bir soru, Kabala'nın kişinin kendisi ve hayat ile ilgili soruları içinde barındırdığını nasıl bulduğum olmalı. Yani soru, "Kabala'yı nasıl keşfettiniz?" değil, "Neden Kabala ile ilgileniyorsunuz?" olmalı.

Hâlâ çocukluk çağındayken, tıpkı bir çok insan gibi, neden var olduğum sorusunu sordum. Bu soru, dünyevi zevklerin peşinde koşarak bu soruyu bastırmadığım anlarda sürekli beni rahatsız ediyordu. Bununla beraber, bu soruyu defalarca suni şeylerle, örneğin ilginç bir meslek edinip kendimi yıllarca işime adayarak ya da uzun yıllar peşinde koştuğum kendi ülkeme göç etmekle bastırmaya çalıştım.

1974 yılında İsrail'e geldiğimde de hayatın manası nedir sorusuyla hâlâ boğuşuyordum; yaşamaya değecek bir neden bulmaya çalıştım. Elimdeki imkânları kullanarak eski konuları (politika, iş hayatı vs) farklı yorumlarla ele alıp herkes gibi olmaya çalışsam da hâlâ bu ısrarlı soruyu silip atamıyordum: Hangi nedenden dolayı tüm bu şeyleri yapmaya devam ediyorum? Diğer herkese benzeyerek ne elde ediyorum?

Maddi ve manevi zorlukların etkisiyle beraber realiteyle başa çıkamayacağımın farkına varmam 1976 yılında beni dindar bir hayat yaşamaya getirdi, ümidim bu hayat tarzının bana daha uygun düşünceler ve fikirler getireceği ve yapıma daha uygun olacağı inancıydı.

Hiçbir zaman insanlığa özel bir meylim olmadı, sosyal bilimler, psikoloji ya da Dostoyevski'nin derinliğinin değerini ölçecek bir ilgiye sahip değildim. Sosyal bilimlerdeki tüm ilgim hep alelâde seviyedeydi. Belli bir düşünce ya da hissin derinliğinden kaynaklanmıyordu.

Buna rağmen, çocukluğumun erken dönemlerinden beri bilime güçlü bir çekim hissediyordum ve sanırım bu bana çok faydalı oldu.

1978 yılında tesadüfen Kabala dersleri için bir reklam gördüm. Hemen gidip kayıt yaptırdım ve doğamın geleneksel heyecanıyla Kabala'ya daldım. Bir çok kitap aldım ve bazen haftalarımı bile alsa cevaplar bulabilmek için bu kitapları derinlemesine çalışmaya başladım.

Hayatımda ilk kez böylesine derinden, özümden etkilenmiştim ve anladım ki benim ilgi alanım buydu çünkü yıllardır kafamı karıştıran konuların hepsiyle ilgileniyordu.

Gerçek bir öğretmen aramaya başladım, tüm ülkeyi dolandım ve bir çok yerde derslere katıldım. Ama içimden bir ses sürekli esas Kabala'nın bu olmadığını söylüyordu, çünkü benden değil soyut ve uzak şeylerden bahsediyordu.

Tüm bulduğum hocaları terk ettikten sonra bana yakın bir arkadaşımın da Kabala'ya ilgi duymasını sağladım. Akşamlarımızı birlikte, bulabildiğimiz tüm Kabala kitaplarını çalışarak geçirirdik. Bu aylarca sürdü.

1980 yılında soğuk, yağmurlu bir kış gecesi, Pardes Rimonim ve Tal Orot kitaplarını çalışmak yerine, çaresizlikten, kendimi de şaşırtacak şekilde arkadaşıma Bney-Barak şehrine gidip bir hoca arayalım dedim.

Orada bir hoca bulursak derslere katılmak bizim için uygun olur diye de teklifimi haklı çıkarmaya çalıştım. O güne kadar Bney-Barak şehrini sadece birkaç kere Kabala kitapları ararken ziyaret etmiştim.

O gece Bney-Barak soğuk, rüzgarlı ve yağmurluydu. Kabalist Akiva ve Hazon-İsh dört yoluna geldiğimizde camı indirip sokağın öteki tarafında uzun siyah palto giymiş bir adama seslendim: "Buralarda nerede Kabala çalışırlar bana söyler misin?" Dinci bir mahallenin ne tür bir atmosferi olduğunu bilmeyenler için bu sorunun kulağa çok garip geleceğini söyleyebilirim. Kabala hiçbir dini eğitim okulunda öğretilmiyordu. Hatta Kabala'ya ilgi duyduğunu başkasına söyleyecek kişiler bile bulmak mümkün değildi. Ancak sokağın karşı tarafında duran bu yabancı, sanki hiç şaşırmamışçasına bana cevap verdi: "Sola dön ve turunç bahçelerine gelene kadar devam et, orada bir bina var. Orada Kabala öğretiyorlar."

Tarif edilen yere geldiğimizde karanlık bir bina bulduk. İçeriye girdiğimizde yan bir odada uzun bir masa gördük. Masada dört beş tane uzun ak sakallı adam vardı. Kendimi tanıttım ve Rehovot'tan geldiğimizi söyleyip Kabala çalışmak istediğimizi ekledim. Masanın başında oturan yaşlı adam bizi katılmaya davet etti ve ders bittikten sonra konuşuruz dedi.

Sonra ders Zohar Kitabı'ndan Sulam tefsiriyle bir bölüm okuyarak, yarı Aşkenazi (Yidiş) dili mırıldanarak ve sadece yarı bakışlarla insanların birbirlerini anladığı bir ortamda devam etti.

Bu insanları görüp dinledikten sonra sadece yaşlılıklarını geçirmek için bir araya gelen bir grup adam sandım, henüz akşam fazla geç değildi ve Kabala çalışabileceğimiz bir yer daha bulmak için zamanımız vardı. Ama arkadaşım beni durdurdu ve bu kadar kaba davranmamın uygun olmadığını söyledi. Birkaç dakika sonra da ders sona ermişti ve yaşlı adam kim olduğumuzu öğrendikten sonra telefon numaralarımızı istedi. Bizim için uygun bir hocanın kim olabileceğini düşünüp haber vereceğini söyledi. Bunun da çabamızı daha önceleri gibi boşa harcamaktan başka bir şey olmayacağını düşündüğümden telefon numaramı vermekte biraz çekingendim. Benim tereddüdümü hisseden arkadaşım kendi numarasını verdi. Ve iyi akşamlar diyerek oradan ayrıldık.

Ertesi akşam arkadaşım evime geldi ve yaşlı adamın kendisini arayıp bize bir hoca ayarladığını ve hatta ilk dersin o akşam olduğunu söyledi. Bir geceyi tekrar boşa geçirmek istemiyordum ama arkadaşımın arzusuna boyun eğdim.

Tekrar oraya gittik. Yaşlı adam bir başkasını çağırdı, kendisinden biraz daha genç fakat onun gibi beyaz sakallı biri; genç adama Yidiş dilinde birkaç kelime söyledi ve ayrılarak bizi yalnız bıraktı. Hocamız hemen oturup çalışmaya başlayalım dedi. Bir makale ile başlamayı tavsiye etti "Kabala'ya Giriş"; ben ve arkadaşım bu makaleyi daha önce defalarca anlamaya çalışmıştık.

Boş odadaki masalardan birine oturduk. Bizlere her paragrafı açıklayarak tek tek okumaya başladı. O anı hatırlamak benim için her zaman çok zordur; yıllarca arayıp da hiçbir yerde bulamadıktan sonra sonunda aradığımı bulduğuma dair keskin bir his vardı içimde. Dersin sonunda bir sonraki gün için ders ayarladık.

Ertesi gün bir kayıt cihazıyla geldim. Esas derslerin her sabah saat 3 ile 6 arasında olduğunu öğrendikten sonra, her gece gelmeye başladık. Ayrıca her ay yeni ayı kutlama yemeklerine de katılmaya başladık ve herkes gibi merkezin masraflarına katkıda bulunup aylık ödemelerimizi yapmaya başladık.

Her şeyi ille de kendim keşfedeceğim arzusuyla genellikle de biraz agresif olarak sık sık tartışmalara girdim. Ve bizlerle olan tüm olaylar grubun hocasına hep gidiyordu ve o da bizler hakkında sürekli soru soruyormuş. Bir gün bizim hocamız sabah dersinden sonra saat 7 gibi grubun büyük hocasının benimle "Zohar Kitabı'na Giriş" kitabını çalışabileceğini söyledi. Ancak, birkaç ders sonra benim bu derslerden hiçbir şey anlamadığımı görünce, kendi hocam aracılığıyla bu derslerin durdurulacağını söyledi.

Hiçbir şey anlamamama rağmen onunla çalışmaya devam etmeye razıydım. İçsel anlamlarına inebilme ihtiyacının dürtüsüyle, sadece mekanik olarak okumaya bile hazırdım. Çok alınmama rağmen zamanımın gelmediğini bilmiş olsa gerek ki dersleri sona erdirdi.

Aradan altı yedi ay geçti ve bizim hocamız vasıtasıyla büyük hocamız onu arabamla doktora götürüp götüremeyeceğimi sormuş. Elbette hemen kabul ettim. Yolda bana bir çok konudan bahsetti. Ben ise ona Kabala ile ilgili sorular sormaya çalışıyordum. Ve o yolculukta bana, şu an ben hiçbir şey anlamıyorken benimle her şeyden konuşabileceğini ama gelecekte anlamaya başladıkça benimle bu kadar açık konuşmayacağını söyledi.

Ve aynen söylediği gibi oldu. Yıllarca sorularıma cevap vermedi bana şöyle derdi "Kimden talep edeceğini biliyorsun" yani Yaradan'dan bahsediyordu, "talep et, sor, yalvar, iste, ne istiyorsan yap, her şeyi O'na yönlendir ve her şeyi O'ndan talep et!"

Doktor ziyaretlerimiz pek bir işe yaramadı ve kendisini kulak iltihabından koca bir ay hastaneye yatırmak zorunda kaldık. Bu zamana kadar hocamı bir çok kez doktora götürdüm; ve hastaneye alındığı gün geceyi onun yanında geçirmeye karar verdim. Tüm bir ay boyunca hastaneye sabah 4'de gelir, telleri tırmanır, görünmeden binaya girerdim ve çalışmaya başlardık. Tüm bir ay boyunca! O zamandan sonra Kabalist Baruh Şalom Halevi Aşlag, Baal HaSulam'ın en büyük oğlu, benim hocam oldu.

Hastaneden ayrıldıktan sonra, sık sık parklara uzun yürüyüşlere gittik. Bu yürüyüşlerden döndükten sonra duyduğum her şeyi harıl harıl yazardım. Bu sık yürüyüşler her gün üç dört saat sürerdi ve zaman içinde alışkanlık oldu.

İlk iki yıl boyunca hocama sürekli daha yakına taşınabilir miyim diye sordum, ama yakında oturmamın bir gereklilik olmadığını hatta Rehovot'a gidiş gelişlerimin manevi çalışma açısından çaba olduğunu söyledi. Ancak, iki yıl sonra hocam yakına taşınmamı ve Bney-Barak'ta yaşamamı kendisi tavsiye etti ve nedendir bilinmez pek bir acelem yoktu. O kadar yavaş hareket ediyordum ki bu konuda, hocam gidip benim için kendisine yakın bir apartman dairesi buldu ve taşınmamı söyledi.

Hâlâ Rehovot'ta yaşarken hocama daha önce katıldığım bir merkezde Kabala çalışmaya teşebbüs eden birkaç kişiye ders verebilir miyim diye sordum. Bu haberi fazla heyecanlı karşılamasa da daha sonraları derslerimin nasıl gittiğini sordu. Kendisine Bney-Barak'taki grubumuza yeni kişileri davet edebileceğimi söylediğim zaman kabul etti.

Sonuç olarak bir çok genç erkek grubumuza katıldı ve birden tüm merkez cıvıl cıvıl hayat dolu bir yer oldu. İlk altı ayda yaklaşık on kadar düğün oldu. Hocamın hayatı ve günleri sanki yeni bir anlam kazanmıştı. Birçok insanın Kabala çalışmak istediğini görmesi kendisini çok memnun etmişti.

Günümüz genellikle sabah saat 3'de başlardı ve sabah saat 6'ya kadar çalışırdık. Her gün sabah saat 9'dan 12'ye kadar parka yürüyüşe ya da denize giderdik.

Döndükten sonra ben evime çalışmaya giderdim. Sonra tekrar eve giderdim ve sabah saat 3'de tekrar derse katılırdım. Bu şekilde yıllarca devam ettik. Tüm dersleri kasete kayıt ederdim, derslerin kayıtları bini geçti.

Son beş yılımızda, 1987'den itibaren, hocam beraber Tiberias'a yolculuk etmemizin iyi olacağını söyledi ve her iki haftada bir iki günlüğüne Tiberias'a giderdik. Bizi herkesten ayıran bu geziler aramızda bir yakınlaşmaya sebep oldu. Ama zamanla aramızdaki manevi algılayışın farkından kaynaklanan mesafe içimde giderek büyümeye başladı ve bu mesafeyi nasıl kapatacağımı bir türlü bilemedim. Bu mesafeyi, o yaşlı adamın her defasında fiziksel bir ihtiyacı nasıl geri çevirerek mutlu olduğunu net olarak algılayabildiğimde görebiliyordum.

Onun için sonucun net olduğu bir şey kanundu, ister yorgun olsun ister hasta günlük çalışma programı son derece disiplinli uygulanıyordu. Yorgunluktan yığılacak bile olsa günün gerekli olan tüm planını her detayıyla eksiksiz yerine getirirdi ve üstlendiği hiçbir şeyi tam halletmeden bırakmazdı. Yorgunluktan nefessiz kalıp, nefes darlığı çekmesine rağmen bir dersini bile atlatmaz, sorumluluğunu hiçbir zaman bir başkasına devretmezdi.

Onun bu olağanüstü gücünün, amacının yüceliğinden ve Yaradan'dan geldiğini bilmeme rağmen, onu sürekli böyle gördüğümde kendime olan güvenim sarsılır ve başarılı olma ihtimalimin olmadığını düşünürdüm.

Onunla T'veria ve Meron dağına yaptığımız gezilerin bir anını bile unutmam mümkün değil. Uzun geceler onun karşısında oturur, bakışlarını, sözlerini ve mırıldandığı şarkıları içime alırdım. Bu hatıralar içimde hâlâ yaşıyor ve bugün bile benim yolumu belirleyip rehberlik ediyorlar. On iki yıl boyunca her gün bire bir çalışmamızdan içimde kalan tüm bilgi, bağımsız olarak yaşıyor ve işliyor.

Sık sık hocam bir konuşmasından sonra çok alakasız bir cümle söylerdi ve bunu bu cümlelerin dünyaya girip yaşaması ve işlevlerini yerine getirdiğinden emin olmak için yaptığını söylerdi.

Grup çalışması Kabalistler tarafından çok eski zamanlardan beri yapılmaktadır ve ben de hocamdan yeni gelenlerden böyle gruplar oluşturmasını ve bu grupların bir araya gelmelerini düzenleyecek yazılı bir plan talep ettim. Bu şekilde haftalık makale yazmaya başladı ve hayatının son günlerine kadar da devam etti.

Sonuç olarak bizlere kendisinden sonra bir araya getirdiğimiz bir çok ciltlik muazzam materyal kaldı ve yıllar boyunca biriktirdiğim kayıtlarla birlikte, Kabala ilmi üzerine çok geniş kapsamlı anlatımlar oluşturduk.

Yeni yıl kutlamaları esnasında, hocam aniden göğsündeki bir baskıdan dolayı rahatsızlandı. Ancak çok yoğun ısrardan sonra tıbbi bakıma girdi. Doktorlar kendisinde hiçbir hastalık ya da rahatsızlık bulamadılar, ama Tişrei ayının beşinci gününde 5752 (1991) yılında vefat etti.

Son yıllarda gruba katılan bir çok öğrenci hâlâ Kabala çalışmaya devam etmekte ve yaratılışın içsel anlamını araştırmaktadır. Öğreti yaşamaya devam etmektedir, tıpkı geçmiş yüz yıllarda olduğu gibi. Kabalist Yehuda Aşlag ve onun büyük oğlu, hocam Kabalist Baruh Aşlag, çabalarıyla bu öğretiyi bizim neslimizin ve zamanımızda dünyamıza inen ruhların ihtiyacına göre uyarladılar.

Manevi bilgi Kabaliste Yukarıdan kelimeler olmadan aktarılır ve tüm duyu organları ve akıl tarafından eş zamanlı algılanır. Dolayısıyla, bütünüyle anında algılanır.

Bu bilgi sadece bir Kabalistten, ya aynı ya da daha Üst Seviyedeki bir başka Kabaliste aktarılabilir. Aynı bilgiyi henüz o manevi seviyeye ya da manevi dünyaya gelmemiş bir insana aktarmak mümkün değildir, çünkü bu kişi gerekli algıdan yoksundur.

Bazen bir hoca kendi perdesiyle (Masah) öğrencisini geçici olarak kendi bulunduğu manevi seviyeye çekebilir. Bu durumda, öğrenci manevi güçlerin ve hareketlerin özüyle ilgili bir nosyon edinebilir.

Manevi dünyaya henüz geçmemiş bir kişi için standart bilgi aktarım yöntemleri uygulanır: yazılar, sözlü anlatım, direkt iletişim, kişisel örnek vs.

"Yaradan'ın İsimleri" adlı makaleden de bildiğimiz gibi harflerin tarifi anlamının ötesinde bir şey, yani içsel manevi mesajı aktarmak için kullanılabilir. Ancak kişi manevi anlamlarına tekabül eden algıları edinmediği sürece, kelimeleri okumak masaya boş tabaklar koymak ve yanlarına güzel yemeklerin isimlerini yazmak gibidir.

Müzik daha soyut bir şekilde bilgi aktarmaktadır. Bizim dünyamızı yöneten ve yedi kısımdan ya da Sefirot'tan oluşan manevi varlık "Atsilut'un Partsuf Zer Anpin'i" gerçeğinin ışığı altında, tıpkı görünebilen bir ışık gibi, yedi temel güç -nitelik- tondadır.

Bulunduğu duruma göre, kişi müziği besteleyen Kabalistin manevi koşullarını çıkarabilir. Bu kişi melodiyi oluşturan Kabalistle aynı seviyede olmak zorunda değildir; içsel manasını kişisel manevi derecesinin mümkün kıldığı kadarıyla kavrayabilir.

1996, 1998 ve 2000 yıllarında Baal HaSulam ve Rabaş'a ait üç müzik diski kaydedilmiş ve çıkartılmıştır. Melodiler Kabalist Laitman'ın hocası Kabalist Aşlag'dan duyduğu şekilde sunulmuştur. Sözlere ek olarak, melodilerin sesleri de bir çok Kabalistik bilgi taşımaktadır.

Kabala Bilimi - Herkes İçin Manevi İlim Kitabı

Çağımızın büyük Kabalistlerinden Yehuda Aşlag ve onun oğlu ve varisi Baruh Şalom Aşlag, yaşamın temel sorusuna cevap getirir: Hayatımın anlamı ne? Zohar ve Yaşam Ağacı kitaplarının yorumlarına dayandırılan bu kitapla günlük yaşamda Kabala ilminden nasıl faydalanacağımızı öğreniriz. Büyük Kabalistlerin otantik metinlerine ilave olarak, bu kitap, bu metinlerin anlaşılmasını sağlayan pek çok yardımcı makaleyle birlikte, Kabalistlerin deneyimlediği Üst Dünyaların evrimini betimleyen çizimlerden oluşur.

Kabala Bilimi kitabında, Baruh Aşlag'ın kişisel asistanı ve baş öğrencisi Michael Laitman, manevi dünyaları edinmeyi amaçlayan Kabala öğrencileri için kadim makaleleri uyarlamıştır. Laitman günlük derslerini bu ilham verici makalelere dayandırarak, Üst Alemlere muhteşem yolculuğumuzda izleyeceğimiz manevi yolu daha iyi anlamamız için bizlere yardımcı olur.

Merdivenin Sahibi

İnsanlık tarihinin en yıkıcı çağının şafağında, 20. yüzyılda, gizemli bir adam insanlık ve onun acılarının alışılmadık çözümüyle, sosyo-politik arenada ortaya çıktı. Kabalist Yehuda Ashlag, yazılarında açıklıkla ve tüm detaylarıyla öngördüğü savaşları, karışıklıkları ve daha çarpıcı olarak da bugün yüz yüze kaldığımız ekonomik, politik ve sosyal krizi anlattı. Birleşmiş bir insanlık için duyduğu derin özlem, onu Zohar Kitabını açmaya -ondaki eşsiz gücü- herkes için ulaşılabilir yapmaya zorladı.

Kabalist, kabala, maneviyat, özgür seçim ve realitenin algısıyla ilgili bildiğinizi düşündüğünüz her şeye arkasını dönen, sinematik bir romandır. En yüksek edinim derecesine ulaşmış, tüm realiteye hükmeden tek güçle direkt temas içindeki insanın, hissiyatını ve içsel çalışmasını aktarmaya çalışan kendi türündeki ilk romanıdır.

Kabalist, bilimsel bir açıklık ve şiirsel bir derinlikle birlik mesajı verir. Dinin, milliyetin, mistisizmin, uzay ve zamanın şeffaf yapısının ötesine geçerek, bize tüm insanlıkla beraber doğayla ahenk içinde olduğumuzda, tek mucizenin içimizdeki mucize olduğunu gösterir. Bize hepimizin Kabalist olabileceğini gösterir.

Ölümsüz Kitabın Sırları

Musa'nın beş kitabı, tüm zamanların en çok satan kitabı Tora'nın parçasıdır. Bu şekliyle Tora, şifreli bir metindir. Masalların ve efsanelerin altında, insanlığın en yüksek seviyeye doğru yükselişini—Yaradan'ın edinimi- anlatan bir alt metin saklıdır.

Ölümsüz Kitabın Sırları, Tora'nın Yaratılış ve İsrail Halkının Mısır'dan sürgünü hikayeleri gibi en gizemli ve sıklıkla alıntı yapılan dönemlerinin şifresini çözer. Yazarın enerjik ve kolay anlaşılır üslubu, insanın kendi dünyasını sadece arzu ve niyetle değiştirebildiği realitenin en derin seviyelerine, mükemmel bir giriş yapmanızı sağlar.

Kitabı okurken Tora'da anlatıldığı gibi olmuş veya olmamış fiziksel olayların seviyesinin ötesine geçiş yapacaksınız. İçinizde Firavun, Musa, Adem, Havva, hatta Habil ve Kabil'in olduğunu keşfedeceksiniz. Onların hepsi sizin bir parçanız. Onları içinizde keşfettikçe ve Ölümsüz Sevgiye, Yaradan'ın edinimine doğru ilerledikçe, bu gizli realitenin muhteşem hazineleriyle bizi ödüllendiren Yaradan'ın sonsuz sevgisini de keşfedeceksiniz.

Kişisel Çıkar Özgeciliğe Karşı

Bu kelimelerin yazıldığı zaman, dünya hala İkinci Dünya Savaşından beri en uzun gerileme sürecini geçiriyor. Tüm dünyada on milyonlarca insan, işlerini, birikimlerini, evlerini ve en önemlisi gelecekleri için olan ümitlerini kaybettiler.

Ancak krizler tarih boyunca sürekli olağandı. Bu krizi geçmiş krizlere kıyasla farklı kılan insanoğlunun şu anki gerginliğinin yapısıdır. Toplumumuz çatışma içeren iki uç noktaya doğru çekilmiştir – bir taraftan globalleşme ile gelen bağımlılık ve öteki taraftan da giderek büyüyen kişisel, sosyal ve politik narsizm. Bu koşul dünyanın daha önce hiç görmediği bir felaketin oluşumu!

Bu karanlık geleceğin önüne geçebilmek için, Kişisel Çıkar Özgeciliğe Karşı, bu dönemde dünyanın önünde bulunan sorunlarına yeni bir perspektif getirerek, insanoğlunun bir dizi hatasına bağlamaktansa, gereklilikten büyüyen egoizminin sonucu olarak değerlendirmektedir. Bu anlayışla, kitap egomuzu bastırmak yerine, toplumun iyiliği için kullanmanın gerekliliğini dile getirmektedir.

Kabala ve Bilim

Prof. Michael Laitman eşsiz ve etkileyici bir kişilik: Kabala ve bilimin sentezini anlaşılır bir şekilde gerçekleştiren yetenekli bir bilimadamı

—Daniel Matt, Tanrı ve Big Bang kitabının yazarı: Bilim, maneviyat ve Zohar arasındaki harmoniyi keşfetmek.

Bu gezegendeki geleceğimiz için kritik tercihler yapacağımız bir dönemde, kadim Kabala bilgeliği seçeneklerimizi hem arttırdı hem de yeniledi. Klasik kutsal yazılarda yer alan bilgelik, yüzleşmekte olduğumuz ve önümüze açılan fırsatları taşıyabilmemiz için getirilmeli ve bu mesaj tüm dünyada tüm insanlara ulaşılabilir yapılmalı. Prof. Michael Laitman, diğerlerinden farklı olarak bu çok önemli meydan okumayı başarmaya ve bu tarihi görevi yerine getirmeye yetecek güçtedir.

—Prof. Ervin Laszlo, Kaos Noktası, Bilim ve Akaşik Alan kitabı da dahil 72 kitabın yazar : Herşeyin Birleşik Teorisi

Kadın ve Kabala

Bir arzu sonucu ortaya çıkanı ellerinizde tutuyorsunuz. Birçok kadın bir araya gelerek, yeni gelen bütün kadınlara Kabala çalışmasında yardımcı olabilmek için bu kitapçık üzerinde çalıştı. Toplanan soruların tümü Bney Baruh Kabala Eğitim Merkezine yeni başlamış olan kadın öğrencilerin sordukları sorulardan olulmaktadır. Cevaplar Dr. Laitman'ın kitaplarından, derslerinden ve konuşmalarından alınmıştır. Sorulan sorular bizim maneviyatı edinmek isteme ihtiyacımızdan ortaya çıkmıştır: bizler buna açız, kalplerimiz bunun ağırlığında haykırıyor. Bizler kendimizi her şeyi yapabilecek duruma hazır, amaca doğru erkeklerimizi desteklemeye hazır buluyoruz.

Dr. Laitman bize der ki: "Kadınların karşılıklı sorumluluk hissiyatı içerisinde erkekleri uyandırmak ve onları bir araya getirmek için bağ kurmaları gerekir ki, erkekler birbirleri ile bağ kursunlar ve bu birlik sayesinde maneviyata erişsinler. Daha sonra erkekler arasındaki bu bağ ve karşılıklı sorumluluk sayesinde maneviyat kadınlara da geçecektir. Bunun sonucunda herkes bir bütün olacaktır –ulusun erkek ve dişi parçası veya bütün insanlığın."

Işığın Tadı

"Bu nesilde bulunduğum için mutluyum zira artık Kabala Bilgeliğini yaymak mümkün."

Kabalist Yehuda Aşlag – Baal HaSulam

Binlerce yılın sonunda gizli olan Kabala Bilgeliği bizim neslimizde ifşa olmaya başladı. "Işığın Tadı" adlı bu kitap bilgeliğin üzerine bir pencere açmakta. Kitap, günümüzün her bireyi için ilk defa duygularında tadacağı bir lezzet ve kalplerinde yoğun bir anlayış sağlayacaktır.

Bu kitap neslimizin en yüce kabalisti Dr. Michael Laitman'ın her sabah verdiği canlı derslerden derlenmiştir.

Kabalanın Sesi

Bizim neslimizin en sonuncusu olan Büyük Kabalist Baruh Aşlag'ın öğrencisi ve kişisel asistanı olmak benim için çok büyük bir ayrıcalıktır. Basitçe söylemek gerekirse, tüm içtenlik ve sevgimle ondan öğrendiklerimi okuyucularla paylaşmaktan çok mutlu olacağım.

Dr. Michael Laitman

Kabala'nin Sesi, Kabala makalelerinden seçilerek ve derlenerek hazırlanmış olup, bu otantik bilgeliğin zengin ve tam bir mozaiğini meydana getiren on bölümden oluşmaktadır.

Bir Demet Başak Gibi

Neden Birlik ve Karşılıklı Sorumluluk Bu Zamanın Çağrısıdır

Bu kitap, bazı Yahudilerin en ürkütücü ve gizemli sorularına ışık tutar: Bu gezegendeki rolümüz nedir? Bizler gerçekten "seçilmiş insanlar mıyız?" Eğer öyle isek, ne için seçildik? Anti-Semitizme neden olan nedir ve bu iyileştirilebilir mi?

Tüm zamanların Yahudi tarihçileri ve bilgelerinin sayısız referansının kullanıldığı bu kitap, Yahudilerin ulaşmak istediği ama bir o kadarda tanımlaması zor hedefini yerine getirmek için bir yol haritası sunar: sosyal bağlılık ve birlik. Gerçekte birlik, yalnızca Yahudilerin bunu sabırsızlıkla bekleyen dünyaya vereceği bir hediyedir.

Birlik olduğumuzda ve bunu tüm dünyayla paylaştığımızda huzur, kardeş sevgisi ve mutluluk tüm dünyada sonsuza kadar hüküm sürer.

Kabalaya Uyanış

Dünyanız değişmeye hazır. Bu neslin en büyük Kabalistinin rehberliğinde sizde bunu gerçekleştirin. Micheal Laitman, Kabalayı Yaradan'a yaklaşmayı sağlayan bir bilim olarak görür. Kabala yaratılış sistemini, Yaradan'ın bu sistemi nasıl yönettiğini ve yaratılışın bu seviyeye nasıl yükseleceğini çalışır. Kabala manevi doyuma ulaşma metodudur. Kabala çalışması ile siz de kalbinizi ve sonuç olarak yaşamınız başarıya, huzura ve mutluluğa doğru nasıl yönlendireceğinizi öğrenirsiniz.

Kadim ilim geleneğine bu farklı, özel ve hayranlık uyandıran girişiyle büyük Kabalist Baruh Aşlag (Rabaş)'ın öğrencisi Laitman bu kitapta, size Kabalanın temel öğretilerinin derin anlayışını ve bu ilmi başkalarıyla ve etrafınızdaki dünyayla ilişkilerinizi netleştirmek için nasıl kullanacağınızı anlatır. Hem bilimsel hem de şiirsel bir dil kullanarak, maneviyatın ve varoluşun en önemli sorularını araştırır:

Hayatımın anlamı ne? Neden dünyada keder var? Reenkarnasyon manevi yaşamın bir parçası mı? Mümkün olan en iyi varoluş aşamasını nasıl edinebilirim?

Bu eşsiz rehber, dünyanın ötesini ve günlük hayatın sınırlamalarını görmeniz, Yaradan'a yaklaşmanız ve ruhun derinliklerine ulaşmanız için size ilham verecek.

Erdemliliğin Yolu

Bugün Kabala Bilgeliğinin insanlığa bir mesajı var:

Günümüzün sorunlarını ancak birlik ve beraberlikle çözüme ulaştırabiliriz. Problemler raslantısal değil, onları gözardı etmemeliyiz. Dahası, oluşan durumu doğru bir biçimde değerlendirebilirsek hayatımız yeni, mutluluk ve sükunet dolu bir yöne akmaya başlayacaktır. Gelişi güzel değil, gayet bilinçli bir şekilde yaşamımıza yön verebiliriz.

Üst Dünyaları Edinmek

Micheal Laitman'ın sözleriyle, "Özü tam bir özgecilik ve sevgi olan manevi nitelikleri anlamak, insan idrakinin ötesindedir. Bunun sebebi insanoğlunun bu tip hislerin var olabileceğini kavrayamaması ve herhangi bir eylemi yerine getirmek için teşvik bekleyip, kişisel kazanç olmadan kendini büyütmeye hazır olmamasından kaynaklanmaktadır. Bu sebeple özgecilik gibi bir nitelik, insana Üstten verilir ve sadece deneyimleyenler bunu anlayabilir."

Üst Dünyaları Edinmek, yaşamımızda manevi yükselişin muhteşem doyumunu keşfetmemize olanak sağlayan ilk adımdır. Bu kitap, sorularına cevap arayan ve dünya fenomenini anlamak için güvenilir ve akılcı bir yol arayan tüm insanlar içindir. Kabala ilmine bu muhteşem giriş, aklı aydınlatacak, kalbi canlandıracak ve okuyucuyu ruhunun derinliklerine götürecek olan farkındalığı sağlar.

Zoharın Kilidini Açmak

Zohar Kitabı(Aydınlığın Kitabı), şimdiye kadar yazılmış en gizemli ve yanlış anlaşılan yapıtlardan biridir. Yıllar boyunca kendinde uyandırdığı hayranlık, şaşkınlık ve hatta korku emsalsizdir. Bu kitap tüm Yaratılışın sırlarını içermesine rağmen, bugüne kadar bu sırların üzeri bir gizem bulutuyla örtülmüştür.

Şimdi Zohar, insanlığa yol göstermek için ilmini tüm dünyanın gözleri önüne sermektedir, şöyle yazıldığı gibi (VaYera, madde 460), "Mesih'in günleri yaklaştıkça, çocuklar bile ilmin sırlarını keşfedecek." 20. Yüzyılın büyük Kabalistlerinden Yehuda Aşlag (1884-1954), bize Zohar'ın sırlarını açığa çıkaracak yepyeni bir yol göstermiştir. Bu yüce Kabalist, yaşamlarımıza hükmeden güçleri bilmemize yardım edecek ve kaderimize nasıl hükmedeceğimizi öğretecek, Zohar Kitabına giriş niteliğindeki dört kitabı ve Sulam (Merdiven) Tefsirini yazmıştır.

Zohar'ın Kilidini Açmak, üst dünyalara nihai yolculuğun davetiyesidir. Kabalist Dr. Michael Laitman, bilgece bizi Sulam Tefsirinin ifşasına götürür. Bu şekilde Laitman, düşüncelerimizi düzenlemekte ve kitabı okumaktan kaynaklanan manevi kazancımızı arttırmaktadır. Zohar Kitabıyla ilgili açıklamaların yanı sıra kitap, bu güçlü metnin kolay anlaşılması ve okunmasını sağlayan, özenle çevrilmiş ve derlenmiş Zohar kaynaklı sayısız ilham verici alıntıya da yer vermiştir.

Kalpteki Nokta

Hayatın elimizden kayıp gittiğini hissettiğimizde, toparlanmak için zamana ihtiyacınız olduğunda ve düşüncelerinizle baş başa kalmak istediğinizde, bu kitap içinizdeki pusulayı yeniden keşfetmenize yardım edecek. Kalpteki Nokta, ilmi sayesinde tüm dünyada ve Kuzey Amerika'da kendini ona adamış öğrenciler kazanmış bu insanın makalelerinden oluşan eşsiz bir kitaptır. Dr. Michael Laitman bir bilim adamı, Kabalist ve büyük saygı uyandırarak kadim ilmi temsil eden büyük bir düşünürdür. Bu fırtınalı günlerde popüler www.kabbalah.info sitesi vasıtasıyla, gerçeği ve sonsuz huzuru arayanlar için umut ışığı olmaktadır.

Açık Kitap

Bu kitap çok temel görünse de, Kabala'nın temel bilgisini ifade eden bir kitap olma niyetini taşımıyor. Daha ziyade, okuyucuların Kabala kavramlarına, manevi nesnelere ve manevi terimlere yaklaşımını ilerletmeye yardım içindir.

Kişi bu kitabı defalarca okuyarak içsel görüş ve duyu geliştirir ve daha önce içinde var olmayana yaklaşır. Bu yeni edinilen görüşler, sıradan duyularımızdan gizlenmiş olan boşluğu hisseden algılayıcılar gibidirler.

Dolayısıyla, bu kitap manevi terimlerin düşüncesini geliştirmeye yardım amaçlıdır. Bu terimlerle bütünleştiğimiz ölçüde, tıpkı bir sisin kalktığı gibi, etrafımızı saran manevi yapının ortaya çıkışını içsel gücümüzle görmeye başlayabiliriz.

Yine, bu kitap olguların çalışılmasını hedeflememiştir. Bunun yerine, yeni başlayanların sahip oldukları en derin ve en güç algılanan hisleri uyandırmak için yazılmış bir kitaptır.

Dost Sevgisi

Grubun Amacı

Burada, Baal HaSulam'ın yolunu ve metodunu takip etmek isteyen herkes, bir grup olmak için bir araya geldik ki hayvan olarak kalmayalım ve insan denilen varlığın derecelerinde yükselelim.

Rabaş'ın Yazıları, 1. Bölüm, "Topluluğun Amacı"

Erdemliliğin İncileri

Erdemliğin İncileri, tüm nesillerin büyük Kabalistlerinin yazılarından, makalelerinden özellikle de Zohar Kitabının Sulam(Merdiven) Tefsirinin yazarı Yehuda Aşlag'dan derlenen alıntılardan oluşur. Bu yapıt, kaynağı referans alarak, insan yaşamının her aşamasıyla ilgili Kabalanın yenilikçi kavramlarını açıklar. Kabala çalışmak isteyen herkes için eşsiz bir hediyedir.

İlişkiler

"Bilim ve kültürün gelişiminin yanı sıra, her nesil kendinden sonra gelen nesle, biriktirdiği ortak insanlık tecrübesini aktarır. Bu bellek bir nesilden diğerine, çürümüş bir tohumun enerjisinin yeni bir filize geçmesi gibi geçer. Belleğin aktarımında var olan tek şey, Reşimo veya enerjidir. Maddenin çürümesi gibi, insan bedeni de çürür ve tüm bilgi yükselen ruha aktarılır. Daha sonra bu ruh yeni bedene yerleşir ve bu bilgiyi veya Reşimo"yu hatırlar.

Genç bir çiftin çocuğunun dünyaya gelişinde tohumdan gelen bilgiyle, ölmüş bir insanın ruhunun yeni bir bedene geçerken beraberinde getirdiği bilgi, arasındaki fark nedir? Neticede anne ve baba hayatta ve çocukları da onlarla beraber yaşıyor! Hangi ruhlar, onların çocukları oldu?

Yüzyıllar boyunca tüm uluslar, doğal olarak sahip oldukları tüm bilgiyi miras yoluyla çocuklarına geçirmek için büyük bir arzu duydular. Onlara en iyi ve en değerli olanı aktarmak istediler. Bunu aktarmanın en iyi yolu yetiştirme tarzı, bilgiyi öğretmek, kutsal olduğu düşünülen fiziksel eylemler yöntemi ile düzenli toplum oluşturmaya çalışmak değildir.

Kabalanın Temel Kavramları

Bu kitabı okuyarak kişi daha önce var olmayan içsel alametler geliştirir.

Bu kitap, manevi terimlerin analizini hedefler. Bu terimlere uyumlu olmaya başladıkça, etrafımızı saran manevi yapının tıpkı bir sisin kaybolmaya başlaması gibi örtüsünü açmaya başladığına tanık oluruz.

Kabala kitapları, Baal HaSulam'ın dünyayı kötülüklerden kurtarmanın sadece ıslah metodunu yaymaya bağlı olduğunu belirten yönlendirmelerini izlemeyi amaçlamıştır, tıpkı şöyle dediği gibi, "Eğer gizli olan ilmi kitlelere nasıl yayacağımızı bilirsek, kurtuluşun tam eşiğindeki bir nesil oluruz."

Bu gerçekleştirmenin tek yolu olan Kabala kitaplarını tüm dünyayla paylaşmak olduğunu biliyoruz. Bu sebeple tüm bu kitapları internette ücretsiz olarak yayınlıyoruz. Amacımız her köşeye bu ilmi mümkün olduğunca yaymaktır. Basılmış kitapları pek çok insana ulaştırabilir, onlar vasıtasıyla ilmin başkalarına yayılmasına yardım edebilirsiniz.

Kabalanın İfşası

Kabalaya gizli ilim denilmesinin 3 nedeni vardır. Birincisi kabalistler tarafından özellikle gizlenilmiş olduğundan. Kabalanın insanlara öğretilmesi ilk 4000 yıl kadar öncelerine Hazreti İbrahim'e dayanmaktadır MÖ 1947-1948 yıllarına. Milat tarihinin başlangıcına kadar geçen 2000 yıllık süreçte bu öğreti gizlenmeden halka öğretilmekteydi. Hz İbrahim'in çadırının önünde oturup geçen yolculara gösterdiği misafirperverlik hikâyesini biliyoruz. Sunduğu yiyecek ve içeceklerle birlikte aynı zamanda insanlara bu ilmi anlattığını da biliyoruz. O dönemlerde var olan ruhlar bizim neslimize göre daha arıydılar ve bu öğretiyi daha doğal olarak anlayabildiler.

Kabalanın Gizli Bilgeliği

Artan krizler dünyasında, fırtınanın ortasında bir ışığa, yanlış giden şeylerin nereden kaynaklandığını görmemizi sağlayan ve en önemlisi de dünyamızı ve yaşamlarımızı daha huzurlu ve yaşanabilir kılmak için ne yapmamız gerektiğini öğreten bir rehbere ihtiyacımız var. Bu temel ihtiyaçlar sebebiyle bugün Kabala ilmi milyonlara ifşa olmuştur. Kabala, yaşamı geliştirme metodu olarak düzenlenmiştir. Kabala bir araç ve Kabala İlminin Gizli Bilgeliği bu aracı nasıl kullanacağımızı öğreten bir yöntemdir. Bu rehber, bu kadim bilimi günlük yaşantımıza uyarlamanın yanı sıra, Kabalanın temellerini öğrenmek için ihtiyacınız olan bilgiyi bize sunar.

Kaostan Ahenge

Kaostan Ahenge: Kabala İlmine Göre Küresel Krizin Çözümü, dünyanın bugün içinde bulunduğu endişe verici aşamasına yol açan unsurları açığa çıkarır.

Birçok araştırmacı ve bilim adamının hemfikir olduğu gibi, insanoğlunun sorunlarının kaynağı insan egosudur. Laitman'nın çığır açan yeni kitabı sadece insanlık tarihi boyunca tüm acıların kaynağı olan egonun ifşasını değil, aynı zamanda egolarımıza bağlı olarak, mutluluğa nasıl ulaşacağımızı ve sorunlarımızı nasıl fırsata dönüştüreceğimizi de açıklığa kavuşturur. Kitap iki bölümden oluşur. İlki, insan ruhunun analizi yaparak, ruhun nasıl egonun zehri olduğunu ortaya koyar. Bu kitap mutlu olmak için yapmamız gerekenlerin ve acıya sebep olduğu için kaçınmamız gerekenlerin bir haritasını çizer. Kitap boyunca Laitman'ın insanlık aşamasının analizi bilim kaynaklı veriler, çağdaş ve kadim Kabalistlerinden alınan örneklerle desteklenmiştir.

Kaostan Ahenge yeni bir varoluş aşamasına kolektif olarak yükselmemiz gerektiğini ve bu hedefi kişisel, sosyal, ulusal ve uluslararası seviyede nasıl başaracağımızı gösterir.

Niyetler

Derste otururken, sizinle beraber çalışanlar vasıtasıyla uyanan müşterek ruha bağlı olarak içsel değişimleri deneyimlersiniz. Herkes, siz de dahil, hepimizi birleştiren Kaynağa bağlanır... Beraber çalıştıkça hepimiz birbirimize bağlanmaya çalışırız. En önemli şey, herkesin aynı Kaynağa, aynı düşünceye bağlanmasıdır... Sadece bu güç bizi birbirimize bağlar.

Ruh ve Beden

Zamanın başlangıcından beri insan, varoluşun temel sorusuna cevap aramaktadır: Ben kimim, dünyanın ve benim var olmamızın sebebi ne, öldükten sonra bize ne oluyor? Hayatın anlamı ve amacı ile ilgili sorularımız, gündelik hayatın sınamaları ve acıları, küresel bir boyuta ulaştı – neden acı çekmek zorundayız? Bu sorulara cevap olmadığından, mümkün olan her yöne doğru araştırmalar yapılmaktadır.

Kadim inanç sistemleri, şimdilerde moda olan doğu öğretileri, bu arayışın bir parçasıdır. İnsanlık sürekli olarak varlığının akılcı kanıtını aramaktadır; insan binlerce yıldır doğanın kanunlarını araştırmaktadır.

Kabala bir bilim olarak bunun araştırılmasında bir yöntem öneriyor. Bu yöntem, insanın evrenin gizli olan bölümünü hissetme becerisini geliştirmesine olanak tanıyor. "Kabala" kelimesi "almak" demektir ve insanın en yüksek bilgiyi alma ve dünyayı doğru pencereden görme özlemini ifade eder.

Yarının Çocukları

Yarının Çocukları: 21. Yüzyılda Mutlu Çocuklar Yetiştirmenin Temel Esasları, siz ve çocuklarınız için yeni bir başlangıç olacaktır. Yeniden başlat düğmesine basabilmeyi ve bu sefer doğru olanı yapmayı hayal edin. Hiçbir mücadele, hiçbir sıkıntı ve en iyisi, hiçbir tahmin yok.

Büyük keşif şudur ki çocukları yetiştirmek, tamamen oyunlardan, onlarla oynamaktan, onlarla küçük yetişkinlermiş gibi ilişki kurmaktan ve tüm önemli kararları birlikte almaktan ibarettir. Çocuklara dostluk ve diğer insanların iyiliğini düşünmek gibi olumlu şeyleri öğretmekle, nasıl otomatik olarak günlük hayatınızın diğer alanlarını da etkilediğinizi görünce şaşıracaksınız.

Herhangi bir sayfayı açın ve orada, çocukların yaşamlarına ait her alana dair düşünceleri sorgulatan sözler bulacaksınız: ebeveyn – çocuk ilişkileri, dostluklar ve sürtüşmeler, okullar nasıl tasarlanır ve nasıl işler konusunda açık, net bir tablo. Bu kitap, her yerdeki tüm çocukların mutluluğunu amaç edinerek, çocukların nasıl yetiştirileceğine dair taze bir bakış açısı sunuyor.

Yani, eğer bir gün siz de kalbinizin derinlerinde, hafif bir "Şak!" hissederseniz, bilin ki şefkatli ve bilge bir sihirbaz size sesleniyor, çünkü sizin dostunuz olmak istiyor.

Ne de olsa, yalnız olmak çok üzücü olabilir.

İNTERNET AĞIMIZ

Ana sitemiz:

http://www.kabala.info.tr/

İlk internet sitemiz olup en temel dokümanların yayınlandığı portal sitemizdir. Kabala hakkında Türkçe olarak yayında olan dünyadaki en büyük doküman arşivi olarak kabul edilebilir.

Dr. Michael Laitman'ın Blog Sitesi:

http://laitman.info.tr/

Hocamız Dr. Michael Laitman'ın günlük derslerinden derlediği kısa makalelerinin yayınlandığı blog sitedir.

Bu blog sitesi şu an 19 dilde yayın yapmaktadır ve Türkiye'deki öğrenci ve dostlarımızın katkılarıyla site Türkçe olarak da yayınlanmaktadır.

Dr. Michael Laitman'ın Eğitim Sitesi:

http://michaellaitman.com/tr/

Bu sitede Dr. Michael Laitman'ın uluslararası kamuoyunda dile getirdiği güncel sorunlara yönelik sunumlarını ve bu konularla ilgili uzmanlarla yaptığı söyleşileri takip edebilirsiniz.

Dr. Laitman, eğitim metodoloji ve uygulamaları ile günümüzde eğitimin geçirdiği en sıkıntılı dönemlerde olumlu değişimi desteklemektedir. Eğitime yeni bir yaklaşım sunarak, bağımlı ve integral dünyada yaşamın gereklilikleri için eğitime yeni bir yaklaşım sunmaktadır.

ARI Enstitü Merkezi:

http://ariresearch.org/tr/

ARI Enstitüsü, kâr amacı olmayan bir organizasyon olarak kurulmuştur. Eğitim uygulamalarına, pozitif değişime yaratıcı fikirler ve çözümlerle, şimdiki neslimizin giderek daha çok ihtiyaç duyduğu eğitim konularına kendini adamış bir organizasyondur. ARI, entegre ve birbirine bağlı yeni dünya düzeninin ve kurallarının farkına varılmasını ve küresel yeni dünyada uygulanmasını yeni bir düşünce yaklaşımı olarak sunmaktadır. İletişim ağları, multimedya kaynak ve aktiviteleriyle, ARI uluslararası ve farklı akademik çalışma grupları arasında işbirliğini desteklemektedir.

Kabala İlmi Eğitim Sitemiz:

http://em.kabala.info.tr/

Bu site internet olanakları kullanılarak en geniş kapsamlı eğitimi insanlara sunmak için yapılmıştır. İnternet ortamında bulunan sınıflar ve dünyanın en geniş kapsamlı Kabalistik metinler kütüphanesi gibi hizmetler sunan Bney Baruh'un tüm çabası, sorularınıza cevaplar bulabileceğiniz ve içinde yaşadığımız dünyayı daha iyi anlayabilmenizi sağlayacak olan bir ortam yaratabilme üzerine yoğunlaşmaktadır. Tüm kurslar ücretsizdir.

Media Arşivi:

http://kabbalahmedia.info/

Bu sitemizde yıllardır işlenmekte olan tüm ders, çalıştay ve söyleşi programlarının video ve MP3 arşivine ücretsiz olarak ulaşabilirsiniz.

Kabala TV Sitesi:

http://kabalatv.info/

Her sabah 03:00 – 06:00 arası yapılan canlı dersleri bu sitenin ana sayfasından takip edebilirsiniz. Ayrıca bu sitede Bney Baruh Kabala Eğitim Merkezi'nin Türkçe dilinde düzenlediği tüm video arşivini inceleyebilirsiniz. Bu sitede ayrıca 24 saat canlı yayın yapan TV odası ve aynı zamanda belirli zamanlarda canlı yayın yapan Radyo odasına ulaşabilirsiniz.

Sviva Tova – İyi Çevre:

http://kabbalahgroup.info/internet/tr/

Bu sitede Bney Baruh dünya topluluğu ile ilgili günlük bildirimleri takip edebilirsiniz. Bu bildirimler sayesinde tüm etkinliklerimizden haberdar olup bu etkinliklere internet üzerinden dâhil olabilirsiniz.

Ari Film:

http://www.arifilms.tv/

Ari Film yapımcılarının Kabala İlmi hakkında gerçekleştirmiş oldukları tüm sinema ve video çalışmalarına bu site aracılığıyla ulaşabilirsiniz.

Kitap Sitemiz:

http://www.kabbalahbooks.info/

30 farklı dilde yayınlanmış tüm kitapları bu sitede inceleyebilirsiniz.

Müzik Sitemiz:

http://musicofkabbalah.com/

Her birimiz müziği farklı algılarız. İki kişinin aynı melodiyi nasıl algıladığını karşılaştırmak mümkün değildir. Kabala, ruhun ilmi, bu nedenden dolayı kişiye özeldir. Kabala ruhun tümüyle açılıp, yaratıldığı zaman içinde mevcut olan mutlak potansiyeline ulaşması için bir yoldur.

Bu sitede yer alan melodiler, çok büyük kabalistlerden biri olan Baal HaSulam ve geçmişteki Kabalistlerin yaptıkları bestelerin farklı değişimleriyle düzenlenmesinden oluşmuştur. Ziyaretçiler ayrıca müzik ve Kabala ile ilgili bazı materyallere bağlantı bulabilirler.

Sosyal Ağlar:

Tüm sosyal ağlarımızın kısa linklerine sitelerimize girerek ulaşabilirsiniz.

Katkı Sunun

Kabala İlmi bir grup çalışmasıdır. Dünya'nın birçok ülkesinde grupları bulunan Bney Baruh Kabala Eğitim Enstitüsü tüm faaliyetlerini öğrencilerinin gönüllü katkıları ile sürdürmektedir. Bu katkılar bireylerin niteliklerine göre değişmektedir. Sitemizde de incelediğiniz gibi Bney Baruh, prensipleri gereği, kullanılabilecek tüm Öğrenim Araçları ile Manevi Bilgi'yi öncesinde hiç bir ön koşul öne sürmeden tüm insanlığa ücretsiz olarak götürmeyi kendisine ilke edinmiştir.

Bu doğrultuda Manevi Dağıtıma katkı sunmak isteyenler **turkish@kabbalah.info** adresine yazarak Bney Baruh ile iletişime geçebilirler.

NOTLARIM

www.ingramcontent.com/pod-product-compliance
Lightning Source LLC
Chambersburg PA
CBHW081102080526
44587CB00021B/3410